21世纪经济管理经典教材译丛

战略管理

（第6版）

[英]理查德·林奇（Richard Lynch） \著
李晓阳　彭芸蕾 \译

STRATEGIC MANAGEMENT
SIXTH EDITION

清华大学出版社
北京

北京市版权局著作权合同登记号 图字:01-2013-5496

Authorized translation from the English language edition, entitled STRATEGIC MANAGEMENT, 6th ed, 9780273750925 by Richard Lynch, published by Pearson Education, Inc., publishing as Prentice Hall, Copyright © 2013.

All Rights Reserved. No part of this book may be reproduced or transmitted in any form or by any means, electronic or mechanical, including photocopying, recording or by any information storage retrieval system, without permission from Pearson Education, Inc.

CHINESE SIMPLIFIED language edition published by PEARSON EDUCATION ASIA LTD., and TSINGHUA UNIVERSITY PRESS Copyright © 2014.

本书中文简体翻译版出培生教育出版集团授权给清华大学出版社出版发行。未经许可,不得以任何方式复制或抄袭本书的任何部分。

本书封面贴有 Pearson Education(培生教育出版集团)激光防伪标签,无标签者不得销售。
版权所有,侵权必究。举报:010-62782989,beiqinquan@tup.tsinghua.edu.cn。

图书在版编目(CIP)数据

战略管理:第 6 版/(英)林奇(Lynch,R.)著;李晓阳,彭芸蕾译. ——北京:清华大学出版社,2015(2022.8重印)
(21世纪经济管理经典教材译丛)
Strategic management
ISBN 978-7-302-38754-1

Ⅰ.①战… Ⅱ.①林… ②李… ③彭… Ⅲ.①企业战略—战略管理—教材 Ⅳ.①F272

中国版本图书馆 CIP 数据核字(2014)第 286356 号

责任编辑:朱敏悦
封面设计:汉风唐韵
责任校对:王荣静
责任印制:宋 林

出版发行:清华大学出版社
网   址:http://www.tup.com.cn, http://www.wqbook.com
地   址:北京清华大学学研大厦A座   邮   编:100084
社 总 机:010-83470000   邮   购:010-62786544
投稿与读者服务:010-62776969, c-service@tup.tsinghua.edu.cn
质 量 反 馈:010-62772015, zhiliang@tup.tsinghua.edu.cn
印 装 者:三河市铭诚印务有限公司
经   销:全国新华书店
开   本:195mm×260mm   印   张:60.5   字   数:1241 千字
版   次:2015 年 5 月第 1 版   印   次:2022 年 8 月第 4 次印刷
定   价:158.00元

产品编号:051421-03

目 录

译者序 ··· (11)
关于第 6 版 ·· (13)
如何使用这本书 ·· (19)
使用指南 ·· (21)

第一部分 引言 ··· (2)

第 1 章 战略管理 ··· (3)
引 言 ··· (3)
案例研究 1.1 ·· (4)
1.1 战略管理是什么？·· (6)
1.2 战略主题 ··· (8)
案例研究 1.2 ·· (12)
1.3 战略管理的核心领域 ·· (16)
1.4 背景、内容和过程 ·· (18)
1.5 过程：三个核心领域的纽带 ···································· (20)
1.6 绿色战略 ··· (24)
1.7 公共部门和非营利性组织的战略制定 ······················· (25)
1.8 战略管理的国际维度 ·· (26)
案例研究 1.3 ·· (27)
批判性反思 ·· (30)
总 结 ··· (31)
问 题 ··· (32)
扩展阅读 ··· (32)
注释与参考文献 ·· (33)

第 2 章 理论与实践回顾 ·· (35)
引 言 ··· (35)
案例研究 2.1 ·· (35)
2.1 理论和实践上的常规战略管理 ································ (37)
案例研究 2.2 ·· (40)
2.2 理论与实践中的应急战略管理 ································ (43)
案例研究 2.3 ·· (46)

2.3 战略管理中的一些常规理论 ································· (48)
　　案例研究 2.4 ································· (55)
2.4 战略管理中的一些应急理论 ································· (57)
2.5 组织目标：利益相关者、伦理以及绿色战略 ································· (63)
　　案例研究 2.5 ································· (65)
　　批判性反思 ································· (69)
　　总　结 ································· (69)
　　问　题 ································· (71)
　　扩展阅读 ································· (71)
　　注释与参考文献 ································· (72)

第二部分　战略分析和目标 ································· (77)

第3章　战略环境分析 ································· (78)
　　引　言 ································· (79)
　　案例研究 3.1 ································· (79)
3.1 探索竞争性环境 ································· (81)
3.2 战略环境中的基本因素 ································· (84)
3.3 环境动荡程度 ································· (85)
3.4 绿色战略 ································· (87)
3.5 一般环境分析 ································· (90)
　　案例研究 3.2 ································· (94)
3.6 市场成长阶段分析 ································· (95)
　　案例研究 3.3 ································· (98)
3.7 行业的成功关键因素 ································· (103)
3.8 行业竞争环境分析——波特的贡献 ································· (107)
3.9 合作环境分析 ································· (113)
3.10 深度分析一个或多个直接竞争对手 ································· (116)
3.11 顾客分析与市场细分 ································· (118)
　　案例研究 3.4 ································· (121)
3.12 总结 ································· (125)
　　案例研究 3.5 ································· (126)
　　批判性反思 ································· (128)
　　总　结 ································· (129)
　　问　题 ································· (130)
　　扩展阅读 ································· (130)
　　注释与参考文献 ································· (131)

第4章　资源和生产能力分析 ································· (133)
　　引　言 ································· (133)
　　案例研究 4.1 ································· (134)
4.1 资源和生产能力分析 ································· (138)

4.2　为什么组织需要资源？制造或购买决策 ……………………………………… (144)
　　　案例研究 4.2 ……………………………………………………………………… (145)
4.3　资源分析和附加值 ……………………………………………………………… (147)
4.4　附加值：价值链和价值体系——波特的贡献 ………………………………… (149)
4.5　增加价值：绿色战略和价值链 ………………………………………………… (154)
　　　案例研究 4.3 ……………………………………………………………………… (157)
4.6　资源分析和竞争优势：基于资源的理论 ……………………………………… (163)
4.7　确定具有可持续竞争优势的资源或者能力 …………………………………… (171)
4.8　资源与能力分析：提高竞争优势 ……………………………………………… (177)
　　　案例研究 4.4 ……………………………………………………………………… (180)
　　　批判性反思 ………………………………………………………………………… (184)
　　　总　结 ……………………………………………………………………………… (184)
　　　问　题 ……………………………………………………………………………… (186)
　　　扩展阅读 …………………………………………………………………………… (186)
　　　注释与参考文献 …………………………………………………………………… (187)

第 5 章　战略动力学 …………………………………………………………………… (189)
　　　引　言 ……………………………………………………………………………… (189)
　　　案例研究 5.1 ……………………………………………………………………… (190)
5.1　解释被动的动态变化：组织的变化目标 ……………………………………… (192)
　　　案例研究 5.2 ……………………………………………………………………… (194)
5.2　解释被动的动态变化：组织的改变和不确定的环境 ………………………… (198)
　　　案例研究 5.3 ……………………………………………………………………… (204)
5.3　解释被动的动态变化：瞬息万变的市场 ……………………………………… (207)
5.4　解释被动的动态变化：资源的开发 …………………………………………… (211)
　　　案例研究 5.4 ……………………………………………………………………… (218)
5.5　积极主动的动态变化：形成一个动态的商业框架 …………………………… (221)
5.6　积极主动的动态变化：进攻性竞争战略 ……………………………………… (225)
5.7　积极主动的动态变化：形成合作 ……………………………………………… (230)
5.8　积极主动的动态变化：利用博弈论 …………………………………………… (233)
　　　批判性反思 ………………………………………………………………………… (237)
　　　总　结 ……………………………………………………………………………… (238)
　　　问　题 ……………………………………………………………………………… (240)
　　　扩展阅读 …………………………………………………………………………… (240)
　　　注释与参考文献 …………………………………………………………………… (241)

第 6 章　体现使命、目标和伦理道德的常规宗旨 ………………………………… (244)
　　　引　言 ……………………………………………………………………………… (244)
　　　案例研究 6.1 ……………………………………………………………………… (245)
6.1　塑造组织的目标 ………………………………………………………………… (247)
6.2　制定一个未来的战略愿景 ……………………………………………………… (250)

　　　　案例研究 6.2 ……………………………………………………………………… (253)
　　6.3　利益相关者权力分析 ……………………………………………………………… (257)
　　　　案例研究 6.3 ……………………………………………………………………… (261)
　　6.4　公司治理和组织目标 ……………………………………………………………… (264)
　　6.5　道德标准和企业社会责任目标 …………………………………………………… (270)
　　6.6　制定使命 …………………………………………………………………………… (274)
　　　　案例研究 6.4 ……………………………………………………………………… (278)
　　6.7　制订目标 …………………………………………………………………………… (281)
　　　　批判性反思 ………………………………………………………………………… (284)
　　　　总　结 ……………………………………………………………………………… (284)
　　　　问　题 ……………………………………………………………………………… (285)
　　　　扩展阅读 …………………………………………………………………………… (286)
　　　　注释与参考文献 …………………………………………………………………… (286)
第7章　知识、技术和创新目标 ……………………………………………………………… (288)
　　　　引　言 ……………………………………………………………………………… (288)
　　　　案例研究 7.1 ……………………………………………………………………… (289)
　　7.1　理解和衡量知识 …………………………………………………………………… (291)
　　　　案例研究 7.2 ……………………………………………………………………… (296)
　　7.2　知识创造和目标 …………………………………………………………………… (299)
　　　　案例研究 7.3 ……………………………………………………………………… (304)
　　7.3　使用技术来形成目标和竞争优势 ………………………………………………… (306)
　　　　案例研究 7.4 ……………………………………………………………………… (310)
　　7.4　创新和目标 ………………………………………………………………………… (313)
　　　　案例研究 7.5 ……………………………………………………………………… (317)
　　7.5　如何创新:产生"想法"的过程 …………………………………………………… (320)
　　　　批判性反思 ………………………………………………………………………… (326)
　　　　总　结 ……………………………………………………………………………… (326)
　　　　问　题 ……………………………………………………………………………… (327)
　　　　扩展阅读 …………………………………………………………………………… (328)
　　　　注释与参考文献 …………………………………………………………………… (328)

第三部分　战略管理核心问题 ……………………………………………………………… (331)
　第8章　制订业务战略规划 ………………………………………………………………… (333)
　　　　引　言 ……………………………………………………………………………… (333)
　　　　案例研究 8.1 ……………………………………………………………………… (334)
　　8.1　目标以及 SWOT 分析——安德鲁斯的贡献 …………………………………… (337)
　　8.2　基于外部环境的战略规划:一般战略——波特的贡献 ………………………… (339)
　　　　案例研究 8.2 ……………………………………………………………………… (344)
　　　　案例研究 8.3 ……………………………………………………………………… (347)
　　8.3　基于环境的战略规划:市场选择矩阵 …………………………………………… (351)

8.4 基于环境的战略规划：扩展方法矩阵 .... (356)
　　案例研究 8.4 .... (360)
8.5 基于资源的战略规划：价值链 .... (366)
8.6 基于资源的战略规划：资源基础理论 .... (368)
8.7 基于资源的战略规划：成本削减 .... (371)
8.8 与绿色战略有关的战略规划 .... (377)
　　批判性反思 .... (378)
　　总　结 .... (378)
　　问　题 .... (380)
　　扩展阅读 .... (380)
　　注释与参考文献 .... (381)

第 9 章　制订公司层战略规划 .... (383)

　　引　言 .... (383)
　　案例研究 9.1 .... (384)
9.1 公司层战略：多元化的好处和坏处 .... (387)
9.2 公司战略规划：多元化程度 .... (392)
9.3 总体战略以及中心层的作用：控股的原则 .... (394)
　　案例研究 9.2 .... (396)
9.4 公司层战略：关于公司多元化产品组合的决策 .... (403)
　　案例研究 9.3 .... (408)
9.5 公司层战略规划的手段：从收购到重组 .... (413)
　　批判性反思 .... (416)
　　总　结 .... (416)
　　问　题 .... (417)
　　扩展阅读 .... (418)
　　注释与参考文献 .... (418)

第 10 章　战略评价和制定：常规过程 .... (421)

　　引　言 .... (421)
　　案例研究 10.1 .... (422)
10.1 常规战略内容：六个评价标准 .... (425)
　　案例研究 10.2 .... (431)
10.2 战略评价：过程和技术 .... (433)
10.3 应用经验证据和指导方针 .... (441)
　　案例研究 10.3 .... (446)
10.4 战略管理的古典常规模型：探索过程 .... (451)
10.5 评价并选择绿色战略[42] .... (455)
　　案例研究 10.4 .... (458)
　　批判性反思 .... (463)
　　总　结 .... (463)

　　　　问　题 …………………………………………………………………………………… (465)
　　　　附　录 …………………………………………………………………………………… (465)
　　　　扩展阅读 ………………………………………………………………………………… (466)
　　　　注释与参考文献 ………………………………………………………………………… (466)

第11章　寻求战略发展路径：主要的应急方法 ……………………………………… (469)
　　　　引　言 …………………………………………………………………………………… (469)
　　　　案例研究11.1 …………………………………………………………………………… (470)
　　11.1　战略环境的重要性 ……………………………………………………………………… (472)
　　　　案例研究11.2 …………………………………………………………………………… (475)
　　11.2　基于生存的战略发展路径 ……………………………………………………………… (477)
　　11.3　基于不确定性的战略发展路径 ………………………………………………………… (480)
　　　　案例研究11.3 …………………………………………………………………………… (484)
　　11.4　基于网络的战略发展路径 ……………………………………………………………… (489)
　　　　案例研究11.4 …………………………………………………………………………… (494)
　　11.5　基于学习的战略发展路径 ……………………………………………………………… (495)
　　11.6　国际因素 ………………………………………………………………………………… (503)
　　　　批判性反思 ……………………………………………………………………………… (505)
　　　　总　结 …………………………………………………………………………………… (505)
　　　　问　题 …………………………………………………………………………………… (506)
　　　　扩展阅读 ………………………………………………………………………………… (507)
　　　　注释与参考文献 ………………………………………………………………………… (508)

第12章　组织的架构、类型和员工问题 …………………………………………………… (510)
　　　　引　言 …………………………………………………………………………………… (510)
　　　　案例研究12.1 …………………………………………………………………………… (511)
　　12.1　战略优先于架构？ ……………………………………………………………………… (514)
　　12.2　构建组织架构：基本原则 ……………………………………………………………… (519)
　　12.3　管理风格和文化的选择 ………………………………………………………………… (525)
　　　　案例研究12.2 …………………………………………………………………………… (531)
　　12.4　组织架构类型 …………………………………………………………………………… (535)
　　12.5　创新型组织架构 ………………………………………………………………………… (541)
　　　　案例研究12.3 …………………………………………………………………………… (544)
　　12.6　战略实施中的激励与人事安排 ………………………………………………………… (547)
　　　　批判性反思 ……………………………………………………………………………… (549)
　　　　总　结 …………………………………………………………………………………… (549)
　　　　问　题 …………………………………………………………………………………… (550)
　　　　扩展阅读 ………………………………………………………………………………… (551)
　　　　注释与参考文献 ………………………………………………………………………… (551)

第四部分　实施过程 ……………………………………………………………………… (554)
第13章　实施和控制战略规划 …………………………………………………………… (555)

引　言 ………………………………………………………………………… (555)
　　案例研究 13.1 …………………………………………………………… (556)
13.1　战略实施过程的特性和局限性 ……………………………………… (559)
13.2　目标、任务设定和战略传达 ………………………………………… (564)
　　案例研究 13.2 …………………………………………………………… (568)
13.3　资源分配 ………………………………………………………………… (571)
　　案例研究 13.3 …………………………………………………………… (573)
13.4　信息、监督和控制 ……………………………………………………… (577)
13.5　平衡计分卡：卡普兰和诺顿的贡献 ………………………………… (579)
　　案例研究 13.4 …………………………………………………………… (584)
13.6　常规战略规划 …………………………………………………………… (586)
　　批判性反思 ………………………………………………………………… (591)
　　总　结 ……………………………………………………………………… (591)
　　问　题 ……………………………………………………………………… (593)
　　扩展阅读 …………………………………………………………………… (593)
　　注释与参考文献 …………………………………………………………… (594)

第 14 章　制定并实施客户驱动战略 ……………………………………… (595)
　　引　言 ……………………………………………………………………… (595)
　　案例研究 14.1 …………………………………………………………… (596)
14.1　顾客与顾客导向战略：西奥多·莱维特的贡献 …………………… (599)
14.2　顾客概况与可持续性的竞争优势 …………………………………… (603)
　　案例研究 14.2 …………………………………………………………… (607)
14.3　战略意义：分析并实施品牌化和信誉 ……………………………… (611)
14.4　战略意义：与顾客和利益相关者的沟通 …………………………… (613)
14.5　战略意义：战略性定价和物有所值 ………………………………… (616)
14.6　战略意义：质量目标和顾客 ………………………………………… (620)
　　案例研究 14.3 …………………………………………………………… (623)
　　批判性反思 ………………………………………………………………… (628)
　　总　结 ……………………………………………………………………… (628)
　　问　题 ……………………………………………………………………… (630)
　　扩展阅读 …………………………………………………………………… (631)
　　注释与参考文献 …………………………………………………………… (631)

第 15 章　管理战略变革 …………………………………………………… (633)
　　引　言 ……………………………………………………………………… (633)
　　案例研究 15.1 …………………………………………………………… (634)
15.1　战略变革的基本概念 ………………………………………………… (636)
15.2　分析战略变革的原因 ………………………………………………… (640)
　　案例研究 15.2 …………………………………………………………… (642)
15.3　管理战略变革的常规方法 …………………………………………… (648)

　　　　案例研究 15.3 ··· (651)
　　15.4　管理变革的应急方法 ·· (653)
　　　　案例研究 15.4 ··· (659)
　　15.5　制订一个战略变革计划 ·· (662)
　　　　批判性反思 ·· (667)
　　　　总　结 ··· (668)
　　　　问　题 ··· (669)
　　　　扩展阅读 ··· (670)
　　　　注释和参考文献 ·· (670)

第五部分　不同的战略环境和制定有凝聚力的战略 ························ (672)

第 16 章　战略性的领导能力 ·· (673)
　　　　引　言 ··· (673)
　　　　案例研究 16.1 ··· (674)
　　16.1　什么是战略性的领导能力？ ··· (677)
　　16.2　什么因素会培养成功的领导者？ ··· (678)
　　　　案例研究 16.2 ··· (683)
　　16.3　领导者如何通过文化和风格来塑造公司？ ······························ (687)
　　16.4　领导者如何处理权力？ ·· (694)
　　　　案例研究 16.3 ··· (696)
　　16.5　成功的战略性领导能力 ·· (699)
　　　　批判性反思 ·· (702)
　　　　总　结 ··· (703)
　　　　问　题 ··· (704)
　　　　扩展阅读 ··· (705)
　　　　注释与参考文献 ·· (705)

第 17 章　创业战略 ··· (707)
　　　　引　言 ··· (707)
　　　　案例研究 17.1 ··· (708)
　　17.1　创业战略：理论和实践 ·· (711)
　　17.2　创业战略：个人因素和风险意识 ··· (714)
　　　　案例研究 17.2 ··· (718)
　　17.3　创业战略的四个驱动力：想象力、想法、发明和创新 ··············· (720)
　　17.4　创业战略：竞争优势和所有权 ··· (723)
　　　　案例研究 17.3 ··· (726)
　　17.5　实施创业战略 ··· (728)
　　　　批判性反思 ·· (731)
　　　　总　结 ··· (731)
　　　　问　题 ··· (733)
　　　　扩展阅读 ··· (734)

注释与参考文献 ································ (734)

第18章　政府、公共部门和非营利部门的战略 ··············· (736)
　　　引　言 ······································ (736)
　　　案例研究18.1 ·································· (738)
　　18.1　公共部门的战略环境分析 ······················ (740)
　　18.2　公共部门和非营利部门的资源分析 ··············· (747)
　　　案例研究18.2 ·································· (753)
　　18.3　探讨公共部门和非营利组织的目标 ··············· (756)
　　18.4　公共部门战略中的背景、内容和过程 ············· (758)
　　18.5　公共部门战略实施[61] ························ (761)
　　　案例研究18.3 ·································· (763)
　　　批判性反思 ···································· (770)
　　　总　结 ······································ (770)
　　　问　题 ······································ (773)
　　　扩展阅读 ····································· (774)
　　　注释与参考文献 ································ (774)

第19章　国际扩张和全球化战略 ······················· (777)
　　　引　言 ······································ (777)
　　　案例研究19.1 ·································· (778)
　　19.1　国际扩张和全球化：它们的含义和重要性 ········· (780)
　　　案例研究19.2 ·································· (785)
　　19.2　世界贸易和国际扩张：公司战略 ················ (789)
　　19.3　参与国际贸易组织的影响 ······················ (794)
　　　案例研究19.3 ·································· (796)
　　19.4　从公司的角度看国际扩张和全球扩张战略 ········· (802)
　　19.5　国际扩张和全球扩张战略：组织架构 ············· (808)
　　19.6　发展中的国际关系，如同盟和合资企业 ··········· (811)
　　　批判性反思 ···································· (814)
　　　总　结 ······································ (814)
　　　问　题 ······································ (815)
　　　扩展阅读 ····································· (816)
　　　注释与参考文献 ································ (816)

第20章　制定一套连贯的战略 ························· (819)
　　　引　言 ······································ (819)
　　　案例研究20.1 ·································· (820)
　　20.1　规定和应急过程中的连贯性 ···················· (823)
　　20.2　制定一个连贯的战略：一个实例 ················ (825)
　　　案例研究20.2 ·································· (830)
　　20.3　建立商业模式 ······························· (832)

20.4　长期战略问题 ·· (834)
　　案例研究 20.3 ·· (836)
　　批判性反思 ·· (839)
　　总　结 ·· (839)
　　问　题 ·· (841)
　　扩展阅读 ··· (841)
　　注释与参考文献 ·· (841)

第六部分　综合性案例研究 ·· (842)

　　怎样分析和准备战略案例 ·· (843)
　　案例研究 1　欧洲的主要航空公司:廉价战略还是破产？ ························ (845)
　　案例研究 2　全球啤酒和贮藏啤酒:在成熟市场中探索战略 ····················· (855)
　　案例研究 3　南非米勒:南非悄悄走向国际 ··· (860)
　　案例研究 4　常规战略还是应急战略？全球汽车公司面临的风险和挑战——环保战略
　　　　　　　 ··· (865)
　　案例研究 5　竞争性的常规战略:排名前五位的汽车公司之间的竞争 ········ (874)
　　案例研究 6　竞争和新进入战略:塔塔汽车的艰难时期 ··························· (881)
　　案例研究 7　战略变革:惠普首席执行官卡莉·菲奥莉娜的兴衰 ················ (891)
　　案例研究 8　战略制定:公司从"杀手艾尔"中能学到什么？ ····················· (901)
　　案例研究 9　整理索尼:恢复利润和创新热情 ·· (903)
　　案例研究 10　应急战略:对于个人电脑、媒体平板电脑和手机来说,什么是最智能的战略？
　　　　　　　　 ·· (919)
　　案例研究 11　公共部门战略:伽利略公司是怎样在严重问题中终结的？ ········· (928)
　　案例研究 12　应急战略:谁能够阻止苹果在音乐传播业务上的主导地位？ ······· (932)

译者序

收到清华大学出版社寄来的理查德·林奇(Richard Lynch)所著的这本《战略管理》(第6版)时,第一感觉:封面的"变色龙"太夺目!乍一看,实在不养眼!细思量,匠心独运啊!日常生活中人们常常挂在嘴边的所谓"计划赶不上变化"、"万变不离其宗"、"以不变应万变","变色龙"正是极好的诠释!真心希望翻译版能拷贝英文版这独特的封面设计:太形象了!这样做更是对原著原版编辑成果的最好尊重!

我给工商管理类相关专业的本科生以及MBA学生讲授战略管理多年,选用过不少教材,其中不乏我钟爱的版本。比如,同样是清华大学出版社引进的弗雷德·R. 戴维(Fred R. David)的《战略管理》(英文版),这本书是MBA国家教学指导委员会推荐用书,我从第8版开始紧跟,目前已经用到第14版。因此,对这本书的翻译任务最初我还仔细斟酌是否接受,但是,当我仔细阅读"变色龙"背后的这本理查德·林奇的《战略管理》教材时,我再也放不下了!遂欣然接受任务,并迅速组建翻译团队。我最常给学生重复的一句话就是,任何一门专业课,如果您能熟读并领会五本教材,好了,这门课,您将很懂!弗雷德·R. 戴维的《战略管理》(英文版)始终是我向学生推荐的五本经典《战略管理》教材之一,但是其余四本总是难以固定。我相信,以后的日子,我给学生们的五本《战略管理》教材推荐,终于出现可以被固定的第二本:理查德·林奇的这本《战略管理》(第6版)满足了我们对"战略管理"系统理论与实践的绝大多数想象!我和我的翻译团队以及我的部分MBA学生都实在无法抗拒本书的炫目光彩!

由于战略管理课程本身在商科专业教学中的特殊地位,这门课程对于案例的要求十分挑剔。之前,我非常忠实地首选弗雷德·R. 戴维的《战略管理》(英文版),主要原因正在于我看重其丰富的以及不断更新的案例。但是,"变色龙"背后的这本《战略管理》却用炫目的案例丰满了我对案例的全部期待!它绝对不只是在某一个部分集中让读者邂逅案例,它的案例如灵动的山泉,始终浸润着全书的每一个知识点,它不会吝啬于在任何一个驿站的停留。同时,它又不辞辛劳地在第六个部分给读者奉上满汉全席般的案例的饕餮盛宴!对于没有任何先验知识的本科学生而言,有了这本书,您会觉得自己有能力去见识商海沙滩上的珍贝!对于已经在商海中游弋了数年的MBA学生,通过书中丰富的案例,您总能欣喜于一些似曾相识以及令您顿悟的精妙言论的频现!对于从事商务咨询的专业人士,这绝对是一本不仅仅停留于理论到理论的纯学术书籍,而是您大可以尝试拿来就用的绝佳参考!对于从事战略管理教学与研究的学者和学子,这本书成全了您对战略管理教学与研究的太多愿望!

这是一本关于"战略管理理论与实战"的好书,值得拥有!

清华大学出版社选择将此书的翻译任务委托给我,传达给我的是出版社对一名长期从事 MBA 和商科专业本科学生《战略管理》教学工作的教师的充分信任与支持!在此,诚挚地向清华大学出版社以及此项任务指派的负责人特别致谢!同时,由于年初我即到了剑桥大学开始为期一年的访学,后期的翻译工作沟通与协调带来一些额外的难度,更给清华大学出版社编辑的工作增添了不必要的麻烦,在此特别致歉!并由衷感谢清华大学出版社编辑对我个人和我的翻译团队的倾力支持与热情帮助!

本书的翻译是由我和我的翻译团队共同完成的。接到翻译任务后,我立即组织了以我的学术型研究生彭芸蕾、彭思颖、敖梦雅、黄毅祥、郭成亮和刘东阁为主的翻译团队,并且引进两名外援,即加拿大温莎大学奥德特商学院本科学生葛乙萌、华东师范大学英语专业本科学生黄毅玲(待本书付印时,她已经是江西九江一中的英语教师)。翻译工作分三阶段:第一阶段,分解翻译任务,由团队成员分别承担并完成全书各篇章的基础翻译,我负责答疑解惑;第二阶段,在我初步审阅后,由彭芸蕾汇总全部文稿后将全书内容切分为两个部分,再由彭芸蕾和葛乙萌分别完成两个部分的文字校对与再梳理;第三阶段,在彭芸蕾汇总并且按照出版社要求排版基础上,我对全书进行最后校对。

虽然我和我的翻译团队非常认真地对待每一个阶段的翻译工作,但是,毕竟该书的篇幅太大,尤其是,该书内容有不少表达方式属于目前国内已经引进的其他相关教材或专著都未曾出现的,涉及很多新的表达,既是对我们翻译工作的挑战,也难免会有错漏。在此,恳请广大读者见谅!欢迎通过邮件的方式及时将意见反馈给我本人,以便再版时的改进。在此,诚挚欢迎并感谢大家随时提出宝贵意见!同时,按照我一贯的观点,希望读者们在条件允许的情况下尽可能同时拥有英文版与中文版,这对于读者全面系统领会本书的意图将大有裨益!

李晓阳

2014 年 7 月 31 日晨于英国剑桥大学

关于第 6 版

随着世界经济的剧烈变化,越来越多的关注开始集中在地球资源和通信技术的持续创新上,战略管理教学也面临着新的挑战。这些问题将会在新版的《战略管理》中得到解决。然而,本书仍然研究了指导组织未来的基本决策,以及这些问题将是如何被识别、评估和解决的。本质上,对于战略管理,它继续展现了一个全面的、结构的和批判的方法。

本书的重点不仅考虑了战略决策制定的理性方法,同样考虑了所做决策的创造方面,对于这类有关战略的书籍而言,这种研究方法仍然具有独特性。本书认为这两种途径能够使学生和职业经理制定出有效的战略。作者对一项以战略学者为调查对象的调查特别满意,该调查是为 2007 年所出版的《战略管理期刊》而进行的,其调查结果支持用这种方法来教授战略管理。[①] 然而,在过去几年时间里,世界发生了翻天覆地的变化。这些变化需要被反映在最好的战略管理教材中。它们也将在这个新版本中得到解决。

总体来说,第 6 版书籍建立在以前版本的基础和战略管理的良好检验方法上,主要包括三个新特点:

1. 第一次提供了大量新兴的公开式网上教学补充材料。
2. 大多数案例素材的最终修订版能够反映全球经济衰退的新的现实性,反映发展中国家的经济增长,以及通信技术的快速转变。
3. 第一次涵盖了大量的"绿色战略"环境问题。

这三个问题将会在本节的后面部分进行更深入的解释。课本在反映已确定的概念时,也需要呈现出新型的和具有挑战性的想法。《战略管理》的第 6 版将继续拓展这种方法。

目 标

该书的目标是为了提供一个全面的、具有良好架构的战略管理前沿方法,同时包括了对私有部门和公共部门的研究。本书的独特设计是基于模型机制的形式,为那些希望更深入探索问题的人们提供总结的主要领域以及更加详细的处理问题方法。

---

① Nag, R, Hambrick, D C and Chen, M-J (2007) 'What is Strategy Management Really? Inductive Derivation of a Consensus Definition of the Field', *Strategic Management Journal*, Vol 28, pp935-955.

具体目标是：
- 提供一个全面的战略管理主要研究领域内容。例如，它探索了重要的主体领域如创新、知识和科技战略。
- 呈现战略管理的实际问题，以至能够考虑实际组织中的限制条件和折中方法。每一章都包含了案例研究，为集体和班级讨论阐明了原则并提供了主题。所探索的主题包括目标制订、绿色战略和企业治理等。
- 通过有效的战略管理来帮助组织增加资产价值。在组织的资源和限制条件不变的主题背景下，寻找最佳的实践方法。
- 同时探索理性的和创造性的方法来制定战略管理。这本书认为，合理的公司战略制定的经典方法应该由精心制定战略的想法来进行补充，例如同时全面地包括了创业和学习过程方法。
- 鼓励对主要理论的严格评价，尤其是它们在组织中的实际应用。该书中存在许多第一次描述的概念方法，随后都受到了苛刻的评论。其目的是鼓励读者仔细思考这些问题。
- 概述战略管理过程的国际影响。大多数的案例都具有国际意义。关于国际化和全球化战略的章节探索了由这类战略所引发的独特问题。
- 探索战略理论在新领域的运用。除了研究公认的如领导能力、创业战略和公共部门战略等领域，同样研究了全新的绿色战略领域。另外，许多已经修正的案例则反映了世界经济和新科技的彻底转变。

谁应该使用这本书呢？

这本书旨在为这一领域的许多学生介绍战略管理。
- 学习过商业研究、单元课程以及其他课程的本科生将会发现，能充分通过该主题所提供的一种学习路径来解决学科问题。其前提条件是没有先验知识。
- MBA学生将会发现实际讨论点和有效的理论背景。同样，他们将能够把这些知识与自身经验结合起来。
- 学习其他专业硕士教程的研究生将会发现广泛的理论内容、批判性评论以及阅读背景，这将为他们的想法提供有效的知识。

另外，这本书将会吸引那些实际参与到战略管理中的中层和高层经理。案例研究和清单，架构化方法以及这本书的综合性质将会为实际运用提供一个有效的纲要。

特　色

两模型架构

近年来，战略管理中所采取的方法并没有达成一致。理性模型，即战略规划选项、选择和执行受到了一些人的批评,它们支持用更创新的方法来制定战略。由于在两种方法上缺乏一致性,所以本书同时呈现了两种模型。两种模型都对有效的战略制定作出了贡献,它们是同一战略的两个方面。根据 2007 年的调查,目前在该领域中的知名学者中,这两种方法得到了学术界的认可。

清晰的篇章架构

每一章都采用了相同的架构模式:学习成果;简短的引言;开放的案例研究;与本书理论要点有关的案例研究;与案例研究有关的具体项目;关键战略原则的定期总结;章总结;回顾和讨论问题;对于每一章中关键问题的批判性反思;建议了一些扩展阅读的书籍;详细的注释和参考文献。同时,本书的最后部分选择了一些战略案例,促进了更广泛的战略讨论。

新型公开获取的网络视频、战略案例和补充材料

第 6 版书籍的所有网络材料可以首次公开获取。以前的版本需要获取一个访问代码才能阅读本书的补充材料。这是本书的彻底转变,其意识到了科技的变化以及学生们学习战略管理方式的变化。另外,这本书提供了额外的补充材料,增加了相当多的额外视频和书面材料。此外,大多数的补充材料能够在上下文中的相关内容中得到很好的理解。

视频 00 部分

由于扩展案例视频"争夺欧洲谷物早餐市场"的巨大成功,所以在第 6 版中仍然保留了该部分,但是现在可以从网络上免费获得。这部电影运用了一个深入的案例研究探索了战略的主要领域,以及它们是如何联系起来的。战略是一个复杂的主题,并存在许多不同的方法。网络电影的目的是为了表明可以通过所获得的数据来形成战略决策制定过程的一种方法。该书的左侧的图标强调了书本与网站链接的内容。

另外,这本书中每一章出现的新视频总结类似于本书中最后出现的长案例的视频总结。并且,这些都可以从本书的网站上公开获得,其网址为 www.pearsoned.co.uk/lynch。

新网站同样包含了两个领域的补充材料。第一,存在额外的战略管理材料的说明解释和清单,能够补充基础的书本内容;第二,存在额外的案例,其不仅包括了主要的案例材料,还包括了案例问题的提示答案。重要的是,"提示答案"仅仅是指案例问题的答案提示,而其他的答案也是可能的。

绿色战略

与任何战略管理书籍相比,该书第一次深入地揭示了绿色战略的主题。目前,许多企业都将这看作它们战略中的重要部分。例如,在这个新版本中,许多绿色战略文献都显示在每一个公司案例的最后部分。尽管如此,在主要的战略研究期刊上,并没有在任何重要程度上对该主题进行研究。许多读者将会对这一疏忽感到惊讶,这也是对当前战略研究的质量和数量的反思。当作者撰写这本书时,也为作者带来了特殊的问题,即根据定义,这些问题就是对主要战略理

论及其实际应用的一个总结。然而,在21世纪,绿色战略实在是太重要了,所以不容忽视。

因此,该版本将绿色战略作为战略管理研究的一部分,而不是将该主题当作单独的一章。识别主要问题,并探索在战略制定中的其他相关主题。在本书中的边缘显示了绿色战略标志(如左侧所示),并强调了这些问题。为了未来的教材版本,作者欢迎对这种方法进行评论。

集中的案例材料以及文中最后的长篇案例

本书中包含73篇短案例研究,并在书本的最后含有12篇更长、更综合性的案例。所撰写的适当的短篇案例是为了探索它们所在章的战略问题。短篇案例是专门为较大的班级规模,以及目前在许多机构普遍流行的较短的讨论会所设计的。第6版中的许多案例已经发生了改变,有30篇案例要么是全新的,要么是彻底更新的。在教材最后部分出现的12篇案例中,大多数案例要么是全新的,要么是大幅度更新的。以前的案例仍然可以通过 www.pearsoned.co.uk/lynch. 来获得。12篇较长的案例总结在了视频案例电影中,可以在该书的网站上免费获得。

关键战略原则和章总结

为了帮助学习和理解,在"关键战略原则"这一标题下定期总结了主要的学习要点。另外,在每一章的最后都对所研究的领域有一个综合性的总结。

国际报道

在本书的案例中存在大量的国际战略问题的内容,这些问题威胁着本书中所描述的许多著名的欧美公司。除了以前对中国、非洲和印度的报道,该版本第一次呈现了北美和中东地区(不包括以色列)的案例。此外,还存在单独一章,即关于参与到国际全球化战略的特殊问题。

公共部门和非营利战略

在早期的版本中,普遍接受了关于公共部门战略的新章或独特章,因此在第6版中仍然保留了该内容。历史上所形成的战略管理原则几乎完全来自于商业视角。例如,竞争优势、顾客导向战略和公司治理。公共部门理论历来具有一个完全不同的知识基础,例如公共利益的概念、国家的法律框架和公共管理者的角色作用。本章探索了它们是如何联系在一起的。这将与一些经理息息相关,这些经理来自于公共部门,并具有商学位的本科和硕士学历。

创业战略

从第一个版本以来,这本书一直侧重于战略制定中的创造性。目前,强调创业战略的最新研究已经丰富并促进了这个重要章的内容。该书在特定的个人方面探索了有效的创业战略。

批判性反思和扩展阅读的建议

本书中每章的后面都具有一个简短的批判性反思,即关于每章的关键主题的反思。此外,每一章都有一个扩展阅读的书籍建议清单。其目的是为了让学生对每章的主题进行讨论,并更深入地探索主要问题,并将其作为进一步项目、作业和论文的基础。

战略项目

每一章包含至少一个战略项目的建议。它与本章中的案例研究相关,并显示了案例主题该如何进行扩展。该项目是由网上可获得的深入信息来补充的。

这本书的一个有用特征是仍然选用了《金融时报》上的一些案例材料。这些摘录都是《金融时报》的复制品,因为其允许这本书进行复制。

教师指南

这本书同样适用于使用该教材的教师。它包括对每一章的简短评论和对案例的评论,以及PPT教学内容。

第6版的新颖之处

由于前五个版本的有效反馈,这个新版本在维持以前版本的主要主题的同时,也拥有一些新的材料内容。关键的转变主要体现在三个领域,即新的公开获取的在线材料、新的案例材料以及绿色战略问题的探索研究。

新的公开获取材料

- 每一章的视频总结,以及本书中最后的长案例总结。
- 大量补充的网上战略管理材料和清单。这些与书中的具体主题有关。
- 具有提示答案的网上案例。

此外,一些章的某些部分已经重新起草并进行了更新。然而,该版本并没有什么重大变化。

新的案例材料

除了一些经典的著名案例,在第6版中,几乎所有案例都已经更新了。30个案例可能是全新的,也可能是大幅度更新的。除了现有的来自于欧洲和北美公司的广泛案例,本书从世界上新型的不断发展的地区中选择性地扩大了地理范围:分别来自中国、非洲和印度的两个案例。这本书首次引入了来自北美和中东的三个案例。

为了这个新版本,同样更深入地制作了视频电影、播放材料和随手可用的PPT幻灯片材料。它们都可以从该书的公开访问网站上进行下载。

所有在"教师指南"上的教学注释已经从以前的版本中撤销了,该内容现在出现在战略管理的网站上。

本书中最后的长篇案例都被总结在了短期视频电影中,这可以在该书的公开访问网站上进行下载。这些较短的电影能够被用于激发课堂案例讨论并识别战略问题。

绿色战略

正如上文所述,第6版第一次涵盖了大量的绿色战略。该内容以章中的主题内容呈现出来,例如在分析战略环境和分析战略资源时的模式。此外,在绿色战略问题上存在六个新案例。最后以及最重要的是,在第6版中的所有公司案例都已经审核了与其绿色战略有关的问题,并在每一个相关公司战略案例的最后都有一个简短的评论或描述。实际上,这个额外补充的证据材料已经大量地提高了该版本中对绿色战略的应对能力。

新的封面:为什么是变色龙?

正如所有好学生和管理所知,变色龙具有很强的适应性,就像最好的战略一样。许多变色龙会根据它们所处的环境背景来改变它们的颜色;这是与战略管理中的常规方法和应急方法相类似的共同特征。此外,这种生物代表了与自然界的联系,并且在自然界中需要最好的组织采用最好的绿色战略来对其进行保护。

关于作者

理查德·林奇(Richard Lynch)是英国伦敦密德萨斯大学(Middlesex University)战略管理方向的退休教授。最初,他在曼彻斯特理工大学(UMIST)、利兹大学(Leeds University)以及伦敦商学院(LBS)进行学习。随后,他工作了20年,主要是在一些著名的公司中担任市场营销和战略管理的职位,例如智威汤逊(J Walter Thompson)、卡夫·雅各布斯·苏查德(Kraft Jacobs Suchard)以及多格蒂·斯皮勒斯(Dalgety Spillers)。在20世纪80年代早期,在开创自己的咨询公司,专门从事欧洲的国际战略业务之前,他曾是两家上市公司的总监。在20世纪90年代,他越来越多地参与到高等教育事业中,并最终在1998年,成为一名全职教授。在2004年12月,他从全职岗位上退休,但是仍然活跃在教学、科研和写作领域,包括在爱尔兰的都柏林圣三一学院(Trinity College Dublin)、在中国武汉大学的经济管理学院的工作等。他已经撰写了四本关于国际市场营销和战略的书籍,并与同事为各种期刊和研究会议撰写了同样数量的原始研究论文。他目前的研究兴趣包括在全球品牌和全球化战略上的项目,特别是像中国和印度这样新兴国家的公司。

如何使用这本书

　　战略管理是复杂的,因为对于应该包含哪些准确的主题并没有达成共识。在深入学习这本书之前,有必要掌握两种主要的战略方法。在第 1 章中对它们进行了总结概述,即常规战略方法和应急战略方法。本书中将广泛地讨论这两种方法,所以在转向其他章学习之前,应该在第 1 章中学习这两种方法。如果你不能理解这两种方法,你也可以查阅第 2 章的早期内容,该内容对这两种方法进行了深入、详细的研究。

　　每一章将遵循相同的基本格式:

- 学习成果和引言。该部分总结了每章中所包含的主要领域。对期望学习到的内容进行总结是有帮助的。
- 开放案例。这一设计是为了强调章中的关键战略问题,提供即将在书中进行研究的案例。因此,有必要阅读这些案例,并使用案例问题来确保你已经理解了案例的基本思想。阅读完某一章后,你也可以返回来阅读该案例。
- 关键战略原则。每一章都探索了主题的各个方面,并对其进行了总结。这些原则可以用来测试你对书本的理解程度,同样也是为了方便以后的修订。
- 评论。概述了主要的战略理论之后,可能会存在评论部分,并用其来解释与这一主题相关的一些理论或者实际困难。该部分中包含的观点被有意设计成有争议的观点,其目的是使你能够思考这个主题。如果你同意我所写的每一个观点,那么我就是失败的!
- 案例研究。这一设计是为了提供更深入的案例,并提出额外的战略问题。这些都是值得探索的问题。
- 战略项目。案例研究曾经被用于表示一个更广泛的战略项目。在网上会有一些数据来帮助学习该过程,并为讲师或者导师提供如何访问这些数据的细节知识。
- 批判性反思。每一章的结尾都伴随一个简短的分析,强调了每章的关键主题,并将其作为进一步讨论和研究的基础。例如,它可能形成一篇关于战略主题的文章,或者在班级讲座之后成为研讨会的焦点。
- 章问题。一些问题的设计是为了检测你对该章中知识的理解程度。所提出的其他问题可能是一篇论文的主题,希望读者能够利用参考文献并阅读该章来进行一些研究。所制定的一些问题也是为了鼓励读者将章内容与自身经验相结合:可以利用章中的概念来分析你所在的学生社团和外部组织。你也可以将章知识与你的工作经验相结合,或者与你家人或朋友的工作经验相结合。所有这些都将提供有价值的见解,并帮助你探索公司战略的概念和现实性。

● 扩展阅读。当谈论到文章主题和论文时,这一设计是有帮助的。本部分试图保留在主要期刊和书本中的参考文献,其目的是使获取参考文献的过程变得更加容易。

使用指南

两模型架构——战略管理思想的两个模型的使用贯穿全书,即常规性战略与应急性战略。两者都被认为对最优战略管理的制定做出了贡献。

案例研究——让被融合在每个章中,经常用来说明战略原则在实际操作中是否起作用。全书中包含80多篇案例,许多案例都是全新的或已更新的。

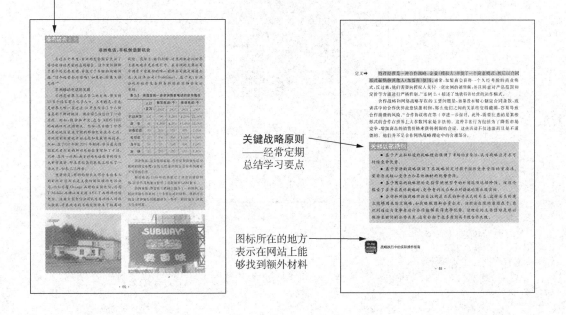

关键战略原则——经常定期总结学习要点

图标所在的地方表示在网站上能够找到额外材料

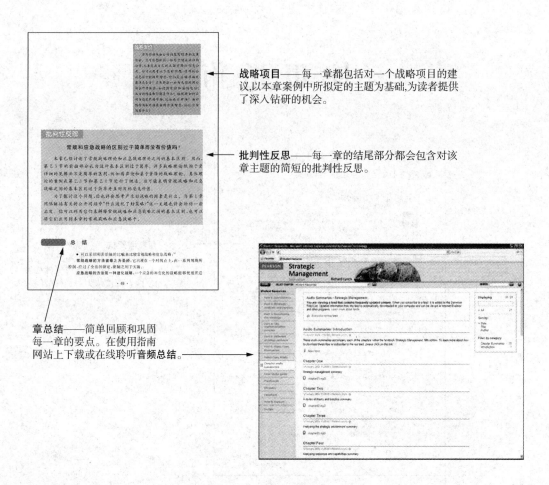

战略项目——每一章都包括对一个战略项目的建议,以本章案例中所拟定的主题为基础,为读者提供了深入钻研的机会。

批判性反思——每一章的结尾部分都会包含对该章主题的简短的批判性反思。

章总结——简单回顾和巩固每一章的要点。在使用指南网站上下载或在线聆听**音频总结**。

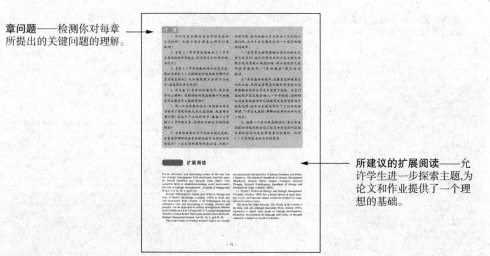

章问题——检测你对每章所提出的关键问题的理解。

所建议的扩展阅读——允许学生进一步探索主题,为论文和作业提供了一个理想的基础。

更长的案例研究——本书后面的部分通过更深入地分析特定组织中的战略问题,能够使学生更深入地探索理论与实践之间的关联。在使用指南网站上的视频总结了这些案例,这可以作为课堂讨论的起点。

在使用指南网站上的**拓展视频案例研究**介绍了战略管理的关键概念。这与书中的特定部分有关,并由全书中的图表显示出来,如下图所示。

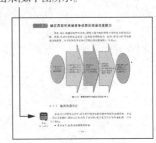

在使用指南网站上的**多项选择题**能够检查你对每章主题的理解。

额外的战略管理材料和清单可以通过公开的使用指南网站获得。

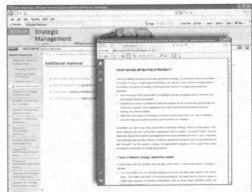

关键战略管理问题

第1章 战略管理
- 战略管理是什么,为什么它很重要?
- 战略管理的核心领域是什么,它们是如何联系起来的?
- 绿色战略是什么,它适用于什么地方?
- 公共组织和非营利性组织之间的战略管理的不同点是什么?
- 战略管理的国家维度是什么?

第2章 理论与实践回顾
- 战略管理目前的思想是如何演化的?
- 战略管理的主要方法是什么?
- 战略的主要常规理论和新兴应急理论是什么?
- 战略管理理论是如何与公司实践相关联的?

第一部分　引　　言

这本书的该部分介绍了战略管理的概念。第1章概述了战略管理主体的主要因素,并解释了它在实现组织目标上的作用和重要性。概括并探索了战略管理过程中的两个主要方法;第2章完整地回顾了战略管理是如何演化发展的,并且更深入地讨论了在其发展中所存在的两种主要方法。

常规战略目标

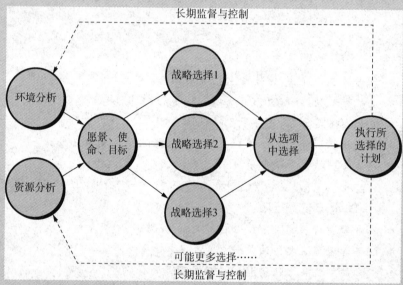

应急战略目标

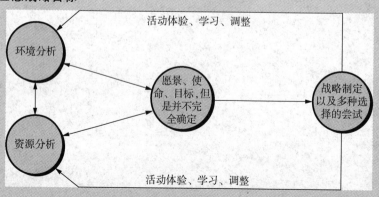

第1章 战略管理

学习成果

这一章的视频与音频总结

通过本章的学习,你将能够:
- 定义并解释战略管理的五个特征要素;
- 解释战略管理的核心领域以及它们之间是如何联系的;
- 区分战略管理的过程、内容以及背景环境;
- 解释绿色战略管理的性质以及重要性;
- 概述公共部门和非营利组织在战略管理方面存在何种程度上的不同点;
- 解释国内战略管理和国际战略管理的区别。

引 言

战略管理是令人兴奋且具有挑战性的,它为组织未来的发展方向作出了基本决定:宗旨、资源以及如何与它所处的环境相互作用。

组织的每个方面都在战略过程中发挥着各自的作用:人力资源、财务状况、生产方式以及环境(包括公司客户)。在本章的引言中,我们探索了如何构建和发展这些广泛的领域来使组织继续有效地运作。

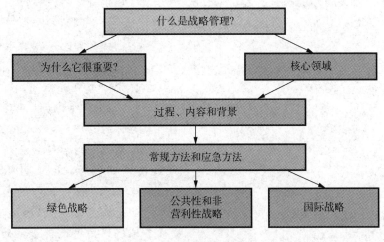

图 1.1 战略管理分析

视频
第1部分

存在这样一个事实,即在战略管理主题以及它的元素是如何相互联系这个问题上,学者们存在巨大分歧,所以战略管理是复杂的。在战略管理中,存在两个主要方法,本章将对其进行研究:常规过程和应急过程。因此,制定这两个模型是为了解释战略管理这一主题,如上图所示。

在探索战略管理的过程中,首先,应该检验它为什么很重要以及它所包含的内容是什么。同样应该有效区分战略管理的过程、内容和背景。其次,检验两个主要路径并探索关键问题,即如何制定好战略。最后,我们将研究绿色战略、公共部门以及国际战略的特征,如图1.1所示。

案例研究 1.1

脸谱网(Facebook)的战略:持续竞争优势和附加值在哪里?

截至2011年,脸谱网已经利用七年的时间建成了世界上最大的社交网络服务站。但是,并不十分明确该公司是否具有优于其竞争对手的可持续竞争优势,以及除了针对世界社区网站的备受瞩目的服务外,脸谱网是否能够获得可持续性的商业利润?

增长年份

追溯到2004年,作为哈佛大学的学生,马克·扎克伯格(Mark Zuckerbeng)和他的朋友们通过电脑编程建立了一个社交服务网站。这就是脸谱网的第一个版本,即自由、活力和流行。这个网站非常成功,很快便在美国的其他大学流行起来,甚至跨越美国,传播到了其他国家。早在2011年,脸谱网已经成为世界上最大的社交服务网站,其注册用户量高于5亿。

一直到2012年,脸谱网的战略非常成功,但是它能够继续保持吗?

大约在2006年左右,脸谱网决定走商业模式道路,该公司邀请其他的投资者进行投资。不同的风险投资公司通过获取股份来为脸谱网的发展提供资金支持。这其中包括微软公司,它通过一小部分的利润回报换取了它的独家广告权。马克自身成为了脸谱网公司的CEO,他的一些同事仍在公司中担任各种要职。当然,为了保证公司获利和良好的运作基础,同样需要招聘一些具有丰富商业经历的新成员。

2011年,主要的企业家被脸谱网的快速发展和体验的特征所吸引,他们预见到了脸谱网较大的潜力。结果,在2011年,其商业价值达到了惊人的850亿美元,年度销售额大约为20亿美元。但是这个公司真的拥有这些估价的资产吗?

社交网站的客户和竞争者

社交网站从创办开始,就俘获了许多人的想象力。它通过互联网链接,为每个人提供了一个交流新闻、照片、事件和合同的平台。2010年,脸谱网接管了像谷歌和Bing这样的搜索引擎,以及像电脑游戏这样的娱乐网站,它是网上活动的主要区域。实际上,社交网站具有更广泛的活动领域,并允许用户采用任何方式进行互动。但是,因为这是免费的,所以脸谱网仅仅从广告、从支持网站并寻找新客户的商业使用者中获得利润。

由于这种模式的成功,出现了大量的其他社交网站提供者。比如,在2008年,"我的空间"(Myspace)在美国拥有比脸谱网更多的注册用户,即各自具有0.62亿和0.31亿的访问者。在英国,脸谱网凭着比Bebo高出的100万名用户而处于领导地位,排名第三的是MySpace,它们的访问量分别是0.12亿、0.11亿以及0.09亿。正是这个证据,促使世界上最大的媒体公司新闻集团(News Corporation)在2008年花费5.8亿美元收购了MySpace。同样,AOL在同年花费8.5亿美元收购了Bebo。

然而,脸谱网继续在上传照片的新互动部分进行着创新,留言板(用户可以留言)、虚拟动作"戳"(允许用户互相发送虚拟的动作"戳")、市场(免费的分类广告)以及其他的相关区域。2010年,脸谱网成为市场的领导者,因为它的竞争对手没有提供同样的创新以及更加简便的网络社交服务。但是脸谱网的服务没有一个是绝对独特和不可复制的。

然而,广告商普遍看重了社交网站的潜力,特别是脸谱网的潜力。因为社交网站允许它们通过广告来吸引他们的目标客户群。2011年,据《金融时报》[1]报道,"各种品牌仍然集中在脸谱网上,并且它在广告支出上的份额正在快速上升。"但是,并不是所有公司在社交网站业务上都是好的。据《金融时报》报道,2011年,新闻集团用大约0.3亿美元将Myspace出售,AOL用0.1亿美元将Bebo出售。难道脸谱网是与众不同的吗?它是否具有令其继续生存的竞争优势呢?

脸谱网的竞争优势?

实际上,脸谱网在开发新服务和调整产品方面要比其竞争对手更胜一筹。社交网站的主要价值不是来自于呆板的电脑专家的交流,而是来自于广泛用户在兴趣、意见和观点上的交流。但这类的网站具有一段困难的历史。"只要社交网站在不断增长,那么它们就能够拉动成千上万的新顾客……它们就具有巨大的收入潜力。但是一旦增长停止,或者增长缓慢,那么它们就趋向于内乱,网站效益也将适得其反。在2002年,自从Friendster成为在线社交网站的先驱者以来,这就是个例子。"引自约翰·加普(John Gapper)2011年在《金融时报》上的言论。[2]但是,社交网站业务存在风险,因而需要谨慎的战略。

从战略的角度来看,哪些东西是脸谱网具有而其他网站不具有的?为什么它比其他公司更优越呢?它的竞争优势是什么呢?最明显的一个因素就是其社交网站的规模。除此之外,它拥有一些能够领悟市场需求的、有才能的软件工程师和管理者,并且能够组合新服务来吸引顾客。但是脸谱网并没有"绝杀武器",即具有区别于竞争对手的谷歌搜索引擎的专利软件应用。

此外,脸谱网仍然面临着新的竞争对手,比如,推特(Twitter)是一家允许对任何事物作出及时简短评论的社交网站,并在2009年到2010年期间加快了发展步伐。同时,谷歌的Buzz也在这段时间开始推出,但在写该案例的时候它并非很成功。重要的是,推特在美国之外具有少量的收益,并在2011年遭受了损失。另外,脸谱网并不是在每个国家都是市场领导者。QQ及时聊天工具在中国至少拥有5亿名用户,并且具有高效率(在2010年,作者在武汉大学的时候能够证明这一点)。同样,Ibibo是印度当地最大的网站,拥有大约500万名用户,这远远低于脸谱网的用户量,但这并不是关键。这些可供选择的网站表明,建立一个社交网站是相对容易的,其进入门槛相对较低。除了网站本身的规模之外,这样的社交网站并没有什么竞争优势。因此,社交网站的商业模式受到了质疑。脸谱网是怎样获得收益和利润的呢?

脸谱网的商业模式

在写该案例时,脸谱网仍然是一个私人企业,因此并没有公布它的财务数据。然而,据可靠消息报道,其2011年的年度收入大约是20亿美元。这些收入完全来自于公司网站上的广告。然而，脸谱网的商业模式比谷歌那样的搜寻引擎模式更复杂。当某人在谷歌上进行搜索并点击进入一个公司时，存在一种自动记录的方式，用于记录潜在客户是否进入一个公司的网站中，术语上称之为"点击量"，根据点击量就能够获得收入和利润。

每个社交网站是不同的。它们并不提供产品或者搜寻服务以及售后服务。它们的存在是为了社会目标，广告只是为了搜寻网站的次要原因。因此，脸谱网最成功的广告就是在顾客需要帮助的时候，能够帮助顾客在公司网站上进行选择。例如，在2011年年底，英国的星巴克（Starbucks）曾经邀请脸谱网用户选出季节性饮料。这导致了选中饮料的销售量急剧增加了15%。但是，由于广告和点击量之间缺少直接联系，使得很难为社交网站的广告和营销提供价值。因此，在社交网站上做广告比搜寻网站更加便宜，但是，这也导致了社交网站价值的降低，并且很难发现广告是否能够为社交网站的业务提供附加值。

在2011年4月，脸谱网公布了一项关于顾客定制技术的创新举措，其目的是提高能源利用效率并降低成本。它分享了该专利说明，并且与行业中的公司进行了最好的实践。

©版权归理查德·林奇所有，2012年。保留所有权利。该案例是由理查德·林奇所著，来自于已发表的信息。[3]

案例问题

1. 你认为随着时间的推移，脸谱网的战略能够持续吗？如果你是脸谱网的负责人，下一步你将怎么办？
2. 其他公司能够从最新的战略中得到什么启示？你愿意对一个刚起步的社交网站进行投资吗？

1.1 战略管理是什么？

1.1.1 战略管理的性质：常规视角

定义➡ 战略管理是指确定组织目标以及实现目标的计划、行动方针的管理过程。[4] 重要的是，这并不是唯一的定义。我们将在下一节考虑另一个观点。但这个定义清晰地表明了战略管理的含义，即尽可能地提前制订计划，并随着时间的推移来实施战略。相当于一个医生，为了治愈疾病而写下一个治疗方法，因此这就是常规战略。

在案例1.3中，谷歌早期目标是为公司的所有者、朋友以及当前的员工解决工作问题。随后，随着公司的发展壮大，公司目标发生了变化，即需要寻找新客户并拓展产品范围。公司目标成为了更加广泛的概念，即为创始人以外的独立股东提供股息，并为更多更广泛的顾客提供服务。一直以来，公司的创始人通过业务扩张计划创造了新业务发展机会，即在国际上和谷歌所能提供服务的范围内拓展业务。

视频
第1部分

以上战略管理的定义中包括两个主要因素:公司层战略和业务层战略。如图1.2所示,显示了战略管理主题中的两个重要方面。像安索夫(Ansoff)[5]和德鲁克(Drucker)[6]这样的早期评论家都清楚地提到战略管理的这两个方面,即根据组织所拥有的资源来制定需要采用的未来发展方向。

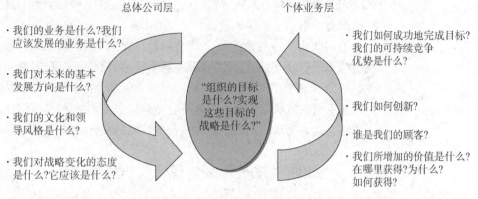

图1.2 战略管理的本质

- 在总部或者总部层次上,所作出的基本决策需要考虑公司从事的业务或应该从事的业务。在这个广义层面上,组织文化和领导能力也是至关重要的。[7]例如,在写这本书时,谷歌为了与其美国运营业务相匹配,特地成立了一个主要的新欧洲总部,即组织的中心层便作出了国际化的基本战略决策。重要的是,谷歌决定在欧洲复制组织的原始精神。因此,公司在瑞士苏格兰设计了新总部,装饰着流行的颜色和挂饰,并且招聘了能够适应独特谷歌文化的创新团队成员。公司层战略也可以参照以下战略管理的定义:

战略管理是主要目标或者最终目标的一种模式,以及为了实现这些目标的计划和政策,用这种方式阐述并定义了公司所从事或者将要从事的业务,以及公司现在或者将来的类型属性。[8]

- 在业务层面上,战略管理集中在争夺顾客、从资源中获得价值并强调那些优于竞争者的资源的可持续竞争优势。比如,在21世纪初,谷歌对新网络服务进行了重点投资,正如案例1.3中的谷歌地球地图库。业务单位战略可以参见以下的战略管理定义:

公司的战略必须与其内部能力和外部关系相匹配。它描述了该如何应对和处理供应商、客户、竞争者以及社会经济环境的关系。[9]

但是,正如上文所述,对战略的定义并没有达成共识。[10]例如,像坎贝尔(Campbell)这样的战略作家[11]认为公司层战略更加重要;相反,大多数的战略书籍和研究报告,如波特(Porter)[12]的作品,更倾向于业务层战略。这本书综合了这两个层面。

1.1.2 战略的另一个视角：新兴应急视角

许多战略家对上文所述的战略定义存在争论。[13]一些作者，比如奎因（Quinn）强调未来的不确定性，认为确定目标、单一战略并制订完整的战略规划是毫无意义的。[14]

定义 → 他们认为战略管理是一个具有风险的动态性过程。因此，战略管理能够随着时间来寻找市场机会并尝试形成竞争优势。战略目标在实际中并非一定能实现。该定义完全不同于前面提到的定义。例如，在起初推出服务之后，谷歌就已经改变了它在互联网的两个独立场合销售广告空间的方式，即根据市场经验调整了战略。这表明战略随着组织内外部的环境的变化而发展，因此称为应急战略。

1.1.3 战略管理是什么？现代共识视角

基于以上两个关于战略管理性质的不同视角，质疑这个主题是否存在任何现代共识是合理的。在2002年到2005年期间，三位战略学家对此进行了调查，他们调查了1984年到2003年期间的资深战略家和学者对该主题的研究观点。[15]总而言之，他们得出的结论是，领先的战略家和学者对战略管理的定义达

定义 → 成了默许共识，即"战略管理所包含的领域是处理主要的预期计划和应急计划，这些计划是由代表公司所有者的高层制订的，并运用资源来提高公司在外部环境中的业绩。"[16]实际上，这个定义从根本上包含了上文中战略管理的两个视角，即预期视角（书中为常规视角）和新兴视角。本书明确地采用了这种达成共识的定义。

同样，该定义被企业领导者反映在要素识别中，比如竞争优势、控制成本、保持质量以及技术创新等。战略管理中的这些要素是非常重要的，但是对于获取成功而言却是不充分的。比如，全球多元化公司宝洁（Procter and Gamble）的首席执行官雷富礼（A J Laffley）曾经说道："游戏的关键在于创新，我们一直努力将创新纳入公司战略和过程中。"[17]

在这个框架下，常规方法和应急方法之间的主要差别是不能忽略的。因此，本书同时探索了常规过程和新兴应急过程，以及它们对战略发展的意义。但是，相对于后者，本书更重视前者，因为在文献中，前者受到了更多的重视。

1.2 战略主题

进一步在战略管理的业务层面上检测公司行为，并重视这个定义，每个组织都需要在三个主要方面来管理它的战略：

1. 组织的内部资源；
2. 组织运营所处的外部环境；
3. 组织增加价值的能力。

战略管理可以被认为是一个连接过程,即连接了组织内部资源管理以及它与顾客、供应商、竞争者和所处社会经济环境之间的外部关系。[18]组织从它的能力和资源中形成这些关系。因此,组织利用其历史、技术、资源、知识以及各种想法探索了未来的行动。图1.3展示了上述过程。

对于一些大型组织而言,在它们的总部中出现了战略管理的其他方面,这被称为战略管理的公司层面,同时也包含了像处理财务和附属子公司这样的工作,这将在本书第9章中进行研究。

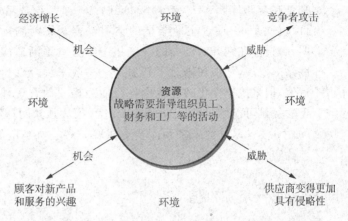

图1.3 战略管理是如何将组织资源及其环境联系起来的

1.2.1 资源战略

组织的资源和能力包括人力资源技能,以及组织在每一部分的投资和资本。组织需要制定战略使得资源利用最大化。特别重要的是,需要调查可持续竞争优势,这将使组织得以生存并合理地抵制竞争。例如,谷歌(见案例1.3)拥有能够处理大量电脑数据的独特秘密算法,并建立了令顾客满意的网站。它同时对其产品的品牌化以及那些利用谷歌来宣传顾客公司网站的公司进行了大量的投资。这些都是谷歌资源和能力的一部分。

1.2.2 环境战略

这部分讲述的环境包括组织外部的每个方面:不仅仅指相差很大的经济和政治环境,还包括或多或少具有进攻侵略性的竞争者、客户和供应商,其中客户和竞争者特别重要。尽管在战略定义中包含了环境的概念,但是"环境"一词不仅仅指"绿色、保护地球"的问题,这些问题都是很重要的。

因此,组织需要制定战略,该战略必须适合于组织所处环境下的优势和劣势。例如,谷歌在推出第一个信息搜索引擎时,面临着像雅虎(Yahoo!)和Ask Jeeves这样的美国公司所组成的激烈竞争环境。此外,谷歌还必须处理世界上许多市场的经济增长变化,这将会影响谷歌客户的决定,使其寻找新的产品和服务来源。

一些评论家,如大前研一(Ohmae)[19]认为,当组织面临竞争者时,的确需要战略,即没有竞争威胁就意味着不需要战略。这是一个相当狭隘的战略和环境观点:即使是一家没有竞争对手的垄断企业也需要战略来捍卫自身的市场地位。随着世界上国有垄断企业的普遍私有化的出现,仅仅是这个原因也是需要战略管理的。同样,慈善机构也需要为了捐赠者的资助而竞争,有时是为了保证机构的有效运行而需要争夺志愿者。在这种情况下,战略管理还是有意义的。

其他的评论家,如明茨伯格(Mintzberg)[20]认为,市场环境是很不确定的,特别是在全球背景下,以至于不可能制订一个长期战略规划。这也许需要精心制订,也就是说,通过不断尝试的学习过程来逐渐制定战略。例如,案例1.1表明,脸谱网在它开始创办的一些年中学习着逐渐适应其社交网络战略,并随着网站的发展,增加和修改了新服务。一般来说,组织可能通过有效管理来增加价值,但是快速变化的环境也许只能为提前的管理计划提供很小可能性,或者无法提供可能性。这样的评论家认为,无法预知的环境使得制定一个可行战略的任务要比单纯的未来预测要更重要一些。所制定的战略必须能够解决这种不确定性。

1.2.3 增加价值

除了研究环境变化和资源管理之外,需要进一步研究战略管理的目标。实际上是使组织的供应品增加价值。为了确保长期生存,组织必须具有供应品,并通过运作来为其增加价值,随后将产出传递给顾客。

例如,脸谱网利用它所购买的供应品,如软件、能源信号、技术和电脑设备,及其自身资源和专业技术创造一个来自于这些供应品的产品,尤其是脸谱网的网页内容,该产品所具有的价值要高于已经被用来制作产品的所有供应品的组合价值。脸谱网提升价值后会为其顾客提供合适的服务。

战略管理的目标是为组织提供能够创造重要附加值的条件。战略管理也必须确保组织能够适应变化的环境,以确保在未来继续增加价值。提高价值的方法是战略管理的关键。

战略管理既是一门艺术也是一门科学,没有任何一种战略是万能的。相反,大多数组织更愿意将战略建立在它们的技术之上,他们将会受到过去经验和文化的影响,受到背景、资源和环境的限制(正如我们的个人生活一样)。此外,战略管理并不是毫无逻辑的,它也会使用科学方法和证据。因此,在战略管理过程的最后是对商业判断的运用。在本章结尾的案例中,谷歌在2006年利用商业判断收购了YouTube,其16.5亿美元的收购价格较高,但是,一旦建立了第一家视频共享网站之后,新兴的快速增长的视频共享市场将使得其他公司很难进入该市场。

1.2.4 战略决策的关键因素

在战略决策中,存在五个关键因素。它们主要与组织增加价值的能力、组织在市场上获得顾客的竞争能力有关。为了阐明这些因素,可以参见该案例,即高度竞争的视频电子游戏在2010年的全球市场上的价值大约为350亿美元。

1. 现有客户和新客户。在战略管理中,顾客比竞争对手重要,因为他们具有购买决策力。这似乎是很明显的,但是,大量的战略管理文献更多关注的是竞争者而不是顾客。即使在公共部门和非营利部门,客户也是十分重要的。例如,如果微软公司推出新的Xbox游戏控制台不能吸引大量顾客,那么这项举措就是毫无意义的。从2001年推出新游戏机到2011年期间,微软已经出售了0.5亿台设备。

2. 实现战略的实施过程。至少在部分定义上,战略是关于如何发展组织或者允许组织朝着预定目标发展演进。例如,在2001年秋天,微软开始在美国市场上推出Xbox,随后在2002年春天进入日本市场,并在此一个月之后进入欧洲市场。在2006年,它推出了新一代产品,即Xbox360,并在2010年推出了Kinect控制器。重要的是,微软在市场上竞争所采取的战略决策时间都是在20世纪90年代,随后便进行了大量投资来实现这些目标。

3. 提供可持续竞争优势。为了组织的长期生存,战略的可持续性非常重要。如果在微软推出Xbox游戏控制台的六个月之后市场就消失了,那么这一举措就是毫无意义的。直到2007年,微软花费数百万美元开发了产品,这将需要花费几年的时间才能恢复公司的业绩。[21]如果一个战略所具有的竞争优势高于实际的或者潜在的竞争者,那么除了可持续性之外,该战略更需要有效性。相比于竞争对手索尼(Sony)和任天堂(Nintendo),微软进入全球电脑游戏市场的时间较晚。因此,微软需要在新产品上通过一些独特的竞争优势来吸引竞争对手的顾客。起初,它声称提供了最好的视频图像以及在线游戏的功能。随后,它声称能提供比竞争对手更高级的游戏和更强的计算能力。在2005年,微软的主要竞争对手索尼游戏机PlayStation公开了一个能够击败微软优势的全新的电脑芯片。形成竞争优势的一个方法就是创新,这是本书一直宣称的主题。正如很多读者所知的一样,索尼在其电脑芯片和相关的激光技术上存在技术问题,以至后来推出了必须能够赶超竞争者的PlayStation 3。因此,在技术创新方面经常存在风险。

4. 探索组织和环境之间的联系。这种联系不能简单地被复制,它能为组织带来卓越的绩效。战略必须研究现存的组织和环境之间的联系,即组织与供应商、客户、竞争者以及政府之间的联系。这些联系可能是具有合同效应或者正式性的,但也可能是不明确或者非正式的(不能仅仅因为它们是不合法的联系就认为它们不重要)。在视频游戏机的案例中,微软公司也能够提供生产能力,以及与其他主导电脑软件产品之间的联系,如浏览器和Windows XP、Vista、Windows 7,但是这种联系似乎并没有被证明是特别有利的。

5. 愿景和目标。这是一种用重要方法使组织超越当前环境不断发展前进的能力。这可能包括创新战略。在高度竞争的视频游戏市场中,具有一个未来愿景和清晰的目标是非常重要的。目标可能与环境有关,但主要是针对组织本身,如视频游戏在未来五年内是如何挑战其他公司的,同时与这期间的直接战略决策有关。对于微软公司,Xbox的愿景就是将公司现有的办公软件,如报告撰写和报告展示,转换成像视频游戏那样的新家庭娱乐设备,因此能够提供一种完全新的收入来源。这很可能涉及针对公司面临的战略问题而提出的创新解决方案,如微软在2010年推出的Kinect控制器。随后,需要将公司的愿景转换成明确的目标。任天堂具有一个竞争性的愿景和目标,即在2006年推出了革命性的Wii游戏设备,这将在案例4.4中作解释。

战略管理的目标与获得组织长期附加值有关。据报道称,在2006年,微软的Xbox仍然没有获得丰厚的利润,但是这种状况在2011年有所改变。

对于战略管理,我们可以总结:战略管理是指代表所有者和其他股东利益的管理层所采取的预期计划和应急计划,包括对资源的使用,来提高组织在外部环境中的业绩,从而为组织增加价值。

什么造就了有效的战略?由于制定有效战略存在困难,所以有必要探索并回答这个问题。在网站上存在对这些问题的回答。

关键战略原则

- 战略管理是指代表所有者和其他股东利益的管理层所采取的主要预期计划和应急计划,包括对资源的使用,来提高组织在外部环境中的业绩,从而为组织增加价值。
- 战略管理在组织中可以划分为两个层次:公司层战略和业务层战略。
- 在公司层中,战略管理是对主要目标、具体目标,以及实现这些目标的计划或政策的管理模式。它同样需要考虑公司现在从事的业务或应该从事的业务。
- 在业务层中,战略管理与组织内部能力,以及与组织外部的顾客、竞争者和其他人之间的关系相匹配。
- 现代普遍接受的战略观点增加了另外一个维度:常规过程和新兴应急过程。
- 制定战略时,组织需要考虑与环境有关的资源和增加附加值的主要目标。随后,在利益相关者之间来分析附加值。
- 战略中存在五个关键因素。它们主要与增加价值的需要和提供优于竞争者的优势有关,即客户、实施过程、可持续竞争优势、组织和环境的相互联系、意愿和目标。这些因素中有些也许包括了对战略问题的创新性解决方案。

案例研究 1.2

IBM企业的利润灾难

在20世纪90年代早期,世界上最大的电脑公司,国际商业机器公司(IBM),遭受了公司历史上最大的一次利润灾难。实质上,这次灾难来源于公司糟糕的战略管理。该案例研究了 IBM 是如何遭受如此劫难的。在网站上有一个免费案例，即"IBM 跳出固有框架的思考"。它与本书第六部分中的案例有关，揭示了 IBM 是如何通过管理来至保持其世界上最大的电脑公司地位的。

在 1991 年至 1993 年期间，美国 IBM 公司遭受了将近 160 亿美元的净损失（几乎是当时爱尔兰共和国总 GDP 的一半），如图 1.4 所示。在这一时期，公司具有很多所谓好战略的特点，即一个主导的市场份额、优秀的员工政策、可靠的产品（也许不是最具创新性的）、与政府的密切联系、可靠的地区和国家社区政策、良好的财务情况、在世界各地存在大量的现代工厂投资。但是，这些都不是其导致利润问题的关键，问题主要来自于战略管理的失败。本案例将揭示这一切是怎样发生的，如图 1.4 所示。下文中将会研究产生主要损失的原因，显然，公司仍然在继续销售产品，但是它的成本太高了，同时竞争状况加剧，导致提高产品价格是不可能的。

IBM 市场主导地位：1970 年到 1985 年

从 20 世纪 70 年代到 20 世纪 80 年代早期，对于许多世界上的领先公司而言，IBM 成为了首选的电脑公司，即它具有显著的市场份额，接近 60%。同时，它根据自己的专业标准制造了自己的电脑，以至它们与其他电脑不兼容，但这有助于公司保持市场的主导地位。

实际上，IBM 公司提供了大量、快速以及可靠的设备，这些设备的功能是以前设备所不具备的，即会计、货品计价和工资结算等。最重要的是，对于客户来说，选择 IBM 是风险最低的："没有一个人会因为购买 IBM 而被解雇。"因此 IBM 在大型计算机上是市场领导者，其大约 60% 的利润来自于该产品。

从 IBM 全球电脑市场的主导地位可以反映出，IBM 的公司文化是自由的，并对自身的能力和资源十分自信。由于规模庞大以及全球市场范围，公司被分成一系列的国营公司，每一家公司都拥有一定的自主权，这意味着中央管理控制是有限的，同时许多关键战略决策是在国营公司层面制定的。通常到了年底汇总所有集团数据的时候，中央管理层才能知道关键产品集团所发生的情况。对于主要新兴市场，通常是由 IBM 的北美附属公司采取主动权。在这一时期，IBM 中心总部对大型计算机系列的成功和利润率非常满意，也注意到了另一个它没有涉及的小型相关市场的快速发展，即个人电脑（PC）市场。

PC 市场的发展

在 20 世纪 70 年代后期到 80 年代早期，已经出现了小型个人电脑，如 Osborne、Commodore、Sinclair。这些个人电脑都是特别便捷的，如苹果电脑。早些年，IBM 公司倾向于维持高技术水平。它认为个人电脑市场是很小的，并不能处理大型的工作。这些小型设备是建立在普通电脑芯片和软件的基

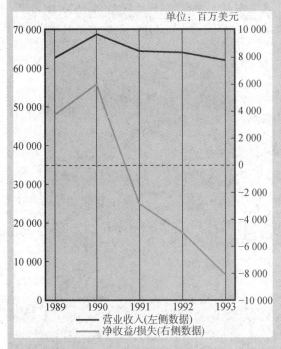

图 1.4　IBM 电脑：在 1989 年到 1993 年期间的销售额和净收入

础上的。尽管它们没有能力处理一些大型计算机的计算任务，但是个人电脑发展迅速，即在某段时期的年增长速度为100%。在20世纪70年代后期，IBM探索了新的增长区域，并决定在市场上推出自己的小型电脑。

1981年IBM个人电脑的推出

由于IBM公司现有的公司架构非常庞大并且具有国有性质，其文化发展缓慢并且思维狭隘，所以该公司选择建立一家子公司来制造和营销其第一代个人电脑。然而，公司并没有利用自己的专有半导体芯片和操作软件，而是分别从美国的中型芯片制造商英特尔（Intel）以及当时规模很小的软件公司微软中获得材料。

IBM公司认为让其设计成为世界标准，就是对英特尔和微软以及所有PC用户的最大帮助。确实，IBM对其在一个小型专业市场上所建立的全球基准相当自豪，同样对维持其在大型计算机市场上的领先地位而感到自豪。1981年，IBM公司最终在没有英特尔芯片和微软软件的支持下研发出第一台个人电脑。新型个人电脑的成本是3千美元，按照现在的标准来看，其成本是非常低的。在大多数个人电脑中，除了苹果的兼容性被接受外，IBM的兼容性很快就成为了普遍标准，这种发展将会对IBM产生两种结果：

1. 它的全球PC标准允许竞争者在第一时间根据标准设计进行生产。

2. IBM没有对英特尔和微软为其他公司所供应的相似产品进行限制。

IBM公司认为这些都不重要，因为他们认为公司将会统治小型电脑市场，就像统治大型电脑市场一样。另外，该公司判断小型个人电脑不会取代大型计算机，所以认为这对公司的主要业务不存在威胁。随着时间的推移，IBM公司最终还是在这两个方面失策了。

20世纪80年代后期的技术进步和品牌化

尽管新技术会驱动电脑市场的发展，但是关键的发展还是上文提到的IBM公司所建立的公用技术设计。这意味着IBM的竞

由于它的价格（高于1千美元）和性能，新型的雅达利ST（Atari ST）在1985年表现了物有所值的特性。它能与新型的IBM-PC标准兼容，但是并没有使用微软的Windows软件，它使用了被称为GEM的替代品，该软件现在已经消失了。雅达利公司本身已经在1990年左右停止了贸易活动。

争对手最终拥有一个共同的技术平台来降低成本。IBM公司是不能或者是不愿意为自己的设计设立专利的,该公司认为其声誉能促使客户选择它的PC产品。然而,其竞争者能够利用新的普遍兼容的个人电脑设计来生产出比IBM更快的、更可靠的以及更便宜的电脑,这些竞争者所使用的先进技术出现在20世纪80年代,这是IBM公司的战略失误。

IBM与其他电脑公司一样,继续在产品品牌化方面花费大量的资金。然而,它们的供应者,如英特尔和微软,也开始在广告上投下重金。在20世纪80年代后期,微软开始推出Windows;在1993年,推出了英特尔的Pentium微型芯片,它们都注定了会主导各自的市场。

在1986年到1993年期间,IBM陷入灾难

在20世纪80年代后期,IBM意识到来自微软和英特尔的竞争威胁。在1994年,为了抵制竞争,它开发了自己专有的软件OS/2 Warp。同时,IBM还与苹果公司协商制定新的电脑芯片标准来抵制英特尔公司。尽管这两项措施有一定程度上的创新,但为时已晚。IBM公司努力地实现着自己的想法,但是专业软件在和微软的竞争中没有任何进步,芯片制造也在90年代中期被迫放弃了。

1993年,IBM公司的广告集中宣称其个人电脑使用了微软的Windows操作系统和英特尔的芯片,IBM公司在小型电脑市场上仅仅是众多电脑制造商之一。

新组织架构:1991年

认识到变革的重要性,在1991年,IBM公司开始组建了一个新的组织架构。直到现在,组织主要强调了公司的两个核心方面:

1. 产品。公司提供最完整的产品范围,从大型计算机到电信网络、从个人电脑到计算机软件,每个主要产品集团所销售的产品都是独立于其他集团的。

2. 国家。在大多数国家,IBM公司是主要的供给者,因为它有能力在国家水平上为每个国家的特殊要求提供可定制的电脑解决方案。在每个国家中,IBM拥有专门的管理责任。

当这两方面引起强烈的反应时,这意味着国家公司和私人产品的提供并不能满足全球以及国际公司的客户的需求。在1991年成立了新组织,主要的全球产业,如银行业、保险业、石油业、天然气、制造业、通信业以及运输业,都是由专业团队来设计种类齐全的产品。这个新架构包含了行业解决方案单位(ISU),每一个ISU都有专门的管理团队,每一个单位的绩效测评,不但要考虑销售量,还要依据顾客的满意度。但是,国家和产品经理都不愿意放弃对ISU的控制权,这些单位都是在国际上的许多国家中进行运营的。这就导致了顾客对IBM的混淆,以及IBM公司内部的政治斗争。

未来IBM战略:1993年的战略视角

在遭遇20世纪90年代早期的主要利润问题之后,IBM清楚地认识到需要转变战略。该公司聘用了来自电脑行业以外的新首席执行官郭士纳(Lou Gerstner)。1993年IBM的传统战略观认为公司规模过于庞大,公司真正的优势在于一系列的国家IBM公司,许多这样的公司都拥有自主权、对特定的国家市场条件能够迅速反应并能生产出广泛卓越的IBM产品。但是,也正是由于区域的自主权和广泛的产品范围意味着它很难提出产业的解决方案。此外,IBM的中心总部和研究机构很难快速应对全球市场上的市场和技术的快速变化。尽管已经建立了ISU来解决这个问题,但是效果并不是很明显。因此,对于IBM来说,最常见的策略解决方案就是将公司拆分成一系列更小规模的以及能在不同的产品领域快速响应的子公司,如个

人电脑公司、大型计算机公司、打印机公司等。

©版权归理查德·林奇所有,2012年。保留所有权利。该案例是由理查德·林奇所著,来自于已发表的信息。[22]

案例问题

1. 利用战略决策中的五个关键因素(见1.1.4节),分析IBM公司的战略管理。从这些因素中以及附加值分析中,你能得出什么结论?

2. IBM的优势和劣势分别是什么?在激烈的竞争性环境中,公司所面临的机会和威胁又是什么?

3. 如果你是IBM的CEO,在1993年,你将采取怎样的战略扭转公司的局势呢?当你作出决策选择之后,你可以参考本书的免费在线网站去查阅公司下一步的战略。该案例的网站链接案例是本书第六部分中的"IBM跳出固有框架的思考"。

IBM所遭受的战略灾难产生了一些战略问题:"公司为什么会失败?"在网上存在很多的答案。

1.3 战略管理的核心领域

定义➡ 战略管理三个核心领域是战略分析、战略制定以及战略实施。

1. 战略分析。对组织愿景及目标进行评估和分析。战略管理为组织中的人员提供了价值,即利益相关者,但通常是高级经理在一个更广阔的层面上制定了组织整体的目标方向。他们对目标以及组织与环境的关系进行了实验和评估,同时他们对组织的资源进行了分析。这部分将在本书的第3章到第7章进行探讨。

2. 战略制定。必须制定战略规划并从中进行选择。为了成功,战略要尽可能建立在组织各自的特定技能和特殊关系上,这些关系包括组织已经拥有或者能够与供应商、客户、经销商以及政府所建立的关系。对于大多数组织而言,战略制定将意味着形成优于竞争者的可持续竞争优势。通常会存在很多可行的战略规划,并且至少会选中一个战略规划。这部分将在本书的第8章到第13章中讨论。

3. 战略实施。实施所选择的战略规划。在实施过程中也许会存在主要的困难问题,关于激励、权力关系、政府谈判、公司收购以及其他问题。不具有实际操作性的战略将不被记录。这部分将在本书的第13章到第15章中探讨。

表1.1 战略中的三个核心领域的术语定义[23]

	定义	个人职业为例
使命陈述	与利益相关方期望或价值观一致的、压倒一切的目标,同时界定企业经营的产品与市场范围。	成为欧洲产业的领导者

续表

	定义	个人职业为例
目标	清楚地说明组织应该达到怎样的成果以及指定的任务，常常用数量衡量。	到42岁获得一家主板上市公司的管理职位
战略	开发核心竞争力、获取竞争优势的一系列综合协调的约定和行动，是企业长期发展的方向。	1. 获得一所处于领先地位的欧洲商业学校MBA学位 2. 就职于一家处于领导地位的咨询公司，为进入公司总部做好准备 3. 35岁在所选公司中成为关键的管理者
计划	根据战略进行行动，强调通过一步一步的行动来达到目标。	1. 获得一等荣誉学位 2. 接下来花费两年的时间供职于商业银行 3. 两年后的12月确定三所顶级的商业学校 4. 第三年的1月向这些学校提交申请
控制	监测各项行动，在必要时修改和调整战略。	婚姻和小孩意味着在前面表述的两年里存在退让，适当地调整计划延至三年
奖励	战略成功，为组织和个人增加价值。	高薪酬和事业满意

一旦制定了一个可行的战略之后，就应该详细地研究这三个核心领域。为了阐明目标，有必要将战略管理过程分成三个连续的核心领域，如上文所述。然而，有时候，仅仅按照顺序来思考这三个方面也许是错误的。许多组织所拥有的是与客户和供应商已经形成的良好关系，而其他组织却还没有建立这种关系，所以组织不可能实施那些不存在的战略。因此，即使是新的小型公司也想尝试去协商一项可行的战略。由此意味着这三个领域的活动可能是同时进行的，即在分析和制定战略的同时也实施一些想法。

表1.1列举了战略管理的三个核心领域的一些有效定义，其中有些定义已经在前文进行了介绍。为了区分这些术语的不同，表中列举了一个有志向的年轻管理者的例子，说明他或者她的职业生涯战略。但是，表1.1强调了这三个核心领域的两个重要限制条件。

1. 判断能力和价值观的影响；
2. 在主要预测中的高水平预测性。

判断能力和价值观在实现愿景和目标中的重要性表明战略管理不是一个精确的科学。同样，在许多战略决策中存在着风险，如表1.1中所假设的事业案例。如果将要实现雄心目标，那么这个人对生命中的重要事情具有明确看法；有些人也许不认同他的价值观。此外，进行职业选择时会存在与其成就有关的风险。我们将在第6章和第10章中分别探讨价值判断和风险的作用。

此外，当战略管理是为了预测组织的未来时，那它也许具有高度预测性并包含主要的假设条件。例如，表1.1中的职业生涯后期阶段中包含了一些困难的预测，如结婚、家庭和健康，这些是不容易预测的。确实，考虑到这些风险和不确定性之后，很难把该案例看作是优于现实愿望描述的事物。同样地，在战略管理过程中，仍然存在一些严重错误和未来方向的不可实现性。

许多关于战略管理的书籍和研究论文都没有意识到这个问题，并对所给出的暗示表示愧疚，暗示战略管理对未来具有确定性，而在现实中是不具备这种特性的。[24]一些公司也采取了这种方法，并基于该方法认为应该严格按照固定周期来制定战略。[25]这并不意味着我们不应该探索该课题的未来发展方向，而是需要我们意识到它们的意义以及存在的风险。

> **关键战略原则**
>
> - 战略管理的三个核心领域是：战略分析、战略制定、战略实施。
> - 三个核心领域中存在两个重要的条件：判断能力和价值观在制定目标和战略选择时具有重要作用。此外，一些因素具有高度预测性，也许包含了主要的假设和风险。
> - 这三个核心领域之间存在重叠部分，为了阐明情况，该重复领域已经被分离。但是，在实际中，这三个领域也许是同时进行的。

这是一个探索制定战略决定的案例研究，包括在有效战略中的判断和分析：苹果的盈利模式和风险战略。

在读完这个案例之后，你能在案例的后面看到答案。

1.4 背景、内容和过程

研究[26]显示在大多数情况下，战略管理不是简单地进行战略决策以及之后的实施的过程。决策过程本身需要花费大量时间，而且战略成效的出现还有时滞。这里有两个原因需要考虑：第一，人员。比如管理者、员工、供应商以及客户。其中的任何一个人可能运用自己的商业判断去选择战略。这也许会影响最初的决策以及执行决策的后续行动。第二，在战略实施过程中，环境可能发生根本变化，这可能意味着所选择的战略必须废掉，而且战略制定过程需要再启。

由于这些原因，在战略制定中要重点区分过程、内容和背景。每一个战略决策都包含了这三个因素，必须分开考虑这三个因素，同样也可以一起考虑。

每个战略决策包括：

1. 背景：战略运作和战略制定的环境。IBM案例中，在20世纪80年代期间的背景就是个人电脑技术发展的迅猛变化。这将在第11章进行深入研究。
2. 内容：所选战略的主要行动方针。IBM的战略内容是决定开发新的个人电脑以及它随后在市场上的业绩。这将在第 10 章进行深入研究。

3. 过程：为了应对快速变化的环境，在战略实施时，需要考虑行动举措是如何联系起来的，是如何相互作用的。IBM 公司的过程就是当其试图应对竞争行为时，它会延迟抢占个人电脑市场的时间、对竞争行为以及各部之间的相互作用采取缓慢的反应。因此，过程也就是制定战略和实现战略的集合。这将在第 5 章、第 10 章和第 11 章进行深入研究。

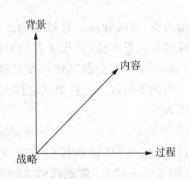

图 1.5　战略决策的三个因素

资料来源：Adapted from Pettigrew, A and Whipp R (1991) *Managing Change for Competitive Success*, Blackwell Publishing Ltd, p6. Reproduced with permission.

这些因素是战略管理决策的三维立方体中的三个轴（图 1.5），这么区分的意义将在第 5 章、第 10 章、第 11 章中进一步探讨。

在大多数战略管理中，环境和内容是相当清晰的。正是制定战略所使用的方法，即过程，通常会导致严重的问题。过程需要进行调查，并且是模糊和不切实际的，因为过程中包含了人的因素和瞬息万变的环境因素。

在战略实施阶段，过程可能会影响初始战略决策，导致战略实施的困难性。例如，随着 IBM 公司战略过程的展开，竞争行为迫使组织进行了裁员，而这并不是初始战略内容中的一部分。

纵观这本书的各种观点可以发现，在阐明关系方面，区分过程、环境和内容是十分重要的。但需要重点强调战略过程，因为它是战略中最困难的内容之一。

> **关键战略原则**
>
> - 在战略管理发展中，有必要区分三个因素，即背景、内容、过程。
> - 在大多数战略管理中，背景和内容是相当清晰的，而导致问题的往往是人们在组织的发展以及战略实施的方式的选择。
> - 当在变化的环境中展开战略时，战略过程是将所有行动结合起来，这些行动相互作用。它通常是战略制定中最困难的部分之一。

1.5 过程：三个核心领域的纽带

1.5.1 基于过程的两种观点

视频
第1部分

目前为止，战略管理一直被认为是统一的、具有凝聚力的学科。这一点在解释和探讨存在根本分歧（指学者们对战略主题的形成方式所产生的分歧）时很重要。由于学科本身的宽泛与复杂程度，关于战略管理的内容、过程和性质出现了一些的不同观点。这里从总体上概括为两种主要的、具有代表性的战略管理发展方式：

1. 基于常规的观点。一些学者判断认为，战略管理从根本上是一个线性和理性的过程，起点为"目前我们在哪里"，然后为未来制定新战略（见 Jauch、Glueck[27]和 Argenti[28]）。常规战略是指在战略开始之前，组织已经界定了战略目标以及主要内容。

定义➡

2. 基于应急的观点。另一些学者认为，战略管理的出现是适应了人类发展的需要，并随着时间的推移而继续发展。它不断演进、增量式发展且具有连续性。因此，不可能简单有效地用一个需要执行的计划来进行总结［见明茨伯格(Mintzberg)[29]、Cyert、March[30]］。应急战略是指伴随战略过程，战略最终目标以及主要内容尚未明确并会不断发展。这个理论常常着眼于长期常规战略价值的局限。

定义➡

在第2章中，我们将从更多的细节上来讨论这些重要的不同点。在那些认为过程是线性和理性的学者之间也存在着分歧。明茨伯格[31]强调了分歧的本质，即，

流行观点认为，战略是一项计划或者远见；有些人则处在重要地位上来为其他人制定实施的战略。当我们在这个迂腐的世界里能够意识到事先思考，尤其是创造性愿景需求的重要性时，我希望提出另一位战略家的观点。这位战略家是模式的识别者，你也可以认为他是学者。他认为在管理战略过程中，战略（愿景）可以是突然出现的，也可以精心策划。

这里需要指出的是，明茨伯格意识到了这两种方法的优点。（两种方法都能够作出贡献，并不是相互排斥的。在很多方面，它们被看作人类的大脑，都拥有理性的左脑和感性的右脑。为了保证大脑的良好运作，需要同时具备这两个方面）[32]同样的情况也会出现在战略管理中。因此，本书的参考文献都是关于常规方法和应急方法的。但是，应该理解的是，在战略管理的一套完整概念中存在许多主题，这将在第2章中进行详细的探讨。

1.5.2 对三个核心领域的影响

1. 常规方法认为三个核心领域,即战略分析、战略制定、战略实施,是按顺序联系在一起的。因此可以通过分析这三个领域来制定随后将实施的战略,即可以提前制定战略,如图1.6(a)所示。

2. 应急方法认为三个核心领域在本质上是相互联系的。但是,通常认为战略分析是不同于另外两个领域的,并且要早于它们。因为通过尝试实验来制定战略的过程是一个反复试错的过程,因此明确地区分战略制定和战略实施阶段是不合理的:它们之间是紧密联系的,一个阶段产生的结果会被另一个阶段采用。这些关系如图1.6(b)所示。

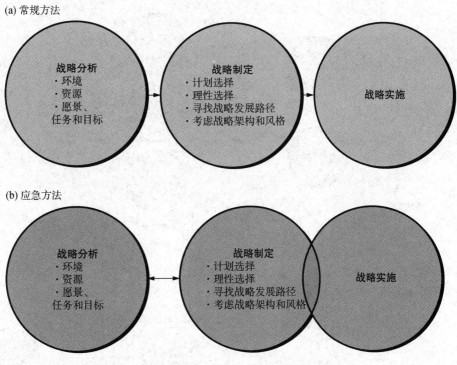

图1.6　三个核心因素的常规方法和应急方法

1.5.3 战略管理制定模型

基于以上两种方法,通过建立模型来帮助理解战略管理的运作方式。在这里,我们将会解释这些模型,并在全书中使用这些模型来形成我们对该主题的研究。

两个对比模型如图1.7所示。将会在本章的后文中对该过程的各种因素进行深入分析。

战略分析

常规方法和应急方法的分析阶段能够分成两个方面,即,

1. 环境分析:分析组织外部正在发生的或者可能要发生的情况(比如,经济和政治发展、竞争等)。

2. 资源分析:探讨组织内部可用的资源和技能(比如,人力资源、工厂、财务等)。

此外,还存在第三个方面:

3. 识别愿景、使命和目标:制定和评价战略方向以及更具体的目标(比如,利润和资本收益率最大化,或者某些情况下的社会服务)。

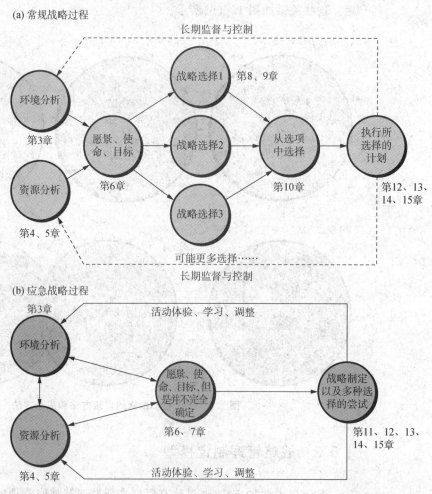

图 1.7 常规战略方法和应急战略方法

重点:这两个模型阐明了战略过程的两个极端方面。它们过度简化了现实状况,因为现实太复杂、太相互交错。但是,在阐明和思考战略过程的不同方面时,这两个模型是很有效的。

许多战略家将第三个方面置于第一、二个方面之前。[33]他们认为,任何组织首先应该制订目标,然后分析如何实现目标。但是,本书认为,目标是在环境背

景和组织竞争性资源的基础上设立的。例如,一家草帽制造商在设立目标之前,必须考虑草帽的有限市场需求和具有优越竞争性资源的有限可能性。

所以,两种方法都能接受意愿、使命和目标,但是在这点上是存在明显分歧的。

战略制定和实施

按照常规方法,下一步就是正式地考虑能实现目标的战略规划。随后,根据已确定的标准,从战略规划选项中进行合理选择,从而确定常规战略。在大多数情况下,在实施所选计划之前,需要考虑必要的管理、控制以及在实践中的其他重要问题。之后,决策会反馈到组织的环境和资源当中。例如,一个新战略的结果就是,战略中的"资源"可能包括新因素和新产品,"环境"可能包括被组织吸引的新顾客。所有的这些将对随后的战略决策产生影响,也就是模型中表示的外部反馈箭头。

图 1.7(a)中,可以反映这个步骤。然而,该图仅仅代表了一种方法的表述。实际上存在许多不同的方法,即战略家对明确规定的路径并没有达成一致意见。我们将在第 2 章进行深入探讨。

战略制定和实施:应急方法

实际上,应急方法更加强调战略选择和战略实施的试验性。在战略制定过程中,它试着通过试验、尝试和讨论来进行学习。该过程中,不存在最终确定的战略,而是一系列尝试性的试验方法。这些方法被那些参与试验讨论的人们所考虑,并用来制定未来战略。战略是在制定和尝试的过程中形成的。

因此,在应急方法中,战略制定和战略实施没有明显的区别。此外,不需要确定一个单独的讨论阶段,其中包含了领导能力、文化和组织,因为所有这些将不可避免地出现在战略制定和实施阶段。重要的是,应急方法中对先前的分析阶段存在一个强大的反馈链接,能够在适当的学习型战略中反映出环境和资源的变化,如图 1.7(b)所示。

根据定义,在一个组织中不可能出现单一的过程,因为每种情况都是不同的。图 1.7(b)表明了用这种方法来做决策的过程的循环性质,但不存在明确的应急路线。

关键战略原则

- 在战略管理的制定过程中,存在两种方法:常规方法和应急方法。它们相得益彰,并与战略过程有关。
- 常规方法认为三个核心因素是相继联系在一起的,而应急方法则认为三个核心领域本质上是相互关联的。
- 两种方法都可用来为战略管理过程制定模型。但是,应该意识到,每个模型都不是万能的,不能反映现实中的所有环境。

1.6 绿色战略

定义 ➡ 绿色战略是指组织的某些活动,这些活动的重点在于维持地球环境,并从这种附加活动中形成商业机会。没有人应该怀疑所有组织需要的根本变革,包括公共部门和私营部门。引用国际可持续发展研究所(IDDRI)的观点:"在未来的几十年中我们所面临的架构变化,包括人口增长、环境恶化和社会经济期望,都需要大胆的思维和创新的方法……以免让读者认为这里的资源只指矿物质,能源资源以及类似的商品,其实没有任何一种资源的需求强于我们对水资源的依赖,这是人类生活和幸福所不可缺少的珍贵有限资源。"[34]

实际上,在绿色战略中,需要考虑七个问题:[35]

1. 能源的有效利用,朝着电气化方向发展。安全、可持续能源是至关重要的。实际上,这会使组织远离石油和天然气,而转向其他产能方式。其中,有许多方法都是环保的,例如使用水力发电和风力发电。

2. 自然资源的可持续利用。可再生资源(如水、土壤和森林)与不可再生资源(如石油、天然气和矿物质)之间存在根本区别。我们应该尽可能地同时使用可再生资源和不可再生资源,但更应该谨慎、有计划地使用不可再生资源。任何策略都需要保护野生动物的栖息地、公共空间、湖泊和荒野。

3. 保护生物圈和环保组织的发展。许多公司的目标是在未来几年里减少使用石炭系燃料,如石油和天然气。随着时间的推移,这个目标要么是使用无碳燃料,要么是消除碳基燃料所产生的气体排放量。在承担这一任务中,航空公司会遇到一定的困难。但是,它们已经在尝试使用生物燃料来减少排放。

4. 国家自给自足。必要时,国家应当减少对进口能源的依赖。一些国家拥有丰富的替代能源,而其他国家却没有。但许多国家正在寻求替代能源,例如,使用太阳能或核能来取代石油和天然气。

5. 提高能源和资源效率。在能源生产和使用方面,许多国家政府和私人公司都在研究和投资更高效的发电方式。此外,组织也在寻求更有效地利用其他资源的方法,即从矿产到水资源。因此,研究和开发仍在持续,公司把整个方法作为其战略规划的关键目标之一。

6. 废物的减少和治理。绿色战略需要包括废物最少化、尽可能回收废物、针对危险废物制定特殊战略等。

7. 态度和生活方式的转变。实现重大改变的关键在于公众态度的转变。工作和闲暇、交通和基础设施建设、城市规划和建筑都需要改变。在许多情况下,这可能意味着国家层面上公众态度的根本转变。

当公司制定绿色战略时,以上所有方面都将为公司提供机遇并带来问题。本书的这一版本将进一步探讨这些问题。

所有公司在学习了本书中重要的和相关的内容之后,会对它们的绿色战略具有新的认识和评论。其中,许多公司目前是全球报告倡议组织的成员。该组织提供了可持续发展的全球报告框架,它为组织如何披露其可持续绩效提供了指导方针,包括指导方针、行业补充指引以及技术协议。G3 框架可以查阅:http://www.globalreporting.org/ReportingFramework。

> **关键战略原则**
>
> - 绿色战略是指组织的某些活动,这些活动的重点在于维持地球环境,并从这种附加活动中形成商业机会。
> - 需要考虑七种主要趋势:电气化,可持续性的自然资源,环保组织,国家能源自给自足,提高能源和资源效率,废物处理,改变关于能源生产和消费的生活方式。

1.7 公共部门和非营利性组织的战略制定

1.7.1 公共部门

在世界上的许多国家中,公共部门是国家工商业活动的主要组成部分。例如,南非的通信服务业,法国政府控股的国家电力和天然气公司,然而其中一些公司已经被私有化了。[36] 由于这类公司经常在国际上与私营企业竞争,所以许多相同的战略因素也适合于公共组织和私人组织。公共部门和私人组织之间的主要区别是国有机构缺乏为了实现利润的目的。目前,欧盟委员会认为,国家补贴可能不会与《罗马条约》兼容。同时,为了使用商业标准,公共机构面临着越来越大的压力。[37] 在欧洲,公共部门存在许多组织,从一些国家的电力供应到其他国家的公共卫生机构。它们各自的战略制定需求将取决于各自的性质。当然,那些被私有化的公司同样需要考虑。

在西欧地区之外,许多关键行业仍在实行公有制。然而现在,世界上大部分地区存在一种趋势,即公用事业和电信行业领域存在使大型公共公司私有化的趋势。支持所有权变更的观点已经在世界银行的各种年报中进行了陈述。[38] 当然,私有化对战略的主要影响将取决于私有化的形式。一些公司即使是私营部门,但仍然可能存在垄断。

在公共组织中与战略管理有关的主要因素是:
- 政策与政治。欧洲和亚洲的一些国家,如印度和中国,认为公共公司是那些提供公共服务的公司。因此,战略是针对这一目标而制定的。政府的政治政策将引导战略制定。
- 垄断供应商。政府当局往往是服务的垄断供应商。然而,为了有效运作,它们也许面临着压力,同时它们不能使用其所获得的剩余利润。此外,它们将受到政府政策方向改变的影响,从而导致其缺乏私人组织的一致性。缺少顾客选择将意味着供应商并未真正遭受市场压力,而这会影响私人部门的业务战略。

  ● 官僚主义和反应缓慢。作为公共部门的一部分,可能会影响公司的管理风格以及管理者和员工的价值观,尤其会导致严重的官僚主义以及缓慢地应对外界压力的反应。

  ● 与政府争夺资源。欧洲公共部门的真正战略大多是从中央政府中争夺资源配置。年度预算拨款增加或资金削减都将从根本上影响公共部门的服务和实物资产的投资水平。没有理由来解释为什么这种因素不应该受到战略审查,但解释该问题的证据和逻辑性质可能是不同的。

公共部门的战略将会在本书的第18章中进行深入探讨。

1.7.2　非营利性组织

在非营利性组织领域内存在公共和私人组织。例如,慈善机构、教堂,甚至是一些教育机构。非营利组织的建立通常是基于商业考量以外的因素。例如,鸟类和动物的安宁、疾病的研究、国际救援、扶贫。由于这些原因,战略管理必须首先认识和反映非营利性组织的价值观。[39] 它还需要了解这种活动的自愿性质以及可用资金的不同来源。

在这种非营利性组织中,所有这些因素将对其战略产生深远的影响,因此决策制定会更加缓慢且更加不确定。而且对于个人决策,也许存在更多游说性质的资助机构;也许会存在一些冲突目标使得战略制定变得更加困难。同时,在战略制定过程中,需要建立组织的风格和期望。这些问题将在本书的第18章中进行深入探讨。

> **关键战略原则**
>
>   ● 公共组织一般不以营利为目标。因此,战略取决于更广泛的公共政策问题,如政治、垄断供给、官僚主义与政府争夺资源,从而为组织活动提供资金。
>   ● 非营利组织战略需要反映有关机构的价值观,所以决策制定可能更缓慢且更复杂。
>   ● 基于上述限制,可以利用基本战略原理。

1.8　战略管理的国际维度

战略管理原则可以在世界上广泛应用,战略的国际维度确实提出了一些具体的重要因素。[40]

  ● 国际经济及其对国际贸易的影响。1994年,关于关税和贸易总协定的乌拉圭回合谈判完成了;在2004年至2008年期间,欧盟逐渐扩大;在1994年,北美自由贸易联盟成立。所有这些都将为企业带来机遇和威胁。

第1章 战略管理

- 国际金融、货币和税收。例如，不利的汇率变动将严重削减由战略管理的其他方面所产生的收益。
- 规模经济和生产。一些国家较低的工资成本对战略管理的某些方面具有重大影响。
- 世界各地不同的文化、信念和管理风格。对于跨国公司而言，这些主要因素将构成战略管理的重要组成部分。如果跨国公司在战略制定过程中没有及时地考虑这些因素，那么将会产生重大战略问题。

以上并不是重要因素的全部清单，但确实阐明了对战略管理的具体影响。战略管理在国际环境中更为复杂，但基本原则同样适用。国际问题将在本书第19章进行探讨。

关键战略原则

- 战略管理的国际维度使战略制定更为复杂。
- 在所有议题中需要仔细考虑的是：国际经济及其对国际贸易的影响、国际金融、全球生产中获得的规模经济、不同的文化和信念。

案例研究 1.3

谷歌搜索战略如何体现在网页中（并为它的发明者赚钱）

在1999年，当拉里·佩奇（Larry Page）和谢尔盖·布林（Sergey Brin）创建谷歌的时候，他们不可能预见该公司将如何发展。该案例探索了他们的战略，该战略曾经（将来也）具有真正的创新性、试验性和风险性。

从1999年的一无所有开始，谷歌基于创新和试验战略，建立了大量的新业务。

"不作恶"

从建立公司开始，拉里和谢尔盖希望经营一个有道德的公司。他们创造了"不作恶"的信条来描述了公司背后的道德。公司氛围正好反映了这种信条。它是开放的、非正式的和创新的。在公司中，每周都有开放式的公司会议；所有的餐点都由著名的厨师提供；用许多种挂饰品来代替入门大厅中的办公家具和乐高模型的计算机。员工的工作原则是70∶20∶10，70%的工作时间用于首要任务，20%的工作时间用在有关的新想法上，剩下10%的工作时间他们自由选择。谷歌品牌名称（本身通常是一个非常大的数学数量的名称），其整体的氛围是清晰的、友好的和有趣的。是由单词"googol"演变而来，而"googol"在数字上代表一个庞大的数目。

该公司是由两个合作伙伴以及一些朋友和同事组合而成的。在1999年，其营业额为2.2万美元，而它的一般债务与一个初创公司有关。当几乎任何一家互联网公司都能筹集资金的时候，正好是新兴的"dot.com"公司蓬勃发展的时代,评论家们期待互联网将彻底改变商业生活的方方面面,但这却被证明是错误的(见第6部分的案例10和案例12,以及案例5.1——关于"Boo.com"公司失败的案例)。重要的是,在那时,谷歌所拥有的一些东西并没有被许多其他新兴电脑公司分享,即它具有创新性的技术。

谷歌的创新技术

追溯到1999年——谷歌成立之初,拉里和谢尔盖只有二十出头。在20世纪90年代中期,他们在斯坦福大学共同学习和研究计算机技术时相遇。他们发现了共同兴趣,即搜索和处理大量的数据。随后,他们将这个兴趣商业化,开发了一个新型的创新性的互联网搜索引擎。这两个合作伙伴所开发的新搜索方法在两个方面超越了以前的方法。首先,他们开发了一种连接现有电脑的新型服务器设置,而不是使用一个大型计算机来进行搜索。这使得搜索速度更加快捷,因为不需要排队等候。其次,他们的搜索方法不计其数,正如以前的方法一样,但是它可以通过检查网页的完整链接架构来确定最重要的信息来源。这使得搜索更加全面。因此,从一开始,谷歌搜索就比现有的搜索要好,如雅虎、微软和Ask Jeevess所提供的搜索。

尽管这个技术是新技术,但是它并不一定是一个有利可图的业务。新的搜索引擎在电脑用户中很受欢迎,因为它比竞争对手要好一些。该公司发现,没有必要对该新引擎做广告,因为日益增长的电脑用户团体会迅速宣传它的好处。但是,谷歌也存在一个问题,因为大多数用户访问它的服务器是免费的。因此,它需要找到一种商业模式来提高它的营业额。

谷歌的新互联网广告服务

在2000年,从一个较小的基础开始,谷歌已经开发了互联网广告业务,这为谷歌创造了大部分的收入。重要的是,从战略角度来看,这些模式都已经改变并且发展了许多年,即没有办法立即突破它的商业模式。同样,这两位创始人也意识到他们拥有的只是有限的一般业务经验,因此他们做出了相当大的努力来为团队招募优秀人才。实际上,在2001年,他们设法吸引Novell电脑公司的埃里克·施密特(Eric Schmidt)来担任他们的首席执行官,来管理他们的业务,并为他们的公司带来更广泛的技术。到2006年,公司的营业额已经增加到近110亿美元,税后利润超过了30亿美元。完整的增长趋势图如图1.8所示。

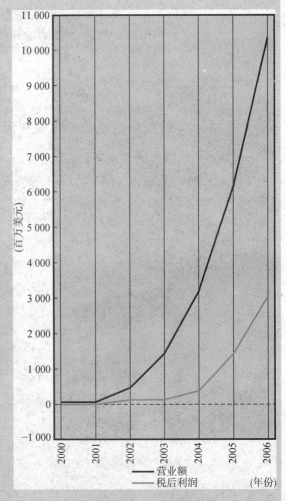

图1.8 谷歌业务的急剧增长

资料来源:作者由公司报表得出。

谷歌是如何成功的？为什么如此成功？存在七点主要原因：

1. 谷歌所提供的两种服务都满足了实际需求。第一种服务是关键广告词（AdWords），即使用谷歌进行单独搜索时，它也能为服务和产品的广告宣传提供机会；第二种是面向商业网页提供者的一种服务，称为广告联盟（AdSense），它能够根据提供者的网页来提供网页广告。

2. 尽管其具有悠闲和呆笨的形象，谷歌仍然毫不犹豫地开发了它的商业利益。例如，它为 AdWords 搜索服务上的可用空间提供了一个拍卖过程。同样，它与一些出版商签订了大合同，包括保证金融支持的承诺条款，其利润很高但也具有一些附加风险。

3. 在过去十年里，谷歌已经从快速增长的全球互联网的使用中获得了收益。

4. 谷歌已经将自身定位为世界上领先的信息提供者。该公司指出，它的使命陈述是"组织管理全世界的信息，让人人皆可使用这些信息"。因此，谷歌一直访问世界主要的图书馆，并复制其大量的书籍和文章。重要的是，该公司在这个方法上特别积极，并试图在不支付任何费用的前提下，访问那些具有版权的材料，从而损害了一些出版商的利益。

5. 谷歌试图通过推出新服务来设法保持领先于竞争对手的地位，例如谷歌地图。新服务能够为顾客提供新的搜索水平。

6. 谷歌拥有优秀的高级经理。重要的是，在过去几年里，它设法留住并激励那些资深的员工。对一个依靠创新和发散思维的公司而言，这是特别重要的。

7. 谷歌在时机上是特别幸运的，即高级人才的整合，以及缺少强有力的竞争对手。

谷歌持续创新，但是它一直是有道德的吗？

根据大数定律，随着时间的推移，谷歌应该很难维持高增长。这就是尼亚的硅谷它一直在寻求新的互联网增长机会的原因。五个新开发脱颖而出：

1. YouTube。在 2006 年 10 月，谷歌花费 16.5 亿美元从 YouTube 的创始人陈士骏（Steve Chen）和查德·赫利（Chad Hurley）手中收购了互联网公司 YouTube 的股票。YouTube 仅仅运营了一年多的时间，其总部办公室仍然设置在加利福尼亚的硅谷比萨店上面。但是，谷歌吸引了许多爱好者，他们都在网站的主页上发布视频。正如英国报纸《金融时报》所指，YouTube 的两位创始人曾经在短时间内创造了最大的金融回报纪录。

2. 谷歌地图。从 2007 年开始，谷歌开始使用特殊的汽车拍摄欧洲和北美的许多街道，并将结果链接到了免费的数字地图上。它在街道视角上提供了一个全新的维度，这有助于用一种新方式来确保其早期的谷歌地理地图服务。在这个过程中，它也搜集了来自一些家庭的个人数据，但没有得到户主的同意就搜集私人数据的不道德行为，使得许多国家政府机构对其进行了调查。

3. Google Buzz。该服务的引进是作为脸谱网和推特所提供的社交网络服务的一种替代品。谷歌采用了激进的方法，通过使用那些注册过服务的人们现有的个人信息来构建一个即时网络。这个方法的结果就是在没有得到谷歌用户许可的前提下，谷歌发布了他们的个人资料。在 2011 年，该公司与美国联邦贸易委员会达成了一项协议，即在接下来的 20 年里，谷歌个人资料的处理将由外部进行审计，毋庸置疑，谷歌现在的道德标准没有过去那样高了。

4. 安卓手机系统。该公司开发了一个全新的操作系统，这是非常成功的，见第 6 部分的案例 10。

5. 谷歌对公共领域书籍的复制。在 21 世纪早期，谷歌开始扫描了数万本图书，其目的是使人们能够在线获得这些书籍。这些扫描行为并没有得到书籍版权所有者的明确许可。然而,谷歌与美国作家协会以及美国出版商协会作出了法律和解,即向那些已经正式注册了版权的版权所有者支付一定的版税。在2011年3月,该协议受到了美国法院的阻止:"修改后的和解协议也许能够给谷歌带来高于竞争者的重大优势,这是对它未经许可而从事批发复制受版权保护作品的报酬,然而,所发布的索赔声明远远超过了提案中的好处。"谷歌已经挑战了关于版权法的道德边界限制。然而,公平地说,谷歌一直遵守了法律制度的规定,并且与一些现有版权所有者的代表达成了支付版税的协议。

对于拉里和谢尔盖最初经营一个创造性和道德性的公司的愿望来说,这些又意味着什么呢?谷歌从未故意违反法律,但是它却挑战着法律边界。也许,这是一个真正创新公司的结果吧?这确实已经为它的股东创造了附加值。在2007年,《财富》杂志估计拉里和谢尔盖将会跻身世界上最富有的100人之列,他们各自的身价为170亿美元。

在写该版本时,在该公司的网站上,似乎并没有提到任何关于绿色战略的问题,例如可持续发展或者节能。

ⓒ版权归理查德·林奇所有,2012年。保留所有权利。该案例是由理查德·林奇所著,来自于已发表的信息。[41]

案例问题

1. 你认为谷歌战略是可持续的吗?如果你是谷歌负责人,接下来你会怎么做?
2. 你对谷歌的创新纪录有什么看法?为了创新,挑战法律制度的边界是道德的吗?
3. 其他公司能够从当前的战略中得到什么启示?运气在战略发展的过程中有多重要?

批判性反思

战略管理的本质

在过去的20年中,战略管理的分歧主要涉及战略管理战略过程应该是规范的还是应急的。公司认为它们需要战略规划,需要提前了解竞争环境,即销售、客户、新产品和服务以及资源(财务和资金、人力资源、工厂等资源),而这些因素的形成与实践都得假以时日。因此,明确战略规划是必要的,而且涉及战略制定常规过程。

其他公司也有具备创业性和实验性方法的策略。

察觉市场的快速变化并能够及时应对变化是十分重要的。此外,若存在意外结果,那么长期战略规划常常是错误的。因此,在战略制定中要更具创新性,并采取应急方法。

你对此有什么见解呢?哪种方法更好?

或者这两种方法都有各自的优点?如果你选择后者,你该如何处理公司内部方法的差异呢?

总 结

- 战略管理是指代表所有者和其他股东利益的管理层所采取的主要预期计划和应急计划,包括对资源的使用,来提高组织在外部环境中的业绩,从而为组织增加了价值。

- 在本章中,我们已经探讨了战略管理的本质,即组织及其环境之间的连接过程,特别侧重于附加值、组织可持续竞争优势和对创新的需要。对于大多数组织而言,增加价值是特别重要的,但对于非营利组织和政府组织而言,情况可能就不同了。当然,可持续竞争优势也很重要。

- 战略中存在五个关键因素。它们主要与增加价值的需要和提供优于竞争者的优势有关,即客户、实施过程、可持续竞争优势、组织和环境的相互联系、意愿和目标。这些因素中有些也许包括了对战略问题的创新性解决方案。

- 战略管理的三个核心领域:战略分析、战略制定、战略实施。尽管这三个核心领域通常是按照严格的顺序执行,但在某些情况下,它们是同步进行的。当然,这三个核心领域存在两个重要条件:为了获取战略而使用判断能力和价值观,以及对未来和重大风险进行高度评估的需要。我们应该谨慎对待这三个核心领域,否则将会对未来产生一个错误的发展方向。

- 在战略管理的过程中,区分过程、内容和环境是非常必要的。过程是获取战略的方法;内容是之后所作出的战略决策;环境是组织制定战略和实施战略的环境。过程通常最容易引起重大问题,因为很难进行精确测量,并且它对战略制定非常重要。

- 对于如何制定战略管理这个问题,一些战略家之间存在着重要分歧。一般存在两个基本路径:常规方法和应急方法。常规方法认为三个核心领域是按照顺序联系起来的;而应急方法认为三个核心领域是相互关联的。这两种方法在早期阶段拥有共同的因素:为组织分析和制定使命。除此之外,它们分道扬镳,导致了战略管理过程的不同模式。现在,这两种方法也许都作为具有价值的观点而得到了一些认同。

- 绿色战略是指组织的某些活动,这些活动的重点在于维持地球环境,并从这种附加活动中形成商业机会。

- 在公共部门和政府所有的组织中,战略通常不以营利为目的,而是考虑了更广泛的公共政策因素。在非营利机构中,战略需要反映特定组织的价值观,但基本战略原则同样适用。

- 在国际术语上,由于大量的原因,战略管理的制定非常复杂,包括国家之间的贸易、财务问题、全球生产的经济规模、文化和信仰的不同,所有这些因素使得国际战略管理更难制定。

问题

1. 总结 IBM 的主要战略，并将你所总结的每个因素与 1.6 节中成功战略标准进行对比。如何衡量每一个因素？IBM 具有一个优秀的战略吗？

2. 进行一项工作分配，分析谷歌的活动。重点研究谷歌是如何设法维持领先于竞争者的地位的。将你的答案与 1.2.4 节中战略决策的五个关键要素进行对比。

3. 在评价战略时，约翰·凯教授（John Kay）认为员工激励并不是战略管理的一部分。你同意这种说法吗？给出你的理由。

4. 当你参与一项活动时，利用战略管理的三个核心领域来帮助你作出决定。例如，它可能是一个组织中的学生活动，或者主要仪器设备的采购活动。你能分析事实、考虑所有的计划选择并作出最终选择吗？这种描述是否简化了决策过程。例如，你必须说服别人花一些钱？

5. 在何种程度上你同意明茨伯格教授的应急战略描述而不是提前规定的策略？如果你同意他的看法，有什么证据来支持你的观点吗？如果你不同意，解释你的原因。

6. 将战略管理的三个核心领域铭记在心，识别战略制定过程在以下公司类型中的不同之处：IBM 的全球化公司、公共服务公司如水供应（也可能是垄断公司）、非营利组织，如学生会或社团。

7. 如果战略管理具有不确定性，并且具有一种强大的判断因素，在正式分析中这是否具有意义？本章使用了什么理由来证明这个过程？根据你的价值判断，你发现它们有说服力吗？

扩展阅读

Professor Kay's book *Foundations of Corporate Success* (Oxford University Press, 1993) remains an excellent introduction to the nature of strategic management; read the early chapters. In addition, the well-known book of readings and cases by Professors Mintzberg and Quinn, *The Strategy Process* (Prentice Hall, 1991), has a useful selection of material on the nature of strategic management; read Chapter 1 in particular. The article by Professor Mintzberg on 'Crafting strategy' in the *Harvard Business Review* (July–August 1987) is also strongly recommended.

For the counter-argument to Mintzberg, a useful paper is: Miller, C C and Ireland, R D (2005) 'Intuition in strategic decision making: friend or foe in the fast-paced 21st century', *Academy of Management Executive*, Vol 19, pp19–30, which argues that intuition is troublesome in strategy.

See also Henry Mintzberg and Frances Westley (2001) 'Decision-making: It's not what you think', *Sloan Management Review*, MIT. Another interesting paper: Ireland, R D, Hitt, M A, Camp, S M and Sexton, D L (2001) 'Integrating entrepreneurship and strategic management actions to create firm wealth', *Academy of Management Executive*, Vol 15, No 1, pp49–63.

For the most recent view on strategy definitions, see: Nag, R, Hambrick, D C and Chen, M-J (2007) 'What is strategic management really? Inductive derivation of a consensus definition of the field', *Strategic Management Journal*, Vol 28, pp935–955.

For a more general but interesting view of theory development, see the special issue of *The Academy of Management Review*, Vol 36, No 2, April 2011: *Special topic forum on Theory Development: Where are the New Theories of Organization?* Some thoughtful papers that take a broader look at organisations but are relevant to future directions in strategic management are presented.

On green strategy, there are relatively few papers. Two contrasting papers are: Siegel, D (2009) 'Green Management Matters Only if it Yields More Than Green: An Economic Strategic Perspective', *Academy of Management Perspectives*, Vol 23, No 3, pp5–16. This is followed by Marcus, A A and Fremeth, A R (2009) 'Green Management Matters Regardless', *Academy of Management Perspectives*, Vol 23, No 3, pp17–26. Many companies would now regard the second paper as being closer to their practice than the first. But both have merit.

注释与参考文献

1. Bradshaw, T (2011) 'The fickle value of friendship', *Financial Times*, 31 March, p16.
2. Gapper, J (2011) 'When the networks bubble over', *Financial Times*, 31 March, p15.
3. Further references for the Facebook case beyond the two above: *Financial Times*: 14 March 2008, p30; 6 April 2009, p17; 8 July 2010, p23; 4 January 2011, pp16 and 22. *Economist*: 22 March 2008, p81. BBC News: 16 September 2009, 'Facebook grows and makes money'; 14 October 2010, 'Emerging rivals threaten Facebook's dominance'; 21 February 2011, p21; 22 February 2011, p22.
4. Adapted from Andrews, K (1987) *The Concept of Corporate Strategy*, Irwin, Homewood, IL, Ch2.
5. Ansoff, I (1969) *Corporate Strategy*, Penguin, Harmondsworth, Ch1.
6. Drucker, P (1961) *The Practice of Management*, Mercury, London, Ch6.
7. Leadership is sometimes ignored as part of the topic of strategy, but is actually extremely important. For example, where would Microsoft be without Bill Gates? It might be argued that 'strategy' should stand separately from 'leadership' but this is like trying to separate an orange from its juice.
8. Andrews, K (1971) *The Concept of Corporate Strategy*, Irwin, Homewood, IL, p28.
9. Kay, J (1993) *Foundations of Corporate Success*, Oxford University Press, Oxford, p4.
10. Further definitions are discussed in Quinn, J B (1980) *Strategies for Change: Logical Incrementalism*, Irwin, Homewood, IL, Ch1.
11. Campbell, A, Goold, M and Alexander, M (1995) 'Corporate strategy: the quest for parenting advantage', *Harvard Business Review*, March–April.
12. Porter, M E (1985) *Competitive Advantage*, The Free Press, Harvard, MA.
13. See, for example, Quinn, J B (1980) Op. cit.
14. He argues that strategic decisions are those that determine the overall direction of an enterprise and its ultimate viability in the light of the predictable, the unpredictable and the unknowable changes that may occur in its most important environments. Quinn, J B (1980) Op. cit.
15. Nag, R, Hambrick, D C and Chen, M-J (2007) 'What is strategic management really? Inductive derivation of a consensus definition of the field', *Strategic Management Journal*, Vol 28, pp935–955.
16. Ibid., p944.
17. Quoted in Teece, D J (2007) 'Explicating dynamic capabilities: the nature and microfoundations of (sustainable) enterprise performance', *Strategic Management Journal*, Vol 28, p1320.
18. Kay, J (1993) Op. cit., Ch1.
19. Ohmae, K (1982) *The Mind of the Strategist*, Penguin, Harmondsworth, p36.
20. Mintzberg, H (1987) 'Crafting strategy', *Harvard Business Review*, July–August.
21. Harney, A (2002) 'Microsoft fired up for console wars', *Financial Times*, 7 February 2002, p28.
22. Case compiled by the author from the following published sources: Heller, R (1994) *The Fate of IBM*, Warner Books, London (easy to read and accurate); Carroll, P (1993) *The Unmaking of IBM*, Crown, London (rather one-sided); *Financial Times*: 7 August 1990, p14; 5 June 1991, article by Alan Cane; 8 November 1991, article by Alan Cane and Louise Kehoe; 5 May 1993, p17; 29 July 1993, p17; 14 March 1994, p17; 26 March 1994, p8; 28 March 1994, p15; *Economist*, 16 January 1993, p23; *Business Age*, April 1994, p76. Note that this case simplifies the IBM story by emphasising the PC aspects. There are further parts to the story that can be read in the references above.
23. Partly adapted from Quinn, J B (1991) *Strategies for Change*, Ch1, and Mintzberg, H and Quinn, J B (1991) *The Strategy Process*, Prentice Hall, Upper Saddle River, NJ.
24. For example, Gilmore, F F and Brandenburg, R G (1962) 'Anatomy of corporate planning', *Harvard Business Review*, 40, November–December, p61.
25. For example, the IBM Annual Report and Accounts for 1993 took a firm and inflexible view on what was required to recover from its major losses. It was only the arrival of a new chief executive that revised this picture in a more experimental way.
26. See, for example, Pettigrew, A and Whipp, R (1991) *Managing Change for Competitive Success*, Blackwell, Oxford. See also Mintzberg, H (1987) Op. cit.
27. Jauch, L R and Glueck, W (1988) *Business Policy and Strategic Management*, McGraw-Hill, New York.
28. Argenti, J (1965) *Corporate Planning*, Allen and Unwin, London.
29. Mintzberg, H (1987) 'Crafting strategy', *Harvard Business Review*, July–August, p65.
30. Cyert, R M and March, J (1963) *A Behavioural Theory of the Firm*, Prentice Hall, Upper Saddle River, NJ.
31. Mintzberg, H (1987) Op. cit.
32. This analogy was inspired by Professor Mintzberg's brief comment in his article: Mintzberg, H (1994) 'The fall and rise of strategic planning', *Harvard Business Review*, January–February, p114.
33. See, for example, Thompson, A A and Strickland, A J (1993) *Strategic Management: Concepts and Cases*, 7th edn, Irwin, Homewood, IL.
34. International Institute for Sustainable Development (2011) *Annual Report*, 'From the Chair', Daniel Gagnier, p2.
35. The author acknowledges the following sources in developing this section: International Institute for Sustainable Development website: www.iisd.org; Hart, S (1997) 'Beyond Greening: Strategies for a Sustainable World', *Harvard Business Review*, Reprint 97105, accessed free on the web courtesy of Vestas; Elkington, J (1994) 'Towards the sustainable corporation: Win-win-win business strategies', *California Management Review*, Winter, Vol 36, No 2, p90; Crooks, E (2009) 'Climate of opinion', *Financial Times Supplement on The Future of Energy*, 4 November, p5. The paper by Hart is one of the most useful in this field.
36. At the time of writing, the South African government had partially privatised its national telecommunications

services carrier, Telekom, but it still held the controlling interest. Similarly, although the French government had privatised its telecoms, gas and electricity companies, it still held a controlling share interest and a strong influence over strategy.

37 For example, the EU Barcelona Summit in 2002 was unable to agree on the complete liberalisation of energy markets across the European Union – in spite of discussing the matter for over 20 years and signing the Treaty of Rome in 1957!

38 *World Development Report*s are produced annually and published by Oxford University Press, New York. Note that the approach each year privileges privatisation in line with the basic economic philosophy of the Bank.

39 Whelan, T L and Hunger, J D (1991) *Strategic Management*, 2nd edn, Addison-Wesley, Reading, MA, Ch11.

40 Daniels, J D and Radebaugh, L H (1995) *International Business*, 7th edn, Addison-Wesley, Reading, MA.

41 References for Google Case: Google Annual Reports 2000–2006 from Google website – see the section on investor information. This is the best source because it has a clear description of the various parts of the Google business and because it clearly sets out the risks facing the company to year 2007. The newspaper material that follows is vague and imprecise on these important strategic matters. *Financial Times*: 30 April 2004, p31; 1 February 2005, p17; 20 August 2005, pM6; 4 February 2006, p10 – editorial; 6 March 2006, p19; 11 October 2006, pp14 (editorial) and 24; 8 December 2006, p26; 23 May 2007, p1; 26 May 2007, p9; 21 September 2007, p25; 27 September 2007, p16; 21 August 2009, p12; 21 December 2010, p20; 7 February 2011, p20; 31 March 2011, p24.

第2章

理论与实践回顾

学习成果

这一章的视频与音频总结

通过本章的学习，你将能够：
- 描述并评价常规战略实践；
- 描述并评价应急战略实践；
- 识别与常规战略管理相关的主要理论；
- 识别与应急战略管理相关的主要理论；
- 解释许多组织中利益相关者及其伦理思维立场的转变。

引 言

本章概述了战略管理的理论与实践。在本章的后文中将进一步详细地探索每一个主要理论，所以读者如果跳过这一章，直接阅读后面的内容，将会错过该主题的整体理论框架。

为了给战略管理的制定提供更坚实的基础，值得对第1章中的常规和应急方法进行深入探索。因此，本章的第一部分承担了这项任务。它们的形成和发展受益于特定的历史发展背景。对于应该如何制定战略，战略家们一直存在着很大的分歧，无论采用何种路径，常规方法或应急方法都包含许多不同的解释和理论。能够充分了解动力学对探讨这些差异是很重要的。

最后，有人认为应该从伦理道德角度来考虑战略管理。考察每个组织的战略时，需要考察其所有者、管理者和员工的责任，及其在社会中的角色作用。

案例研究 2.1

攻击一个主要竞争对手：雀巢和通用磨坊的合资公司战略

美国家乐氏公司（Kellogg）长期控制着全球谷物速食早餐市场。1989年，瑞士雀巢（Nestle）和美国通用磨坊（General Mills）对合资企业的建立达成了一致意见，其目的是抢占这一市场。新公司目标是到2000年全球销售额达到10亿美元并且拥有20%的欧洲市场份额。本案例将探讨新的合资公司，即谷物联盟（CP）是如何取得以上成就的。

视频 第1部分

网站上分享了更多详细的视频,用来解释并分析雀巢和通用磨坊的战略。这些视频分为几部分,从常规的和应急的视角探讨了完整战略管理过程中的各个方面。

背景

1997年,家乐氏是美国名副其实的谷物早餐市场的领导者,拥有大约32%的市场份额,在零售商品行业价值高达90亿美元。到2002年,家乐氏公司不再是市场领导者。它的主要竞争对手,通用磨坊公司占领了33%的谷物早餐市场份额,而家乐氏却下降到30%。在15年内,通用磨坊通过一系列产品的推出取得了重大战略突破,并且保持每年2%的增长速度。然而,到2004年,家乐氏通过1%的市场份额增长率重新成为市场领导者。这种逆转是由于家乐氏公司明智的市场营销。与此同时,通用磨坊被一项收购分散了注意力,即在2003年,它收购了另一家美国食品公司——皮尔斯百利(Pillsbury)。

美国以外的地区,全球市场价值约为80亿至100亿美元,并且在一些国家中以每年高达10%的速度增长。然而,这些来自于比美国人均消费要低很多的国家。尽管如此,家乐氏在非美国市场上仍然占有40%的市场份额。该公司能获得这样的成功,是因为它在许多市场上推出了40多年的国际市场战略。直到1990年,在国际上,没有任何一家公司拥有如此显著的市场份额,但后来出现了新的合作公司。

谷物联盟公司的发展

在国际发展上经过几次失败的尝试之后,在1989年,通用磨坊与雀巢成立了合资企业。(合资企业是一家独立的公司,每个母公司都具有相同的股份,并且贡献各自的资源和技术;合资企业拥有自身的管理层,并在母公司所设定的一定限制内,能够自行制定战略。)雀巢也曾尝试推出自己的谷物早餐产品,但并没有取得成功。两家公司都被大量的广告消费市场中的这个高附加值品牌所吸引。

通用磨坊向雀巢提议,成立一家各占一半股份的合资企业。通用磨坊公司提供产品、技术以及专业制造。例如,它在美国生产的"Golden Grahams"和"燕麦片"(Cheerios);雀巢提供品牌、几个未充分利用的工厂、在全球营销和分销上的主要优势。例如,它所生产的雀巢奶油制品。这项协议对双方都具有很强的吸引力,所以仅仅在三周之后他们就签订了合同。合资企业称为谷物联盟,在北美以外的地区进行运营,与此同时,通用磨坊公司仍然保持其独立性。

本书的网上视频探索了谷物早餐市场上的竞争。

15年之后,在世界上70个国家成立了CP分公司。像"Golden Grahams"、"Cheerios"和"Fibre 1"这样的产品出现在了超市货架上。CP公司根据市场情况采用了混合战略,即在英国和波兰采用收购战略;在欧洲其他地区、美国的中南部以及南非地区采用推出新产品战略;东南亚仍然采用现有的雀巢麦片产品。为了使家乐氏一直猜测 CP 公司的未来市场走势，以及满足当地客户不同的口味需求，CP 公司在每个国家也推出了不同的产品范围。相比于家乐氏，CP 公司也同意为连锁超市提供燕麦，这些超市同样可以销售自己的品牌。

2004 年，CP 已经达到了 10 亿美元的销售利润和 20% 的欧洲市场份额的目标。同时，家乐氏公司对这一变化采取了积极响应，尤其是它重新获得市场领导地位的美国市场。CP 开始思考它的创新战略是否会重复美国经验：它开始在全世界攻击主要的竞争对手，即家乐氏公司。

根据它们的年度报告，通用磨坊和雀巢都具有与绿色战略问题相关的项目。

注意：本书的网站视频对家乐氏与谷物联盟之间的竞争具有详细分析。你会发现它有助于回答这些问题并探讨其意义。

©版权归理查德·林奇所有，2012 年。保留所有权利。该案例是由理查德·林奇所著，来自于已发表的信息。

案例问题
根据第 1 章中对常规战略和应急战略的描述，你认为 CP 公司会采取常规战略还是应急战略，还是同时采用这两个战略呢？

根据推动并形成战略管理的历史发展背景，你将更容易理解战略管理理论。战略管理的历史背景在网站上进行了详细描述。

2.1 理论和实践上的常规战略管理

2.1.1 基本概念

定义➡ 常规战略管理是指在实施战略之前，提前制定组织目标和主要因素的管理形式。但是，值得注意的是这个基本方法存在许多不同阶段。

视频第 4、5、6 部分

- 如第 1 章所示，常规战略管理的第一步是分析组织的竞争性环境和资源。例如，案例 2.1 中的谷物联盟，它的第一步就是分析欧洲谷物早餐市场的数据。

- 随后，寻找一个共同目标。例如，一个业务中资本回报率的最大化（安索夫，波特）。[1] 需要指出的是目标不一定是利润最大化。例如，在国营企业或社会合作团体中，也许会将社会服务标准作为其主要目标。检验常规策略的方法就是在实施战略之前，观察是否已经提前确定了一个明确的目标。在谷物联盟的案例中，其目的主要与实现股东利润有关。

- 针对不同的竞争环境背景和共同目标，可以制定各种各样的战略规划选择来实现组织目标。随后选择一个最能够实现目标的战略规划。在案例 2.1 中，谷物联盟在目标客户的选择、潜在市场、产品范围的选择以及品牌名称的选择上具有一整套战略规划。

- 所选战略由组织管理者执行。在谷物联盟公司中，其在英国收购公司的决策以及在西班牙和葡萄牙推出特殊产品的决策,都是通过收购公司和小麦片,并在欧洲西南部推出了一系列的产品来执行的。你可以通过网站上的免费电影来了解更多详细故事。

常规战略管理的流程图如图2.1所示。总之,常规过程的优点是有助于提供全面的组织概述,从而对组织目标进行比较。反过来,这有助于组织资源的评价,特别是那些提供竞争优势的资源,以及稀缺资源的分配。最后,常规过程也可以监控所选计划的实施和监督。

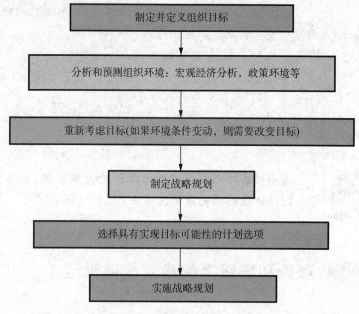

图 2.1　常规战略管理过程

关键战略原则

- 常规战略首先分析组织的竞争环境和竞争资源。在此前提下,确定战略目标。
- 如果环境或其他情况发生变化,那么需要对战略目标进行调整。
- 检验常规战略的有效方法是检验组织是否确定了明确的主要目标。
- 常规过程的优点包括组织概述、目标对比、对资源需求的总结、制订计划选择以及监控计划决策的能力。

2.1.2　常规战略的基础

在常规战略的研究中,发现军事战略也发生了一些类似的情况。例如,早期中国历史著作《孙子兵法》;19世纪德国战略家克劳塞维茨(Clausewitz)[2]的作品,以及利德尔·哈特上尉(B H Liddell Hart)[3]关于第一次世界大战的文章。所有这些例子经常被企业战略家所引用。[4]

常规战略有时被认为类似于战争,即采用将军(董事长)所制订的明确计划

(常规战略规划)并实施计划(推出创新产品等),派遣军队(员工)参与战斗(与对手竞争)。家乐氏和 CP 之间谷物早餐的战役就是一个很好的例子,即 CP 正在全球发动对家乐氏的战争。

常规战略分析也借鉴了经济理论。亚当·斯密(Adam Smith)在 18 世纪所著的书中认为,人类基本上能够做出理性决策,而该决策在任何情况下强烈地受到了利润最大化的激励驱动。[5] 此外,个人能够在备选中进行理性选择,特别是涉及长远发展方面。亚当·斯密的观点得到现代战略家、经济学家和政治家的认可。然而,应该注意的是,他生活在 18 世纪,在构想现代组织之前他就已经描述了这样一个时代。例如,他从未见过工厂,只见过工匠的车间。[6]

随后,现代战略理论家,如哈佛商学院的迈克尔·波特(Michall Porter)教授[7],将利润最大化和竞争战争概念引入到了战略技术和架构中,这有助于常规战略的实践。波特认为,真正重要的是在市场上具有优于竞争对手的可持续竞争优势:只有通过这种方式,公司才能拥有成功的战略。

其他人在此基础上继续进行了研究。例如,波士顿咨询集团利用市场数据开发了一个简单的、能够呈现战略选择的分析矩阵(我们将在第 9 章进行探讨)。当时在田纳西州的范德堡大学有一位早期战略管理作家——安索夫教授(Igor Ansoff)。在 1960 年到 1990 年间,他抒写了很多关于常规战略研究和实践的书籍和论文。[8] 像安德鲁斯(Andrews)[9]、查克拉瓦蒂(Chakravarthy)和罗伦吉(Lorange)[10] 这样的战略家,一直遵循着某些人的思想,这些人会使用大量基本概念来撰写战略规划制度。它们仍被广泛用于世界各地的许多组织中。

2.1.3 常规战略的批判性评论

尽管由组织中心层制定的常规战略制度具有一定的优点,但是对该方法也存在大量的批判。见解最深刻的是加拿大麦克吉尔大学的亨利·明兹伯格教授(Henry Mintzberg)。与其他评论家一样[11],明茨伯格研究了战略决策制定,并认为组织在实践中所运用的常规战略方法是基于高风险假设的(如表 2.1 所示)。[12] 许多重要研究都表明常规战略假设并不一定是正确的。例如,市场变化或者员工对所选战略的不认同,因为所选战略可能意味着失业,所以员工会想方设法地进行阻挠。鉴于这方面的原因,应急战略理论应运而生,它是对战略过程的另一种解释。

尽管对正式的常规战略进行了严厉批判,但近几年,明茨伯格已经修正了他的观点,并接受了一些战略规划有利于组织发展的观点。[13]

总之,20 世纪 70 年代是常规战略占主导地位的时期。在 20 世纪 80 年代提出了深入的战略竞争概念,如通用策略(见第 8 章),但是,基本的分析过程、战略选项、选择和实施形成了许多公司的最佳实践方式。合资企业——谷物联盟公司就是常规战略在现实中的例子。

展示 2.1

常规战略过程中的主要困难

明茨伯格已经提出了常规过程中的六个主要假设,它们可能是全部错误的,也可能是部分错误的。

1. 未来可以准确地预测,因此可以做出理性决策和现实选择。然而,一旦竞争对手或政府做出了意料之外的事情,那么整个过程也许将是无效的。

2. 为了获得长期利益,可能或者最好是放弃短期利益。这个假设是不正确的:因为无法确定长期利益,即使可以确定,参与战略的那些人也不愿意做出牺牲,比如工作或投资。

3. 选出的战略在实践中是合乎逻辑的,并且能用所提出的方法进行控制。由于许多公司的政治事实,在实践中可能存在许多困难。

4. 首席执行官有能力和知识进行战略选择。他/她不需要说服任何人,也不需要向谁妥协他/她的决定。如果一个组织的文化和领导寻求将讨论作为常规做法,那就太天真了。

5. 经过仔细分析,战略决策可以明确规定、总结和提出;它们不需要进一步地开发,也不需要改变,因为公司外部环境已经发生了变化。这一点可能有一定根据,但并不总是有效的。

6. 战略实施是一个单独的独特阶段,必须要在战略得到一致同意之后才能开始实施。例如,关闭一家工厂的战略决策只需要一个管理决策,然后就可以实施了。但在许多复杂的战略决策中,这就过于简单了(见案例 2.1)。另一个常规战略的例子是有关两大航空公司的发展,新加坡航空公司和作为世界领先航空公司的阿联酋航空公司(见案例 2.3)。然而,结果并不总是如愿的(见案例 2.2)。

关键战略原则

- 常规战略是一种提前制定目标,并在战略实施之前就形成主要因素的战略。
- 如果环境变化显著,那么需要调整目标。
- 在确定目标之后,需要进行环境分析,战略选项的制定和战略选择,然后实施选定的战略。
- 明茨伯格通过常规过程所确定的六个假设,在实践中被证明是值得怀疑的,并且在战略过程中是无效的。

案例研究 2.2

常规战略和应急策略:从太阳能、风能、潮汐能以及核能中能够获利吗?

随着利用可再生能源的趋势越来越明显,世界各地的公司开始对地球的自然资源进行投资,但利润仍然只在某些情况下才会出现。正如该案例所解释的,仍然存在一些主要困难。

试验所产生的能源来自于北苏格兰的设德兰群岛海岸的强风和潮汐。但是,为了能大规模使用能源,所需要的重大投资成本可能过高。

可再生资源蕴含着巨大的商机

随着国民经济的发展和人们生活水平的提高,人们在某些领域需要消耗更多的能源,比如电力、运输和食品加工领域。同时,在消耗更多的能源以及工业品时,气候逐渐变暖,环境污染日益严重,从而导致了我们对更多能源的需求。但我们需要的是可再生能源,尤其是与碳副产品有关的低排放量或零排放量的能源。

目前,一些国家政府已经向低碳和可再生资源的应用提供了财政支持。同样,一些公司也意识到了可再生资源的获利机会。例如,2009年英国碳基金提交了一份报告,这份报告估计:到2008年,全球在清洁能源上的投资将达到1,480亿欧元(2,110亿美元)。来自于风险投资公司、小型企业、政府部门以及大型公司的投资都是以公司研究和开发为依据的。在接下来的20年内,可再生资源的利用将进一步增长,但精确的增长点仍不清楚。增长取决于最具成本效益的技术以及最适合特定国家的技术的出现(例如,一些国家比其他国家拥有更充足的日照,从而有利于太阳能技术的发展)。

可再生资源的来源

就可再生能源对世界总能源的贡献来说,在2008年,它们占总能源消费的20%左右,如图2.2所示。在2008年,化石燃料仍然是占比例最大的能源,占总消费量的78%。然而,几乎世界上的每个政府都相信,到2050年需要彻底减少对化石燃料的消耗。实际上,目前,问题在于,其他替代能源的生产成本要高于化石燃料的生产成本。这其中有两层含义。

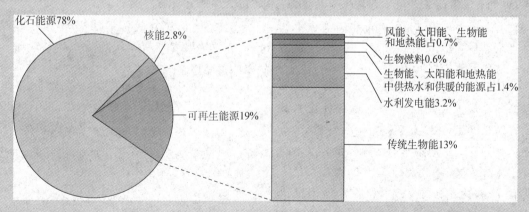

图2.2 可再生能源占2008年全球最终能源消费的份额

注释:化石能源包括煤、天然气和石油。生物能源本质上是来自于草本植物材料,可以通过燃烧发电。地热是由地球中央热核心所产生的。通常,水力发电来自于大坝背后中富含的水资源,然后通过涡轮机来释放电能,通常被称为水力发电。

资料来源:REN21 Secretariat (2010) *Renewables 2010 Global Status Report*, Paris Copyright © 2010 Deutsche Gesellschaft fur Technische Zusammenarbeit (GTZ) GmbH.

- 在替代能源的生产成本降低之前,如技术进步,化石燃料仍然是主要能源。另一种可能性就是化石燃料的成本提高,例如政府对这种燃料增加税收,或者战争等外部因素影响。

- 存在一种强有力的激励措施来鼓励对新技术的投资,新技术能够降低像太阳能和潮汐能这样的可再生资源的成本。但这种压力至少部分来自于政府政策,而不是商业因素。通常情况下,公共政策决策比较缓慢,缺乏一些商业决策所具有的清晰方向感。

根据本案例的意图,我们重点考察四种减少成本的方式,即太阳能、风能、潮汐能和核能。

来自于太阳能的利润

太阳能技术已经存在多年并且比较成熟。这意味着目前许多公司会投资于这种可再生能源,不管是作为生产商还是用户。重要的是,该技术的成熟使得生产商对太阳能电池板进行了大规模生产,特别是在中国和美国。规模经济将降低生产成本,使得这种可再生能源的生产成本更接近于化石燃料的成本。但是,对于太阳能,存在一个技术问题,即越来越多的北方国家具有较少的日照,尤其是在冬天。因此,有必要开发可再生能源的其他形式。

来自风能的利润

目前,世界上很多国家都在岸边和离岸地区拥有风力发电厂,实质上是通过风车将风力转化成电。这项技术是部分发达的,主要是针对陆地上的风车的技术。但其成本仍高于化石燃料,并且关于风力仍然存在技术问题,即风速可能太慢而不能发电,也可能太快而存在损坏风车的危险。然而,风力发电厂在许多规划下进行了运营。例如,英国为了实现该目的,针对陆地和海洋地区的许可领域制订了大量的规划。风力发电厂还存在另外一个问题:它们的视觉影响和环境影响是巨大的,以致需要强大的地方规划目标。

见案例 18.2 维京能源(Viking Energy)。

来自海的利润

潮汐能发电尚处于试验阶段。政府支持的公司目前正在测试涡轮机,即将涡轮机放入海中,利用潮起潮落来产生能量。利用潮汐能的涡轮机需要安装在海平面急剧上升和下降的地方:一些地理位置,如苏格兰北部,特别适合潮汐发电。这种可再生能源具有一定的技术和利润,但尚不明显。

来自核能的利润

民用核能发电已经存在 40 多年,一些早期的反应堆,如切尔诺贝利(Chernobyl),其糟糕的设计给这个行业带来了极差的声誉。有些核反应堆坐落在相当不合适的地区,如瑞福岛的反应堆,位于海岸线附近的主要地球物理断层线上。因此,核能所存在的风险通常是行业没有意识到的。有些人认为核能风险太大而反对对核能的进一步开发。他们认为还存在一个主要问题,即核燃料存储器会保持数百年的危险放射性。然而,核工业已经研发了新设计,可以降低这些风险,并且使核能发电厂的碳排放量为零。在未来 20 年,一些国家政府会对核能进行更多的投资。因此,核能也将会产生利润。

从以上简短的描述中可知,显而易见的是,上述所有领域的开发都将存在机会和风险。该案例旨在让读者来判断:独特形式的可再生能源对世界来说是否是有益的,并且是成本有效的。

©版权归理查德·林奇所有,2012 年。保留所有权利。该案例是由理查德·林奇所著,来自于已发表的信息。[14]

案例问题

1. 这四种可再生能源,哪一个主要是常规能源,哪一个是新兴能源?为什么?

2. 在 2.3 节以及 2.4 节中将进一步描述四种可再生能源,哪种战略理论与可再生能源更相关?或者不止一个理论是有用的?

3. 在决定投资和使用可替代的再生能源时,商业考虑如盈利能力,是最重要的因素吗? 或者,在任何情况下,政府应该介入并支持某些领域的投资吗? 如果政府的行为是可行的,这项计划应该不计成本地进行吗?

2.2 理论与实践中的应急战略管理

2.2.1 基本概念

定义➡ 应急战略是指最终目标不清晰并在战略实施过程中不断形成主要因素的战略。然而,需要指出的是,这种基本方法存在很多变化。

视频第6、7部分

据观察可知,人类并非像常规战略所假定的那样,具有理性和逻辑性。[15]众多评论家也反对这种所谓冷静的、长期的常规方法。他们认为,战略的出现是适应人类需要,受益于新型的和未知的创新事物,并且随着时间继续发展。鉴于此,他们认为常规策略只具有有限意义,长期计划只具有有限价值。

尽管在20世纪30年代,这种方法可能来源于埃尔顿·梅奥(Elton Mayo)的霍桑试验[16],但是,直到20世纪60年代西尔特(Cyert)和马奇(March)的研究,[17]以及同一时期赫伯特·西蒙(Herbert Simon)[18]所制定的战略过程,才使得该方法真正发展起来。关于企业和管理者如何在实际中制定战略管理的研究已经表明,战略常常是理性和符合逻辑的假设条件没有考虑现实的管理决策。

- 在任何一段时间内,管理者只能处理有限数量的计划选项,这在学术上被称为"有限理性"。
- 管理者对他们的数据解释存在偏见。所有的数据解释都是以我们对现实的看法为基础的。
- 管理者可能会寻求满意的解决方案,而不是最大限度地实现组织目标。换句话说,经济理论中利益最大化的假设可能过于简化了现实世界。
- 组织一般是由形成权力集团的联盟者组成。决策和讨论取决于这些集团之间的协商和妥协,称为"政治协商"(political bargaining)。研究人员发现,由单独的中央核心层所决定的战略与现实不符。
- 管理者所做的决定往往依靠公司的文化、政治和例程,而不是理性的分析和选择过程。("你了解谁"以及"你将如何说明你的战略决策"与战略内容一样重要)

最近,佩蒂克鲁(Pettigrew)[19]、明茨伯格[20]、詹森(Johnson)[21]以及其他学者的研究已经进一步深化了战略中的人力因素。他们的实证研究表明,战略管理的制定要比常规战略更复杂,这意味着需要考虑人、政治和组织文化这些因素。像阿基里斯(Argyris)[22]和圣吉(Senge)[23]这样的战略家都强调了学习方法对战略的重要性:鼓励管理者通过反复试错的过程来设计出最优策略。

因此,根据这些研究,应该把战略管理视为一个过程,即通过不断试错、反复尝试和一步一步前进的方法来制定战略的过程。从这个意义来看,这是一个应急的过程而不是有所计划的过程。图 2.3 显示了一个简化的应急流程示意图。这个过程是随着市场条件的变化、经济的发展、公司员工团队的变化以及创新的出现等而进行的。显然,这一过程是难以事先确定的,因此难以用一种明确的和架构化的方法来进行分析和预测。例如,当进入新的谷物早餐市场时,案例 2.1 中的谷物联盟集团根据特定的市场情况采用了不同的策略。同样,在案例 2.2 中,开发了新的太阳能、风能和海洋发电能的公司也正尝试着开发不同的产品,如太阳能电池板、不同型号的风力涡轮机,不同型号的潮汐发电机,其中一些产品可能比其他公司的产品更成功。

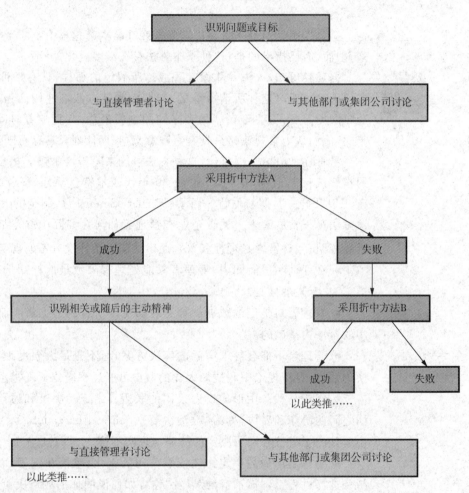

图 2.3 应急战略过程

如果战略过程的应急观点是正确的,那么它对战略管理的影响则是深远的。[24,25]

1. 战略产生于混乱的背景,并且通常以一种混乱和无系统的方式出现:因此所产生的战略也许是不明确的,其自身问题并没有完全得到解决。
2. 常规战略过程不可能反映现实情况:所确定的计划选项不可能是全面

的,并且选择的过程可能存在缺陷。

3. 在剩下的战略过程并不能反映通常会发生的情况之后,再考虑战略实施。

4. 管理者不一定会寻求最佳的解决方案:他们也许不能够识别最优方案,或者最优方案不符合他们的个人利益。

5. 按照组织的惯例以及文化来工作,将会导致最优文化的出现,而不是由人为的规划过程强制产生的。

总之,应急战略过程的优点在于符合许多组织中的实际行动,尤其是与人有关的问题,如激励机制。应急战略需要考虑领导能力、组织文化和政治。此外,它允许战略随着环境的改变来进行实验、创新和发展,这个过程为战略提供了灵活性。

2.2.2 应急战略的批判性评论

那些支持常规战略的学者对应急战略提出了许多基本问题。问题总结在展示2.2中。[26]

展示2.2

应急战略过程中的问题

1. 让公司董事会成员袖手旁观,并使公司的运作轨迹按照他们的意愿来运作的期望完全是不切实际的。公司总部由经验丰富的管理者组成,他们对组织前进的方向具有共同的愿景。也许需要几个步骤才能实现这个愿景,但组织应该采取明显的措施,而不是得过且过。

2. 集团的资源需要在运营子公司的需求之间进行分配,而这个任务只能在总部进行。因此,需要一些总部战略概述。

3. 需要说服政治团体和个人相信战略最优的观点是完全正确的。但是将该过程提升到战略管理水平就是对需要采取的最终决定推卸责任。

4. 在某些行业中,需要花费长时间来制定决策,组织必须采用并坚持决策,否则组织将处于混乱状态。例如,建立新的交通基础设施或者电信网络可能需要几年时间才能竣工。在建设初期,可以进行适当的试验,但是,除此之外,必须为了长期项目来制定战略。

5. 虽然战略对比和选择的过程必须受到管理者愿意的影响,但这并不是错误;基于证据的理性决策比基于直觉和个人应急奇想的决策具有更大的成功可能性。因此,应该进行讨论,但要基于证据和逻辑。

6. 如果能够提前计划所采取的行动,那么管理控制将是简单明了的。

实际上,许多组织将上述的评论当作是常规方法的局限性,而不是不可克服的问题。如果想了解常规战略是如何产生的,你可以阅读案例研究2.3。开发绿色产品和服务的公司战略经历了很长时期的研究,即从20世纪90年代到现在。为了明确如何根据应急方法来形成战略决策,一个长期角度是非常有效的。2.6节将对此进行深入探讨。

关键战略原则

- 应急战略是指最终目标不清晰以及在战略实施过程中不断形成主要因素的战略。
- 应急战略过程是一个尝试过程,即为了寻找最具生产效率的发展路径。
- 应急战略不具有单一的最终目标,战略随着时间的推移而发展。
- 在快速变化的市场,时间期限也许很短;在缓慢发展的市场,时间期限可能较长。
- 为了测试应急策略,有必要检验在实践中战略是如何在规定的时间内制定出来的。
- 应急战略的优点在于与组织中的实际行动相一致;充分考虑了人员问题,如激励机制;允许对战略实施进行实验尝试;提供了包括组织文化和政治的机会;为应对市场变化提供了灵活性。
- 应急战略过程中的六个问题使得应急战略难以在实践中进行操作运用。

 检查清单:七个问题来帮助你选择常规、应急策略或者选择两者。

案例研究2.3

为新加坡航空公司和阿联酋航空集团打造世界航空公司的常规战略

被公认为是世界领先的航空公司,新加坡航空公司和阿联酋航空集团,都是从小领域航空公司发展起来的。在各自政府的支持下,这两家航空公司都选择使用常规战略来建立自己的市场地位。但在发展到目前规模的过程中,它们都不得不面对航空业的不确定性和竞争性压力。

表2.1 2009年运输和商业结果

	乘客	负荷因子(%)	收入(百万美元)	利润(百万美元)
阿联酋航空集团	27 454	78.1	11 834	971
新加坡航空公司	16 480	78.4	9 083	45

资料来源:根据2010年ATW的世界航空报告。

1965年,新加坡总理李光耀(Lee Kuan Yew,现在为杰出的国家高级部长)使他的国家摆脱了马来西亚联邦。那时,他意识到为了生存和发展,只有6百万人口的小国家就需要强大且独特的策略。[27]新加坡政府允许当时的"马来西亚—新加坡航空公司"一直持续到1972年。那时,新加坡政府和马来西亚政府都认为,两家航空公司按照各自国家的独特路径来发展会更好。两家航空公司——马来西亚航空系统(现在称为马来西亚航空公司)和新加坡航空公司由此成立。本案例研究重点是新加坡航空公司,但需要知道的是,马来西亚航空公司到2012年也成为了一个主要的国际航空公司。

第 2 章 理论与实践回顾

正如它的竞争对手一样,新加坡航空公司通常需要花费几年的时间来进行协商、获取并实施新飞机和新航线。常规性战略是至关重要的。

类似地,内阁谢赫·默罕默德·宾·拉希德·阿拉·马克图姆(Sheikh Mohammed bin Rashid AL Maktoum)在迪拜的基地上判断:在20世纪70年代早期,阿拉伯联合首长国的海湾王国需要一个强大的航空公司。在1985年,阿联酋航空公司推出其第一个前往巴基斯坦和印度的航线。在1985年,公司面临了一次潜在的公关灾难,即从迪拜到卡拉奇的首次飞行:"通过招聘80名阿联酋员工来迪拜旅行,以掩盖首次飞行所面临的惨淡销售量。"自那时以来,阿联酋集团走过了漫长的发展道路。

从起步到现在,新加坡和阿联酋两国政府都持有他们各自航空公司的股份。因此,政府处于两个航空公司发展战略的中心地位。到2012年,这两家航空公司被公认为是世界航空公司的领导者,因为他们拥有服务于世界上大多数主要目的地国家的飞机舰队。重要的是,两家公司都形成了本国强大的运营基地,即新加坡航空公司的樟宜国际机场以及阿联酋航空公司的迪拜国际机场。

这两个机场被公认为是世界上最现代化、运行最平稳的航空枢纽。此外,两家公司都拥有良好的服务声誉;现代化飞机的使用、航空餐饮食物的吸引力和舱内娱乐设施的提供。那么这两家航空公司的成功策略是什么?

基于重要的假设条件,即世界旅游业的持续增长,阿联酋航空集团和新加坡航空公司都采用了常规战略:

● 从建立开始,两家航空公司便都决定以卓越的服务为基础来树立比对手更好的信誉。因此,他们提供了免费饮料、热毛巾和耳机,这样的设施相对便宜并得到广泛推广。近几年,在第一批航空公司中,他们在每一个独立座位上提供了娱乐屏幕,即使在经济舱也是如此。

● 对员工培训、员工福利及相关活动的大量投资。航空公司认为员工与飞机服务和航空安全一样重要,即可以通过专业知识和相关操作来培训员工。同样,由于飞机设计的改变和飞行服务业务的日益复杂,航空公司意识到需要在这些领域不断更新知识、提

· 47 ·

高专业能力。

- 投资于现代化客机，寻找最新的技术和飞机设计。例如，在第一批航空公司中，两家航空公司都运用了新的巨型喷气式客机A380-800，见案例14.3，这将为长途航空运输增加一个新维度。
- 基于新加坡和迪拜的主要基地，发展现代化机场，再加上相关战略，确保机场装备了高效的装卸设施。当其他航空公司在世界大洲之间进行长途航班飞行时，为了寻求中途停留的场地，它们会将其服务安置在樟宜机场和迪拜国际机场上。
- 通过代码共享和机票销售安排，与其他航空公司进行合作，便于客户进行环球旅游，并将他们吸引到特定的航空公司，而不是竞争对手的公司。

越来越多的欧洲和北美客户会前往两家公司所处的主要海湾以及亚洲市场来旅行。然而，由于发生了许多减少航空旅行的重大事件，所以基于全球旅游业持续增长的假设条件的常规战略受到了质疑：

- 在2001年，美国的"9·11"恐怖事件；
- 在2003年，高度传染的SARS病毒；
- 在2008年，世界金融银行业崩溃；
- 在2010年和2011年，冰岛火山爆发后欧洲航班中断；
- 在2009年和2010年，燃料价格上涨，燃料成本占阿联酋航空公司总成本的29%；
- 在2011年年初，一些中东国家政治动荡之后，埃及政府也发生了政变。

因此，由于一些公司发生意外事件，使得用来支持上文所述的常规战略的市场和财务预测会变得越来越不确定。由此也提出了这样的问题：当外部事件一定会破坏最终结果时，依靠常规方法是否合理？

 根据其年度报告，新加坡航空公司和阿联酋航空集团已经对碳排放和节能采取了重要的措施。

©版权归理查德·林奇所有，2012年。保留所有权利。该案例是由理查德·林奇所著，来自于已发表的信息。[28]

案例问题

1. 什么因素促使新加坡航空公司和阿联酋航空集团实施的是常规战略而不是应急战略？如果结果并没有像常规战略所假设的那样，有关系吗？
2. 在航空公司使用常规战略过程来制定战略是否存在缺陷？你可能会使用展示2.1来回答这个问题。

2.3 战略管理中的一些常规理论

前两节所探索的常规战略和应急战略之间的区别过度简化了战略制定的现实性，即存在许多理论来解释这一点。在接下来的两节中，我们将研究一些强调它们区别的理论。本节会探索常规战略理论，而应急战略理论将在2.4节进行讨论。然而，应该注意的是，它们之间存在一些重叠领域，这将在本章的后文中进一步探索。从广义上讲，确定常规战略理论的四个主要方面是十分有用的：

1. 基于产业和环境的战略理论；
2. 基于资源的战略理论；
3. 基于博弈的战略理论；

4. 基于合作和网络的战略理论。

2.3.1 基于产业和环境的战略理论

对于一些公司来说,盈利是明确的目标,因此在战略内容上强调了这个目标。从长远来看,该目标具有一定的压倒性。

定义➡ 基于产业和环境的战略理论认为,通过选择最具吸引力的行业,并具有比同行业中其他公司强大的竞争能力,就可以实现利润目标。重要的是,这里的"环境"并不是指"绿色可持续发展",而是指影响组织的外部因素,如市场、竞争对手、政府等。图2.4显示的是常规战略中的重点内容。

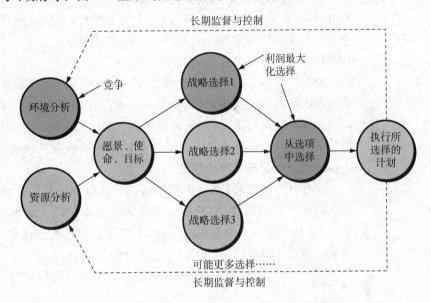

图 2.4 常规战略过程:利润最大化、竞争基础理论

这样的概念来自于某个主张,即组织是具有理性和逻辑性的,并受到利润的驱动。这包含三个相关方面:

1. 18世纪苏格兰经济学家亚当·斯密认为,人是具有理性和逻辑性的,并受利润的驱动;

2. 本章前面所引用的战争概念表明了该如何赢得激烈的战争;

3. 从"公司利润的最重要决定因素就是外部环境"这一概念中衍生出了高于公司平均收益的产业组织(I/O)模型概念。

对于战略理论的发展而言,大多数材料来源于20世纪60年代。安索夫(Igor Ansoff)[29]、艾尔弗雷德·钱德勒(Alfred Chandler)[30]和艾尔弗雷德·斯隆(Alfred Sloan)[31]都对该领域有早期的影响。最近,像惠伦(Wheelen)和亨格(Hunger)[32]这样的作家已经为合理的、可分析的架构化战略发展制定了模型。在20世纪80年代,迈克尔·波特教授[33]的著作为这些资料增加了重大意义,在此期间,他对战略理论的发展具有主要影响力。他的大部分著作是基于大型公司的研究和产业经济概念的应用,正如罗曼尔特(Rumelt)、辛德尔(Schendel)

和蒂斯（Teece）[34]所指出的那样。波特的方法主要依赖于这个观点：一个公司所选择的竞争行业以及在该行业中所选择的竞争方式是长期盈利的主要决定因素。[35]这将在本书的后文中进行深入探讨。

为了公平起见，应该指出的是，早期的研究者，如安索夫，从未预见过他们的著作在常规战略中是如此显眼。例如，安索夫在1968年关于战略管理的论文[36]中表明支持西尔特和马奇关于人力资源的应急策略。这将在后文中进行探究。

对于所有的作家来说，战略包括正式的分析过程。这将产生一套特殊的文件，该文件是由董事会（同等权利的公共部门组织）通过讨论而达成一致意见的，它其实是提前为未来制订的切实战略规划。通常，该计划将包括以下几个部分：预测整体经济和政治形势；探索行业特征，如经济规模和集中度；分析竞争对手及其优势和劣势；分析客户需求；考虑组织可获得的资源以及提出一系列战略来满足这些需求。

通过在某些特定产业寻找机会，该战略将主要（但不仅限于）由组织的长期利润最大化的目标所驱动（这些利润可能归于股东所有）。新加坡航空公司和阿联酋航空公司就是这样，见案例2.3。理论界的主要观点认为，为了形成优于竞争者的可持续竞争优势[37]，战略目标应该先选择最具吸引力的行业[38]，然后解决在该行业中进行竞争的问题。

这些观点被大前研一（麦肯锡咨询公司日本分社社长，Kenichi Ohmae）广泛认可[39]，同时威尔克斯（Wilks）指出这些观点仍然大量地被西方和英美所接受[40]。他们主要关注的是利润，只有小部分目标是关于社会、文化、政府和其他因素。因此，这种战略观点不太可能吸引某些国家。例如，在欧洲的法国、波兰、荷兰和斯堪的纳维亚，这些国家希望从公司计划中获得一个较高的社会化战略。

在欧洲之外，印度一直坚持强大的社会计划，仅在过去的几年中逐渐接受"强烈的社会政策需要通过市场力量的调节"的观点。[41]日本公司同样具有其他的标准，正如我们已经看到的。马来西亚和新加坡的公司与他们各自国家的政府存在较强的关系，很可能为了其他目标而牺牲营利目标，如建立市场份额或为员工提供额外的培训，参见案例2.3中的新加坡航空公司和阿联酋航空集团。[42]这些国家的公司战略内容将不可避免地被扩大了。

然而，这些民族国家的观点只是在某个程度上不同而已，它们并没有否认一种观点，即为了确保企业的生存和发展而需要获得长期利润。哈梅尔（Hamel）、普拉哈拉德（Prahalad）[43]和凯（Kay）[44]强烈批评利润最大化的理论。他们认为，尽管竞争是重要的，但是强调竞争性行业比较重要的理论是一种误导：它只能说明了组织所存在的劣势。但这样的理论并没表明公司应如何开发自己的资源和技能，他们的观点是关键战略任务。此外，一旦所有的公司都应用了波特的行业分析方法，那么正如哈梅尔、普拉哈拉德[45]和凯[46]所声称的那样，那么所有公司的优势将会消失，因为所有公司将具有相同的知识，没有一个公司存在竞争优势。

汉南(Hannan)和弗里曼(Freeman)[47]不赞同以上观点,他们认为,市场变化莫测,对大多数企业而言,寻求可持续竞争优势并不现实,只有占有很大市场份额的大型公司才可以获得和维持这样的优势。对于其他所有企业,复杂和详细的策略容易让组织分心。

基于不同的角度,明茨伯格[48]和其他人批评了基于行业角度的方法,他们认为战略不仅仅应该在实践中形成。相比之下,基于人力资源的战略理论表明,通过单一的静态战略规划寻求最大限度地提高绩效是错误的。不存在明确的且长期的使命描述和目标,而是存在仅仅能够满足并重新制定的一系列短期目标。那种声称能够提供远见的技术可能过于简单了。运用这些观点,明茨伯格深刻表达了他对正式战略规划过程的批评。然而,他随后修改了其批评并接受了一些战略规划也许有利于组织的观点[49]。

本书第 3 章将探讨一些基于产业和基于环境的战略理论所提供的详细概念和有益见解。

2.3.2 基于资源的战略理论

定义 ➡ 基于资源的战略理论着重强调了组织的主要资源和能力,尤其是那些具有竞争优势的资源,它们是成功战略管理的主要来源。实质上,竞争优势来源于组织的资源而不是公司运营所处的环境,如图 2.5 所示。当然,这并不意味着组织中所有资源都可以提供竞争优势。例如,没有餐厅或法律设施的新加坡航空公司。但是,如果一些公司为了获得高于行业平均水平的利润时,一些资源就必须能够提供独特的竞争优势。例如,阿联酋航空公司这一品牌就是独一无二的强大资源,这将确保公司能够吸引和留住客户。

在 20 世纪 60 年代,德鲁克(Druekew)在作品中指出,构建自己的强势是为了寻找机会而不是为了解决问题,这是非常重要的。[50]许多经济方面的资料也强调了资源作为盈利基础的重要性。

在 20 世纪 60 年代和 20 世纪 70 年代,美国和日本的战略家都强调资源基础战略的一个特殊方面,即运营(生产)战略以及全面质量管理。尽管亨利·福特(Henry Ford)在 20 世纪早期就已经形成了这部分理论,但很少强调这一方面。他可能认为运营战略以及全面质量管理太过普通,不能引起整体战略管理的重视。(即使在 20 世纪 90 年代末,许多战略文献也没有提及这些内容)戴明(Deming)、石川(Ishikawa)、田口(Taguchi)[51]一直在研究工作质量问题,而大野(Ohno)[52]和许多其他学者在研究生产战略问题。不过这些问题超出了本书的范围,但在本章最后的参考文献中给出了一些建议。[53]

从不同的理论视角来看,近年来,基于资源的战略制定已经成为了关键常规路径,它可能是为了反对 20 世纪 80 年代对市场和利润最大化理论的强调而出现的(见上述 2.3.1 节)。研究者开始认为:在提供竞争优势时,组织的资源远比利润最大化更重要:

传统的竞争战略范式(例如1980年波特所提出的范式)强调了产品市场定

位,关注的只是具有技术性的马拉松大赛的最后几百码冲刺。[54]

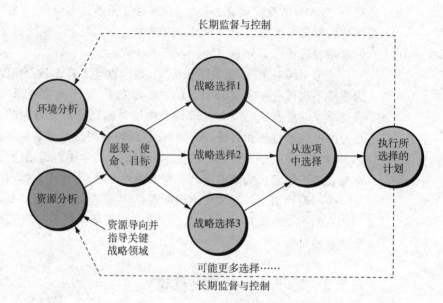

图 2.5 常规战略过程:基于资源的理

沃纳菲尔特(Wernerfelt)[55]、贝特罗夫(Peteraf)[56]、迪瑞克斯(Dierickx)和库尔(Cool)[57]、凯[58]和其他人已经探索了被称为基于资源的战略理论的一些方面。实质上,尽管对竞争进行了研究,但这种方法所强调的是组织本身的资源:它的实物资源,如厂房和机械;它的人力资源,如领导能力和领导技能;而且,最重要的是这些资源的互动方式。正是由于这些资源的组合才提供了竞争优势,这些资源的组合需要经过多年时间,因此很难被别人复制。

在此背景下,基于资源的理论区分了一般性资源和特殊资源。一般性资源是任何组织都能获得的,例如会计技术和基础科技;而特殊资源也许是一个组织独一无二的。他认为只有那些特殊资源才能为组织提供可持续竞争优势。例如,雀巢品牌名称是谷物联盟集团的谷物早餐中的独特资源,以及阿联酋品牌对公司的作用,见案例研究 2.1 和 2.3。基于资源的理论将在第 4 章进行探讨。

最近,知识已经被认为是组织的关键资源。[59]这种观点认为,组织拥有的知识,如程序、技术秘方、与外部其他组织的联系,将为公司提供重要的竞争优势。一些战略家到目前仍认为,知识是提供可持续竞争优势的唯一资源。尽管这有所夸大,但知识对于组织的发展是至关重要的,这将在第 7 章进行探讨。

批判资源基础理论的学者认为,尽管基于资源的理论善于分析组织获得的竞争优势,但该理论对竞争优势的发展途径以及应对不断变化的竞争环境等内容具有相当少的见解。[60]关于资源动态观的新理论和概念正处于不断发展当中,他们主要依赖于一些概念,即与组织不断寻求新的创业机会以及应对竞争对手的资源变化有关。[61]这部分内容将在第 5 章进行深入探讨。

2.3.3 基于博弈的战略理论

定义 ➡ 基于博弈的战略理论强调的是常规过程中的一个重要方面,即从战略规划选项中做出最佳选择。不能把这个过程当成是简单的计划选项选择模型,博弈论试图探索组织与其他决策人之间的相互作用,即博弈。(如图 2.6 所示)这种方法的理论背景是数学模型和概率论。[62]

博弈论的第一步就是意识到"最佳"策略的一个简单选择将会对其他公司产生影响,如供应商和竞争对手。组织的初始选择对其他组织产生的后果是未知的。博弈论试图为这种选择后果建立模型,并随着博弈的进展允许对选择进行修改。博弈论不仅包括竞争对手,也包括希望与该组织合作的其他组织。该理论认为,计划选项选择模型过于简化了可供选择的选项。这还涉及与其他组织的谈判,预测竞争反应以及寻找最佳解决方案。这种方法能够让市场上的竞争者实现双赢。

让我们来列举博弈论案例,即维珍媒体(维珍集团的一部分),在 2005 年试图收购英国电视频道独立电视台。它的竞争对手英国天空广播公司(隶属新闻集团,见案例 8.4),购买了英国电视频道独立电视台的股票,并试图阻碍维珍媒体的收购。维珍媒体被迫向英国竞争办公室求助以扭转被动局面。

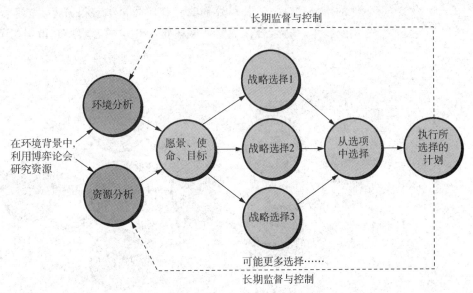

图 2.6 常规战略过程:博弈

虽然博弈论在 20 世纪 40 年代就已经出现,但是它最近才开始在战略中应用。这是因为战略决策所处的复杂世界难以利用基于博弈论的数学理论来建立合适的模型。在过去的几年里,战略家已经开始探索一些关键概念,认为没有必要使用严格的数学分析来模拟每一个细节。结果就是在常规战略过程中出现了一些新的见解,这将在本书的第 5 章进行探讨。然而,博弈论仍然只是战略过程中的有限部分的局部观点。

2.3.4 合作和网络的战略理论

定义 ➡ 在合作战略理论中,至少存在两家独立的公司为了达成共同目标而进行合作。在网络理论中,重点在于个人联系、组织内外的知识和影响的网络共享。因此网络理论比合作理论拥有更广泛的概念。合作战略和网络战略都寻求明确的常规战略,但它们强调了正式和非正式的关系机会的重要性,因为这也同样适用于组织。图 2.7 显示合作战略和网络战略在整体模型中的位置。

这些理论近期才出现,因为意识到组织可以通过与其他公司的合作来向顾客提供更好的价值,创造出优于竞争者的竞争优势。各种形式的合作都是可能的,主要的基本原则是通过组织与其他公司的合作能够促进组织本身的成长与发展。因此外部战略可能包括战略联盟、合资企业以及其他的合作形式。例如案例 2.3,新加坡航空公司是星空联盟的成员,并与其他航空公司共享电脑售票、旅客预订和全面的航空服务。这是一种外部战略,能够为公司提供额外的业务以及在公司内部无法形成的竞争优势。

艾森哈特(Eisenhardt)[63]、英克彭(Inkpen)[64]、蔡尔德(Child)和福克纳(Faulkner)[65]都对这个日益重要的战略发展领域作出了贡献。他们认为这种战略是有价值的,至少存在三点原因。首先,它们能使公司更快地进入具有限制条件的市场;其次,从公司外部或者其他公司中获得技术,能使公司先于竞争者采用新技术;最后,合作战略使联盟集团获得或者增加其市场竞争力。

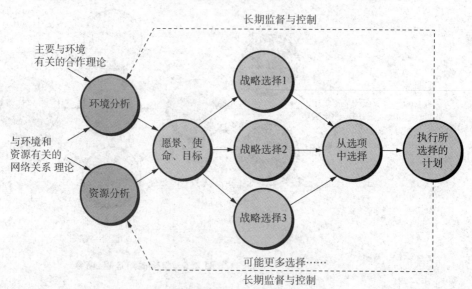

图 2.7 常规战略过程:合作和网络关系理论

某些形式的合作发生在公司总部层面,而不是业务层面。为了将许多好处传播到大量的业务关系中,合作能使公司在现有业务领域的基础上采取多元化的发展形式,或与潜在的合作伙伴形成一个联盟网络。在全世界上采用越来越多的一种合作形式就是特许经营。

定义 ➡ 特许经营是一种合作战略,企业(授权人)开发了一个商业模式,然后以合同形式提供给其他人(加盟商)使用。通常,加盟商会获得一个久经考验的商业模式,反过来,他们需要向授权人支付一定比例的销售额,并且同意对产品范围和定价等方面进行严格控制。[66] 案例2.4描述了地铁特许经营的运作模式。

合作战略和网络战略存在的主要问题是,如果没有精心制定合同条款,或者其中的合作伙伴故意错报利润,那么他们之间的关系将变得脆弱,容易导致合作崩溃的风险。[67] 合作协议将在第4章进一步探讨。此外,需要注意的是某些形式的合作在世界上大多数国家是非法的。这种非法行为包括为了降低市场竞争,增加商品的销售价格来获得利润的合谋。这些活动不仅违法而且是不道德的。他们并不是合作网络战略理论中的合理部分。

关键战略原则

- 基于产业和环境的战略理论强调了市场的重要性,认为战略应寻求可持续竞争优势。
- 基于资源的战略强调了在战略制定过程中组织竞争资源的重要性。需要形成核心竞争力和其他独特的优势资源。
- 基于博弈的战略理论是指常规模型中的计划选项选择阶段。该理论探索了在寻求最优战略时,竞争者的反应和应对措施的商业现实性。
- 合作和网络战略理论关注的是正式的和非正式的关系,这种关系的建立能够用来制定战略,如战略联盟和合资企业。该理论出现的原因在于,意识到通过与竞争者进行合作能够获得竞争优势。该理论的主要困难是难以保持长时间的合作关系,通常会由于众多原因而导致合作失败。

案例研究 2.4

利用应急方法和常规方法建立赛百味特许权

早在1965年,17岁的弗雷德·德鲁卡(Fred DeLuca)在美国的特拉华经营了一家名叫皮特超级潜艇的三明治店(非美国读者可能知道在北美地区以"潜艇"著称的长面包,由于其形状类似于潜艇)。到2011年,这家三明治店已经发展成了一家连锁企业,即在97个国家具有34 000家连锁店,并更名为赛百味(Subway)。这一切都是通过常规战略和应急战略的组合来实现的。

赛百味:早期发展阶段

在1965年,弗雷德·德鲁卡为了攒钱交学费,他请教了一位世交,皮特·巴克(Peter Buck)博士,希望皮特能够为他应该做些什么提些建议。皮特·巴克博士建议他试着开一家三明治店,因为他看到了当地三明治店的成功。在1965年8月,他凭借着巴克借给的1 000美元,在美国康涅狄格州的布里奇波特开设了第一家店。该店被称为"皮特超级潜艇",并且销售一系列的新制作的长三明治,客户可以从一排排柜台上选择馅料。弗雷德自己经常定期跑到商店和市场购买新鲜的蔬菜和肉类,他认为,对于一个成功的商店来说，合理的价格与合格的质量是非常重要的。一年后，第二家店开张，1967年第三家店开始营业。重要的是，目前已经是一家真正餐厅的第三家商店处于一个更为显眼的地方。尽管租金和相关费用都较高，但这是成功的关键因素。

赛百味：特许经营概念的发展

在接下来的几年里，赛百味商店/餐厅对其产品范围、营销、新鲜农产品采购及存储产品尝试使用不同的方法。公司名称更改为"赛百味"，并形成了我们熟悉的黄色标志。实质上，创始人为它的三明治餐厅开发了一种商业模式，它存在以下特点：

- 相对较低的投资成本，只需约8万美元到12万美元，相比于成本为100万美元的麦当劳（McDonald's）、Jully Bee 或汉堡王（Burger King）餐厅来说，其成本更低（因为后者需要合适的煎锅和烤架等）；
- 每家店只需雇用6名到8名员工，而一家普通的麦当劳需约15名到20名员工；
- 简洁和简单的强大标志，名称改为"赛百味"；
- 简单明了的定价和产品介绍，为了保证食物的新鲜和干净，卫生因素和培训是至关重要的。

在1974年，赛百味首次提供了特许经营权，并打下了基础。在接下来的35年中，赛百味主要通过特许经营来不断地发展壮大。重要的是，它开始尝试不同的地理位置。通常，由于大量的启动资金和较高的工资成本，同时为了赚取利润，像麦当劳这样的快餐连锁需要位于高客流量地区，例如购物中心。赛百味认为应该将特许经营权赋予更小以及更专业的分销商，例如学校和工厂，因为它们具有更小规模的商业运营模式。

赛百味在北美的发展

到20世纪90年代中期，尽管赛百味每家加盟店的营业额要低于麦当劳，但它所具有的加盟店数量要多于麦当劳。赛百味在北美的战略问题就是规模增长速度开始放缓。以前规模的增长来自于更多加盟店的开设，但正如麦当劳所发现的那样，见案例6.2，像赛百味这样的加盟连锁店占据了大量的新地段。为了解决这个问题，弗雷德·德鲁卡开始将注意力放在他的客户上。他了解到越来越多的人来到赛百味是因为它们提供了能替代汉堡和薯条的低脂肪食品。在1998年，弗雷德按照这个理念开展了营销活动，重点推出低脂三明治。结果，该公司宣称其销售量显著提高，但确切数字尚不清楚。因为赛百味公司是私有公司（而且到今天仍然如此），

赛百味可以在各地买到，从美国的阿拉斯加州到中国的上海。

其数据并未公布公开。在 2000 年,公司仍然希望吸引那些需要卡路里的客户。因此,开发了一系列的大型三明治,例如牛排和奶酪。这又再次对销售产生了积极影响。在 2004 年,赛百味在美国和加拿大拥有大约 20 000 家加盟店。

赛百味:全球扩张

1984 年,赛百味在北美之外的中东巴林地区开设了第一家特许经营店。随后,公司继续进行扩张,到 2011 年,它已经在 97 个国家开设了 10 000 家加盟店,这些国家包括中国、印度、澳大利亚、新西兰、墨西哥、德国和英国。在 2004 年,赛百味的第 2 000 家特许经营店的开张被认为是非常重要的。"这个里程碑表明我们实现全球化战略规划目标的道路是正确的,即到 2010 年达到 7 500 家加盟店。"赛百味国际商务董事长帕特丽夏·德玛瑞斯(Patricia Demarais)说。事实上,赛百味打破了这个目标,到 2011 年,它的加盟店要多于麦当劳。

ⓒ版权归理查德·林奇所有,2012 年。保留所有权利。该案例是由理查德·林奇所著,来自于已发表的信息。[68]

 赛百味对绿色战略举措具有承诺。这些都可以在其网站查阅:www.subway.com。

案例问题

1. 什么因素促使赛百味制定常规战略和应急战略?

2. 一般对于一个公司而言,是否可以先采用应急战略,然后采用常规战略?在早期之后,公司能够继续采用应急战略吗?随着公司的不断发展,还能够继续采用这种应急战略吗?

2.4 战略管理中的一些应急理论

当战略管理是根据实际现状形成,而不是提前预测时,组织不太可能制订长期的战略规划。这并不意味着没有规划,而是这样的计划更灵活,发展方式随着公司周围环境的变化而变化。因此计划是短期的。

为了更好地理解应急战略理论的背景,那么追溯到 20 世纪 70 年代就很有必要了。当时,详细的公司常规战略规划被广泛使用。然而,强大的中东石油价格联盟导致石油价格突然大幅上涨,使得世界各地的许多企业在完全不可预知的情况下受到突如其来的重创,指令性计划陷入混乱,因此有必要寻求一种应急战略,该战略很少依赖于对未来的精确预测。在 2000 年左右,与新型互联网公司有关的经济泡沫同样强调了环境的不确定性。由于这个原因,一些战略家认为常规战略的整体基础观点是错误的。他们声称在相对确定的环境中,将战略看作是应急过程也许有助于组织的发展。

鉴于本书的目标,我们通常可以区分四类应急战略理论:

1. 基于生存的战略理论;
2. 基于不确定性的战略理论;
3. 基于人力资源的战略理论;
4. 基于知识和创新的战略理论。

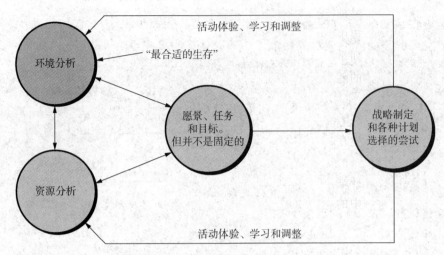

图 2.8　应急战略过程：基于生存的理

2.4.1　基于生存的战略理论

定义➡　基于生存的战略理论将公司在市场上适者生存的原则当作是战略管理的主要决定因素。首先，该理论探索了公司将如何在竞争激烈和瞬息万变的环境中生存。复杂常规的解决方法是毫无意义的，最好是随着市场的变化来规避和迂回，从而在该过程中产生战略。图 2.8 显示了文中强调生存战略理论的地方。

正如 2.3 节所阐释的那样，基于产业和环境的理论方法强调的是选出能够使组织利润最大化的最优战略，从而实施该战略。批评家们早就意识到，简单的经济模型与现实相差甚远。例如，在 20 世纪 30 年代后期，霍尔(Hall)和希契(Hitch)[69]对公司进行了调查，发现公司没有按照理论中的最优条件来制定产出量，即边际成本等于边际收入。部分原因是决策并不一定是理性的，还有一部分是因为不清楚收入与成本之间的关系。

然而，这并不意味着公司可以蒙混过关。市场上的竞争将会无情地淘汰效率最低的公司。因此，为了在这种环境下进行发展和生存，生存战略就显得十分重要。实质上，根据生存战略理论可知，市场比具体战略更为重要。所以，为了生存的最佳战略一定是非常有效的。除此之外，公司只能依赖运气了。

为了克服这些困难，亨德森(Henderson)[70]认为，为了在高度竞争的环境下生存下来，大多数公司所需要的是走差异化发展道路。如果产品或服务能够提供一些竞争者所不具备的特征时，那么这将有利于公司的发展。然而，其他战略家怀疑真正差异化的可能性，因为实现差异化需要花费很长时间，并且环境变化太快。在这些情况下，理论家认为，生存战略应该依靠能够应对环境变化的有效管理，正如威廉姆森评论的那样：

经济是最好的战略。[71]

如果环境比具体战略更重要，那么基于生存理论的战略家认为，最佳战略就是在任何时候寻求大量的战略举措，然后让市场选择出最优战略。[72]因此根据该理论,战略选择是不正确的。最好是尝试不同的方法,并观察在自然选择过程中哪种应急战略是最好的。例如,在 20 世纪 80 年代,惠延顿(Whittington)[73] 列举了索尼随身听的战略案例。索尼公司在北美市场推出了 160 个不同版本的随身听,从没有同时保留 20 多个版本。最终,市场帮索尼公司选择了最好的产品。最近,存在一个案例,即该公司用太阳能、风能和海来进行发电,见案例 2.2,它尝试了许多不同的产品和服务,并让市场决定哪种可再生资源能够生存。

如果生存理论是正确的,那么我们需要仔细研究组织环境(我们在第 2 章开端就已经研究了该部分)。除此之外,我们需要非常谨慎地对待第 8、9、10 章中的战略选择过程。

其他战略家认为生存理论过于悲观,这是在战略中存在的实际问题,我们只需采取谨慎措施并保持所有的计划选项的公开性。为了大量提高质量的大型收购、创新型新产品以及工厂投资都会是很多激烈的辩论和较少行动的主题。大胆的战略措施可能会被完全排除掉。[74] 如果阿联酋航空公司遵循生存战略,那么需要大量投资资本的该公司也许就不会成为成功的航空公司。本书将在第 11 章进一步探讨基于生存的战略。

2.4.2 基于不确定性的战略理论

定义 ➡ 基于不确定性的理论运用数学概率论表明,战略管理制定是一个复杂的、不稳定的以及波动的过程,因此不可能提前给出有用的预测。如果预测是不可能的,那么设定明确的战略管理目标也是毫无意义的。战略应能够随着环境的波动而变化。图 2.9 指出了书中强调该理论的地方。

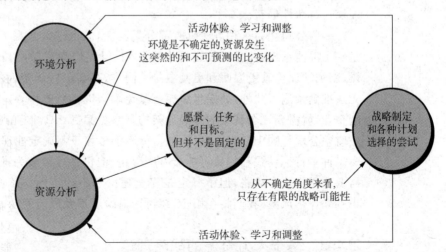

图 2.9　应急战略过程:不确定性战略理

在 20 世纪 70 年代,由于预测组织未来环境存在主要困难,所以一些理论家认为长期战略规划是没有价值的。但是,战略规划仍然可以被使用,知识它必须具有更大的灵活性,并且对 20 世纪 70 年代不能具有绝对的确定性。这种战略方法不仅仅导致了生存战略,即为了保证所有的计划选择对最后的可能机会是开放的,也导致了不确定性战略。

20世纪60年代以来,混沌理论和数学建模已被用来绘制科学实验的结果,这样的程序并没有用于商业社会,而是其他科学领域,例如天气预报的数学模型构建。实质上,这种技术能够阐明在不确定的特定环境类型中,早期阶段中的微小变化会导致后期阶段中的主要差异,但这并不像宏观经济中的乘数效应。这种环境,通常被称为"混沌系统",其主要含义是在许多年前根本不可能足够准确地进行预测(见格雷克)。[75]

米勒(Miller)和弗里森(Friesen)[76]通过实证研究为战略提供了一个方法变体。他们发现重大战略管理是以革命性的方式出现的,即在组织达到新的稳定状态之前,公司的组织架构以及整体战略存在突然重大转变的潜力。从数学模型的视角来看,模拟这样的系统是有可能的,并表明它们在稳定状态和动乱状态之间振荡。斯特雷贝尔(Strebel)[77]已经运用了类似的观点,特别指出技术的变革很可能导致组织在发展过程中出现断点。

企业已被确定为一个混沌系统。斯泰西(Stacey)[78]表明,许多企业的环境,特别是那些处于快速增长行业的企业,如计算机行业,本质上是不稳定的。你永远不能准确地预测出一个新项目在五年或十年内的利润,因此,明显准确的贴现现金流量和现金流量预测在很大程度上是虚假的。所以,应该遵循应急的业务战略,而不是试图达到常规战略的虚假的确定性。

一些作家,如米勒和弗里森[79]对组织资源也采用了相同观点。他们认为,创新对成功的战略是至关重要的:如果组织资源受到了彻底地改变而不是渐进的变化,那么创新将会以一种重要的方式出现。这种方法可能具有一个混乱的、随意的因素,其后果是战略不能提前计划或预测。本书第7章和第11章将深入探讨革命性创新。

一些公司认为这种方法具有部分真实性,但也许太悲观了。尽管天气预报是一个混沌系统,并且不能进行准确预测,但我们知道撒哈拉沙漠是炎热和干燥,新加坡比伦敦更温暖和更潮湿等。同样,存在一些确定性的业务,即使我们无法准确预测。此外,如果组织想要避免陷入混乱状态中,那么它们(特别是大型企业)就需要一个基本的非混沌架构。参见案例2.3,追溯到2003年,当新加坡航空公司订购十架新巨型飞机时,就不能依赖于不确定性理论了。

许多行为模式和趋势可能会有所变化,但仍然可以较为准确地预测。也许需要适用的业务战略,但不一定是完全随机和不确定的。然而,战略确实需要识别和评估风险(我们将在第10章讨论风险管理及风险问题)。

2.4.3 基于人力资源的战略理论

定义➡ 基于人力资源的战略理论强调了战略制定中人力因素的重要性,同时强调激励机制、组织政策和文化以及个人欲望的重要性。他们特别关注了一些困难,即在提出新战略并且面对人员变化和不确定时出现的困难。图2.10显示了应急过程中该理论的运用。他们涉及人,并出现在认为人力资源很重要的地方。因此,很难确定其在战略过程中的精确位置。

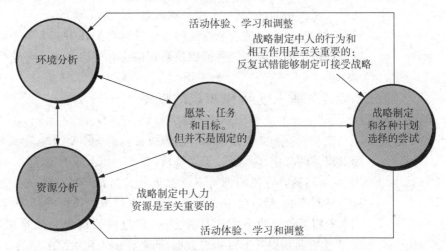

图 2.10 应急战略过程:基于人力资源的理论

我们已经验证了一些研究者的重要发现,如西尔特(Cyert)、马奇(March)[80]和赫伯特·西蒙(Herbert Simon)[81],认为战略管理需要具有人力资源视角。组织是由个人和团体组成的,这些人可能会影响战略或受战略影响;他们可能对战略管理有过贡献,也许会默认甚至是抵制战略管理过程,但他们确实会受到战略的影响。纳尔逊(Nelson)和温特(Winter)[82]进一步延伸了这一主题,认为计划选项选择模型完全是误导:

设想公司行为是从大量的计划选择菜单中经过深思熟虑所做出的选择,这也许是很不恰当的,而一些外部观察者认为这些选择是对组织有用的机会。

战略制定的人力资源方面将在第 11、12 章以及第 16 章进一步探讨。然而,根据一些学者的观点,这些问题不仅是战略实施的外围问题,而且是战略过程本身的基本问题。纳尔逊和温特[83]认为组织在现实中存在有限的战略选择。可用的战略是:

不广泛并且范围狭窄,具有特殊性;它是以公司的日常事务为基础的;大多数的"选择"是根据公司程序自动完成的。

战略逻辑受到组织中现有的员工和程序的限制。

明茨伯格[84]也发展了该主题,认为战略的出现是随着组织不断适应环境变化的结果。因此,战略实施并不是附加到战略最后过程的一些独立阶段,而应该是渗透并融合到战略管理发展中的。奎恩(Quinn)[85]描述了这种渐进式的应急方法,该方法只将有限数量的可行计划选择当作是逻辑渐进主义。引用明茨伯格的一句名言:

明智的战略认识,到他们不能总是足够聪明地提前预知一切。

我们将在第 11 章深入探讨这部分内容。

最近，组织相当重视战略制定中的学习方面。同样，明茨伯格也强调学习的重要性。在他之后，圣吉（Senge）[86]等人也发展了学习概念，鼓励管理者在经历了反复试错的过程后，采用最优策略（见第 11 章）。

对战略制定中的应急方法的主要批判列举在第 2.2 节中，尤其适用于人力资源战略。类似的评论可能促使明茨伯格对他的上述论点进行适当修正。[87]

2.4.4 基于创新和知识的战略

定义➡ 基于创新和知识的战略理论通过将知识看作是战略制定中最重要的方面，为新思想的产生和共享赋予了特权。在 20 世纪 90 年代期间，这些理论日益突出，发展迅速。这里的创新不仅意味着发明新产品或新的生产过程，也意味着以一种新型的、激进的方式来探索和开发组织的任何资源。[88]特别是运用组织知识来获得新的解决方案的这种方法，已经被公认为是战略制定中的最重要因素。[89]这里的知识并不意味着数据，而是许多人在组织多年的发展中所形成的集体智慧和思想。图 2.11 显示应急战略过程中的这种方法。

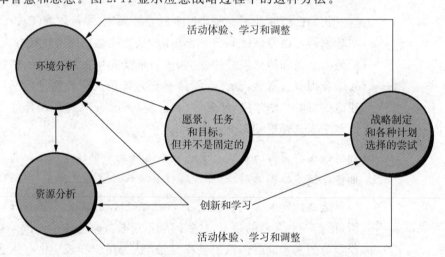

图 2.11　应急战略过程：基于创新和知识的理论

根据那些有利的创新和知识理论，他们的优势在于能够解决那些出现在现有理论中的问题。但争论还在继续，对现有理论的广泛研究，例如资源的竞争优势，意味着每个公司都知道这种战略想法，因此这种理论为公司提供新竞争优势的机会较少。通过强调知识和创新的新颖性以及发展的本质，该理论有助于克服这些困难。创新的本质是打破组织的传统思维，从而提供了新的竞争优势的可能性。案例 2.2 表明，涉及绿色战略的公司愿意通过商业战略的创新方式来探索新想法、分享知识、建立新业务。

在创新的过程中，一个重要方面就是知识和想法共享。与过去十年相比，由于互联网和电信技术的发展，这已经变得容易多了。这个领域已经成为了战略中的重要主题，它对革命性战略思想的发展具有真正的潜力。在 2000 年左右，一些互联网企业的兴衰使得这个重要战略路径的潜力消失了。第 7 章和第

11章将深入地探讨这些概念。

案例研究:维珍集团的应急战略。在您阅读完这个案例的情况下,您可能想查看案例的提示答案。它们在一个单独的网站页面上。

> **关键战略原则**
>
> ● 基于生存的战略理论是以市场的优胜劣汰观为基础的。积极地计划战略是比较困难的,企业可能采用差异化战略来实现生存。
> ● 基于不确定性的理论认为预测是不可能的,因为企业和环境在本质上的不稳定性。战略必须能够应对瞬息万变的环境,并在混乱的情况下制定出战略。但有些人认为该战略观过于悲观。
> ● 基于人力资源的理论强调了在战略制定过程中人力的重要性。它强调激励机制、组织的政策和文化以及个人欲望的重要性,同时,战略将从赋予个人的学习和试验因素中获益。
> ● 基于创新和知识的理论强调了能够超越竞争对手的全新战略思维的价值。通过互联网的知识共享可能是该过程中的重要组成部分。

2.5 组织目标:利益相关者、伦理以及绿色战略

在战略管理的文献中,[90]战略目标被简单地认为是"获得高于平均水平的利润"。这意味着有效战略管理的判断标准是,能够为组织提供高于投资者在其他类似风险情况下所获得的利润。换句话说,战略主要关注的是增加投资者的财富。相比之下,其他学者可能会认为这种观点过于简单化。[91]他们认为商业组织对所有的利益相关者必须有一个更广泛的社会责任,而不是仅仅对股东负责,下面我们将探索这一新思想。

除了利益相关者的问题之外,还存在大量的公司丑闻,使得我们需要在战略管理中重新强调伦理价值。许多组织,包括公共部门和私营部门,正面临着公司政策的环境问题(绿色问题),这为组织带来了越来越多的压力。这两个问题已被归为伦理和企业社会责任这一主题下。

定义➡ 利益相关者是指一些个体和团体,他们在组织中具有相关利益,并希望影响组织目标的各个方面。例如,利益相关者不仅包括企业的股东,也包括员工、管理者以及像供应商、政府机构这样的广泛外部利益范围。第6章列出了完整的利益相关者的列表。实质上,当制定组织目标时,这种定义会平等对待股东与其他利益相关者。

拉帕波特(Rapaport)[92]在他具有影响力的关于股东价值的书籍中认为,在20世纪80年代后期,企业的目标是增加其所有者即股东的财富。因此,企业的所有活动都需要朝着增加价值这个方向发展。拉帕波特引用金融记者的话:"任何无视股票价值最大化的财务目标的管理,无论是多么强大和独立,确实存

在一定的风险。"现在,许多战略家(但不是全部)都认为这种观点过于简单。

如果企业的唯一目的是增加其所有者的财富,那么有人认为所有的其他活动必须用此标准来衡量。试图为社区提供服务、支持环保政策,提供额外客户服务,实行道德的劳动就业政策等都是次级行动,除非他们能够增加股东的财富。拉帕波特方法的明显优点在于为战略建议的分析提供了简单的检验标准,即它们也许会获得高于平均水平的利润,也许会失败。

然而现在,一个组织的广义目标被大多数但不是全部的战略家所接受。例如,查尔斯·汉迪(Charles Handy)认为,雇员和政府在组织发展中同样享有合法权益。引自于汉迪:[93]

公司作为其财产股份所有者的观点是令人困惑的,因为它并没有弄清楚权利归谁所有。因此,该观点是对自然正义的冒犯,因为这并没有充分重视公司的员工和公司主要资产。谈论到挖掘其他公司的员工时,正如股东暗地里所做的那样,这也许是不道德的。

实质上,像员工这样的利益相关者与股东同样重要。当我们在研究组织目标时,第6章将会再次详细探讨这个问题。

定义 ➡ **伦理和企业社会责任是指组织为其本身制定的、能够应对组织内部和外部环境的行为准则。**实际上,组织的战略并不是目标本身,而是实现组织目标的手段,反过来,又可以通过伦理和社会因素来形成组织战略。

20世纪80年代初,一些商人,特别是英国人和美国人,认为组织在处理社会事务时,至少应该遵循最低的道德标准。但是,这种责任也存在局限性,组织的主要作用就是为它的股东实现利润最大化。现在这个社会观点已经转变,并且认识到企业在广泛的社区中具有超越这种局限性的社会责任。例如案例2.5,所有的南非手机公司认识并接受了他们在非洲社会(不仅仅在南非)中发挥广泛作用的观点,主要涉及福利、就业和其他问题。

在过去的几年中,组织逐渐认识到需要可持续性地利用地球资源。此外,一些尚有争议的证据表明,人类的活动导致了地球变暖。因此,各国政府、私营企业和公共部门组织开始采用能够维持资源的方法,并努力扭转这种趋势。然而,这些还没有充分地反映在战略管理的理论与实践中。你将不会在研究报告中找到关于这个话题的大量文章,但也有一些论文和网站致力于研究伦理与社会责任。[94]本书第一次尝试探索战略管理过程中关于绿色战略的话题。这些问题将涵盖在本书的各章中。

除了社会态度的转变,近年来,也出现了一系列的公司丑闻,这些丑闻伴随着与经理和公司有关的刑事诉讼的结束而结束。例如,美国的安然(Enron)和意大利的帕玛拉特(Parmalat)。这些问题的结果就是,企业必须遵守的法律和道德标准正在发生明显的变化。这些问题将在第6章中进行深入探讨。

总的来说,本书认为组织的目标是由组织的价值观、组织中利益相关者的权力(例如股东)以及每个组织对社会所做的贡献组成的。这些贡献至少是由道德价值观以及企业社会责任观所形成的。它也关注了在绿色战略背景下,其环保政策的可持续发展问题。有效的战略管理将寻求高于平均水平的利润回报,但这不仅仅是为了公司股东的利润。

> **关键战略原则**
> - 在过去,战略主要是为了增加股东的财富,但现在认为这是一个过于简单的观点,因为它没有明确考虑组织中其他利益相关者。
> - 伦理和企业社会责任是指组织为其制定的能够应对组织内部和外部环境的行为准则。这些问题将包括绿色战略。这些政策问题将会影响组织战略。

案例研究 2.5

非洲电话:手机创造新机会

在过去十年里,非洲的主要国家见证了移动电话使用量的急剧增长。这个案例解释了其中的主要原因,并探讨了关键的战略问题,"这个趋势会持续吗?如果会,结果又将怎样?"

非洲移动电话的发展

非洲是世界上排名第二的大陆,那里的50多个国家有8亿多人口。不幸的是,它也是世界上唯一在过去30年里经历了个人财富急剧下降的地区。联合国已经总结了一些原因。例如,战争和冲突、包含 AIDS/HIV 的疾病以及政治动乱。然而,在目睹了世界上其他地区获益于新的移动电话技术之后,非洲国家目前也开始追赶和发展该项技术。例如,在2002年到2007年期间,非洲最大的国家尼日利亚的移动电话数量增加了十倍。同样,在同一时期,南非移动电话数量的增长也非常显著,即在其较高的基数上增长了一倍之多,如表2.2所示。

重要的是,非洲的增长大部分来自本土的非洲公司而不是主要的国际移动电话公司,比如具有 Orange 品牌的法国电信、具有 T-Mobile 品牌以及美国 AY&T 品牌的德国电信。这些大型电信公司认为非洲的人均收入较低,并且政治的不确定性带来了极高的风险。实际上,他们判断,这里的机会比世界上其他地方更具吸引力。在非洲的主要公司中拥有少量股份的唯一国际公司就是英国企业,沃达丰公司(Vodafone)。基于此,非洲公司开始开发各种各样的非洲移动电话市场。

表 2.2 所选定的一些非洲国家电话的使用情况

	人口（百万）	固定电话(千)		移动电话(千)	
		2002	2007	2002	2007
尼日利亚	135	700	1 200	1 200	22 000
南 非	44	4 800	4 800	14 000	33 000
坦桑尼亚	39	150	150	670	2 000
肯尼亚	37	300	300	1 300	6 500
乌干达	30	55	100	400	1 500
加 纳	23	270	320	450	2 800

固定电话:这是连接家庭、办公室和商业电话交换机的固定电缆,它们往往是旧的以及在非洲拥有不可靠的信誉。

移动电话:1998年以来建立了所有的通信网络,在世界其他地方使用了发射器和 GSM 技术。

资料来源:作者在互联网上搜寻了一些资料,包括世界银行和非洲三个主要公司的资料。值得注意的是,世界银行的数据存在一些不一致的地方,因此不完全可靠。

一些著名的非洲移动电话公司

MSI Cellular 及其品牌 Celtel

MSI Cellular 是最早进入非洲的公司之一，它建立于 1998 年，是一家被称为 Celtel 的乌干达子公司。在 2001 年，它在 11 个国家具有运营业务。到 2006 年，该公司在 14 个国家具有 850 万位客户，并声称在其中的 10 个国家内是市场的领导者。除了苏丹的运营公司之外，Celtel 公司选择拥有其所有子公司的多数股份。"原则上，我们希望控制公司，"其首席执行官马丁·彼得斯（Marten Pieters）解释说，"这有利于支持我们的品牌、价值以及战略。"

2005 年，科威特电信公司 MTC 以 34 亿美元收购了 Celtel 公司 85% 的股份。然而，在 2000 年，Celtel 公司只有 0.58 亿美元的年销售额，从而说明了公司在随后几年里是如何提高销售额、利润和价值的。MSI 的创始人，穆罕默德·易卜拉希姆博士（Mohamed Ibrahim）解释说："公司具有电信网络，能够使其在 6 个月内获得经营利润，并在 2 年内拥有真正的盈利能力，使其资本回报率每年超过 30%。不管用任何标准衡量，这些项目都比欧洲更有价值。"

早些年，当每个非洲国家市场摆脱政府控制而得到开放时，MSI Cellular 通过获得政府的许可证而创造了利润。此时，市场上存在较少的竞争，各运营商的主要目的是在主要人口中心建立基本的国家网络。然而，在得到最初的收购许可之后，公司的后续战略是深化其所覆盖的每个国家，并尝试新服务，如较高质量的 3G 电话。

此外，在 2006 年，Celtel 公司在整个非洲具有足够的覆盖网点，并推出了一项称为"一个网络"的新服务。这被称为是非洲地区的第一个无边界网络，能够使一些国家的用户在邻国自由漫游、取消漫游费、本地呼叫和接听免费。彼得解释说："非洲的边界是殖民地。他们不会考虑经济或语言的关系，所以存在大量的跨国通信量。"直到 2007 年，Celtel"一个网络"的覆盖已经普及到 13 个非洲国家，如肯尼亚、乌干达、坦桑尼亚、加蓬、刚果、马拉维、刚果、苏丹、赞比亚、布基纳法索、乍得民主共和国、尼日尔和尼日利亚。

2007 年，MTC 宣布重塑公司品牌名称，其名称为 Zain，在阿拉伯语中意味着"美丽"的意思。在未来两年，Zain 继续管理并扩展其在非洲的利益。然而，在 2010 年，该公司以 107 亿美元被卖给印度电信公司 Bharti Airtel。然后，在写该案例时，Zain 的非洲网络被重新命名，即公司的印度品牌名称"Airtel"。

重要的是，在 2009 年，Bharti Airtel 试图与南非的 MTN 集团进行合并（见下文）。但是被南非电信部门拒绝，因为南非电信部门想保留对合并公司的一些影响控制，但被拟议中的合并条款阻止了。正是因为与 MTN 合并的失败，随后，正如上文所述，Bharti Airtel 反过来收购了 Zain。

MTN 集团

MTN 总部位于南非，宣称是非洲最大的移动电话运营商，其最盈利的业务是在南非本土，但它在其他 11 个非洲国家也具有重大利益，包括在尼日利亚的盈利收益。2006 年，MTN 以 55 亿美元收购了一家名为 Investcom 的公司，并将业务延伸到了中东地区，这也使其特许经营权扩展到 5 个西非国家，以及苏丹、塞浦路斯、叙利亚、伊朗、阿富汗和也门。收购的结果是 MTN 用户的总数从 2.3 亿增加到 2.8 亿，基本上领先于拥有 1.9 亿用户的主要竞争对手沃达康（Vodacom，如下所述）。对任何一家移动电话公司的盈利能力来说，一个强大的用户基础是至关重要的：对网络和其他基础设施进行投资之后，电话公司所获得的盈利来自于客户对更多网络的使用，通过大量的用户以及电话使用量的增加可以获得利润。

在南非,处于市场领先地位的两家移动公司的战略问题之一是南非已经拥有相对成熟的手机市场。根据世界银行的数据,南非手机在2005年的普及率已达到72%左右,而尼日利亚同年只有13%。MTN用其强有力的南非市场基础逐渐向其他地区扩张。它的市场地位为其提供了有效的现金流量,更重要的是,为其提供了在移动电话业务上的运营培训和经验。随后,公司会在扩张时利用这些知识,有时会通过收购来进行扩张,有时则通过在其他非洲国家建立自己的公司来进行扩张。

非洲电话服务变化迅速,从南非开普敦的公用电话,到整个地球上的移动电话。

保持增长是MTN能扩张到非洲其他地区以及中东地区的主要原因。MTN所获得的一些新市场比其现有运营市场拥有更低的手机普及率。根据MTN首席执行官普图玛·尼尔科(Phuthuma Nhleko)的说法:"平均而言,合并公司所处的国家只有9%的手机普及率,这为MTN的发展带来了巨大潜力。"

随着MTN公司进入到一些政治敏感的中东国家,不可避免地存在一些关于政治风险的批评。尼尔科先生评论说:"我们的工作就是为移动运营商提供基础设施,而不是试图猜测政客的想法。政治风险是政治上附加产物。但有些国家肯定是具有挑战性的。"

沃达康(Vodacom)

沃达康公司是2009年才在南非成立的一家公司,由南非最大的私人电话公司Telkom以及英国国际移动电话公司沃达丰(Vodafone)按照50∶50的出资比例共同建立的合资企业。多年以来,Telkom是南非电话服务的市场领导者,特别是在固定电话方面。它在1993年创立了移动电话公司,当时沃达丰只占有少数股权。随后,该公司将股权增加到50%,因为它被非洲市场的增长潜力所吸引。在2009年,沃达丰公司以20亿美元增加了它对沃达康公司的股份,即达到65%的份额。沃达丰公司对非洲市场特别感兴趣,因为它现有的许多欧洲手机市场已经高度成熟,如英国市场,使得公司不再能够实现其增长目标。

在股份份额发生变化之后,沃达丰将沃达康确定为进入快速扩张的非洲电话市场的途径。除了主要的南非市场外,沃达康也在坦桑尼亚、莱索托、莫桑比克和刚果民主共和国拥有手机市场。然而,沃达康没有像其竞争对手MTN公司那样迅速扩大,可能是由于沃达康在成立时签订了不会进入赤道以北市场的法律协议。不过,沃达康公司与其南非母公司Telkom之间的关系很好,据说具有准公共部分、工会和更多的官僚组织,尽管这不利于经济增长,但其关系依旧很好。不管背景如何,在2009年,沃达康处于国际移动电话公司沃达丰的控制下。

Telkom

同时,上述举措使得其以前的合作伙伴南非Telkom公司,将业务扩张到了南非以及非洲其他地区的手机市场中。重要的是,该公司仍然在南非国家政府的有效控制下,它在固定线路和国际电话方面具有垄断性。有趣的是,在2011年,Telkom宣称,它旨在将其固定电话和移动电话业务扩张到其他电信领域。具体来说:"我们的战略不同于竞争对手,即从一个只提供基本语音和数据连接的供应商,变成为非洲首选信息和电信技术(ICT)服务供应商,提供完整的语音、数据、视频和互联网服务。"

非洲其他移动电话公司

在独立的非洲国家,也存在其他主要的电话公司。例如,Safaricom是肯尼亚手机市场占主导地位的公司。它成立于1997年,当时是肯尼亚国有电话服务供应商Telkom Kenya的全资子公司。在2000年,英国公司沃达丰收购了其40%的股份,并为其提供了国际经验和覆盖率。

由于篇幅所限,非洲其他国家的类似公司就不在这里一一列举了。所有这些公司的主要特点是,在接下来的几年里寻求发展自己的网络和用户。他们都认为大幅增长仍然是可能的。

非洲移动电话持续增长背后的原因

除了明显的关键点以外,移动电话的普及率仍然较低,仅占总人口的10%~15%。至少有三个原因可以用来解释非洲移动电话的快速增长:

1. 政治意愿。非洲各国政府都愿意支持并鼓励新的通信形式。这些政府为它们相对贫穷的人们提供了真正的好处,即广泛普及了信息技术。他们承认固定电话电缆相当昂贵,以至于在农村地区几乎无法实现,因此拥有移动电话比什么都没有要强。

2. 风险公司。像MSI Cellular与MTN这样的公司在对移动电话基础设施进行投资时承担了重大风险。据报道,当2004年以90亿美元的成本建立尼日利亚网络时,MTN公司必须克服重大基础设施的问题。在评论公司在非洲早期的投资时,MSI Cellular的主席,穆罕默德·易卜拉希姆博士说:"只要有可靠的人愿意提供资金支持,那么我们将愿意对非洲进行投资。非洲电信市场并没有为机会主义者或爱好者提供空间。为了生存就需要非常有经验的管理团队、成功的业绩记录以及吸引资金的能力。"

3. 对通信需求的增加。随着世界一体化,在这个意义上,也可称为全球化,在非洲私人公司和跨国公司中,对及时通信的需求增长迅速。固定电缆不能提供足够的链接和容量,但公司和个人都需要更多的沟通机会。两个例子:个体农民可以使用他们的手机来核实价格,并以最好的价格出售农产品;亲属之间能够使用新的手机服务来与家人进行资金转账,因此不再需要搭乘两小时的迷你巴士去当地银行。

值得注意的是,这些原因表明,在未来的几年里非洲的移动电话仍将保持大幅增长速度,但也可能存在一些风险,如来自于政治、经济和社会等方面的风险。

同样还存在一个遗留的架构性问题,这与少量的非洲固定电话服务有关。目前,由于技术原因,因特网和网络的增长依靠的不是手机而是固定电话。在当前技术发展状态下,固定线路比移动线路传输的数据更多。与世界其他地方相比,固定线路的缺乏将阻碍非洲部分地区网络服务的发展。然而,一旦与3G和4G移动网络有关的新技术能够在欧洲普及,那么将解决这些问题。

但许多评论家认为非洲仍存在大量的发展空间,并且随着时间的推移,移动电话网络将快速发展并壮大到足以进行全面的互联网服务。非洲大陆仍然有许多发展移动电话服务的机会。

根据以上四个公司的网站和年度报告,这些企业都包含有大量的绿色战略。

ⓒ版权归理查德·林奇所有,2012年。保留所有权利。该案例是由理查德·林奇所著,来自于已发表的信息。[95]

案例问题

1. 你会选择 MTN 和非洲其他电话公司中什么地方来实施常规战略或者应急策略?哪种战略理论最适合解释这两家公司的发展?

2. 非洲公司扩张到其他国家时存在的利益和风险是什么?严重依赖于品牌和地域覆盖的竞争优势存在什么风险?

3. 从非洲主要的移动电话公司扩张的方法中你得到了什么一般启示?

战略项目

非洲移动电话公司仍然有很多的发展机会。你可能想识别一些处于领先地位的公司,尤其是在自己的本国市场的领先公司。你可以思考以下这些问题:这样的公司怎样才能继续增长,它们是应该单独发展还是合并?是否存在一些与大型欧洲公司合作的机会,如德国电信和法国电信?双方的利益和问题是什么?他们将如何应对日趋成熟的市场,比如南非市场?面对因特网和网站需求的日益增长,他们应该做些什么?

批判性反思

常规和应急战略的区别过于简单而没有价值吗?

本章已经讨论了常规战略理论和应急战略理论之间的基本区别。然而,2.3节的前面部分认为这种基本区别过于简单。许多战略理论依赖于更详细的见解而不是简单的区别,例如博弈论和基于资源的战略理论。具体理论的案例在2.3节和2.4节进行了概述。这可能表明常规战略和应急战略之间的基本区别过于简单并且对目标毫无价值。

为了探讨这个问题,你也许会思考产生好战略的因素是什么。与第1章网络链接有关的公开网站中"什么造就了好策略?"这一主题也许会给你一些启发。你可以利用它们来解释常规战略和应急战略之间的基本区别,也可以将它们应用到本章的常规战略和应急战略中。

总　结

- 可以采用明茨伯格的比喻来比较常规战略和应急战略。[96]

常规战略的方法被奉之为圣经:它出现在一个时间点上,由一系列规则所控制,经过了全面的制定,能随之用于实施。

应急战略的方法是一种进化战略:一个应急的和变化的战略能够使组织适

应环境的变化而生存下来。

由于组织需要战略管理,本章的大部分内容是制定战略的过程。正如所阐释的那样,对于能够制定战略的方法没有达成共识。

- 一方面,常规过程涉及架构化的战略规划系统,即识别目标、分析环境和企业资源、制定战略选项以及选择最优战略,然后实施所选战略。然而,有些学者认为这个系统过于僵化,没有考虑到战略中人的因素。
- 另一方面,应急战略没有明确制定最终实现的目标。它依赖于未知的战略结果。管理者将更多地依靠反复尝试、经验、教训来获得最佳战略。
- 在20世纪早期,即工业化快速发展的时期,常规战略是主要推荐的路线。但随着组织逐渐认识到人的因素及其对战略制定的重要性,在20世纪中叶,应急战略得到了更多的重视。近年来,在制定战略的过程中,重点开始在基于市场的路径和基于资源的路径之间发生转移。当市场和生产在规模上变得越来越全球化时,社会和文化问题同样变得更重要。新的通信技术,如互联网,带来了新的机遇以及对新战略概念的需要。此外,运营业务中伦理的缺失导致了一些公司的破产,使得在战略管理发展中重新强调了道德伦理的重要性。
- 在常规路径中,已经确定了四种类型的战略理论:

1. 基于产业和环境的路径:市场对公司利润至关重要;
2. 基于资源的路径:组织资源在战略制定过程中至关重要;
3. 博弈论路径:强调战略选择决策的方法,以及与市场上其他组织进行谈判的方式;
4. 基于合作和网络的路径:强调了适合组织的正式关系机会的重要性。

每一种路径对战略制定具有不同的观点。

- 在应急路径中,同样区分了四种主要类型:

1. 生存路径:强调在市场丛林中的"适者生存"原则;
2. 不确定性路径:由于环境本质上的不稳定性以及需要创新过程,其认为预测是不可能的;
3. 人力资源路径:强调了人在战略制定中的重要性。激励机制、政策、文化和个人的欲望都是重要的。为了考虑到所有这些因素,战略需要涉及试验和学习因素。
4. 基于创新和知识的路径:如果组织为了智取对手,需要强调新思路、新思维以及知识共享的重要性。

- 在过去,通常认为战略是为了增加股东的财富,但现在认为这个观点过于简单化,因为它没有清晰地考虑组织中的其他利益相关者。
- 伦理和企业社会责任是指组织在处理组织内部和外部事物时为自身制定的行为准则。这些问题将包括绿色战略。这些政策问题将会影响组织的战略。

问题

1. 组织是否能同时实施常规战略和应急战略？或者必须在两者之间进行选择吗？

2. 分析 2.1 节中常规战略和 2.2 节中应急战略的评判观点，你同意它们的评判吗？为什么？

3. 考虑 2.4 节中战略的四个应急方法。你认为案例 2.1 谷物联盟中的战略与哪种应急方法最相似？从谷物联盟方法的可行性中，你能得出什么结论？

4. 对未来 10 年里的环境变化，你会做出什么预测？你的预测对这段时期中的战略管理发展有什么样的影响？

5. 找一个你熟悉的公司，分析该公司是否采用了常规战略或者应急战略，或者两者都采用？在这个广泛的种类中，根据 2.3 节和 2.4 节中的分类，你将如何描述它的战略特征？

6. 如果你被要求为下列公司制定战略，你会采取哪种战略管理理论来作为你评价的起始点？一家大型的国际汽车公司、全球广告代理商、政府机构以及具有四个分支的小旅行社，这四个分支都是在同一个国家的相同领域中。

7. "当具有良好管理的公司的战略发生重大改变时，他们经常使用的方法与理性分析系统具有较小的相似性，所以在规划文献中经常被吹捧。"（奎因教授）请讨论这段话。

8. "在动荡的环境中，发展变化的速度是如此之快，使得采用明茨伯格所倡导的应急战略的公司的自身生存受到了危机。当它们通过新产品或服务进入一个市场时，这样的公司会发现该市场已经被有远见的竞争对手捷足先登，这些对手提前制定了它们的战略举措。"（安索夫教授）解释和批判性地评价这一观点。

9. 选择一个你所熟悉的组织，最大限度地探讨该组织的当前目标是如何受到利益相关者的指导以及伦理因素的控制的。利用 2.5 节的内容来给出你的答案。

扩展阅读

For an alternative and interesting review of the way that the strategic management field developed, read the paper by Donald Hambrick and Ming-Jer Chen (2007) 'New academic fields as admittance-seeking social movements: the case of strategic management', *Academy of Management Review*, Vol 33, No 1, pp32–54.

Richard Whittington's earlier text *What is Strategy and Does it Matter?* (Routledge, London, 1993) is lucid and well structured. Read Chapter 2 of Whittington for an alternative view and structuring of strategy theories and practice. For an approach to testing management theories see K D Miller and E W K Tsang (2011) 'Testing Management Theories: Critical Realist Philosophy and Research Methods', *Strategic Management Journal*, Vol 32, No 2, pp139–58.

Two major books of strategy research topics are strongly recommended: Michael Hitt, R Edward Freeman and Jeffrey S Harrison, *The Blackwell Handbook of Strategic Management* (Blackwell, Oxford, 2001); Andrew Pettigrew, Howard Thomas, Richard Whittington, *Handbook of Strategy and Management* (Sage, London, 2002).

J L Moore's *Writers on Strategy and Strategic Management* (Penguin, London, 1992) has a useful survey of some leading writers and theories which would be helpful for essay references and revision.

The book by Edith Penrose, *The Theory of the Growth of the Firm*, 3rd edn (Oxford University Press, Oxford, 1993), represents a classic early study of strategy development. Moreover, its precision of language and clarity of thought represent a model for us all to emulate.

注释与参考文献

1. Ansoff, I (1969) Op. cit. Porter, M E (1980) *Competitive Strategy*, The Free Press, Harvard, MA, Introduction.
2. Clausewitz, C von, *On War*, Routledge and Kegan Paul, London, quoted in Kotler, P and Singh, R (1981) 'Marketing warfare', *Journal of Business Strategy*, pp30–41.
3. Liddell Hart, B H (1967) *Strategy*, Praeger, New York, also quoted in reference 4 above.
4. See, for example, James, B G (1985) *Business Warfare*, Penguin, Harmondsworth, also Ries, J and Trout, A (1986) *Marketing Warfare*, McGraw-Hill, Maidenhead.
5. Whittington, R (1993) *What is Strategy – and Does it Matter?*, Routledge, London, p16.
6. Wiles, P J D (1961) *Price, Cost and Output*, Blackwell, Oxford, p78.
7. Porter, M E (1985) *Competitive Advantage*, The Free Press, Harvard, MA.
8. Ansoff, H I (1965) *Corporate Strategy: An Analytical Approach to Business Policy for Growth and Expansion*, McGraw-Hill, New York.
9. Andrews, K (1971) *The Concept of Corporate Strategy*, Irwin, Homewood, IL.
10. Chakravarthy, B and Lorange, P (1991) *Managing the Strategy Process*, Prentice Hall, Upper Saddle River, NJ. The first chapter is usefully summarised in: De Wit, B and Meyer, R (1994) *Strategy: Process, Context and Content*, West Publishing, St Paul, MN.
11. For example, see the following for an extended critique of prescriptive strategy: Stacey, R (1998) *Strategic Management and Organisational Dynamics*, 2nd edn, Pearson Education, London.
12. Mintzberg, H (1990) 'The Design School: reconsidering the basic premises of strategic management', *Strategic Management Journal*, 11, pp176–195.
13. Mintzberg, H (1994) 'The fall and rise of strategic planning', *Harvard Business Review*, Jan–Feb, pp107–14.
14. References for the case 'Profits from sun, wind and sea? Even nuclear?': The Stationery Office (2009) *The UK Renewable Energy Strategy*, Cm 7686, Norwich; Renewable Energy Report 21 Secretariat (2010) *Renewables 2010 Global Status Report*, Paris; Carbon Trust (2009) *Investment Trends in European and North American Clean Energy 2003 to 2008*, London, p4; Department for Business Innovation and Skills (2009) *The UK Low Carbon Industrial Strategy*, London; *Financial Times*: 'Climate of opinion', *Financial Times Supplement on The Future of Energy*, 4 November; 12 July 2008, p15; 12 September 2008, p21; 16 September 2008, Modern Energy Special Report; 17 April 2009, p22; 14 August 2009, p14; 18 August 2009, p17; 19 August 2009, p18; 2 December 2009, Understanding Energy Policy Special Supplement; 23 December 2009, Copenhagen Climate Change Summit Review supplement; 1 September 2010, p14; 26 October 2010, p2; 29 November 2010, p4; 6 January 2011, p23; 15 February 2011, pp11 and 24.
15. Writing in the 1950s, Herbert Simon was amongst the first to argue that the unreliability and limitations of human decision making made Adam Smith's simple economic assumption that humans would usually take rational decisions somewhat dubious – see reference 30 below.
16. Mayo, E, *Human Problems in Industrial Civilisation*, along with other research on the *Bank Wiring Observation Room*, described in Homans, G (1951) *The Human Group*, Routledge and Kegan Paul, London, ChIII.
17. Cyert, R M and March, J (1963) *A Behavioral Theory of the Firm*, Prentice Hall, Upper Saddle River, NJ.
18. March, J G and Simon, H (1958) *Organisations*, Wiley, New York.
19. Pettigrew, A (1985) *The Awakening Giant: Continuity and Change at ICI*, Blackwell, Oxford.
20. Mintzberg, H (1990) Op. cit.
21. Johnson, G (1986) 'Managing strategic change – the role of strategic formulae', published in: McGee, J and Thomas, H (ed) (1986) *Strategic Management Research*, Wiley, Chichester, Section 1.4.
22. Argyris, C (1991) 'Teaching smart people how to learn', *Harvard Business Review*, May–June, p99 summarises his many earlier papers.
23. Senge, P M (1990) 'The leader's new work: building learning organisations', *Sloan Management Review*, Fall, pp7–22.
24. Lindblom, C E (1959) 'The Science of Muddling Through', *Public Administrative Review*, 19, pp79–88.
25. Whittington, R (1993) Op. cit. He repeats Weick's true story of the Hungarian troops who were lost in the Alps during the First World War but found a map which they used to reach safety. They then discovered that they were using a map of a totally different mountain range, the Pyrenees. Whittington makes the point that taking *some* action, any action, will constitute strategy in these circumstances, even if the particular choice of strategy is wrong. The issue is not whether the *right* strategic choice has been made and then implemented, but rather whether any choice has been made that will give direction to the people concerned.
26. These comments are taken from a variety of sources: the following is probably the best starting point: Ansoff, I (1991) Critique of Henry Mintzberg's 'The Design School', *Strategic Management Journal*, 12, pp449–461.
27. Lee Kuan Yew (1998) *The Singapore Story*, Simon and Schuster (Asia) Pte.
28. References for Singapore Airlines and Emirates Group case: airline website – www.singaporeair.com and www.theemiratesgroup.com/english/our-company/our-history.aspx; Singapore Airlines Annual Report and Accounts 2004, 2007 and 2010; Emirates Group Annual

Report and Accounts 2010 (both are available on the web).
29 Ansoff, I (1965) *Corporate Strategy*, Penguin, Harmondsworth.
30 Chandler, A (1962) *Strategy and Structure*, MIT Press, Cambridge, MA.
31 Sloan, A P (1963) *My Years with General Motors*, Sidgwick & Jackson, London.
32 Wheelen, T and Hunger, D (1992) *Strategic Management and Business Policy*, Addison-Wesley, Reading, MA.
33 Porter, M E (1980) Op. cit. and (1985) Op. cit.
34 Rumelt, R, Schendel, D and Teece, D (1991) 'Strategic management and economics', *Strategic Management Journal*, 12, pp5–29. This contains an extensive and valuable review of this area.
35 Bowman, E H and Helfat, C E (2001) 'Does corporate strategy matter?' *Strategic Management Journal*, Vol 22, pp1–23.
36 Ansoff, I (1968) 'Toward a strategy theory of the firm', in Ansoff, I (ed) (1969) *Business Strategy*, Penguin, Harmondsworth, p39.
37 Porter, M E (1980) Op. cit.
38 Seth, A and Thomas, H (1994) 'Theories of the firm: implications for strategy research', *Journal of Management Studies*, Vol 31, pp165–191.
39 Ohmae, K (1983) *The Mind of the Strategist*, Penguin, Harmondsworth.
40 Wilks, S (1990) *The Embodiment of Industrial Culture in Bureaucracy and Management*, quoted in Whittington, R (1993) Op. cit., p160.
41 But problems remain: see Luce, E (2002) 'Investment in India "riddled with obstacles"', *Financial Times*, 19 March, p14.
42 See, for example, the leading article in the *Financial Times Survey on Singapore*, 24 February 1995.
43 Hamel, G and Prahalad, C K (1990) 'The core competence of the corporation', *Harvard Business School Review*, May–June. Their 1994 book *Competing for the Future* (Harvard Business School, Boston, MA) picks up many of the same themes.
44 Kay, J (1993) *Foundations of Corporate Success*, Oxford University Press, Oxford.
45 Hamel, G and Prahalad, C K (1990) Op. cit.
46 Kay, J (1993) Op. cit.
47 Hannan, M T and Freeman, J (1988) *Organisational Ecology*, Harvard University Press, Cambridge, MA.
48 Mintzberg, H (1987) Op. cit.
49 Mintzberg, H (1994) 'The fall and rise of strategic planning', *Harvard Business Review*, January–February, pp107–14.
50 Drucker, P (1967) Op. cit., Ch9.
51 Slack, N, Chambers, S, Harland, C, Harrison, A and Johnston, R (1995) *Operations Management*, Pitman Publishing, London, p812.
52 Williams, K, Haslam, C, Johal, S and Williams, J (1994) Op. cit., Ch7.
53 Slack, N, Chambers, S, Harland, C, Harrison, A and Johnston, R (1998) *Operations Management*, 2nd edn, Pitman Publishing, London, is a comprehensive text, clearly written and presented. This book explores manufacturing strategy issues in further detail. Another text is the book by Hill, T (1993) *Manufacturing strategy*, 2nd edn, Macmillan, Basingstoke. This is a clear, basic text that is well referenced and directed at exploring strategic management issues.
54 Hamel, G and Prahalad, C K (1994) *Competing for the Future*, Harvard Business School Press, Boston, MA.
55 Wernerfelt, B (1984) 'A resource-based view of the firm,' *Strategic Management Journal*, 5(2), pp171–180.
56 Peteraf, M A (1993) 'The cornerstones of competitive advantage', *Strategic Management Journal*, 14, pp179–181.
57 Dierickx, I and Cool, K (1989) 'Asset stock accumulation and sustainability of competitive advantage', *Management Science*, 35, pp1540–1551.
58 Kay, J (1994) *Foundations of Corporate Success*, Oxford University Press, Oxford.
59 Nonaka, I (1991) 'The knowledge-creating company', *Harvard Business Review*, November–December.
60 Priem, R L and Butler, J E (2001a), 'Is the resource-based view a useful "view" for strategic management research?', *Academy of Management Review*, January, Vol 26, No 1 and Priem, R L and Butler, J E (2001b), 'Tautology in the resource-based view and the implications of externally determined resource value: further comments', *Academy of Management Review*, January, Vol 26, No 1, pp1–45.
61 Helfat, C, Finkelstein, S, Mitchell, W, Peteraf, M A, Singh, H and Teece, D J (2007) *Dynamic Capabilities: Understanding Strategic Change in Organisations*, Blackwell, Oxford, UK.
62 For a useful and accessible review, see Dixit, A K and Nalebuff, B J (1991) *Thinking Strategically*, W W Norton, New York. In addition to the references in Chapter 15, it is important to note that writers like Professor Michael Porter also employed game theory in their work without specifically discussing its theoretical background. See Chapter 3 for references to Porter.
63 Eisenhardt, K M (2002) 'Has the strategy changed?' *MIT Sloan Management Review*, Vol 43, No 2, pp88–91.
64 Inkpen, A C (2001) 'Strategic alliances' in: Hitt, M A, Freeman, R E and Harrison, J S (eds) *Handbook of Strategic Management*, Oxford University Press, Oxford.
65 Child, J and Faulkner, D (1998) *Strategies of Co-operation: Managing Alliances, Networks and Joint Ventures*, Oxford University Press, Oxford.
66 Lafontaine, F (1999) 'Myths and strengths of franchising', *Financial Times Mastering Strategy*, Part Nine, 22 November, pp8–10.
67 Dyer, J H, Kale, P and Singh, H (2001) 'How to make strategic alliances work', *MIT Sloan Management Review*, Vol 42, No 4, pp37–43.
68 References for Subway case: Subway web pages 2005 – www.subway.com (incidentally, these give a clearer idea of the business formula than is possible in a short case); Biddle, R (2001) *Forbes Magazine*, 9 March; web franchise site – www.entrepreneur.com.
69 Hall, R C and Hitch, C J (1939) 'Price theory and business behaviour', *Oxford Economic Papers*, 2, pp12–45, quoted in Whittington, R (1993) Op. cit.
70 Henderson, B (1989) 'The origin of strategy', *Harvard Business Review*, November–December, pp139–143.

71. Williamson, O (1991) 'Strategising, economising and economic organisation', *Strategic Management Journal*, 12, pp75–94.
72. Hannan, M T and Freeman, J (1988) Op. cit.
73. Whittington, R (1993) Op. cit., p22.
74. Pascale, R (1990) *Managing on the Edge*, Viking Penguin, London, p114.
75. Gleick, J (1988) *Chaos*, Penguin, London.
76. Miller, D and Friesen, P (1982) 'Structural change and performance: quantum versus piecemeal–incremental approaches', *Academy of Management Journal*, 25, pp867–892.
77. Strebel, P (1992) *Breakpoints*, Harvard Business School Press, Boston, MA. A summary of this argument appears in De Wit, B and Meyer, R (1994) Op. cit., pp390–392.
78. Stacey, R (1993) *Strategic Management and Organisational Dynamics*, Pitman Publishing, London.
79. Miller, D and Friesen, P (1984) *Organisations: A Quantum View*, Prentice Hall, Englewood Cliffs, NJ.
80. Cyert, R and March, J (1963) Op. cit.
81. March, J and Simon, H (1958) Op. cit.
82. Nelson, R and Winter, S (1982) *An Evolutionary Theory of Economic Change*, Harvard University Press, Cambridge, MA, p34.
83. Nelson, R and Winter, S (1982) Ibid.
84. Mintzberg, H (1987) 'Crafting strategy', *Harvard Business Review*, July–August, pp65–75.
85. Quinn, J B (1980) *Strategies for Change: Logical Incrementalism*, Irwin, Burr Ridge, MN.
86. Senge, P M (1990) Op. cit.
87. Mintzberg, H (1994) Op. cit.
88. Major writers in this area include: Kay, J (1993) *Foundations of Corporate Success*, Oxford University Press, Oxford, Chapter 5. Professor Kay also reviews the earlier work of Professor David Teece – see references at the end of Chapter 5. For a more recent view, Markides C A (2000) *All the Right Moves*, Harvard Business School Press, Boston, MA.
89. Nonaka, I and Takeuchi, H (1995) *The Knowledge-Creating Company*, Oxford University Press, Oxford. See also Davenport, T H and Prusack, L (1998) *Working Knowledge*, Harvard Business School Press, Harvard, MA.
90. See, for example, the opening paragraph of the textbook by Hitt, M A, Ireland, R D and Hoskisson, R E (2003) *Strategic Management: Competitiveness and Globalization Concepts*, Thomson, SouthWestern, Fifth Edtion, p7.
91. See, for example, the writings of Professors John Kay and Charles Handy referenced elsewhere in this chapter.
92. Rapaport, A (1986) *Creating Shareholder Value: The new standard for business performance*, The Free Press, New York, Ch1. An extract from the opening chapter of this book is also contained in De Wit, R and Meyer, R (1998) *Strategy: Process, Content and Context*, 2nd edn, International Thompson Business Press, London.
93. Handy, C (1997) 'The citizen corporation', *Harvard Business Review*, September–October, pp26–28.
94. See, for example: International Institute for Sustainable Development website www.iisd.org; Hart, S (1997) 'Beyond Greening: Strategies for a Sustainable World', *Harvard Business Review*, Reprint 97105, accessed free on the web courtesy of Vestas; Elkington, J (1994) 'Towards the sustainable corporation: Win-win-win business strategies', *California Management Review*, Winter, Vol 36, No 2, p90.
95. References for African Mobile Telecoms case: *Financial Times*: 21 August 2001, p12; 30 October 2002, p16; 27 November 2003, p12; 4 November 2005, p19; 13 February 2006, p2 Digital Business Supplement; 3 May 2006, p28; 8 May 2006, p10; 13 June 2007, p7; 4 September 2007, p1; 9 October 2007, p16; 24 October 2007, p21; 29 November 2007, p26; 25 April 2008, p27; 12 May 2008, p22; 3 June 2008, p25; 10 June 2008, p26; 10 October 2008, p17; 7 November 2008, p30; 18 November 2008, p27; 15 February 2010, p1; 16 February 2010, p23; 19 March 2009, p24; 13 August 2010, p18; 1 October 2009, p21; 5 October 2010, pp20 and 25; *Economist*: 28 October 2006, p93.
96. Mintzberg, H (1990) 'The Design School: Reconsidering the basic premises of strategic management', *Strategic Management Journal*, as adapted by De Wit, R and Meyer, B (1994) Op. cit., p72.

关键战略管理问题

第3章 战略环境分析
- 战略环境是什么?为什么它很重要?
- 必须确定的绿色战略是什么?
- 有助于实现组织目标的行业因素是什么?
- 需要分析的主要背景领域是什么?
- 市场增长的战略意义是什么?
- 对所分析的组织会产生怎样的直接影响?
- 我们该如何分析竞争者?
- 在环境分析中,合作的作用是什么?
- 顾客是有多重要?我们该如何确定自身与顾客之间的关系?

第4章 资源和生产能力分析
- 资源和能力是如何为组织增加价值的?
- 在增加价值和竞争优势上,哪种资源和能力特别重要?
- 绿色战略对资源和能力的影响是什么?
- 资源和能力实现竞争优势的主要方法是什么?
- 如何提高竞争优势?

第5章 战略动力学
- 战略目标是如何变化的,为什么?
- 我们如何分析环境的动态变化以及它对竞争优势的影响?
- 我们如何分析瞬息万变的市场以及资源变化?
- 我们如何制定新的进攻性竞争战略?
- 我们如何制定合作战略?如何运用博弈论呢?

第6章 体现使命、目标和伦理道德的常规宗旨
- 组织如何根据环境来形成目标?
- 组织未来的愿景应该是什么?
- 组织的任务是什么,它的目标是什么?

- 组织目标与组织公司管理层之间的关系是什么?
- 绿色战略的作用和方法是什么?
- 组织对道德和企业社会责任的态度观点是什么?它们是如何影响目标的?

第7章 知识、技术和创新的目标

- 组织所具有的知识是什么?它是如何创造并形成新知识的?其对组织目标的影响是什么?
- 新科技的战略意义是什么?科技是如何形成组织目标的?
- 创新对组织的目标有贡献吗?如果有,那么是如何贡献的?

第二部分 战略分析和目标

战略管理中的常规方法和应急方法都认为了解组织环境和资源的能力是战略过程中的重要因素,这些环境资源包括它的顾客、它的供应商、它的竞争者和组织自己所拥有的资源。这本书的第二部分首先检验了用来分析组织环境和资源的基础分析工具和框架。

另外,如果第一步不建立组织目标,那么制定战略管理是不可能的。以组织环境和资源分析为基础,该部分随后探索了组织的总体发展方向。该部分有两章是研究目标的,一个是从常规方法角度来研究,另一个是从应急方法角度来研究。

一些战略家认为应该在分析组织环境和资源之前就研究组织的目标因素。然而,本书并没有采用该观点。任何现实目标的形成必须取决于组织外部所发生的事情,以及能够实现目标的适用性资源。这意味着,目标分析应该在以上两个领域的分析之后。

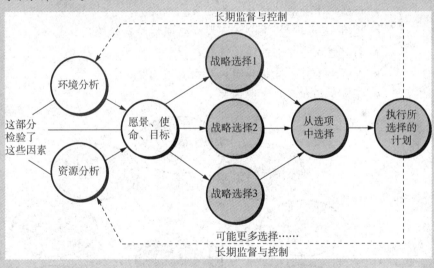

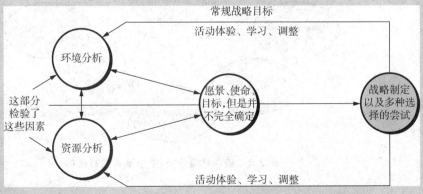

第 3 章

战略环境分析

学习成果

这一章的视频与音频总结

通过本章的学习,你将能够:
- 解释为什么学习组织环境是非常重要的;
- 概述组织的主要环境影响因素,以及常规战略方法和应急战略方法的相关变化程度;
- 确定必须由组织解决的绿色战略问题;
- 利用 PESTEL 分析环境对组织的一般影响;
- 了解市场增长和市场周期性对战略管理的含义;
- 识别一个行业的成功关键因素;
- 运用"五力模型"来分析环境对组织的特定影响;
- 制定组织合作者的四关联分析;
- 进行竞争对手分析和识别竞争对手优势;
- 探索组织和客户之间的关系。

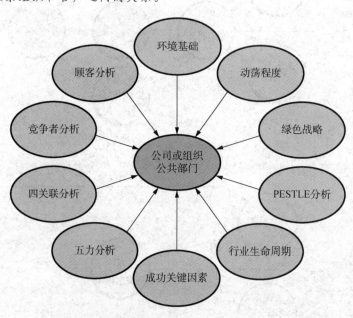

图 3.1 战略环境分析:十个基本分析工具

第3章 战略环境分析

引 言

近年来,"环境"一词已经具有相当专业的意义:它涉及"绿色"问题以及人类活动对地球所造成的污染问题。这些问题肯定是本书中需要考虑的一部分,但我们使用"环境"这一术语具有更广泛的意义,描述一切组织外部的人和事,包括顾客、竞争者、供应商、经销商、政府和社会机构,也包括第6版中第一次涉及的有关绿色战略问题的具体因素。

在实施常规战略或者应急战略之前,探索十种基本分析工具是十分有用的,这些分析工具主要用来分析将会影响组织战略的环境,如图3.1所示。由于环境因素会发生变化,所以组织需要相应地调整其战略。常规战略将会预测未来环境是如何变化的,其目的是领先于竞争者来满足未来需求。应急战略将会满足于对环境的了解。

视频 第2、3、4部分

案例研究 3.1

电影《指环王》的战略性讨价还价

在竞争激烈且充满风险的好莱坞电影制作环境中,分析那些让奇迹发生的人是十分重要的。本案例探讨了有史以来最卖座的电影《指环王》的战略环境,以及这部电影是如何交易的以及险些失败的原因。

背景

这是电影历史上最大的一个赌注,3亿美元的资金被投资在一部史诗三部曲的拍摄中,该部剧是由几乎不出名,并且没有一部大额预算的好莱坞影片导演所拍摄的。此外,这位导演被允许在7 000英里之外的地区进行拍摄,所有工作室高管对实际所发生的事情几乎没有控制权。

最近存在许多例子,即将巨额资金投入似乎一定会成功的大片中,最后却事与愿违,为工作室留下了大量的财务亏损,比如《未来水世界》(Waterworld)、《天堂之门》(Heaven's gate)等电影。然而,《指环王》(Lord of the Rings)却做到了,尽管第一年花费了5亿美元,但它同时赢得了四项奥斯卡奖。人们很容易忘记其中的风险规模以及复杂的战略交易,然而在拍摄一个镜头之前考虑这些因素是必要的。

对于新西兰出生的电影导演彼得·杰克逊(Peter Jackson)和他的经纪人肯·卡明斯(Ken Kamins)而言,《指环王》背后的故事其实是无法预期的项目之一。

美国好莱坞门外的广告。即使在协商战略和实施战略之后,它对电影的推广依然非常重要。

竞争环境

当杰克逊和肯·卡明斯决定在1995年开始拍摄这部电影时,他们首先要确保获得托尔金(JRR Tokien)的小说使用权:《魔戒——护戒使者》(The Fellowship of the Ring)、《魔戒——双塔奇兵》(The Two Towers)、《魔戒——王者归来》(The Return of the King)。制片人索尔·扎恩兹(Saul Zaentz)在30年前以传说的15万美元买下了托尔金教授小说的版权,但他无意出售。那时,杰克逊仅仅因为一部低投入的电影《群尸玩过界》(Braindead)而小有名气。然而,在1995年,获得奥斯卡提名的《罪孽天使》(Heavenly Creatures)获得了最佳原创剧本奖,这为他赢得了第一次对抗哈维·戈尔茨坦(Harvey Goldstein)的机会,戈尔茨坦是迪士尼独立工作室米拉麦克斯(Miramax)的领导。所以杰克逊和卡明斯接近韦恩斯坦是想对《指环王》进行改编并拍成电影。

"当我们告诉哈维,索尔拥有版权时,他立即变得兴奋起来,"肯·卡明斯说,"因为他刚刚在《英国病人》(The English Patient)中帮助过索尔(继福克斯电影公司之后,米拉麦克斯接下了这部电影,因为作为新闻集团一部分的福克斯在电影投入拍摄之前放弃了)。这次事件为哈维向索尔询问出售版权的事情创造了条件,但索尔也不是慈善机构。最后,索尔以高价将版权卖给了哈维,我听说是300万美元。"

新的谈判问题

在获得小说版权之后,米拉麦克斯的老板要求杰克逊和他的合作伙伴弗兰·威尔士(Fran Walsh)为两部分的改编小说撰写脚本,然后依次将这两部小说分别拍成电影。随后,在新西兰正式开始影片的拍摄,当事情似乎一帆风顺的时候,第二波问题又出现了。"米拉麦克斯很清楚这将是非常昂贵的电影",肯·卡明斯说,"也许正是因为昂贵,所以才允许迪士尼参与到电影的拍摄中来。哈维和迪士尼进行了沟通,询问他们是否愿意在项目上成为合作伙伴。但是迪士尼拒绝了,米拉麦克斯关心的是电影成本。当然,一开始就存在明显的问题:如果第一部电影不成功将怎么办?"

面对这样高风险和昂贵的项目,韦恩斯坦要求杰克逊将小说的三部曲融合成一部不超过三小时的电影,但是杰克逊拒绝了。相反,他和肯·卡明斯要求更换另一个工作室。韦恩斯坦同意了,但是强加了一些要求。肯·卡明斯说:"我们有三周的时间在其他地方来拍摄制作它。哈维同样需要遵循已经签订的协议,即在72小时内必须偿还的0.12亿美元,这部分钱是米拉麦克斯公司已经花费在制作上的费用。这是一部极不寻常的商业电影。通常,一旦开始制作电影,一个工作室只会支付前工作室10%的费用,或者制定关于预算的协议。最重要的是,杰克逊和一个合伙人坚持只支付总值的5%,不管是一部还是两部,甚至是八部电影。"

尖锐的交易谈判

三周内他们找到另一个工作室,杰克逊和肯·卡明斯决定做两件事。当肯·卡明斯向好莱坞两个工作室提交改编剧本时,杰克逊飞往新西兰,用自己的50 000美元资金投资拍摄了一部35分钟的纪录片。他们的想法是:如果一些工作室对纪录片感兴趣并购买,将会支付给他们1 200万美元,那么就可以及时归还米拉麦克斯的资金,最重要的是让大家明白为什么杰克逊是合适的导演。但肯·卡明斯并不是很顺利,因为很多工作室都拒绝了他,除了两家公司,宝丽金(Polygram)和新线公司(New Line),这两家工作室都归华纳兄弟(Warner Brothers)所有,但是宝丽金在最后关头退出了。"所以我们意识到新线是沙漠里的最后一根冰棒,但新线却不知道。"肯·卡明斯说。

对于获得新线的投资,他们似乎有一些运气。杰克逊的老朋友,马克·奥德斯基(Mark Ordesky)是其中的决策者之一。新线公司提出:"你为什么要拍两部电影?这是三部曲,就应该是三部电影。"第二天进行谈判。许多人怀疑这个决定是否是清醒的,特别是要拍摄三部电影而不是两部。"但彼得的报告清楚地表明,他已经拥有了这部电影的绝对指挥权。你会惊讶地发现,在电影业务中,所做出的一些承诺远不及地面那样坚固。"肯·卡明斯说。

2002年,很多人估计美国在线时代华纳(AOL Time Warner)手上有一个历史上的最大娱乐卖点。新线及其分销合作伙伴把《指环王》中星球大战的模具转变成全球特许经营,并通过巨大的平台不断挖掘品牌的价值,如 DVD、视频游戏、互联网等所有商品种类。

理查德·林奇主要参考了卡佳·霍夫曼(Katja Hofmann)在《金融时报》的创新商业中的一篇文章,2002年3月19日,第10页。ⓒ 2002年英国金融时报有限公司。保留所有权利。本作者仅仅对原创文章的改编版负责,英国金融时报有限公司对改编版的准确性或质量不负任何责任。

案例问题

1. 在这一战略环境中,谁有讨价还价的能力?以及谁有合作权力?使用3.7节和3.8节的概念来识别并分析主要投资者。

2. 在本章中存在哪些有用的战略概念,能够被用来分析战略环境。而哪种是不能用的?为什么?

3. 如果在商业决策中风险和判断是非常重要的,那么能够有效地采用常规战略分析吗?

3.1 探索竞争性环境

3.1.1 为什么学习竞争性环境是如此重要

定义➡ 在战略中,环境意味着组织外部的一切事物和人:竞争对手、客户、供应商以及国家和地方政府等其他有影响力的机构。战略家认为对竞争环境的理解是企业战略管理制定的一个重要因素。研究组织周边环境的重要性主要有三个原因。第一,大多数组织需要与他人进行竞争。例如,《指环王》这部电影为了资金而与其他电影进行竞争,见案例3.1。因此,对环境的研究将为竞争提供信息,并作为形成可持续竞争优势的一个步骤。[1] 所谓的可持续竞争优势,是指竞争者不具备的并且不能被轻易模仿的优势。第二,大多数组织会察觉到机会并进一步探索,但是需要对威胁有所控制。[2] 例如,一些电影支持者认为"魔戒三部曲"存在的威胁要大于机遇。这样的机会和威胁可能不仅仅来自竞争对手,也可能来自政府决策、技术改变、社会发展等其他因素。第三,那些能够导致可持续合作的网络关系和其他关系的机会。例如,在决定是否给《魔戒》投资的最终谈判时,即杰克逊需要一些帮助的时候,杰克逊遇见了他的老朋友奥德斯基。通过提供相互帮助,这种关系将会加强环境中的组织能力。

然而,在确定组织战略管理及其与环境之间的关系时还存在三个方面的困难。

1. 常规方法与应急方法之间的讨论。第一个问题来源于战略管理过程中的重要分歧,这也在本书的第一部分进行了探讨。一些支持常规战略的战略家认为,即使组织处于各种不确定性的环境中,环境仍可以被预测;一些(但不是全部)支持应急战略的学者认为,环境是动荡和混乱的,预测可能是不准确并且是毫无用处的。对同一主题的每一种解释具有完全不同的含义。这个困难将在 3.2 节中进一步探讨。

2. 不确定性。不管人们如何看待预测,所有的战略家都认为环境是不确定的。必须在一个不确定性的背景下来实施新战略。同时,随着战略的制定,这些问题必须解决。例如,案例 3.1 表明对《指环王》的投资是存在高度风险的,几乎每个工作室都拒绝对其进行投资。

3. 影响的范围。可想而知,至少在理论上,组织环境中的每一个因素都会影响战略管理。针对这些广泛因素所产生的问题,存在的一种解决方案,即制作一个包含所有因素的列表清单。然而,这也许是一个战略性错误,因为组织和个人将发现难以制定和管理每一个项目。在战略管理中,制作一个包含所有重大事件但没有优先重点事件的全面列表清单是没有价值的。更好的解决方法是确定这个行业的成功关键因素,然后对这些因素进行环境分析。这是本章 3.7 节的内容。

3.1.2 主要因素的环境分析

为了分析组织的环境并同时处理列举在 3.1.1 节中的问题,可以采用某些基本的分析过程,如表 3.1 所示。

3.1.3 积极主动和消极被动结果的区别

在分析环境的过程中,从分析中区分两种类型的结果是十分有用的:

1. 积极主动的结果。环境分析将识别出积极的机会或消极的威胁。随后,组织将制定积极战略来开发或者应对这种情形。例如,在识别出新的市场机会后,电影制片人也许会形成交叉融资合作。

2. 消极被动的结果。环境分析将突出重要的战略变化,这些变化是组织不能控制的,但是如果真的发生了,组织需要对此做出反应。例如,关于文化内容和投资的新欧盟法规可能会影响欧洲电影行业的战略活动。

在这两种情况下,需要对环境进行分析,但其战略影响是不同的。

表 3.1　环境分析中十个基本阶段

阶　段	技　术	阶　段　结　果
1. 环境基础,通过开放式的评价来界定和探索环境的基本特征(见3.2节)	环境周围的一些基本因素估计: • 市场界定和规模 • 市场增长 • 市场份额	基本战略分析: • 研究战略机会 • 制定未来发展前景 • 开始构建市场竞争
2. 考虑环境中的动乱程度(见3.3节)	一般因素: • 变化:快还是慢? • 重复或令人惊讶的未来? • 可预见或不可预见的? • 对组织具有复杂或简单的影响?	最初问题的指导: • 环境变化莫测不能进行有效预测? • 组织的机会和威胁是什么?
3. 绿色战略(见3.4节)	一般因素: • 政府政策和指令 • 市场机会 • 客户态度	基本战略分析: • 政府层面 • 行业和竞争层面 • 客户和价值链层面
4. 影响竞争环境的背景因素(见3.5节)	PESTEL 分析和情景分析	• 识别关键影响 • 如果可能进行预测 • 理解事件之间的相互联系
5. 市场增长的分析阶段(见3.6节)	产业生命周期	• 识别生长阶段 • 考虑战略影响 • 识别成熟阶段、生产过剩和周期性问题
6. 行业特定的因素:什么导致了成功?(见3.7节)	分析成功的关键因素	• 识别与战略有关的因素 • 聚焦战略分析和战略制定
7. 在产业中,权力的竞争性平衡的特定因素(见3.8节)	五力分析	• 竞争性力量的静态分析和描述性分析
8. 在行业内,合作的特定因素(见3.9节)	四关联分析	• 分析当前和未来可能与组织合作的人或者组织 • 网络分析
9. 直接竞争对手的特定因素(见3.10节)	竞争对手分析、产品组合分析	• 竞争者描述 • 分析相对市场优势
10. 客户分析(见3.11节)	市场和细分市场研究	• 针对现有客户和潜在客户的战略 • 市场细分和定位

视频 第4a部分

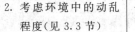
视频 第4b部分

视频 第4b部分

视频 第4a部分

视频 第5b部分

视频 第4b部分

视频 第4c部分

> **关键战略原则**
> - 环境分析是十分重要的,因为它有助于形成可持续竞争优势,识别组织面临的机会和威胁,并为与其他组织的有效合作提供机会。
> - 在研究环境时,存在三方面的困难:使用哪种分析方法;不确定性;应对广泛的环境影响。
> - 利用环境分析能够提供一个积极的战略结果,或者强调被动的战略处境,即需要对该处境进行监控。

3.2 战略环境中的基本因素

为了进行环境分析,首先研究一些基本因素是有用的,尽管这些因素有时在学术概念中被遗忘,但有助于环境的战略分析。[3] 我们可以将其划分为三个方面:

1. 市场界定和规模;
2. 市场增长;
3. 市场份额。

视频
第 4a 部分

3.2.1 市场界定和规模[4]

在分析战略环境时,大多数组织希望得到一些基本问题的答案,即"什么是市场规模?"该问题是重要的,因为它将有助于确定战略任务。市场规模通常是以每年的销售额来衡量的。从战略角度来看,一个"大"市场比一个"小"市场更具有吸引力,但是"大"和"小"需要仔细考虑。例如,一个"大"市场对于《魔戒》的导演彼得·杰克逊来说,可能是 2 亿美元,见案例 3.1。而一个"大"市场对于华纳兄弟资助的电影来说,其中更丰厚的利益可能达到 10 亿美元。尽管存在这样的问题,但试图评估战略机遇是一个很好的起点。

然而,测量市场规模时会引发一个相关问题,即如何定义"市场"。例如,《指环王》被定义为科幻电影,其年度市场价值仅仅是 5 亿美元?或是魔戒市场上包括《指环王》的所有冒险电影以及一些其他电影,如杰姆斯·邦德(James Bond)的电影和由克林特·伊斯特伍德(Clint Eastwood)主演的其他电影,总共只值 100 亿美元吗?答案将取决于客户以及其他产品的可替代程度。虽然一些市场界定似乎是显而易见的。例如,冰淇淋市场似乎就十分明确,但仍然需要谨慎对待:也许另一种甜点将代替冰淇淋,也许会包含在这个市场界定中。

3.2.2 市场增长

在建立市场规模时,通常会估计市场在前一时期增长了多少,通常是一年。

从战略角度来看,市场增长与公司目标息息相关。一个希望迅速增长的组织可能对市场的快速增长非常在意。显然,任何这样的评估都需要考虑上述讨论的相关市场界定问题。

3.2.3 市场份额

尽管一些学者不同意,但较大的市场份额通常认为是对战略有利的,[5] 原因在于,较大的市场份额可能对价格产生影响,也可以通过规模经济降低成本,从而提高盈利能力。[6] 显而易见的是,这里也存在市场界定问题,如上文 3.2.1 节所述,但一些市场份额的评估从战略角度来看是可行的。实际上,建立一个准确的市场份额是困难的,但这并不重要。例如,2002 年《指环王》所占据的电影市场份额将基于这样一个事实,即在上映后的几周里,电影院的上座率非常高。从战略角度来看,重要的是《指环王》在支离破碎的电影市场中具有重大的市场份额。同样,将会存在其他的战略环境,即在该环境中也许能够确定一个主要的市场份额,但不一定能够精确测量。例如,为居民生活供水的公司的市场份额测量。这将在第 4 章以及第 14 章进一步讨论。

> **关键战略原则**
>
> ● 环境分析的开端是对市场界定、市场规模、市场增长和市场份额的基本分析。
>
> ● 市场界定至关重要,因为它将决定战略机遇的大小和范围。通过客户和可替代产品因素来界定市场。
>
> ● 由于市场增长对组织目标的重要性,所以通常在战略分析的早期对市场增长进行评估。
>
> ● 市场份额的基本估计可以用来评估组织是否具有重大的市场份额,这是探索战略意义的一个出发点。

3.3 环境动荡程度[7]

视频
第 4a 部分

在环境分析的公司层面,考虑组织周围的基本条件是重要的。特别需要注意导致战略变化的因素的性质和强度,即动态环境。出于这样考虑的一个原因是,如果环境异常动荡,那么就难以使用一些分析技术,如波特的"五力分析模型",这将在本章的后面讨论。另一个原因是,环境的性质可能会影响组织应对这种变化的能力。

表 3.2 评估环境的动态变化

环境动荡		重复程度	扩张程度	变化程度	间断程度	惊奇程度
易变性	复杂性	国家的	国家的	区域技术	地区社会政治	全球经济
	熟悉度	相似	推断预测		间断地熟悉	间断地创新
可预测性	变化速度	比响应速度慢		与响应速度差不多		比响应速度快
	未来可预见性	循环的	可预见	可预测	部分可预测	不能预测的惊奇程度
动荡水平		低 1	2	3	4	5 高

资料来源：Ansoff, I and McDonnell, E(1990) *Implanting Strategic Management*, FT Prentice-Hall. With permission.

根据两个主要方法来评估组织周围的环境：

定义➡ 1. 易变性：环境可能的变化程度。例如，液态奶市场存在较低的市场变化，而各种互联网市场的可变性比较高。

定义➡ 2. 可预测性：市场变化能够被预测的程度。例如，在一些确定的移动电话市场中，变化可以预测，但是生物遗传学在很大程度上仍然是未知的。

这些内容还可以进一步细分。易变性包括：

- 复杂性：组织环境受到因素影响的程度，如国际化和技术因素、社会和政治的综合因素。
- 新颖性：环境给组织带来何种程度上的新情况。

可预测性可进一步细分为：

- 环境的变化率（由慢到快）；
- 对未来的可预见性：用于预测未来的信息有效性和实用性。

以这些因素为基础，随后可以构建环境分类范围，并为环境动荡程度提供一个评分等级（表 3.2）。

当市场动荡较低时，将可能很自信地预测未来。例如，像华纳兄弟那样的电影公司可能会使用世界各地电影客户的数据以及国际经济数据，来预测不同类型电影的未来需求情况。

当市场动荡较高时，这样的预测可能意义不大。影响组织的可变因素包含了许多复杂的事项，并且向市场引入新奇事物的概率较高。例如，新服务、新供应商、新思想、新软件和新支付系统都在同一时间出现在网络上。市场环境变化较高使得预测出具体结果几乎是不可能的。

如果市场动荡很高，一些战略家称这为"超级竞争"，[8] 将导致难以对环境进行研究，很多章都建议应谨慎对待分析过程。然而，对于大多数快速增长的情形，包括互联网，试图了解影响组织环境的主要因素至少具有一定的价值。尽管它不可能进行准确预测,但它肯定可以识别出一些重要因素。应对这种情况的方法将在第 5 章中进行探讨。

> **关键战略原则**
>
> - 开始对影响环境变化程度的因素进行分析是非常重要的。如果环境变化程度较高,那么这将使得预测变得困难,并影响战略制定中的常规方法。
> - 衡量市场动荡性存在两个标准:易变性,即市场环境可能发生变化的程度;可预测性,即这种变化能够被预测的程度。
> - 这两个衡量标准可以进一步细分:易变性可分为复杂性和新颖性;可预测性可分为市场变化速率以及对未来的可预见性。所有这些因素可以用来进一步探索市场的动荡性。

3.4 绿色战略

定义 ➡ 绿色战略是指组织的一些活动,这些活动旨在保护地球环境以及从附加活动中开发商业机会。

到目前为止,绿色战略仅出现在战略管理的研究和论文中。在著名期刊上存在一些关于该主题的学术论文,但相对较少。[9] 至少存在两点原因:第一,它仍然是一个新兴课题,相对于社会研究如战略管理来说,具有与科学和工程研究比较强的联系;第二,一些评论家,特别是美国和英国的评论家,认为绿色问题是危言耸听,并且其结论在很大程度上未经验证(本书作者认为这一观点是错误的)。因此,这种观点必须改变。在未来几年里,绿色战略对于公共政府部门和私营企业来说都是重要的。因此,首先需要考察组织周围的战略环境。

从战略环境分析的角度来看,需要处理三个主要因素:

1. 政府法规和指令;
2. 商业机会;
3. 顾客感知和价值链问题。

3.4.1 政府法规和指令

无论公司是否同意,几乎世界上每个政府现在已经认同了需要节约地球资源和降低污染的观点。[10] 因此政府颁布法令,并实施政策指令来达到这些准则。每个国家都有自己的优先考虑因素、方法和框架。[11] 公司的任务是评估这些问题,随后将其纳入公司战略中。首先,组织应全面以及仔细地分析国家中的绿色问题。这一研究结果必须构成组织战略的一部分,例如污染和节能的政府目标。

3.4.2 商业机会

根据2009年某一国家的研究,绿色战略举措在2007年价值4.5万亿美元左右,并且这个数字预计在2015年将增长到6.4万亿美元。[12]这些举措包括海上风力发电、潮汐发电、碳搜集和存储、化学以及生物技术。尽管也包括民用核能,但在2011年日本核反应堆不幸事件发生后,这需要进一步地分析和考虑。正是由于这些原因,对新的绿色战略商业提出了更大的需求:从太阳能电池板到风力发电厂,从低排放汽车发动机到更节能的电脑。尽管从一个更广泛的角度来看,绿色战略将处于一个特定背景并且很难进行分析,它能够带来重大商机。

在形成绿色战略的商业机会时,意识到收益和损失是很重要的。例如,绿色战略中的收益来自于建筑保温、太阳能板的公司,损失意味着石油和天然气的消费减少,从而降低这类公司的利润。然而,在印度和中国等新兴国家中,石油和天然气产品需求的增加可能意味着石油和天然气公司的利润仍会增长,但可能缓于没有绿色战略的公司的增长速度。英国的碳信托基金通过建立矩阵显示了绿色战略能源方面的收益和损失,如图3.2所示。实际上,该矩阵认为,价值创造机会由低到高的变化来自于气候变化。公司的价值形成也存在由低到高的风险。这个结果以及不同产业的例子如图3.2所示。

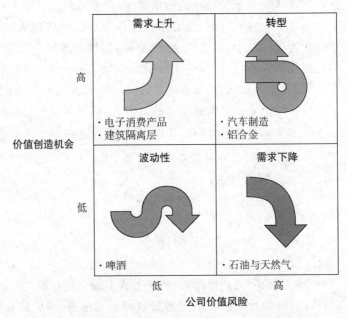

图3.2 气候变化是如何形成、改变或者破坏公司价值的

资料来源:Based on Department for Business, Innovation and Skills, HM Government (2009) *The UK Low Carbon Industrial Strategy*, p16, London: quotes from study undertaken by Carbon Trust and McKinsey & Co but this study is not traceable on the Carbon Trust website.

3.4.3 顾客感知和价值链问题

一些客户几乎会不计成本地强烈支持绿色战略。而另一些人对此毫不关心,他们更多关注的是循环使用的额外费用、较高的燃料成本以及新工作方式带来的不便。绿色战略需要认识到这些问题,并加以解决。例如,2011年英国进行了一项调查,调查中66%的英国客户质疑公司所宣称的气候变化活动。[13] 然而,同样的调查也显示,70%的客户大力支持绿色战略,并要求强制披露公司的碳排放量信息。

上述调查显示,绿色战略是以仔细调查客户对该话题的态度开始的,目的是要获得顾客的意见、判断以及所提出问题的数据。绿色战略需要找到能够使问题最小化的方式,同时将好的实践方法纳入到组织战略中。目前,还没有战略模型能够承担这一任务。本人很希望在下一版书中,战略家们会设计出一些架构化的方法来解决这些重要的客户问题。

除了客户,大多数组织是大型连锁企业和公共部门的一部分。例如,参与制作《指环王》的公司会参与到电影本身的制作,但它也需要运输公司、供电公司、食品公司和其他公司的帮助。电影制作完成后,需要提供给经销商,如电影、DVD制造商和电视工作室。所有这些活动组成一部分价值链(在第4章将深入探讨价值链)。重要的是,从绿色战略的角度来看,价值链的各个组成部分需要考虑绿色战略问题及其对价值链其他部分的影响。例如,制作《指环王》的电影公司也许会询问其电力供应商"是否存在其他方式来使用低水平能源"。在本质上,绿色战略适用于整个价值链。

> **关键战略原则**
>
> ● 绿色战略是指组织的一些活动,这些活动重点在于保护地球环境以及从附加活动中开发商业机会。它由三个主要部分组成:政府法规和指令,商业机会,客户和价值链问题。
>
> ● 每一个组织都需要分析有关绿色战略的政府法规和指令,以确保公司活动完全符合政府法规和指令。
>
> ● 出现商机是因为绿色战略仍处于初期发展阶段。现在存在许多新能源技术,如风力发电厂和废物处理,这将为组织提供了新的增长领域。
>
> ● 客户对绿色战略的感知,将在如何制定这种战略方面发挥重要作用。同样,在组织价值链上,与供应商和经销商的合作也将对绿色战略的制定发挥关键作用。

3.5 一般环境分析

在考察组织周围的因素时,可以使用两种分析技术来探讨一般环境,即PESTEL分析和情景分析。

视频
第4b部分 六个已经影响战略管理的政策和经济趋势。

3.5.1 PESTEL 分析

显而易见,没有简单的规则能够管理对组织的分析。对于特定组织而言,

定义➡ 需要由相关的规则来引导每一个分析。然而,用 PESTEL 分析作为初始分析是有效的,其包括政治、经济、社会文化、技术以及组织环境中的环境和法律方面。展示 3.1 给出了一些 PESTEL 分析中的主要因素。

展示 3.1

PESTEL 分析表

未来政策
- 政党以及地区和国家级别的联盟、欧洲或者区域贸易级别的联盟
- 法律,例如税法和就业法
- 政府和组织之间的关系(可能以一个重要方式来影响项目并形成未来战略管理的一部分)
- 国营企业和对待垄断与竞争的态度

未来的科技
- 政府和欧盟的投资政策
- 确定新的研究项目
- 新专利和新产品
- 新技术的变化和采用的速度
- 竞争对手在研发上的支出水平
- 名义上无关产业的发展也许具有适用性

未来的社会文化
- 价值观和文化的改变
- 生活方式的改变
- 工作与休闲的态度
- 绿色环境问题
- 教育与健康
- 人口架构的变化
- 收入分配

未来的环境
- 影响环境和公司的绿色问题
- 能源消耗的水平和种类:可再生能源?
- 垃圾、废物及其处置方式

未来的经济
- GDP 总量和人均 GDP
- 通货膨胀
- 消费支出和可支配收入
- 利率
- 汇率波动和汇率
- 国家、私人企业和外国企业的投资
- 周期
- 失业
- 能源成本、运输成本、通信成本、原材料成本

未来的法律
- 竞争法和政府政策
- 就业法和安全法
- 产品安全问题

评论

重要的是，PESTEL 分析不像其他的战略环境概念那样存在逻辑基础，例如上文所述的市场动荡程度、市场份额以及市场增长分析。PESTEL 只是一个提示，应该有选择地使用它。

与所有检查清单一样，PESTEL 分析真正有利于那些准备清单的个人或团体。列举每一个可能的因素是没有价值的，并且暴露出在战略管理过程中缺乏认真思考和严谨逻辑的问题。最好具备三四个深思熟虑的因素，对这些因素进行探索并用合理的证据来证明其合理性，这比冗长的清单表要好得多。这也是本书为什么不建议采用简单的、伴随有简短要点的"＋"和"－"符号的原因，尽管这些可能会提供一个有用的总结。

对于支持常规战略的战略家而言，尽管 PESTEL 分析中的项目依靠过去的事件和经验，但也可用来预测未来。过去已成为历史，而战略管理关注的是未来活动，但证明未来的最好证据可能来自于过去发生的事情。支持常规战略的战略家认为这是值得尝试的任务，因为新的重大投资会挖掘隐藏的假设条件。例如，当华纳兄弟对《哈利·波特1》这部电影投资数百万美元时，其假设条件是奇幻电影市场仍具有吸引力；它也可以使用 PESTEL 分析使该假设具备正式性，即使结果是很难预测的。

支持应急战略的战略企业家认为，未来是不确定的，所以预测是无用的。如果持有这种观点，PESTEL 分析在解释过去事件以及这些事件之间的相互关系中将具有不同的作用。在实践中，一些支持应急战略的学者可能非常谨慎但仍试图预测未来。例如，赫伯特·西蒙（Herbert Simon）这位杰出的战略家，在 1960 年写了一篇鲁莽的文章，并预测："到 1985 年，我们将具有技术能力，并通过机器来管理一家企业。"[14]持应急观点的战略家认为预测某些快速发展的市场是毫无价值的观点是正确的。总体来说，如果使用得当，PESTEL 分析在战略管理中将发挥应有的作用。

3.5.2 政府的作用分析

虽然"政治"作为一个因素出现在了PESTEL分析中,但这对政府在战略制定的某些领域的重要性来说是不公平的。在政府政策层面,政治和经济有着千丝万缕的联系。战略管理并不关心这些政策的形成,但需要了解政治决策对公司的影响。政府可以刺激经济、鼓励项目研发、实施新的税收政策并推出许多其他举措,这些举措会影响组织及其制定企业战略的能力。为了分析这些影响因素,有必要识别三个方面:国家环境、政府及其政策体系。所有这些都总结在E-S-P范式中,如图3.3所示。

一般来说,政治决策一直是工业增长的重要推动力。因此,战略管理需要考虑这样的政策带来的机遇和困难。也需要对有关政府利益的其他领域进行分析,如公共开支、竞争政策和税务问题。在这些领域中,具有影响力的政府政策实际上构成了组织战略中的一个重要部分:也许正是因为组织是政府的客户,又可能是组织严重依赖于政府税收等优惠政策的原因,才导致了这样的结果。最后,宏观经济情形,也就是国家层面的经济活动,对战略管理有着显著影响。因此,需要对国家政策进行探索和评估。

组成成分
- 人力资源
- 自然资源
- 经济发展阶段
- 文化和历史

环境(E): 一个国家的背景特征

结果
- 产出水平和结果: 农业工业和服务业
- 对财富和工作等的态度

- 资本主义:自由放任
- 社会主义:国家干预
- 混合型

制度(S): 一个国家的政府制度

- 决策架构
- 分配资源时自由市场的作用
- 国际贸易的渴望
- 国有化政策

- 宏观经济学
- 微观经济学
- 教育、医疗和社会
- 对外贸易和竞争

政策(P): 主要的政府政策

- 政府干预的程度和类型
- 控制力度
- 预期的行业绩效

图 3.3 E-S-P 范式:政府作用分析

资料来源:Adapted from Koopman, K and Montias, J M (1971) 'On the description and comparison of economic systems', in Eckstein, A (ed) *Comparison of Economic Systems: Theoretical and Methodological Approaches*, University of California Press, Berkeley, CA. Copyright © The Regents of the University of California. With permission.

3.5.3 情景分析

在基于情景分析的背景下,一个情景方案是组织可能的未来环境模型,随后可以调查其战略意义。例如,情景分析法可以探索这样的问题:"如果到 2020 年,宽带允许每部影片在家里放映,并导致对多屏幕电影院的需求急剧下降,那么将会发生什么事呢?这会对电影制片商和电影院产生什么样的影响?"

情景分析关注的是放眼未来,而不是预测未来。基于当前的形势来预测和推断未来的情况。其采取了具有不同起始点的不同情况,目的不是为了预测,而是为了探索一系列的可能性;这些可能时间的组合将会形成一个未来情景,随后,我们将研究这个未来情景的战略意义。进一步来说,组织本身也会探索处理这种情景的能力,并不是因为组织希望预测的未来情景发生,而是因为在理解战略环境的动态性时,这是一个有用的经验。展示 3.2 提供了一些情景分析的指导方法。

展示 3.2

构建情景模拟方案的一些指导:以案例 3.1 中的好莱坞大片为例

- 从一个不寻常的角度开始。事例包括一个主要竞争对手的立场,在技术方面的重大改变,政府的彻底改变或战争爆发。

例如:如果影片中的男主角在拍摄电影的过程中去世了,这将会产生什么后果?

- 对一组可能发生的事件进行定性或叙事描述,表明事态将如何发展。这也许是不可能的,因为将涉及一个定量的预测。

例如:演员在拍摄过程中第 45 天去世了(总共 90 天的拍摄时间)。记者当天报道了这件事情,生产商需要找到另一位演员,同样面临着该怎样对待以前拍摄内容的问题:他们重新拍摄一遍?还是改变故事?创造了另一个故事?

- 通过建立两个或三个可能发生的情景,探讨所描述的事件的结果。通常难以处理三个以上的情况。通常会存在两种情况,一种是"最乐观的结果",另一种是"糟糕的结局"。

例如:情景模拟方案 1:可能最坏结果是重新拍摄,包括其他明星的退出,因为他们对其他电影有承诺。情景模拟方案 2:改变故事情节以适合新的情势,雇用另一个男主角或者重新拍摄一些场景。它们的财务成本、编剧雇用成本是可以计算的。

- 在每种情况下存在不可避免的不确定性,探索这种与组织有关的不确定性的后果。例如,如果出现了最乐观的结果,将会发生什么事呢?PESTEL 分析将会在这里提供一些线索。

例如:情景模拟方案 1:当确定其他演员需要离开之后,我们还有另外 45 天的拍摄合同?对于拍摄来说,这将意味着什么呢?我们当然可以做一些修改,但这会起作用吗?也许情景模拟方案 1 过于悲观?

- 测试模拟方案的有用性,重新思考新战略,而不是仅仅坚持现有的战略。

例如:重要的是,我们需要思考,如果该演员是如此重要,为什么我们没在开拍之前对他的生命安全采取特殊保险呢?

- 假设这些情景方案的目的是制定应对不确定性的政策,而不是预测未来。

例如:没有人想要男主角去世,但预测模拟方案有助于防止不确定性和不寻常的事件发生。

关键战略原则

- PESTEL 分析,即对政治、经济、社会、文化、技术、环境和法律因素的研究,为组织周围一般环境的任何分析提供了有用的起点。从该分析中选出一些因素,并对所选领域进行深入探索是十分重要的;对所有因素的探索通常是毫无价值的。
- 支持常规战略和应急战略的学者们对 PESTEL 分析中主要因素的优点分别持不同的观点。常规战略支持进行预测,因为它通常隐含在事件的重大战略决策中。应急战略认为环境的动荡使得预测具有有限价值。
- 在分析政府对战略的作用和影响时,E-S-P 范式,即环境、制度、政策,可以为此目标形成一个有用的框架架构。有影响的政府政策也许会构成战略的重要因素。
- 情景模拟是组织可能的未来环境情景,随后可以调查其战略含义。该方法不太关心预测,更多的是形成对未来的不同角度。其目的是促进对事件可能结果的新战略思想,而不是对未来做出准确预测。

案例研究 3.2

生命周期对欧洲冰淇淋市场的战略的影响

2004 年,欧洲冰淇淋市场经历了重大变化:一些市场比较成熟而另一些正处于强劲增长的阶段。北美市场更加成熟并且分布着较强的区域品牌。这个案例展示了主要的欧洲细分市场的位置是如何绘制在行业演化图中的(图 3.4),以及一个细分市场的战略是如何不同于另一个细分市场的。

一些冰淇淋产品类似于传统的浴缸,需要少量的战略投资;其他产品,像哈根达斯(Häagen-Dazs)和本杰瑞(Ben & Jerry's)这样的高价冰淇淋,需要投资来支撑它们的高价格以及强大的品牌市场地位。

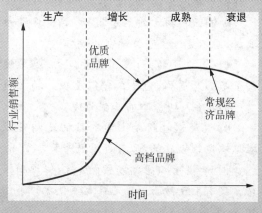

图 3.4 欧洲冰淇淋市场上行业演化

市场可以分为四个部分:

1. 高档品牌。典型的品牌,如哈根达斯,仍处于早期的增长阶段。新公司仍不断地进入市场,例如被联合利华收购的美国本杰瑞冰淇淋公司,但它尚未进入到欧洲大陆的某些市场。新产品正在尝试使用纸箱包装并制定高价的方法来进入市场。

2. 在1989年,随着高价的玛氏冰淇淋的推出,高端产品获得了快速发展。截至2000年年底,很少有新公司进入市场。在市场领先的公司中已经建立了基本的产品范围。战略战役只是针对分销和品牌营销。

3. 这个规律以及4个经济部分可以利用联合利华的散装包装来作为典型例子,在欧洲大部分地区,它是以Carte d'Or品牌在进行出售。该产品进入市场已经多年,每年仍保持5%~6%的增长速度(根据一些定义,它仍被视为增长型市场)。该细分市场同样存在大量的其他供应商,这些供应商并不都是本国的,更别说欧洲的了。它们之间存在着激烈的价格竞争,并在杂货零售商销售自己的品牌。但只具有相对较少的产品创新。

©版权归理查德·林奇所有,2012年。保留所有权利。该案例是由理查德·林奇所著,来自于已发表的信息以及个人调查所得。

案例问题

1. 根据产业生命周期的观点,市场中的每一个阶段应该采用什么样的战略(表3.3)。

2. 思考标新立异的战略,您如何修改在问题1中所确定的战略?

3.6 市场成长阶段分析

著名战略学者,被誉为"预测产业演进之父"的哈佛大学商学院的迈克尔·波特(Michael Porter)教授描述了产业生命周期。该理论的基本假设是:一个行业或一个细分市场要经历四个基本发展阶段,每一阶段都有不同的战略意义,参见案例3.2。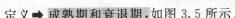产业生命周期的四个主要阶段通常认定为初创期、成长期、成熟期和衰退期,如图3.5所示。

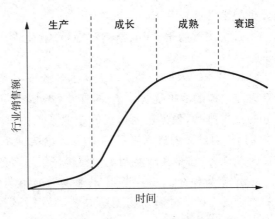

图3.5 产业生命周期阶段

3.6.1 产业生命周期

战略管理的性质会随着产业生命周期的变化而变化。在初创阶段,组织试图开发产品来创造利润。随着产业发展步入成长期,竞争对手被潜在的利润吸引然后进入市场:从战略角度看,竞争日益加剧。所有客户都对产品表示满意,市场增长缓慢。紧接着市场进入成熟阶段,尽管市场增长放缓,但是新竞争对手仍可能被吸引到市场中:每个公司必须为其市场份额进行努力竞争,市场份额变得更加细化,也就是说,市场份额被分解成更小的部分了。最后,销售进入衰退期。

在探讨战略意义的过程中,首先识别产业发展处于哪个阶段是非常有用的。在产业生命周期的每个阶段都有一些普遍接受的战略(表 3.3),比如案例 3.2 中冰淇淋客户的情况,也许有些客户没有品尝过优质冰淇淋的味道,所以在初创阶段向客户推出自己的产品或者服务是有帮助的。相比之下,在成熟阶段中,大多数客户都了解产品,几乎不需要什么新的尝试,例如一小盆传统的巧克力冰淇淋。

战略管理的其他领域,对于产业生命周期的每个阶段所选择的合适战略具有不同的看法。表 3.3 展示了产业演进的某个特定阶段中的合适战略的传统观点。然而,在战略管理中,也存在很多针对应急方法的好观点,所以这将被视为产业动态分析的起点。最创新的战略可能是做一些不同的事情,即打破常规。

传统观点认为,产业生命周期表明对于新研发而言,产业发展的早期阶段可能会存在更多的机会。当行业较为成熟时,不再需要那么多的研发投资。[15]然而,非传统观点认为,正是成熟的产业才需要新的增长、研发或者一些其他的战略举措。在冰淇淋的案例中,传统冰淇淋的市场领导者可能会投资新设施,以进一步降低成本而获利,这表明即使在市场成熟阶段,大量的投资往往对于保持竞争力是有必要的。正是由于这一原因,生命周期的概念可以被看作是增长分析的出发点。

必须注意的是,在战略制定中,产业生命周期的两个结果对产业具有重要影响:

1. 早期进入的优势。有大量的经验证据表明,第一个进入新市场的公司拥有无可比拟的战略优势。例如,艾克(Aaker)[16]引用一篇针对 500 个成熟产业业务的报告显示,最早进入市场的企业平均占有 29% 的市场份额,早期追随者占有 21%,而后面的进入者只有 15%。虽然早期进入市场有明显的风险,但也存在长期优势,这是在战略制定中值得仔细思考的。

2. 市场细分。在早些年,迅速发展的市场会吸引新进入者,当然这是自然的也是必然的。随着市场走向成熟,每一个公司努力争夺市场份额,因此市场变得更加细分。而且,这对战略有着重要意义,因为它表明成熟市场需要改变战略,这也许与市场细分有关(见第 5 章)。

表 3.3 产业生命周期及其战略意义:常规视角

	初 创 期	成 长 期	成 熟 期	衰 退 期
客户战略	• 早期,客户可能尝试产品并接受一些不可靠的产品。 • 需要解释创新的性质	• 增加的客户群 • 对于成长,质量和可靠性很重要	• 大规模市场 • 具有较少的新产品或新服务的试验 • 品牌转换	• 非常了解产品 • 选择基础价格而不是创新
研发战略	费用高	• 竞争之前寻求扩张	• 费用低	
公司战略	• 寻求主导市场 • 为了确保产品质量,研发和生产特别重要	• 通过市场营销和行动举措来应对竞争	• 如果不是市场领导者,增加市场份额比较昂贵 • 寻求降低成本	• 成本控制很重要
对盈利的影响	• 高价格,但由于对新种类的投资,有可能造成损失	• 应该存在利润,但由于竞争者的进入,价格会下降	• 利润来自于对继续投资和分销商、竞争压力的需求	• 价格竞争和低增长可能导致损失,或需要大量地削减成本以保持盈利
竞争对手战略	• 热衷于新产品种类 • 尝试复制新产品	• 进入市场(如果之前没有) • 尝试创新并对新品种进行投资	• 很大程度上是在广告和质量上的竞争 • 降低产品的差异化 • 产品变化降低	• 主要基于价格的竞争 • 一些公司可能寻求退出该行业

为了战略目标,分析一个行业的细分市场而不是整个市场是比较重要的,因为不同的细分市场在产业生命周期的不同阶段可能需要不同的战略(见欧洲冰淇淋案例 3.2)。这也许会使完全不同的行业采用相同的思维,如全球旅游业的一些特殊度假,如野外度假、摄影度假,近年来仍然保持着强劲增长,而标准的阳光海滩度假则处于生命周期的成熟阶段。

3.6.2 对产业生命周期的批判性评论

对于产业生命周期的概念,既有支持者也有反对者。斯莫尔伍德(Smallwood)[17]和贝克(Baker)[18]捍卫产业生命周期理论的实用性并为其基本概念提供了实证支持,而 Dhalla 和 Yuspeh[19]持反对态度,认为该理论中只具有一定的有效性(见展示 3.3)。

当然,在产业生命周期方法方面还存在一些困难,但运用这种分析的原因在于可以识别能够形成产业演进的动态因素。产业生命周期在该方面可以帮助我们,然后将组织自身的战略和这种分析进行对比。

展示 3.3

产业生命周期的批判

1. 难以确定一些生命周期的持续时间，并且难以精确定位行业所处的阶段。例如，Mars Bar 是在 20 世纪 30 年代开始推出的，然而，可以肯定的是，它并不处于衰退阶段，但是并不确定它是处于成长阶段还是成熟阶段。

2. 一些产业不一定经历全部的四个阶段，或者不能清楚地确定它们处于何种阶段，特别是当技术变化的时候。例如，自行车行业是否达到了成熟阶段，或者由于汽油驱动的汽车污染了城市环境，使得自行车行业处于初创阶段。

3. 公司自己可以改变他们的产品，结果是改变了产业生命周期的曲线形状。例如，微型相机的引进以及电子存储的使用，给照相机行业带来了新的生机。

4. 在每个阶段的演化过程中，竞争的性质可能不同：一些行业存在很多竞争者，而另一些行业的竞争对手很少。这与处于哪个阶段无关，可能是制定战略的一个重要因素。例如，相对分散的真空吸尘器市场和高度集中的民用飞机市场都是相对成熟的市场（见第 16 章案例），它们的战略不是由生命周期决定的，而是由其他因素决定的。

关键战略原则

- 产业生命周期，即市场经历了初创阶段、成长阶段、成熟阶段以及衰退阶段，识别形成产业演进的动态因素是有用的，即使对这种方法的使用存在批判。
- 产业生命周期有助于阐明战略的传统观点，这些观点适合于生命周期的每个阶段，即使这些会因为一些合乎逻辑的原因而改变。
- 产业生命周期分析的各个方面是值得注意的，它们包括：早期进入市场的优势、市场成熟时的细分、周期性的影响及其对成熟市场需求的影响。

案例研究 3.3

钢铁企业将会制定全球化战略吗？

全球范围的活动在某些行业中是一种重要战略，但还未出现在钢铁行业中。本案例将探讨世界钢铁行业中影响当前战略的环境和其他因素。全球化战略是解决该行业低利润水平的新出路吗？

从 1980 年到 2000 年，全世界 40 家最大的钢铁公司在税前的累计损失是 100 亿美元，尽管它们在新设备方面投资了大约 750 亿美元的资金。在随后的五年里，钢铁行业的利润有所增加，但是相对于其他的行业来说，其资金回报率仍然较低。部分原因是在早期的时候，政府将钢铁行业作为重要的产业之一。因此，政府愿意对其进行补贴而考虑商业因素。在后来的几年中，全国大多数钢铁公司被私有化了，利润也还算可以。

为了确保原材料的来源和获得新国家的

市场准入,一些公司间的收购发生了,但大多数钢铁企业仍在世界各地运行着。钢铁厂需要大量资本投资,存在着规模经济和范围经济,这表明全球化战略是可能的。但由于各种原因,全球化战略到目前为止仍然是难以捉摸的。以下从四个方面来探讨问题:

1. 世界钢铁市场;
2. 世界钢铁市场的客户需求;
3. 世界钢铁行业目前的公司架构;
4. 一些大型钢铁企业的当前战略。

世界钢铁市场:数量驱动和高度周期性的行业

对于大多数钢铁企业而言,钢铁一般是大规模生产。它们属于高能量和资本密集型的企业。钢铁企业需要保持高产能利用率才能保持持久的利润。如果世界上一部分地区的需求下降了,那么生产商会为了保持销售水平而试图增加其他地区的销售量。基于这种方式,钢铁企业的产品已经在全球范围内进行销售。然而,从作为主要驱动力的市场意义上来看,这个过程并不是全球化的,而是在国内市场衰退之后所进行的廉价销售。个别国家或国家集团(如欧洲联盟)设立贸易壁垒来保护他们国内的钢铁公司并限制世界贸易。但只要价格足够低,这就不会阻止全球销售。

在未来几年里,世界钢铁战略将会发生巨大变化:能源和原材料成本迅速增长。

除了数量驱动,全球钢铁行业也具有高度周期性。一些基本的钢铁产品具有少量的竞争优势。例如,一家公司生产的热轧钢卷产品与另一家公司没有多大的差距。这意味着商品市场上的产品主要是进行价格对比,并根据需求来安排产量。例如,一个经济低迷国家的钢铁价格迅速下降是由于钢铁在汽车行业的需求下降。该行业数量驱动的性质意味着钢铁企业的盈利能力可以迅速发生改变,如安赛乐米塔尔(Arcelor Mital)和一些较低成本的中国公司。同样,在经济增长的时代,钢材价格迅速上升,对其盈利能力会产生直接的积极影响,因此这是具有高度周期性的行业。

表 3.4 钢铁公司的运营成本:原材料占比最大

	钢铁公司的运营成本比例(%)
原材料	53
雇用成本	18
其他外部费用	10
维修费用	9
折旧	4
其他成本	6

资料来源:作者对公司年度报告的行业估计。

近年来,钢铁公司还存在另外一个问题:原材料成本上升。表 3.4 表明了关系到钢铁生产总成本架构的原材料是多么重要。在 2005—2006 年间,铁矿石价格上升了两倍,炼焦煤的价格也增加了大约 25%。世界上只有三家主要的公司供应铁矿石:澳大利亚必和必拓公司(BHP Billiton)、英国力拓集团(RTZ UK)、巴西黑色冶金公司(CSN)。因此,它们能够在强大的全球需求背景下提高铁矿石的价格。世界最大的钢铁公司安赛乐米塔尔(Ancelor Mital),满足顾客45%的铁矿石需求来自其自己的矿山。但对于大多数其他钢铁企业来说,包括那些在中国和日本的钢铁企业,已经面临着巨大的利润压力了。它们已经很难将这些上涨的成本全面地转嫁给客户了。

表 3.5 按地域区分的消费量和产量：中国已成为主导国家国家

世界钢铁消费	1997年所占比例（%）	2006年所占比例（%）	世界钢铁生产	1997年所占比例（%）	2006年所占比例（%）
西欧	20	17	西欧	22	16
其他亚洲国家	18	14	北美	14	11
北美	18	15	中国	14	34
中国	15	31	日本	13	9
日本	11	7	其他亚洲国家	12	11
拉美	6	3	俄罗斯	10	10
俄罗斯	5	5	拉美	7	4
中欧	3	3	中欧	4	4
其他	5	5	其他	4	2

资料来源：英国钢铁1997年和1998年的年度报告以及国际钢铁机构2007年的数据。

世界钢铁市场的客户需求：即便是专业产品也没有实现全球化

从表3.5中可以看出，在那些经济增长最快的国家中，特别是中国，消费者在过去10年中对钢铁的需求已经连续增加。实际上，客户对钢材的需求来自于这些含有大量钢铁的产品：建筑和道路建设、汽车、家电和电子产品（如电脑）。

对于像钢卷和钢棒这样的一般产品，公司与公司之间具有较高的相似度，或者不具有竞争优势。这些产品能够占领市场，基本上是由市场价格和及时可用性这两个重要因素决定的。然而，一些钢铁产品需要特殊的涂层或特殊的矿物成分。例如：

- 薄钢板压制成的饮料罐；
- 计算机和通信设备中的钢套管；
- 特别使用高温燃烧发动机中的钢化钢。

这种特殊钢的特殊性在于它们需要特殊的生产过程，要求更高的价格和利润：它们是高附加值产品。

这些特殊专业的产品一部分由跨国公司买下，例如美国的可口可乐（Coca Cola）罐装机构、法国的阿尔卡特（Alcatel）电信公司、日本的本田（Honda）汽车发动机部门。这些公司通常是购买本国钢材。对全球化钢铁的需求尚不具备大规模，但这并不意味着情况会不会改变。

世界钢铁行业目前的公司架构：不再分散

到目前为止，大多数钢铁生产企业有明确的国家或地区的市场基础。例如，世界第二大和第三大钢铁公司，日本的新日铁（Nippon Steel）和JFE钢铁公司，主要为日本工业发展的需求提供服务。世界第四大钢铁公司，浦项制铁公司（POSCO）主要服务于韩国本国市场。同样，欧洲三大钢铁公司：安赛乐米塔尔（Arcelor Mital）、蒂森克鲁伯斯特尔公司（Thyssen Krupp Stahl）以及康力斯（Corus），其中只有安赛乐米塔尔公司服务于国外市场。该公司已经在世界上许多地方建立了自己的子公司，除中国和俄罗斯之外，并获得了大量的利润。

事实上，在全球钢铁行业没有一家公司像安赛乐米塔尔那样存在着广阔的地理覆盖范围。其他所有的著名公司（见表3.6）主要服务于本国或区域市场的出口和进口。按照这个标准来衡量，钢铁行业几乎不存在全球贸易和全球化战略。

全球化意味着本国和区域市场（如欧洲、

北美、中国、印度)将被世界市场取代,可能只有几家公司供应钢铁。例如,全球塑料和铝市场,排名前10位的公司拥有世界总产量的50%以上。而在世界钢铁市场,排名前20位的生产商在1997年只占世界销售量的32%。在2006年,前20家公司也只占39%。这表明,钢铁公司之间正进行合并,钢铁市场正变得越来越集中。

然而,即使在2006,按照产量排名的前20位大钢铁企业也没能实现全球化,因为既没有遍布世界各地的广泛销售,也没有位于世界各地市场的生产工厂的战略。如果钢铁市场具有全球性质,那么产品范围、质量和服务将会与不同工厂相一致,这些工厂会根据需求来提供具有地区差异的产品。不过目前离这种情况还存在一定的差距。

部分钢铁公司的当前战略

由于大多数钢铁企业的业务主要是在本国市场或地区市场,所以许多公司将战略集中在本国市场或地区市场。钢铁公司存在着由于产品过重而导致运输成本高的问题,除了出售利润较高的特殊钢铁产品以外,这使得公司对将钢铁产品运输到世界各地的想法失去了兴趣。

表3.6 世界排名前20位的公司:根据2006年的各公司产量

公司	国家	2006年产量:百万吨粗钢	2006年排名	1997年排名
安赛乐米塔尔	法国/卢森堡,美国,巴西,中欧,印度等(但总部在英国)	117.2	1	1
新日铁	日本	32.7	2	2
JFE钢铁	日本	29.9	3	不存在:合并
浦项	韩国	30.5	4	3
宝钢	中国	22.7	5	18
美国钢铁公司	美国	21.2	6	9
纽柯钢公司	美国	20.3	7	16
唐山钢铁	中国	19.1	8	排名20位后
康力斯	英国/荷兰	18.3	9	4
里瓦集团	意大利	18.2	10	6
谢维尔集团	俄罗斯	17.5	11	14
蒂森克房伯	德国	16.8	12	3
耶弗拉兹	俄罗斯	16.1	13	排名20位后
盖尔道集团	巴西	15.6	14	排名20位后
鞍钢	中国	15.3	15	排名20位后
江苏沙钢	中国	14.6	16	排名20位后
武汉钢铁	中国	13.8	17	排名20位后
住友金属	日本	13.6	18	13
钢铁管理局	印度	13.5	19	8
得兴	阿根廷	12.6	20	排名20位后

资料来源:国际钢铁机构2007年世界钢铁数据,转载许可。

让我们更详细地研究一些处于领先市场地位的公司：

● 安赛乐米塔尔：在2006年，法国和卢森堡的安赛乐公司与英国/印度公司米塔尔钢铁公司合并，组建成了钢铁业的领先企业，即安赛乐米塔尔钢铁集团。合并后，米塔尔努力争取部分的自主权。其实安赛乐本身也是欧洲三大钢铁制造商法国Usinor、卢森堡Arbed和西班牙Aceralia通过换股方式合并的结果。早在1997年，米塔尔是一个相对较小的公司，被称为LNM集团，以1 090万吨的年产量占全球排名的第十一位。实质上，从1997年起，米塔尔通过一系列的合并得到了不断发展，同样，这仍然是其主要的增长方式。它拥有比其他任何钢铁企业更广泛的市场，包括在哈萨克斯坦、美国、墨西哥、巴西、印度和南非的工厂。但是，所有这些公司的运营管理都是在世界上的某个区域，而不是全球性整合。

● 宝山、唐山和鞍山钢铁公司：中国公司一直致力于大幅提高生产能力，以应对迅速发展的国内市场的需要。现在出现在排名前20位名单上的中国公司数量的增加就可以反映出这一点。中国政府和私人股东基本上完全控制了自己的公司。中国政府会限制外国公司对中国钢铁公司的控股权，使其股份不超过50%，实际上很少有外国控股。

● 新日铁：多年来，这家公司在国外进行了大量投资。例如，它对一家新的巴西工厂投资6,000万美元以确保原料来源。然而，最近的许多投资已经降低了日本主要钢铁公司的生产成本，而不是在新领域寻求收购。

● 塔塔钢铁（Tata Steel）收购康力斯（Corus）：在2007年，印度塔塔公司与巴西国家黑色冶金公司（CSN）竞争，意图收购英国和荷兰钢铁公司康力斯。注意，此活动出现在表3.6中。塔塔以更高的标价在欧洲成功收购了该公司。实际上，塔塔希望扩大并超越国内市场的范围，并建立欧洲客户群。

安赛乐米塔尔是一家管理良好的公司，具有在世界市场上生产钢铁的清晰愿景，包括在未来的五年内，在印度建立新的钢铁公司。该公司的战略目标主要集中在为客户提供较低的生产成本、高质量的产品，但在写该案例的时候，它并没有在全球范围内实现管理。例如，它没有在世界上两个最大的钢铁市场建立自己的公司，即中国和俄罗斯。

在2000年，最具影响力的钢铁生产商安赛乐米塔尔的主要股东拉克西米·米塔尔（Lakshmi Mital）解释说："开始投资钢铁行业时我非常兴奋。因为已经表明这个行业可以创造价值和实现增长。"从早年开始，他就思考如何超越国界。在世界各地的许多附属公司之间实现了信息共享为他赢得了声誉。他鼓励公司员工在每个星期一交换生产理念以及全球范围内的市场信息，公司的电话会议一般由米塔尔主席主持。"然而，我不想拥有世界上最大的钢铁公司，但想管理世界上最有利可图的钢铁公司。"2000年米塔尔评论道。

另一个很有影响力的人物就是法国于齐诺尔公司（Usinor）的首席执行官，弗朗索瓦·梅尔（Francois Mer）。他策划将自己公司与西班牙的阿塞雷利亚（Aceralia）和卢森堡的阿尔贝德（Arbed）的公司进行合并，形成欧洲钢铁巨头安赛乐。在2002年年初，他与三家合并者公司进行了协商，旨在成立一家新公司。在2003年，该公司的年度成本节约和销售额达到2.6亿美元，2006年增长到6.1亿美元。三家公司主要通过员工裁减和生产能力重组实现了成本的降低。

2002年公布安赛乐合并的时候，一些细节的变化被故意掩饰了。不过也完全可以理解，因为这会使工会紧张，并且难以节约市场成本。同样，三家公司的投资者早已听闻关于成本节约的事情，但不一定见到了任何所获得的利润。事实上，梅尔运用了非常成功的重组战略，并实现了节约成本的目标。随后在2005年，他离开了欧洲最大和非常强大的钢铁公司,并任职法国政府的高级职位。

2006年,为了进一步降低成本,安赛乐与米塔尔合并。2007年8月,该公司已节约了10亿美元的成本,并预测在接下来的两年将再节约6亿美元的成本。"最近几个月,我调研了25家各地的安赛乐米塔尔工厂,"米塔尔说道,"我注意到员工之间非常和睦。他们觉得我们真的是一家公司,而不是两家。我很高兴地认为,那些怀疑这次合并是无效的观点已经被证明是错误的。"

对世界领先钢铁公司的战略的总结,主要有以下六点。有些公司可能具有一个国际维度,即全球化战略,但数量很少。

1. 合并或收购公司是为了实现市场扩张,也可能是进一步提高公司的规模经济。

2. 通过降低员工数量和合理使用原材料和其他供应商来降低成本。

3. 对研发进行投资以提高现有的产品并改善制造过程。

4. 专注于具有高附加值和高盈利的先进技术和专业化产品。这种新型的钢铁产品更可能具有高附加值、更独特,因此拥有可持续竞争的优势。

5. 与主要大客户保持紧密的关系,如汽车制造商,通过更有效地分配和专门定制产品,为客户提供更高水平的服务,并紧紧将顾客锁定在它们现有的钢铁供应商上。

6. 对更多的员工进行培训并继续坚持

成本降低计划,以确保在公司中永久性地降低成本。

钢铁企业是使用能源和消耗地球资源的大用户。虽然不可能测量该案例中所有的钢铁公司,但是领先公司的情况也具有一定的代表性。安赛乐米塔尔网站:"安赛乐米塔尔已经意识到它在解决全球气候变化问题时具有不可推卸的责任;在行业努力开发突破性的钢铁制造技术时,它具有重大作用;它正积极研究和开发基础钢铁技术和解决方案,为对抗气候变化作出自己的贡献。"

©版权归理查德·林奇所有,2012年。保留所有权利。该案例是由理查德·林奇所著,来自于已发表的信息。[20]

案例问题

1. 在过去的几年里,影响钢铁公司利润的战略环境趋势主要是什么?使用本章中的有关概念来探讨这一问题。

2. 安赛乐米塔尔公司和宝钢股份公司追求全球化战略是明智的吗?即使它们目前没有这么做。

3. 如果全球化战略在未来很可能是有利可图的,你会建议公司现在开始这个过程还是再等待?如果选择现在,为什么?如果不是现在,什么样的市场条件才能说服他们改变看法?

存在十个更多的问题来帮助你识别一个行业的成功关键因素。

3.7 行业的成功关键因素

视频
第5b部分

在环境的战略分析中,存在一系列能够进行潜在探索的问题,并给大多数既没有时间也没有资源来解决这样一个开放式任务的组织造成了一个问题。日本麦肯锡管理咨询公司的前负责人日本战略家大前研一认为,[21]解决这些问题的方式可以通过识别成功关键因素(KFS)来实现。KFS有助于实现组织目标,也可以被用来集中分析特别重要的工业问题。

定义➡ 成功关键因素是指影响行业中的企业在市场上盈利能力的主要因素,例如产品性能、竞争力、生产能力等。大前研一认为,当资源、劳动力和时间稀缺时,企业应该集中在关键的商业活动上。也就是说,最重要的在于关注组织认为是成功的关键因素。

成功关键因素这个概念也符合波特的观点[22]:存在一些会决定公司在行业中相对竞争地位的因素。此外,凯的方法基础[23]是将资源集中到最有可能成功的特殊业务领域。阿密特(Amit)和舒梅克(Schoemaker)[24]为该主题提供了更广泛的理论框架,并称他们的方法为战略产业要素。综上所述,确定关键因素并不是一件容易的事。

对于行业中的所有主要组织而言,成功关键因素都是一样的,公司与公司之间不存在区别。例如,在案例3.3中,上面提到的因素,如低劳动力成本、一系列特殊钢产品等,是许多钢铁企业共同拥有的特征,这些因素随着行业的不同而变化。相比之下,香水和化妆品行业的因素包括品牌、产品分销和产品性能,但不太可能包括低劳动力成本。

当对环境进行战略分析时,一个行业的KFS识别可以作为一个有用的起点。例如,钢铁行业的KFS是"低劳动力成本"因素,这将建议对以下领域进行环境分析:

- 国家中的一般工资水平;
- 政府法规以及对裁员的态度,因为高工资成本可以通过解雇员工来减少;
- 工会对抗员工裁员的强度。

在钢铁行业中,环境的这些因素将从严谨的研究中受益。然而,在化妆品和香水行业,这些因素与成功可能有一定的相关性,但与其他因素相比,这肯定不是最重要的因素。

3.7.1 识别行业中成功关键因素

关键因素关注的不仅是行业中组织的资源,而且包括组织所处的竞争环境。这里需要分析三个主要领域:大前研一的3Cs。[25]

1. 客户(Customer)。客户真正想要的是什么?市场细分是什么?我们能向组织员工描述战略吗?

2. 竞争(Competition)。组织如何能够击败竞争者,或者至少能在竞争环境中生存?组织拥有什么样的资源和客户才能成功?组织如何比较价格、质量等?组织是否拥有比竞争对手更强的分销网络?

3. 公司(Company)。公司本身拥有什么特殊资源?如何与竞争对手进行比较?公司如何与其竞争对手在成本方面进行比较?技术?技能?组织能力?营销?

表3.4更详细地列出了一些关键问题,各因素具有相同的重要性。与资源问题有关的公司因素将在第4章中详细探讨。

3.7.2 对关键成功因素的评论

对行业成功关键因素的批判主要集中以下四个问题上:[26]

1. 识别。很难识别出组织的重要因素。

2. 因果关系。即使重要因素已经确定,但可能也不清楚它们之间是如何运作或相互作用的。

3. 归纳一般性的危险。根据定义,一个组织的竞争优势,不能通过寻求普遍被认为能给行业中的组织带来成功的方法来获得。

4. 无视应急视角。成功一般来自于一个行业的变化,而不是当前的成功关键因素的识别。

除了这些批判之外,一些战略家关注更多的是行业分析(这在下一节探讨)。如果成功关键因素被认为是指导战略制定的指导方针,而不是严格的规则,那么可以反驳一些批评者的观点。批评者认为对成功关键因素的探讨应当谨慎。他们只是战略分析的一个起点,最优策略可能与成功关键因素相抵触,即做出一些完全不同的事情。

展示 3.4

识别行业的成功关键因素

请注意:成功关键因素是针对一个行业中的所有公司,而不是为了战略制定的目标公司。

1. 客户

我们的客户是谁?潜在客户是谁?有没有特别细分?客户从我们公司购买什么?从我们的竞争对手那里呢?

- 价格。细分市场中是高价还是经济性价格呢?例如欧洲的冰淇淋市场。
- 服务。当其他人只是想购买产品时是否提供体现顾客价值的服务?例如,顶级时装零售商与标准服装店。
- 产品或服务的可靠性。对顾客而言,产品性能是重要的吗?产品是可靠有用的但并不是真的重要?例如,心脏起搏器和药品。
- 质量。有些顾客为实际上与感觉上的质量差异愿意支付更高的价格。这提供了成功的路径吗?例如,有机蔬菜。
- 技术规格。在一些工业和金融服务行业中,技术细节是吸引客户的关键。这是否与这一行业相关?例如,专业金融债券交易商。
- 品牌。品牌对客户有多重要?例如,可口可乐(Coca Cola)和百事可乐(Pepsi Co)。

2. 竞争

谁是主要的竞争对手?在市场上影响竞争的主要因素是什么?竞争激烈的程度如何?为了获得市场优势,什么是必要的?竞争对手拥有,而我们缺乏的资源是什么？反过来我们拥有而竞争对手缺乏的资源是什么？
- 成本比较。哪个公司具有最低的成本？为什么？例如，20世纪90年代的丰田。
- 价格比较。哪家公司的价格最高？例如，戴姆勒奔驰不生产便宜的汽车。
- 质量问题。哪家公司拥有最高的质量？为什么？怎样获得最高质量？例如，施乐（美国）与日本公司如佳能进行激烈的竞争。
- 市场优势。哪家公司主导市场？例如，雀巢在世界上具有最强的咖啡系列产品以及最大的市场份额。
- 服务。行业中的公司是否提供卓越的服务？例如，在工业市场中，艾波比集团的服务，需要高水平的管理服务以及维护精良设备。
- 经销商。哪家公司拥有最好的分销网络？是最低成本吗？是最快交货吗？分销商真正了解产品或服务吗？例如，大玻璃公司如圣戈班（法国）和皮尔金顿（英国）。

3. 公司

我们的关键资源是什么，而竞争对手的关键资源又是什么？他们提供给客户的是什么？行业的成本主要集中在哪些地方？对占比较高的成本进行小规模削减的效果，要优于对占比较低的成本进行大规模削减的效果。

- 低成本运营。低成本运营对自己和竞争对手都很重要吗？例如，阿尔迪（德国）和特易购（英国）都是低价运营超市。
- 规模经济。我们所处的行业中存在规模经济吗？它们重要吗？例如，大型石油化工炼油业务，如荷兰皇家壳牌公司。
- 劳动力成本。我们的行业在竞争过程中严重依赖于低廉的劳动力吗？例如，飞利浦（Philips，荷兰）为了获得较低的劳动力成本，已将其生产厂搬到新加坡和马来西亚。
- 产量水平。我们的行业需要充分利用工厂的生产能力吗？例如，欧洲的纸张和包装公司。
- 质量生产。你的顾客需要稳定、可靠的质量吗？我们如何与行业中其他公司进行比较？例如，麦当劳在世界各地的商店采用了相同的标准。
- 创新能力。我们的行业对自己产生的主流创新产品高度依赖吗？例如，计算机硬件和软件公司，如苹果、微软和爱普生。
- 员工与管理者的关系。我们行业严重依赖于良好的员工和管理者的关系？如果出现纠纷，是否存在真正的问题？例如，欧洲大型钢铁生产企业（如安赛乐米塔尔公司）。
- 技术和版权。我们的行业严重依赖专业技术，特别是那些提供真正竞争优势的专利吗？例如，新闻国际（澳大利亚）对卫星电视某种形式的解码器拥有全球独家控制权。
- 技能。组织在行业中具有特殊的人力资源和技能吗？这些技能是什么？例如，广告代理和领先的咨询公司。

关键战略原则

- 对成功关键因素的识别构成了战略分析的关键领域。
- 可以在三个标题下考虑成功关键因素,即客户、竞争与公司。这里的"公司"指的是组织资源。
- 可以在组织的任何领域发现成功关键因素,它与能力、竞争优势、竞争资源、专业技术或客户有关。
- 对成功关键因素存在四个方面的批判,即识别、因果关系、归纳普及的危险以及无视应急观点。需要谨慎运用该理论。

波特教授作品的一些背景:一个行业的竞争性质和强度。

3.8 行业竞争环境分析——波特的贡献

视频 第4b部分

行业分析通常以分析组织的关键因素为开端,这一研究的目标是使用这种方法来形成竞争优势以使其能够击败竞争对手。这类分析大多数是由哈佛大学商学院的迈克尔·波特教授提出来的,[27] 他在竞争优势方面的贡献对包括公共部门和私有公司在内的许多组织都具有广泛的影响。

通常采用波特提出的架构来进行这种分析,其基本模型如图3.6所示。这通常被称为波特的"五力模型",因为它确定了作用于组织的五个基本要素:

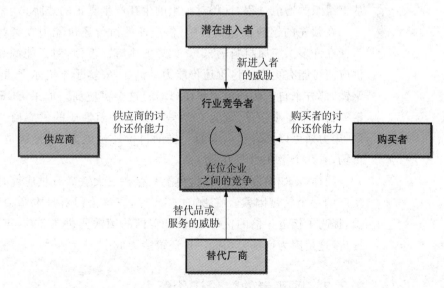

图 3.6 波特的"五力模型"

资料来源:Reprinted with the permission of Free Press, a Division of Simon & Schuster, Inc., from *Competitive Strategy: Techniques for Analyzing Industries and Competitors* by Michael E Porter. Copyright © 1980, 1998 by The Free Press, All rights reserved.

1. 供应商的讨价还价能力；
2. 购买者的讨价还价能力；
3. 潜在市场进入者的威胁；
4. 替代品的威胁；
5. 现有企业间的竞争；

这种分析的目标是调查组织需要如何形成自己的战略，以此来开发环境中的机会并保护自己免受竞争和其他威胁。波特自己也非常谨慎地描述了他对"行业竞争驱动力"的分析。[28]同时，基本原则可以应用到公共服务部门和非营利组织中，如政府资助或慈善捐款，第18章中将进一步讨论。

3.8.1 供应商的讨价还价能力

几乎每个组织都有为其提供生产最终产品的原材料或者服务的供应商。波特认为供应商在下列条件下的讨价还价能力比较强：

- 如果只有少数几家供应商。这意味着从一家供应商转换成另外一家非常困难。
- 如果供应商所提供的产品是没有替代品的。在这种特殊情况下，如果是由于技术原因，那么供应商会变得很重要，他们在生产过程中形成的关键因素或者提供的服务对顺利生产非常重要。
- 如果供应商的价格占组织总成本的比例很大。一旦供应商提高价格将损害组织的附加值，除非组织能以提高产品的价格作为补偿。
- 如果供应商可以从事组织的增值过程。如果供应商有能力前向一体化，从事组织的增值过程，这将对组织的生存产生真正的威胁。

在领先的钢铁公司案例中，供应商的讨价还价能力在某些方面非常低，因为存在许多供应原材料的来源，如煤的供应。然而，对于能源和铁矿石的供应，供应商可能有更高的讨价还价能力。例如，安赛乐米塔尔严重依赖能源来冶炼钢铁，部分来自于法国电力集团（EDF）这个供应商。如果 EDF 提高电力价格，钢铁公司不得不接受，因为它是一个具有垄断性质的供应商。相比之下，在英国，康力斯可以具有和供应商一样的讨价还价能力，因为这是一个更为开放的市场，有几个潜在的电力供应商。

同样，正如案例所述，在世界上只存在三大铁矿石供应商，而铁矿石是钢铁生产的一个关键因素。在 2004 年年底，三家公司对日本和中国的客户大幅提价，提高了接近一倍的价格，欧洲和美国的钢铁公司在 2005 年年初也有类似的提价，这是因为钢铁公司的讨价还价能力低。

3.8.2 购买者的讨价还价能力

在他的模型中，波特采用"购买者"一词来描述可能的买家，也称为组织顾客。购买者在下列条件下具有更多的讨价还价能力：

- 如果买家集中且仅有少数买家。当公司除了与买方谈判而没有其他选择时,由于可替代的买家很少,所以公司明显处于弱势地位:政府在国防、医疗和教育的合同都是明显的例子,至少在理论上,政府具有强大的讨价还价能力。
- 如果组织产品差异化较小。如果行业中公司提供的产品差别不大,买方很容易从一个组织转换到另一个组织,如果购买者的产品不受公司转变的影响,那么他们更有可能做出这样的转变。
- 如果向后一体化是可能的。与上文的供应商一样,如果购买者能够后向一体化并且对接管组织具有作用,那么购买者的议价能力将不断地增强。
- 如果组织的售价占购买者的总成本比例不大。

在世界钢铁公司的案例中,小型公司或私人买家不可能对宝钢公司、安赛乐米塔尔这样类型的公司产生很大的讨价还价能力;一名顾客给安赛乐米塔尔寄过一封信,威胁称要从购买它们的产品转变成购买克鲁伯蒂森(Krupp Thyssen)或者康力斯的产品,除非安赛乐米塔尔会降价,这对安赛乐米塔尔公司不会产生多大影响或者威胁很低。然而,如果是一家主要的钢铁经销商或钢铁大用户,比如工程公司,提出这样的威胁,那么它将不得不严肃对待,因为这对销售存在潜在影响。后一种情况的威胁性是较高的。通过收购大多数欧洲领先的钢铁经销商,钢铁企业已经大大降低了这样的威胁。

3.8.3 潜在市场进入者的威胁

当利润具有吸引力和进入壁垒较低时,新进入者会进入市场,高利润的诱惑是明确的,所以主要战略问题是进入市场的壁垒。

波特认为,主要存在 7 个进入壁垒:[29]

1. 规模经济。单位生产成本随着数量的增加而减少。这样的成本减少发生在许多行业中,成为市场进入者的一个壁垒。因为它意味着任何新进入者必须达到一定的产量才能实现低成本水平:这样的规模是存在风险的。我们已经研究了计算机和钢铁等行业,降低成本对它们很重要。

2. 产品差异化。品牌、客户知识、专业化服务水平以及许多其他方面都可能产生壁垒,因为产品差异化迫使新进入者需要花费额外资金或是较长时间才能建立自己的市场。真正的进入壁垒可以通过现有公司在市场上的优势战略来获得(见 4 章)。像宜家(IKEA)这样的零售商具有强大的品牌、专业生产线以及差别化的产品。

3. 进入市场的资本要求。进入一些市场可能需要在技术、工厂、分销商、服务网点和其他方面进行大量投资。筹集资金的能力和相关支出的风险会阻碍一些公司进入。例如,在案例 3.3 中,投资新炼钢公司存在高额资金成本。

4. 转换成本。当购买者满意现有的产品或服务时,让购买者转向购买新市场进入者的产品比较困难。转换成本的存在自然地减少了市场进入者,使之成为了市场进入壁垒。说服买家购买苹果的计算机软件,放弃一直使用的微软,这将产生明显的成本以及带来一些不便,因为这必须战胜许多公司才能取得胜利。除了说服客户进行转换的成本,组织应该希望现有的公司采取进一步的报复行动,旨在驱逐新进入者。例如,微软毫不迟疑地升级其产品并降低其价格来留住顾客。

5. 分销渠道。组织不足以生产高质量的产品,所以必须通过分销渠道才能控制市场。多年来,处于领导地位的石油公司已经拥有自己的汽油零售加油站以确保他们获得零售客户。

6. 与规模无关的成本劣势。已建立的公司非常了解市场,对大量购买者具有信心。它们已经在基础设施上进行了大量投资以更好地服务市场,所以这也成为新进入者在市场上站稳脚跟的一项艰巨任务。韩国和马来西亚的公司试图进入欧洲和美国的汽车市场,但却面临着福特、大众和雷诺这些根深蒂固的公司的市场壁垒。

7. 政府政策。多年来,政府已制定法律来保护公司和行业:电信、卫生部门、天然气和电力的垄断,这些行业几乎不可能进入。在过去的几年里,欧盟委员会与欧洲各国政府一直致力于移除一些但不是全部的障碍。

在国家和地区钢铁市场的案例下,由于规模经济的存在,小型公司进入市场不太容易。对于这些小公司而言,进入壁垒非常高。然而,随着技术的发展,将允许小型公司进入钢铁行业,所以进入壁垒可能会降低。

3.8.4 替代品的威胁

在偶然的情况下,替代品使得组织放弃了一些产品。例如,由于更有效的产品进入市场,如在20世纪80年代,第一次推出了葛兰素公司(Glaxo)的善卫得(Zantac);其次是在90年代,推出了瑞典阿斯特拉公司(Aatra)的洛赛克(Losec),使得史克必成公司(SmithKline Beecham)中治疗胃溃疡的产品泰胃美(Tagamet)遭受了损失。作为非处方药物,泰胃美仍在销售,但其主要的公共健康药的销售已经基本停止了。最近,洛赛克作为药品专利保护的销售价格已经走到尽头,而价格低廉的替代品已被竞争对手公司推出,即来自于像印度这些国家的仿制药。

更多的时候,替代品不会完全替代现有的产品,但会引进新技术或降低生产同样产品的成本。替代品通过降低价格可能会限制行业利润。

基于战略的角度,将要分析的关键问题是:
- 过时产品的可能威胁;
- 客户转向替代品的能力;
- 提供一些阻止转换的额外服务的成本;
- 如果价格降低,则可能降低利润率。

在钢铁市场中,替代轻金属的可能性取决于使用量,如铝钢。因此,替代的威胁可能比较高,不过这取决于技术和最终用途。

3.8.5 现有企业间的竞争激烈程度

一些市场比其他市场的竞争更激烈。在下列情况下可能会出现更激烈的竞争：

- 当竞争者之间具有大致相同的规模并且市场份额此消彼长时，那么竞争会变得更加激烈并将导致利润的降低。对于占主导地位的公司而言，它们的竞争程度可能较低，因为规模较大的公司往往能够很快阻止规模较小的竞争对手的任何行动。在钢铁行业中，除了安赛乐米塔尔，公司规模的大小大致相当，没有主导市场的公司。因此，这就是为什么竞争如此激烈的原因之一。
- 如果市场增长缓慢，其中一家公司希望获得市场主导地位，那么它必须抢占竞争对手的销售，这使得竞争加剧。
- 当行业中的固定成本或储存成品的成本很高时，公司可能试图获得市场份额以达到保本或更高水平的利润。造纸、钢铁和汽车生产行业都是事例，降价以实现销售数量，因此增加了竞争的激烈程度。
- 如果行业中额外的生产能力会形成巨大增量，公司可能会通过降低价格来填充生产能力，至少是暂时会这样做。例如，散装化学品行业通常建设新的工厂。在钢铁行业，不可能建立一半的新钢铁工厂：要么建，要么不建。
- 如果产品或服务难以实现差异化，那么竞争实际上是以价格为基础，所以很难保证顾客对组织的忠诚。在常规药物市场上，如阿司匹林市场已变得越来越难以承受这样的压力。在钢材市场上，扁钢也不存在差异化，所以价格是竞争的基础。然而，由于专业钢铁具有独特的性能，产品性能存在差异化，所以竞争程度较低。
- 当公司退出一个行业困难重重或低价高昂时（也许是因为有关冗余成本或关闭工厂成本的法规），这可能使得行业存在过剩的生产能力而导致竞争更加激烈。钢铁行业在过去几年里遭受了这方面的问题。
- 如果进入者决心占有市场股份，那么当涉及与市场上的长期优势有关的公司总成本时，这种进入成本相对来说并不重要。除了缩小短期的建筑成本之外，日本汽车制造业在欧洲的发展还有利于丰田和日产尼桑（Nissan），因为在2000年欧洲汽车市场对日本汽车全面开放。

在钢铁行业中，市场的某些领域显然存在更加强烈的竞争。例如，基本钢铁产品都是基于价格和服务的竞争。总体而言，通过分析可以得出这样的结论：竞争对手在市场上的地位很高，但肯定会在不同的细分市场上寻求不同的原因来进行解释，并说明战略意义。

3.8.6 一般产业竞争分析的战略意义

在战略管理中，只进行一个简单分析是不够的；重要的是要考虑组织未来战略的影响。可能会出现一些问题：

- 是否存在一种情况:改变与供应商的战略合作关系?可以视选定的供应商为亲密的合作伙伴而不是竞争对手吗?日本汽车行业已经试图寻求与供应商更紧密的合作以及共同降低成本的途径[30](见第六部分案例5的全球汽车)。
- 是否存在与大买家建立新关系的情况?在零售行业为大客户制造自己品牌的产品,也许这比品牌经营具有更低的利润,但是能够为一些主要的欧洲公司证明这是一个非常成功的战略。[31]为了提高销售量,谷物联盟(第2章)甚至也实施了这个战略。
- 驱动产业并影响战略制定的成功关键因素是什么?对于未来具有哪些启示,这些启示需要纳入到组织的战略管理中?我们可以参考第3.7节。
- 竞争对手在技术上的重大发展会从根本上改变环境的性质吗?这种开发行动的时间跨度和投资水平是什么?我们将会采取怎样的行动?

3.8.7 "五力模型"的评论

波特教授的"五力模型"对分析环境来说是非常有用的起点,但是也存在着一些对该理论的批判。

- 实质上,该分析框架是静态的,而在实际中竞争环境是不断变化的。因素的重要性可能会由高到低,反之亦然,环境变化要比模型所显示的要快。
- 假设组织自身的利益是第一位的,但对于一些慈善机构和政府机构,这种假设可能是不正确的。
- 假设买家(在这本书中称为客户)没有比微观环境中的其他方面更重要。其他的评论家如艾克(Aaker)[32]、贝克(Baker)[33]和哈维琼斯(Harvey-Jones)[34]也许根本不认同这一点:他们认为客户比战略制定中的其他方面要重要,不能将他们视为同等重要来分析。
- 一般来说,战略分析的出发点是由于环境威胁到了组织的发展,导致供应商和购买者将其视为必须解决的威胁。正如上文所述,一些公司发现,与供应商建立密切合作关系的战略是有效的。但是这些供应商被视为威胁,那么将会排除这种战略。这将在第3.9节给出更充分的解释。
- 波特战略分析在很大程度上忽视了人力资源:它很少意识到,更不用说解决,微观环境方面可能会将人力资源与组织以及其他组织联系起来。例如,它既没有考虑国外的文化,也没有考虑战略管理方面的管理技能。
- 波特的分析过程基于这样一个基础,即一旦进行这种分析,那么组织可以制定一个战略来处理分析结果:这是常规战略而不是应急战略。正如我们在第2章中看到的,一些评论家将挑战这一基本分析理论。

尽管存在这些批评意见,但是本书认为,波特模型对环境分析提供了一个非常有用的起点。它所具有的优点在于提出了一个逻辑和架构型的框架。因此建议在战略制定中将其作为起点。

波特教授在战略分析和制定的早期阶段提出了"五力模型"。随后,他提出了两个深度分析,即行业演进分析——微观环境的持续增长程度或达到成熟的程度,[35]以及市场中的战略群组研究。

> **关键战略原则**
> - 产业和竞争性战略分析的目的是使组织获得竞争优势。
> - 波特的"五力模型"为这种分析提供了一个有用的开端。
> - 当供应商能够为它们的产品制定高价时,并且当他们的交货期限或者产品质量会影响最终产品的时候,供应商就具有较强的讨价还价能力。
> - 当买家(或客户)有实质性的讨价还价能力或在价格、质量和服务方面有其他的杠杆点时,那他们的讨价还价能力就是强大的。
> - 当新市场进入者可以很容易地进入市场,并且能够以低成本和其他方式进行竞争时,他们对现有市场组织就会构成实质性的威胁。
> - 由于技术突破或低成本,替代品通常会对现有产品构成威胁。
> - 竞争分析是该分析的本质内容,建立竞争威胁防御对现有组织是非常必要的。
> - 尽管对"五力模型"存在一些批评,但它仍然是竞争战略分析的一个有用的出发点。

3.9 合作环境分析

3.9.1 四关联模型

视频
第4b部分

除了与对手进行竞争之外,大多数组织还与竞争对手合作,例如通过非正式的供给关系,或通过正式的合法联系所建立的联合企业。直到最近,才开始在战略制定过程中分析这种组织关系,这种分析在波特的"五力模型"以及一个或两个竞争对手的研究中止步了(见3.10节)。然而,组织与其他组织的合作在环境中变得十分重要,这一点已经是越来越明显。以下是合作的几点好处:
- 有助于实现可持续竞争优势;
- 有助于开拓新市场,增加商业机会;
- 有助于产生较低的成本;
- 有助于与外部组织建立更加持续的关系。

应该提出的是,一种极端形式的合作,即竞争者之间操纵市场的合谋,在大多数国家是非法的,在这里将不进一步进行探索。但也有其他许多合作形式,对组织来说是非常有益的,应该成为环境分析的一部分。例如,欧洲钢铁公司和巴西钢铁公司为了双方的利益建立了合资公司,克鲁伯蒂森斯塔尔(Krupp Thyssen Stahl)与它的能源供应商进行合作是为了降低成本。此外,所有欧洲主要的钢铁公司与欧盟政府进行合作,因为政府的政策将影响产业的发展。同样,北美钢铁公司为了利益与联邦和州政府合作。合资、联盟和其他正式合作方法将在第 5 章探讨,见 5.7 节。

组织和环境之间的基本合作关系将从以下四个方面进行探讨。

1. 非正式合作关系网络;
2. 正式的合作关系;
3. 互补关系;
4. 政府关系和网络。

这种分析的目的是建立存在于组织和环境之间的优势并分析合作的性质,即可以运用四关联模型来进行分析,如图 3.7 所示。

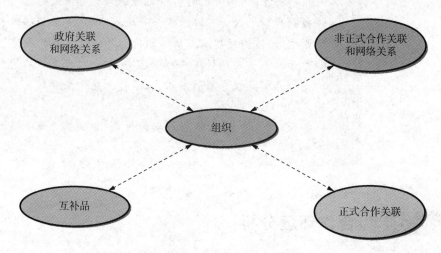

图 3.7　合作分析:四关联模型

3.9.2　非正式合作关系网络的机会和威胁

非正式的合作关系网络是指组织之间为了共同目标而联系在一起的关系,一般是不具有法律约束力的合同关系。它们长期以来一直被认为是提供了一种了解公司战略的重要手段。[36]这种关系可以是偶然的,也可以是经过设计,包括各种形式的合同,从代表了其他利益方的正式行业组织机构到非正式合同,其中正式合作如欧洲钢铁工业联盟,非正式合作包括一些志同道合的、来自于不同行业的、服务于社会某功能的团体,如商会这样的组织。

该分析需要评估这种非正式合作关系网络所带来的机会,偶尔也可能存在一些威胁。在分析它们的过程中,分析这种关系的优势和劣势是非常重要。例如,在世界的一些地区如日本和韩国,网络分别称为企业集团和财阀,他们在自己的公司之间提供了强有力的相互支持。在一些服务行业中,如国际银行,它的网络优势为那些参与到网络中的公司提供了竞争优势,并排斥那些不属于网络之中的公司。[37]

3.9.3 正式合作关系的机会和威胁

正式合作关系可以采取多种形式,但通常是通过某种形式的法律合同将组织绑在一起。它们不同于前面描述的高度正式的组织形式和永久的组织关系。它们通过联盟、合资企业、共同持股以及许多其他交易方式来提供竞争优势和相互支持。正式合作关系的优点和问题将在 5.7 节进行探讨。有些公司如英国零售商玛莎百货(Marks & Spencer)、日本汽车制造商丰田和意大利贝纳通(Benetton)服装公司都形成了这种合作关系,这对它们的发展起着重要作用。与该公司合作的供应商、分销商和其他形式的合作伙伴会为其提供低于行业其他公司的低价,以及高于其他公司的高水平服务。基本上,正式合作关系的发展也伴随着多年的讨论和不断的理解。但是对于其他公司来讲,要复制别人的合作模式是非常困难的。[38]因此正式合作关系的长处和弱点应该通过组织之间的相互信任的深度和程度来衡量。虽然主要的好处可能是来自这种关系所带来的机会,但威胁也可能来自于那些不断发展的竞争者。

3.9.4 互补品中的机会和威胁

定义➡ 互补关系是指那些公司的产品为基本组织所增加的附加值要高于基本组织从其自己产品中获得的附加值。[39]例如,如果没有软件,电脑硬件公司几乎一文不值——硬件和软件是互补产品。在战略方面,发展互补机会的真正好处在于提高了双方的能力并进一步促进了它们之间的合作。通常情况下,互补公司来自于不同的行业、拥有不同的资源和技能,并向客户提供可持续的联合服务。同时,互补合作带来的优势和弱势还需要进行分析,虽然主要利益来自互补合作带来的机会,但威胁也可能来自于那些不断发展的互补公司。

3.9.5 政府关系网络中的机会和威胁

政府关系网络关注的是组织和国会、区域机构和相关政府管理部门的关系。以欧盟和其他国际条约为例,它们显然已经超越了国界。这种合同是正式的,通过非常重要的投资洽谈业务、法律和税务问题形成,也可能是非正式的,通过有关投资和贸易的政府/行业组织作代理。

政府关系网络在税务和法律事项上是至关重要的,如竞争法。同样,政府也可以是组织的重要客户,例如在国防装备和药品行业。许多组织通过游说和其他相关的活动,投入大量的时间和精力来发展和培养这种关系。由于政府的性质和作用,它可能需要在立法和监管方面与外部的组织保持一定的距离。然而,评估政府与外部组织之间的合作或敌对程度是合理的。因此,外界组织将要考虑政府行为所带来的机遇和威胁。这些都可以形成企业战略发展的一个重要组成部分,特别是在组织高层。

3.9.6 对四关联模型的批判性评价

该模型至少在某些方面没有"五力模型"和其他竞争分析那样的精密和清晰:关系是不稳定的、互补合作可能产生分歧、联盟可能解体、民主政府领导人未能连任。所有这些关系缺乏"五力模型"中的议价能力和竞争威胁分析。然而,四关联模型关注组织合作(见图3.7),这在很多方面超越了简单的交易关系。

形成这样的联系可能或者至少部分涉及战略发展的应急方法。这种关联可能提供尝试和制定新战略的机会,在战略制定中,它们也许会寻求不寻常的活动来获得可持续竞争优势。因此,即使它们可能不精确并缺乏经济逻辑的简单性,但值得认真分析。

除了合作分析,公司现在已经认识到合作会提供新的战略机遇。战略联盟、合作、合资企业和其他的合作形式已经被认为是战略发展的可能形式。这些内容将在第5章探讨。

> **关键战略原则**
>
> ● 除了与对手进行竞争,大多数组织还与其他机构进行合作。这种合作可以提供可持续竞争优势。
>
> ● 在四关联模型中的合作需要分析四个主要因素:非正式的合作和网络、正式合作关系、互补合作和政府关系和网络。
>
> ● 非正式的合作关系网络是指组织为了共同目标而以非正式的方式进行的合作。正式合作关系,通常是通过某种形式的法律合同约束而将组织绑定在一起的关系,例如联盟和合资企业。互补合作是指两家或者两家以上公司的产品比一个公司生产的产品拥有更多的附加值。政府关系网络关注国家、国际政府与组织之间的关系,包括税收、立法和政府采购。
>
> ● 关系可以通过组织之间的联系强度来进行测量。以政府为例,它们可以通过考虑关系带来的机会和威胁来进行更好地衡量。所有这些关系比竞争对手分析中的关系要缺乏架构性和正式性,但这也许代表了长期竞争优势的重要领域。

3.10 深度分析一个或多个直接竞争对手

视频
第4c部分

在分析竞争对手及与其的关系的过程中,对一些直接和密切的竞争对手进行分析是必要的:这称为竞争对手分析,其目的是识别组织及竞争对手的优势(和劣势)。

3.10.1 竞争对手的可持续竞争优势是什么？

定义 ➡ 优于竞争者的可持续竞争优势，不能轻易地被模仿。在战略分析中，对竞争力进行广泛地调查是有用的。对选择一个或两个竞争对手进行更详细地分析以识别我们的竞争优势是很正常的。原因在于，当我们对竞争对手进行具体分析时，可持续竞争优势变得更加精确并更有意义。一些竞争对手所具有的竞争优势使他们成为了组织强大的对手。例如，著名品牌如可口可乐和大众汽车，专业的技术如日本佳能公司激光打印机，酒店和餐馆独特的位置如麦当劳。我们将在第4章中深入讨论竞争优势和战略资源的话题。这部分我们专注分析在战略环境中对手的竞争优势。

3.10.2 竞争对手分析

作为一个开端，竞争对手分析是十分重要的。也就是说，对主要竞争对手进行基本分析，包括它的目标、资源、市场优势和当前战略。

在许多市场中，组织将面临多个竞争对手，当然，对所有的竞争对手一一进行分析是不可能的，所以我们有必要对竞争对手进行选择，通常选择那些构成最直接威胁的一个或两个竞争对手。在公共服务机构中，竞争对象可能是资源而不是客户，当然，可以采用同样的原理，选择与该组织争夺资金的主要机构。对于小型企业，了解竞争对手是非常有必要的。尽管难以确定哪些公司将构成最直接的威胁，但可以选择一个典型的竞争对手。一旦选择了竞争对手，那么我们将从以下几个方面进行探讨：

- 目标。如果对手是寻求销售增长或者市场份额的增长，这可能会使其极具进攻性。如果追求的是利润增长，它可能投资新工厂或需要时间来实施其他方法，如果是这样的话，这将对市场上的公司产生较小的直接影响，但新工厂意味着更低的成本和对价格的长期影响。公司年度报告和发表的声明可能有助于确定竞争对手所想要的目标。不过，这需要谨慎处理。当然，竞争对手也可能是虚张声势或使用一些其他竞争技术。
- 资源。公司资源的规模和大小是其竞争威胁的一个重要指标，它也许具有高级或低级的技术，在工厂中配置人员过多以及财务问题。第4章将在竞争优势方面提供更详细的清单，第6章将探讨更多资源方面的问题。
- 过去的业绩记录。尽管这对未来的指导性不强，通过公开的财务报表和股票经纪人报告可以获得直接证据。
- 当前的产品和服务。许多公司购买竞争对手的产品或服务的唯一目标是为了打败对手。他们分析客户、品质、绩效、售后服务和促销商品，有的甚至还会招聘竞争对手的员工，尽管这可能是不道德的，但它确实发生了。
- 与其他组织的关系。合资企业、联盟和其他形式的合作可能带来重要的竞争优势。

- 当前战略。对以下主题的态度都值得研究,例如创新、引导消费者、金融和投资、人力资源管理、市场份额、成本节约、产品范围、定价和品牌。

竞争对手分析是一项耗时的工作,但它对战略管理的制定至关重要。一些较大的公司会设立一个部门来监视主要竞争对手。小型企业通常也对它们的竞争对手非常敏感,尽管这来自于更多的非正式的社交场合,如贸易会议、展览等。在战略管理中,获得竞争对手的"感觉"是至关重要的。

3.10.3 竞争的应急观点

竞争分析的主要危害之一在于它在本质上认为竞争是静态的。实际上,所有的组织都在不断地变化中。此外,竞争分析过程应被视为一种永远不会结束的发现过程。在竞争分析的应急观点中,特别强调变化的性质,并提供了有益的见解,尤其是在瞬息万变的环境中。例如,在分析音乐唱片行业的网络竞争时,应急视角是必不可少的,见第六部分的案例 12。

3.10.4 竞争对手的结果分析

根据组织与竞争对手在竞争优势上的比较来制定一个明确结论,这是非常重要的。综上,应利用 SWOT 分析来进行分析,见 8.1 节。

> **关键战略原则**
>
> - 环境分析需要识别竞争对手公司的竞争优势,可以运用竞争者分析来进行识别。竞争者分析通过深入分析一个或两个竞争对手来识别竞争优势。
> - 一般来讲,竞争者分析将探索一个或两个竞争对手的目标、资源、过去业绩、当前的产品和服务以及当前的战略。
> - 应该将竞争对手分析视为一项持续性的任务,在瞬息万变的市场上,其应急观点是特别重要的。

3.11 顾客分析与市场细分

视频
第 4c 部分

由于顾客是组织收入的来源,而收入是组织生存的保证以及获得利润的关键,所以在战略制定中,顾客分析至关重要。在这种情况下,令人惊讶的是战略管理将更多的重点放在竞争上而不是客户,[40] 顾客购买决策的重点是在所提供的产品或服务之间进行竞争性选择。当然,这无疑是正确的,但很容易忽视客户的重要性。

下面将从四个维度来分析顾客:
1. 识别顾客和市场;
2. 市场细分及其战略意义;

3. 市场细分后的市场定位；
4. 客户服务和质量的作用（这个主题将在第 14 章探讨）。

3.11.1 识别客户和市场

早在 20 世纪 60 年代，莱维特（Levitt）[41] 写了一篇著名文章，他认为一些组织不断衰退的主要原因是他们太看重产品而忽视了客户。因此，他们对"客户群"的定义很狭隘。为了有助于理解"客户群"这个名词，我们将作一个对比：[42]

- 直接客户群。例如，那些搭乘铁路的顾客；
- 更广泛的客户。例如，那些乘坐公共交通工具的顾客，包括铁路、飞机和公共汽车。

为了准确界定环境的各个方面，制定识别客户和竞争对手的战略是至关重要的。如果错误地界定了市场环境，会使竞争对手不断壮大，并在公司无意识的情况下窃取客户，那么就为时已晚了。此外，分析未来客户以及现有客户的资料是至关重要的。此外，还有一些与莱维特的概念相关的问题，这将在第 14 章中探讨。

3.11.2 市场细分

视频
第 2、3 部分
定义

对于许多市场来说，客户分析除了需要考虑基本市场之外，还需要分析市场特定部分，即市场细分；同时分析组织在细分市场上的竞争地位，即市场定位，这将在下一节进行探讨。**市场细分是对特定部分（或细分）客户的识别，对于不同的细分市场应该采取不同的竞争战略。**

这一方法的基本顺序如图 3.8 所示。为了研究各因素，它采用常规方法来作为第一步。实际上，该顺序也许更具有经验性，以及某种意义上的应急性，因为经常需要探索大量的定位领域，这也如图 3.8 所示。

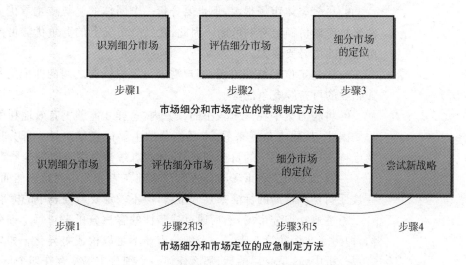

图 3.8　市场细分与定位

1. 识别细分市场。对特定市场需求进行识别,并对细分市场上的客户进行分类。
2. 评估细分市场。一些细分市场可能会比其他市场更具吸引力,不过需要进行识别和定位。
3. 细分市场上的定位。在细分市场中,公司将需要形成优于竞争者的差异化优势。如图3.9中的案例。

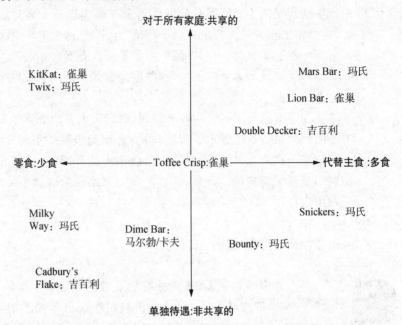

图3.9 市场定位的例子:巧克力发展

在客户战略制定中,客户分析之后往往会迅速地进行市场细分分析。[43] 将市场细分定义为对特定顾客群体的识别,这些群体对竞争战略的反应不同于其他群体。识别细分市场的优点包括:

- 尽管整体市场很大,但也要分析一个团体的优势或主导优势。大市场份额比小市场份额更有利可图。因此,在细分市场上的竞争优势可能比更广阔的市场上的优势要强大。
- 通过定位于细分市场,客户需求与组织资源之间的匹配更紧密。这将增强企业的可持续竞争优势。
- 将精力集中在一个较小的领域内,这样才能够更有效地利用公司资源。

因此,从战略角度来看,市场细分的主要优点是主导一部分市场的能力以及维持这一市场地位的目标利益,正如戴森统治高端真空吸尘器市场一样。

在消费品和工业市场细分的典型基础在表3.7中列出。然而,可以通过一些被证明是有帮助的标准来划分市场,但不一定要与列表中的标准一致。

通过建立细分市场,然后通过战略性的客户分析来对每个细分市场进行评估,即图3.8中的第2步。一个细分市场不足以构成差异化。如果在战略性的客户分析中,这是有用的话,那么任何一个细分市场将存在四个重要特征:

1. 可区分的。必须对客户进行区分,这样才能以某种方式将他们区分开来。

2. 相关采购。采购的判别准则必须与市场需求差异相关。例如,高质量一定需要支付高价格。

3. 足够大。如果细分市场太小,那么它将无法满足组织的需要。

4. 可实现性。在细分市场上实施战略是可能的。

评估细分市场的未来发展前景也是非常重要的。细分市场的一个案例在案例 3.4 中进行探讨。

表 3.7 市场细分依据

消费者市场	行业市场
地点	领域或者地方
人口(年龄、性别、教育等)	最终用户
社会经济和收入	客户业务
种族	购买情况
利益追求	市场服务
使用频率和产品忠诚度	增加值
态度	竞争优势的来源(价格、服务等)
生活方式	研发与创新
地点(消费发生的地方)	专业会员

案例研究 3.4

欧洲冰淇淋市场产品细分的两种方式

方法 1:购买意向

欧洲冰淇淋购买行为可以有效地分为"即兴购买"和"打包带回家"这两种方式,前者是直接消费,后者通常以批发的方式带回家消费。前者购买方式通常发生在小商店,如海滩亭和报刊经销店,而打包产品通常在杂货店和超市购买。严格区分这两个市场可能是错误的:批发购买的零售商也可能零星出售;一些零星的产品,如巧克力棒,也会采用盒装包进行销售,然后在家中进行消费。

在实践中,详细的市场细分数据是可以从一些国家市场上获得,但是并没有公布一些真正的泛欧洲研究数据。从一些主要的欧洲市场的各种来源所进行的估计如表 3.8 所示。

表 3.8 从购买意图上进行冰淇淋的消费者市场细分

方式	法国	意大利	英国	德国
直接购买方式	30	40	30	50
带回家的购买方式	70	60	70	50

资料来源:作者基于各种贸易文章的估计。

解释表 3.8 中的数据是复杂的,因为存在多因素的共同作用。在法国,冰淇淋有时被认为是一个奢侈品,因此需要谨慎对待,而不是一时冲动就会购买的产品。在意大利,冰淇淋也是昂贵的产品,带有许多豪华的成分。对它的购买更多的是在咖啡馆和甜品屋。在英国,冰淇淋历来都使用低质量的成分,如植物油代替了奶油。在20世纪80年代期间,欧洲打包带回家的购买方式有了大幅增长,最近更昂贵的、高质量的散装包装也开始大幅增长。在德国,冰淇淋一直是以即兴购买的形式存在,不过,最近打包带回家的购买方式也在大幅增长。在细分市场上,对配料和口味一直存在着比较高的预期。

针对每一种购买意向,可以针对个人或团体形成竞争地位。例如,带回家的产品类别将为组织提供有竞争力地位的空间,范围从廉价的、家庭类商品,如超市自有品牌,到带回家的高档产品,如联合利华的Carte d'Or。以同样的方式,冲动购买的产品会将客户群定位在儿童或成人。

无论是在中国还是在欧洲,像联合利华和雀巢这样的冰淇淋公司经常会为了新的战略机会而开发细分市场。

方法2:价格与质量

20世纪90年代期间,欧洲使用昂贵的原料,使得高价的和异国风味的冰淇淋市场不断增长;一些客户(但不一定是全部)对味道的要求变得更高,对质量的要求也越来越高。重新通过价格和质量来定义客户变成了一种新尝试。表3.9显示了其主要领域。

不过,仍然需要谨慎对待表3.9中的细分市场:四个细分市场的精确信息并不会公布。各细分市场之间可能存在太多的重叠,客户从不同的细分市场中购买产品是根据用餐场合来决定的。尽管存在准确性问题,但细分市场的大规模足以证明单独的营销和分销活动的合理性。许多公司可以通过适当的媒体来进行准确定位,例如在高端市场中,年轻面孔的彩色杂志对潜在的哈根达斯客户产生了性感的暗示,以及运用电视广告中将玛氏冰淇淋品牌推向更广大的电视观众。因此,尽管一些市场定位比较困难,但确实存在真正的市场潜力。

表3.9 根据价格和质量的消费者市场细分

市场细分	产品和品牌	定价	2000年的市场增长
高档品牌	高质量、异国风味,如哈根达斯巧克力,本杰瑞软糖	非常高的单位价格:非常高的附加值	从小市场份额到每年超过6%的增长
优质品牌	高质量的成分,知名的品牌。如玛氏(Mars)和Magnum	价格设定高于大众产品和经济产品,但比高档产品的价格要低 高附加值	从比高档品牌大的市场基础发展到每年超过3%的增长
大众品牌	标准质量成分与品牌依靠制造商的名称而不是单个产品,如Walls,雀巢(Nestle)	标准价格:一定的附加值并拥有大量的市场份额	发达国家以往拥有一个大的份额市场,但2000年发展不明显,不过在许多国家是领导型品牌
经济品牌	小企业标准优质原料生产,可能有零售商自己的品牌	低价格、高度的价格竞争:低附加值但拥有大市场份额	从以前的大市场份额到许多国家的发展不明显,如英国,地方品牌

资料来源:作者基于贸易文献的估计。

ⓒ版权归理查德·林奇所有,2012年。保留所有权利。该案例是由理查德·林奇所著,来自于已发表的信息。

案例问题

1. 还有什么其他方法可以用来细分冰淇淋市场吗?

2. 对细分市场进行检验,对以上两种方法的有效性你可以得到什么有用的结论?

3. 如果你正在开发一个新的冰淇淋产品,你觉得哪种细分市场对小型的、新的市场进入者特别具有吸引力?

> **关键战略原则**
>
> ● 在市场细分和定位的过程中,存在三个常规阶段:识别市场细分、评估和选择细分市场、细分市场的定位。
>
> ● 市场细分是对特定顾客群体的识别,这些群体对竞争战略的反应不同于其他群体。市场细分对战略制定非常重要,因为它们为主导部分市场提供了机会。
>
> ● 空白细分市场的识别可能会提供新的战略机遇。

3.11.3 竞争定位[44]

虽然对组织有价值的市场细分已经确定,但这本身并不能解决企业的战略问题。细分市场中的竞争地位还需要探索,因为这表明组织将如何在细分市场中进行竞争。**竞争定位是指突出本企业产品与竞争者同类产品的不同特点,通过评估选择,确定对本企业最有利的竞争优势并加以开发,以确保企业能在竞争中生存下来。** 例如,美国玛氏公司和瑞士雀巢公司在巧克力市场上的竞争。然而,玛氏产品 Snickers 的定位是代替餐点,即可以在用餐时食用它。而雀巢 KitKat 产品定位为点心,即是一种休息时间吃的零食,但不足代替一顿饭。因此,竞争定位是对不同优势的选择,这些优势是产品或服务所具有的,并用来与竞争对手抗衡的优势。为了更好地定位,遵循两阶段的过程是非常有用的,首先识别各细分市场的差距,然后在细分市场中进行定位。

定义➡

On the website
视频第2、3b部分

识别各细分市场的差距和竞争定位的意义

从战略角度来看,通过寻找行业中各细分市场的差距来进行最有用的战略分析。在所有的学者中,波特[45]和大前研一[46]推荐这种做法。这项工作的出发点是描绘当前的细分市场定位,然后将公司和其产品放置到细分市场中:细分市场中产品是否受到欢迎,将变得更加清楚。以展示 3.5 中欧洲冰淇淋为例。

展示 3.5

新的或者未开发的细分市场：2000年联合利华的欧洲冰淇淋市场

可能存在的细分市场

	购买方式1	购买方式2	购买方式3
产品品种1			
产品品种2			
产品品种3,等			

步骤1：联合利华在欧洲现有的细分市场

	百货商店,超市	小型百货商店	餐厅与外卖	报刊亭和休闲场所
高档产品	√仅仅			√较少
优质产品	√	√		√很多
大众产品	√			
经济产品	√	√一些		

步骤2：一些可能的新的市场细分

	加油站	体育和文化活动的临时设施	工厂食堂和餐厅：合同餐饮
高档产品		√	
优质产品	√		
大众产品			√
经济产品			√

注：为了清晰起见，在上面只列举了联合利华的案例。此外，需要说明的是，这个案例并不代表各个国家联合利华公司实际的活动。基于标准，进一步进行细分市场分析，例如"国家地理"可能会产生一些有用的附加信息。

评论：市场现有的覆盖率存在一定的差距，这是显而易见的。细分标准可以用来评估是否值得填补市场空白。联合利华采取行动的明显地区是高档市场领域。

细分市场中的定位[47]

基于战略的角度，一些差距可能比其他差距更具吸引力。例如，他们也许具有有限的竞争力或者较差的支柱型产品。此外，有些差距对竞争定位可能有一个明显的优势。而其他差距就不一定具有优势。为了研究定位过程，我们可以回顾先前的雀巢和玛氏两家生产巧克力的公司的案例。产品的范围充分地在图3.9定位地图上显示出来。

巧克力市场定位有如下过程：

1. 感性的反映：通过对实际的和潜在的客户进行深入的定性研究，然后做出市场决定。例如，优势与劣势、廉价与昂贵、传统与现代。在巧克力的案例中,建立了正餐/小吃、家庭/个体的维度。

2. 定位:利用研究的维度,将品牌或产品绘制在图中。图3.9显示了现有的架构。

3. 制订计划选项:利用现有的产品和新产品,并利用它们现有的优势和劣势来在地图上绘制可能的新定位。图3.9表明一些公司和一些产品之间的一些差距,但它们并没有明显的定位,例如太妃糖。

4. 测试:先对客户进行简单的描述,然后在后一阶段的市场中进行检测。

显而易见的是,这当然是一个应急过程而不是常规过程,其中包括对现有的和潜在的客户进行检测。

关键战略原则

- 竞争定位是对不同优势的选择,而这种优势是组织产品或服务所具备的,并用来与竞争对手对抗的优势。
- 形成竞争定位有四个主要步骤:感性的反映、定位、选择和测试。这个过程本质上是应急过程而不是常规过程。

3.12 总结

基于上述分析,产生了一个问题:所分析的每个方面是否都具有相同的优先权呢?虽然不存在绝对的顺序,但通常的情况是:客户第一,直接竞争第二,组织广泛的环境第三。换句话说,分析过程的安排与本章顺序相反。但最好以圆形的过程进行描述,如图3.10所示。

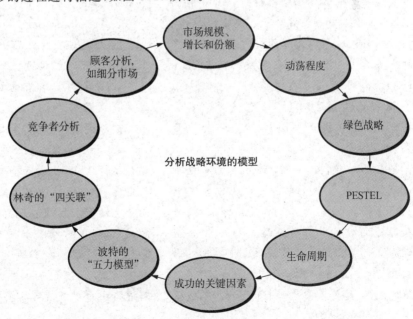

图3.10 战略环境分析

在许多方面,分析环境时存在的真正危险就是,该过程会受到过去组织活动和思维方式的限制。突破目前的模式并研究替代路径和新想法是绝对重要的。很有可能发生这种情况,即采用一些应急方法来进行突破,因为这些方法会采取小步骤来进行分析。正如伊根(Egan)[48]指出的:

在环境相对稳定的条件下,常规方法也许不能接受不连续的变化。利多富电脑(Nixdorf)和王牌电脑在电子消费品市场上的亏损,应该给IBM带来更多的信号,即越来越多相同的公司开始完全不适合快速变化的电脑行业了。

在这样的背景下,即在电子消费产品的利润迅速下降的背景下,世界级日本索尼公司将面临艰难的未来(见第六部分案例9)。

案例研究 3.5

阿奇立克(Arçelik)公司向欧洲进军的目标

2000年,当土耳其领先的家电公司,Arçelik的国内市场需求不断下降时,公司决定将目标瞄准欧洲市场。这个案例说明该公司的四种主要战略以及其如何成为欧洲的第三大家电公司。

背景:20世纪90年代国内需求强劲

自20世纪50年代起,Arçelik公司就是一家制造家电的公司,如洗衣机、电冰箱、冰柜以及烤箱。它是由一家著名的土耳其工业集团KOC控股的。在2010年,KOC公司有430亿美元的销售额,而Arçelik的销售额达到了350亿美元。不管根据什么标准来衡量,Arçelik都是一家重要的公司。

早在20世纪90年代,Arçelik的家电市场稳步扩大,成为土耳其占主导地位的家电企业。土耳其拥有7 000万以上的人口,并且人们的生活水平不断提高。Arçelik公司最直接的竞争对手是另一家土耳其公司Vestel。但Arçelik的战略非常成功,使其销售额达到了竞争对手的四倍。Arçelik公司主要靠四个关键战略:

Arcelic在土耳其的战略依靠其零售商,但相对于欧洲而言,这种战略因耗时太长,造价太高而难以实现。

1. Arçelik和Beko的品牌;
2. 质量过硬的产品;
3. 高效低成本的生产;
4. 在土耳其所有的主要城镇都具有广泛的销售网点。

战略环境的变化:土耳其经济衰退

在2000年左右,土耳其的经济经历了严重衰退。Arçelik已开始出口数量不多的家用电器,但这只占总业务的15%。公司面临着严重的盈利问题。规模经济是家电企业成功的关键因素,然而土耳其国内市场的衰退导致了公司规模经济的下降。公司决定出口更多的产品,但存在一些问题,即选择哪些国家进行出口以及实施哪些战略呢?

Arçelik 公司 2000 年的出口战略

西欧家用电器市场比较大,如德国、英国和法国,且相对成熟。缺少经济增长使得新公司进入困难,尤其是那些来自欧洲联盟(欧盟)外部的公司。然而,早在 1996 年,欧盟已经同意减少土耳其的贸易壁垒,所以欧盟市场在 2000 年对 Arçelik 开放。而在东欧地区的问题却不同于西欧市场,它们的市场是刚刚开放的,这些国家的财富和消费品需求都在不断上升,但这里的优质生产厂家很少。

由于这些差异,Arçelik 决定实施双管齐下的战略。在西欧,它从土耳其工厂出口家用电器以及收购一些欧洲品牌。在东欧,既出口产品又在这些国家设立工厂,这能够为区域市场提供服务。其结果是大幅增加了国际销售,如图 3.11 所示。这次增长很大程度上依赖于以上四个战略。然而,这里还存在一个区别。Arçelik 判断认为,模仿本国国内自身商店和分销商的竞争优势需要花费很长的时间,并且费用昂贵。所以 Arçelik 公司选择通过现有的商店来出售其产品。

Arçelik 在西欧的战略

为了快速获得市场立足点,Arçelik 收购了法国、德国和英国的一系列小公司。这些收购并没有全部成功,因为公司需要从土耳其的工厂制造产品,它只是收购了品牌,例如对英国弗拉维尔品牌(Flavel)以及德国根德品牌(Grundig)的收购。也有报道称存在对其他品牌和公司的收购,例如罗马尼亚的北极(Arctic)、德国的布隆贝格(Blomberg)和奥地利的艾丽卡布雷根茨(Elektra Bregenz),都是 Arçelik/Beko 的销售范围。除了收购,Arçelik 也有另一个战略决策:是否生产 OEM 产品或出售其品牌产品。

代工生产(OEM)是指由一家公司生产产品,然后销售给第二家公司,该公司给产品冠上该公司的品牌名称。例如,Arçelik 生产洗衣机,然后在英国的乐购品牌下出售给著名的零售商。OEM 的问题是这样的合同在很大程度上取决于价格,客户会转向购买价格较低的竞争对手产品,因此其竞争优势是比较低的。相比之下,原始品牌是非常昂贵的,例如广告和赞助费用。然而,它也存在一些优点,它允许像 Arçelik 这样的公司开发创新专利产品,并随着时间的推移发展成著名品牌。重要的是,品牌产品和产品质量与 Arçelik 本国的核心竞争力非常接近,因此可以为该公司制定相同的战略。

最初,Arçelik 签订了一些 OEM 合同,但在西欧的主要战略是 Beko 的品牌建设:在西方市场,土耳其名称 Arçelik 在拼写、发音以及字母 ç 方面存在问题。公司仍然支持收购战略,但其主要战略是支持 Beko 品牌建设。一般来说,收购价格是昂贵的,并且从长期角度来看是不必要的。此外,Arçelik 在欧洲范围内已经注册了超过 130 项家用电器的专利,从而为 Beko 品牌的产品范围提供了潜在竞争优势。

2001 年以来,Beko 在一些西欧国家慢慢建立了其自身品牌。到 2010 年,通过使用广告、赞助、强大的零售分销、良好的设计和相对较低的价格,它成为了英国第二大品牌。但是,在欧洲最大的德国市场,并不是那么成功,因为德国市场上的国际和国内品牌竞争是特别激烈的:国际品牌,如伊莱克斯公司(Electrolux);国内品牌,如德国的博世(Bosch)和米勒公司(Miele)。

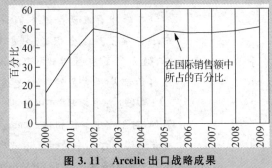

图 3.11 Arcelic 出口战略成果

资料来源:Author from Koc holding company report and accounts and research ty Dr. Tanses Gulsoy of Beykent University.

Arçelik 在东欧及以外地区的发展

由于较低的劳动力成本和东欧的增长潜

力,Arçelik在这一地区的战略是不同的。在这里它没有采取收购战略,因为没能吸引它的公司。然而,这里有更多的机会去建立新工厂和品牌。结果,到2010年,Arçelik在罗马尼亚和俄罗斯建立了新工厂和品牌,占据了35%的罗马尼亚市场份额和近10%的波兰市场份额。

在2000年,Arçelik打开了中国销售市场。中国市场需求旺盛,2007年,公司决定在中国建立第一家工厂以扩大其市场份额,利用一小部分中国家电商店作为其销售渠道,这种的做法类似于土耳其的销售渠道。

Arçelik的利润数据

虽然从2000到2010年期间,该公司在欧洲取得了重大进展,但也遭受了利润下降的时期,如图3.12所示。在2008年,公司的利润主要依靠土耳其生产商,与两年前相比下降了25%。这主要是由于国际经济压力导致欧洲市场需求下降,从而使得销量下降;规模经济受到销售下滑的影响。Arçelik通过新的削减成本和提高效率的战略来应对这一情况,即更好的库存管理,提高库存周转率从而降低营运资本。2011年,Arçelik在西欧成为第三大家电品牌,其次是瑞典的伊莱克斯(Electrolux)和意大利的意黛喜(Indesit)。

Arçelik公司已经利用它的研发设备开发了新的、更环保的家用电器。KOC集团也具有可持续发展项目的记录。

©版权归理查德林奇所有,保留所有权利。这个案例的材料来源于公共资源。非常感谢公司研究同事,伊斯坦布尔大学的 Tanses Gulsoy Beykent 博士和安卡拉大学的 Ozkanhi Ozlem 教授所给予的帮助。

案例问题

1. 影响Arçelik战略决策的环境因素是什么?出现了什么样的结果?

2. Arçelik的竞争优势是什么?为什么OEM与竞争优势不协调?对于2008年的盈利问题,你会建议Arçelik改变战略去追求一些OEM合同吗?

3. 由于世界各地市场的不同经济增长,你会建议Arçelik进入更多国家市场以作为其增长战略的一部分吗?还是应该主要集中在其现有的国家市场呢?假设Arçelik是一家拥有有限资源的典型公司,即在财务和人力资源方面是稀缺的,请分析如何采取进一步的扩张?

批判性反思

哪些目标需要进行战略环境分析?

本章中存在两个基本假设。第一,战略分析假设认为可以从过去的事件中进行学习。这个假设是重要的,因为战略本质上是关于未来的行动。第二,该研究的隐性假设:可以以某种方式预见未来,否则,从分析中得出的任何启示都是无意义的。但是这些假设都具有不稳固的基础。

"从过去中学习"可以检测一个不再适用的具备战略意识和定义的战略环境。例如,对于空中旅行的传统市场已被重新定义为像乘公共汽车那样普通,即在不存在烦琐预订程序的情况下就可以获得飞机座位。同样,"预测未来"总是要面临预测中的不正确性风险,比如,在15年前谁能预测互联网将如何发展?

也许,在制定新战略的过程中,我们不能从过去学到很多东西。也许我们不能有效地预测未来。在哪种情况下,可以通过PESTEL分析、波特的"五力模型"以及其他分析方法来分析目标?

总　结

在分析组织周围环境的过程中,需要识别十个主要的因素:

1. 环境分析可以有效地从市场界定、规模、市场增长和市场份额的评估开始。市场界定是重要的,因为它将决定战略机遇的大小和范围。市场增长通常在战略分析早期进行评估,因为它对于组织的增长目标非常重要。在研究战略意义时,作为出发点,市场份额的基本评估可以用来估计组织是否具有重要的市场份额。

2. 环境性质的总体考量,特别是市场的动荡程度。当事件特别不确定时,面对突然的显著变化时,战略管理需要更加灵活,并通过管理其过程来应付这一情形。

3. 绿色战略。关注那些维护地球环境和开发商业机会的组织活动。它有三个主要组成部分:政府法规和指令、商业机会、客户和价值链。每个组织需要分析针对绿色问题的政府法规和指令,以确保公司完全合法。商机的出现是因为绿色战略仍处于早期发展阶段,有许多新能源技术,如风力发电厂和废物处理,这将为组织提供了新的增长领域。客户对绿色战略的意识将对战略制定发挥重要的作用。同样,在组织价值链上,供应商和经销商的合作对绿色战略的制定起着关键作用。

4. 影响行业因素的一般分析。这可以通过两个步骤进行:PESTEL 分析和情景分析。PESTEL 分析探讨政治、经济、文化、科技、环境和法律对组织的影响。利用这种分析方法来制定一个包含了最重要项目的简单列表,而不是包含所有因素的较长列表,这是非常重要的。在分析政府对战略的作用和影响的过程中,E-S-P 范式:环境、制度、政策,可以对此目标形成一个有用的架构范式。有影响力的政府政策可能形成战略的一个重要因素。在模拟情景时,应该意识到他们只对可能的未来事件提供了不同的看法,而不是预测未来。

5. 增长特征。可以用产业生命周期的概念进行探讨。市场被划分成一系列的发展阶段:初创期、成长期、成熟期和衰退期。此外,成熟期可能会受到与公司无法控制的总体经济或其他因素有关的周期性变化的影响。

产业生命周期的不同阶段要求不同的战略。早期阶段可能要求在研发、市场营销以及产品推广方面进行大量的投资。从生命周期的传统观点来看,后期阶段似乎更加有利可图。然而,有一种观点认为:在成熟阶段,应该增加投资以保持增长。

6. 行业的关键成功因素。识别行业的关键成功因素可以帮助组织集中资源发展那些真正重要的事情。这里很明显地考虑三个主题:客户、竞争与公司。"公司"指的是该组织的资源。可以在很多领域里发现关键因素,它与生产能力、竞争优势、产业中组织的竞争资源、特殊技术或客户关系有关。对关键因素做出以下四方面的批判:识别、因果关系、推广困难以及对应急视角的轻视。在应用中需要谨慎。

7. "五力"分析。这将涉及购买者、供应商、新进入者、替代品和行业内竞争的分析。目的是分析各因素和行业组织之间的权力平衡。

8. "四关联"分析。研究的重点主要是与组织进行合作的外部机构。这将包括对互补方、组织与环境之间合法的网络连接的研究。目的是分析这些关联的比较优势以及它们提高组织竞争优势的能力。

9. 选定的直接竞争对手的研究。环境分析需要识别竞争对手的竞争优势。这项任务主要是通过竞争对手分析。它将通过深度地专注于一家或两家竞争对手分析来识别竞争优势。它将探索目标、资源、过去绩效、当前产品和服务以及一个或两个竞争对手的当前策略。这样的研究需要认识到他们及其竞争对手的资源的流动变化性质。

10. 客户、市场细分和市场定位的研究。所分析的最终领域关注的是，实际的和潜在的客户以及他们对组织的重要性。细分市场来源于顾客分析，对战略管理制定起到了重要作用。市场定位确定了产品将如何在特定市场上吸引客户。

问题

1. 通过案例3.3和你自己的判断，决定全球钢铁行业的市场动荡程度的是什么？给出你的理由。

2. 选择一个行业，对其进行一般环境分析，运用PESTEL分析和情景分析来解决重大战略问题。

3. 开发并比较以下三个产业的成功关键因素：计算机行业（见第6部分案例10中的公司如宏基和休利特-帕卡德）、冰淇淋行业（第10章）和钢铁行业（第3章）。

4. 对于全球钢铁行业，利用"五力模型"分析该行业的竞争因素，利用"四关联"分析来识别各种合作的形式。

5. 基于你先前问题的答案，你将会建议安赛乐米塔尔和康力斯应该采取什么战略？可参考3.8.6。

6. 选择一个你熟悉的行业进行产业生命周期分析。你将得出什么战略结论？评论实施这种战略的困难之处。

7. 对你所选择的行业做一份完整的环境分析并对你提出的未来战略做出评论。

8. 选择一个你熟悉的公司进行客户分析。你能确定哪些细分市场？客户服务和质量具有什么作用？你能得出什么战略结论？

9. 你是否同意以下观点，即稳定的环境适合采用常规方法，而动荡的环境适合采用应急策略？仔细考虑技术对稳定的环境，甚至是动荡行业中长期投资问题的影响。

10. 公共部门和慈善机构在何种程度上能够运用竞争分析技术？

扩展阅读

M E Porter's *Competitive Strategy: Techniques for Analysing Industries and Competitors* (The Free Press, Harvard, MA, 1980) has careful and detailed studies for analysis of the immediate competitive environment. Mona Makhija's paper (2003) 'Comparing the resource-based and market-based views of the firm: empirical evidence from Czech privatisation', *Strategic Management Journal*, Vol 24, pp433–451 presents some useful comments on the Porter approach as well as a more general comparison that is also relevant also to Chapter 4.

Professor Porter's article, 'How competitive forces shape strategy' (1979) *Harvard Business Review*, March–April, pp136–145, is probably the classic short analysis here but note that it says little or nothing about the importance of co-operation. Finally, for a comprehensive review of the underpinning economic theory, read Séan Rickard's Chapter 5 entitled 'Industrial Organisation Economics Perspective' in the edited text: Mark Jenkins and Veronique Ambrosini with Nardine Collier (2007) *Advanced Strategic Management*, 2nd edn, Palgrave Macmillan, Basingstoke, pp61–82.

注释与参考文献

1. Porter, M E (1980) *Competitive Strategy*, The Free Press, New York.
2. Andrews, K (1987) *The Concept of Corporate Strategy*, Irwin, Homewood, IL.
3. Many strategy texts (including previous editions of this one!) set out in great depth various environmental concepts and forget that it is useful to begin with some basic data.
4. Levitt, T (1960) 'Marketing myopia', *Harvard Business Review*, July–Aug., pp 45–56. Levitt's paper challenged the traditional definitions of the market.
5. There may be tautological problems here, but it is not appropriate to explore these at this early stage in strategy analysis. Suffice to say that it is possible to pursue this academic debate by starting with the well-known text by Buzzell, R D and Gale, B T (1987) *The PIMS Principles*, The Free Press, London. Follow this up with Baker, M (1993) *Marketing Strategy and Management*, 2nd edn, Macmillan, London.
6. Porter, M E (1980) Op. cit., Ch2.
7. The early part of this section is based on Ansoff, I and MacDonnell, E (1990) *Implementing Strategic Management*, 2nd edn, Prentice Hall, Englewood Cliffs, NJ.
8. D'Aveni, R (1994) *Hypercompetitive Rivalries*, Free Press, New York.
9. See, for example, Hart, S (1997) 'Beyond Greening: Strategies for a Sustainable World', *Harvard Business Review*, Reprint 97105, accessed free on the web courtesy of Vestas; Elkington, J (1994) 'Towards the sustainable corporation: Win-win-win business strategies', *California Management Review*, Winter, Vol 36, No 2, p90; Unruh, G and Ettenson, R (2010) 'Growing Green', *Harvard Business Review*, June; Unruh, G and Ettenson, R (2010) 'Winning in the Green Frenzy', *Harvard Business Review*, November.
10. See, for example, Commission of the European Communities (2006) *Green Paper: A European Strategy for Sustainable, Competitive and Secure Energy*, COM (2006) 105 Final, Brussels.
11. See, for example, the UK government papers: HM Government (2009) *The UK Carbon Industrial Strategy*, Department for Business, Innovation and Skills, London (www.hmg.gov.uk/lowcarbon).
12. Innovas (2009) *Low Carbon and Environmental Goods and Services: an industry analysis*, London, www.berr.gov.uk/files/file50253.dpf.
13. Press release from the Carbon Trust UK dated 21 March 2011.
14. Simon, H 'The corporation: will it be managed by machine?', in Leavitt, H and Pondy, L (eds) (1964) *Readings in Managerial Psychology*, University of Chicago Press, Chicago, pp592–617.
15. Baden-Fuller, C and Stopford, J (1992) *Rejuvenating the Mature Business*, Routledge, Ch2.
16. Aaker, D R (1992) *Strategic Marketing Management*, 3rd edn, Wiley, New York, p236.
17. Smallwood, J E (1973) 'The product life cycle: a key to strategic marketing planning', *MSU Business Topics*, Winter, pp29–35.
18. Baker, M (1993) *Marketing Strategy and Management*, 2nd edn, Macmillan, London, p100 et seq. presents a short defence and interesting discussion of the main areas.
19. Dallah, N Y and Yuspeh, S (1976) 'Forget the product life cycle concept', *Harvard Business Review*, Jan.–Feb., p101 et seq.
20. References for global steel case: *Metal Bulletin*, 12 March 1998, p17; *Financial Times* 24 January 1990; 10 January 1996, p23; 2 August 1996, p7; 15 November 1996, p27; 11 December 1996, p37; 20 March 1997, pp4 and 31; 11 June 1997, p4; 24 July 1997, p30; 30 July 1997, p35; 23 October 1997, p4; 13 November 1997, p6; 15 December 1997, p23; 7 February 1998, p17; 9 March 1998, p24; 18 March 1998, p43; 22 April 1998, p38; 27 May 1998, p27; 28 May 1998, p25; 4 June 1998, p23; 7 February 2000, p13; 25 September 2007, p25; 27 September 2007, p20; 24 January 2011, p27.
21. Ohmae, K (1983) *The Mind of the Strategist*, Penguin, Harmondsworth, Ch3.
22. Porter, M E (1985) *Competitive Advantage*, The Free Press, New York, Ch7.
23. Kay, J (1993) *Foundations of Corporate Success*, Oxford University Press, Oxford, Chs5 to 8.
24. Amit, R and Schoemaker, P (1993) 'Strategic assets and organizational rent', *Strategic Management Journal*, 14, pp33–46.
25. Ohmae, K (1983) Op. cit., p96.
26. Ghemawat, P (1991) *Commitment*, The Free Press, New York.
27. Porter, M E (1980) Op. cit. Note that Porter's work owes much to the writings of Professor Joel Bain and others in the 1950s on industrial economies. However, it was Porter who gave this earlier material its strategic focus.

See also Porter's article, 'How competitive forces shape strategy' (1979) *Harvard Business Review*, March–April, pp136–145, which is a useful summary of the main points from the early part of his book.
28 Op. cit., p4.
29 Porter actually refers in his book to 'six' areas and then goes on to list seven!
30 Cusumano, M and Takeishi, A (1991) 'Supplier relations and management: a survey of Japanese, Japanese transplant and US auto plants', *Strategic Management Journal*, 12, pp563–588.
31 Nielsen, A C (1988) *International Food and Drug Store Trends*, Nielsen, Oxford.
32 Aaker, D (1992) Op. cit.
33 Baker, M (1993) Op. cit.
34 Harvey-Jones, J (1991) *Getting it Together*, Heinemann, London, Ch14.
35 Porter (1980) Op. cit., Chs7 and 8.
36 Reve, T (1990) 'The firm as a nexus of internal and external contracts', *The Firm as a Nexus of Treaties*, Aoki, M, Gustafson, M and Williamson, O E (eds), Sage, London. See also Kay, J (1994) *The Foundations of Corporate Success*, Oxford University Press, Oxford, Ch5.
37 Kay, J (1994) Op. cit., p80.
38 Kay, J (1994) Op. cit.: Ch5 on architecture explores this topic in depth.
39 Nalebuff, B J and Brandenburger, A M (1997) *Coopetition*, HarperCollins Business, London.
40 For example, Porter, M E (1980) Op. cit.
41 Levitt, T (1960) 'Marketing myopia', *Harvard Business Review*, July–August, p45.
42 Davidson, H (1987) *Offensive Marketing*, Penguin, Harmondsworth.
43 Aaker, D (1992) Op. cit., p48.
44 It should be noted that, in theory at least, it is not necessary to segment a market before exploring its competitive positioning. However, it is usual and much easier to select part of a market before undertaking positioning. Many marketing strategy texts do not make this clear.
45 Porter, M E (1985) *Competitive Advantage*, The Free Press, New York, p233.
46 Ohmae, K (1983) *The Mind of the Strategist*, Penguin, Harmondsworth, p103.
47 Probably the best-known text exploring positioning issues in depth is: Hooley, G J and Saunders, J (1999) *Competitive Positioning*, Prentice Hall, Hemel Hempstead.
48 Egan, C (1995) *Creating Organisational Advantage*, Butterworth–Heinemann, Oxford, p83.

第 4 章

资源和生产能力分析

学习成果

这一章的视频
与音频总结

通过本章的学习,你将能够:
- 确定组织的主要资源和生产能力,以及组织是应该生产资源还是应该购买资源的战略决策;
- 解释附加值的概念;
- 分析组织的价值链和价值体系,并评价其战略意义;
- 概述绿色战略中的主要资源问题;
- 解释资源是如何为组织提供可持续竞争优势的;
- 识别和解释可持续竞争优势的七个主要概念;
- 解释组织中五种特殊资源的作用,以及它们与可持续竞争优势的关系;
- 概述提高组织资源的可持续竞争优势的三种方法。

引 言

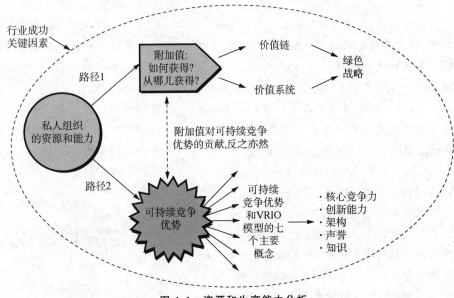

图 4.1 资源和生产能力分析

分析组织的资源和生产能力,不仅包括探索主要资源的作用和贡献,也需要理解这两个主要问题。第一,资源如何为私有部门提供优越的利润,以及如何让国有机构提供最佳服务,这在战略中被称附加值传递;第二,哪种资源和能力能为组织提供竞争优势,随着时间的推移它们将如何改进。因此对资源和能力的分析是沿着两个平行且相互关联的路径进行的,即增加价值和保持可持续竞争优势。图4.1展示了所涉及的因素。增值路径探讨组织如何从供应商的商品转变成成品和服务,然后卖给客户的过程。实质上,为供应商的投入增加价值是每个组织的基本作用。竞争优势路径试图找到使组织进行竞争的特殊资源:对于战略制定来说,一些资源是如何以及为什么能够提供可持续竞争优势是至关重要的。

视频
第5部分

本章以探讨资源和生产能力的准确含义为开端,然后提出组织为什么需要具备资源,而不是从外部购买这一问题。本章继续沿着两条平行的路径进行探索,第一是增值的概念;第二是分析竞争优势以及如何提高它们。本章在附加值的小节中还将分析与绿色战略相关的主要问题。

案例研究 4.1

葛兰素史克公司的资源战略:组织的创新能力和新业务

在技术创新的全球药品市场中,葛兰素史克(GSK)是世界上最大的药品公司之一,其规模在药品行业举足轻重。本案例探讨了大型公司的竞争优势以及葛兰素史克是如何使用其资源来创造新业务的。

背景

在过去的20年里,药品已经变得越来越昂贵,特别是连续数年来,主要的新药品的生产成本超过5亿美元。在生产之后,这些药物必须经相关部门的批准才能销售给客户,如医生、医院和政府卫生服务机构。例如,仅在北美市场就有数千名专业销售人员需要完成销售任务。为了支持公司的销售,就需要大量的资金。此外,世界联盟和其他制造商的利润也是非常高的:药物公司可以利用他们来支持处于弱势和存在差距的地区市场的销售。规模经济也同样适用于药品行业。

虽然规模是重要的,但这并不能完全解释为什么大型公司在近几年的规模递增。仅以2009年为例,美国的主要药物公司辉瑞(Pfi-zer)同意收购惠氏(Wyeth);另一家关键的美国公司默克(Merck & Co),与先灵葆雅公司(Schering-Plough)以及世界上最大的瑞士公司罗氏(Roche)进行合并,最终获得对生物科技公司基因泰克(Genentech)的完全控制权。出现这种现象有三个主要原因及相关战略:

1. 成本节约。规模经济和范围经济往往是适合的。例如,销售人员的减少与所减少的总规模有关,从而节约成本。

2. 协同效应。两家公司的合并能够获得额外的利益。

3. 专利。制药行业的附加值主要来自于新的专利药物、兼并和收购。这为公司带来了新机遇以及新的销售渠道。

获得葛兰素史克公司允许

一些战略家可能会认为,如果所有公司仅仅在规模上不断壮大,那么就没有药品公司会发展其他的竞争优势。然而,利益不仅仅由规模决定。所以,分析每个企业各自的竞争性资源并用来观察规模和其他因素所带来的竞争优势是有必要的。为此,我们深入探讨了葛兰素史克公司的两个主要方面:产品范围和地理分布(图4.2)。

葛兰素史克公司的产品范围:药品占主导地位

葛兰素史克公司在很大程度上依赖于药品的持续增长及其盈利能力,因为80%的收入来源于制药公司。但这里存在两个威胁。首先,很难发现新专利产品。由于各种原因,许多药物在进行市场试验后就失败了。这种现象不仅仅出现在葛兰素史克公司中,其他的药物公司也面临着相似的问题。然而,存

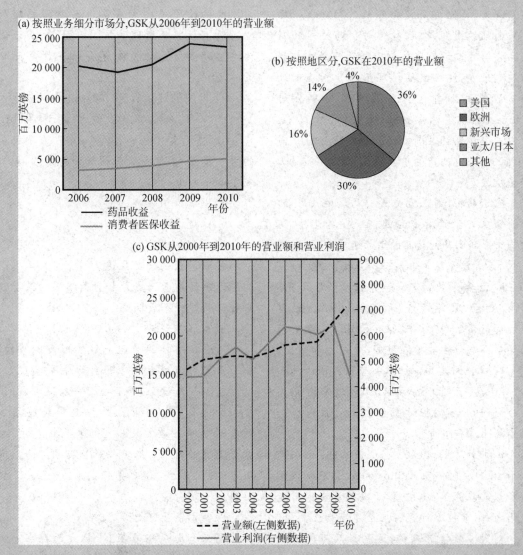

图 4.2 GSK 的营业额与利润

资料来源:4.2(a)、4.2(b)是按照业务细分市场分,GSK 从 2006 年到 2010 年的营业额。

在的问题不仅仅是药物失败,而是必须及时地进行巨额投资。创新仍然是像葛兰素史克这样的公司的重要战略,但是他们发现重组组织对创新更加有效。下面我们将研究他们是如何做到的。

不幸的是,对于像葛兰素史克这样的药品公司来说,不仅仅是提供新型有效药品的问题。第二个问题是具有有限时效的专利权问题。通常专利权的有效期为10年,一旦有效期结束,其他公司就会开始仿制药物。近年来面临的问题是,被称为仿制药公司的新药品公司通过迅速地仿制专利而不断建立和发展起来,也许在某些情况下的专利还未过期。仿制药公司也会成长为像诺华公司(Novartis)这样的大企业,见案例20.1。它专门从事仿制药生产,运营一个完整的公司部门。该公司的产品价格便宜,营销要求低,广受欢迎。

除了药物,葛兰素史克公司其他20%的营业额来自于健康产品的消费。近几年,这种特殊产品比其他药品的增长速度要快,如图4.2所示。这个区域具有三个主要产品种类:

● 营养保健品,如麦芽饮料"好立克"(Horlicks)、果汁饮料"利宾纳"(Ribena)以及运动能量饮料"红牛"(Lucozade)。这个系列的产品竞争主要是在英国、爱尔兰和印度。

● 口腔保健品,如"水晶莹"(Aquafresh)和"舒适达"牙膏(Sensodyne)以及布洛克药物公司(Poligrip)假牙黏附剂。该系列在全球市场上进行竞争。

● 非处方药(OTC),如"普拿痛"止痛药(Panadol)、力凯定(NiQuitin)尼古丁戒烟贴片和含片。除了"普拿痛"止痛药在美国不能使用之外,其他系列产品在全球市场上竞争。

对大多数读者来说,这些产品可能比较熟悉,它们在2006—2010年期间的增长速度要快于其他药物产品。但是GSK的收入和利润仍然主要依靠其药品。因此,该公司需要找到增加药品销售的方式。在2008—2012年期间,公司产品销售已经越来越趋向于美国和西欧以外的国家。

地理分布:进军西方以外的市场

2010年,葛兰素史克公司营业额的2/3来自美国和欧洲市场,该比例看起来很高,其实在2007年,它的比例就已经达到了78%。GSK已经改变了它的战略,将目标投向非洲、中东、南亚及亚太国家地区。公司战略的改变是由于这些地区财富的增加以及对有效药物治疗的需求日益增长,还因为这些地区是葛兰素史克公司还没有开拓的市场。

21世纪的四大战略

2008年,安德鲁·威蒂(Andrew Whitty)成为葛兰素史克公司的CEO。为了公司的进一步发展,他重新评估了公司战略,并制定了以下四个战略:

● 成本节约战略;
● 保健消费品;
● 地理扩张;
● 新的医药产品渠道。

以上的前面三点是相对简单的。最后一点被证明是一个大问题。

成本节约战略

通过实质性的重组能够实现成本节约。公司重组可以通过以下几种方法来实现,即重组生产制造过程、精简公司一般流程(如汇报和管理成本)、较少在工作运营和股票上的营运资金。在2008—2010年期间,葛兰素史克减少了17亿英镑(约26亿美元)的成本,并计划到2012年将成本减少到22亿英镑。

保健消费品(CHP)

葛兰素史克公司在CHP方面存在一些明显的资源优势,如全球牙科保健和尼古丁产品。此外,一些其他产品也迅速在全球扩张,例如能量饮料"红牛"和麦芽饮料"好立克"。不过,也存在一些问题,即存在的一个事实就是这些产品需要与强大的对手进行竞争:美国的宝洁公司(Procter & Gamble)和高露洁(Colgate)牙膏;瑞士诺华公司的麦芽饮料"米洛"(Milo)和"阿华田"(Ovaltine)。在公司的某个时期,有人甚至认为按照10亿美元的价格将CHP出售可能会更加有利。但这个建议被拒绝了,因为公司的CHP产品具有两个无价的竞争优势。第一,它不依靠有可能被低廉的仿制药替代的专利;第二,它是著名品牌,具有忠实的客户基础,这本身就是有价值的资源。

地理扩张

这是由一系列并购实现的,如阿根廷的药物公司和分别建立在印度和中国的新医药实验室。同时,葛兰素史克公司将大型的市场营销和开发工作重点放在了中国、东南亚地区(包括印度和亚洲太平洋地区)、非洲和日本地区。

葛兰素史克还进军非洲、中东、亚太地区、拉丁美洲和其他新兴市场。该公司开始提供更便宜的产品,在获得收入增长的同时也拯救病人的生命,并回应了对其定价策略的批判,即让低收入的家庭买不起高价的救命药物的定价策略。这里存在三个主要战略:

1. 对新兴市场上的公司拥有少数股权:公司花费2 100百万英镑(3 200万美元)与中国疫苗制造商深圳尼普顿(Neptunus)建立合资公司。另外,在2009年,投资3.6亿英镑(5.4亿美元)占有南非阿斯彭(Aspen)制药控股公司19%的股权。

2. 在2009年,与印度仿制药公司雷迪博士(Dr Reddy's)结盟。该结盟使得公司在新兴市场上售出了100多种印度公司的药品种类,包括糖尿病、肿瘤、心血管、肠胃和止痛等药物。这个结盟的好处是为葛兰素史克公司提供了一系列廉价的仿制药,这些药可以在非洲、中东和拉丁美洲出售,而不必在美国制造。

3. 也是在2009年,葛兰素史克公司和其主要竞争对手辉瑞公司(Pfizer)成立了一家新的合资企业,称为欢跃公司(Viiv)。它致力于加强临床疗效和提高艾滋病毒感染者的生活质量。同样,这也为公司提供了廉价的药物。

新的医药产品渠道

这已被证明是一个难以实现的战略。部分原因与管理葛兰素史克公司在组织能力领域的竞争性资源的复杂性有关。要了解这个问题,有必要考察其研发渠道发展的两个阶段,即2000年和2008年。

在2000年,新合并的葛兰素史克公司重新任命了首席执行官,让·保罗·高提耶(Jean-Paul Garnier,一般称为JP)。他对公司的药物研发渠道进行了详细研究,并总结道:"我们有一个空的橱柜。"因此他着手创建一个新的、充满活力的研发机制。他认为这是任何大型制药公司未来长期发展的关键。这将抵消仿制药公司的影响并确保公司的持续增长。他意识到对于一个像葛兰素史克这样的大型公司来说,存在的危险是使其研发规模变大和官僚化,而小生物工程公司近年来已经取得巨大成功。因此,他和他的新研究主任山田太一(Tachi Yamada)在欧洲和美国设立了七个药物研发中心(CEDDs)。

"大规模阻碍了公司的研发,"山田太一(Tachi Yamada)解释道,"在官僚机构中,传统的生物专业技术可能会被遗忘。在20世纪90年代,很少有公司意识到这一点,但现在,大多数公司开始意识到它是多么的糟糕。"葛兰素史克公司的解决方案就是建立七个药物研发中心(CEDDs),每个中心由不超过300个的多学科组成。每个中心都有自己的图书馆、研究设施,甚至自己的财务总监。

较小的组织架构意味着更少的报告层次,研究可以更快速地启动或者停止。山田太一的一个同事解释说:"我们以前可能会被一个不可行的项目围困多年,但现在,我们可以在六个月内做出启动还是停止的决定,而我们的许多竞争对手都需要两年的时间。"

但在七年之后,葛兰素史克公司并不满足于它的研发渠道。JP 也在 2008 年退休,并任命了一位新的研究主管蒙塞夫·斯拉维博士(Moncef Slaoui)。新的研究主任意识到所存在的问题并不是这么多的组织架构,而是需要进行企业文化变革。"创建一个组织是一回事,而改变价值是另外一回事。我们已经在架构上做得很好了,但还需要更多的行为。"他优先考虑的是减少管理者的统治,在过去,他们过分依赖大规模实验室的试验来发现新药物,而不是依赖新的葛兰素史克公司所需要的更小的创新团队。

因此,蒙塞夫·斯拉维将团队重组为更小的单位,被称为研究发现单位(DPU),每一个单位包含 5 位到 70 位科学家,专注于特殊疾病或常规惯例。每个 DPU 负责从最初的药物开发到早期的临床试验。直至 2010 年,有近 40 个 DPU 发展业务计划,还包括与外部研究的科学家的合作。随后,葛兰素史克公司建立投资审查委员会,检验每个 DPU 的业务计划并监控所选出来的最有前途的发展目标。为了确保葛兰素史克公司不过分地依赖一个 DPU,因此没有哪一个 DPU 的年度研发开支超过总研发支出的 10%。组织重组的结果就是在 2007 年,研发部门推出了新产品,"2010 年收入增长了 36%,其在药品销售中占 7%。"

 葛兰素史克公司对可持续发展问题有着强烈的和明确的承诺,这反映在其 2010 年的年度报告中。"创造一个成功的和可持续的业务不仅仅是为了公司的利润。我们重视的不只是我们实现了什么,而且是我们如何实现它。管理一个负有责任的,且有价值基础的企业是被纳入到我们的战略中的。"

©版权归理查德林奇所有。保留所有权利。本案例的材料来自于公共信息。[1]

案例问题

1. 在这个市场上取得成功的关键因素是什么?你的答案对大型的药物公司有什么意义?

2. 葛兰素史克公司的竞争优势是什么?它们是可持续的吗?

3. 如果有的话,从本案例中所形成的可持续竞争优势中能够得到什么启示,给非药物公司带来什么启示?

4.1 资源和生产能力分析

分析组织的资源和能力有两个目的:识别组织中哪些地方可以增加价值,并探索和加强组织资源的竞争优势。为了开发组织资源,大多数战略家将组织的基本资源和额外能力进行区分。例如,如果葛兰素史克没有组织能力来促使潜在客户进行购买,那么公司拥有一些重要的药物专利也没有太大意义。

尽管显而易见的是,第 3 章中的组织环境分析会伴随着资源与能力的分析,但是直到最近才意识到这一点。[2]在 20 世纪 70 年代至 90 年代,战略制定的主要重点是战略竞争环境分析。例如,第3章中所概述的波特的著作[3]和其他学者的观点。[4]然而,对行业分析的强调又反过来体现了20世纪50年代到60年代以更具包容性的方式所进行的转变。例如,彭罗斯(Penrose)[5]和其他人的观点。20世纪80年代和90年代的战略家开始转向强调组织竞争资源的重要性,如沃纳菲尔特(Wernerfelt)[6]和巴尼(Barney)[7]。

就我们目前的知识来看,对于组织资源和能力的分析,需要解决四个关键的问题:

1. 从战略视角来看,组织的资源和能力是什么?
2. 为什么组织要拥有资源?为什么不购买他们所需要的资源?
3. 为什么资源和能力很重要?
4. 我们如何提高组织的资源和能力?

图4.3对我们在本章中需要更深入研究的问题和答案做了简短的总结。

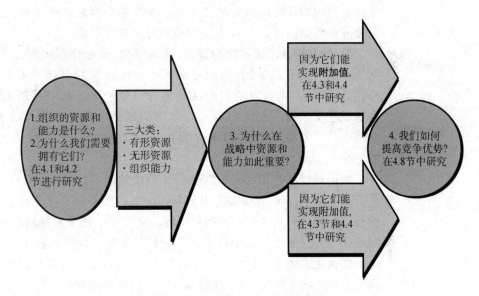

图4.3 战略资源和能力的四个关键问题

4.1.1 分析组织基本的资源与能力

定义 ➡ 组织资源是指在组织中提供附加值的资产。组织能力是指那些能够从组织资源中配置、共享和创造价值的管理技能、常规惯例和领导能力。

视频
第5a部分

在分析组织的资源和能力时,以测量其资源的全面范围为开端是重要的,但是这并不容易,因为很多资源是很难以明确的方式进行测量的。例如,医药公司葛兰素史克的专利,代表资源的未来价值不能简单地通过检查公司的账目来确定,原因在于专利期限过期之后,这些资产的价值将下降,这可能无法充分地体现在账户中。

同样,组织的能力,例如协调活动的特殊技能,可能没有明显的货币价值,但可能对组织非常有价值。另一个组织能力的例子也在葛兰素史克公司中有所体现,公司的首席执行官(2002年的JP)提供了一个重要的资源,即领导能力,这是无法量化的,但却是战略制定的关键。在战略分析中,会计和管理系统的数据可能仅仅代表一个起点。

因此我们需要一个更广泛和更具包容性的方法来分析资源。首先界定组织的资源和能力,即那些有助于形成附加值的资产。作为开端,将资源划分为三大类是十分必要的。[8]

定义➡ 1. **有形资源。** 指有利于价值增加的组织实物资源。德国化工巨头拜耳公司(Bayer)的厂房和设备可以被清楚地识别和评价;在繁华地段的麦当劳餐馆显然也是一个有价值的有形资源。

定义➡ 2. **无形资源。** 指那些非物质性的、看不见摸不着的但真正代表组织利益的资源,如品牌、服务水平和技术。美国玛氏公司无论是在巧克力产品上,还是在冰淇淋产品上都具有品牌。日本夏普公司具有平板技术的知识产权,使公司在全球范围内的计算机和电视液晶显示器市场不断地发展壮大。这些资源通常是建立在组织的历史上,并随着时间的推移累积而成。

定义➡ 3. **组织能力。** 指组织的技能、常规惯例、管理和领导能力。仅仅只有有形和无形的资源是不够的:组织也必须能够配置和共享这些资源,将组织各部分结合在一起,能够对跨组织活动进行有效协调。按照严格术语定义,这种资源属于无形资源的一部分,然而,将其划分出来是因为人类组织的重要性和复杂性。竞争优势的出现是因为一些组织比其他组织具有更多的组织能力。

我们可以参考日本丰田汽车公司的组织能力。丰田生产系统为该公司提供低成本和精益生产,并且它开发新车型的速度要快于竞争对手的事迹已经成为传奇。该公司是通过一系列独特的公司管理过程来实现成功的,该过程已经形成多年并仍然比其竞争对手拥有更好的发展。你可以在本书的免费在线网站上阅读更多关于丰田生产系统的案例:参考本书第六部分的链接。这种能力需要数年时间来开发形成,并能够代表组织重要的竞争优势。

一些战略家用其他方式界定组织的资源和能力。当时对这些定义的来源存在一些困惑,因此如展示4.1所示。重要的是需要了解本书中所使用的定义,并理解该定义背后的一些原则。

展示4.1

战略资源和能力的不同定义:我们应该包括"核心竞争力"吗?

一些战略家和评论家将核心竞争力作为其资源和能力基本定义的一部分。他们只是简单地区分了有形和无形资源,[9]随后,他们按照本书中所使用的方法界定了组织能力,但包括了所有能力,而不仅仅是那些提供竞争优势的能力。最后,他们使用"核心竞争力"来识别那些传递竞争优势和附加值的资源。

> 不幸的是,这并不是"核心竞争力"一词的发明者(哈梅尔和普拉哈拉德)的最初意思,见后面的4.7.3节。因此对于一些阅读过哈梅尔和普拉哈拉德最初论文的读者来说,这可能会造成一些混乱。[10]
>
> 此外,其他战略家们指出:公司的某些关键资源,如商标或专利,不能被"核心竞争力"准确地体现出来。因此,商标和专利资源可能是这种核心竞争力的结果。但是,随着时间的推移,它们所形成的价值超越了其发展的技能过程。联合利华为 Hellmanns Mayonnaise 品牌以及 Knorr Soups 品牌花费了200亿美元,而不是为联合利华已经具备的品牌构建能力进行投资,见案例9.3。
>
> 目前,所有的战略家对该定义还没有达成一致意见,重要的是,使用这些准确定义的重要之处在于对战略产生的意义和影响。
>
> 实际上,这样的分析将集中在组织的主要资源区域,特别是那些提供附加值和竞争优势的资源,当然也可以使用某个行业的成功关键因素来作为出发点,帮助理解一个耗时的和非生产性的任务可能是什么,见第3章。例如,在巧克力糖果行业中,大型公司成功的一个关键因素就是品牌。因此,研究处于领导地位的公司,即研究玛氏和吉百利的无形品牌资源是必不可少的。也许可能无法精确地计算出品牌的价值,但是在战略资源分析中,这并不重要。重要的是,认识到玛氏和吉百利在这个领域具有主要竞争优势。

另一个例子就是组织的主要资源优势,我们可以分析案例4.1中的葛兰素史克制药公司:

- 研究和开发:在药物的"卓越中心"发现就是要克服与大规模有关的官僚主义问题。此外,该公司所提供的专利超过了其他公司的竞争优势。
- 营销和销售:向大型医院和其他机构发动有效营销的能力,不仅可以通过直接销售,也可以通过良好的组织和协调来进行促销活动。从业人员的规模和网络连接在葛兰素史克公司具有竞争优势。
- 人力资源:激励和留住员工的能力以及知识,特别是那些在药物开发和销售中具有特殊技能的员工。
- 生产制造:这种技能要求管理庞大而复杂的制药厂。在制药厂中,最重要的是产品质量和安全,并且需要接受外部政府机构,如美国食品和药物管理局地监测。
- 配送和物流:有效统筹、存储和运输药物的能力,这往往会跨越国界,因为药物可能在世界的某个地区生产而销往世界各地。

服务行业的资源和能力分析的要点可参见展示4.2中的另一个例子。

展示 4.2

世界酒店连锁假日酒店的资源和能力分析

	资源与能力
有形资源	• 地点位于机场、城市中心和度假胜地等 • 酒店的规模和设施：房间、餐厅和游泳池等
无形资源	• 假日酒店的品牌名称 • 员工在管理、接待、房间清洁等方面的能力
能力	• 协调食品供应的技能、电话服务 • 保持与提高服务水平的管理培训 • 在每家酒店都具有能提供细致的、一贯的品质服务的管理组织能力和领导能力 • 具有使每家酒店能进行平稳有效运作的组织程序

4.1.2 资源和能力分析中的管理和其他困难

也许组织资源和能力的定义看起来非常简单，但是不能低估其中的实际困难。为了识别组织利润来自于哪里以及为了确定和加强竞争优势，管理者在早期阶段需要对资源和能力进行分析。这是充满困难的，主要有三个原因：

1. 因为行业状况和竞争对手的行动是不确定的；
2. 因为构成分析的许多因素是复杂的，潜在的原因是很难理解的；
3. 因为构成组织竞争性资源的因素常有分歧。

特别是最后一点，竞争资源和能力的选择与判断对个别管理者和部门可能有不同的影响。例如，如果资源被确定为不能提供竞争优势，这就意味着该组织可以处置该资源及其相关管理者。"战略变革"的话题我们将在本书的第15章中进行探讨。

4.1.3 资源分析的常规方法和应急方法

战略管理中的常规方法和应急方法都认为资源是重要的。然而，它们的观点有很大的不同之处。

坚持常规方法的战略家认为，有效地利用资源和建立资源优势是非常重要的，资源在一定程度上被视为目标，而需要对其进行管理。因此，为了提供一个更加有效的组织，管理资源的战略是可能的。例如，葛兰素史克公司的合并受益于重大裁员并由此产生了每年超过7.5亿美元的节省。坚持常规方法的战略家认为，基于此，公司将会变得更强。

虽然在支持应急方法的战略家中没有达成一致意见,但是他们肯定会质疑常规战略观点中资源和能力的确定性。对一些人来说,所存在的质疑主要是针对一个假设,即常规战略家认为变化是可预测的。与支持常规战略的专家相比,支持应急方法的战略家们可能更注重人力资源之间的矛盾。例如,葛兰素史克公司的裁员伴随着相当大的不确定性,因为这一定会影响那些实施战略的人的能力。一些支持应急方法的战略家认为,人力资源不仅仅是物体,也是能够帮助或阻碍战略的人。

其他支持应急方法的战略家认为,由于组织无法控制一些力量,使得环境变化太快,以至于为了生存而需要一些灵活的资源。在这个意义上,葛兰素史克公司的合并会被视为是不受欢迎的,因为它会成为更大且不灵活的组织。同时,其他支持应急方法的战略家还质疑在快速变化的药品市场提供可持续竞争优势的专利价值。

这些分歧反映在本书的两个模型中。在常规模型中,资源为组织和未来战略提供了明确结果。在应急模型中,资源和随后制定的战略具有更大的流动性和相互关联性。

因为战略制定形成了资源分析的基础,所以本章主要介绍常规方法。这是因为它已经发展成熟、提供了有益的见解,即使是那些怀疑其有效性的人也仍然需要先了解它。

在第5章中,将进一步探讨应急方法。

关键战略原则

- 一个组织的资源就是那些能够在组织中提供附加值的资产。
- 组织能力是指组织的管理技能、常规惯例和领导能力,从而在组织资源中进行配置、分享和获得价值。
- 资源和能力分析的目的是确定组织中的哪种资源可以增值以及组织在哪方面拥有可持续竞争优势。
- 在资源分析过程中,分析组织的全部资源和能力为开端是重要的:有形资产、无形资产和组织能力。这些资源超出了会计和财务上的普通定义领域,比如专利价值和领导能力。
- 在分析组织资源中,经常存在实际的管理困难。这些困难来自于三个方面:关于环境和竞争的不确定性;具有复杂性和不确定性的因果关系;对构成竞争性资源的因素的内部分歧。
- 常规方法将资源看作是为了利益最大化的战略目标。应急方法在资源方面没有达成一致意见。然而,他们倾向于强调人的价值:这个在本质上是不可预测的。他们还强调了对环境和资源密切关系的需要。

4.2 为什么组织需要资源？制造或购买决策

在识别自有资源的战略性作用时，首先研究组织需要拥有并使用一些资源的原因是十分有必要的，这些资源的数量要高于组织用于维持生存的最小量。可以说，在一个有效率的市场中，将会存在更多的专业供应商，为组织提供一些比其本身筹划的更低价格的活动。例如，葛兰素史克公司不制作广告，而是采用外包的方式。没有一家公司制造自己的纸箱、盒和铝箔来包装药品，而是购买它们。这是为什么呢？因为从外部供应商购买比自己生产要更加地便宜。使用外部市场的资源而不是组织自己的资源来提供产品或服务的决策称为外包战略。但是，从外面购买也存在问题，如展示4.3所示，否则所有组织将购买所有的东西而自己不生产。实际上，一个组织选择自己生产而不是进行购买的原因是市场的成本要高于所获取的利润。

制造或购买决策是对资源进行更广泛的战略重估的一部分。在过去的30年里，许多组织已经重新界定了资源的界限，然而它们制定的仅仅是企业拥有资源的一部分。例如，公司也有像品牌这样的资源，它们不会在生产线上进行生产，但对价值增值起到了重要作用。一些像科斯（Coase）、彭罗斯（Penrose）和威廉姆森（Williamson）这样的学者，对资源的性质和作用做了深刻的反思，这已经影响了一些重要的战略性资源的决策。[11]

像美国耐克体育用品公司和意大利贝纳通服装公司这类型的公司是通过购买一些活动来取得成功的，这些活动以前都是在公司内部完成的，即它们都运用了供应商网络。对于贝纳通公司，经销商会以更低的价格出售他们的产品。耐克会设计和促销它们的新鞋，但在亚洲地区的外部供应商会为其生产产品，见案例7.2。贝纳通也有类似的安排，即在意大利北部雇用本地供应商，这就是所谓的外包供应。尽管贝纳通公司拥有那些使用公司名称的连锁商店的资源，但实际上大多数的商店并不属于公司。它们在贝纳通的控制下运行，但却由公司外部的组织掌握着所有权：这就是所谓的特许经营。在20世纪70年代，品牌服装、特许经营服装店和外包供应的概念是贝纳通公司初始战略的基础。这种战略的出发点是分析组织的资源。该内容将在本章的其余部分进行探讨。

展示4.3

利用市场的好处与成本

好处

- 外部供应商可以实现规模经济，内部部门不能只生产自己需要的产品。
- 外部供应商受到市场的压力，必须通过高效和创新来求得生存。所有公司的成功背后都会存在效率低下和内部部门缺乏创新的情况。

成本
- 生产流程需要通过组织价值链来进行协调。当一项活动是从独立市场公司购买得来而不是内部生产时,这可能会出现妥协。
- 当一项活动由独立市场公司实施时,私人信息可能被泄露。这种信息对公司的竞争优势非常关键。
- 在公司内部执行活动能够避免与单个公司交易所产生的交易成本。

资料来源:Adapted from Besanko, D, Dranove, D and Shenley, M(1996), *The Economics of Strategy*, p73. Copyright © 1996 John Wiley & Sons, Inc. This material is used by permission of John Wiley & Sons, Inc.

关键战略原则

- 制造或购买的决策,指的是每个组织应该是制造自己的产品或服务,还是从外部进行购买的选择。在这个方面,每个组织都需要定期重新评估其活动。
- 在过去的30年中,制造或购买的决策迫使组织重新审视他们真正拥有的资源以及为什么需要资源。组织已经重新界定了他们所拥有的资源的界限。

案例研究 4.2

三个欧洲公司如何利用它们的资源和能力

在这个案例中,研究了三个完全不同的公司是如何利用其资源实现它们的目标。前两家公司分别是属于制药和国家铁路服务行业;第三家是控股公司,其业务是一系列的、主要集中在公共服务和电视广播建设的业务活动。

这三家公司分别是英国的制药公司葛兰素史克(GSK)、荷兰的国家铁路公司——荷兰铁路公司(Nederlandse Spoorwegen)和法国的布伊格控股公司(Bouygues)。每一家公司都有完全不同的资源、能力和工作方式,并且每一家所处的环境也不同,涉及制药、运输服务和道路建设。本案例的目的是确定关键战略性资源,也就是那些会对公司的战略做出改变的资源。

使命和目标

作为任何战略分析的开端,重要的是考虑这三个组织为什么要利用资源。他们试图实现的目标是什么?原则上,每一家公司都制定了需要完成的任务和目标。不过这需要进行识别和探索。

关键资源和能力的分析

这些公司带来了完全不同类型的资源、组织技能和管理方式,其目的是实现目标。图4.4使用了年度报告和其他来源的数据,并为案例中的每家公司绘制了成本曲线。每个公司的主要项目支出成本表示为一定比例的销售额,再加上占销售额一定百分比的税前利润和利息,通常用每个项目的成本与销售额的比值来计算。这个曲线说明了公司资源的每个因素如何对盈利和销售作出贡献。

葛兰素史克公司的资源和能力

已经在本书的前面详细介绍了葛兰素史克公司。

荷兰铁路公司的资源和能力

- 增加现有铁路线和车辆的利用率。大多数企业对轨道和列车的投资基本上已经完成了。关键是要获得现有资源的更大的使用率。
- 市场营销、销售和特殊价格。这些都会鼓励客户使用公司的铁路线而不是选择竞争对手的：道路、空运和公共交通。荷兰以其广泛和发达的交通基础设施而闻名。
- 高水平的服务。其包括公司员工以及对处理信号和信息的新设备进行投资，其目的是更好地为客户提供有关交通网络问题的信息。

大多数欧洲国家铁路公司主要是与本国内的公司进行竞争。[12] 因此，在第一个案例中，需要将资源分析集中在对全国运输业的竞争对手的分析上。

由于在道路、信号传递和铁路车辆的高固定，战略管理在很大程度上倾向于鼓励更多地利用现有的设施，也就是上文提到的营销和销售活动。

对于大多数铁路公司来说，战略的另一个方面就是保持与政府关系的重要性。在图4.4中获取数据的时期，荷兰铁路公司接受了来自荷兰政府的拨款，总额占公司总收入的9%。这些都是用来补贴火车票价和货运通道的，以便能优先使用铁路。

布伊格公司的资源和能力

在这个案例中，资源和能力将由公司参与的每个活动的确切性质来支配。理论上，有必要分析集团中数以百计的企业。实际上，

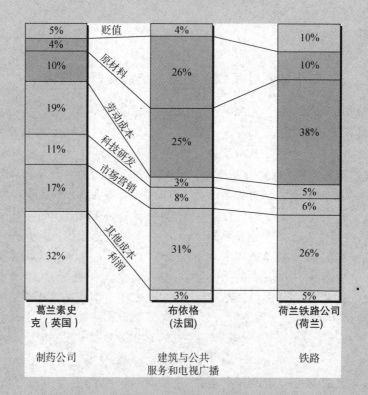

图4.4 成本组合：成本占销售额的一定比例

公司的三个区域占90%的销售额：

建筑和道路建设　　63%
公共事业管理　　　15%
媒体和电信　　　　14%

对于战略分析的目的，忽视对剩余领域的资料采集是可以接受的。这不是一个公司的财务审计，只是对公司业务中主要推动力的一个整体判断。如果其他领域遭受了巨额亏损，那么忽视其他业务领域的评论也将是无效的，否则就代表了公司中重大潜在转变。我们可以确定这三个主要业务方面所包含的原因：

1. 建筑和道路建设的资源包括：
   - 建筑物和道路的原材料；
   - 劳动建设成本，以及技能和效率；
   - 设计和工程成本。
2. 公共事业管理的资源包括：
   - 所提供的服务质量；
   - 与政府的管理联络；
   - 成本控制与监测技术。
3. 媒体电视台资源如法国TF1电视台和移动电话服务：
   - 项目筹措和采购；
   - 网络管理和成本核算；
   - 观众监测和评估；
   - 移动电话服务管理和市场营销。

显而易见的是，分析一个多元化控股公司的资源是一项重大任务。但是，已经通过集中分析业务的关键领域对其进行了简化。然而，这是一种折中的方法。

©版权归理查德林奇所有，2012。保留所有权利。案例中的数据和信息来自公共资源。[13]

案例问题

1. 从三家公司的成本曲线可以看出，葛兰素史克公司的研发（R&D）比例明显比其他两家公司要高。这是为什么呢？如果存在风险，那么巨额的研发支出存在什么风险？这对战略决策有什么影响？

2. 葛兰素史克的市场营销及相关费用比荷兰铁路公司要高，这是什么原因造成的？你能为荷兰铁路公司制订出更高水平的营销支出方案吗？

3. 该案例表明像布伊格这样的控股公司对他们的资源和能力的管理是一项更复杂的任务。你同意吗？

4.3　资源分析和附加值

视频
第1部分
定义➔

在组织中资源最基本的作用就是增加价值。所有的组织机构都需要确保它们不会长期失去价值并生存下去。对于商业组织，资源为它们的未来增加价值是很重要的；而对于非营利机构，附加值只是其存在的小部分理由，它们着重于社会、慈善或其他目标。通过对工厂中的原材料进行加工，将其转变成最终产品，从而增加资源价值。附加值可以被定义为组织产出的市场价值与投入之成本间的差额。

这一概念属于经济学范畴，并在图4.5中以葛兰素史克公司为例进行了概述。对于非营利组织而言，附加值的概念仍然适用。它们对组织的投入可能类似于商业组织的投入，如电力、电话等。但也可能是不同的，特别是义务劳动，它是零成本。同样，难以界定和衡量产出，如社区服务、救死扶伤等。但附加值确实是难以量化的。为了探讨基本概念，在该部分仅仅研究其商业含义。

从上述附加值的定义中可以看出(即产出减去投入),可以在组织中增加价值:
- 提高提供给顾客的产出产品价值(销售价格);
- 通过降低投入成本(工资、资金与材料成本)。

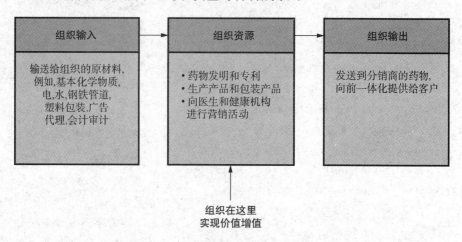

图4.5 葛兰素史克公司的附加值

或者可以同时使用以上两种方式。因此战略需要解决这两个问题。

提高产出价值可能意味着提高销售水平,要么提高销售量,要么提高单位价格。这两种方法都是说着容易做到难。每种方法都涉及费用支出,例如广告促销的费用。降低投入成本可能需要投资,例如为了降低成本,利用新机器取代工人。这两个战略路径需要详细研究。产出在第3章中已经讲述了;投入将在本章的后部分进行讨论。

需要在市场或行业层面,而不是在一个企业或控股公司层面,来进行附加值的战略分析。如果这一分析是在一般水平上进行的,那么就会掩盖企业个别部分的绩效。因此附加值是按照单位产品组来计算的。[14]

> **关键战略原则**
>
> - 商业组织的附加值是指其产出的市场价值和投入成本之间的差额。
> - 非营利组织的附加值是所提供的服务与投入的成本之间的差额,其中一些投入是自愿的,具有零成本。
> - 所有组织都需要确保他们在长期内不会失去价值并生存下去。对于商业组织而言,资源能够为未来增加价值是十分重要的;而对于非营利组织来说,附加值只能是其生存的小部分理由,其着重强调了社会、慈善或其他目标。
> - 原则上,提高商业组织的附加值存在两种方式:增加其产出价值(销售价格)或者降低投入成本(劳动力、资本和材料的成本)。实际上,这意味着要对销售和成本的各方面进行详细分析。
> - 当一个公司不止一种产品时,分析附加值最好的方法是分别考虑每个产品。一种产品的附加值可能会弥补另一种产品。并非所有产品的业绩都是一样的。

4.4 附加值：价值链和价值体系——波特的贡献

价值增值可以用来形成组织的可持续竞争优势。这里主要存在两种途径，即价值链和价值体系。在 20 世纪 80 年代，这种方法由哈佛商学院的迈克尔·波特教授提出。

定义➡ 每个组织都包含形成商业价值的活动：对其产品或服务的采购、生产、分销和营销。这些活动的整合可以形成价值链。价值链识别了组织中增加价值的部分，并将组织中的主要职能部门联系起来。它有利于形成竞争优势，因为对于组织来说，这种价值链往往是独一无二的。

定义➡ 当组织供应、配销、购买或与对手的竞争时，他们形成一个更大的价值创造集团：价值体系。价值体系体现了一个行业中更广泛的路径，即为输入端的供应商、输出端的分销商和客户提供价值，它连接了该行业的价值链与其他行业的价值链。此外，它用来识别和发展竞争优势，因为对于组织来说，这种价值体系往往是独一无二的。

价值链和价值体系对竞争优势的形成所作出的贡献，以及这两个方面的联系将在该部分进行探讨。

4.4.1 价值链

价值链将组织活动的价值部分与其功能部分联系起来，然后尝试对每一部分进行评估，评估其对整个增值业务的贡献。这个概念已经在会计分析中运用了很多年，直到迈克尔·波特[15]建议将其运用于战略分析中。所以他将两方面结合起来：

1. 组织中的每个部分对整体组织贡献的附加值；
2. 组织中的每个部分对整体组织的竞争优势的贡献。

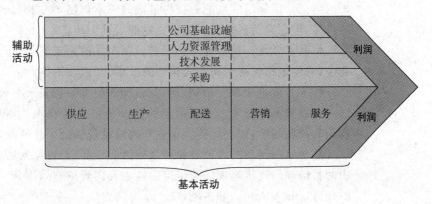

图 4.6 价值链

资料来源：Reprinted with permission of Free Press, a Division of Simon & Schuster, Inc., from Competitive Advantage: Creating and Sustaining Superior Performance by Michael E Porter. All rights reserved.

在具有多个产品领域的公司,波特认为,应该在产品组水平上进行分析,而不是在公司总部层面上。公司分为基本活动,如生产过程本身;辅助活动,如人力资源管理,这为公司的运行提供必要的支持但无法作为单独部门进行识别。这个分析将研究如何考虑每个部门对公司的价值所作出的贡献,以及这些部门是如何区别于竞争对手的。

波特的分析过程如图 4.6 所示。他在图中使用了"利润"这个词以表明我们在 4.4 节中所定义的附加值:"利润是总价值和实施价值活动的总成本之间的差额。"[16]

根据波特的观点,公司的基本活动包括:

- 供应。这些领域涉及从供应商处接收货物,储存货物直到公司内要求进行生产、处理和运输货物为止。
- 生产。这是公司的生产区域。在一些公司中,这可能会被进一步分成许多部门。例如,在汽车公司中被分为油漆喷涂、发动机装配等;在酒店中被分为接待、客房服务、餐厅等。
- 配送。这是将最终产品分配给消费者,他们显然包括运输和仓储,但也可能在一个多产品系列公司中还包括产品组合的选择和包装。对于酒店或其他服务公司,这一活动也将重新配置,包括为客户提供酒店或服务。
- 营销。这个领域分析客户的需求,并引起客户对公司产品或者服务的注意以提高销售量。主要是广告和促销活动。
- 服务。在产品或服务被售出的前后,往往需要提前准备或提供售后服务。还可能要求培训、回答客户问题等。

上述的每个部分都将以自己的方式为组织增加价值。他们可以使用比竞争对手要好或者更糟糕的方式来承担这项任务。例如,更高的服务标准、降低生产成本、更快和更便宜的货物运输等。通过这种方式,他们为组织提供了竞争优势。

辅助活动包括:

- 采购。在许多公司中存在一个单独的部门来负责采购物资,然后用于公司的生产。该部门的功能是获得最低的成本价格,并为公司活动提供最高质量的产品,但它只负责采购不负责货物的后续生产。
- 技术开发。这可能是公司开发新产品的重要区域,即使在比较成熟的产业中,它将包括保持公司有效运行的技术、知识和培训。
- 人力资源管理。招聘、培训、管理和奖励架构是所有公司的重要因素。
- 企业基础设施。这包括能够允许公司进行管理并指导他们发展的背景规划和控制制度,如会计等。企业基础建设包括公司总部的建设。

这些辅助活动的增值过程和基础活动一样,但在某种程度上它很难与组织中的特殊部门连接起来。关于价值链主要内容的有效案例,见案例 4.3 中路易威登(Louis Vuitton)和古驰(Gucci)案例。

评论

在战略制定中关于价值链的问题在于,设计价值链是为了探讨现存的联系和业务增值领域。根据定义,它是在现有的架构中发挥作用的,而真正的竞争战略可能需要彻底改变公司的架构,而价值链并不是实现这一目标的方式。

4.4.2 价值体系

除了分析企业自身的价值链,波特认为,还要进行额外的分析。组织是价值增值体系的一部分,涉及供应和分销价值链以及顾客价值链。这就是所谓的价值体系,如图 4.7 所示。

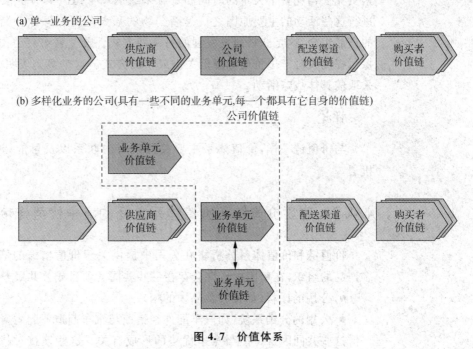

图 4.7 价值体系

资料来源:Reprinted with permission of Free Press, a Division of Simon & Schuster, Inc., from *Competitive Advantage*: *Creating and Sustaining Superior Performance* by Michael E Porter. Copyright © 1985, 1988 by Michael E Porter. All rights reserved.

除了在非常罕见的情况下,每一个组织都购买一些活动:广告、产品包装设计、管理咨询以及电力,甚至大型公司也需要收购这些活动。根据这种方式,许多组织并不是直接向最终消费者提供它们的产品或服务,而是通过旅行代理商、批发商、零售商店等来提供产品或服务的。

竞争对手可能或不可能使用相同的价值体系:在某种意义上,一些供应商和分销商将比其竞争对手做得更好,他们提供更低的价格、更快的服务以及更可靠的产品等。真正的竞争优势可能来自于使用最好的供应商或分销商。新的竞争优势可以通过启用新的分配制度或与供应商建立新关系获得。因此,要进行价值体系分析,这将涉及超出组织本身的资源分析。

价值链和价值体系分析是一项复杂而又耗时的工作,在这里能够使用前面章节的成功关键因素。如果已经正确地识别了成功关键因素,那么就可以重点进行附加值分析。关键因素很可能是增加产品或服务价值的那些因素。

在4.3节中我们得出结论,提高附加值只能通过两种方法,即提高产出价值(销售价格)或降低投入成本。加上成功关键因素,那么这两个增值计划就能为公司提供分析增值资源的方法。这样的调查将需要同时检验任何建议变革的成本和收益。

在葛兰素史克的案例中,首先可能会建议公司集中关注它的价值分析,至少要识别成功关键因素:研发、市场营销和产品绩效。事实上,近年来,该公司的战略重点已转向对研发进行大量投资,见案例4.1。正如所研究的那样,葛兰素史克公司花费了大量的时间和资源来组织和重组其具有价值的研发设备。[17] 进行这些活动的主要原因之一是新药物的强大范围能够弥补葛兰素史克现有的产品组合,这是获得研发发展的另一种方式。葛兰素史克公司也许会有效地探讨提高关键产出价值和降低关键成本的方式。这个案例表明,这正是公司所采取的具体战略活动。

评论

与价值链一样,价值体系主要关注现有的联系以及可能错过的全新战略机遇。

4.4.3 建立价值链和价值体系之间的竞争优势连接

价值链和价值体系分析将在公司中提供关于价值增值的信息。对于一个多产品的组织,在集团中也许会存在一些共同的项目或公共服务,例如:

- 公用的原料(如各种食品中的糖);
- 公用的分销系统(如汽车配件经销商与汽车制造业的附属公司)。

这些共同因素可能与竞争优势的形成有关。这些连接对战略制定可能是重要的,因为它们是组织的特殊资源。因此,这种连接能使公司超越一些竞争对手,这些竞争对手不存在这种连接或者不容易形成这种连接。

波特[18]认为,在制定公司战略时,价值链和价值体系在提供公司所需要的竞争优势方面可能是不足够的。他认为,竞争对手往往可以进行模仿;竞争对手很难进行模仿的是,存在于组织价值链和价值体系之间的独特连接。

因此,除了分析价值链和价值体系的资源之外,竞争战略表明还存在第三种因素。所以,有必要寻找特殊和独特的连接,这些连接可能存在或形成于价值链的因素之间,或者是与公司有关的价值体系之间。图4.8解释了这种情形。

这种联系的例子比比皆是:

- 各种最终产品所使用的公用原料。例如,石化原料被广泛用于各种产品的生产。
- 公共服务。如电信和媒体收购,相比于一系列单独的本地交易,联合契约能以更低的价格进行协商。
- 在技术开发和生产之间的联系能够促进新方法的产生,该方法会被用在一个集团的各部门中。例如,大型零售连锁店的直接通信联系,如玛莎百货和它的供应商。

- 将航空公司与机票代理人之间联系起来的网上预订系统(证明这一联系是如此强大,以至于欧盟委员会已经调查了这对航空公司竞争的影响)。
- 经常依赖于不同成员的合资企业、联盟和合作伙伴通常会达成一种协议,该协议为他们之间的关系带来了特殊的专业领域(见9章)。

以上建议:能加强附加值的联系可以为公司提供提高资源利用率的重要方法。

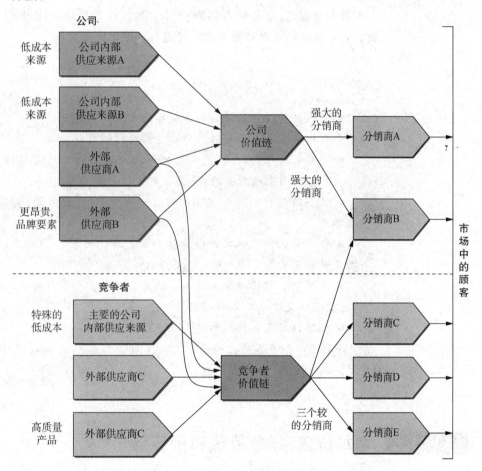

图4.8　通过价值链和价值系统的连接来实现竞争优势

评论

对于价值链、价值体系及两者之间的关系,存在一个基本问题就是它们贯穿公司资源范围的视角太广泛。在识别一些用来对抗竞争对手的优势资源所具有的确切性质和范围时,它们有时是相当模糊的。可持续竞争优势并不是增值分析的主要目标。本章的剩余部分将探讨解决这一问题的直接方式。

附加值分析的另一个困难是需要清楚地衡量资产。这是一个巨大弱点,因为一些组织的最宝贵资产是难以量化的,如品牌或专业知识。此外,一些组织最重要的资产是不可能评估的,尤其是人力资源资产,如领导能力和较强的建设团队。

4.4.4 提高附加值

尽管存在一些困难,但是附加值在战略制定中是十分重要的,尤其是在广义定义下,而不是经济学上的狭义定义(产出与投入之间的差额)。最根本的一点是,除非机构在投入方面增加一些价值,否则它们的存在可能有问题。对于大多数企业而言,这意味着如何获得由组织资源提供的附加值是一个重要问题。我们将在第8章和第9章对此进行详细讨论。

关键战略原则

- 价值链将组织活动分解成为各个主要部分。
- 可以评估每个部分对可持续竞争优势的贡献。
- 在分析价值链时,通常不能够详细地量化每个因素对附加值的贡献。需要在广义层面上进行分析,并且与竞争对手进行对比。
- 大多数组织是广泛增值系统的一部分,包括供应商和经销商渠道,即价值体系。
- 价值链和价值体系分析是复杂的。减少这种困难的方法之一是采用成功关键因素来作为项目选择的方法。
- 需要分析价值链和价值体系的要素之间的可能连接,因为对于组织而言,它们也许是独一无二的,并能提供竞争优势。
- 在实际应用中的附加值存在一些显著的弱点,包括在识别资源优势时缺乏精确度、无法明确主要资产价值,如专业知识和公司领导能力这样的资产。

4.5 增加价值:绿色战略和价值链

从资源和能力的角度来看,绿色战略价值链与公司价值链并不是相同的。组织通过绿色战略是为了通过长远理想的角度来获得价值。这可能会提高短期成本,这些成本的产生可能是由于限制使用低碳和其他更低资源的政策所导致的。

定义➤ 绿色战略价值链是指组织以及供应商和顾客中,寻求减少能源、降低碳含量,采用循环政策的方法来产生价值。另外,绿色战略价值链将包含每一个因素和功能,也包含那些在许多价值链分析中没有明显特征的因素。例如,它可能会因为员工想要制定和支持绿色战略的想法而激励他们。同样,它也会考虑组织中水资源的利用情况,因为水资源是一种稀缺资源,并且受到联合国 CEO Water Mandate[19] 的潜在控制。本质上,组织价值链的彻底重组和重新配置可能需要执行长期绿色战略。

可以更深入地检验绿色战略价值链,存在两个主要方面:
1. 绿色战略价值链关联。
2. 绿色战略的益处和坏处。

4.5.1 绿色战略价值链关联

为了分析绿色战略价值链,有必要重新检验在这本书前面章中所描述的价值链的每一个因素。总的来说,其重点强调了通过寻求新方法来解决绿色问题,同时需要服从政府政策和规定。图4.9体现了主要的因素:

图 4.9　绿色战略价值链:关联

● 供应商和供应物流。组织需要与它们的供应商讨论绿色战略问题。例如,葛兰素史克公司已经估计其40%的碳能源来源于它的供应链。共同探索绿色战略问题可能对双方都有好处。这种益处和坏处也可能会影响供应物流,例如供应链中的运输和存货成本。

● 基础设施。更彻底的组织重组建设往往需要大量的资本成本,例如在重建中使用能源来节约物资。但是,基础设施并不仅仅是关于建设成本,也可能包含对整体关系网的重新思考。这些关系为组织提供资源并将产品转移给顾客。例如,GSK已经减少了与吸入器制药产品有关的温室气体排放量,即二氧化碳排放量从1998年的0.24亿吨减少为2010年的470万吨。主要原则就是长期利益要高于损失,但是这些利益必须是为了整体社会而不是单个的组织。

● 生产。一段时间以来,将需要遵守新的政府政策,该政策是关于生产中各个方面的绿色问题的政策。另外,公司可能会考虑,它是否能够或者希望解决在加强绿色战略利益上面的问题。它们将同样希望其所有的员工能够解决绿色战略问题。

● 顾客。许多组织将希望通过它们的绿色战略来强调其公司治理和道德立场。然而,一些顾客,一段时间之后也许是绝大多数顾客,可能开始需要一个更加强大的组织来强调绿色战略立场。这种举措可能包括与顾客的沟通,以及能够提高能源效率和循环利用率的新技术投资。

● 服务。对于一些组织来说,也许是少量组织,将有机会提供能够支持绿色战略的咨询建议和技术信息。

一段时间以来,许多公司和公共部门组织正努力成为低碳公司。这意味着到那时,从原材料的来源、制造、配送、使用和产品处理都将不存在净温室气体的排放。

4.5.2 绿色战略的益处和坏处

从绿色战略角度出发将为组织和它广泛的利益相关者带来利润,例如员工、股东和当地社会团体。第 6 章更深入地探索了利益相关者的概念。然而,重要的是绿色战略政策的采用必须具有现实性:即对于组织而言,同时存在益处和坏处。图 4.10 总结了需要分析的主要领域。所有这些问题都已经包含在这一章中了,所以就不重复陈述了。然而,需要谨慎仔细监控紧急的和动态的益处和坏处。在写这本书的时候,绿色战略的许多领域将持续发展,主要存在四点原因:

1. 对于更加成熟以及更加先进的生产技术研究而言,绿色技术仍然是基础研究与开发的主题。
2. 能源成本的上升,是因为能源需求的上升、供应资源的匮乏。
3. 经过一段时间,与现有的绿色技术有关的规模经济将降低成本,因为公司致力于更大规模的生产。
4. 利益相关者对绿色战略的态度,包括顾客的态度,都仍然在发展。

因此,绿色战略的益处和坏处是不确定的,必须同时从应急过程角度和常规过程角度来考虑。

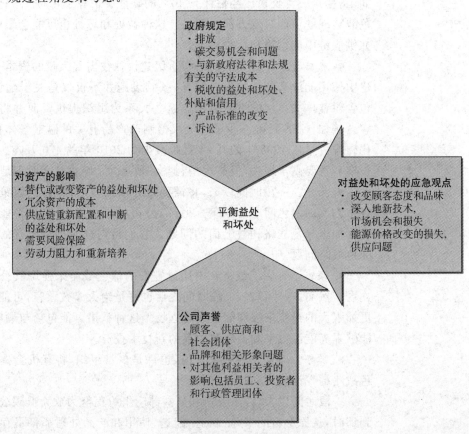

图 4.10　绿色战略价值链:益处和坏处

> **关键战略原则**
> - 绿色战略价值链是指在组织以及供应商和顾客中,寻求减少能源、降低碳含量,采用循环政策的方法来产生价值。另外,绿色战略价值链将包含每一个因素和功能,也包含那些在许多价值链分析中没有明显特征的因素。
> - 绿色战略价值链具有五个主要因素:供应商和供应物流,基础设施,生产,顾客,服务。
> - 绿色战略价值链同时具有益处和坏处。主要体现在四个主题中:对组织资产的影响,政府规定,公司利益相关者的声誉,以及绿色战略进一步发展的益处和坏处的应急观点。

案例研究 4.3

路易威登(Louis Vuitton)和古驰(Gucci)的竞争优势

具有高于1 650亿美元的年销售额,以及高于50%的毛利润,主要的奢侈品公司依赖于著名的品牌来体现竞争优势,例如路易威登(Louis Vuitton)和古驰(Gucci)。但是,这些优势仅仅来自于品牌名称吗?或许存在其他优势?该案例探索了全球高度流行的奢侈品的竞争优势。

为了研究行业中的竞争优势,我们首先是要检验能够获得业务利润的价值链。这是一个有效的起始点,因为它确定了业务部门,尤其是盈利部分,因此可能会与潜在竞争优势有关。随后,该案例的第二部分利用价值链探索了奢侈品的竞争优势。

一个主要时装店的价值链

实际上,在奢侈品部门,价值链是复杂的,具有许多交叉部分。然而,大多数公司的关键活动就是为期半年度的时装秀的新作品系列做准备和展示。为了探索这些问题,我们使用了巴黎时装店的例子。领先的法国路易威登公司(LVMH)拥有这些品牌,例如路易威登、轩尼诗(Hennessy)、罗意威(Loewe)、姬雪(Kenzo)、纪梵希(Givenchy)和托马斯·品克(Thomas Pink)。如果时装店的主要设计师已经决定制作一件刺绣丝绸的高级礼服,那么会将其作为下一个女士春季服装系列。这些活动将会通过业务活动的价值链来获得利润。价值链的主要业务活动如表4.1所示。但是,为了简化并没有显示辅助活动。然而,审查整个过程的时装设计师是公司基础设施的一部分。

为了制作衣服,丝绸的供应主要是从中国再到一个中介公司,经常是在意大利北部。中介公司在地域上具有相关公司的关系网,即染色、钩编丝绸等。重要的是,中介公司将在某些领域与来自于LVMH的设计师紧密合作,即与设计款式相关的颜色、样式和材质等领域。

对于中国和意大利公司而言,关于设计、定价以及出售给消费者的销售额的真正驱动力是时装店,而不是它的供应商。因此所获得的主要价值是在时装店,而不是价值链上游的部分。

时装产业的竞争优势包括品牌声誉。但是对于领先的时装店来说,首席时装设计师可能会更加重要。

对于时装店本身而言,在价值增加的地方,以及价值是如何增加的情况下,存在相当大的变化。显而易见的是,时尚设计师,例如像约翰·加里阿诺(John Galliano)、斯特拉·麦卡特尼(Stella McCartney)以及乔治·阿玛尼(Giorgio Armani)这样著名的设计师,在开发新丝绸裙装设计上处于领先地位。当获得业务经理支持时,设计师的工作通常更好做。经理能够保证实现时装店的业务目标,保证设计师没有承担不必要的行政事务。设计师不仅仅集中在一种丝绸裙装的制作上,也可以在每年每个时装中心上创造两种完全时尚的款式,这些时装中心有巴黎、米兰和纽约。设计师也可能制作与女士服装款式类似的男士服装款式,为百货商店和其他子公司卖家安排一个款式系列展示的简报,并且对时装店的配饰的设计做出了贡献,这些配饰例如围巾、包包和鞋子等。像绣花丝绸礼服的例子也许仅仅是这些系列款式的其中一个。

设计师开始设计每件衣服款式时都具有一些时尚的想法,这些仅仅是挂在静态人体模型上的面料。在这个阶段,可能并不会使用丝绸面料。经过一段时间,当这些想法被提炼出来之后,才会选择丝绸面料,并将制作的简报递送给意大利的供应商来生产特定的面料,正如上文所述。当材料从意大利供应商处运到之后,就会被裁剪成成品衣服。最后的阶段将包括无形缝合,即利用高级时装店中特别重要的高技术的缝纫师。因为刺绣实在是太需要专业知识了。随后,丝绸的裙装将会展示在时装秀的T台上,经过公共展示讲解之后就会陈列在橱窗中用于销售。

这些业务活动的每个环节都会为成本衣服增加价值,如表4.1所示。尽管考虑到手工制作需花费大量的资金,但是丝线裙装的价格可能是很高的,或为3万美元,因此附加值似乎也是很高的。然而,只有相对少量的高级礼服顾客,在世界上大约仅有2 000名这样的顾客,能够支付这样的价格。因此,从刺绣丝绸服装中所获得的价值绝对是相当少的。时装店真正的附加值至少来自于其他三个相关领域:

1. 同一设计标签的成衣礼服:许多人们可能并不能支付3万美元的丝质裙装,但是,他们将会支付2 000美元来购买相同设计师的成衣。

2. 鞋子、围巾以及其他配饰:许多顾客将同样会支付50美元来购买相同时装店的鞋子和其他产品。一些配饰也许是在时装店制作的,但是许多将会外包给外部供应商,然后通过时装店所拥有的零售商店来进行销售。

3. 其他相关和许可产品:顾客同样会花费50美元到100美元来购买与品牌有关的香水或其他产品。这样的产品可能是由时装店制作的,但是也可能是使用了授权的品牌名称。

因此,品牌并不仅仅是为一个时装秀所制作的丝绸刺绣服装品牌。时装店会将它的品牌授权给外部公司，但同样会面临着稀释品牌的真正危险。一个品牌稀释的例子就是皮尔卡丹品牌（Pierre Cardin），它曾经是20世纪70年代的主要高级时装品牌。在20世纪80年代，该公司将品牌授予给了800多个产品，包括坐便器坐垫。目前，皮尔卡丹品牌仍然是很重要并备受尊重的，但是，在该案例所探讨的意义来看，它已经不再是高级时装奢侈品市场上的一部分了。

高级时装店会很谨慎地捍卫它们的品牌，如果它们一旦判断品牌被稀释了，那么将会吊销营业执照，导致品牌淡化的例子包括销售的终端价格要低于正常定价，或者将品牌的名称附加到一个不适合的产品上。从一个更加积极的角度来看，大量相关产品的品牌授权意味着一个时装店具有一系列的业务活动来开发它的主要品牌。例如，世界领先的香水公司欧莱雅（L'Oreal）奢侈香水系列品牌包括乔治·阿玛尼、拉夫·劳伦（Ralph Lauren）和卡夏尔（Cacherel），见案例5.2。

表4.1 高级成衣丝绸衣服的价值链

价值链中的位置	业务活动	附加值的总量和位置
供应商	来自中国的丝线 在意大利的纺织，编织以及染色 与时装店的设计合作，包括颜色、样式、风格和材质	低——许多供应商 低等/中等——几个供应商 高——专业性工作，需要与时装店保持良好的沟通与合作
供应物流——商品到达时装店	各种各样的进口商，直接购买	低——可以使用很多方法，没有一个是垄断的
运营生产——每一件高级礼服的设计和制作	著名设计师，例如约翰·加里阿诺或者斯特拉·麦卡特尼 隔音材料和雕塑的新设计，裁剪和缝合完成礼服	高——关键因素——见文中 高，但是数量有限——见文中
配送物流——将裙装配送到商店和授权商店	主要是通过时装店自己的专卖店	中等/高等——需要控制品牌
市场营销与销售	在巴黎、米兰和纽约的时装秀 时装秀的媒体报道 为百货商店提供特别的款式系列简报 品牌相关的产品，如成衣和配件，例如鞋，包	高 有价值——时装秀的成本为50万美元，媒体报道之后，其价值会变成数百万美元 中等——对品牌推广和公司的愿景有帮助 可能是这里的最高的附加值，见文中
服务——为富有的客户提供独特的和谨慎的服务水平。对客户额外的以及重要的服务，希望购买成衣	通过掌握对零售批发商的所有权	高，但是需要高级礼服的顾客是少量的 需要成衣系列的顾客是大量的

注释：为了简化，上表中只陈列了主要的业务活动。负责监督整个过程的时装设计师很显然已经参与到主要活动的每一个部分。另外，他们也是公司基础设计在第二阶段活动中的一部分。

资料来源：见参考文献。

在时装店内存在两个获得价值的额外方面,它们不仅仅集中在简单的设计以及单一的丝绸服装的制造上:

1. 大多数的时装店都会开发自己的零售商店来在全世界销售它们的产品。例如,奢侈品的市场领先者是法国公司路易威登:它拥有大约1 600家商店,并且从这些分销商中获得了80%的销售额。

2. 时装店同样经营着一系列的品牌,每一个品牌都拥有自己的设计者和时装活动。例如,路易威登拥有至少50个品牌,但并不是所有的品牌都属于时尚服装。这一战略的目标就是为了分散风险:如果一个时装店的某一类品牌遭受了短暂的低迷,那么另一个品牌可能会因此而取代它。总的来说,路易威登雇用了56 000名员工,其中有2/3的员工在法国以外的地区进行工作。

在奢侈品行业的竞争优势

尽管价值链处于高利润的业务活动中,但是它并没有必要遵循所有的活动都应该体现公司的竞争优势。所有时装店的高利润活动可能是一样的,因此,并没有为某一个特别的时装店带来竞争优势。然而,价值链是一个有效的起始点,因为竞争优势可能与高利润有关联。在奢侈品市场的案例上显而易见的是,仅仅在一定程度上,竞争优势依赖于像古琦或者路易威登这样的品牌。表4.2列举了三个领先的奢侈品公司,并描述了它们将会形成竞争优势的主要特性。

表4.2 三大高水平的时装店

公 司	2002年销售额	主要品牌:一些是在配件和香水产品上	额外的业务活动
路易威登(LVMH) • 路易威登(Louis Vuitton)轩尼诗(Moët Hennessy) • 以法国为基地	• 120亿美元 • 自己的商店拥有80%的销售额,大约有1 600家商店 • 在2004年的广告费用为2.2亿美元	• 罗意威(Loewe),赛琳(Celine),姬雪(Kenzo),纪梵希(Givenchy),马克·雅可布斯(Marc Jacobs),芬迪(Fendi),史提芬诺比(StefanoBi),艾米里欧普奇(Emilio Pucci),唐娜·卡兰(Donna Karan),汤玛斯品克(Thomas Pink)	• 15个红酒与烈酒品牌,包括轩尼诗干邑(Hennessy cognac) • 10个香水和美容品牌,包括克里斯汀迪奥(Christian Dior)和娇兰(Guerlain) • 6个手表和珠宝公司,包括TAG,豪雅(Heuer)和真力时(Zenith) • 7个零售配件公司
历峰集团(Richemont) • 以瑞士为基地	• 36亿美元 • 自己的商店拥有55%的销售额,大约有3 500家商店 • 在2004年的广告费用为0.75亿美元	• 珂洛艾伊(Chloé),卡地亚(Cartier),伯爵(Piaget),梵克雅宝(Van Cleef & Arpels),登喜路(Dunhill),阿谢特(Hachett) • 一半以上的销售额来自于珠宝商卡地亚(Cartier)。但是该公司计划扩大它的珂洛艾伊(Chloé)高端时装品牌	• 钢笔公司,万宝龙品牌(Mont Blanc) • 6个手表公司

(续表)

公司	2002年销售额	主要品牌:一些是在配件和香水产品上	额外的业务活动
古驰集团(Gucci Group) • 由巴黎春天(Pinault Printemps Redoute,简称为PPR)所控制,法国连锁超市	• 24亿美元 • 自己的商店拥有50%的销售额,大约有1 500家商店 • 在2004年的广告费用为0.55亿美元	• 古驰(Gucci),伊夫·圣罗兰(Yves St Laurent),亚历山大·麦昆(Alexander McQueen),斯特拉·麦卡特尼(Stella McCartney),巴黎世家(Balenciaga),塞乔·罗西(Sergio Rossi)	• 零售商店,超市,邮购目录

资料来源:Rumelt,R.(1991)How much does industry matter?,*Strategic Management Journal*,March,pp67-75,copyright © 1991 John Wiley & Sons,Inc. Reprinted by permission of John Wiley & Sons,Inc.

考虑价值链中的因素,我们将研究并测试它们是否能够为主要的时装店带来竞争优势:

● 品牌。这是一个关键的因素成分,因为它能够将一个公司与另一个公司区分开来。主要公司拥有一些知名品牌,但是它的竞争对手同样拥有知名品牌。重要的是,在时装界,品牌需要用广告来不断地更新概念并维护。因此,一部分的竞争优势是由品牌来支撑的,包括两个方面:

● 大量的广告费用,正如路易威登一样。

● 时装店的设计师也能够作为品牌的一部分,例如让·保罗·高提耶(Jean Paul Gaultier)和伊夫·圣罗兰(Yves St Laurent)。在这里的竞争优势是很强大的。

● 设计师。一个设计师的名字、资质、技巧和创造力是开发并维持一个顶级时装店的主要关键因素。设计师能够使时装店复兴和发展,例如汤姆·福德(Tom Ford)(设计师)和多米尼克·德·索尔(Domenico de Sole)(商业伙伴)在20世纪90年代早期改变了古琦。当古琦被出售给法国百货巴黎春天集团之后,他们就已经离开了公司,但是他们的声誉仍然存在。在2005年3月,报道称,在古琦公司中,继福特先生之后,一位专门设计女士服装的新设计师,亚历山卓·法斯海聂特(Alessandra Facchinetti)提出了辞职,因为"商业因素束缚了时装界"。明确的是,设计师不仅仅是高级时装店的关键竞争因素,而且需要得出好的成果。

● 品牌范围。无论是路易威登,还是巴黎春天,都认为它们真正的优势在于它们拥有许多品牌。如果经过一段时间,一个品牌衰退了,那么还有很多个品牌能够替代它的位置。另外,一系列品牌意味着它能够为广泛的顾客提供更加全面的商品,也许传统的设计只是为某些人,而另外一些前卫的设计则是为另外一些人。然而,并不是完全清楚路易威登的品牌系列是否优于其他领先公司的系列品牌。所以,这并不一定是一个竞争优势。

● 许可经营和特许加盟。对于所有的高级时装店来说,这是收入的主要来源。正如上文所述,这存在许多风险,但是从所控制和监督的业务活动中所获得的利益来看是具有重要意义的。尽管这些活动是重要的,但是并没有证据表明某一个主要的时装店在这个领域具有竞争优势,它们都具有很好的收益。

● 零售商。主要的高级时装店至少直接控制了它们一半的销售额。这存在几点原因:第一,它们维持了利益;第二,它们维护并控制了品牌所代表的含义;第三,它们能够为其主要的客户呈现良好的公司氛围以及专业谨慎的服务。但是,在这个领域上,三个领先公司之间不存在很明显的竞争优势,因为它们都拥有强大的和地理位置良好的连锁商店。

● 地理位置。在高级时装界,巴黎、米兰和纽约具有重要的影响(柏林、伦敦、马德里和新加坡都很好,但是并没有像以上三个地区那么重要)。造成这种现象的部分原因是,在巴黎、米兰和纽约附近开发了许多能够支撑时装产业的主要产业基础设施。例如,法国拥有2 000家公司,200 000个工作岗位,5%的总产值是与时装产品直接相关的。这些数据并没有包含同样与高级时装有关的纺织品产业以及与媒体有关的活动。但是,地理位置并没有为一家领先的公司带来与另一家公司不同的竞争优势。

尽管在2008—2009年期间世界银行危机爆发之后,奢侈品行业在短时期面临着一些主要的盈利问题,但是相对来说,它恢复得挺快。愤世嫉俗者可能会认为,这是由于支付给世界领先银行家的奖金几乎没有受到影响,他们的财富使他们成为了奢侈品的主要客户。尽管存在这样的事实,即他们至少应该在一定程度上对主要的经济衰退承担责任。但是,无论什么原因,在过去几年的时间里,已经证明了奢侈品市场的经济反弹。

最后,让我们回顾一下,时装产业其实不只是能够创造利润,它还存在许多其他的特色。引用时装设计师瓦伦蒂诺(Valentino)在2007年退休时所说的话:"许多女士都想要成为独特且娇柔的女性。这从未改变。我希望为一位女士所做的就是,希望当她走进一个房间的时候,所有人都会注视着她。我希望女士能够得到关注,并且能够经常引起别人的钦佩和赞赏。"

 路易威登和历峰集团在它们2010年的年度报告内都没有广泛地讨论在奢侈品行业中的绿色可持续发展问题。然而,路易威登为支持艺术作出了贡献,路易威登是南非可持续性发展项目的投资者。

©版权归理查德·林奇所有,2012。保留所有版权。该案例来自于出版信息,由理查德·林奇所著。教育与研究活动见参考文献。[20]

案例问题

1. 你是否同意上文中关于奢侈品行业竞争优势的评论和结论?这一类公司的竞争优势是什么?

2. 是否能够用哈默尔、普拉哈拉德和凯所提出的基于资源的理论来将上文中所列出的竞争优势进行重新分类?你可以参考与之相关的可能领域来给出答案。

3. 时装行业以外的公司能否从时装行业所采取的战略中得到启示?在探索这个问题时,你能够考虑这样的主题,即品牌、特许经营、控制零售商以及服务水平。

 资源分析和经济租金——大卫·李嘉图(David Ricardo)的贡献:对于那些感兴趣的基础经济理论,这部分解释了为什么竞争优势能够提供高附加值。

4.6 资源分析和竞争优势：基于资源的理论

如果对于一个有效的战略来说可持续竞争优势是基础的话[21]，那么就会出现一个问题，即是什么使资源成为了例外。在过去的 1984 年到 2007 年的时间里，战略家开发了一个主要的常规方法来回答这个问题。该方法并不是突然出现的，而是经过一段时期对各种各样的书籍和研究报告的调查而产生的。对此存在一些主要的贡献者，如展示 4.4 所示。[22] 因此，不能将该方法的开发功劳归功于一个人。该方法的完整名称为基于资源的理论（RBV）。<u>RBV 强调了组织中单个资源在实现竞争优势和组织附加值上的重要性</u>。该方法代表了研究重点的大量转变，即从 20 世纪八九十年代早期迈克尔·波特和其他专家的基于环境的观点转变成了现在的基于资源的理论（见第 3 章）。

定义 ➡

展示 4.4

对 RBV 发展所作的贡献[23]

作　　者	时期	总　　结
沃纳菲尔特（Wernerfelt）	1984	将公司看成是一组资源，而不是为了在战略制定中保持市场地位
巴尼（Barney）	1986，1991	不完全竞争市场，市场进入壁垒和其他限制条件需要，为成功战略的制定区分资源和资源的固定性
鲁梅尔特（Rumelt）	1987	战略制定中资源的重要性
迪瑞克斯（Dierickx）和库尔（Cool）	1989	战略性资产应该自行开发，而不是从外部收购。这样的资产需要时间来开发
休梅克（Schoemaker）	1990	确定性因素在决定有用资产时的重要性。一些资产不容易交易的原因是专业技能、知识诀窍和声誉
普拉哈拉德（Prahalad）和哈默尔（Hamel）	1990	关键资源：将技术和科技当作核心竞争力，见文中
彼得夫（Peteraf）	1990	识别资源的四个不同特征
格兰特（Grant）	1991	资源、生产能力和竞争优势的定义
康诺（Connor）	1991	资源的长期性，很难被模仿
阿密特（Amit）和休梅克（Schoemaker）	1993	通过资源开发过程来进行探索，例如有限理性
凯（Kay）	1994	将三个最重要的资源看作是公司的创新能力，它的声誉和它的内部和外部关系网络（架构），见文中

(续表)

作 者	时期	总 结
梯西（Teece）,皮萨诺（Pisano）和肖恩（Shuen）	1997	探索资源改变的特性
Makadok	2001	用基于资源的检验观点和动态能力来形成一个综合体
胡普斯（Hoopes）,马德森（Madsen）和沃克（Walker）	2003	《战略管理杂志》关于资源观点的特别版本,这一主题有13篇文章
Misangyi 等	2006	表明业务细分市场是最重要的,但是产业和公司环境同样需要关注
Newbert	2007	RBV的调查实证研究发现RBV仅仅接受了"适当支持整体"的观点,但是这可能也反映了早期RBV研究的数据,这些数据并没有考虑最新的RBV研究动态

4.6.1 RBV 发展的原因

在20世纪80年代期间,像波特这样的战略家探索并强调了需要确定盈利市场,随后,通过这些市场上的产业解决方案发现了竞争优势,例如在第8章中所研究的"一般战略"。尽管这些发展接受了来自于一些评论家的强烈赞同,但是令人不安的证据却指向了不同的方向。例如,鲁梅尔特（Rumelt）[24]在1991年发表了一项研究,即关于20世纪70年代主要的美国公司的利润源泉。该研究表明对公司总体盈利能力作出最大贡献的是个体企业层面,而不是更高的公司层、产业层或者是行业的周期性。结果见表4.3。例如北美,它们表明重要的是单个业务领域而不是行业。对于其他国家和产业来说,这一发现结果是否是真实的仍然不能够简单地论断。但它的确表明,对资源的行业解决方案不可能成为主要的利润源泉,因此破坏了波特的方法。为了公平起见,在1997年,波特在他公开发表的研究中给出了类似的证据。[25]然而,波特的研究表明,公司的影响并没有鲁梅尔特所发现的那样大。可能是由于波特所使用的例子包括服务产业,也包括制造业。后来的学者进一步深入地进行了研究,所得出的结论是私有资源比行业影响更加重要,但是与以前的研究相比,环境更加复杂。[26]从本质上来讲,同样重要的是组织管理资源动态更新配置的能力,这些资源将会真正发挥竞争优势。我们将在下一章研究该内容。

与此同时,其他的战略家对相同行业中公司的不同的长期盈利业绩感到困惑。他们认为,如果一个行业是主要利润的决定因素,那么在一个行业中的所有公司应该有相似的盈利水平。但是,显然情况并非如此。例如,美国的家乐氏(Kellogg)的谷物早餐业务中的利润在下降,而美国的通用磨坊(General Mills)却保持继续增长,见第2章。日本的丰田和本田在世界汽车行业中取得了大量的发展,经常会牺牲美国通用和福特的利润,即使是在通用和福特的本国市场,它们也损失了大量的利润,见第六部分中案例5"全球汽车市场"的案例。中国台湾地区的宏碁(Acer)和美国的戴尔(Dell)在个人电脑上正处于上升趋势,而美国的IBM和苹果却在挣扎着求生存,见第1章和第2章。为什么会发生这种现象呢?行业分析并没有出现错误,即它需要确定可持续竞争优势和顾客需求。但是,很显然,这是不足够的。

表 4.3 对业务单位盈利差异的贡献率

公司内部的源泉	对公司总盈利能力的贡献率
公司所有权	0.8%
产业效应	8.3%
周期性影响	7.8%
业务单元的专业影响	46.4%
未知因素	36.7%
总数	100%

资料来源:见参考文献[27]。

RBV发展的本质是它关注于组织私有资源而不是一个行业中适用于所有公司的战略。了解一个行业很重要,但是组织应该根据自己的情况来寻求解决方案。随后,当与其他组织进行比较时,通过努力地探索单个组织的相关资源来发现可持续竞争优势。相关性意味着所确定的资源比竞争者要好,能够说服顾客,并且能够从组织内部的一系列优势上获得。例如,GSK在药物研发上的战略应该集中在研发更加有效的药物上,为顾客提供真实的好处,并且与其目前的药物领域的优势相匹配,例如治疗哮喘的药物、杀菌药物等。它不应该进入到一个领域,该领域的技术对于公司来说是全新的,但是该领域却存在固定的潜在竞争者,例如美国的强生公司(Johnson & Johnson)在外科手术设备和外科敷料领域。

分析了行业的环境之后,RBV的起始点是对一个组织的资源进行谨慎探索,这已经在4.3部分进行了研究。但是,除了一般分析之外,有必要确定那些带给单个组织独特优势的资源特性。

4.6.2 可持续竞争优势和RBV

定义➡ **可持续竞争优势是优于竞争者的优势,是不能轻易被模仿的优势。** 分析竞争者的主要原因是为了使组织能够开发竞争优势来与竞争者对抗,尤其是那种能够持续很长时间的优势。可持续竞争优势包括组织在市场上进行竞争的方式的各个方面,例如价格、产品范围、生产制造质量、服务水平等。然而,这些因素中的某些因素是容易被模仿的。例如,价格在一夜之间几乎是可以被改变的,或者当 GSK 失去其专利保护时,其他公司能够很快地复制、模仿药物进而进行生产制造(见案例 4.1)。

优势的真正益处来自于竞争者无法模仿的优势,而不是只能解决短暂竞争问题的优势。为了维持可持续性,竞争优势需要更深入地嵌入组织中,如它的资源、技术、文化以及一段时间的投资。例如,路易威登在时装行业的优势来自于他的品牌投资、它的产品质量和名誉、它独特的时装设计师以及它与供应商和顾客之间的关系网络。

4.6.3 竞争优势的一些来源

在寻求竞争者不能容易模仿的优势时,不仅仅有必要研究竞争者,也有必要研究组织本身和它的资源。进行这项任务不存在僵硬的公式,但是为了后续研究,这里存在一些可能的起始点。

- 差异化。这是产品或者服务的独特特征的开发,这种差异化能够使组织在总市场的某部分上表现独特。品牌就是这种来源的一个例子。
- 低成本。低成本产品的开发能够使公司与其他公司进行竞争,即以更低的价格为基础,或者制定与其竞争者一样的价格,但是附加了更多的服务。例如,在中国和一些东南亚国家中的产品可能具有更低的劳动力成本优势,这就是西方国家不能匹敌的。[28]
- 细分市场的营销。一个公司可能选择一个小的细分市场,并将所有力量集中在该市场上,为的就是在该细分市场上获得优势。这样一种细分市场将需要按照特殊的顾客需求进行区分。像伊夫·圣罗兰或者登喜路时装店就是这样的例子,它们将目标市场定位在那些独特的需求市场上。
- 高性能或技术。能够开发出其他公司无法比较的独特性能或者服务水平。例如,通过专利产品或者招聘具有特殊才能的员工。全球知名的咨询公司和商业银行的运营就是这种方式。
- 质量。一些公司会提供一个其他公司无法比较的、高质量水平的产品。例如,一些日本汽车公司提供的可靠质量是西方汽车公司很难达到的水平。
- 服务。一些公司已经有意地寻求提供高水平的服务,这是其他公司不能或者不愿意进行竞争的服务。例如,麦当劳在它的快餐店中提供了新的服务水平,这是多年以来其他公司没办法匹敌的。
- 垂直一体化。对原材料供应商的后向收购或者对分销商的前向收购也许为组织提供了别人无法匹敌的优势。例如,在第 3 章中,阿赛洛钢铁公司拥有一些钢铁分销商。
- 协同作用。这是指业务部分的结合,这些部分的合作要比单独部门更加有价值或者更加有效,也就是说"2+2=5"。这种现象会出现,是因为这些部门共享了固定成本,转移它们的技术或者共享了一些相同的销售群体。当进行收购时,通常会为这种方法制定要求,但是在现实中,协同作用并不一定会实现。

然而，它仍然是研究的有效领域。
- 文化、领导风格和组织风格。一个组织领导、培训和支持员工的方式也可能是其他公司无法比较的优势来源，它将导致创新产品、独特的服务水平，对新市场发展的快速响应等。与以上所述的其他领域相比，该领域很难进行量化，但这仅仅为组织增加了独特的形象。在关于战略的书中，很难找到对该领域的描述，但它是这本书中的某个主题。

一些组织和战略家已经对可持续竞争优势的这些来源中的前三个存在困惑，波特的一般战略，正如他们经常描述的那样，将在第8章进行讨论。然而，单独地考虑这三个领域是不合适的，因为以上所列出的其他来源（和许多没有列出的来源渠道）也同样是重要的。实际上，波特的书籍相当详细地探索了许多可能的领域。也可以认为，上文中所列出的几个来源涉及了差异化的某些形式。然而，为了将所有这些优势来源都归于"差异化"，那就需要忽略优势形式的特性，并否认该概念下战略的重要单独领域。

一般来说，约翰·凯认为竞争优势是以一个组织中的不同部门之间的稳定性和持续性为基础的。[29]他表明主要优势不是一蹴而就的，不是通过一些特殊的收购或者其他不可思议的战略而形成的。大量的优势需要花费很长时间才能形成，这里包含了一个组织的文化和风格。在这种程度上，甚至会误认为优势就是上文所总结的各个优势来源。然而，这些列表只是为深入分析提供了一个起始点。

表 4.4　在不同类型的企业中，典型的可持续竞争优势

高技术企业	服务企业	小型企业	制造企业，公司是市场领先者
出色的技术	服务质量名誉	质量	低成本
质量名誉	高质量和员工培训	迅速的服务	强大的品牌
顾客服务	顾客服务	私人服务	良好的配送
金融资源	知名品牌	低廉的价格	高质量产品
低成本制造	顾客导向	地区的可用性	物有所值

资料来源：见参考文献。[30]

重要的是，不存在唯一的路径和战略模式来寻求可持续竞争优势。然而，在独特的公司类型中，确定竞争优势的一些可能领域是可能的，见表4.4。在下一节，我们将研究支持这些概念的原则。

4.6.4　基于资源的可持续竞争优势的7因素

一段时间以来，各种各样的战略家已经研究了单个组织为了获得竞争优势而可能拥有的优势。对于这种竞争优势的准确来源还没有达成一致。例如，普拉哈拉德和哈默尔强调了一个关键资源，[31]凯[32]已经确定了三个主要领域，皮特尔（Peteral）[33]表明存在四个领域，科里斯（Collis）和蒙哥马利（Montgomery）[34]已经描述了五个领域。当然，这些作家和其他作家已经做出了重大的贡献，他们

所有人都同意一个行业内单个公司资源的重要性。考虑所有这些观点,确定包含资源观点(RBV)的7个因素是有帮助的,如图4.11所示。另外,需要注意的是这些因素中有几个已经额外地阐明了附属方面,也许就是出现分歧的地方。

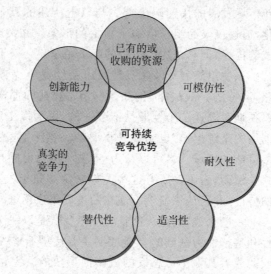

图4.11 基于资源的理论:7个主要因素

- 已有资源或者收购资源。基于组织已经获得的优势来创造价值更容易获得成功,而不是基于一个全新的领域上获得的新优势。但这并不能保证战略将会成功,它只是一个起始点。此外,以现有优势为基础将可以开发真正的独特性,该独特性的建立来自于组织多年的历史和投资——经济学家称之为"路径依赖"。竞争者开发相同的复杂资源是很困难的。我们在第2章的最后一节关于历史战略上研究了该内容。最后,在未来战略制定中具有重要性的另一个主要优势就是组织现有的声誉。例如,英国零售商玛莎百货拥有既定的优势,即名誉和质量,这将会形成未来战略的基础。

- 创新能力。一些组织的创新能力要比其他组织强。创新是很重要的,因为在竞争优势上特别能够实现真正的突破,而其他组织却很难在很长的时期里与之竞争。在这本书中已经在很多地方探索了创新的重要性,尤其是在第11章。例如,日本电子消费产品公司索尼多年以来已经发展了一系列生产新产品的能力。在这里,我们将简单介绍创新能力。

- 成为真正的竞争力。至关重要的是,任何资源都能够提供一个真正的竞争优势。在某种程度上,这回归到了在上文4.7.1节中所概括的对相关顾客、竞争者和公司优势的检验上。但是,它强调了将资源作为真正的优势是不足够的,即相对来说,资源必须比竞争对手所拥有的资源要强大。例如,只拥有"低成本,高质量"的工厂是不足够的,必须拥有比竞争者更低的成本和更高的质量。例如,美国微软公司已经开发了电脑软件包,并且占据了超过世界上任何一家软件公司的市场位置。

- 替代性。如果资源不能够被替代的话,那么它们更具有竞争性。有时独一无二的资源也能够被全新的替代品所替代。这些因素已经在第3章波特的

"五力模型"中进行了研究,它也同样适用于这里的基于资源的理论分析。例如,没有什么商品能够替代美国沃尔特迪士尼公司(Walt Disney)的米老鼠(Mickey Mouse)形象。

● 适当性。资源必须能够为私人企业实现优势结果,而不是被迫将资源分发给公司中少部分人手中。这是因为拥有竞争优势的资源并不一定意味着它的收益将属于它的所有者。他们可能会被迫将一些利润让给其他人,即通过与组织中的各种利益相关者进行讨价还价,这些利益相关者包括顾客、员工和供应商等。我们将在第12章研究利益相关者,在第15章关于博弈论上研究讨价还价能力。维持适当性的另一种方法就是公司取得它的产品和加工过程的专利权。无论采用什么方法,公司必须能够保持资源所获得的利润。例如,意大利公司贝纳通已经组织和管理了它的业务,正如它同时拥有生产制造和配送批发业务,因此能够保证它从价值链中所获得的附加值。

● 耐久性。有效资源必须具有长期性。这并不是指确定一个无法维持优势的竞争性资源。在未来某个时间,所有竞争资源可能将会服从约瑟夫·熊彼特(Joseph Schumpeter)在第5章的5.4.1节中所描述的命运,即将不再具有竞争优势。但是,更长久的资源可能会更好的保持它的优势。正如美国相片公司柯达(Kodak)所拥有的品牌名称就具有耐久性。

● 可模仿性。如果资源具有竞争优势时,那么它们必须是不能够被轻易模仿的。尽管许多资源最终都会被复制,但可以通过许多策略来推迟这一模仿过程。

● 独特的有形资产。特殊差异化的一些形式,例如品牌化,独特的地理位置,或者专利保护,将会延迟被模仿的时间。

● 模糊的因果关系。对于竞争者而言,给资源赋予竞争优势的因素也许是不清楚的。可能存在一些需要花费多年时间来开发的复杂组织程序,这是很难被外部公司学习或获得的。

● 投资壁垒。如果一个市场拥有有限的或者未知的增长前景,那么很难做出一个小规模的初始投资,组织在新战略下所做出的大量投资可能会阻止竞争者进入市场。当大规模的资本工厂或者主要的广告活动对于推出产品和服务很重要时,这是特别正确的观点。

例如,日本汽车公司丰田已经开发了一个制造过程,其拥有许多像团队工作这样的人力资源因素,他们是不容易被观察的。这使得其他汽车公司很难去模仿丰田汽车高级模式。

你可以学习更多关于每个组织的其他资源,例如食堂、汽车维修站和办公大楼,可以学习到它们是如何组合这些提供竞争优势的关键资源的,正如这部分所述。这个概念被称为"资源的层次架构"。

4.6.5 内部分析框架(VRIO):检验竞争性资源的机制

尽管对组织所拥有的资源进行初步评估时,资源层次架构是有效的,但是在确定某些资源时仍然存在问题,这些资源更可能提供与开发公司资源或能力有关的回报潜力。我们需要一个机制来检测竞争性资源。俄亥俄州立大学的杰伊·巴尼(Jay Barney)教授已经表明用内部分析框架(VRIO)来提供这样一种路径,如表 4.5 所示。这是一个连续的决策方法,首先质疑每一个资源并询问它是否是有价值的。问完这个问题之后,开始检验下文所概括的资源的稀缺性、模仿性和组织能力。

- 价值。一个组织的资源应该是有价值的,即它允许一个公司选择战略来探索环境机遇或者消除一个竞争威胁。
- 稀缺。一个组织的资源应该是稀缺的。如果资源同样适用于竞争者,那么所开发的资源将不能够获得竞争优势,经济绩效将不会优于竞争者。
- 不能被模仿。一个组织的资源被模仿的代价是很高的。如果它很容易地就被模仿了,那么经过一段时间之后,竞争者将会利用从市场中攫取的利润来复制和模仿稀有资源。
- 组织能力。一个组织需要能够组织管理自身来开发其有价值、稀缺的和不被模仿的资源。在某种意义上来说,这是以上三个因素之间的平衡因素。

表 4.5 内部分析框架(VRIO)

是资源或者能力……

有价值?	稀缺?	仿制成本高?	组织的开发能力	竞争意义	从资源中所预期的比较经济业绩
无	—	—	无	竞争劣势	低于正常业绩
有	无	—	有/无	同样的竞争性	正常业绩
有	有	无	有/无	暂时的竞争优势	高于正常业绩
有	有	有	有	可持续竞争优势	高于正常业绩

资料来源:Barney, Jay B, *Gaining and Sustaining Competitive Advantage*, 2nd, © 2002. Printed and electronically reproduced by permission of Pearson Education, Inc., Upper Saddle River, New Jersey.

在 VRIO 框架中,这些因素能够组合成一系列连续的决策。首先,询问资源是否是具有价值的;其次,是稀缺性,是否容易模仿;最后,探索组织是否能够在很好的组织管理下寻找机遇。表 4.5 展示了完整的框架。

关键战略原则

- 基于资源的理论(RBV)认为与行业分析相比,组织的私有资源为战略制定提供了更加强大的基础。原因是 RBV 将会识别和确定那些具有独特性和可持续竞争优势的资源。
- 可持续竞争优势(SCA)是一个优于竞争者的优势,是不能够被轻易模仿的。SCA 存在大量的来源渠道。它们包括差异化;低成本;细分市场营销;高性能或技术;质量;服务;垂直一体化;协同作用,以及文化、领导能力和组织风格。重要的是,SCA 需要经过很长的时间才能形成,这样一个来源清单仅仅是更加详细研究的起始点。

第4章 资源和生产能力分析

> - 基于资源的竞争优势存在7个因素：自有的或者外部获得的资源，创新能力，成为真正的竞争力，可替代性，适当性，耐久性和可模仿性。
> - 当一个组织具有一些竞争优势之前，它不一定要获得所有这些因素。每一个组织将会具有一个独特的资源组合，其中有一些将包括可持续竞争优势。
> - 内部分析框架(VRIO)，即价值性，稀缺性，不可模仿性和可能的组织能力，能够被用于检验资源对竞争优势的贡献能力。

 公司竞争优势资源列表。

4.7 确定具有可持续竞争优势的资源或者能力

现在，我们将确定组织的资源，即最可能为组织带来可持续竞争优势的资源。然而，应该注意的是这需要一定程度的判断能力。此外，该部分将继续探索战略思维。与可持续竞争优势有关的完整过程如图4.12所示。

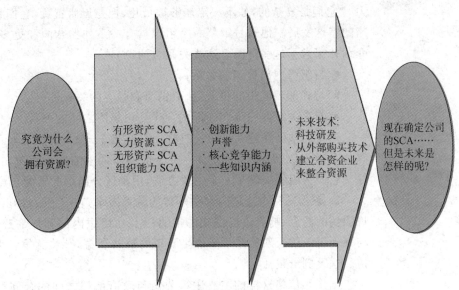

图4.12 确定具有可持续竞争优势（SCA）

4.7.1 基础资源分析

视频
第5a部分

在进行任何资源分析时，首先我们需要检验组织中所有的基础资源。在这一章定义资源时，我们就已经进行了该过程，所以我们只是简单地回顾一下这三个领域：

- 有形资产：组织中的物质性资源。

- 无形资产:许多很重要的其他资源,当它们并不是以物质形式呈现的。
- 组织能力:组织的技术、架构和领导能力,并能将组织的所有资产结合在一起,允许它们有效地相互作用。

尽管这并不是确定具有可持续竞争优势的特殊资源和能力的模式,但许多战略家已经表明了一些需要考虑的可能领域,即独特能力,核心竞争力和知识。我们将在下面探索这些内容。

4.7.2 三个独特能力的独特重要性:架构、名誉和创新

如上文所述,不同的研究者已经开始用不同的方法来处理资源问题,这些资源将会提供可持续竞争优势。两个特殊的领域值得深入研究,即独特能力和核心竞争力。尽管它们包含在上文中所概括的框架中,但它们代表了利益和见解的特定领域。他们同样指出不同的战略家所强调的重点领域是不相同的。例如,独特能力方法认为创新能力和任何其他核心资源一样重要。这一节更深入地探索了独特能力,下一节将研究核心竞争力。

视频
第5a部分

在资源分析时,凯认为一个组织资源的独特能力在提供竞争优势上是特别重要的。独特能力与组织中三个可能的独特资源有关,即架构、名誉和创新能力。[35]它们是复杂的,并不一定能够被量化,但是毋庸置疑,它们将有助于公司战略的特殊发展。他通过解释一个组织具有一系列的合同和更多非正式的关系,介绍并探索了这些资源。这些关系包括:

- 与组织内部员工的关系;
- 与外部环境中的供应商、分销商和顾客的关系;
- 与有关行业内部和外部的合作公司集团之间的关系。

这些关系已经建立了很长时间。有些是正式的,有些是非正式的。尽管这些关系很相似,但与4.5.2节中关于价值体系中的关系相比,它们更具有延伸性。它们为组织提供了三个主要方法,用来区分组织的资源与竞争者资源。

定义➡ 1. 架构是一个公司内部和外部的关系网络。它的重要性在于创造知识和常规惯例的能力、响应市场变化的能力以及在组织内部和外部交换信息的能力。与其他组织的长期关系可能产生真正的战略利益,导致竞争者无法进行复制模仿。这类例子包括:

- 像布依格这样的主要建筑公司与政府部门之间的合同存在着大量的合同关系。
- 像荷兰铁路公司这样的公司与贸易联盟之间的协商谈判,谈判内容是利用新工作方式来引进新技术和降低成本。
- 像葛兰素史克与默克(Merck)这样的制药公司与政府之间的协商谈判,谈判内容是新药品的价格架构。

定义➡ 2. 在组织的顾客和其他利益相关者来看,名誉是组织的战略标志。这将允许组织向它的顾客传递关于组织本身的良好信息。这也与长期关系有关,但需要花费很长的时间来建立。一旦获得声誉,那么它将提供一个真正的独特性,

即竞争对手无法比拟的特点。这类例子包括：

- 高质量工作的声誉是建立在时间和预算成本上的。经过一段时间之后，建筑公司能够获得大量的好处，因为它们在这个领域一直处于连续的运作当中。
- 服务质量的声誉通常是准确且可靠的。铁路公司在这个领域上能够获得收益或者损失，尤其是当它们为了业务而与可选择的公共交通工具竞争时，例如公共汽车。

定义➡ 3. 创新能力是一些组织为了开发和探索创新想法所拥有的特殊才能。一些组织发现它本身比其他组织更容易创新，因为它们的架构、文化、程序和奖励制度。有时会出现这种情况，即使它们进行了创新，但仍不能利用创新来与竞争者进行竞争。这是战略中非常重要的领域，是值得详细研究的。因此，将在第11章更全面地研究该内容。

评论

上述资源的各个领域将会在适用于一个较大或较小程度的组织。它们本身是很重要的，但是也存在争议。

通常，以上三个领域都需要经过很长的时间来能形成。前两个领域比它们将要建立的计划选择更容易定义；将要改善架构和声誉的方法会带来很多关于它们性质的问题，这是很难进行研究的。改善架构和声誉的趋势是有价值的，但是大多数都是毫无意义的，仅仅只是改善它们的美好愿望而已。凯对于该领域并没有给出清楚的阐释。第三个因素，创新将在第11章进行研究。一些战略家判断存在许多其他潜在的优势资源领域，正如本书所出现的其他因素，但是强调这些领域并没有价值。该观点是正确的，但是并没有考虑到RBV广泛的特性，因此很难将其付诸实际。

真正的重点是如何理解这些因素，并将其用来获取竞争优势。在该领域的资源分析需要考虑将会出现的变化，不仅仅需要探索该领域本身，还需要研究其深入的发展。这就是能够作出贡献的RBV的7因素的另一种观点。

4.7.3 核心竞争力的独特重要性

在相关的研究领域，哈默和普拉哈拉德已经研究了核心技术和核心竞争力

定义➡ 领域。[36] 核心竞争力是组织能够为其顾客提供独特好处的产品技术和科技的集合，它们巩固了公司已经建立或者希望获得并超越其竞争者的领导能力。

视频
第5a部分

核心技术是一个组织的基础资源。两位作者都已经列举了日本夏普（Sharp）和日本东芝（Toshiba）的例子，两家公司都将平板电子技术作为未来增长的机会；两家公司都投资了上百亿美元来开发它们在平板市场上的技术，该技术将被用于卫星电视、手提电脑、数字手表、电子录像机等其他领域。重要的是，在建立独特的产品业务并能够证明该投资水平是正确之前，公司就已经对该技术进行了投资。核心竞争力组成了核心产品的基础，反过来，核心产品组

成了公司业务领域的基础。

核心竞争力是技术、知识和科技的集合。这一集合物将可能提供竞争优势。这一领域的分析来自于对单独组织中的组成部分的研究。技术分析需要在详细的研究水平下才能进行,该研究水平能够揭示有效的战略见解,如果不够详细,那么该技术分析就难以进行管理。两位作者表明,如果只确定了三项或者四项技术,那么就可能太广泛了,但是如果确定了40项或50项技术,那么就太详细了。他们认为存在可以区分主要核心竞争力的三大领域:

1. 顾客价值。竞争力必须能够真正地影响顾客对组织及其产品或服务的感知。

2. 竞争者差异。这必须是十分独特的竞争力。如果整个行业都具有技术,随后该技术将不再是核心的,除非组织的技术是该领域中真正独一无二的。

3. 可扩张的。核心技术必须能够提供产品或服务的基础,即能够超越那些目前就能获得的产品或服务。该技术必须能够从它目前所处的独特产品种类中撤离。组织需要设想该技术也许能够运用在它运营的整个领域中。

重要的是,核心竞争力是为了争取市场份额的激烈竞争的重要前提条件,即关键资源的开发必须在竞争之前就拥有,而不是在市场业务活动中获得。应该注意的是,哈默尔和普拉哈拉德将核心竞争力与组织的未来愿景结合起来,这将在第6章进行解释和研究。

核心技术的案例将包括:

1. 葛兰素史克:包括对自己药物专利的所有权、该公司在制药市场上与顾客、分销商和卫生局之间所建立的联系以及整个产品系列的技术。

2. 荷兰铁路公司将拥有与铁路网络运营有关的核心技术。但是,从竞争的观点来看,更重要的是,它将在顾客管理、时间安排、服务计划调度等方面拥有技术,这将与公共汽车和飞机有关的服务进行竞争。

3. 布依格在与道路设计和建设有关的道路建筑上具有核心技术。但是许多公司也将拥有这样的技术。它真正的竞争力将与它获得大合同以及管理这种合同协议的能力有关。它将需要在协定的预算之内按照约定的标准按时交付工程。

评论

大卫·塞恩斯伯里(David Sainsbury),英国主要零售商主席,曾经说过他坚信上文中所包含的思想是具有真正优点的。[37]但是,他同样给出了下面的评价:

● 与可能不具有深度管理技能的小规模公司相比,较大规模的公司可能更容易运用核心技术。当然,文中所引用的核心技术的案例都来自于大公司。

● 该想法完全是为了电子产品和相关市场制定的。该想法可能需要为其他类型的公司增加一些内容,例如中等规模的工程公司。

除了这些评论之外,与核心竞争力有关的一个实际问题就是开发者从来没有为它们的研发提供真正明确的要点清单,即它们都太含糊不清了。研究基于资源的竞争力和生产能力的十点指导方针在第8章的展示8.3中给出。

更基础的是,核心竞争力忽视了RBV所强调的其他领域,即能够为资源分析和研发做出贡献的领域。竞争优势也许同样能够通过强大的品牌、专利或者优越的地理位置来获得。这些资源以及其他资源可能与核心竞争力具有很少的关联,又或者不具有关联性。

4.7.4 知识管理是竞争优势的主要来源?

目前,一些战略家已经认为组织的知识管理代表着竞争优势的主要来源。[38]他们认为在公司保持领先竞争者的能力上,知识的储存、开发和共享是特别重要的。实际上,管理知识并在组织中传播知识的方式代表了一种重要优势,尤其是在国际性公司中。[39]

定义 ➡ 知识是技术、常规惯例和能力在经历了一段时间之后的累积物,这形成了组织在市场上生存和竞争的能力。另外,正如李奥纳德(Leonard)所指出的,"组织中的知识库并不是静止的水池,而是充满活力,被新思想不断填充,并构成了公司革新的源源不断的源泉"。[40]我们将在第7章的创新主题下研究知识的作用。

评论

显而易见,可以想到的是在一些组织类型中,知识是极其重要的,例如咨询公司、一些会计师和法律事务所。但是为了提高知识的作用,而将其看作所有组织的主要优势来源似乎夸大了知识的重要性。例如,荷兰铁路公司在荷兰拥有一条独一无二的铁轨,麦当劳曾经使用"巨无霸汉堡"的品牌来传递其可持续竞争优势。这两家公司都没有与知识产生任何实质性的联系。

4.7.5 基于资源的理论(RBV)和中小型企业(SMEs)

尽管在第一眼看来,RBV也许非常适合具有大量资源的大型公司,但是,它对中小型企业(SMEs)也具有重要作用。这样的组织往往拥有非常少量的资源,但是它们也许更加灵活且更具有创业家才能。典型的是,这样规模的组织经常制定的战略可能包括:

- 较高水平的私人服务;
- 专业知识;
- 设计技术;
- 区域知识;
- 定制的解决方案。

以上所有这些可能包含了RBV的7个因素。他们认为需要小心地开发中小型企业(SMEs)的核心资源,这样才能反映出这些战略。这些资源可能是额外的员工、额外的培训以及对当地知识的利用等。RBV 的一些领域也许在早些年是很难开发的,例如独一无二的有形资产和投资限制。微软曾经是一家中小型企业,但是现在,它已经有能力来开发一些资本密集型的资源领域。原则上,这些因素能够为中小型企业提供有效的指导方针。

4.7.6 关于基于资源的理论(RBV)的评论

尽管在战略制定中,RBV 代表了明显的清晰度,但是它仍然暗藏了许多重要的缺陷:

- 它仅仅简单地列出了需要考虑的可能因素,在这些因素之间并不存在导向性的逻辑关系。根据定义,也许从来都不存在逻辑性,因为逻辑意味着一个行业的解决方案和应对策略。
- 除了创新概念之外(这并没有在 RBV 的许多研究中表现出来),在如何开发和改变资源上并不存在指导方针。资源开发的动态性是战略中的重要因素,而 RBV 对这一点只增加了少量的见解。[41]我们将在下一章研究该内容。
- 在资源的开发中,完全缺少对人力资源因素的考虑。
- 最近的一些批判性评论表明,整个概念都是同义反复的。例如,确定关键资源的逻辑过程是有缺陷的,因为解决方案能够从开放的过程定义中得出。[42]
- 在资源开发中,只强调了一点或者并没有强调应急方法,几乎没有意识到战略制定过程的各个方面。每个因素仅仅需要被定义的简单假设,随后又自动过度简化了战略制定的现实性。

最后,支持 RBV 是大多数战略问题的解决方案的人们夸大了 RBV 的作用。RBV 明显是一种进步,但是它并不能取代全面战略制定分析中的各个方面。

> **关键战略原则**
>
> - 对于是什么因素构成了 SCA 发展的最好方法并没有达成共识。有两种方法被证明是有效的,即来自凯的独特能力,以及来自哈默尔和普拉哈拉德的核心竞争力。
> - 独特能力确定了组织中三种可能的独特资源领域,即架构、声誉和创新能力。
> - 核心竞争力是生产技术和科技的集合,能够使组织为顾客提供独特的好处。
> - RBV 存在许多缺陷,即它仅仅简单地列出了需要考虑的可能因素;它忽视了人力资源问题的许多方面,尤其是忽略了战略制定过程中的各个方面。

4.8 资源与能力分析：提高竞争优势

在分析资源之后，组织通常会发现它们只拥有少量的具有竞争性的资产。这是非常正常的现象，因为大多数组织都是由一系列的资源所组成，许多资源是与竞争者类似的，因此具有少量的独特性。在这个背景下，在一些分析中所看到的核心竞争力的长列表表明，编制列表的人并不是十分严格，这并不是因为公司是多元化公司才导致的结果。[43] 如果忽视冗长的列表清单，在确定真正的竞争资源时，只以即将在这章中所进行的分析为基础也许是误导人的。其原因是到目前为止的大多数方法是静态的，即：

- 附加值的分析代表了在某一时间点上的情形。
- RBV 的 7 个因素的确定通常是基于现有资源的。

尽管静态方法是有效的，但在某一时点上的资源分析是对真实性的扭曲。一个组织的能力是随着时间的改变而改变的，它的竞争者将会投资到新的资产上。例如，在一个石油公司中，资产将会不断地被消耗，它们将在快速变化的电脑业务上具有有限的生命力。资源分析的真正作用其实是作为提高资源利用率的第一步。这将在第 5 章进行研究。

任何附加值和竞争优势的增加将来自于一系列的业务活动过程。这就是战略过程，并且包含着组织的人力资源、组织文化和领导能力的改变。该过程可能是紧急的，也可能是常规的。例如，它可能会使用尝试性的以及反复试错的方法来开发资源（应急方法），也可能会严格运用资源分析的方法（常规方法）。我们对改善资源的方法的主要研究需要等待一个更加详细的观点，即第 6 章和第 7 章中对组织目标的阐明和资源的观点。但是目前，为了简便有必要考虑三个相关因素：

1. 标杆管理；
2. 开发现有的资源：杠杆作用；
3. 资源升级。

4.8.1 标杆管理

定义 ➡ 评估组织各部门中可比较的业绩的方法就是**标杆管理，与其他组织在运营实践上的比较是为了确定改进的领域**。其他组织并不一定与对比组织属于同一个行业。需要与另一家领先的组织进行简单地比较，该组织的运营必须被公认为在某个任务或功能的特定方面上具有领先地位。

例如，美国福特汽车公司可能希望检验他的供应商关系的竞争性。随后，它可能会确定一个世界领先的供应商关系，例如知名的英国零售商玛莎百货。随后，福特可能会直接接洽该零售商，或者间接接触咨询公司或行业协会。福特将会把它的业绩和玛莎百货在这个特殊功能领域的业绩进行比较。随后将会分析福特和零售商在它所选择的业务活动之间的业绩区别,这将形成福特改善资源的基础。最后,该结果将会被利用到一系列活动中,如图4.13所示。

评论

一些评论者认为标杆管理在提高竞争优势时存在固有的缺陷,因为它的目标仅仅是将资源提高到与其他公司一样的标准上,在这种解释上我们可以了解到,公司将不存在高于其他公司的优势。然而,这也许并没有完整地掌握标杆管理的本质,其本质是通过与其他行业的公司的对比来提高资源标准。例如,在汽车行业的福特将基准公司选择为英国零售业的玛莎百货。换句话说,如果福特达到这一基准,那么它将仍然优越于汽车行业中的其他公司。

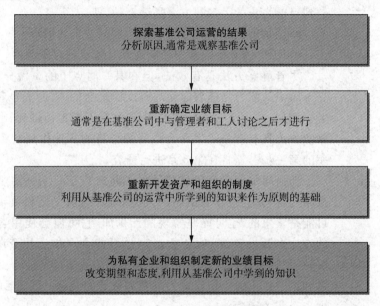

图4.13 典型的连续标杆管理

4.8.2 探索现有的资源:杠杆作用

定义➡ 在任何一个组织中,它的本质是彻底地开发它现有的资源,这通常被称为利用资源。[44]例如,在沃尔特迪士尼去世之后的许多年,他的公司仍然继续制造好电影,但是并没有努力去开发在任何其他媒体中的许多形象。在20世纪80年代,迈克尔·艾斯纳(Michael Eisner)成为了迪士尼的负责人,他利用迪士尼的资源,使公司进入到酒店、品牌营销和出版等领域。一般来说,现有资源能够在五个领域进行开发,即:

1. 集中:将资源集中在组织的关键目标和目标市场上,实际上,这将会对附加值的增加具有很大的影响。
2. 保护:利用资源的每一个的部分,循环利用资源,开发对组织有用的每一个方面。
3. 累积:深入挖掘组织的资源来发现所累积的零碎知识和技术,再加上对外部适用的技术和经验的吸收。

4. 互补：用混合新元素的角度来分析资源，例如市场营销和生产，支持并维护更强大的资源，使它们不受组织其他部分的缺陷的影响。

5. 恢复：确保在可能的情况下，资源能够很快地获得资金，因此能够很快地从新资源和现有资源中获得全部好处。

以上这些都是开发现有资源的常规路径，值得仔细地研究。在战略制定中的一个传统例子就是在20世纪90年代早期，澳大利亚的新闻集团利用他在英国报纸业现有的优势来支持并巩固了它的新卫星电视频道，即它们在英国报纸《太阳报》(Sun)和《泰晤士报》(The Times)上大力推广该频道，见第8章。

4.8.3 资源升级

不幸的是，竞争力分析的结果也许表明，即使一个组织不断地为它的投入增加一些价值，但它有可能拥有少量的竞争优势，或者不具有竞争优势。在一些行业中这是很普遍的现象，正如那些包含大众商品的行业，它们的产品在除了价格之外存在少量的差异性，例如农产品、矿业和金属业等。存在三种主要方法来改变这种状况：

1. 增加新资源来维护或者巩固一些现有的产品或服务领域。一些组织试图为它们的商品增加商标品牌，例如，英特尔公司(Intel)拥有"内置英特尔"(Intel Inside)以及它的奔腾(Pentium)电脑芯片。另一个例子就是肯尼亚的农民，他们将以前具有低价值的玉米地改种成具有更高价值的商业花卉，并出口给欧洲国家，即他们保持了土地和农业技术资源，但是用新产品巩固了这些资源。一般来说，在这里的生产产品的过程可能是相关的。

2. 直接巩固那些受到威胁的资源。这可以通过购买新的、更加有效的机械设备，或者协商一个新的合资企业来进行。例如，在1998年，所形成的戴姆勒-克莱斯勒(Daimler Chrysler)合并公司被认为要将两个中等规模的汽车公司的资源转变来(至少是潜在的)创造一个全球化公司，见第16章。事实上，此次合并已经基本上被理解了，但是并没有否定原则。

3. 增加互补资源，即能够使公司超越现有的竞争力。有时一个行业可能不具有吸引力，但是它却能够很好地开发资源，最后使得组织能够超越其目前的竞争力。例如，一些农民已经进入到空闲的工业中、建立高尔夫球场、建立住宿的建筑以及类似的活动，因此远离了依靠农产品价格来生存的局面，进入到具有更高利润的领域中。

资源升级提出了一个问题，即一个组织如何在一段时间之后进行前进发展，该发展与组织可供支配的资源、组织的目标以及竞争者的行动有关。重要的是依赖于组织将要发展前进的战略愿景，也许更多的相同之处就是会进入到一个新领域。这个问题将在下一章解决。

关键战略原则

- 至少存在三种方法来提高可持续竞争优势,即标杆管理,开发现有资源和资源升级。
- 标杆管理是一个组织与另一个组织在实际运营中的比较,该基准公司在其所运营的领域中被认为具有最好的业绩。标杆管理的目的就是确定组织资源中能够提升的领域。
- 开发现有资源,即杠杆作用。存在五种主要方式来进行这项任务,即集中、保护、积累、互补和恢复。
- 资源升级。存在三种主要方法:开发新资源;巩固那些受到竞争者威胁的资源;增加互补资源。

案例研究 4.4

任天堂的竞争对手利用他们的竞争性资源来反击 Wii

在 2005 年,日本电脑游戏制造商任天堂(Nintendo)看似破产了,并被埋没在了本国的娱乐市场上。它的两个竞争对手,微软的 Xbox 360 和索尼的 PlayStation 3,已经占据了世界市场的领先地位。随后,2007 年,任天堂推出了 Nintendo 的创新型产品 Wii,并重新占据了市场地位。但是,微软在 2010 年通过推出 Kinect 游戏机进行了反击。该竞争中包含了真正的竞争性资源的竞争。

早期背景

在家庭电视游戏设备的竞争中并不存在新花样。追溯到 20 世纪 80 年代,加利佛利亚的雅达利公司(Atari)是早期的领先者。然而,它并不具有专利性质的软件或者硬件,从而使得其他竞争者能够仿制它的机器设备,软件游戏的开发者能够无限制地获得它的游戏。正如第 1 章中的 IBM 个人电脑案例,专利并不是成功的秘诀。

随后便出现了日本公司任天堂。它已经学习到了一些关于竞争性资源的重要战略启示。第一,它使用了一个被称为马里奥(Mario)的品牌形象。第二,它以低价格出售游戏控制器,而从专利的游戏软件中获得利润。第三,它能够保证游戏控制器是独一无二的,并能够保证它具有一些控制游戏质量的功能。

任天堂通过 Wii 软件获得早期成功之后,其竞争对手们通过自己的新游戏设备予以了反击。

20 世纪 80~90 年代,游戏竞争激烈

这样的成功吸引了另外一家日本公司,

世嘉株式会社(Sega)。该公司从任天堂的事例中学习到了一些很好的想法。例如，它开发了属于自己的品牌形象，刺猬索尼克(Sonic the Hedgehog)。另外，它推出了更加先进的机器设备，并且在快速扩张的市场上从任天堂那里攫取了市场份额。到20世纪90年代早期，世嘉(Sega)成为了市场领先者，占有大约50%的市场份额。在20世纪90年代，索尼也进入到该市场中。

20世纪90年代后期，索尼获得市场领先地位

索尼很好地利用了它的竞争资源。由于索尼对电影进行了投资，所以它能够从其娱乐业务中获得品牌形象的使用权。另外，索尼利用它的资金资源收购了一家软件开发公司，并利用它在电子消费品上的专业知识开发了一个具有光盘驱动器(CD-ROMs)的新一代游戏机。在1998年，世嘉通过它的梦工厂(Dreamcast)游戏机响应了市场变化，该机器具有更优越的画面感。随后，索尼通过PlayStation予以了反击，该游戏机具有更好的画面感，并且比世嘉的游戏机更加敏捷快速。与此同时，任天堂一直持有它自己的掌上游戏机(Game Boy)。

在2001年，世嘉决定放弃游戏机产品，因为它已经有6年没有盈利了。索尼对PlayStation和它的新一代PlayStation 2投资了5亿美元，从而获得了丰厚的回报，即在全球市场上获得了大约80%的市场份额而占据了市场领先地位，这些份额每年的价值大约为200亿美元。在这段时期，索尼游戏机的利润是它总业务利润的最大贡献者。随后，在2000年出现了微软公司。

微软加入了本国娱乐业的竞争

自从20世纪80年代早期以来，微软就已经凭借着它的Windows系统成为了个人电脑软件上的市场领先者。微软对全球市场的控制使得其在本国，即美国，以及欧洲国家，遭受了反托拉斯法的制裁。微软并没有否认它对全球市场的控制。但是，Windows系统被大量地用于家庭工作，而不是家庭娱乐。

2001年到2005年的市场机遇

如果你是像微软这样具有侵略性的公司，那么你将会发现一个进入娱乐市场的明显机遇，尤其是在视频游戏控制器市场价值大约300亿美元，并且预计在2015年以前，其每年的增长率为10%的时候。因此，在2001年后期的美国，在2002年早期的日本和欧洲，比尔·盖茨(Bill Gates)推出了新的微软游戏机Xbox。重要的是，新游戏机在某些方面更像是家庭电脑，因此说明了在未来几年里，个人电脑和游戏机能够在技术上进行融合。毋庸置疑，从长期来看，这可能会威胁微软在家庭个人电脑的主导地位。当然，在短期内，它同样为微软提供了一个机遇来巩固新的且具有潜在营利性的市场。

大约从2000年到2005年期间，微软的目标并不是攻击索尼的市场份额。它的游戏机在技术上更加精细复杂，但是初始价格却很高。索尼的PlayStation 2主要是与Xbox的功能相匹配。任天堂的GameCube在技术上更加简单，但是更加便宜。在早期，索尼和任天堂都具有比微软更广泛的游戏软件。然而，微软声称它将在其新游戏机中嵌入技术能力，使得游戏者能够使用更加快速的宽带通信系统在家庭与家庭之间进行更快速敏捷的游戏。但是，在推出宽带时，仅仅只有4%的家庭会使用宽带，在早期，并不期望它会成为主要的竞争优势。总的来说，四年之后，宽带的市场价格大幅下降到了初始价格之下。

2006年市场发展的机遇

在2005年的5月，微软推出了具有新一代图片处理能力的XBox 360和新的游戏软件，如表4.6所示。到2005年12月才在商店进行出售，其价格大约为300美元到400

美元。几乎是在同一天(实在是太巧合了!),索尼宣称推出 PlayStation3(简称为 PS3)。直到 2006 年早期,PS3 才在商店进行销售,但是也许其包含了新一代的具有重大影响力的电脑芯片,它的定位是带领全新的游戏水平,也许它比具有新的蓝光 DVD(DVD Blue Ray)的 Xbox 360 游戏机和其他游戏机更具有影响力,或者更强大。重要的是,所有这些游戏机都代表了对任天堂的 Game Boy 的真正竞争威胁,因为它们比 Game Boy 好很多。

任天堂的竞争性反击

回顾整个游戏机的竞争,评论者认为任天堂可能会从游戏机市场上彻底消失。他们认为任天堂不具有资金资源,不具有微软的市场主导地位,或者索尼的新一代技术开发能力。在市场观察者之间的所有讨论都是关于微软是否能够在游戏机市场上从索尼手中夺得最高地位。那么游戏机玩家是否能够对索尼有所期待呢?又或者它们会选择 XBox 吗?

在 2006 年后期,任天堂开始应对局面的变化,即推出了被称为 Wii 的全新游戏机。任天堂引进了一个动作感应棒,即可以在屏幕上通过指点和挥舞来控制游戏。任天堂的首席执行官,岩田聪日(Satoru Iwata)声称 Wii 游戏机代表了游戏玩法的一个"范式转变"。它的目的是使游戏控制器远离只有近视眼的青少年才能玩耍的卧室,而使其搬进全家都能够玩的起居室。另一个关键原因就是 Wii 的定价大约为 200 美元,比它的竞争对手便宜很多。该游戏设备是由任天堂的软件开发小组在家中开发出来,其领导者是它的首席设计师宫本茂(Shigeru Miyamoto)。有人宣称该团队要比索尼和微软的团队更加强大,因为索尼和微软都是将它们的软件开发外包给其他公司。

表 4.6 在 2000 年的竞争产品

游戏机	制造商	推出价格	自从推出市场后,其总销售额	设备	可用的游戏数量
Xbox360:2005 年在美国推出,在 2010 年具有新模型,加上 2010 年 10 月的新 Kinect 控制器	微软	300 美元到 400 美元	0.5 亿美元	光驱,250 GB 硬盘,以太网端口和宽带	四年之后,在良好的启动范围内,存在 20 种游戏
Wii:在 2006 年推出,在 2009 年推出更薄的型号,在 2010 年后期,推出了更加复杂的新型远程模型,称为"动态强化感测器"	任天堂	200 美元	0.85 亿美元	512 MB 内部闪存卡,光盘 + SD 卡插槽	广泛的游戏,旨在获得比游戏玩家更加广泛的客户群体
PlayStation3:在 2006 年推出,在 2010 年 9 月推出了更加复杂的远程控制器"索尼体感手柄"	索尼	600 美元,但是很快下降到 500 美元	0.48 美元	蓝光光驱(Blue Ray DVD ROM),60 GB 硬盘,可选的宽带	大量的游戏,其客户群体仅仅是游戏玩家

资料来源:各种各样的网站资源以及本章后文列出的参考文献。

对于任天堂而言,其成果是非常壮观的,即1/3的Wii游戏机玩家都是女性,而行业的平均比例是1/5。大约23%的任天堂的使用者的年龄超过25岁,而以前所介绍的游戏机玩家在该年龄阶段的比例为14%。重要的是,在2007年后期,Wii游戏机的销量要多于XBox和PS3。任天堂不可能制造足够多的设备,并且它已经停止广告宣传。到2010年年末,任天堂的销售额已经达到了0.85亿美元,几乎相当于微软和索尼的合并总额。

随后,在2010年后期,出现了微软的Kinect体感控制箱。在技术上,这是比Wii更加先进的设备。因为它能够对视觉声音信号做出反应,而不需要手持控制器。在写该案例的时候,在它推出的前两个月时间内就已经获得了800万美元的销售额。根据一位零售商的观点,"它一直是销售最快的电子设备"。因此,索尼和任天堂都想通过更加先进的动作控制器来予以反击,但许多评论者都对Kinect box印象深刻。这是否就意味着任天堂可能会被打败呢?也许并不一定。仅仅在推出Kinect之后,任天堂就推出了3DS,即第一个小型的手提式游戏机,可以不需要眼镜就能够感受3D模式。并且,在写该案例的时候,该设备已经很快售完了。

尽管任天堂在过去接受了来自绿色和平组织的批判,但其在2010年的公司社会责任上列出了一系列即将采取的活动领域。索尼已经在它的2010年的年度报告内公布了详细的绿色战略规划。微软同样公布了与绿色战略有关的2010详细计划。三家公司的计划可在它们的网站上获得。

ⓒ版权归理查德·林奇所有,2012年。保留所有权利。该案例是由理查德·林奇所著,来自于已发表的信息。[45]

案例问题

1. 从微软的竞争优势中,你能得出什么结论? 一段时间之后,它的竞争优势能够继续保持吗?

2. 任天堂所拥有的核心竞争力是什么? 它是否能够进一步利用核心竞争力呢? 如果能够,那么将产生怎样的影响呢?

3. 索尼是如何获得凯的三个独特能力领域的? 在进一步的资源开发中,能够得出什么结论?

4. 游戏机制造商努力建立它们各自的技术标准具有什么战略意义? 这样一种战略存在什么风险?

战略项目

任天堂能继续保持领先地位吗?

该案例写于2011年早期,正好是推出Kinect和任天堂3DS的时候。索尼也已经推出了研发产品予以反击,但是在市场大动荡中并没有占据市场。另外,游戏机市场同样遭受着另一个源头的威胁,即智能手机和平板电脑上的游戏威胁。第六部分的案例10将更深入地描述智能手机市场。那么,将来会发生什么转变呢? 三家公司都拥有各自的网站,并赞美吹捧了它们各自设备的优点,并且游戏机市场仍然存在很大的空间。但是,仍然需要采取进一步的战略活动,即索尼是否应该进一步地降低PS3的价格或者开发新的PS4呢? 任天堂是否应该进一步开发Wii游戏机的多样性呢? 具有Kinect的微软应该朝何处发展呢? 你的建议又是什么呢?

> **批判性反思**
>
> ### 基于资源的理论是多么有效？
>
> 目前，战略制定的基于资源的理论（RBV）是研究与开发所关注的重要领域。一些战略家坚信它的见解就是战略制定的核心部位。但是，RBV 同样至少在三个方面面临着重要的批评，即：
>
> 1. 同义反复。基于资源的理论正在寻找真理，这些真理是正在寻找的事物的部分定义。RBV 应该是通过确定那些具有价值、稀缺性和不可模仿性的资源来确定能提供竞争优势的资源。但是，竞争优势本身就被定义为是具有价值型、稀缺性和不可模仿性的。在这种意义上，RBV 仅仅是为了寻找并确定那些已经知道的或者应该知道的资源。
>
> 2. 模糊的归纳总结。由 RBV 所确定的资源因素有核心竞争力、创新能力等，这些都太模糊了。一些人认为这些因素的归纳太模糊，以至于具有少量的价值性。如果这些因素具有某种意义时，就需要考虑它们出现的环境背景。否则，它们仅仅是每个人都能够发现的标语或者期望。
>
> 3. 开发竞争性资源的路径。基于资源的理论并不清楚组织是如何开发和维护它们的竞争优势的。为了获得最优的目的，竞争优势比开发它的路径要清楚一些。
>
> 你的观点是什么呢？基于资源的理论是否拥有一些有效的见解呢？或者作为一个有意义的概念，它是否被夸大了呢？

总 结

- 一个组织的资源就是那些能够在组织中实现附加值的资产。组织能力是指组织的管理技能、常规惯例和领导能力，从而在组织资源中配置、分享和获得价值。
- 资源和能力分析的目的是确定组织中的哪种资源可以增值以及组织在哪方面拥有可持续竞争优势。
- 在资源分析的过程中，以分析组织的全部资源和能力为开端是重要的：有形资产、无形资产和组织能力。这些资源超出了会计和财务上的普通定义领域，比如专利价值和领导能力。
- 常规方法将资源看作为了战略利益最大化的目标。应急方法在资源方面没有达成一致意见。然而，他们倾向于强调人的价值：这个在本质上是不可预测的。他们还强调环境和资源密切关系的需要。
- 每一个组织对资源所做出的决策都面临着是否进行生产或者购买的问题。例如，是否生产自己的产品或者从市场外部进行购买。每个组织都需要经常在该领域上重新评估它的业务活动。决策将不仅仅取决于简单的成本因素，

第4章 资源和生产能力分析

也需要考虑与可持续竞争优势的维持有关的更广泛的方面。

- 资源能够为组织增加价值。它们从供应商那儿输入资源,并将它们转变成为最终产品或服务。一个组织输出产品的市场价值与输入资源的成本之间的差额就是附加值。对于整个公司而言,准确计算附加值是可能的,但是对于公司的单个部门来说,这却是非常困难的。当为公司的单个部门开发竞争优势时,附加值的概念通常是不可量化的。

- 为了开发可持续竞争优势,有必要考虑组织的各个部门以及每个部门所增加的价值,以及价值增值所处的位置和所做出的贡献。采用价值链方法来进行这项任务。它确定了组织的不同部门中价值增值的位置以及组织中可能拥有竞争性优势的地方。

- 也有必要考虑价值体系。例如,组织与增加价值的更广泛的系统中的其他单位之间的联系方式,这些联系包括与供应商、顾客和分销商之间的联系。价值系统中因素之间的唯一联系也许能够提供竞争优势。

- 绿色战略价值链是指在组织以及供应商和顾客当中,寻求减少能源、降低碳含量并采用循环政策的方法来产生价值。另外,绿色战略价值量将包含每一个因素和功能,也包含那些在许多价值链分析中没有明显特征的因素。绿色战略价值链具有五个主要因素:供应商和供应物流、基础设施、生产、顾客和服务。

- 绿色战略价值链同时具有益处和坏处。主要体现在四个主题中,即对组织资产的影响、政府规定、公司利益相关者的声誉以及绿色战略进一步发展的益处和坏处的应急观点。

- 在寻求可持续竞争优势的时候,基于资源的理论认为,与行业分析相比,组织的私有资源为战略制定提供了更加强大的基础。原因是 RBV 将会识别和确定那些具有独特性和可持续竞争优势的资源。

- 可持续竞争优势是一个优于竞争者的优势,是不能够被轻易模仿的。与可持续竞争优势有关的因素主要有 7 个,即自有的或者外部获得的资源、创新能力、成为真正的竞争力、可替代性、适当性、耐久性和可模仿性。当一个组织具有一些竞争优势之前,它不一定要获得所有这些因素。每一个组织将会具有一个独特的资源组合,其中有一些将包括可持续竞争优势。内部分析框架,即价值性、稀缺性、不可模仿性和可能的组织能力,能够被用于检验资源对竞争优势的贡献能力。

- 对于是什么因素构成了可持续竞争优势的最好方法并没有达成共识。有两种方法被证明是有效的,一种是独特能力,即架构、声誉和创新能力;另一种是核心竞争力。另外一种具有合理性的观点是组织的知识是关键资源。

- RBV 存在许多缺陷,即它仅仅简单地列出了需要考虑的可能因素;忽视了人力资源问题的许多方面;它强调逻辑可能存在缺陷;忽略了战略制定过程的各个方面。

- 至少存在三种方法来提高可持续竞争优势,即标杆管理、开发现有资源和资源升级。

问 题

1. 利用你的判断能力，确定以下行业的成功关键因素：制药行业，快餐行业，帮助无家可归的人们的慈善机构，提供一揽子旅程的旅行公司。

2. 为一个你熟悉的组织确定并开发价值链。概括出你对竞争性优势的研究意义的看法。

3. 利用葛兰素史克的附加值和其他数据，为该公司概括出价值链。为一个公司的运营制定价值体系。你能够得出什么战略结论？

4. 基于资源的理论中的7个因素是怎样对战略管理做出贡献的？它们的局限性是什么？

5. 利用从市场行业的案例研究中所获得的证据，确定古琦的竞争优势的主要因素。利用RBV的7因素来形成你的答案，并解释与公司所拥有的其他资源之间的关系。

6. 选择一个你所熟悉的组织并确定它的独特能力，利用关键的指导方针来帮助你进行分析。比较组织与其竞争者之间的区别，并且评价其战略意义。

7. 确定一般时装公司的核心竞争力，以及路易威登时装公司的核心竞争力。你认为路易威登的战略管理的发展意味着什么？

8. 可以将购买的核心竞争力作为短期的战略解决方案吗？或者必须通过长期来形成？利用一个案例来支持你的答案。

9. 微软的XBox（见案例4.4）能够利用三个主要方法中的任何一个来进一步提高它的竞争优势吗？可能会采用哪种方法？为什么？

10. 在制定战略管理时，你是如何评价人力资源与其他资源之间的关系的？你认为价值链方法能够充分帮助你得出答案吗？

扩展阅读

For the value chain and value system: Porter, M E (1985) *Competitive Advantage*, The Free Press, New York. An interesting review of the value chain appears in: Channon, D (2005) 'Value chain analysis', in McGee, J and Channon, D F (eds) *Encyclopedic Dictionary of Management*, 2nd edn, Blackwell Business, Oxford.

For core competencies: Hamel, G and Prahalad, C K (1994) *Competing for the Future*, Harvard Business School Press, Boston, MA.

For distinctive capabilities: Kay, J (1994) *Foundations of Corporate Success*, Oxford University Press, Oxford.

Two useful summaries of the resource-based view are contained in chapters in two major texts. The first is: Cool, K, Costa, L A and Dierickx, I (2002) 'Constructing competitive advantage', in Pettigrew, A, Thomas, H and Whittington, R (eds) *Handbook of Strategy and Management*, Sage, London, pp55–71. The second chapter is: Barney, J B and Arikan, A M (2001) 'The resource-based view: origins and implications', in Hitt, M A, Freeman, R E and Harrison, J S (eds) *The Blackwell Handbook of Strategic Management*, Blackwell, Oxford, pp124–188.

For a more academic consideration of the problems with the RBV, see the critique by Priem and Butler in Priem, R L and Butler, J E (2001a), 'Is the resource-based view a useful "view" for strategic management research?', *Academy of Management Review*, January, Vol 26, No 1 and Priem, R L and Butler, J E (2001b), 'Tautology in the resource-based view and the implications of externally determined resource value: further comments', *Academy of Management Review*, January, Vol 26, No 1, pp1–45. Then read the response by Jay Barney in Barney, J B (2001) 'Is the resource-based "view" a useful perspective for strategic management research? Yes', *Academy of Management Review*, Vol 26, No 1, pp41–56.

There are still substantial research projects on the RBV. Three suggested recent papers contain summaries of recent thinking and evidence: Lado, A A, Boyd, N G, Wright, P and Kroll, M (2006) 'Paradox and theorizing within the resource-based view', *Academy of Management Review*, Vol 31, No 1, pp115–131. Acedo, F J, Barroso, C and Galan, J L (2006) 'The Resource-based Theory: Dissemination and main trends', *Strategic Management Journal*, Vol 27, pp621–636. Newbert, S L (2007) 'Empirical research on the resource-based view of the firm:an assessncent and suggestions for future research, *strategc management Journal*,Vol 28,pp121–146.

注释与参考文献

1 Sources for GSK Case: *Financial Times*, 7 December 1993, p22; 16 July 1994, p10; 24 January 1995, p17; 27 January 1995; 9 March 1995, p33; 24 March 1995, p27; 24 April 1995, p11; 8 September 1995, p15; 9 November 1995, p25; 27 November 1995, pIV of Biotechnology Supplement; 17 June 1998, p25; 28 July 1998, p24; 14 April 1999, p14; 20 July 1999, p23; 17 January 2000, p18; 22 January 2000, p15; 16 February 2000, p25; 20 April 2000, p28; 23 February 2001, p26; 15 January 2002, p19; 12 March 2002, p28; 22 July 2002, p24; 24 July 2002, p16; 10 March 2005, p29; 18 March 2005, p15; 9 October 2007, p23; 12 December 2007, pp21 and 23; 24 July 2008, p19; 17 April 2009, p1; 16 June 2009, p19; 23 July 2009, p15; 29 October 2009, p21; 2 December 2009, p20; 5 October 2010, p21; Glaxo Wellcome Annual Report and Accounts 1997, pp2, 3, 8, 9, 86, 87; GSK Annual Report and Accounts 2004, 2007 and 2010.

2 Some early articles on this shift in position include: Wernerfelt, B (1984) 'A resource-based view of the firm', *Strategic Management Journal*, September–October, p171; Barney J B (1986) 'Strategic factor markets: Expectations, luck and business strategy', *Management Science*, October, p1231; Rumelt, R, 'Theory, strategy and entrepreneurship', in Teece, D J (ed) (1987), *The Competitive Challenge: Strategies for Industrial Innovation and Renewal*, Ballinger, Reading, MA.

3 Porter, M E (1980) *Competitive Strategy: Techniques for Analyzing Industries and Competitors*, The Free Press, New York. But note that this was based on earlier work, particularly that of Bain, J (1956) *Barriers to New Competition: Their Character and Consequences in Manfucturing Industries*, Harvard University Press, Cambridge, MA.

4 In particular, many marketing strategy texts make no mention of individual resource analysis. From this perspective, they should all be read with caution. However, many definitions of marketing have long recognised the importance of resources – one used at several universities in the UK makes explicit reference to the resources of the organisation.

5 For example: Penrose, E (1959) *The Theory of the Growth of the Firm*, Basil Blackwell, Oxford; Ansoff, I (1965) *Corporate Strategy*, McGraw-Hill, NY.

6 Wernerfelt, B (1984) 'A resource-based view of the firm', *Strategic Management Journal*, September–October, p171.

7 Barney, J B (1986) 'Strategic factor markets: expectations, luck and business strategy', *Management Science*, Vol 32, pp1231–1241; Barney, J B (1991) 'Firm resources and sustained competitive advantage', *Journal of Management*, Vol 17, pp99–120.

8 Collis, D and Montgomery, C (1995) 'Competing on resources: strategy in the 1990s', *Harvard Business Review*, July–August, pp118–128.

9 See, for example, Hitt, M, Ireland, D R and Hoskisson, R E (2003) *Strategic Management: Competitiveness and Globalization Concepts*, 5th edn, Thomson, OH, Chapter 3.

10 Prahalad, C and Hamel, G (1990) 'The core competence of the corporation', *Harvard Business Review*, May–June, pp79–91.

11 See the pioneering work of Coase, R (1937) 'The nature of the firm', *Economica*, 4, pp386–405. Also Penrose, E (1959) Op. cit., and Williamson, O (1975) *Markets and Hierarchies*, The Free Press, New York.

12 Lynch, R (1994) *European Business Strategies*, 2nd edn, Kogan Page, London, p43.

13 References for Case 4.2: Annual Reports and Accounts of GSK, Nederlandse Spoorwegen and Bouygues for various years.

14 For a more detailed example of value chain analysis, see Shepherd, A (1998) 'Understanding and using value chain analysis', in Ambrosini, V (ed) *Exploring Techniques of Analysis and Evaluation in Strategic Management*, Prentice Hall, Berkhamsted.

15 Porter, M E (1985) Op. cit., Ch2.

16 Porter, M E (1985) Ibid., p38.

17 Cookson, C and Luesby, J (1995) 'Glaxo Wellcome giant changes the drug mixture', *Financial Times*, 9 March, p33.

18 Porter, M E (1985) Op. cit., Chs9, 10 and 11.

19 Sourced from http://www.unglobalcompact.org/issues/Environment/CEO_Water_Mandate.

20 Schumpeter, J (1934) *The Theory of Economic Development*, Harvard University Press, Harvard, MA.

21 For a more recent discussion on competitive advantage, see: Durand, R and Vaara, E (2009) 'Causation, Counterfactuals and Competitive Advantage', *Strategic Management Journal*, Vol 30, No 12, pp1245–1264.

22 Many of these research papers are referenced elsewhere in this text. The remainder are: Dierickx, I and Cool, K (1989) 'Asset stock accumulation and sustainability of competitive advantage', *Management Science*, 35, pp1504–1511; Connor, K (1991) 'A historical comparison of resource-based theory and five schools of thought within industrial organisation economics: Do we have a

new theory of the firm?', *Journal of Management*, 17(1), pp121–154; Amit, R and Schoemaker, P (1993) 'Strategic assets and organizational rent', *Strategic Management Journal*, 14, pp33–46; Grant, R (1991) 'The resource-based theory of competitive advantage: implications for strategy formulation', *California Management Review*, 33, pp114–122. Makadok, R (2001) 'Towards a synthesis of the resource-based and dynamic capability views of rent creation', *Strategic Management Journal*, 22, pp387–401. Hoopes, D G, Madsen, T L and Walker, G (2003) 'Why is there a resource-based view? Toward a theory of competitive heterogeneity', *Strategic Management Journal*, 24, October, Special issue.

23 See also the special edition of the *Strategic Management Journal*, 24, October 2003 which has an extended discussion and review of the concept.

24 Rumelt, R (1991) 'How much does industry matter?', *Strategic Management Journal*, March, pp64–75.

25 Rumelt, R (1991) Op. cit.

26 McGahan, A and Porter, M E (1997) 'How much does industry matter, really?' *Strategic Management Journal*, 18, Summer special issue, pp15–30.

27 See, for example, Newbert, S L (2007) 'Empirical research on the resource-based view of the firm: an assessment and suggestions for future research', *Strategic Management Journal*, Vol 28, pp121–146. See also Misagnyi, V F, Elms, H, Greckhamer, T and Lepine, J A (2006) 'A new perspective on a fundamental debate: a multilevel approach to industry, corporate and business unit effects', *Strategic Management Journal*, Vol 27, pp571–590.

28 For those obsessed with the generic strategies outlined in Professor Porter's two books, it should be noted that no mention has been made of a company being the lowest-cost producer. This book will argue that sustainable advantage may be achieved by having both low costs and other qualities that take the company beyond being merely the lowest-cost producer.

29 Kay, J (1993) *Foundations of Corporate Success*, Oxford University Press, Oxford, p367.

30 High technology and services columns developed from Aaker, D (1992) Ibid., p186; others from author.

31 Prahalad, C and Hamel, G (1990) 'The core competence of the corporation', *Harvard Business Review*, May–June, pp79–91.

32 Kay, J (1994) Op. cit.

33 Peteraf, M (1993) 'The cornerstones of competitive advantage: a resource-based view', *Strategic Management Journal*, 14, pp179–191.

34 Collis, D and Montgomery, C (1995) 'Competing on resources: strategy in the 1990s', *Harvard Business Review*, July–August, pp119–128.

35 Kay, J (1993) Op. cit., Chs5, 6 and 7.

36 Hamel, G and Prahalad, H K (1994) *Competing for the Future*, Harvard Business School Press, Boston, MA, Chs9 and 10.

37 Sainsbury, D (1994) 'Be a better builder', *Financial Times*, 2 September, p11.

38 Roos, J (1997) *Financial Times Mastering Management*, Pitman, London, Module 20.

39 Roos, J (1998) *Financial Times Mastering Global Business*, Pitman, London, Part 5, pp14–15.

40 Leonard, D (1998) *Wellsprings of Knowledge*, Harvard Business School Press, Boston, MA, p3.

41 See also Chaharbaghi, K and Lynch, R (1999) 'Sustainable competitive advantage: towards a dynamic resource-based strategy', *Management Decision*, 37(1), pp45–50.

42 Priem, R L and Butler, J E (2001) 'Is the resource-based view a useful perspective for strategic management research?', *Academy of Management Review*, 26, 1, pp22–40 and Lynch, R (2000) 'Resource-based view: paradigm or checklist?' *International Journal of Technology*, 3, 4, pp550–561. Professor Jay Barney is a strong supporter of the RBV. He responded to the Priem and Butler paper with the following: Barney, J (2001) 'Is the resource-based view a useful perspective for strategic management research? Yes', *Academy of Management Review*, Vol 26, No 1, pp41–56.

43 Collis, D and Montgomery, C (1995) Op. cit., p123, emphasise that lengthy lists of core competencies have sometimes become just a 'feelgood' factor.

44 Hamel, G and Prahalad, C K (1994) Op. cit., Ch7.

45 References for Nintendo, PS3 and Xbox case: Brandenburger, A M and Nalebuff, B J (1997) *Coopetition*, HarperCollins, London; *Economist*, 19 May 2001, p83; *Guardian Newspaper*, 12 March 2002, p21; *Financial Times*, 14 October 1999, p31; 19 January 2000, p28; 28 August 2000, p9; 6 September 2000, p3; 25 January 2001, pp23, 29; 26 January 2001, p24; 1 February 2001, p32; 18 May 2001, p11; 19 May 2001, p12; 23 May 2001, p36; 7 July 2001, p14; 21 September 2001, p34; October 2001, p18; 8 January 2002, p30; 7 February 2002, p28; 8 March 2002, p1; 12 March 2002, p36; 10 April 2002, p30; 23 April 2002, p30; 10 September 2002, p27; 4 October 2002, p30; 13 May 2003, p31; 14 May 2003, p32; 24 July 2003, pp11, 27; 25 July 2003, p27; 5 November 2003, p26; 14 November 2003, p29; 30 March 2004, p30; 5 May 2004, p13; 12 May 2004, p30; 17 September 2004, p28; 22 September 2004, p23; 18 February 2005, p25; 25 February 2005, p26; 8 March 2005, p5; 11 March 2005, p21; 6 November 2006, p17; 10 November 2006, p27; 17 November 2006, p10; 23 March 2007, p24; 15 June 2007, p23; 22 June 2007, p24; 4 July 2007, p23; 10 July 2007, p19; 13 July 2007, p20; 17 September 2007, p25; 6 December 2007, p25; 8 May 2008, p22; 7 April 2009, p25; 5 June 2009, p22; 20 August 2009, p14; 28 August 2009, p13; 7 September 2009, p23; 3 September 2009, p20; 23 February 2010, p23; 25 September 2010, p27; 30 September 2010, p23; 12 November 2010, p14; 8 December 2010, p19. See also the websites for the three main companies with the 'investor' links showing company results for each company.

第5章

战略动力学

学习成果

这一章的视频与音频总结

通过本章的学习,你将能够:
- 当决定改变一个组织的目标时,识别两个关键问题;
- 探索竞争的激烈程度以及竞争者活动的动态;
- 确定处理不可预测的环境的三个主要方法;
- 解释竞争优势的动态变化,并评价其见解的质量;
- 探索快速变化的环境动态,尤其是在创新背景下的环境动态;
- 描述资源开发的三个主要动态;
- 制订有侵略性的战略规划;
- 策划主要的方法来制定合作战略;
- 概括博弈论的主要方面以及战略动态的含义。

引 言

视频 第7b部分

组织本身以及它们所追求的战略都会随着时间不断地变化。当环境发生变化时,或者当组织自己所拥有的资源和生产能力提高或者下降时,它们就会发生变化。目前,因为变化的复杂性,以及我们所了解的各种因素的知识仍然需要进一步地开发,所以并不十分清楚出现该变化过程的机制。关于战略发展动态的这一章探索了目前的知识水平。

首先,我们区分了两个相关领域:解释被动的动态变化(interpretive dynamics)和积极主动的动态变化(proactive dynamics)。第一个,解释被动的动态变化,主要集中描述了组织如何应对组织内部和外部所发生的变化。其本质是对组织外部所发生的事情的响应过程。第二个,积极主动的动态变化,主要是寻找组织能够采取的战略决策,并用来影响内部和外部变化的结果。[1]该路径更多的是以行动为导向,影响事情的发展,而不仅仅是对它们做出反应。两条路径都拥有相同的领域,但是它们的基本区别将有助于我们对战略动态的研究。

在解释被动的动态变化中,重点是需要了解目标、环境、竞争优势的动态变化以及竞争性资源变化的方式。在积极主动的动态变化中,重点在于组织能够,以及将要采取的战略决策能够巩固它们的竞争优势和附加值的业务活动。如图5.1所示。

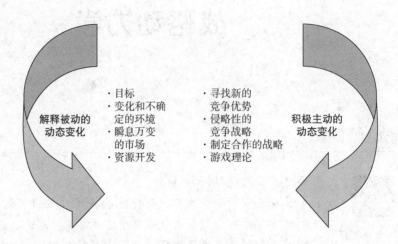

图5.1 探索战略制定的动态变化

案例研究 5.1

Boo.com 的网络战略：是嘘声吗？或喝彩吗？

根据后见之明,我们很容易就能批判时装和运动装公司 Boo.com 的失败网络战略。该案例概括了它的简短历史,并解释了延长它的生命期的"dot.com"动态战略。

背景

20世纪90年代,许多高级战略咨询师以及著名公司都对网络的潜力充满了狂热。它将会促使公司进行改革,改变最基本的竞争性市场的全部特性以及可持续竞争优势的含义。例如,2000年4月,著名咨询公司安达信会计师事务所(Arthur Andersen)的网站对网络的好处以及电子商务(e-business)的相关概念给出了以下的声明:

电子商务改变了商业局面。新公司无一例外地挑战着市场上的主导公司。空前的市场效率消除了中间商,并且通过更加匹配的供给和需求创造了不断提高的产量。电子商务展现了公司创新和改革的方式。它将使公司重新思考,重新定位,并且重组公司的全部价值计划。在一个新创立的公司中,基本上每三个星期你就会否决所有的假设条件。

因此,不仅仅是大公司看到了巨大的可能性,小型企业也正开始开发各种可能的商业领域。此外,还需要大量的资金支持:"存在这样一种观点,即筹集资金来支持一个创业公司是很容易的,任何一家公司都能够做到。"风险资本基金充斥着大量的资金,投资者们都争先恐后地进行了投资。而另一家寻找资金支持的公司就是 Boo.com。

Boo.com 的开端

1999年1月,一家名为 Boo.com 的新公司被认为是一家具有巨大潜力的公司。它的战略目标是在流行运动装的网络销售上成为全球领先者。该网站具有三位瑞典创始人,其中两位分别是企业家厄恩斯特·马姆斯顿(Ernst Malmsten)、提供时装款式的凯萨·莱安德(Kajsa Leander)。投资银行家 Patrik

Hedelin 出现在了领先的美国商业杂志《财富》(Fortune)的封面中，其标题为"99家旧公司：12家新公司——谁将成为下一个雅虎？"马姆斯顿是最初的推动力，以前就在网上在线预订商店上取得了成功。摩根大通(JP Morgan)是主要的银行，即为该公司带来了一些著名的蓝领律师、技术以及猎头公司等。

> **Boo面临着批评，但是网络前景仍然是不确定的**
> 互联网零售商揭示了这样一种局面，但是存在的问题就是支持者们是否能够等待欧洲赶超美国呢？
> 资料来源：金融时报，2000年2月3日。
> ©版权归金融时报所有，2000年保留所有权利。

当然，Boo.com也具有巨大的雄心。在1999年6月，18个国家同时启动了该网站。它的网站将具有真正的创兴性、具有多种语言功能，并且提供了高价格、高档次的运动服。最后一个特点完全不同于平常的网站，普通的网站所提供的商品的广告价格要明显低于从路边商店的商品广告价格。例如，在亚马逊网站(Amazon.com)上的书本价格就比较低。另外，Boo.com打算在它的18个应用城市中建立一个销售和配送网络，这样运输货物的时间就只需要几天。以任何标准来衡量，甚至对于一个创始人此前从未运营过这类企业的公司而言，这都是非常具有雄心的。

最初，公司从18个国家招聘了400名员工。另外，它在网站和软件开发上花费了大量的资金。这些资金被用在洛杉矶的电视广告拍摄上；有一万美元花费在巴尼百货商店(Barneys)的服装上，以至于创始人在《财富》的报道中具有良好的形象；为员工举办了隆重的派对；乘坐协和式超音速喷射客机或者私人喷气式飞机环游世界。结果，到2000年，公司每星期的花费大约为100万美元。该公司的启动已经推迟了五次，并且已经花费0.3亿美元。在此期间，它花费6个月聘用了一位首席财务官，花费4个月找到一位很好的技术总监。一位投资者解释说："缺少财务控制是一个借口，因为最重要的是将资金花费在促销上。其目标是保持包装的领先。"当公司没有产品可以销售时，并不清楚为什么公司还要将资金花费在促销上。

> **Boo的下一步？**
> 在线时装零售商的公开失败促使投资者重新评估欧洲其他初创企业的长期生存能力。
>
> 资料来源：金融时报，2000年5月19日。
> ©版权归金融时报所有，2000年保留所有权利。

Boo.com的快速衰退表明了战略处于最大的动态变化中。

1999年8月，马姆斯顿将所有员工都带到了伦敦的昂贵午餐会上，并宣称一位新经理将在1999年11月启动项目专案。此时，一家黎巴嫩的投资公司还投入了0.15亿美元。在11月启动的该项目带来了2.5万的网上点击次数，而它的业务目标是100万次的点击数。在刚开始的6个月内，其销售额大约为400万美元。此时，公司已经在薪酬、市场营销、成本支出、法律费用、办公司设计费用和软件开发上花费了1亿美元之多的资金。根据公司的一位投资者的说法，"如果你将Boo看作一家具有潜力的全球化公司，那么花费1亿美元来建立该公司未必是一大笔钱。我们希望建立一个价值10亿美元的公司"。

然而，事后来看，这并不是一个可以持续的支出水平。但是，可以看到的背景环境是，投资银行团体对具有潜能的新型电子商务公司的热情。在那时，"dot.com"泡沫已经被严重夸大了。

Boo.com 的破产

Boo.com 所寻找的主要资金来自于私有投资者而不是公共政府。正因为这个原因,公司从来没有公布过它的贸易数据,除了面临破产的那次,它被迫揭示了上文所提到的 400 万美元的销售数据。在 2000 年 3 月,投资者们仍然还在讨论是否应该继续投资 0.3 亿美元。在 2000 年 5 月,投资者们撤离了资金。该公司也只是耗尽了资金而已。

Boo.com 的结果

显然,这家公司太过雄心勃勃。该公司在财务控制上太过松懈,而希望打破规则的愿望又太不切实际。但是,它确实企图打破新格局。这是一个重要的尝试,如果在其他环境下,也许有可能成功。

©版权归理查德·林奇所有,2012 年。保留所有权利。该案例是由理查德·林奇所著,来自于已发表的信息。[2]

案例问题

1. 如果 Boo.com 存在竞争优势,那么它们是什么?

2. Boo.com 的许多投资者都是富有的私人个体,并且"dot.com"的泡沫很强大,他们是否将他们的钱投资到了正确的地方?你个人会将钱投入到这样的公司吗?

3. Boo.com 声称要抓住主动权并打破规则。在哪种情况下,它这样做是有意义的?如果存在这样一种情况,进行尝试是否有意义?

5.1 解释被动的动态变化:组织的变化目标

5.1.1 为什么目标会改变?

组织的目标可能或者也许将会随着时间而改变,Boo 就是这样的公司,即开始的目标是制定一个完全新的全球时尚观念,随后改变目标来维持生存。[3] Boo 的案例同样阐明了需要对目标作出判断,并且优先考虑高级管理者的利益。目标在长时期里可能会变化,也可能存在根本性的缺陷。组织的目标其实是第 6 章将要详细研究的许多因素之间的平衡。然而,从一个动态的角度来看,目标可以被当作一个可以依据两个因素进行改变的结合物,这两个因素是:

1. 组织内部高级经理的行动和积极主动的选择。例如,Boo.com 早期的战略目标是在网上的流行运动服商店上成为全球领先者。

2. 组织对组织外部其他公司的行动和选择的被动响应。例如,像锐步(Reebok)和耐克(Nike)这样的公司在流行运动服市场上不断增长的竞争性活动,这种活动并不一定出现在互联网上,但仍然对 Boo 的全球化目标造成了威胁。

通常情况下,影响组织目标的一些动态因素如展示 5.1 所示。它们相互之间的关系和它们对组织整体方向的影响仍然是未知的。这意味着在我们现有的知识条件下,目标的动态变化仍然是未知的。

重要的是,尽管目标可能是变化的结合物,但是至少在部分上,目标的动态变化仍然处于组织的控制当中。至少在原则上,组织的目标是能够改变的,因为每一个组织都具有改变目标的选择权。例如,公司也许希望重新考虑对附加

展示 5.1

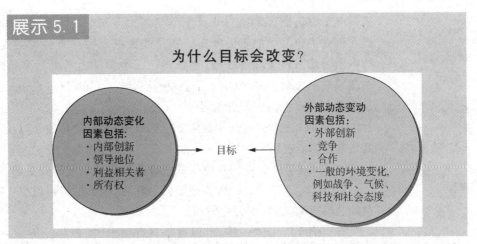

为什么目标会改变？

内部动态变化因素包括：
- 内部创新
- 领导地位
- 利益相关者
- 所有权

→ 目标 ←

外部动态变动因素包括：
- 外部创新
- 竞争
- 合作
- 一般的环境变化，例如战争、气候、科技和社会态度

值和可持续竞争优势这样的关键因素的看法。这些都将是影响目标的判断因素，因此会产生目标的动态变化。例如，企业家可能对来自于大型稳定的跨国公司的高级经理们的目标方向给出不同的结论，如第9章提及的联合利华。

同样，有人认为每一个组织都应该制订提高经济增长的目标。管理学作家汤姆·彼得斯(Tom Peters)解释了这句话，他写道："一个公司从来都不是静止的，它有可能增长，也有可能衰退。"[4] 然而，应该注意的是，对于每一个组织而言，这样的归纳总结并不一定是正确的，因为它们涉及对增长重要性的常规判断，而有些常规是不能共享的。因此，每个组织将会根据自身情况，来制定应对经济增长目标的措施，所以，并不存在绝对的规则。

通常，每个组织将会在它的目标定义中体现判断评价、价值和雄心。没有公共股份的小型公司在目标上可能拥有更多的灵活空间；更大规模的企业，例如下文中将出现的拥有公共股票份额的欧莱雅，从中可以发现所定义的目标会减少它们进行策略调节的余地。

由于目标的复杂性，本书在战略制定中选择性地集中研究了两个方面，即附加值和可持续竞争优势。这是非常重要的，因为不能很明确地制订目标，并且很难探索研究目标的动态变化。然而，需要承认的是，这是一个简单的假设，其意味着存在许多缺点。

5.1.2 影响目标变化的因素是什么？基于历史的战略视角

一个组织以前的历史是决定其未来发展的关键因素。未来的目标和战略

定义➡ 将取决于组织过去所开发的资源。根据历史性的战略观点，我们可以发现，至少在一定程度上，组织的目标和结果是受到组织现有资源、过去的历史以及演变过程的影响的。追溯到1959年，在战略被确定成为一门独立学科以前，年轻的经济学者艾迪斯·潘罗斯(Edith Penrose)改变了传统的经济思维。她认为，公司内部所发生的事情与公司外部的市场变化同样重要。[5] 直到现在，正是这个后来的研究领域成为了经济学的研究重点，即考虑了市场需求与供给的问题。此外，在探索公司是如何成长时，潘罗斯认为，这与公司的资源、过去的历史以及公司的演变有关。因此，公司以前的历史是影响公司未来发展以及未来目标的关键因素。

在1962年，美国战略学家艾尔弗雷·钱德勒(Alfred Chandler)公开发表

了一项重要研究,即关于20世纪早期四大美国公司发展的研究:[6]它的论证观点和语言表达都类似于潘罗斯。两位作家都表明一个公司的发展是理解战略的本质因素。为了理解战略,有必要在三个领域上考虑一个组织的历史,这三个领域最早出现在梯西(Teece)、皮萨诺(Pisano)和舒恩(Shuen)[7]所发表的著名战略研究文章中。它们分别是:

1. 过程:一个组织是如何建立它的组织架构、公司关系以及领导能力的,尤其是在技术、制度条件和市场条件领域。

2. 定位:组织是如何定位与竞争者在目前和未来的关系的。

3. 路径:组织过去的历史是如何形成的,组织是如何设想它的未来的,涉及它的独特资源、创新能力和知识。

与我们作为个体一样,组织也是具有历史、资源和经历的事物。如果为了理解未来发展是如何前进的,那么在制订战略目标时就需要考虑这些因素。一个组织的目标和战略会高度依赖于领导能力、文化以及那些建立公司的员工风格,尤其是高层领导者的风格。有些因素是由设计决定的,也有些是由偶然因素决定的。有时,在资源是如何被需要的背景下或者在如何获得市场地位的情况下,同样需要考虑目标和战略。[8]例如,通过收购所带来的扩张使被收购的公司的历史融入到了新的母公司中。这将包括新资源、知识、经验和组织文化的好的方面和坏的方面。

关键战略原则

- 一个组织的目标能够并将会随着时间发生变化。确定和制订目标的利益联盟将会受到组织内部因素和外部因素的影响。
- 重要的是,组织的目标至少在一定程度上会受到组织的控制。
- 尽管目标是复杂的,但在战略中通常会强调两个普遍的因素,即附加值和可持续竞争优势。
- 一个组织以前的历史是决定其未来发展的关键因素。未来的目标和战略将会依据组织过去所开发的资源。
- 在研究目标和制定战略时,基于三个领域来研究组织的历史是有效的,即组织过程是如何形成的;组织是如何定位与竞争者之间的关系的;组织在过去的发展路径是如何形成的,以及它未来继续的发展路径是如何设想的。

案例研究 5.2

欧莱雅(L'Oreal)美容产品:利用财务数据来研究战略

市场领先者欧莱雅是如何与它的竞争对手进行比较竞争的?公司是如何建立它的美容产品业务的?在化妆品和香水业务中,可能成功的战略是什么?

该案例提供了一些答案:重要的是,所有数据都可以通过公开渠道获得,即公司的年度报告、互联网以及图书查询。由于篇幅有限,该案例主要研究了欧莱雅的一个部分,随后研究了该部分的一个部门。在一个完善的战略分析中，本质上应该分析公司的每一个部分。

欧莱雅的世界业务战略，包括以上的匈牙利品牌名称，能够根据从网站上获得的公司财务数据来进行深入分析。竞争对手公司的数据，例如美国的雅诗兰黛（Estee Lauder）和日本的资生堂（Shiseido），也能够从网上获得。

欧莱雅与两个竞争者之间的比较

首先，我们开始比较欧莱雅和它的两个主要竞争者之间的财务数据，这两家竞争者分别为雅诗兰黛和资生堂，如表5.1所示。这些数据将会告诉我们什么内容呢？显而易见，欧莱雅在过去十年里一直处于盈利状态。此外，从一个战略动态角度来看，它比两家竞争对手公司更具有营利能力。通过计算每家公司的净利润，我们可以更加清楚地发现这一点，如表5.1所示。通过分配年净利润来计算净利率。例如，除息与扣税后的利润是用那年的营业额来计算的，最后以百分数的形式表示。

欧莱雅是如何进行管理的，是如何在过去的几年时间里提高其净利润的，并且它的净利润水平是其竞争者无法达到的。因此，为了给出全面的答案，我们需要更深入地研究这三家公司。而在该案例中，为了简化，我们将只关注欧莱雅公司。

表5.1 在世界美容业务中的三家公司
所有数据单位是10亿美元

年份	欧莱雅，法国		雅诗兰黛，美国		资生堂，日本	
	销售额	净利润	销售额	净利润	销售额	净利润
2003	16.8	2.0	5.8	0.3	5.2	0.2
2002	15.0	1.5	5.1	0.3	4.5	(0.2)
2001	12.1	1.1	4.7	0.2	4.7	0.4
2000	11.9	1.0	4.6	0.3	5.6	0.1
1999	10.8	0.7	4.3	0.3	5.1	0.1
1998	13.4	0.8	4.0	0.3	4.7	0.1
1997	11.5	0.7	3.6	0.3	4.8	0.2
1996	11.5	0.7	3.4	0.2	5.2	0.2
1995	10.9	0.6	3.1	0.2	6.2	0.1
1994	8.9	0.6	2.9	0.1	5.3	0.1

资料来源：年度报告和报表。注意：三家公司的会计年度是不同的，所以并没有逐年进行比较。另外，欧莱雅和资生堂的财务数据已经转变成了美元，因此将必然存在一些不准确的结果。但是，战略需要的是宏观数据，而不是精确的详细数据，所以这并不是什么大问题。

网站：www. loreal-finance. co；www. elcompanies. co-financials note 17；www. shiseido. co. jp/investorinformation。

欧莱雅年度报告和报表的详细研究

我们可以更深入地研究欧莱雅的公司报表,来观察其地理分布的销售额,如图 5.2 所示。数据表明它在西欧地区的利润要高于其他地区的利润。此外,西欧地区对总销售额作出了最大的贡献,并且是最有利可图的业务地区。我们同样可以检查其他两家公司的数据,由于文章篇幅有限,所以并没有展示在文中。该数据可以显示,欧莱雅从西欧地区所获得的销售额要多于它的两家竞争对手,从而不仅仅表明了西欧地区是一个非常具有营利性的市场,也表明了欧莱雅在西欧地区的主导地位在创造利润上是非常重要的。由于文章篇幅有限,在这里就不过多研究了。但是,这个数据与化妆品市场的动态变化以及三家公司在全世界的竞争有关。

更深入地研究哪种产品具有最高的利润同样是有帮助的。首先,研究每种产品种类对欧莱雅总销售额的贡献,如图 5.3 和表 5.2 所示。

尽管公司报表显示了欧莱雅各种各样的产品范围,但是并没有表明哪一种产品是最具有营利性的。然而,年度报告确实给出了每一种产品种类的详细数据。对于我们的目标来说,我们将关注最大的那个产品种类,即消费产品。

表 5.2 三家化妆品公司的净收入利润:净收入与销售额的比值

年份	欧莱雅净利率	雅诗兰黛净利率	资生堂净利率
2003	11.9%	5.2%	3.8%
2002	10.0%	5.9%	—
2001	9.1%	4.2%	8.5%
2000	8.4%	6.5%	1.8%
1999	6.5%	6.8%	2.0%
1998	6.0%	7.5%	2.1%
1997	6.1%	5.5%	4.2%
1996	6.1%	5.9%	3.8%
1995	5.5%	6.4%	1.6%
1994	6.7%	3.5%	1.9%

资料来源:作者根据公司报表计算所得。

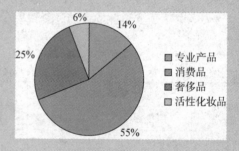

图 5.3 欧莱雅:在 2004 年不同产品的销售份额
(利润数据没有公布)

资料来源:作者根据 2004 年的公司报表所绘制的图片。

欧莱雅在 2003 年的消费产品部门

该产品种类利用大量的市场零售渠道来销售它的产品。品牌名称包括巴黎欧莱雅、卡尼尔(Garnier Fructis)、SoftSheen Carson 和美宝莲(Maybelline)。以下两个表来自于网上的年度报告和报表。它们表明了消费产品部门在地理区域上的销售额和在业务细分市场上的销售额,如表 5.3 和表 5.4 所示。

读者将会发现似乎存在一些前后矛盾的数据。例如,在 2002 年到 2003 年之间的销

图 5.2 欧莱雅在 2004 年不同地理位置上的销售额和利润

资料来源:作者根据 2004 年的公司报表所绘制的图片。

售额似乎是下降的，然而，在同比的基础上，网络上的数据表却表明销售额增长了7.7%。在这里，我们必须要相信会计师，他们将会给出2002年和2003年的准确销售数据。但是，根据所记录的同比数据比较，它们将会为了其他项目而进行调整。例如，在一年之间，如果停止生产一个产品或者出售一个子公司，那么将在会计数据中除去这类数据。

表5.3 欧莱雅：不同地理位置上的消费产品部门的销售额
销售额单位是百万美元

	2002年销售额	2003年销售额	2003年销售比例(%)	2002年到2003年的同比销售额增长率(%)
西欧	3 837	3 991	53.2	5.3*
北美	2 319	2 080	27.7	6.7*
世界其他地区	1 445	1 434	19.1	16.4*
总额	7 601	7 505	100.0	7.7*

*见文中评论
资料来源：公司报表。

表5.4 欧莱雅：不同业务细分市场上的消费产品部门的销售额
销售额单位是百万美元

	2002年销售额	2003年销售额	2003年销售比例(%)	2002年到2003年的同比销售额增长率(%)
Haircare	4 048	3 957	52.7	6.2
Make-up	2 100	1 983	26.4	5.9
Skincare	1 020	1 179	15.7	23.7
香水	151	128	1.7	−11.9
其他	282	259	3.5	−6.4
总额	7 601	7 506	100.0	7.7*

资料来源：公司报表。

欧莱雅的消费产品部门对a+7.7%的销售增长率非常满意，并将其看成是发展重点。该增长率要高于冰淇淋行业中更加成熟的部门的市场增长率（见案例3.2），所以结论是不合理的。随后，公司解释了它是如何根据以下的战略来获得这样的增长率的，这些战略有：

● 每个国家的运营团队会调整由中心层所提供的产品搭配组合，即在全球化基础上的"当地战略"。"加尼尔（Garnier）在美国洗发液上面的成功，在亚洲的护肤品和染色剂上的成功就是非常好的例子。"公司报告解释说。

● 将重点放在三个一流的品牌上，即巴黎欧莱雅、纽约美宝莲和加尼尔，每个品牌的目标都定位在不同的顾客细分市场上。报告并没有给目标命名，但是在商店的产品可能会为这一说法提供证据。

● 由公司总部推出新的专利产品，随后在全球市场上进行出售。

● 将目标定位在"增长强劲的国家"，正如具有美宝莲化妆品的中国、具有加尼尔护肤品的俄罗斯，其目的是实现销售额增长。

● 维持与领先地区合作伙伴关系的强大合作战略。公司评价的观点是，"销售点"的描述对于销售成功来说是"绝对严苛的"，因此只有与当地合作伙伴和分销商建立合作关系才能实现这个销售目标。

● 将近24%的护肤品增长率是独特的。所获得的这个增长率主要来自于巴黎欧莱雅和加尼尔，以及在全球上的新专利产品。

该公司宣称要通过这样的战略来超越竞争者。它同样给出了其他产品领域的相似信息。这些信息可以从网站www.l'oreal.com上获得。

 欧莱雅在2010年的年度报告中描述了许多与绿色战略有关的行动。

©版权归理查德·林奇所有，2012年。保留所有权利。该案例是由理查德·林奇所著，来自于已发表的信息。9

战略项目

1. 利用互联网来搜集欧莱雅剩下的数据，并研究欧莱雅所采取的战略。

2. 比较欧莱雅与竞争对手公司，例如雅诗兰黛和资生堂，你将发现雅诗兰黛在美国的销售额，以及资生堂在日本的销售额比欧莱雅更多。你也许会在欧莱雅2003年的年度报告中发现关于其北美市场的评论，这将在后面来解释为什么雅诗兰黛的销售额具有较少的营利性。

3. 利用网络来确定美容产品行业中的其他公司。你可能会了解到，世界上第二大的美容产品公司是美国的保洁公司（www.pg.com/investors/annualreports.jhml）。该公司在美容产品上的年销售额超过300亿美元。它获得如此高的销售额主要是由于在过去几年里对三家公司的收购，即吉列（Gillette）、威娜（Wella）和伊卡璐（Clairol），同样也对产品进行了收购，包括玉兰油和潘婷。你可以在网上搜索保洁公司，但是不可能找到完整的数据。选择一些大型的美国公司来揭示与它们的贸易业绩有关的公司法规需要什么因素。也许不存在这样的必要因素来显示这样的数据。还存在的大型化妆品公司是联合利华，其品牌有多芬（Dove）和夏士莲（Sunsilk），见案例10.1中关于联合利华的案例。

4. 在网上寻找股票经纪人对以上公司情况的分析报告。他们经常会提供市场规模、增长率和股份数据，这些都是公司的财务报表所缺少的内容。财务分析师能够获得这些数据，所以他们能够理解所评论的公司的优势和劣势。

5.2 解释被动的动态变化：组织的改变和不确定的环境

在战略分析中，影响战略的主要环境因素会不断地发生变化，如一般政策和像全球变暖这样的事件、竞争者、顾客和供应商，所以通常是很难进行预测的。外部事件的变化是相互关联的，并且与对组织的影响有关。尽管像波特和鲁梅尔特这样的战略家都将重点放在竞争者上，但是动态环境对组织的影响其实更加广泛，正如我们在第3章中所研究的。例如，在2006年，欧莱雅收购零售化妆品连锁商店美体小铺（Body Shop）时，该收购需要收购者考虑Body Shop强大的道德立场，即反对用动物来做化妆品实验。欧莱雅完全支持这个超越了竞争因素的问题。

尽管环境存在许多维度，但是我们将动态因素划分成了以下四个相关领域。

1. 一个行业中竞争的特性和强度。存在着一些影响动态变化的基本因素，例如公司的数量以及进入壁垒。因此，需要首先分析这些因素。

2. 竞争者行动的动态变化。尽管普遍认为竞争者会影响战略制定，但是经常会假定在一定时期内，他们的行动是静态的。事实上，无论是我们组织的战略还是竞争者的战略都将是不断变化的。

3. 环境的可预测性。当环境平稳的增长或者衰退时,其动态变化可能是容易预测的,如第3章所述。然而,并不是所有环境都是可以预测的,所以需要对该问题进行研究。

4. 应对环境变化时的资源惯性。尽管可以理解环境的动态变化,但是这并不一定意味着组织能够在理解的基础上采取响应行动。需要对这两个领域之间的关系进行调查研究。

最后一个领域会在5.7节进行研究,即一个行业中的合作程度。

5.2.1 行业中的竞争特性和强度

政府经常会在某个行业中设定一个他们希望看到的基本的竞争程度。在确定了这个竞争程度之后,那么利用波特的"五力模型"来进行任何一个竞争分析都是有帮助的(见第3章)。因此,在研究推动行业动态变化的主要因素时,这将会提供一个基本的起始点。从一个动态变化的角度来看,同样存在一些能够进行分析的深入因素。

产业架构和市场特征对战略管理具有很重要的影响。然而,公司所采取的超越定价行动的行为经常强调了微观经济学理论。例如,降低成本、产品差异化以及通过联盟和合资企业方式建立的与其他公司的合作关系。在 Boo.com 中,定价是很重要的,但是仍然存在与它的时装产品有关的一系列因素,这些因素也会吸引购买者。具有战略意义的三个主要领域分别是:

1. 行业中的公司总量,可能会影响他们的能力,即对供应商施加购买力的能力。如果存在少量公司,那么购买力可能会增加;如果存在许多公司,那么他们的购买力将会降低。化妆品行业存在许多公司,但是领先的公司确实很少。

2. 组成行业的公司融合,也将会影响盈利能力。如果存在一些具有大致相同规模的公司,那么这些公司将会产生一些默契来允许利润增长。当这类公司的数量不断增长,并且一些大型公司和一些小型公司之间存在一种联系时,那么存在默契的可能性更低,导致利润受到损害。在化妆品行业,存在明显大规模的公司,例如欧莱雅和保洁公司,以及一些小规模的专业化公司,他们会利用独家的时尚品牌来销售香水,例如香奈儿5号(Chanel No 5)。

3. 进入壁垒,在某个行业中的在位公司会拥有进入壁垒。经济学家确定了三种主要的进入壁垒类型:[10] 基于产品或分销技术的壁垒;来自于品牌或声誉的壁垒;法律壁垒。战略家们可能会认为存在同样重要的其他壁垒,例如知识壁垒和业务关系网络壁垒。我们将在第7章和第11章研究后面的壁垒类型。在化妆品行业,主要的进入壁垒与品牌建立的高投资、产品创新的高成本以及获得零售分销的困难等因素有关。

总的来说,战略可能会因为公司规模和市场竞争程度的差异而不同。更小型的公司,正如小型的鞋子制造商,也许会采取不同于大型组织的战略,例如世界上最大的零售连锁超市沃尔玛。大型公司拥有资源,并能够建立零售商店来销售自己的产品,这一点不同于小型公司。因此,在高竞争强度的市场上,相互竞争的公司所需要的战略不同于具有较低竞争强度市场上的公司。这具有深远的意义,因为它表明不同的行业具有不同的战略。[11]因此,不可能存在适用于所有行业的单一战略。

5.2.2 竞争者行动的动态变化

在战略家们的观点中,存在一个普遍的观点,即寻找竞争优势是战略成功的基础。引用迈克尔·波特(Michael Poter)的一段话:

竞争战略就是在行业中寻找到最好的竞争地位……竞争战略旨在建立一个具有营利性和可维持的地位,并能够与决定行业竞争性的力量进行抗衡。[12]

在这一段陈述中,波特承认存在两个困难之处。首先,决定行业竞争性的力量总是不断变化的;其次,公司本身在应对这种力量的同时,也会试图塑造有利于公司的环境(本段楷体字引自于波特的观点)。[13]

换句话说,波特认为竞争优势的动态变化至少存在两个维度:

1. 在一个行业中所拥有的竞争优势的特性,在文中被称为解释被动的动态变化。

2. 在一个行业中,一个公司能够或者希望通过它的新战略来改变竞争优势平衡的程度,在文中被称为积极主动的动态变化。

然而,根据加里·哈默尔和普拉哈拉德的观点,这忽视了动态变化中的一个重要因素,因为它只关注了目前的产业边界。

战略不仅仅是指为了未来的行业所进行的竞争,而且是指在现有的行业架构中的竞争。在现有的行业架构中的竞争提出了这样的问题:应该为一个产品增加什么新特征?我们如何获得一个更好的销售覆盖渠道?我们是否应该为了最大的市场份额或者最大的利润来制定价格?为未来行业架构所进行的竞争提出了更深入的问题,例如:谁的产品概念将会最终胜出?联盟是如何形成的,将会决定每个成员的市场份额的因素是什么?最严格的是,我们如何提高我们的能力来影响新兴产业的形成?[14]

尽管哈默尔和普拉哈拉德都重点强调了他们对新兴行业机遇的观点,这些新兴行业包括卫星电视和互联网唱片配送分销,相同的物流能够被用在现有的和更加成熟的市场,例如化妆品市场。引用巴登·富勒(Baden-Fuller)和斯托普福德(Stopford)对成熟市场战略的观点:"公司之间真正的竞争都是采用了不同的方法,尤其是那些推翻旧想法的方法。"[15]换句话说,竞争优势的动态变化不仅仅被看作现有公司之间的竞争,同样需要被看作打破现有竞争框架的因素。例如,在化妆品行业中,在 2006 年,当欧莱雅花费 22 亿美元收购它的第一个化妆品零售连锁商店 Body Shop 的时候,它就打破了现有的营业边界。同样,在 2005 年,当保洁公司收购主要的男性产品集团吉列公司时,它就打破了只依赖女性化妆品的营业范围。因此,塑造这种动态变化,并且使其在组织资源的范围内是可控的,具有相当的困难性。展示 5.2 显示了变化的三阶段过程,能够阐明动态变化并确定机遇。[16]

> **展示 5.2**
>
> **对竞争者行动的动态变化的调查研究**
>
> 存在三个可能的步骤：
>
> 1. 对一个行业和相关领域的未来发展方向制定一个愿景。例如，福特汽车公司认为在全球汽车行业的战略将包括对分销商的控制、二手车市场以及服务和汽车制造。这就是组织所识别和确定的机遇。
>
> 2. 管理路径将会服务于这个愿景。这将包括，在竞争对手之前就建立以下方面内容，例如关键资源、新产品和服务以及相关网络和联盟。例如，英国的零售商特斯科（Tesco）利用互联网成为了第一个建立家庭购物服务的公司，这种互联网需要同时具备网站和管理良好的送货上门服务。这就是组织所形成的战略。
>
> 3. 在所选市场中为了市场份额而竞争。这将包括以下领域，如服务水平、市场融合和通过运营战略所进行的成本削减。
>
> 关键点：最后一个阶段通常被描述为可持续竞争优势的传统战场，然而，前两个领域却包含了最有效的动态变化机遇。

5.2.3 环境的可预测性

从一个战略管理的角度来看，如果环境能够被预测，那么环境的动态变化是能够被控制的。在这种环境下的变化是能够被知晓的，因此战略意义是有效的。例如，在化妆品行业中，很容易预测人们对循环利用化妆品包装的看法的转变。为了检验这个问题，首先我们会探索一些能够采用或者已经采用的预测方法的类型。随后，我们将研究明茨伯格的观点，即这类预测活动是浪费时间的观点。

预测的目标

进行预测的目标是为了更好地解决环境中的不确定性。在环境中经常存在一些剩余风险，但是进行预测应该能够帮助减少风险，并提高成功的概率。换句话说，如果环境是能够被预测的，那么环境的动态变化可能至少在部分上是可控制的。

根据一些战略家的观点，[17]进行战略性预测的关键之处是需要了解到一些环境比另外一些环境更具有可预测性。例如，案例 5.3 和案例 10.3 中的冰淇淋市场的预测具有一些确定性，但一些革命性的新技术可能会使这一预测变得不可能。相比之下，案例 5.3 中的 DVD 格式之战的结果是不容易预测的，因为它的未来发展方向高度不明确。尽管第二个案例中的市场更加开放,但是仍然存在一些将会减少不确定性并能够预测部分环境的技术方法。

鉴于本书的写作目的,有必要确定环境的三种类型以及可能用于环境预测的技术方法,这些类型与方法如展示5.3所示。这本书已经其他位置研究了主要的技术方法,因此这里不再赘述了。这里的要点就是,即使环境中存在强大的不确定性,在一个更广泛的限制条件内,环境的预测也是有可能的。

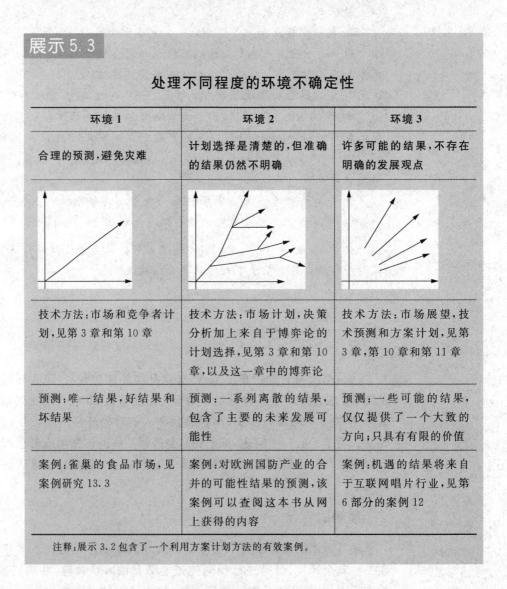

展示5.3

处理不同程度的环境不确定性

环境 1	环境 2	环境 3
合理的预测,避免灾难	计划选择是清楚的,但准确的结果仍然不明确	许多可能的结果,不存在明确的发展观点
技术方法:市场和竞争者计划,见第3章和第10章	技术方法:市场计划,决策分析加上来自于博弈论的计划选择,见第3章和第10章,以及这一章中的博弈论	技术方法:市场展望,技术预测和方案计划,见第3章,第10章和第11章
预测:唯一结果,好结果和坏结果	预测:一系列离散的结果,包含了主要的未来发展可能性	预测:一些可能的结果,仅仅提供了一个大致的方向;只具有有限的价值
案例:雀巢的食品市场,见案例研究13.3	案例:对欧洲国防产业的合并的可能性结果的预测,该案例可以查阅这本书从网上获得的内容	案例:机遇的结果将来自于互联网唱片行业,见第6部分的案例12

注释:展示3.2包含了一个利用方案计划方法的有效案例。

预测的谬论?

在这个结论的背景下,我们反过来研究亨利·明茨伯格教授的评论。他认为预测通常是完全浪费时间的。[18]他描述了传统常规战略规划是如何预测环境的,随后,当制定战略和实施战略的时候,他希望世界能够采用这个可预测的路径。

明茨伯格所引用的被认为是预测谬论的案例来自于一位早期的战略管理倡导者,伊戈尔·安索夫教授(Igor Ansoff)的《合作战略》(*Corporate Strategy*),"我们应该指出的是公司能够准确预测的时期存在20%左右的计划误差。"明茨伯格对这段话的评论是:

> 多么特别的陈述啊!世界上的任何一家公司是如何能够知道它所预测的事物的准确时期呢……然而,重复的模式,例如季节,也许是可预测的,但是对于间断性事物的预测,例如技术创新或者价格上涨,事实上是不可能的。

因此,明茨伯格认为,在环境预测非常重要的情况下,例如预测创新的时候,在很大程度上它是无价值的。他驳斥了市场未来愿景的价值,并解释说它们在本质上是来自于个人的和直觉的方法。

评论

对于环境的动态变化来说,这意味着什么?为了驳斥在不确定的领域内所做的准确预测的价值,明茨伯格的观点是正确的。因此,如果一个战略家以未来十年时间里的互联网唱片行业的规模预测为基础,来进行财务贴现计算(DCF),见第6章中的案例12,那么这种做法几乎是没有价值的,只是超越了一般暗示,即相当大的增长是可能的暗示。然而,明茨伯格采用这个观点的时候已经与他认为不能做任何事情的时候相距甚远了,其实所能做的事情有模拟方案、计划选择和一般预测,这些都可能带来好处,正如展示5.3所概括的。此外,在环境更加稳定的行业中,环境的动态变化能够从预测中获得益处。

5.2.4 应对环境变化时的资源惯性

即使组织能够预见或者理解环境中的变化,但是它们并不是经常能够对这种变化做出响应。在组织中存在一种惯性,这种惯性来自于困难、成本和这种变化中所暗含的风险等。因此所导致的结果就是环境的动态变化将不一定会立即转变成为组织内部的行动,尤其是在改变资源的时候。经济学家理查德·鲁梅尔特(Richard Rumelt)教授曾经提出了造成这种现象的五个原因:[19]

1. 扭曲的看法。尽管组织中的个体能够很清楚地观察环境,但是如果将组织看成一个整体,那么能够清楚地观察环境可能会有很多的困难。原因可能包括维持短期确定性的期望、对未来可能带来的事物的恐惧,或者选择性地希望维持目前状况的习惯。

2. 迟钝的动机。即使组织能够了解环境,但是它们不可能充分清楚地察觉到环境中所暗含的威胁。因此,它们将不能够充分地对所了解到的信息作出反应。

3. 失败的创造性响应。即使组织能够准确地察觉出环境中的变化,但是组织不一定能够找出一条创造性的方法来解决所存在的威胁。

4. 政治的僵局。组织的政策使其不可能制定出最好的战略来解决所观察到的机遇或威胁。

5. 分散的行动。领导能力、组织常规惯例和利益相关群体都不可能对环境变化采取行动反应。

我们将在第 11 章对该领域进行深入研究,但是在这里,我们适当了解了将环境与组织的资源结合起来的困难性。

关键战略原则

- 为了分析行业中的竞争特性和强度,存在三个对战略具有重要影响的因素,即行业中的公司总量;行业中的公司在数量和规模上的融合;行业中的在位公司所拥有的进入壁垒。
- 环境发展的动态变化存在许多维度,但是可以有效地从三个角度进行考虑,即竞争优势的维持、环境的预测、组织资源响应环境变化的能力。
- 竞争优势的维持将取决于行业中所拥有的优势的特性。它同样也包括一个公司形成新优势的意愿,以及一个行业可能拥有的未来优势的特性。
- 如果环境是可预测的,那么管理控制环境的动态变化将会更容易。尽管环境不能够完全被预测,但是一些战略家却认为这是浪费时间,因为其重要结果没有意义。
- 尽管一个组织也许会了解环境变化的特性,但是它不一定能够对其作出反应。该现象存在五个主要原因,即扭曲的看法、迟钝的动机、失败的创造性响应、政治的僵局、分散的行动。

案例研究 5.3

为什么格式战争在战略中很重要?索尼(Sony)和东芝(Toshiba)的战争

在过去几年里,两家日本电子巨头,索尼和东芝,为了赢得下一代高清数字视频光盘(DVDs)的格式之战,一直都处于激烈的竞争之中。为什么这个竞争很重要呢?为什么除了这些公司,其他公司也都参与到了技术标准的竞争当中?

为了新型 DVD 标准的战争

"我们在这场战争中不会失败,我们将会取得胜利。这只是一个时间问题,到那时,笔记本电脑将会拥有修长型的 HD-DVD,并且成本将会大幅度下降。"日本电子巨头东芝的首席执行官,西田厚聪(Atsutoshi Nishida),对比了其公司的新型格式数字视频光盘,简称为 HD-DVD,以及来自于另一家日本电子巨头索尼的竞争唱片,被称为蓝光 DVD(Blue-ray DVD)。"在欧洲,存在比索尼产品更多的可获得的 HD-DVD 胶片主题。"

在过去几年里,为了给 DVDs 开发一种新标准,两家公司和他们的同盟公司都已经参与到了这场战争中。顾客从新标准中获得的好处要高于现有的 DVDs,主要存在三点好处:更高的画面播放质量,尤其是电影;每一个唱片具有更多的容量;更能保护隐私(尽管有些人会认为这对电脑的好处要多于对顾客的好处)。然而,一个新的 DVDs 格式可能需要顾客对一个新的 DVD 播放器进行投资。至少在起初阶段,对于顾客而言,会存在这样的问题,即为了实现这样的结果,至少存在两个技术,即来自东芝的 HD DVD 和索尼的蓝光 DVD。

当存在这两个格式的时候,顾客最初会避免购买新的 DVD 播放器。这可能会降低新技术的采用率。反之,更低的市场容量意味着更难实现规模经济,规模经济具有较高的产出水平并导致更低的成本和更低的价格。它同时也意味着电影公司也许会被迫通过两种格式来播放电影,而这会提高产品成本,如果仅仅提供一种格式的电影,那么会减少销量。

对于两家公司来说,即索尼和东芝,以及对于依靠行业占有率的电影公司而言,例如沃尔特·迪士尼和 20 世纪福克斯公司,赢得格式竞争明确意味着盈利。但是,高清 DVD 战争在战略上并不是第一场技术格式战争。

这仅仅是标准的竞争?

自从 20 世纪早期,标准键盘(QWERTY)为英语打字机键盘格式赢得战争以来,在各种时代都存在标准战争。最著名的战争可能是 20 世纪 80 年代早期,索尼和飞利浦(Philips)与胜利公司(JVC)关于磁带录像机标准的竞争。索尼和飞利浦宣称它们的 Betamax 格式在技术上优于竞争对手的家用录像系统(VHS)。后面的格式是日本公司 JVC 所有的,并且至少由三家其他日本公司所支持,即松下[松下公司品牌(Panasonic)的所有者]、开拓者(Pioneer)和东芝。这些格式是不兼容的,它们主要是为了电视录像机而推出市场的。多年以后,其结果就是 VHS 是赢家。索尼和飞利浦放弃了 Betamax 格式,并且引进了 VHS 格式设备。随后,它们给 JVC 支付了 VHS 格式技术的专利特许费用。

那么其他公司的例子又是怎样的呢?在 20 世纪 90 年代早期,索尼推出了迷你盘(MiniDisc),为了与竞争对手的数码光碟(DCC)进行竞争,DCC 是一个由松下电器和飞利浦所开发的迷你型盒式磁带。最后,索尼赢得了这场战争。在接受将索尼产品当作行业标准之后,松下被迫对迷你盘进行大规模生产。随后在 1999 年,索尼和飞利浦推出了超级音频光盘来与松下的 DVD 音频格式进行竞争。最终,两者都没有取得成功,它们都没能替代最基本的光盘,该产品至少一直持续到 2002 年苹果 iPod 的到来。

目前,在进步发展中,至少存在两个进一步地标准战争。第一个是关于电脑上所使用的开源软件。对于大型的商业组织和政府组织而言,商业软件对于运行很多电脑系统是很重要的。专业公司能够提供并维持它们自己的专利软件。这里的"专利"意味着它由提供该专利的公司所有,该公司保持潜在密码的秘密,但是能够保证更新公司软件:微软和 Sun 公司的运营就是这种方式。相反,开源软件是由许多公司的开发者所组成的一个宽松的团体所研发的,它是在特许经营下进行分布的,所以它的影响更加广泛并且能够直接获得。

第二个例子是关于微软,它的战争是为了使其新型 Windows 办公软件被称为开放的 XML 格式,被国际标准组织(ISO)认可为办公软件标准。在 2007 年 9 月的 ISO 专业会议上,各国对其进行了投票。对于微软来说,这可能是有益的,由于所签订的一些大型软件合同,ISO 标准被用于许多大型公司和政府中。然而,微软的应用程序却遭到了其他一些电脑公司的反对,例如 IBM 和 Sun,它们支持竞争对手的标准,即开放的 ODF 文档格式。

在写该案例的时候,开放的 XML/ODF 的战争仍然在持续。例如,非营利基金会

(the nonprofit-making Foundation)的首席执行官皮特尔·辛顿斯(Pieter Hintjens)正为了免费的信息基础设施而反对微软的请求。他评论道:"我们已经公平记录了系统操作的投票过程。我们已经发现,在意大利、葡萄牙和哥伦比亚地区存在大量购买选票的行为。在瑞典和丹麦,也发生了同样的事情。即微软会给它们的业务合作伙伴支付费用使它们加入到投票当中。"为了反对这一说法,微软否认了任何不良影响。"我们的顾客希望影响这个决定,我们只是在鼓励他们这么做而已。"汤姆·罗伯特(Tom Robertson)解释说。罗伯特是微软在标准和互操作性方面的总经理。

公司如何才能赢得格式战争?

这样的行为活动引出了一个问题,即格式战争是如何受到影响的,又是如何取得胜利的。本书中存在五种主要方法:

1. 研发优越的技术性能:HD-DVD在三个光盘层面上拥有45GB的存储容量,而Blu-ray在两个层面上拥有更高的存储容量,即200GB。

2. 构建产业支持:HD-DVD拥有它的"DVD论坛",具有230名成员,包括环球影业公司、华纳兄弟、微软和英特尔。蓝光光碟拥有"蓝光协会",具有100名成员,包括沃尔特·迪士尼和20世纪福克斯公司。

3. 使生产更便宜:HD-DVD可以在目前的工厂中利用已有的DVD技术,该工厂同样能够继续生产已有的DVD唱片。蓝光利用新的生产技术,该技术与已有的工厂不兼容,因此更加昂贵。

4. 更早地获得顾客的赞同:蓝光具有独特优势,即它的技术引进了新的P3索尼PlayStation,并最终在2006年推出,但是接受率有限。见案例4.4。

5. 组织后向兼容性:HD-DVD与现有的DVDa具有紧密的关联。蓝光光碟(Blu-ray)引进了新设计和过程,这些都需要新的生产设备。

在战略中格式战争的重要性

对于格式战争来说,所有这些方法意味着什么?几年以后,在高清DVD行业中,为了视频格式而竞争的两家主要公司的估计成本大约为20亿美元。"HD-DVD的成本将会少于蓝光光碟。在美国市场上,HD-DVD的售价为499美元,其价格是蓝光光碟的一半。"东芝的首席执行官在2007年3月评论道。然而,索尼正计划并试图使其廉价蓝光光盘播放器保持领先于东芝的售价,即599美元。与定价一样重要的是具有特殊格式的主要电影公司的接受程度。索尼拥有一些主要的支持者,例如迪士尼和20世纪福克斯公司。但是东芝已经开始说服其他公司来支持它的格式,例如华纳兄弟公司。

索尼的蓝光格式(Blu-ray)赢得了DVD战略战争。该案例解释了索尼公司是如何击败竞争对手东芝的。

随后,在2008年早期,华纳兄弟改变了支持方向,开始选择支持索尼的格式。在48小时的公开发表中,东芝放弃了竞争,并宣称撤回它的DVD格式。因此,索尼赢得了这场战役。

由于两家公司都在折中的条款中获得了较低的利润,那么存在的问题就是,为什么它们从来没有达成合作的协议,并且分享利润。事实上,在2005年早期,索尼和东芝曾经进行过激烈的商业讨论,但是并没有达成一致的协议契约。每一个公司都认为,如果一方赢得了竞争,那么从长远角度来看,赢家将会获得更高的利润。然而,如果一方在竞争中失败了,那么输家需要接受竞争对手模式的转换成本将是巨大的。实际上,失败的盈利结果是非常清楚的。据估算,2008年以前,东芝花费在研发、促销和资助失败的格式方面的成本高于10亿美元。

结论:我们是否真的需要一个"战争"?

最后,对"在确定一个技术格式时,是否真的需要一个战略"的研究是有价值的。研究一个"战争"是否真的需要决定一个技术格式是有价值的。在写该案例的时候,主要的手机制造商,诺基亚(Nokia)、摩托罗拉(Motorola)和三星(Samsung)等,以及一些领先的手机服务供应商,即沃达丰、威瑞森无线公司(Verizon Wireless)和中国移动,都参与到了关于被称为4G的新手机标准的技术讨论中。这将会使手机能够被运用在世界的任何一个地方,包括欧洲、北美、非洲和亚洲。目前,存在的二代和三代手机技术使得4G技术很难被普遍采用。同时,仍然存在许多有待解决的重要技术和竞争性问题。但是,至少有一些公司不再参与到昂贵的格式战争中了。

索尼和东芝在它们2010年的年度报告中都具有关于绿色战略的政策。但是,索尼的报告中拥有比东芝报告更加具体的细节。

©版权归理查德·林奇所有,2012年。保留所有权利。该案例是由理查德·林奇所著,来自于已发表的信息。[20]

案例问题

1. 两家竞争对手的DVD格式的竞争优势是什么?

2. 利用5.3节中的创新流程,你将如何分析两家公司的发展地位?当技术变得更加成熟的时候,东芝是否仍然能够提出一个发展模式呢?如果能够提出,那么为了这种发展,应该采取什么战略呢?

3. 对于战略的动态变化,我们能够从格式战争中得到什么启示?

5.3 解释被动的动态变化:瞬息万变的市场

瞬息万变的市场为战略学家提供了真正的机遇和挑战。上文中,DVD行业的动态变化和它的格式战争仅仅表明了战略制定的范围,包括对中小型企业的真正机遇。这样快速变化的市场动态主要是由创新的步伐和变化来主导的。

由于创新的特性,所以它很难定义。因此,有些创新的范围相对较小,而其他创新却能使整个行业进行改革。例如,激光唱片就是在唱片行业中,对具有较高声音质量的产品所进行的生产创新,但是却很难进行较大的改革,互联网的全新技术对音乐的贡献也许能够导致市场更加开放。后者的研发同时具备了创新和改革的性质。在研究创新的动态变化时,需要研究一些相互关联的领域,如图5.4所示。

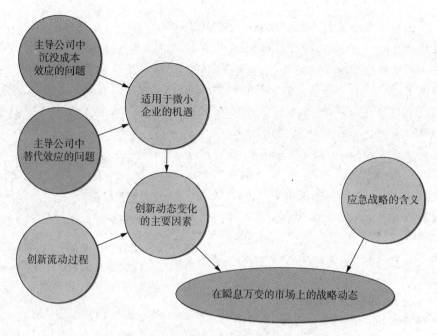

图 5.4　探索瞬息万变的市场动态变化

5.3.1　快速变化的动态：市场主导问题

当一个行业正遭受着快速地技术变革时,对于一家控制行业,并且已经将资源投入到一项独特技术中的公司来说,将面临两个问题,它们分别是：

1. 沉没成本效应。已经将大量的资源投入到独特技术上的公司也许不愿进行改变。为了那个技术,公司已经开发了资源和组织能力,这些资源和能力在任何新技术上将具有少量的价值。这样的资源所代表的是投入到该技术上的沉没成本。例如,在唱片促销网上,Big Five 投入到互联网零售商店上的大量资金很可能是无用的。在决定是否改变新技术的时候,应该忽视沉没成本,因为它们已经花出去了。但是,很明显的是,这样一个成本会使像 Big Five 这样的公司对创新变化产生偏见。[21]

2. 替代效应。与新公司相比,现有的大型公司对创新只具有少量的动机。原因是新公司可能希望通过创新来获得市场主导权,而现有的大公司并不一定能通过这种方式来获得进一步的主导地位。对于现有的大型公司而言,一项技术使它们拥有的市场主导地位很容易被另一项新技术所替代,这就是替代效应。[22]

5.3.2　快速变化的动态：适用于微小企业的机遇

在快速变化的市场上,不能主导市场的中小型企业应该拥有重要的机遇。它们的反应应该更加快速并且更加灵活。它们的文化更具有创业性,并且能够寻找出市场动态变化所呈现的机遇。例如,正是微型独立的唱片公司能够在几年时间里开发出新的艺人。由于他们已经从其增长中获利,所以在许多情况下,他们被 Big Five 收购了。

创新是和生产一样的过程。例如,在唱片行业,不仅仅是关于新艺人和音乐(产品)的创新,同样也是关于互联网分销的新模式(过程)的创新。那些不具有既得利益的小型公司也会因为新的处理方法而在现有的过程中获得好处,例如使用互联网。

5.3.3 快速变化的动态:创新流动过程

显而易见,大量的主要创新将会为中小型企业提供重要的机会,使其能够改变一个行业并且获得大量的新附加值。麻省理工学院的詹姆斯·厄特巴克(James Utterback)教授已经研究了创新及其动态变化。实际上,他研究的是大量创新是如何使大量的行业进行改革的。[23] 其他作家同样也调查研究了创新在改变行业架构时的重要性,尤其是新公司开始主导行业的方法。[24]

各种各样的实证研究可以确定创新在一段时间内改变整个行业的方法因素,如图 5.5 所示。本质上,创新开始于组织现有的资源以及来自于外部的新想法的集合。在早期阶段,通常是不存在主导技术或者设计的。这样的优势就是允许大量公司参与到创新当中,但存在的劣势就是使削减设计成本变得困难。一旦一个主导设计出现,那么公司的一个小团体将会主导市场,随后会降低成本。经过一段时期,会出现一个完全新的技术,从而该过程又会重新开始循环。这个过程的意义就是为小型公司提供了机遇,使其通过创新变革主导一个行业,传统的案例就是微软根据自己的 Windows 操作系统占据了个人电脑的主导地位,见案例 1.2。

5.3.4 应对快速变化的动态的应急战略含义

当一个市场是新兴市场并且增长快速的时候,并不能清楚地知道该市场将是如何发展的。技术可能仍然处于早期阶段,并没有达成一致的行业标准。公司在经验曲线上仍然处于较低的位置(见 8.7.4 节),因此公司将会制定一个应急战略来寻找最好的发展路径。

主导市场份额将拥有少量的意义,因为市场是快速变化的。新顾客将继续进入市场,并且将需要新产品。所有的竞争者应该都经历着重大的销售增长阶段,问题是,与此同时,是否具有充足的资金来支持经济增长和进一步地研究。例如,在第六部分的案例 12 中所提到的在互联网产品行业中被 Big Five 公司所吞并的一些小型唱片公司,因为它们不能够获得重组的资金支持;这就是 U2 乐队出现在环球公司(Universal)以及绿洲乐队(Oasis)在索尼结束的原因。展示 5.4 总结了在快速变化的市场上的战略动态的一些战略含义。

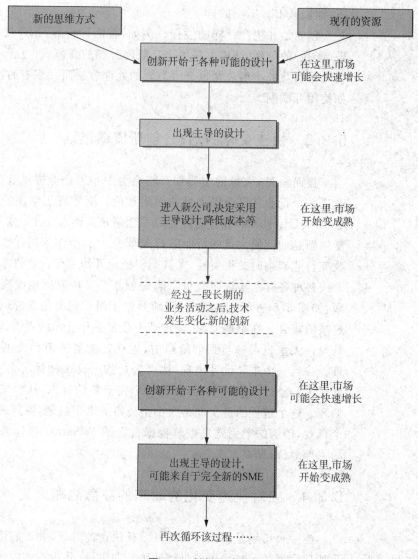

图 5.5 创新流动过程

> **展示 5.4**
>
> ### 在快速变化行业的战略动态
>
> - 为了获得市场份额并建立在成本经验效应上的大胆创新。
> - 为了研发基础技术并使其符合顾客要求的重大投资。
> - 寻找一个超越初始试验者的可行的客户群(例如细分市场)。在新的千禧年,这样一个市场的例子涉及为了手机而研发的新型 3G 技术,以及为了互联网而开发的一些新用途功能。

关键战略原则

- 在快速变化的市场上,动态过程是由创新控制的。
- 已经在市场上占据主导地位并且将资源投入到独特技术上的公司不太可能进行创新,主要存在两个原因,即沉没成本效应和替代效应。
- 如果中小型公司的响应速度更快、更灵活且更具有创新性,那么它们在这样的市场上应该具有更多的机遇。
- 创新的动态变化经历了一系列的阶段,这些阶段取决于一个将会成为主导地位的技术设计。
- 在快速变化的市场上,应急战略过程更加合适。

5.4 解释被动的动态变化:资源的开发

在第 3 章中,组织的资源被分成了四个主要领域,并且研究了资源层次(hierarchy of resource)的概念。然而,经过一段时间,这四个领域之间的平衡并不是保持静止状态的。[25] 图 5.6 阐明了在一段时间内,资源是如何进行动态变化的。这部分将研究这种变化如何以及为什么会出现。

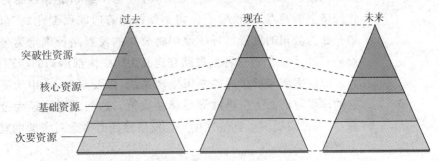

图 5.6 资源是如何不断转变的

资料来源:Charharbagi, K and Lynch, R(1999 'Sustainable competitive advantage: towards a dynamic resource-based strategy', Management Decision, Vol 37, No 1, pp45-50. Adapted with permission.)

资源将会随着组织目标的改变而改变。另外,它们同样会受到组织外部事件的影响。例如,上文中索尼 DVD 格式的成功,它将仍然面临着资源配置的决定,即将格式技术授权给选择东芝格式的公司来进行生产:索尼并不具有为全世界提供这种唱片的生产能力。因此,竞争性资源同样会受到竞争者的外部活动以及 DVD 技术的深入变革的影响。

由于一个组织已经做出了常规合理的选择来提升它的附加值,所以资源开发的动态变化可以被看作拥有三个主要维度:[26]

1. 时间:资源配置会随着时间来发展和破坏。
2. 先行优势:进入新市场时就进行资源开发。

3. 模仿的压力：与现有资源有关的资源变化。

5.4.1 资源配置的发展与破坏：四个主要经济学家的贡献

四个主要的经济学家已经研究了资源动态变化的各个方面，每一个人都有自己的贡献：
- 潘罗斯(Penrose)：新资源增长的两个来源；
- 纳尔逊(Nelson)和温特(Winter)：公司路径的延迟效应；
- 熊彼特(Schumpeter)：随着时间来破坏资源的机制。

在研究公司进一步发展时，艾迪斯·潘罗斯的贡献是非常明确的。在某些部分，它来自于已经呈现在公司中的资源："在计划扩张的时候，一个公司需要考虑资源的两种类别，即它自己以前所获得的资源或者非继承性资源，以及它为了生产它的产品和扩张项目而必须从市场上获得的资源。"[27] 这个观点的明确含义就是资源动态变化的起始点就是这两个方面，我们可以将这个含义延伸到任何组织而不仅仅是一个公司。同样遵循这样一条规律，即组织也许会受到它们以前资源的约束限制，这就是在本章的第一节中所研究的历史战略的例子。

在 20 世纪 50 年代最初的作品中，潘罗斯仅仅在公司增长的背景下考虑了资源的动态变化。而在 20 年之后，理查德·纳尔逊和西德尼·温特提出了演化经济学的观点，即检验了公司是如何随着时间而变化的，也许但并不一定将增长作为公司的发展目标。他们将公司的发展路径确定为公司资源和战略决策的基础。[28] 他们将这种发展路径定义为组织内部活动的治理模式。例如，在第六部分的案例 4 所描述的丰田生产系统，以及案例 10 中所研究的联合利华在它的冰淇淋产品上引进欧洲品牌的政策。这些发展路径为公司带来了独特资源，并为公司提供了竞争性优势。发展路径的概念对资源的动态变化产生了三个意义：

1. 必须要经过学习，并经历很长时间来建立许多发展路径。这意味着这些资源的变化将会相对缓慢。这种资源是具有黏性的，不容易变化。

2. 就路径主导组织活动模式而言，它们可能限制了公司开发全新资源的创新能力。这样的资源对于新发展来说是相对盲目的。

3. 路径通常会运用隐性知识和人们的非正式关系网。这样的好处就是使外部公司很难进行模仿，但是这种不精确性也会使公司内部很难进行复制。因此，需要对这样的资源进行投资，以至于它们能够被重复学习，否则它们可能会萎缩或者消失。

对于资源动态的观点的全部结果就是资源配置会随着时间的变化而发展，它们受限于以前所发生的投资以及未来继续发展所需要的投资。目前，能够认为资源开发可以遵循这条路径永远的继续发展。约瑟夫·熊彼特教授认为这种模式本身不可能存在很长时间。

熊彼特研究了资源开发的动态变化。[29] 实际上，他确定了创新和企业家精神在长期中的运作方式。他认为在相当平静的时期，所有市场都具有发展模式，而哪些公司能够研发优越的产品并且降低成本,主要取决于所在时期的动荡或者不稳定性。如果处在后面这个时期,那么将会引进新技术、新服务和全新的运营模式。他的作品写于20世纪40年代早期,正处在第二次世界大战的动荡时期,其同样回顾了第一次世界大战以及两次大战之间的平静时期。他并不了解1999年到2000年之间如雨后春笋般出现的"dot.com"的繁荣与萧条,但是这是最能体现其想法的现代案例。他认为,在如此动荡的时期能够探索市场机遇的企业家们可以从后续的平静时期中获得益处。索尼为新型的更高质量的DVD赢得了格式战争,见案例5.3,由此意味着东芝的设计和研发将可能会消失。熊彼特称该过程为创造性的毁灭(creative destruction)。

从资源动态变化的角度来看,创造性毁灭的意义就是所有资源应该具有有限的保存期。它们不可能永远存在,并且将会被创新型新产品代替。因此,熊彼特可能认为,比尔·盖茨和他在微软的同事也许已经在Windows电脑操作系统上创造了财富,但是它最终会被一些新兴的研发产品代替。竞争性资源将随着时间的推移而不具有竞争性,这是创新和新组织知识导致的结果。

如果熊彼特的观点是正确的,那么存在的战略问题就是竞争性资源从来没有永远存在过。战略的解决方案就是在竞争之前开发出新资源。我们将在下一节进行研究。

评论

值得注意的一个有趣现象是,微软花费了几年的时间来将网景公司(Netscape)的互联网浏览器的潜在威胁当作实现电脑软件服务的一个可替代方式。难怪微软对互联网所呈现的机遇的反应如此活跃。[30]在这个证据基础上,熊彼特创造性毁灭的观点在高科技市场是有效的。

然而,创造性毁灭也许与资源动态变化具有少量的相关性,因为资源动态变化与传统市场具有更多的相关性。例如,到目前为止,并没有发现像雀巢的奇巧(KitKat)或者玛氏的Milky Way这样的巧克力产品的全球市场正经历着创造性毁灭。在某些产品种类上,进化性资源可能在很长时期内继续存在而没有毁灭。

5.4.2 先行优势:进入一个新市场时就开发资源

在一些市场上,如果公司能够在市场生命周期的早期阶段就获得一个竞争性资源,那么该公司也许会发现,这会使公司在运营中考虑资源的动态变化,这种动态变化能够在市场上保持优势,即先行优势。例如,通过成为进入电脑操作系统市场的一个早期公司,并与当时的市场领先者IBM进行合作,微软就能够为它的Windows系统构建用户基础,这是其他公司都不能进行抗衡的,见案例1.2。同样,通过成为在全球规模上生产手机的早期公司,诺基亚已经使其成为该市场上的领先者,并且以规模经济和产品设计为基础,获得了大量的竞争优势,见案例9.2。

重要的是,成为先行者并不一定意味着成为新市场上的第一名。第一家公司可能会出错,这些错误来自于它们从未发现的事物、来自于较差的技术性能,也可能是在市场营销上面的错误。学习其他公司已经做过的事情是有效的,然而必须始终坚持成为先行者,而不是第一位行动者。

先行进入市场的行为至少存在 5 个资源优势:

1. 技术格式基准的建立。创新也许会引进一项基础技术,这将为市场制定一个标准。这也许并不是最有效的技术,但它能够带来持续有效的优势。经常引用的一个例子就是在 1899 年引进的标准打字机设计(QWERTY),其目前仍然被应用于键盘上。尽管键盘上字母的架构在技术上没有其他打字机那样快,但是它却成为了主要的设计。[31] 另一个例子是本章案例 5.3 中的 DVD 格式战争。

2. 构建互补方的网络。对于一些产品而言,正如电脑、电脑游戏和声音系统,它们不仅仅是产品本身,而且是提供软件、新游戏和唱片艺人的互补品。该网络需要时间来建立,并且先行者所建立的供应商和用户群网络的优势是很难进行改变的。例如,在 20 世纪 90 年代早期,赛格和任天堂视频游戏公司重点强调了获得并维护它们所建立的游戏用户基础的重要性。任天堂造成了一个重大的战略失误,即在 20 世纪 90 年代,当它引进 16-bit 设备时,并没有以它之前的 8-bit 设备的用户为基础。[32] 直到 2006 年,它才进行了弥补,原因正如案例 4.4 所述。

3. 先行者使学习曲线向下移动。早期的生产经验应该允许公司在其竞争者之前就进行学习,并且使学习曲线向下移动,见第 8 章。

4. 当购买者不确定时,名誉具有有效性。当顾客在购买之前不能完整地评价新产品时,公司推出该产品的名誉会成为一个体现后续产品性能的有效顾客向导。例如,与一款模糊品牌的同类产品相比,索尼的新 DVD 格式更能令人信服。

5. 购买者转换产品的成本。当推出新产品时,如果转换产品的成本很高,那么购买者是不情愿购买新产品的。例如,转换零售银行账户往往是一个具有高成本的巨大行政任务。在电话银行盛行的时代,竞争者试图利用新技术来降低这样的成本,但是对于那些具有固定顾客基础的银行来说,它们仍然存在资源优势。

因此,资源的动态变化是由先行者的优势决定的。然而,成为先行者也存在很明显的问题,即许多公司必须在新技术上进行打赌,而该行为可能被证明是错误的。它们也许会选择错误的技术。在案例 5.3 中,索尼认为它的 Betamax 技术可能成为电视机视频磁带设备上的主导磁带格式,但是最终却是胜利公司被更广泛的顾客接受了,使得索尼最终被迫撤销了它的系统。[33]

此外,公司也许不能够了解或者买得起组织的和行政的后备资源,这些资源在支持全新技术上是必需的,即该公司也许缺少互补资产。例如,当它第一次被引进时,英国的百代(EMI)人体扫描仪在技术上是最先进的设备,其的特性就是扫描人类身体。但是该公司的资源主要被运用在唱片音乐和电视租金上,它缺少资源来开发这个新市场。[34] EMI 被迫放弃并将其出售给了具有相关资源的美国通用电气公司(General Electric)。

5.4.3 模仿压力：与现有资源有关的资源变化

对于现有的产品和服务来说，想要成为先行者的奢侈想法并不适用。资源动态变化是由阻止竞争者进行模仿的需要推动的。所获得的和改善的资源动态变化是不能够被模仿的，主要存在5个主要方面的原因：

1. 在产品或服务上的增值改进。防止资源被模仿的最广泛的使用方法可能是产品改进的定期计划。像美国保洁这样的消费品公司在家庭清洁剂上，例如碧浪（Ariel），以及美国百事可乐在沃克和菲多利公司（Walkers and Frito-Lay）的零食上，具有所设计的持续业务活动来保证它们的产品领先于竞争者。没有一家公司的资源变化是彻底的，但是所有的变化都代表了真正的改善，能使这些公司维持它们的竞争优势。动态变化是缓慢平稳的资源变化。

2. 阻止模仿的法律壁垒。专利、版权和商标都是降低竞争者仿制产品能力的方法。例如，美国的迪士尼公司不仅仅拥有像米老鼠这样的迪士尼形象的专利权，同样获得了其他形象的专利权，例如小熊维尼。只要资源仍然与顾客相关，那么资源动态变化是强大的并且是单方面的。

3. 与供应商和顾客发展优越的关系。包括顾客和供应商的关系网已经在本书进行了大量的研究，见第3章、第4章和第11章。好的供应网络能够提供较低的成本并能够从供应商那儿获得较高质量的产品。同样，强大并忠诚的顾客网络能够提供更大的销售量以及更多的利润。如果技术改变或者权利之间的平衡发生改变，那么在这里的资源动态变化很可能被打破。

4. 开发市场规模和规模经济。当利润来自于，至少部分来自于一个最小规模经济时，模仿将会变得很难。因此，亚洲的汽车公司，如韩国的大宇（Daewoo）和马来西亚的宝腾（Proton）很难进入欧洲市场，因为需要提供适当水平的服务。在这个问题上存在许多解决方法，所以资源动态变化往往降低了改变的速度，而不是彻底停止了变化。

5. 为了阻止模仿而形成的无形资产壁垒。在这里存在一个完整系列的壁垒，正如第4章和第7章所研究的内容。它们包括隐性知识，这是公司本身就很难编制的知识，更不用说竞争者模仿了；创新能力很难进行定义，但是在像3M这样的公司中代表了真正的资源；模糊的因果关系使竞争者很难理解一个公司是如何形成竞争优势的。在这里的资源动态变化能够为模仿行为带来真正的实际壁垒。

5.4.4 结论：描述性资源动态的两个案例

调查研究资源动态变化的目的是为了确定那些提供可持续竞争优势的领域，从而提高附加值。上文中的领域为这个任务提供了一些重要的指导方针。然而，它们的缺点就是仍然只列出了可能的领域，而没有提供准确的战略结论。显而易见的是，它们也与变化的环境有关，该环境是组织运营所处的环境，组织也试图模拟这种关系的复杂性。

目前,我们仍然不能完全了解资源的动态变化;著名的《战略管理杂志》在2003年也致力于对这个主题的特殊问题进行研究。[35]但是,研究两个有关目前思想的例子也许是有帮助的:

- 例1:动态资源管理模型。
- 例2:能力稀释的双向过程模型。

例1:动态资源的管理模型

图5.7显示了一个能够解决这些问题的资源动态变化的模型。该模型是由希尔蒙(Sirmon)、希特(Hitt)和爱尔兰(Ireland)[36]研发的,该模型的第一步是构建组织现有的资源组合。根据作者的观点,这意味着收购、累积和放弃组织现有资源的重要性。第二步是绑定资源来建立生产能力。该过程具有三个因素:在不断增加的变化中,稳定现有资源;丰富现有资源来扩大它们目前的生产能力;开发新能力。第三步就是利用生产能力来为顾客创造价值,为所有者创造财富。该阶段具有三个部分:组织利用资源来开发市场机遇;协调并整合已确定的生产能力;随后在实际中配置生产能力来支持所选择的杠杆战略。

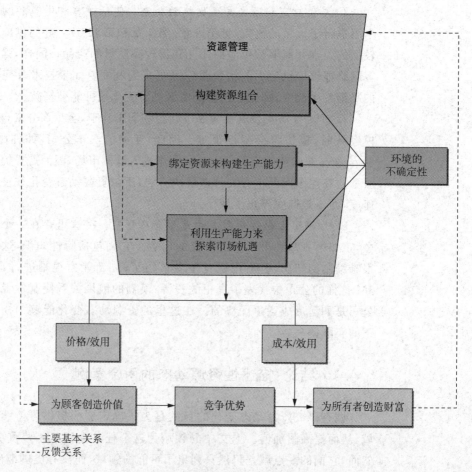

图5.7 价值创造的一个资源动态管理模型

除了构建、绑定和利用资源这三个领域之外,同样需要识别环境的不确定性和实现动态过程的反馈机制的重要性。

评论

读者将会对该模型的价值得出自己的结论。但是,他们也许希望更早的考虑这节中的评论,即该模型的一个缺点就是它们对一系列资源问题的识别能力要强于对资源开发的动态变化的识别能力。

例2:能力稀释的双向过程模型

该模型是由 Schreyogg 和 Kleisch-Eberl[37] 研发,这个有趣方法的第一步是研究资源动态变化中的一个基本矛盾。如果竞争优势是可持续的,那么由定义可知,它是很难进行改变的。然而,正如上述中的 DVD 格式之战,资源的生产能力可能经历了重大的变化,尤其是当技术发展时。换句话说,由定义可知,资源的动态变化使得资源很难甚至是不可能保存竞争优势。根据作者的观点:"(动态变化)[38]面临着稀释原始想法和所构建的组织能力优势的风险。最终能力将会失去战略力量,归因于它们的资源视角。"随后作者提出了一个新模型来解决这个问题:本质上,资源变化的双向过程模型是指:

1. 发展可持续竞争优势,正如本书其他地方所描述的那样。
2. 在完全建成竞争力之后,进一步增加一个作为单独功能的维度。这个新层次被称为"能力监控",其目的是为了重新评估,如果有必要,依据环境的动态变化来调整竞争性资源。

评论

不能责怪作者,他们文章的标题是"进行双向过程模型……"这清楚地表明了他们并没有认为其论文代表了一个完整的解决方案。读者们强烈希望阅读原始文章,该文章并不难理解。随后,他们会对这篇文章能够给我们带来多少理解性知识得出自己的结论。

> **关键战略原则**
> - 从一个动态的角度来看,组织中的资源会随着时间来开发和破坏。存在三个主要维度:时间;先行者优势;模仿压力。
> - 当研究时间维度时,存在三个主要因素:新资源增长的两个来源;公司路径的延迟效应;随着时间破坏资源的机制。
> - 关于先行者的优势,存在五个主要领域:技术格式基准的建立;关系网的建立;早期行为降低了学习曲线;声誉的有效性;当顾客转向购买先行者的产品时所发生的成本。
> - 模仿现有产品或者服务所带来的压力能够通过五个资源活动来消除:产品或服务的增值改进;为阻止模仿的法律壁垒,例如专利;建立与顾客和供应商的优越关系;开发市场规模和规模经济;为阻止模仿而形成的无形壁垒。

案例研究 5.4

一级方程式赛车的战略：平衡出色的驾驶，激烈的讨价还价……
甚至是新型绿色战略？

在盛大的世界一级方程式赛车中，出色的驾驶技术总是成为新闻头条。但是有着激烈的讨价还价过程的重要业务却实现了业务战略，甚至一个新型绿色战略也是有可能的，正如该案例所解释的那样。

一级方程式赛车：三个业务参与者

一级方程式赛车（简称 F1）所获得的年收入高于 10 亿美元。该收入至少部分来自于娱乐业务。它同样是一个重要的雇主：有几个直接受雇于团队，并且存在无数个能够提供任何事物的联营企业，从专业测试设备到比赛馆内的餐饮都是其所从事的业务。它同样宣称要成为技术领先者，它的技术发明已经导致了其他领域衍生物的出现。例如，行业研究表明它发明了防滑鞋、改进的钓鱼线、轻量级的医疗护腿设备以及以赛马场遥测技术为基础的医疗检测设备。

但是，所有上述的发明并没有娱乐，该娱乐来自于年轻出色的赛车手所带来的出色驾驶技能。赛车手的工资很高，因为他们在全球各地专门设计的环形赛车跑道上，冒着生命危险进行着高速赛车比赛。F1 赛车的品牌是迷人的、性感的以及全球化的。同时，它具有三个主要的业务参与者：F1 的商业版权所有者，F1 团队和专业的监管机构，如表 5.5 所示。由于这三位参与者的利益不相同，所以，近年来，它们已经进行了多次协商谈判。

这个问题是非常复杂的，因为在 2005 年的一个复杂协议下，F1 商业版权公司被出售给了私人风险资本公司 CVC 资本合伙有限公司，所报道的售价为 28 亿美元。该收购行为是通过大量的贷款来支撑的，并且该贷款具有高利息的还款条件。这就意味着公司为了从 F1 赛车的参与中获得利润承受了强大的压力。实际上，据报道，如此之高的利率使

表 5.5　F1 赛车中的三个主要参与者："协和协议"的成员

名　词	介　绍	角　色
F1 集团（Formula One Group）	私人企业负责促进世界锦标赛和开发商业权利。公司的首席执行官伯尼·埃克莱斯顿，是世界赛车行业的主要著名人物	与赛车主办方、主要赞助商以及其他两个合作伙伴进行协商。它同样与电视公司就媒体播报权利进行协商、与赞助商和轨道广告商进行协商
F1 车队联盟（FOTA）	每一个 F1 车队都是协会的成员，该协会是由卢卡·迪·蒙特泽莫罗领导的，他是 FOTA 的主席以及法拉利公司的董事长	车手与一个私人车队签订合约。每队都具有主管、雇员和技术与零部件供应商等
国际汽车运动联合会（FIA）	专业机构管理所有汽车运动比赛，该比赛在 2009 以前是由马克思·莫斯利所举行的，之后是由让·托德举行的	在所有赛车中制定规则并判断争论点，包括 F1。同样在汽车设计上具有指导作用，即为比赛生产出环境友好型的汽车

得该公司一直处于亏损状态。这给公司造成了巨大的压力,这同样使公司处于较弱的谈判地位上,因为该公司需要 F1 赛车比赛取得成功从而获得收入。它的一个主要优势就是,它的首席执行官伯尼·埃克莱斯顿(Bernie Ecclestone)是一位著名的且在 F1 赛车行业具有良好人缘的人物。据报道,他在 2010 年的年薪为 485 万英镑(635 万美元)。

F1 赛车目前是一个大商业。但是,将会在总业务收入中获得最大份额的成功战略是什么呢?隐藏在谈判背后所需要的原则又是什么呢?

直到 2007 年赛季(包括 2007 年),这三方拥有一个法律协议来管理 F1 运营的方式,被称为"协和协议"(Concorde Agreement)。该协议基本上覆盖了一个车队完成比赛的所有条款,并且分配了电视收入和奖金。随后,为了参加 2008 年赛季的比赛,三方都对该协议拥有了一个非官方的理解。因此,在 2009 年的大部分时间里,三方重新对"协和协议"进行了激烈尖锐的谈判。

F1 赛车:收入的来源

2008 年的年度报告中的收入为 12.5 亿美元,F1 赛车是一个大型的全球化业务。为了理解"协和协议"的基本内容,有必要了解 F1 赛车的收入来源。主要的收入来源如表 5.6 所示,但是它并没有包含该业务中所有的收入。原因是一些个人团队是由它们的所有者(例如,法拉利)以及它们自己的赞助商(例如,维珍集团)来资助的。另外,存在其他的收入来源渠道,例如轮胎制造商:普利司通轮胎(Bridgestone Tyres)宣称它在轮胎和技术支持上,每年给 F1 的资助大约为 0.7 亿美元,其在 2010 年撤销了资助。在 2011 年赛季,F1 使用了倍耐力轮胎(Pirelli),毫无疑问,这也存在大量的资金支持。

表 5.6 一级方程式赛车:2008 年的收入来源
单位:100 万美元

举行比赛的费用——由每一个赛道成员支付	404
电视播放权利——媒体公司为了放送 F1 而支付	380
轨道旁的广告费用	170
商业应酬——赞助商支付比赛当天的报道费用	150
F1 合作项目	60
其他——包括产品促销,互联网和出版	50
GP2(F1 初级系列)	40
总数	**1,254**

资料来源:Formula Money, published in the *Financial Times*, 17 March 2009, p20. © The Financial Times Limited 2009. All rights reserved.

F1 赛车:盈利压力

从 2009 年和 2010 年的财务数据可知,F1 赛车似乎是盈利的,如图 5.7 所示。在 2008 年,收入略有下降,但是主要公司报告了合理的利润。然而,这些数据隐藏了两个难题:

● 在 2005 年,CVC 收购公司所进行的贷款,具有沉重的利息费用。
● F1 车队的收入不足以维持车队的生存:它们为了竞争,需要通过赞助或者私人资金的支持来补充收入。

表 5.7　F1 赛车在 2009 年和 2010 年的收入

	2009 年（百万美元）	2010 年（百万美元）	评　论
收入	1 063	1 082	增加新的韩国场地，恢复加拿大场地，并且与瑞士联合银行（UBS）和 LG 电子公司建立新的赞助合同
营业利润	277	296	一些报道表明这个利润水平不足以支撑 CVC 资本有限公司所造成的融资债务
F1 车队的奖金	544	658	许诺给参加 F1 赛车的三家新车队每队 0.3 亿美元，因此增加了收入

资料来源：Http://www.grandprix.com/ns/ns23091.html.

例如，法拉利所拥有的私人支持来自于与菲亚特有关的意大利家族利益；红牛从其饮料母公司获得了财务支持。威廉姆森却依靠商业赞助，但这受到了经济衰退以及处于类似地位的其他车队的威胁。当开始需要从 F1 赛车中获得更高贡献率时，这需要进一步地资金支持，但这对它们的协商地位没有帮助。然而，需要大约 12 个车队的比赛才能创造体育娱乐；如果仅仅是法拉利与红牛之间的比赛，那么娱乐性就太小了。因此，对于 F1 赛车公司和 FIA 来说，存在强烈的动机来支持财务较弱的车队。

尽管 F1 赛车是迷人的，但是在 2009 年，它面临着多个方面的压力：

● 世界经济衰退造成的赞助商问题，尤其是像苏格兰皇家银行（RBS）和荷兰国际集团（ING）这样的银行，它们遭受了重大损失。

● 另外，一些国家的车迷很难支付昂贵的票价。这使得赛车主办方很难支付主办费用，而该费用是他们必须支付给 F1 赛车的。

● 对于比赛车队而言，在某些方面的直接成本同样增加了。

● 汽车制造商处于盈利的压力当中，详细内容见第六部分的案例 5。结果是在 2008 年年末，三个制造商彻底退出了赛车行业，即本田、丰田和宝马。

结果，FIA 董事长马克思·莫斯利（Max Mosley）认为应该做些事情来改变这种局面。在 2008 年，他提出了一系列的成本削减方法，并运用于 F1 赛车中，其包括每个车队 0.6 亿美元的预算限额以及其他设计限制。在 2009 年 3 月，为了响应这些方法，FOTA 车队提出了自己的一揽子成本节约措施，这将降低 F1 车队的运营成本，即预计在 2010 年的成本是现在 3 亿美元左右的成本的一半。"我们正在以一种积极的态度来看待这个危机"，车队联盟主席和法拉利董事长卢卡·迪·蒙特泽莫罗说，"这是一个巨大的机会来提高 F1 在成本和竞争方面的能力。我们希望保留运动精神。我们想要一个稳定的 F1，一个积极的 F1，这可以展现出国际品牌，我们希望这能增加更多的观众。"但是在国际汽联的提议和车队联盟的建议之间存在一个差距。

尽管所有车队都接受了降低成本的需要，但是一些车队，尤其是法拉利并不希望接受 0.6 亿美元的预算限额，至少在最初是不愿意的。该公司认为，这会使得比赛公司必须裁减大量的员工。到 2009 年年末，这导致了国际汽联与车队联盟之间的危机，即说出了一些非常难听的话。据《金融时报》报道，法拉利"发表了一份声明，指责国际汽联分明是为了破坏汽车制造商的利益。"关于雷诺和法拉利可能撤退的报道称，"逐渐脱离 F1 的现象，更多的是由于一场战役而不是经济危机的结果，这场战役是在过去几年里一直管理 F1 的那些人与主要汽车制造商之间的对抗"。

在2009年的某个阶段,出现了车队联盟中的车队威胁要离开现有的F1赛车的情况,并且为自己树立了一系列的竞争对手。协商谈判正处于白热化状态。车队认为他们最终的谈判优势是拥有赛车和团队。但是,他们所面临的问题就是现有的赛车环道以及媒体权利都是与F1赛车集团签订的合约,而不是车队。它可能会对新轨道和媒体合同进行协商,但是这是花费时间的。重要的是,这对车队联盟在2009年的协商地位没有产生作用。

把这三方聚在一起的一个关键人物就是F1赛车的首席执行官伯尼·埃克莱斯顿。由于多年的业务经验,他了解所有的参加者。此外,他的公司不存在除了F1赛车公司之外的资产。埃克莱斯顿特别担心F1赛车是否能够继续保持其娱乐性。他意识到,像法拉利这样的具有较强财务资源的车队意味着它们可能主导比赛。如果持续这种现象,那么比赛就不会像过去那样令人如此兴奋和不可预测了。因此,他支持限制车队的预算。他同样希望存在一些能够降低所有车队成本的标准化设计,从而使得比赛更具有竞争性和娱乐性。

最终在2009年年末,三方签订了一个新协议,其终止日期为2012年。它包括发动机条款和设计规定,加上比赛运行方式的其他方面的一些变化。这些变化的目的是为缺乏大量资金的车队降低发展成本,也鼓励比赛运动中绿色技术的研发。在写该案例时,该协议的结果是,在2010年车队共享奖金为6.58亿美元,比2009年提高了21%。然而,同样有报道称,F1赛车的所有者CVC资本公司在收购了F1系列之后,在融资成本上

面临着6.6亿美元的损失。尚不清楚这种事态会持续多久。但是至少新公司使车队变得更加紧密,因此使得这项运动更富有娱乐性。

 在2011年4月,FIA宣称它正与欧洲委员会进行合作来创造出新型的电动汽车、卡丁车和单座赛车等。因此,在现有的赛车轨道上所进行的F1风格的汽车锦标赛是有前景的。FIA的董事长让·托德(Jean Todt)解释说:"我们希望尽快拥有新的引擎种类。"第一个电动汽车的比赛季度最早可能在2013年。欧洲委员会拥有一个强大的命令来使汽车行业使用更加可持续的燃料。它希望"比赛能够使用FI的大型媒体功能来提高消费者对电动汽车的兴趣"。

但是,一些观察者质疑具有较低速度和更有限的加速度的电动汽车是否同样有趣?在F1赛车战略上,将仍然存在更多的协商谈判。

©版权归理查德·林奇所有,2012年。保留所有权利。该案例是由理查德·林奇所著,来自于已发表的信息。[39]作者感谢安德鲁·达夫(Andrew Duff)对该案例早期版本的评价。

案例问题

1. 利用战略动态变化来策划该战略战役的优势和劣势是什么?在谈判中谁可能是赢家?为什么?

2. 在协商谈判所使用的战略中,在哪种程度上算是进攻的竞争性战略?战略动态变化包含的其他方面是什么?

3. 在该案例中关于战略动态的有效性以及战略制定中进攻的竞争理论中,我们能够得到什么启示?

5.5 积极主动的动态变化:形成一个动态的商业框架

在第4章研究资源战略时,可持续竞争优势被认为是战略管理的一个重要因素。明确的是,竞争优势不可能永远保持不变:竞争者、技术经理、顾客和许多其他因素都可能随着时间而改变。一些战略家,[40]尤其是那些研究具有先进

视频
第7b部分

技术的行业的战略家,认为竞争优势的静态识别错失了一个重要的战略机会。他们认为竞争优势应该被看作是不断发展的,那么在管理过程中,这样的战略才具有积极主动性。F1赛车的案例阐明了战略是如何一直变化的,其原因是外部经济压力、绿色战略政策决定以及私人车队为了赢得F1跑车锦标赛的愿望。

重要的是从战略动态角度来看,组织应当寻求管理和形成环境的动态变化。换句话说,战略是一个动态的概念,它将为组织提供一个不断变化的新机会和威胁。

5.5.1 动态过程:架构化、还是动态化

根据这样的战略家观点可知,对于一个公司而言,关键问题是在支持长期可持续优势与参与不断变化和更新的过程之间建立平衡。首先,这些公司会识别一些可持续竞争优势,这些优势是架构化的、受到支持的和明确的。例如,英特尔公司支持它的"奔腾"品牌名称以及个人新电脑芯片,尤其在它们刚刚被推入市场时,正如2006年推出的奔腾双核芯片一样。然而,与此同时,这样的公司同样会刻意拥有一些其他方面的业务活动,而该活动在本质上是不属于其现有的优势领域的。例如,英特尔公司也许会在它的一个实验室中尝试一些完全新的技术或者电脑软件,这与它现有的竞争优势没有明显的关系,但这将会是公司的一个有趣的出发点。因此,战略过程不仅仅是架构化的,如宣传品牌的广告,也可以是动态化的,如探索一个全新的和未经检验的技术。

5.5.2 动态业务发展:一些指导方针,并不是规则

显然,这样一个动态战略过程很有可能是非常有益的,也可能是完全失控的。因此,战略家认为应该遵守一些指导方针来开发这种方法的真正好处。下面是布朗(Brown)和艾森哈特(Eisenhardt)的一段话:

在竞争激烈和变化难测的行业中的成功企业,会追求一个竞争优势的战略。该战略的目标不是平常意义上的效率或者最优。相反,该目标是灵活的,也就是说,对当前变化和演变的适应性、对挫折的抵抗能力以及定位不断变化的优势来源的能力。最后,它意味着不断地进行创新改革。[41]

实际上,对于这样的组织,这意味着维持架构化和动态化之间的平衡。强大的财务控制系统应该在适当的位置,但是管理者们具有明显自由的时间来利用创业探索方法开发自己的想法。因此,该过程也许是灵活的、低效的、甚至可能存在一些失败。但是,从积极寻找的意义上来说,在新的创业项目活动之后,该过程是积极主动的,那么需要接受必然存在的一些失败的观点。这个过程通常是由基本目标驱动的,该目标是指组织将随着时间的推移,从全新产品的销售额中获得一个相当比例的份额。例如,第1章中谷歌的案例和第7章中3M的案例。

从根本上讲,这个过程遵循了组织的概念,即拥有连续动态的资源变化和竞争优势,而不是一个静态的列表清单。例如,F1赛车案例表明在过去几年里,已经存在一系列的技术开发和有效地外部压力,要求每个竞争汽车公司具有动态的资源变化。随后,这就导致了案例中所述的协商谈判,这是一个持续的过程。显然,该战略制定是一个应急方法而不是一个常规方法。这个可能性又是如何呢?

5.5.3 构建一个动态业务:一个可能的框架

鉴于目前战略领域的知识水平,我们对构建一个具有动态战略的业务概念没有明确的方法。根据大卫·蒂斯(David Teece)教授的观点,目标是足够清晰的,即"为了开发一个能够维持组织演化和适当性的业务"。[42]这当然不能形成一个模型来说明这是如何起作用的,但图5.8提供了一个框架,包含了在当前知识水平下的一些主要思想。

定义➡ 所建立的三个"S"框架是围绕动态变化的三阶段方法:[43]
1. 感知环境变化;
2. 抓住这样的变化所带来的机会;
3. 测量这些变化的结果,不仅仅为了反映当前变化,也为了塑造未来变化。

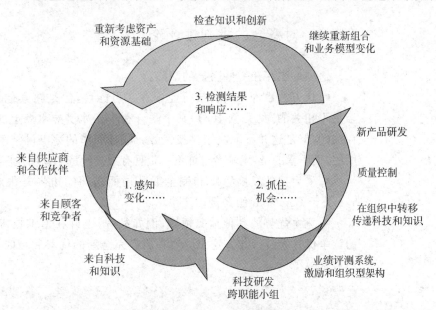

图5.8 动态战略的三个"S"框架

感知变化(Sensing)

重要的是到处找出机会。显然,这些机会可能来自于组织内部和外部的技术和知识发展。但新机会也可能来自于供应商和合作伙伴以及顾客和竞争对手。对于组织来说,重要的问题就是不断地寻找这样的变化。

抓出机会（Seizing）

面对所有新机会时,需要建立组织来评估这些机会,并在一个连续的基础上开发这些机会。进行这项任务存在各种各样的方法：一种方法是集中在研究和开发上,尤其是跨职能小组将会为该问题带来不同的新视角。实际上,通过强调新领域的研究,全面质量管理过程和业绩管理系统也可能作出贡献。另一种,通过市场营销的新产品开发以及通过互联网系统发展而形成的广泛新知识的循环同样会带来进一步的机会。在这部分的开发中,最重要的方面可能是进行实验尝试的意愿,这意味着接受失败的可能性,该失败会存在一些相关成本支出。那么,在这里,一个"无责备"的文化是关键,这能保证在未来,那些失败的人们会从反复尝试中获得鼓舞。

检测结果（Survering）

实际上,对于高级经理而言,该过程的关键是检测所发生的事情,并得出相关启示。这将包括对所获得的知识以及创新的相关领域的检查。也许会重新考虑组织所拥有的资产,例如,第 4 章的开篇,其主题是关于组织创造的资源是什么,以及它从外部购买的资源是什么。基本上,检测会考虑业务中价值增值的地方（回顾第 4 章中的附加值和价值链）,以及对业务未来发展方向的意义。

5.5.4 对概念的批判性评论

这种方法存在一些明显的缺陷：
- 该方法也许在高科技行业中存在可能性,但是在其他地方很难实现,甚至是不相关的,见案例 10.1,其中联合利华在冰淇淋市场上的竞争优势是真实存在的,但是这并不取决于科技优势。联合利华的冰淇淋技术对竞争者也是适用的,而不幸的是,竞争者也许不一定具有规模经济来证明投资该技术的正确性。
- 受启发的发展思维和完全混乱局面之间的边界是很难把握的,见案例 5.1 关于 Boo.com 的案例。
- 竞争优势的其他重要领域,例如品牌,也许在追求技术好处时会将现有的竞争优势大打折扣。这意味着在研究完全新的优势领域时,这类优势也许就不被重视了。

> **关键战略原则**
> - 根据一些战略家观点,竞争优势应该被看成是不断演化的,公司应该开始进行这项工作,尤其是那些包含有先进技术的行业。在这种意义上,竞争优势是动态变化的,而不是静态不变的。
> - 形成这种竞争优势的过程不仅仅是围绕现有优势来建立的,即架构化的,同样需要开发令人兴奋的新领域,即动态化的。
> - 这个过程的主要指导方针是维持架构和混乱之间的平衡。

> ● 可以形成一个框架来制定动态战略:3S框架是对我们现有知识的总结。它是由三方面组成的,即感知环境变化;抓住变化结果中的机会;为了进一步地发展来检测结果。
>
> ● 这种方法的批判集中在三个方面,即它与不存在高科技的传统行业之间的相关性;对该过程中混乱部门进行管控的困难性;在追求新的优势领域时,忽视现有竞争优势的可能性。

帮助制定动态战略的一些因素列表清单。

5.6 积极主动的动态变化:进攻性竞争战略[44]

视频第6a和6b部分

这是竞争者能够采取的完整范围的进攻战略。需要对其进行分析的原因有两点:

1. 了解竞争者可能采取的战略;
2. 帮助制定合适的应对措施。

在这一领域的专业文献,甚至是一些更学术的文章中,语言和风格通常是军国主义的语气。[45]例如:"在领导者的优势中寻找一个弱点,并攻击该弱点";"通常应该阻止强大的竞争行动"。波特会避免使用一些带有感情色彩的语言,但是又让人感觉这一领域的重要性毋庸置疑。美国西北大学的菲利普·科特勒(Philip Kotler)教授在他著名的市场营销书籍《市场营销管理》(*Marketing Management*)[46]中研究了这些因素,并与辛格(Singh)合作撰写了一篇具有影响力的关于该主题的文章。[47]其分析过程如图5.9所示。

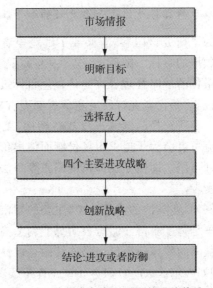

图5.9 分析竞争者所采取的进攻战略

5.6.1 市场情报

与"知识就是力量"这句名言一样,许多公司会经常监控它们竞争者的业务活动。少数公司也许偶尔会窥视或者窃听竞争者的行为活动,而这也许是不合法的,也可能是不道德的。尽管这样的行为不能够被宽恕,但是对于寻求了解竞争对手战略的公司而言,这却是完全正确的做法。在调查研究该领域时,也存在一些完全合法正当的方法。例如:

- 公司年度报告;
- 报纸文章;
- 股票经纪人的分析;
- 展示会和贸易展销会。

5.6.2 明晰竞争者目标

军队的目标通常是将敌人全面击败。但是,在战略管理中,这并不适当,其原因有:

- 该方法也许会违反垄断法,尤其是在欧盟、美国以及世界上的许多其他国家。
- 为了追求最后的剩余份额,该方法的成本会越来越高。
- 如果市场上仍然存在一个较弱的对手,那么很容易实行该目标,但如果是一个具有进攻性的新进入者,那么就很难。
- 一个被击败的对手也许会被有能力的新进入者以低价进行收购。

军事战略家已经意识到通过一些形式的困境和理解能够更好地说明战争的目标。正如上尉利德尔·哈特(B H Liddell-Hart)所评论的:

战争的目标是为了一个更好的和平状态,即使是从个人角度来看。[48]

为了研究该内容,有必要了解竞争者的目标,尤其是在市场份额和销售额这些领域的目标。随后,组织本身将需要制订自己的目标。

最佳的战略管理也许是将理想目标设定为"成为一个新的市场平衡者",也就是说,该平衡者允许所有竞争者都拥有一个可行的稳定市场份额以及充足的利润。与所选择的继续进攻战略相比,尤其当进攻战略中包含一个价格战时,即当竞争者会为了追求市场份额而使出价高于其他公司时,以上的方法也许更加有利可图。即使是在严格的国家竞争法下,通常也会允许公司来成为这样一个平衡者。[49]

例如,在英国的零售业中,主要的超市会参与到了小型的价格战中,但是这场战争是为了获得让所有公司都能创造高资本回报率的市场份额。相反,一些其他欧洲的零售超市已经是连续的进攻性的价格战的主体,尤其是价格折扣战争,例如阿尔迪(Aldi)和Netto一直持续着进攻性的价格战。其结果就是德国人和其他零售商的资本回报率要低于美国零售商。在这种背景下,激烈的竞争并没有很好地为所有人服务；所有公司的利润都下降了。[50]

从一个战略的角度来看,明晰行业中竞争者的真正目标是非常重要的。

5.6.3 选择对手

并不是所有的竞争者都是相同的：一些公司也许是极具进攻性的,它们具有大量的财务资源、相对被动的股东、为了获得市场份额的长期目标以及相当大的决心。一些知名的日本公司就是这样的例子。没有公司愿意选择竞争,尽管组织不可避免地要与它们进行竞争。

同样,直接进攻市场领导者的战略是一个高风险战略,因为竞争者具有巨大的优势,即使报酬似乎是很吸引人的,但是存在高风险。军事战略家认为,如果该方法能够成功的话,那么在发动进攻之前,必须具有的优势就是人员与设备之间的比例为3:1。根据定义,在存在市场领先者的情况下,这是绝对不可能成功的。

由于这些原因,也许最好的方法就是将具有相同规模的公司定位成目标对手,并对其进行分析。随后,竞争者的缺点可能形成我们进攻行动的基础。这些缺点甚至可以被用在收购中。

5.6.4 四个主要的进攻战略

在任何一个竞争者分析中,确定识别四个主要战略是很重要的,公司能够运用这些战略来对抗其他竞争者以及任何一个新进入者。同时,应该注意的是,当涉及战略管理的进一步发展时(见第8章),这四个战略就代表了第5章所使用的战略规划列表。

四个主要进攻战略如展示5.5所示。这些战略以军事战略的三个主要原则为基础：[51]

1. 需要将进攻重点放在竞争上,这样的特点上才有压倒性气势,因此更有可能取得成功。

2. 惊喜的因素,可以在竞争者仍然处于复苏状态时,获得收益(可能涉及改写游戏规则)。

3. 需要通过一段时间的继续投资来巩固进攻(除了最后的计划选择,即以快速撤退和有限的损失为基础的计划)。

> **展示5.5**
>
> **四个主要进攻战略**
>
> 1. 正面对抗市场领导者
>   - 除非资源是可持续性的,否则该竞争不可能成功。
>   - 攻击领导者较弱的地方。

- 选择小范围来展开进攻。
2. 侧面进攻或市场细分
- 选择一个相对来说无防备的侧面来进攻。
- 旨在获得一个重大的市场份额。
- 期望在侧面市场进行多年的投资。
- 定价和物有所值的商品往往是成功侧面的特色。
3. 占领全新的领域,即该领域不存在现有的产品或服务
- 如果可能,进行创新。
- 寻找市场细分。
4. 游击战:即为了抓住短期盈利机会的快速出击
- 依赖于能够识别机会的良好信息。
- 需要快速的响应,并在取得成功之后快速撤退。
- 重要的是不要在领导者的主要领域奋起抵抗,而是要选择新的领域。

在军事战略中,存在的原则是:
- 只有当目标是有用的,并且是可实现的时候,才可以依靠蛮力来实现目标。
- 建议集中力量,这样才会实现最大效果。
- 建议利用长期战略来坚持跟进对这种力量的使用,这样才能确保永久地位。

以上这些原因说明正面进攻的战略是不太可能成功的。

应该强调的是,其他战略也具有成功的可能性,对于失败者,这些战略也许是至关重要的。在竞争激烈的环境中,它们通常涉及一些形式的创新。

5.6.5 创新战略

现实中存在许多的创新形式。但是为了我们的目标,确定四个创新形式是有效的。即:
1. 改写游戏规则;
2. 技术创新;
3. 更高的服务水平;
4. 合作。

许多这些方法都特别适用于不具有可持续资源的微型公司。

改写游戏规则

在竞争战略中,市场在位者会根据对竞争对手参与游戏规则的相互理解来安排工作。例如,代理商会销售生活和家庭保险,因为代理商会从个人角度来为顾客推荐适合他们情况的最好产品。为了进行这项任务,所有的大公司会将

大量的资金投资到员工招聘和员工培训上。最后,他们的巨额投资意味着为了这个保险公司的利益,他们并没有提供任何替代品。随后出现了通过电话销售保险的微型公司。它们改变了游戏规则,即在没有巨额开销的销售团队的带领下就能销售该产品。因此,这能够提供更低价格的商品。这种革命目前已经在欧洲的保险行业大量存在了。因此,在战略管理中,改写游戏规则是很重要的。

技术创新

新型的微型公司尤其有必要为了获得市场份额来引进某种形式的创新。这并不意味着创新是进入市场和生存的唯一方法,但是在特定类型的行业中,这也许代表了一种可行的路径。例如,互联网将彻底改变唱片音乐的发行模式,见第六部分的案例12。微型公司将更容易发行它们的音乐。

更高的服务水平

在某些行业中,技术也许并不是主要特征,但是服务水平却是非常重要的。例如,在鞋子行业,存在很先进的技术,但是一些公司得以存活是因为它们提供了更高水平的私人服务和设计鞋子的服务。即使在零售业,小型的商店也可以生存,即在它们当地的社区中,长时间地保持商店的开放状态。

合作

正式的合作关系或者一些其他形式的合作活动已经在近几年证明了创新战略的有效性。合资企业、联盟和其他形式的合作已经被大量运用,并且成功地击退了较大的竞争对手(见5.7节)。

5.6.6 总结:进攻或者防御

在静态的市场上,识别了市场机会的每一家公司将会选择另一家具有市场问题的公司作为竞争对手。因此,进攻战略会导致防御性的反应,但是它们是一个硬币的两面,并需要在战略管理中同时考虑这两个方面。

对竞争者所采取的一系列进攻战略的分析是战略管理发展中的一个有效起始点。然而,凯[52]却认为应该小心使用军事类型的战略,原因有两点:

1. 该战略可能夸大规模大小的重要性。能够承担的市场份额和财务资源可以支撑对蛮力进攻战略的使用。凯指出,业务成功来自于特色能力,而不是彻底毁灭敌人。因此,重要的是需要意识到规模大小的重要性,尽管在战略意义上,这并不是决定性策略。

2. 该战略过多地强调了领导能力、愿景和进攻。绘制战略的将军是成功军事战略的主要动力。凯观察到许多成功的公司依赖于团队,而不是有特色的领导者。因此,这本书将会研究这个主题。

在许多方面,提前制订的进攻性计划的概念能够很好地说明常规战略。但是,更加合适的应急战略方法并不会轻易地适合这种秘诀,尽管军人会毫无疑问地意识到在进行战争时需要一些适应性。因此,创新战略具有重要的作用。

关键战略原则

- 在评价竞争者的进攻战略时,重要的是要经常监控竞争行为活动。
- 尽管全面防御也许适合作为一个军事目标,但是在商业中却具有较少的相关性。一个新的市场平衡也许更加有利可图,包括稳定的市场份额、无价格战以及可行的盈利水平。
- 某些竞争者可能在本质上就比其他公司更具有进攻性,并且具有更多的资源。如果有可能进行选择,那么一定要避开这些竞争者。
- 选择一个能够给你提供成功结果的敌人是很重要的。攻击市场领导者通常是不明智的。
- 四个主要进攻战略是:直接进攻、侧面进攻、占据全新领域以及游击战。
- 创新战略也许具有特殊意义,尤其对于失败者而言。其包括改写游戏规则、技术创新、更高的服务水平、合作伙伴。(见第11章)。

5.7 积极主动的动态变化:形成合作

视频
第3a部分

定义➡ 合作战略包括组织与对手的合作以及与其他相关公司的合作,其目的是为双方组织带来共同利益。并不一定要与竞争者合作:合作也可以是与提供相关产品的另一家公司的合作。例如,戴尔电脑与微软合作,即在戴尔电脑上安装Windows软件。因此,一个合作战略至少是两个组织为了实现协议目标而进行合作的战略。[53]另一个例子来自于欧盟国家,即它们同意合作的目标是在2006年开发并推出伽利略卫星系统,见第六部分的案例11。最近的业务证据表明当其他形式的内部增长变得昂贵时,正如与资产组合矩阵有关的那些增长,使得合作战略正变得越来越重要。[54]

5.7.1 合作的类型

存在各种各样的合作形式,其中包括:

定义➡ - **战略联盟**:组织之间进行结合或者共享它们的一些资源。[55]例如,像通用汽车的汽车公司已经与菲亚特和铃木形成了采购联盟,其目的是从供应商那里采购汽车零部件。这个联盟的好处是,与它们单独协商的价格相比,通用汽车、菲亚特和铃木从它们的供应商那获得了较低的价格。

定义➡ - **合资企业**:两个或者更多的组织建立一个独立的合资子公司来形成合作。[56]例如,所设立的谷物联盟是由雀巢和通用磨坊按照50/50的股权来建立的合资企业,其目的是为全球的早餐谷物市场研发产品,见案例2.1。

定义➡ - **特许经营**:一个主导公司(授权商)开发一个业务概念,然后与他人(加盟商)分享,从而实现互惠互利。[57]例如,赛百味和麦当劳餐厅,见案例 2.4 和案例 6.2。

定义 ➡ ● **垄断联盟**:当公司寻找共享信息并为了减少竞争性和提高价格时会存在合作战略。例如,欧盟曾经调查并严惩了那些为了在有机氧化物市场上和 PVC 塑料市场上获得垄断价格的公司。这种合作形式在世界上的许多国家是不合法的,因为它们在本质上是反竞争的。因此,不会在这一章进行深入研究。

5.7.2 合作战略的好处

本质上,合作战略的使用是为两个或者更多的合作组织创造附加值。[58]"价值"意味着来自合作的利润必须高于运营组织的成本。因此,可以通过许多方式来获得合作的好处,这取决于组织所处的特定环境(有时也被称为战略背景)以及它们运营时所处的市场。实际上,这意味着很难概括一个私人合作协议的特殊好处。然而,确定两种形式的战略背景环境是有帮助的,该环境也许会影响合作的好处。[59]

1. 增长的环境。在这种环境下,技术投资仍然是巨大的并且存在风险。行业技术标准也许仍处于研发当中,市场机会仍然是可获得的。其好处可能包括:
   ● 技术投资的联合资助;
   ● 行业标准的制定;
   ● 进入新市场。

2. 成熟的环境。在这种环境下,竞争优势也许更加稳定。作为提高盈利能力的方法,降低成本的机会更具有吸引力。好处可能包括:
   ● 竞争优势;
   ● 降低成本;
   ● 共享知识和优先投资。

技术投资的联合资助:通过结合私有资源,公司也许能够为超出它们财务能力的新研究提供资金。除了成本的分担,这样的合作同样分享了新技术研发所存在的风险和不确定性。例如,第六部分的案例 11 所描述的伽利略卫星系统为合作者带来的一些好处。

行业标准的制定:在某些市场上,尤其是那些与电信和电子产品有关的市场,在研发的早些年,并不存在行业标准。这意味着制造成本很高,因为存在较少的规模经济。例如,早期的个人电脑,即在 IBM 个人电脑之前,在设计上不存在标准,因此其产品价格更加昂贵,见案例 1.2。对于一个公司来说,制定一个行业标准是很难的,除非他们主导着行业,正如 IBM。因此,一个可选择的战略就是公司之间为了制定行业标准而进行的合作战略。例如,关于 DVD 格式的案例 5.3,两家竞争对手公司与其他对此感兴趣的公司之间形成了合作联系,其目的是影响战争的结果。赢得合作的好处就是获得由失败者所支付的版权费用。

进入新市场:将一个竞争者的国家性资源与另一个竞争者的当地知识资源结合起来,可以使这两家公司在当地市场上进行合作来获得共同优势。[60]另外,这样一种合作能够克服贸易壁垒,该壁垒也许会组织国际性公司进入市场。例如,许多国际性的汽车公司通过与当地有见识的中国公司合作建立合资企业,从而潜在地进入大型的中国汽车市场。

竞争优势:结合资源,公司也许能够获得高于竞争对手的竞争优势。[61]例如,在世界航空市场上,新加坡航空公司、德国汉莎航空公司和西北航空公司已经形成了星空联盟网络,其目的是能够提供优越的订票和飞机转乘的服务,与竞争对手相比,这能够为乘客提供更优越的好处。

成本降低:结合资源,公司也许能够共同地获得降低成本的机会,而这是单个公司很难实现的。[62]例如,与农民单独进行采购相比,欧盟的农民所建立的各种各样的采购公司能够更加便宜地购买农产品。

共享知识和优先投资:通过合作协议,公司也许能够从业务活动的交流融合中获得协同作用的好处。[63]例如,赛百味的特许经营包括与加盟商分享赛百味的三明治配料知识。另一个例子就是丰田对其新型普锐斯(Prius)环境友好型汽车的研发投资。它的双汽油和电力引擎专利已经被一些对手公司共享了,如通用汽车和福特汽车。共享的主要方法是签订营业执照协议,这是合作的一种形式。

5.7.3 控制合作战略的风险

需要对合作战略中所存在的成本和风险进行管理和控制。对于这项任务,存在两个广泛的方法:[64]

1. 成本最小化:一个正常的合同会详细说明合作是如何形成和监控的。其目的是为了使合作成本最小化,并确保每个合作伙伴能够以一种架构化的方法来坚持合约交易。

2. 机会最大化:一个更加非正式的协议允许合作者探索他们所识别的市场机会,并在合作过程中互相学习。

并不存在明确的指导方针在这两个相互排斥的方法中进行选择:它们取决于合作伙伴的目、机会的性质以及每位合作方的冒险精神。然而,研究表明决定合作协议成功的因素主要有两点:

1. 在开始进行这种协议之前,就已经研究、同意并理解了合作双方明确的目标和期望。

2. 在合作方之间建立的并坚持的相互信任。

有时候,当合作双方必须依靠它们之间的详细合同来解决突出问题时,合作协议本身就已经失去效用,应该被终止。这种情况表明许多合作协议是很脆弱的,如果它们仍然保持成功的话,那么合作就需要随着时间的推移而进化。[65]

> **关键战略原则**
> - 合作战略包括公司与竞争对手或者其他相关公司之间的合作,其目的是为了使所有组织都获得相互利益。
> - 至少存在四种类型的合作:战略联盟;合资企业;特许经营;垄断联盟。最后一个合作类型在世界上大多数国家是不合法的。
> - 合作的好处取决于合作所出现的战略环境。区分增长环境和成熟市场环境是有必要的。在增长环境下,合作也许能够提供项目的联合资金资助、建立行业标准和进入新市场。在成熟市场环境下,合作具有竞争优势、降低成本和知识共享的好处。
> - 控制合作战略的风险包含两个相互独立的机制:成本削减和机会最大化。成本削减主要取决于所签订的合同、谨慎的协商谈判以及对合同制定的监控等。机会最大化更加不正式,其目的是当机会出现时,识别和开发商业机会。信任经常是合作协议成功的关键因素。

学习博弈论的案例研究:"通用电气马可尼(GEC Marconi)是如何运用进攻、合作和博弈论战略来创造额外的 30 亿美元的? 案例问题存在提示性答案,在你阅读完案例之后,你能够找出哪些答案。"

双头博弈的协商清单

5.8 积极主动的动态变化:利用博弈论

定义▶ 博弈论方法是指在顾客、供应商和组织竞争者之间所进行的讨价还价的架构性方法,这样的架构化包括对战略决策过程中的每个阶段的可能性结果的量化。例如,与本书有关的免费网上案例描述了英国宇航公司(Britishh Aerospace)是如何利用博弈论来完成对通用电气马可尼成功收购的协商谈判的。其所利用的方法就是量化了在出价和协商过程中不同阶段的可能性结果,其目的是决定英国宇航公司应该在每一个阶段如何出价,以及出价结果是多少。

在 20 世纪 40 年代,为了在架构化方法下处理商业决策问题而建立的第一个数学模型包括著名的博弈论。[66]博弈论是关于直接协商以及相关策略的:一旦谈判结束,它很少或者不涉及执行阶段。博弈论在战略制定中存在两个明确的优势:

1. 它明晰了协商的性质、识别确定了参与者、制定了它们的计划选择、识别了每个计划选项的结果,以及需要发生的后续事件。

2. 它能够预测一些博弈的最佳结果,尤其在允许操纵参与者的支付报酬时。为参与者之间存在的关系性质提供见解,包括竞争者和合作者的识别。[67]

博弈论试图预测在协商谈判情况下的竞争者反应行为。这种博弈的环境可以类比为国际象棋,对手先发制人的行动是一个重要挑战。许多博弈论会在数学上进行模拟,即在限制条件下,说明公司中的稀缺资源是如何被利用的,以及一个特殊的行动或者一组行动将会包含哪些好处,这些好处通常被称为支付报酬。[68]

- 零和博弈(zero-sum game)。在该博弈中,最终不存在支付报酬,因为一个成员所获得的报酬被另一个成员的损失抵消了。
- 合作博弈(co-operative game)。该博弈的好处会为所有人增加积极的支付报酬。
- 负和博弈(negative-sum game)。每一方的行为会对自己和他们的对手造成破坏。

尽管博弈论为架构化的协商谈判和每一次的行动结果提供了一个有效的基础,但是它也证明了模拟战略规划选择和决策是很难的,这些选择和决策通常是高度复杂和不相关的。博弈论所提供的最有趣的见解可能就是协商过程中各种阶段的可能结果。例如,当英国宇航公司正在协商重新构建欧洲国防行业时,它利用了博弈论来表明收购 GEC 是有帮助的,主要存在两点原因:

1. 所增加的规模对欧洲联盟博弈的最终形成产生了重大影响。
2. 收购减少了行业中许多适用的计划选择,因此,减少了实现所需联合的步骤数。

基于这些原因,存在的问题是如何利用博弈论来分析和进行竞争战略博弈。在一个常规的过程中存在 6 个必要阶段,如展示 5.6 所示。

一般来说,博弈论中的机制和逻辑决策方面在各个理论描述中得到了充分体现。但是,它们很少涉及大多数战略协商的其他重要方面。例如,其包括团队领导能力,但不包括团队成员的个人特征和文化、参与者的雄心和历史背景。协商所处的战略环境能够导致的结果会超出博弈论的数学模型范畴。例如,在欧洲国防行业的案例中,主要的首席执行官的个性品格以及他们的其他职责影响了博弈的结果:最终决定让乔治·辛普森(George Simpson)离开他曾经继承的通用电气集团,而戴姆勒的尤尔根·史瑞普(Jurgen Schrempp)只关心与克莱斯勒的大型并购案。

为了掌握部分谈判的实际复杂性,这一章的最后已经形成了谈判清单(negotiation checklist)。读者可能会注意到该清单不仅仅能够用于收购,同样也可用于许多其他的谈判情况,包括个人战略。在清单列表中,博弈论存在四个值得强调的方面:

1. 博弈的观点。不仅仅从一位参与者对结果的看法角度来评估博弈是非常重要的。有必要估计竞争对手期望采取的博弈行为,以及试图适应这种情况的可能行为。
2. 改写游戏规则。一些博弈的结果能够被完全改写的博弈规则方法来改变。在这种意义上,博弈论并不像国际象棋规则或者足球规则。这能够提供一个真正的机会。

3. 博弈的重新评估。通常值得重新考虑的是一个博弈方法是否值得追求。一些谈判仅仅是浪费时间和资源。

4. 保证最终结果。在任何博弈中，即使是在具有多头赢家的博弈中，记住博弈中所包含的人员是有价值的。需要保证每位参与者的结果是最好的，并且是能够实现的。

尽管博弈论在既定有限的环境中是有帮助的，但是它主要集中在战略过程的一个小领域中，即常规过程的计划选择部分。博弈论不能够提供与早期分析阶段或者常规过程中的后期执行阶段有关的大量内容。

评论

在以协商为基础的战略中，博弈论存在三个主要问题：[69]

1. 数学的复杂性使得分析结果是有效的，但是存在局限性。此外，它假设可以通过一系列静态均衡模型来模拟一个动态的相互影响的环境。这种对现实的简单假设是危险的。

2. 它的许多结论，尤其是关于纳什均衡（Nash equilibria）的结论，是模棱两可的，并且是以一个背景环境的狭窄观点为基础的。例如，博弈论较大程度地排除了所有心理见解。到目前为止，博弈论不能解决真实商业环境下的更多复杂问题。

3. 重要的是，博弈论关注的是战略过程中的一个小范围。例如，它对组织中的竞争性资源的开发并没有提供什么见解，也没有对协商谈判内容中的大量执行任务提供有效的指导方针。

展示 5.6

博弈论：在 F1 赛车战略中，进行战略博弈的 6 个步骤

步骤1

确定参与者。在任何一个博弈中，确定潜在参与者与确定实际准确的参与者一样重要。在案例 5.4 中列出了三个主要的参与者。但应该注意的是，在两个领域中存在其他潜在的参与者，即新的 F1 赛车车队希望参与博弈，新的赛车跑道赞助商希望举行比赛。

步骤2

分析他们的优势和劣势。包括潜在的外部影响者和合作伙伴，见第 3 章。对于 F1 赛车而言，已经在案例 5.4 中给出了一些有关优势和劣势的要点，但是在实际中却需要更加详细的内容。谁真正拥有讨价还价的能力？例如，如果没有法拉利，F1 赛车能够存在吗？如果不能，那么法拉利将拥有巨大的优势。

步骤3

建立哪种程度上的博弈，所进行的博弈是连续行动博弈还是同时行动博

弈。实际上,大多数博弈是双方同时行动的。这个分析的意义在于不同的博弈进行方会导致不同的结果:

● 连续行动意味着一个参与者行动,而另一个予以反应,例如,高尔夫比赛或者网球比赛。

● 同时行动意味着参与者同时行动,并且不知道对方所采取的行动是什么,例如,游泳锦标赛。

在F1赛车中,存在一些同时协商。例如,FOTA中的各种各样的赛车公司之间的协商。但是,一旦对离开现有F1的可能性达成了一致协议,那么FOTA和FIA之间的协商就会变成连续性博弈。

下一个步骤取决于哪种行动代表了最主要的前进方法,是连续行动还是同时行动。

步骤4A:连续行动

对于连续行动,画出每一个行动的结果,通常被称为博弈树,并选择出最好的结果。随后,用最好的方法来解释实现这个结果背后的原因。

在写F1案例的时候,对于赛车车队而言,最好的结果已经建立。然而,其他的参与者正在策划他们的下一步行动。例如,新闻集团对收购F1集团的所有权感兴趣,其目的是为它的电视网络,如福克斯(Fox)和天空电视台(Sky),获得独家电视全球播报的权利。然而,在写F1案例的时候,伯尼·埃克莱斯顿就已经否定了这样的可能性。但是,也许伯尼只是把与F1赛车的谈判变得更加困难了?这些都是博弈论的全部内容。

步骤4B:同时行动

对于同时行动,在一个表中画出所有的可能性结果,通常被称为支付表,随后采取以下的步骤:

1. 识别任何一个占优策略(dominant strategy),也就是说,该策略是明显优于竞争者的。如果能找到一个战略策略,那么就选择该策略。

2. 如果不能找到占优策略,那么识别任何一个劣等策略(dominated strategy),也就是说,该策略是明显差于竞争者的。如果能够识别出来,那么将其在进一步的分析中剔除。

3. 如果不存在占优策略和劣等策略,寻找其他结果,通常被称为"纳什均衡",其代表了每一位参与者对自己利益的最佳选择。本质上,在这里,每一位参与者都了解对方的策略,但是不能够通过一个替代选择来提高他或者她的谈判地位。

在F1赛车的案例中,对于FOTA来说,也许会认为其占优策略是离开现有的组织来建立自己的组织,即在没有车队的情况下,F1赛车是不能够存在的。然而,这也存在劣势,即这种建立是花费大量时间和资源的。此外,这样的资源并没有包含在F1赛车的直接核心资源中,它在赛车设计上的作用比轨道管理更加强大。同样,大多数的体育运动组织需要一个专业的且具有良好声誉的机构,类似于FIA。因此,毋庸置疑,后者具有相对优势力量。这开始解释了为什么像伯尼·埃克莱斯顿这样的人如此重要,因为他能够将各个参与方带入到博弈中来。由于每一方的占优策略是很难形成的,所以形成了F1赛车中所需要的博弈方式。

步骤5

思考如何将行动信号发送给其他的参与者。最好的博弈方法也许不是反对对手的公开竞价过程,因为这会导致直接进攻的反应,而这种代价也许是昂贵的。在同时博弈中,也许存在一个更好的结果。如果并没有为参与者提供简单明确的选择,假设允许参与者将信号传递给其他人,那么就能够解决许多不可能的博弈情况。

在F1赛车中,许多信号是在参与者之间进行交换的,关于重新协商"协和协议"以及所选择的新赛车跑道。在写该案例时,三家主要参与者正重新开始拟定它们的地位。

步骤6

开始进行博弈。重新评估博弈情况及其结果是至关重要的,因为博弈的本质是随着博弈的发展前进而发生改变。

在本书网站上的协商清单提供了一些更详细的内容。

关键战略原则

- 博弈论试图预测顾客行为的结果,或者在某些情况下,为了表明协商结果是如何产生一个次优解决方案的,除非协商双方意识到他们行为的结果。
- 博弈论在协商中具有一些价值,但是存在三个困难:数学模型的复杂性;模糊的结论;仅仅是战略过程中的小部分。

批判性反思

进攻或者合作?

许多有关战略管理的文章强调了获得比其他组织更优越的可持续竞争优势的重要性。存在一种假设,即竞争对战略制定很重要。然而,最近一些战略家认为合作战略更有效,即较少的成本、更多的产量、更多的相互好处,其结果是组织之间各种形式的一系列合作联盟。

也许,最好的方法是与竞争对手进行合作而不是进攻他们。也许会存在某一时刻,即竞争也许是不可避免的,但是这并不表明会产生违法的共谋行为。然而,是否存在合作战略是最优战略的战略环境呢?

总　结

- 一个组织的目标能够并将会随着时间发生变化。确定和制定目标的利益联盟将会受到组织内部因素和外部因素的影响。重要的是,组织的目标至少在一定程度上会受到组织的控制。
- 在研究目标和战略制定时,基于三个领域来研究组织的历史是有效的,即组织过程是如何形成的、组织是如何定位与竞争者之间的关系的、组织在过去的发展路径是如何形成的以及它未来继续的发展路径是如何设想的。
- 为了分析行业中的竞争特性和强度,存在三个对战略具有重要影响的因素,即行业中的公司总量、行业中的公司在数量和规模上的融合、行业中的在位公司所拥有的进入壁垒。
- 环境发展的动态变化存在许多维度,但是可以有效地从三个角度进行考虑,即竞争优势的维持、环境的预测、组织资源响应环境变化的能力。竞争优势的维持将取决于一个行业中所拥有的优势的特性。它同样包括一个公司形成新优势的意愿,以及一个行业可能拥有的未来优势的特性。
- 如果环境是可预测的,那么管理控制环境的动态变化将会更容易。尽管环境不能够完全被预测,但是一些战略家却认为这是浪费时间的,因为其结果没有意义。尽管一个组织也许会了解环境变化的特性,但是它不一定能够对其作出反应。该现象存在五个主要原因,即扭曲的看法、迟钝的动机、失败的创造性响应、政治的僵局、分散的行动。
- 在快速变化的市场上,动态过程是由创新控制的。已经在市场上占据主导地位并且将资源投入到独特技术上的公司不太可能进行创新,主要存在两个原因,即沉没成本效应和替代效应。
- 如果中小型公司的响应速度更快、更加灵活并且更具创新性,那么它们在这样的市场上应该具有更多的机遇。
- 创新的动态变化经历了一系列的阶段,这些阶段取决于一个将会成为主导地位的技术设计。在快速变化的市场上,应急战略过程更加合适。
- 从一个动态的角度来看,组织中的资源会随着时间来开发和破坏。存在三个主要维度:时间、先行者的优势、模仿压力。当研究时间维度时,存在三个主要因素:新资源增长的两个来源、公司路径的延迟效应、随着时间破坏资源的机制。
- 关于先行者的优势,存在五个主要领域:技术格式基准的建立;关系网的建立;早期行为降低了学习曲线;声誉的有效性;当顾客转向购买先行者的产品时所发生的成本。
- 模仿现有产品或者服务所带来的压力能够通过五个资源活动来消除:产品或服务的增值改进;为阻止模仿的法律壁垒,例如专利;建立与顾客和供应商的优越关系;开发市场规模和规模经济;为阻止模仿而形成的无形壁垒。

- 根据一些战略家的观点,竞争优势应该被看成是不断演化的,公司应该开始进行这项工作,尤其是那些包含先进技术的行业。在这种意义上,竞争优势是动态变化的,而不是静态不变的。形成这种竞争优势的过程不仅仅是围绕现有优势来建立的,即架构化的,同样需要开发令人兴奋的新领域,即动态化的。这个过程的主要指导方针是维持架构和混乱之间的平衡。
- 可以形成一个框架来制定动态战略:3S框架是对我们现有知识的总结。它是由三方面组成的,即感知环境变化;抓住变化结果中的机会;为了进一步地发展来检测结果。
- 这种方法的批判集中在三个方面,即它与不存在高科技的传统行业之间的相关性;对该过程中混乱部门进行管控的困难性;在追求新的优势领域时,忽视现有竞争优势的可能性。
- 在评价竞争者的进攻战略时,重要的是要经常监控竞争行为活动。尽管全面防御也许适合作为一个军事目标,但是在商业中却具有较少的相关性。一个新的市场平衡也许更加有利可图,包括稳定的市场份额、无价格战以及可行的盈利水平。
- 某些竞争者可能在本质上就比其他公司更具有进攻性,并且具有更多的资源。如果有可能进行选择,那么一定要避开这些竞争者。选择一个能够给你提供成功结果的敌人是很重要的。攻击市场领导者通常是不明智的。
- 四个主要进攻战略是:直接进攻、侧面进攻、占据全新领域以及游击战。创新战略也许具有特殊意义,尤其对于失败者而言。其包括改写游戏规则、技术创新、更高的服务水平、合作伙伴。
- 合作战略包括公司与竞争对手或者其他相关公司之间的合作,其目的是为了使所有组织都获得相互利益。至少存在四种类型的合作:战略联盟、合资企业、特许经营、垄断联盟。最后一个合作类型在世界上大多数国家是不合法的。
- 合作的好处取决于合作所出现的战略环境。区分增长环境和成熟市场环境是有必要的。在增长环境下,合作也许能够提供项目的联合资金资助、建立行业标准和进入新市场。在成熟市场环境下,合作具有竞争优势、成本降低和知识共享的好处。
- 控制合作战略的风险包含两个相互独立的机制:成本削减和机会最大化。成本削减主要取决于所签订的合同、谨慎的协商谈判以及对合同制定的监控等。机会最大化更加不正式,其目的是当机会出现时,识别和开发商业机会。信任经常是合作协议成功的关键因素。
- 博弈论试图预测顾客行为的结果,或者在某些情况下,为了表明协商结果是如何产生一个次优解决方案的,除非协商双方意识到他们行为的结果。博弈论在协商中具有一些价值,但是存在三个困难:数学模型的复杂性、模糊的结论、仅仅是战略过程中的小部分。

问题

1. 利用展示5.1，分析一个你所选的组织的目标是如何变化的，并解释为什么这些变化会发生。组织战略所具有的含义是什么？

2. 在一个组织中，资源变化的主要原因是什么？它们是如何影响可持续竞争优势和附加值的？举例说明。

3. 在一个非常成熟的市场上，从战略发展的角度来看，先行者优势之间是否存在任何关联性，如巧克力和啤酒市场？

4. 如果你正试图保护一个现有的药品而反对一个对手的类似新药品时，你将会使用五种资源基础的模仿战略中的哪一种战略？利用5.4.3节的内容来帮助你回答。给出你选择该方法的理由。

5. 为什么对于一个组织来说，很难对环境中出现的变化做出反应？为了克服这样的困难，能够做些什么事情呢？举例说明。

6. "一个成功的业务战略会受到许多扩大的反馈过程的影响，该过程超出了管理者的控制，并且产生了他们不愿看到的效果。"（拉尔夫·斯泰西）在动态环境的背景下讨论这一说法。

7. 考察一个你所熟悉的快速变化的市场，例如互联网上服务供应，并调查研究进入该市场上的可行战略。识别那些更可能具有可持续竞争优势的战略。

8. "军事原则和军事战略并不是对竞争战略的全部解释答案，但是它们的确提供了一些见解，即一个公司该如何在攻击另一家公司或者防御进攻者时取得成功。"（Philip Kotler and Ravi Singh）在多大程度上，你会同意这一陈述？

9. 布鲁斯·亨德森（Bruce Henderson），波士顿咨询集团的创始人，评论道："诱导你的竞争者不朝着你所期望投资的产品、市场和服务上进行投资……这是战略的基本规则。"简短地解释这个说法，并评价它的有效性。

10. 选择一个你所熟悉的行业，评估它的集中程度。例如，你可以选择一个特殊国家中的大学和高等教育学院市场。从你的分析中，你能够得出什么结论？（线索：该市场也许是分散的，但是，如果你仔细近距离观察，经常会存在一些机构集团，它们形成了比较集中的细分市场。）

扩展阅读

Utterback, J M (1996) *Mastering the Dynamics of Innovation*, Harvard Business School Press, Boston, MA is an interesting read that has some excellent examples.

Peter Drucker's text might be old – Drucker, P (1961) *The Practice of Management*, Mercury Books, London – but it still has many valuable insights. It was the subject of a retrospective by the *Academy of Management Executive* in 2003. Equally, Tom Peters is always stimulating – Peters, T (1989) *Thriving on Chaos*, Pan Books, London – if somewhat over the top on occasions. Livengood, R S and Reger, R K (2010) 'That's our Turf! Identity Domains and Competitive Dynamics', *The Academy of Management Review*, Vol 35, No 1, pp48–66 has a different and more recent perspective on dynamics.

Rita McGrath's chapter – McGrath, R G (2002) 'Entrepreneurship, small firms and wealth creation' in Pettigrew, A, Thomas H and Whittington, R, *Handbook of Strategy and Management*, Sage, London – provides a useful structure on entrepreneurship.

There is a special issue in *Long Range Planning* on Boundaries and Innovation – six papers covering topics from resource allocation to acquisition: guest editors – Gibbert, M and

Valigangas, L (2004) Boundaries and Innovation: Special Issue, *Long Range Planning*, Vol 37, No 6, pp493–601. See Day, G S and Schoemaker, P (2004) 'Peripheral vision: sensing and acting on weak signals', *Long Range Planning*, Vol 37, No 2, pp117–123 plus many other well-known strategy writers for this special issue including Sidney G Winter and C K Prahalad.

An interesting perspective on game theory, negotiation and dynamics is Carmeli, A and Markman, G D (2011) 'Capture, Governance and Resilience: Strategy Implications From the History of Rome', *Strategic Management Journal*, Vol 32, No 3, pp322–341. (Don't be put off by the title!)

Two chapters are useful from Mark Jenkins' and Véronique Ambrosini's edited text with Nardine Collier (2007) *Advanced Strategic Management*, Palgrave Macmillan: Chapter 3 'Military Strategy Perspective' by Sylvie Jackson and Chapter 6 'Game Theory Perspective' by Stephen Regan.

Finally the following text has the insights of another distinguished group of scholars: Helfat, C, Finkelstein, S, Mitchell, W, Peteraf, M A, Singh, H, Teece, D J and Winter, S G (2007) *Dynamic Capabilities*: *Understanding Strategic Change in Organizations*, Blackwell, Oxford.

注释与参考文献

1. Note that this distinction is not the same as that between theory and practice: Markides, C (2007) 'In search of ambidextrous professors', *Academy of Management Journal*, Vol 50, No 4, August, p705. Both interpretive and proactive dynamics have theoretical underpinnings.
2. Case references for Boo.com case: *Economist*, 17 March 2001, p85; *Financial Times*, 19 May 2000, p26 and website of Arthur Andersen. Also the fascinating book by Ernst Malmsten with Erik Portanger and Charles Drazin (2001) *Boo Hoo*, Random House, New York.
3. Drucker, P (1961) *The Practice of Management*, Mercury Books, London, p74.
4. Peters, T (1989) *Thriving on Chaos*, Pan Books, London.
5. Penrose, E (1959) *The Theory of the Growth of the Firm*, Basil Blackwell, Oxford. Note that a third edition of the text was published in 1993 with a new preface by Professor Penrose: it has a historical perspective that is relevant to strategy development.
6. Chandler, A (1962) *Strategy and Structure*, MIT Press, Cambridge, MA. Chandler later developed this perspective further in his 1990 text: *Scale and Scope: Dynamics of Industrial Capitalism*, Harvard University Press, Cambridge, MA.
7. Developed by the author from the concepts outlined in: Teece, D J, Pisano, G and Shuen, A (1997) 'Dynamic capabilities and strategic management', *Strategic Management Journal*, Vol 18, No 7, pp509–533.
8. The arguments here are not dissimilar to those used by the human-resource-based strategists outlined in Section 2.4.3. See in particular the views of Nelson and Winter.
9. Sources for L'Oréal case: L'Oréal Annual Report and Accounts; Estée Lauder Annual Report and Accounts; Shiseido Annual Report and Accounts. Much of the detailed L'Oréal market commentary is available on www.loreal.com/enww/press-room; the L'Oréal financial data is available on www.loreal-finance.com.
10. Saloner, G, Shepard, A and Podolny, J (2005) *Strategic Management*, Wiley, NY, p138.
11. See Porter, M E (1980) Op. cit. for an extended discussion of this topic.
12. Porter, M E (1985) *Competitive Advantage: Creating and Sustaining Superior Performance*, The Free Press, New York, p1.
13. Porter, M E (1985) Op. cit., p2.
14. Hamel, G and Prahalad, C K (1994) *Competing for the Future*, Harvard Business School Press, Boston, MA, p42.
15. Baden-Fuller, C and Stopford, J (1992) *Rejuvenating the Mature Business*, Routledge, London, Ch2.
16. Based loosely on Hamel, G and Prahalad, C K (1994) Op. cit., p47.
17. Courtney, H, Kirkland, J and Viguerie, M (1997) 'Strategy under uncertainty', *Harvard Business Review*, November–December, pp67–79.
18. Mintzberg, H (1994) 'The fall and rise of strategic planning', *Harvard Business Review*, January–February, pp107–114.
19. Rumelt, R (1995) 'Inertia and transformation', in Montgomery, C A (ed) *Resource-based and Evolutionary Theories of the Firm: Towards a Synthesis*, Kluwer Academic, Boston, MA, pp101–132.
20. Sources for the DVD format wars case: *Financial Times* 29 September 1998, p8; 19 May 1999, p6; 28 July 2004, p11; 14 October 2004, p19; 22 April 2005, p30 (the announcement that the rivals were negotiating); 27 May 2005, p24 (the announcement that the deal was breaking down); 26 August 2005, p17 (still talking but no agreement); 28 September 2005, p26; 30 November 2005, p21; 15 March 2007, p23; 7 January 2008, p1 and p25; 8 January 2008, p16 (Lex) and p22; 18 February 2008, p25; 20 February 2008, p29; 6 March 2008, p26; 31 August 2007, p19; 5 September 2007, p24 (last two references on Microsoft format fight).
21. Besanko, D, Dranove, D and Shanley, M (1996) *The Economics of Strategy*, Wiley, New York, p581.
22. Concept originally developed by Professor Kenneth Arrow: Arrow, K (1962) 'Economic welfare and the allocation of resources for inventions', in Nelson, R (ed) *The Rate and Direction of Inventive Activity*, Princeton University Press, Princeton, NJ. Concept outlined in Besanko, D, Dranove, D and Shanley, M (1996) Op. cit., p584.
23. Utterback, J M (1996) Op. cit.
24. For example, see the references in the discussion on innovation in Chapter 11.
25. Chaharbaghi, K and Lynch, R (1999) 'Sustainable competitive advantage: towards a dynamic resource-based strategy', *Management Decision*, 37(1), pp45–50.
26. Parts of this section have benefited from Chs14 and 15 of Besanko, D, Dranove, D and Shanley, M (1996) *The Economics of Strategy*, Wiley, New York.
27. Penrose, E (1995) *The Theory of the Growth of the Firm*, Oxford University Press, Oxford, p85.

28 Nelson, R R and Winter, S G (1982) *An Evolutionary Theory of Economic Change*, Belknap Press, Cambridge, MA.
29 Schumpeter, J (1942) *Capitalism, Socialism and Democracy*, Harper & Row, New York.
30 At one stage, Microsoft was the subject of a US Federal and State Government investigation into its competitive reaction against Netscape's browser success. Microsoft successfully defended its position and Netscape has now disappeared – just as Schumpeter would have predicted!
31 Utterback, J M (1996) *Mastering the Dynamics of Innovation*, Harvard Business School Press, Boston, MA, pp10, 30.
32 Nalebuff, B J and Brandenburger, A M (1997) *Co-opetition*, HarperCollins Business, London, p241.
33 Utterback, J M (1996) Op. cit., p28.
34 There is a Harvard Business School case that explores this well.
35 Hoopes, D G, Madsen, T and Walker, G (2003) 'Why is there a resource-based view? Toward a theory of competitive heterogeneity', *Strategic Management Journal*, Vol 24, Special Issue, pp889–1068. There are 12 papers in this special issue – not all of equal quality in my judgement.
36 Sirmon, D G, Hitt, M A and Ireland, R D (2007) 'Managing firm resources in dynamic environments to create value: looking inside the black box', *Academy of Management Review*, Vol 32, No 1, pp273–292.
37 Schreyögg, G and Kleisch-Eberl, M (2007) 'How dynamic can organizational capabilities be? Towards a dual-process model of capability dynamization', *Strategic Management Journal*, Vol 28, pp913–933.
38 The authors use the word 'dynamization' in place of dynamics but it means much the same thing in this chapter.
39 References for F1 Racing case: *Financial Times*, 4 February 2008, p16; 14 August 2008, p12; 25 January 2009, p16; 9 February 2009, p16; 6 March 2009, p17; 17 March 2009, p20; 8 April 2009, p5; 24 July 2009, p12; 3 November 2009, p23; 6 November 2009, p12; 4 April 2011, p1; Bloomberg, 6 April 2011, 'F1 Teams shared $658 million in prize money' by Alex Duff; BBC Sport, 11 May 2009 'F1 losing innovation race'; 13 May 2009 Andrew Benson's blog 'F1 battle lines drawn'; 10 September 2009 'Briatore bows out in unsavoury style'; 15 September 2009, 'Why Barrichello is beating Button'. Website accessed on 6 April 2011: http://www.grandprix.com/ns/ns23091.html.
40 See, for example, Brown, S L and Eisenhardt, K M (1998) *Competing on the Edge*, Harvard Business School Press, Boston, MA and Hamel, G and Prahalad, C K (1994) *Competing For the Future*, Harvard Business School Press, Boston, MA. For two more accessible papers, the following are worth reading: Eisenhardt, K M and Brown, S L (1998) 'Time pacing: competing in markets that won't stand still', *Harvard Business Review*, 76 (March–April), pp59–69; Eisenhardt, K M and Brown, S L (1999) 'Patching: restitching business portfolios in dynamic markets', *Harvard Business Review*, 77 (May–June), pp72–82;

Eisenhard, K and Martin, J (2000) 'Dynamic capabilities: what are they?' *Strategic Management Journal*, October–November Special Issue, Vol 21, pp1105–1121; Helfat, C, Finkelstein, S, Mitchell, W, Peteraf, M A, Singh, H, Teece, D J and Winter, S G (2007) *Dynamic Capabilities: Understanding Strategic Change in Organizations*, Blackwell, Oxford; Teece, D J (2007) 'Explicating dynamic capabilities: the nature and microfoundations of (sustainable) enterprise performance', *Strategic Management Journal*, Vol 28, pp1319–1350.
41 Brown and Eisenhardt (1998) Op. cit.
42 Teece, D J (2007) Ibid., p1322.
43 This framework has been developed by the author and inspired specifically by the research papers of Teece, D J (2007) Ibid. and Eisenhardt, K M and Martin, J (2000) Ibid. However, the framework remains essentially an attempt to make sense of a whole group of recent research activity presented at the Strategic Management Society and Academy of Management Annual Conferences in 2005 and 2006 attended by the author. The work of Professors Sidney Winter, Sidney Finkelstein, Margaret Peteraf, Connie Helfat and Will Mitchell – who presented their work at AOM – is also acknowledged.
44 This section is based on the work of Professors Porter and Kotler (see refs 11 and 46) and on a lecture given by Professor Ken Simmons at the London Business School in 1988.
45 For example, see Ries, A and Trout, J (1986) *Marketing Warfare*, McGraw-Hill, New York.
46 Kotler, P (1994) *Marketing Management: Analysis, Planning, Implementation and Control*, 8th edn, Prentice Hall, New York.
47 Kotler, P and Singh, R (1981) 'Marketing warfare in the 1980s', *Journal of Business Strategy*, Winter, pp30–41.
48 Liddell-Hart, B H (1967) *Strategy*, Praeger, New York.
49 Kay, J (1993) Op. cit., pp236–238 provides an interesting discussion of the circumstances under which such an understanding can emerge without contravening monopoly legislation.
50 Lynch, R (1994) *European Business Strategies*, 2nd edn, Kogan Page, pp119–121 supplies some evidence here.
51 Liddell-Hart, B H (1967) Op. cit.
52 Kay, J (1994) Op. cit., p364.
53 Barney, J B (2002) *Gaining and Sustaining Competitive Advantage*, 2nd edn, Prentice Hall, Upper Saddle River, NJ, p339.
54 Hitt, M A, Ireland, R D, Camp, S M and Sexton, D L (2002) 'Strategic entrepreneurship: integrating entrepreneurial and strategic management perspectives', in: Hitt, M A, Ireland, R D, Camp, S M and Sexton, D L (eds) *Strategic Entrepreneurship: Creating a New Mindset*, Blackwell, Oxford, Ch8.
55 Doz, Y L and Hamel, G (1998) *Alliance Advantage: The Art of Creating Value Through Partnering*, Harvard Business School Press, Boston, pxiii.

56 Inkpen, A C (2001) 'Strategic alliances', in: Hitt, M A, Freeman, R E and Harrison, J S (eds) *Handbook of Strategic Management*, Oxford University Press, Oxford.
57 Shane, S A (1996) 'Hybrid organizational arrangements and their implications for firm growth and survival: a study of new franchisers', *Academy of Management Journal*, Vol 39, pp216–234.
58 Inkpen, A C (2001) Op. cit.
59 Williams, J R (1998) *Renewable Advantage: Crafting Strategy Through Economic Time*, Free Press, New York.
60 Lord, M D and Ranft, A L (2000) 'Organizational learning about new international markets: exploring the internal transfer of local market knowledge', *Journal of International Business Studies*, Vol 31, pp573–589.
61 Harrison, J S, Hitt, M A, Hoskisson, R E and Ireland, R D (2001) 'Resource complementarity in business combinations: extending the logic to organizational alliances', *Journal of Management*, Vol 27, pp679–699.
62 Dyer, J H (1997) 'Effective interfirm collaboration: how firms minimize transaction costs and maximize transaction value', *Strategic Management Journal*, Vol 18, pp535–556.
63 Doz, Y and Hamel, G (1998) Op. cit.
64 Dyer, J H (1997) Op. cit.
65 Inkpen, A C (2001) Op. cit.
66 Useful introductory texts include: Nalebuff, B and Brandenburger, A M (1997) *Co-opetition*, HarperCollins Business, London; Schelling, T C (1980) *The Strategy of Conflict*, 2nd edn, Harvard University Press, Cambridge, MA; also Dixit, A and Nalebuff, B (1991) *Thinking Strategically: the Competitive Edge in Business, Politics and Everyday Life*, W W Norton, New York.
67 Nalebuff, B and Brandenburger, A M (1997) Op. cit., Ch2.
68 Dixit, A and Nalebuff, B (1991) Op. cit.
69 Amongst the critical comments on game theory, it is worth consulting: Camerer, C F (1991) 'Does strategy research need game theory?', *Strategic Management Journal*, 12, Winter, pp137–152. Postrel, S (1991) 'Burning your britches behind you', *Strategic Management Journal*, Special Issue, 12, Winter, pp153–155. See also Fisher, F M (1989) 'The games economists play: a noncooperative view', *RAND Journal of Economics*, 20, pp113–124.

第6章
体现使命、目标和伦理道德的常规宗旨

学习成果

这一章的视频与音频总结

通过本章的学习,你将能够:
- 概述制定宗旨的主要因素,包括绿色战略;
- 探讨组织的未来愿景和战略意义;
- 分析组织中利益相关者之间的权力平衡;
- 为组织制定任务;
- 定义组织能够通过战略实现的目标;
- 概述公司治理的主要领域,这些治理会影响由组织中心层所制定的战略和决策;
- 说明道德标准和企业社会责任如何塑造组织的目标。

引 言

视频 第1部分

通过确定和定义组织的任务和目标来实现战略宗旨。然而,在考虑这两个方面之前,我们需要考虑组织为什么会存在,它应该为谁服务,应该如何获得附加值并在利益相关者之间进行分配,这就是在组织基础层面上的更广泛宗旨。

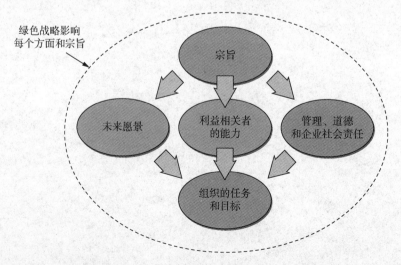

图6.1 宗旨由愿景、利益相关者和道德问题所组成,并通过任务和目标来实现

第6章 体现使命、目标和伦理道德的常规宗旨

我们还需要考虑与绿色战略相关的问题。这些因素会影响组织宗旨的任何方面,不仅仅影响某个特定方面。因此,这些因素可以被看作一直围绕组织宗旨制定过程的因素,而不是在这个过程中的某个独立部分,如图6.1所示。

此外,重要的是使该制定过程超越当前的水平,探索组织愿景中所包含的未来机遇和挑战。一些人也许会得出这样的结论,即未来太动荡而难以进行预测,因此,其预测结果是毫无意义的。然而,在许多战略环境中,即使是在动荡的市场上,情况也不会这样。组织更广泛的宗旨和未来愿景将会使组织制定出更明确的任务和目标。

存在三个有助于形成组织宗旨的额外领域,并且在制定宗旨之前就应该对他们进行检验。他们分别是:组织中的利益相关者、经理管理组织的方式以及公司将会追求的伦理道德和企业社会责任政策。组织中各利益相关者的权利,如它的股东、员工、顾客等,将会是组织宗旨的关键影响因素。在过去几年里,公司治理已经成为了一个重要问题,因为一些公司在该领域失败之后,会制定新的更严格的法律法规。伦理道德审视了组织制定标准和社会行为的方法,这些因素将会影响宗旨。企业社会责任定义了组织将会在某些方面采取的具体政策,这些领域包括贫困、艾滋病和工作条件等。

考虑到这些问题后,我们将能够制定组织的任务,并定义更精确的目标。这些因素之间的关系如图6.1所示,该图概括了这一章的架构。与上述因素一样,组织的战略领导能力是同样重要的,这将在第16章中进行单独研究。

案例研究6.1

星巴克(Starbucks):为全球经济增长而牺牲红利

大多数年销售额超过90亿美元的公司都会希望给它们的股东支付每年的红利。但是,这并不包括星巴克咖啡连锁餐厅。其目的是使公司发展,并且为了实现该目的,它保留了多年的所有利润。这个案例说明了星巴克的背景,并探讨了其战略含义。

星巴克的历史

星巴克曾是一家咖啡烘焙公司,并于1985年在美国的西雅图开设了首家咖啡馆。1982年,年轻的霍华德·舒尔茨(Howard Schulz)加入该公司并担任了销售主管,他说服了原来的创始人利用公司烘焙的咖啡豆来尝试"意大利咖啡馆"的概念。早期的咖啡馆是成功的,所以,在1987年,舒尔茨说服了一些当地的支持者来帮助他购买该公司。随后,星巴克在芝加哥、加拿大温哥华扩展了新的咖啡馆。过了没多久就开设了17家咖啡馆。随后在1992年,当该公司公开发行股票的时候,该公司的连锁商店数量为165家。

星巴克的运营业务

本质上,星巴克销售新鲜的咖啡、茶和其他饮料,以及一系列的小吃点心和饮料。它的运营地点主要是在高客流量和显眼的位置,在北美,它通常拥有商店。2007年,该公司的美国商店主导了全球业务,即具有7 000家之多的咖啡店(从2004年的4 300家开始)。在美国还有另外4 000家商店是授权给其他的运营商来销售星巴克的咖啡产品,它们的地理位置没有代表性,例如较小的邻国、高速公路和农村地区。星巴克的战略是寻

找创新性的新口味、新产品,甚至是用音乐来提高商店形象:"对于每个地方的人们而言,星巴克体验就是一个丰富的情感纽带,我们为世界各地的、不断扩大的顾客创造了一个'第三空间'(除了家庭和工作)。"

在国际上,该公司于1997年在北美以外的地区开设了首家星巴克。到2007年年底,该公司自己所拥有的店几乎为1 800家(从2004年的1 000家开始增加),在40多个国家中,拥有另外2 800家特许经营店(从2004年的1 500家开始增加)。例如,日本748家,中国591家,韩国231家,德国113家,但是法国只有41家。同样在中东和南美地区存在大量的特许经营店,但是非洲并不存在。公司仍然在继续快速扩张,估计它每周要服务0.4亿位顾客。2004年,该公司评论说:"鉴于我们到目前为止的巨大成功,我们认为曾经低估了星巴克的长期发展机会的范围。因此,最近,我们提高了我们所估计的项目增长数量,即从全球25 000家商店增加到至少30 000家商店,在美国以外的地区至少拥有15 000家商店。"然而在2010年,当美国仍然只拥有11 000家商店、国际上只拥有将近6 000家商店时,这种目标的设定似乎过于乐观自信了。部分原因是星巴克在它的销售额和盈利能力上遭受了坎坷。

日本京都的星巴克与它的创始人保持了相同的愿景,即在世界各地具有相同的质量和服务标准。

星巴克的财务结果和绿色战略

商店的快速增加最初反映了类似的年度营业额和净利润的增长。通过集中购买和严格控制成本支出程序,该公司多年以来提高了它的销售利润。意识到自己对当地咖啡生产者的责任以及与绿色战略有关的问题,公司在哥斯达黎加经营了一所农民供应中心来为当地的咖啡供应商提供原材料,它还经营了第三方检验程序,该程序与许多农业和其他供应商的社会和经济实践有关。

许多的公司元老同样是公司股东,包括是"董事长兼首席全球战略家"的霍华德·舒尔茨。自从1992年,公司将股票首次公开出售以来,员工持股成为了公司政策的一部分。随着公司如此快速地增长,公司存在一个相关需求,即增加营运资本和公司投资资本。因此毫不奇怪的是,该公司从未向股东发放红利,尽管对于这种扩张存在其他的筹资方法。尽管没有分享到红利,但股东仍能从股份的资本价值增值中获得利益。

在2008年,星巴克解雇了它的首席执行官

尽管在2007年之前,星巴克的业绩一直表现突出,但这一年之后,该公司的利润增长开始放缓。这种情况足以使得公司的创始人霍华德·舒尔茨在2008年年初重新被任命为首席执行官以及公司董事长。而前首席执行官吉姆·唐纳德则离开了公司。

本质上,舒尔茨认为公司经营已经迷失了方向,尤其是在北美市场上。它不再是以前独特的星巴克体验了。根据网上披露的一封电子邮件,舒尔茨写道:"由于开设了太多的'无菌的曲奇饼'商店,而且它们缺乏特征和灵魂,使得咖啡连锁店淡化了它的品牌。"备忘录上面的标题是"星巴克体验的商业化"。他认为在2007年以前的10年中,公司从1 000家商店增长到13 000家商店的扩张削弱了品牌。"我们迫切需要进行反思……

我们有必要进行改变来唤起传统。传统和热情就是我们所拥有的真正的星巴克体验。"

商业扩张不仅仅使"星巴克体验"降低了等级。麦当劳餐厅开始执行一个新战略,即在星巴克的商店门口开设咖啡馆,见案例6.2。因此,竞争增加了。2008年年初,这些消息使得星巴克的股票价格大幅下跌。这意味着,该公司不仅无法分红,而且其股票价格无任何增长。

星巴克重新树立宗旨

一些分析师甚至开始询问:星巴克需要花费多长时间来改变它的宗旨?星巴克的答案就是让霍华德·舒尔茨和他的同事来振兴公司。在他的指导下,公司关闭了业绩较差的零售店,并且从其他供应链中所获得的成本节约总计将近6亿美元。它重新整顿了公司的"星巴克体验"。其营业额结果如图6.2所示。更重要的是,它决定支付股息。在2010年,星巴克第一次宣布了它的每股现金股利:现在,这才是真正的宗旨变革。

许多年以来,星巴克拥有许多与绿色战略有关的强大政策。

©版权归理查德·林奇所有,2012年。保留所有权利。该案例是由理查德·林奇所著,来自于已发表的信息。[1]

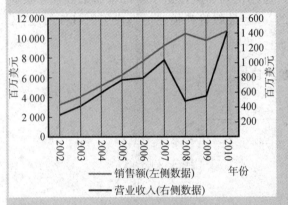

图6.2 星巴克:在2008年和2009年利润和销售额下降之后的重新增长

案例问题
1. 重点关注作为组织目标的增长所存在的好处和坏处是什么?
2. 其他公司能够向星巴克学习吗?或者这是星巴克的独特之处吗?

6.1 塑造组织的目标

视频
第2、6部分

在第1章中,在组织宗旨下定义了战略管理的主题:战略只是达到组织目的的一种手段。由此可见,如果组织的宗旨尚不明确,那么是不可能制定战略的。因此,令人吃惊的是,在战略文献中很少有研究宗旨目标的。一些作家,例如迈克尔·波特[2]通常会将目标简化为"利润最大化",奥利弗·威廉姆森(Dliver William Son)[3]认为是"生存",或者一些其他的简化假设。例如,星巴克的目标可以总结为"提高业务的营利性"。但是,这也许会错失星巴克业务目标的关键因素。

之所以存在这样的简化定义是因为目标是复杂的和多方面的,不仅包括利润和生存,而且包括人员的动机以及组织与社会和社区的关系。星巴克就是这样的例子,即原来的所有者构建一个大型成功公司的推动力要大于构建一个简单利润最大化的企业的推动力。此外,每个组织的目标都是独一无二的。然而,无论目标多么复杂和奇特,我们都需要了解并阐明制定目标的一般原则,这样才会使后续的战略制定具有意义。

对于许多作家[4]而言,涉及商业组织时,应该单独研究或者定义目标。但许多其他非营利组织,如政府机构、慈善机构和公共服务部门,同样具有创造价值的活动,具有一个明确的目标,并且需要战略来实现目标。因此,对目标的研究需要足够广阔,这样才能包括所有这样的团体。无论是私人公司还是公共机构,每个组织都需要制定自己的目标,并形成对主要因素的共识。

对于组织而言,存在一种倾向,即用简短的句子来总结它们的目标。例如,一个组织将它的目标总结为股东财富最大化、实现增长目标、占有市场份额或类似的语句。哈默尔和普拉哈拉德[5]甚至认为,目标应该用"战略意图"标题下的几个词语进行总结。但是应该对组织的目标进行深入考虑,而不是对盈利能力或一些其他语句的简单陈述。通过识别和关注组织中的本质来处理复杂问题。这样一个过程是耗费时间的,并且最好将其描述为形成组织目标的过程。它具有多方面的重要因素。

 六个主要问题将会形成组织的目标。

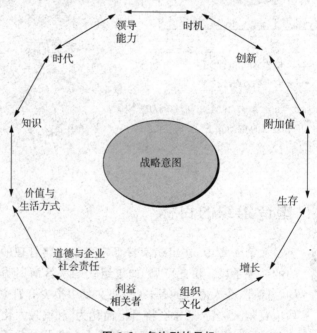

图 6.3　多边形的目标

总之,目标的研究是组织战略研究的基础。目标需要狭义到足以操作执行,需要广义到足以包含发展的范围。目标的制订将会考虑组织的顾客和竞争资源。通过使组织增长的特定期望以及对组织所处环境的需求的研究,同样可以制定目标。组织是多维的,不可能只具有单一目标。为了关注具体目标,并与组织中成员进行沟通,通常会制定一个简化的目标定义,但是这忽视了目标中各种元素的复杂性。

把所有的元素放在一起,可以构造出如图 6.3 所示的目标多边形。多边形是指含有多方面的图,它没有明显的主导方面。该图恰恰是目标形成的情形,其中存在大量的因素,但通常都是至关重要的。并没有单独强调绿色战略问题,因为它们是众多因素中的一部分,如创新、成长和道德观。多边形中的主要因素在下文进行了解释,并采用了星巴克的案例来进行说明:

- 时间维度:长—短视角将对目标产生实质性影响。星巴克除了需要实现其在北美的年目标之外,同样具有一个五年的战略目标来实现海外增长。
- 时机:一个新的变革周期的开始和结束。反过来,这将取决于一些问题,如周期性、环境的动态性和静态性。在2008年,当星巴克没能实现其美国的增长目标时,它被迫进行了战略转变。
- 创新:新想法的形成和开发。这些对组织的目标可能具有深远的影响,见第7章。在其早期,星巴克在许多政策上显然是具有创新性的,这些政策与产品范围和员工有关,但是近几年这些政策已经被遗忘了。另外,多年以来,公司已经具有了一些与绿色战略有关的政策。
- 附加值维度:对于每一个组织来说,显而易见的是,需要为了组织的继续发展而获得附加值。这里的价值并不一定意味着经济租金,可能意味着服务或一些与组织目标有关的其他方面概念。对于商业组织而言,这意味着利润及其相关问题。在2007年,星巴克在北美的业务显然需要在目标中考虑这方面。
- 生存维度:对生存的渴望。在某些环境中,这是特别重要的,尤其是在长期环境中。在2008年,星巴克显然没有立即受到这方面的威胁,但在本章后面将要描述案例中,即麦当劳进入咖啡店市场可能会影响星巴克的生存。
- 增长维度:渴望持续增长。这不一定适用于所有组织,但对于一些组织而言,肯定是需要将其作为目标的。在很多方面,这是星巴克多年的主要目标。对可持续性绿色战略问题的强调也一直是公司不变的主题。
- 领导能力:领导组织的风格与主旨。这对目标的影响是巨大的,见第6章。霍华德·舒尔茨的判断对星巴克公司目标制订是至关重要的,从而使星巴克在2008年到2010年得到复苏。
- 利益相关者维度:利益相关者,尤其是那些权力至高者,增加了价值的定义和提供价值的能力。在星巴克,利益相关者会影响公司,通过股东,或者在更小的程度上通过员工来影响公司。
- 价值观和生活方式:不同的组织将会持有不同的原则,即对于生活质量和他们应该采取的活动方式来说,什么才是最重要的。在星巴克,价值观和生活方式将反映在它激励员工以及鼓励员工自身发展的方法上。这样的价值观同样反映了它与咖啡供应商的交易,如下文所述。
- 道德和公司治理将会形成部分考虑因素。星巴克具有许多具体的政策,即扶持当地的咖啡种植者集团,这些集团为星巴克提供了咖啡豆来源。
- 知识:经验、价值观、背景信息和专家见解之间不断变化的混合物,见第7章。知识有能力创建新的目标元素。在星巴克,知识不仅仅涉及咖啡购买,还指如何使咖啡馆的运营有利可图。

除了这些更广泛的因素之外,一些战略家认为,制定一个短语来概括组织的目标也是可行的。因此,在目标多边形的中心,我们拥有一个概念,它是由哈默尔和普拉哈拉德[6]在1989年提出的,即"战略意图"。

定义➡ 战略意图是只关注组织目标的本质的一个短语。有时目标的措辞是处在竞争性的背景下的。当一个公司希望击败其竞争对手时,首先它会将战略意图设定成为概括目标的方式。例如,日本佳能公司对抗施乐复印机的标语是"击败施乐";可口可乐的目标是要把可乐放置到"世界上每个消费者都触手可及的范围内"。而一些战略家认为战略意图过分简化了目标的许多方面,可以通过为目标多边形的中心添加一个概念来形成了折中的目标多边形。

目标多边形是有效的,因为它是总结目标特性的一种方式。但它不是决定性的,并且在列表中不包括其他可能对一些组织更重要的因素。例如,在公共服务上提供各方面的服务,以及为一些企业家创造权力和财富。正是由于这一原因,它被称为多边形而不是12边形,实际上如图6.3所示。

关键战略原则

- 研究目标的基础就是定义组织活动。目标需要狭义到足以操作执行,需要广义到足以包含发展的范围。目标的制订将需要考虑组织的顾客以及它的竞争资源。
- 通过发展组织的特殊愿望和对组织所存在的环境需求的探索来制订目标。
- 组织是多维的,不太可能只有单一的目的。然而,对特殊目标的关注以及与组织中其他人的沟通能够简化通常所定义的目标。
- 这个多边形的目标捕获许多因素,这些因素需要在开发和定义组织目标时进行考虑。绿色战略问题将会呈现许多因素,而不是作为单独的因素被识别。

6.2 制定一个未来的战略愿景

视频
第2部分

愿景可以被定义为"可能的和理想的组织未来状态的概念"。[7]在制订组织目标时,对组织未来的战略愿景的价值存在两个观点:首先,它是不相关的;其次,它是具有价值的。反过来,我们再来处理这两个问题。

6.2.1 战略愿景的不相关性

在需要优先考虑短期目标的组织中,并不适合制定一个战略愿景。一个著名的案例来自于1993年主要的IBM电脑公司,即免费在线网站上的IBM案例"解放思想"。案例链接可在本书最后的第6部分中找到。该公司刚刚任命了一位新的首席执行官郭士纳(Lou Gerstner)来解决其主要的盈利问题。他评论说:"IBM现在所需要的最后一个因素就是愿景。"他的意思是,IBM周边环境的战略背景使得任何一个战略都排除了对无关事物的直接关注。在这个意义上，当某个组织的战略背景需要优先考虑短期目标时，则战略愿景排除是不恰当的。

由于未来愿景并不总是恰当的，那么我们将很难得出组织所面对的战略问题的正确定义。不存在很简单的方法来进行这个艰巨的任务，它仍然是任何一个战略家所面临的最困难问题之一。例如，案例6.2提及麦当劳餐厅在2004年到2008年期间遇到的困难，即公司关注的战略重点应该是什么？是否应该重振北美增长的不足？是否应该增加其海外市场的盈利能力？是否应该进入咖啡店快速增长的细分市场上？是否应该进入更加健康的食品市场上，而远离汉堡市场？

6.2.2 战略愿景的价值性

愿景的定义可以比本节开篇中所陈述的概念更加完整全面。愿景是一个组织具有挑战性和富有想象力的未来前景和目标，大大超越了它当前的环境和竞争地位。尽管存在一些困难，但是战略家确信至少存在五点理由来制定一个战略愿景：[8]

1. 愿景是指组织的雄心，该雄心远远超越了对不久的将来的期盼，并且任何一项对目标的全面调查都需要研究这个愿景。即使是非营利性组织或那些在公共部门中的组织通常也需要为了慈善或政府基金而进行竞争，并希望扩大他们所提供服务的范围；这样的组织将会受益于他们所期望的未来前景。

2. 从一个新的愿景中获得的战略规划会以一种积极的方式来促进组织的任务和目标。

3. 通过探索新的发展领域，即该领域超越了现有的市场边界和组织资源，可以发现主要的战略机遇。[9]这需要一个通过仔细研究而制定的愿景。

4. 关于未来市场和资源的简单预测将会错过由一个全新的可能性领域所提供的机会，如新的信息技术、生物技术、环境问题、新材料和生活方式的改变等。几乎每个组织都将会感受到这些重大发展的影响。推断当前的前景是不充分的。[10]

5. 无论是对高级经理还是对初级经理而言，愿景都为其提供了一个理想的挑战。

因此，愿景是制定组织战略和目标的坚实基础。

需要明确的是，愿景不同于目标。愿景是未来的前景，而目标具有更直接的和更广泛的作用和任务，即组织基于当前情形所选择的任务。然而，愿景将可能导致目标的产生。例如，星巴克全球咖啡馆公司的愿景直接导致了它在全球许多国家的发展。

愿景也可能导致目标的变化。例如，一个与新型大规模超市进行竞争的小杂货店，可以将其愿景看成是来自于大型超市的逐渐增加的竞争。随后，小杂货店可能会改变它的目的，即从该地理区域搬出，而不是在两年之后被大型超市赶出。哈默尔和普拉哈拉德[11]已经提出了五个标准来判断一个愿景陈述的相关性和适用性,如表6.1所示。这些标准是很重要的,因为它很容易制定一些广泛的有价值的愿景,这种愿景与组织、组织的资源、可能的市场和竞争性发展无关。星巴克的愿景似乎重点关注了海外市场的增长,而它却忘记了需要确保北美本土市场的增长,导致在2007年后期出现了问题。

表6.1 判断组织愿景调查的五个标准

标准	调查的指定区域
远见性	真正的愿景和未来图景是什么?需要多长时间来构建?
广泛性	在行业中可能发生的愿景变化有多广泛?那么导致变化的推动力是什么?
唯一性	是否存在关于未来的唯一性因素?它是否会使我们的竞争者感到惊讶?
共识性	在组织内部是否存在一些对未来的共识?如果没有,那么也许存在一个问题,即一次性地追求了太多不同的愿景。
可实践性	是否已经考虑了当前活动的影响?是否对所需要的下个步骤达成了基本协议?是否有必要识别和确定核心竞争力和未来市场机会。

重要的行动关键点来自于对愿景的调查,与以下两点有关:
- 特殊的资源:为了满足这一愿景,我们是否具有技术和能力?
- 市场机会:对于市场发展,这将意味着什么?一旦机会出现,我们将如何抓住机会?

同样有必要考虑组织的愿景是如何制定的。它的制定可能是由首席执行官来指导的。引用沃伦·本尼斯(Warren Bennis)和伯特·纳纽斯(Burt Nanus)在他们关于领导能力的名著中的一段话:

为了选择一个方向,首先,领导者必须制定一个可能的和理想的组织未来意象……关键点就是一个愿景能清晰地表达一个组织真实的、可靠的、有吸引力的未来,能够体现在某些重要方面,具有比现在更好的一种状态条件。[12]

然而,其他战略家也许会认为,对于领导者而言,这应该不只是一个任务,而且应该涉及组织的许多方面。因此,有充足的理由要求使用多功能团队,即大家聚集在一起研究一个业务领域。然而,精确的模式将取决于组织的主流文化,第12章将进一步研究这个重要领域。

评论

尽管愿景被广泛地认为是制定目标的有效补充,但是仍然存在一个问题。除非组织中的工作人员能够成功地就愿景进行交流理解,并且能够意识到它的存在,否则愿景是毫无意义的。通常假设这样的愿景在整个组织中很受欢迎。一些年前,亨特(Hunt)质疑了这个假设,并认为与许多公司有关的工人团体并没有这种承诺。[13]他引用了一些例子,即兼职工人、契约供应商和其他弹性工人,他们可能不会致力于这样一个愿景。"试图在不同的贡献者之间建立共同愿景和价值是令人质疑的。它强调了以一些普通员工为基础的许多人力资源政策

第6章 体现使命、目标和伦理道德的常规宗旨

和实践操作的谬误。"例如,皇家荷兰/壳牌(Royal Dutch/Shell),见第12章,揭示了一个全球石油公司中高级管理层愿景和中级管理层视角的不同之处。

> **关键战略原则**
>
> ● 在这样一个战略背景下,即需要优先考虑短期目标时,战略愿景也许是不合适的。随后所存在的困难就是无法准确定义组织所面临的战略问题。没有简单的方法来进行这项艰巨的任务。
> ● 当制订目标时,有必要制定一个组织将会运作的未来愿景。主要原因是为了保证每个机会都被考虑到。
> ● 愿景不同于组织的目标,尽管它们可能是相关的。
> ● 制定组织愿景时存在五个标准:远见性、广泛性、唯一性、共识性和可实践性。

案例研究 6.2

麦当劳餐厅:通过攻击星巴克来维持势力吗?

在 20 世纪 90 年代后期出现了经济增长问题之后,麦当劳于 2005 年制订了一个关于销售额和利润的增长路径。但是,这个成功也引发了一个新的战略问题:如何维持势力?如何进入咖啡馆市场并攻击星巴克?

麦当劳已经发展成为全世界最大的连锁餐厅,即在日本的东京、中国的上海和秘鲁的利马都有它的连锁店。为了维持增长目标,它已经制订了攻击星巴克的新战略。

20 世纪 90 年代:国际扩张之后的收购

尽管麦当劳凭借着全球快餐市场上的 600 亿美元的份额占据了主导地位,但是在 20 世纪 90 年代,它面临着与销售额和利润目标有关的严重问题。它曾经向其股东宣称,试图实现两位数的增长目标,使其年利润增长 10%~15%。10% 的年利润增长率需要年销售额达到 14 亿美元,这也许并不令人惊奇,但是在成熟的快餐市场上,这却是一种挑战。

在 20 世纪 90 年代早期,从成熟的北美

市场进入到欧洲和亚太地区,麦当劳实现了其强劲的经济增长目标。实质上,它在世界各地快速扩展了新的零售商。到1998年,这个增长战略已经按照正常路径进行了发展。甚至关闭了一些商店的开放,因为一些新商店是不盈利的。

在1999年到2001年期间,麦当劳判断,在其现有的连锁餐厅市场实现进一步地增长实在是太困难了,以至于它需要在别处寻找增长机会。传统的汉堡和薯条在北美市场上的增长开始放缓,并且受到了来自汉堡王和温迪(Wendy)的强大竞争。因此,麦当劳开始采用新的收购战略,称为"合作伙伴品牌"。实质上,它通过收购公司进入餐饮业务的其他部分。例如,它收购了墨西哥烧烤餐厅、多纳托的比萨连锁店以及英国普雷特三明治连锁店的股份。

2002年:"我们把视线从炸薯条上移开"

不幸的是,在1999年到2002年期间,新的收购战略并没有产生所需要的增长。这个转变政策是由首席执行官杰克·格林伯格(Jack Greenburg)提出的,但在2002年后期,他被免去了职位。同时任命了一位新的、有经验的59岁首席执行官詹姆士·坎塔卢波(James Cantalupo)。他得到了新的年轻的首席运营官查理·贝尔(Charlie Bell)的帮助,贝尔曾是麦当劳欧洲业务的总监。在此之前,他在其祖国澳大利亚担任首席执行官。新的管理团队对战略进行了一次彻底的审查。他们得出结论:"合作伙伴品牌"策略是有缺陷的,不仅仅是因为新的零售商缺乏有利可图的增长,也是因为它对传统麦当劳餐饮业务的影响。甚至有一些证据表明,在此期间,麦当劳的基本服务、质量和清洁度已经有所下降,因为公司太关注于新的扩张战略而忽视了这些因素。坎塔卢波的备忘录中有这么一句:"我们应该将视线从薯条上移开。"因此,在2002年,麦当劳决定回归到其核心的餐饮优势上。

2003年:通过良好的转变回归本质

因为从20世纪90年代开始,麦当劳就很难实现其目标,所以它开始重新思考其以前每年10%~15%的销售增长目标。公司认为这是不现实的,所以制订了更低的目标,即在成熟的快餐市场上的销售增长率为1%~2%,如美国和西欧;在快速发展的市场上的销售增长率为2%~3%,如亚洲和东欧。这些非常低的销售增长数据将不能转化为6%~8%的利润增加目标。应该通过新战略来达到更具挑战性的利润目标,即削减成本、更有效率的工作和更强的生产能力。尽管该公司意识到它需要关注其基本餐饮,但是仅仅做更多相同的事情似乎是不够的。它还需要更正其战略。

麦当劳的最大业务和最大利润都集中在美国:2006年,其35%的销售额和60%的利润来自于这个国家。困难的是,美国的快餐市场几乎不存在任何显著的增长。此外,它仍然是一个高度竞争的市场,具有强大的竞争对手,如汉堡王和温迪。存在一些客户,但绝不是所有的顾客,会批评麦当劳的高热量和高脂食品,如巨无霸汉堡和奶昔。在2002年到2004年期间,麦当劳通过在所有店面推出新的沙拉主食和水果来予以回应。该公司还向那些重视健康的目标群体大力推广这些新产品,这些群体不同于传统客户群。这样一个菜单策略的转变并不像见到的那样简单。为了推出新产品,麦当劳需要重组其供应架构、转换它的包装、更重要的是削减店内现有的菜单范围。如果菜单范围是有限的,那么快餐更具可能性。引进新产品意味着需要削减一部分的现有菜单,从而在删除项中失去了销售和利润。

尽管困难重重,但新战略是成功的。不幸的是在2004年后期,坎塔卢波由于心脏病发作而停止工作,取而代之的是他的助理贝尔。可悲的是,在任职五星期之后,贝尔被诊断出癌症,并于2005年年初去世。从某种意义上说,财务结果是他们遗留给公司的问题。总的来说,两人重新将麦当劳的重点放在了增长目标上。通过引进新的沙拉主食,他们已经为传统的北美市场创造了主要的增长。通过新的审核人员制度,即这些人需要访问个人特许经营餐厅并进行审查,他们已经制定了严格的餐饮服务和清洁度的基本标准。他们首次推出了全球麦当劳营销计划以及一个共同的全球标语:"我就喜欢。"

尽管高级经理面临着压力,但是两位高管都承认公司必须继续运作下去。然而,问题依然存在。新的首席执行官吉姆·斯金纳(Jim Skinner)解释说,世界各地都存在提高盈利能力的压力。最终,这意味着该公司决定专注于基础业务,并决定出售基础业务以外的部分,如墨西哥连锁餐厅。此外,它需要解决处于亏损状态的拉美业务所缺乏的盈利能力问题。

复苏和增长

2006年,麦当劳开始重新关注它的业务,存在三种主要战略。第一,它决定出售其外围业务,如墨西哥连锁餐馆以及普雷特三明治连锁店的股份。第二,它需要解决其在拉美的业务损失。第三,它需要在欧洲和美国寻找新的增长源泉。在接下来的两年里,该公司处理了非麦当劳业务。此外,将拉美地区的连锁店出售给了特许经营持有者,从而在本质上解决了拉美业务问题。这导致了2008年前后的营业收入的下降,但是这也意味着,自从公司放下了无利可图的拉美业务之后的利润恢复。因此,它能够开始采用第三个策略,即恢复麦当劳本身的利润增长。

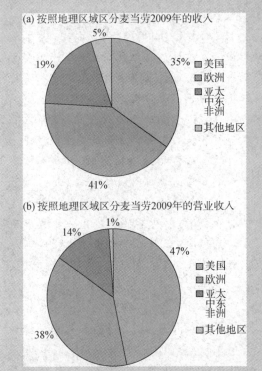

图 6.4 按照地理区域区分麦当劳的收入和营业收入(利润)

资料来源:来自于公司的年度报告和报表。

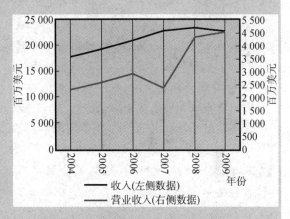

图 6.5 麦当劳在 2008 年恢复的可观利润

注释:"营业收入"实际上意味公司的贸易利润。
资料来源:来自于公司的年度报告和报表。

如图 6.5 所示,自 2006 年以来,麦当劳能够提高它的利润率。但最根本的问题就是该公司的业务模式开始看起来有点腻烦。该公司的模式曾经是,现在仍然是在全球出售基本相同的产品,如"巨无霸"和"麦香鱼",以及相似的座位设计,如服务员背后没有任何解释的菜单板、无法移动的塑料椅子和桌子。但在世界饮食上存在新趋势,即更倾向于当地的物品和当地餐厅的设计风格。公司股东所施加的压力就是在这些更加成熟的市场上获得新增长。

经过仔细分析,麦当劳想出了两种策略。首先,在进行更多当地化的同时也要进行全球化;其次,发展麦咖啡(McCafe)的概念。该公司开始开发更多的当地菜单项,例如中国台湾地区的米汉堡和澳大利亚具有一片甜根菜的McOz汉堡。麦当劳鼓励其区域总监为他们所在的区域尝试新口味和新菜单。同时,国家总监被重新安排到美国总部以外的地区,而进入到他们自己的国家区域,其目的是更贴近当地的口味和风格。但是,这样做的风险就是远离了全球麦当劳餐厅的基本概念。

大约在同一时间,麦当劳甚至采取了更加彻底的转变,即麦咖啡。其最早是由已故的首席执行官查理·贝尔(Charlie Bell)在澳大利亚研发出来的。实质上,它是麦当劳餐厅中的一个咖啡馆,配有一个咖啡师服务项目,例如卡布奇诺和蓝莓松饼,周围环绕着一袋袋危地马拉咖啡豆和令人放松的座位。为什么这样做呢?本质上,麦当劳咖啡通常售价为每杯50美分,而每杯麦咖啡的售价约为2.50美元。在咖啡馆中,这两个品种的利润和格调会高出很多:星巴克已经给出了证明。

2005年,麦咖啡的概念被扩展到欧洲,它能够帮助提升利润率并与更一般的品牌形象相符合。同年,相同的概念也在美国5个商店进行了尝试。早在2008年,麦当劳已在美国将近14,000个地区开设了咖啡馆。显然,像麦当劳这样的快餐店试图从更具有放松风格的星巴克抢夺新顾客是存在风险的。但是,公司愿意将数百万美元投资到部分餐厅的重新设计上,以此来吸引新的咖啡馆顾客。这个战略的结果就是获得了大量的利润增长,如图6.5所示。

 麦当劳在它的网站上具有大量关于可持续性实践的报告。

©版权归理查德·林奇所有,2012年。保留所有权利。该案例是由理查德·林奇所著,来自于已发表的信息。[14]

案例问题

1. 到2005年,从新餐厅和健康菜单中所获得的利润增长开始放缓:你会持续更长时间吗?你是否会降低经济增长目标?

2. 为了实现其2009年的增长目标,麦当劳在麦咖啡概念上是否太冒险了?公司是否有更好的建议来坚持更地道的菜单?

3. 通过回归本质以及推出新的健康产品,在21世纪早期,麦当劳解决了其战略问题。其他公司可以使用相同的方法吗?如果能够,那么这种战略存在哪些限制因素呢?

战略项目

麦当劳已经从新的产品范围上得到了一些恢复。那么从这里开始,它将向哪里发展呢?它是否应该重新采取以前收购连锁餐厅的战略呢?如果是这样,那么应该收购哪种连锁店呢?如果不是,那么快餐观念所带来的进一步增长是多少?当一个公司的股东需要持续利润增长时,那么这是一个真正的战略问题。也许公司应该尝试一个全新的方法?除了更深入地研究麦当劳之外,应该也有兴趣研究一些替代商店,例如第2章中所述的赛百味。在网站上有关于这两家公司的案例。你也可以从两个更深入的方面来进行考虑,即绿色战略问题和更好的营养问题:最近,麦当劳在这两个因素上面临着很多负面批判。但该公司认为,它在改善业绩方面已经取得了真正的进步。也许,它会在绿色战略和营养问题方面更加积极?

6.3 利益相关者权力分析

6.3.1 识别利益相关者

定义 ➡ 利益相关者是那些在组织中具有利益的个人和团体,因此它们希望影响组织的任务、目标和战略的各个方面。例如,麦当劳的利益相关者包括股东、经理和员工。此外还包括麦当劳的特许经营商:这些都是独立的公司和个人,他们利用母公司的品牌在世界各地经营麦当劳餐厅。特许经营商对麦当劳总部和它的战略具有重大影响,因为特许经营商必须实现某些方面的麦当劳战略。实际上,如果管理得当,那么利益相关者可能是竞争优势。[15]

制定组织的目标和任务时,必须牢记两组利益:

1. 那些执行任务的人们的利益,例如经理和员工;
2. 那些与运营结果息息相关的人们的利益,例如股东、特许经销商、政府、客户、供应商和其他利益团体。

这些团体一起组成了利益相关者。

利益相关者之间可能存在利益冲突:例如,麦当劳股东希望确保高利润来支付合理的分红。相比之下,麦当劳的员工也许希望得到更高的工资,而这将减少利润。"组织的目标并不是在一夜之间形成的"说法也许并不令人意外。它可能需要花费几个月的时间在组织中进行讨论协商,以至于能维持各利益相关者的利益平衡。甚至在与董事、经理和员工进行讨论之后,都不一定会让所有人毫无疑问地接受目标:可能会存在异议,因为有些人会意识到必须进行艰苦工作或者承担新任务,或者面临着离开公司的前景。受到影响的个人和团体可能会进一步对这些事项进行讨论。具有组织股份的个人和团体因此会影响组织目标。例如,在2008年年初,麦当劳餐厅宣称将在其美国餐厅中引进咖啡馆。这包括新的配料设备、新员工培训、新菜单,所有这些将影响利益相关者,包括员工、经理、董事。

利益相关者的概念除了包含那些在组织中工作的人们、同样还延伸到组织之外。上市公司、贷款给组织的银行以及政府中的股东会关心雇用招聘、投资和贸易,他们在公司也可能拥有合法的股权。客户和供应商在组织中同样拥有利益。这个利益可能是非正式的,如接入一个私营公司的政府;或者是正式的,如拥有公司的股权。所有人都可以被认为是有兴趣并希望影响组织的未来方向的。总的来说,没必要为了拥有股份而拥有一个利益相关者。

6.3.2 利益相关者之间的利益冲突

正如上文所说,组织的困难在于利益相关者之间会存在利益冲突。这样的例子如表 6.2 所示。因此,组织需要解决的是应该优先考虑哪个利益相关者:这意味着需要分析利益相关者权力。

重要的是在许多组织中,当股东自动拥有绝对权力时就不会出现这种情况。例如,自 20 世纪 30 年代以来,有证据显示,当企业变得越来越强大时,股东和高管之间的差距也越来越大。伯利(Berle)和敏(Mean)[16]调查了美国的高级管理层,并证明高管与股东之间存在不断增大的差距。高管希望的是更大的办公室和更多的津贴,而吸引股东的却是利润和分红的增加。

表 6.2 利益相关者和他们的期望

利益相关者	期望	
	主要的	次要的
所有者	财务收益	附加值
员工	报酬工资	工作满意度、培训
顾客	商品和服务的供应	质量
债权人	信誉度	准时还款
供应商	支付方式	长期关系
社会团体	安全和保障	为社会做贡献
政府	遵从	提高竞争力

资料来源:Adapted from Cannon, T(1994) *Corporate Responsibility*, Pitman Publishing. With permission.

经理们可能对规模的兴趣要大于利润:随着公司的增长,他们能够从收购中获得更多的保护,并能够给他们的上司提供更丰厚的报酬。[17]相比之下,所有者可能更关心的是利润最大化并寻求适中的增长。除非在大型组织中的经理们受到了收购或者财务激励的威胁,否则与股东相比,他们对组织的目标会有一个更宽阔广泛的看法。[18]例如,对于高级经理而言,权力和威望比股份分红更重要。因为,在大公司中股权分散,高级经理具有重要的权力。

6.3.3 分析和运用利益相关者权力

从战略管理的角度来看,主要的问题是识别利益相关者对组织方向的影响,通常是对组织使命和目标的影响。重要的是,这可以是积极的,也可以是消极的,许多组织欢迎那些有权人士的贡献和协商讨论。例如,在 2001 年,福特汽车公司的股东最终凭借着他们的权力强行改变了公司的领导能力,见第六部分中关于汽车产业的案例 5。

一些主要的利益相关者可能如图 6.6 所示。这些利益相关者的权力分析可能因国家不同而存在差异。此外,还可能因为行业的不同而存在区别:汽车行业的规模可能与更为分散的行业拥有不同的特征,如具有较小规模的公司和家族持股的纺织服务行业。这很难进行概括总结,但是展示 6.1 也许对这种特定组织的分析提供了一个有用的指导方法。

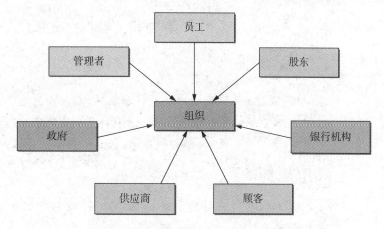

图 6.6 利益相关者的权力分析：权力平衡

然而，接受利益相关者的贡献也许只是针对开发过程，事实上，仍然存在利益冲突。因此，需要仔细考虑那些拥有最大权力的人们，即需要对利益相关者权力进行研究，如展示 6.2 所示。

展示 6.1

利益相关者权力分析清单

经理
- 大型公司或小型公司？相对薪酬与员工？
- 中层经理们的权力，支持或破坏任何所制定的目标？
- 公司在招聘和解雇方面的风格？
- 公司在行业中的盈利能力？

员工
- 工会法律法规？
- 工人代表出席监事会？
- 在公司广泛出席并被接受？
- 国家对工会的传统观念和影响？

政府
- 放任自由政策或国家干预政策？
- 超越国家机构的股权和所有权政策？
- 支持朝阳行业？

- 鼓励公司注册发行股票？
- 支持世界贸易或者贸易保护？

金融机构
- 参与股权或者贷款？
- 出席监事会？

股东
- 具有完全投票权？
- 为监事会选举管理层？
- 具有拦截性股权或交叉股权，导致外部压力困难？
- 家族影响仍然很强大？
- 他们能够因为差的业绩来投诉该公司？（在美国是可以的。）

顾客与供应商
- 见第 3 章的"五力分析"

> **展示 6.2**
>
> ### 利益相关者权力研究
>
> 存在六个主要步骤:
> 1. 识别主要利益相关者。
> 2. 确定他们在组织中的利益和主张,尤其在制定新的战略活动时。
> 3. 当制定新战略时,确定每一个群体所拥有的能迫使影响变革的权力程度。
> 4. 当制定任务、目标和战略时,优先考虑的是将权力冲突降到最低。
> 5. 在问题出现之前就考虑如何转移麻烦,方法可能是与关键团体进行协商讨论。
> 6. 确定适用的制裁方法,如果有必要,运用它们来保证目标的制订并达成任何妥协。

作为利益相关者权力分析的一部分,需要对某些适用于特定利益相关者群体的制裁进行明确的调查。利用这种分析是为了保证当利益相关者群体发生冲突时,能够达成某些决定。这样的分析可能是各种群体之间讨价还价过程的开端。该过程可能包含妥协折中,这取决于利益相关者群体的权力以及同意决定的意愿。然而,它也可能涉及对制裁的使用,即对特别执拗的群体施加压力。这样的一个谈判过程可能涉及第 5 章所述的博弈论。

6.3.4 利益相关者和绿色战略问题

在绿色战略中,利益相关者的范围可以说是广泛的。[19] 原因在于,它包含了大量的个人和团体,他们是有权力的,并可以对上述中所识别的利益相关者施加压力。这些额外的利益相关者包括说客、绿色活动家、智囊团、竞争对手和行业协会。他们所拥有的利益和工作事项不同于组织本身。但是,在制定组织有关绿色战略的目标时,需要考虑这些人的影响。

> **关键战略原则**
>
> ● 利益相关者是指在组织中拥有利益的个人和团体。因此,他们也许希望影响组织任务和目标。
> ● 与利益相关者有关的关键问题就是在制定组织任务和目标时,需要考虑这些人。
> ● 制定任务目标时所存在的困难就是利益相关者之间会存在利益冲突。因此,组织需要决定优先考虑哪个利益相关者:需要分析利益相关者的权力。当存在冲突时,需要通过谈判来达成妥协。制裁可能成为这一过程的一部分。
> ● 一个利益相关者权力研究涵盖了六个阶段:识别利益相关者;确定他们的利益和主张;估计他们的权力大小;制定优先考虑的任务;与关键组织进行谈判协商;在相关地方进行制裁程序。

案例研究 6.3

花旗集团（Citigroup）：重建公司治理架构

花旗集团是世界上最大的金融机构，每天都要处理数十亿美元的金融业务，如货币、股票和债券。在世界资本融资项目中，以及在管理全球2亿多的顾客上，它是一家领先银行。然而，在过去几年里，它卷入了一系列的财务丑闻中，这导致公司开始重建其治理架构。本案例说明了这种情况是如何发生的以及花旗集团现在正在做的事情。

花旗银行通过一系列的收购和兼并，成为了世界上最大的银行，并最终导致公司重新定义了它的道德和公司治理架构。

花旗集团的成长

大约在200年前，花旗集团最开始是纽约的一家银行。在过去20年里，通过对世界许多地区的一系列收购和并购，它已经快速成长。主要的变化发生在1998年，即花旗与游客集团（Travelers）合并，以此来"为客户的金融需求创造一个新的金融服务模式"。此外，在1995年到2003年期间，它还收购了大量的小型公司。到2004年，该公司是世界上最大的金融机构，它的交易遍布全球100多个国家，它的主要活动集中在所有主要的金融中心内。

在1998年到2004年期间，花旗集团的净收入几乎增加了一倍，其净利润增长得更快，如表6.3所示。如果按照国际标准，该公司已经是大型公司了。重要的是，它的员工人数从来没有过快增长，这意味着在那段时期，每位员工实现的业务量和利润在不断增加。实际上，所发生的事情就是每一次收购都为其增加了营业额，但大多数收购对象的后台操作都被花旗大大摒弃了，如管理部门、系统体系、财务审计和IT支持系统，取而代之的是花旗自己的系统。这节约了大量的成本，并证明了公司收购的合理性，但也存在两个其他效应：

1. 在新的子公司中，它减少了适合进行治理活动的人们。

2. 它创造了一个中央监控的大集团，甚至变得更加复杂，但是缺少足够的人员。

在2003年，规模更大的新花旗集团是一个混合体，即拥有大量不同类型的金融业务。它包括投资银行业务、信用卡业务、零售银行业务以及贷款给穷人的业务。重要的是，这种广泛的银行活动造成了两个更为深远问题：

1. 这意味着这些能够影响治理架构的业务之间可能存在利益冲突。例如，当投资银行业务可能提议进行一项新收购时，花旗私人银行也许正在考虑向收购对象进行投资。

2. 银行各部分中所需的知识和技能是非常不同的。例如，投资银行业务非常不同于信用卡处理业务。如果花旗希望制定新的公司组织文化，将很难在这两个部门之间进行有效的人员转换。

打破花旗集团的规则

在1998年到2003年期间，花旗集团由其首席执行官桑福德·威尔（Sanford Weill）管理。正是威尔才促成了许多交易和并购，使得花旗集团的规模扩大了一倍。具体而言，威尔对他的同事施加压力，使得这些交易能够有效运作,即他为运营子公司制订了严格的利润目标,随后子公司被给予了相当大自主权来实现这些目标。根据《金融时报》对花旗集团的评价,"通过节约来实现季度利润目标的高管能够获得大量的业绩奖金。"[20]埃米·斯通(Amey Stone),财经杂志《商业周刊》(Business Week)的记者,与威尔合著了一本书:"他是一个具有实践性并且具有控制欲的经理,他能够管理大量的业务,他具有一个主动进攻的风格,他强调利润,他对部门实现的利润要求很严格。我认为道德问题真的只是次要问题。"[21]

无论给员工施加多少压力,花旗集团已经卷入一系列金融违规交易中:

- 花旗付出了近50亿美元来支付法律诉讼费用,这来自于它与破产公司世界通信公司(Worldcom)的关系,如展示6.3所示。[22]它同样面临着与安然公司(Enron)有关的类似困难,如展览6.3所示。[23]
- 花旗集团支付了约2 000万美元的罚款来解决美国联邦监管机构的指控,即它从客户那里获悉,即只需要给经纪人付款就能得到投资某些共同基金的建议,从而造成了一个利益冲突。与此有关,美国全国证券交易商协会透露,花旗集团、美国运通公司和摩根大通公司已同意就涉嫌违反共同基金销售的行为支付2 125万美元,其中,花旗集团本身同意支付625万美元。[24]
- 在结束佣金的调查之后,花旗集团支付了美国证券交易委员会近2亿美元。[25]
- 为了解决一个集体诉讼问题,即关于花旗集团在破产的电信网络供应商环球电讯公司(Global Crossing)中的职能问题,它花费了7 500万美元。[26]
- 在屡次违反当地法规之后,花旗集团被迫关闭了其在日本的私人银行。[27]

此外,花旗集团面临着意大利食品集团帕玛拉特(Parmalat)管理者的法律诉讼,如展示6.3所示。然而,值得注意的是,花旗银行否认该活动存在任何不法行为。针对犯罪不法行为的德国金融市场监管机构也对花旗集团进行了清理,因为2004年8月花旗在欧洲政府的债券交易行为。"正如欺诈一样,必须具有欺诈证据才能进行起诉。"德国联邦检察官解释道。该银行在贸易上涉嫌获利1,750万美元。[28]重要的是,在2005年,当美国中央储备银行,即美联储,允许花旗集团收购一家私人持有的Rexas银行时,美联储建议花旗延迟大的收购计划,"直到它加强内部控制,并解决美国内部和外部的许多监管问题之后"。[29]

实际上,花旗集团已经决定在它的做法上进行重大改变。"2004年对我们而言并不怎么好。在有些领域,我们已经做了很多不该做的事情。我们需要做正确的事情,并表达我们的悔意;我们需要前进,并确保从中得到教训启示。"花旗集团首席财务官萨莉·克劳切克(Sallie Krawcheck)解释说。

表6.3 花旗集团:在收入和净收入上的主要增长,但是员工数量保持不变   单位:十亿美元

年 份	1998	1999	2000	2001	2002	2003	2004
总的净收入	45.00	54.80	63.60	67.40	71.30	77.40	86.20
净收入	6 950	11 243	13 519	14 126	15 276	17 853	17 046
员工数量	202 400	212 500	233 000	268 000	250 000	253 000	287 000

资料来源:公司2004年的年度报告和报表。

花旗集团的新公司治理方法

2003年,花旗集团任命了一位新的首席执行官查克·普林斯(Charles Prince)。在2004年,他进行了一次大的公司调查,并得出了需要进行重大转变的观点。在2005年2月,在传递给员工的消息中,他说:"我非常清楚的是,成为最受尊敬的公司并不需要对我们的文化进行翻天覆地的改变。花旗集团在金融服务上已经拥有了一个世界上最受尊敬的名称,它所遗留下的成就记录甚至是一些公司梦寐以求的目标。但是,有时候,我们的行动已经使我们最珍贵的财富承担着风险,即客户的信任、员工的耐心以及股东的信心。"

该公司制订了一个五点计划来加强花旗银行的公司治理:

1. 扩大培训:为所有员工提供年度业务培训,其中包括对3 000名高级经理的特殊培训。

2. 提高沟通交流:首席执行官与高级经理之间两个月一次的对话;与所有员工之间广泛的沟通交流,其中包括"道德热线通话"。

3. 加强对人才和发展的关注:行政指导;对高级经理的匿名反馈;发展项目的扩大。

4. 平衡绩效考核和薪酬:为高级经理设定一致的评价标准和目标;中层经理评价;基于花旗集团业绩的报酬,而不是个人的业绩。后一点很重要,绩效报酬以集团的业绩结果为基础,而不是依据个人是否达到了特定的利润目标。

5. 加强控制:独立的全球合法职能;风险控制评估;扩大的审计范围;对控制职能经理,如财务审计人员,进行继续教育。但这存在一个威胁:"在风险控制评估中存在不理想的结果,查克·普林斯和鲍勃·威尔姆斯达会亲自评价审计或监管测试。"

除了五点计划之外,花旗集团还制定了关于公司治理的13页指导方针,尤其是针对董事会的指导。该方针包含了这些问题,如2/3的董事的管理独立性;资格限制,保证董事具有足够的技巧和经验;如果董事在其他组织中担任重要的新职位,则坚持让董事提出辞呈;对董事绩效的年度评估;定期参加董事会议;直接通过高级经理来评估重要问题;对内幕交易和其他业务关系的规定。[30]

对于转变的评论,《金融时报》总结说:"受关注的金融服务公司发现它们总会时不时地卷入丑闻中。因为行业的特性,对于一个多元化的集团而言,很难避免这样的失误。普林斯先生的计划是受欢迎的,但是它同样需要有高度集中的执行力来使其有效。"[31]

随即出现的次级贷款问题

在2007年秋季,花旗集团的投资银行宣称其有14亿美元的贷款负债,另外有10亿美元的抵押贷款证券的负债,2.5亿美元的贷款抵押债券负债,6亿美元的其他信贷交易损失。"尽管这种做法是错的,但我们却深陷其中,并且是最大的受害者,同时,我们的反应能力变慢了。"一位花旗集团的高级执行官解释说。那年末期,公司披露潜在的抵押贷款损失高达110亿美元,若干年后,全部问题所波及的范围仍然是不完全清楚的。

肯定的是,花旗集团的董事长兼首席执行官查克·普林斯在遭受了重大损失之后于2007年12月辞职了。之后,潘迪特(Vikram Pandit)被任命为首席执行官,他承诺简化银行的组织架构并重塑它的业务。他很清楚这是一个艰难的任务。

到2008年年末。尽管削减了3 080亿美元的资产并裁减了75 000名员工,潘迪特依然难以解决许多问题。存在的问题不仅仅是次级贷款问题,也涉及集团在他前任带领下所构成的运营方式问题。引用一位金融分析师的说法:"即使对于最好的经理而言,这也不是轻而易举就能解决的。"[32]

花旗集团在它的网站上发布了广泛的关于可持续性的政策材料。

©版权归理查德·林奇所有，2012年。保留所有权利。该案例是由理查德·林奇所著，来自于已发表的信息。

案例问题

1. 你如何评价花旗集团在公司治理上的变化？他们会成功吗？
2. 其他公司可以从花旗集团中得到启示吗？或者该公司完全不同于其他公司，以至于不能得出有效的结果吗？

6.4 公司治理和组织目标

正如花旗集团的案例所述，公司治理在战略管理中变得越来越重要了。首席执行官能够影响组织的各个方面，包括他对待员工、顾客、股东和其他利益相关者的方式。但是，首席执行官和其他执行董事所做的战略决策代表了利益相关者的利益。**公司治理是指利益相关者在整体上控制组织战略决策的影响和权力，尤其是组织中首席执行官和其他高管的权力**。公司治理与战略的关系源于赋予高级经理影响未来组织目标的机会。高管通常是组织的董事。然而，他们同样包括工人的高级代表，以及对战略制定没有日常职责的资深外部顾问。在一些欧洲国家，如德国、瑞典和荷兰，后者群体将组成一个监事会来监督董事的工作。

> 定义 →

许多公共机构也具有公司治理架构。这些可能涉及非营利部门的主要问题，包括公共服务质量检测问题，以及纳税人和慈善捐款人所获得的回报是否物有所值的问题？

对于大多数组织而言，公司治理除了对高管的行为进行选择、给予报酬和审查之外，还将包括对官员们所制定的主要公司战略的审查和批准。通常情况下，这样一个审查过程以年度为基础。此外，引用主要国际石油公司英国石油公司的公司治理声明，[33]在一年之中，可能存在额外的监控来检测"对业绩目标的成就以及遵守战略和政策的信心和风险"。近年来，这些严格的政策已经减少了公司的一系列丑闻，如展示6.3所示。

应该强调的是，绝大多数公司行为并不腐败。然而，近些年，在这个领域中，重大丑闻所产生的严重后果导致了相当严格的公司治理架构。这将在下文中进行阐述。

展示6.3

在公司治理中一些极难问题的案例

公司	处境
安然公司（Enron）：从事能源期货交易的美国公司	在2000年，安然公司价值600亿美元，但是在2001年却破产了。在2001年后期，该公司承认夸大了其利润。许多高管因为犯罪和受贿而被起诉。在那时，安德森公司是世界五大公司之一，它的会计审计人员并没有发现安然公司的问题，随后该公司便在丑闻中破产了。

(续表)

公　　司	处　　境
世界通信公司（WorldCom）：从事电信服务的美国公司	世界通信公司的首席执行官伯尼·埃博斯（Bernie Ebbers）在2005年由于欺诈110亿美元的工程账款而被判刑，欺诈行为是为了保持公司股票的高价格，并且防止对他高达4亿美元的个人贷款追加保证金。因此，他入狱了。
威望迪集团（Vivendi）：收购了世界上最大娱乐公司环球公司（Universal）的法国公司	在2003年12月，威望迪环球的首席执行官让·马里·梅西耶（M. Jean-Marie Messier）被美国证券交易委员会罚款100万美元。他被一个0.25亿美元的黄金支付账单拒绝了，同时他在10年内被禁止成为美国上市公司的行政官。他因为欺诈隐瞒了现金流和流动性问题而被指控，为了实现盈利目标而使用了不恰当的会计方法，并且没有披露决资产负债表以外的金融承诺。
斯堪地亚公司（Skandia）：在斯堪的纳维亚和美国提供保险服务的瑞典公司	在2002年，公司被迫出售了旗下亏损6亿美元的美国业务，因为夸大了股票价格而使盈利能力崩溃。同时，一小群高管们在1997年到2000年期间从公司提取了1亿美元作为奖金，并在斯德哥尔摩的中心地段的豪华住宅中获得了利益。斯堪地亚利用其保险保单持有人的资金来支撑这个计划的方式遭到了特别强烈地批判，"斯堪地亚的麻烦提供了一个例子，即当一个薄弱的董事会对强大的管理层置之不理时所发生的事情。"34
帕玛拉特公司（Parmalat）：在全球40多个国家从事牛奶制造、乳制品和相关农产品的意大利公司	在2004年1月，从成立以来，帕玛拉特公司的资产负债表上至少有130亿美元消失了。在写这本书时，全面的调查仍在进行，但可以预见的是，该公司已经涉及100亿美元的欺诈行为，同时，公司的创始人和董事长Sig. Calisto Tanzi也被调查和监禁了。

战略项目

你可能会追踪展示6.3中的不法行为的案例以及一些其他案例：在本书的网站上有一些能够帮助你进行了解的参考文献。这些罪行是罕见的吗？公司可能采取什么行动来阻止它们再次发生？这对其他公司的目标、成本和战略有何影响？

6.4.1 所有权和控制权的分离

高管对战略决策负有责任,然后按照战略决策行事,他们充当着利益相关者的代理人角色。在这种意义上,利益相关者代表的组织所有权与授予董事的组织控制权之间存在分离。近些年公司治理已经变得越来越重要了,利益相关者的利益与董事的利益不一定是一致的。例如,在花旗集团中,董事过去似乎愿意通过偷工减料来提高公司利润增长,但是却导致了重大的处罚,随后他们不得不扣除股东分红。

现在,大公司分离了所有权和控制权。例如英国石油公司,如展示6.4所示,在执行董事和非执行董事之间存在明确的分离,执行董事管理公司的业务事务,非执行董事的任务是监督这些管理活动。

6.4.2 公司治理的权力

公司治理的重要性在于赋予高级管理者的权力,这些权力用来运作组织事务。近些年,这种权力并不总是用在为了股东、员工和社会大众的最佳利益上。滥用这种权力的例子比比皆是,英国公司巨头罗伯特·麦克斯维尔(Robert Maxwell)就印证了这件事。麦克斯维尔是20世纪后期主要的国际出版和媒体集团的董事长。据说,他存在腐败行为,却继续为所欲为了许多年。在1993年的一次划船事故中,麦克斯维尔去世了,在此之后才揭露了关于他的事情。其他例子如展示6.3所示。

最近的公司治理事件并不一定那么极端。它通常涉及董事会成员奖励给自己的报酬和其他特权,这会损害组织内部和外部的其他人利益。例如,英国天然气和电力公司中的"肥猫"公司董事,在20世纪80年代后期和90年代早期的私有化时期,赋予了自己大量的股票期权,其结果是以牺牲国家利益为代价,获得了大量财富。

因此,专业机构(尤其是会计职业)已经设立了标准来管理约束组织中高管们的道德和职业行为。一些机构对几种佣金的标准也进行了报道:例如,在英国的吉百利、格林伯瑞(Greenbury)和汉佩尔委员会(Hampel),法国的维耶诺报告(Vienot)以及荷兰治理委员会。在美国,一些公司的腐败行为导致2002年通过了《萨班斯—奥克斯利法案》。对于美国所有的运营公司而言,该法案迫使公司必须对它所做出的所有决策进行审计追踪。对于许多公司而言,这包含了全新的、冗长的、昂贵的和耗时的程序。

展示6.4

适用于公司中不同利益相关者的特别信息

利益相关者	定期获得的信息	评 论
股东	年度报告和报表	局限于组织希望它的股东所知道的信息
投资分析师,例如股票经纪公司、记者	定期更新的进展,有时是面对面会议	得到更好的消息,但是仍可能被组织所误导
主要的公司董事	相对完整的信息,但可能被误导;被正确告知或者告知别人的法律义务	任何非执行董事的特点和独立性有助于充分揭露所有问题
高级管理者	某些领域的详细信息,但依赖于经理们所提出并引起注意的问题,例如巴林银行(Barings Bank)的尼克·李森(Nick Leeson)	不一定提供适用于主要董事的完整蓝图;针对不道德、非法和不正当的行为的告密者也可能参与到这些行为中
管理者	部分信息,但经常是不完整的	有时可能是告密者,但迫于相当大的压力,必须遵守公司的规则
员工	通常只有有限的信息,除非在监督委员会上作为代表员工	新的欧盟指示使得高级代表成为可能,并在这里对他们提供了保护

6.4.3 治理和信息流动

如此多的权力集中在组织中央管理层所存在的问题是,它需要在相应的责任下才能使用权力。如果关于组织业绩的负面信息被传递给了组织中的其他利益相关者,那么将会使困难进一步恶化,即只要信息是未知的或者未报告的,那么不当行为将会持续下去。因此,公司治理的一个关键方面就是信息及其可用性,高质量的信息将会鼓励负责任的行为。《萨班斯—奥克斯利法案》就是为了实现这个目标而设计的。

人们或许会认为,确保治理的简单方法也许会要求信息应该在组织的所有主要活动中进行自由流通。然而存在的困难是,一些信息是具有商业敏感性的,所以,不能轻易地流向组织外部,甚至不能在组织内部传阅。然而,完整信息不能循环流通的危害是,也许会以信息的商业性为借口来掩盖那些不希望揭示该信息的人们即将做的事情。

解决这种冲突的起点就是识别组织内外存在的正常流动信息。展示6.4列出了一些典型的流动信息,不同的利益相关者可以定期获得这些信息。最终,利益相关者往往依赖于独立的专业顾问,让他们在保密的基础上来检查信息,正如会计师在年度审计上所做的一样,以此来确认负责行为。

如果主要的董事会成员处于半独立状态,那么将会提供另一项重要的检查,即检查他们在其他地方的主要职责和经历。他们通常是与组织有关的,即使在组织中不具有任何的商业性或其他利益,但是他们对组织事务的评论具有充足的高级经验。这些人通常被称为非执行董事,意味着他们对组织的运营不具有日常管理职责。近年来,这些独立董事的任命被视为是确保组织行为无瑕疵的手段。这种制度的危险是,任命公司空缺的非执行董事职位的选择仍被监视着。然而,如果非执行董事在他们自己的领域上具有充分显著的业绩,那么其他股东将对他们独立的判断能力充满信心。在前文中,花旗集团的案例表明,公司愿意制定程序来确保非执行董事仍是独立的。

6.4.4 治理和企业行为

除了信息可用性的问题之外,与硬性规定相比,公司治理更像是处理组织事务的准则。它所关心的是,确保组织资产所产生的附加值能够在利益相关者之间进行合理分配。组织的主要管理者对这项任务承担主要责任,并受到主要的监督委员会的监督。重要的是,公司治理通常坚持将组织中董事长和首席执行官的职责进行分离。

● 董事长。组织中最资深的人,但并不对组织运营的日常事务负责。董事长通常关注于组织外部的关系,例如与银行、政府和股东的关系。

● 首席执行官。最资深的经理,对日常运营负责,包括战略准备和战略实施。所有董事(除了非执行董事)都需要向首席执行官报告。首席执行官通常关注与组织内部的关系。

一些组织合并了这两个职位,但在最近对公司治理的评价中,这种方式被劝阻,例如汉佩尔和希格斯(Higgs)。然而,对于小公司而言,这中分离也许太详细了。监控公司治理任务的主要方式通常会通过一系列的委员会,它们对组织的特定领域负责,正如展示6.5中的案例所示。在某些与战略管理具有直接关系的领域,许多这些委员将会产生决策制定影响,例如,那些对组织有效性和商业风险的态度具有责任的委员会。

> **展示 6.5**
>
> **英国石油公司(BP)的公司治理:董事会的主要委员会**
>
> 英国石油公司是世界上最大的石油公司,在全球范围内存在利益。BP的董事会的不仅对管理问题负责,也承担着下一节将要研究的道德和社会责任。每个委员会成员都享有非执行董事的头衔,他们的职责不包括事务的发展和执行以及组织的战略。但是,他们具有一些关于其他类似组织的外部经验和知识,例如经济政策制定、全球化公司和财务报表,以至于他们能够提出难以解决但很恰当的问题。

董事会的作用就是提高股东的利益,包括对战略的积极思考,对执行行动、董事会和行政管理接班任务的监督。

委员会	职责
主席委员会	考虑广泛的治理问题,包括董事长和集团首席执行官的绩效。考虑接班人计划以及集团是如何组织管理的
审计委员会	审计委员会的关键任务包括确保集团的报告、会计报表和财务流程的完整性,评价财务风险的管理以及解决这些问题的内部控制
安全、道德和环境保护委员会(SEEAC)	对执行限制政策遵守情况的监控,这些政策关于环境、卫生和安全、公司安全的和道德的表现、合规的行为常规
劳资委员会	代表董事会确定谈判合约的条款、集团首席执行官和执行董事的薪酬,并向股东报告这些事情
提名委员会	识别和评估作为董事或公司秘书的候选人,尤其是与未来工作计划和退休事宜有关的职位

资料来源:英国石油公司在 2007 年的年度报告和会计报表。经过批准,可以通过网络获得详细信息:www.bp.com/investors。

关键战略原则

1. 公司治理是指利益相关者在总体上控制组织战略方向的影响和权力,更具体的是指组织中的首席执行官和其他高管们的权力。

2. 公司治理涉及组织中高管们的选择、报酬和行为。它同样关注他们与所有者、员工和其他组织利益相关者之间的关系。高管们作为代理人代表了组织利益相关者的利益。

3. 公司治理的重要性在于,赋予高管们处理组织事务的权力,存在的问题就是需要负责任地使用权力。

4. 对组织责任行为的检查依赖于传递给所有利益相关者的信息,即高质量的信息将鼓励有责任的行为。所存在的问题就是,这样的信息也许具有商业敏感性。保密性质的独立顾问,例如审计中的会计师,可能是检查监督公司行为的一种方式。

5. 检查公司行为的另一种方法就是任命非执行董事,他们与公司没有其他的商业联系。

6. 除了信息的可用性之外,与强制规定相比,公司治理更像是行为准则。主要的目标是为了保证组织资产所产生的附加值能够在利益相关者之间进行合理分配。

基于英国银行的前董事长的指导方针,对公司董事提出了九个关键的关于道德和公司治理的问题。

6.5 道德标准和企业社会责任目标

定义➡ 关于道德和企业社会责任的决定是战略管理的核心。它们会影响组织的目标。道德和企业社会责任是组织为自己制定的能够处理组织内部和外部环境问题的标准和行为准则。

道德尤其是指处理商业事务的基本行为标准。例如，与城市、健康、安全和贪污行为的政策。企业社会责任涉及广阔的领域，包括除了对组织员工和组织外部人员的最小责任以外的责任。每个组织的企业社会责任是不同的，但也许都包含了绿色环境问题、对待员工和供应商的方式、慈善工作和其他与当地或国家团体有关的问题。

企业社会责任常常被简写为CSR。为了阐明这个简单定义，随后将CSR
定义➡ 定义为一个过程，即组织中的管理者思考并讨论他们与利益相关者之间的关系、他们与公共利益有关的角色作用的过程，其中伴随着为了实现这些角色作用和关系所涉及的行为倾向。[35]这一定义立即引发了很多问题。"公共利益"是什么意思？谁决定社会的"公共利益"？政府？个体？管理者？董事？为什么任何业务都需要考虑社会的公共利益？为什么任何组织都要投入资源来实现公共利益？在这部分中，我们所研究的价值判断涉及对这些问题的回答。总之，从企业的角度来看这些问题："企业希望成为什么企业，或者应该做些什么才能成为一个好的企业公民？"

实际上，道德和企业社会责任是相互关联的，因此在这一章将它们看成是一个主题。这个问题不仅仅涉及商业组织，如英国石油公司和花旗集团，也包括公共组织和非营利组织。在新纪元，无论是商业组织还是非营利组织，都可以行使他们组织内外的权力。因此，现在通常所接受的是某些形式的道德标准以及应该管理和知道他们活动的治理标准。对于这个问题的意义，存在大量的例子，例如，埃克森·瓦尔迪兹号（Exxon Valdez）、皇家荷兰/壳牌北海石油平台处理器、国际象牙贸易存在的威胁能消灭一个濒临灭绝的物种、美国安然公司。[37]由于篇幅有限，不能详细地介绍这些标准因素，但是，在组织目标制定过程中，可以适当地对这些因素进行检验。

6.5.1 道德和企业社会责任：基本问题[38]

研究此类问题是为了识别什么是组织在道德上的正确行为。存在四个主要原因来说明组织的道德行为：

1. 在每个社会中，这些因素都是无法避免的，例如对行为的法律限制。[39]
2. 对于社会行为而言，它们可能是重要的，例如尊重环境中的"绿色问题"，这超越了法律限制。[40]
3. 道德因素是业务专业化的一部分，例如对待工人和种族群体的方式。[41]

4. 在道德问题变得严重之前,通过形成对道德问题的态度能够很好地解决组织中的利己问题,例如,由于不正当行为的指控而导致的负面影响。

展示 6.6 显示了已经出现这类问题的一些例子。任何一个案例都能证明研究道德和企业社会责任问题的合理性。他们提出了三个基本领域,但需要在制定目标和战略的背景下来研究这些领域:

1. 道德和社会责任因素的程度和范围;
2. 这些因素的成本;
3. 对责任的承担。

展示 6.6

道德和企业社会责任问题

一些会影响目标的道德问题的基本例子

- 间谍活动。公司是如何发现竞争的?合理的询价在哪里完成,积极地寻找额外数据从哪里开始?也许任何事情都可能发生。
- 专横的政权。一个公司是否会向一个专政政权国家出售武器或救生设备?该国家的运行是否由会使用不正当武力并侵犯人权的政权控制?毕竟这种情况也可能拯救该国家的生命,销售公司也能保留工作岗位。
- 贪污受贿。所有组织是否应该在每一种情况下都拒绝参与这种活动?这种行为也许会保留工作,但是合同只能获得一小部分人的有限资金。另外,组织本身并不希望接受这种行为的结果,那么为什么组织还会鼓励在别处来采取这种行为呢?此外,在社会中,这种行为真的是不被接受的吗?
- 传播半真半假的消息并实施误导性的谈判策略。如果这种方法在不被大众接受的话,那么它们在商业谈判中是不是也不被接受呢?或者,是否应该用一套不同的规则来经营业务呢?

一些会影响目标的企业社会责任的基本例子

- 对待供应商的方式。一些全球服装公司已经遭受了批评,因为它们让亚洲和非洲公司的员工为其制作服装,它们会雇用非常年轻的工人,并支付比最终顾客所支付的价格要低得多的工资。
- 绿色问题。一些公司遭受了批评,因为它们为了满足顾客对高品质木材的需求,如桃花心木,而不能停止对世界森林的破坏;其他公司也遭受了批评,因为它们为了满足顾客对鱼产品的需求而过度捕捞世界海洋中的资源,而不顾及这些行为对环境的长期影响。
- 教育。从更积极的角度出发,一些公司认为它们有责任来发展教育事业,并告知它们所在的社区,从而促进了社会的发展。

更多的细节方面:

- 程度和范围。除了法律底线,组织会在多大程度上考虑它在商业行为中出现的道德和社会责任问题?它是否愿意参与每个方面的管理,或者在制定一些基本原则后,让组织的某部分或个人进行合适的行为管理吗?

● 成本。对于组织而言,一些行动是需要成本代价的。在该方面会产生许多实际冲突,因为一些没有成本的行动会使组织轻易地采取措施。尽管不存在很抽象的规则,但是每个组织都需要考虑这个方面。

● 责任方。是否可以认为组织该对国家、当地社区、个人或特殊的利益团体负有责任?针对组织特殊的环境,我们需要仔细地思考这些问题。

在回答这些问题时,重要的是要记住制定和维持一个道德准则是不容易的。[42]它需要花费时间、资源,谨慎而行。在许多方面中,最简单的部分就是建立一个道德准则;而比较困难的部分就是确保组织中的每个人都能够遵守道德准则。实质上,这意味着正式的和非正式的经营方式以及组织文化都应该与该准则相一致。"关于信任的重要性以及与多个利益相关者之间长期关系的文化信息,至少应该与关于道德底线的信息得到相同的重视,通过绩效管理和奖励制度,员工必须对道德行为承担责任。"[43]商业并不是不惜一切代价来获得盈利。

除了这些问题,道德和社会责任因素也许会在许多层面上影响战略管理,如展示6.7所示。随后,组织的价值将会反映在它的目标以及使命陈述上;即使是缺乏价值的任务,其本身也是一个关于组织及其在社会上的作用的使命陈述。这样的问题也许能很好地反映出组织在社会中扮演的角色,如果可能,也可以由此反映出其所承担的职责。

展示6.7

道德和社会责任因素:与战略管理的一些联系

● 国家和国际层面:组织在社会和国家中的作用。政治、经济和社会问题正如第3章中所研究的问题一样会产生影响:自由放任与国家干预、贸易壁垒中的作用和权力以及国家社会政策。如果组织希望影响社会的话,那么它将有权对这些问题形成观点并寻求方法来影响社会。

● 公司层面:关于哪个组织具有一些直接控制权上的道德和社会问题。这样的问题,如环境保护、对政治团体的贡献、国家立法议会的代表,都是需要被解决的企业活动的直接例子。

● 个体经理和员工层面:组织希望为经理和员工制定的行为准则。类似这样的问题在本质上也许不具有战略性,从这个意义上来说,它们不可能影响组织未来的整体方向,而是影响个人的未来发展。然而,可能存在一些一般性的政策,如宗教、道德和平等问题,它们同时包含了个人问题以及与组织发展方向有关的基本问题。应该在更高层面上来处理对待这些一般政策,因此,这属于战略管理的范畴。

6.5.2 企业社会责任问题的解决方法

在过去几年里经历公司丑闻之后,对企业社会责任和伦理问题进行了深入研究。因此,总结了三个主要方法:[44]

1. 利益相关者驱动:根据这一方法,CSR在很大程度上被看作是应对组织外部利益相关者所施加的压力的方法。例如,消费者游说团体或政府机构会施加压力,迫使组织采取一些关于全球变暖或降低艾滋病药物成本的政策。

2. 绩效驱动:在该领域的研究主要集中在企业社会责任行为的有效性测量上,依据组织目标及其对外部世界的影响来进行检测。例如,研究探讨了盈利能力的影响。

3. 激励驱动:这种方法探讨了组织为什么承担企业社会责任的原因。例如,企业可能会认为它提高了企业声誉,降低了风险并产生了客户忠诚。从理论与道德层面上来看,也存在一些与职责有关的基本原因,这些职责是企业在社会关系中所拥有的。

总之,这三个方法阐释了这个既复杂又重要的主题。从我们的角度来看,最相关的方面就是它必须成为组织目标的一部分。这并不是事后就可以添加的内容。

6.5.3 企业社会责任:股东和利益相关者角度[45]

应该指出的是,并不是所有的商业组织都认为他们除了对自己的业务具有职责作用之外,还存在其他的职责作用。他们认为,社会是完全有能力照顾自己的,企业的主要责任是照顾利益相关者的利益:在20世纪90年代后期,股市繁荣时期,这种观点是特别流行的。这被反映在了电影《华尔街》(*Wall Street*)里,迈克尔·道格拉斯(Michael Douglas)扮演了狡诈的金融家戈登·杰科(Gordon Gecko),他坚信"贪婪是好的"。这样的观点可能意味着公司的目的不可能包括任何对商业道德的明确评论。应该强调的是,这并不意味着该公司的行为是不道德:这些并不需要简单地反映在它的目标里;它的责任受到了公司利益的限制。这与本章早期所研究的利益相关者角度是相关的。

其他公司还认为,为了公司和利益相关者的长远利益,公司会在法律规定的底线之外,在社会中发挥作用。外部项目的赞助、对工人的福利规定、强大的道德信念以及标准也许都来自于这样的观点,并且反映在与目标和使命陈述有关的评论中。这正是在本章早期所研究的利益相关者的角度。

除此之外,一些组织还在社会上具有主要的或全部的社会职能,例如,那些忙于提供社会服务的人。显而易见,对于那些后者,明确与社会的关系是至关重要的。该群体很可能希望在整体目标和任务陈述中包含它的信念和价值。

企业如何能够在与社区团体一起工作的时候,还能重视它非常明显的商业因素?英国慈善社区企业提供了一个有效的模型。实际上,它使那些企业认为,他们应该在专注于其所做的商业业务的同时,对社区工作投入努力并发挥作用。毫无疑问的是,在其他国家也存在类似的组织,从商会到一些特殊的行业项目。

评论

尽管这本书需要反映有关道德和企业社会责任的广泛观点,但是,这并不意味着对这些问题不具有任何意见。公司必须具有明确的责任,该责任不仅仅包括对直接股东的责任,还包括其他方面,因为它们生活在社会上,需要在一个国家或者更多的国家来服务顾客,并且与他们所处的国家以及国家的各个方面相互联系。在道德和伦理上存在一种错误的观点,即组织的目标仅仅服务于所有者和高级董事的私人利益。此外,"芝加哥学派"认为,对于个人道德问题和社会破产而言,道德是非常重大的问题。[46] 在战略管理中,这使得目标的制订变得更加复杂,但是,为了在社会上与其他人共存,我们需要付出代价并贡献福利。当然,读者对该观点也可以存在不同的看法。

关键战略原则

- 伦理道德和企业社会责任意味着组织在处理组织内部和外部环境时所制定的标准和行为准则。这些需要被反映在使命陈述中。
- 存在三个主要方法来研究企业社会责任:利益相关者驱动,即关注外部组织所施加的压力;绩效驱动,即关注企业社会责任的结果;激励驱动,即研究企业社会责任背后的原因。
- 在形成道德和社会责任时存在三个主要因素:这些因素的程度和范围;它们的成本;对责任的承担。
- 关于道德和社会责任中应该包含什么问题,组织与组织之间存在许多不同之处,从根本上反映了从事业务的不同方法。

6.6 制定使命

定义 ➡ 一个组织的使命概括了公司的大体方向,即它应该遵守并简单总结暗含其背后的价值观和合理性。需要在制订组织目标之前就制定这样的使命,随后,在一个特定的时间段内,目标是与使命相一致的更加具体的承诺。它们可能被量化,但在某些情况下,这也许是不恰当的。例如,麦当劳餐厅的使命宣言是:"成为其顾客最喜爱用餐的地方和方式。"公司旨在给顾客提供高度标准化、服务快捷以及物有所值的食物。[47]

正如在第 1 章中所研究的,实现目标的战略需要遵循组织的使命。这两个方面定义了整个战略过程,因此在发展战略管理中是非常重要的。

6.6.1 制定使命的常规方法

在常规战略理论下,组织将会为了未来几年的发展而制定它的使命和目标。随后,为了实现目标,它将制定与使命相一致的战略。例如,麦当劳对质量和服务的雄心。

分析环境和资源是为了制定组织的任务和目标。随后,制定一个常规性的使命陈述,并在一段时间内制定组织的目标。

6.6.2 制定使命的应急方法

不同于常规方法,一些坚持应急战略的战略家认为,组织中出现的战略想法与有目的的规划之间存在矛盾。他们认为,根据定义,目标是不会突然出现的。

其他的应急战略家,即第2章中基于不确定性的战略理论家,认为一个组织的整体目标在很大程度上是难以理解的。例如,他们也许会认为麦当劳的雄心是为了提高它的盈利能力,而利用前面所描述的新咖啡馆服务其实是浪费时间的。存在太多的偶发事件使公司放弃其所选择的路径。他们也许会拒绝本章中关于使命和目标的内容。他们也许会接受本章中关于利益相关者的内容,或者将其看作是支撑他们观点的证据。他们认为不确定性只是使组织难以明确地制定组织目标。

然而,其他应急战略家,即第2章中基于生存理论和人力资源理论的战略家,认为环境形势是不明确的。当然,他们会怀疑忽略外部力量并且缺乏各利益团体的仔细讨论的任务。但是,他们不会完全否认目标的概念,即他们会有所保留地接受它。麦当劳对服务和质量的雄心也许满足了他们的接受标准,因为在制定使命时,考虑了外部力量,并且在使用它们之前已经在高级经理之间进行了讨论。

一些应急战略家希望企业中利益相关者的利益复杂性能够成为目标的一部分,即不仅包括股东的利益,也包括高级经理和员工的利益,他们在组织成功时都具有一定的利益。麦当劳试图将它的目标传达给所有员工的想法令他们印象深刻。

然而,正如我们在上一节中所看到的,利益相关者之间可能存在利益冲突。例如,在麦当劳中,即使组织不盈利时,追求利润的股东愿望与渴望继续工作的员工愿望是不同的。对于人力资源理论家而言,组织的使命也许需要进行调和,即在各种利益群体之间进行利益妥协。

6.6.3 使命陈述的作用是什么?

如果使命陈述概括了组织将会遵循的大致方向,那么使命陈述的作用就是将组织的发展方向信息传达给组织内部和外部的所有利益相关者。因此,使命陈述需要用语言表达,并伴随着承诺,该承诺使参与公司运作的所有人都能够理解使命,并感觉到该使命与他们自己的情况紧密相关。[48]

在战略家中,对任务陈述的定义存在一些争议。[49]因此,不存在达成一致的定义。这些定义中包含公司和其他从业者的高强度利益,但存在相对有限的定义以及更学术性的研究。此外,一些研究人员对该陈述的冗长性和内容提出了质疑:一些人[50]甚至认为,公司应该专注于简洁的、关于6.1节所描述的战略意图的陈述。

对于这种陈述的形式、目标和内容存在相当大的分歧。同时,欧洲和北美的许多领先公司,在它们的年度报告和报表中形成并引用了它们的使命陈述。即使不存在一致的定义,公司仍然发现了制定使命陈述的有效过程,因为它鼓励在组织中进行讨论和承诺。

展示 6.8

判断使命陈述的一些标准

使命陈述应该:
1. 非常明确,足以影响企业中的个人行为;
2. 反映了组织的独特优势,并以自身的优势和劣势的客观认知为基础;
3. 具有现实性和是操作性;
4. 非常灵活,足以考虑环境的变化。

6.6.4 如何制定使命

因为不存在两个组织在所有权、资源或环境方面是完全相同的,所以每个组织的使命陈述是独特的。实质上,存在五个要素:

1. 组织的业务性质因素。典型的问题包括:"我们的业务是什么?我们应该从事什么业务?"

2. 在制定使命时,需要从客户的角度来看,而不是企业自身角度:"我们从事的业务是编制书籍,这将告知并教育我们的读者关于战略的内容",而不是"我们所从事的业务是制定关于战略问题的教材"。

3. 使命需要反映组织的信念和基本价值观[51]:"我们认为,尊重环境和提供就业是非常重要的,因为它们不受任何与文化、种族或宗教有关的偏见的约束。"

4. 在可能的情况下,使命需要反映可持续竞争优势的因素[52]:"我们的目标就是要在这个领域成为领先者。"在一个多元化的公司集团中,这也许是不可能的。但是,也许可以对其进行适当的调整来反映一个没有直接竞争者的组织的独特性(如慈善机构)。

5. 这个使命需要对所做选择的主要原因进行总结:如展示6.8中的福特的

使命陈述,即"我们是一个团队。我们需要彼此信任和互相尊重"。

上述所有因素将依靠商业判断,这是不确切的,并且很难根据它的性质来进行定义。商业判断通常由公司的高级经理制定。因为使命陈述需要传达并总结组织的目标,所以需要小心地措辞。同时,措辞需要通俗易懂。判断一个使命陈述的标准如展示6.8所示。[53]

分析和制定使命的一个重要部分就是精确和谨慎。作为一个完整的使命陈述的例子,展示6.9显示了福特汽车公司在1996年的使命,并将公司关于该问题的一些材料交给了所有的利益相关者。

展示6.9

福特公司:在20世纪90年代末期的公司使命、价值和指导原则

任务

福特公司是全球汽车和金融产品服务上的领先者。我们的使命就是继续提高产品和服务质量来满足顾客的需求,从而使我们的业务进一步发展,并为我们的股东和企业所有者提供合理的回报。

价值

如何完成使命与使命本身一样重要。公司成功的基本价值是:

- **员工**:员工是我们的优势来源。他们提供了公司情报,并且决定了我们的声誉和活力。团队合作是我们核心的人力价值。
- **产品**:产品是我们努力的最后结果,它们应该能够很好地为全世界的顾客服务。正如我们的产品会受到注视一样,我们也受到了注视。
- **利润**:利润是检验我们为顾客提供最优产品的有效性的最终方式。我们需要利润,以此来获得生存和增长。

指导原则

- **质量第一**:为了使客户满意,产品和服务的质量必须是我们的首要任务。
- **顾客是我们做任何事情的核心**:我们必须记住的是,我们的工作必须为了我们的顾客,即比我们的竞争者提供更好的产品和服务。
- **持续改进是必不可少的成功条件**:我们所做的任何事情必须追求卓越,如我们的产品、产品的安全性和价值、我们的服务、我们的人际关系、我们的竞争能力和我们的盈利能力。
- **员工参与是我们的生存方式**:我们是一个团队。我们需要彼此信任和互相尊重。
- **经销商和供应商是我们的合作伙伴**:公司必须维持与经销商、供应商和其他企业之间的互利关系。
- **完整性是从不妥协的**:必须用一种方式来追求我们公司在全球的行为,这种方式是社会责任并需要尊重它的完整性和对社会的积极贡献。我们的大门对男人和女人都是敞开的,没有歧视,不分种族或信仰。

资料来源:©版权归福特汽车公司所有,1996年。允许转载。

关键战略原则

- 一个组织的使命概括了其应该和将要遵循的大致方向,并简短地总结了其背后的价值性和合理性。
- 随后,在特定的时间段内,制定与使命相一致的更加具体的目标承诺。它们能够被量化,但是在某些情况下也许是不可能的。
- 常规方法强调需要为组织未来几年制定一个使命和目标。
- 一些应急方法质疑任务和目标的有效性,因为未来具有不确定性。其他的应急方法接受制定使命和目标的需求,但是,十分重视经理和员工在其职业发展中的需求。
- 使命陈述的目标就是为了将组织将要发展的方向和立场传达给组织内外所有的利益相关者。
- 在制定使命陈述时,存在五个因素:组织的性质;顾客视角;价值和信念;独特的竞争优势;使用方法的主要原因。
- 使命陈述取决于商业判断,但可以制定标准来评估其结果。

案例研究 6.4

可口可乐:减少其目标中的泡沫

可口可乐,世界上最大的软饮料公司,在 2002 年降低了其主要的盈利目标,并在 2005 年再次降低了目标。该案例研究了下调目标的原因,以及公司是如何在 2007 年实现其较低目标的。

可口可乐的目标制订

对于大多数在相对成熟的市场上的公司来说,如软饮料市场,公司制订未来目标的起始点就是依据过去所发生的事情。在 1991 年到 1997 年期间,可口可乐达到了 15%~20% 的年收入增长率。随后的 3 年,收入出现了急剧下滑;在 2001 年才开始反弹。到 2004 年之前,公司的营业收入增长速度缓慢,如图 6.7 所示。在净收入中存在部分一次性收入(并没有出现在图 6.7 中),但是这些一次性收入都是例外,是不会重复出现的。

正是在这样的背景下,该公司需要定义它的目标,然后制订其销售额和经营利润目标。2001 年,公司的首席执行官,道格拉斯

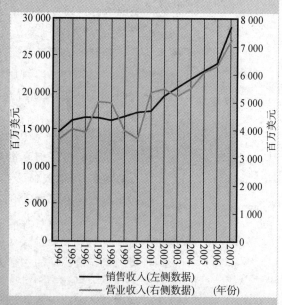

图 6.7 在 2007 年,可口可乐是如何实现它的目标的

资料来源:公司 2007 年和以前年份的年度报告,以及作者做出了适当调整的早期财务报告。

(Douglas Draft),为公司的未来几年制订了一个他认为很现实的目标,即年营业收入增

长率为11%~12%。2003年,该目标被减少为10%,因为公司显然无法实现以前的目标。新的首席执行官诺埃尔·艾斯戴尔(Noel Isdell)在2004年年末进一步将目标削减为6%~8%。"我继承时就存在一部分问题,"他解释说,"即试图实现在短期内不能实现的目标。"

然而,在当时,至少有四点理由来质疑这个新的、较低的目标是否将会实现。

软饮料市场增长

第一个问题是市场的低增长率。在2001年,碳酸饮料市场在全球的销量增长只有2%。到2005年,在可口可乐的主要市场上,即北美市场的增长率仅为1%,在接下来的一年里,其收益却下降了1%;可口可乐在碳酸饮料市场占主导地位,其总销售额的87%都来自于该市场。如果市场增长如此缓慢并且公司严重依赖于市场,那么很难发现公司是如何在不使用其他手段的情况下提高市场增长率的。

饮料市场增长快速,包括瓶装水、果汁和运动饮料。可口可乐公司的主要竞争对手百事可乐,在这些市场似乎更加强大,它比可口可乐更早地发现了这些市场的高增长趋势。在2002年,可口可乐试图进入瓶装水市场,并推出了达沙尼(Dasani)品牌,尽管在一些国家已经取得了成功,但是却仍然行不通并最终在英国撤出。在2005年和2006年,公司在除了可口可乐软饮料细分市场之外的品牌和新变化上取得了一些成功。然而,可口可乐必须面对的事实就是,在一些不断增长的软饮料细分市场上的销售额仍然没有达到目标。

可口可乐及其瓶装公司

第二个问题是可口可乐公司赚取利润的方式。该公司不仅在市场上销售产品。它还通过当地的瓶装公司在世界各地进行运作生产,有些公司是归它所有,而有些公司并不是。实际上,该公司的部分利润是通过向当地生产商收取费用得来的,收费原因是公司总部向供应商提供了浓缩液和糖浆,而生产商会提供碳酸水、瓶子并配送最终产品。在20世纪90年代,报道称可口可乐将要在全世界收购小型瓶装公司,随后以更高的价格出售给更大的区域瓶装公司,并将其中的利润算作可口可乐的利润。[54] 公司还对它的浓缩液收取了更高的费用,从而再次获得了利润。

这种策略并不一定导致了其在瓶装公司的损失或者更高价格的可口可乐瓶子。原因在于将小型瓶装公司整合到较大的区域瓶装公司的过程产生了规模经济,从而降低了成本。但是,可口可乐现在已经认识到,这个过程不可能无限地持续下去,因为它必须与瓶装厂分享更多的利润,尽管其中一些是属于该公司。出于这个原因,它降低了最近这段时期的利润增长目标。

可口可乐是世界上主要的全球品牌之一。图中是印度的运货车和墨西哥的擦鞋摊。

新产品开发

令人质疑的第三个原因是与成功开发新产品有关的收益增长目标。可口可乐在这方面的成就是令人失望的。它的最大对手百事可乐在大多数国家具有比可口可乐更小的市场份额。但百事可乐在新产品开发上面具有很好的,甚至优越的成就,即百事可乐是第一个推出樱怡可乐的,并在2001年首次推出了具有柠檬口味的可乐。通过推出樱桃口味的可乐,可口可乐击败了百事可乐,但是追溯到1985年,多口味的可乐品种仍然只占到经典可口可乐总销售的3%。此外,在20世纪90年代早期,客户、员工和瓶装水生产商仍然记得当时产生的主要抗议,当时可口可乐试图用一种更时尚的模式来取代经典的可乐,然而最终却不得不回归到原始的可乐品种中。

在2005年之前,可口可乐推出了一些新产品并且取得了一定的成功。但不存在重大突破,一切都不太可能发生。公司的策略是专注于营销它的主要品牌,可口可乐。"除非我们具有一个良好的可口可乐品牌,否则我们将不会是一个良好的可口可乐公司。"新首席执行官内维尔·艾斯戴尔解释说。

通过收购实现收益增长

第四个问题就是公司不情愿进行收购,尽管这可能会提高收益增长。在1999年,可口可乐在世界某些地区,从英国的吉百利史威士公司(Cadbury Schweppes)中购买了史威士混合饮料品牌,并在随后几年里,它进行了一系列的收购装瓶厂计划。然而,在2001年,可口可乐董事会未能支持并推荐其当时的首席执行官道格拉斯来收购桂格燕麦公司(Quaker Oats)。吸引收购的是桂格运动饮料品牌佳得乐(Gatorade)。这也许会使可口可乐进入新的细分市场,该市场目前并不突出,但却增长迅速。然而,董事会觉得160亿美元的售价太昂贵了,所以放弃了。然而,在2001年,百事可乐购买了桂格。

2007年的处境:成功,但它会持续多久?

又一次经历了三年管理动荡,包括首席执行官内维尔·艾斯戴尔的退休,公司仍然在努力成长。在2003年,修改后的年收益增长率目标11%~12%也被降低为5%~6%。随后在2004年年末,在新首席执行官到来之后,该目标又进一步降低到3%~4%。与此同时,其营业收入增长率为6%~8%,正如前文所述。根据艾斯戴尔的观点,通过关注"成千上万的小事"来管理和促销世界上最大的品牌,可以实现营业收入目标。例如,该公司开始探索全球广告而不是依靠全国性广告来制定更复杂的定价架构,并在其核心碳酸软饮料产品上确定更多的产品开发。

在2007年,可口可乐公司实现了20%的收益增长和15%的营业收入增长:该公司实现了其丰厚的目标。它通过新品牌、品牌扩张和一些战略收购实现了这个目标。但这只强调了它的战略问题:股东希望获得更多相同的收益,但在成熟的软饮料市场这并不容易实现。

可口可乐具有一个广泛的和成熟的,并与可持续发展及绿色战略有关的项目:最好的项目之一。详细内容参见其网站。

©版权归理查德·林奇所有,2012年。保留所有权利。该案例是由理查德·林奇所著,来自于已发表的信息。[55]

案例问题

1. 你对收益增长目标的看法是什么?它所制订的目标是否过高?如果你想要降低目标,那么你会选择什么数据?在得出你的答案之前,你应该阅读下一节的内容,即关于具有挑战性的但能够实现的目标。

2. 组织应该如何设定目标?过去的经验吗?目前的市场业绩吗?具有挑战性的目标?或者其他什么因素?

6.7 制订目标

定义 ➡ **目标是对使命陈述的笼统概括,并将它们转化为更具体的承诺。** 通常,这个过程将涉及我们将要做什么以及目标何时才能实现的问题。目标可能是可量化的,如市场份额的具体增加或者用某种方法提高产品质量。例如,在 2001 年到 2005 年期间,可口可乐公司降低了可量化的收入增长目标,正如案例 6.4 所描述的那样。但业务目标不一定能被量化。例如,可口可乐可能具有与资深员工有关的工作满意度目标;而这基本上具有独立性,并且不能被量化。

视频第 6 部分

因此,制订目标的目的是:
- 将管理任务集中在一个具体的结果上;
- 在事件发生之后,提供一种方法来检测是否实现了结果。

6.7.1 目标的不同种类

20 世纪六七十年代,一些作家热衷于制订可量化的目标,这样有助于测量。[56] 如今人们普遍认识到,一些目标不容易量化(如那些与商业道德和员工工作满意度有关的目标),然而它们还可能还代表了公司非常重要的活动部分。

然而,一个具有使命却没有可量化的目标的公司可能会陷入毫无意义的术语危险当中。通常,公司会制订两种类型的目标,一种目标能够被量化,而另一种只能被部分量化:

1. 财务目标,如每股收益、股东资金回报率、现金流;
2. 战略目标,如市场份额增加(可量化)、更高的产品质量(可量化)、更好的客户满意度(部分可量化)、员工工作满意度(由调查研究所支持,但不一定可量化)。

没有哪一种类型的目标是最重要的。私人组织将会设计他们自己的目标清单,这取决于他们的利益相关者、文化、领导能力、使命和未来方向。

6.7.2 目标之间的冲突

有些目标是为了确保组织的生存,例如充足的现金流、基本的财务业绩。这需要出现在制订目标过程的早期阶段。但是,对许多组织而言,生存并不是未来发展的真正主要问题:例如,像麦当劳和可口可乐这样的公司明天是不会消失的。对于这些组织来说,主要的问题是发展和增长。例如,展示 6.9 中,福特的使命陈述是"生存和增长"。同样,本章早期时的麦当劳案例也是围绕着实现增长目标的。

发展和增长是需要时间和投资的。投资到增长中的钱目前是不能分配给股东的。因此,增长目标与短期需求之间可能存在潜在冲突,短期需求是指向股东和公司所有者提供收益回报。现在,将资金从业务中抽离将不能为未来提供充足的资金资助。因此,目标需要在短期和长期之间折中。正因为如此,福特的使命陈述是"为我们的股东和公司所有者提供一个合理的回报"。这个说法将会被转换成数值型的目标,如麦当劳或可口可乐的股利分配反映了投资需求,并满足了股东的需求。

当处在一个竞争激烈的环境中时,如全球汽车行业,特别重要的是要认识到,目前任何形式的资金分配都会让我们难以维持业绩,难以与竞争者在未来进行竞争。对于任何一个需要分配附加值的组织而言,在短期和长期目标之间总会存在潜在的冲突。

6.7.3 股权架构的含义

在某些国家市场上,当股东权力的要求很严格时,长期和短期目标冲突变得更加严重。北美和英国的股票市场以短期目标为主。[57]也就是说,企业需要保持他们的分红记录或面临被收购的威胁。欧洲、日本和东南亚的其他的企业具有较少的压力,因为他们的股票通常是由政府和银行机构持有,它们具有长远的眼光。例如,德国汽车企业,如大众、戴姆勒克莱斯勒的大部分股票份额由德国银行持有。相比之下,福特和通用汽车公司的大部分股票是在欧洲和北美的交易所中进行公开交易的。因此,美国公司面临着比德国公司更加严峻的股东压力。这些优先事项一定会被反映在最初如何为公司制订目标以及后续的监控过程中。

6.7.4 具有挑战性且能实现的目标

当制订目标时,存在的一个现实问题就是该目标应该具有多少挑战性。难道我们只需要制订一个很容易实现的目标吗,如果超越该目标就能显示出我们真正的成功吗？又或者,让我们制订一个一直难以实现的,且具有高度挑战性的目标吗？如果我们制订了后一个目标,那么我们能够在多大的开放程度上与那些实现目标的负责人进行协商？我们需要一份合同吗？或者一个奖励？

这些都是需要解决的难题,并将取决于组织的文化和风格、高级经理、组织使命的性质和它的竞争者。一些人将会制订需求目标,并相应地评估其绩效;其他人将会讨论并使所需求的简单目标之间的平衡达成一致(而不是制订目标)。彼得·德鲁克对此具有乐观的观点,即到20世纪90年代末,这种做法可能更加科学,[58]但是,所制订的这些目标仍然需要强大的商业判断。

6.7.5 在较大的组织中制订目标

在较大的组织和那些拥有稀缺资源的组织中,情况可能更为复杂。通常,这些组织会具有不同类型的业务:在本章早些时候的花旗集团案例中,存在大量的团体,每个团体对不同的金融产品负责。这些团体通常被称为战略业务单位部门(SBU),即每个团体因为太大,以至于它们都有自己的首席执行官和职能经理。在这些情况下,企业的目标需要被每个独立的 SBU 检查。此外,该公司可能没有无限的资金,并且将需要分配那些它所拥有的资金。当一个 SBU 获得了少于其需要的资金时,那么对于公司总部而言,将不再适合制定一个与它可能已经具有的需求目标一样的目标。

由于这些原因,企业目标不一定会转化为相同的战略业务单位目标。例如:

- 也许存在有限的财务资源,这些资源在战略业务单位之间进行了定量分配,因此,期望它们都能够实现组织目标是不现实的。
- 一些部门可能处于市场快速增长的阶段,因此将需要大量的资金,但这将能够实现高于集团的标准化目标;其他部门可能处于衰退阶段,并且在努力实现公司的平均目标,而不管它们所获得的资源是多少。

在较大的组织中,需要区别一个公司整体将要实现的目标与单个部门希望实现的目标。公司目标需要转换成部门或战略业务单元的目标。部门目标同样需要服从于公司目标,如图 6.8 所示。

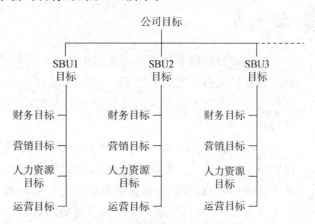

图 6.8 将公司目标转化成 SBU 目标和职能目标

关键战略原则

- 目标是对使命陈述的笼统概括,并将它们转化为更具体的承诺。通常,这个过程将涉及我们将要做什么以及目标何时才能实现的问题。
- 不同种类的目标是可能的。有些目标会被量化,而另一些是不能被量化的。
- 目标之间可能存在冲突,尤其是组织的长期利益和短期利益之间的冲突。
- 股权架构会影响目标。英国和美国公司面临着短期业绩的压力。
- 目标需要具有挑战性,并且能够实现。
- 在较大的组织和那些具有稀缺资源的组织中,考虑到组织不同部门中的环境和贸易情况,可能需要对目标进行调整。

> **批判性反思**
>
> ### 目标是否过于复杂？
>
> 本章认为,战略目标是复杂的、多方面的。它需要考虑这样的问题,如领导能力、公司治理、伦理和企业社会责任。问题是,这些因素使目的变得难以分析,难以定义,难以传达给员工、经理、股东和其他利益相关者。此外,没有明确的逻辑路径来制订目标,只存在一些模糊的方法来证明特定目标的正确性,如"管理判断"。
>
> 鉴于这些定义和逻辑困难,也许最好的方法应该是简化这些问题,而专注于一个方面,例如利润最大化？或者股东财富最大化？甚至是在支付了最低的分红之后,组织对社会的贡献最大化？
>
> 复杂的、多方面的目标是否具有优点？

总 结

- 研究目标的基础就是定义组织活动。目标需要狭窄到足以操作执行,需要广阔到足以包含发展的范围。目标的制订将需要考虑组织的顾客以及它的竞争资源。通过发展组织的特殊愿望和对组织所存在的环境需求的探索来制订目标。

- 组织是多元化的,不太可能只有单一的目标。然而,对特殊目标的关注以及与组织中其他人的沟通能够简化通常所定义的目标。这个目标多边形包含了许多因素,这些因素需要在形成和定义组织目标时进行考虑。绿色战略问题将会呈现许多因素,而不是作为单独的因素被识别。

- 利益相关者是指在组织中拥有利益的个人和团体。因此,他们也许希望影响组织任务和目标。与利益相关者有关的关键问题就是在制订组织任务和目标时需要考虑这些人的作用。制订任务目标时所存在的困难就是利益相关者之间会存在利益冲突。因此,组织需要决定优先考虑哪个利益相关者:需要分析利益相关者的权力。当存在冲突时,需要通过谈判来达成妥协。

- 一个组织的使命概括了其应该和将要遵循的大致方向,并简短地总结了其背后的价值性和合理性。随后,在一个特定的时间内,制订一个与使命相一致的更加具体的目标。它们能够被量化,但是在某些情况下也许是不可能的。

- 公司治理是指利益相关者在总体上控制组织战略方向的影响和权力,更具体的是指组织中的首席执行官和其他高管们的权力。公司治理涉及组织中高管们的选择、报酬和行为。它同样关注他们与所有者、员工和其他组织利益相关者之间的关系。高管们作为代理人代表了组织利益相关者的利益。公司治理的重要性在于,赋予高管们处理组织事务的权力,存在的问题就是需要负责任地使用权力。对这种权力的检查包括对传递给所有利益相关者的信息的检查、对保密性质的独立顾问和非执行董事利用情况的检查。最后,与强制规定相比,公司治理更像是行为准则。

- 伦理道德和企业社会责任意味着组织在处理组织内部和外部环境的问题时所制定的标准和行为准则。这些需要被反映在使命陈述中。存在三个主要方法来研究企业社会责任:利益相关者驱动,即关注外部组织所施加的压力;绩效驱动,即关注企业社会责任的结果;激励驱动,即研究企业社会责任背后的原因。

- 在形成道德和社会责任时存在三个主要因素:这些因素的程度和范围;它们的成本;对责任的承担。对于道德和社会责任中应该包含些什么的问题,组织与组织之间存在许多不同之处,从根本上反映了从事业务的不同方法。

- 使命陈述的目标就是为了将组织将要发展的方向和立场传达给组织内外所有的利益相关者。在制定使命陈述时,存在五个因素:组织的性质;顾客视角;价值和信念;独特的竞争优势;使用方法的主要原因。使命陈述取决于商业判断,但可以制定标准来评估其结果。

- 目标是对使命陈述的笼统概括,并将它们转化为更具体的承诺。通常,这个过程将涉及我们将要做什么以及目标何时才能实现的问题。不同种类的目标是可能的。有些目标会被量化,而另一些是不能被量化的。目标之间可能存在冲突,尤其是组织的长期利益和短期利益之间的冲突。目标需要具有挑战性,并且能够实现。在较大的组织和那些具有稀缺资源的组织中,考虑到组织不同部门中的环境和贸易情况,可能需要对目标进行调整。

问 题

1. 选择一个你所熟悉的组织,并试图定义它的目标:它是如何受到 6.1 节中所概括的因素的影响的,包括环境、资源、文化和利益相关者?目标是如何随着时间变化的?为什么会出现这些变化呢?

2. 在 2000 年前后,星巴克宣称它的未来愿景是成为一个全球性的意大利咖啡连锁店。利用哈默尔和普拉哈拉德所制定的分类来批判性地评价这个愿景(见 6.2 节)。

3. 组织可以具有愿景吗?还是组织内部的经理们具有愿景?你认为战略制定的含义是什么,尤其是与组织内部沟通有关的战略?

4. 在什么战略背景下,一个领导者应该是主导者?在什么情况下,一个领导者应该在一个共同愿景下进行工作?举例说明你的观点,并指出其他因素是如何影响领导风格的。

5. 公司是否需要经常表现出道德行为,并忽视成本吗?

6. 绿色环境问题是否应该成为一个企业社会责任的一部分?如果是,那么将如何成为,你的回答将会影响企业的战略吗?

7. 公司治理是如何与战略管理保持联系的?麦当劳会存在什么制度,并且是否需要实施该制度来确保战略与公司治理问题相一致?使用花旗银行的例子来帮助你回答该问题。

8. 选择一个你所熟悉的组织,并评估它提供给利益相关者关于公司治理问题的信息。组织自己的标准及其利益相关者的可能标准是否起到了很好的作用?

9. 能够将目标和竞争优势概念运用到可口可乐中吗?把你的答案与文中公司的使命陈述进行对比,并评价它们的差异性。

扩展阅读

On purpose: read Drucker, P (1961) *Practice of Management*, Mercury, London. For a more recent review of mission and goal literature, see the early part of Slater, S, Olsen, E and Hult, T (2006) 'The moderating influence of strategic orientation on the strategy formation capability-performance relationship', *Strategic Management Journal*, Vol 27, pp1221–1231.

On vision: see Tregoe, B B *et al.* (1989) *Vision in Action*, Simon & Schuster, London. See also Hamel, G and Prahalad, C K (1994) *Competing for the Future*, Harvard Business School Press, Boston, MA. Both books are at the practical end of the subject.

On leadership: Bennis, W and Nanus, B (1997) *Leaders: Strategies for Taking Charge*, HarperCollins, New York is a readable text with some useful insights. See also the special issue of *Academy of Management Executive* (2004) Vol 18, No 3, pp118–142, on leadership including: Conger, J A, 'Developing leadership capability: What's inside the black box?'

On ethical issues: a good basic text is Chryssides, G D and Kaler, J H (1993) *An Introduction to Business Ethics*, International Thomson Business Press, London. The special issue of *Academy of Management Executive*, (2004) Ethical Behavior in Management, pp37–91 with guest editor, John F Veign constitutes a substantial review with thoughtful papers on various current topics. There was also a special issue on the same topic in *Academy of Management Learning and Education*, September 2006, Vol 5, Issue 3 co-editors Robert Giacalone and Kenneth R Thompson that will provide more discussion.

For a more general and critical commentary on ethics and management theory including a critique of shareholder theory, you should read the late Professor Sumantra Ghoshal's paper written in 2005, 'Bad Management Theories are Destroying Good Management Practices', *Academy of Management Learning and Education*, Vol 4, No 1, pp75–91. Not a 'difficult' paper to understand and containing some profound and well-argued positions.

On corporate social responsibility a more recent accessible paper is that by Basu, K and Palazzo, G (2008) 'Corporate Social Responsibility, A Process Model of Sensemaking', *Academy of Management Review*, Vol 33, pp123–136. This paper has a useful summary of recent research literature and would make a good start for project work.

注释与参考文献

1. Starbucks Annual Report and Accounts 2004, 2007 and 2010; www.starbucks.com has extensive and useful financial and other data, including statements on the company's mission and CSR policies; Rubinfeld, A and Hemmingway, C (2005) *Expanding Your Business around the Corner or across the Globe*, Wharton School Publishing, PA. *Financial Times*: 29 March 2005, p11; 15 December 2005, p29; 3 April 2006, p3; 26 February 2007, p25; 9 January 2008, p28; 26 April 2008, p20; 27 October 2009, p21; 22 March 2010, p14. *The Times*: 11 December 2006, p44. The Starbucks website that exposed the Schulz memo quoted in the case was at: www.Starbucksgossip.com.
2. Porter, M E (1980) *Competitive Strategy*, The Free Press, New York.
3. Williamson, O (1991) 'Strategizing, economizing and economic organization', *Strategic Management Journal*, 12, pp75–94.
4. For example, see Drucker, P (1961) *Practice of Management*, Mercury, London, p5.
5. Hamel, G and Prahalad, C K (1989) 'Strategic intent', *Harvard Business Review*, Vol 67, No 3, pp63–76.
6. Hamel, G and Prahalad, C K (1989) Ibid.
7. Bennis, W and Nanus, B (1997) *Leaders: Strategies for Taking Charge*, HarperCollins, New York, p82.
8. Bennis, W and Nanus, B (1997) Op. cit.
9. Hamel, G and Prahalad, C K (1994) *Competing for the Future*, Harvard Business School Press, Boston, MA, p31.
10. Hamel, G and Prahalad, C K (1994) Ibid, p29.
11. Hamel, G and Prahalad, C K (1994) Ibid, p122.
12. Bennis, W and Nanus, B (1997) *Leaders: the Strategies for Taking Charge*, Harper and Row, New York.
13. Hunt, J (1998) 'Questions of commitment', *Financial Times*, 20 May, p18.
14. Sources for McDonald's Case: McDonald's Annual Report and Accounts 2004 and 2007. *Financial Times*: 3 September 1998, p20; 13 December 2000, p14; 15 April 2002, p13; 26 April 2002, p21 (Burger King); 23 October 2002, p21; 1 March 2003, p3; 29 August 2003, p15; 26 November 2003, p7; 5 February 2004, p11; 9 March 2004, p31; 9 January 2005, pM6; 18 January 2005, p29; 13 October 2005, p29; 1 February 2006, p27; 7 February 2006, p26; 9 February 2006, p9; 22 February 2007, p12; 21 August 2007, p22; 8 January 2008, p16; 11 August 2008, p16; 14 December 2010, p25; 25 February 2011, p16; 17 March 2011, p24. McDonald's' websites have extensive and useful information – www.mcdonalds.com
15. Hillman, A J and Keim, J D (2001) 'Shareholder value, stakeholder management and social issues: what's the bottom line?', *Strategic Management Journal*, Vol 22, pp125–139.
16. Berle, A A and Means, G C (1967) *The Modern Corporation and Private Property*, Harvest, New York (originally published in 1932).
17. Marris, R (1964) *The Economic Theory of Managerial Capitalism*, Macmillan, London.
18. Holl, P (1977) 'Control type and the market for cor-

porate control in large US corporations', *Journal of Industrial Economics*, 25, pp259–273; Lawriwsky, M L (1984) *Corporate Structure and Performance*, Croom Helm, London; Whittington, R (1993) *What is Strategy and Does it Matter?* Routledge, London.
19 Unruh, G and Ettenson, R (2010) 'Winning in the Green Frenzy', *Harvard Business Review*, November.
20 Editorial (2005) *Financial Times*, 18 February, p16.
21 Cooper, L (2005) 'Scandal-hit Citigroup rebuilds its image', *BBC World Service Report* on the World Wide Web, 14 March.
22 Cooper, L (2005) Ibid.
23 Reuters (2005) 'Citigroup completes Texas deal that alerted Fed', 31 March.
24 Associated Press (2005) 'Citigroup, Putnam pay SEC fines over funds', 23 March.
25 Cooper, L (2005) Op. cit.
26 Cooper, L (2005) Op. cit.
27 Cooper, L (2005) Op. cit.
28 Associated Press (2005) 'German prosecutors won't probe Citigroup', 21 March.
29 Reuters (2005) Op. cit.
30 Available on the web at www.citi.com/citigroup/
31 Ibid., see note 20 above.
32 *Financial Times*: 9 October 2006, p13; 13 December 2006, p26; 2 October 2007, p26; 12 December 2007, pp1 and 29 (interview with new chief executive); 19 July 2008, p18; 18 November 2008, p26. *The Economist*: 28 October 2006, p89; 19 January 2011, p22.
33 British Petroleum (2004) *Annual Report and Accounts*.
34 *Financial Times*, 2 December 2003, p31.
35 Basu, K and Palazzo, G (2008) 'Corporate social responsibility: a process model of sensemaking', *Academy of Management Review*, Vol 33, No 1, pp122–136. This paper is a useful starting point in researching this area.
36 Carroll, A B (1998) 'The four faces of corporate citizenship', *Business and Society Review*, Vol 4, pp497–505.
37 Useful survey of Enron ethics: Chaffin, J and Fidler, S (2002) *Financial Times*, 9 April, p30.
38 This section has benefited from Chryssides, G D and Kaler, J H (1993) *An Introduction to Business Ethics*, International Thomson Business Press, London.
39 Dickson, T (1995) 'The twelve corporate commandments', *Financial Times*, 11 October, p18.
40 *Financial Times* (1998) *Visions of Ethical Business*, Vol 1, October. Various authors.
41 Dickson, T (1994) 'The search for universal ethics', *Financial Times*, 22 July, p11.
42 Trevino, L K and Brown, M E (2004) 'Managing to be ethical: Debunking five business ethics myths', *Academy of Management Executive*, Vol 18, No 2, pp69–81.
43 Trevino, L K and Brown, M E (2004) Ibid, p80.
44 Basu, K and Palazzo, G (2008) Ibid.
45 For a fuller discussion, see Chryssides, G D and Kaler, J H (1993) Op. cit., Ch5. See also Badaracco, J L and Webb, A (1995) 'Business ethics: a view from the trenches', *California Management Review*, 37, Winter, pp8–29, and reply in *California Management Review*, 39 Spring 1997, Letter to the Editor, p135. See also Reich, R B (1998) 'The new meaning of corporate social responsibility', *California Management Review*, 40, Winter, pp8–17.
46 You can read more about the 'Chicago School' and its views in Ghoshal, S (2005) 'Bad management theories are destroying good management practices', *Academy of Management Learning and Education*, Vol 4, No 1, pp75–91. Essentially, Professor Ghoshal's arguments are correct, in my judgement.
47 From McDonald's Restaurants UK website: www.mcdonalds.co.uk
48 Christopher, M, Majaro, S and McDonald, M (1989) *Strategy: a Guide for Senior Executives*, Wildwood House, Aldershot, Ch1.
49 Bart, C K and Baetz, M C (1998) 'The relationship between mission statements and firm performance: an explanatory study', *Journal of Management Studies*, 35, No 6, pp823–854; Hooley, G, Cox, A and Adams, A (1991) 'Our five year mission to boldly go where no man has been before', *Proceedings, Marketing Education Group Annual Conference*, Cardiff, pp559–577.
50 Prahalad, C and Doz, Y (1987) *The Multinational Mission*, The Free Press, New York; Hamel, G and Prahalad, C (1989) 'Strategic intent', *Harvard Business Review*, May–June, pp79–91.
51 Campbell, A and Nash, L (1992) *A Sense of Mission: Defining Direction for the Large Corporation*, Addison-Wesley, Workingham.
52 Christopher, M *et al.* (1989) Op. cit.
53 Based on Christopher, M *et al.* (1989) Op. cit., p8.
54 Tomkins, R (2002) 'Added spice', *Financial Times* 5 April, p16 and Hope, K (2002) 'A world wide bottling empire looks to Athens', *Financial Times*, 19 April, p13.
55 Sources for Coca-Cola Case: *Financial Times*: 19 July 1999, p11; 22 July 1999, p2; 29 January 2000, p15; 27 March 2000, p20; 1 August 2000, p15; 15 March 2001, p20; 15 March 2001, p20; 5 April 2002, p16; 17 April 2002, p29; 19 April 2002, p13; 15 May 2002, p25; 17 April 2003, p24; 18 June 2003, p31; 11 December 2003, p18; 24 February 2004, p32; 10 March 2004, p17; 25 March 2004, p1; 20 April 2004, p27; 5 May 2004, p21; 11 May 2004, p31; 23 June 2004, p31; 16 September 2004, p33; 28 September 2004, p28; 12 November 2004, p1; 6 January 2005, p20; 12 February 2005, p19; 17 February 2005, p19; 18 February 2005, p27; 25 April 2005, p22; 29 April 2005, p28; 22 September 2005, p17; 6 December 2005, p38; 10 July 2006, p26; 21 November 2006, p10; 26 February 2007, p11; 9 December 2007, p20; 4 September 2008, p20; 26 February 2010, p27; 7 January 2011, p21; 20 January 2011, p16. Coca-Cola Annual Reports and Accounts for 2001, 2004, 2007 and 2009, available on the web at www.coca-cola.com.
56 Ansoff, I (1968) *Corporate Strategy*, Penguin, Harmondsworth, p44.
57 There are many papers on this controversial topic: see, for example, Williams, K, Williams, J and Haslam, C (1990) 'The hollowing out of British manufacturing and its implications for policy', *Economy and Society*, 19(4), pp456–490.
58 Drucker, P (1961) *The Practice of Management*, Mercury Books, London, p54.

第 7 章

知识、技术和创新目标

学习成果

这一章的视频
与音频总结

通过本章的学习,你将能够:
- 定义和探讨隐性知识与显性知识的意义;
- 解释如何从知识创造中产生目标;
- 检验技术发展对组织目标和战略的意义;
- 识别与目标相关的主要创新过程;
- 表明目标是如何随着创新而变化的;
- 解释为什么一个组织的目标有时是紧急性的而不是常规的;
- 与绿色战略问题有关的知识、技术和创新。

引 言

视频
第 7 部分

第 6 章的重点在于用一个显而易见的方法来塑造目标。实际上,它采用了一种常规方法。许多组织通常会在这样的条件下来定义目标。例如,他们可能会制定一个道德行为准则、一个关于每股收益的目标、一个关于资本回报率的明显提高、市场份额增加等。用这种方法形成目标的一个后果就是根据定义,它将排除那些结果是未知的和不明确的目标及战略,或者排除那些结果是可预测的,但是却不符合所定义的常规标准的目标及战略。这些方法的危害在于它们可能排除了那些可能在长期具有更高回报的目标及战略,以及那些作为战略制定的一部分并且值得进行较早探讨的目标及战略。本章的目标是为了恢复平衡。

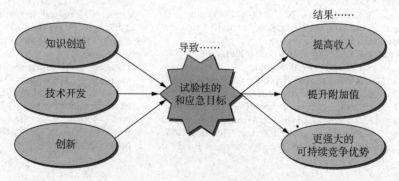

图 7.1 制定目标的应急方法

第7章 知识、技术和创新目标

在开放式调查中,可以通过应急方法来制定目标,并且该目标具有更多的试验性。存在的问题是如何着手处理这项任务。存在多种途径,本章将探讨其中的三种:知识创造、技术开发和创新。最终,所有三个进程都与组织有关,特别是它们有助于提高收入、提高附加值和增强竞争优势的能力。对于评判这个更为开放的方法对目标制定的作用,这三个方面是非常有用的标准,如图 7.1 所示。本章将在三个主要标题下来探讨绿色战略的问题。

案例研究 7.1

磁悬浮列车:上海创新型的新交通系统

2002 年 12 月,在中国总理和德国总理的见证下,磁悬浮列车开始投入运营,它是世界上最快的公共交通系统。它在浦东机场和上海龙阳路站之间运行,但不幸的是,它并没有像预期那样运载很多乘客。仅从这一点来看,创新的意义是什么?

磁悬浮列车背景

"磁悬浮列车"意味着电磁悬浮,是指在一个像铁轨一样的铁路上运行的公共交通运输系统。磁性使车厢悬浮在轨道之上,以至于在轨道和车厢之间几乎没有摩擦,这不同于一节在轨道上运行的正常车厢。提供给系统的能量是在轨道上而携带在车上,以至于该车厢比正常的车厢要轻。由此产生的低摩擦意味着更大的加速度、更高的速度和非常平稳的行驶是有可能的。磁悬浮列车比日本的"子弹头列车"更快,即新干线,而且快于法国和德国的 TGV 和 ICE 高速列车。由于这个系统需要一个特殊的轨道和车厢,所以在上海进行开发之前,该系统并没有被用在世界上其他任何地方的大型商业规模中。最初,它只是英国的一个专利,但是被一家德国公司商业性地开发出来了,在 2000 年,这家公司劝说中国政府尝试使用这个新系统。

中华人民共和国,上海

无论是作为一个商业港口,还是作为中国东部最主要的商业和金融活动中心,人口约 1 800 万的上海都是中国的大城市之一。为了向之后的巨大增长提供空间,在 20 世纪 90 年代早期,上海决定开发城市东面的一片泥泞的农业用地。浦东地区在十年里相继建立起了巨大的摩天大楼、电视塔、公寓和酒店。毫无疑问,这样的发展让城市的部分主要官员和开发商产生了很大的想象力,并且在城市财富的增加、城市地位提高和都市美化等方面取得了成功。

上海磁悬浮列车并没有当选为 2010 年中国新型的高速铁路服务,而目前它却成为世界上最大规模的列车。

上海现有的机场位于城市的西南地区，由于无法应对国内和国际航空旅行不断增加的需求，因此决定在城市的另一端建立一个全新的机场，即越过浦东，距离城市中心30公里（19英里）。一个新的捷运系统将用来连接新机场与市中心。因此，选择了磁悬浮列车，并决定在相对较短的两年半时间内，为这个复杂项目的建立耗资12亿美元。除了磁悬浮列车之外，政府当局还修建了高速公路，便于出租车和公交车运送旅客和游客去机场。乘坐出租车去机场的单程费用约为10~15美元，至少需要一个小时，这取决于每天乘车的时间段，上海立交桥上下的轻轨和地铁系统在高峰时期是非常拥挤的。

磁悬浮列车在专门建造的双轨道上运行。它们在08:30至17:30之间每隔20分钟运行一班，而且现代化的舒适的车厢可以承载440人。一段30千米的旅程大约需要8分钟的时间，其时速可达到430千米/小时（270英里/小时）。不幸的是，由于规划原因，轨道的终点不是在上海的中心，而是在离市中心几公里之外的地区。它停靠在上海最繁忙的地铁站——龙阳路。因此，乘客必须离开磁悬浮列车而进入地铁站，然后为到达市中心的剩下的短暂路程买票。

磁悬浮列车的价格和财务状况

2003年的第一次试运行，磁悬浮列车的单程票价是75元（约9美元）。对于那些希望继续到市中心的人来说，最后的地铁运行只是一笔小额的花费。不幸的是，在第一年的试运行期间，每趟列车平均只有73名乘客，因此在2004年的春天，它决定将票价降低到50元。尽管票价降低了，但在2004年，磁悬浮列车每天仍然只载客约8 000名。这带来了每年1.3亿元左右的收入，然而，"不到半年的银行贷款利息就超过了3亿元"。实际上，这意味着磁悬浮列车入不敷出，而需要城市交通部门的资助。

未来是怎样的？

随着2008年夏季北京奥运会的到来，政府当局探索着升级北京和上海之间现有的轨道。最初，政府认为磁悬浮系统也许能被使用，因为它会显著地缩短14小时的旅行时间。但其他系统也在考虑的范围之内，包括新干线、TGV和IGE。经过激烈的争论，政府认为磁悬浮列车成本太高：其技术被证明仍然只适用于相对较短的距离，而且其成本高达300亿美元。然而，做出了这个决定之后，但也有人提议要把磁悬浮列车延伸到新上海世界博览会展，而且向前延伸到西南部的上海第二大机场。在居民对有害的电磁辐射进行抗议之后，政府考虑了成本和可行性，随后将所有的进一步拓展计划都取消了。

尽管对磁悬浮列车的研发仍存在一些试验兴趣，但是中国高速铁路已经沿着一个完全不同的路径在发展。高速铁路在中国已成为一个主要的投资领域，其设计基于日本新干线和欧洲ICE列车，所获得的设计是与国外供应商签订技术转让协议的结果。到2012年，中国已经拥有世界上最大的高铁网络，而且甚至在竞标海外的出口合同。同时，磁悬浮列车已变成中国高速铁路历史上一个次要技术。

©版权归理查德·林奇所有，2012年。保留所有权利。该案例是由理查德·林奇所著，来自于已发表的信息。[1]作者感谢上海培生教育的爱德华·张介绍了磁悬浮列车，但是作者对所有结论和评论仍然有所保留。

案例问题

1. 磁悬浮是一种创新的新交通系统：这样一种创新所具有的风险和回报是什么？

2. 其他公司可以从上海的这种磁悬浮列车交通系统的试运行决策中学习到任何东西吗？还是这种情形是独一无二的？

7.1 理解和衡量知识

视频
第7a部分

随着时间的推移,像上海那样的政府能够开发关于新技术、顾客以及他们偏好的相当多的知识:这就是为什么他们会投资于像磁悬浮一样的试验系统。同样,商业公司可以开发现有的和新的技术、客户、供应商以及各种制造过程的其他方面的知识,而这些对于实现公司目标而言是很重要的。从这个意义上说,知识是组织的一种资源,而且应该与第二部分的其他资源一样进行分析,见第4章。然而,也可以从另一个角度来探索知识,即创造未来的知识,这是开辟新机会的方法。这是我们在本章中集中关注的第二个视角。很显然,这种观点可能对组织未来的目标产生相当大的影响。[2]

为了阐明知识创造,在最初阶段研究组织知识的性质并评估其现有的知识资源是有帮助的。在探讨这两个方面之后我们可以继续考虑知识开发的问题,这本质上是一个紧急的过程。最后,我们可以将知识开发和组织的目标联系起来,并探讨这种方法的意义。

7.1.1 知识:战略起源和定义

在战略发展的许多年中,知识的主题从来没有受到过任何实质性的或明确的关注。[3]一些早期的战略作家承认它的重要性,但只有德鲁克做出了重大尝试,即探讨了知识的意义。他在1964年写道:

知识对商业的重要性与顾客对商业的重要性一样。实物产品或服务只是作为客户购买交换的工具:对抗商业业务知识的力量。[4]

然而,除了指出每个业务可能具有独特的知识领域外,德鲁克对该主题并没有给出明确定义。即使在新世纪,从战略角度来看,对知识的主要方面也没有形成被广泛认可的定义。但是如果我们要在战略制定中使用知识,那么我们必须能够识别它,所以一些定义形式很重要。为了我们的目标,我们将采用达文波特(Davenport)和布鲁斯克(Prusack)提出的知识定义:[5]

定义➡ 知识是经验、价值观、语境信息和专家见解的一种混合,它提供了一个评估和整合新经验与信息的框架。它起源于并被应用在知者的思维中。在组织中,它通常不仅仅嵌入在文件或存储库里,还体现在组织的常规惯例、过程、实践和常规里。[6]

这个冗长但有用的定义的关键在于像"混合……嵌入……实践"这样的词语。许多组织中最有用的知识往往是最难以理解、编纂和复制的。正如很难确定知识的一个简单定义一样,识别一个组织的知识也存在很多问题。为了探讨这一点,我们要引用耐克运动公司的例子,这个例子将在本章稍后的案例7.2中予以介绍。重要的是,上述定义也告诉我们知识不是什么:

- 知识不仅仅是数据:有关事件的一组离散的、可观察的事实,如在案例中引用的关于耐克的市场份额数据。此类数据的缺点是,它只描述了发生在耐克的小部分事情,对于是什么因素导致公司如此成功的问题,它只给出了一些很小的想法。

● 知识不仅仅是信息:信息消息,通常出现在一个文件或其他交流形式中,当然,它是有意义的,但它缺乏深度。从一个战略角度来看,知识需要深度。例如,有必要知道耐克的定位被概括为一句话"想做就做"(just do it)。但有意义的是去了解为什么会选择这样的措辞,以及它是如何被开发出来的:本质上是一个基于知识的过程。

更普遍的是,耐克与客户和供应商打交道的经验,不能有效地总结在统计数据和信息上,尽管这可能会形成整体知识的一部分。耐克的知识将存在两个主要部分:

1. 随着时间的推移而建立的一系列生产合同、程序和惯例,即组织知识中的"惯例和流程"部分;

2. 随着时间的推移而开发的一系列工作经验、个人友谊和其他活动,而这些更难概括,即上述定义的"系统经验、价值观"部分。

因为很难界定知识,所以大多数组织对于知识应该包含什么已经采取了广泛的观点。但这具有包含过多可能信息的缺点,然而在制定新的目标领域时,这将避免对什么是重要因素的问题的事先判断。

无论对知识采取什么观点,信息时代必将意味着这将是战略管理的核心。知识除了包括基本的市场份额、金融数据和管理会计信息之外,还涉及人力和无法量化的资产。套用加里·哈默尔[7]的话,麦当娜(Madonna Ciccone)也许是拜金女,但是让她与众不同的是她的无形资产,即她的知识版权、唱片销量、电视和电影合同等。此外,她的名声、她的生活以及她与听众的关系也将代表着重要的资产。许多这些物品是不容易衡量的,但在全球信息环境的中心却代表着真正的财富和知识。这些知识资产是麦当娜可持续的竞争优势。

7.1.2 知识:隐性知识和显性知识的区别

事后看来,一些知识资产是足够清晰的。但公司本身可能不清楚在未来需要开发什么样的知识。此外,一些被称为显性知识的知识可能比其他比较模糊但同样重要的知识要更清晰,这被称为隐性知识。

定义 ➡ 显性知识是常规化的、可传播的,通常以正式的、系统的语言——但不一定被记录下来;隐性知识是个人的、上下文特定的,而且通常很难正式化和传递——但不一定,也有可能被隐藏和以非正式的方式记录下来。

这两种知识之间的有效区别第一次被野中郁次郎(Nonaka)和竹内弘高(Takeuchi)用来研究知识战略。[8] 在 1985 年,他们研究了日本国内电器公司松下电器的经验。当时,该公司正试图开发一种新的家庭面包烘焙机。几个月来,他们分析了且通过 X 射线透视了面团,并建立了标准机器。但没有一台机器制作了像样的面包。它们都是未煮熟的、烘焙不均衡的,或者只是经过简单风干的。最后,一位软件开发家田中郁子(Ikuko Tanaka)提出一个实用的解决方案：在当地城镇找到最好的面包制造商，并且观察面包是如何制作的。她发现面包的制作采用了一种的独特方式，包括拉伸和揉捏面团。经过一年的研究和试验，松下电器推出了可以制作好面包的面包烘焙机，并获得了高销量。野中郁次郎和竹内弘高从该研究以及其他研究中得出了两个具体的关于知识本质的结论：[9]

1. 有些知识是很难详细说明的。它是模糊的，通常是复杂的和未记录的；他们称之为隐性知识。

2. 在这类知识已经得到仔细分析之后，通常有可能更精确地界定它；他们称之为显性知识。

所有组织都有隐性知识与显性知识。隐性知识经常提供可持续竞争优势，因为它是竞争对手很难复制的部分。例如，丰田公司在美国一个汽车制造厂的常务董事，对于邀请竞争对手参观他的工厂从未产生任何质疑。他知道他们绝对不会发现丰田生产系统（TPS）真正的秘密——它带给公司一个主要的竞争优势——因为大部分的 TPS 知识是隐性的，是不可能只通过参观一家工厂就能获得的。

然而，显性知识也可以提供可持续竞争优势。例如，为了便于其他公司进行检验，一个公司会记录它的专利，但仍由原始公司独家所有。尽管这两种类型的知识都可能有助于促进组织的可持续竞争优势，但隐性知识可能特别重要，因为它是不容易被竞争对手理解和复制的。展示 7.1 说明了一个公司里的隐性知识与显性知识。

展示 7.1

一个公司中的隐性知识和显性知识

隐 性 知 识	显 性 知 识
● 为了解决停产问题的实际操作和不成文的程序	● 写进公司会计手册的成本核算程序
● 为了销售订单处理系统而形成的非正式网络和程序	● 通过正式的公司审查程序的新产品开发
● 致力于新项目的多功能团队，依赖于非正式合同	● 公司专利和合法合同
● 在过去的品牌开发过程中，已经在实践中获得的工作经验	● 一个公司撰写了该公司过去的事件和经验，以及有限的成功和失败经历
● 公司管理会计的一些细节方面的具体公司政策	● 培训计划和学徒计划，能够开发并教育最好的实践方法

重要的是，隐性知识与显性知识之间的相互关系的描述表明，一种知识可以产生另一种知识。以上面烘焙面包为例子，为了开发一个面包烘焙机，松下电器能够将面包师的隐性知识记录下来，然后将其转变成显性知识。因此，可

以为应急战略的制定提供一个机制。

7.1.3 知识审查和管理

如果知识创造对目标很重要，出现的问题就是，它是否可以制定一个关于现有知识和最新能力的详细目录，并以此作为未来发展的起点。瑞典的保险公司斯堪地亚(Skandia)有这样一句话："我们可以评估一个组织的知识资本吗？"正是该公司在这个地区提供了一个榜样。在20世纪90年代初期，有人认为在"二战"之后形成的许多会计法律和规则已经过时了，因为它们不能衡量一个公司的知识资本，而只能衡量它的有形资产，如土地、厂房和原材料。斯堪地亚定义了公司运营的知识资本：

未来收益能力比公司财务报告所描述的视角要更深入、更广泛和更加人性化。它包括员工以及客户、业务关系、组织架构和组织中更新的权力。早点想象和解释这些环境可以为未来发展提供更好的见解。[10]

该公司把知识资本的基本概念分为许多部分，每一部分都有助于创造市场价值。它指出，在传统经济学中只有其中一个方面是能被衡量的，即金融资本，但是，在现实中存在许多有助于公司未来利润的其他因素，它们都被归结为知识资本。这些组成部分如展示7.2所示。

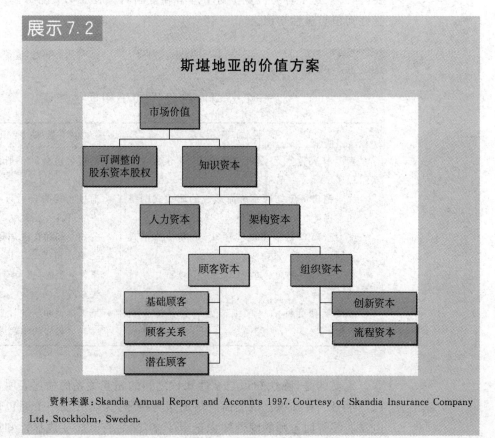

展示7.2

斯堪地亚的价值方案

资料来源：Skandia Annual Report and Acconnts 1997. Courtesy of Skandia Insurance Company Ltd, Stockholm, Sweden.

知识资本具有两个主要组成部分：人力资本，它类似于在前面小节中概述的隐性知识；还有架构资本，这类似于上文中的显性知识。架构资本可以进一步被分为两个与公司的客户资本和组织资本有关的部分。组织资本包括信息系统、数据库、信息技术解决方案和其他相关的知识领域。该公司已经开发了一种研究知识评估意义的方法，这种方法特别强调了知识的未来价值。

在过去的几年里，知识评估的相似方法和知识的用途已经被许多其他的组织以不同的方式采用了。[11]知识资本评估方法并不是集中计算一个组织的知识总量，知识管理的方法主要集中在收集并分享组织周围的知识。但它们涉及了类似的地区。

特别是在服务和咨询机构，知识管理已被视为最主要的竞争优势来源。因此，对组织周围的知识的收集和传播已经成为了优先考虑的战略重点。对许多因素的评估特别有助于知识管理的成功。[12]这些信息如展示7.3所示。第一点是特别重要的，因为对于组织中的一些团体而言，"知识就是力量"。[13]这些组织可能不愿意分享这些知识，而且可能把知识网络视为一种威胁。因此，在引入这样的新举措时需要进行仔细考虑。

展示 7.3

有助于成功知识管理的因素

- 在组织内部建立一个知识共享团体，无论是在技术方面还是分享知识的意愿方面。
- 知识对经济业绩和价值的贡献，例如利润和成本节约。
- 技术和组织基础设施建设，需要为了成功而广泛扩展。
- 需要同时收集难以记录的隐性知识，以及容易记录和流传的显性知识。
- 清晰地了解如何得到知识的历史背景，它的背景与其他领域有关，并会产生学习。
- 了解获得知识和传播知识的许多渠道。
- 高级管理层的支持和鼓励。

近年来，知识管理已经被用来在组织中分享最佳惯例。例如，在经历了20世纪80年代的高通货膨胀经济之后，南美的联合利华子公司获得了相当庞大的企业管理知识。该公司利用其知识管理局域网来把管理实践方法传递给了一些亚洲子公司，它们在20世纪90年代末面临着类似的问题。

评论

从战略的角度来看，知识管理已变得很重要。但是，并没有设计一个概念或流程来涵盖所有的主要元素。对知识的审查及其意义仍有待开发。此外，尽管热情地接纳了审查知识，但它在战略发展中有三个缺点：

1. 根据定义，这种方法也许适用于那些能够很容易被审查以及流传的显性知识,而那些也会提供竞争优势的隐性知识却仍然不容易界定和审查。

2. 一个审查很少会区分以下两个问题,即哪种知识仅仅是有趣的,而哪种知识对战略和目标是至关重要的。公司运营的风险就会被冠以知识管理的名义,却被与其无关的知识湮没。

3. 知识审查是保守的,而战略制定是具有前瞻性的。因此,它的价值可能比较有限。

关键战略原则

- 一个组织的知识是难以精确定义的。实质上,它是一个包含经验、价值观、语境信息和专家见解的且不断变化的混合体。重要的是,知识不仅仅是数据和信息。

- 显性知识和隐性知识之间的区别是重要的。显性知识是可以被记录的和架构化的。隐性知识是模糊的和难以制定的。两种类型可能导致组织可持续的竞争优势,但隐性知识可能特别重要,因为它是不容易被竞争对手所理解和复制的。

- 一个组织的知识可以被审查,但是对显性知识的审查过程比对隐性知识的审查过程要容易。审查可能形成战略制定的基础,但也存在一些不足之处。

案例研究 7.2

耐克的新知识开发

当菲尔·耐特(Phil Knight)在1964年以500美元创立耐克的时候,他可能很难预见其目标是建立世界上最大的体育公司。然而这就是耐克在2012年所实现的。本案例考察了公司增长的基础,尤其是多年来在公司内部形成的和保留的知识。

早期学习阶段:20世纪60~70年代

追溯到1958年,菲尔·耐特是俄勒冈大学田径队的一名中距离赛跑选手,他的教练比尔·鲍尔曼(Bill Bowerman)后来成为了美国奥林匹克队的教练。正是鲍尔曼指出现在的运动鞋太重,所以他设计并制造了更轻款式的运动鞋。从俄勒冈大学毕业后,耐特在斯坦福大学攻读了MBA学位,他受到鲍尔曼的启发,写了一篇关于运动鞋制造的论文。随后,耐特进行了世界旅游,包括对日本的访问,在那里他发现了领先的鞋子品牌,称为"老虎"(Tiger)。他认为这是一种优秀的产品,并且创建了一家进口公司来将老虎牌运动鞋引进美国,尽管此时他仍是一名会计人员。在1964年,他和鲍尔曼每人拿出500美元成立了耐克公司,这是一位希腊胜利女神的名字。公司的第一个"办公室"是在耐特家里的洗衣房。

在公司的起步阶段,耐特在田径赛事上,在一辆旅行车中,利用他与运动员的关系卖出了老虎运动鞋。他从日本进购鞋,但他和鲍尔曼都觉得他们有设计鞋的潜能。这使得鲍尔曼发明了"华夫饼"运动鞋。在20世纪70年代早期,对耐克鞋的需求足以使公司考虑开发并制造自己的鞋。但是,他担心使用日本生产鞋的经验。1972年,他在日本签订了第一份合同,并开始制作一款完全由美国设计的耐克鞋子。

在未来的几年中,日元兑美元汇率上升,日本劳动力成本继续上升。这使在日本生产鞋的成本变得更加昂贵。此外,耐克本身正在积累更多的国际制造的经验,并且制造了更多与海外制鞋商的接触。为了降低生产成本,耐克公司在1975年将其在日本的运营转移到了两个新兴工业化地区,韩国和中国台湾,其工资成本在当时是极低的。耐克的成本大大降低了,使得公司有更大的空间来进一步开发产品并进行营销。耐克从低工资地区寻求国际化生产鞋的方法,在当时是具有革命性的。公司意识到运动鞋的制造需要大量劳动力的投入,所以潜在的劳动力成本会很高,从而证明了将生产布置在劳动力工资成本较低的地区的合理性。然而,海外制造也具有真正的风险,因为更远的地理距离和不同的民族文化使得对生产和质量的控制变得更难。因此,当公司能够确保一个新的制造商能够满足它的质量标准时,它就会为了大规模生产而改变合同。在这种情况下,该公司必须学习如何处理海外生产事务、如何为制造商提供关于设计和模型的信息以及如何制定和保持质量标准。

困难和复兴的十年:20世纪80年代

在20世纪80年代初,耐克是赢利的,并且继续发展其作为美国专业运动鞋厂家的形象,然而它在本国内是没有生产设施的。它成为了美国运动鞋中的领先品牌。随之而来的是一个新运动鞋制造商的竞争,即锐步。作为一个在1981年刚刚成立的公司,在其创始人兼首席执行官保罗·福尔曼(Paul Fireman)的领导下,锐步走进了与耐克的对抗中。锐步推出了一个强大的和精心设计的运动鞋系列,并且取得了巨大的成功。到20世纪80年代中期,在激烈的竞争中,锐步与耐克的年销售额相同。1987年,锐步以9.91亿美元的销售额成为了明确的市场领导者,并且占据了30%的市场份额;与之相比,耐克的销售额为5.97亿美元,占18%的市场份额。

为了回击锐步的竞争,耐克开始在研发创新型运动鞋的设计上进行大量投资。在20世纪80年代末,开始最成功的是耐克空气鞋。"这是一个在理解上直观简单的技术,"一家美国工业通讯的《体育用品信息》的出版商约翰·霍兰(John Horan)说,"对于客户而言,这是显而易见的,如果你把一个安全气囊放在脚下,它会缓冲重力。"但直到1990年才推出了耐克空气鞋,并为耐克创造了成功。因此20世纪80年代是困难的十年,也是复兴的时代。耐克已经了解到竞争的激烈和对创新以及在鞋子设计方面持续研发的需要。

20世纪90年代的新高度:赞助和品牌建设

将新耐克空气鞋和迈克尔·乔丹(Michael Jordon)的名人代言结合起来的做法是一个营销灵感的触碰。与美国篮球明星、篮球运动中的顶级人物签署一个数百万美元的合同是为了推销新产品,这会为体育赞助增加一个新维度。营销活动在耐克与乔丹的运动能力和形象之间建立了联系。锐步以自己设计的锐步鞋来予以反击,但它只好使用沙奎尔·奥尼尔(Shaquille O'Neal)来作为代言人,尽管他是仅次于迈克尔·乔丹的主要篮球明星。因此在交替的十年中,耐克的市场份额从1989年的25%上升到1990年的28%,而锐步的份额从24%下降到21%。耐克公司意识到,这样的推广为品牌提供了强大支持。在接下来的几年里,耐克公司准备投资更多的资金来提高品牌形象。例如,与锐步约4亿美元的支出相比,1995年耐克在体育运动营销中投入了近10亿美元。

此外,耐克开始赞助体育运动。这些包括高尔夫球星老虎·伍兹(Tiger Woods),和前所未闻的整个巴西足球队。通过在1996

年签订了价值在2亿美元到4亿美元之间的10年期协议,耐克在足球赞助上开创了新的天地。重要的是,这使得公司转移到了体育用品的全新领域。老虎·伍兹将耐克带入了利润丰厚的高尔夫鞋和服装领域,这一领域会与在位公司竞争。同样,对巴西足球队的赞助使耐克进入到另一个新市场中——足球靴和其他装备,并与其中的制造商竞争。这个赞助为耐克带来了新市场领域的信誉以及这个领域的知识。例如,一双足球靴的技术不同于跑鞋的生产技术。

但重要的不仅仅是体育赞助,品牌和消息信息也很重要。在20世纪80年代和20世纪90年代,该公司已开始更好地了解它的目标市场——年轻、帅气和具有竞争力的青少年。在它所有的商品中强调"嗖"(Swoosh)这个商标是为了帮助产品品牌建设,并且有助于理解"想做就做"这个标语所暗含的主要信息,这个标语的开发就是为了彰显目标群体的个性。包含进取、竞争和个人成功的广告语"赢得自己的方式"充分体现在那些签约的体育明星上。然而,因为使用一些地区的廉价劳动力,耐克备受批评,因此它必须采取措施来处理这个问题。至今,一些目标群体成员对该公司关于此事的做法仍然难以释怀。

进入体育服装、设备和健身领域

在过去的10年里,耐克继续在两个相关活动领域内进一步迅速发展。它利用在新体育领域的参与,通过使用耐克品牌进入体育服装领域和体育器材领域,某些情况下是通过公司收购的方法。与此同时,它开始迅速的国际扩张,例如使用其在巴西的赞助扩大它在拉丁美洲的份额,并利用阿森纳足球俱乐部的赞助来提高其在欧洲的地位。它是利用资源竞争优势构建了相关市场。到2010年,耐克成为世界上最大的体育用品和健身公司,具有真正的全球性的销售,如图7.2所示。

耐克在世界运动商品市场上的领导地位是从最初的中等规模发展而来的,即在北欧的一辆皮卡车上销售运动鞋。

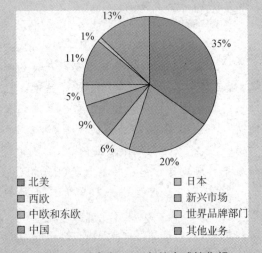

图7.2 耐克在2010年的全球销售额(百万美元)

资料来源:来自网上耐克2007年的年度报告。

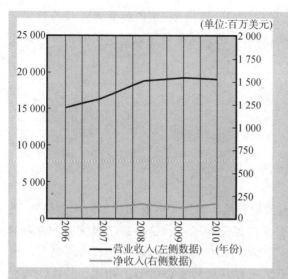

图 7.3　耐克增长缓慢，但是它仍然是世界领先者

资料来源：公司 2004 年的年度报告和报表。

在 20 世纪 90 年代晚期，亚洲经济衰退使耐克公司遭受重创。2000 年，美国零售贸易中大量的产品积压使公司遭受重创。2004 年，贸易利润很快就恢复到了纪录水平。同年，菲尔·耐特成为了公司董事长，而且汤姆·克拉克（Tom Clarke）接任作为首席执行官。克拉克很清楚的是：

你成长了许多，当经济不景气时，你需要考虑什么可行，什么不可行……记住，我们是一个自我批评的群体。我们要以长期的视角运行该公司，而不是为了在接下来的几个季度让人们开心。

该公司在耐特退休后继续发展。与很多公司一样，它的利润并不总是保持多年来的水平。例如，2009 年，一个公司重组计划影响了利润，虽然公司仍然是世界上最大的、整体上稳定的、盈利的体育公司，如图 7.3 所示。但是，面对世界经济放缓，耐克的商业模式必须接受审查。它在很大程度上依赖于顾客对优秀设计愿意支付的产品溢价，而对产品的支持源于主要的体育特征。如果耐克的客户选择更便宜的替代品，那么耐克当前的强大品牌战略将面临沉重的压力。它要么靠价格竞争，要么眼睁睁地看着它从目前的领先地位变为市场份额下降的公司，这并不是一个简单的战略选择。

在 2005 年年初，菲尔·耐特宣布退休。从菲尔·耐特和他的朋友比尔·鲍尔曼 1964 年开始在旅行车上销售运动鞋算起，刚刚四十年，他已经建立了一个全球公司。因此，耐克的目标随着时间的推移而改变，有时会通过常规战略，而有时通过试验性的应急战略。但从根本上，耐克的增长是构建像运动品牌一样的竞争性资源，是公司冒险，并在公司使用和分享知识的结果。

 耐克在绿色战略上具有大量的政策。可参见网站：http://www.nikebiz.com/responsibility。

©版权归理查德·林奇所有，2012 年。保留所有权利。该案例是由理查德·林奇所著，来自于已发表的信息。[15]

案例问题

1. 这么多年来，耐克获得了哪些知识？使用本章的知识定义来帮助你解决问题。
2. 除了知识之外，公司还拥有哪些资源，这些资源能够提供清晰的可持续竞争优势吗？
3. 基于该案例，关于耐克的应急目标与其知识之间的关系，你能够得出哪些结论？

7.2　知识创造和目标

在上一节，我们已经分析了现有知识，这一节我们将继续研究新知识的开发。知识创造可以看成是组织内部新知识的形成和传播。尽管知识审查有助于确定分析起点,但它在本质上是静态的。可以说,知识创造需要一个更加动态的方法,并且能够提供一个新的战略机遇。完整的知识创造机制仍有待解决的,但可以区分一些关键的因素:

- 现有知识的转换和传播;
- 知识创造和获取流程;
- 知识转移过程。

7.2.1 现有知识的转换和传播

组织中新知识的创造能够有效地开始于对组织现有知识库的探索研究,尤其是要研究这些知识是如何在组织内部进行转换和传播的。构建这个过程的有效方法就是使用竹内宏高和野中郁次郎的知识转换模型,如图 7.4 所示。这个概念产生于一个假设,即在组织中存在两种主要类型的知识——隐性与显性——在本章的前面部分已经进行了探讨。如果是这样的话,那么只存在四种方法使这两种类型的知识能够在现有的知识库中进行传播和分享:

1. 从隐性知识到隐性知识:社会化。公司能够在公司之间分享不成文的知识的一个方法就是要社交化,即分享经验和信息,也许是在非正式会议中,也许是一起工作。例如,耐克公司与他们赞助的体育明星、耐克的营销广告机构之间的非正式联系,这些会被用来形成特定的赞助机会,影响外部局势等。没有任何知识是必须写下来的,但是可能有助于提高耐克的品牌意识和忠诚度。

2. 从隐性知识到显性知识:外在化。通过使隐性知识正式化,公司同样可以交换未被记录的知识以及其他的模糊概念。这可能意味着形成和塑造模糊的概念——也许是在开会的时候,但这次是试图记录那些以前被隐藏的知识。例如耐克,为了市场研究,会将一个关于运动鞋的未成形的新想法转变成一个试验模型和图纸。

3. 从显性知识到显性知识:组合化。公司还可以使用以前记录的显性知识并在公司里更广泛地分享这一知识——也许使用一种内部网系统或者一些其他的公司沟通手段。例如耐克,公司可以利用其网络通信来在世界各地传输客户数据。

4. 从显性知识到隐性知识:内在化。公司还可以使用书面的和记录的信息,并以此为起点来进一步研究不一定会被写下来的共享经验。例如耐克,在耐克商店使用关于店内推销计划的一般培训手册,并利用这来考察在哪些非正式课程需要被应用在单个耐克零售商店内。

评论

尽管上述四个方面都是有用的,但它们都依靠一种过于简单化的假设,该假设是指组织中的现有知识具有隐性和显性的性质。存在许多各种各样的信息和知识的范围和类型。然而它们需要被迫归类到矩阵四个象限中的一个。这些知识可能会受益于一个更广泛的观点。然而,当涉及知识创造的时候,如果分享、形成和传播未被记录的和记录的知识的基础概念能够更加广泛,那么将是很有用的。

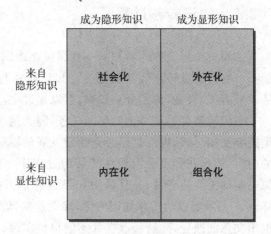

图 7.4 知识转换的四种方式

资料来源："Fig. 3.2: Four modes of knowledge conversion", from the *Knowledge-Creating Company: How Japanese Companies Create Their Dynamics of Innovation* by I Nonaka and H Takeuchi, copyright © 1995 by Oxford Vniversity Press, Inc. Used by permission of Oxford University Press, Inc.

7.2.2 知识创造和获得过程

除了探讨和分享组织中已存在的知识，同样存在创造新知识的过程。达文波特和普鲁萨克提出了六种机制，这将有助于知识创造。[16]它们是：

1. 获取。新知识不一定来自组织于内部。达文波特和普鲁萨克称，英国石油公司曾为一些员工颁发过"年度小偷奖"，这些员工曾从其他公司的应用程序开发中"窃取"过最好的想法。

2. 租赁。在某种意义上，知识也可以被租赁，它可以由一所外部机构赞助和开发，如一所大学或一家咨询机构。在这种情况下，对于想要保留使用权的主办机构来说，这是非常重要的。

3. 专用资源。在许多组织中，通常会建立特殊团队或任务小组，其目的是在特定区域产生新知识。例如，耐克会使用一个任务小组来开发所赞助的新领域。

4. 融合。对于某些复杂问题，一些组织召集来自不同背景和具有不同特性的人。为了开发一个任务的全新方法，他们会被强制联系起来。例如，松下面包机的开发需要面包师、工程师和软件开发人员。这是一个良好的知识开发方法。[17]

5. 适应。许多外部的压力会迫使组织适应新的现实，否则它们将不会幸存下来：例如在银行市场，如果传统的、大型的零售银行想要生存，那么就需要新知识。

6. 网络。许多组织都存在知识共享的正式和非正式传播。这种知识网络会被类似于内部网这样的电子架构补充，内部网是一种组织内部为了知识交换而存在的正式计算机网络。例如，1998年，在"知识就是力量"的主题下，喜力公司（Heineken）成立了一个新的公司内部网。[18]

7.2.3 知识转移过程

如果一个组织中的新知识一直保留在组织中,那么它将不能发挥其全部潜能——它需要被转移到其他地方。知识转移与第一节所探讨的知识转移和传播领域有关,但是,为了分享知识,可以通过主动决策来进一步分析该过程。

知识转移并不是一个简单的任务,因为这个过程涉及人和组织。人们不一定能够互相理解,也许觉得会受到新发展的威胁也许不愿容忍错误或模棱两可的内容,而这些肯定会出现在转移的过程中。此外,群体会认为他们是某些知识类型的主要所有者,并且认为如果这种知识被分享了,那么他们的地位会被降低。[19]如果要成功转移知识的话,那么这些问题需要得到解决。它们可能涉及组织文化的改变,而这种改变并不能很快实现。

除了这些困难,有一些架构将有助于知识的转移。3M 公司是一个著名的和成功的典型。因此读者可以参考案例 7.4 中对这些架构的描述。

7.2.4 知识创造和绿色战略

在为绿色战略制定知识概念时,"3A"法充分体现了该方法的本质,但是需要:
- 强调(Accentuate)。第一步是审查当前的绿色战略惯例并进一步开发它们,即强调它们。这也将包括在现有组织内部的知识共享。这些实践惯例将不仅仅包括知识,还包括一些实物领域,如回收和新的节能系统。然而,所有这些举措背后的原则仍然是知识审查和知识共享。
- 获取(Acquire)。正如前面我们已经看到的一样,许多组织会从其他公司、行业组织和政府机构来获取新知识。在实践中,获取也意味着合资企业、分享信息和合作的其他形式。许多组织很可能需要获得关于绿色战略的新知识。
- 结构(Architecture)。知识和绿色战略最重要的一个方面是建立组织架构,即构造,用来开发、加强和实施绿色战略。在某种意义上,这超出了知识的主题,而进入了其他相关领域。但基本要素仍然是支撑这些架构的知识基础。

在这个发展的早期阶段,绿色战略需要建立在知识的各个方面上。

7.2.5 结论:知识创造和目标

如果新知识在它的影响方面是重要的,那么它很可能改变组织的目标,也许会提供全球市场领导地位的机会,正如耐克所发生的事情;也可能威胁到一家公司的生存,正如世界许多地方的机械打字机公司被个人电脑所取代了。

这里重要的一点是,在形成新知识并且进行详细说明后,组织的目标将会被改变。在这个意义上,一个新的目标定义来自于新知识的获取,而不能轻易提前界定。然而,这并未阻止公司试图提前定义一个特定知识突破的目标:例如惠普(美国)、3M(美国)和葛兰素史克(英国)。但是,通常所做的努力是关注公司内部的思想和精力,而不是更多具有外部性的知识。由此可见,成功率是复杂的,见本章后面的案例研究中的3M公司的低增长,在2000—2002年,公司一直制定着创新增长目标,但到后来,它一直努力地实现这些目标。

在关于目标的紧急性质的谨慎态度中,那些将有助于组织目标的知识管理方式可能会更加明确。本书认为,从根本上讲,一个组织的目标是为了增加价值,可持续竞争优势的形成将有助于目标的实现。因此,可以适当地探讨知识是如何有助于这两个领域的。知识实际上是一个组织的资源,所以可以通过第4章中所分析的组织资源的观点来研究这两个问题。蒂斯(Teece)认为知识可以通过两个相关的机制来促进竞争优势:[21]

1. 可复制性。正如上面提到的,如果只是能够被转移或者复制到组织中的其他部分时,知识是有用的。这是特别困难的,因为隐性知识是主要的资产。即使这些知识是显性的,但如果这些知识是复杂的,并依赖于当地的文化和所面临的其他障碍,那么在复制这种知识时也存在困难。

2. 可模仿性。这仅仅意味着竞争对手复制第一个组织中的知识的能力。如果起初的所有人都很难复制这些知识,那么竞争对手对知识的复制肯定会变得更加困难。然而,当知识变成显性的知识并且被发表,那么它更有可能被模仿。当一个组织不能通过知识产权的获取来保护它的知识时,如专利,这种复制行为是极有可能发生的。

最后,知识会通过一个将会影响各阶段目标的圆形机制来增加价值。这在多萝西·里奥纳德-巴顿(Dorothy Leonard-Barton)关于知识创造和扩散的模型中能够很好地体现,如图7.5所示。这明确区分了组织当前的和未来的任务:现在,该组织可以解决问题了,但在未来试验结果可能不明确。该模型还把知识获取分为两种机制:通过讨论、实施和集成整合的内部机制;通过知识获取的外部机制。

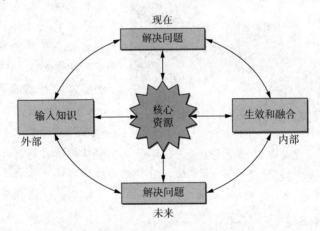

图7.5 知识的创造和传播

注释:"核心资源"是指那些可能具有可持续竞争优势的资源。

资料来源:Reprinted by permission of Harvard Business School Press. From *Wellsprings of Knowledge*, by D. Leonard, Boston, MA 1995, Fig. 1.2, p9. Copyright © 1995 by the Harvard Business School Publishing Corporation; all rights reserved.

关键性战略原则

- 现有知识的转换和传播可以通过四个机制来实现：社会化、外在化、组合化和内在化。所有四个流程都与任何组织中存在的隐性知识与显性知识之间的基本区分有关。
- 知识创造，即新知识的形成与传播，提供了一个动态的战略机遇。存在三种机制：组织的学习、知识创造和获取以及知识转移。
- 绿色策略的制定将根据知识共享和新知识。这充分体现在"3A"中：强调、获取和架构。
- 如果新知识在其影响组织方面是重要的，那么它很可能改变组织的目标。重要的是，只有在形成新知识后，目标才会改变。在这个意义上，组织的目标源于知识创造。

案例研究 7.3

埃及的创新：埃及沙姆沙伊赫（Sharm el-Sheikh）不断增长的魅力

四十年前，埃及沙姆沙伊赫只是一个靠近大型沙漠的小型渔港。现如今，每年 500 万的游客会在这里享受阳光、大海，并为许多当地人提供工作和收入。这是如何发生的？它的战略是什么呢？

潜水和水上运动是埃及沙姆沙伊赫最主要的观光吸引点。但是仍然需要开发全新的旅游资源和基础设施。

背景：业务建立

沙姆沙伊赫位于埃及西奈沙漠的南端。它已经是中东地区的一个主要的旅游目的地，中东拥有一个大型的、现代化的机场，具有大量的酒店和旅游景点，尤其是那些与水上运动和潜水有关的娱乐设施。但这并不是一蹴而就的。

在 1967 年战争以后，当以色列人接管西奈沙漠时，他们预见沙姆可能不仅仅只是一个渔村：它存在旅游潜力。他们建造了第一个小旅馆，一个海滨大道和一个码头。但是，在 1982 年，整个西奈半岛重新回归到埃及的掌控之内，从而使得沙姆沙伊赫开始扩张。对于像埃及这样的发展中国家来说，承担这样的任务并不容易。几乎不存在大规模旅游业所需要的基础设施，不存在运营现代酒店和度假村所需要的所有受过培训的服务人员，如厨师、清洁工、服务员和经理。然而，因为埃及政府的支持，国际公司被鼓励来对这个区域进行投资，同时因为他们可以看到该地区的潜在需求。

埃及旅游需求的变化

数百年来，来自世界各地的游客参观了埃及的历史古迹：金字塔、神庙和尼罗河。实际上，世界上大约 1/3 的古代遗迹仍然保留在埃及。旅游成为了埃及经济的主要推动力。这个国家的战略问题是双重的。首先，很多游客到国外旅游是为了享受太阳和大海而不是历史；埃及文物根本不能满足这一需求；其次，有一些证据也许降低了人们对古埃及历史的需求，因为在世界上的其他地方也能参观许多其他的历史遗迹。作为休闲旅游的目的地，沙姆沙伊赫的扩张就是进行改变和未能满足游客需求的答案。

沙姆的发展

从战略角度来看，沙姆的发展从一开始就得益于它全年的太阳、平静的海面、良好的游泳条件和沙滩。但其他度假村也具有类似的属性，所以这并不是一个竞争优势。然而，沙姆是与众不同的，因为它还有适合于浮潜和水肺潜水的珊瑚礁，这基本上是未开发的，所以对于新码头、大型酒店以及一个国际机场而言，它具有明确的发展空间。随后，像马里奥特酒店（Marriott）、雅高集团（Accor）、四季酒店（Four Seasons）以及艾美（Le Meridie）这样的酒店和度假村都对该地区进行了投资。埃及政府开发了大型会议中心，建立了道路基础设施和新的机场。同样，建立了新的码头和高尔夫球场。支撑潜水需求的是建设一个完整的、与潜水有关的疾病医疗中心。同时，面积600万平方公里的区域被指定为珊瑚礁、沙丘和野生动物的保护区域。

在接下来的几年里，沙姆的发展也存在挫折。在2005年，沙姆遭遇了一系列针对旅游行业的恐怖袭击，超过80人被杀。然而，类似的恐怖袭击事件之后再未发生，当地政府大大加强了该地区的安全保护。2010年，5人在海岸被鲨鱼攻击而死亡。2011年，沙姆有了实质性的政治改革。在写本书的时候，这种情况对沙姆沙伊赫的影响很小。一般来看，该地区能够从它的困境中反弹回来。

当地政府非常支持它的战略，即支持西奈半岛北部城镇的进一步发展，如达哈伯，甚至选定西奈沙漠本身来进行开发。这是政府的国家旅游战略的一部分，其目的就是将埃及的游客数量从2008年的1 200万增加到2020年的3 000万：按任何标准来看，这都是野心勃勃的目标。但沙姆沙伊赫的旅游创新树立了典范：它从20世纪80年代中期每年接待20 000名游客增加到2010年的500万游客。

©版权归理查德·林奇所有，2012年。保留所有权利。该案例是由理查德·林奇所著，来自已发表的信息，并来自2010年私人参观该地区的信息。他同样感谢印度的来自英国大学阿莫·阿提亚（Samaa Attia）教授对该案例早期版本的评价。关于案例的参考文献，见尾注。[22]

案例问题

1. 埃及政府需要在多大程度上获得新知识和新技术？它是如何进行这项任务的？

2. 沙姆沙伊赫在20年中大量的游客增加是否意味着这是一个创新的发展？是什么因素促使它进行创新？如果它不是创新，为什么？

3. 政府需要在多大程度上支持沙姆沙伊赫的新发展？这些发展是必不可少的或者仅仅是可取的？政府应该带头还是仅仅由私人开发商来采取应对举措？

 关于传统零售银行以及新网络和电话银行威胁的案例研究。阅读该案例后，你可能希望查看与该案例有关的案例问题答案，该答案在网站上的单独页面上。

7.3 使用技术来形成目标和竞争优势

7.3.1 技术和竞争优势[23]

由于过去20年里的变化速度,科技在形成可持续竞争优势上具有重要作用。即使在成熟的行业、非营利组织和小型企业中,正是技术会不时地增加一些额外要素来区分不同的组织。由于这些原因,技术战略值得仔细调查研究。

正如对其他领域的影响一样,新技术的发展同样会改变组织的愿景和目标。它们可以扩展和提高公司的现有地位。然而,应该指出的是,这需要耗费时间和资源,因此对战略可能不会有短期影响。为了完成该任务,存在两个主要阶段:

- 第一阶段:现有技术的调查;
- 第二阶段:技术战略的制定。

第一阶段:现有技术的调查

这个阶段存在四个要素:

1. 一个组织范围内的现有技术的调查。为了保证不错失机会,该调查应该详细地检查该领域而不是广泛地一概而论。因此,结果将是对以下问题的审查,即在组织中会使用哪种技术、应该在组织的哪些地方使用这些技术。审查数据可分为三个方面:
   - 基础技术:对许多公司而言,它是常见技术;
   - 核心技术:对组织本身而言,它是独家技术,可能会提供真正的竞争优势;
   - 外围技术:它是有用的,但并不是组织的中心。
2. 组织内部相关领域的检查。例如,专利和知识产权也许会形成竞争优势的重要领域的基础。部分公司具有一些没有申请专利的特殊技能,这来自多年的经验和训练;这些也可能体现了优于竞争对手的真正优势。
3. 组织外部的技术扫描。这将确定一些有利于未来发展的可用机会。
4. 技术/产品组合。可以构造一个与产品和技术有关的矩阵,如图7.6所示。

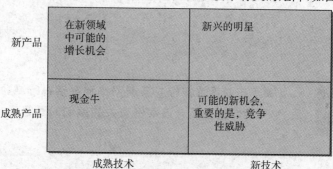

图 7.6 技术/产品组合

第二阶段：技术战略的制定

为了制定技术战略,重要的是每次或者存在风险混乱和困惑时,只采用一种技术。在同时研发技术流程和运营生产流程时,它也许同样重要,因为这两个方面是相互关联的,并且需要缩短交货期。

因此,可以采用两种方式来分析技术开发计划：

1. 比较组织本身与竞争对手的技术开发；
2. 比较进一步开发的成本与需要花费的时间。（这里总存在一种权衡取舍）

除了这两个任务,重要的是要考虑获取新技术的可能性——可能要通过公司收购、合资企业或购买使用技术的许可证,这可能来自本土市场以外的公司。

随后,需要考虑两个最终问题：

1. 模仿的速度。重要的是估计任何技术开发能够被竞争对手模仿的速度有多快。
2. 全球化的问题。可能会在全球范围内开拓新领域,从而改变商业提案的吸引力。

对于一些小型公司和非营利组织而言,上面的程序可能过于详细。然而,小公司经常从技术优势上获得它们的初始优势；大公司也许未能考虑推动技术发展的好处,特别是当它们的运营处在成熟行业中的时候。这个方面具有相当大的、潜在的战略重要性。

在公司的整体方法上,技术开发可能是常规性的,在某种意义上,它需要有一个明确的目标。然而,在详细的流程中,它们也许是应急的,并且是由试验过程的性质导致的。

7.3.2 技术和创新战略

鉴于公司和行业部门具有很大的不同之处,因此,制定一个包含所有技术和创新战略的单一框架是非常难的。例如,处方药需要通过新专利药品来生产创新,然而,近年来的零售服务在很大程度上依靠流程创新,通过新的 IT 系统来改进像存货交付和库存控制这样的领域。尽管存在这些困难,但对于技术和创新战略而言,存在两个基础原则：

1. 核心竞争力；
2. 五个主要的技术路径。

核心竞争力

正如普拉哈拉德和哈默所确定的那样,核心竞争力关注的是一个企业中能够提供竞争优势的竞争性技术资源："优势的真正来源来自能够将企业技术和生产技能整合成一种能力的管理能力,整合后的能力能使个体企业适应迅速变化的市场机遇。"[24]因此,在战略技术的制定中需要识别和利用核心竞争力。它们比组织当前使用的技术更有深度,例如,索尼在微型化上的核心竞争力、飞利浦在光学媒体上的核心竞争力以及3M在涂料和黏合剂上的核心竞争力。确定了核心竞争力之后,就可以考虑研发的意义和资金的分配方式:也许需要将更多的钱和人力投资于核心竞争力。然而,重要的是,要记得第6章中关于核心竞争力问题的忠告。

五个主要的技术路径

大多数组织都受制于他们现有产品或服务的范围、他们过去的历史和组织文化,以及允许和支持创新的领导能力。简而言之,它们是约束路径的。[25]这在5.1节中已经探讨过了。从技术和创新的角度来看,这意味着公司很少从一开始就考虑创新,因为:

- 它们的地位:与竞争企业竞争的市场地位;
- 它们的路径:它们目前的产品或服务以及现在明确开放的机会;
- 它们的流程:它们实现创新目前所采用的方法。

这三个方面将引导和限制创新的过程。在这些限制里,最近的研究[26]表明,目前有五种主要的技术路径将指导特定的行业类型。它们是:

1. 供应商主导公司:例如农业企业、像纺织品和一些服务一样的传统制造商。技术变化主要来自这些公司的供应商。因此,当寻求技术创新时,这些公司需要与他们的供应商建立密切联系。

2. 规模集约公司:例如耐用消费品、汽车和散装化学品。技术创新将来自复杂工厂和产品的建造。考虑到这种工厂的高成本以及失败的风险,创新往往是分阶段进行的。因此,技术创新涉及对工厂效率的小规模的、频繁的改善——本书最后的丰田汽车就是一个很好的例子。

3. 科技公司:例如制药企业和电子企业。技术创新往往会来自中央研发设施或大学特殊的实验室。创新是常与新发现和新专利有关。因此创新的任务是寻找和开拓这些新技术,也许会通过对组织外部的搜寻来实现。

4. 信息集中公司:例如出版、银行、电信、旅游预订。技术创新将来自于大公司的内部系统,以及大型公司和小型公司从外部购得的系统。在这两种情况下,其目的是开发大型的和复杂的系统来处理大量的数据以及使系统更加友好化。全新的服务也可能导致这样的结果。

5. 专业的供应商公司:例如小型的专业公司,它们提供专业的、高性能的机械、仪器和专业软件。技术创新源于这些公司了解其客户需要、其竞争对手的活动以及在运营专业领域的新发展。这些公司将会通过不断地寻找新技术来进行创新,这也许是国际性的。技术创新也可能源于保持与客户的密切联系。

7.3.3 三个专业技术及其对战略管理的意义

在未来10年里,技术上的三个基本发展可能会影响创新发展。[27]它们是:
- 生物技术和医疗保健的发展:在接下来的20年,人类基因组的染色体图以及医疗技术的发展为医疗保健改革提供了保证。这些变化已经使得像3M和飞利浦这样的公司依据医疗保健行业出现的新机会重新定义了其公司目标,见案例7.4和案例7.5。并不是每个公司都会对此感兴趣或者能够受益于这样的技术进步,但它们有可能提供一些革命性的战略。
- 微芯片技术的发展:增加的微型化和额外的控制,这些都来自某些产品中的嵌入式微芯片。许多公司生产的产品都是需要交付给客户的,因此嵌入式芯片可以使这样的公司和它们的客户了解交货的状态。增加的芯片微型化也将从根本上改变一些制造流程和一些国内产品。移动电话是技术创新的一个例子,它改变了数百万人的生活。这里的潜在变化仍有待开发。
- 信息技术的改善:增强的信息来自于对新IT系统的采用,尤其是在全球环境下。我们正处于所谓的第三次工业革命——信息时代。此外,信息是全球性的,而不仅仅是当地的或国家的。例如,一个主要的英国公司在它的美国、英国和印度的工程设计团队之间拥有一个永久的三方通信链接。该通信链接使用了美国团队的专业工程知识、印度同事的技能和较低的劳动成本、英国总部的整体协调和营销技能。这样的活动在以前是不可能的。新信息技术也扩大了公司内部更大的战略控制的可能性。同时,源于这些技术创新的可能性将为公司提供持续的战略机会。

评论

对于上述所有技术创新,值得注意的是,所有这些竞争优势只会持续一段有限的时间。例如,传统银行和保险公司已经在所需的地方开始了电话销售。可想而知,技术优势是不可持续的,除非它们涉及某种形式的专利,即便如此,一定期限后,这些专利也会过期。

7.3.4 新技术和绿色战略

在过去的几年中,绿色战略与新技术存在两种联系方式:
- 第一,一些绿色战略举措例如,电动汽车,从根本上依赖于新技术的成功突破。
- 第二,使用了现有技术的其他绿色策略。然而,它们需要加工工艺技术,例如,大规模太阳能电池板的生产能降低生产成本,并且比其他传统的工业产品的价格更具竞争力。

从这两个角度来看,技术在绿色战略制定上具有重大贡献。

关键战略原则

- 一个内部和外部的技术扫描对战略管理发展是至关重要的。它也许会随着时间来改变组织的目标。技术应该分为基础、核心和外围的技术。基础技术对许多公司而言是常见的;外围技术并不是组织的主流技术;核心领域最可能是那些能够提供竞争优势的,如专利和特殊技能。
- 应该分别评估组织本身与竞争者的每个技术,并且对比进一步开发所需的成本和所花费的时间。模仿的速度和可能的全球化拓展也应该进行审查。核心竞争力,即企业内部的技术和生产技能,可以形成技术创新的新领域的基础。
- 组织都受制于他们当前的产品、竞争对手和企业文化。已经确定了五个主要的技术路径约束,即供应商主导、规模集约、科技、信息集中、专业供应商。
- 在未来十年里,技术的三个新领域可以为公司在创新技术方面提供重要机会:生物技术和医疗保健的发展、微芯片技术的发展、信息技术的改善。
- 绿色战略得益于科技的突破,以及为了降低生产绿色产品成本的加工工艺流程技术。

案例研究 7.4

3M 公司的振兴创新

自 20 世纪中期,美国跨国公司 3M 发明透明胶带和便利贴以来,该公司一直被当作创新增长的例子。然而,3M 在近几年出现了增长停滞的问题。本案例考察了它著名的创新过程及其如何开始再次增长。

早期

想要了解该公司全称的由来就需要揭示其早期的起源。明尼苏达矿业制造公司,通常被称为 3M,产生于 1902 年,当时一群投资者购买了一座煤矿,据悉,这座矿山包含有价值的、高度耐磨的矿物刚玉。当投资者发现只存在低品位的矿物时,他们决定分离出其他更有利可图的产品。这种方法代表了目前公司的一些精神,这些精神使它们的目标定位于从范围广泛的产品中寻找出高利润率的产品。

曾经扩大的产品范围

到 2010 年,3M 的成交额将近 270 亿美元,其广泛的产品范围包括透明胶带、海绵、补牙齿的材料、电介质电路和替代氟氯化碳(CFC)的化学物质。图 7.7 显示了该公司涉及的广泛产品领域。

产品范围很广的原因与公司的研发风格和投资标准有关:

- 所提议的新产品是否能够带来高利润率?
- 所提议的新产品是否能够提供创新增长机会?

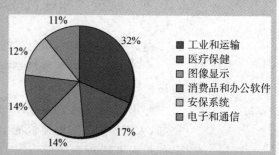

图 7.7　在 2010 年,3M 广泛的产品范围
(销售额单位是百万美元)

重要的是，3M并没有要求所有的产品范围都出现在公司现有的核心市场上——如果基于资源的观点是被认可的话，那么基于资源的战略概念就能得到广泛的解释。新产品可以来自于公司的任何部分。一些外界人士把该公司看成是一个集团，然而，在核心竞争力的背景下，这种看法是相当过时的，见第6章。然而，3M公司的前任首席执行官里维奥·戴西蒙(Livio DeSimone)则坚守其50 000种产品的范围。"这个公司拥有很大一部分的黏性产品。无论你谈论便利贴、文具胶带还是工业用黏合胶带，它们显然都是黏性的，"戴西蒙先生解释道，"我们所拥有的知识（允许我们）使得这些（基本产品）具有价值。"实际上，3M的核心竞争力可能在于涂料和胶黏剂方面的深层技术，这是能够被应用在广泛的产品中的。

3M的创新过程：两个例子

公司因为创新过程而著名。该公司2000年的年度报告评论道："2000年，公司经历了一次历史上最高水平的创新。从过去四年里推出的产品中获得了56亿美元的盈利，这几乎是总销售额的35%，其中超过12亿美元的销售额来自2000年推出的产品。"创新是公司战略的本质，并在整个组织中受到了鼓舞和支持。然而，我们很快就会看到，这并没有阻止公司在之后十年内经历了一段增长过慢的时期。

为了说明3M的创新方式，考虑两个著名的3M例子是有帮助的，即透明胶带和便利贴。这两个主要产品的出现是由于公司支持两位经理的个人行动，这两位经理分别是迪克·德鲁(Dick Drew)和阿特·福瑞(Art Fry)。德鲁发明了前一个产品，而福瑞发明了后者。这些研发方式对探索3M公司的创新是非常重要的。

3M对其创新的合理性感到自豪，并将其写进了加拿大的公司描述中。

迪克·德鲁是3M的砂纸推销员，曾经拥有汽车行业的客户。有一天，他注意到，在描绘双色车时，他们的顾客遇到了困难：很难阻止一个区域的油漆向另一区域扩散。因此，他产生了关于胶带的想法，用来保护和分离这些区域。随后，他将该想法传达给了公司。当时该公司并没有生产胶带，最后，他被允许在接下来的几个月里来进行这个项目。在某个阶段，他几乎完全失败，部门经理告知他要停止在3M这个项目上的工作。经过一番劝说，他被允许继续做下去。五年后，该产品终于得到了完善，并成为了透明胶带的基础，进而成为了北美的市场领导者。

阿特·福瑞为其家乡的教堂唱诗班唱歌，他需要为他的赞美诗做一些不会脱落的标记。因此，他萌发了使用可剥性胶黏剂并在标签上涂抹它的想法，这种胶在几年前就已经被3M的研究实验室开发了。这种产品很有效，并且他还询问是否能商业化地开发该产品。经过一番坚持之后，最后他被允许开发出一种制造过程。但营销团队是令人沮丧的。他们指出，客户研究表明一些黏性较低的胶卖不出去。随后，福瑞决定制作一些标签，并发放给公司的同事尝试。结果表明，它是一款非常成功的产品，它被称为便利贴。

3M公司的创新文化

上面的故事是很重要的,因为它说明了3M的风格:"自由地追求你的梦想"。员工可以把他们全部时间的15%用来开发自己的想法。他们得到广泛的支持,特别是来自他们上级的支持。这些上级是教练和导师,而不是评判家和领导人。失败是被允许的并且不会受到批评,它是创新流程中的一部分。该公司声称,在公司中开发新想法的权力是无边界的。定期会议和知识博览会有助于研究人员交换意见和想法。该公司的在线知识库是广泛的并且能被大量使用。整个公司文化就是对新想法的支持。这种创新管理的风格已使3M成为了该领域中最佳实践的一个经典例子。该公司经常排行在《财富》杂志的最受尊敬的美国公司的前十名。尽管拥有一定的技能和公司文化,但是3M公司没能继续扩大。

缓慢的增长,那么复苏——如何去做?

尽管在3M中进行了所有的创新实践,但公司未能保持其增长率:在1994—1995年,其每年销售增长率为11%左右;到2000年,这个数字下降到了每年6%。利润的变化也有着类似的趋势。在20年代后期,其销售和利润再次停止增长。尽管利润最后呈上升趋势,但2010年的销售额只是略高于2007年的水平。

3M在20世纪90年代后期增长缓慢的部分原因在于亚洲经济危机:公司大约25%的销售在亚洲,它的利润率也同样面临着压力。紧随其后的是,其本土国家美国的经济放缓,该地区营业额所占比重为45%。此外,在2008年和2009年销售和利润下降的部分原因是美国重大的经济问题,如图7.8所示。

到2010年,3M该如何扭转多年来的形势? 在写该案例时,该公司做了两次尝试,第一次是不成功的;第二次有待证明。

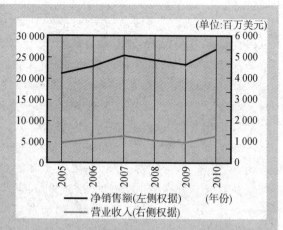

图7.8　3M在六年内的收入和利润增长(百万美元)

第一个战略时期2001—2006年:架构创新

2001年,3M通过逐步引入一种新的增长方式回应了它的批判者。它被称为六西格玛方案(Six Sigma)。六西格玛的名字来自于全面质量管理(TQM)的统计概念,关于任何生产过程中可接受的瑕疵品数量。(这些更为详细的内容超出了这本书的范围,如果只是为了看到它们对3M创新的贡献,没有必要深入理解这些概念)此外,该公司似乎使用六西格玛作为两大概念的名称,而第二个与全面质量管理几乎没有关系:

1. DMAIC, 即定义(Define)、测量(Measure)、分析(Analyse)、改进(Improve)、控制(Control),这是一种架构化的方法,用来指导3M项目团队在生产过程中提升产品品质。(换句话说,它是全面质量管理的一种形式)

2. DFSS, 即六西格玛设计(Design for Six Sigma),这是一种标准化的方法,用来创造并促进新产品进入市场。(不一定与全面质量管理有关)

在2001年年初,3M开始使用两个六西格玛概念,即把它介绍给公司的高级领导人;到2004年,所有的员工都接受了关于这两种方法和流程的训练。3M所引进的架构包含一个详细的六西格玛层次，即"董事、冠军、黑带大师、黑带、绿带、六西格玛教练"，以此来贯彻这一系统。六个西格玛正迅速成为该公司的企业文化的一个基本要素。

2001年，对于3M公司而言，分析和构建创新的这种方法的优点是，它在整个公司中提供了一个通用的方法和全球通用的语言，这对于一个在许多国家具有业务的公司是重要的。它同样形成了领导能力，鼓励切实的、可衡量的结果，关注客户满意度，特别是DFSS。最后，根据3M的情况可知，"它能够更快地提供更好的产品"。但结果是令人失望的，正如2008年的财务数据所显示的那样，如图7.8所示。

第二个战略时期2006—2010年：基于技术的创新

2005年，该公司开始转向一种新方法。"五年前，我们打算逐渐地且永久地把3M提升到一个更高的增长层面"，首席执行官乔治·巴克利（George Buckley）在2010年解释说，"在20世纪60年代和20世纪70年代高增长之后，自1979年来我们一直停留在一个低增长模式……新增长要求我们改变增长的方式，特别需要改变我们对增长的投资方式。它需要我们重新点燃创造力，承担更多的计算风险并迫切地进入新的增长空间和

地域……公司中的每个人在推动创新上都发挥了至关重要的作用，3M的科学家、流程工程师和创新者仍然维持了我们最重要的竞争优势。他们是创新过程的引擎，那些富有创意和想象力的人最终促使我们成功。"从这个方法转向科技创新方法的早期结果似乎更成功，尤其是应对世界各地较低经济增长的背景时。但在写本书的时候，仍然不确定3M能否恢复其传说中的增长记录。

以全球报告所倡议的G3指导方针为标准，3M公司已经制定了一系列的全球可持续性方案，参见：http://www.globalreporting.org/Home。这些指南为公司方案的评估和报告提供了框架。在这个领域，3M已经准备了一个全面的方案调查。

©版权归理查德·林奇所有，2012年。保留所有权利。该案例是由理查德·林奇所著，来自于已发表的信息。[28]

案例问题

1. 在3M公司的创新过程中，主要因素是什么？对于其他公司而言，模仿它们是可能的和可行的吗？
2. 案例似乎表明六西格玛是不成功的：你能够想到这种结果的原因吗？
3. 创新在组织目标中的重要性如何？

7.4 创新和目标

视频
第7a部分

本书第3章和第4章所描述的分析过程会带来三大潜在危险：

1. 只看到过去。毋庸置疑，历史数据会形成未来行动的起点。然而，战略的制定，无论是打算在建立在以往成功的基础上，还是为了解决问题而打开出路，都不能仅仅依赖于过去。它需要有决心地去尝试前进。

2. 内容贫乏。太多的分析可能会扼杀创造力。解决旧问题的新想法和新方法可能由于过分注重分析和数据收集而被削弱。[29]

3. 错误的安全感。因为过去的事件已经发生，所以它们是可以确定的。然而，会产生的错误就是以同样的方式去预见未来。无论是立足点的预测概率有

多高,至少部分结果是不正确的。[30]

创新是解决这些现实问题的重要方法。在战略管理中,我们需要将那些明显的、轻易实现的目标转变成新型的、有趣的目标。案例 7.4 表明了一个公司是如何试图使用一个高度架构化的创新过程,即六西格玛方案,来实现其陈述的组织目标:创新和盈利增长。

这个是有利可图的……   ……这个也是有利可图的   ……这个是亏损的

1992年Austin Chummy
奥斯丁罗浮公司的汽车

索尼随身听
资料来源:索尼
电子消费集团

协和式超音速喷射客机

图 7.9

7.4.1 创新的战略作用

根据定义,创新使产品、市场和生产过程超越了它们当前的边界和能力。

定义 ➡ 创新是生成和开发新想法。它还为组织提供了在竞争中保持领先地位的动力。因此,创新可以为战略管理提供三个无价的资产:

1. 大量的未来增长;
2. 竞争优势;
3. 超越主要竞争者,甚至是超越主导竞争对手的能力。

然而,以上领域中无法自动为创新的企业提供未来的盈利能力,如图 7.9 所示。例如佳能(日本)和代唱片公司(英国)的案例,在 20 世纪 70 年代,两家公司都发展了新的重大创新:

● 佳能(Canon)打算在世界复印机市场与施乐(美国,Xerox)进行竞争,并企图击败它。佳能形成了一系列并没有侵犯施乐专利权的新型工艺过程,由此生产的产品使佳能成为了世界领先的复印和打印公司。到 20 世纪 90 年代中期,它拥有了比施乐更大的市场份额。[31]

● 百代唱片(EMI)进军医疗电子设备行业使其遭受了重创,以至它必须以最低价格出售其扫描仪业务。尽管它的产品是真正的创新,并且在一个重要时期,它是市场上的第一名,然而事实已经发生了。[32]

创新并非没有风险。然而,如果它成功了,那么回报也是巨大的。将要检验创新的两个主要来源,两者本身都是不充足的:

1. 客户需求分析:市场拉力;
2. 技术发展分析:技术推力。

7.4.2 客户需求分析:市场拉力

贝克[33]认为,当公司识别新市场机会,或者一直被忽略的现有市场的细分市场的时候,创新就会产生。实质上,开发一种与客户需求有关的机会是很重要的,例如交通和便利性,而不是通过检查当前的产品以及它们如何满足需求。例如,在满足一般复印需求上,佳能复印机是创新的,它并不是为了满足现有客户群的需求,后者往往倾向于大企业的做法。该公司开发的新机器只需要少量的维护或修理,它被出售给更广泛的客户,如中小型企业。这个过程被称为市场拉力,如图7.10所示。

图 7.10 创新的两大动力

正如惠廷顿指出的,[34]市场拉力在成功创新上的重要性已经被研究证实。它依赖于对市场需求的识别,需要通过一种先进的技术来满足这种需求,实际上,这是战略管理的一个常规方法。它被用于研究和开发的一些新医药、消费电子以及由市场推动的其他技术领域。

然而,使用常规方法来研究市场需会带来危险,即客户经常会受到他们当前经验和知识的限制。使用更具试验性的方法来研究市场需求也许更有价值。

7.4.3 技术发展分析:技术推力

然而,市场拉力过程不能完整地描述许多真实创新的产生方式。[35]创新可能诞生于一些小公司的发展上,经常出现与其客户沟通的双向过程里,这些客户也许是较大的公司。另外,创新刚开始也许是解决特定问题的狭隘方法。例如,托马斯·沃森(Thomas Watson),IBM 的总裁说道,一个在 1947 年由他的公司制作的新型计算器(选择性序列电子计算器)也许能够解决世界上的许多重大科学问题,但不具有商业应用程序。它被证明是第一代 IBM 电脑之一。

成功的技术往往需要时间才能扩散到其他行业。接下来,除了监控客户需求,一家创新型公司也应该调查其他行业的技术发展,并且评估它们与自身公司的相关性,实质上,这是战略管理中的应急方法。这个过程有时被称为技术推动,如图7.10 所示。

案例7.5 描述技术推动是如何在荷兰电子公司飞利浦起作用的。重要的是,它表明了公司是如何组织的,它是如何处理"人类技术与源于技术推动的新产品同等重要"这一问题的。

7.4.4 破坏式创新:客户拉力和技术推力的一个变化

20世纪90年代,哈佛大学商学院的克莱顿·克里斯坦森教授(Clayton Christensen)提出,还存在另一种形式的创新,他称之为"破坏式创新"(disruptive innovation)。[36] 破坏式创新以现有市场和识别现有的技术为基础来提供比以前更简单、更便宜的产品或服务。这可能致使一些现有的客户切换到更便宜的产品上,或者新产品更低的成本和价格会将新客户吸引到该市场上来。破坏式创新不一定涉及突破性技术,而是重新包装现有的技术,从而为市场提供新的,也许是更便宜的产品。对于这样一种新产品,其客户可能是那些以前不会购买该产品的客户,或者是那些乐于购买较低质量产品的顾客。例如,那些以前没有购买昂贵的高保真音响系统(hi-fi)的顾客可能会被吸引来购买低价的新系统,这个新系统运作良好、使用了成熟的技术和更便宜的标准化组件来进行生产、使用了具有低工资成本的国家的劳动力来进行组装。这种方法的重要性就是,现有的公司也许不认为这是一个有多大吸引力的新元素。因此允许颠覆式的公司进入新的细分市场中。

破坏式创新不同于主要的技术推力,迄今为止,后者涉及了前沿新技术的发展。在某种意义上它同样不同于客户拉力,破坏式创新并不寻求识别全新的消费需求,但是会吸引那些目前不属于现有市场需求的客户。识别可能出现颠覆性技术的地方的一种方法是分析产品或服务的价值链,见第4章。在价值链中,具有最高价值的位置也许是容易进攻的地方。

7.4.5 创新和绿色战略

绿色战略出现是因为要维持地球的资源并更有效的使用它们。因此需要在关于地球资源的态度和实践上进行一个深刻的转变。对于每个组织和每个人而言,这样的改变需要对现有环境进行全面彻底地重新检查。换句话说,绿色策略将大大受益于一个强大的和集中的方法,该方法是关于创新想法和创新过程的。

> **关键战略原则**
>
> ● 创新有助于增长、竞争优势和超越主要竞争者的可能性。然而,创新可能会有风险,而且可能导致重大的公司损失。
>
> ● 对于创新而言,存在两个主要的驱动力:客户需求分析(通常被称为市场拉力)和技术发展分析(通常被称为技术推力)。
>
> ● 破坏式创新以现有市场和识别现有的技术为基础来提供比以前更简单、更便宜的产品或服务。
>
> ● 绿色策略将大大受益于一个强大的和集中的方法,该方法是关于创新想法和创新过程的。

案例研究 7.5

飞利浦如何开发其技术优势

荷兰的电子巨头飞利浦在将其辉煌的科学技术转化为收入和利润时有一个不良记录。本案例探讨了公司是如何改变的。

背景：从荷兰到全球

2000 年，飞利浦拥有超过 250 000 名员工和 360 亿美元销售额；2004 年，公司拥有 160 000 名员工和约 330 亿美元销售额；2007 年，它雇用了 124 000 名员工，销售额约为 350 亿美元。重要的是，经过数年的亏损，它在 2007 年恢复了盈利能力。实际上，公司进行了业务重组，即出售了那些不具有充足盈利能力的业务，并且收购了其他产品领域，这将增加其全球产品优势。

飞利浦具有广泛的销售地理分布，但其利润主要来自欧洲业务，如图 7.11 所示。公司的战略是利用其技术基础来开发全球盈利能力。

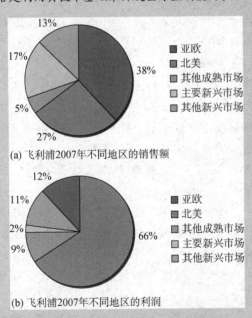

(a) 飞利浦2007年不同地区的销售额

(b) 飞利浦2007年不同地区的利润

图 7.11 飞利浦的全球销售额，其大多数利润来自欧洲

注释："关键新兴市场"包含了主要的亚洲市场。"其他新兴市场"覆盖了非洲和拉丁美洲市场。

资料来源：公司年度报告。

飞利浦是荷兰最著名的全球化企业之一，包括广泛的产品范围，包括照明、消费电子、小家用电器、半导体元件、医疗技术、光学存储和显示。公司总部设在荷兰的埃因霍温，它指挥其全球活动。多年来，飞利浦战略问题一直围绕成熟和高度竞争的行业，尤其是照明和电视制作行业。它具有强大的欧洲销售能力，尤其是在这些产品领域中。飞利浦毋庸置疑的竞争优势就是它强大的研究基础和研发记录。其战略机遇就是在世界的每一个部分更有效地利用和指导这种竞争性的和创新性的资源。为了承担这个任务，它需要超越其成熟的产品领域，进入拥有领先技术优势的领域，进而在世界其他地区提供与欧洲一样的销售机会。

飞利浦的技术基础

飞利浦拥有大约 1 500 位专业的"创意"研究人员、13 个实验室的重要科学家，他们拥有一笔 2.5 亿美元的研究预算。2007 年的整体研究预算近 20 亿美元。它拥有 65 000 项专利，并声称具有一案例杰出的发明，如表 7.1 所示。大约 2/5 的人员是在埃因霍温。但也有其他人在英国、法国、德国、中国。此外，公司在产品研发上的费用是研发预算的 6 倍，主要集中在六个产品部门。

表 7.1 飞利浦的发明

1926	五级电子管（Pentode radio tube）
1934	高压汞灯（High-pressure mercury lamp）
1968	感应电荷耦合器（Charge-coupled devices for sensing）
1968	螺旋槽轴承机械工程（Spiral groove bearings for mechanical engineering）

（续表）

1972	视频长期运作系统（Video long-play systems）
1976	镍金属氢化物电池（Nichel-metal-hydride batteries）
1980	低频激光电信（Low-frequency lasers for telecommunications）
1981—1989	手机中的高速晶体管（High-speed transistors for cell phones）
1997	塑料半导体（Plastic semiconductors）

研究记录：具有创造力但尚未被充分开发

尽管存在发明记录，许多观察家认为，飞利浦未能充分利用其医疗设备、家用录像机和磁盘驱动器等技术领域的研究。一位技术顾问表示，该公司没有与外部的研究人员保持充分的联系，阻止了公司对好想法的充分利用。"该公司的研究机构已经变得与世隔绝和自大。"尽管不一定接受这种直接批评，但飞利浦全球研究主管 Ad Huijser 承认确实存在问题。他给自己制定了任务，即提高将飞利浦的科技思想转变成利润的速度。"当一位风险资本家对一个新想法进行投资时，他希望获得回报，"Huijser 说，"我们必须努力发展同样的心态。"

到 2004 年，飞利浦与其他大公司建立了五个合作联盟：

1. Epic 系统公司的医疗软件；
2. 英博的家庭酿酒机：见本书第六部分的案例 2；
3. Egberts Douwe 咖啡公司的咖啡酿造机（Sara Lee 公司的一部分）；
4. Visa 国际信用卡的芯片技术；
5. 雅虎的网络家庭娱乐内容和设备。

由于飞利浦的新科技以及占主导地位的电子消费品，它成为了印度的一家重要公司。

组织管理联系

在飞利浦这样一家大公司，管理研究工作是一项复杂的任务。然而，如果新发明的好处能够被商业化地开发出来，那么它是至关重要的。将公司的科学家集合到六部门中是 Huijser 的方法的一个方面。通过让部门支付研究费用，在一定程度上实现了上述想法：研发账单 2/3 的费用由他们已经签订的合同支付。这些部门会支付定向研究领域的费用，如软件、材料、集成电路设计、电子存储和通信技术；另外 1/3 的费用由飞利浦研究人员授权的"蓝天"研究所承担。

连接产品部门与科学家的一个必不可少的部分是那些在每个部门工作的首席技术官员们。他们的工作是寻找新技术，即在飞利浦内部和外部设计的新技术，这可能有助于商业化。

Huijser 努力的第二个方面是创建"市场拉动"，飞利浦已经招聘了 10 名业务开发人员。他们在公司的全球研究实验室工作，其作用是对研发中产生的想法提出批评观点，他们也会提出一些将想法商业化的建议。Huijser说，这些人比研发科学家具有更多的商业背景。"他们会提供不同的视角。他们要为实验室内部所追求的想法制定目标，并为具有潜在商业化的发明制定时间表。"

业务开发人员也在飞利浦研究人员和其他企业之间提供一个潜在的渠道，该公司也许希望与这类企业建立合作伙伴关系，以此来将某种特定的想法商业化。Huijser说，这种关联正在增长，而且现在已经有几十个了。飞利浦对以下观点必须"更灵活"，即有时其他公司比飞利浦本身能够更好地体现其科学想法。

第三个方面，Huijser提议努力量化飞利浦研究员工的产量。这是有争议的，因为研究成果的测量涉及"构成成功的因素是什么"的难题。即便如此，许多人认为这样的努力是值得的，因为摆脱评价研发的部分利益与"已经花费了多少钱"的问题有关。Huijser谨慎地对待了该问题，观察了像商业许可收入、专利注册和科学论文发表这样的因素。更不同寻常的是，每年Huijser都会询问在过去12个月内飞利浦产品部门的收入有多少来自研究人员设计的新的科学想法。Huijser承认这些尝试是不完善的和具有主观性的，而且正是这个原因使得结果并没有公开发表。

一个更彻底的解决方案

对于Huijser的所有努力，飞利浦的批评者可能会声称该公司离成功仍然有一段距离。根据这一观点，Huijser的观点只是把官僚主义增加到已经管理到位的系统中去，并且公司开发其科学技术的方法有时会受到限制。存在一个更彻底的解决方案，如分解飞利浦的研究机构、公平地将研究工作交给外部组织或者在产品部门的直接控制下进行研究。公司的高管们似乎不可能采用这种更彻底的建议，因为多年来他们已"享有"保守主义的名声。Huijser相信他循序渐进的努力正在奏效。该公司正在朝着这个目标努力。"我们需要更好的组织构造和更少的浪费"，他说，"我认为我们的公司至少和世界上的其他公司一样好。"

 菲利普斯具有一份关于其可持续活动和目标的广泛性报告：http://www.philips.com/about/sustainability。

该案例是理查德·林奇摘自2001年3月22日《金融时报》，第12页，彼得·马什（Peter Marsh）的文章。©版权归金融时报有限公司所有，2001年。理查德·林奇只对原始文章的改编版本负责，《金融时报》对改编版本的准确性和质量不负任何责任。

案例问题

1. 为了开发其研究基地，该公司引用了哪三种方法？到目前为止该公司是有多成功？

2. 飞利浦公司如何试图采用所谓的"市场拉力"？这是否真的是本章所界定的市场拉力？或者在现实中，"技术推动"具有更多的商业偏见？

3. 当试图开发技术创新时，在寻找与其他公司的关联时存在什么困难？

4. 由于量化研究产量的困难性，你能否找到一个更彻底的解决方案，正如一些人在某些情况下所建议的那样呢？这种方法的好处和问题各是什么？

> **战略项目**
>
> 从战略角度来看,飞利浦是一个非常有趣的公司,因为它正开始改变。多年来,从技术角度来看,它产生了许多格外创新的解决方案,但很少成功地营销它们。公司正在改变,而且拥有很好的演示网页 www.philips.com,这能够解释公司的发展。飞利浦某年的一个有趣的项目将被重新评估,已经取得了多大的进展呢?它采用了什么原则来制定公司的技术战略?你认为它会成功吗?

为创新型组织提供的六种类型的架构。

7.5 如何创新:产生"想法"的过程

7.5.1 创新的阶段

视频
第 7a 和
7b 部分

创新通常出现在一个扩散的过程中。[37] 刚开始使用该技术时的速度很慢,随后越来越快,直到最后只有少量慢热型的人会采用这个创新过程。因此,扩散会遵循 s 形曲线,如图 7.12 所示。

有时候早期开拓市场的公司无法盈利,因为购买者数量较少,并且大量的资金会被投入到开发过程。正是在这个阶段,企业会倒闭,正如 EMI 扫描仪出现的结果一样。当存在大量需求时,真正的利润是曲线不断上升的部分,定价仍然很高,以反映真正的创新或者由于一项技术突破而大大降低了的成本。

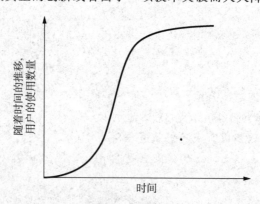

图 7.12　创新采用过程的"S"形曲线

因此,在某些方面,那些"快速"进入市场的人也许能够更好地进行战略管理:曲线仍在上升,而原始创新者仍然没有主导市场。例如,抗溃疡的药物——善胃得(Zantac,葛兰素史克惠康基金会,英国)是第二个进入市场的,第一个进入市场的是泰胃美(Tagamet,史克必成制药公司,英国/美国)。然而,最后却是善胃得占领了主导市场,并为葛兰素史克的盈利作出了重大贡献。飞利浦的发明同样支持了上述观点,即第一个进入市场的企业并不一定能够获得利润,如表 7.1 所示。

曼斯菲尔德(Mansfield)[38]的研究支持这个发现,他追踪研究创新已经超过 30 年了。他认为,平均来说,那些第二个进入市场的企业制作新产品的成本和时间只是原始创新型企业的 2/3。战略问题是如何正确地鉴别以及快速地对真正的创新做出反应,这不是一个容易的任务。阿特拜克(Utterback)[39]已经识别确定了个体创新中的三个阶段,这也许有助于识别过程:

1. 流动阶段。在创新的早期阶段,市场处于不断变化的状态中。产品不是标准化的。通常存在很少的小规模生产者以及通用的、小规模的生产设备。竞争是有限的,并且在很大程度上依赖于进一步的产品开发方案。创新来自新产品的开发。

2. 过渡阶段。一段时期后,需求增长足以证明专业生产机械的合理性。至少已经建立了一个产品设计来提供大量的销量。更多的竞争者进入市场,但是进入的速度开始减慢,因为出现了主导设计、一些公司也采用这种设计并在竞争中保持领先。第一次出现的竞争威胁可能来自于具有更低成本和更高质量的生产商。创新更有可能来自于生产过程的发展。

3. 特定阶段。随着时间的推移,创新速度减缓,变得较小但仍是递增的。少量的大型制造商主导了市场。它们在相当大的规模上来生产产品、使用专家和专业机械设备。直到新的、真正的创新被再次开发出来之前,竞争更可能是基于价格和品牌的竞争。

对于上述方面,我们观察到,它们是建立在两个基本假设和经验观测值上的:

1. 在一个行业中,规模经济和范围经济是可能的,而且仍然是降低成本的主要手段;

2. 可以通过标准化产品来满足定制需求。

对于所有行业而言,这也许并不正确,例如第 14 章的客户/竞争者矩阵,以及本书第六部分丰田汽车公司的柔性生产制造,参见关于丰田汽车的免费在线案例。

7.5.2 实现创新的路径

鉴于创新对组织的价值,真正的问题是如何实现创新。

对于原始创新者,正确的产品创新会带来可观的回报。美国达特茅斯大学的詹姆斯·奎因(James Quinn)[40]教授调查了各种各样公司的创新过程并得出结论,大公司需要像小型创业企业那样才能获得真正的成功。他建议创业公司应该遵循这个他称之为"控制混乱"(见展示 7.4)的过程,这不是一个容易的任务。

> **展示 7.4**
>
> ### 产生创新的控制混乱的方法
>
> - 氛围和愿景：首席执行官为公司提供支持、领导能力、明确的计划和长期的雄心。
> - 小型且扁平的组织：不存在官僚主义，并且很灵活。
> - 小型创新团队：具有创新想法的多学科团体。
> - 竞争性选拔过程：在公司的范围内选择创新想法，并进行鼓励和支持，而不是惩罚失败的团队。
> - 互动的学习：随机的，甚至是混乱的，来自许多渠道和一系列行业中的想法。

奎因坚信创新战略的涌现过程。大约在同一时间，麦肯锡顾问公司的弗雷德·格鲁克（Fred Gluck）[41]在很大程度上持相反的观点。他认为，真正的创新成就需要一个"大爆炸"的方法（大规模的、从根本上改变的做法）。他们需要大量的信息、可以在这些未消化的数据中分辨模式的决策过程，以及能够执行做出的决定的工作技能。他呼吁更大的公司来接受他演讲的言论观点，对重大的环境变化变得更加敏感，并创造更好的氛围来探讨"大爆炸"的想法。

关于创新的最佳路径的冲突观点，日本研究人员似乎也是如此。一项描述日本人的做法的研究[42]是基于一项关于八个公司的产品的调查，包括本田、日本电器公司、爱普生和佳能。研究发现，这个过程是非正式的、多功能的，并且包含一些多余信息，它们最初是被识别来解决这个问题的。结论是，大多数成功的创新过程经常涉及冗余信息，这些信息相互作用，通过偶然的，甚至是混乱的过程来产生创新结果。相比之下，关于日本创新过程的另一项研究[43]表明，在一些情况下，可以使用一种更具有分析性的方法。

总体结论是可能不存在一个创新路径：已经成功地使用了常规方法和应急方法。然而，存在 7 个一般的指导方针，可以用来鼓励创新过程。[44]

1. 质疑目前的业务战略和市场定义。一旦界定了当前的战略，就存在清晰的理由去质疑它的各个方面。必定存在受益于新定义和新方法的领域。对于许多组织而言，一个真正的问题是他们对其现有的偏见容忍了许多年，而且他们在将眼光投向新视角方面存在真正的问题。

例如，市场和客户可能会被重新定义，要么更广泛，要么更狭隘。这可能会导致对竞争对手和所出现的威胁和机会的重新定义。反过来，这可能表明了对组织拥有竞争优势的领域的新见解，这些优势对市场上的其他人具有一些影响力。在 20 世纪 70 年代，华特迪士尼公司将它的市场重新定义为一个使用主题人物提供乐趣的市场，例如米老鼠和唐老鸭。它使用这些想法来开发另一种提供这种娱乐的方式，即在加利福尼亚州的阿纳海姆的第一个迪士尼主题公园。

2. 仔细考虑由当前产品或服务提供的目标。仔细探讨由当前产品或服务提供的目标可能导致对未来的想法。它可能会以新的和更多的奖励手段来达到相同的结果。虽然一些钢琴制造商无法因为年轻人的注意力而与电脑游戏的吸引力进行竞争,比如任天堂和世嘉,但是日本乐器制造商雅马哈(Yamaha)有其他的想法。它将钢琴重新界定为一个键盘,并且通过新的设计、尺寸和技术以提供与游戏一样的有趣性。

3. 探索外部时机和市场机会。经常存在可能提供真正好处的战略性的机会窗口,如果它们能够得到很好的解决的话。资源需要集中在一些地区以确保快速进步,但回报是重大的。然而,时间是至关重要的。例如,在过去的几年中,艾波比集团(Asea Brown Boveri,瑞士/瑞典)和巴布科克(Deutsche Babcock,德国)在环境控制工程领域抓住了机会来开发产品,这建立在一些政府的新担忧上,尤其是北欧和美国的政府。

4. 寻找竞争对手的弱点。大多数组织都会拥有一些薄弱的领域。这可能为其他公司提供了扩张的机会。然而,这种方式会招致竞争性报复,所以需要仔细权衡。例如,微软以它的 Windows 系统主宰了计算机软件世界市场很多年。该公司并未注意到,网景通信公司(Netscape Communication)已经悄悄地为互联网"浏览器"市场开发了软件,到 1995 年,它开始主导这个细分市场:随后,微软参与了一些昂贵的联合交易会以恢复这一地区的局势。

5. 提供新的更好的物有所值。公司有时会锁定一些假设,即关于进一步降低成本和提高质量可能性的假设。然而,设计和技术开发在一些出现了新机遇的市场上以一种较快的速度前进着。例如,所有的日本汽车制造商在 20 世纪七八十年代能够赚取真正的份额不仅仅是通过竞争价格,还通过提供卓越的品质和性能标准。

6. 搜索广发的范围。考察一些领域比如生活方式、技术、监管制度和人口统计数据,他们能够产生重要的机会。例如,摩托罗拉(美国)和诺基亚(芬兰)都得益于移动电话的崛起。在过去的十年里,它们在这个市场拥有发达的专业知识。同样,夏普(日本)在推出便携式计算机的组织中是领先公司,因为它意识到了一种趋势,即需要对更繁忙和更复杂的生活进行管理。

7. 寻求挑战传统智慧。接受当前的市场和资源状况不太可能引起重大的新发展。因此需要挑战在市场上被普遍接受的观点的各个方面。这可能包括对某个方面的挑战,如成功关键因素,也许通过找到提供产品或服务的全新方法来进行挑战。在挑战过程中,有些经理要比其他人优秀,当他们承担这项任务时,应该鼓励和支持他们。例如,直到 20 世纪 80 年代,个人汽车保险电话销售都被认为是不可能的:它太复杂,客户不会接受。这已被证明是完全错误的。20 世纪 90 年代中期,电话销售在欧洲最大的几个市场上已成为销售的主导模式。因此,新公司,如直线保险公司(现在是苏格兰皇家银行的子公司),已经接管了英国的市场领导位置。

这是很明显的,没有一部分传统战略理论会促使创新发展,但从这些过程中得到的战略回报可能是可观的。

7.5.3 蓝海战略：金姆和莫伯尼的贡献

与上述的创新方法一致，并且由于企业如何能变得更加创新的延伸，金姆（Kim）和莫伯尼（Mauborgne）提出了一个概念，他们称之为**蓝海战略**（Blue Ocean strategy）。[45] 这种方法是建立在三个基础原则之上的：

1. 分析市场的重要性以便找到新的机会，见第 3 章；
2. 附加值的关键作用，可以通过降低成本和提高价格来提升，见第 4 章；
3. 通过关注关键元素来识别创新，这些关键元素将引发思考和行动的新方式；本章的主题之一。

金姆和莫伯尼认为，大部分战略关注现有的市场以及在这些市场上公司所具备的竞争优势。他们称现有的市场为"红色海洋"。然后他们指出，有许多市场在 20 年前是不存在的。虽然作者没有使用这些例子，但我们可以命名，例如互联网、电视和汽车卫星导航系统。如今作者命名这些不存在的行业为"蓝色海洋"。

定义 ➡ 蓝海战略是一种关注尚未开发的市场空间、创造需求以及高利润增长机会的战略。实质上，它用一种全新的方式超越了现有市场。它寻求的这些机会将通过开发新的市场产品来实现很高的价值，这些产品超越了现有的边界。重要的是，蓝海概念并没有摒弃红海。总是存在一种需求，即需要在现有市场中制定战略来与现有的竞争对手竞争，这就是红海。然而，由于现有的市场成熟以及竞争变得日趋激烈，要获得更高的回报，有必要重新思考边界和创造新的蓝海。

蓝海战略的本质是价值创新。作者认为蓝海允许创造新的附加值，因为成本可以重新配置，并且新客户和产品将允许产生新的定价模式，这会超越现有竞争价格的比较。蓝海机会的识别会形成四个维度：

1. 消除。一个行业当前的哪一个方面对客户是真正重要的，以及哪一个方面作为外围因素是能够被消除？
2. 减少。一个行业中的产品的哪种特征是过度设计的？该特征能够被削弱而不影响基本的产品或服务提供吗？
3. 改善。一个行业中的产品的哪种特征可以通过某种方式得到改善？该方式能够吸引客户，并且能避免对所提供的当前产品的印象折扣吗？
4. 创造。一个行业中的产品和服务的哪一个方面可以通过创造新的需求和新的定价模式来为客户生成新的附加值？

蓝海战略以一种更深刻的方式探讨研究了每一种元素，并识别了实现结果的一个过程，这种结果涉及明确蓝海中的创新产品的定价和成本影响。

评论

蓝海战略的价值来自它坚持以架构化的方式来开发新的创新解决方案。它产生了一些重要问题，并提供了回答这些问题的架构。然而，一些战略家将发现在识别"红海"和"蓝海"之间的区别时存在困难。其他人很难理解蓝海战略是如何不同于市场细分和定位的——见第3章;蓝海战略是如何不同于与提升附加值有关的现有概念的——见第4章。

7.5.4 目标如何来自创新

如果将组织的目标定义为主要是为了生存,那么这个目标会提前出现在大多数组织的创新过程中。在这个意义上,不能说目标来自创新,而是在创新之前就产生了。然而,如果用更广泛的方法来定义组织目标,例如实现额外价值、质量或服务,那么创新就具有一个非常不同的作用。

在适当的环境因素和人力因素作用下,创新可以发生在一个机构的任何地方。它并不局限于企业技术人员或营销经理。因此创新可以提供新机会超越当前的行业地位。在探讨一项创新的完整范围和影响之前,其真正的潜力不能得到有意义的评估。从这个意义上说,新目标将由激进的创新所呈现出来,例如生物工程或互联网的某些方面无法提前定义目标,必须随着创新的发展而逐渐显露。如果战略管理的某些部分至少能免于严格定义的目标约束,则可以进行更好的战略管理。

> **关键战略原则**
>
> ● 创新过程是复杂的且具有风险的——早期的创新先驱并不总是能从他们的工作中获得完整的财务收益。
>
> ● 创新发展通常遵循一个S形曲线,在最初的发展之后,真正的利润产生于增长阶段。
>
> ● 行业创新存在三个阶段:流动、过渡和特定的阶段。当一种产品设计成为主导的时候,则从第一个阶段转变成第二个阶段;通过大规模的生产,则从第二个阶段转变成第三个阶段。
>
> ● 创新过程可能是应急性的,即创新想法不受约束地来源于许多渠道;它也可以是常规性的,即对于解决任务具有更多的分析和指导方法。
>
> ● 提供给创新的,并用来开启创新过程的7个指导方针并不一定是全面的。它们需要根据中心主题来挑战传统的理解和智慧。
>
> ● 蓝海战略是一种关注尚未开发的市场空间、创造需求以及高盈利增长机会的战略。实质上,它会以一种全新的方式来超越现有的市场。
>
> ● 如果组织的目标包括增长元素,那么最好允许这个目标来自创新机会,这些机会的全部潜能是不能预知的。

> **批判性反思**
>
> **创新：紧急的还是常规性的？**
>
> - 本章指出实现目标的一个试验性的且紧急的方法，以知识和新技术为基础，并在组织的每个领域寻找创新。至关重要的是，一个组织为了开发这种方法的目标需要是开放和未定义的。
> - 困难在于实现目标的这个开放式方法与许多组织工作的方法是完全相反的。他们对股东做出了关于增长目标的承诺；他们分配研究资金是基于从这种研究活动中可能获得的好处；他们管理自己的员工是基于销售和盈利目标。换句话说，他们采用了高度常规化的方法来进行创新和研究。
> - 这两种方法应该协调一致吗？它们可以协调一致吗？如果可以，怎么做？

总 结

- 组织的知识能够被用来提供和维持可持续竞争优势。一个组织的知识是难以精确定义的。实质上，它是一个包含经验、价值观、语境信息、专家见解且不断变化的混合体。明显的是，这个知识领域是组织独有的，是能够在竞争中提供独特性的知识。

- 显性知识和隐性知识之间的区别是重要的。显性知识是可以被记录的和架构化的；隐性知识是模糊和难以制定的。两种类型可能导致组织可持续的竞争优势，但隐性知识可能特别重要，因为它是不容易被竞争对手所理解和复制的。一个组织的知识可以被审查，但是对显性知识的审查过程比对隐性知识的审查过程要容易。审查可能形成战略制定的基础，但也存在一些不足之处。

- 现有知识的转换和传播可以通过四个机制来实现：社会化、外在化、组合化和内在化。四个流程都与任何组织中存在的隐性知识与显性知识之间的基本区分有关。

- 知识创造，即新知识的形成与传播，提供了一个动态的战略机遇。存在三种机制：组织的学习、知识创造和获取以及知识转移。

- 绿色策略的制定将根据知识共享和新知识。这充分体现在"3A"中：强调、获取和架构。

- 如果新知识在其影响组织方面是重要的，那么它很可能改变组织的目标。重要的是，只有在形成新知识后，目标才会改变。在这个意义上，组织的目标源于知识创造。

- 内部和外部的技术扫描对战略管理发展是至关重要的。它也许会随着时间来改变组织的目标。技术应该分为基础技术、核心技术和外围技术。核心领域最可能提供竞争优势。随后，需要评估组织本身与竞争者的每个技术，以及进行技术创新所花费的时间和成本。核心竞争力,即企业内部的技术和生产技能,可以形成技术创新的新领域的基础。

- 组织都受制于他们当前的产品、竞争对手和企业文化。已经确定了五个主要的技术路径约束,即供应商主导、规模集约、科技、信息集中、专业供应商。绿色战略得益于科技的突破,以及为了降低生产绿色产品的成本的加工工艺流程技术。

- 创新有助于增长、竞争优势和超越主要竞争者的可能性。然而,创新也可能会有风险,而且可能导致重大的公司损失。对于创新而言存在两个主要的驱动力:客户需求分析(通常被称为市场拉力)和技术发展分析(通常被称为技术推力)。创新过程可以同时是常规性的和应急性的。

- 行业创新存在三个阶段:流动、过渡和特定的阶段。当一种产品设计成为主导的时候,则从第一个阶段转变成第二个阶段;通过大规模的生产,则从第二个阶段转变成第三个阶段。第一个阶段主要是与产品创新有关;第二个和第三个阶段更可能与生产制造过程的创新有关。

- 如果组织的目标包括增长元素,那么最好允许这个目标来自创新机会,这些机会的全部潜能是不能预知的。

问题

1. 选取一个你所熟悉的组织,并识别它的显性知识和隐性知识。到某种程度,过程是否有助于识别公司的可持续竞争优势?

2. 像耐克一样的公司会使用什么方法来将"知识审查"作为其战略制定过程的一部分?这种方法会存在什么问题吗?你会建议使用它吗?

3. "在一个经济中,唯一确定的就是不确定性,一个确保持久竞争优势的来源是知识。"(野中郁次郎)你同意上述关于知识的独特重要性的观点吗?

4. 选取一个你所熟悉的组织,把它的技术分为基础的、核心的和外围的技术。关于组织战略中的可持续竞争优势,你能得出什么结论?

5. 随着网络的兴起,有人认为:"会给消费者增加一种进行大量商品选择的途径,但是会导致利润在价值链上的利益相关者之间进行重组和再分配。"(罗伯特·本杰明和罗尔夫)从(a)一个主要零售商和(b)当地建筑服务的中小型供应商的角度来讨论上述评论的战略含义。

6. 你是否认为IT使用的增加会对所有组织产生相同影响?是否有一些相对不受影响的组织,除了一些与电脑和互联网的链接有关的组织?你的答案的战略影响是什么?

7. 识别一些最近的创新并将其划分为市场拉力和技术推力。解释每个创新如何被引进市场的,使用S形曲线展示过程。

8. 奎因认为,大公司需要像小型创业企业一样具有真正的创新;格拉克认为,主要创新只来自于"大爆炸"的推动,而这种推力需要重要资源。创新过程的这两种观点可以得到协调吗?(见参考文献40和41)

9. "创新或落后:对于几乎所有的企业而言,竞争规则是如此简单。"(多萝西·莱纳德和苏珊·施特劳斯)这是正确的吗?创新是所有业务战略的基础吗?

扩展阅读

On knowledge: Davenport, Thomas and Prusack, Lawrence (1998) *Working Knowledge*, Harvard Business School Press, Boston, MA, is comprehensive and insightful. Nonaka, I and Takeuchi, H (1995) *The Knowledge-Creating Company*, Oxford University Press, Oxford, is one of the leading texts. Leonard, Dorothy (1995) *Wellsprings of Knowledge*, Harvard Business School Press, Boston, MA, is also about innovation. A good compendium of interesting papers is Morey, D, Maybury, M and Thuraisingham, B (eds) (2002) *Knowledge Management: Classic and Contemporary Works*, The MIT Press, Cambridge, MA. See also Krogh, G, Nonaka, I and Aben, M (2001) 'Making the most of your company's knowledge', *Long Range Planning*, Vol 34, No 4, pp421–440. Read the chapter in Mark Jenkins' and Véronique Ambrosini's edited text with Nardine Collier (2007) *Advanced Strategic Management*, Palgrave Macmillan: Chapter 11 'Knowledge Perspective' by Spender, J C. See also the following special issue: Agarwal, R, Audretsch, D and Sarkar, MB (2010) 'Special Issue: Knowledge Spillovers and Strategic Entrepreneurship', *Strategic Entrepreneurship Journal*, Vol 4, No 4, with an interesting series of papers on this relationship.

On technology and strategic management: Contractor, F-J and Narayanan, V K (1990) 'Technology development in the multinational firm', *R&D Management*, Basil Blackwell, Oxford, republished in Root, F R and Visudtibhan (eds) (1992) *International Strategic Management*, Taylor and Francis, London, pp163–183, is well developed, thoughtful and comprehensive. Although the paper's title does not suggest technology, the following paper has precisely this focus alongside the more general topic of intelligence: March J (2006) 'Rationality, foolishness, and adaptive intelligence', *Strategic Management Journal*, Vol 27, pp201–214. A thoughtful and interesting paper.

On IT and strategic management: Porter, M E and Millar, V E (1985) 'How information gives you a competitive advantage', *Harvard Business Review*, July–August is useful. See also Benjamin, R and Wigand, R (1995) 'Electronic markets and virtual value chains on the information superhighway', *Sloan Management Review*, Winter, p62.

On innovation: Tidd, J, Bessant, J and Pavitt, K (2001) *Managing Innovation*, 2nd edn, John Wiley, Chichester, is comprehensive, with a useful academic foundation. For a more recent academic review, see Stieglitz, N and Heine, K (2007) 'Innovations and the role of complementarities in a strategic theory of the firm', *Strategic Management Journal*, Vol 28, pp1–15. Finally, Utterback, J (1996) *Mastering the Dynamics of Innovation*, Harvard Business School Press, Boston, MA, is an excellent earlier text with strong empirical research base. A more recent text is Lester, R K and Piore, M J (2004) *Innovation — the Missing Dimension*, Harvard University Press, Harvard, MA. For an alternative view on generating innovation: Kim, WC and Mauborgne, R (2005) *Blue Ocean Strategy*, Harvard Business Review Press, Harvard, Mass.

For a more general useful review: Lichtenthaler, U (2011) 'Open Innovation: Past Research, Current Debates and Future Directions', *Academy of Management Perspectives*, Vol 25, No 1, pp75–93.

注释与参考文献

1. Sources for Maglev case: Visits by author to Shanghai, June 2004 and April 2007. *Financial Times*, 28 June 2003, p8; 5 July 2003, pM5; 7 August 2003, p7; 5 November 2008, p25; 24 September 2010, p11; 6 January 2011, p23; 9 February 2011, p22; 11 April 2011, p3 of Rail and Transport section; www.shairport.com/en; *China People's Daily*, 31 December 2002 'World's first commercial Maglev line debuts in Shanghai'; *Shenzen Daily*, 15 April 2004 'Shanghai Maglev ticket prices cut by 1/3'. See also http://englishpeople.com.cn 'Rail track beats Maglev in Beijing-Shanghai high speed railway'; www.cnn.com/2004/TRAVEL/ShanghaiMaglev–30 November 2004 'Shanghai to extend Maglev rail'; http://en.ce.cn/Industries/Transport/200412/15/ 'German Maglev technology abandoned?'
2. Nonaka, I (1991) 'The knowledge-creating company', *Harvard Business Review*, November–December.
3. Nonaka, I and Takeuchi, H (1995) *The Knowledge-Creating Company*, Oxford University Press, Oxford, Ch1. This chapter traces the development of knowledge as a topic area and clearly demonstrates that it was tangential to strategy development for many strategy writers. It should also be noted that many strategy texts make no significant reference to the subject even to the present time.
4. Drucker, P (1964) *Managing for Results*, William Heinemann, London, Ch6.
5. Davenport, T H and Prusack, L (1998) *Working Knowledge: How Organizations Manage What They Know*, Harvard Business School Press, Boston, MA, pp2, 3.
6. Davenport, T H and Prusack, L (1998) Ibid., p5.
7. Hamel, G (1995) Foreword, *FT Handbook of Management*, Financial Times, London. See also his article in *Financial Times*, 5 June 1995, p9, for an abridged version of the article (highly entertaining phraseology but somewhat confused argument).
8. Nonaka, I and Takeuchi, H (1995) Op. cit., pp109–111. As they point out themselves, they did not invent the important distinction between tacit and explicit knowledge. That distinction comes from the Hungarian philosopher Michael Polanyi.
9. Nonaka, I and Takeuchi, H (1995) Op. cit., p27.
10. Skandia, Annual Report and Accounts 1997, p62. See also

Edvinsson, L (1997) 'Developing intellectual capital at Skandia', *Long Range Planning*, 30(3), pp366–373. Mr Edvinsson has made a significant contribution in this area at Skandia. For a more recent paper: Miller, K D (2002) 'Knowledge inventories and managerial myopia', *Strategic Management Journal*, Vol 23, pp689–706.
11 For example, see Davenport, T H and Prusack, L (1998) Op. cit., pxv.
12 Davenport, T H, De Long, D W and Beers, M C (1998) 'Successful knowledge management projects', *California Management Review*, 39(2), pp43–57. See also Norman, R and Ramirez, R (1993) 'From value chain to value constellation', *Harvard Business Review*, July–August, p65 (which explores knowledge and elements of key resources). Chan, Kim W and Mauborgne, R (1997) 'Fair process: managing in the knowledge economy', *Harvard Business Review*, July–August, p65 (which explores the impact on employees). Evans, P B and Wurster, T S (1997) 'Strategy and the new economics of information', *Harvard Business Review*, September–October, p70 (which discusses the internet). Woiceshyn, J. and Falkenberg, L (2008) 'Value Creation in Knowledge-Based Firms: Aligning Problems and Resources', *Academy of Management Perspectives*, Vol 22, No 2, pp85–99.
13 This is actually the headline in the 1998 Annual Report and Accounts of Heineken NV (see Case 2 in Part 6 and Heineken on web) introducing its new knowledge management world network. It is not clear whether the company was aware of the political significance of this phrase and its impact on some groups within the company.
14 Boshyk, Y (1999) 'Beyond knowledge management', *Financial Times Mastering Information Management*, 8 February, pp12–13. For an alternative view of related issues: Arikan, AT (2009) 'Interfirm Knowledge Exchanges and Knowledge Creation Capability of Clusters', *Academy of Management Review*, Vol 34, No 4, pp658–677.
15 References for the Nike case: Nike Annual Report and Accounts 2007 and 2010 available on the web at www.nikebiz.com; *Financial Times*, 15 July 1996, p9; 15 December 1996, p9; 22 December 1996, p18; 2 April 1997, p22; 11 October 1997, p17; 17 January 1998, p6; 16 July 1998; 20 March 1999, p19; 20 March 2001, p6 of Creative Business Supplement; 4 November 2003, p19; 19 August 2004, pp10, 25; 4 August 2005, p21; 21 March 2006, p25; 2 June 2006, p24; 23 May 2007, p32; 31 May 2007, p9; 4 March 2010, p23; 19 March 2010, p18; 20 March 2010, p14; 27 August 2010, p19; Seth, A (1998) *Marketing Business*, February; *Guardian*, 17 June 2003, p15—interesting interview with Phil Knight.
16 Davenport, T H and Prusack, L (1998) Op. cit., Ch3.
17 For example, see case studies quoted in Davenport and Prusak, and Nonaka and Takeuchi above. But also see researchers like Kanter, R (*Changemasters*) and Quinn explored in Chapter 12.
18 Heineken Annual Report and Accounts 1998.
19 For an extended discussion of this important area, see Davenport, T H and Prusack, L (1998) Op. cit., Ch5. The author (RL) will never forget the months of negotiation with his fellow finance director on one such knowledge issue.
20 Unruh, G and Ettenson, R (2010) 'Going Green', *Harvard Business Review*, June.
21 Teece, D (1998) 'Capturing value from knowledge assets', *California Management Review*, 40(3), pp55–79.
22 Sources for Sharm el-Sheikh case: tourist material collected during visit in 2010. UN World Tourism Organisation (2009) *Tourism Highlights Facts and Figures* available at www.unwto.org. *Financial Times*, 16 December 2010, p10.
23 This section has benefited from Contractor, F J and Narayanan, V K (1990) 'Technology development in the multinational firm', *R&D Management*, Basil Blackwell Oxford, republished in Root, F R and Visudtibhan (eds) (1992) *International Strategic Management*, Taylor and Francis, London, pp163–183. Well developed, thoughtful and comprehensive. See also Zhou, K Z and Wu, F (2010) 'Technology Capability, Strategic Flexibility and Product Innovation', *Strategic Management Journal*, 31, No 5, 547–561 for a more recent review and perspective.
24 Prahalad, C K and Hamel, G (1990) 'The core competencies of the corporation', *Harvard Business Review*, May–June, pp79–91. Prahalad, C K and Hamel, G (1994) *Competing for the Future*, Harvard Business School Press, Cambridge, MA.
25 Teece, D, Pisano, G and Shuen, A (1997) 'Dynamic capabilities and strategic management', *Strategic Management Journal*, 18 (7), pp509–533.
26 This section has benefited from Tidd, J, Bessant, J and Pavitt, K (2001) *Managing Innovation*, 2nd edn, Wiley, Chichester, Ch5.
27 Ibid. Tidd J, *et al.* (2001).
28 Sources for the 3M case study: Annual Report and Accounts 1997, 2000, 2007 and 2010. The quotes from Mr Buckley are taken from the 2010 report, pages 1 and 2. Takeuchi, I and Nonaka, H (1995) Op. cit., pp135–140; Davenport, T H and Prusak, L (1998) Op. cit., pp104–106; *Financial Times*, 7 September 1998, p14; 28 February 2011, p16.
29 Hamel, G and Prahalad, C K (1994) Op. cit., p274.
30 Stacey, R (1993) *Strategic Management and Organisation Dynamics*, Pitman Publishing, London, p115.
31 Harvard Business School (1983) *Canon (B)*, Case 9–384–151 plus note on world photocopying industry.
32 Harvard Business School (1984) *EMI and the CT Scanner (A) and (B)*, Case 383–194 and the *Economist Survey on Innovation*, 11 January 1992, p21.
33 Baker, M (1992) *Marketing Strategy and Management*, 2nd edn, Macmillan, London, p28.
34 Whittington, R (1993) *What is Strategy and Does, it Matter?*, Routledge, London, p82.
35 *The Economist* (1992) Loc. cit., p21.
36 Christensen, C (1997) *The Innovator's Dilemma*, Harvard Business School Press, Boston, MA.
37 Baker, M (1992) Op. cit., p110, and *The Economist* (1992) Loc. cit., p22.
38 *The Economist* (1992) Loc. cit., p22.
39 Utterback, J M (1996) *Mastering the Dynamics of Innovation*, Harvard Business School Press, Boston, MA, pp94–95.
40 Quinn, J B (1985) 'Managing innovation: controlled chaos', *Harvard Business Review*, May–June, p73.
41 Gluck, F (1985) 'Eight big makers of innovation',

Mckinsey Quarterly winter, p49.
42 Nonaka, I (1990) 'Redundant, overlapping organisations: a Japanese approach to managing the innovation process', *California Management Review*, Spring, p27.
43 Kawaii, T (1992) 'Generating innovation through strategic action programmes', *Long Range Planning*, 25, June, p42.
44 Developed principally from two sources: Hamel, G and Prahalad, C K (1994) Ibid., Ch4, and Day, G S (1987) *Strategic Marketing Planning*, West Publishing, St Paul, MN, Ch6.
45 Kim, WC and Mauborgne, R (2005) *Blue Ocean Strategy*, Harvard Business Review Press, Harvard, MA.

第三部分　战略管理核心问题

第8章：制订业务战略规划
- 组织能够获得什么环境机会？
- 组织能够获得什么资源机会？
- 从这些机会中能够得到什么战略规划？
- 这些计划是如何与绿色战略相联系的？

第9章：制订公司公司层战略规划
- 成为集团一部分的好处有哪些？问题有哪些？
- 哪些计划会从公司的某部分产生？
- 我们如何制定和决定战略管理？

第10章：战略评价与制定：常规过程
- 战略内容与战略过程的重要区别是什么？
- 哪些计划符合组织目标？
- 哪些计划特别适合组织所面对的环境和资源状况？
- 哪些计划能够对未来做出合理假设？是可行的吗？是否包含了可接受的商业风险？是否能够吸引利益相关者？
- 绿色战略的影响因素是什么？

第11章：寻求战略发展路径：主要的应急方法
- 战略背景和其他两个因素（内容与过程）之间的区别是什么？
- 应急战略因素是如何改变决定的？
- 替补战略方法的主要特征是什么？
- 所选择的战略的结果是什么？

第12章：组织架构、类型与员工问题
- 在设计一个组织架构来实现其战略时，包含的主要原则是什么？
- 在寻找创新战略时，需要考虑的特别因素是什么？
- 管理者应该如何选择和激励来实施战略？

制定战略

在分析了组织的环境和资源,并界定了组织的目标之后,就有可能制定战略。由于不存在所有战略家公认的制定战略的唯一过程,本书的这部分将第一次考察战略制定的常规方法,即制订大量的战略规划、在这些计划之间进行理性选择、利用公认的战略标准。它同样包括对绿色战略问题的思考。

随后,我们考虑了有可能会调整基础常规提议的应急方法。因为有些战略家反对常规过程而仅仅依赖于应急路径,所以我们同样考察了更加彻底的应急替代方法。

最后,我们发现,组织架构和公司风格这样的因素可能对战略选择具有重大的影响,有时甚至需要我们进一步重新修订战略本身。然而,有些战略家认为,在确定战略之后,架构就像其他问题一样需要得到解决,因此在制定战略过程中可能不会考虑组织架构。从第12章给出的原因解释中可知,本书不同意以上观点,并认为最好是把战略、组织架构和企业风格结合起来分析。

常规战略目标

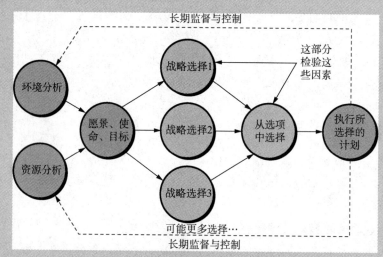

应急战略目标

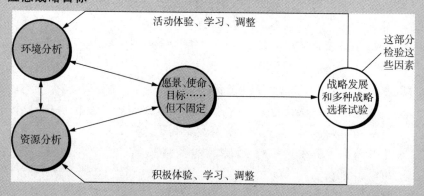

第8章

制订业务战略规划

学习成果

这一章的视频与音频总结

通过本章的学习,你将能够:
- 掌握SWOT分析;
- 基于组织环境角度来制订战略规划;
- 探索不同类别的战略规划并评价它们的潜在价值;
- 概要市场选择矩阵和它对制订产业基础计划的贡献;
- 调查由扩展方法矩阵所提出的计及其对产业基础计划的影响;
- 基于组织资源角度来制订战略规划;
- 在制定以资源为基础的战略规划时运用价值链方法;
- 基于组织独特的核心竞争能力来制定战略规划;
- 基于降低组织成本角度来确定资源战略规划;
- 准确地评价所有这些路径对战略制定过程的贡献;
- 解释说明一些与绿色战略有关的附加计划。

引 言

许多制定战略的常规方法通常会先确定一个组织目标,然后制订一系列的战略规划来实现这一目标。(许多优秀著作中采用了这一方法)完成计划制订后,需要对这些计划进行适当的选择。这一章与计划制订部分有一定关联,制订计划的顺序是按照从个体业务层面到市场层面这一顺序进行的。下一章则考虑了那些包含在各种市场中的公司层面的计划制订。

在本书的第三部分,我们将分析组织所处的环境及其所拥有的资源。在着手研究战略规划之前,总结组织的总体情况是有帮助的。一个通常被称作SWOT的分析方法能够分析组织的优势和劣势,探索出组织所处环境的机会和威胁。另外,这种分析方法可能会得到像愿景、创新和技术等这些因素的支持。除了这些因素外,许多组织也许同样会总结组织目标中的重要因素,并将其作为计划制订的起始点。

为了制定战略规划,定量和定性的处理方法均可能被使用。但是,由于定性方法的困难性,使得战略研究的文章和书籍往往关注更加理性的定量方面,因为定量方法更容易概况、构建和研究。因此,本章主要关注了更加理性的定量方法,但同样认可计划制订中的创造性过程的重要性,如图8.1所示。

在这一章中,战略制定过程的起始点是通过三条合理的战略路径来探索竞争环境,这三条路径分别是一般战略、市场计划和扩展方法。之后,我们研究组织自身所拥有的资源,并探索另外三个合理领域,即价值链、基于资源的观点和降低成本计划。重要的是,在竞争环境和基于资源的路径之间存在重要的互相联系。例如,在分析竞争者背景时,需要考虑市场环境,包括竞争者和公司自身的资源。最后,这一章检验了一些与绿色战略有关的计划,认为绿色战略话题与基于环境和基于资源的战略观点都有关。

视频
第6a部分

从理论上说,存在许多适用于任何组织的计划,可能会超过组织所能承受的能力。因此,本章最后提供了一些评论,即关于如何将计划数量减少到更易于管理的规模。这一章的总体架构,如图8.1所示。

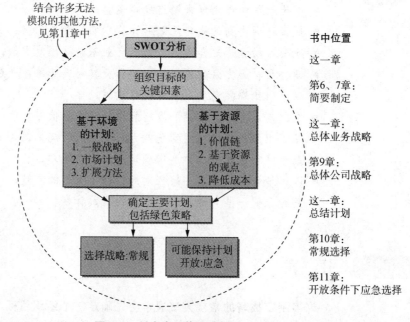

图8.1　制定商业战略选择

案例研究 8.1

华特·迪士尼:为米老鼠制订计划

尽管华特·迪士尼公司(Walt Disney)拥有相当重要的竞争力,但是在21世纪早期,为了公司进一步地发展,它面临着巨大的压力。它最著名的形象和战略资源——米老鼠,代表了一种发展前进的方向。该案例探索了公司的许多战略规划。

华特·迪士尼公司

华特·迪士尼公司由华特(Walt)和他的哥哥罗伊(Roy)建立,在20世纪二三十年代,该公司首先以辉煌和创新的动画片著称。除了像米奇和米妮这样的米老鼠卡通角色外,还有许多著名的动画片,例如《白雪公主与七个小矮人》(Snow White and the Seven Dwarfs)、《幻想曲》(Fantasia)、《小鹿斑比》(Bambi)等。在1952年,利用这些动画角色打造的主题公园在加利福尼亚开放。在此之后，该公司连续分支创办了其他电影娱乐风格，并拥有了美国主要电视广播公司之一的"美国广播公司（ABC）电视网络"。到 2005 年，该公司成为全世界第二大媒体集团。它所拥有的股份包括 70 家广播站；一些有线电视频道，例如娱乐体育节目电视网（ESPN）（拥有 80％股权）；美国线业公司（A&E）（拥有 38％股权）；华特·迪士尼影片公司（Walt Disney Pictures）；塔奇斯通制片公司（Touchstone）；米拉麦克斯电影公司（Miramax）和皮克斯动画工作室（Pixar）。它同样在美国、日本（许可范围内）、欧洲（占绝大多数股份）开发了华特·迪士尼公园和度假胜地，从 2005 年 10 月起，中国香港也将成为新的开发胜地。迪士尼公司同样拥有一系列重要且有价值的品牌，尤其是与儿童有关的米老鼠和小熊维尼。该公司利用这些角色促进了主题公园的商品销售，发展了迪士尼商店和其他直接营销活动。该公司销售额和收益的主要内容如图 8.2 所示。

尽管华特·迪士尼公司熟练地开发了米老鼠的潜在价值，但是它仍然需要寻找新的发展战略。

利益增长的需要

多年以来，华特·迪士尼公司能够为股东带来持续的利益增长。然而，近几年，各种各样的问题开始涌现，并开始出现收益停滞不前的现象。它的媒体网络遭受了来自美国其他主要电视台的激烈竞争，广告收入下降，尽管 2004 年这一领域有所恢复。同时，它的主题公园和旅游胜地也面临着各种问题。2004 年，佛罗里达公园遭受了飓风的袭击，尽管所导致的破坏并不大，但是人们却都离开了。自从 1992 年开始运营以来，欧洲的华特·迪士尼主题公园就只创造了少量的利润，因为其地理位置偏北而无法一年四季享受太阳照射，同时也受到自身所拥有的佛罗里达公园的竞争。日本主题公园获利丰厚，但是迪士尼只占有少数股份。新开发的香港公园仍然只处于早期开发阶段。

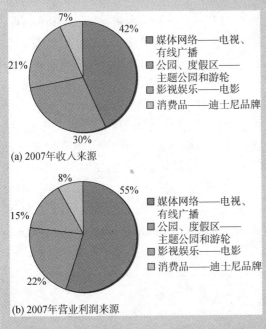

图 8.2 华特·迪士尼公司 2007 年收入来源和营业利润项目

表 8.1　华特·迪士尼公司 5 年记录　　　　　　　　　　（百万美元）

年　份	2003	2004	2005	2006	2007
收入					
媒体网络	10 360	11 202	12 637	14 100	15 046
主题公园度假区	6 412	7 750	9 023	9 925	10 626
影视娱乐	7 364	8 713	7 587	7 529	7 491
消费产品	2 344	2 511	2 127	2 193	2 347
总收入	26 480	30 176	31 374	33 747	35 510
营业收入					
媒体网络	1 356	2 380	3 040	3 484	4 285
主题公园度假区	946	1 077	1 178	1 534	1 710
影视娱乐	620	662	207	729	1 201
消费产品	389	547	543	618	631
总营业收入	3 311	4 666	4 968	6 361	7 827

资料来源：2007 年的年度报告和报表。

然而，迪士尼已经成功开启了一个新的风险机遇，即通往加勒比旅游区的家庭游轮，该旅游区是旅游胜地综合体的一部分。也许 2004 年最大的转折点是电影娱乐：在 2003 年，公司凭借《海底总动员》(Finding Newo)（与皮克斯动画工作室合作）和《加勒比海盗》(Pirates of the Caribbean) 两部影片获得了巨大的成功。但是，在 2004 年，包括花费了 1 亿美元的电影《阿拉莫》(Alamo) 在票房上失败了。品牌消费产品增长平稳，但永远不会是业务中的重要组成部分。

从 2005 年到 2007 年，出现了大量的利益增长。最主要的领域是其媒体网络，不仅仅是美国广播公司电视台，同样包括专业的体育频道，例如娱乐体育节目电视网。另外，它还制作了一系列高质量的电影，在公司叫作"影视娱乐"(studio entertainment)，包括《加勒比海盗》和高收益的《歌舞青春》(High School Musical)。表 8.1 显示了 2003 年到 2007 年以来销售和利润的发展。

迪士尼的新发展：什么样的资源和什么样的计划？

2004 年，华特·迪士尼公司被竞争对手美国媒体公司——康卡斯特公司 (Comcast) 接管以后才得以继续存活，并在之后几年里表现出了新的增长。迪士尼公司曾经受到了相当大的战略反对意见的阻碍，反对意见主要存在于以罗伊 (Roy E·Disney) 为代表的股东之间，而罗伊是公司创办人的儿子，他与公司的首席执行官迈克尔·艾斯纳 (Michael Eisner) 之间存在纠纷。艾斯纳在公司已经 20 年了，并且支持公司目前许多主要的战略部署。然而，艾斯纳与一些股东之间存在争吵，这些股东认为他阻碍了公司的发展并且不承认迪士尼公司存在的一些主要优势。例如，艾斯纳认为剩下的高技术动画制作者应该被要求离开迪士尼公司。因此罗伊批评他时指出："解用一些有才能的艺术家来制作普通的电影并不具有成本效益。最保守的决定通常是最危险的事情。"迪士尼甚至建立了一个网站来抨击公司的管理,即 www.Save-Disney.com。这样做的结果就是艾斯纳在 2004 年被剥夺了董事长的职务,并于 2005 年 9 月离开了公司。

迪士尼公司的竞争力资源是强大的,其中包括它拍摄资料的图书馆、它的品牌形象、它所拥有的媒体传播渠道、它的主题公园和它在电影娱乐方面的经验。它在家庭娱乐方面特别强大,迪士尼自身的这个品牌在这一部分尤其具有影响力。一些年后,它也与皮克斯动画工作室合作制造了电影《海底总动员》等,并最终在 2007 年获得了皮克斯奖。尽管从 2004 年到 2007 年创造出了实质性的增长,然而迪士尼为了进一步的最佳表现一直处于巨大压力之下。该公司需要新的发展战略。

迪士尼公司的长远战略规划如下:

1. 它的主题公园的进一步发展:它在中国上海协议商定了一个可能的选址。主题公园的问题在于它们是资金密集型产业,并且需要长期开发。例如,在大屿山岛(Lantau Island)的香港主题公园从 1999 年就已经同意开发了。

2. 媒体网络的发展:在已经饱和的美国市场,媒体网络发展存在巨大的困难。但是公司正在寻找越来越多的分散的欧洲市场,例如英国。

3. 录制电影娱乐:这本来就是一个冒险的业务。如果判断正确,将获得很好的报酬;反之,如果电影失败,则会带来巨大的损失。

可以说,迪士尼也能从更广泛的角度来考虑它的战略规划。也许新媒体将呈现进一步业务发展的范围?也许它应该利用它的品牌优势来为旅游观光产业开发新产品?

迪士尼公司已经宣布了一系列长远发展目标来降低环境污染。实现这些目标的过程在迪士尼的资料中进行了描述,可参见网站 http://corporate.Disney.go.com/citizenship2010/evironment/overview/ourapproach/。

©版权归理查德·林奇所有,2012 年。保留所有权利。该案例是由理查德·林奇所著,来自于已发表的信息。[1]

案例问题

1. 迪士尼集团的竞争优势是什么?若存在的话,哪一个是可持续性的?

2. 利用本章的概念,什么计划适用于迪士尼未来五年的发展?

3. 在媒体和旅游行业中的公司能够像电视台和主题公园一样,仅仅通过提供新产品就能获得和保持竞争优势吗?或者他们需要重新思考其战略的其他方面?如果是,那将是哪些方面呢?

 识别企业优势的列表。

8.1 目标以及 SWOT 分析——安德鲁斯的贡献

作为制订战略规划的起始点,肯尼斯·安德鲁斯(Kenneth Andrews)第一个认识到将组织目标(包括使命和目的)与战略规划和一系列活动联系起来的重要性。"目标、政策以及组织行为的相互依赖决定了个体战略的特质和识别竞争优势的机会。"[2] 在这本书的第二部分,我们研究了组织的目标,所以在这一部分,我们将假设存在一些公认的目标定义来制订一些战略规划。

定义 ➡ 安德鲁斯进一步令人信服地论证了可能适用于组织的定量分析是战略制定的本质部分。作为战略制定的起始点，利用 SWOT 分析总结出组织目前所处的情况是有帮助的。SWOT 是一种分析方法，分析组织内部目前的优势和劣势，以及组织在外部面对的机会和威胁。该方法符合安德鲁斯所总结的组织内外两个方面的区别。

1. 优势和劣势：在第 4 章，基于组织所拥有的资源分析；
2. 机会和威胁：在第 3 章，基于外部环境的分析。

每一种为组织设计的分析对组织而言将是独一无二的，但是可能会出现一些普遍的观点和问题。这些将在表 8.2 中表明，该表提供了一些可能出现的因素。

表 8.2　在 SWOT 分析中一些可能出现的因素

内部优势	内部劣势
● 市场主导	● 股份劣势
● 核心优势	● 少量的核心优势和较低的关键技术
● 规模经济	● 具有高成本而低竞争性的旧工厂
● 低成本	● 较差的财务状况和现金流动
● 领导与管理能力	● 缺乏领导和管理能力
● 财务与现金资源	● 具有较差的组织架构
● 制造能力与设备年限	● 低质量和信誉
● 创新过程和结果	● 产品不具有差异性且只依赖少量的产品
● 建筑网络	
● 差异化产品	
● 产品和服务质量	
外部机会	**外部威胁**
● 新兴市场和区域部分	● 新市场进入者
● 新产品	● 增加的竞争者
● 多元化的机会	● 来自顾客和供应商讨价还价的压力
● 市场份额扩大	● 替代品
● 竞争者薄弱	● 低市场份额
● 人口和社会变化	● 经济周期处于下降阶段
● 政治和经济环境的变化	● 新技术威胁
● 新的接管者和合作关系机会	● 政治和经济环境的变化
● 经济情况好转	● 人口变化
● 国际发展	● 新的国际贸易壁垒

注释：见文章中所列出的危机和要点。

在设计一个 SWOT 分析时，存在一些将会提高分析质量的因素：
● 保持分析页面的简洁通常不做要求。
● 无论在何种可能情况下，将优势和劣势与产业成功的关键因素结合起来。

- 如果有可能,优势和劣势也应该体现在竞争方面。在某些方面这是让人放心的"好"的做法,但是这与"优于竞争"更相关。
- 描述应当准确而避免空洞。用简洁的词汇表达所有人都相信的想法。
- 分析应该区别公司希望所处的状况与公司目前现状之间的区别。这种区别应该是现实的。
- 实事求是地了解自身所拥有的优势和劣势以及组织的竞争力是非常重要的。

在 SWOT 分析中通常出现的最大可能性错误是假定一切理所当然是"正确的",因为该分析包含了所有可能想到的问题,是真实全面的综合反映。没有任何事物能够超越真理。这仅仅阐明了真实想法的缺乏和战略判断的缺乏。该战略判断的内容,是针对组织而言,什么才是真正重要的因素?

另一个普遍的错误是提供了一系列冗长的观点列表,但是缺乏逻辑、论据和证据。相反,每一个观点都能够被充分论证的较短列表也许更能令人信服。可以说,具有简明要点但缺乏任何解释的表 8.2 在这个方面是完全误导人的。惠廷顿(Whittington)对 SWOT 分析的一些更普遍的批评进行了有效总结。[3]

8.2 基于外部环境的战略规划:一般战略——波特的贡献

我们开始探索基于外部环境的战略规划是通过考虑一般战略来进行的。

定义 ➡ 一般战略的概念是由哈佛商学院的迈克尔·波特教授第一次提出的。一般战略包括三个基本战略,即成本领先战略、差异化战略和聚焦战略(有时称为利基战略,niche),对所有企业均适用。波特的贡献是基于早期对产业经济的研究成果,探索了公司是如何竞争的。[4] 波特大胆地声称任何一个企业都可以采用的战略只有三个基础战略,这就是为什么他称之为"一般战略"的原因。在 20 世纪 80 年代,这些战略被认为是战略思潮的前沿代表。可以说,它在新世纪战略规划制定的过程中仍然具有贡献。然而,关注资源基础观点的战略家们现在认为,一般战略只具有大量的历史意义。在该部分的最后,我们将反过来考虑他们的功过。

一般战略的第一次概述来自于波特的两本书籍:1980 年的《竞争战略》[5] 和 1985 年的《竞争优势》[6]。这里将探讨和研究原始版本中的内容。在探索了最基本的因素之后,案例分析和一些关于理论的正确性和实际作用的评论也将在文中出现。波特书籍中的研究内容只限制在商业情况下,而没有研究非营利性组织组织。

8.2.1 三种一般竞争战略:三种选择

波特认为存在三种基本的一般战略,这些战略对所有企业均适用。
1. 成本领先战略。

2. 差异化战略。
3. 聚焦战略。

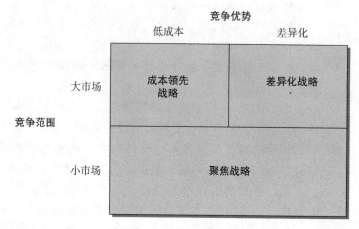

图 8.3 一般战略规划

资料来源：Reprinted with the permission of Free Press, a Division of Simon & Schuster, Inc., from Competitive Advantage: Creating and Sustaining Superior Performance by Michael E Porter. Copyright © 1985, 1988 by Michael Porter. All rights reserved.

根据该理论，为了在市场上进行竞争并获得可持续竞争优势，每个企业需要从这三个战略中选择一个战略。这三个战略规划中的每一个都代表了一个方面，每个方面都是每个企业和许多非营利性组织可以有效探索的。这三个战略规划均可以通过考虑竞争环境中的两个方面来解释说明：

1. 竞争优势来源。根本上，只存在两种竞争优势来源。产品的差异化来自竞争与低成本。下面，我们将讨论这两个方面的内容。

2. 目标客户群体的竞争范围。将组织的产品定位在一个广泛的、覆盖了大部分市场的目标群，或者只选择一个狭窄的目标群并专注于一个利基市场，这两个方面均具有可能性。

波特将这两个因素结合起来形成了著名的图表，如表 8.3 所示。

在他的第二本书中，波特修改了聚焦战略的定义，将其分为两个部分：
- 差异化聚焦战略（利基差异化战略）。
- 低成本聚焦战略（利基低成本战略）。

这个修改后的图中有时也体现了这个变化。

8.2.2 低成本领先战略

定义➡ 一个行业中的低成本领先者已经建立了并维持了工厂、设备、劳动力成本和工作方法，这些都能在该行业中提供最低的成本。在本章的后面部分，我们将探索一些组织能够降低成本的战略规划（见 8.7 部分）。最重要的是，一个低成本公司拥有一个明确和可持续性的竞争优势。然而，为了降低成本，低成本生产者必须寻找和开发出所有具有成本优势的资源。低成本生产者通常会出售或者不出售产品和服务,而是将相当大的战略重点集中在获得规模或者从所有资源那里获得绝对的成本优势。实际上,低成本领先者是通过削减价值链中所有要素的成本来获得市场地位的,该战略规划来自于对细节的关注。麦当劳餐厅是通过标准化产品来获得低成本的,例如为一个国家集中购买供应品(原材料)等。

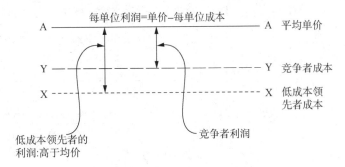

图 8.4　低成本战略是如何实现高于均价的利润?

从低成本领先地位所获得的利润优势源自一种主张,该主张认为低成本领先者应该可能以市场均价左右的价格在市场范围内销售他们的产品,如图 8.4 的 A-A 线。如果这类产品被认为不具有可比性或者它们的性能不被消费者所接受,那么成本领先者将会为了增加销售而被迫利用折扣把价格定在竞争价格以下。

与低成本领先者相比,竞争者将会拥有高成本,如图 8.4 中的 Y-Y 线。成功地实现该战略规划之后,低成本生产者的成本应该会低于其他竞争者的成本,如图 8.4 的 X-X 线。

为了遵循这种战略规划,一个组织将把重点放在降低生产过程中每一个点的成本。应该注意的是,成本领先并不意味着低价格:公司可能收取平均价格并将所获得的额外利润进行再投资。例如第 10 章,一个在欧洲冰淇淋市场上的成本领先战略的例子可能是遍及欧洲的联合利华产品。在高额固定成本产业,该公司享受到了作为市场领先者所获得的大量成本优势。

8.2.3　差异化战略

定义➡　当一个组织的产品在市场中能够比其他公司更能满足一些消费者的需求时,则差异化就产生了。当一个组织能够区分它的产品时,那么它就能够制定一个比市场均价更高的价格。

定义➡　潜在的差异化是市场细分的概念,已经在第 3 章研究了市场细分,即它是对特定组织的识别,这些组织对于竞争战略的反应不同于其他组织。实际上,一些客户愿意为针对他们而设计的差异化产品支付更高的价格。差异化的例子包括更多更好的服务水平、更豪华的材料以及更好的性能。麦当劳的差异化是通过其品牌名称、"巨无霸汉堡"(Big Mac)、"麦当劳叔叔罗纳德·麦克唐纳"(Ronald McDonald)的产品形象以及图标来进行区分的。另一个例子可以用欧洲冰淇淋行业来说明。玛氏冰淇淋系列是通过它的品牌和它能够收取溢价的重要能力来区分的。

为了区分一类产品,波特认为生产者必须承担额外的成本,例如进行品牌宣传,进而区分产品。因此,差异化产品的成本将高于竞争者的成本,如图 8.5 的 Z-Z 线。从而,差异化产品的生产者将从它的定价中获利,由于差异化产品的独特性,公司能够收取高于竞争者的额外费用,如图 8.5 的 B-B 线。

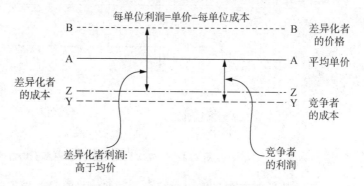

图 8.5　差异化战略如何实现高于均价的利润

与差异化战略有关的两个问题:

1. 很难计算在差异化战略中出现的额外成本,该成本可以通过向顾客收取更高的价格而重新获得。

2. 成功的差异化战略能够吸引竞争者模仿具有差异性的产品而进入细分市场。通常当第一个企业进入市场时会产生成本,所以当第二个企业进入市场时就存在额外的成本优势。例如其他公司会跟随麦当劳公司和玛氏冰淇淋公司。

尽管以上两个问题能够克服,但是它们确实削弱了该战略的吸引力。

8.2.4　聚焦战略(也被称为利基战略)

有时根据波特的理论,低成本领先战略和差异化战略都不能够帮助组织获得较大的市场份额。例如,为了获得低成本领先地位的费用可能需要可持续性的资金支持,而这是不可能的。同样,当为大众市场的顾客服务时,差异化战略的成本太高了:如果差异化产品涉及质量问题,那么在提供高质量上它也许是不可靠的,因为存在太多相同名称的廉价产品,所以必须开发和支持一个新品牌。基于这些以及一些相关原因,企业最好采取聚焦战略。

定义➡　当一个组织集中关注市场中的特殊商机(特殊事物),并特别针对这些特殊商机开发并提供新产品来发展竞争优势时,那么聚焦战略就产生了。因此,为了排除其他竞争者,聚焦战略会选取产业中的某一部分或者这一部分的某一群体,并修订它的战略来服务这些目标群。根据目标群体来优化它的战略,聚焦者会在目标细分市场上试图实现一个竞争优势,尽管它并不拥有竞争优势。在波特理论的后续发展中,波特认为公司也许会利用成本领先方法或者差异化战

略来进行这一过程:
- 在成本聚焦的方法中,一个公司在它的目标市场上只寻求成本优势。
- 在差异化聚焦的方法中,一个公司在它的目标市场上只寻求差异化。

聚焦战略的本质是对一个平衡产业中的狭窄目标市场的差异性进行开发。

通过锁定一个小且特殊的顾客群体,或者通过对优秀质量的产品收取额外费用,或者通过令人满意的低价格产品,应该可以获得高于平均利润的收益。对于欧洲冰淇淋市场,例如:
- 差异化聚焦:顶级冰淇淋细分市场
- 成本聚焦:经济廉价冰淇淋细分市场

在全球的汽车市场上,劳斯莱斯(Rolls-Royce)和法拉利(Ferrari)是明显的利基参与者(niche player),他们只拥有少量的全球市场份额。他们的定位是高端产品和高端价格。

聚焦战略存在的一些问题,如下:
- 按照定义,利基市场很小,不足以证明会引起注意。
- 如果在一个行业中的规模经济很重要,例如汽车行业,那么成本聚焦会很困难。
- 利基市场在本质上具有明显的专业性,可能会随着时间消失。

以上问题都不是难以克服的。许多中小型企业发现这是最值得研究的战略领域。

8.2.5 陷入进退两难的危险

波特总结了被他称为"主要的一般战略"的分析内容,表明那些专注于每一个一般战略但却不能实现其中任何一个的公司存在真正的风险,即陷入了两难境地。如果一个公司处于这一阶段——

"它将会处于不利的竞争地位,因为成本领先者、差异化者、聚焦者都将准备好了在任何一个细分市场上进行竞争……与只实现一个一般战略的竞争者相比,这样的公司只能获得较少的利润。"

一些评论家,例如凯[7]、斯托普福德[8]以及米勒[9]目前反对分析内容的这些方面。他们列举了一些采用了一种以上战略并取得成功的公司实例。例如,日本丰田汽车公司和贝纳通服装制造公司及其商店,都是既具有差异化也具有低成本的。

8.2.6 对波特一般战略的评价

亨德利(Hendry)[10]和其他一些评论家已经列出了一些逻辑问题以及与一般战略有关的实际证据,这些问题和证据都限制了一般战略的绝对价值。我们可以总结如下:

低成本领先战略

- 如果计划是为了寻找低成本领先地位,那么如何能够超越其他公司而成为低成本领先者呢?在拥有低成本领先战略的条件下,这个问题也许是矛盾的。
- 在长期,竞争者同样可以选择减少他们的成本,所以,一个公司该如何在没有风险的情况下维持它的竞争优势?
- 低成本领先战略应该与降低产品的单位成本有关。但是,这一概念的有效性存在局限,这将在 8.7 部分进行描述。它们也在这里也适用。
- 假设低成本领先战略发生变化,技术也是相对可预测的。剧烈的变化可能改变实际存在的和潜在的竞争者的成本地位,以至于这一概念也许仅仅与瞬息万变的高科技市场存在有限的关联。
- 当顾客能够进行比较时,只降低成本会导致竞争优势。这表明低成本领先者必须同样降低价格,否则竞争者将可能赶上领先者,即使这需要几年时间,并且只具有较低的利润率。但是,由成本领先者导致的固定成本的降低可能对其产品或者服务的市场地位造成破坏性的冲击,这将限制该战略的有效性。

案例研究 8.2

一般战略规划分析:全球冰淇淋市场

对一般战略中形成的计划的好处和问题进行研究是很有帮助的。为了进行研究,我们将利用第 3 章和第 4 章的市场数据来分析 21 世纪后期这个行业可能的战略规划。一般战略如图 8.6 所示。

	竞争优势	
	低成本	差异化
大市场	成本领先战略 联合利华	差异化战略 ·雀巢公司 ·玛氏冰淇淋
小市场	成本聚焦 小公司制作的 经济型冰淇淋 具有低成本的 当地冰淇淋公司	差异化聚焦 简洁创意的纪念品 例如,哈根达斯, 本和杰瑞自制冰淇淋

竞争范围

图 8.6 欧洲冰淇淋市场的一般战略

尽管冰淇淋市场一直在成长,但定位该市场上的基础公司还是相对容易的。雀巢和玛氏的地位是重要的。尽管雀巢公司已经发

为了形成新战略规划,冰淇淋公司可以转移到聚焦战略领域,正如本·杰瑞的速食冰淇淋。

展为全球规模,但是相对来说,它仍然小于低成本领先者联合利华。然而,雀巢拥有一系列在位冰淇淋品牌,这些品牌允许对产品收取一个额外费用。玛氏公司通过强大的品牌性质拥有差异化产品,但是仍然是一个相对较小的角色;可以说,它应该将其重新定位在"差异化细分"类别。

©版权归理查德·林奇所有,2012年。保留所有权利。这个案例由理查德·林奇所著,仅仅来自于公开发表的数据。[11]

案例问题

1. 如果你是全球冰淇淋市场上的雀巢公司,你将追求什么战略规划?
2. 如果你是哈根达斯,并且有人向你提议采取低成本领先战略,你的反应是什么?
3. 在欧洲冰淇淋市场上利用波特的一般战略来形成以市场为基础的计划是否存在弊端?在回答这些问题之前,确保你已经阅读并理解了书中内容。

差异化战略

- 差异化产品被假定为具有较高的价格。这可能过于简单化了。差异化形式可能并不导致其本身的高价格。
- 公司可能拥有扩大市场份额的目标,在这种情况下,它可能利用差异化战略来实现这一目标,并且与竞争者的低价格竞争。
- 波特讨论差异化战略,犹如在任何市场上所采取的差异化形式会立即显现出来。战略规划的真正问题不是为了差异化去识别需求,而是找出是什么导致了差异化并应该利用它来吸引顾客。一般战略规划对这个问题并没有任何结论。他们只是制定了一个不确定的假设,即一旦决定采用差异化战略,那么很明显的是,应该如何区分产品。

竞争范围

- 大市场(宽目标)与小市场(窄目标)之间的差别有时是不明确的。它们是否依据市场大小进行区别呢?或者依据顾客类型?如果两者之间的差别不明显,那么通过区分将会获得什么好处呢?
- 对于许多公司来说,如果能够意识到去追求一个聚焦战略并远离市场领先者的广泛市场更有效率的话,那么这当然是有帮助的。这是逻辑上的简单部分。困难的部分是去确定哪些细分市场可能是值得的。一般战略在这一点上并没有提供有用的指导。
- 由于市场分割和产品生命周期变得越来越短,广泛目标群的概念可能变得越来越不需要。

陷入两难境地

正如以上所指出的,目前存在一些有用的经验证据,即一些公司能够同时追求差异化战略和低成本战略。他们利用低成本来提供更好的差异化产品,然后将获得的利润进行再投资,从而进一步地降低他们的成本。例如,意大利贝纳通、日本丰田以及德国宝马等。

基于资源的观点

在第 4 章,我们研究了支持战略分析的资源观点的论据。他们同样适用于战略规划,表明基于公司自身的独特性而非产业特征的计划可能在制定竞争战略时更有帮助。我们将在这一章的后面回顾这些问题,但是目前基于资源观点的评论却破坏了波特的方法。

结论

面对针对一般战略的名副其实的冲击之后,可以想象波特可能优雅地承认在这些概念中可能存在一些缺点。但是,在 1996 年,通过区分基础战略和被他称为"运营效益"(operational effectiveness)的概念,波特进行了反击。前者关注的是任何一个组织面临的关键战略决策;而后者更关注于这类问题,例如全面质量管理、外包、重组等类似的问题。[12] 他并没有做出任何让步,而是扩展了他的方法来研究公司如何能够在一般战略概念下利用市场定位,该主题已经在第 3 章中进行了探讨。

考虑到这些批评指责,结论可能会认为一般战略是没有优点的。然而,只要它被认为是一个更广泛的分析方法的一部分时,那么在进行战略分析来制订基础计划时,它也是一个有用的工具。一般战略迫使对战略管理的两个重要方面进行研究:一个是降低成本的作用;另一个是与顾客和竞争者有关的差异化产品的使用。但是,在制订这样的战略规划时,这只是一个起始点。当市场快速增长时,它可能不再提供有效的路径。通常,整个方法需要一个战略行动的高度常规化视角。

关键战略原则

- 在一个组织中,一般战略是制订基础战略规划的一种方式。它们以寻找市场地位的竞争优势为基础。
- 存在三种一般战略规划:成本领先战略、差异化战略、聚焦战略。
- 成本领先战略旨在将组织置于市场里最低成本生产商之中。它并不一定意味着拥有低价格。高于平均水平的利润来自于收取平均价格。
- 差异化战略旨在开发和定位于一种产品市场来与主要细分市场竞争。因为产品是被专门开发出来的,所以应该可以在平均价格上增加少量的额外费用。差异化战略拥有高成本,但是该成本会被索取的高额价格所补偿。
- 聚焦战略包括将市场的一小部分作为目标市场。它可能通过低成本聚焦或者差异化聚焦的方法来进行。
- 根据理论,在战略规划选项之间进行选择是很重要的,避免"陷入两难的境地"。一些有影响力的战略家提出了一些证据来质疑这个观点。
- 基于逻辑性以及实际行业做法的经验证据,已经存在了大量关于波特方法的批评指责。毋庸置疑,这些评论是有根据的,但是在制订战略规划选项时,一般战略代表了有用的起始点。

案例研究 8.3

全球电视机行业，基于市场的战略：在瞬息万变的市场中令人激动的机会

过去的15年里，全球电视已经成为了主要的商业机会。该案例研究了这一机会是怎样出现的，以及是如何被领先公司开发出来的。它还为国内公司和全球公司概述了在未来几年里进一步的市场可能性。

基于行业的变化：技术和政治带来了新的机遇

直到最近，在世界的许多国家里，报纸具有较高的竞争性，但是电视却不具有。由于在电视节目频道数量上的技术限制和电视对其观众产生的深远影响，使得电视公司通常被政府或者小部分的商业团体控制。然而，在20世纪90年代末，全球媒体市场快速增长，主要新兴的获利机会来自两种新资源，即科技和政治活动。

- 科技。通过新的卫星频道、有线电视以及最近出现的互联网来实现利润。在21世纪初期，数字传播的出现促进了科技进步，最重要的影响是开始允许更多的电视频道出现在电视播送中，并且能够通过互联网传播。
- 政治活动。通过国家政府来将国家所拥有的频道私有化，或者仅仅允许新的、私人的商业电视频道播送节目。

全球媒体的两个主要获利方法：制作与播放

媒体公司可以利用两种主要方法从电视行业中获得收入和利润，即电视制作与网络播放。

1. 电视制作。制作播放的节目。创造性的想法、著名的明星以及巨大的娱乐价值可以提供竞争优势。电视制作工厂，例如制作室，可能被租用并且价格相对便宜。制作成本的范围会从便宜的游戏比赛节目到昂贵的电视剧。通过将这些节目销售给电视台和全世界的节目策划集团来获得收入，例如全球通用的节目形式，即"大兄弟"(Big Brother)和"谁想成为百万富翁？"(Who wants to be a millionaire)等节目。

2. 网络播放。传统上，这将涉及数量有限的电视广播公司之间的竞争。近几年，利用有线电视、卫星和互联网等新形式的传播方法已经大大扩展了可用频道的数量。尽管安装家庭有线电视的资金成本很高，但是利用互联网使信息流在电话电缆里流动的高新科技，将会潜在地彻底改变一个目前已经安装了电话电缆线的城市的传播方式。随后，收入可能来源于广告，或者来源于对有线卫星频道的订阅，或者两者均有。

许多公司都同时从事着制作和播放业务。然而，由于进入制作行业的壁垒要低于播放行业，所以存在大量的私人制作公司。成立一个电视节目制作公司的成本可能只需要100万美元，远远少于建立一个电视台的成本，即1 000万美元到1亿美元之间。然而，这一切开始发生改变，因为网络传播和便宜的电视摄影变得更加普遍。视频网站(YouTube)就证明了简单制作的新兴电视电影的潜力和成功。

国际电视机市场：越来越全球化？

尽管一些电视节目在全世界有规律地播放，例如从"星际迷航"(Star Trek)到"世界杯足球赛"(World Cup football)，但是所有的顾客品味和各种各样的竞争者都是根据地区的差异而不同。一些专业的细分种类，例如奥林匹克和F1摩托比赛可能被认为是全球化的。正是这些地区大型国际媒体公司，如新闻集团和迪士尼，才有机会利用其国际媒体报道来协商某些领域的强大媒体交

易,例如体育运动领域。

然而,在许多方面,并不存在单一的全球市场。语言与文化偏好仍然会在方法和内容上产生差异。就规模而言,目前重要的三个主要地域是:

1. 北美:美国和加拿大。
2. 欧洲:欧盟。
3. 亚太地区:中国和印度最大。

同样存在其他一些重要且庞大的市场,例如拉丁美洲、中东和南非等。基于本案例的目的,我们将关注以上三个大地域。

美国:市场分割导致了新的行业关联

在美国,电视播放主要由四大主要传统频道控制,即美国广播公司(ABC)、美国全国广播公司(NBC)、哥伦比亚广播公司(CBS)和福克斯(Fox),它们可以在电视广播中免费传播,节目是由广告费用来支付的。在战略方面,这些频道之间的竞争越来越激烈,因为一个名为福克斯电视台(Fox TV)的新国家网络电视台已经从新闻集团中建立起来了,在案例研究8.4中已经对新闻集团进行了描述。传统的广播网也反对增强的观众市场分割。这主要是由于大量已启动的电缆和卫星频道,它们能为用户提供新闻、体育生活、新电影和专业音乐,而这些用户习惯观看国家频道。

为了反对这种竞争,强大的联系已经在主要的传统网络广播公司和六大主导电影公司之间建立了,如表8.3所示。当一个公司在流行电影方面具有垄断权力时,那么它的可持续性竞争优势是很强大的,例如詹姆斯·邦德系列(James Bond)或者迪士尼动画片。但是,对于这类公司而言也存在着新的威胁,即像奈飞(Netflix)这样的公司需要互联网视频流技术。该公司已经与许多领先的电影公司协商来获得它们新电影的最初使用权。另外,最近该公司已经开始购买自己的新电视系列。

为了抵抗奈飞公司的竞争威胁,迪士尼、新闻集团以及美国全国广播公司已经在美国建立了自己的互联网流媒体公司,名叫葫芦网(Hulu)。在写该案例时,并不清楚整个领域会怎样发展,包括向欧洲扩张的可能性。

欧洲广播网竞争:有线电视、卫星和互联网呈现出巨大的威胁

在欧洲,许多年以来,主导的广播公司是一些有限的国家广播公司,例如英国广播公司(BBC)和英国独立电视台(ITV)、法国电视1台(TF1)、法国电视2台(Antenne2)、德国电视2台(ZDF)、德国NDR和意大利国家电视台(RAI)。在电视制作和电影公司之间没有相同的联系,因为电影绝大部分被美国电影公司统治。尽管最近已经出现了租用独立电视制作公司的趋势,但是一些欧洲的制作公司因此被主要的广播公司所接管。

除了欧洲的国家广播公司外,近几年出现了一系列的有线电视和卫星频道,其中绝大多数是基于观众用户的。这些频道中的某些频道仅仅是单纯依赖传播,但是有些却利用卫星直接传送到具有电视机顶盒解码器的家庭用户中。在过去的五年时间里,有线电视和卫星频道大量地发展,而国家广播公司却变得越来越微不足道。换句话说,目前市场分割正在欧洲市场上进行着。

亚洲以及远东市场:国家广播电视公司遭受着卫星频道的威胁

在亚洲和远东市场上,主导的广播电视公司仍然是国家电视网络,但是卫星电视和有线电视也已经出现。即使在媒体仍然由国家控制的中国,许多城市家庭目前已经拥有了具有大范围国外频道的有线电视。然而,传统的广播电视公司仍然拥有绝大多数的观众,如中国的中央电视台(CCTV)、印度的全印电视台(Doordarshan)、马来西亚电视台(Malaysian TV)、新加坡电视台(Singapore TV),它们就是这样的例子。

表 8.3　美国领先的电影和电视公司

控股公司	电影公司	电视：广播、电缆、卫星
时代华纳（Time Warner）	华谊兄弟（Warner Brothers）	特纳广播公司（Turner Broadcasting）；美国有线电视新闻网（Cable News Network）；大量的电缆服务
华特·迪士尼（Walt Disney）	迪士尼（Disney）	美国广播公司的国家电视网络（ABC national TV network）——见案例 8.1
新闻集团（News Corporation）	20 世纪福克斯（Fox）	福克斯国家电视网络（Fox national TV network），同样在其他广播网中拥有大量股份——见案例 8.4
索尼（Sony）	索尼（Sony）	无，但是将节目与电影卖给广播公司，已经收购了 MGM 电影馆
维亚康姆（Viacom）	派拉蒙（Paramount）	音乐电视网，尼克国际儿童频道，派拉蒙家庭娱乐
哥伦比亚广播公司（CBS Corporation）2005 年从维亚康姆（Viacom）分离		哥伦比亚广播公司的国家电视广播网，加上广泛的电缆和在美国的最大广播网
康卡斯特（Comcast）/通用电气*（General Electric*）	美国音乐公司（MCA）/环球影城公司（Universal Studios）	美国全国广播公司的国家电视广播网，以及普遍的电影和主题公园

*注释：在写这个案例的时候，并不清楚康卡斯特（Comcast）从 GE 购买 NBC 时是否已经取得了美国反托拉斯当局的同意。

资料来源：各种各样的研究。

一些新的卫星所有者是当地公司，例如那些在澳大利亚、中国香港、菲律宾运营的电视台以及印度的电视台（Zee TV）。然而，新闻集团同样很活跃，因为它在中国香港、日本和印度推出了新的卫星频道，如中国香港的星空传媒（Star TV）、日本的苍穹广播公司（JSkyB）以及印度的星空集团印度公司（Star India）。广播公司一直在寻求机遇，因为这个领域存在着大量潜在的观众。

来自互联网的新型媒体挑战

也许对所有广播公司和有线电视台来说，令人感兴趣且令人兴奋的新威胁来自互联网。强于电话电线和电缆的广播电信新技术有能力利用至少三种基本方法来改变电视行业。

1. 它将允许向家庭传播更多的频道，因此潜在地削弱了广播电视公司的能力。为了避免这一点，一些广播电视公司已经准备好了开发它们自身的产品来占据这个渠道。另外，它们利用它们以前传播流行节目的资料库，如电影、戏剧等，来诱导观众。然而通过现有的有线电视频道，市场分割已经发生了并且还将继续。

2. 当观众观看节目时，将会允许观众进行选择，即数码技术可以用来储存节目，这意味着广告失去了它的影响力。

3. 新的频道，例如视频网站和脸谱网，有能力创造新的产品销路，即超过以前的任何一家媒体。我们已经观察到谷歌是如何从既存的媒体供应商那里获得大量的广告收入,见案例 1.3。这一路径的全部潜力仍然有待开发。

总的来说,全球媒体市场可能使用目前仍未知的方式来进行改变。可以说,从来没有一个市场能够像该市场与应急战略的关系一样如此相关。

电视业务策略:软件与硬件之间的选择,以及对创新和谈判技巧的需求

在领先的公司之间存在着对 21 世纪最有效的业务策略的分歧。索尼认为最好的方法是利用"软件",也就是购买电影、电视节目以及书籍的专有权。其他像维亚康姆、新闻集团以及迪士尼这样的公司至少已经花费了大部分的努力在"硬件"上,也就是传递电视信号给最终客户端的设备,通过在某些国家拥有电视台、卫星或者电缆通道。对于大量的投资需要而言,两种路径方式可能会产生高度的进入壁垒。

然而,互联网开始改变这种高壁垒,因为其价格低廉且建立网站相对容易。宽带的快速引进允许将更加精密复杂的图片信号传递给个别家庭。互联网拥有的电视节目内容比传播节目的方式更重要,即软件开始超过硬件。在电视市场的其他战略包括:

● 传播具有吸引力的节目,例如实况转播独家的体育电视节目或者最近上映的电影。

● 限制使用权,意味着观众没有其他选择而必须购买网络电视权限。通过电缆或加密的电视信号来供应网络电视,但需要一种特殊的盒子来解码。

● 直接收购老电影,提供独特的竞争优势。

● 重点投资新电缆和卫星频道,例如有线电视公司在美国投资了大约 100 亿美元,在英国也投入了相同数量的资金。

● 公司收购和合资企业,例如,迪士尼用 190 亿美元收购了美国电视广播公司的电视广播网以及其他资产;新闻集团试图用 120 亿美元收购英国天空广播公司。

● 在不同的媒体之间进行交叉推广,例如从书籍到电影,或者从视频到卫星电视。

因为必要的投资通常达到十亿美元,公司不可能拥有大量资源来同时追求许多战略,所以需要做出选择。通常来说,显而易见的是在瞬息万变的环境中企业需要具备两种战略超越其他竞争者:

1. 创新,抓住在电影和体育运动交易、新频道和新技术等方面的机会。

2. 谈判技巧,许多新战略需要受到政府、竞争者、体育机构和科技公司等的协定。

电视行业的成功关键因素:如何形成可持续竞争优势和附加值

由于在整个行业中,对战略管理存在许多的分歧,关键因素不能够很明确地识别。然而在全球范围内,它们可能包含:

● 具有高度创造力和创新型人才,用来创作节目内容。

● 具有强大的资金基础,用来支持高市场增长。

● 在所选市场里,至少是在一些细分市场中,具有真正的市场份额优势。使用体育合同、媒体合同、强大的电影资料馆来形成优势,甚至完全控制用户来选择它们的频道。

● 克服进入壁垒的手段,或者通过节目,或者是分布的频道,也有可能通过互联网。

● 商业智慧和交易技巧。

除了研究这些问题的一些规划以外,绿色战略似乎并没有出现在广播公司或者电视制作公司的活动中。一个例外就是脸谱网,该公司在 2011 年为它的网站投资了一项低能源服务器。可能的原因是电视广播公司可能意识到它们是高能源消耗者。

ⓒ版权归理查德·林奇所有,2012年。保留所有权利。这个案例由理查德·林奇所著,来自于公开发表的信息。[13]

案例问题

1. 在构建全球电视行业的战略机会时,波特的一般战略是否能够提供有用的见解?在回答问题之前,仔细想想存在的批判内容。

2. 如果你为一个小公司制订战略规划,你会考虑什么战略规划?你将会遇到什么问题?

3. 如果你接到了要促进一个真实的全球电视网络发展的任务,你会考虑什么战略规划?它将是盈利的吗?

4. 如果存在的话,从全球电视市场在制订战略规划的广泛任务中能够得到什么启示?

战略项目

这个案例仅仅涉及过去十年里世界各地所出现的许多媒体变化。对一个国家的潜力进行更详细的研究可能既具有挑战性也具有乐趣。它需要从国家广播公司开始,然后扩展到所覆盖的竞争地区,市场是如何变得越来越分散的,以及哪一个频道将会特别流行。它还应该包含使用互联网和宽带的新方法。从网站和广播杂志中可以获得很多想法。由于市场进一步的变化是毋庸置疑的,所以对未来五年中应急战略的探索将是特别令人关注的。

8.3 基于环境的战略规划:市场选择矩阵

定义 ➡ 市场选择矩阵(the market options matrix)确定了适用于组织的产品与市场的战略规划,包括撤出和进入一个不相关的市场。需要区分市场与产品,市场是指顾客,产品是指销售给顾客的商品。因此,一个顾客会根据需求来购买许多不同品种的商品。

视频
第6a部分

市场选择矩阵从一个更广泛的战略视角检验了适用于组织的计划,它不是一个简单的市场/产品矩阵[在其他书中被称为"安索夫矩阵"(the Ansoff matrix)]。因此,市场选择矩阵不仅考虑了开发新产品和进入新市场的可能性,而且研究了退出市场和进入一个不相关市场的可能性。然而,前者是基于产品/市场的战略规划,如图 8.7 所示。"产品/市场战略规划"的前提条件表明这种计划主要是基于组织的业务层面。实际上,许多战略规划可能需要考虑一个组织中的公司层面,因为一些像退出市场或者差异化的决策可能会影响业务的其他领域,并且使组织难以采用核心竞争力和阻止竞争的举措。这些决策将需要根据具体情况来决定。

现在,需要依次考虑每一个战略选择计划。

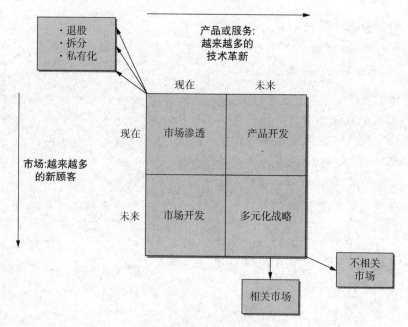

图 8.7 市场选择矩阵

注释:尽管发展计划是在分开的象限中展示出来的,但是实际上,它们也许是从一个地区到另一个地区逐渐变动的。它们并不是绝对区分的。为了避免混淆,最好指明市场渗透不同于市场开发,因为渗透只是集中关注现存的和潜在的客户群,而发展是在总体上寻找新的顾客细分市场,或者新的客户群。

资料来源:Author based on Ansoff, I (1989) *Corporate Strategy*, rev edn, Penguin, Harmondsworth. The matrix also uses concepts outlined in Day, G S (1987) *Strategic Management Planning*, West Publishing, St Paul, MN.

8.3.1 退出战略

在开始考虑市场战略时就选择退出战略似乎是违背常理的。但是如果是为了开发竞争优势,制定战略时必须考虑不可预测的事物。在许多环境中,这种战略规划可能拥有优点,例如:

● 产品生命周期处于下降阶段时,伴随有少量削减开支的可能性。在全球化电视市场的背景下,在将要到来的下一个 20 年里(或者更快),数字电视频道将会代替类似的传播方式,并且所有的旧产品将会被直接销毁。

● 产品范围的过度延伸也许只能通过撤销某些产品来解决。在电视行业,目前提供的众多频道中的一部分可能只拥有少量的观众,这些频道被认为是不合理的,即便维持它们的运营只需要少量的成本。

● 控股公司子公司的销售额。这些子公司也许处于不同的行业中,如果买卖价格合理的话,这类公司通常会将它们的子公司仅仅视为买卖的资产。美国电视公司有规律地出售当地电视台并且从市场中退出,其原因与财务、其他电视台的连接能力以及公司目标的变化等有关。

● 在其他地方为投资筹集资金。当一个组织决定退出市场时,它可能会出售资产。即使没有出售资产,那么投入到该资产中的活动资金和管理时间可能会被重新部署到其他更加多产的用途中。面对外部资金限制的国有企业可能会将撤退和出售战略视为有用的战略。

8.3.2 拆分战略

在某种意义上,拆分战略(Demerger)是退出市场战略的一种形式,但是它具有一个相当专业的意义以及一些有吸引力的影响。对于一些公司而言,它们的股票在股票交易所公开交易,其标的资产(underlying asset)的价值可能高于股票价格所示的潜在价值。例如,通过为现有股东发行两组股票,英国化学药品公司(ICI)在 1993 年被拆分为两个公司。之后,两个公司的股票分别以高于它们合并时的价格在伦敦股票交易所进行交易。其中的原因是公司的部分产品种类是基础化学品和专业化学品。分离的公司分别处于农业化学品行业和医疗用品行业,后者对股东而言更具有吸引力。ICI 被分为了两个公司,第一个保持了原来的名字,即英国化学工业公司;第二个部分的名字为杰尼卡(Zeneca)。随后,其他一些化学品公司,例如主要的德国化学品公司赫斯特(Hoechst)也遵循了相似的战略。

在公开上市公司中,这种战略已经越来越多地被用来实现潜在资产的价值。它同样有利于那些拥有完全不相关的市场活动的公司,允许公司的每一部分只关注自身的活动而不用为了稀有资源而竞争。它的缺点是会破坏规模经济、交叉贸易的好处以及一个大公司的独特性。

8.3.3 私有化战略

在世界上的许多国家中,存在一种将国有企业私有化的趋势,也就是说,将公司的股票出售给私人所有。对于一些机构而言,这已经成为了主要的选择。例如,许多国有电信公司现在已经被私有化了,除了美国,因为它们一直都有私有成分。在管理风格、公共责任、所有权以及战略变化等方面的结果是很客观的。产品种类、服务水平以及公众形象的改变同样具有重大意义。

8.3.4 在现存的市场中进行市场渗透

不用撤离组织目前现存的一系列产品和服务,只通过渗透市场就可能直接从竞争产品那里将顾客吸引过来。市场渗透战略(market penetration strategy)[14]应该从现存的顾客着手。直接攻击竞争对手的顾客会导致报复,可能抵消最初的收益并且侵蚀公司的利润。留住现有的顾客群通常更划算,尤其在消费者商品市场。正如丰田和宝马汽车公司,当它们改变汽车型号时,它们花费了很大的努力来留住顾客。

如果为了渗透市场而需要直接攻击竞争对手,那么结合所有业务活动将会是非常有效的方法[15]。例如，在提高产品质量和服务水平的同时也进行促销活动。明显的是，这种短期成本很昂贵，但是从长远角度来看，在增加市场份额方面，这是有好处的。例如，新闻公司卫星运营会定期将新的电视频道与广告宣传和解码器的特殊交易结合，将其作为渗透市场的战略的一部分。

如果市场是增长的，那么市场渗透可能更加容易。因为现有顾客的忠诚度也许是不可靠的，并且进入市场的新顾客仍然在寻找合意的产品。在这种情况下最具吸引力的战略将会随着公司市场份额的不同而不同：

- 在一个增长的市场中，一个具有相对较低市场份额的现有公司在侵略性地进攻市场或者细分市场时，没有什么可以失去的东西。例如，在过去的几年里，占市场份额比较小的英国格瑞曼德（Grand Metropolitan）的汉堡王猛烈地攻击了麦当劳的市场，并取得了一些成功。
- 在一个增长的市场中，具有较高相对市场份额的现存公司拥有诱人的地位，而这一地位可能会慢慢消失。掠夺性的削价有时是一种战略，用来阻止较小的新进入者。只要公司具有生产能力，那么这将具有很好的效果并使公司的经验曲线下降。这种战略被英特尔用来开发新一代电脑芯片，并且阻止较小的新进入者，如美国公司新瑞仕（Cyrix）和超微半导体公司（AMD）。

8.3.5 利用现有产品进行市场开发

对于这种战略路径，组织除了关注现有的顾客以外，还会专注于吸引新顾客来购买现有的产品系列。它会寻找新的细分市场、新的地理位置或者产品与服务的新用法，这些都将会带来新顾客。

拓展公司现存的产品为公司带来新顾客，也许很容易涉及一些适当的重新包装，然后在一个新的细分市场上进行销售。通常，它也会在一个新的国际市场上销售相同的产品。在本书中存在许多这种战略的案例。利用核心竞争力和一定的独创性，也许会找到现有产品的新用法。例如，英国医药品公司葛兰素曾经为其治疗溃疡的药品善胃得寻找新市场。因为这在西欧和北美该市场已经很成熟，所以它将产品定位在越来越多的国家中。它还开发了一种低功效的、非处方产品，并将其当作是替代抗酸药的一种胃药。

我们将在下一章来研究哪一种组织会采用这种扩张的方法。

8.3.6 为现存的市场开发产品

在这里，我们将谈论具有重大意义的产品开发，这并不是现存产品的小范围变化。证明该战略的合理性存在许多理由：[16]

- 为了利用过剩的生产能力；
- 为了反对竞争者进入；
- 为了开发新技术；
- 为了维持公司作为产品创新者的地位；

- 为了保护全部的市场份额。

理解以上理由是随后选择产品开发路径的关键之处。也许最具潜力的领域与创新有关:它可能是对现存生产线的一种威胁,也可能是从竞争中获得市场份额的机会。有时候,产品开发战略并不总是用在一个现有市场中。它们通常使公司进入一个市场,并且吸引那些还没有接受服务的顾客。这是许多组织自然增长的一部分。

8.3.7 多元化战略:相关市场

当一个组织采取多元化战略时,它将从目前的产品和市场中撤离而进入一个新的领域。这表明它将进入一个未知领域,并且会带来更高程度的商业风险。然而,如果进入相关市场,那么组织也许会降低这种风险。("相关市场"在这里意味着一个与现有价值链存在一些既定联系的市场)。根据第4章中价值链的概念以及第9章中关于公司战略的研究,通常会区分三种类型的关系。

1. 前向一体化。一个生产商通常涉及组织产出的一系列活动,如分销、运输、物流。例如,收购玻璃经销商的欧洲两个领先的玻璃制造商,即法国圣戈班(St Gobain)和英国皮尔金顿(Pilkington)。[17]

2. 后向一体化。组织将它的业务活动延伸到它的输入端,如它的原材料、工厂和机器供应商。例如,法国石油公司埃尔夫(Elf)收购了在北海(North Sea)的石油钻井股份。[18]

3. 水平一体化(横向一体化)。组织会迅速地进入与它现有业务活动相关的领域,因为它们可能是竞争关系,也可能是互补关系。例如,在1994年,德国宝马公司收购了英国路虎汽车公司。

新闻集团已经采取了前向一体化战略,通过收购有线广播和卫星频道来直接向消费者传播节目。它将产业链后端与电影制作公司进行了融合。它已经采取了水平一体化战略,扩展了业务活动的范围,即从新闻报纸到书籍、报纸和电子媒体。

协同效应(Synergy)是解释这一战略的最主要原因。[19]实质上,这种战略意味着整体融合比各个部分的简单加总要更有价值:通过拥有和控制更多的价值链所产生的价值要更丰厚,因为各种要素是相互支撑的。这一概念相对容易理解,但是很难精确地分析。这就意味着很难评估这一战略对战略管理的明确贡献。该战略与第4章中研究的价值链的关联性概念有关,并且可能很好地利用这一概念来进行评估。

8.3.8 多元化战略:不相关市场

当一个组织进入不相关市场时,它将在这一领域遭遇经营风险,因为该领域的成功关键因素的具体知识是有限的。实际上,它会对控股公司起作用。许多公司成功地运用了这一战略,可能最著名的是英国汉森公司(Hanson plc,但是美国具有大量的控股)和美国通用电气。根据定义,这种扩张战略的思维逻辑不可能是市场关联的,因为目标市场与该组织当前感兴趣的领域没有关联。为什么该战略存在一些优点,存在两点理由:

1. 目标市场可能在财务上与现存业务存在一些其他关联,这一点可以论证这种扩张的合理性。

2. 也许不存在关联,然而,如果控股公司采用紧缩的但明确的财务控制方法来管理这样一个合资企业,那么仍然可以成功运用多元化战略。

显而易见的是,这一战略与第9章关于战略来源的讨论有关。然而,应该指出的是非相关多元化战略目前是不流行的,即它缺少证据和基于资源观点的逻辑。

评论

市场选择矩阵是一种形成有效计划的有用方法。但是,对于在什么样的环境下应该选择哪种战略规划,它本身并没有提供许多有用的指示。因此,它的价值在于指出问题而不是解决问题。通过开放式的辩论,主要的战略见解来自它提出了挑战当前思想的可能性。

这种战略路径可能涉及一些新产品开发、研究、广告和相关事宜的资金花费。因此,这类战略更可能被那些拥有重要资金资源的公司所支持。许多战略规划更有可能被盈利的公司考虑,而不是那些为了恢复大量损失的公司。然而,通过处理一些资产,基于市场的战略规划实际上也能筹集资金,并为那些仍然存在于组织中的资产提供更多自由。通常,这会包括公司部分资产的出售。

市场选择矩阵可能更适用于商业公司和非国有部门,因为国有企业的建立通常是为了填补一个特殊的职能,而在这种定义之外,它具有较小的发展空间。

关键战略原则

- 通过考察市场和产品,那么有可能形成公司也许会采取的战略规划:整体架构被称为市场选择矩阵。
- 战略规划包括转向新顾客群和新产品。因为进一步地发展,它们也许涉及多元化的公司会远离它们原来的市场。
- 协同效应是相关市场多元化战略背后的主要原因:整体融合比个别部分的简单加总要更有价值。这一概念与价值链的关联有关。
- 市场选择矩阵是一种形成战略规划的方法,但是并没有指导该如何在这些战略中进行选择。通过开放式的辩论,主要的战略见解来自于它提出了挑战当前思想的可能性。

8.4 基于环境的战略规划:扩展方法矩阵

定义 ➡ 扩展方法矩阵(the expansion method matrix)用一种架构化的方式研究了可以用哪种方法来获得与战略规划有关的市场机会。通过考察组织内部和外部扩大的机会,以及组织地理上业务活动的分布,就有可能形成各种有用的方法。

除了研究制订战略规划的路径之外,研究可以实现这些路径的方法同样重要。例如,通过使用现有的公司、收购、兼并或者与另一个公司建立的合资企业来推出一个新产品。由于公司已经搬离它们的本国,所以用于这种发展的方法也增加了。我们已经看到了新闻集团是如何在全世界不同的国家中运用不同的合同安排来开发其全球影响力的。完整的战略规划列表如图8.8所示。

视频
第6a部分

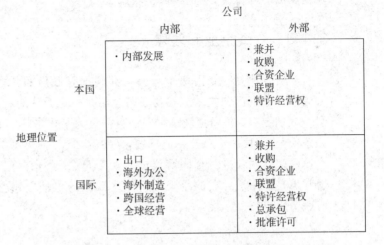

图8.8 扩展方法矩阵

注释:如果上述方法被证明是需要成本的,那么它们必须能够增加组织的价值。

8.4.1 收购

这种市场扩张方法的最重要原因也许是与特定的公司资产有关,即品牌、市场份额、核心竞争力以及独特的技术,都有可能是收购的理由。[20]通过在1990年收购了一家公司,新闻集团获得它的机密技术。然而,该方法明显的缺点是,如果一家公司想要真正拥有一项资产,那么可能需要支付超过公司资产价值的额外费用。例如,在1989年,当雀巢购买一家巧克力公司时,它花费了双倍价钱。该价格是依据已经在股票交易所上市的朗特瑞(Rowntree)的股票价值来决定的。

收购也可能是为了竞争。在一个静态的市场上,公司从建立开始再到进入市场的过程是昂贵且缓慢的。例如,在缓慢增长的咖啡市场,菲利普莫里斯(Philip Morris)/卡夫卡通用食品(Kraft General Foods)就收购了一系列公司来强化它的麦斯威尔咖啡(Maxwell House)的品牌,即女巫咖啡屋(Café Hag)和雅各布斯咖啡(Jacobs Coffee)。在快速增长的市场,收购是可以更快速地获得影响力的手段。例如,瑞士罗氏制药企业(Roche)对生原体公司(Biogen Company)的收购打击了瑞士的公司,使其从传统的药品市场进入全新生物医学科技领域。

8.4.2 兼并

在两个公司合并的意义上来看,兼并类似于收购。然而,兼并的出现通常是因为没有哪一个公司拥有规模去收购另一个公司。那么存在变得更加友好的潜在好处,但是如果要实现这些好处,就需要进行特别处理。在其他方面,涉及主要战略问题时,它也类似于收购。

8.4.3 合资企业和联盟

合资企业是一个由两个母公司共同拥有股份的公司形式。两个母公司通常分享一些资产和技术。谷物联盟公司是一家合资企业,其中雀巢和美国通用磨坊分别拥有50%的股份,它们的目标是为了攻击除了北美以外的其他地区的家乐氏公司(Kellogg)的谷类早餐,见案例2.1。

联盟是弱者进行合同协议或者两个母公司拥有少量股权的合作形式。它通常不足以形成独立的小公司。一些欧洲的电信公司会为了国际性扩张而形成联盟。

8.4.4 特许经营

特许经营是授权协议的一种形式,该协议是承包商给受让者提供一揽子预制的业务经营权。它可能包括品牌名称、专业技术服务和一些广告帮助。所支付的报酬通常是营业额的一个百分比。麦当劳餐厅是最著名的特许经营案例。

市场扩张的各种不同方法的主要优点和缺点均总结在表8.4中。

表 8.4 扩张方法:优点和缺点

优 点	缺 点
收购	
● 发展相对快速	● 额外费用:昂贵
● 可能减少竞争者的竞争,尽管这一行动通常需要政府竞争当局的批准许可	● 如果公司定位错误,具有高风险
● 从经济规模或者共享的经费中节约成本	● 可能已经获得了最好的目标
● 公司在专业技术垄断权的维持	● 通常公司不需要的部分很难处理
● 延伸扩张到新的地理区域	● 收购之后会出现人员关系问题:可能比其他原因更容易导致失败
● 购买市场规模和份额	● 本国文化冲突问题,尤其目标市场在国外的公司
● 与随后可能被重新出售的低估资产的购买有关的财务原因	

(续表)

优 点	缺 点
合资企业	
● 快速构建规模	● 在某些程度上控制损失
● 快速获得专业技术	● 两个合伙人对合资企业的贡献不同时,其效果最好
● 比收购便宜	● 因为分享的需要以及母公司的干涉,使得很难管理
● 可用在直接收购不可行时	● 与合伙人分享利润
● 可用在类似的产品上	
联盟	
● 与合伙者建立更紧密的关联	● 缓慢并艰难的方法
● 使用联合专业知识和承诺	● 需要持续性地维持良好关系
● 允许潜在的合伙者互相学习	● 不可能建立规模经济
● 排斥其他竞争者	
特许经营权	
● 与直接购买相比是较低的投资	● 依赖特许经营权的质量
● 一些业务提议的基本监测由特许经营权所有者采取:低风险	● 部分利润需要支付给特许经营权所有者
● 通常算是垄断领域	● 业务建立与特许经营权撤销的风险

资料来源:Adapted from Lynch,R(1994) *European Business Strategies*, 2nd edn, Kogan Page, London. © Richard Lynch 2000. All rights reserved.

8.4.5 国际选择

尽管在欧洲的某些场合进行了宣传,但在除英国与北美之外的地区,收购还是相对是较少的。[21]在东南亚的一些国家和日本同样很少使用收购。存在两种主要原因,第一个原因是,在盎格鲁—撒克逊国家(Anglo-Saxon)的股票交易要比欧洲与亚洲的一部分国家更加公开化,因为后面这些国家中的银行与政府控股是比较重要的;第二个原因是,在一些国家中存在很强的交叉持股(interlocking shareholdings)的传统,如果是可能的话,这一股权使得直接收购(outright acquisition)变得困难。

除了这些基本问题之外,更大程度的全球贸易已经使得可能已经在少数西方国家应用的战略规划适用于全世界。对于海外业务,存在两个重要之处:

1. 承包商(turnkey)。承包商对建造和可能委托建造的大规模工厂承担全部责任。付款可以采取多种形式。

2. 许可批准(licensing)。所提供的技术或其他资产都来自于本土国家的营业许可。付款通常是缴纳特许权使用费,或者按照协议来支付一定比例的营业额。

总体来说,对于许多公司来说,海外扩张可以按照以下顺序进行。[22]

- 将出口作为扩张的第一步。
- 之后,建立海外办公室来提供固定的场所。
- 可以开始进行海外加工制造,但是这显然增加了风险,并且暴露在国际风险中,例如汇率风险。
- 建立跨国公司来提供主要的国际业务活动。
- 引进全球运营部。全球经营部与跨国公司的主要区别在于国际义务承诺的程度,或者可能是从全世界受欢迎地区来获得产品资源和原材料的能力。

存在各种各样与以上经营有关的风险与机会。也许最重要的因素是汇率变化,也就是说,交易的困难在于汇率的易变性及其可能导致重大的和预想不到的损失。

评论

扩展方法矩阵具有与之前矩阵类似的缺点,也就是说,它有利于构建战略规划,但是却不能提供指导方法来在这些计划中进行选择。

最后,下一章将进一步阐述关于战略管理计划的主要扩张方法,即原因在于,在实际中,许多这样的计划选项通常是由大公司的中心层驱动产生的,而不是单独的业务层。

关键战略原则

- 扩展方法矩阵用一种架构化的方式研究了可以用哪种方法来获得与战略规划有关的市场机会。通过考察组织内部和外部扩大的机会,以及组织地理上业务活动的分布,就有可能形成各种有用的方法。
- 在本土国家中,四种主要的扩张方法有:收购、合资企业、联盟以及特许经营。每一种方法都有其优点和问题。
- 在本土国家之外,存在另外的国际扩张方法,包括出口、建立海外办公室或者进行全部的制造生产。与国际扩张有关的最主要风险可能是汇率变动。

案例研究 8.4

新闻集团构建一个全球媒体王国,但面临着新的战略挑战

从澳大利亚/英国小的的报业经营中可知,新闻集团在过去的 25 年里已经建立了全球媒体王国。这一案例挑战了传统的"战略规划"方法,并且识别了一些公司所面临的新的战略挑战。

公司背景:在冒险和创新中的报纸发展

在过去的 20 年里,新闻集团由它的董事长和首席执行官鲁伯特·默多克(Rupert

Murdoch)建立。他因为反抗现有事物而闻名。他出生在一个富裕的家庭,并在其21岁时继承了他父亲在澳大利亚的报纸连锁店。之后,默多克利用这些资源作为他理想抱负的起始点。

默多克通过一些低档市场和其他高档市场从根本上重新定位了他的澳大利亚报纸公司。在这个成功的基础上,他将市场从澳大利亚转移到英国,并于20世纪60年代和20世纪70年代之间,在那里获得了一系列类似的控制权。这些报纸包括犀利而温和的《太阳》(Sun)以及有声望的《泰晤士报》(Times)。默多克以进取精神、朴实的演讲以及作为管理者所具有的良好的判断力而闻名。他很明白自己所想要的,并且富有远见地管理着公司的主要资源。在20世纪70年代,他毫不犹豫地去计划并与英国印刷工会抗争,主要是为了破坏它们在行业中的权力。因此他还被称为"效率杀手"。为了战略性地发展前进,他的公司已经准备好了去冒险和创新,但是按照国际标准来衡量,其规模仍然很小,并且在电视机行业没有获得显著的利益。

在过去的30年里,鲁伯特·默多克已经将新闻集团打造成全球媒体组织。但是,公司面临着许多来自数码技术和英特尔网媒体的新挑战

新闻公司:电视机行业的创新几乎拖垮了公司

在20世纪80年代,新闻集团是最早发现卫星广播潜力的公司之一。通过在英国的一系列大胆的转变,该公司推出了一项电视服务,这早于英国官方政府赞助的竞争者18个月。早期的日子是很困难的。新的英国电视企业加上美国对电视指南(TV Guide)的收购是消耗集团资金的主要原因。在1990年的某个阶段,整个新闻集团陷入破产。最后,默多克所拥有的和竞争者所拥有的频道被合并成了英国天空广播公司,其中新闻集团占有50%的股权(之后连续地减少为39%的股权)。在1994年,当英国天空广播公司在伦敦股票交易所发行股票时,其市值是87亿美元。

在20世纪80年代后期,默多克同样认为美国市场具有巨大的潜力。他的公司在1985年收购了电影公司20世纪福克斯(20th Century Fox)。之后,他进行了一个典型大胆的转变,并且声称他将建立第四个美国国家电视频道来与已经存在的三个广播网竞争,这三个广播网分别是美国广播公司、哥伦比亚广播公司以及全国广播公司。经过四年发展,通过在美国购买和安装有线、卫星和地面广播电视台,默多克利用福克斯电影制作室(Fox Studio)作为扩张的基础。当他被告知只有美国公民才能拥有美国电视台时,他选择放弃了澳大利亚国籍而成为一名美国公民。整个电视建设战略在此之前从未被实施过,从而具有高度创新性。

在20世纪90年代期间,新闻集团开始在远东地区建立电视广播网。该公司收购了中国香港的星空传媒公司,并将其作为进入中国的基础。为了在亚洲更多地区进行广播,它同样收购了许多远东国家的卫星电视频道。通过收购意大利和德国卫星电视的股份,它同样扩张到了欧洲的其他地区。到

2010年,伴随着在收入和净利润高增长的纪录,新闻集团已经建立了国际媒体集团,如图8.9所示。但是该公司的利润记录是不完整的。例如,在2010年,只有两个主要地区贡献了利润。例如,电影娱乐是从《阿凡达》(Avatar)这类电影中获利的,卫星广播程序项目是从美国右翼的福克斯新闻频道(the right-wing Fox News channel)这类频道中获利。同样还存在一些主要问题领域,这将在本案例的最后进行介绍。

公司竞争,而在那里存在文化冲突。然而,因为世界机遇促进了公司发展,这是领先公司早已确定的未来五年的发展机遇;所有公司都认为现在就是建立公司地位和获得大量资金的时机。绝大多数的美国和欧洲公司对新闻集团的扩张路径造成了比较大的竞争障碍,例如美国谷歌、美国迪士尼、德国贝塔斯曼以及意大利梅迪亚塞特。一些政府同样使得扩张变得困难,主要是通过支持国家媒体所有权的某种形式来阻碍扩张的。

新闻集团:关注其核心资源的贸易历史

新闻集团电视机战略的关键是它对未来的洞察力,"我们的演变是从一个主要的报纸出版商到一个电子媒体巨头",这句话总结了公司目标。新闻集团同样设想了十年之后会存在四个或者五个领先的全球电视公司,而它可能会是其中之一。

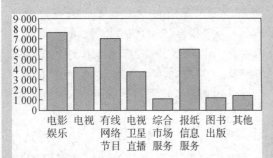

(a) 2010年收入来源

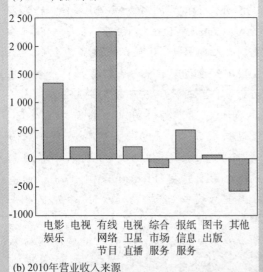

(b) 2010年营业收入来源

图8.9 新闻集团2010年的主要业务活动

新闻集团面临着激烈的竞争以及资金充足的竞争者

在瞬息万变的全球媒体市场上,很难追踪了解到关于竞争者及其独特能力的情况。在它所经营的每一个地区,新闻集团面临着具有侵略性的竞争者。部分原因是它与北美

追溯到20世纪80年代后期,新闻集团开创了卫星电视传播在英国的发展。它的突破是获得了英超足球联赛的独家播放权。它利用这一点促进了英国卫星电视的建立,但是并没有停止单一传播供给。通过为客户提供各种各样的待遇和激励,它变得特别擅长获得和维持其用户群,根据《金融时报》报道,"天空公司的营销策略方法很糟糕"。另外,在21世纪早期,新闻集团开创了增强的数字机顶盒技术的发展。它同样是第一个将卫星加密技术作为业务战略的一个重要方面的公司。它获得了这项技术的世界所有权,这一举动保护了该公司的卫星传播,并且允许公司就技术内容进行收费。到1995年,在发达国家市场上,新闻公司从它的加密广播节目的订购中获得的收入比从频道广告中获得的收入多五倍。2000年,该公司花费了百万英镑来将技术盒子进行免费升级。新闻集团为卫星传播的一个高度复杂的并且世界一流的系统进行了投资,并且决定将其推广到全世界。总而言之,新闻集团的战略不是以战略规划为基础的,更多的是关注前进的方向。

2002年,新闻集团利用它在英国的卫星广播知识制定了对意大利 TelePiu 电视台的新收购。它成为了意大利卫星付费电视的垄断供应商。但是,改名的意大利天空公司(Sky Italia)的主要竞争对手是由意大利总理西尔维奥·贝卢斯科尼(Silvio Berlusconi)所控制的意大利梅迪亚塞特,以及意大利国家广播电视台。起初,意大利天空公司损失惨重,但是到2010年它确保了它在意大利的地位并且获利。

2006年,新闻集团用5.6亿美元收购了第五个最著名的p2p网站(即对等网站,peer-to-peer website)——美国社交网站"我的空间"(MySpace)。一些时事评论员认为对于当时主要的网站来说,这个收购价格是非常低的。随后,它被证明是一个完全亏损的网站。这是默克多家族第二次投资互联网公司,早些时期同样是失败的。"我的空间"网站在2011年仅仅以0.35亿美元出售。

2007年,新闻集团制订了两个进一步的行动计划。首先,它在美国创办了一个商业新闻频道,叫作福克斯新闻频道,目的是在增长的商业媒体新闻市场上与市场领先者美国全国广播公司财经频道(CNBC)竞争。之后,在2007年后期,新闻集团成功地竞标下了著名的财经报纸《华尔街日报》,以及与它相关的报纸服务——道琼斯通讯社(Dow Jones)。该公司为收购这一著名品牌花费了50亿美元,其原因有两个。第一,《华尔街日报》可以为它的新福克斯商业频道(Fox Business)增加资产。第二,新闻集团判断,随着时间的推移,在特殊财经媒体市场上存在大量的新商机,并且能对它的服务收取额外费用。但是,对于收购华尔街日报的过度支付费用,它仍然犯了战略性失误,因为2009年的报道称它的收购费用仅需28亿美元。

2010年,新闻集团出价获得了对英国天空广播公司的完全控制,它对该公司已经拥有39%的股权。这将使得新闻集团拥有对英国印刷和电视媒体的绝对控制权,并且为集团的进一步全球增长提供了主要的现金流。这一举动受到了许多英国其他媒体集团的反对和挑战。但是新闻集团在英国非常强大。2011年,英国政府可能会支持在默多克新闻王国的强大影响下的收购活动。之后就出现了有关窃听的丑闻。

在2011年中期,报道称新闻集团的一家英国报纸《世界新闻报》(the News of the World)一直监听着著名人物的私人移动电话,并且使个人感到苦恼。默多克和他的儿子詹姆斯(James)同时被英国议会委员会传唤,在那里他们进行了道歉并且关闭了该报纸。在写该案例的时候,新闻集团的最高执行官仍然处于议会的审问中,并且在英国接受了警察的调查。这个严重的问题并不能够清楚地表明新闻集团是否将有能力收购英国天空广播公司。

新闻集团:机会主义、冒险和创新战略

从20世纪80年代中期创建开始,新闻集团已经建立了一个世界上最大的媒体网络。它的许多战略都是谈判式的,并且来自于世界电子媒体的快速增长。在某些方面,新闻集团的主要战略同样具有机会主义和投机性质,例如:作为新交易的买卖公司已经成为可能。在全球电视和报纸业务发展和管理的过程中,公司已经加强它的核心竞争力。

新闻集团自身已经确定了五个基本战略来发现这些新兴商业机会。

1. 垂直一体化,从电影制作到给最终用户的电子信号的传递。因此,新闻集团收购了电影公司20世纪福克斯公司,它同样拥有卫星广播公司英国天空公司的部分股份。

2. 内容创新,不仅仅通过创造性的技能,而且通过谈判获得独家新体育运动的交易,即买断世界体育赛事的媒体报道权利。例如,公司获得了关于"南半球橄榄球赛"的协议,获得了独家实况报道"英超足球联盟"

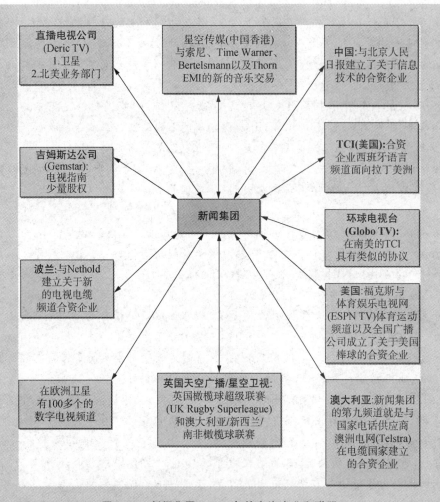

图 8.10 新闻集团：2007 年的合资企业和联盟

(Premier Football League)的权利，以及美国电视台所拥有的报道美国足球比赛的权利，这些都是吸引新的忠实观众的方法。在合同存续期间，这将为公司带来真正的可持续竞争力优势。

3. 全球化将为全世界提供电子媒体报道。这对新闻和体育运动事件特别重要。但是对娱乐却不是那么重要，因为娱乐具有更多的文化特性。如下，这类战略存在许多竞争性风险。

4. 报纸、书籍和电视的集合，这样它们都将相互支持并且促进各自的利益。例如，新闻集团在公司的报纸上交叉推广电视频道，该报纸在早期具有广泛的观众，这是它们成功的一个重要因素。

5. 从印刷到电子媒体的转变。公司认为报纸行业已经成熟，并且在一些年后将可能被网络新闻代替。更重要的是，广告可能从印刷转变为网络。但是这同样存在风险。

实际上，新闻集团也已经选择增加两个战略，它们对获得竞争力优势很重要。

1. 数字卫星技术。在这项技术上，该公司是世界领先水平。

2. 联盟和合资企业。为了扩展它的全球网络，该公司加入到了许多协议中，这些协议是与独立国家或者世界其他地区的公司所建立的协议，如图 8.10 中 2007 年的交易例子。

新闻集团：面对的战略挑战

尽管它曾经是成功的,但是在卫星和电缆技术上发生了大量的变化。该变化来自与宽带电信联系的新技术。本质上,新公司能够提供新的广告机会,并且能够通过互联网播送电视。举 2010 年的三个例子,即推出了谷歌电视服务,奈飞公司就数字信息流与三个好莱坞电影制片厂签订的五年协议,以及新的苹果电视服务,即每次观看时仅需 99 美分的价格。

总的来说,新闻集团面临着四个与战略有关的主要新问题,这些问题来自互联网的传播和潜力的增长。

1. 网络上的免费新闻。传统上,网络上的信息是免费的。在过去,新闻集团在它的报纸网站上提供过免费新闻。但是,如果公司对其新闻收费是可以获利的。在 2010 年后期,它决定将其网络新闻地址仅对订阅者开放。在写该案例的时候,并不清楚是否有足够多的人会取消或维持他们的订阅。在同时代,其他新闻在网上仍然是可以免费获得的。这个战略对公司来说是一种风险。

2. 广告从报纸到网络的转变。像谷歌这样成功的搜索引擎,例如,点击量意味着广告收入的彻底转变,即从报纸转变成互联网。传统上,广告是报纸的主要收入来源,但是现在却损失了很多收入,以致它们不得不关闭。新闻集团的报纸在广告上也有所下滑,但是到目前为止,它避免了倒闭。

3. 从卫星广播传送到网络播送的转变。新闻集团在一些城市大量依赖它的卫星频道观众。但是,互联网电视或者已经出现了,或者还处于在建中,见案例 8.3。新闻集团商业模式需要花费几年时间来处理这种基本转变。

4. 议会和警方调查。在本世纪初,该公司的最高执行官的某些活动处于调查中。新闻集团表明它们将对这起非常严重的事件的各个方面进行配合调查。但是对于默克多先生和他的高级同事来说,这被证明是浪费时间的。

以上所有的问题对于默克多先生来说是主要的战略问题。另外,到 2011 年,默克多先生 80 岁,需要寻找继任者,理想上是在他的家庭中寻找。战略成为了新闻集团的一个问题。

在 2011 年早期,新闻集团声称要成为第一个全球媒体公司,实现零碳排放量。另外,它还宣布了关于 2015 年进一步环境可持续性倡议计划。这些信息可以在网站 http://gei.newscorp.com/ 中获得。

©版权归理查德·林奇所有,2012 年。保留所有权利。该案例是由理查德·林奇所著,来自于已发表的信息。[23]

案例问题

1. 在媒体公司中,对于最好的战略管理发展路径并没有达成一致意见,即软件路径与硬件路径的对比。在这场争论中,新闻集团的立场是什么?你可以判断出新闻集团所选择的最成功的长期发展战略是什么?

2. 新闻集团是如何并且是在哪部分为其服务增加价值的?该公司是在哪部分获得它的竞争优势的?对于进入障碍,它采取了怎样的策略?

3. 在这样一个瞬息万变的市场中,该公司是否会采用计划制订和选择的常规方法?是否可以更好地建议新闻集团拥有一个总体的愿景,然后抓住所出现的商业机遇呢?

4. 为什么新闻集团如此成功?它将如何发展?

8.5 基于资源的战略规划：价值链

从潘洛斯（Penrose）[25]到哈默尔和普拉哈拉德[26]，基于资源角度的战略规划的制订已经合理地形成了。这一部分将仅仅讨论价值链。下面的两部分将研究其他两种资源角度的战略选择。

基于资源的战略规划来源于第4章中对组织检查的分析中。在20世纪70年代和80年代这一时期，研究重点转向了基于环境的机遇（在本章之前已经进行了研究），但是现在，基于资源的战略方法重新获得了它作为形成战略规划的一种方式的应得地位。当市场机会有限时，也许是因为市场增长缓慢或者是因为组织自身拥有有限资源，那么基于资源的战略与其他方法是特别相关的。例如，政府会限制资源的公共部门组织也许会发现，基于资源的战略规划比基于环境机遇的战略规划提供的范围更大。

8.5.1 识别附加值的来源：上游和下游

- 上游活动是那些在价值链上端增加价值的活动。这种活动可能包括原材料的采购和生产过程。为了在该部分增加价值，那么进行批量采购并对生产过程进行一些改变是有用的，这样就可以保持低成本和稳定的生产量。如果组织生产标准化产品也是有帮助的。上游增加的价值是通过低成本效益的生产过程和工艺流程创新来获得的，正如第7章所描述的那样。同样可以通过原材料的有效购买和其他的采购形式来增加价值。
- 下游活动是那些在价值链下端增加价值的活动。这种活动可能依赖差异化产品，因为可以就其收取高额的价格。这种产品的多样性可能意味着停止生产线或者进行改变，这将会带来额外的费用。这一部分的资源可能包括广告因素或者为了促销差异化产品的特殊服务。下游价值的增加同样可以通过研发、专利权、广告和市场地位来获得。

价值链本身是由上游和下游活动组成的，如图8.11所示。

当然，许多组织增加价值同时包括上游活动和下游活动。例如，新闻集团仅仅拥有下游部分的资源，因为它的杂志和书籍针对特定的客户群。然而，它同样采用大量一致性的报纸和油墨印刷来生产产品，这一部分则是处于上游。

然而，一些组织主要是位于上游或者下游。存在一些例子，即不同行业从事一个主要业务，如表8.5所示。

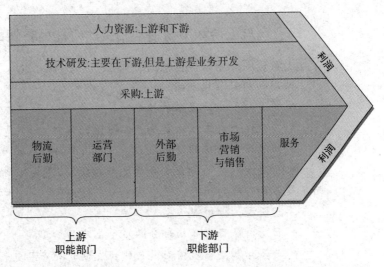

图 8.11 价值链：上游和下游资源

资料来源：Reprinted with the permission of Free Press, a Division of Simon & Schuster, Inc., from *Competitive Advantage: Creating and Sustaining Superior Performance* by Michael E Porter. Copyright © 1985, 1998 by Michael E Porter. All rights reserved.

表 8.5 在不同的单一产品产业中，附加值的主要来源位置

主要资源	产业例子	位置：主要是上游或者下游
原材料	煤、石油、铁矿石	上游
初级制造业来生产标准化产品	纸和纸浆、铁和钢、基础化学	上游
基础制造的装配	纸盒、钢管、简单塑料	上游
通过更复杂的制造、专利和特殊过程进一步增加价值	商标包装、汽车、特别的塑料产品	下游
营销与广告	品牌产品	下游

8.5.2 上游和下游附加值的资源内涵

利用上游和下游附加值的概念，可以形成资源战略规划。例如，如果需要标准化产品，那么规模经济将成为可能。那些也许能够更便宜地生产标准化产品的其他资源战略规划同样值得研究，如展示 8.1 中的上游活动。

展示 8.1

与上游和下游活动相关的可能的资源战略规划

上游资源计划可能包括：
- 增加的标准化产品。
- 为了降低生产成本的投资。
- 降低生产成本或者提高产品质量的创新。
- 为了增加价值的资本投入。
- 从更大范围的行业中寻找更多的顾客,这些行业需要一个普通的产品而不是各种各样的产品。

下游资源计划可能包括：
- 针对特殊目标市场部分的多元化产品。
- 为了增加更多价值而进行的研发创新和产品创新。
- 广告投入和品牌化。
- 为了增加价值而新增加的服务。

对于小心定位在利基市场的差异化产品,有必要基于下游活动的资源来小心地促销这类产品。基于资源的战略规划更可能与下游活动有关,并且同样如展示 8.1 中所示。

关键战略原则

- 通过考虑组织的价值链来开发资源战略规划。这是相当重要的,因为价值链将有助于识别竞争优势。
- 价值可以在价值链上端增加,即上游;也可以在价值链下端增加,即下游。研究将在哪部分增加价值并且研究其是如何增加的是有助于形成资源战略规划的。
- 上游活动增加价值是通过将原材料生产为标准化产品。资源战略规划集中在低成本上。
- 下游活动是利用中间产品来制造差异化项目产品,主要是针对特殊顾客的需求。资源战略规划关注研发和营销领域。

8.6 基于资源的战略规划:资源基础理论

正如第 4 章所研究的,基于资源的战略需要考虑资源基础理论所呈现的机遇。对那些在提供可持续竞争优势上特别重要的资源的识别,将代表着战略规划制订中的一个重要起始点。例如,组织的品牌、独特的地理位置、专利和技术。新资源也许会从其他公司的授权中获得,或者通过收购获得。[27]

8.6.1 寻找基于资源的战略规划：架构、信誉和创新

实质上，资源基础理论认为组织需要一些优于竞争者的独特性。在寻找战略规划的过程中，存在一种方法可以检测我们的资源，即与架构、信誉和创新的标准进行对比。[28] 这将集中关注目前资源和那些未来需要的资源的生产过程。例如，利用这三个概念，我们可以详细说明新闻集团在这一领域已经形成的方法：

- 在组织内部和组织周围的合同和关系网络：架构。新闻集团已经建立了一系列的公司，这些公司都集中在新闻、体育运动和娱乐活动中。这使得该公司完全不同于迪士尼或者时代华纳公司。这显然是公司已经形成的资产。
- 新闻集团首先已经对其顾客形成了令人赞许的形象：信誉；其次，基于其报纸的独特性，新闻集团在这个领域形成了明确的形象。它的进取性、开放性和打破陈规的形象将其与竞争者区分开来。这显然也是公司一笔资产。
- 组织开发新产品或者服务的能力：创新。体现新闻集团创新能力的许多例子记录在案例 8.4 中。这也许包括核心竞争力以及公司资源资产。

8.6.2 寻找基于资源的战略规划：核心竞争力

核心竞争力是指一组技能和技术，它能使组织为顾客提供特殊的好处。[29] 我们在第 6 章中对这一内容进行了研究，但是我们可以在这里再次利用它来指导战略规划的制订。与强调核心竞争力的计划相比，没有强调核心竞争力的计划对战略可能具有少量的贡献。这表明在战略制订的环境中，对核心竞争力进行详细研究是值得的（读者可以参考前面章节对这一领域的研究）。

基于核心竞争力制订计划的一种方法是将它们当作是一种能力的层次架构，从低水平的个人技能开始，再通过组织上升到更高层次的综合知识和技能。这种方法的一个基本假设是有些能力是由更专业的能力的集成而形成的。[30] 展示 8.2 呈现了基本的能力层次架构，这也许能被用来识别和构建新的领域。

8.6.3 基于资源基础理论的战略规划

除了上面所描述的两个领域之外，不存在一个详细的架构来进行这项检验，因为每个组织是不一样的。有必要为了组织的资源来检验组织中每一个功能领域。这种方法的应用是为了研究这些领域对附加值和竞争优势的贡献。

展示 8.3 所呈现的列表是为了帮助寻找关键资源计划所准备的。然而，这样列表并不是没有战略风险（读者可以根据第 1 章对 SWOT 分析的评论中看出）。此外，资源的机械组合可能掩盖了重要的问题，即独特资源可能来源于组织本身的隐性知识。这种知识不可能通过一个列表来发现。[31]

展示 8.2

能力的层次架构

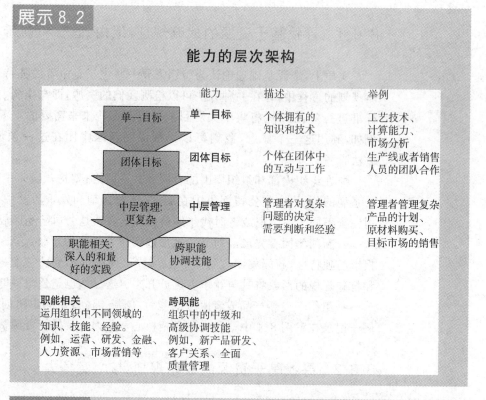

展示 8.3

基于资源理论的10个计划指南

1. 我们拥有什么技术？它是独有的吗？它是否至少与竞争者的技术一样好？还是它更好一点？

2. 我们制造的产品和我们所提供的服务之间是什么联系？存在哪些共同点？

3. 我们是怎样形成附加值的？是否存在一些不同于竞争者的东西？观察主要领域，在增加价值时涉及哪些技能？

4. 我们拥有哪些个人技能？它们的贡献对我们的能力有多重要？对我们的资源有多重要？是否存在一些关键工人？将它们重新配置有多困难？我们是否拥有特殊价值？我们的地理分布是什么？

5. 我们拥有哪些财务资源？为了实现我们的愿景，它们是否足够？我们的盈利记录（非营利性组织的财务记录）是什么？为了筹集新资金，这些盈利是否足够？我们是否拥有新的资金安排、税收问题或者货币问题等？

6. 我们的顾客是如何受益于我们的能力和资源的？他们获得的实际利益是什么？我们对自己的产品质量了解吗？我们的科技能力能与竞争者对比吗？我们的产品是否物有所值（不是低成本）？

7. 我们还具有哪些与顾客有关的其他的技能？核心技能是什么？对于我们的组织而言，它是独一无二的吗？其他公司是否也拥有它们？它们可以发生怎样的变化？

8. 在今后的几年里,我们需要获得哪些新的资源、技术和能力?它们是如何与我们的愿景相联系的?

9. 环境将如何变化?这种变化对目前和未来的核心技能与资源将有什么冲击?

10. 我们的竞争者在资源、技术和能力领域获得了什么?

注释:运用这一列表时需要小心谨慎,见文章内容。

关键战略原则

- 资源基础理论认为,识别和形成组织的关键资源是很重要的,也就是指那些可以传递附加值和可持续竞争优势的资源。
- 在制订战略规划的过程中,与其他资源相比,一些资源可能更重要。那些与架构、信誉和创新有关的资源也许代表了一种有用的起点。
- 核心竞争力研究了计划,这些计划来自于像组织的基本技能、知识和科技等方面。它们也许同样代表了在组织中形成新战略规划的一种方法。可以建立一个能力的层次架构来研究新的战略规划的潜在能力。
- 因为对于每一个组织而言,这些资源是独一无二的,因此不能形成一种通用模式来制订新计划。然而,一些关键领域中的一般列表是可以形成的,只是运用时需要小心谨慎。

在一些特殊的组织类型中基于资源的计划,例如小型企业和非营利性组织。

8.7 基于资源的战略规划:成本削减

战略规划不仅仅要考虑扩张获得新资源的能力和核心竞争力,还需要考虑削减目前的经营运作来降低成本。由于一些市场的竞争日益全球化,那些低工资成本国家,例如泰国、马来西亚和菲律宾,将提供真正的竞争。这将意味着公司不可能在西方国家生存,除非它们能大幅削减成本。因此,需要考虑降低成本战略规划。削减成本的主要步骤有:

- 在削减成本下进行设计。在许多行业中,大量的成本削减并不是来自产品工厂的活动,而是在产品到达工厂之前的环节。通过细心地产品设计,例如,它拥有更少的部件或者更容易制造,这样才能实现真正的成本削减。
- 供应商关系。如果一个供应商愿意并且能够维持产品质量和降低成本,那么组织会实现成本降低。
- 规模经济和范围经济。对于一个大工厂来说,单位成本可能会随着工厂规模的增加而减少。对于差异化产品来说,它同样可能共享一些功能性费用。

- 产能利用率。当一个工厂的固定成本很高时,尽可能地将运行生产能力接近产能利用率,那么才有可能降低成本。

8.7.1 在削减成本下进行设计

在一些案例中,高达70%生产产品的成本是由设计阶段决定的,该阶段就是产品到达工厂之前的阶段。[32]因为在设计阶段可以在零部件、设备和工序上获得主要的成本节约。一旦产品到达工厂,那么降低成本将会变得更加困难,因为机械装备的固定性以及它们随着时间进行变化的高成本。

另外,设计过程本身的效率已成为该过程的一个重要因素。可能需要数年时间才能设计一些产品,随之而来的是所有成本。如果时间能够被节省,那么会降低这一过程的成本。例如,在1995年,法国雷诺(Renault Cars)声称其花费12.2亿美元设计和开发了一个新的设备。[33]在2000年,他们旨在将汽车新引擎的研发时间从58个月减少为38个月。工厂目前每辆车的成本是10亿美元到50亿美元之间,这取决于汽车型号:即通过更快地生产每个设计,将会降低每个型号2亿美元的成本。

8.7.2 供应商关系

在制造业和服务业中,降低成本的方法之一是通过与供应商的协商谈判来降低成本。这可以采用以下两种方式之一:[34]

1. 与供应商更亲密的关系。正如日本丰田汽车所采用的,这种方法包括共享科学技术和研发信息,从而降低成品的成本。它意味着多年来更紧密的合作,通常是与少量的关键供应商合作。理所当然,一些附加值会从制造商向供应商传递。然而,它能从整体上降低成本和提高质量。

2. 与供应商更陌生的关系。这将涉及为了统一产品规格的最低成本而进行积极的谈判。例如,萨博汽车(Saab Cars,部分由通用摩托所有)在做决定之前,实际上会在两个星期内,按照每天两次的频率,给它的供应商打电话,就汽车镜子要求更低的报价。[35]在该案例中,供应商关系是一种疏远关系,从而可以获得低价格。

存在一些证据表明以上计划中的第一个计划会成为首选战略。[36]

8.7.3 规模经济和范围经济

定义➡ 规模经济(Economies of scale)是指额外成本节约,当大规模生产能够允许单位成本减少时则出现了成本的节约。当更有效或者差异化地进行一项大规模生产时,那么提高的效率会导致更低的成本。规模经济会导致低成本,例如,在许多石化工厂和造纸厂等都会出现这种情况。

第8章 制订业务战略规划

规模经济需要与工厂的生产能力区别开来。后者所产生的成本降低是由于工厂到达了这种生产能力，但是如果建立更大的工厂，那么成本将不会进一步地增加。如果存在规模经济，那么一个更大的工厂可能会导致成本的进一步减少。

定义 ➡ 范围经济(Economies of scope)是指额外成本节约，它是通过不同的产品共享一些设施来获得的。例如，那些可以共享相同的批发零售商和相同的运输渠道的产品。

规模经济也可以在生产领域以外获得。它们可能出现在这些领域，例如：

- 研究与开发。在某些情况下，只有大规模经营能够证明特殊服务或者测试装备项目的合理性。
- 市场营销。真正的大公司能够将单独的广告预算集合成一个巨大的资金，通过谈判获得额外的媒体折扣，而这并不适用于规模较小的公司。
- 运输分配。在两个固定的目的地之间，可以组合和选择装载来最大限度地利用运输工具的装载能力。

在资源的分析过程中，规模经济是分析中的相关内容。如果可能，对至少一个领先竞争者进行评估是至关重要的。需要研究的因素将不仅包括工厂的规模，同样也包括设备的年限和效率。

尽管像波特[37]这样的作家能够明确了解规模经济和范围经济的基本效益，但是对于规模经济和范围经济真正降低成本能力的质疑也出现了，例如，凯(Kay)[38]。质疑的主要内容是较大的工厂将降低成本。在20世纪30年代，当亨利·福特建立大规模的新巴吞鲁日汽车工厂(Baton Rouge)时，他就是受到了这一观点的影响。实际上，他遇到了许多的问题。[39]它们包括：

- 相关机器的问题。非常大的工厂复杂性和不灵活性的增加。
- 相关人员的问题。在这类工厂中，工作变得越来越缺乏人性并且机械化，使得工人们缺乏动力和兴趣来展示他们最好的能力。

尽管存在与工厂失败相关的其他管理问题，但是一些主要原因还是在于以上这些因素。在20世纪90年代，大规模的钢铁制造工厂因为提供低成本而著名，但是现在的新技术允许用更小规模的经营创造出相同的利益。

如果市场被分割成几部分，并且具有较高成本的工厂能够为该部分提供更好的服务，以及能直接满足顾客需求的各种各样的基本产品，那么大工厂将会失去竞争优势。汽车市场和电子消费品市场就是很好的例子，在这两个市场中，四个轮子的汽车和独特的 hi-fi 系统在产品生产上都不是最便宜的，但是却能真正地满足顾客需求。

结论是规模经济具有一定的作用地位，但它仅仅是追求竞争优势的一部分。

8.7.4 利用经验曲线效应

定义 ➡ 经验曲线是一个产品的单位成本与曾经生产的累积产量之间的关系，并绘制成图形的形式,其中的产量是从生产的第一天开始累积的。

在20世纪60年代,对大量的不相关的行业进行了研究,主要研究它们的成本和曾经获得的累积产量,并不仅仅是一年的产量。从而得出了成本削减与累积产量之间的实际关系。然而,这种关系只在一些行业中出现,从保险业到钢铁制造业。它似乎显示了大幅度的成本降低;通常,每次成本下降15%,总体产量会增加两倍,如图8.12所示。这种关系可以被解释为,除了规模经济外,还存在其他节省成本的方法,例如:

- 科学技术进步;
- 更强大的学习生产过程的能力(干中学);
- 在生产过程中拥有更强大的技能;
- 可以从公司层和行业层中发现成本经验概念;
- 在公司层面,市场领先者比其他公司更容易生产和累积产品。市场领先者应该可以获得低成本,从而使其他公司处于不利地位。
- 在行业层面,成本的降低是由于行业总体产量的增加。每一个公司可以从行业的流通知识中获利。

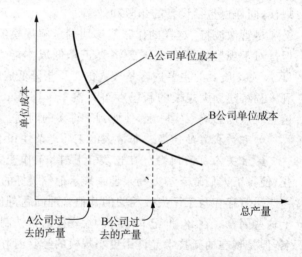

图8.12 经验曲线是如何实现低成本的

通过比较不同的和不相关的行业后发现,部分飞机制造业和烤鸡生产行业的成本关系曲线的相似度是显著的。但是,对战略管理而言,这一结论只存在少量的启示。正如凯所指出的,[40]在飞机与鸡之间所存在的唯一相似点是它们都具有翅膀。尽管它们的成本关系曲线看似相似,但是导致这种相似关系的原因却是完全不同的。因此,战略含义也是完全不同的。飞机制造实质上是全球化的,见案例14.3。烤鸡生产主要依赖于本土市场并且只需要少量的复杂技术,它与飞机的制造和组装具有完全不同的投资模式。所以,至关重要的是考虑经验曲线应该只针对一个行业而言。

即使在一个行业中,也存在许多克服经验曲线影响的方法,最明显的方法是使用新技术;另一个方法是吸引一名更具工作经验的员工加入到组织中。正如阿伯内西(Abernathy)和韦恩[41]所指出的,经验曲线的作用存在许多实际问题：

- 很难满足细分市场上对特殊产品变化或者多元化的市场需求。为了实现规模经济,可能会牺牲生产的灵活性。
- 科技创新能够以一种更基本的方法超越学习方法。一种新的发明也许会彻底改变已存在的经营的成本现状。
- 如果每一个显著比例的成本降低,那么需求就需要增加两倍。如果可以获得一个更大的市场份额,那么该市场会一直呈现出增长状态,但是增长缓慢。由于市场份额会越来越大,增长会变得越来越困难,并且需要昂贵的费用来实现它。在一个静态的市场中,一个公司已经获得了51%的市场份额,这在逻辑上是不可能的。

在一个既定的市场中,经验曲线可能会提出一个重要路径来降低成本,但是它并不总是成本优势的主要来源。

8.7.5 产能利用率

定义➡ 产能利用率是指一个工厂在任何时候的生产水平,通常表现为该工厂总生产能力的一定百分比。在全球的钢铁行业中,如第3章中所讨论的,我们发现了一个完全利用工厂能力来获得成本收益的例子。但是,我们同样发现,当公司争先恐后地充分使用它们所有的工厂时,是如何降低价格的,最终却降低了它们的利润。高产能利用率是有效的,但是依赖于允许此类活动发生的竞争者,竞争者的决策会削弱它的效果。

8.7.6 实现成本削减计划的架构化过程

我们在上文中研究了成本削减的基本问题。然而,大前研一提出了一个模型,该模型是通过逻辑的和跨职能的方法来形成削减成本过程的。由于它对这一方面的影响,因此需要被检验,如图8.13所示。总的来说,该模型并不是综合性的,而是为了显示可能的战略规划,以及它们的逻辑流程和不同因素之间的相互关联。例如,在过去五年里,新闻集团强调需要削减成本来维持竞争力,它也引进了各种各样的计划来实现这一目标。

列表清单:比较你与竞争者的成本。

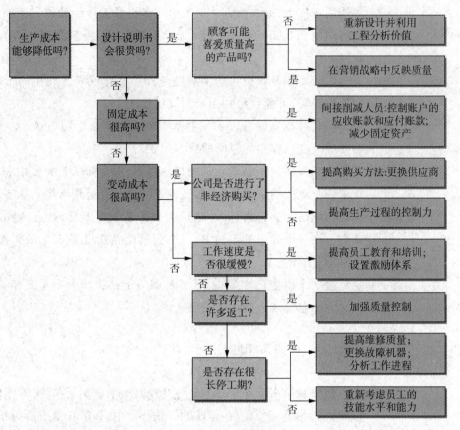

图 8.13 成本削减构架法

资料来源：Ohmae，K(1983)*The mind of the strategist*，McGraw-Hill，pp24-25. © Copyright McGraw-Hill. Reproduced with the kind permission of the McGraw-Hill Companies，Inc.

关键战略原则

- 存在至少六种路径来降低成本，即设计、供应商关系、规模经济和范围经济、经验曲线、产能利用率和协同作用。
- 规模经济和范围经济通常被认为能降低成本和增加附加值，但是生产灵活性的缺乏和非人性化的工作性质可能是其主要的缺点。
- 经验曲线表明获得显著的成本降低是由于公司以及整个行业生产了更多的产品。成本降低与曾经累积的不止一年的产量之间是存在关系的。
- 降低成本的经验曲线的出现存在一系列的来源。它们并不是自动出现的，而是需要通过寻找来获得的。
- 通过比较各行业之间的经验曲线所得出的战略启示几乎没有意义。
- 在降低成本时，利用现有的设备产能是一个重要的考虑因素。
- 在寻找成本削减计划的过程中，可以开发一个模型，用一种架构化的和跨职能的方法来检验该过程。

8.8 与绿色战略有关的战略规划

绿色战略方法是连接基于环境的战略规划和基于资源的战略规划之间的桥梁,因为这一方法包含了以上两种方法。存在外部的相关因素,例如政府立法或者可能提升能源和商品的价格。同时,存在需要考虑的内部资源问题,例如技术开发和对碳平衡结果的寻找。实际上,绿色战略方法完全依赖于行业和行业内私人企业的战略环境。然而,绿色战略方法需要考虑八个方面的内容,如图 8.14 所示。

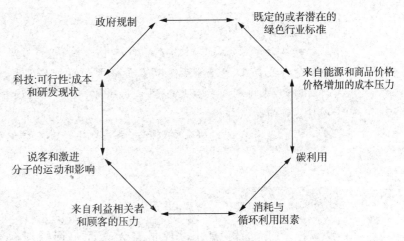

图 8.14　开发绿色战略方法

由于不可能识别出绿色战略方法适用于哪一种组织,所以需要考虑一般因素:

- 政府规制和未来标准。公司将需要考虑既定的关于绿色问题的法律法规,也需要考虑政府的目标以及关于推出新标准的时间。
- 既定的或者潜在的绿色行业标准。除了政府规制,行业自身可能会制定和规定一些绿色标准。有些企业可能会在这一问题上起到带头作用,但是如果有可能,其他企业可能决定脱离这一标准。[42]
- 来自能源和商品价格增加的成本压力。在过去的几年里,尽管一些商品价格降低了,但是存在去多增加商品价格的趋势,主要存在两点原因。一是新兴发展中国家增加的需求;二是激励使用更绿色的方法的高额政府税收。
- 碳利用。有些行业是主要的碳使用者,例如燃煤发电站;而有些行业使用较少的煤炭,例如媒体业。公司需要考虑随着时间的推移,转变成为碳平衡的可行性和价值性。
- 消耗与循环利用因素。一些行业可能是各种加工材料的主要消耗者,例如电子元器件和包装。这些公司会希望考虑能够降低消耗并循环利用的战略规划。
- 来自利益相关者和顾客的压力。在形成商业战略规划时,绿色战略需要考虑利益相关者和顾客的意见。

● 说客和激进分子的运动和影响。代表公共和商业组织利益的说客对战略规划的影响越来越多。在某些行业,如国际捕鲸业,不管正确与否,激进分子会集合起来试图影响企业采取特定的行动方针。

● 科技。传递更绿色的产品和服务的过程、新产品的可行性、成本以及研究现状将会形成商业战略规划的一个重要方面。例如,目前,围绕电动车的技术开发形成了目前许多世界汽车制造商努力的一个重要部分,见第六部分的案例5。

各种绿色战略规划的相关性和相对重要性将会同时取决于影响组织的外部压力及组织所拥有的其他资源和竞争力。可以说,一个不再适用于绿色战略的计划将不能为组织做任何事情。

关键战略原则

● 在制定绿色战略时需要考虑八个因素,即政府规制、既定的或者潜在的绿色行业标准、来自能源和商品价格增加的成本压力、碳利用、消耗与循环利用因素、来自利益相关者和顾客的压力、说客和激进分子的运动和影响以及科技等问题。

● 对绿色战略的精确制定和选择将取决于私人组织的资源和具体情况。

批判性反思

战略规划过程是否太全面?而缺乏创造性?

这一章主要研究了制订战略规划的两种主要方法。一个是与战略环境有关;另一个是与战略资源有关。许多战略家特别强调环境,例如波特的一般战略;然而其他的战略家认为资源更加重要,例如哈默尔和普拉哈拉德的核心竞争力理论。普遍来说,这一章回顾了在这两个主题下的一系列其他方法。

尽管这种方法存在广泛优点,然而,一些战略家认为这是一个重大的缺陷。他们认为这种方法太严格死板,考虑所有可能计划的视角过于宽泛。同时,他们认为,它非常全面的特性导致很难确定什么才是真正重要的。从这种意义上来说,这对公司是无益的。并且战略规划的产生也许会成为一种严格的方法,即缺乏提供新思想的真正的创造力。

你的观点是什么呢?战略规划过程是否太全面而缺乏创造性呢?

总　结

● 在常规战略过程中,战略规划的制订是战略过程的一个重要部分。实际上,它研究了一个问题,即组织可以采用什么战略规划来实现其所制订的目标。尽管通常会采用理性的技术来制订战略规划,但是在实际中,有必要考虑使用许多其他来源来产生创造性的计划。这一章主要研究了更加理性的技术,因为它们更适合来分析和开发。

- 存在两种制订战略规划的路径,即基于市场的方法和基于资源的方法。这符合本书前面部分的分析架构。在基于市场的方法中,存在三个主要路径,即一般战略、市场计划和扩展方法。每一种方法都可以被有效地轮流考虑。

- 根据波特的观点,仅仅存在三种适用于任何一个组织的基本战略规划,他称之为一般战略。这三种战略规划是:

1. 成本领先战略。旨在使组织成为市场上的最低成本生产者之一。

2. 差异化战略。旨在开发和锁定一种在某些方面不同于市场中其他竞争者的产品。

3. 聚焦战略。锁定一个小的细分市场为目标市场。它可以通过低成本聚焦或者差异化聚焦的方法来进行。

根据理论,在战略规划选项之间进行选择是很重要的,避免"陷入两难的境地"。一些有影响力的战略家提出了一些证据来质疑这个观点。基于逻辑性以及实际行业做法的经验证据,已经存在了大量的关于波特方法的批评指责。毋庸置疑,这些评论是有根据的,但是在制订战略规划选项时,一般战略代表了有用的起始点。

- 通过考察市场和产品,有可能形成公司也许会采取的战略规划:整体架构被称为市场选择矩阵。市场选择矩阵是形成战略规划的一种方法,但是并没有指导该如何在这些战略中进行选择。通过开放式的辩论,主要的战略见解来自于它提出了挑战当前思想的可能性。

- 扩展方法矩阵用一种架构化的方式研究了可以用哪种方法来获得与战略规划有关的市场机会。通过考察组织内部和外部扩大的机会,以及组织地理上业务活动的分布,就有可能形成各种有用的方法。

- 除了基于市场的战略规划之外,还存在一系列基于组织自身资源的战略规划。形成这种战略存在三种主要方法,即价值链、资源基础理论和成本降低。每一种方法在制订计划中均具有有用性。

- 第一,价值可以在价值链的开端获得,即上游;或者可以在价值链的末端获得,即下游。上游活动增加价值是通过将原材料加工成标准化产品;下游战略集中在差异化产品,将特殊的细分市场作为目标市场。

- 第二,资源基础理论认为,就组织资源来看,每一个组织都是独一无二的。这就意味着不存在统一的准则来确定战略规划。然而,由凯所提出的标准,即架构、信誉和创新,也许会提供一些指导方针。另外,哈默尔和普拉哈拉德的核心竞争力也可能提供一些战略规划。也许会制定一个能力的层次架构来识别和形成组织的新能力。

- 第三,成本削减战略同样值得研究。组织中的资源会产生降低成本的机会。存在五个降低成本的机会,即在降低成本下进行设计、供应商关系、规模经济和范围经济、经验曲线和产能利用率。

- 在制定绿色战略时需要考虑八个因素,即政府规制、既定的或者潜在的绿色行业标准、来自能源和商品价格增加的成本压力、碳利用、消耗与循环利用因素、来自利益相关者和顾客的压力、说客和激进分子的运动和影响以及科技等问题。对绿色战略的精确制定和选择将取决于私人组织的资源和情况。

问题

1. 从一般战略中可获得的计划的考虑因素中，小公司是否能够获得一些有用的启示呢？

2. 描绘新闻集团在一般战略矩阵中的位置。你可以从该公司的未来战略中得出什么结论？

3. "一般战略是一种谬论。最好的公司一直努力使对立面相互融合。"请你讨论查尔斯·巴登富勒（Charles Baden-Fuller）和约翰·斯托普福德（John Stopford）的这一观点。

4. 选择一个你熟悉的组织，正如一个小的志愿者集团，考虑它扩张的可能性。利用市场选择矩阵和扩展方法矩阵来做出你的选择。对于未来扩张战略你能得出什么结论？

5. "一个反复出现的批判战略规划实践的主题就是，所考虑的战略规划的平庸质量。"——乔治·戴（George Day）。如果可能，通过什么方法能够克服这一问题？

6. 选择一个你熟悉的组织，并识别出这个组织价值链中的上游和下游部分。哪一部分对该组织更重要或者它们具有同等的贡献？

7. 识别出下面可能的关键竞争资源，即一所像联合国儿童基金会（UNICEF）的慈善机构；一家拥有大多数顾客的电子公司；假日旅行的运营商；一家快速消费品跨国公司。

8. "在20世纪90年代，判别一个高管将取决于他们的识别、培养以及开发核心竞争力的能力，核心竞争力也许能促使公司增长。"——哈默尔和普拉哈拉德。讨论这在21世纪是否仍然是相关的？它在20世纪是否适用？

9. 如果关键竞争资源是重要的，它们是否需要花费几个月或者几年的时间来形成呢？你对竞争优势形成的含义有什么看法？

10. 选择一个你熟悉的学生社团或者慈善机构，基于它们所拥有的资源，它们将形成怎样的战略规划？

11. 这一章认为如果通过提供更高水平的服务，那么小公司比大公司更能形成竞争优势。这一方法可能存在什么问题？

扩展阅读

The two books that need to be read on environment-based options are Porter, M E (1980) *Competitive Strategy*, The Free Press, New York, and Porter, M E (1985) *Competitive Advantage*, The Free Press, New York. It should be noted that they also provide a much broader view of strategy than this single topic.

The market options matrix and expansion method matrix are covered in many marketing texts in a more limited form. George Day's book is probably the best at providing a breadth of viewpoint beyond the marketing function: Day, G S (1984) *Strategic Marketing Planning*, West Publishing, St Paul, MN.

On distinctive capabilities, the book by John Kay represents an important, well-referenced text on the topic: Kay, J (1993) *Foundations of Corporate Success*, Oxford University Press, Oxford.

On core competencies, you should read Hamel, G and Prahalad, C K (1994) *Competing for the Future*, Harvard Business School Press, Boston, MA. See also by the same authors, 'The core competence of the corporation', *Harvard Business Review*, May–June, 1990.

注释与参考文献

1 References for the Walt Disney Company case: Annual Report and Accounts 2004. Available at http://corporate.disney.co.com. *Financial Times*: 28 October 1998, p26; 3 November 1999, pp14, 35; 16 March 2002, p18; 2 August 2003, pM4; 9 October 2003, p16; 30 October 2003, p14; 29 April 2004, pp21, 27; 21 January 2005, p18; 27 January 2005, p30; 19 February 2005, pM6. BBC News Website – 15 March 2005 – 'How Mickey Mouse made Disney a giant'.

2 Andrews, K (1987) *The Concept of Corporate Strategy*, Irwin, Homewood, IL.

3 Whittington, R (1993) *What is Strategy and Does it Matter?*, Routledge, London, pp73–4.

4 Bain, J (1956) *Barriers to New Competition: Their Character and Consequences in Manufacturing Industries*, Harvard University Press, Cambridge, MA.

5 Porter, M E (1980) *Competitive Strategy*, The Free Press, New York.

6 Porter, M E (1985) *Competitive Advantage*, The Free Press, New York.

7 Kay, J (1993) *Foundations of Corporate Success*, Oxford University Press, Oxford, Ch1.

8 Stopford, J and Baden-Fuller, C (1992) *Rejuvenating the Mature Business*, Routledge, London.

9 Miller, D (1992) 'The generic strategy trap', *Journal of Business Strategy*, 13(1), pp37–42.

10 Hendry, J (1990) 'The problem with Porter's generic strategies', *European Management Journal*, Dec, pp443–450.

11 References for global ice cream case: see data sources for Cases 10.1 and 10.3.

12 Porter, M E (1996) 'What is strategy?', *Harvard Business Review*, November–December, pp61–78.

13 References for the global TV case: *Financial Times*, 16 February 1994, p32; 20 February 1995, p16; 28 March 1995, p21; 21 April 1995, p27; 1 August 1995, p17; 3 August 1995, p19; 31 August 1995, p11; 11 January 2000, p1; 7 October 2000, p18; 8 January 2001, p31; 17 January 2002, p19; 28 March 2002, p25; 27 April 2002, p10; 30 July 2002, pp14, 22; 16 September 2002, p30; 12 April 2003, p26; 30 April 2003, p19; 15 May 2003, p16; 6 June 2003, p31; 3 July 2003, p27; 8 July 2003, p10 Creative Business Supplement; 6 September 2003, p13; 9 October 2003, p34; 11 December 2003, p23; 14 February 2004, p13; 23 April 2004, p28; 2 June 2004, p30; 30 November 2004, p17; 11 January 2005, p26; 16 January 2008, p24; 21 January 2008, p24; 2 May 2008, p26; 15 May 2008, p15; 5 May 2009, p22; 1 September 2009, p21; 9 February 2010, p13; 25 March 2009, p17; 6 April 2009, p22; 18 May 2009, p11; 30 December 2009, p18; 18 June 2010, p22; 29 July 2010, p23; 25 August 2010, p7; 27 August 2010, p19; 2 September 2010, pp14 and 20; 23 September 2010, p22; 9 December 2010, p26; 16 April 2011, p20. *Sunday Times (UK)*, 6 August 1995, pp2–3; *Economist* 16 August 2008, p62 (on satellite television in Africa); 28 November 2009, p79; News Corporation Annual Report and Accounts for 1995, 1997, 2007 and 2010. The direct quote comes from the 1995 document.

14 Day, G S (1987) *Strategic Market Planning*, West Publishing, St Paul, MN, p104.

15 Buzzell, R and Wiersema, F (1981) 'Successful share-building strategies', *Harvard Business Review*, January–February, pp135–144.

16 Kuczmarski, T and Silver, S (1982) 'Strategy: the key to successful product development', *Management Review*, July, pp26–40.

17 Lynch, R (1994) *European Business Strategies*, 2nd edn, Kogan Page, London, p208.

18 Lynch, R (1993) *Cases in European Marketing*, Kogan Page, London, p31.

19 Synergy is explored in Ansoff, I (1989) *Corporate Strategy*, rev. edn, Penguin, Harmondsworth, Ch1, p22.

20 An interesting view on this relationship: Lee, G K and Liebermann, M B (2010) 'Acquisition vs. Internal Development as Modes of Market Entry', *Strategic Management Journal*, Vol 31, No 2, pp140–158.

21 Kay, J (1993) Op. cit., p146.

22 More information on international expansion is available in Lynch, R (1992) *European Marketing*, Kogan Page, London, Ch8.

23 References for the News Corp. case: News Corporation Annual Report and Accounts 2004, 2007 and 2010 plus webcast for financial analysts all available on the web: www.newscorp.com There are hundreds of articles on this company so the following list reflects only some of the sources used to develop the case. *Financial Times*, 4 September 1993, p6; 5 March 1994, p11; 3 August 1994, p22; 10 August 1994, p14; 6 January 1995, p15; 24 January 1995, p23; 13 February 1995, p3; 14 February 1995, p25; 3 April 1995, p13; 7 April 1995, p1; 11 April 1995, p17; 27 May 1995, p8; 14 June 1995, p1; 18 June 1995, p9; 27 July 1995, p25; 2 August 1995, p15; 19 August 1995, p17; 30 August 1995, p15; 8 November 1995, p33; 30 November 1995, p8; 5 July 1999, p21; 16 January 2001, p24; 31 May 2001, p35; 19 March 2002, p18; 11 June 2002, p30; 2 October 2002, pp25, 30; 9 January 2003, p27; 12 February 2003, pp15, 23; 11 April 2003, p27; 12 April 2003, p5; 22 April 2003, p11 Creative Business Supplement; 20 May 2003, p9 Creative Business Supplement; 22 July 2003, p18; 25 August 2003, p25 (Star India restrictions); 8 November 2003, pM3; 7 April 2004, p24; 7 May 2004, p21; 19 May 2004, p20: 27 October 2004, p18; 4 November 2004, p30; 12 November 2004, p32; 25 January 2005, p28; 16 February 2005, p1; 18 February 2005, p25; 9 May 2005, p23; 16 July 2005, pM6; 25 February 2006, p21; 26 February 2006, p26; 23 February 2006, p25; 11 December 2006, p27; 2 August 2007, pp12 and 5; 9 August 2007, p17; 8 January 2008, p23; 16 January 2008, p16 (Lex); 24 January 2008, p22; 22 February 2008, p28; 15 November 2008, p20; 7 February 2009, p19; 25 February 2009, p25; 26 February 2009, p11; 15 May 2009, p22; 24 July 2009, p1; 19 August 2009, p19; 16 September 2009, p28; 22 October 2009, p22 (an extraordinary story of the battle between Sky Italia and MediaSet); 2 December 2009, p27; 3 December 2009, p17; 22 January 2010, p20; 3 February 2010, p26; 19 March 2010, p24; 17 June 2010, p23. *USA Today*: 1 August 2007, p2B.

24 This section has benefited from the paper by Galbraith, J R (1983) 'Strategy and organisational planning', *Human Resource Management*, Spring–Summer, republished in Mintzberg, H and Quinn, J (1991) *The Strategy Process*, Prentice Hall, Englewood Cliffs, NJ, pp315–324. Galbraith's concept has been applied to the value chain, although he did not use this terminology.
25 Penrose, E (1959) *The Theory of the Growth of the Firm*, Oxford University Press, Oxford.
26 Hamel, G and Prahalad, C K (1994) *Competing for the Future*, Harvard Business School Press, Boston, MA, Ch1.
27 Stalk, G, Evans, P and Shulman, L (1992) 'Competing on capabilities', *Harvard Business Review*, April–May. Hamel and Prahalad make no reference to this paper and its criticism of core competencies in their book published in 1994. However, their letter to the *Harvard Business Review* in 1996 stated that they could see no essential difference between core competencies and core capabilities.
28 Kay, J (1993) Op. cit., p64.
29 Hamel, G and Prahalad, C K (1994) Op. cit., p221 and Ch10 that follows.
30 Grant, R M (1998) *Contemporary Strategy Analysis*, 3rd edn, Blackwell, Oxford, pp122–123. I am grateful to one of the reviewers of the second edition for suggesting this approach to options generation.
31 I am grateful to one of the reviewers of the second edition for making these important points.
32 Whitney, D (1988) 'Manufacturing by design', *Harvard Business Review*, July–August, p83.
33 Ridding, J (1995) 'Renault unveils plant to speed launches', *Financial Times*, 17 February, p24.
34 See, for example, Cusumano, M and Takeishi, A (1991) 'Supplier relations and management; a survey of Japanese, Japanese-transplant and US auto plants', *Strategic Management Journal*, 12, pp563–588. Also Macduff, J P and Helper, S (1997) 'Creating lean suppliers: diffusing lean production throughout the supply chain', *California Management Review*, Vol 39, No 4, pp118–151.
35 Marsh, P (1995) Car mirror rivalry turns cut-throat', *Financial Times*, 14 June, p10.
36 *Economist* (2002) 'Incredible shrinking plants', *Special Report on Car Manufacturing*, 23 February, pp99–101.
37 Porter, M (1985) Op. cit., Ch3.
38 Kay, J (1993) Op. cit., pp170–175. It is difficult to convey fully the interesting data that Kay brings to this discussion in summary format in the text.
39 Abernathy, W and Wayne, K (1974) 'Limits of the learning curve', *Harvard Business Review*, September–October, p108.
40 Kay, J (1993) Op. cit., p116, where he reproduces the two charts.
41 Abernathy, W and Wayne, K (1974) Op. cit., p128.
42 Unruh, G and Ettenson, R (2010) 'Frenzy on green standards', *Harvard Business Review*, November.

第 9 章 制订公司层战略规划

学习成果

这一章的视频与音频总结

通过本章的学习,你将能够:
- 定义和解释公司层战略的两个主要因素。
- 概括公司层战略规划的好处和坏处。
- 识别公司层战略中的多元化水平,以及它们对战略规划的影响。
- 描述公司总部的作用,以及它们对战略制定的影响。
- 利用投资组合矩阵来选择公司层面的战略规划。
- 概括主要适用于公司总部的公司层战略手段。

引 言

视频 第2、6部分

在上一章,我们已经研究了基于业务层面的战略规划,现在我们将讨论公司层面的战略规划。业务层战略主要考察了单独的市场以及只在一个行业中运营的公司。许多公司将会选择除了一种领域以外的多元化领域,并且在多个市场上经营业务,每一市场上都拥有各自的战略、业务团队和利润中心。在这种情况下,就需要一个公司层战略来协同安排、管理,并与每一个业务领域以及外部组织,例如银行和股东等进行交流。公司层面的战略就是本章的重点。

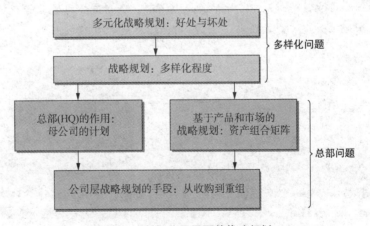

图 9.1 制订公司层面的战略规划

例如，案例8.4中的新闻集团经营着不同的业务，即报纸、电视广播台和电影制作等其他方面。每一个子公司都拥有它的竞争者以及基于业务层面的战略决策。当新闻集团考虑所有不同公司的状况并做决策时，它的作用就是公司层面的。例如，对互联网的新投资会伴随着对卫星传播的股份的减少。这样的公司层决策可能是关于进入一个新媒体行业的多元化问题；它们同样可能是关于不存在多元化的现有业务领域的问题。例如，利用新闻集团英国报纸的高额现金流来进一步投资德国付费电视台。

公司层战略在文献中表现为两种含义，它们是相互关联的，但是并不一定相同。**定义 ➡ 第一，公司层战略意味着一种战略决策，这种决策能够使公司变得多元化，即从单一业务向其他业务领域进军，这些业务可能是相关的也可能是无关的；第二，公司层战略意味着在一个多产品种类的公司中，总部在指导和影响战略的作用。**

一些有关战略的文献和研究混淆了这两个领域，并且认为它们是相同的主题。然而，它们并不是相同的。我们将在本章解决这两个问题。本章的第1节研究了基于多元化角度的公司层战略的好处和坏处。实际上，好处和坏处可能随着公司战略中的多元化程度的变化而变化。随后，本章的第2节检验了多元化程度以及可行的战略规划。

本章的第3节研究了与组织总部的作用和职能有关的战略规划，这在文献中被称为控股。本章的第4节检验了总部做决策时所采用的方法，其决策是关于不同产品以及每个子公司所处的市场，这在文献中叫作资产组合矩阵管理（portfolio matrix management）。最后，本章研究了公司层战略中主要存在的广泛的战略手段，从收购到组织重组，因为它们将为大公司提供在战略制定过程中所需要的战略规划。这一章的架构如图9.1所示。

案例研究9.1

两个跨国公司的公司层战略：美国通用电气和德国西门子

跨国公司应该能够从它们的内部资源和外部市场地位获得丰厚的收益。但是，对两个领先公司的比较说明了在实际中追求盈利是很复杂的。

一个有趣的战略问题是，为什么德国西门子集团的盈利能力会低于它的竞争对手通用电气呢？

通用电气

作为世界最大的跨国公司之一，通用电气具有广泛的商业活动，从金融服务业到媒体公司和重工程业等，如图9.2所示。通常，通过高度集中的总部来管理和协调这些广泛的、基本上不相关的业务活动。集团多年的宗旨是达到较高的现金流并降低成本。作为GE集团总部的首席执行官，杰克·韦尔奇在2001年退休，他被认为是美国出色的管理者之一。他通过兼并、收购和剥夺等手段，领导着该跨国公司发展成为现在的具有高盈利能力公司。重要的是，他同样对公司每个部门的总经理的业绩进行严格的考察。在必要时，他还会为了达到公司目标而批准裁员。

西门子

西门子是德国最大的跨国公司之一，它具有漫长而著名的发明创造历史，尤其是在工程方面。事实上，该公司拥有"多年以来由处于高级管理职位的工程师主导"的声誉，所以公司的重点是卓越的产品设计。根据《金融时报》，"它的管理方法起源于19世纪，并且能获得相匹配的财政回报。它的许多产品制造都是基于严格的生产过程的，这些可能不容易适应新产品"。但是西门子在1992年到2004年期间的首席执行官赫恩里奇·范·皮埃尔（Heinrich von Pierer）领导着公司采用了一个更加以市场为中心的方法。

随后，西门子的总部在它的继承者克劳斯·柯菲德（Klause Kleinfeld）的管理下继续进行着重组，直到2007年柯菲德突然离职。不幸的是，在2006年，西门子发现了高达19亿美元的可疑应付账款，这可能与公司的贿赂有关。在写该案例的时候，该事件仍处于调查之中。因此，柯菲德觉得他应该辞职，并且委派了一名新的首席执行官，皮特·罗旭德（Peter Loscher）。"我们正在利用危机和积极因素来创造一些更好的东西。"罗旭德解释说，"有一件事情是很明确的，那就是该公司由于领导责任和文化而失败了。"实质上，总部随后就投身到处理有关公司的贪污腐败的指控之中，然而，在同一时间，它又允许跨国公司的其他部分进行有利的发展。

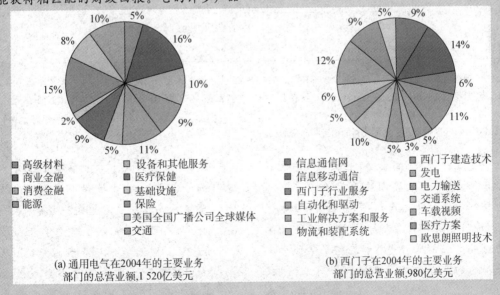

(a) 通用电气在2004年的主要业务部门的总营业额，1 520亿美元

(b) 西门子在2004年的主要业务部门的总营业额，980亿美元

图9.2　通用电气和西门子——大规模集团

表9.1　2004年两个公司销售利润的比较

通用电气		西门子	
● 2004年所有业务部门的总营业额：1 520亿美元		● 2004年所有业务部门的总营业额：980亿美元	
● 2004年所有业务部门的职工人数：227 000人		● 2004年所有业务部门的职工人数：430 000人	
业务部门	销售利润率(%)	业务部门	销售利润率(%)
先进材料	8.6	信息和通信网络	3.2
商业金融	19.0	信息和通信电话	3.1
消费金融	4.6	西门子的商业服务	0.8
消费和工业	20.7	自动化和驱动器	12.2
能源	16.4	工业溶解和服务	2.2
设备和其他服务	7.1	物流和装配系统	0.1
医疗保健	16.9	西门子的建筑技术	2.5
基础设施	16.3	发电机设备	12.8
保险	2.5	能源传送和分配	6.6
全国广播公司大众媒体	1.8	交通运输系统	(10.1)损失
交通运输	20.6	西门子的威迪欧(VDO)汽车	6.2
		药品溶剂	14.8
		欧司朗照明技术(Osram Lighting)	10.5

注释：销售利润率是指部门营业利润除以部门收入，最后以百分比的形式表示。两个公司的一些业务活动是不相同的。然而，通用电气和西门子业务的直接比较显示在上表中。它们表明，在相同的业务领域，通用电气比西门子获得了更高的利润。

资料来源：年度报告和由作者计算的销售利润率的报表。

除了这一事件外，自20世纪90年代中期以来，处于低迷衰退期的西门子似乎在不断地重组和变迁状态中。在20世纪90年代后期，西门子总部出售了一系列经营状况很差的业务。在1999年，总部在整个集团引进了一个新的三部分概念来提升公司业绩，被称为"Top"。它包含三个主要部分，即成本削减、增长和创新，这些都是针对公司的长期盈利能力的。成本削减特别重要，因为西门子在许多产品领域的成本比它的竞争者要高出20%到30%。增长被设置为额外目标，"其管理者并没有给自身制定一个静态目标，而是一个动态目标，这会考虑竞争者有可能做出的改变。"埃德华·克鲁巴西克(Edward Krubasik)解释说。主要的董事会成员会对Top负责。西门子不同部门的总经理会抱怨，因为这意味着他们不得不将自己与竞争者进行比较。另一个方面是创新，即通过引进新产品来在世界市场上更好的竞争。

尽管采用了七年的 Top 方法和类似的业务活动,但是与通用电气某些领域相比,西门子仍然相差甚远,从而只能位居第二位,这些领域如表 9.1 所示。这两个公司的整体产品组合是不同的,但也存在一些相同的产品,尤其在一些重工程领域:比较通用电气在能源和运输部门与西门子在发电、输电以及交通系统业务部门中的类似产品范围的利润。

通用电气和西门子

在某种意义上,两个跨国公司的产品范围如此不同以至于直接比较两者业绩是不恰当的。然而,有时候会存在争论,即这两个公司都是多元化集团(有时也称为"综合性大企业"),因此可以采用与这类集团有关的特殊战略。例如,寻找范围经济的能力,以及在综合性大企业的不同部门中使用核心竞争力的可能性。实际上,西门子拥有一系列的公司,这些公司包括那些建立在早期传统工程业的公司,而不是市场增长的现代领域。另外,公司拥有其他现代部门,在这些部门它需要努力竞争,因为其规模要小于竞争者的规模,所以竞争很激烈。例如,该公司的移动电话和电信设备等业务。若干年之后,西门子被迫放弃了集团中业绩很差的部分,然而在 2007 年,与通用电气相比,西门子的业绩仍然很差。

通用电气在 2010 年的年度报告中指出该公司通过它的"绿色创想计划"已经开始关注清洁能源的长远发展。该公司也已经订购了 25 000 个电动汽车来鼓励当地电力插座的发展。这一报道并没有对更广泛的可持续发展问题进行详细的讨论。

西门子年度报告表示,它们在公司所有相关领域中都拥有可持续性发展目标。它在网站 www.siemens.com/sustainability 中给出了其投资以及实践的例证。

Ⓒ版权归理查德·林奇所有,2012 年。保留所有权利。该案例是由理查德·林奇所著,来自于已发表的信息。[1]

案例问题

1. 西门子能够达到通用电气所获得的利润吗?现在它应该怎么做?继续放弃业绩差的业务部分并投资到盈利的业务中?或许是一些更彻底的做法,也许是对公司进行分割,使其不再成为一个大型的集团?

2. 在运作公司战略的战略利益中你能得出什么结论?本章中所概括的理论有帮助吗?

9.1 公司层战略:多元化的好处和坏处

公司层战略是很重要的,因为具有多种业务的公司是世界主要国家的主要贡献者。在美国和西欧,这种公司贡献了将近 60% 的工业产出。即使在发展中国家,由于生产输出的方式,"集团"也变得越来越普遍。[2] 这类公司在它们的经营范围内有可能是跨国公司,因为它们在本土国家之外具有重大的业务经营,这些都适用于案例 9.1 中的通用电气和西门子。但重要的一点是,这些公司通常也是多元化产品公司,它们拥有多元化投资组合的业务股份。因此,无论是在一个国家还是在多个国家,对经济增长贡献最大的公司是具有多种业务的公司,所有这些公司都需要公司层战略。

在多元化产品公司中,每个子公司与集团内的其他部分将存在大量的或者有限的贸易联系。例如在通用电气公司中,消费金融部门与媒体部门只具有有限的联系,因为这些部门具有少量共同的顾客和资源。相反,该公司的消费品和工业部门与能源部门也许拥有一些共同利益,因为它们拥有共同的工业顾客。

在多元化产品公司中,每个子公司都具有其自身资源和市场,因此它拥有自身的业务战略,例如,通用电气的媒体公司的资源包括全国广播公司的电视台;通用电气的消费金融公司的资源包括与银行和其他金融机构有关的网络。除了拥有以上的这些子公司之外,企业还拥有一个总部,在这里能够制订公司层面的战略规划。[3]例如,通用电气的总部坐落在美国康乃迪克州的布里奇沃特,在这里,通用电气指挥着全世界公司的运营。该总部的公司活动包括:

- 选择业务作为集团的一部分。
- 经营管理和领导组织中的每一个业务。
- 选择、激励和促进每一个业务部门的高管们。
- 由公司中心层将资源分配给单个的业务部门。

公司战略规划关心的是附加值的最大化和公司集团中心总部所贡献的额外竞争优势。重要的是,如果要证明公司总部存在的合理性,那么它必须能为集团增加价值。

9.1.1 公司层战略多元化的好处

理论上说,具有多业务的公司是那些在多个市场进行业务交易的公司,每一个业务都具有相对自主性,并且是独立经营公司,这类经营就是多元化的经营。在过去的30年里,对于多元化好处的观点已经发生了非常显著的变化。曾经认为,进入到一系列不相关的行业意味着总体失败的风险更低,因为一个市场的增长(例如,通用电气的医疗保健)能够抵消掉另一个市场上的任何衰退(例如,通用电气的交通运输)。[4]另外,同样认为在一些多元化公司之间的基础技术联系意味着它们可以相互提供技术支持,见第8章的明尼苏达矿务及制造业公司案例,它能够佐证这一方法。在20世纪60年代和20世纪70年代的某个阶段,存在拥有数以百计的半独立子公司的公司。[5]正如我们将这节后面所看到的,在20世纪末,这种分散撒网的方法在西方国家发生了改变。然而,甚至到今天,依然存在许多公司,包括韩国公司,例如三星公司;印度公司,例如塔塔,仍然广泛拥有不同的半独立企业。

近几年,公司层战略的好处来自于竞争资源以及组织中某个部门的强大市场地位,这可以用来支持其他部门的发展。[6]例如,它可能会将公司的某一部分的竞争优势转让给其他部分。一个明显的例子是维珍集团(the Virgin

Group），它著名的维珍品牌就被用于支持不同领域的业务，即从化妆品行业到航空公司等。

公司层战略的好处同样可以通过公司集团内的一系列相关业务之间的资源和活动共享来获得。例如，美国的消费商品集团保洁公司同时在纸巾行业和婴儿尿不湿行业保持市场领先地位。这两个产品都是通过纸来进行生产的，这些纸是在保洁公司的一个公共工厂中生产的，由此可以获得规模经济并且共同降低它们的成本。另外，这两个生产集团的营销可以通过一些相同的经销商来进行。这意味着每一个业务都能够通过一些相同的交通运输公司和销售网络来进一步降低成本。实际上，这两个独立的公司能够从保洁公司的公司层战略中获得规模经济。

另外，一些好处来自于与金融经济有关的公司层战略。金融经济的成本节约来自两个方面：

1. 因为总部规模大于子公司规模，所以与独立的子公司相比，公司总部能够以更低的资金成本来获得资金支持。

2. 因为处于组织的中心地位，所以公司总部能够更好地在竞争性的子公司之间分配资金，因此能更有效地利用有限的资金资源。

集团总部的作用是为公司寻找、管理财务和其他现金资源。[7]例如，通用电气的规模以及它通过银行业务而建立的特殊联系，使通用电气的总部能够以低利率获取资金，见案例9.1。对于该公司来说，这才是真正的竞争优势。另外，通用电气的总部会非常积极地检查它的主要业务，并且将资金分配给那些似乎具有最好增长前景的业务。

同样，拥有一系列用来学习和建立公司资源的知识、工艺技能和技术有利于公司集团。[8]例如，通用电气的每个部门都会在各自的领域从事研究与开发。但是，集团总部同样对研究和知识具有看法，即这些研究知识主要集中在与大多数部门相关的三个领域：环境影响问题、纳米技术问题和安全保障问题。最终会在通用电气集团中共享这些知识。

在一个多元化的集团中，公司层战略应该可以获得超额利润，因为集团总部的特殊贡献要超过单独子公司的贡献。这意味着构成总集团的多元化公司，作为集团的一部分比单独存在更具有价值。例如，在通用电气公司，理论上，商业金融部门更有价值，因为它与其他部门处在相同的集团中，如制造蒸汽涡轮发电机的部门和在美国传播NBC全国电视节目的部门。有些人可能很难理解通过结合这些多元化元素能够获得哪些可能的好处。但是，根据公司层战略理论可知，获得的好处可能是，与个体公司相比，公司总部能够获得更低的资本融资成本，正如我们在通用电气中所见，通用电气的子公司有商业金融、蒸汽涡轮发电机和电视台等子公司。

一般来说，一个多元化集团中这样的中心总部可能带来的好处可以分为三个主要方面：内部、外部和财务，如展示9.1所示。

展示 9.1

公司层战略的好处

集团内部的好处

- 范围经济。对一个关联密切的多元化集团,集团内部可能存在范围经济。[9] 当集团共享业务活动,并且将生产能力从一个部门转移到另一个部门的时候,范围经济就能节约成本。例如,两个不同的公司可能共享销售团队或者技术。

- 核心竞争力。对关联密切或者关联疏远的集团而言,可能在集团内部的公司之间传递核心竞争力。

- 共享的业务活动。对于远相关集团而言,它有可能共享业务活动。例如,公司也许会因为拥有相同的原材料而共享采购活动,或者因为拥有相同的顾客而共享配送活动。这些活动常常出现在许多消费产品公司,例如联合利华分别拥有各自的糖和超市,它们也会共享知识活动:也许是关于专利知识,也许是关于短缺的特殊技能知识。

集团外部的好处

- 垂直一体化。当一个公司加工生产自己拥有的资源时(后向一体化),或者当公司拥有销售自己产品的专卖店时(前向一体化),那么垂直一体化就产生了。这可能会实现成本节约,因为不用付费给经销商或者拥有直接获得顾客的市场能力。[10] 正如自然化妆品连锁零售商店美体小铺专卖店,它生产了许多自己的产品并且在自己的店里进行销售。这意味着它能够更好地控制其特殊产品并且能够快速地应对市场趋势,而不需要与其他零售商协商储存它的产品。戴尔公司是另一个垂直一体化的例子,它已经控制了销售自己电脑(电话或者网络)的专卖店。

- 市场能力。集团中一些近相关多元化公司之间的合作可能具有外部收益,即增加与顾客讨价还价的能力或者降低配送成本。当这种合作使公司拥有更低的成本或者优越的竞争地位时,市场力量就会存在。[11]

- 竞争者壁垒。市场能力的另一个结果就是,在一个近相关多元化集团中,通过提供更广泛产品的能力来抵抗竞争活动的阻碍。提供这种产品也许能够阻止竞争对手的影响,或者能够提供更低的成本。

财务效益,即使运用不相关多元化[12]

- 降低资本成本。与单个公司独立获得资金相比,中央总部可以利用其强大的议价能力来使单个公司获得资金资助。

- 业务重组。当集团面临除单个公司资源以外的其他竞争压力时,中央总部可能促进基本业务重组并为其提供经费。

- 有效的资金分配。因为中央总部对单个公司的需求和收益的全局观,它应该在集团内更有效地分配资金。

9.1.2 公司层战略多元化的坏处

针对这些可能的好处,一些战略家认为公司层战略的坏处要大于好处。特别是,他们认为,使公司拓展到完全不相关的领域具有很高的风险,并且使企业管理变得困难。[13]存在与多元化高风险相关的三个主要坏处:

1. 总部的员工规模和成本支出。
2. 多元化公司的复杂性和经营管理。
3. 缺少对竞争性资源的关注。

总部的员工规模和成本支出

经营一个多元化公司的最明显缺点是需要雇用一个总的指挥官。对于总部规模只进行过少量的正式调查,但一项调查发现,公司总部绝对规模的大小差异很大。[14]这项关于536家公司的调查发现,总部的员工数量变化范围是从智利一个公司的2名到德国一家公司的17 100名。通常,总部员工可能包括综合管理、法律、财务、报告和控制以及征税等。

多元化公司的复杂性和经营管理

如前所述,在20世纪60年代后期就对多元化存在很强烈的信仰,主要是为了减少只依赖一种业务而产生和暴露的各种问题的风险。然而,在20世纪80年代期间,公司开始意识到这种多元化会带来与多元化战略的内部管理有关的成本。一些大型的公司至少在某种程度上都分解成了几个组成部分,因为公司太复杂而不能很好地经营管理。[15]另外,一些部门作为单个公司比作为总部的一部分更具有价值,也许是因为集团的股票价格会被那些业绩很差的部门贬低,然而,在相同集团内部,存在具有高度盈利能力的部门,集团可以单独出售它们。

复杂性同样导致公司不断增加的成本。有一些很容易被测算,例如与定期向总部报告有关的官僚机构。然而,其他成本却不容易计算,但却同样重要。例如,为了获得范围经济就需要在管理者之间进行一定程度的共享,这可能不容易实现。同样,如果子公司的管理者认为他们没有受到公平对待,那么总部对子公司的不公平资源分配可能导致矛盾冲突。[16]

缺少对竞争性资源的关注

在20世纪90年代,公司的资源基础观点(RBV)在战略制定中变得越来越重要,见第4章。从公司总体角度来看,这种方法表明高度多元化的公司缺少竞争性的聚焦,因此具有少量的竞争优势。[17]从这一观点来看,分解公司似乎会更好。基于更积极的观点,更应该值得注意的是,资源基础理论同样表明,一个希望获得多元化的公司进入到某些领域主要是基于其现有优势。

为了总结多元化战略好处和坏处,我们可以回顾艾尔弗雷·钱德勒对公司中心层所做的研究。[18]他认为跨国公司的总部主要从事两种活动,即为公司创造价值的"企业家才能"以及为避免损失和保证有效资源利用的"行政职能"。如果多元化被证明是可行的,那么与这两个方面有关的坏处要少于经营一个多元化集团的好处。

> **关键战略原则**
>
> ● 总体层多元化的好处主要在于三个方面:对集团内部、集团外部以及财务收益的好处。内部好处包括范围经济、核心竞争力和共享活动;外部好处包括垂直一体化、市场能力和竞争壁垒;财务收益包括降低资本成本、业务重组和有效的资金分配。
>
> ● 总体层多元化的坏处来自三个方面:总部的员工规模和成本支出;多元化公司的复杂性和经营管理;以及缺少对竞争性资源的关注。

9.2 公司战略规划:多元化程度

在研究了公司多元化的优点和缺点之后,我们将研究公司集团多元化的程度。[19]同时在理论和实践中,公司可以选择它们的多元化的程度,这种多元化是从原始业务随着时间的变化而形成的。

定义➡ 当一个组织从单一的或者主导的产品行业转移到其他与原始业务可能相关,也可能不相关的业务领域时,多元化战略便产生了。一些多元化集团内的各部分之间似乎具有少量的关联,例如通用电气的医疗保健部门与它的商业金融部门似乎没有关联。同样的,其他多元化集团的不同部门之间具有明显的关联,例如跨国公司雀巢公司的全球冰淇淋业务在全世界具有相同的品牌标志,并且它与全球雀巢咖啡业务至少有一种关联,因为这两家公司都吸引相同的超市顾客。对于战略规划制定的目标,识别多元化战略的三个主要层次是至关重要的。

1. 近相关多元化战略。
2. 远相关多元化战略。
3. 不相关多元化战略。

9.2.1 近相关多元化战略

定义➡ 在近相关多元化战略中,集团中不同的公司可能具有不同的产品或者服务,但是存在某些形式的密切关系,例如共同的顾客、共同的供应商或者共同的日常费用。例如,联合利华集团包括各种独立的公司,如玛格南冰淇淋(Magnum)、弗罗拉人造黄油(Floria margarine)、赫尔曼的蛋黄酱(Hellman's mayonnaise)和克诺尔汤(Knorr soups),见案例9.3。每一个这样的业务都拥有各自的竞争者、市场和品牌。但是每一个公司都共享相同的超市顾客、一些共同的供应商以及一些共同的竞争者。对于这些公司来说,在适当的地方寻找合作的好处具有商业意义。然而,如果集团总部通过单个部门的业绩来评判经理,那么对于这样的经理来说,只存在少量的激励来使他们共同合作并且分享供应商信息和人脉。在关系紧密的多元化战略中,这些都是至关重要的。

9.2.2 远相关多元化战略

定义➡ 在远相关多元化战略中,尽管集团中不同的公司将拥有特别不同的产品或者服务,可能利用完全不同的技术,它们可能共享同样的基础核心竞争力、其他技术或者服务领域,这些将受益于中心总部的全面协调。例如,明尼苏达矿务及制造业公司拥有多元化产品,但是它在黏合剂和涂料上的基础核心竞争力被广泛运用到集团中,见案例7.4;另一个例子是日本佳能公司,它在镜片行业的基础核心竞争力被运用到一系列的行业中,从照相机到复印机行业,见案例13.2。

9.2.3 不相关多元化战略

定义➡ 在不相关多元化战略中,集团中的不同公司在有关的产品、顾客和技术上具有很少的相同点。然而,它们受益于总部的一些资源,这些资源涉及低成本融资的可行性、管理方向的质量以及其他相关事项。例如,案例9.1中的通用电气和西门子。

9.2.4 选择哪种多元化战略?

公司应该选择哪种多元化战略?它们应该遵循哪种程度的多元化战略?目前对于这些问题没有简单的理论性答案。这一答案可能取决于公司总部的战略环境、组织领导和管理的风格以及在该时点上能够获得的机会和资源。[20]

> **关键战略原则**
>
> ● 当一个组织从单一或者主导产品行业转移到其他与原始业务相关或者不相关的业务领域时,多元化战略便产生了。在这类公司中存在三种水平的多元化战略,即近相关多元化战略、远相关多元化战略以及不相关多元化战略。在评价运用公司层战略的好处时,每一种战略都很重要。
>
> ● 近相关多元化战略涉及与原始业务存在某些密切关系的形式,例如共同的顾客或者供应商。当分享一些基础核心竞争力或者其他基础属性时,远相关多元化战略便会出现;当好处仅仅与总部的管理相关时,例如降低财务支出,那么不相关多元化战略便会出现。
>
> ● 对多元化战略规划的选择可能取决于公司总部的战略环境、组织领导、管理的风格以及在那时能够获得的机会和资源。

9.3 总体战略以及中心层的作用：控股的原则

在公司战略中，重要的是，总部自身需要考虑并界定它的作用职能，以及它与子公司的关系。原因很明显，这就是所谓的控股。

总部的作用可能包括以下几个方面：

- 公司职能与服务，例如国际财政管理和中央人力资源管理。
- 公司发展计划，例如集中研发和新收购。
- 为增长领域或者问题领域提供额外的经费，主要是基于本章的下一节将概述的产品组合原则。
- 形成业务之间的正式联系，例如在子公司之间的技术或者核心竞争力的转让。
- 详细地评价和评估子公司制定的战略。

例如，新闻集团的主要股东和创始人鲁伯特·默多克，因为他在公司总部的地位，所以他会参与所有关于子公司的领先战略决策，见案例8.4。此外，新闻集团子公司20世纪福克斯的电影图书馆同样对其他子公司开放，包括它在美国和英国的电视台。尽管它们是按照完全独立的计划表在运营，并且是完全独立的公司，但是它们可以共享这些服务。另外，新闻集团的中心层是主要增长领域的主要资金提供者，比如新互联网和媒体企业"我的空间"、华尔街日报等，以及新的独家体育频道福克斯电视等。

明显的是，如果仔细地开发，那么控股资源是强大的。每一个集团将会拥有自己的资源组合，这取决于它的混合业务和相关战略问题。然而，总部会产生成本。控股的目的是为其所服务的子公司增加价值，否则控制成本可能是不合理的。[21]子公司在母公司的帮助下需要比它们独立时表现得更好。

9.3.1 公司总部的特性

对于需要提供一些附加服务的总部来说，公司层战略的所有好处是不够的。这意味着母公司本身需要形成核心技能。这被称为总部公司或者控股的特性。[22]

母公司需要三种特性：

1. 了解和熟知与每个子公司所从事的多元化行业有关的成功关键因素。
2. 除了了解它所管理的子公司，它还需要一种提供额外贡献的能力，这一点可能来自于早些时候所认定的任何领域（例如研发、筹措资金）。
3. 根据以上两点来相应地定义总部职能作用的能力。实际上，如果一个多元化集团是高度相关的，那么总部具有强大的战略连接作用；如果一个集团是高度多元化的，那么总部就会拥有类似于银行家的作用，即为子公司制定战略、为集团筹集资金并且评估子公司的绩效。下一节将更深入地解释分析该内容。

9.3.2 公司总部规模和职能作用的决定因素

在多元化产品公司,存在三个决定总部规模和职能作用的主要因素:[23]

1. 集团的总体规模。因为较大的公司在信息处理上具有规模经济,最大的公司集团在总部中不一定拥有最多的员工。

2. 集团的治理系统。股权架构将影响总部的运营活动以及同样重要的总部地理位置。如果存在少量的股东,那么就不需要大量的员工来处理股权架构问题。如果集团是由政府所有,那么相关证据表明总部规模往往是比较大的。一些国家,例如日本,似乎比其他国家拥有更大的总部。

3. 集团的公司层战略。这是决定总部规模和职能作用的最重要因素。如果集团拥有相关性的多元化战略,例如案例 9.3 中的联合利华,那么总部通常会讨论并且积极地影响子公司的战略。因此,进行这项任务的总部人数会很多。如果集团是由一系列不相关的公司组成,例如案例 9.1 中的 GE,那么总部通常会类似一个银行家,它并不会投身到细节性的战略讨论中。这种行动只需要少量的总部职员,并且它的作用是有限的。

总的来说,不存在决定总部规模和职能作用的简单模式。高管们需要精确地考虑总部在总体上能为集团作出的贡献。那么,这将影响与政策、员工数量和汇报子公司关系等有关的建议方案。"最后的结果应该是,总部能够提供所选公司层战略的附加值成分,但是与其他表面上类似的并且遵循了类似战略的公司相比,它们的结果很可能大相径庭。"[24]

9.3.3 总部采取了哪些主要行动?

为了进一步研究和确定控股,我们可以识别一个公司总部通常采取的主要任务。它们被分为五个部分,如图 9.3 所示。其中有些部分已经在第 6 章中进行了研究分析,所以这里不再一一赘述了。

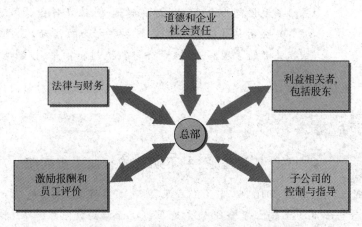

图 9.3 公司总部的五个主要业务活动

总部经营行动的五个主要领域是：

1. 道德和企业社会责任问题：在第6章有所研究。
2. 利益相关者的管理和沟通，包括股东：在第6章有所研究。
3. 子公司的控制和指导。控制的程度取决于多元化的程度。如果一个集团是高度多元化的，那么控制将主要以财务和利益为中心。如果多元化是密切相关的，那么总部很可能会与子公司进行讨论，主要是关于市场、顾客和竞争优势等话题。诺基亚和联合利华已经将子公司和中心层的强烈参与管理紧密联系起来，正如案例9.2和9.3所阐释的。
4. 激励报酬和员工评价。对于具有多元化产品的集团和公司而言，包括案例9.1中的通用电气，总部具有重要的作用。每一个公司将拥有自己的管理方法，但是任何一个重视自身员工的公司将会认为这是一个重要的主题，对于本章中的四个主要公司而言，这是必定正确的。该内容将在第12章和第16章中进行研究。
5. 法律与财务。所有公司都具有关于税收和公司报告的法律需要，即必须受到公司中心层的协调控制。另外，许多公司的总部将拥有财政职能，其作用是管理集团的现金，如果有必要，还会为集团筹集新资金。这里所包含的是一个重要的战略财政因素，但超出了本书的范围。

关键战略原则

- 控股关注的是集团总部中的子公司，这些子公司的业务领域也许是互不相关的。这样一种公司仍然需要界定它的宗旨、制定它的任务和目标。当业务活动分布广泛时，这也许很困难。
- 公司总部的作用是为与组织有关的子公司增加价值，否则运作一个公司总部的成本是不合理的。
- 公司总部可以在四个方面作出贡献：公司职能、公司发展计划、为增长领域或者问题领域提供经费、为集团各部门之间建立正式的联系。
- 公司总部需要两个特殊属性来进行高效运营，即理解和熟知它们子公司的多元化行业中的成功的关键因素，以及作出特殊贡献的能力。
- 公司总部通常采取五个主要方面的活动，即道德和企业社会责任、利益相关者的管理和沟通、子公司的控制和指导、报酬激励和员工评价、法律和财务。

案例研究9.2

诺基亚：并不明智的智能手机战略

经过15年，直到2010年，芬兰诺基亚公司在移动电话市场上建立了全球领先地位。该案例描述了诺基亚公司实现这一目标的公司层战略，以及它目前在智能手机市场上所面临的风险。

背景

在20世纪80年代后期,小型的芬兰公司诺基亚拥有广泛的业务。例如,它使电视机以及其他电子消费产品成为了"欧洲第三"。它同样拥有一些发展很好的业务,如工业电缆和机械设备,并且制造了广泛的其他产品,从林业伐木设备到轮胎。自20世纪60年代以来,它就开始快速扩张,并且开始在它出售的大范围产品内进行竞争。不幸的是,在那时,集团首席执行官卡瑞·凯雷莫(Kari Kairamo)因为压力太大而自杀了。这种如此强大的战略压力是很罕见的,并且它对战略评估管理和制定的影响是产生压力的重要因素。

摆脱其他产品领域之后,诺基亚成为了手机市场上的引领者。但它严重依赖于新的手机市场,这也许就是一个战略弱点,正如案例中所解释的那样。

20世纪90年代初期

在1991年到1992年期间,诺基亚在主要业务范围上损失了4.82亿马克(1.2亿美元)。公司需要寻找新的战略来弥补这一损失。它已经削减了其业务范围,但是仍然保留了电话制造业务、不盈利的电视和录音机制造业务和强大的工业电缆业务。诺基亚通过寻找新的集团首席执行官开始进行整治。它的选择是约玛·奥利拉(Jorma Ollila),他曾经经营着小型的诺基亚移动电话部门,在那时该部门是处于亏损状态的。"我的任务是决定卖掉它还是保留它。经过四个月之后,我提议仍然保留它。我们拥有很好的职工、专业的技术,并且存在市场增长的机会。"奥利拉说。

在1992年,诺基亚总部团队选择发展两个已经存在的并且与技术有关的部门,即移动电话和电信设备(开关和转换器)。随后,它主要关注移动电话业务,但是并没有完全脱离电信设备市场。

存在四个标准来证明关注移动电话行业的战略性选择是正确的。

1. 判断认为,移动电话市场具有全球增长的潜力并且增长快速。
2. 诺基亚在这一领域仍然具有盈利的业务。
3. 全球电信市场的放松管制与私有化能够提供特别的机会。
4. 快速的技术变化,尤其是新的泛欧全球移动通信系统(GSM),提供了从根本上改变竞争对手之间的平衡的机会。

明确的是,以上所有的评判标准都具有重大风险。再者,公司的战略性选择受到其自身有限资源的限制。集团整体上的重大损失就是严重的财务约束。再者,它无法承担与两个主要竞争对手一样的研发支出,它们分别是美国摩托罗拉和瑞典爱立信(Ericsson)。在20世纪70年代到20世纪80年代,尽管通过在北欧市场上的竞争,它获得了内部技能以及与放松国家管制的电信经营者合作的经验,但是如果为了开发市场机遇,它仍然需要更多的员工。通过出售其他股份并且只集中在移动电话领域,它有可能克服一些困难。

回顾那时,奥利拉表示:"我们比其他公司要更早明白……为了获得真正的成功,你必须使组织全球化并且关注业务组合……我们能够在同一时间增长、全球化并且保持我们的敏捷性和快速发展。"奥利拉没有指出的是,芬兰是一个小国家,若要建立一个相当大的公司,那么就必须考虑超越国界而走向全世界。

1992—2000年:建立全球领先地位

约玛·奥利拉的第一个任务就是建立管理团队。他选择了两位新的年轻的执行官作为团队的一部分,即诺基亚网络部门总经理萨里·巴尔道夫(Sari Baldauf)和诺基亚移动电话部门总经理马蒂·阿拉霍达(Matti Alahuhta)。阿拉霍达曾经就读于瑞士洛桑国际管理学院(IMD),在那里,他撰写过一篇论文,关于如何将一个中等规模的科技公司转变为一个能与具有强大资源的大型竞争者进行抗衡的世界级公司。他很清楚诺基亚该如何与它的竞争者竞争,例如它的瑞典对手爱立信、荷兰公司飞利浦、法国公司阿尔卡特和美国公司摩托罗拉,所有这些公司都拥有资金和技术知识方面的强大资源。

阿拉霍达确定了三个重要因素来帮助诺基亚。首先,寻找一项新技术至关重要,这项新技术能够改变竞争规则,并且把所有的现有竞争者变成初学者;其次,当国际市场发展时,在国际市场上快速行动并且反应灵活是很重要的;最后,公司需要评估和满足顾客在移动电话方面真正的需求。

在20世纪90年代早期,阿拉霍达并没有确定一项被证明是具有高价值的技术开发。这是欧盟内的协议,其目的是采用GSM移动电话技术标准。这允许一个像诺基亚这样的公司进入一个大市场,在这一市场上,科技是标准化的,因此主要的规模经济是有可能的。这一发展是很重要的,因为随后全世界都在使用GSM标准。到2000年,全世界7亿个移动电话中的大约5亿个移动电话使用了这一标准。这对于像诺基亚这样的公司是幸运的。"好运总是眷顾有准备的人。"来自于多年以后阿拉霍达的含糊评论。

战略性选择的好处与问题

实际上,诺基亚总部团队在扩张方面是相当成功的。它迅速转移到设计手机业务上,即通过设计高质量、可靠且容易使用的移动电话来吸引全球的顾客。这意味着它需要在软件开发上进行大量投资,并且它与英国公司塞班系统(Symbian)形成了联盟。随后,为了确保发展保持正轨,诺基亚收购了大量的股份。诺基亚一心一意投资工厂就是为了获得规模经济、减少成本并且提高利润。

在20世纪90年代,诺基亚能够很好地了解顾客需求,因此它很快地转移到了新的电话市场:它意识到这一时期的移动电话几乎是一种时尚配件,并且通过设计手机来反映这一点。它做出了重要的判断,即20世纪90年代的市场从高科技市场转变成为大众市场,在这里需要便宜的初级电话。这与它的北欧竞争者爱立信公司特别不同,爱立信一直保持着高科技手机,"在我们的产品投资组合中拥有错误的资料"。来自爱立信的首席执行官库尔特·赫尔斯特伦(Kurt Hellstrom)后来的评论。到2000年,诺基亚已经开发了一系列的移动电话,它们都具有视觉吸引力和创新性,因为它们使用了已经成为可能的新数码技术。到2000年,诺基亚在移动电话制造上成为了世界领先者,拥有35%的全球市场份额。

2000—2002年:处理新的挑战

诺基亚将它所有资源都集中到移动电话领域之后,它需要应对2000年到2002年期间的全球移动电话市场的大幅度衰退。这种现象的出现存在三个原因:

- 世界上的部分市场已经达到饱和状态,例如欧洲80%的人们已经拥有了移动电话。
- 在20世纪90年代后期出现的,直到2001年才结束的科技泡沫。这使得领先的电信公司承担着过重的债务负担,并且希望削减成本。
- 电话服务提供商。例如,沃达丰和法

国Orange运营商延迟了对下一代移动电话技术的引进,因为科技可行性以及由于支付大量的新"3G"许可证而造成的资金缺乏。

"3G"纯粹的数码技术为电话服务带来了一个全新市场,从而需要一系列全新的产品设计。反过来,在像诺基亚这样的公司内部需要一个新的制造过程。结果在2001年到2002年之间,所有的移动电话制造商,包括诺基亚,受到了利润下降的重创。另外,一些亚洲电子制造商,例如三星和索尼,意识到新技术为它们带来了进入全球手机市场的机会,尤其是在它们错过了GSM标准所带来的好处之后。索尼与爱立信结合形成了一个新的合资企业,同时三星对新的"3G"技术进行了大量的投资。结果三星在2005年创造了14%的全球市场份额,索尼与爱立信占有6%的全球市场份额。然而,摩托罗拉仍然以17%的市场份额保持着第二的地位。因此,对于诺基亚而言,竞争越来越激烈。

2004年新挑战和新管理

在这一点上,诺基亚迷失了方向。在2003年和2004年,它不能准确地了解顾客需求。其竞争者的新的"蛤壳"折叠设计以及中等价位的照片成像屏幕,在市场中被证明是流行的。诺基亚并没有进行转变来满足这一需求,而是坚持其现有的"条状"设计。有人认为,这也许是因为诺基亚的规模经济与其现有的设计存在更多的关联。当然,诺基亚在行业上能够容易地获得最高利润,所以它不愿意减少这些业务。最后,诺基亚认为其占主导地位的全球市场股份是具有高价值的,并且它可能更倾向于降低其价格。尽管会损失一些利益,但是它同样引进了新的"蛤壳"设计。在2004年年末,公司的市场份额再次开始上涨,并且回归到了35%左右。

在2004年12月,公司面临的各种压力迫使诺基亚总部引进了新管理。"从一个管理的角度来看,它开始于2003年的春天或者夏天,当我们的管理团队开始讨论需要重新审视组织时。"奥利拉说。经过一段时间的行业变化,诺基亚需要改变和重组它的管理团队。结果巴尔道夫和阿拉霍达离开了诺基亚。阿拉霍达去了另外一家芬兰公司,巴尔道夫从事着完全不同的工作。因此,当诺基亚面临新挑战时,它认为它需要一个新的组织架构和新的管理团队。奥利拉指出:"做出代际变化是不容易的,它是一个很大的改变。但是变化允许你重新定位和重新思考。"诺基亚的盈利能力在短期内是稳定的,但是公司需要仔细思考新技术、新趋势和新的战略规划。

在2005年,受到广泛尊重的诺基亚首席执行官约玛·奥利拉将于2006年5月离职,但仍然会作为非执行主席留在诺基亚。那些领导公司在手机行业中走向世界领先地位的诺基亚管理团队也许大都已经离开公司了。然而,新团队决定继续保持诺基亚的全球市场领先地位。他们意识到在20年期间,芬兰这个主要的公司已经彻底改变了它的公司层战略。新的首席执行官是欧利-派卡·卡拉斯沃(Olli-Pekka Kallasvuo)。他为公司准备了新战略,即为手机提供网络服务,例如在2008年开发的"与音乐一起"的服务。在过去的几年里,他称该战略是背离诺基亚战略的最彻底战略。它是由一些移动电话市场的成熟以及各种类型的通信技术融合推动的。

2010年,诺基亚的所有改变

欧利-派卡·卡拉斯沃作为诺基亚的首席执行官并没有持续很长时间。在公司的业绩严重衰退之后,如图9.4所示,在2010年8月,他被要求离开。新的首席执行官是斯蒂芬·埃洛普(Stephen Elop),微软的前任资深总监。领导者的改变是因为诺基亚内部混乱的战略错误以及外部竞争者的成功。诺基亚仍然是世界领先的手机制造商,但是它的全球市场份额和它的盈利能力都受到了严重威胁。

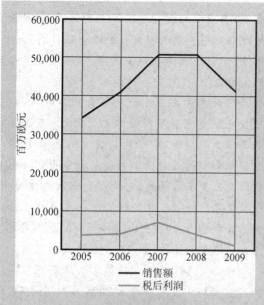

图 9.4 诺基亚的衰退期（2005—2009 年）

在公司内部，诺基亚非常善于通过制造手机来盈利，它利用了 40% 的全球市场份额来获得规模经济，并且与主要的移动电话服务公司建立了强大的关系。但是，诺基亚仍然存在三个战略缺点：

● 第一，它的移动手机定位在低端市场，遭受了来自便宜的亚洲电话制造商的攻击。基础的移动电话设计和制造已经变得成熟，这使得制造商能够利用亚洲较低的劳动力成本来降低产品价格，甚至是超过诺基亚在其本国芬兰的低成本制造过程。

● 第二，诺基亚利用它独有的塞班系统软件来提供电话服务。该系统是在 20 世纪 90 年代被设计出来的，并且在早些年具有很好的运行效率。但是它并不适合最近的智能手机型号，例如 2010 年的塞班系统 3。但是评论员认为，与 iPhone 相比，诺基亚手机例如 N8 仍然是很"笨重的"。主要原因是苹果公司为这类手机设计了更新的软件，并且采用了能够传递更清晰图像的新型触屏技术。诺基亚意识到了这个问题，并且研发了被称为"米狗系统"（MeeGo）的全新软件系统，在 2011 年早期推出市场。但是直到那时，公司的启动记录并不是很好，例如，在 2010 年，它推迟了一系列智能手机产品的推出计划，因为它试图确保塞班系统 3 足够好。

● 第三，诺基亚的设计问题变得更糟，因为它的手机软件的技术开发并没有得到很好的管理。直到 2010 年早期，它的智能手机工程师并没有组合成一个与智能手机研发有关的团队。此外，不同于它的竞争者，诺基亚在它的所有手机型号中，并没有正确地运用相同的软件。任何一个开发商，包括诺基亚内部和外部的开发应用商，不得不为每一个诺基亚型号编制额外的软件。一位评论员解释说："苹果公司只有 iPhone。而诺基亚却拥有很多的产品工厂以及很多的顾客，但是直到现在，它开发应用程序变得更加困难……诺基亚的新统一软件将会融入诺基亚手机的开发中。"

结果就是缺乏对设计的专注和努力，公司损失惨重。基础移动电话已经变成了一个成熟的全球市场。绝大多数的增长出现在智能手机市场上，最开始是 2007 年苹果公司的 iphone 和加拿大动态研究公司（RIM）的黑莓（Blackberry），其次是 2008 年由谷歌推出的公开资源手机软件。诺基亚仍然是移动电话行业的市场领先者，如图 9.5 所示，但是它的市场份额一直在下降并且它的利润也在下滑。它在基础手机上很出色，但是它受到了来自市场低端的便宜亚洲电话和高端的智能电话的冲击。它是智能手机的市场组成部分，该市场增长最快并且利润最高。

2007—2010 年，智能手机不仅仅与网络连接

除了它的内部失败，诺基亚同样完全没有意识到两个竞争威胁势力，即在 2008 年中期，应用程序（App）的推出以及 2008 年后期安卓系统（Android）的出现。2007 年，诺基亚的首席执行官欧利·派卡·卡拉斯沃上任之后，意识到诺基亚在手机网络服务上的弱

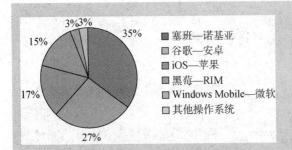

图9.5 在2010年,诺基亚仍然是智能手机市场领先者,但衰退较快

注释:报道称,到2011年中期,诺基亚的市场份额下降到了25%。公司利用谷歌的安卓系统获得了大部分的收益。

资料来源:各种各样的市场评估。

点。但是他宣称,"当谈论到拥有将移动性整合到互联网中的要素成分时,我们是首屈一指的。这是很自然的业务延伸。"这使得该公司错过了一些智能手机的真正好处。

尽管苹果公司在2007年推出了它的第一个iPhone,但是所有的潜力还有待于开发,然而仅仅18个月之后就完成了开发,即iPhone应用程序商店(App Store)。iPhone是先进技术,但是它在相对较小的市场份额上的定价较高。在2010年年初,它仅仅拥有12%的市场份额。真正促进iPhone发展的战略是公司的政策,该政策鼓励外部软件公司生产那些能够用于手机的应用,专业术语是"应用软件"。之后,这些都得到了苹果公司的批准,并且从简单的服务蔓延到游戏,这些游戏能够被苹果用户直接下载到iPhone。诺基亚自然通过开发自己的应用程序来进行反击,但是它并没有取得像苹果公司那样的成功。到2010年后期,iPhone存在225 000多个应用程序,但是诺基亚手机拥有13 000个应用软件。除了为它的客户提供服务以外,苹果公司以两种方式从应用程序商店中获取了好处,即它获得了每次购买的30%的利润(有些应用程序是免费的),同样建立了消费者忠诚。如果顾客会为他们的iPhone花费上百美元来购买应用程序,那么只有少量顾客会转向它们的竞争者。

除了iPhone,诺基亚同样面临着大量来自谷歌的竞争威胁。在2008年,谷歌推出了具有全新软件系统的手机,该系统为"安卓"系统。在写该案例的时候,谷歌手机在市场上并没有很成功。然而,谷歌使安卓软件成为了开放资源,意味着其他的制造商可以通过付费来获得完整的软件基础构造和设计。这也意味着其他希望开发智能手机市场的手机公司,尤其是在应用软件领域的公司,能够通过获得谷歌的特许经营而运用安卓系统。因此,像韩国的三星公司、美国的摩托罗拉公司以及中国台湾的宏达公司,能够设计和开发吸引人的新智能手机,这些都要胜过只依靠塞班系统软件的诺基亚。正因为这一战略的成功,在2009年,只拥有3%的智能手机市场份额的安卓系统在2010年年底达到了27%的市场份额,甚至是超过了苹果公司。诺基亚的全球市场领先地位受到了威胁。

由于安卓系统的成功,一些评论员建议诺基亚应该采取安卓软件,但是芬兰公司拒绝了这一建议。它反驳说,利用与其竞争者相同的软件,意味着它在市场上没有竞争优势。在2010年后期,诺基亚决定保留它自身的专利软件。诺基亚智能手机部门的负责人安西·范约基(Anssi Vanjoki)指出,使用安卓系统的手机制造商可能拥有较低的运营利润,并且声称它们可能只是享受着谷歌操作系统所带来的短暂救济。他将这种公司类比为"在寒冷的冬天为了取暖而尿裤子的芬兰男孩"。

2011年,诺基亚智能手机应急事件

在2011年早期,诺基亚仍然致力于开发新软件来升级或者替代塞班系统。它重组了其软件技术团队来集中关注这一目标。来自微软公司的新诺基亚首席执行官埃洛普很认真地思考了该做些什么。首先,埃洛普热衷于建立公司自身的应用软件。他告诉应用软件公司的用户："在诺基亚,从根本上说,我们能够建立很好的设施并且使他们得到广泛应用。但是没有你们这些用户,在这样一个生态系统中,我们不能够创造动力,这并不是因为我喜欢开发商,而是你们给这个系统带来了生命。"

几个星期以后,埃洛普先生公布了这一应急事件。诺基亚公司要开始彻底中断塞班系统软件,并转向微软的新 windows 7 移动软件系统。在他著名的"末日备忘录"中记录了他对所有诺基亚员工的声明,这在案例15.1 中进行了描述。经过 2008 年到 2010 年的 3 年时间,尽管诺基亚在科技研发上花费了超过 240 亿美元,大多数都投资在塞班系统上,但是最终仍然采用了这个决定。问题在于塞班系统软件不够好,它花费了太长时间来证明其正确性。对于诺基亚而言,唯一能够替代 windows 7 的是谷歌的安卓系统,但是它被上述原因拒绝了。

至关重要的是,对于诺基亚而言,利用 windows 7 软件的战略决策存在着真正的风险。在 2011 年写这个案例的时候,诺基亚并没有制作 windows 7 移动手机。此外,由于少量的应用软件,使得 windows 7 在移动手机市场上只是一个小角色,并且微软仍然拥有销售软件给其他制造商的权利。诺基亚不具有绝对的竞争力。另外,诺基亚公开地向它的客户承认塞班系统功能并不出色。在它能够于 2012 年开发新的诺基亚智能手机之前,分析师预期诺基亚智能手机市场份额将会大幅度下降,这也许不会引起别人的惊讶。正如 2011 年早期《金融时报》所评论的,"诺基亚需要这笔交易"。也可能是微软需要或者是两家公司都需要。"结局就像两个试图互相支持的酒鬼一样"。

实际上,追溯到 20 世纪 90 年代,诺基亚聚焦到它的移动手机业务的战略决策,在带来了一些机会的同时也带来了一些问题。

作为杰出的芬兰公司,诺基亚多年来一直致力于绿色战略,"诺基亚旨在成为环保上的领先公司"。可以参见网站 www.nokia.Com / environmental / strategy - and - reports / environmental-strategy。

©版权归理查德·林奇所有,2012 年。保留所有权利。该案例是由理查德·林奇所著,来自于已发表的信息。[25]

案例问题

1. 为什么诺基亚只选择一个领域进行发展?在四个领域中只选择一种领域发展的战略风险是什么?

2. 对于诺基亚所选的战略来说,引进新的安卓软件具有什么重要意义?公司是否经常需要这种技术研发来保证战略的成功吗?它们是否需要一些除技术外的其他因素?如果存在,那是什么呢?

3. 管理团队对于战略选择是有多重要?在 2004 年、2007 年和 2010 年,它真的有变化吗?

战略项目

在写该案例的时候,诺基亚受到了谷歌、苹果和加拿大行动研究公司的战略的重创。写该案例的时候,竞争激烈的市场还在不断发展。在哪种程度上,诺基亚能够克服这些问题?从战略视角来看,在未来几年内,追踪该市场的发展将是令人感兴趣的。检验应用程序的可行性、价格、智能手机型号和市场计划将会对战略制定产生有趣的见解。一些信息可以通过网站来获得。

 如何使用市场增长和市场份额数据来确定波士顿咨询公司(BCG)矩阵上的位置……市场增长和市场份额是如何影响公司现金流和利润的。

9.4 公司层战略：关于公司多元化产品组合的决策

定义➡ **多元化公司拥有一系列的产品，用来服务于不同市场上的许多消费者，这类公司拥有一个产品多元化。** 存在许多好的战略原因来说明多元化公司的存在：如果仅仅依赖一种产品和顾客，那么将存在大量的风险，产品和服务将有可能失败，而顾客也会选择其他的公司产品。

战略决策通常考虑一系列市场上的一系列产品，通常被称为"平衡的产品组合"。然而，读者会很快发现，关于多元化产品组合运营的观点与战略制定中基于资源的观点是完全相反的。这已经在第4章进行了研究，并且这是目前很受重视的战略制定理论之一。读者将同样了解到存在各种相互冲突的战略制定观点：这是本书的一个主题。基于本章的研究目的，我们将接受多元化的前提假设，并且开始研究"平衡的产品组合"的概念。

当一个组织在它的产品组合中拥有大量的产品，那么它们很可能处在不同的市场发展阶段，例如一些产品可能相对较新，而另一些产品却比较陈旧。例如案例9.2中的诺基亚，它们具有许多基于简单的和良好技术的手机，这些手机已经存在了很长时间。同时，它们还具有基于最新3G技术的其他产品，这些产品将具有强大的增长潜力，但是处在市场发展的早期阶段。

许多组织并不希望冒险将它们的所有产品放在同一个市场和同一个市场发展阶段上，它们将会选择多元化战略。同时拥有两类产品是有帮助的，这两类产品分别是一些具有有限发展空间但能稳定获利的产品，以及一些具有真实潜在能力但处于增长初期的产品。的确，那些具有稳定盈利能力的产品将会为那些在未来提供增长潜力和利益的产品的发展提供资金。

根据这一观点，关键战略就是去制定一个平衡的产品组合，即一些低风险但增长缓慢的产品，以及一些高风险但具有未来潜能和回报率的产品。战略的结果可以通过利润和现金来衡量。（在这里用现金作为衡量标准是因为，无论是在理论上还是实际中，对于一个想要通过贸易获得利润但最后却破产的公司来说，这是可以进行衡量的。这是因为公司没有赚到足够的钱来作为利润再投资到增长的业务中。理解这种区别是很重要的）对于公司总部来说，关键的战略问题是如何达到这种平衡状态，来同时满足新增长的需要以及维持当前的稳定：起点就是进行产品组合分析（product portfolio analysis）。

投资组合分析最早是BCG在20世纪70年代提出的，结果，该方法的一个

定义➡ 形式被称为BCG投资组合矩阵（BCG portfolio matrix）。**投资组合矩阵根据两个标准，分析了组织所拥有的一系列产品（它的投资组合），这两个标准分别是相对市场份额和市场增长。** 有时，它也被称为增长——份额矩阵（growth-share matrix），并且受到了许多的批判，这些批判对于理解这个矩阵是很重要的。为了克服BCG方法的缺点，投资组合矩阵的其他形式后来被开发出来，例如9.4.3节说明的定向政策矩阵（directional policy matrix）。投资组合分析是一

个多元化产品公司达到最佳产品平衡的方法。

9.4.1 BCG 增长——份额矩阵

该矩阵是分析一个组织产品投资组合平衡的方法,其目的是针对一个多元化公司中的稳定产品来制定一个最好的增长平衡。根据这个矩阵,存在两个基本因素来确定一个产品在市场中的战略地位。

1. 相对市场份额(相对市场占有率),即对于每一个产品,组织所拥有产品的份额除以市场领先者的份额的比率。[26]

2. 市场增长率,即对于每一个产品,这类产品的市场增长率。

相对市场份额是很重要的,因为在激烈竞争的市场中,它有利于获得比竞争者更大的市场份额,因此这提供了策略空间,即进行投资的规模以及指挥分配的能力。一些研究者,如布赛尔(Buzzell)和加尔(Gale),[27]声称已经找到了支持这种战略的实证证据。例如,在对许多公司进行的研究中,两位研究者发现拥有超过50%市场份额的公司所享受的回报率要比那些只拥有少量市场份额的公司高出三倍。一些其他的实证研究也能证明这个广泛的结论。[28]然而,雅各布森(Jacobsen)和艾克(Aaker)[29]质疑了这种关系。他们指出,这种紧密的联系可能来自于公司的其他不同因素。具有高市场份额的公司不仅在市场份额上不同,在其他维度上也是不同的。例如,它们可能拥有更好的管理能力,或者可能更加幸运。然而,艾克在他最近的工作中[30]承认,投资组合确实具有它们的用处,但也存在它们的局限性。

市场增长率是很重要的,因为增长快速的市场比增长缓慢的市场能够为销售提供更多的机会。快速增长使公司从竞争者那里攫取市场份额的可能性较小,但是从进入市场的新购买者那里攫取利益的可能性更大。这为恰当的产品提供了许多新机会。然而,同样存在一些困难,也许主要是因为新兴市场往往不像增长较低的市场那样有利可图。投资经常被用来促进快速增长,并且需要利润的资金资助。

相对市场份额和市场增长率在增长——份额矩阵(growth-share matrix)中进行了结合,如图9.6所示。应该注意的是"矩阵"一词是误导人的。事实上,图表中不存在四个区分开的盒子,而是四个相互融合的部分。已经确定了四个区域的不同名称,用来表示它们的战略意义。

定义➡ ● 明星(Stars)。左上角的象限表示的是明星业务部门,其产品具有较高的相对市场份额,并且处在高增长的市场中。增长速度意味着它们能够获得大量的投资,因此会成为现金使用者。然而,因为它们具有高的市场份额,所以将会获得规模经济,并且能够产生大量的现金利润。因此,总体上宣称它们能够保持现金平衡。但这种假设在实际中不一定能够得到支持,并且没有进行完整地测试。

定义➡ ● 现金牛(Cash cows)。左下角象限表示的是现金牛业务部门,其产品在快速增长的市场中具有较低的相对市场份额。这类业务很成熟,并且只需要较低水平的投资。基于这一点,它们将可能获得现金和利润。这些利润将被用来支持明星业务部门的发展。然而,在这里存在真正的战略风险,即"现金牛"部门将变成不具有支持价值的部门,并且开始失去它们的市场份额。[31]

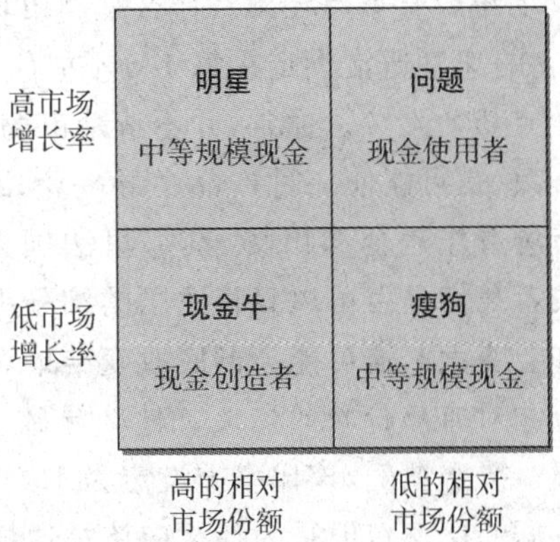

	高的相对 市场份额	低的相对 市场份额
高市场 增长率	**明星** 中等规模现金	**问题** 现金使用者
低市场 增长率	**现金牛** 现金创造者	**瘦狗** 中等规模现金

图 9.6　增长——份额矩阵,通过市场增长和份额来
对单个产品或者产品组合进行分类

定义➡　● 问题(Problem children)。右上角象限表示的是问题业务部门,其产品在快速发展的市场中拥有较低的相对市场份额。这种产品在快速增长的市场中还没有获得主导地位,或者可能由于竞争者变得更加具有侵略性,而使它们的市场份额变成次要主导者。市场增长意味着可能需要相当大的投资,较低的市场份额意味着这类产品很难产生持续的现金。因此,基于这一点,这类产品可能是现金使用者。

定义➡　● 瘦狗(Dogs)。右下角象限表示的是瘦狗业务部门,其产品在缓慢增长的市场中具有较低的相对市场份额。假设产品需要较低的投资,但它们不太可能是主要的盈利者。因此,这两个因素应该互相平衡,在总体上保持现金平衡。实际上,它们可能是吸收现金的,因为需要投资来维持它们的地位。从长期发展来看,它们通常被认为是不具有吸引力的,并且常常会建议将该部门进行处理。

总而言之,一般战略是将现金从"现金牛"部门提供给"明星"部门,并且投资到未来的新产品中,这些产品还没有出现在以上的矩阵当中。通过攫取其他业务部门的利益,或者甚至是将该部门出售来为其他地方提供资金,可以有选择性地将资金投入到问题业务部门,将其变成明星业务部门。通常在许多组织中,"瘦狗"部门形成了最大的类别,并且代表了最困难的战略决策。是否应该卖掉它们吗?是否可以在一个较小的并且允许它们占主导地位的市场上对其进行重新定位呢?它们是否真的能保持资金平衡还是吸收资金呢?如果它们是资金吸收者,那么应该采取什么战略呢?

明确的是,由这一方法所产生的战略性问题在战略分析和制定的过程中是有用的。在第 10 章,我们将进一步研究战略决策的背景环境。在计算产品在矩阵中的位置时需要谨慎,第 10 章列举了一个有效的例子来说明它是如何做到的。

9.4.2　BCG 增长——份额矩阵的困难

存在大量与矩阵相关的问题。最明显的困难就是所定义的战略仅仅涉及

两个简单的因素,而其他问题却被忽略了。更多的问题如下:
- 市场增长率的定义。什么是高市场增长,而什么又是低市场增长?按照惯例,它的速度通常设定在每年5%左右,但是不存在规定。
- 市场的定义。通常,并不清楚市场应该如何界定。通过把市场界定得足够狭小,总是可能使一种产品主导一个市场。例如,我们是否可以将整个欧洲钢铁市场看作是全部市场,在那里法国尤西诺(Usinor)只拥有少量的市场份额?或者我们是否可以只将法国的细分市场看作是全部市场,那么尤西诺的份额也许会变大?这可能会彻底改变结果。
- 相对市场份额的定义。什么导致了一个高相对市场份额或者低相对市场份额?按照惯例,该比率被设定为1.5(组织所拥有产品的份额除以市场领先者的份额的比率),但是为什么应该是这样的呢?

因此,尽管BCG矩阵具有简单的优点,但是同样存在巨大的缺点。结果,开发了其他产品投资组合的方法。

9.4.3 其他产品投资组合方法:定向政策矩阵

为了克服BCG矩阵明显的缺陷,开发了其他产品投资组合方法。实质上,这些方法并没有依赖简单(但是容易测度)的市场增长和市场份额这两条轴线,而是使用了更全面的战略成功的方法。例如,以下三个案例:

1. 著名的管理咨询公司麦肯锡研发的矩阵,该矩阵的两个轴线分别是市场吸引力与公司竞争力。[32]
2. 主要的石油公司皇家荷兰/壳牌的战略规划,其矩阵的轴线分别为行业吸引力和公司竞争地位。[33]壳牌称之为定向政策矩阵(DPM,directional policy matrix)。
3. 在同一时期,美国通用电气集团研发了类似的矩阵,并称之为战略业务计划表(strategic business-planning grid)。

大多数这样的矩阵都具有相似之处,所以我们将只研究定向政策矩阵(DPM)。列举一个DPM矩阵的例子,该方法的两条轴线分别是:
- 行业吸引力。除了市场增长之外,这条轴还包括市场规模、行业盈利能力、竞争者的数量、市场集中度、季节性、需求的周期性。对这些因素进行等级评估,然后分类成不同的数量指标。多产品公司的每个部门的行业吸引力可以简单地分为高、中、低三个等级。
- 公司竞争地位。除了市场份额之外,这条轴还包括公司的相对价格竞争力、信誉、质量、地理优势、顾客和市场知识。进而对每个因素进行等级评估,并将其分成强、中和弱三个等级指标。

所绘制的完整矩阵如图9.7所示。明显的是,当一个组织在具有吸引力的行业中具有很强的地位时,它应该进行进一步投资。例如,联合利华继续对全球的冰淇淋行业进行投资,近几年在美国、中国和巴西进行了大量的收购。相反,当一个公司在具有较低吸引力的行业中拥有较弱的竞争地位时,它应该坚定地放弃这一产品领域。例如,联合利华在1997年放弃了它的专业化学制品

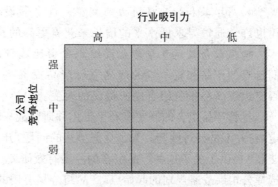

图9.7 定向政策矩阵

部门,因为与其他公司相比,该部门显得相对较弱,并且这个市场正处于周期性经济衰退阶段。

针对这个矩阵中的其他位置,还提出了其他的解决方案。例如,当公司在具有较低吸引力的行业中拥有强大的竞争地位时,那就意味着一个现金生成战略,因为对这类没有吸引力的行业进一步投资是没有多大意义的,但是从这样强大的竞争地位上能够创造出重要的现金。在联合利华的案例中,类似的产品种类是它的油脂业务,该业务在许多国家中拥有强大的市场份额,但是它的市场前景并没有像化妆消费品业务那样具有吸引力。

在战略制定中,以上这些似乎是明确的并且具有较高的价值。在制定这两条轴线时产生了第一个问题,例如,你将如何准确地制定一条代表了市场增长、市场规模以及行业盈利能力等的轴线?如果能够做到,但是它是耗费时间的,并且至少部分上是依靠主观判断的。这就意味着它的管理政策、影响和谈判是开放动态的,而不是简单理性的BCG矩阵过程。除此之外,还存在与所有产品投资组合矩阵有关的其他问题,这将在下一节进行讨论。

9.4.4 所有产品组合矩阵形式的困难

尽管它们具有优势,但是所有这些矩阵也存在许多分析上的问题。

- 可疑的建议。当"瘦狗"业务部门会与其他部门共享常见的工厂管理费用时,我们是否真的可以淘汰该部门?我们是否存在以下两点危险,即对有价值的现金牛业务部门的投资不足以及将资金转移到本身就很弱的问题业务部门?在定向政策矩阵中也能够质疑类似的问题。
- 创新。创新的新产品适合于矩阵中的哪个位置?它们在一个小型市场上是否拥有少量的份额?是否应该在开发它们之前就将其淘汰掉吗?在这种情况下,"竞争地位"的含义是什么?
- 放弃不需要的产品领域。在许多西方国家,可能存在大量的冗余成本,从而使得撤资缺乏吸引力。即使不存在冗余成本,撤资的前提假设是,其他公司可能有兴趣以一个公平的市场价格来购买这样的产品系列,然而,该假设可能同样值得怀疑。

- 对增长和行业吸引力的期望。这个假设不一定适合所有公司。许多公司也许会通过寻求低水平的增长来获得更高的长期利益。
- 假设条件是竞争者允许组织自由地进行改变。竞争者可能同样会对它们自身的产品和竞争者的产品进行产品投资组合分析。竞争者的行动可能会否定组织产品投资组合中所提议的改变。

尽管产品组合的制定有利于提出并研究战略问题,但是对于公司层战略的制定,它并不是灵丹妙药。为了克服上述的问题,开发了各种各样的产品组合形式。艾克[34]提供了关于这些产品组合的一项有效研究。在1977年,戴[35]总结认为,作为选择公司层战略规划的起始点,产品组合是有用的。这样的评论一直持续至今。

关键战略原则

- 产品投资组合分析为拥有一系列产品的公司提供了一种分析手段。
- BCG投资组合分析只利用了两个变量,即相对市场份额和市场增长率。它的一个很明显的缺点就是没有包含其他变量因素。
- 产品投资组合被分成了四个部分,即明星、现金牛、问题和瘦狗业务部门。这些种类随后被用来作为制定平衡投资组合的基础。在制定公司层战略中,作为起始点的技术是有用的。
- 因为BCG矩阵中存在缺点,所以开发了其他矩阵。例如,基于行业吸引力和竞争地位的定向政策矩阵,但是这个维度仍然是模糊和无事实依据的。

案例研究9.3

联合利华:产品投资组合战略有助于大公司发展吗?

联合利华是世界上最大的食品和消费品公司。在1999年,它引进了新的"增长路径"战略,目标是通过关注它的领先品牌来获得新的利润增长。这就是经典的产品投资组合战略,即削减低增长市场上的微弱品牌,但是联合利华在2010年的利润并没有高于十年前。这是为什么呢?那现在呢?

联合利华的利润问题

联合利华拥有一些具有巨大市场能力的领域,例如,它是世界上最大的冰淇淋产品、茶饮料、人造奶油、食用油以及护发和护肤产品的制造商,如表9.2所示。它在全球的竞争者包括跨国公司美国保洁公司和瑞士雀巢。尽管联合利华多年以来的贸易都很成功,但是它所经营的业务都处在相对成熟的市场,并且具有有限的全球协调能力。结果,在20世纪90年代末期,行政委员会决定削减业绩差的产品领域而只关注优势领域。不幸的是,联合利华的产品投资组合增长战略花费了很长时间才实现。图9.8表明,它在2009年的销售业绩与1996年几乎是一样。然而,在当时,利润正开始增长。

为了理解导致这种常规战略解决方案的环境,那么开始研究联合利华的历史是有帮助的。

历史的战略背景

联合利华最初是一家合并公司,在第一次世界大战之后,它由英国肥皂及清洁剂制造商利华兄弟公司(Lever Brothers)和荷兰人造奶油及食用油公司范·登·伯格(Van Den Bergh)和杰金斯(Jurgens)合并而成。

两个母公司已经拥有了大量的国际举措,因为它们试图通过新的合资企业来巩固和扩张其业务。但是国家灵敏性是这类新公司所拥有一些特征,这些特征能够影响联合利华在21世纪的经营方式。它一直拥有两个世界总部,分别在荷兰和英国,直到最近才只拥有一位首席执行官。尤其是在20世纪70年代和20世纪80年代,在构成该集团的半自治国有企业之间,它同样拥有一个有关国际合作和人力资源发展的强大传统:它并不是一个全球一体化的公司。

联合利华收购的好乐门(Hellmann)的蛋黄酱(Mayonnaise)和克诺尔汤(Knorr Soups),包括它的俄国系列产品,为公司的主要世界品牌增添了形象。但是竞争很激烈并且零售压力很高。许多战略家认为联合利华现在应该关注个人护理产品的收购,例如化妆品,因为它的利润比较高。

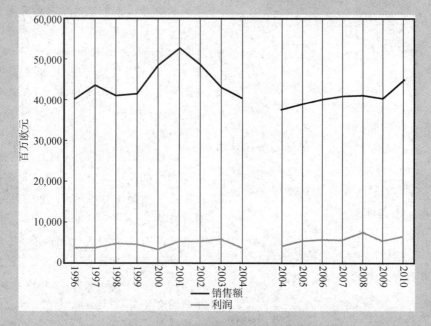

图9.8 联合利华1996年到2010年*的销售额和利润

*与许多公司相同,联合利华在2004年改变了它的会计准则的基础。这意味着在比较这个改变前后的会计账目时,我们需要小心谨慎。除了空白部分,整幅图呈现了一种低增长态势。的确,如果考虑世界价格的通货膨胀问题,那么与10年前相比,联合利华在2010年的实际销售额和利润是下降的。

资料来源:来自年度报告和不同年份的报表。

展示9.2

联合利华关键统计数据

- 2010年的全球营业额是443亿欧元，其中营业利润是63亿欧元。
- 在全球100多个国家中的员工多于165,000名。
- 著名的食物品牌，包括Flora/Becel、克诺尔、好乐门品牌、Heartbrand冰淇淋、蓝带(Blue Band)、本和杰瑞品牌、立顿(Lipton)。
- 著名的个人护理和清洁品牌，包括乐多舒(Radox)、彩丝美(TRESemme)、舒耐(Rexona)、多芬、力士、旁氏(Pond's)、Axe/Lynx、夏士莲、奥妙(Omo)、Cif。
- 自1999年推出"增长路径"战略以来，联合利华已经减少了主要品牌，即从1,600个品牌减少到每个品牌售价高于10亿欧元的12个主要品牌，以及售价达到5亿欧元的另外8个品牌：前20个品牌代表了大约70%的销售额。

早些年，允许各国公司管理自己的事务。在20世纪60年代，在合资企业总部的产品领域，如清洁剂产品，引进了全球协作的概念。[36]但是，仍然允许各国公司保留各国所拥有的品牌、战略和制造设备。因此，例如，联合利华在1965年到1990年期间贯穿欧洲的清洁剂业务是各国品牌的混合物，即在英国的宝莹(Persil)，法国和葡萄牙的Skip，荷兰、澳大利亚以及部分非洲的奥妙品牌，每个品牌都拥有自身的运营方式。相反，它的竞争对手宝洁在碧浪和汰渍品牌上制定了一个更有针对性的全球品牌和制作过程。因此，宝洁公司的利润明显高于联合利华。然而，在联合利华一些更加新的产品领域中，存在许多协作，例如多芬的护肤品，立顿茶叶和像可爱多以及玛格南这样的冰淇淋产品，它们都被鼓励在心形标志下来发展全球事业。

联合利华的常规方法

在20世纪90年代后期，联合利华各国公司的相对独立性开始让位于更强大的国际协作和全球化战略，至少在某些产品领域是这样的。在1997年，联合利华总部的行政委员会宣布了一个新的组织架构的诞生，它是具有一些特殊目标的架构：

- 为了阐明全球管理责任，刺激经济增长。
- 为一个具有价值的但却枯燥的文化的公司注入一些新活力。
- 为了增加产品之间的协作，即激发整个集团的更强大的责任和创新。

在1999年，同一个联合利华执行官将重组与一个大胆的新战略结合起来，即"增长路径"战略。这可以将公司的资源集中在它的400个领先品牌上。它也可以出售或者缓慢削减它的另外1,200个品牌。市场营销、科研和人事部门也都专注于它的领先实力品牌上。它的目标是在2004年达到6%的年销售额增长率，并且增加其利润率，即从11%增加到15%。主要成本节约来自于对经营过程的简化和供应商的减少，每年节约成本超过10亿美元。销售额的增加来自于对市场营销和广告上的投资。

随后，尽管批准了一项既乏味又无聊的使命宣言（"我们联合利华的宗旨是满足每个地区的人们的日常需求"），但在中心层的小型行政委员会采取了一些大胆的战略来削减一些产品而投资到其他产品中，即经典的产品投资组合管理战略。尤其是，它决定从低品牌知名度的领域撤离，例如专业化学制品，并且向全球品牌进行投资，例如收购好乐门的蛋黄酱。在之后几年里，它紧接着采取了另外一个行动，即投资到个人护理产品中，例如凌仕(Lynx)的除臭剂和多芬的护肤品，因为这些产品比人造奶油和茶产品拥有更高的利润，并且个人护理市场的增长更快。这里是过去10年来联合利华的一些产品组合变化：

- 它用46亿美元出售了专业化学制品部门。
- 它放弃了一系列本国品牌，例如英国的约翰·韦斯特的鱼产品(John West)、美国的万岁食用油(Mazola)、英国的伯朗滋烹饪调料(Oxo)以及一系列欧洲浓汤：英国的Batchelors、法国的诺伊可(Royco)和莱希尔(Lesieur)，以及德国的Heisse Tasse。这些品牌是它们本国市场的市场领先者。
- 它在俄罗斯、希腊、巴西、美国、墨西哥和中国购买了新的冰淇淋公司，其中包括花费1.25亿美元购买了英国超大型冰淇淋公司本和杰瑞。
- 它花费23亿美元收购了主要的减肥食品公司Slim Fast。这出现在著名的"阿特金斯健康饮食法(Atkins Diet)"之前，并且两者特别不相同。在某种意义上，联合利华的收购被证明是不成功的，因为它从来都没有回收过它的投资成本。
- 它花费200亿美元收购了全球的贝斯特食品公司(Bestfoods)，它拥有好乐门的蛋黄酱、克诺尔汤和调味料。联合利华的收购是成功的，因为它获得了两个主要的全球化品牌。然而，事后看来，一些评论家认为公司最好是向快速增长的个人护理产品类别进行投资，而不是增长缓慢的食物领域。
- 在2010年，它花费12亿欧元收购了沐浴露以及欧洲莎莉集团的清洁剂业务(Sara Lee Corporation)。
- 联合利华分别在2006年和2007年出售了它位于英国和意大利的Birds Eye以及芬达斯(Findus)的速冻食品业务。
- 在2011年，公司花费37亿美元收购了美国雅涛公司(Alberto Culver)的个人护理用品的股份，包括彩丝美和VO5洗发液品牌。

除了以上这些改变，联合利华决定重组它的全部经营业务，以此来强调关键产品组合和品牌。全球化战略存在地方差异，意味着各国公司将再也不能完全按照自己的方式进行运营。组织的新架构包括以下几点：

- 公司的产品组合现在拥有更多的能力。本国公司可以继续经营各自的产品，但是业务组合可能更加卓越。
- 首次确定了一些"7个产品组合"的重大国际增长潜力，包括洗衣店、冰淇淋、黄油、个人洗涤用品、茶饮料、知名产品、护肤品。这些都被认为拥有真正的增长潜力，并且相应地将获得优先投资。
- 同样确定了三个已建立的世界产品种类，包括护发产品、口腔卫生、除臭剂。然而，这些产品没有上述种类的增长潜力，但还是会获得相应的投资。
- 创新战略的制定是每个公司的关键部分。
- 联合利华可以为它的基础品种规划工作8～10年的年限。

不足以改变产品组合

如图9.8所示，新产品组合战略在2009年所产生的销售额并没有比1996年的销售额高很多，尽管利润处于上升趋势。需要谨慎研究这些数据，因为它包含对一些公司的削减所造成的销售额消失，因此在2001年之后解释成为销售额下降。此外，也存在一些成功，例如，2010年的利润上涨。但这几年，2001年到2004年的数据表明公司需要超越产品组合战略。

在2005年，联合利华认为需要进一步重组管理职责。一个新的、更小的行政团队代替了之前的行政委员会、2个部门和11个业务集团。新的团队拥有3个区域总裁，即欧洲、美洲和亚洲/非洲。它同样拥有两个产品种类的总裁，一个是食品业务部门，一个是家庭和个人护理业务部门。新的行政团队由一位首席财政官、一位首席人力资源官以及一个集团首席执行官组成(这并不像之前的两个官职)。新的首席执行官,帕特里克·塞斯科(Patrick Cescau)指出,"我很高兴能够被授予这一新挑战。这一挑战使我们在市场上更具有竞争性。在三位区域总裁的带领下,我们的业务融合为我们提供了利用规模的能力,以及更有效地服务顾客的能力。这两个产品种类的总裁将会集中在品牌管理,以及由顾客的需求和期望所驱动的业务活动上。"

在2008年,塞斯科先生退休了,并且委派了一名新的CEO——保罗·鲍尔曼(Paul Polman)。随后,他进一步重组了董事会,将两个产品总裁合并成一个区域总裁,并且为供应链管理和市场营销指定了额外的主要总裁。重要的是,通过现有的品牌产品组合、一系列产品的创新和市场营销、为其关键零售超市顾客提供更好的服务,这类超市有特斯科(Tesco)和沃尔玛(Wal-Mart,英国的阿斯达超市"ASDA"),战略重点从成本降低转移到规模构建。他同样开始进一步改变联合利华,即沿着产品组合路径的两个维度来进行。首先,他更关注发展中国家上升的销售额,这些国家的增长前景广阔;其次,他提高了对个人护理产品上的投资,这类产品的利润是很高的。图9.9显示了这两个趋势的早期结果。

最后,联合利华的新首席执行官为公司设定了一个新挑战,即在未来十年将营业额翻两倍,并且减少公司的环境污染。"2010年期间,我们同样启动了一个大胆的计划来满足我们的宏伟愿景,即让公司规模翻两倍并且减少公司的环境污染。在一个资源越来越受限的世界里,这种消除对地球的影响的增长就是顾客最终需要的增长模型……我们是第一个为自己制定了消除环境影响的增长目标的消费商品公司。"这将涉及一个显著不同的战略,即简单地调整联合利华的产品组合。

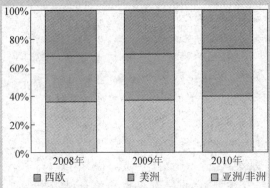

(a) 联合利华:2008年到2010年西欧的营业额的下降

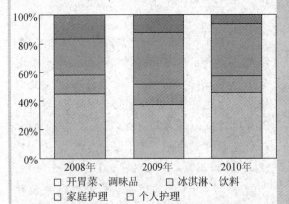

(b) 联合利华:2008年到2010年个人护理品增长的营业利润贡献

图9.9 联合利华对发展中国家和个人护肤品的重视不断增加

注释:(1)一些发展中国家,例如巴西、墨西哥、中国和阿根廷都包含在美国的数据中。在2010年,联合利华有50%的营业额来自于发展中国家。(2)个人护理品的部分增长来自新收购,不仅仅来自利润的提高。

资料来源:年度报告和报表。

正如上文所述,联合利华制定了进一步的绿色战略。"我们的指导战略包含了我们的雄心。将联合利华规模翻两倍的同时减少对环境的影响。"更多详细内容请见 www.unilever.com/sustainability。

©版权归理查德·林奇所有,2012年。保留所有权利。该案例是由理查德·林奇所著,来自于已发表的信息。[37]

案例问题

1. 联合利华会采用哪种方式来进行常规战略规划过程？如果存在，它将如何促进创新？
2. 联合利华的战略决策过程会受到历史多大程度的影响？
3. 在既定的运营规模下，你是否会对联合利华的战略决策过程做出一些改变？你是否相信新架构和产品聚焦能够更好地实现结果吗？

 对于收购者和合资企业的八个关键指导方针。

9.5 公司层战略规划的手段：从收购到重组

上一节我们已经研究了公司总部的职能作用，以及由公司中心层所做出的产品组合决策，现在我们开始研究公司层战略的手段。什么战略规划能够真正地适用于公司战略家呢？通常，这被称为"总部事务决策"。实质上，多产品集团的总部将会对大多数公司问题做出最终决策，如收购和多元化。我们可以参见案例9.3中联合利华的这部分内容，它的事务决策包括出售一些子公司以及其他公司的优先权。

联合利华的业务单位会制订战略规划，但是会由公司总部做出最后的决策。

定义➡ 在任何一个多部门的公司，总部事务决策是指总公司对收购和其他重大重组做出最后决定。主要原因是只有组织的中心层将具有全局观，以此来理解任何业务的重大变化意义。可能出现的问题包括如何为变革提供经费，这种改变对人力资源的影响，更重要的是将会实现的竞争地位和附加值。例如，案例9.3中联合利华花费200亿美元收购了好乐门和克诺尔品牌，这个决策并不仅仅是由相关产品集团做出的。这一收购改造了集团并且拓展了它的财务。这也意味着许多新的管理者和工人会加入到全球集团中，这对人力资源具有影响。同时，为了遵循垄断法律，出售了集团的其他部分，例如伯朗滋（Oxo）和Batchelors品牌，这也意味着其他的联合利华员工将要离开集团。这种变化同样会对利益相关者和需要被考虑的其他股东产生重要影响。联合利华总部就是作出这一决策的基础。

因此，总部事务决策能够改变大多数多产品集团。这样的决策具有明确的范围，即从收购到撤资。[38] 基于组织所有权水平的原则，连续的事务代表了一系

定义➡ 列适合于组织所有权和控制权的战略规划：一端是一个具有100%所有权的收购；另一端是一个拥有0%所有权的撤资。在两者之间，联盟的形式多种多样，包括合资企业和其他集团只拥有部分所有权的合作形式。图9.10列出了适用于任何集团的主要战略规划。

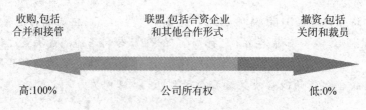

图 9.10　总部连续的事务

战略学家已经广泛地研究了公司业务交易，尤其是它们对公司盈利能力的影响。[39]基于本章目的，我们可以注意到许多这样的战略拥有很差的成功记录，尤其是涉及收购的战略。撤资战略不太容易失败，因为它们完全是由总公司控制的，总公司能够更清楚地明白其含义，因为它们拥有将要出售的业务部门。收购失败的原因是多种多样的。不幸的是，对于失败，不存在简单的基础逻辑，仅仅存在一条由研究者制作的关于公司收购的列表清单，随着时间的流逝，这些收购清单被证明是失败的。

因为大量的精力和宣传花费，这一结论可能被认为有点令人失望。不同的研究人员已经评价了一些主要证据，如展示 9.3 所示。实际上，他们的结论是："兼并和收购活动（M&A）对公司业绩的典型影响已经被很好地记录下来了，平均而言，兼并与收购活动并不会导致卓越的财务业绩……尽管进行了十年的研究，但是，当一个公司从事兼并与收购活动时，影响公司财务业绩的因素基本上仍然无法解释。"[40]

更积极地看待收购活动，对于引发成功的因素也许会产生一些指导方针，例如展示 9.4 中的列表。然而，证据表明这些列表不能为成功提供保证。

展示 9.3

兼并和收购的绩效

评价方法	研究案例	结论
1. 累积的研究成果	金（King）等人（2004）	平均而言，兼并没有导致卓越的财务业绩
2. 所收购的业务是否能够保留很长时间	达塔（Datta）(1992)	更多的是撤资而不是保留
3. 收购的影响仍然是不确定的	雷温斯克雷夫（Ravenscraft）和谢里（Scherer）(1987)	没有明显关于好处的证据

(续表)

评价方法	研究案例	结论
4. 获得者从兼并和收购活动中得到的好处通常以资源为基础或者以市场为基础	罗尔（Roll）(1988)；哈斯帕拉夫（Haspeslagh）和杰米森（Jemison）(1991)；赛罗沃（Sirower）(1997)；阿南德（Anand）和辛格（Singh）(1997)；阿华加（Ahuja）凯蒂拉（Katila）(2001)；海沃德（Hayward）(2001)	可能存在好处但并没有被完全证明；注意资源基础的战略（第6章）与环境基础的战略（第3章）之间的关系

资料来源：来自于各种各样的研究文章。全部的文献可以在以下两篇文章中找到：
(1) King, D, R, Daly, C M and Covin, J G (2004) "Meta-Analysis of Post-Acquisition Performance: Indication of Unidentified Moderators", *Strategic Management Journal*, Vol 25, pp187-200.
(2) Hayward, M l A (2002) "When do Firms Learn from their Acquisition Experience?", *Strategic Management Journal*, Vol 23, No 1, pp21-40.
关于兼并活动的广泛问题的有效总结可以参见 Michael Hitt, R Duane Ireland and Jeffrey S Harrison in chapter 12 of Hitt, M A, Freeman, R E and Harrison, J S (2001) *Handbook of Strategic Management*, Blackwell Business, Oxford.

展示 9.4

成功收购的要点清单

- 友好收购。当一个即将被收购的公司同意被接管时，会使得整合过程会更加顺利并且成本较低。
- 互补资产。如果所收购的公司资产与本公司是互补关系而不是竞争关系，那么这更倾向于获得协同效应，并且为巩固扩大了的集团的竞争优势提供了更多的机会。
- 在收购之前要详细审查。许多收购案例的失败似乎很明显，因为收购公司不能明白或者识别其目标中的主要问题。这在收购术语中称为"严格评估"。
- 充分获得低成本融资。一些公司发现它们在收购之后也扩大了财务支出，尤其是在被收购公司具有高额财务债务时，或者收购活动是通过高成本借债来支撑时。
- 保守的利益评估。在既定的时间内，对于所获得的节约成本或者从收购中所获得的销售额，一些公司过于乐观。所有证据表明，保守的估计这些所得是很有价值的。
- 过去成功的收购记录。很多年来，一些公司将收购当作是增长的主要来源，并且在如何获得全部利益方面具有大量的经验。在某种程度上，这是一个自我实现抱负的标准，但是这与评估成功可能性的更广泛计划有关。

关键战略原则

- 在任何一个多元化产品公司中,总部事务决策是指公司总部对收购和其他重大重组会做出最终决策。这个决策的发生伴随着一系列连续事务,从收购到子公司的撤离。
- 存在明显的证据表明,收购不具有高水平的成功,但原因还不太清楚。撤资更可能成功,因为公司总部很熟悉要被撤销的子公司。
- 可以制作一个要点列表来增加收购的成功可能性。但是,这并不能保证成功。

批判性反思

公司层战略能够与资源基础理论共存吗?

支持公司层战略的一个主要观点是,多元化产品公司在不同市场上拥有利益:一个市场的利润衰退可以通过另一个市场的利润增长来抵消。然而,这种方法与基于资源的战略制定是相背离的,即建立在竞争性资源的战略可能比那些不建立在竞争性资源上的战略更成功。

公司层战略分散风险的各方面可能与资源基础理论存在冲突。

你是怎么认为的呢?哪一种理论更有用呢?

总 结

- 总体层多元化的好处主要在于三个方面:对集团内部、集团外部以及财务收益的好处。内部好处包括范围经济、核心竞争力和共享活动;外部好处包括垂直一体化、市场能力和竞争壁垒;财务收益包括降低资本成本、业务重组和有效的资金分配。
- 总体层多元化的坏处来自于三个方面:总部的员工规模和成本支出;多元化公司的复杂性和经营管理;缺少对竞争性资源的关注。
- 当一个组织从单一或者主导产品行业转移到其他与原始业务相关或者不相关的业务领域时,多元化战略便产生了。在这类公司中存在三种水平的多元化战略,即近相关多元化战略、远相关多元化战略以及不相关多元化战略。在评价运用公司层战略的好处时,每一种战略都很重要。
- 近相关多元化战略涉及与原始业务存在某些密切关系的形式,例如共同的顾客或者供应商。当分享一些基础核心竞争力或者其他基础属性时,远相关多元化战略便会出现。当好处仅仅与总部的管理相关时,例如降低财务支出,那么不相关多元化战略便会出现。对多元化战略规划的选择可能取决于公司总部的战略环境、组织领导和管理的风格以及在那时能够获得的机会和资源。

- 控股关注的是集团总部中的子公司,这些子公司的业务领域也许是互不相关的。这种公司仍然需要界定它的宗旨、制订它的任务和目标。当业务活动分布广泛时,这也许很困难。
- 公司总部的作用是为与组织有关的子公司增加价值,否则运作一个公司总部的成本是不合理的。
- 公司总部可以在四个方面作出贡献:公司职能、公司发展计划、为增长领域或者问题领域提供经费、为集团各部门之间建立正式的联系。
- 公司总部需要两个特殊属性来进行高效运营,即理解和熟知它们子公司在多元化行业中成功的关键因素,以及作出特殊贡献的能力。
- 公司总部通常采取五个主要方面的活动,即道德和企业社会责任、利益相关者的管理和沟通、子公司的控制和指导、报酬激励和员工评价、法律和财务。
- 产品投资组合分析为拥有一系列产品的公司提供了一种分析手段。
- BCG投资组合分析只利用了两个变量,即相对市场份额和市场增长率。它的一个很明显的缺点就是没有包含其他变量因素。产品投资组合被分成了四个部分,即明星、现金牛、问题和瘦狗业务部门。这些种类随后被用来作为制定平衡投资组合的基础。在制定公司层战略中,作为起始点的技术是有用的。
- 因为BCG矩阵中存在缺点,所以开发了其他矩阵。例如,基于行业吸引力和竞争地位的定向政策矩阵,但这个维度仍然是模糊和无事实依据的。
- 在任何一个多元化产品公司中,总部事务决策是指公司总部对收购和其他重大重组会做出最终决策。这个决策的发生伴随着一系列连续事务,从收购到子公司的撤离。
- 存在明显的证据表明,收购不具有高水平的成功,但原因还不太清楚。撤资更可能成功,因为公司总部很熟悉要被撤销的子公司。
- 可以制订一个要点列表来增加收购的成功可能性。但是,这并不能保证成功。

问题

1. 思考本章早期时的联合利华案例,"增长路径"战略是否能够代表仅仅适用于联合利华的计划吗?或者其他公司能够从这一战略中获得好处吗?

2. 以西门子为例(见案例9.1),考虑为什么这个公司选择收购其他公司而不是从其自身中获得增长?这一公司层战略的优点和缺点分别是什么?

3. 这一章表明公司总部应该对收购或者其他主要活动做最后的决定。你同意这一观点吗?这一方法存在哪些困难?

4. 选择两个你熟悉的组织,一个来自商业部门(可能来自于你工作或者学习的地方),一个是志愿者团体(可能来自于兴趣,你参加的体育运动或者社会活动等)。它们是否作过战略决策:可能与多元化有关,或者与组织的一般发展方向有关?它们是否应该从事这类业务活动吗?

5. 小型公司能够从本章中所研究的公司层战略中获得好处吗？如果能，那么能获得什么好处，为什么？如果不能，那么是否可以说明小型公司不能进行多元化？

6. 不相关多元化战略的优点和缺点是什么？多元化产品公司是否需要寻找它们所有子公司之间的相关程度吗？

7. 以诺基亚为例（案例 9.2），只关注一个产品领域的好处和坏处是什么？例如移动电话领域。你是否会建议诺基亚在未来进行多元化呢？

8. "好的总公司经常会寻找能够提升它们业务绩效的方式。"迈克尔·古尔德（Michael Goold）说。总公司干预公司多元化战略是否明智？

9. 尽管对于战略管理来说，应急方法是重要的，在哪种情况下，你会运用这种与公司层战略有关的方法？

扩展阅读

On corporate strategy see Markides, C (2002) 'Corporate strategy: the role of the centre', Chapter 5 in Pettigrew, A, Thomas, H and Whittington, R (eds) *Handbook of Strategy and Management*, Sage, London. This is a very useful summary of the background theory with useful references. See also Collis, D, Young, D and Gould, M (2007) 'The size, structure and performance of corporate headquarters', *Strategic Management Journal*, Vol 28, pp383–405.

On parenting strategy read Campbell, A, Goold, M and Alexander, M (1995) 'Corporate strategy: the quest for parenting advantage', *Harvard Business Review*, March–April. See also their book: *Corporate-level Strategy: Creating Value in the Multibusiness Company*, Wiley, New York, 1994. Michael Goold has also written a useful article: Goold, M (1996) 'Parenting strategies for the mature business', *Long Range Planning*, June, p359.

On corporate strategy, see also Bergh, D D (2001) 'Diversification strategy research at a crossroads', Chapter 12, pp362–383, in Hitt, M, Freeman, R E and Harrison, J S, *Handbook of Strategic Management*, Blackwell, Oxford.

On corporate transactions, see the readable Chapter 5, Markides, C (2002) mentioned above, which also addresses this topic. See Hoffmann, W H (2007) 'Strategies for managing a portfolio of alliances', *Strategic Management Journal*, Vol 28, pp827–856. See also Lavie, D (2007) 'Alliance portfolios and firm performance: a study of value creation and appropriation in the US software industry', *Strategic Management Journal*, Vol 28, pp1187–1212. Finally, a useful cross-comparison research paper is Villalonga, B and McGahan, A M (2005) 'The choice among acquisitions, alliances and divestitures', *Strategic Management Journal*, Vol 26, pp1183–1208.

注释与参考文献

1 Sources for GE/Siemens Case: GE Annual Report and Accounts 2004 – available on the web at www.ge.com. Siemens Annual Report and Accounts 2004 – available on the web at www.siemens.com. *Financial Times*: 21 September 1998, p28; 13 October 1998, p27; 18 June 1999, p33; 5 November 1999, p32; 8 August 2000, p10; 27 November 2000, p18; 12 July 2001, p9; 18 October 2001, p28; 21 January 2002, p10; 30 June 2003, p26; 9 August 2004, p24; 19 August 2003, p10; 2 March 2004, p9; 8 July 2004, p29; 3 August 2004, p10; 8 November 2004, p26; 26 January 2005, p28; 25 March 2005, p26; 26 April 2007, p30; 10 December 2007, p30.

2 Collis, D, Young, D and Gould, M (2007) 'The size, structure and performance of corporate headquarters', *Strategic Management Journal*, Vol 28, pp383–405.

3 Markides, C (2002) 'Corporate strategy: the role of the centre', Ch5 in Pettigrew, A, Thomas, H and Whittington, R (eds) *Handbook of Strategy and Management*, Sage, London. Many reasons are given for corporate-level strategy: Markides provides a useful and structured argument of the main areas in this summary chapter. See also: Chatterjee, S and Wernerfelt, B (1991) 'The link between resources and type of diversification', *Strategic Management Journal*, Vol 12, pp33–48. Farjoun, M (1998) 'The independent and joint effects of relatedness in diversification', *Strategic Management Journal*, Vol 19, pp611–630.

4 *See*, for example, Heller, R (1967) 'The legend of Litton',

5 Bergh, D D (2001) 'Diversification strategy research at a crossroads', Ch12, pp362–383, in Hitt, M, Freeman, R E and Harrison, J S, *Handbook of Strategic Management*, Blackwell, Oxford. This chapter is a thoughtful review of research on diversification within corporate strategy– useful for essays and research.
6 Hamel, G and Prahalad, H K (1994) *Competing for the Future*, Harvard Business School Press, Boston, MA.
7 Williamson, O E (1975) *Markets and Hierarchies: Analysis and Antitrust Implications*, Free Press, New York.
8 Markides, C C and Williamson, P J (1994) 'Related diversification, core competencies and corporate performance', *Strategic Management Journal*, Vol 15, Special issue: pp149–165. A similar issue is explored from a different perspective in Zhou, Y M (2011) Synergy, Coordination and Diversification Choices, *Strategic Management Journal*, Vol 32, No 8, pp624–39.
9 Williamson, O E (1975) Op. cit.
10 Williamson, O E (1996) 'Economics and organization: a primer', *California Management Review*, Vol 38, No 2, pp131–146.
11 Shepherd, W G (1986) 'On the core concepts of industrial economics', in de Jong, H W and Shepherd, W G (eds) *Mainstreams in Industrial Organization*, Kluwer, Boston, MA.
12 Williamson, O E (1975) Op. cit.
13 Bergh, D D (2001) Ibid., Ch12.
14 Collis, D, Young, D and Goold, M (2007) Ibid., p385.
15 Bergh, D D (2001) Ibid., Ch12. This topic is reviewed and applied using transaction cost economics.
16 Author's personal experience working at the corporate centre. Also described in various strategy texts.
17 Bergh, D D (2001) Ibid. Ch12. The chapter has an extensive review of this topic.
18 Chandler, A D (1991) 'The functions of the HQ unit in the multibusiness firm', *Strategic Management Journal*, Vol 12, Winter Special Issue, p31.
19 Rumelt, R P (1974) *Strategy, Structure and Economic Performance*, Harvard Business School Press, Boston, MA.
20 While there is no formula, Chandler's study of multinationals that are often engaged in multi-product companies arguably provides the best evidence and guidance at the present time: Chandler, A D (1962) *Strategy and Structure*, MIT Press, Cambridge, MA.
21 Goold, M (1996) 'Parenting strategies for the mature business', *Long Range Planning*, June, p359.
22 Campbell, A, Goold, M and Alexander, M (1995) 'Corporate strategy: the quest for parenting advantage', *Harvard Business Review*, March–April.
23 Collis, D, Young, D and Goold, M (2007) Ibid., pp400–403. The author acknowledges the value of this paper in developing this section.
24 Collis, D, Young, D and Goold, M (2007) Ibid., p403.
25 Sources for Nokia Case: Carnegy, H (1995) 'Scared of growing fat and lazy,' *Financial Times*, 10 July, p11. See also *Financial Times*, 30 October 1998, p18; 24 March 1999, p12; 9 July 1999, p21; 31 July 2000, p28; 8 December 2000, p16; 13 March 2001, p32; 29 May 2001, p29 (Ericsson interview); 14 June 2001, p18; 20 June 2001, p13; 22 June 2001, p13; 20 November 2001, p29; 7 December 2001, p32; 26 September 2002, p27; 18 November 2002, p21; 29 October 2003, p17; 27 September 2003, pM6; 6 December 2003, pM1; 16 December 2003, p29; 5 February 2004, p10; 10 February 2004, p26; 8 April 2004, p25; 20 April 2004, p21; 29 April 2004, p1; 15 June 2004, p30; 28 August 2004, p23; 1 October 2004, p14; 6 December 2004, p30; 20 December 2004, p11; 28 January 2005, p21; 6 December 2007, p24 (interview with new CEO); 16 January 2008, p26; 25 February 2008, p26; 28 February 2008, p19; 24 June 2009, p19; 21 December 2009, p18; 22 January 2010, p23; 12 May 2010, p23; 23 July 2010, pp1 and 19; 15 September 2010, p25; 17 September 2010, p24; 11 October 2010, p17; 26 January 2011, p23; 28 January 2011, p18; 1 February 2011, p17; 10 February 2011, pp15 and 19; 17 February 2011, p21; 25 February 2011, p13; 14 March 2011, p10 (editorial); 15 March 2011, p17; 12 April 2011, p14; 14 April 2011, p16. Nokia Annual Report and Accounts 1997, 2000, 2004, 2007, 2008 and 2010 available on the web. For earlier data and comment on Nokia see Lynch, R (1994) *European Business Strategies*, 2nd edn, Kogan Page, London, p151.
26 Readers may care to note the wording used here. It is not the *absolute* market share that matters according to the BCG matrix. It is the market share relative to the market leader, i.e. relative market share is a *ratio* not an absolute percentage number. The appendix to Ch10 shows how to calculate relative market shares.
27 Buzzell, R D and Gale, B T (1987) *The PIMS Principles*, The Free Press, New York.
28 Aaker, D (1992) Op. cit., pp160–161.
29 Jacobsen, R and Aaker, D (1985) 'Is market share all that it's cracked up to be?', *Journal of Marketing*, Fall, pp11–22. A vigorous debate still continues in the academic press on the benefits of portfolio analysis. For example, a research paper from Armstong and Brodie in the *International Journal in Research in Marketing* (Vol 11, No 1, Jan 1994, pp73 ff.) criticising such matrices produced a strong defence from Professor Robin Wensley in the same journal and a further reply from the two authors.
30 Aaker, D (1992) Op. cit., p176.
31 See McKiernan, P (1992) *Strategies for Growth*, Routledge, London. Ch1 has an excellent discussion of some of the problems that can arise.
32 Covered in many marketing strategy texts. For example, Kotler, P, Armstrong, G, Saunders, J and Wong, V (1999) *Principles of Marketing*, 2nd European edn, Prentice Hall Europe, pp98–99.
33 Hussey, D E (1978) 'Portfolio analysis: Practical experience with the directional policy matrix', *Long Range Planning*, August, pp78–89.
34 Aaker, D (1992) Op. cit., pp167 ff.
35 Day, G S (1977) 'Diagnosing the product portfolio', *Journal of Marketing*, April, pp29–38.
36 From the personal knowledge of the author who worked on his MBA project at Unilever headquarters in London over the summer of 1967. Subsequently, he worked on soap and detergent Lever brands at J Walter Thompson Co advertising agency 1968–72.

37 References for the Unilever case: Unilever press release 10 February 2005 available on the web at www.unilever.com Unilever 1997, 2001, 2004 and 2010 Annual Report and Accounts. *Financial Times*, 10 June 1997, p26; 1 July 1997, p27; 27 September 1997, p19; 3 October 1997, p24; 23 December 1997, p9; 6 January 1998, p18; 11 February 1998, p28; 12 March 1998, p1; 15 March 1998, p22; 17 March 1998, p25; 22 April 1998, p10; 28 April 1998, p14; 15 May 1998, p15; 4 June 1998, p15; 10 July 1998, p33; 19 January 1999, p32; 24 February 1999, p31; 22 September 1999, p25; 24 September 1999, p27; 25 November 1999, p25; 11 December 1999, p15; 23 February 2000, p27; 30 May 2000, p29; 30 October 2000, p28; 22 January 2001, p1; 30 January 2001, p27; 9 February 2001, p24; 27 April 2002, p13; 8 May 2003, p25; 30 October 2003, p25; 29 April 2004, p21; 29 July 2004, p21; 23 August 2004, p15; 11 February 2005, p21; 8 February 2008, p22; 5 September 2008, pp16 and 22; 3 October 2008, p15; 6 February 2009, p19; 19 March 2010, p20; 28 September 2010, p19; 16 November 2010, p19. Polman, P. (2010) Unilever Annual Report and Accounts, Chief Executive Officer's Review, p6.

38 Villalonga, B and McGahan, A M (2005) 'The choice among acquisitions, alliances and divestitures', *Strategic Management Journal*, Vol 26, pp1183–1208.

39 There are a number of reviews of the literature. For example: Hitt, M, Ireland, D and Harrison, J (2001) 'Mergers and acquisitions: a value creating or value destroying strategy?' in Hitt, M, Freeman, R E and Harrison, J, *Handbook of Strategic Management*, Blackwell, Oxford.

40 King, D R, Dalton, D R, Daly, C M and Covin, J G (2004) 'Meta-analysis of post-acquisition performance: indications of unidentified moderators', *Strategic Management Journal*, Vol 25, pp187–200. See also: Schreiner, M, Kale, P and Corsten, D (2009) 'What Really is Alliance Management Capability and how does it Impact Alliance Outcomes and Success?' *Strategic Management Journal*, Vol 30, No 13, pp1396–1419.

第 10 章
战略评价和制定：常规过程

学习成果

这一章的视频与音频总结

通过本章的学习，你将能够：
- 区分常规方法的内容和过程；
- 确定六种主要标准，这些标准能够用于评价战略规划的内容；
- 概述主要的常规过程和用于选择战略规划的技术；
- 评价战略规划，目的是选择最合适的战略规划；
- 运用实证证据和各种战略的指导方针来帮助选择过程；
- 为制定战略管理，描述传统常规过程的主要因素；
- 评论传统过程的缺点，并建议该如何克服这些缺点；
- 阐释绿色战略选择中所包含的主要问题。

引 言

在确定了战略规划的有效性之后，传统的常规战略管理通常会认为，下一个战略任务是在这些战略规划之间进行选择。[1] 选择过程便是这一章的主体内容。它是第 8 章和第 9 章所研究的战略规划制订过程的下一个步骤。

战略规划包括两个方面，这两个方面应该被明显区分，即内容和过程。

定义 ➡ 1. 战略内容意味着实际的战略，最终选择的战略是用来实现组织目标的。内容是指计划中的实际内容。

定义 ➡ 2. 战略过程意味着在那些有助于战略形成并且执行战略的人员之间所进行的交流和讨论过程。过程研究这类问题，如谁制订计划、他们如何完成任务、他们将组织设置在什么地方？

这一章的第 1 节是关于战略内容的，第 2 节是关于战略过程的。

为了选择战略内容，这一章首先会研究可能用到的主要标准，即 10.1 节；随后是确定选择中可能用到的主要过程和技术，即 10.2 节；最后，为了帮助选择过程，概括了一些一般的指导方针和能够表明哪种计划更有效的实证证据，即 10.3 节。

为了确定战略过程，传统常规路径在 10.4 节进行了描述，并且确定了主要的贡献者和他们的职责；最后，绿色战略问题将在 10.5 节中进行研究。这一章主要研究的是常规过程。下一章研究的是应急过程。

视频
第 6b 和 6c 部分

除了贯穿本章的案例之外,在本章的最后还有一个更长的案例(案例10.4),其制订了适用于公司的各种各样的战略规划,并邀请读者运用本章中所研究的技术在这些战略规划中进行选择(甚至可能拒绝所有战略规划)。本章的架构如图10.1所示。

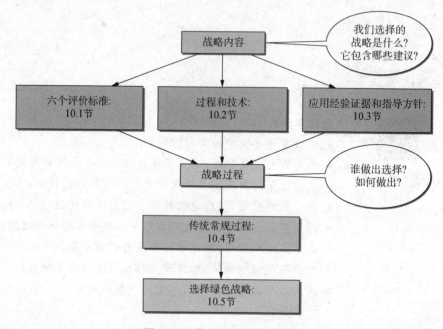

图 10.1　战略规划之间的选择

案例研究 10.1

捍卫全球市场份额的联合利华冰淇淋产品

联合利华具有 85 亿美元的销售额,以及大约 19% 的全球市场份额的冰淇淋市场,是占主导地位的全球性公司。它通过创新和收购战略已经建立了领先的市场地位。

作为荷兰/英国主要的跨国公司,联合利华在世界许多国家进行运营。它拥有许多著名品牌,例如多芬肥皂、好乐门蛋黄酱、弗罗拉人造奶油、克诺尔汤、法巴芝个人护理产品。其总的营业额超过 600 亿美元,更多的信息见案例 9.3。

在它的冰淇淋业务中,联合利华开发了一系列当地品牌名称,它们都拥有一个心形商标,这在全世界的各个地方都是一样的。它在冰淇淋市场上运用了结合全球业务活动和当地业务活动的战略。与心形商标一样,

联合利华试图为它在全球上的许多不同冰淇淋公司提供统一的品牌,使用心形商标。

全球业务活动还包括常见的产品：玛格南冰淇淋、可爱多薄饼、Carte d'Or 的打包冰淇淋等。这些产品是以高度创新的方式，经历了15年时间研制出来的。为了获得规模经济，这些产品不一定在它销售的国家进行生产制造，所以其运输成本在总成本中的比重较小，这证明了区域生产制造的可行性。针对某个国家选择的产品取决于当地需求以及冷冻柜空间的可用性。表10.1列出了联合利华在所选国家中的一些全球领先产品。

对于联合利华而言，当地冰淇淋产品同样重要。主要存在两个原因：第一，为了满足当地冰淇淋口味和预期价格，并不是每个国家都喜欢一种独特风味，也不是每个国家都能够支付昂贵的原料价格；第二，为了利用多年以来对某些国家当地品牌的历史投资，即可以通过建立当地品牌来实现。关于当地业务活动的一个简单例子就是南非，在那里，联合利华将心形商标与"奥拉(Ola)"品牌结合。随后，在"奥拉"品牌名称的冠名下，它销售了各种各样的类似于玛格南的冰淇淋产品，但是，它同样为南非市场开发了一些当地的产品。

关于当地业务活动的最复杂案例就是联合利华在美国的活动，美国是世界上最大的冰淇淋市场，更详细的内容参见案例10.3。联合利华经营了四个品牌：Good Humor、

表 10.1 联合利华在所选国家中的全球冰淇淋产品

国家	品牌	Magnum	Cornetto	Carte d'Or	Solero	Viennetta	Ben&Jerry's	本土品牌
阿根廷	Kibon	√	√					√
澳大利亚	Heart	√		√			√	√
巴西	Kibon	√	√	√	√			√
中国	Wall's	√	√					√
德国	Langnese	√	√		√	√		
荷兰	Ola	√	√		√		√	√
印度	Kwality Wall's	√	√		√			√
爱尔兰	HB	√	√	√		√		
马来西亚	Wall's	√	√					
波兰	Algida	√	√					
俄罗斯	Algida 和 Inmarko	√	√		√			
瑞典	GB Glace	√		√	√			
土耳其	Algida	√	√					
英国	Wall's	√	√	√	√			
美国：3个品牌	Breyers、Klondike 和 Good Humor 由于历史原因而形成						√	√

资料来源：联合利华的世界网站和中国日报。在2010年，联合利华收购了丹麦和希腊的冰淇淋公司。然而现在，许多公司的增长只集中在其现有的产品领域。

Klondike、Breyers 和 Ben & Jerry's。这四个品牌都代表了联合利华在美国的部分历史，即通过收购、地方开发和地区地理优势来发展的历史，美国是一个具有区域品牌发展历史的国家。至少到目前为止，Good Humor 是唯一利用全球母公司的心形商标的品牌。然而，一些 Breyers 产品也在联合利华的澳大利亚公司中廉价出售。另一个例子就是联合利华的美国公司，即 Ben & Jerry's 的高档冰淇淋。在 1997 年，联合利华只从原来的两个创始人那里收购了该公司。由于它以前独特的所有权和小公司哲学，联合利华 Ben & Jerry's 的战略允许其继续成为联合利华的一个半自主公司，甚至不在联合利华公司的保护伞下，它就可以制定其自身的全球业务活动，并且可以不使用心形商标。对于一个大型的跨国公司而言，这是一个真正的创新方法。

联合利华涉足冰淇淋市场已经很多年了，并且这类产品贡献了大约 10% 的总利润。在 20 世纪 80 年代和 20 世纪 90 年代，它面临着来自两个竞争者不断增加的威胁，它们分别是雀巢和玛氏。实际上，雀巢通过一个不同的收购组合和创新战略正在超过联合利华的全世界市场份额。这一竞争活动在案例 10.3 中进行了描述。

许多年后，联合利华与零售商建立了强大的分销联系，尤其是只有一个冷冻柜空间的小型批发商。在所有冰淇淋战略中，一个决定性因素就是冰淇淋需要冰柜来进行冷冻存储。联合利华很积极地确保它的产品能够获得最大限度的冷藏空间，即通过频繁的运输传送，并且在较小的商店中，通过将其冰柜租给商店来保证储存空间。多年来，它利用这一分销优势将玛氏冰淇淋阻挡在欧洲的小型商店之外。然而，在 2003 年，欧洲法院裁定联合利华的战略是反竞争性的，联合利华被迫允许玛氏的产品进入它的冷冻柜。

联合利华的大市场份额提供了新进入者不能匹敌的规模经济，阻止它们实现相同的低成本架构。因此，联合利华成为了持续盈利的最主要冰淇淋公司。在 1989 年，推出了玛氏冰淇淋，但是在之后的十年里它没有盈利。雀巢冰淇淋同样在经历了 15 年之后才被研发出来，但是直到最近，它们才再次成为公司的主要盈利者，见案例 10.3。

联合利华最大的劣势可能是没有涉足糖果市场，这不同于雀巢和玛氏。因此，联合利华很难应对 20 世纪 90 年代的趋势转变。它的竞争对手公司都将糖果品牌运用到冰淇淋上面，例如雀巢和玛氏。最终，联合利华研发了自己的全球化品牌，如玛格南和可爱多。但是投资这些新品牌是一个昂贵的战略，并且需要耗费很长的时间。

为了弥补这种劣势，联合利华在 2005 年启动了一项新战略。它从其他制造商那里获得了两个全球化品牌的特许经营权。在 Carte d'Or 的产品系列中，公司研制了三角巧克力冰淇淋（Toblerone），其品牌名字得到了卡夫·雅各布斯·苏查德（Kraft Jacobs Suchard）的批准许可，以及乐维萨咖啡冰淇淋（Lavazza），其品牌名字得到了意大利咖啡公司的批准许可。特许经营需要将部分利润转让给品牌所有者而不是被联合利华全部保留。

©版权归理查德·林奇所有，2012年。保留所有权利。该案例是由理查德·林奇所著，来自于已发表的信息。[2]

案例问题

1. 相比于它的竞争对手，联合利华拥有什么优势资源？

2. 联合利华的主要优势是什么？它的劣势又是什么？如果存在，那么联合利华应该怎样克服这一劣势？

3. 如果联合利华是市场主导者，那么当你进入冰淇淋市场时，你将采取什么战略？你将如何攻击占主导地位的竞争者呢？

第10章 战略评价和制定:常规过程

10.1 常规战略内容:六个评价标准

视频第6b和6c部分

常规战略是通过采取理性的、以事实为依据的方法,来分析最有可能成功的战略规划。在选择战略规划时,逻辑与证据是至关重要的。因此,需要评估战略规划内容对组织的贡献。我们需要系统性地理解这样的评论,如"该计划似乎是合理的……但又不太可能成功"。[3]因此,我们需要评价标准。

实际上,每个组织都拥有自身的评价标准,例如上面案例中的诺基亚标准。起初,我们能够确定评价战略规划的六个主要标准[4],即一致性、匹配性、有效性、可行性、商业风险、对利益相关者的吸引力。这一节将检验每一个标准。

10.1.1 标准1:一致性,特别是与任务、目标保持一致

如果组织的主要目的是为了增加价值,那么界定战略管理宗旨的方法就是制定组织的任务和目标,第6章详细地研究了这部分内容。在一个非营利性组织里,最好是将主要目标界定为与服务有关的目标。无论组织的目标是什么,

定义➡ 都必须检测计划的一致性。一致性意味着计划要符合组织的目标。在公司背景下,计划也需要符合组织的任务以及实现组织目标的能力。如果一项战略规划不满足这些标准,那么有理由说明:

- 如果战略规划太难或者不适用,那么就改变任务和目标;
- 或者拒绝这一战略规划。

如果任务和目标是经过深思熟虑的,那么拒绝战略规划是最有可能的方法。例如,欧洲的消费品公司利洁时集团(Reckitt Benckiser),在固定汇率条件下,其所有业务都拥有5%~6%的净收入增长率。[5]这意味着公司会拒绝这个不能实现长期目标的战略规划。"长期"这一限制条件与以下现实状况有关,即现在的计划在早期也许会失败,所以必须在较长的时间内才能完成计划。

10.1.2 标准2:匹配性

另外,一些战略规划也许比其他战略规划更适合组织:每个计划是如何与

定义➡ 环境和资源进行匹配的?它是如何提供竞争优势的?匹配性意味着计划适合于组织内部和外部的战略内容。从将要采用的各种机会以及将要避免的各种威胁这两个方面来研究环境。竞争优势可以建立在组织的优势资源上,尤其是组织的核心竞争力,并且试图去改变已经存在的劣势。

SWOT分析是第8章的开端,它总结了这里所需要确认的主要因素。对战略规划的检验同样可以通过检验它与SWOT分析中的因素的一致性来进行。例如,联合利华冰淇淋在主导品牌的市场占用率上具有优势。忽视这种优势而追求全新产品品牌政策的计划可能需要进行详细的研究,否则它会遭到反对(但并不一定)。事实上,这个战略规划已经被用来扩展到其他市场部分,那么

一个典型的案例就是联合利华对 Ben & Jerry's 品牌的收购使其进入了超级大的冰淇淋市场部分。

10.1.3　标准3：有效性

许多计划可能包含了对未来的一些假设条件。需要检验这些条件来保证它们是有效的以及合理的，也就是说，它们看上去是符合逻辑的，并且符合有效**定义➡**的研究证据。有效性意味着制订计划所依据的估计和假设是有根据的和有意义的。另外，许多计划会使用商业信息，这些信息可能是有根据的背景资料，也可能是不确定的信息。例如，联合利华拥有的一些有关竞争对手的信息是有根据的(如市场份额数据)，但是有些信息可能是具有争论性的(如雀巢未来的计划和意图)。

综上所述，有必要检验每个战略规划中的假设条件和信息的有效性。实际上，在匹配性和有效性之间存在一些重复部分。由于这些问题的判断因素，所以会在一般标题下，即在使用商业判断和指导方针的标题下，来进行评价和判断。

10.1.4　标准4：计划的可行性

定义➡　可行性是指所提议的战略能够被实施。尽管计划可能由任务和目标组成，但也存在限制成功可能性的其他困难。实际上，一个计划可能会在三个方面缺少可行性：

1. 组织内部的文化、技术和资源；
2. 组织外部的竞争性行动和其他事务；
3. 缺乏管理者和员工的承诺。

组织内部的约束

实际上，一个组织在执行计划时不一定具有文化、技术和资源。例如，也许存在一种组织文化，它能够应对战略规划的逐渐变化，而不是激进的和突然的改变。例如，高度集权的公司 Metal Box(英国)与分权管理的公司 Carnaud(法国)合并时，在这个方面遇到了巨大的困难，并且导致了集团中的主要问题。[6]

同样，一个组织的战略规划可能缺乏必要的技术。由于各种各样的原因，使得它们不可能通过招聘员工来获得技术。

另外，一些组织缺少支持计划成功的充足资金。例如，在20世纪90年代中期，法国布尔科技电脑公司(Groupe Bull)面临着为其战略发展融资的真正问题，因为在21世纪初，经历了一系列雄心勃勃的战略举措之后，它很难维持生存。[7]

展示10.1总结了一些主要的内部可行性问题。

展示 10.1

内部可行性的 10 点要求

1. 资本投资需求：我们有资金吗？
2. 项目的累积利益：它是否真的有利可图？
3. 营运资本需求：我们是否具有充足的营运资本？
4. 所得税负债和股息支付：它的影响是什么，尤其是在时间上的影响？
5. 员工数量，以及在员工冗余的情况下，与其有关的费用：解雇员工的国家法律是什么？有什么代价？
6. 新技术、新工厂以及关闭旧工厂的成本：我们是否拥有技术吗？我们需要招聘或者临时雇用一些专家吗？
7. 新产品以及它们是如何被开发的：我们是否相信我们所拥有的产品投资组合，它们是由一些经过充分检测的新产品组合而来的？这些新产品真的是突破性产品，还是仅仅为了追赶竞争者而开发的产品？
8. 投资数量、营销投资的时机以及所需要的专业知识：我们是否拥有资金？什么时候需要这些资金？我们是否拥有专业知识来实现我们的战略，例如广告和促销机构团队？
9. 收购其他公司、与其他公司兼并或者组建合资企业的可能性和影响：我们是否已经充分地研究了其他具有自身优点和缺点的战略规划？
10. 所有参与者的思想交流：这个将怎么做？我们是否将获得受影响的管理者和员工的承诺呢？

组织外部的约束

在组织外部，存在四个主要约束条件，它们可能会使战略规划缺乏可行性，即顾客接受能力、竞争性反应、供应商接受能力、政府或者其他监管机构的任何批准。

因为一个约束条件是购买新产品或服务的顾客，所以我们发现顾客需要新的战略吸引力。另外，受到战略规划影响的竞争者也许会进行反击而使得战略很难成功。例如，英国的微软公司，在具备 Window 操作系统的个人电脑上拥有 90% 的市场份额。曾经有竞争对手对它进行了指控，因为它为了销售一些具有竞争性的新型软件产品而故意提前宣布一些产品。[8] 竞争性反应的可能性是必须要评价的方面。

在组织外部同样存在其他的约束条件，如果有可能的话，它们会使得战略规划的实施变得更加困难。例如，诺基亚需要认真考虑政府减少电信市场管制的影响是什么。这不仅仅是一个机遇，也是一个问题，因为政府对该国在这一领域的利益仍然很敏感。

展示 10.2 总结了这方面可能需要调查的问题。

展示 10.2

外部可行性的 4 点要求

1. 对于我们即将提出的战略,顾客将会如何反应?
2. 竞争者将会如何应对? 我们是否具有必要资源来进行反击?
3. 我们是否具有来自于供应商的必要支持?
4. 我们是否需要得到政府或者监管机构的批准? 这具有多大的可能性?

缺少管理者和员工的承诺

如果组织的重要成员不接受战略,那么战略实施是不可能成功的。例如,主要的英国玩具零售商 Toy "R" Us 多年前在瑞典一直在业务战略执行中存在主要问题,原因是当地管理者和员工认为这与瑞典的劳动法不一致。[9]

这一约束条件的出现,是因为一些组织会明确区分高级经理做出的战略制定与初级经理的日常管理之间的不同。[10]因此在这样一个组织中,初级经理和员工不可能参与战略制定的过程。实质上,高级经理会将结果传达给初级经理和员工,但是初级经理和员工不一定能理解和承认其中的含义。

在一些集权公司中,一些战略决策可能需要由初级经理来制定,例如诺基亚在 20 世纪 90 年代早期削减一些公司的时候,见案例 9.2。尽管诺基亚接受开放的芬兰文化,但是新战略的关键决策仍然是由集团的高级经理决定的,并没有真正咨询更多的初级经理和员工。提议中包括削减诺基亚的部分业务,而这并不令人惊讶。

减少风险的六个关键方法。

10.1.5 标准 5:商业风险

定义 ➡ 大多数有价值的战略可能都具有一定程度的风险。在文中,风险意味着战略并没有将组织暴露在不必要的危险或者不合理的危险程度中。因此,需要仔细评估这个方面。最终,包含风险的战略也许不被组织接受。在承担风险并努力解决困难的组织战略管理中存在不计其数的例子。例如,德国最大的工业公司,戴姆勒—奔驰公司,在过去 20 年的扩张战略中具有相当大的风险(见第 16 章)。在 1988 年,公司选择与英国汽车公司克莱斯勒合并。如果为了获得利益,那将承受巨大风险。[11]到 2006 年,结果表明,戴姆勒是失败的,并且必须摆脱这一合并。然而,风险至少是可控的,并且这两家公司仍期待着各自的未来,见本书最后部分的案例 4,即克莱斯勒接下来会发生什么?

很容易将商业风险看作主要的战略约束。日本战略家大前研一认为这可能会阻止公司打破现状。[12]一定程度的商业风险可能出现在大多数有价值的战略发展中。我们真的应该如此批判戴姆勒—奔驰公司花费多年努力与克莱斯勒公司的合并吗？风险的重要方面是：
- 进行明确的风险评估；
- 如果出现困难，研究可能减少困难的应急事件；
- 决定该风险是否能被组织接受。

不存在能够评价组织风险的唯一办法，但存在很多有助于该过程的技术。下文研究了两种方法，即财务风险分析和情景模拟。其他的技术将在10.2.4节和10.2.5节中进行研究。

财务风险分析[13]

对于在私人部门和公共部门中的大多数战略规划来说，对战略规划中的财务风险进行某种形式的分析是至关重要的。存在许多能够采用的分析类型：

- 现金流分析。这一分析是最基础的。当一个组织处于不错的盈利水平状态时，也有可能因为缺乏资金而导致破产。需要评估每个战略规划对组织现金流的影响，这将在本章的10.2.4节中进行探讨。
- 盈亏平衡分析。这通常是一个有用的方法：它会计算出所需要的业务销量，以此来回收最初的业务投资额。关于这一结果，最重要的是要研究这些总量是否合理，参见展示10.4。对Eurofreeze的主要战略规划的盈亏平衡分析是有效的，见案例10.2。
- 公司借款需求。一些战略也许会严重影响所需要的来自金融机构和股东的资金资助。这一方面代表了战略分析的真正风险，因此需要组织内部和外部的理财专家对其进行研究。
- 财务比率分析。有效地使用流动性资产、资产管理、股票和类似的公司票据来进行分析。有些人认为不需要对以上内容进行分析，因为公司了解这些方面的细节内容。但是，对于关键供应商而言，又会如何呢？对于关键顾客呢？当公司在财务上扩张时，破产的连锁效应值得考虑：分析起点应该是10.2.4节中的现金流分析。

对于国际性业务活动而言，存在一个同样重要方面，即货币分析。货币的一个主要转变可以在一夜之间摧毁一个海外战略规划的盈利能力（或者，更加乐观地来看，会增加盈利能力）。在过去十年里，许多主要公司发现了这一影响。这一分析可能需要专家的帮助。

情景模拟

这是一个非常有用的分析方法，并且被认为是许多组织的基础战略规划中的一部分。本质上，它研究的是"如果"问题，即这些问题对战略的影响。每个战略规划背后的基本假定是，经济增长、定价、币值波动和原材料价格等是多种多样的，并且测量了它们对已投资本回收率、现金和其他公司目标的影响。也许会使用成功关键因素来识别需要考虑的要点。

由于这些因素会上升或者下降的任意变化，所以需要评估每一个因素的灵敏度来决定哪些因素是至关重要的。在战略被接受之前，可以再认真地检查那些被证明是特别敏感的变化因素;也可以在它们投入运营之后再进行监控。

以案例9.2中诺基亚智能手机问题为例,如果这些因素发生变化,通过研究即将发生什么来检验关键假设条件:

- 如果诺基亚不使用新的微软软件,那么将会产生什么影响?这个影响是非常具体的,并且影响结果可以用来评价战略。
- 如果诺基亚在2010年失去了1/3的全球市场份额,那么将会产生什么影响?也许在等待着引进新智能手机的过程中就会失去一半的市场份额。那么,可以进行具体的估计来检验这种变化的灵敏度。
- 如果诺基亚失去了发展中国家的市场领导地位,这些国家的便宜手机比智能手机更重要,那么将会产生什么影响?也许会采用最简单的估计方法来假设,它的低成本竞争对手会成为市场领先者,如中兴通讯(ZTE),则需要重新估计结果。那么,市场份额变化的灵敏度能够被评估。

显而易见的是,所有灵敏度分析的结果能够为那些所选择的战略提供一个有效的风险估计。

10.1.6 标准6:对利益相关者的吸引力

定义➡ 对利益相关者的吸引力意味着战略能够吸引那些公司需要去满足的人们。

正如我们在第6章中所研究的,每一个组织都有它的利益相关者,例如股东、员工和管理者。他们将会对组织所考虑的战略感兴趣,因为他们会受到战略的影响。但是利益相关者之间的利益和观点通常是不同的。例如,一个战略规划可能提高股东的财富,但是同时意味着减少了组织员工的福利。因此,股东不可能找到所有具有吸引力的战略规划。

解决这个问题的方法就是优先考虑利益相关者的利益,例如将股东的利益放在第一位,提高股息、降低成本,并且甚至可能解雇一些工人。一些作家和公司会毫不犹豫地追求这一路径。然而,对于战略管理来说,这可能过于简单。

> **关键战略原则**
>
> - 评估战略规划依赖于为选择过程制定的标准。存在六个主要标准:一致性,尤其是与组织的任务和目标相一致、匹配性、有效性、可行性、商业风险和对利益相关者的吸引力。
> - 与组织目标保持一致性是评估和选择战略的主要检验内容。
> - 对于组织所处的环境来说,战略的匹配性显然是很重要的。
> - 运用在制定战略规划中的数据和规则的有效性必须经过检验。
> - 在检验战略规划是否具有可行性时,需要研究三个方面。首先,组织内部的可行性,可能由于缺少资源而导致不可行;其次,组织外部的可行性,例如顾客的接受能力和顾客反应;最后,需要考虑员工和管理者的接受能力和承诺。

- 同样需要评估一个战略规划可能给组织带来的风险,因为它们可能高得令人无法接受。可以用两种方法来检验这种风险,即财务风险分析和灵敏度分析。
- 同样需要评估利益相关者对大多数战略的反应。可能需要优先考虑利益相关者的利益,股东可能是第一个,也可能不是。利益相关者反应需要在五个条件下来进行评估,每个条件都与集团利益相关者的主要利益问题有关。

案例研究 10.2

Eurofreeze 评价其战略规划:1

在2003年,Eurofreeze的销售额达到10.5亿美元,它是欧洲最大的冷冻食品公司。然而,它却受到了两个主要竞争力量的排挤:较大的竞争对手是Refrigor;食品杂货商店拥有自己的品牌,且在欧洲变得越来越具有竞争力。Eurofreeze到了需要彻底重新思考战略的时候了:该公司是一个大型跨国公司的一部分,并且集团总部的压力越来越大。

为了研究该案例,首先需要研究公司目标、环境和资源。在本章的最后部分,存在一个补充案例来检验Eurofreeze所确定的战略规划。

冷冻食品的某些领域变得越来越像大众商品,具有少量的竞争优势,主要的竞争是价格竞争。

任务和目标

作为研究战略规划的起始点,Eurofreeze决定重新检查它的任务和目标。它决定在欧洲的冷冻食品市场保持强大的地位,因此将它的任务定义为"在欧盟成为领先的冷冻食品生产商"。这个任务是建立在它的核心竞争力之上的,它的竞争地位在欧盟排名第二,并且在未来五年里,它所设想的冷冻技术方法能够维持它在保藏食品方面的地位。在文中,该公司检查了它目前的盈利能力、股东绩效以及市场份额地位,并且将它未来五年的目标设定为:

- 提高它的资金回报率,按照每年提高0.5个百分点的速度,将目前的12%提高到6年后的15%。
- 随着时间的推移,以同样的速度提高每个份额对每股收益的贡献,但是允许在时间上有所延迟,因为公司会在不久的将来进行再投资。
- 保持其整体市场份额,但是要从低附加值产品(冷冻蔬菜)转移到高附加值产品(比萨)。

为了充分理解这些需要的目标,对Eurofreeze来说,研究冷冻食品市场的背景以及竞争趋势是至关重要的。

冷冻食品产品和附加值

第一个商业性的冷冻食品是20世纪40年代的蔬菜和鱼类。多年以后,因为冷冻过程允许这类冷冻食品以高价出售,所以导致了更高的食品质量,从而与罐头食品、玻璃瓶装食品以及其他储存形式的食品形成竞争。但是到2000年,冷冻成为了旧技术,因此它不再具有持续性的竞争优势。这尤其意味着,像冷冻蔬菜和冷冻肉这类不一定具有全国认可品牌的产品,在到达商店之前只具有较低的附加价值。

因此,主要的超市开始商量拥有许多基础产品的自有品牌,并且从像Eurofreeze这样的供应商那里获得了低廉的价格。到20世纪中期与90年代之间,基础蔬菜和其他商品的利润非常低:附加值也是最低的。

在同一时期,欧洲的家庭收入开始上涨,家庭冰箱也越来越普及,食品口味也变得越来越国际化。例如,欧洲人开始知道并且喜欢更广泛的新配方菜肴和国际产品,从"四季比萨"(Quattro stagioni)到双层巧克力蛋糕。这类产品都具有高附加值。它们都是作为品牌产品进行销售的,这些品牌通常需要经过多年时间才能建立起来,例如Birds Eye,Dr Oetker,Heinz Weight Watchers以及芬达斯,这些品牌广为人知。品牌名称可以用在公司的所有产品上面,以至于它在支持一些强大的、得到良好宣传的产品时,也会支持一些薄弱的产品,这就是集团的品牌化策略。

成功的关键因素

下列因素被认为是一个产业成功的关键:
- 有经验和有才的顾客会协商低附加值产品的质量和价格;
- 快速并且有效的冷冻过程都伴随着良好的冰箱贮藏和配送;
- 与主要连锁超市的良好关系;
- 强大的和一致的集团品牌化;
- 充满活力的和创新性的新产品开发项目。

Eurofreeze的核心资源

由于它的历史和目前的市场地位,Eurofreeze在下列领域具有核心能力:
- 原材料的采购,例如蔬菜,包括购买功能;
- 冷冻箱技术;
- 为新的冷冻食品进行食谱开发;
- 冷冻食品的配送;
- 超市的谈判和服务;
- 开发品牌食品产品(它在欧洲拥有一个知名品牌)。

在这些领域,它超过领先竞争者的关键资源优势就是其品牌。它在欧洲市场具有领先地位的品牌是鱼肉类产品。它的总公司是世界上领先的速食消费品公司,并且具有大量的财务资源。

竞争

在20世纪90年代期间,像Eurofreeze这样的公司都在寻找新战略以避免低价格竞争:自有品牌超市的蔬菜和其他低附加值产品的销售成为了真正的问题。这样的盈利压力使得Eurofreeze开始考虑废除它的品牌蔬菜系列。像特斯科、家乐福和阿尔迪这样的大型超市在基础冷冻食品上具有很强的讨价还价能力。

另外,许多大型连锁超市希望只有一个市场领先的冷冻品牌来推动自己品牌的发展。在这一背景下,Eurofreeze面临着特殊困难,即它的一些欧洲产品种类并不是市场领先者。与最大的竞争者Refrigor相比,Eurofreeze只能排在该市场上第二的位置。

在过去的几年里,Refrigor在冷冻食物品牌上面进行了大量的投资,无论是制造过程还是在商店配送上,它的投资额都要大量超过Eurofreeze。然而,该公司却只有少量的利润。这两个竞争者都提供了全方位的冷冻食物品牌,同时,为领先的连锁商店提供了自有品牌的商品。

总的来说,Eurofreeze 面临着四个竞争威胁,前两个威胁特别严重:

1. 市场领先者 Refrigo 是低成本领先者。

2. 在许多超市,例如英国塞恩斯伯里超市(Sainsbury)和 Albert Heijn(Ahold 的一部分,荷兰),为连锁超市的自有品牌产品增加了冰箱的空间,这是以牺牲制造商的品牌产品为代价的。

3. 在其他具有很强的廉价定位的超市里,例如 Aldi 和 Netto,相同的冰箱空间用于当地或者地区性的品牌产品,这些产品不具有全国性广告或者促销的支持,但是具有低价格。

4. 在一些特殊的产品系列上,例如法国的炸薯条或者奶油水果蛋糕,专业化公司,例如 McCain(美国)和 Sara Lee(美国),分别销售在特殊细分市场上具有重大份额的品牌产品。

总的来说,市场变成了是由数量来驱动的,并且在许多部分竞争激烈。同时,也越来越难以承担用来支撑品牌系列产品的广告和促销投资。此外,总公司开始思考,如果从公司层战略角度来看,卖掉公司似乎更能获利,见第9章案例。

©版权归理查德·林奇所有,2012年。该案例以真实的公司为模型,只是变换了名字来保护它们的隐私性。已经改变了市场份额和财务数据。

案例问题

1. 你对 Eurofreeze 的任务和目标的评价是什么?它们如何在竞争激烈的市场上抵抗压力?它们是否太苛刻了呢?

2. 应该扩大目标吗?品牌产品和非品牌产品分别是什么,举例说明?是否清楚竞争威胁?进一步考虑财政目标,例如与总公司的明确关系是什么?具体考虑其他问题,例如生态问题和员工工作满意度?如果对于任何一个问题,你的答案为"是",那么 Eurofreeze 在做决定的时候应该考虑哪些因素?如果你的答案为"否",那么战略规划的含义是什么?

3. 对于 Eurofreeze 而言,顾客以及竞争趋势对战略规划的制定有什么可能的影响?在准备你的答案时,你可能需要采用第13章中包含的一些分析方法。

评价国际战略规划。

10.2 战略评价:过程和技术

视频
第6b或
6c部分

在检验许多可能被采用的标准时,考虑一些标准是不是比其他标准更重要是很有帮助的。在这种情况下,可以不采用优先顺序来进行分析。

10.2.1 商业组织标准

对于许多组织而言,任务和目标的制定将会优先考虑标准。因此,以下三个问题就是需要研究的领域:

1. 每一个战略规划都与组织的任务相一致吗？它是如何体现目标的？例如，Eurofreeze 的每一个战略规划是如何实现愿望的，即达到 15% 的资金回报率并且该回报率仍不断上涨的愿望？每一个战略规划是如何有助于向高附加值产品转移的？

2. 每一个战略规划是建立在组织的优势上的吗？它是否开发了已经确定的机会？是否找到了组织的核心资源？因此，在 Eurofreeze，它应该可以检验战略规划对冰箱技术或者超市机会的有用性。如果战略规划不符合这些问题，那么也许存在否定拒绝它的情况。然而，应该注意的是这种否定并不是自动进行的。

3. 每一个战略规划是否可以避免，甚至克服组织的劣势呢？它是否可以对已确定的威胁采用同样的方法来应对呢？在 Eurofreeze，一个包含基础蔬菜业务发展的计划也许使公司进一步进入这个薄弱领域，或者会采用拒绝战略的方法。

问题 3 排在问题 1 和 2 的后面，需要最后再考虑。[14] 更重要的是要实现组织的任务和目标以及建立它的优势，而不是只担心它的劣势。然而，也存在不能忽视劣势的情况，所以战略规划需要考虑这些劣势。

仅仅考虑这些能进行排序的标准似乎是一个巨大的错误。例如，许多组织将拥有与顾客服务质量和满意度有关的指导方针；其他组织将包括对更广泛的社区的服务。这些也许不容易量化，尽管这样，它们都是同样重要的。为了选择战略规划，所有这些都需要在标准中反映出来。这些问题仅仅强调了仔细界定组织目标的重要性。

10.2.2 非营利性组织的标准

在这类组织中需要更加仔细地考虑这些标准，因为当这种选择方法不合适时，任何量化标准都不能来主导战略选择。所有的非营利性组织将需要创造附加值。然而，除此之外，标准也许需要切实反映出服务或者适合于使命的社区价值的重要方面。

非营利性组织的标准同样需要考虑不同的决策制定过程和能够激发这类组织的信念。依赖于志愿者支持，组织工作中强烈的使命感、信念、组织风格不一定会使它们在一系列战略规划中作出简单决策。

非营利性组织可能具有很高的使命忠诚感，这些使命通常是很明确。但组织也许是分权的，是由当地政府做出决定的。如果存在这种情况，那么集中的计划评估是很困难的。展示 10.3 比较了非营利性组织与商业组织的目标。非营利性组织的战略规划评估也许更加分散和开放。

> **展示 10.3**
>
> **商业组织与非营利性组织的标准比较**
>
> 商业组织
> - 定量的
> - 不变的
> - 相容的
> - 统一的
> - 可操作的
> - 明确的
> - 可测量的
>
> 非营利性组织
> - 定性的
> - 可变的
> - 冲突的
> - 复杂的
> - 不可操作的
> - 模糊的
> - 不可测量的

10.2.3 选择的第一步

在研究与战略规划有关的问题之前,有必要对一个或者更多的战略规划做出初始选择。在一定程度上,初始评估依赖于组织的类型。在商业组织情况下,从企业的盈利能力开始进行选择;在非营利性组织情况下,存在其他可能更重要的因素,例如提供服务的能力。有理由说明,对任务和目标进行详细研究非常重要。有时,初始选择还有助于消除一些明显的战略规划,这些计划没有获得长期成功的希望。展示 10.4 总结了初始评估中的步骤。

> **展示 10.4**
>
> **初始战略评估的 10 个步骤**
>
> 1. 筛选出早期就没有希望的战略规划,它们是不太可能实现目标的。
> 2. 基于市场份额、定价、促销支持和竞争性反应来评估剩下的每个战略规划的销售额。
> 3. 评估每个剩下的战略规划的成本。
> 4. 评估执行每个战略规划所需要的资本和其他资金支持。
> 5. 计算每个战略规划的资金回报率。
> 6. 计算每个战略规划的盈亏平衡。
> 7. 计算每个战略规划的净现金流的影响。
> 8. 评估预计销售水平是否意味着市场份额的异常水平或不同寻常的低成本。这些是否是合理的?真正的战略弱点可能在这里出现。
> 9. 估计可能的竞争性反应,以及它对每个战略规划的可能影响。
> 10. 估计与每个战略规划有关的风险。

10.2.4 评价技术工具：财务评价[15]

在删除了那些不能满足基本评价标准的战略规划之后，下一个步骤就是对剩下的战略规划进行财务评价。起初，在商业组织中，大多数的战略规划评价会试图分析已投资本的利润。在这种情况下，重要的是要注意，一旦销售上升，大多数组织[16]都会需要额外的资本，这不仅仅出现在购买新建筑或者工厂的时候。出现这种状况是因为需要为新债务人提供资金，并且为新业务活动支付所需的额外股票。存在至少五种主要的财务分析技术：

1. 已投资本回报率（DRCE）；
2. 净现金流；
3. 偿还期；
4. 贴现现金流（DCF）；
5. 盈亏平衡。

在使用任何一个战略规划的财务分析工具时，存在一些需要注意的事项，如展示10.5所示。

展示 10.5

使用财务标准的注意事项

根据第8章所讨论的内容，这些战略规划的评价方法存在许多明显的困难。

- 在以上两个需要计算的标准中，资金成本是一个重要因素。与计算有关的困难已经在第8章进行了研究。特别困难的是，估计出在一个长的时期里，应该在哪里进行投资。

- 在准确估计未来十年销售额时存在真正的问题，对于许多贴现现金流（DCF）的计算而言，这是一个典型的时期，即使在消费品公司中也不例外。然而，直接成本通常是能够被估计的。因此，预测结果是令人怀疑的。在这种情况下，投资回报分析可能更好。

- 在许多产品种类中，例如电脑，存在较短的产品生命周期和较大的产品报废率，贴现过程可能依赖于一个过长的时间跨度。在这种情况下，投资回报分析也许更好。例如，一些使用这种方法的日本公司能够证明这一点。

- 关于将增量从正在使用的资本中分离出来的困难，已经做出了评价。这不仅仅适用于已投资本回报率的计算，也适用于所有这样的评估方法。

- 由于强调项目本身所产生的现金，所以评价往往集中在可量化的经济收益上，而可能会忽略一些更难以量化的、更广泛的战略收益，例如，协同效应和价值链关联。

- 已投资本回报率是一个会计计算，它回顾一个项目的过去而不是展望项目的未来潜力。因此，它可能不适合于战略应用。

已投资本回报率(ROCE)

这是对战略规划盈利能力的测量。已投资本回报率(ROCE)被定义为所获得利润与新战略的投资资本之间的比率。所计算的利润通常是税前利润,因为税收问题超出了单个战略规划评价的考虑范围。

这一比率通常被用来评价战略。在规定的年限里执行战略规划以后,评估预期的营业利润,利润通常是指除税除息之前的利润。这一比率需要用计划中所使用的资本来除以营业利润,计划的一般平均年限是一年,并且资本的变化趋势在一年里是不同的。

一个主要的困难是界定只用于那个战略的增量资本。很容易了解到一个已经建成的新工厂的位置,但是更困难的是要了解,哪个工厂的战略涉及使用现有的工厂或者服务,哪个工厂所包含的资本不能轻易地从更一般的交易中区分出来。

对于正在进行的商业投资而言,公司通常拥有一个预期的最低已投资本回报率:如果它们不能赚取这个最低回报率,那么将会存在关于放弃这个战略的激励讨论。这一回报率的设定通常与公司的资金成本有关,即如果资本是廉价的,那么可以设置一个更低的比率。

净现金流[17]

净现金流是折旧前的利润,要少于在进行项目时所需要的周期性的营运资本投资。现金流计算的重要性在于一个负现金流具有能使公司破产的能力。在遥远的未来,它是完全有可能提供巨大利润的,以至于资本收益率看起来还不错。然而,在短期,可能存在的大量现金流出会导致负现金流,这可能意味着公司即将破产——在等待获取长期利润时,公司可能无法支付它目前的账单。一个净现金流的近似值计算,是将其看作是一个新战略规划的税前利润与少于新战略资本投入的折旧之和。

在战略性的投资评估之中,现金流中存在的问题通常有以下两点:

1. 在初始时期,这个项目计划可能是一个现金使用者,而不是一个现金生产者。

2. 在一个具有长期回报率的项目中,在它开始赚取主要收入之前,可能需要向企业投入多年的大量资本。

在一个不确定的时期,例如国家经济衰退或币值快速波动时,现金流分析尤为重要。来自于这些事件的额外压力会加重已然吃紧的现金情况,并且会导致真正的问题。因此,除了进行正规的现金流分析之外,还需要对此类事件进行敏感度或者最坏情况分析,也就是说,需要为了特殊战略对最坏的可能事件组合进行现金流分析。

偿还期

偿还期通常运用在需要重大的和特殊的资本投资的战略规划中。在计划实施的早期，需要对其投入资本。因为公司从风险中赚取了利润，所以它能回收所投入的资本。偿还期是用来回收初始投入资本的期限，通常按年计算。偿还期中的现金流并不会被贴现，无论它出现在哪一年，只是同样的简单加减计算。

定义 ➡

通常，汽车行业的资本项目偿还期大约是3年或者5年。由于大量的资本投入（通常需要10亿美元）以及行业的竞争特性，使得利润率较低。在消费品行业中，这一期限可能更短，并不是因为市场缺乏竞争性，而是由于一些产品的利润比较高，例如时装和化妆品。相反，一些高度资本密集型产品的偿还期可能是在20年到60年之间，例如电信基础设施和道路。

贴现现金流

定义 ➡ 贴现现金流是一个未来战略的预期现金流的总和，重新评估现金流的每一个单独因素，即评估它使用组织资本成本的现值。目前，DCF被大量使用到战略规划的评价上。实质上，DCF考虑到这样一个事实，即未来五年的现金价值要低于现在的现金价值，这不同于上文的偿还期限。它首先会评估计划期限内每年的净现金流，正如上面的偿还期限。现金通常是在减去支付给政府的税收之后进行评估的。随后，利用组织的资本成本将每年的现金额贴现到现在的价值。在早些年，现金流可能是负值，因为需要花费资本，随后现金流会变成正值，因为战略规划提高了销售额。贴现表或计算机电子表程序能使这个过程变得相对简单。净现值（NPV）是所有未来贴现值的当今价值的总和。案例10.4说明了一些Eurofreeze的战略规划程序，即当研究战略规划的结果时，许多组织通常会采取贴现现金流分析。

毫无疑问，如果市场变化快速，那么在准确预测未来现金流上存在真正的困难。即使是稳定增长的市场都会出现不确定性，例如技术的变革、政府政策的改变、社会价值观和意识的发展，以及战争的出现等。这是贴现现金流工具最需要克服的难题。

盈亏平衡分析[18]

定义 ➡ 盈亏平衡是指采取新战略的总成本与总收入相等的平衡点。在产品能够回收它的所有固定成本之前，经常需要重新计算需要销售的产品的数量单位。

盈亏平衡分析通常是针对盈亏平衡点，也就是指固定成本与变动成本之和等于总收入的平衡点。它是基于一系列假设条件的，这些条件使得该分析能够运用在实践中，而不是直接用在战略规划分析中。

- 成本可以很容易地分为固定成本和变动成本。
- 固定成本是恒定不变的。
- 变动成本和收入与分析中所使用的产品总量的关系都是线性关系。

- 在给定的约束条件下,变动成本随着销售额按比例变动。
- 可能预测出在不同价格下的销售总量。

尽管存在这些问题,盈亏平衡分析的最大优点是容易理解,因此容易向组织传达。在这些注意事项范围内使用该方法,那么它可能成为战略规划分析中的有用工具。

10.2.5 评估技术工具:股东附加值分析(SVA)[19]

尽管许多西方国家的公司仍然在它们的战略评估中使用贴现现金流工具,[20]但是在20世纪80年代,它们开始意识到其中的困难,即忽视了更广泛战略利益。还存在另外两个发展:

1. 波特的作品强调了价值链以及它与战略制定的关联,见第6章。
2. 其他作家[21]开始质疑"寻求将每股收益上的一个稳定增长作为衡量股东财富"的观点。这种财富能够通过公司的股价来进行衡量。实证证明,相比于股价与每股收益之间的关系,股价与业务中的长期现金生成能力具有更密切关系。

将上市公司目标定为是股东价值最大化,股东附加值的概念来源于现金流的贴现工具以及上述中的困难。它的目的是制定战略,即"每个战略业务单位(SBU)的长期现金流最大化"。[22]因此在下文中的这几个方面,股东附加值的评估不同于上述中的盈利能力方法。

- 股东附加值利用了现金流的概念,但是将其运用在完整的业务中而不是单个战略规划中。
- 它考虑了公司的资本成本,并且测量了针对这一基准的股东回报。
- 它进一步强调了业务成功的关键因素,并将其定义为那些对生成现金或者附加值特别重要的因素。它将这些关键因素称为价值或成本动因。正如第6章中所研究的,这类关键因素与一个行业成功的关键因素之间具有一定关系。然而,价值或成本动因是不相同的,即它们与单个业务有关,而不是一个行业。
- 它支持生成现金过程中的价值或成本动因的相互关系。在这个意义上来说,该方法不同于更简单的现金流贴现,后者认为一个计划能够仅通过该方法来进行分析。

评论

尽管股东附加值比一些简单的现金流贴现方法更先进,但它仍然依赖于战略规划的常规观点,即在一段时间内预测未来利润是需要的。此外,一个关键的假设就是股东利益最大化是战略制定的主要目标。对于英国和美国公司而言,这一点也许是对的,但是不一定适用于其他一些主要的工业化国家。

10.2.6 评价技术工具：成本/效益分析[23]

定义➡ 成本/效益分析法用来评估项目，尤其是公共部门的项目，该部门可能包含除了商业利润以外的一些未被量化的公共服务因素，通过试图量化这类项目的更广泛的社会福利来进行评估。在20世纪60年代，成本/效益分析被用来评价伦敦地铁公司的维多利亚线路（Victoria Line）的合理性。当其带来的好处超过简单的经济利益时，该方法成为了受欢迎的评价方法。例如，这些好处可能包括较低水平的污染或者更多地使用回收材料。它经常用于公共服务的投资决策。它试图量化一个比销售、利润和成本更广泛的效益。

当公共服务某些形式的好处超过简单的财务评估时，那么可能会利用成本/效益分析。当项目能够将价值传递给那些没有对该项目进行直接投资的用户时，这种方法可能特别有价值。因此，例如，在分析评价伦敦地铁公司的新维多利亚线路时，它试图分析：

- 伦敦地铁公司的乘客能够享受到更快更便利的旅途；
- 道路运输能力变得更加自由，因为道路不再拥挤。

与效益一样，也需要对社会成本进行评估。在地铁运输的案例中，在建设地铁线路时，可能存在建筑物沉降或者不方便的地方。

成本/效益分析的关键点是所有这些更广泛的效益和成本仍然是以货币进行评价的。在这一领域中的许多研究关注的是可能与它们相关的这类效益和成本的量化。直接投资成本通常更容易决定并形成一个成本效益等式中的另一个因素。

这类成本/效益分析的困难之处通常是难以量化这些可能的效益和成本。例如，也许有人会认为，更简单出行意味着存在着减少大气污染和促进人们身体健康，因此需要量化它对健康的好处。另外，更轻松的生活方式也可能带来益处等，这也需要进行量化。尽管存在这些困难以及量化无形效益的更普遍的问题，但是成本/效益分析在公共项目和战略举措的评价上提供了一个有用的帮助。

当企业陷入困境时，评价战略规划：拯救企业（Corporate Rescue）。

> **关键战略原则**
> - 在进行最好计划的初始选择时，重要的是要阐明必须这样做的基础。针对任务和目标的评价是很重要的，但是如果为了提供真正的好处，评价就需要严谨性和准确性。对一些组织而言，未被量化的目标也许同样重要。
> - 评估的额外标准包括建立组织优势和核心竞争力的能力，以及避免劣势的能力。在评估中，优势通常比劣势更重要，但是有时也不能忽视劣势。
> - 一个组织的不同部分对评估过程将具有不同的视角，例如公司总部、

> 战略业务单位以及那些参与单个计划的部门。在选择战略规划时,需要认识到这一点。
>
> - 在非营利性组织中,标准需要反映它们服务的更广泛方面或者对社区的贡献。它们同样需要考虑不同的决策制定过程和能够激发这类组织的信念。这可能使得战略规划的评估更加分散和开放。
> - 为了在商业组织中进行初始评估,也许应该剔除那些具有少量成功可能性的战略规划。首先需要计算每个战略规划的盈利能力、盈亏平衡点和净现金流。
> - 除此之外,进行初始评估使存在10个步骤。从一个战略角度来看,为了实现目标,有必要检验每个计划的预计销售水平是否意味着市场份额或低成本的异常水平。如果出现这种情况,那么就意味着战略规划中存在真正的劣势。
> - 评估通常采用常见的和在组织中达成一致意见的标准,例如对附加值的贡献和盈利能力。需要理解这一标准的优势和劣势。
> - 股东价值评价法的评估视角比具体项目所提供的视角更加广泛。它试图去确定这种发展的好处,即这种发展处于项目所在的整个战略业务单位的环境中。然而,它仍然依赖于这种假设,即股东总是最大的受益者。
> - 成本/效益分析被成功运用在公共部门的评估中,在该部门中,重要的是评估更广泛的且不能被量化的效益。最主要的困难是难以量化这类好处和成本。

10.3 应用经验证据和指导方针

视频
第6c部分

除了在前一节中所涉及的战略制定的逻辑以外,同样还存在一些由其他组织在过去采用的战略经验证据,它们可能是成功的,也可能是失败的。这些证据同样提供了指导方针,这些方针能够用来从可行的战略规划中选择出最优战略。我们可以从以下三个方面来进行考虑:

1. 一般行业环境;
2. 盈利能力与三个关键问题之间联系的证据;
3. 兼并和收购。

10.3.1 一般行业环境[24]

已经表明,一些战略如果通过逻辑性思维,能够提供比其他战略更高的成功机会。这种见解也许有助于战略规划的选择。主要概念的研究和理解被称

定义➡ 为是一般战略环境的研究。[25] 一般行业环境表明,可以根据战略应对特殊市场或竞争性环境的能力来选择战略。这个一般方法的最著名案例就是利特尔矩阵(ADL Matrix)。著名的管理咨询公司,利特尔管理顾问有限公司(ADL,

Arthur D Little)在20世纪70年代开发了这一矩阵。它依赖于市场上组织的优势和劣势与该市场上的生命周期阶段的匹配程度。具体来说,它关注于:

- 行业成熟阶段,从一个年轻的快速增长的市场变成一个成熟的衰退市场。
- 竞争地位,从一个占主导地位并且能够控制行业的公司变成一个微弱的、几乎不能存活的公司。

表10.2 利用产品生命周期矩阵评价

竞争地位 \ 成熟程度	胚胎期	成长期	成熟期	老化期
明确的领先者地位	保持地位 努力提高市场渗透 投资速度略快于市场所规定的速度	保持地位 保护市场份额 维持增长率的投资(防止潜在竞争者)	保持地位 与行业共同增长 有必要进行再投资	保持地位 有必要进行再投资
强大地位	努力提高市场渗透 投资速度与市场规定的速度一样	努力提高市场渗透 提高增长率的投资(提升地位)	保持地位 与行业共同增长 有必要进行再投资	保持地位 有必要进行再投资或者最小的再投资
有利地位	有选择性地努力提高地位 一般或有选择性地渗透市场 有选择性地投资	努力提高地位 选择性地渗透市场 有选择性地投资来提高地位	维持地位 寻找细分聚焦市场,并且保护它 最小的或者有选择性再投资	收获、撤离或者放弃阶段 必要的最小再投资或者撤销投资
防御地位	有选择性地努力提高地位 非常具有选择性地投资	寻找细分聚焦市场,并且保护它 有选择性地投资	寻找细分聚焦市场,或者撤离这一阶段 必要的最小再投资或者撤销投资	撤离或者放弃阶段 撤销投资或者放弃
弱势地位	提高地位或者撤离 投资或者放弃	转型或者放弃 投资或者撤销投资	转型或者撤离这一阶段 有选择性地投资或者撤销投资	放弃地位 放弃

注释:该图表明了所建议的战略,依赖于生命周期和公司的所拥有的市场地位。能够同时利用这两个标准来刺激战略规划,并且评估所提出的战略规划来保证它们与公司战略地位的一致性。

资料来源:允许转载利特尔管理顾问有限公司的资料。©Copyright Arthur D Little.

过分简化战略是错误的,该战略是我们能够采用的,是依据上述中的公司竞争地位而形成的。作为一个起始点,图 10.2 中所制定的矩阵是为了阐明可能会做出的选择。例如,如果当一个公司在行业成熟阶段处于强大的市场地位时,那么矩阵中的战略逻辑将会建议:

- 寻找成本领先战略。
- 更新它的聚焦战略。
- 在竞争中区分出自己的差异化。
- 同时与市场同步增长。

因此,如果针对这个市场和竞争性组合提出了其他战略规划,而它们并不符合上面的建议,那么这将成为拒绝这些计划的理由。然而,从文中任何一个技术变革的案例来看,例如案例 9.2 中诺基亚案例,显而易见的是,在引进重大的技术变革和市场营销举措时,这种分析可能是有缺陷的。

10.3.2 盈利能力和三个关键战略问题[26]

根据一些研究证据可知,商业组织中的盈利能力与三个关键战略性问题有关:

1. 在战略决策制定中质量的作用;
2. 对战略发展具有贡献的市场份额和市场营销开支的重要性;
3. 新战略举措所需要的资本投资。

这个方面的证据来自于美国的战略规划研究所(SPI)。在过去 20 年里,战略规划研究所收集了 3 000 个公司的数据(其中有 600 家公司是在欧洲),所收集信息覆盖了三个主要方面:

1. 执行战略的结果(利润、市场份额等);
2. 公司对这个战略活动的投入(工厂投资、资金支持、生产能力等);
3. 公司经营所处的行业状况(市场增长、客户力量、创新等)。

这些数据通常被描述为 PIMS 数据库(PIMS 是市场战略利润影响的简称),它的独特之处在于其关于战略管理加上投入产出的实证数据库的范围。它收集数据,并且计算出不同变量之间的统计学关系。这些变量之间的关系是否具有真正的含义成为了激烈的学术讨论的主体内容。[27]这本书认为它对于实证战略研究具有重要贡献。所有的结果都已经公开发表,并且一些关键的发现结果将在下文进行研究。除了一般作用之外,发现结果同样反馈给了公司,为它们提供了一个详细的和更加保密的基础来评价它们的业绩,并得出了相关结论。从大量的研究结果可知,三个关键因素就是质量、市场份额和市场营销费用、资本投资。

质量

目前从长远来看,并且根据 PIMS 数据库可知,影响一个业务单位业绩的最重要因素就是其相对于竞争者而言的产品和服务的质量。为了提高质量的战略规划比那些不关注质量的计划更可能成功。这一观点支持第 14 章中所描述的与此有关的许多业务活动,如关于全面质量管理等内容。考虑了与价格有关的质量的战略规划更可能拥有较大的成功可能性。

市场份额和市场营销费用[28]

在第 3 章中,我们研究了一个公司战略的重要性,该公司在市场上具有重要力量。这通常会利用市场份额来进行测量,并且,至少在某一部分上,它将与公司在产品或者服务方面的市场营销费用有关。市场战略利润影响(PIMS)监控着市场份额,并且表明了市场份额与投资回报之间强烈的相关性。它同样监控着市场营销费用,其结果依赖于公司是否已经拥有一个高的或者低的市场份额。

市场战略利润影响的证据表明在较高水平的市场营销活动与市场份额之间存在联系。[29]对于那些已经拥有高市场份额的公司而言,在维持它们的费支出水平时,这种关系是存在优点的。对于那些拥有低市场份额的公司而言,这种联系表明将资金花费在市场营销活动上来增加市场份额的战略不是一个最好战略。试图通过额外的市场营销活动来购买市场份额的战略规划可能会导致较低的投资回报。

然而,应该指出的是,在某种意义上,这种联系是循环的。如果一个高市场份额的公司拥有较高的利润,那么它将拥有更多的资金来投入成本节约的工厂、更高的质量和更多的市场营销活动中。反过来,这将进一步提高它们的市场份额的盈利能力。此外,对于大多数不具有高市场份额的公司而言,这种联系可能只有少数的战略帮助,即它们可能会做些什么来进行赶超竞争对手?在市场营销和工厂规模经济中的投资可能是非常昂贵的。尽管,日本的汽车和电子公司在 20 世纪 60 年代处于这种低的市场地位中,但是它发展成为了世界汽车行业的主要力量。市场领先者的创新和教训为它的战略需要提供了帮助。

资本投资[30]

第 8 章中所研究的成本降低战略,可能会认为组织应该投资到额外的资本设备中,以此来降低成本从而增加投资回报。市场战略利润影响数据库认为不一定要遵循这个方法。拥有高水平资本投资的公司往往同样具有低盈利能力。从这样的资本投资中获得的较高的生产能力和较低的成本可能不会完全抵消初始成本。

对于这一点存在几个原因,即资本密集型工厂通常需要在一个较高的生产能力下才能获得利润,正如第 3 章中的全球钢铁市场案例所表明的那样。为了实现利润,这种生产需求需要稳定的或者不断增长的销售额,正如我们所见的那样,这也许是一个可疑的假设。为了保持生产能力,甚至可能存在一个诱惑行动,即为客户提供特殊交易、从竞争者那里窃取销售等,所有这一切将减少利润。相比之下,直接劳动更为灵活,当需求波动时,它围绕需求来进行改变。此外,如果公司决定离开一个行业,那么固定资本投资可能会使其变得更加困难,同样如第 3 章中的钢铁行业案例。这类公司可能会降低价格来获得生存,但是反过来,它会降低行业中所有公司的盈利能力,甚至那些投资到最新的资本密集型工厂的公司。

需要详细地检验那些依赖于大量资本支出来获得利润的战略规划。在某些行业,它们可能别无选择。但是不存在必然的可能性,即这类支出将总是提供更高盈利能力。

10.3.3 兼并与收购[31]

兼并与收购通常会成为那些期望改变公司业绩的战略规划的一部分。第9章总结了适用这种方法的主要原因,尤其是它作为战略管理的一部分和作为进入新市场的手段的原因。然而,应该知道的是这些活动主要局限在英国、法国和美国。在欧洲的其他地方和远东地区,这类方法是不常见的。尽管存在很明确的理由来运用兼并和收购的战略,但是,从它们的绩效上表现出来的经验证据表明它们只能给采取这一活动的公司带来少量的价值。

在第9章中,我们评论了一些收购和兼并不太可能成功的证据。没有证据表明收购或者兼并不可能成功增加价值。确实也有证据表明许多兼并与收购不能增加价值,其主要原因似乎是过于乐观,即主要原因是目标模糊而不是一些更深层次的内在缺陷。[32]一般来说,当他们拥有规模相似的合作伙伴时,兼并和收购更可能成功。此外,降低成本和缩小资产规模不一定是提高业绩的最有效的方式。考虑转移竞争能力和利用收入协同效应的方式可能更有帮助。[33]除此之外,这类战略规划在提供价值方面不具有被证明是成功的记录。

> **关键战略原则**
>
> ● 进行战略选择时需要使用商业判断,因为没有人能够确定战略规划的结果。
>
> ● 一般行业环境的分析通常是为战略评估提供一些指导方针。它们基于两大类:行业的成熟阶段以及组织所拥有的竞争地位。在确定组织的某方面与这两个参数匹配之后,就对它们进行简单的选择。
>
> ● 除了这个一般作用外,为特殊类型的行业,还制定了关于合适战略的指导方针,如支离破碎的产业、新兴产业、成熟的市场,衰退的市场。
>
> ● 基于市场战略利润影响数据库的经验证据表明,战略行为与关于盈利能力和其他标准的结果之间存在联系。
>
> ● 根据市场战略利润影响可知,高质量和强大的市场份额能够为盈利能力作出积极贡献。高资本密度不太可能有一个积极的影响。一些研究人员质疑这里存在的因果关系。
>
> ● 同样研究了收购与兼并对盈利能力的影响。在最好的情况下,结果是混乱的;在最坏的情况下,表明许多案例是不成功的。

案例研究 10.3

全球冰淇淋市场：雀巢公司的攻击

联合利华是全球冰淇淋市场上的市场领先者。但是它遭受了来自雀巢的攻击以及跨国连锁超市的竞争威胁。联合利华仍然能保持领先地位吗？

全球冰淇淋市场：世界某些地方的增长

在2009年，按照制造商销售价格计算，世界上的冰淇淋和其他冷冻食品的市场价值为500亿美元。但是全世界的市场是非常不同的。例如，不同国家的消费模式大多数也是不同的。例如，有估计显示，美国人平均每年消费19.8夸脱（quart）、荷兰人消费7.2夸脱、中国消费0.9夸脱，以及印度仅是0.1夸脱。同样在口味、价格以及国际品牌的存在等消费方面各国也是不同的。以上这些都反映在全世界冰淇淋销售的地理位置上，如表10.3所示。一些地区是成熟市场，尤其是北美和欧洲，但是其他市场仍然处于成长阶段。因为这个理由，像联合利华和雀巢这样的公司将它们的发展战略集中在发展中的亚洲市场和其他市场。

雀巢将进入冰淇淋市场的战略看作是重要的战略机遇。

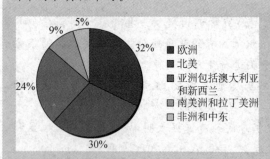

图 10.2 在 2009 年冰淇淋销售的地区

资料来源：贸易估算。

全球冰淇淋市场大约以每年3%的速度增长，即具有高生活水平的国家的低增长与财富持续增长的国家的高增长之间的平均值。即使到了2012年，全球市场增长仍然将保持这个水平。这样的增长速度是具有吸引力的，因为该市场已经大到足以与其他食品市场进行比较，并且这种市场增长水平在食品行业是不寻常的。食品市场是完全成熟的市场，其增长水平在很大程度上符合人口变化形势。至少存在两点原因来解释冰淇淋市场上相对较高的增长水平，即：

1. 增加的财富，人们消费更多的冰淇淋是因为他们收入的增加。

2. 增加的便利，繁忙的工作生活和对闲暇时间不断增长的渴望，意味着顾客喜欢消费那些速食食品，例如冰淇淋。

在北方的国家，更寒冷的气候意味着冰淇淋消费一年不同于一年，因为依赖于温度。更多的冰淇淋消费是在炎热的夏天。这种变化可能对公司盈利具有重大的影响，但是并没有为一个公司提供竞争优势，所以它们没有对这种情况进行深入研究。然而，应该注意的是一些领先公司一直在研发能够在全年食用的冰淇淋（例如，打包带回家的冰淇淋甜点），所以无论天气怎样，都是存在销售机会的。

全球冰淇淋市场:联合利华主导,但是会持续多长时间呢?

在 2008 年,联合利华拥有大约 19% 的市场份额,并且是这个市场上最大的公司,见案例 10.1。但是,主要是通过一系列的并购,其主要竞争对手雀巢一直在赶超,积累了约 16% 的市场份额,如表 10.3 所示。

除了市场领导者之外,世界市场是高度分散的。例如,中国具有 4 000 多个冰淇淋公司,印度也存在相似的数量。许多公司制造了范围广泛的产品,包括冻冰水(冰冻果子露)和冻酸奶。一些公司只具有简单的原料、生产和管理费用,这些都会导致低成本和低价格。也存在具有高质量原料和高价格的专业公司。

进入壁垒:品牌、工厂技术和零售配送

小规模生产冰淇淋并不困难:需要将原料进行混合然后冰冻。然而,如果制造商非常雄心勃勃,那么存在很严重的进入壁垒。一些产品,例如联合利华的 Magnum 以及雀巢的 Extreme,需要在品牌化上进行大量投资,以此来建立市场地位。它们同样需要复杂精密的机械设备来制造产品。为了生产出具有显著性差异的产品,联合利华、雀巢和玛氏全部都在现代技术上进行了大量的投资。

一般来说,进入壁垒并不是很高,规模较小的公司可以很容易地研发简单的混合物和冷冻产品。它们可以购买商业化包装,然后在小型店铺中销售它们的产品。即使对于大型的连锁超市而言,例如家乐福、特斯科和阿尔迪,存在大量的本国冰淇淋制造商,他们能够制造和包装冰淇淋。因为以上这些原因,表 10.3 中的另外一个产品种类的壁垒是非常

表 10.3 按价值计算的领先公司的世界市场份额

公司	2001 年世界份额(%)	2001—2007 年战略	2008 年世界份额(%)
联合利华	17	聚焦开发世界品牌,案例 10.1,在之前存在差距的特殊国家中进行一些收购	19
雀巢	9	收购及技术创新,见文中	
德雷尔(美国)	2	德雷尔是美国的市场领导者,它的业务的主要来源;2002 年被雀巢收购	
哈根达斯(只在美国)	1	在 2002 年被雀巢收购	16
(斯科拉/莫凡彼)	2	主要的欧洲冰淇淋公司,之前归 SudZucker 所有,一个德国的糖农业合作社,在 2003 年被雀巢收购	
哈根达斯(世界其他地区)	1	仍然由美国通用磨坊公司所有,在 2001 年它收购了皮尔斯伯里食品公司(Pillsbury)	1
玛氏	1	主要独立的家族式美国公司,见文中	1
巴思金罗宾	1	独立,美国总部	1
其他	66	高度分散,许多本国的、地区的和当地品牌,以及超市的自有品牌	58

注释:表 10.3 中的市场份额是通过价值定义的,即它提高了全球领先公司整体上的市场份额,例如联合利华和雀巢。如果市场份额是通过总量来定义的,那么"其他"种类可能是最大的,因为大量的冰淇淋是以低价格销售的。

资料来源:作者对大量的贸易资料的分析估计,并非所有贸易资料是完全一致的。

高的,即在冰淇淋市场上存在大量分散的竞争。

区分冰淇淋与其他像糖果这样的食品市场的特征就是,它需要一个特殊的配送基础设施,因为冰淇淋需要在低温下才能保存。因此,特殊的配送网络包括冷藏、特殊运输设施和具有必要的冷冻柜的零售商。

在全球冰淇淋市场上,配送被认为是领先制造商需要解决的最困难的进入壁垒。租用货车整批的运送冰淇淋到个体商店是很容易的并且具有成本效益,但是维持零售店的配送是非常困难的。具有大量的冰柜空间的大型杂货超市是不存在这类问题的。但是,当你的竞争对手(通常是联合利华)拥有冰柜,并且坚持认为该冰柜只储存了竞争对手的产品时,那么只有一个小型冰柜的小商店可能是一个进入障碍。在这类零售商店中建立和维持配送系统证明了早些年玛氏冰淇淋存在一个战略问题。

顾客和市场细分:品牌和奢侈品领域的显著增长

冰淇淋购买可以被有效地分成两个领域,即冲动购买和打包带回家购买。前者购买是为了即时消费,而后者通常是批量带回家后再食用。冲动购物的行为通常发生在小商店,例如海滩亭和报刊经销商的商店,然而可带回家的产品通常是在较大的零售商和超市购买的。这两个领域的严格区分有可能是错误的,即零售商的批量购买是为了给冲动需求的顾客提供商品;像巧克力棒这样的冲动购买产品会按照组合包装的方式进行销售,也许会立即消费掉,也许在买回家里以后再消费。

实际上,详细的细分市场数据只适用于一些国家市场,但是没有已经发布的全球研究数据。来自于各种各样来源的最好估计如表10.4所示。

近几年,使用昂贵原料、高价格和异国风味的冰淇淋市场已经有所增长,即一些顾客(未必是全部)对口味变得更加挑剔、更加丰富并且对质量要求更高。因此,存在一种新尝试,即通过价格和质量来重新定义顾客群。表10.5显示了主要市场领域。

表10.4 按照购买意愿划分的冰淇淋客户细分市场

购买意愿	美国(%)	南非(%)	中国(%)	英国(%)	德国(%)
冲动购买	40	80	90	30	50
打包带回家购买	60	20	10	70	50

资料来源:作者对各种贸易文章的估计。

表10.5 按照价格和质量划分的顾客细分市场

细分市场	产品和品牌	定价	在2005年的市场增长
顶级品牌	高质量、异国风味,例如哈根达斯薄荷巧克力、本和杰里软糖	单价特别高 附加值特别高	小市场的增长速度高达每年6%,仅来自一些国家,因为价格非常高
高档品牌	优质的原料和私人、知名的品牌,例如玛氏、玛格南和Extreme	价格设定要高于常规和经济产品种类,但要低于顶级产品,其具有高附加值	比顶级品牌要大的市场的增长速度高达每年3%,领先品牌适用于许多国家

(续表)

细分市场	产品和品牌	定价	在2005年的市场增长
常规产品	标准质量的原料,品牌化是利用制造商名字而不是私人产品名称,例如Wall、Scholler等人名	标准价格,足够的附加值,但具有大量的市场	发达国家的大市场的静态变化,适用于很多国家,适用于许多国家的领先品牌
经济产品	由小型的制造商生产,具有标准的原材料,超市可能拥有自己的品牌	较低的价格,具有高的价格竞争力,低附加值但具有大市场,也许具有高质量的原料	大市场的静态变化,尤其在一些国家,例如英国,拥有许多当地品牌

资料来源:作者对贸易文章的估计。表中的细分市场需要小心对待,因为四个细分市场的准确信息没有公开发表。

雀巢冰淇淋目标:建立全球业务

雀巢是联合利华的全球竞争对手,但是它很晚才进入欧洲市场,在20世纪80年代以前,它几乎不存在。它主要采取了四个主要增长战略:

1. 收购现有的本国冰淇淋公司;
2. 引进大量的品牌产品系列;
3. 明显不同于竞争对手的专利产品的开发;
4. 灵活地开发并提供地方风味的冰淇淋,并且制定冰淇淋的零售价。

雀巢的收购

在1996年,雀巢所拥有的欧洲冰淇淋年销售额大约为10亿美元,而它的总收入大于500亿美元。到2005年,公司冰淇淋的销售额为76亿美元,而总收入为600亿美元。许多销售额的增加都来自于对本国公司的收购。在20世纪90年代早期至2000年期间,雀巢在30多个国家收购了冰淇淋公司。随后,主要的收购是在2002年。它们是美国市场领先者德雷尔公司(Dreyers)和拥有许多欧洲市场的重要的欧洲冰淇淋公司斯科拉(Scholler)。

这样的收购项目将取决于能够被收购的公司的质量。在北美,它收购了市场领先者德雷尔公司,并且将其现有的冰淇淋业务活动与德雷尔公司合为一体。更重要的是,雀巢允许德雷尔的管理层来掌握雀巢美国公司的运营,并声称在许多方面,如关于工作、管理和业务范围,只有德雷尔才是胜利者。这种方法的缺点就是在一段时间内,将全球的德雷尔整合到雀巢中变得更加困难。

雀巢的收购战略并不总是成功的。为了进入成熟的英国冰淇淋市场,在1993年,雀巢收购了克拉克斯食品冰淇淋公司(Clarkes)。克拉克斯出售了旗下品牌Lyons Maid,它是第二大的冰淇淋制造商,排名第一的是占有大约40%主导市场份额的联合利华。在雀巢投资一个新生产工厂(在经营中破产)之后,偶然间,它能够收购Clarkes。它同样收购了英国冰淇淋市场的有效份额,即大约占总份额的15%。对于未来最重要的是,雀巢在1993年表明在随后几年需要购买配送物流基础设施,并招聘管理专家来构建市场份额。

在2001年,雀巢用1亿美元将它的英国分公司Clarkes卖给了一个英国当地的冰淇淋制造商,里士满冰淇淋(Richmond)。雀巢认为自从购买该公司以来就没有创造过利润,例如,在2001年7亿美元的销售额中,它就损失了1.8亿美元。新的所有者里士满为领先的英国连锁超市,例如阿斯达、沃尔玛和特斯科,提供产品的主要制造商。里士满保证在特许经营下继续生产雀巢的冰淇淋系列产品，但是在这种情况下，雀巢公司从它所在的英国市场上获得的是一笔使用许可证的费用。

大量的品牌产品

正如它的主要竞争对手联合利华，雀巢决定重点开发一个国际化品牌的产品系列。它利用了类似于联合利华的设计，即将当地公司名称与雀巢的标志相结合。随后，它开发了全球化的产品，主要集中在 Extreme 冰淇淋甜筒系列，以此来维护它在私人市场上的地位。最重要的是，这类产品被贴上了本国公司的名称，但是却在一个中央地区位置进行生产，其目的是为了获得来自于中心大规模制造的规模经济。联合利华同样采取了这一战略。

除了专业化的产品系列之外，雀巢同样在特许经营的许可证下研发产品，例如迪士尼的米老鼠形象，主要是为了吸引特殊的细分市场。这种战略减少了利润，因为需要为另一个公司付专利费。但是，它却使雀巢与著名的卡通形象结合起来了，因此使其变得更加稳定。

专利和专卖产品

作为其全球化战略的重要部分，雀巢已经建立了两个研究实验室，一个在北美，另一个在欧洲，目的是开发冰淇淋的新技术。它们主要是在具有生产技术的地区，例如引进扭曲成冰技术或者在饼干层之间加入冰淇淋。这样做的目的是开发一个比竞争公司更持久的竞争优势，即对雀巢来说是既流行又独一无二的产品。例如，雀巢的 Maxibon 冰淇淋饼干三明治和 Itzakadoozie 扭曲的水果冰棒棒糖。这个方法的缺点是，它可能没有香草或者巧克力味道冰淇淋那样的大众吸引力。

当地风味的灵活性、成本和零售价

除了提供全球化的产品之外，雀巢追随了全球/本地战略，允许其单个国家公司能够开发当地口味的产品来满足当地口味和财富水平。例如，雀巢中国公司拥有一个产品系列，即 1 元（大约 12 美分）起价的低价冰淇淋和包括红豆、绿豆口味的冰淇淋，尤其是在上海。像雀巢这样的公司所面临的问题是，至少在某些部分，它们需要与具有低费用成本的当地公司竞争。这是特别重要的，因为冰淇淋的冰柜配送成本使其在运输到主要人口密集的外地时存在风险，该地区在经营冰箱配送网络上具有经济性。

雀巢的优势和劣势

在完成收购之后，雀巢成为了冰淇淋市场上的重要一员。另外，在糖果品牌上，它甚至比市场领先者联合利华还要强大，尤其是在过去的 20 年里，它已经开发了自己的巧克力产品，包括奇巧巧克力(Kit Kat)和狮子巧克力棒(Lion Bar)。在 20 世纪 90 年代早期，雀巢借用了玛氏公司的战略，即雀巢将糖果品牌转变成了冰淇淋产品品牌，并且推出了许多产品系列，例如奇巧乳制品冰淇淋(KitKat Dairy Ice Cream)和聪明豆(Smarties)。正如上文所提到的，它同样从像迪士尼这样的公司获得了特许品牌，并开发了自身独特的冰淇淋产品，例如 Extreme 的冰淇淋甜筒。

重要的是，长久以来，雀巢在技术开发上拥有强大的声誉。它利用瑞士韦威的总公司以及两个技术开发单位来开发一系列技术创新的新冰淇淋产品。它推出了一系列的专利冰淇淋产品，这些产品依靠除了较小国家制造商范围以外的精密复杂制造。为了获得规模经济，雀巢选择限制世界各地生产制造厂址的数量。

尽管存在这些优势，但是雀巢也存在许多问题。首先，它通过收购发展了业务，这需要承担很大的风险。另外，它面临着当地公司的竞争，这些公司在市场上拥有较低的管理费用，而该市场上的产品单价有时非常低。因此，这使得雀巢很难建立有利可图的业务。此外，在更为成熟的市场上，它面临着连锁超市的竞争,见下文。

最后,在雀巢能够收购市场领先公司的地方,它已经开发了可盈利的业务。但是,在它仅仅收购了一个相对较小的市场份额的地方,它一直在努力实现盈利。这是因为,开发和配送冰淇淋的固定成本非常高,意味着需要大量的销售才能获得高额利润,因此更有可能具有较高的市场份额。

超市,新的竞争者

连锁超市,例如欧洲的阿尔迪和特斯科、北美的沃尔玛以及欧洲和亚洲的家乐福,经常通过两种途径加剧了冰淇淋市场的竞争。第一,它们与雀巢和联合利华进行讨价还价,以此来获得好价格,并促销它们的品牌冰淇淋产品;第二,它们接近像英国的里士满冰淇淋这类的公司是为了制造产品,这些产品与联合利华和雀巢的产品在质量和技术上非常相似,但是却具有较低的价格,这就是超市的自有品牌。这种竞争活动的影响就是降低了大多数跨国公司制造商的利润。

因此,在大多数欧洲和美国的成熟市场上,联合利华和雀巢被迫为它们的产品寻找可替代的销路,如大型购物商场、报摊和电影院,并且所有的配送和成本都包含在这些活动中。在这类市场上,冰淇淋战略具有很高的固定成本。对于小型公司而言,存在较低的进入障碍。因此,该战略有利于建立高市场份额,如联合利华,但在建立市场份额的早期阶段是昂贵的。

©版权归理查德·林奇所有,2012年。保留所有权利。该案例是由理查德·林奇所著,来自于已发表的信息。

资料来源:将关于联合利华的案例10.1参考文献。

案例问题

1. 雀巢在冰淇淋市场上的战略的主要特征是什么?如果存在,它们是如何不同于联合利华战略的?
2. 为什么雀巢会试图采取获得大市场份额的战略?你认为这是可行的吗?雀巢可以采取的可替代战略是什么?
3. 在一个进入壁垒很低,但对于市场领先者来说,固定成本很高的市场上,我们能够获得什么战略启示?

10.4 战略管理的古典常规模型:探索过程

前面我们已经选择了战略规划的内容,现在我们将转移到相关问题的研究上,例如,谁将作出选择?如何做出选择的?这个选择过程就是战略过程。显然,在实践中,内容和过程这两个主题是相互联系,但是在这里的研究中,将它们分离是很有帮助的。本节的目的不仅仅要描述过程,同样要评价它的有用性,因为意识到这些问题是很重要的。我们将从三个方面来考虑这一问题:

1. 战略管理的常规过程。
2. 常规过程的一些问题。
3. 常规过程中问题的解决方案。

10.4.1 战略管理的常规过程

在描述对古典常规模型的看法时,惠伦(Wheelen)和亨格(Hunger)[34]认为

战略管理的过程包括5个主要因素:

1. 环境分析,即SWOT分析中的外部机会和威胁。
2. 内部分析,即SWOT分析中的内部优势和劣势。
3. 战略制定,即任务、目标、战略和政策。
4. 战略实施,包括规划、预算和其他程序。
5. 评价和控制,保证战略过程维持在预定的路径上。

例如,联合利华经常分析它的竞争对手,如美国的保洁公司和瑞士的雀巢公司,这就是环境分析。它同样检查自身所拥有的资源,这是内部分析。随后,它考虑了业务目标并且制定了新战略,例如它在全球冰淇淋市场上的投资,这是战略制定。它通过建立或者收购冰淇淋公司来执行这一战略,正如案例10.1中所描述的,这是战略实施。在开始实施战略之后,它需要监控其利润以确保它们能够实现集团的战略目标,然后在必要时,它还会采取纠正措施,这就是评价和控制。

评价古典模型的评论家,如耀科(Jauch)和格鲁克(Glueck),[35]认为应该将任务和目标放在环境分析之前。这本书将目标放在了环境和内部分析之后,原因见第1章。然而,实际上,该过程是循环的,没有严格的规定。图10.3为古典模型制定了一个典型的排序,在这种情况下,目标是排在第一位的。[36]

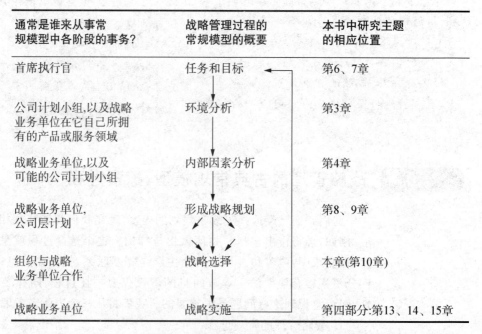

通常是谁来从事常 规模型中各阶段的事务?	战略管理过程的 常规模型的概要	本书中研究主题 的相应位置
首席执行官	任务和目标	第6、7章
公司计划小组,以及战略 业务单位在它自己所拥 有的产品或服务领域	环境分析	第3章
战略业务单位,以及 可能的公司计划小组	内部因素分析	第4章
战略业务单位, 公司层计划	形成战略规划	第8、9章
组织与战略 业务单位合作	战略选择	本章(第10章)
战略业务单位	战略实施	第四部分:第13、14、15章

图10.3 战略管理过程的常规模型

注释:这个过程基本上是线性的,但在不同的点存在反馈机制,以确保目标、分析和战略都是相互一致的。当我们检验第11章的可替代过程时,用箭头方向表示的这个过程能使战略意义变得更加清晰。

与过程中精确的事件顺序一样重要的是谁会做这些事。当一个组织是由一群不太相关的产业组成时,那么这个问题将变得特别敏锐。在这种情况下,可能是公司核心层来处理一些任务,而战略业务单位则会处理其他事务。但是，什么人处理什么样的任务呢？对于这个问题，不存在单一的答案。例如，在案例9.3中所描述的联合利华的方法，对于该公司的机会、历史和产品而言，它是独一无二的。

尽管在概括总结中存在风险，一些评论家已经确定了哪一个组织最可能涉及哪一个阶段。[37]在大型的跨国公司中，如联合利华，集团的SWOT分析通常是由公司层执行的，同样也是公司来制定总体的任务和目标。原因在于，只有公司才拥有需要的宏观视角，才可以为组织提供主要的战略目标和资源。这些分析结果将会传递给制定战略规划的战略业务单位。在联合利华这种情况下，一些战略业务单位可能会被给予优惠的待遇，例如冰淇淋和茶类饮料，然而其他部门则会有严格的评价制度。随后，在公司所拥有的可支配资金的环境下，在咨询战略业务单位之后，战略选择可能会在公司总部进行。随后，战略业务单位将会执行所确定的战略。

因此，战略过程通常是由公司总部来推动的，因为它是组织中唯一对所有方面都能够全面掌控的部分。然而，当个体业务制定各自的战略时，公司通常会给予相当自由的指导方针，正如联合利华的案例一样。

自20世纪20年代以来，公司总部与战略业务单位之间的这种关系已经出现在美国通用汽车的经营中，那时艾尔弗雷德·斯隆（Alfred Sloan）获得了一家子公司的帮助，并重组为世界上最大的公司之一。他是提出这种过程的早期战略先驱之一。他的贡献被记录在其作品[38]以及艾尔弗雷·钱德勒[39]的作品中。与研究通用汽车一样，钱德勒同样对20世纪早期的其他三大公司进行了一项具有重大历史意义的研究，目的是为了发现是什么使得美国工业如此强大。

战略制定可以来自于下文，但是在通常情况下，这类计划的实施需要那些只有总公司（也就是公司总部）才能够提供的资源。在总公司所制定的广泛政策条款以及总公司分配的资源下，低级的执行主管们就可以执行战术决策了（也就是日常的、非战略性的战术）。

然而，需要指出的是，在20世纪后期，提供给子公司的战略决策自由要多于钱德勒所描述的。尽管世界上的许多公司已经采用了古典常规过程，这个方法也存在许多显而易见的问题。下面，我们将要对此进行研究。

10.4.2 常规过程的一些问题

视频
第1部分

在常规过程中存在许多假设条件或者简单化的内容，这些在现实中可能是无根据的。在这里我们总结了4个方面，但是应该注意的是，其他困难也已经明确。

1. 环境。假定环境是可以被预测的，那么明确的方向有利于组织寻找机会和威胁。然而，存在大量的例子可以证明，环境发生的主要变化会使这个假设难以维持。

2. 清晰的规划程序。这个过程会引起重大的战略决策，一旦启动该过程，就会得到一个清晰且简单的决策点，这就是战略选择。在许多公司中，规划过程是复杂的,需要说服经理执行特定的战略。他们可能会因为各种原因而不愿意,如失去权力或者个性冲突等。

3. 自上而下的程序。从公司总部到战略业务单位的这个程序代表了制定创新的新战略的最有效方法。假设条件是它们能够处理环境问题,并且能够得到战略执行经理们的认可。许多研究表明,经理们会发现这个过程会使人变得消极。相比之下,日本本田所拥有的频繁的协商与对话也许会更加有效。

4. 文化。组织的文化将允许使用古典模型。这里的文化含有两层意思,狭义上是指组织的类型、信念和惯例;广义上是指组织运营所处国家的文化。这两层含义都被假定为与自上而下的古典模型是一致的。实际上,与其他方法相比,有些文化显然更适合占主导地位的自上而下的方法。例如,第12章最后部分的 ABB 案例,即公司文化实际上是不断变化的。

因此,上述的假设已经被证明存在巨大的缺陷。

马克思(Marx)[40]引用了美国大型公司通用电气前董事长杰克·韦尔奇的名言,关于20世纪60年代在战略规划过程中,运用古典过程时所面临的问题,即:

当我们第一次运用古典过程时,我们的规划系统是很危险的炸药。这一观点是很新鲜的,形式是无关紧要的,即格式不是重点。它是以想法为导向的。然后,我们雇用了一位规划部门总经理,他招聘了两位副经理,随后他又雇用了一位规划师。随着书籍变得越来越厚,印刷越来越复杂,封面越来越坚固,并且插图越来越好,因此会议也在不断变大。在由16个或者18个人组成的会议上,没有人会发言,没有人能够提出一些好的想法。

韦尔奇开始越来越关注通用电气的规划过程,并且试图改变它。主要集中在3个方面:

1. 在古典战略制定过程中,可能会繁殖出官僚主义。

2. 做选择时需要进行判断,它可能没有所建议的计划简单以及计划选择过程那么理性。

3. 需要鼓励思想文化,而不是古典战略制定过程中的自上而下的方法。

10.4.3 常规过程中存在问题的解决方法

为了研究常规过程中可行的解决方法,有必要仔细研究所面对的困难。在20世纪80年代早期,一项调查发现,常规模型变得过于理性、官僚主义和形式化。[41]存在许多方法来解决这些问题,如更加开放的战略规划文化,并且少量的强调量化的数据。在实际过程的两个方面也存在压力:

1. 与战略提出者一起研究战略所依据的假设条件。当这些假设是不正确的时候,那么整个战略是值得怀疑的。

2. 在战略评论的会议中,要求对主要建议有一个口头总结。如果不能做到这一点,那么战略提议本身可能是可疑的。

在公司中,需要定期地重新检查战略制定所依据的整个程序和制度,这就是对规划过程的审查。其目的是随着时间的推移来消除障碍。正是这种审查才使得联合利华在 1996 年到 1997 年间重新思考了它的战略决策制定过程。该公司意识到,需要重新确定它的方向、突出的关键业务领域以及阐明将它们联系在一起的程序。值得注意的是,在此期间,还伴随着一位新董事长的任命,即纳艾尔·菲茨杰拉德(Niall FitzGerald)。两个具体目标是为了获得更大的战略规划所有权,以及更加强调创新。随后需要注意的是,在 21 世纪中期,当"增长路径"似乎要摇摇欲坠的时候,该公司对它的管理团队、组织架构以及产品都做出了改变,见案例 9.3。

10.4.4 结论

总的来说,很明显的是,常规战略家们已经意识到了由常规过程所产生的问题。他们可能试图通过纠正和更新这一过程来克服这些问题。他们可能尝试采用更加彻底的方法来改变公司的文化。但是,仍然残留一些问题,并且与常规过程相比,一些战略家支持更加彻底的解决方法,正如我们将在第 11 章中看见的内容。

> **关键战略原则**
> - 战略制定过程的常规模型大部分是线性的。过程中的很多点上都具有反馈机制,以此来保证目标、计划和战略选择是相互一致的。
> - 常规方法的问题包含 4 个方面,即环境的不可预测性、规划程序、由中心层所推动的自上而下的方法,以及允许使用模型的组织文化。
> - 具体批判包括需要更多的对话、更多流动性的想法以及更强的环境适应性。
> - 也许存在解决常规过程中这些问题的方法,但是一些战略家采取更加批判的态度。

10.5 评价并选择绿色战略[42]

除了本章前面所包含的基本评价方法之外,如现金流和盈利能力评价方法,绿色战略规划选择涉及更广泛的考虑因素。关于绿色战略,也许最重要的是组织的政策(或缺少政策):组织是否真的拥有绿色战略呢?贯穿本书的案例表明,许多公司都具有高度完善的政策,然而其他一些公司几乎不承认它的存在。本节的其余部分假设,组织已经选择将绿色战略制定当作一个主要原则。

在制定和选择绿色战略时,公司将会在有限的资源条件下做出决定。例如,可获得的资金资助、产品系列、管理者及员工的能力等。另外,绿色战略选择将依赖于公司营运业务的特性。例如,像钢铁行业这样的高能源消耗者与像网络供应商这样的低能源消耗者具有不同的压力。除了这些因素以外,关于评价和选择绿色战略还存在 4 个具体因素：
1. 战略背景；
2. 现有的和计划立定的法律，以及其他政府政策；
3. 公司层面的激励措施、成本、资源和时机；
4. 利益相关者的观点和压力。

10.5.1 战略背景

作为广泛的一般性原则，绿色战略选择将会取决于组织周围的环境：公司所处国家以及所处地区的目标和愿望、公司所处行业的政策。例如，表 10.6 中确定了排名前十的主要碳排放国家，以及对每个国家战略背景的简短评论。国家和行业两方面都构成了公司作出决策的环境背景。

表 10.6 绿色战略背景：十个碳排放量最大的国家

国 家	2008 年碳排放量（百万吨）	人均碳排放量（吨）	战 略 背 景
世界上排名前十的碳排放国家……			
中国	6 508	4.9	中央政府政策支持较低的排放量，但是地方政府对某些部门的绿色能源新投资可能没有如此热心。
美国	5 596	18.4	复杂的联邦和州的立法，但是存在许多怀疑，尤其是来自右翼媒体的怀疑。
俄罗斯	1 594	11.2	恢复经济增长的雄心目标，以及工厂的低效率使得绿色战略很难实现。
印度	1 428	1.2	基础设施差，依赖石油和腐败将进一步阻碍排放量的削减。但是其人均碳排放量是最低的国家之一。
日本	1 151	9.0	高度依赖能源进口，以及核能源，受到 2011 年的福岛第一核电站爆炸灾难的影响。
德国	804	9.8	强有力的政府关税政策已经导致了排放量的真正减少。
加拿大	551	16.5	日益增长的能源生产国，但国家政府的目标是更高效率，并没有得到地方政府的支持。
英国	551	8.3	政府强烈激励工厂减少排放量，对减排承诺的约束。
伊朗	505	7.0	贸易制裁使它很难对一些能源进行投资，减少核能投资引起了高度争议。

(续表)

国　　家	2008年碳排放量（百万吨）	人均碳排放量（吨）	战　略　背　景
世界上排名前十的碳排放国家……			
韩国	501	10.3	高度依赖进口能源，国家政府支持新的绿色创新。
其他一些对比国家……			
意大利	430	7.2	
沙特阿拉伯	389	15.8	
法国	368	5.7	
巴西	337	1.9	
埃及	174	2.1	

资料来源：来自于 Fuel Combustion 的 IEA(2010)二氧化碳排放量数据：重点，巴黎。

10.5.2　现有的和计划立定的法律，以及其他政府政策

尽管最近一些国际会议的失败，例如2009年为了就环保政策达成实质性协议的哥本哈根会议(Copenhagen)，但是国家和地区政府经常制定或者正在计划制定关于绿色战略的法律法规。它们这样做是因为可持续发展不能仅靠一个国家来完成，而是需要将其看作是一个业务活动，即通过业务经营所处国家的每个部分的合作来进行。因此，绿色战略选择需要应对这种政策和倡议。

10.5.3　公司层面的激励措施、成本、资源和时机

无论是在理论中还是在实际中，经常存在采取绿色倡议的激励措施和成本。在这方面可能最复杂的是欧盟的碳交易计划(Carbon Trading Scheme)。该计划是为了鼓励欧盟内的27个成员国的11 000个工业装备减少碳排放量。欧盟设置了排放限制，并且迫使污染环境的公司购买限额津贴来支付它们的排放过量的部分。针对更有效率的公司存在一些激励措施，因为它们能够利用其闲置的津贴来兑换现金，或者将它们留作将来使用。在进行津贴交易时，广泛的市场在增长，甚至会导致欺诈，并且估计会损失大约50亿欧元(73亿美元)的税收。[43]

即使存在激励措施和成本，也存在与绿色战略的资源和时机有关的问题。公司经常面临与战略变化有关的权衡协调问题。例如，一个公司是否能立即关闭并且取代一个损失的并污染环境的工厂？或者当建立一个替代工厂，并且面临着政府对污染的处罚时，它能够继续保持工厂的开放运营吗？

此外，一些绿色战略解决方案可能需要资源，这些资源本质上仍然是未经证实的。绿色技术的开发一直在某些领域进行着，其成本和收益仍然很难确

定。在这种环境下,公司可能需要盲目地进行战略选择,例如,本书最后部分的案例4,汽车公司研制了新的电动汽车,然而它们并没有真正意识到顾客对这种汽车的需求。

10.5.4 利益相关者的观点和压力

许多年来,存在许多重要的并且具有影响力的施压集团,它们试图同时在政府和公司上影响绿色战略,例如绿色和平组织(Greenpeace)以及世界自然野生动植物基金会(World Wildlife Fund for Nature)。但是,在每个组织中存在许多更直接的利益相关者,从所有者到顾客。在识别受组织经营影响的直接相关者或者间接相关者时,利益相关者分析是至关重要的,在本章的10.1.6中已经列出了主要原因。随后,这一分析将有助于识别利益相关者对适用于公司的绿色战略规划的反应,并且能影响将要做出的战略选择。

> **关键战略原则**
>
> - 绿色战略选择假设公司希望执行这个战略。在这一框架下,选择将会由组织的可用资源决定。
> - 影响绿色战略选择的4个主要方面:作决策所处的战略背景;现有的和计划立定的法律,以及其他政府政策;公司层面的激励措施、成本、资源和时机;利益相关者的观点和压力。

案例研究 10.4

Eurofreeze 评估其战略规划:2

在制定完任务和目标之后,Eurofreeze开始检查那些可行的战略规划,以及将会遵循的重要战略决策。重要的是,该案例会介绍形成战略规划的方式,该方式是许多公司为了达成战略决策而采用的。

Eurofreeze的未来战略规划

目前,公司考虑了许多的战略规划。它花费9%的资金费用采用了最基本的分析。为了分析战略规划,它收集了许多关于自身产品及其主要竞争对手Refrigor的市场数据。这些信息涵盖了它所有的主要欧洲市场,如表10.7所示。在生产集团中,存在少量额外的有用信息,即产品销售数据可以从单个产品中获得,但是根据国家和连锁超市

评估冷冻食品市场上的战略规划的起点是通过推广具有高附加值和高利润率的产品,例如比萨和奶油水果蛋糕;并且减少低利润的产品,例如简单的冷冻蔬菜。

表 10.7　1999 年欧洲冷冻产品市场的市场数据

	Eurofreeze		Refrigor		产品种类市场份额	
	销售额（百万美元）	产品市场份额（%）	销售额（百万美元）	产品种类市场份额（%）	2003	2012
品牌的蔬菜和水果	400	10	800	20	+2%	—
私人商标的蔬菜和水果	200	5	300	7.5	+2%	—
品牌的肉类和鱼类	300	30	200	20	+4%	+6%
私人商标的肉类和鱼类	150	15	100	10	+4%	+6%
品牌的开胃菜包括比萨	30	6	80	16	+7%	+5%
私人商标的开胃菜包括比萨	—	—	40	8	+7%	+5%
品牌的蛋糕和奶油水果蛋糕	25	12	25	12	+8%	+6%
私人商标的蛋糕和奶油水果蛋糕	—	—	20	9.6	+8%	+6%

的不同而不同，从分析数据中几乎没有能获得的信息。

Refrigor 是蔬菜水果市场上的领先者。Eurofreeze 是鱼肉食品品牌上的市场领先者，Refrigor 在该领域居于第二位。在开胃点心（包括比萨）或者奶油水果蛋糕市场上，两者都不是市场领先者。[麦凯恩（McCain）在开胃点心市场上是市场领先者，占有 30% 的市场份额；莎莉集团（Sara Lee）在奶油水果蛋糕上是市场领先者，占有 25% 市场份额。]

该公司在 2003 年采用了产品组合分析，如图 10.4 所示。为了这个分析所计算的相对市场份额总结在本章结尾的附录里面。

Eurofreeze 战略规划

适合于 Eurofreeze 的战略规划总结在表 10.8 中；它们的财务预计结果会在下文进行研究。

随后，Eurofreeze 开始考虑每个可用的战略规划。结果概括如下。（战略规划之间可能存在更深入的结合，但是它认为下面反映的主要路径适合于公司）

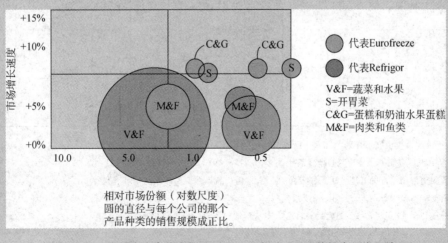

图 10.4　欧洲冷冻食品市场：Eurofreeze 和 Refrigor 的投资组合矩阵

表 10.8　Eurofreeze 战略规划的总结

战　略　规　划	销售额预计结果
1. 停止出售品牌的和自己商标的蔬菜和水果	第一年,销售额下降 4 亿美元;第二年,下降 2 亿美元
2. 停止出售品牌的蔬菜和水果,但允许出售自己商标的蔬菜和水果	第一年,销售额下降 4 亿美元
3. 扩大专利品牌食品范围,例如比萨和奶油水果蛋糕	每一年销售额增加 0.5 亿美元
4. 前两年大量地缩小范围,然后,从第四年起重建专业领域	第一年,销售额下降 2.05 亿美元;第二年和第三年下降 3 亿美元;在第四年,销售额增加 0.5 亿美元;从第五年起,每年增加 1 亿美元
5. 通过大量投资成为最低成本制造商	每年至少增加 1 亿美元

战略规划 1

停止供应所有基本冷冻食品,包括它的品牌产品和自有品牌蔬菜(也就是指零售商私人品牌名称)。缩小这一范围意味着运送的这些产品的开销贡献不再对集团有利。财务影响如表 10.9 所示。

战略规划 2

取消它目前在基础冷冻食品上的一系列品牌,例如蔬菜,但是继续生产自有品牌产品。这可能会保持一些成本效益,但是具有非常低的附加值。同时,公司会保持并且缓慢扩张它的高附加值品牌产品的范围。(财务影响如表 10.10 所示)

表 10.9　战略规划 1 的财务预测　　　　　　　　　　　　　　　　　　　　　　　　（百万美元）

	从 2003 年起,公司的计划										计划 1
	2003	2004	2005	2006	2007	2008	2009	2010	2011	2012	2013	NPV[a]
销售额	600	200	—	—	—	—	—	—	—	—	—	
增加的利润影响	24	(5)	(8)	(8)	(8)	(8)	(8)	(8)	(8)	(8)	(8)	(48.6)[b]
资本影响:营运资本		10[c]	20[c]									26.0[d]
资本影响:固定资本												

注释:当前的表仅说明了计划的环境。所有其他的销售额和利润在此之前进行了计算。
① NPV＝2003 年资本成本 9％的净现值＝(5)×0.917+(8)×0.842+(8)×0.7721 等。
② 较低的销售和较低的管理费用的净效益,但是,其他产品仍然需要冰箱运输和仓储。
③ 营运成本不再需要用来支持销售活动。
④ 当折现到 2003 年时,0.26 亿美元的营运成本从较低的销售额中释放出来。

表 10.10　战略规划 2 的财务预测　　　　　　　　　　　　　　（百万美元）

	从 2003 年起，公司的计划											计划 2
	2003	2004	2005	2006	2007	2008	2009	2010	2011	2012	2013	NPV[a]
销售额	600	200	200	200	200	200	200	200	200	200	200	—
增加的利润影响[a]	24	(5)	(6)	(6)	(6)	(6)	(6)	(6)	(6)	(6)	(6)	(37.6)
资本影响：营运资本	—	18[b]	12[b]	—	—	—	—	—	—	—	—	17.4
资本影响：固定资本	—	—	—	—	—	—	—	—	—	—	—	—

注释：当前的表仅说明了计划的环境。所有其他的销售额和利润在此之前进行了计算。
① 在没有品牌广告时，高效率地将自身商标提供给少数超市。然而，这会被以下需求给抵消，即继续给批发商店提供品牌开胃菜、鱼肉类产品的需求。
② 在小型的批发商店，营运成本减少的比例较大，即减少了 0.174 亿美元。

战略规划 3

很难重建并且充分地扩张一些专利品牌范围，例如，它的冰冻蛋糕和奶油水果蛋糕的范围，以及它的市场领先的鱼肉产品范围。这也许会耗费时间和资源，但是能够创造出较高的附加值。它能够保持更广泛的品牌产品范围，包括它的低附加值产品，只要具有成本效益。（财务影响如表 10.11 所示）

表 10.11　战略规划 3 的财务预测　　　　　　　　　　　　　　（百万美元）

	从 2003 年起，公司的计划											计划 3
	2003	2004	2005	2006	2007	2008	2009	2010	2011	2012	2013	NPV[a]
销售额	1 105	1 150	1 200	1 250	1 300	1 350	1 400	1 450	1 500	1 550	1 600	—
增加的利润影响[a]	80	(5)	(5)	4	6	8	10	12	14	14	14	35.7
资本影响：营运资本	—	(2.5)[b]	(2.5)	(2.5)	(2.5)	(2.5)	(2.5)	(2.5)	(2.5)	(2.5)	(2.5)	(16.0)
资本影响：固定资本[c]	—	—	(5)	—	(10)	—	—	—	—	—	—	(11.3)

注释：在这个计划中，当前列被认为是销售额和利润的总和，因为它们将受到该战略规划的影响。
① 在销售中增加的净效益低于为了达到这一目标的品牌支出费用。
② 平稳增加的销量需要额外的营运资金。
③ 在用来处理额外销售的工厂和设备上需要一些新的资本投资。

战略规划4

成为一个专业的制造商。通过削减大多数的低附加值基础产品,关闭大量的冰箱工厂、与冰箱配送签订外包协议、在专业产品系列上进行大量投资,仅仅为这些系列产品做广告等活动来实现专业化。明确的是,这是一个更加彻底的解决方法,但是可以效仿美国公司在欧洲的成功案例,例如麦凯恩(McCain)和莎莉集团(Sara Lee)。(财务影响如表10.12所示)

表10.12 战略规划4的财务预测 (百万美元)

	从2003年起,公司的计划											计划4
	2003	2004	2005	2006	2007	2008	2009	2010	2011	2012	2013	NPV[a]
销售额	1 105	900	600	600	650	700	800	850	900	1 000	1 200	—
增加的利润影响[a]	80	(50)	(100)	(40)	(20)	10	30	100	225	250	300	258.7
资本影响:营运资本	—	10	30	—	(2.5)	(2.5)	(5)	(2.5)	(2.5)	(5)	(10)	19.0
资本影响:固定资本[b]	—	(50)	(100)	(50)	—	(50)	—	—	—	—	—	(201.1)

注释:在这个计划中,当前列被认为是销售额和利润的总和,因为它们将受到该战略规划的影响。
① 准确地计算利润影响是很困难的,需要研究每个主要产品领域的详细规划,但上文呈现的并不是所有理由。
② 需要为工厂提供关闭成本,并且在2008年,为工厂再投资。

表10.13 战略规划5的财务预测 (百万美元)

	从2003年起,公司的计划											计划4
	2003	2004	2005	2006	2007	2008	2009	2010	2011	2012	2013	NPV[a]
销售额	1 105	1 400	1 500	1 600	1 800	2 000	2 200	2 400	2 600	2 800	3 000	—
增加的利润影响[a]	80	5	5	10	12	20	30	40	50	60	70	160.0
资本影响:营运资本	—	(15)	(5)	(5)	(10)	(10)	(10)	(10)	(10)	(10)	(10)	(60.7)
资本影响:固定资本[b]	—	(100)	(300)	(150)	(50)	(50)	—	(200)	—	(200)	—	(729.4)

© 2003年版权,理查德·林奇。保留所有版权。该案例是基于真实的公司,通过伪装公司名称来保护公司机密,市场份额和财政数据的获取同样需要收费。

战略规划 5

成为最低成本的制造商。这个目标可以通过建立在所有主要客户贡献的现有销售上来实现，即通过对所需要的新工厂、新仓库和新运输网络进行大量投资。这些也许会与大量的制造创新（大多数是未知的）相结合，所有的目标都是为了降低成本，使它们的成本低于竞争对手 Refrigor 的成本。尽管这个战略规划在理论上是可行的，但是它是基于 3 个假设的，这些假设具有一定的风险，即，

1. Refrigor 可能减缓它的投资速度，并允许自己被超越。

2. 20% 订单的主要节约成本低于仍然适用于行业的现有成本。

3. 市场领先地位可以通过低成本路径来获得。

对于该战略规划，该公司意识到提供大量的额外广告和促销来维持和建立品牌是很有必要的。总的来说，该战略规划是最大的投资计划，如表 10.13 所示。

案例问题

1. 每个战略规划各自的优点和缺点是什么？

2. 使用哪种方法时，运用投资组合矩阵有助于战略讨论呢？那么，哪种方法也许会误导战略决定呢？

3. 思考其他的战略分析工具，如果存在，它能够对战略选择讨论提供什么有用的见解，你可能会考虑大环境分析工具、"五力模型"分析、一般战略、市场计划矩阵、价值链和创新清单分析等（见第 11 章）。

4. 如果存在，你将为 Eurofreeze 提供哪种战略规划的建议？给出你选择的理由，并且解释你所选择的计划的优势和劣势。

批判性反思

公司应该参与战略规划吗？

这一章主要集中研究了常规战略的决策制定过程，它被广泛地运用到许多公司中。还研究了这个方法的优势和劣势，并指出了存在的困难。一些战略家认为常规战略规划存在许多问题，以至于不应该采用该方法：换句话说，它对于产生一种"战略规划"是适得其反的。你的观点呢？公司应该采用这种战略规划吗？

总 结

- 在评价战略规划时，有必要区分战略规划的内容（我们将选择什么战略）和将会进行哪种选择的过程（我们将如何进行选择任务）。

- 在考虑战略内容时，本章概括了古典常规评价方法。这类方法依赖于将制定标准作为战略选择的起始点。这些标准的制定需要牢记组织的特性，例如，商业组织和非营利组织明显需要不同的标准。

- 在商业组织中，通常存在 6 个主要标准，即一致性（尤其是与组织的任务和目标相一致）、匹配性、有效性、可行性、商业风险和对利益相关者的吸引力。

1. 与组织目标的一致性是评价和选择战略的主要测试。
2. 对于组织经营所处环境而言,战略的匹配性显然是很重要的。
3. 在制定战略规划时使用的预测和数据的有效性是必须监测的。
4. 可行性依据两个因素,即组织内部约束,例如技术和财务;组织外部约束,例如竞争者反应。
5. 商业风险也需要评估,因为它可能不被组织所接受。
6. 对于像股东和员工这样的利益相关者而言,吸引力是很重要的:一些战略规划一些利益相关者的吸引力比对其他人的吸引力要更大。

- 在评价标准时可能存在国际性变化,取决于国家在政府和利益相关者的职能作用和价值的不同。
- 在进行最好计划的初始选择时,重要的是要阐明必须这样做的基础。针对任务和目标的评价是很重要的,但是如果为了提供真正的好处,评价就需要严谨性和准确性。
- 财务标准也可作为选择的基础。股东价值评价法提供了一个比具体特殊项目更广泛的评价视角。它试图确定整个公司中这种发展的好处,而不是公司资本成本。主要的缺点是它仍然依赖于股东总是最大的受益者的假设。另外,它质疑了常规假设条件,即可以对未来几年的收入和利润进行精确的预测。
- 成本/效益分析被成功运用在公共部门的评估中,在该部门中,重要的是评估更广泛的且不能被量化的效益。最主要的困难是难以量化这类好处和成本。
- 除了帮助战略选择的标准问题之外,业务判断是重要的。通过许多路径可以获得一般经验证据。利特尔矩阵总结了一些广泛的决策制定参数。它是基于两大类,即行业成熟阶段和组织拥有的竞争地位。在基于这两个参数确定了组织地位之后,它们自己就可以做出简单的选择了。
- 基于市场战略利润影响数据库的经验证据表明,战略行为与关于盈利能力和其他标准的结果之间存在联系。根据市场战略利润影响可知,高质量和强大的市场份额能够为盈利能力作出积极贡献。高资本密度不太可能产生积极的影响。一些研究人员质疑这里存在的因果关系。同样研究了收购与兼并对盈利能力的影响。在最好的情况下,结果是混乱的;在最坏的情况下,表明许多案例是不成功的。
- 在研究了所选择的战略规划的可能内容之后,有必要考虑进行战略选择的过程。战略制定过程的常规模型大都是线性的。过程中的很多点上都具有反馈机制,以此来保证目标、计划和战略选择一致。
- 常规方法的问题包含 4 个方面,即环境的不可预测性、规划程序、由中心层所推动的自上而下的方法,以及允许使用模型的组织文化。另外,存在一些具体批判,它们是需要更多的对话、更多流动性的想法以及更强的环境适应性。也许存在解决常规过程中这些问题的方法,但是一些战略家采取更加批判的态度。
- 绿色战略选择假设公司希望执行这个战略。在这一框架下,选择将会由组织的可用资源决定。影响绿色战略选择的 4 个主要方面:作决策所处的战略背景;现有的和计划立定的法律,以及其他政府政策;公司层面的激励措施、成本、资源和时机;利益相关者的观点和压力。

问题

1. 利用10.1的内容,如果你为下列组织评价战略规划时,如一个小型的连锁加油站、一个大型的跨国公司制定的全球化战略、一个即将被私有化的国有电信公司、一个学生职业规划服务,你认为哪些标准是特别重要的?

2. 如果你正在为一个有500名员工并总收入大约为500万美元的小公司制定战略,你会利用10.1节所概括的所有标准吗?给出你的理由,如果只选择一些,解释你会选择哪些?

3. 日本企业往往喜欢投资回报率标准,而英国公司更倾向于使用贴现标准来评估战略规划。两种方法的优点是什么?你能提出任何理由来说明一种方法比另一种方法好吗?

4. "贴现技术依赖于关于盈利能力、资产恶化以及外部投资机会的任意假设条件" (Robert Hay),解释这个评论对战略评价的影响,并评价它对战略选择的影响。

5. 在战略选择中,使用量化的和精确的评估标准,存在什么危险?

6. "战略评估试图超越显而易见的事实,该事实与一个企业短期的健康有关,并且评价取代了在所选择的努力领域中那些更加基础的因素和控制成功的趋势。"理查德·罗曼尔特说。讨论这一陈述。

7. 著名的德国公司主要是向欧盟的汽车公司,如福特和丰田,供应汽车零部件,如汽车音响、变速箱。它正在考虑收购一家中型的美国公司,将其作为它向欧洲以外地区首次扩张的基础。对于这个相对成熟并且竞争激烈的行业,你能为它提出什么建议呢?

8. 对于新兴的、快速增长的市场,例如移动电话,利特尔矩阵也许会建议那些微弱的占主导地位的公司面对相当不同的战略机会和问题。当市场变化如此之快的时候,这是否是真的呢?

9. "兼并和收购是进入新市场的非常常见的手段。"约翰·凯说。这些企业成功的证据是什么?你为这个组织提出了什么战略规划,对于该组织而言,该计划的战略含义是什么?

10. "大多数公司很少进行明确正式地战略评估……相反,它是一个持续的过程,很难独立于正常的计划、报告和控制。"理查德·罗曼尔特说。讨论这一章中所研究的评估标准的含义?

附录

与案例10.4有关的产品组合分析中相关市场份额的计算

Eurofreeze 的计算

蔬菜和水果:$(10\% \div 5\%) \div (20\% \div 7.5\%) = 0.54$

注意,这些可以被重新定义为个体品牌和私人产品种类。由于来自两个路径的低附加值,所以这里并没有采用。现在还没有明确的规定。

肉类和鱼类：$(30\%+15\%)+(20\%+10\%)=1.5$

开胃菜：$6\%+30\%=0.2$

注意，麦凯恩(McCain)是这个种类的市场领先者。这就是已经使用了的份额。

蛋糕和奶油水果蛋糕：$12\%+25\%=0.48$

注意，莎莉集团(Sara Lee)是这个种类的市场领先者。这就是已经使用了的份额。

Refrigor 的计算

蔬菜和水果：$(20\%+7.5\%)+(10\%+15\%)=1.1$

肉类和鱼类：$(20\%+10\%)+(30\%+15\%)=0.67$

开胃菜：$(18\%+6\%)+30\%=0.8$

蛋糕和奶油水果蛋糕：$(12\%+9.6\%)+25\%=0.86$

扩展阅读

On criteria for selection, see Day, G S (1987) *Strategic Market Planning*, West Publishing, St Paul, MN; Tiles, S (1963) 'How to evaluate business strategy', *Harvard Business Review*, July–August, pp111–122; Rumelt, R (1980) 'The evaluation of business strategy', originally published in Glueck, W F, *Business Policy and Strategic Management*, McGraw-Hill, New York, but republished in two more recent texts: De Wit, Bob and Meyer, R (1994) *Strategy: Process, Content and Context*, West Publishing, St Paul, MN; Mintzberg, H and Quinn, J B (1991) *The Strategy Process*, Prentice Hall, New York.

On financial evaluation, Glautier, M W E and Underdown, B (1994) *Accounting Theory and Practice*, 5th edn, Pitman Publishing, London, is a useful summary of the main areas. See also Arnold, G (1998) *Corporate Financial Management*, Financial Times Pitman Publishing, London, which provides an excellent review of the topic.

For a rational view on the use and abuse of investment criteria: Hay, R (1982) 'Managing as if tomorrow mattered', *Harvard Business Review*, May–June, pp72–79.

Feasibility is explored along with other criteria in Professor Richard Rumelt's article on 'The evaluation of business strategy' mentioned above.

For a view of the problems of planning versus autonomy see Anderson, T J (2000) 'Strategic planning, autonomous actions and corporate performance', *Long Range Planning*, Vol 33, pp184–200, which contains some interesting empirical data.

注释与参考文献

1 See, for example, Gilmore, F and Brandenburg, R (1962) 'Anatomy of corporate planning', *Harvard Business Review*, November–December, pp61–69.
2 The two case studies of the global ice cream market in this chapter are based on data from published sources. These include: Unilever Annual Report and Accounts 2004 and 2010, Nestlé Annual Report and Accounts 2004 and 2010, General Mills Annual Report and Accounts 2004. Websites of these three companies plus individual country websites accessed from www.unilever.com. UK Monopolies and Mergers Commission (1994) *Report on the supply in the UK of ice cream for immediate consumption*, Mar, HMSO, London Cmd 2524; European Court of First Instance Ruling – Case T-65-98 R, Van den Bergh Foods Ltd. v Commission, Order of the President of the Court of First Instance, 7 July 1998; Final ruling report in *Financial Times* on 24 October 2003, p8; *Financial Times*, 19 May 1993, p24; 17 March 1994 and 13 June 1995, p18; 23 November 1997, p10; 30 July 1998, p26; 31 July 1998, p23; 18 August 1998, p5; 15 February 1999, p6; May 1999, p9; 10 June 1999, p19; 20 July 1999, p12; 21 July 1999, p7; 24 February 2000, p3; 17 March 2000, p8; 17 August 2001, p17; 12 September 2001, p25; 18 June 2002, p30; 5 March 2003, p31; 7 March 2003, p23. *Dairy Industry International*, May 1994, p33; August 1994, p17 and September 1994, p19; *Food Manufacture*, June 1994, p24 and July 1994, p28; *Sunday Times*, 7 June 1992, pp1–8. Nestlé press release on acquisition of Dreyers – 'Strategic move to gain leadership in the US ice cream market' on the Nestlé website. http://app1chinadaily.com.cn/star3 March 2005; www.checkout.ie/Market Profile on ice cream; Hindu Business Line – Hot battles on ice cream, 17 April 2003; *Beijing Youth Daily*, 19 March 2004; Competition Tribunal of the Republic of South Africa, Case no 61/LM/Nov01; 'Nestlé cutting back ice cream capacity,' *Quick Frozen Foods International* 1 October 2002.

3 Used with some effect to dismiss options by the late Professor 'Mac' MacIntosh in 1967 in London Business School MBA lectures and case discussions.
4 Different commentators have employed other criteria. Those used here have been developed from Day, G S (1987) *Strategic Market Planning*, West Publishing, St Paul, MN; Tiles, S (1963) 'How to evaluate business strategy', *Harvard Business Review*, July–August, pp111–122; Rumelt, R (1980) 'The evaluation of business strategy', originally published in Glueck, W F, *Business Policy and Strategic Management*, McGraw-Hill, New York, and republished in two more recent texts: De Wit, Bob and Meyes, R (1994) *Strategy: Process, Content and Context*, West Publishing, St Paul, MN; Mintzberg, H and Quinn, J B (1991) *The Strategy Process*, Prentice Hall, New York.
5 Reckitt Benckiser Presentation to Financial Analysts 9 February 2005, available on the web at www.reckitt.com.
6 See Lynch, R (1993) *Cases in European Marketing*, Kogan Page, London, Ch16.
7 See *Financial Times*, 15 April 1995, p9; 13 October 1994, p2; 1 March 1994, p29; and Lynch, R (1994) Op. cit., p84. Groupe Bull is a company with some real strategic problems that would make an interesting strategy project.
8 Kehoe, L (1995) 'Restrictive practice claims put Microsoft back in firing line', *Financial Times*, 6 February, p6.
9 Carnegy, H (1995) 'Bitter Swedish dispute to end', *Financial Times*, 3 August, p2.
10 See Chapter 2 for details.
11 Munchau, W and Norman, P (1995) 'Planes, trains and automobiles', *Financial Times*, 7 November, p19.
12 Ohmae, K (1982) *The Mind of the Strategist*, Penguin, Harmondsworth, p86.
13 For a more detailed treatment of this topic, see Arnold, G (1998) *Corporate Financial Management*, Financial Times Management, London, Chs2–6.
14 This is consistent with the emphasis on core competencies in Chapter 13.
15 Further detailed exploration of the financial techniques outlined in this chapter is contained in Glautier, M W E and Underdown, B (1994) *Accounting Theory and Practice*, 5th edn, Pitman Publishing, London and Arnold, G (1998) *Corporate Financial Management*, Financial Times Pitman Publishing, London.
16 The main exceptions are the large grocery multiple retailers which sell for cash to the general public and buy on credit from the manufacturers. Retailers have relied on their suppliers to fund increased sales for many years, but they do need careful stock control procedures to handle the situation.
17 See Arnold, G (1998) Op. cit., Ch3.
18 This section is based on the example in Chapter 31 of Glautier, M W E and Underdown, B (1994) Op. cit., p540.
19 This was essentially proposed by Rappaport, A (1983) *Creating Shareholder Value*, The Free Press, New York. See also Rappaport, A (1992) 'CEO and strategists: forging a common framework', *Harvard Business Review*, May–June, p84. A clear and careful discussion of this area is also contained in Ellis, J and Williams, D (1993) *Corporate Strategy and Financial Analysis*, Pitman Publishing, London, Ch10.
20 It is not true of some Japanese companies according to the work of Williams, K, Haslam, C and Williams, J (1991) 'Management accounting: the Western problematic against the Japanese application', *9th Annual Conference of Labour Progress, University of Manchester Institute of Science and Technology*. The authors examined car and electronics companies only and made no claim to have extended their research to the *whole* of Japanese industry. Professor Toyohiro Kono also comments that 'DCF is not used very often' in his interesting survey of Japanese practice, which is more broadly based: Kono, T (1992) *Long Range Planning of Japanese Corporations*, de Gruyter, Berlin, pp277, 281.
21 Rappaport, A, quoted above, and Woolridge, G (1988) 'Competitive decline and corporate restructuring: Is a myopic stock market to blame?', *Continental Bank Journal of Applied Corporate Finance*, Spring, pp26–36, quoted in Ellis, J and Williams, D (1993) Op. cit.
22 Quoted from the UK chemist retailer Boots plc definition of strategy: Buckley, N (1994) 'Divide and thrive at Boots', *Financial Times*, 4 July, p12.
23 See, for example, Rowe, A, Mason, A and Dickel, K (1985) *Strategic Management and Business Policy*, 2nd edn, Addison-Wesley, New York.
24 This section is based on Porter, M E (1990) *Competitive Strategy*, The Free Press, New York, Chs9 to 13. The comments on leaders and followers also draw on Kotler, P (1994) *Marketing Management*, 8th edn, Prentice Hall International, Englewood Cliffs, NJ, Ch15.
25 Porter, M E (1990) Op. cit., p191.
26 This section relies heavily on Buzzell, R and Gale, B T (1987) *The PIMS Principles*, The Free Press, New York, and other researchers who are individually acknowledged below.
27 Described in Buzzell, R and Gale, B T (1987) Ibid.
28 Described in Buzzell, R and Gale, B T (1987) Ibid.
29 PIMS (1991) 'Marketing: in pursuit of the perfect mix', *Marketing Magazine, London*, 31 Oct.
30 Described in Buzzell, R and Gale, B T (1987) Op. cit.
31 This section relies essentially on the work and data in Kay, J (1993) *The Foundations of Corporate Success*, Oxford University Press, Oxford, Ch10.
32 Ghemawat, P and Ghadar, F (2000) 'The dubious logic of global mega-mergers', *Harvard Business Review*, July–August.
33 Capron, L (1999) 'The long-term performance of horizontal acquisitions', *Strategic Management Journal*, November, 20, pp987–1018.
34 Wheelen, T and Hunger, D (1992) *Strategic Management and Business Policy*, 4th edn, Addison-Wesley, Reading, MA.
35 Jauch, L R and Glueck, W F (1988) *Business Policy and Strategic Management*, 5th edn, McGraw-Hill, New York.
36 The prescriptive model presented in this chapter is shown in a number of texts in one format or another. In addition to references 2 and 3 above, similar versions of the model are also to be found in the well-known text by Thompson, A and Strickland, A (1993) *Strategic Management*, 7th edn, Irwin, Homewood, IL. The leading and well-respected European text is that by Johnson, G and Scholes, K (2002) Op. cit., and is also essentially

built around the options-and-choice model of prescriptive strategy with implementation of the agreed strategic choice.
37 See, for example, Andrews, K (1987) *The Concept of Corporate Strategy*, Irwin, Homewood, IL; also Chakravarthy, B and Lorange, P (1991) *Managing the Strategy Process*, Prentice Hall, Englewood Cliffs, NJ.
38 Sloan, A P (1963) *My Years with General Motors*, Sidgwick and Jackson, London.
39 Chandler, A (1962) *Strategy and Structure*, MIT Press, Cambridge, MA.
40 Marx, T (1991) 'Removing obstacles to effective strategic planning', *Long Range Planning*, 24 August. This research paper is reprinted in De Wit, Bob and Meyer, R (1994) *Strategy: Process, Content and Context*, West Publishing, St Paul, MN.
41 Lenz, R T and Lyles, M (1985) 'Paralysis by analysis: Is your planning system becoming too rational?', *Long Range Planning*, 18 August. This is also reprinted in De Wit and Meyer (1994) Op. cit.
42 This section has benefited from World Business Council for Sustainable Development (1992) *Business Strategy for Sustainable Development: Leadership and Accountability for the 1990s*, International Institute for Sustainable Development with Deloitte & Touche, NY.
43 Chaffin, J (2011) Into the Air, *Financial Times*, 15 February, p11.

第 11 章
寻求战略发展路径：主要的应急方法

学习成果

这一章的视频与音频总结

通过本章的学习，你将能够：
- 理解战略制定中背景环境的重要性。
- 解释 5 种不包含在古典常规方法中的战略制定方法．
- 确定组织环境背景中基于生存的发展路径的相关性。
- 概述基于不确定性的发展路径的重要性，并依据组织的环境，评论它的相关性。
- 解释基于网络的发展路径的 2 个主要因素，并严谨地评论它的有效性。
- 应该在多大程度上，需要将学习型战略当作是组织战略过程的一部分。
- 评价组织在国际上运营的战略过程的含义。

引 言

视频
第 7a 和 7b 部分

尽管在战略制定中，古典常规模型可能是应用最广泛的方法，它的简单化假设一直是被认可的。在这一章，我们将研究战略制定中的替代方法，即主要是应急方法。

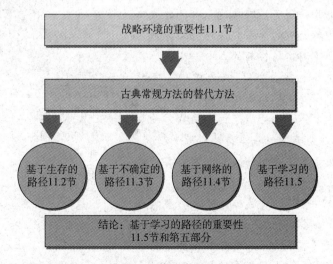

图 11.1 战略发展路径

在第10章中，我们区分了战略制定的内容（什么？）和制定过程（为什么？谁？如何？）。在这一章，我们增加了3个因素，有助于超越古典常规方法的简单化假设，即战略制定的环境背景。

定义 ➡ 环境背景意味着周围环境，并且解释了战略实施和制定的方式。对于古典常规战略而言，环境被假定为是能够被预测的、缓慢变化的稳定环境。[1]然而，对于真实战略环境而言，这也许过于简单化了，例如，环境可能包括动荡的和快速增长的时期。因此，在本章的开始部分，我们将进一步研究背景环境，以此来探索实际情况的现实性和不确定性。本章已经确定了制定战略的4个发展路径，每一个路径都取决于不同的环境背景，并且意味着可替代的战略方法。所有这些方法都包含这个更加复杂的环境观点，同样也考虑了战略过程和内容的其他方面。四个发展路径如图11.1所示。

在这4个路径中，本章认为，为了找到适用于所有组织的战略发展路径，可以有效地将学习型方法添加到第10章所形成的古典常规方法中。其他路径也可能是有效的，但取决于战略制定的环境。

案例研究 11.1

本田是如何支配两个主要摩托车市场的

该案例研究描述了本田摩托车（Honda Motorcycles）是如何获得在美国和英国市场上的主导市场份额的。尽管最初将战略方法视为常规方法，但是，事实上，在它们的发展中，其大多数战略是更加应急的方法。

在1960年到1980年之间，本田摩托车（日本）开始主导美国和英国的摩托车市场。理查德·帕斯卡尔（Richard Pascale）教授已经研究了并且描述了本田在这一时期的战略制定过程中所运用的两个观点。[2]它们导致不具有美国和英国市场份额的本田转变成为在该市场占主导地位的公司，只为它们本土的产业留下了一些少量的市场份额。

帕斯卡尔第一次检验了由波斯顿咨询集团在1975年为英国摩托车行业所做的研究，该研究是关于本田成功的战略原因。本田成功的两个关键原因为：

1. 本田在技术、配送和制造上的规模经济的好处。
2. 由于本田的攻击，所以其他公司在市场份额和利润上遭受了损失。

上图是日本本田。多年来，本田公司已经统治了摩托车市场，无论是在国内还是世界各地，其主要手段是通过结合细分市场上的产品、质量和竞争力价格来取得成功的。

这一诊断看上去像古典模型及其常规解决方案的例子。

随后，帕斯卡尔会见了本田的执行官，该执行官真正推动了本田摩托车在美国市场的发展,以及后来在英国的发展。他发现本田的战略起初是失败的,因此导致了绝境,然而这却让他们无意中发现这个战略被证明是非常成功的。本田公司拥有能够被美国进口的完整摩托车系列,它们的范围从小型摩托车到大型设备。与美国竞争者的相同系列摩托车相比,它们的这些摩托车更可靠,绩效性能更高。

起初,美国本田试图用它们的大型机器来与美国主要的竞争者进行正面竞争。然而,与美国知名品牌相比,日本摩托车在美国市场上缺乏可信度,即使本田的自行车要更好一些。因此,启动项目是失败的。偶然间,纯粹是为了当地交通运输,本田试图将一些小型摩托车销售到美国市场。它们立即取得了成功,并且在几年后,它为本田提供了进攻主要摩托车市场的平台。

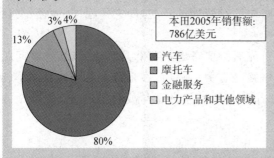

图 11.2　在 2005 年本田销售额的衰退

如果公司战略家听取过咨询公司的建议,那么他们也许会认为,本田采取的主要战略规划都是基于谨慎的战略分析和计划评估的。但是,事实更复杂、更具有机会主义特征,尤其是在项目的早期阶段。

总的来说,帕斯卡尔评价认为,本田或者其他地方的日本管理者并没有使用战略术语来概述一个常规战略规划。他们更倾向于将过程看作是提供了试错机会的应急过程,当开展该过程时,战略会从实验过程中形成。根据他的研究发现,日本公司不太可能制定一个单一战略,该战略是为了指导公司正确地展望未来。

在本田的案例中,通常是由管理者们制定战略,他们会在市场上进行试验尝试来寻找最有效战略。本田的管理者们会将所获得的成功、他们对下一阶段发展的想法和建议反馈给了日本总公司。在日本市场和其他独立市场之间存在着频繁的沟通对话,所达成的共识对最终战略的出现越来越重要。帕斯卡尔总结认为,战略应该被重新定义为:

作为一个自适应机制的组织成功运作所需要的所有事物。

然而,应该注意的是,在 20 世纪 80 年代,秋山河野(Toyohiro Kono)教授反复地调查了日本公司的战略规划。[3] 他的结论是,至少在大型的日本公司,存在比帕斯卡尔所观察到的还要多的战略规划。近期其他的例子,如案例 13.2 中所描述的佳能计划过程,同样表明日本公司目前已经采取了一些方面的常规过程,尽管在获得最终计划中仍然存在很强的实验和舆论因素。

 本田在其主要的世界网站上描述了其详细的政策和计划,即 http://world.honda.com/CSR/environment/

©版权归理查德·林奇所有,2012 年。保留所有权利。该案例是由理查德·林奇所著,来自于已发表的信息。

案例问题

常规战略需要被修改吗?或者最好是像帕斯卡尔所建议的那样,彻底地重新定义战略过程吗?

11.1 战略环境的重要性

定义➡ 战略环境是指影响战略制定和运行方式的周边环境。正如本田案例所阐明的,公司在美国摩托车市场上的成功是3个相互关联的战略因素所导致的,即,

1. 战略内容,即本田利用小型机器作为切入点,紧随其后的是推出了更大型的机器。

2. 战略过程,即在最初面对困难时,通过运气、产品性能和管理持久性的结合来制定该战略的方式。

3. 战略环境,即美国制造商的历史主导地位最初导致了本田常规进入战略的失败,但是其相对较弱的小型市场也为本田提供了进入通道。

尽管在战略制定过程中,以上3个方面都很重要,但是本书的这一部分主要集中研究了战略环境(第10章研究了其他两个方面)。[4]战略环境是指影响战略制定和运行方式的周边环境。战略环境的定义包括3个主要因素:

1. 组织外部因素,即顾客、竞争者和其他同样重要的方面。

2. 组织内部因素,即它的资源,特别是它们通过领导能力、组织文化和管理决策相互作用的方式。

3. 战略的历史,组织在做战略决策时所处的环境,即它的程序、途径、文化和历史。

为了弄清环境的这些方面,首先有必要考虑一些背景环境问题,这些问题与第14章中研究的古典常规战略路径有关。随后,在最终利用环境来确定5个可替代的战略发展路径之前,我们将探索背景环境与战略制定的其他两个方面(过程和内容)之间的关系。

11.1.1 与常规战略的古典模型有关的一些环境问题

在一些情况下,古典方法能够充分发挥作用。但是,它的假设条件是,增长或者下降主要是线性的、连续的以及可预测的。这样的简化假设能够用来制定和执行新战略。这种方法的困难之处在于,在一些情况下,尤其是在更加动荡或者不确定的环境下,许多假设是不正确的。在最好的环境下,常规战略解决方法是次优的,而在最差的情况下,它是不相关的。展示11.1概述了典型的环境问题,这些问题可能出现在古典常规方法的使用中。这并不意味着该模型是错误的,但是(与所有模型一样)它可能在某些重要的环境中过分简化了战略环境。

11.1.2 环境的重要性及其与战略过程和内容的联系

战略环境是重要的,因为那些可替代古典常规战略的方法包含更加全面的

环境处理方法,它们具有更好的运作效果。存在 2 个主要原因:[5]

1. 外部环境。这也许是特别不确定的,例如,网上银行也许会彻底改变零售银行业,但是在写本书时,其改变的方式仍然是未知的。这使得依赖于环境预测的常规路径变得越来越没有意义。

2. 内部环境。毋庸置疑,组织的资源与决策制定肯定比古典常规战略模型的简单计划和选择更加复杂。例如,组织的政策、正式的和非正式的网络、领导风格及许多其他问题都破坏了古典方法的假设条件。

展示 11.1

环境是如何削弱古典常规战略的?

典型的概要	古典常规战略的一些假设和特征	所产生的一些环境问题
任务和目标	● 目标能够并且应该提前确定	● 在瞬息万变的市场上,需要更加灵活的目标
环境分析	● 环境足以进行预测	● 技术、战略和经济危机也许会使这些假设失去意义
资源分析	● 资源能够明确地确定和开发	● 隐性知识需要在公司环境中体现出来(见第 11 章) ● 领先地位发生变化的环境也许会从根本上改变资源(见第 16 章)
战略规划形成	● 只需要识别确定一次计划 ● 可以明确地识别确定计划	● 当环境是模糊时,希望保持计划的透明度 ● 竞争者行动可能是未知的,环境将会改变
战略规划选择	● 只能选择一个计划 ● 可以在计划之间做出明确的选择	● 为什么只选择一个战略规划?当然,这取决于时间、资源等环境
战略实施	● 战略实施只需要在战略制定的最后环节进行考虑	● 环境可能会使其存在高度的可疑性(见第五部分和第 17 章中的开篇章节)

因此,制定战略时所处的环境也许会影响战略制定的过程。例如,一个不确定的环境也许会导致一个无关紧要的简单决策过程。结果,战略的内容也会因此而不同于古典常规过程所建议的那样。例如,如果制定战略的环境仍然是不确定的,那么将很难确定战略的内容。只有结合战略环境、战略过程和战略

内容才能够指导我们去寻找战略制定的可替代方法。

11.1.3 战略制定的可替代方法

战略管理不是一件复杂的事情,包括环境、过程和内容,并涉及判断,这也许超出了古典常规战略的简单逻辑。不存在经过多次试验的并且普遍公认的科学模式来寻找战略发展路径。结果,存在许多战略制定的可替代方法。

一些方法仍然存在较强的常规因素,然而其他方法在战略问题的研究中更加具有紧急性。所存在的困难就是如何研究许多由战略家提出的可替代发展方式。为了进行对比,本书选择了4个主要路径,因为每一个路径都为战略制定提供了独到的见解:[6]

1. 基于生存的发展路径。这一路径重点强调了组织能够在充满敌意的、高度竞争的环境中生存下来。它通过一个应急的过程,寻找战略内容中出现的机会。

2. 基于动荡的发展路径。这一战略同样强调了环境的重要性,将环境当作是不确定的,将过程当作是具有机会主义特征的和不断转换的过程。因此,过程是应急的。

3. 基于网络的发展路径。该路径拥有两个相关因素,即网络外部性和网络合作。第一个因素检验了产品网络能够自我强化的方式和利益团体网络;第二个因素检验了市场、行业和公司的能力,以此来形成合作网络。该路径的两个方面都拥有应急因素,因为在战略过程中,它们都拥有不断发展变化的结果和未知的因素。

4. 基于学习的发展路径。该战略重点强调了来自于组织现有知识和经验的背景环境和过程。实质上,这涉及向过去学习、向目前那些员工所作的贡献进行学习。因此,历史背景和目前的战略过程将会影响战略内容,本质上,该过程也是应急的。

本书特别强调了上述中的基于学习的发展路径。因为大多数组织将受益于它对战略过程的见解。然而,在为组织寻找最合适的战略发展路径时,这4个路径(以及书中没有涉及的其他路径)都占有一席之地。

关键战略原则

- 在制定战略时,重要的是要区分3种不同的因素,即战略内容、派生出的战略过程以及制定战略时的环境。
- 在古典常规战略中,环境在很大程度上被认为是线性的和可预测的。然而,并非总是如此,尤其是当环境动荡和不确定的时候。因此需要可替代方法来制定战略。
- 战略的环境、过程和内容是相互关联的,这种结合在战略制定中是非常重要的。
- 对于战略制定而言,存在许多替代古典常规方法的其他方法。在本章的剩余部分会研究四种发展路径,但也存在其他相关的方法。

案例研究 11.2

欧洲领先电信公司：如何了解新需求？

经过多年的稳步扩张,直到2012年,欧洲的领先电话公司需要寻找新的增长战略。但是这并不是那么容易的,正如该案例所阐释的那样。

为了提供一个必要的战略环境,我们开始观察全世界的一般趋势和战略。随后,我们将更深入地研究欧洲市场。

像德国市场引领者——德国电信公司这样的欧洲公司已经扩张到本土国家以外的市场了,如该图中的美国旧金山。增长战略有时会牺牲利润,正如该案例所示。

世界电信市场

目前,世界上超过一半的人都拥有手机:在2010年具有47亿名顾客。在过去的三年里,增加了20亿名顾客。在2007—2009年,全球市场以每年20%左右的速度快速增长。然而,大多数增长都出现在发展中国家,相对来说,欧洲和北美市场增长要缓慢一些。结果,世界最大的市场不再是欧洲市场,如图11.3所示。理论上,通过扩张到发展中国家的市场,欧洲电信公司可以找到进一步增长的机会。然而,实际上,这被证明是非常困难的,因为存在进入壁垒。

发展世界电信服务的障碍

尽管许多手机在世界范围内能够自由使用,然而从公司的角度来看,仍然不存在世界市场。单个的国家市场仍然受到国家政府的高度控制。通常,在每个国家中仅存在有限

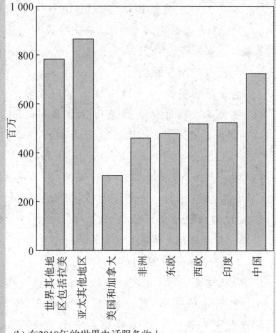

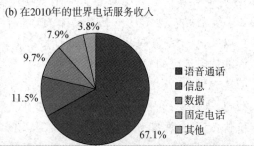

图11.3　世界最大的手机市场和服务项目

资料来源:沃达丰2010年的年度报告和报表。

数量的公司会获得政府的支持,因为政府经常支持本国当地的公司。然而,近几年,出现

了在世界范围内提供相同服务的新公司,网络电话Skype就是一个著名的例子。但是,在写该案例的时候,这类公司仍然代表着大多数国家总业务一小部分。

进入壁垒使得欧洲电信服务公司很难进入新市场。主要的进入渠道是收购现有的当地公司,但是这是非常昂贵的,例如,沃达丰公司至少花费了111亿美元才收购了印度记埃萨尔公司(Hutchison Essar)。因此,一些欧洲公司主要是在欧洲地区进行扩张,同时也存在一些特例,将在该案例的后面进行描述。因为本土市场是受到高度控制的,所以竞争主要集中在关税价格、地理范围和新的模式,并以此来吸引顾客。竞争优势局限在品牌名称和单个企业的覆盖程度。

世界电信增长领域

尽管推出了能够连接网络的智能手机,但是绝大多数的通话仍然是语音通话,如图11.3所示。目前,手机已经成为主要的通话方式,甚至在可替代的固定电话市场上也是可行的。然而,数据服务在不断增长,尤其是在欧洲和北美市场。但是,对于电话公司来说,这种增长被两个问题抵消了。

1. 来自新进入者的不断增长的价格竞争。
2. 要求压低价格的政府管制,尤其是来自欧盟的管制。

所有这些因素使得欧洲电信公司在2010年面临着一些战略难题。它们该如何增长和发展呢?这是一个巨大的难题,因为多年以来,它们一直保持着良好的增长纪录。

欧洲电信公司:早期的大量公司

追溯到20世纪80年代和20世纪90年代初期,手机是一种很笨重的设备。它并没有短信功能,也没有网络,甚至没有屏幕。但是对于欧洲领先的电信公司来说,那些年是发展很好的年份。大多数国家都拥有电话服务的垄断供应商。这种公司拥有并且经营着固定的电话线和有限的手机服务。绝大多数的股东通常是国家政府本身。尽管利润是由外部监管,但是它仍然具有吸引力。然而,所有这一切即将发生改变。

欧洲电信公司:在20世纪90年代的私有化和新技术

由私有化带来的第一次改变,使得国有公司被出售给了私有部门,并且鼓励其他公司进入市场来参与竞争,从而降低了产品价格。另外,手机变得更小更实用,并且具有许多其他产品特征,因此吸引了更多的顾客。最终,引进了新的传送频率方式的新技术以及更加先进的手机,如3G手机。随后,这一改变对电信公司的盈利能力产生了重大的影响。不幸的是,对于公司来说,国家政府会以高度膨胀的价格出售新的3G许可证,因此给公司带来了额外的利润压力。然而,公司在21世纪仍然创造了可观的利润,尤其是数据需求一直在持续增长。

更多管制、更多竞争和成熟市场

在21世纪后期,欧洲电信公司的压力不断增加。欧盟引进了新的管制方法,即在欧洲本土以外的国家使用手机时,强迫降低通话价格。在此之前,这对于公司来说是一个很高的盈利来源。像网络通话Skype这样的新竞争者的出现,以及低成本的宽带供应商开始建立它们自己的市场都使得竞争加剧。另外,欧洲市场开始普遍缓慢增长,并且即将公布新一代的4G许可证。

尽管存在这些压力,但是当按照收入进行排名时,令人惊奇的是传统的欧洲垄断电信公司仍然是欧洲最大的公司之一,如表11.1所示。一些公司的经营已经扩张到了欧洲以外的地区。例如,沃达丰公司收购了非洲和印度的公司,见案例2.5;西班牙电信公司收购了拉丁美洲的公司;德国电信公司拥有北美公司的股份。但是,一些公司也做出了错误的海外扩张。例如,英国电视多次尝试通过收购和联盟扩张到国外,但却失败了。同样,德国电信公司在它的北美公司运营上并没有获得大量的利润,然而在2011年出售这个北美子公司时,它至少获得了一个好的价格。

重要的是,所有这些不同的压力使得许多欧洲电信公司开始担心它们未来的增长前景。为了增长,它们目前应该采取什么战略呢?

表 11.1 所选择的欧洲电话公司

公　司	本土国家	2010 年收入（百万美元）	评　论
德国电信公司	德国	92 000	拥有 T 型手机,在 2011 年出售了它的英国子公司
西班牙电信公司	西班牙	88 800	拥有 O2 型手机
沃达丰公司	英国	73 400	—
法国电信公司	法国	66 500	拥有 Orange 型手机
意大利电信公司	意大利	36 600	—
英国电信公司	英国	34 500	开发了 O2 型手机,将其卖给了西班牙电信公司

资料来源:公司的年度报告。

©版权归理查德·林奇所有,2012 年。保留所有版权。该案例由理查德·林奇所著,且来自于公开的信息,以及他在电信行业作为咨询师的过去经验。[7]

案例问题

1. 由于技术的变化和现有电信公司的市场份额的下降,那么在这一市场上采用古典常规战略过程来制定战略的优点和缺点分别是什么?

2. 一些战略家认为,在技术是不确定的时候,预测即将发生的事情是无效的。如果在欧洲电信市场采用这一建议并且不做任何预测,结果将会是什么?那么,对于建立在需要进行预测的常规战略过程,你的观点是什么?具有什么意义?

3. 同样采用了常规过程的小型公司是否能够在市场上寻找到机会?或者说它们是否能够很好地使用一种更加彻底的和创新的过程来构建它们的方法吗?如果能够,对于可能采取的过程,你是否有建议吗?

11.2 基于生存的战略发展路径

定义 ➡ **基于生存的战略理论是将竞争市场上的适者生存理论看作是战略的主要决定因素**。正如欧洲手机市场的增长和竞争的加剧。公司已经在有限的基础上进入了每一个其他市场,并且进行了必要的投资。市场显示了合理的增长速度,但是并没有开始走向成熟。因此,从这种增长中所增加的销售额并不能实现许多公司目标。然而,尽管存在高水平的负债融资,但是一些欧洲电信公司仍然希望进行扩张。一些战略家因此得出了一个重要的结论,即到 2010 年,欧洲电话行业将只存在 5 家主要的全球化公司:剩下的公司将会在行业衰退中被吞并。与 20 世纪 80 年代和 20 世纪 90 年代的相对稳定的国家垄断公司相比,两者之间的反差是显著的。基于生存的战略过程为自由化之后可能出现的结果提供了一个解释。

11.2.1 基于生存战略的性质

实质上,基于生存的过程源自于"物竞天择说",它是查尔斯·达尔文(Charles Darwin)在19世纪第一次提出的,用来解释生物的进化与生存。他认为生存是与环境不断的斗争。可能存活的物种都是那些能够较好适应于它们周边环境的生物。在此基础上可知,适应环境是一种主要战略,即需要在商业环境中制定战略。那些无法足够快速改变的企业将是选择灭亡的企业。[8]最适应环境的公司能够生存,因为它们的选择是依据其产品或者服务的需求,及其所创造的利润。[9]

在基于生存的战略过程中,存在两个运营机制,即适应环境以及选择那些适合生存的环境。

利用这两个过程,结合来自社会学的原则和观点,研究者分析了一些工业公司的发展路径。[10]他们指出,在1955年的《财富》杂志上排名前500的公司,到1975年,只有268家公司仍然列在该杂志上;46%的公司消失了和兼并了,或者是在20年间衰退了。他们认为对于许多公司而言,适应环境是面对变化的首选机制,因为它没有选择环境那么痛苦。对于许多行业环境的变化,该做法会受到内部惯性的影响,如展示11.2所示。

展示 11.2

公司环境变化的惯性

内部惯性
- 在工厂和机械设备上的现有投资。
- 以前的经验和公司历史。

例如:在欧洲电话公司中存在官僚主义,因为它是建立在多年的政府所有权制度上的,它是很难改变的。

外部惯性
- 行业的进入和退出壁垒。
- 获得环境是如何变化的信息所存在的困难和成本代价。

例如:欧洲电话公司在交流电和电话设备上的现有投资,以及外部政府的限制阻碍了新公司的进入,直到1998年才有所改善。在这种情况下,公司已经建立了应对行业变化的惯性。

许多战略著作将适应环境作为制定战略规划的起始点。重要的是,一些基于生存观点的战略家认为这也许是不够充分的。可能需要增加战略选择的观点。由于行业惯性,也许存在一个精确的时间,使得一些组织没有或者不能足够快速地适应环境中的改变,并将无法应对攻击它的强大势力而获得生存。然而,在精确选择谁将会消失时也许存在一个偶然因素。例如,一些欧洲电信公

司也许能适应新世纪的环境变化,然而其他公司的改变过于缓慢,从而使得它们的压力太大,以至于它们不能在当前模式下生存下去,使得它们不得不与更有效率的公司或者幸运存活的公司进行合并。

从一个战略选择的观点来看,行业环境是战略制定和生存的主要决定因素。在变化发生之前,只有有限数量的单个企业能够在可利用的时间里进行调整。唯一不适用这种情况的公司是那些已经拥有大量的市场力量并且能够影响它市场发展方式的公司。然而,这些公司也许会受到某些事件的压制。例如,欧洲电信公司的案例,新通信技术的出现,如3G手机或者万维网。

11.2.2 战略管理过程的结果

在此基础上,公司战略管理只具有有限能力,如果有的话,能够影响战略环境。然而,一个组织也许不能够足够快速地适应变化。另外,常规过程所建议的技术将会得到很好地宣传,即它们不会为单个公司提供竞争优势。结果,威廉姆森[11]认为对于没有真正市场能力的公司来说,最好的战略就是建立最具成本效益的经营模式,这被他称为是节约战略(economising)。他从新策略举措中区分出了这个概念,这是超越基本成本效益的战略,被他称为统筹战略(strategising)。

我断言,在节约战略和统筹战略之间,节约战略是更加基础的……如果一个项目承担了大量的生产、配送或者组织的成本压力,那么这个统筹战略将会占上风。所有聪明的伎俩和定位都赞同,公司很少会拯救一个在第一阶段的"节约"方面就存在严重缺陷的项目。[12]

因此,能够做些什么呢?图11.4总结了能够采用的主要战略,如果以上的战略过程的观点是正确的话。谨慎小心显然是很重要的。同样有必要从环境的可能变化中以及生存所需要的因素中寻找出线索。最终,形成大量的战略规划是很有帮助的,以至于无论环境发生什么变化都能被组织所接纳。

总的来说,如果上述战略过程的观点是正确的话,那么组织会被严格限制在它的战略中。可以说,欧洲电话公司已经建立的联盟和交叉持股的方式表明了它们不能看清前方的路,所以它们选择这些相互支持的战略来作为最好的保护方法。

评论

为了塑造它的命运,这是对战略管理的作用和组织能力的一种悲观看法。它拒绝了由常规过程所提供的见解,以至于它几乎没有选择。在瞬息万变和动荡的环境中,这种方法似乎是有效的,但是在其他环境中只能提出有限的解决方案。

另一种战略发展路径:交易成本经济学(TCE)。TCE是与基于生存观点的战略有关的另一种发展路径。两个路径都强调了作为有效战略制定的基础方面的低成本的重要性。

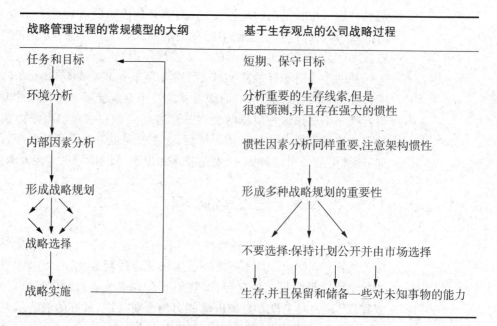

图 11.4 基于生存观点的战略过程与常规过程的比较

> **关键战略原则**
>
> ● 基于生存观点的战略强调了使战略适应环境变化的重要性。最终目标是生存本身。
> ● 所采用的方法是为了制订环境变化时所采用的战略规划。寻找低成本的战略规划是特别有效的。
> ● 除了对制订战略规划采取预防措施外,几乎不存在其他单个组织能够做的事情。存在一些偶然的因素来决定它是否能够生存。

11.3 基于不确定性的战略发展路径

定义 ➡ 基于不确定性的战略理论认为,常规的和确定的战略是不可能被制定出来的,因为战略过程是不可预测的、不稳定的,并且容易导致紊乱的结果。根据基于不确定性的战略家的观点可知,欧洲电话公司为了处理新世纪的变化而制定公司战略,其实是在浪费时间。他们认为环境实在是太不确定了,并且大多数结果是未知的。即使争取生存效率也是无用的。为了了解其背后的原因,我们需要研究这个方法的起源和思想。

11.3.1 基本原理

了解这个发展路径的关键之处在于大多数组织的目标假设,即成功来自于组织为了生存而进行的创新和转型的能力。[13] 基于不确定性的战略家认为,对于大多数组织而言,这种能力不足以使它们与其他公司共存。在当今迅速变化的世界上,向着新方向的创新和变革是战略管理的关键任务。套用手机公司Orange的战略总监的话,战略至少部分是关于未知世界的"想象工程和未来学"。[14]

鉴于这一成功定义,那么所获得的战略过程将不可避免地涉及不确定性。然而,不确定性能够通过数学模型进行模拟,并且其结果出现在了"混沌理论"[15]的科学上,即该建模系统最初是应用于科学过程,例如通过试管的液体流并且随后可以进行天气预测。该理论证明了,在某些类型的不确定环境中,过程早期的小变化能够导致后期的主要差异。但是这不同于宏观经济学中的乘数效应。

在古典战略过程中,这是一个能够控制动态变化的因果机制。反馈来自于最初的战略决策,但是通过乘数效应,它又超越这个决策。不确定性是指战略决策的未知结果,它也许会受到偶然事件以及更可能预测的事件的影响。

一个案例将有助于阐明这一观点。当一个产品的价格相对于其竞争产品的价格提高了,例如手机,那么这一产品的预计销售将会降低。根据不确定理论,这一简单的过程可能不代表事件的全部结果。反馈机制表明电话价格的上升也许不仅仅会影响销售,同样反馈出了电话交换机较低的加载水平。反过来,它们也许会影响公司回收电话交换机的日常费用的能力。因此,交换机加载、费用以及所有的盈利能力可能都会受到定价决策的影响。一旦这些产品受到了不利影响,那么可能会通过进一步涨价来试图恢复盈利能力,也就是说,最初的问题已经反馈到了决策上。这将对组织产生不利影响,因此它通常被称为"负反馈"。

相反,在以上的案例中,价格下降可能会产生相反的影响。这可能导致盈利能力的上升,从而超过最初的定价举措所带来的利润,并且会在组织中产生其他结果。这通常被称为"正反馈"。

随后,不确定理论增加了另一种可能性。它能够通过数学模型进行验证,即在正反馈和负反馈的操纵下,组织能够在积极和消极状态下进行转变。重要的是,不可能提前预测即将发生的这三种结果,即积极、消极或者转变。因此,长期结果是未知的,也是不能预测的。

11.3.2 战略管理过程的结果

基于不确定性理论的战略家认为通过预测未来只能获得少量信息,因为所有的战略几乎都由反馈机制组成,并且涉及不确定性。因此结果是不能预测的。如果未来是未知的,那么长期战略的效果也是未知的,从而古典常规过程只具有少量的意义。

这并不意味着基于不确定性理论的战略家会认为没有事情可做。然而,他们的观点是,行动应该是短期的。组织必须能够学习并且适应变化的环境。因此组织中的员工和管理者能够评估他们行为的结果,也就是以上案例中,增加或者降低电话价格的作用效果。他们有能力在组织中进行试验和创新,并且评价他们工作的结果。

这一理论对于战略管理来说意义深远。处在 21 世纪初的日益动荡的世界中,大多数组织需要创新才能生存,然而,基于不确定性理论的战略家还认为,不可能预测出创新在长期是如何成功的。然而,依据这些战略家可知,新观点和新方向对生存和增长是必须的,组织应该追求使用上文中所提到的学习机制,以此来改善战略并且使战略适应瞬息万变的环境。

对于基于不确定性战略举措的案例,你可能会想到在 1990 年由新闻集团所创办的天空电视台的结果,以及随后它在英国数字电视广播方面的主导地位,见案例 8.4。这种结果在创办之初是不可能明确预测的。根据基于不确定性的理论家的观点可知,基于常规方法的战略管理也许与这样的环境完全不相关。

基于不确定性的战略家认为长期战略是一种自相矛盾的战略。唯一可能的目标应该是短期的,并且具有强大的创新内容。[16] 进行环境分析是没有意义的,因为本质上它是不可预测的,但是还是有必要了解组织的资源,并评估它们对创新过程的贡献。至于战略规划和选择,它们与实际发生的战略过程是无关的。最重要的是组织公司进行学习以及应对变化环境的方式,即需要放松的和非正式的管理者网络,而不是严格的分工。展示 11.3 呈现了斯泰西(Stacey)所提出的一些意义。[17]

展示 11.3

不确定性对战略管理过程的一些实际意义

基本目标:制定新的战略方向和创新

与基于不确定性的方法相一致的 8 个举措,即:

1. 放松管制,顺其自然。
2. 重新配置集团中的权力,减少他们之间的竞争,增加更多的合作。
3. 允许集团制定并且设定他们自身的挑战、目标和过程。
4. 为了形成新观点,鼓励新组织文化。
5. 制定开放的挑战(制定一个新计划……),而不是确定了的目标(你的工作必须使我们的利润翻倍……)。
6. 将业务暴露在具有需求和挑战的环境中。
7. 花费时间和资源挖掘组织中团体学习技能。
8. 为管理者的试验提供时间和空间。

总的来说,不存在明确的流程图,它不同于常规战略的程序,只有不断地检测环境才能够利用出现的机会。图 11.5 对比了常规的和基于不确定的战略过程。

评论

当市场状况动荡时,该方法可能是有效的,但是对于战略决策的某些领域,其洞察力有限,例如实现利润或者服务的短期压力。然而,该方法仍然处于开发的早期阶段。

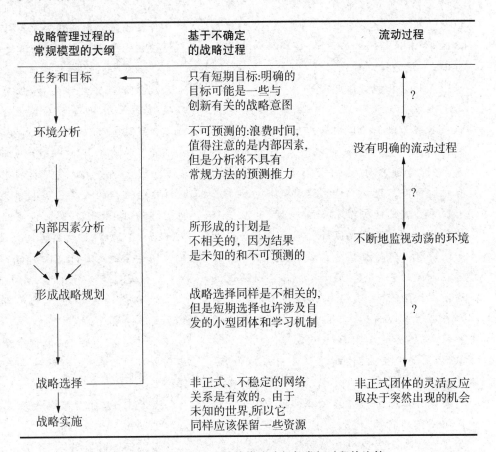

图 11.5 基于不确定性的战略路径与常规过程的比较

> **关键战略原则**
>
> ● 创新和转型是战略的关键方面。它们必然会包含不确定性。这种不确定性可以通过数学模型进行模拟。然而,长期结果是未知的,并且不能够预见或者有效预测。
>
> ● 因此,基于不确定性的方法需要采取小步骤前进。管理人员需要学习这种行为举措,以及进行相应地调整。
>
> ● 由于未来的不确定性,因此采用常规方法的战略规划以及在它们之间进行的选择是不相关的。

案例研究 11.3

在线购买旅游产品：为互联网时代选择一个战略

互联网技术彻底改变了价值1000亿美元的全球旅游预订市场。该案例探索了变化以及不确定性。它提出的问题是，在制定战略时，尤其是为一个小型的旅游公司制定战略时，应该选择哪种战略路径。

旅行社和包办旅游

在过去的50年里，许多游客会利用独立旅行社来为他们的国内和国际旅行预订机票和住宿。这类代理机构拥有相关的网络关系，它们与酒店、航空公司、铁路运营公司、租车机构以及其他从事提供旅游服务的公司都有联系。它们能够妥善安排一切，并且能使你摆脱预订两周度假或一周商务旅行所带来的麻烦。旅行社坐落在城镇的购物中心或者在电话的另一端。最近，它们可以通过互联网在线运营。

在北美，旅行社在很大程度上是独立的公司，能够提供旅游行程的特定服务，例如机票、酒店等。在亚洲、非洲以及中东地区，旅行社在很大程度上也是独立的。然而，在欧洲的旅行社经常与特殊的旅游组织相结合，提供完整的假期服务，包括机票、交通、酒店和其他活动，这一方法通常被称为"包办旅游"（package tour）。包办旅游在一些欧洲国家特别流行，例如英国和德国。它在中国和日本同样重要。主要的欧洲旅行公司，例如托马斯·库克（Thomas Cook）、英国任我行（My Travel）和瑞士旅业（Kuoni），都建立了这类业务。

即使在今天，包办旅游仍是公司的大业务，因为它们提供了物有所值的服务，特别是当顾客只想去单一的度假目的地时。例如，在2009年的英国，"包办旅游"占所有度假预订的45%。然而这一数据是从1998年的54%下降到现在的水平的。这表明了自助旅游在不断增长，但是它还没有达到北美地区的自助旅游水平，在那里自助旅游占所有业务的80%。导致这个较高比例的部分原因是更多的北美人选择在自己本国进行度假：国内游客对于自助预订比那些在具有不同语言、法律和旅游设施的新国家度假的游客更具有信心。

欧洲的包办旅游运营商希望包办度假在未来几年里能够继续生存，但是他们需要适应他们的产品，即为个人提供他们难以组织的复杂假期、全面的儿童活动、综合旅游保险、保证酒店的质量，也许通过运营商自己拥有的酒店来提供服务。这些措施将会为那些提前预订自助旅行的人提供保护措施。正是这些自助游客（或者游客）更可能被吸引来使用互联网预订。通常，这类游客包含3种类型：

1. 年轻的游客，他们拥有有限的时间和资金。也许是在工作和旅行之间的一个年龄段。

2. 退休的自助游客，他们拥有大量的时间和更多的资金。

3. 中等收入家庭，他们希望通过自助旅游来省钱，即从增加利润的全包旅游到旅游价格上。

一般来说，自助旅游代表了网上旅游预订的主要关注点。

自助游客和互联网

对于自助游客来说，也许是短期度假、也许是长途商务旅行、也许是世界各地的背包旅行，个人自助旅行计划通常是必需的。然而，这并不意味着自助游客会立即转向互联网，例如，STA学生旅行社和Trailfinders是为自助游客提供量身定制旅游行程的旅行社。旅行社、电话预订和邮购预订在旅游预订上仍然占绝大多数比例。例如，在2009年的英国，估计自助游客通过互联网预订的方式占总预订方式的40%。但是，这一数据在不断增加，并且预计在两年之内超过50%。这一数据在德国要稍微低一点，但是斯堪的纳维亚的互联网利用情况与英国相同。在法

无论你去印度的泰姬陵,美国拉斯维加斯热闹的赌场,还是去中国上海浦东(如图所示),互联网都为在线预订提供了可能性。

国,简化形式的在线预订已经运营了很多年,例如法国公共信息网终端服务(French minitel service),但是这正在被互联网的网络服务所替代。

在北美,互联网预订方式已经占总预订方式的50%左右,但是这取决于良好的互联网访问接入。对于没有广泛使用私人和个人互联网访问接入的国家,例如非洲、中国和印度的部分地区,旅行社仍然是安排旅行的主要方式。尽管存在这些障碍,但是对于世界各地的旅游服务而言,互联网已经成为了一个重要的预订来源。尽管互联网预订仅仅出现了15年,但是,估计在2009年,其在世界各地每年的旅游预订中占有200亿美元至300亿美元的价值。

在某种意义上,使用电信方式来进行旅游预订并没有什么新鲜。至少在20年的时间里,旅行社一直运用直接与中央电脑连接的电话来在线预订飞机票。例如,法国航空(Air France)、德国汉莎航空公司(Lufthansa)和西班牙国家航空公司(Iberia)都装配了阿曼多伊斯(Amadeus)航空计算机预订系统,而英国航空公司(British Airways)、荷兰皇家航空公司(KLM)和比利时航空公司(Sabena)的应对措施是在大约20年前安装了伽利略系统(Galileo),允许旅行社和旅游运营商代表个人和团体客户来购买机票。同样的电话预订系统已经被连锁酒店、租车公司和火车公司运用了很多年。

在过去的10年里所发生的变化就是,互联网允许个人客户层面采用这种网络链接,即削减了旅行社的价值链。另外,电脑软件的开发允许个人客户简单地处理这种互联网访问接入。互联网预订开始是用于航空公司的票务预订,但现在已经扩展到汽车出租、酒店预订和旅游服务的其他方面。互联网已经彻底改变了独立的在线预订,但是仍然没有完成。例如,一些人并不拥有互联网的访问接入口,而其他人出于各种原因仍然不愿意或者没有时间使用它。

在2009年,互联网预订方式占所有预订方式的50%,并且该比例一直在上升。例如,互联网预订目前占廉价航空公司的旅行业务预订的90%以上,如瑞安航空公司(Ryanair)和易捷航空公司(easyJet)。实际上,这类公司对那些不使用互联网预订的客户实行价格惩罚。即使是在比较年久的航空公司,互联网预订方式也至少占所有预订方式的60%,并且这一比例在不断增加。因此,旅行公司需要一个战略来应对这一机遇。

互联网旅游市场:在线预订

在一个大型的不断增长的互联网旅游市

场上,很难获得关于各种服务和可用的预订机构的完整情况。然而,在写该案例时,它们仍然在继续改变和发展。展示11.5试图列出2011年的领先互联网公司,然而,这种局面随后几乎肯定会发生变化。为了关注互联网活动,有必要将互联网旅游服务的供应商分成三类:主要供应商、在线旅行社和元搜索旅游网站。每一个供应商都具有不同的运营方式,如展示11.4所示。

展示 11.4

互联网在线旅行社的主要供应商

- 主要供应商,包括主要的航空公司、廉价的航空公司、主要的连锁酒店、主要的汽车租赁公司和主要的铁路公司。对于个人来说,搜索每一个互联网网站的价格、可靠性和特价商品是非常耗时的。然而,一些领先者会购买主要互联网搜索引擎的标题空间,例如雅虎和谷歌。

- 在线旅行社,包括那些提供各种旅游服务的旅行社,例如,智游天下网(Expdia)、旅游城(Travelocity)、Orbiz,以及那些主要由专业部门推动的公司,例如Opodo,它由航空公司建立,用来销售旅行门票(但是,现在通过互联网链接,它同样会提供酒店和汽车租赁信息)。也可能是展示11.5中所列出的一些领先公司。

- 元搜索旅游网站,这些网站相对较新,并且使用先进的搜索引擎技术来获得所有可行的价格,并进行价格比较。展示11.5列出了一些这样的网站。一些主要的品牌酒店和旅行网站阻碍了元搜索的业务活动。由于一些明显的原因,元搜索的业务活动被称为"搜刮"。

来自互联网旅游的利润

连锁酒店,例如雅高集团(Accor)、半岛酒店(Peninsula)和洲际连锁酒店(InterContinental),将空闲的房间以折扣价格出售给互联网在线旅行社,例如艾派迪(Expedia)和旅游城(Travelocity)等。随后,在线旅行社会将这些房间价格提高30%,并将这些房间提供给自助游客。在这种意义上,酒店运营商失去了利润,但是如果酒店的房间本来是空闲的,那么任何额外收入都是有效业务。在酒店业务中这被称为"收益管理"(yield management)。然而,酒店开始意识到,它们也许能够绕过旅行社并通过自己的网站来销售房间,从而收回转嫁给旅行社的利润。

例如,洲际连锁酒店已经制定了一些互联网战略来应对在线旅行社的影响。在2002年,它开始在互联网上以一个较低且有保障的价格来销售它的房间。它同时在其网站上向那些希望使用洲际连锁酒店品牌名称的运营商索要巨额的费用,该品牌已经覆盖了美国的皇冠假日酒店(Crowne Plaza)和假日酒店(Holiday Inn)。它还注册了明显独立的探测旅行的互联网机构名称,即在实践中,它能直接将搜索者引向酒店集团。最后,该公司开始注册外语网站,即德语、法语、西班牙语、日语、汉语以及其他语言,其目的是使这些国家的人们在预订洲际连锁酒店时更加容易。世界最大的酒店集团是雅高集团,其品牌有索菲特酒店(Sofitel)和诺富特酒店(Novotel),类似的其他酒店集团目前同样在它们的网站上直接提供服务,并保证它们的价格是顾客可获得的最低价格。这种举措保护了利润,但是在对手的连锁酒店之间并没有提供竞争优势。

大型的国际航空公司,例如美国航空、英国航空、法国航空和荷兰皇家航空公司,如果可能的话,都是直接销售机票。再者,其目的是为了削减任何可能被在线旅行社获得的利润。然而,除了开发各自的网站,一些航空公司会与类似于Opodo和Amadeus这样的网站合作。这类网站被称为全球分销系统,并且通过收取除了机票价格以外的一定比例的预订费用来获得利润。航空公司同样会利用廉价航空公司所使用的先进的电脑定价软件,见下文。

像瑞安航空公司和易捷航空公司这样的廉价航空公司,拥有一个强烈的愿望来保持最低成本,因此这类公司只在它们的网站上提供座位。然而,它们拥有一个先进的电脑定价机制,根据飞机满座的时间,能够每天甚至每小时改变座位价格。它要求自助游客尽早预定该类飞机,但是并不是每一个游客都有做出早期选择的灵活性。

展示 11.5

一些互联网旅游公司

全部的主要酒店、航空公司和火车公司都运营着互联网预订网站,但是并没有全部列在此处。

[GDS 是全球分销系统(Global Distribution System)的缩写]

母公司	互联网旅游公司	旅游公司的互联网子公司	评论
Sabre Inc	Travelocity.com IgoUgo.com LastMinute.com Sabre GDS	Travelchannel.de 和其他相关网站 Travelocity 同样有权利搜索"雅虎!旅行"	阻碍了元搜索网站 Sabre 是私人公司
Travelport GDS	Galileo Worldspan	Sprice:在 2010 年被法国元搜索公司收购	私人公司,在 2010 年 IPO 破产
Orbitz Worldwide	Orbitz ebookers.com CheapTickets HotelClub RatesToGo AwayNetwork		在 2007 年,从 Travelport 中剥离出去
Amadeus GDS	Amadeus 预定系统		2010 年提出成为上市公司
Opodo GDS	Airline 预定系统		在 2011 年,以 4.5 亿欧元,被 Axa Private Equity and Permira 收购
Expedia Inc	Expedia.com Hotels.com Hotwire.com Venere.com TripAdvisor.com	TripAdvisor 子公司包括: CruiseCritic.com BookingBuddy.com SmarterTravel.com SeatGuru.com AirFareWatchdog.com IndependentTraveler.com	
Metasearch companies	Skyscanner Kayak.com mobissimo		

资料来源:见案例参考文献。

元搜索互联网网站是以一种不同的方式进行运营的。当它们将搜索者引向一个酒店或者旅游网站时,通过收集到的小额佣金来获得收入。另外,它们能够获得,至少希望获得,来自于赞助商链接销售的更高利润,这些链接来自于连锁酒店和互联网旅行社各自的网站。

以上所有这些都表明了互联网经营的利润取决于业务的性质,包括:

- 对于像酒店和航空公司这样的主要供应商,能够填补空缺的酒店房间或者航空座位的机会提供一个盈利来源。当游客直接向供应商预定时,存在一个特别的好处,即利润由供应商保留,而不是转移给了旅行社。
- 对于在线旅行社,利润来自于收取超出旅游服务的基本成本以外的费用。这样的利润可能非常小,不总是之前引用的20%到30%。
- 对于元搜索旅游公司,利润是非常小的,它来自于每一次的实际交易,但是也可以从网站上的赞助广告上获得巨大利润。另外,即使每次搜索的利润很低,但是大量的搜索能够使网站在总体上产生巨额利润。

小型公司的互联网旅游机会

新公司是如何考虑建立旅游公司的呢?注册并维持一个网站的成本是非常小的。但是,这并不是互联网旅游战略的关键之处。真正的成功是吸引足够多的顾客,这样才能产生足够的业务。Lastmibute网站的首席执行官布伦特·霍伯曼(Brent Hoberman)解释说,"这是一个规模竞争,并且经常需要面对全球化竞争。我一直认为的是,你需要10亿英镑(19亿美元)的预定才能进行适量的技术开发、市场营销和品牌消费"。但是,霍伯曼将是第一位承认其公司是年轻公司的人,并且开始几年它并没有10亿美元的业务。

然而,互联网却为旅游公司提供了三个重大的好处。第一个好处就是,在一个小型互联网旅游公司的早期阶段,其运营的固定成本是非常小的,上文中布伦特·霍伯曼的评论已经提到这一点。例如,不存在昂贵的办公场所、没有大型彩色印刷和小册子成本、直接与潜在客户接触等。这种安排非常适合小型初创企业。基于这一原因,许多小型旅游公司开始建立,尤其是那些专门从事特定类型的度假的公司,例如独特的度假滑雪小屋,专业探险旅行度假等。

互联网的第二个好处就是互联网的普及,甚至是全球范围的普及。对于一个在专业领域的小型公司而言,这使得它更加容易去寻找充足的顾客,并通过提供跨国界的服务来进行盈利的运营。

第三个好处就是业务活动能够经常得到监控,并且在定价、包装以及其他服务方面的变化能够自动反映网络访问流量。例如,像瑞安航空公司和易捷航空公司这样的廉价航空公司的座位价格的调整,是通过使用计算机模型来经常监控互联网预定来进行的。

互联网开辟了新的机会,但是小型公司应该采取什么战略过程呢?

©版权归理查德·林奇所有,2012年。保留所有权利。该案例是由理查德·林奇所著,来自于已发表的信息。[18]作者特别感谢伦敦城市大学的帕特·伍德,因为她对该案例早期版本做出了评论。他同样感谢Trinity Colledge Dubin的艾莉生·贝尔,因为他为该案例的2012年版本提供了新信息和指导。

案例问题

1. 如果作为一个小公司,你将进入到互联网旅游市场,从本章所描述的五个战略路径中,你将采用哪一个路径?如果你愿意,你同样可以采用古典常规战略。

2. 作为一个小型公司,是否存在一些你肯定不会采用的战略路径?为什么?

3. 如果你是既定的互联网供应商,你将会选择哪种战略路径来进一步发展你的业务?为什么?举例说明。

4. 互联网在未来将如何影响旅游?采取应急战略是否更加有利?如果是,那么应该使用哪种战略,并且该如何使用它们?

> **战略项目**
>
> 对于大型公司和小型公司而言,互联网为它们提供了很多机会,但互联网在线战略也呈现了一个非常有趣的挑战。存在机会是因为全球网络在定价、产品展示和市场定位上具有可访问性。一种方法首先是确认公司的情况,并且探索它们该如何发展;另一种方法可能是利用一个旅游地区,例如冒险旅行或者巡游班轮旅游船,并且探索它们的互联网使用情况以及未来战略;还有一种方法可能会考虑互联网的未来变化,例如短信、手机预订以及更复杂的技术等,并且研究它们对旅游公司的战略影响。

11.4 基于网络的战略发展路径

定义➡ 基于网络的战略发展路径研究的是在有关的组织和产业间所呈现的合作联系和合作程度,并且高度重视合作的程度。从一个战略的角度来看,这一章涉及网络的两个主要方面,即网络外部性与网络合作。为了理解这些,有必要从这两个方面来研究英国航天航空(Aerospace)的案例。

网络外部性[19]

定义➡ 当一个组织是外部网络的一部分,并且正在寻找行业的某些标准化操作时,那么网络外部性就产生了。当实现标准化并且越来越多的组织采用该标准时,那么网络中的企业就能获得利益。对于网络中的单个组织而言,利益是外部的。见案例11.3,旅行社网络将从航空公司的标准售票网络获利,即这使得旅行社订票更加容易,使得航空公司能够填满它们的飞机座位。这种网络的结果可能是一个关于标准的协议,即为了预订机票所需要的信息的标准。对于那些参与协议的公司来说,这代表着一个真正的利益,因为它允许那些属于网络中一部分的公司基于标准来形成新的售票服务。这样一个公认的标准可能会导致开发成本的共享,甚至是网络开发的规模经济。如果其他公司进入网络并且采用标准,那么网络中所有已存在的成员会进一步受益。在11.4.1部分,我们将研究这个相对较新的战略制定内容。

网络合作

定义➡ 当每个公司为了它们的共同利益而参与到正式的和非正式的协议中时,网络合作就产生了。例如,一些旅行公司开始形成合作网络之后,重要的是从一个战略角度将其看作是世界产业联盟和合并的新阶段开端。进一步发展将涉及公司之间的协商,例如艾派迪公司和旅游行业中其他公司之间的协商。其目的是从各种方向的合并中提取出完整的附加值,并形成其他的合作形式,与此同时,形成公司的可持续性竞争优势,例如艾派迪公司。在第5章关于合作的分析时,我们已经探索了这个内容的一些方面。然而,现在我们在寻找新战略,所以此时回到网络合作的研究上来是至关重要的。这将在 11.4.2 部分进行深入研究。

11.4.1　网络外部性[20]

定义➡　网络外部性是指一个网络整体标准的发展,该网络允许那些属于网络中的公司与加入相同网络中的公司一样获得越来越多的利益。它被称为外部性,因为这一概念并不是由公司的内部活动推动的,而是由属于网络的所有外部成员推动的。关于行业网络外部性的最著名的例子应该是微软所拥有的网络:它的 Windows 操作系统被用在全球 90% 的个人电脑上。使用这一电脑系统的人获得了不断增长的利益,因为许多其他用户也使用了相同的系统。换句话说,该系统的价值被提高了,因为它能够被其他人共享,这些人是同一个外部网络中的一部分。

重要的是,当用户的总量增加并达到一个临界值时,网络会获得好处,有时这一临界值被称为"临界点"(tipping point)。当安装基础设施的网络用户转向选择一个提供新网络的公司,并远离竞争供应商时,就会达到临界点。这完全不同于正常微观经济学中关于供给和需求的概念,该概念假设每一个产品或服务的销售和价格是独立于其他购买行为的。在网络外部性的观点下,对一种产品的购买越多,那么它就越具有价值。

评论

尽管这是一个有用的观点,但是它主要适用于具有高水平的和正式的合作内容的组织,例如一个电子产品消费公司需要认同一个共同的 DVD 播放器的标准,见案例 5.3。一旦标准达成了一致意见,那么通常会存在一些赢家和输家,但是战略的重心将需要转移到许多其他维度上。换句话说,网络外部性是具有作用的,但是在产品的技术生命周期上往往只能使用一次,并且当单一的技术标准在战略制定中并不是很重要时,网络外部性将会具有少量的相关作用。

11.4.2　网络合作

定义➡　网络合作是价值增加的关系,即组织形成的组织内部关系以及与其他组织的外部关系。例如,欧洲电信公司拥有自身的电话交流资源和能够产生利润的员工。另外,在本国的欧洲电话市场上,它们还会相互竞争。同时,它们会与全球市场上的其他公司建立合作关系。正是这一复杂的内部和外部活动关系构成了网络,并为组织提供了附加值。

从一个战略角度来看,存在的问题是如何从这样的内部和外部活动中优化增值。首先,我们可以参考第 4 章中所研究的 2 个原则,即,

1. 从自己拥有的并管理的资源中可以获得好处,而不是从外部购买它们。[21]这可以用来识别组织同时拥有的内部和外部的重要关系。

2. 价值链和价值联系。[22] 价值链提供了组织内部网络状况,价值联系也同样提供了组织外部网络状况。

为了制定基于网络的战略,这些一般原则需要用来反映出每个组织中存在的网络。展示11.6列出了完成这个任务的主要常规方法。

展示 11.6

网络如何为组织增加价值

来自内部网络,附加值的增加可以通过:
- 规模经济和范围经济。
- 卓越的发展,甚至是独一无二的知识和技术。
- 在客户服务、市场营销和信誉上进行大量投资。
- 在现金运作、金融交易和其他金融工具上的技术、知识和专业性。

来自外部网络,附加值的增加可以通过:
- 符合成本效益的物流、库存处理以及其他外部的运输设备。
- 从供应商那获得优越采购。
- 对新技术发展的熟练的外部采购,新技术的批准许可和其他先进技术。
- 与政府以及其他有影响力的组织之间的良好且稳定的关系。

注意,这仅仅是存在于组织中或者组织之间的许多网络例子。

由于优化增值,网络合作同样会影响可持续竞争优势。例如,欧洲电话公司以及那些具有卓越的增值活动的公司,基于较低的价格和高质量的服务之间的有吸引力的组合,也有可能与竞争对手展开激烈的竞争:高利润可能与可持续竞争优势有关。然而,这种价格和服务之间的组合也可能来自于,至少是部分来自于这种卓越的公司与其他公司之间的有价值的合作联系。

在更一般的经济条件下,市场竞争"看不见的手"应该驱使公司在使用它们的内部资源时获得更高的效率。同时,合作联系的"看得见的手"将会使组织形成真正的、可能是唯一的外部网络和价值。从某种意义上说,在形成和维护网络关系时,网络同时依赖于无形的和有形的指导方针,这种关系更像是"连续的握手",而不是"间歇式的握手"。[23]

因此,在网络合作战略中,通过组织与其他组织之间的竞争与合作的精确组合,可以增加价值且形成竞争优势。结果,组织会建立唯一的内部和外部关系网络。例如,随着时间的推移,售货员也许会与顾客、采购经理以及供应商等建立关系。与外界的长期关系可能是公司战略的关键因素,正如那些在航空航天、国防、电信设备和其他行业的公司,它们与政府的谈判将很快得到确认。

协商是这类关系的重要战略方面,并且过程变成了有效的关键成功因素之一。因此,例如手机的案例,政府很可能会参与这种产品的购买或者规格说明。一般来说,直接的政府控制可能会通过优惠信贷、共享所有权、威胁新供应商、研发合同的分配以及出口协助等方式来实现。[24]在没有与政府协商的情况下进行战略管理,其代价可能是昂贵的。在这种协商中,每一方的讨价还价能力将取决于市场成熟度以及所涉及的技术。

因此,在许多方面,组织可以被看作是同时具有公司内部和外部条约的网络。[25]然而,如果这种协议对战略制定是非常重要的,那么为了制定出最佳策略,重要的是要理解这些网络的动态变化。[26]由于这项任务的复杂性,所以最好利用关键成功因素将注意力集中在战略过程的重要领域(见第3章)。

评论

一些战略家认为,重要的不是竞争与合作网络的结合,而是其中一个的重要性,即,

- 或许竞争关系是最重要的,"战略制定的本质是处理竞争关系",来自于迈克尔·波特。[27]
- 或许是合作网络代表了战略制定的主要方面,"在当今的管理中,目的是为了实现增长,而合作行为是许多成功故事的根源",引自于 J Carlos Jarillo。[28]

这种选择是极度误导的。所有组织都同时拥有竞争与合作,并且在两者之间并不存在需要解决的"战略混沌"(strategic paradox)。唯一的问题就是这两者之间的平衡。这将取决于制定战略的环境。例如,在20世纪90年代后期的欧洲电话公司,竞争是主要的推动力。尽管合作在提供国际电话网络上同样重要,但在像英国和德国这样的国家中竞争快速增长。相反,在20世纪90年代后期的欧洲国防产业上,在泛欧洲基础上建立的不断增加的合作关系,是为了让欧洲企业能够更成功地在全球市场上与美国大型国防企业竞争。

11.4.3 战略管理在所有方面的后果

实质上,网络是流动的并且可能改变。这类网络中的成员经常能够没有损失地撤离。从这种意义上来讲,没有什么事情是固定不变的,一切事情都可以进行协商。因此,目标可能需要修正,选择可能需要妥协,即需要说服集团加入或者仍然保留在网络中。从某种意义上来说,战略实施过程本身目前是战略选择过程的一部分,也是战略的一部分。

图11.6阐明了这样一个基于网络发展路径的主要含义。应该指出的是,任何战略变化的时间表可能需要加长,以适应这个过程。它不可能在表中得到充分展示。

评论

毋庸置疑,网络是许多组织的一部分,无论是大组织还是小组织。然而,仍然需要推动战略过程。这就是为什么领导能力至关重要的原因。基于网络的战略自身不可能代表完整的路径,但是需要与常规过程和基于学习的战略过程同时发生。

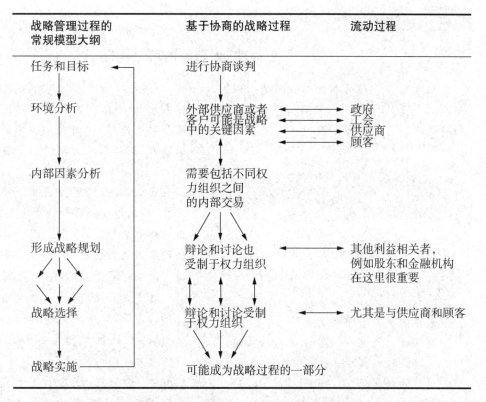

图 11.6　基于网络的战略过程与常规过程的比较

另一种战略发展路径：代理理论（agency theory）。代理理论与基于网络的理论具有相同的基础原则。然而，代理理论关注于战略中不同人之间的关系，而不是基于网络的战略发展路径中的更广泛的沟通网络。

关键战略原则

- 基于网络的战略发展路径研究的是有关组织和产业中所呈现的合作联系和合作程度，并且高度重视合作程度。从一个战略的角度来看，该路径包含两个方面，即网络外部性与网络合作。
- 网络外部性是指一个网络整体标准的发展，该网络允许那些属于网络中的公司与加入到相同网络中的公司一样获得越来越多的利益。
- 在这种外部性中，关键时刻就是"临界点"。当安装基础设施的网络用户转向选择一个提供新网络的公司，并且远离竞争供应商时，就会达到临界点。
- 网络合作研究了有关组织和产业中所呈现的合作联系和合作程度，并且高度重视合作程度。
- 在网络合作战略中，通过组织与其他组织之间的竞争与合作的精确组合，可以增加价值且形成竞争优势。需要在与强大的客户和供应商的协商环境中考察这样一种战略方法，在该环境中会发生讨价还价与权衡交易。

案例研究 11.4

绿色战略：太阳能的两个问题

尽管太阳能拥有政府的普遍支持，并且对该产品存在实质性的需求，但是至少存在两个仍未解决的战略问题。

例如美国能源部，政府机构正在为能够使用太阳能的房屋设计促进竞争。太阳能已经成为了大业务。

技术以及太阳能制造业

追溯到 1861 年，奥古斯特（Auguste Mouchout）发明了第一个太阳能发动机。在 1953 年，贝尔实验室〔Bell Laboratories，目前是美国电话电报公司（AT&T）的一部分〕创造了第一个能从阳光中产生电能的硅太阳能电池。随后，许多公司形成了利用太阳的方法。一些工厂采用光伏电池，例如贝尔实验室，以及其他工厂会研究通过太阳射线来加热水，或者通过镜子或各种各样的热交换器来加热水。这里的关键点就是，太阳能技术最终仍然没能达成一致的路径，科学家们仍然在尝试开发新方法。

原则上这种实验过程是没有错误的。然而，从一个业务战略角度来看，这是一个问题，如果技术仍然是不确定的，那么对于要完成大型工厂的设计来建立太阳能发电站的制造商来说是非常困难的。这意味着很难获得规模经济来降低制造成本。然而，根据一些专家的说法，关于太阳能电池板的制造技术开始变得成熟。

尽管在达成统一的技术上存在问题，但是目前绝大多数的太阳能都是通过光伏电池板产生的。在世界上存在一些主要的制造商，但是许多领先制造商都集中在德国，例如像 Q-cell 和太阳能世界（Solar World）这样的公司。另外，中国的太阳能电池板制造也很强大，例如赛维太阳能（LDK Solar）、英迪（Yingdi）和尚德（Suntech），它们有 80% 的产品会出口，并且通常是出口到德国。与其他产业相同，中国的劳动力成本要低于德国，在太阳能电池板上，中国政府一直热衷于支持将这项新技术用于中国国内市场。

第一个问题：过剩的生产能力

这个新产品的投资举措存在一个负面的结果。在 2009 年，世界的生产能力能够生产出 9 000 兆瓦的太阳能电池板，但是根据一些估计，需求却下降到大约 6 000 兆瓦和 4 500 兆瓦之间。这意味着一些制造商正在遭受损失，甚至需要接受来自世界各地不同政府的各种补贴。与替代能源相比，完全安装太阳能发电设备的制造成本仍然很高。然而，根据欧洲的估计，2010 年的需求会再次上升到大约 14 000 兆瓦，这至少意味着太阳能电池板制造商会再次盈利。

关于制造，特别有趣的是，一些世界上最先进的电子技术制造商，例如鸿海（Hon Hai）和中国台湾的雅仕（ACS），在 2011 年才开始对太阳能电池板制造感兴趣。例如，鸿海是苹果 iPhone 的主要组装制造商。也许，目前我们正开始从实验设计转向到大规模的生产技术。如果这是正确的，那么最终应该会带来价格的下降，并且能解决一个太阳能问题。

第二个问题：政府补贴

为了减少污染排放，世界上的一些政府会通过各种补贴形式来支持太阳能。例如，德国政府主张德国供电公司必须以固定和高昂的价格购买由太阳能所产生的电力。这一举措支持太阳能发电设备的安装,但是增加了客户的负担,因为德国电力供应公司会以更高的电力价格将额外成本简单地转移给客户。结果就是德国在欧洲和世界上拥有最高的太阳能产能:世界上80%的太阳能电池板产能是在欧盟,其中很多是在德国。然而,对于德国的消费者而言,实现这一数据却产生了重大的成本,并且只获得了德国政府的有效支持。

存在的问题是,在写该案例里时,太阳能需要政府的支持,或者直接的政府补贴或者间接的政府指令。按照研究者的行业术语来讲,太阳能仍然不能像其他发电方法一样实现"电网平价"(grid parity)。

根据一个评论者的评论来看,"一部分增长的太阳能正在改变思维模式,让那些质疑该技术不能得到广泛使用的人们看到它将是如何被建立的和使用的"。但是这仅仅是竞争的一部分。同样存在两个更加基本的、相互关联的问题没有得到完全解决,即需要一项更加成熟的技术来降低成本,以及要求政府避免向太阳能提供补贴。

©版权归理查德·林奇所有,2012年。保留所有版权。该案例由理查德·林奇所著,来自于公开的信息。[30]

案例问题

1. 该案例认为需要一个成熟的太阳能技术来降低生产成本。本章中的哪一个战略理论与该想法最为密切相关?你也许会参考5.3.3节中关于创新流动过程,该部分研究了成熟的技术。

2. 从战略角度来看,主要问题是定价吗?或者是否存在与增加的太阳能使用有关的其他问题?

3. 如果你是电力的主要消费者,太阳能比燃烧煤所产生的电力更具有可再生性;与核能所产生的电力相比,它具有更低的风险,你是否愿意为太阳能支付更多吗?在作决策之前,你认为的本质问题是什么?

11.5 基于学习的战略发展路径

定义➡ 基于学习的战略发展路径强调学习和精心制作是成功的战略管理制定的因素。它特别重视试验和反馈机制。学习能够出现在个人层面或者集体层面,即战略管理主要关注的是集体学习,因为这是组织发展环境中最相关的内容方面。当存在相当大的不确定性时,正如欧洲的移动电信市场,组织不可能谨慎地制定一个关于未来几年的固定战略。最好的可能是拥有一些基础的业务目标,甚至可能是对未来的愿景(见第10章),并且准备好来尝试和应对市场应急事件。这些事件可能包括竞争公司的建立或者消失。采取一个灵活的应急战略过程,该战略能够监控事态、对这些事情做出应对措施并且开发机会,该过程是基于学习的战略的核心内容。

视频
第7a
和7b部分

11.5.1 组织中学习的作用

在1987年的一篇具有说服力的文章中,明茨伯格认为,市场等领域和公司资源的理性分析不可能产生有效的战略。一个更可能的过程就是精心地制定战略,即"通过创造性战略的演变来将战略制定和执行合并成为学习的流动过程"。[31]明茨伯格并没有否认战略规划和制定的必要性。然而,他强烈认为,在开始实施战略时,为了塑造和重塑战略的灵活性来自于学习。这是特别重要的,因为在市场或者内部实践中,战略偶尔必须要解决一个重大的转变,即"飞跃"(quantum leap)。在这样一个时代,那些曾经真的学会如何运营组织的战略家可能会更好地意识到变化的需要,以及对重大转变信号做出快速应对的需要。

为了阐明该过程,我们可以研究荷兰皇家壳牌公司,它是世界上领先的石油公司之一。在20世纪80年代期间,该公司提供了一个巨大突破和学习过程的例子。[32]在1984年,石油的定价为每桶28美元。在此背景下,该公司的中央计划部门,基于每桶价格下降到16美元的假设前提,制定了一个预测的局面。这纯粹是一种练习,它们催促高级管理层来推测这一大幅度价格下降的结果。有一些高级经理认为这是不可能的,但是他们愿意加入到这种练习中来。这一探索结果是非常充分的,以至于到1987年,当价格真正下降到每桶10美元时,该公司已经做好了充足的准备。

之后,一位荷兰皇家壳牌的计划主管总结道:

"制度性学习是一个过程,在那儿,管理团队改变了它们公司、它们市场以及它们竞争对手的共享思维模式。基于这个理由,我们认为计划是学习,公司计划是制度性学习。"

在这里的关键词是"改变它们的共享思维方式"和"学习"的过程。许多公司研究战略问题,不仅仅是作为个体来研究,也是作为一个管理团队,或者将两者结合的集体。正是这个集体制定了关于公司及其环境的假设条件:所制定的这些假设都需要是明确的和能共享的。随后也许需要改变这些假设,这取决于环境,例如上文所提到的巨大突破。

11.5.2 学习与知识之间的关系:阿吉里斯和加文的贡献

学习可能被看作是组织扩大知识的过程。它涉及活动的循环,这个循环是由获取新知识、检验新知识是否违背现实,以及反馈结果这些活动组成的,例如用恒温器了解室内温度、检验室内温度来保证舒适、如果需要就调节恒温器温度。学习过程可能包括学习、讲授和实践经验。在商业组织和非营利性组织组成的复杂世界里,学习将涉及三个机制,因此该过程变得更加复杂。

对于组织而言,学习具有一定的难度,因为它需要定期地围绕组织的目的和目标进行基本评估。这将涉及询问困难问题的组织管理者,并且不仅仅要求他们收集数据,还要求他们检验数据是否违背现实。哈佛商学院的克里斯·阿基里斯教授(Chris Argyris)是第一个创造"双环学习"(double-loop learning)术语来解释这种额外的复杂性。除了上文中描述的第一次循环学习之外,还存在第二次循环学习,它对第一次循环学习的整体机制产生质疑。从前文中的例子来看,他把这个阶段比作是检验是否真的需要恒温器,一个完全不同的温度控制机制是否能够产生更好的和更便宜的结果。[33]正是这种根本性的重新评估,对组织中的公司所学习的战略管理过程非常重要,如图 11.7 所示。

定义 ➡ 因此,"双环学习"的组成是由第一次循环学习,即检查绩效是否达到预期标准并对必要的地方进行调整,加上第二个循环学习,即重新评估预期标准是否适合第一个阶段。因为在第一个循环和第二个循环上存在一些不严密的标准,所以学习型组织不存在统一的定义并不会令人惊讶。大多数人们会接受组织进行一段时间的学习,这样增加的知识才能提供增加的业绩,但是除此之外,该过程仍然受到了怀疑。有些人认为当真正的学习出现时,组织应该改变它们的行为方式。相反,其他人认为简单地获取新的思维方式就足够了。意识到这些困难,同样是来自哈佛商学院的丹尼尔·加文(Daniel Garvin)教授,提供了下面的定义:[34]

"一个学习型组织是一个擅长创造、获得并传授知识,并且能够更正它的行为来反映新知识和新见解的组织。"

该定义的第二部分"更正它的行为"构成了第二次学习循环。由这个定义所确定的机制就是知识创造、获得、渗透和更正,这已经在第 7 章关于知识创造中进行了研究。重要的是,后者指出在它们已经更正并且改变了它们的过去行为后,组织将只会展示它们已经学习到的内容,这一点是由彼得·圣吉(Peter Senge)提出的。

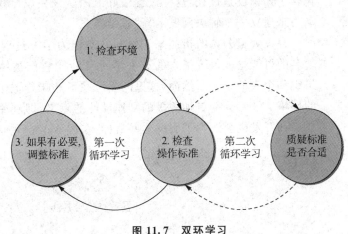

图 11.7 双环学习

11.5.3 组织如何更好地学习:圣吉的贡献

视频 第 7a 部分

圣吉的贡献是拓展了学习的概念,从个体学习单元到小组学习。为了理解这一概念,我们将回顾应急战略过程的主要因素和学习理论。

正如上文所解释的,"双环学习"的概念是为了证明学习方法对战略制定的高度影响力。[35] 本质上,它不仅仅包括与所接受的标准进行比较学习,也包括质疑标准本身。1990 年,组织系统的教授彼得·圣吉在麻省理工学院学习。他运用了学习标准,但又利用运筹学反馈机制,认为最强大的学习是通过小组或者团体而不是个人,这一切为学习标准增添了重要意义。他将小组学习观念运用到战略制定中：

"学习型组织……在那儿，人们能够不断地扩大自身的能力来创造他们真正希望的结果；在那儿，培养了新的广阔的思维模式；在那儿，集体愿望得到释放，人们不断地学习如何共同学习。"[36]

1. 适应性学习（adaptive learning），了解外部环境的变化并且适应这一变化。

2. 创造性学习（generative learning），为了组织本身的积极扩张，创造并探索新的战略领域。

两个学习类型都来自于组织内部的经验、讨论和反馈。严格的、正式的以及具有等级体系的组织不可能提供以上内容。根据圣吉的观点，这种学习类型需要新兴的并且更加流动性的组织架构。有趣的是，在20世纪70年代和20世纪80年代的经济高速增长的日本，以及在20世纪90年代的东南亚地区，在规划过程中体现了一个主要的明显特点以及灵活性和适应性，而不是严格的、正式的计划。[37]

圣吉继续认为，学习与知识是密切相关的，最好是通过制定有趣的和富有挑战的目标或者鼓励团队互动来获得知识。这些想法促进了战略的形成，即从简单地寻找简单常规的解决方法到最终的战略。圣吉文章中重点是，战略制定包含了知识创造过程，这一过程最好由团队来完成。我们的宗旨是通过团队的动力来建立一个解决问题的新"思维模式"。

存在大量公认的机制来开发和共享作为学习过程一部分的思维模式。[38]最著名的可能是彼得·圣吉的五个学习领域。[39]它们被精心制作出来是为了帮助组织和个人的学习。然而，这里的学习并不意味着记忆甚至只是处理一个变化的环境。学习具有更加积极的和能动性的意义，即利用活跃的创造力来制定新战略和开发机会。为了实现这些目标，在展示11.7中总结了五个学习原则。

展示 11.7

五个学习原则

1. 自我超越，不仅要制定个人目标，也要创造出鼓励集体来制定目标的组织环境。

2. 思维方式，反映并预测经理和员工所拥有的世界蓝图，并观察这是如何影响行为和决策的。

3. 共同愿景，通过探索和统一这些目标是什么，在组织中建立实现目标的承诺。

4. 团队学习，利用团队正常的技术来开发超越个人正常能力的智力和能力。

5. 系统思考，一个关于描述和了解影响该团队的主要力量的思考方法。

资料来源：基于彼得·圣吉的作品。

为了在当今动荡的商业环境中生存,人们认为这个战略应该包含从个人到团队的学习机制。[40] 随后,对于团队和组织而言,在学习过程中存在三点优势,即,

1. 通过致力于对知识的学习,为组织的运作提供新鲜的思想和见解。
2. 通过更新变革,适应能力被提高,所以组织不会显得沉闷和衰弱。
3. 它将为外部世界提供一个开放的环境,以至于它能够应对应急事件。例如,石油价格冲击的突变,或者在欧洲移动电话市场上的快速增长。

在组织中,通常是那些受过良好教育的、具有高度责任感的专业型人才在这一过程中拥有最多的困难。[41] 这些人可能会误解"学习"的含义,会过于狭隘地将其理解为纯粹是为了解决问题。他们也许同样不能理解,学习不仅仅是来自于老师或者高级经理的指导。战略管理的含义是指学习是一个双向过程,与所建议的常规战略相比,它似乎更加开放。

11.5.4　发展中学习到启发式学习

定义➡ 启发式学习是非正式的、凭感觉的学习,它提供简单的决策规则来捕获和总结组织的某个部分所学习到的内容,然后与组织的另一个部分进行沟通交流。[42] 当面对新战略决策时,它们是特别有价值的,尤其是那些关注新商业机会的组织。例如,互联网旅游公司可能会基于它们的学习经验,对应该向哪些国家提供它们的服务等问题,制定简单的决策规则。例如,"在一段时间只关注一个国家","聚焦在打高尔夫球的客户上","使新酒店网页与新开发的航线同步"等。许多这些启发式学习将会来自于学习经验,也就是说,通过反复试错来发现哪种效果最好。然而,启发式学习的关键不是组织某个部分的初始学习,而是通过将其总结为决策规则来传播这种学习的能力,这种规则能够应用于整个组织中。

视频
第 1 部分

存在三点理由来说明为什么启发式学习会有帮助:[43]

1. 它们集中注意力和节约时间。每次当组织希望作出一个新的战略决策时,许多组织不能花费大量的时间来回顾过去的基础知识并进行学习研究。
2. 它们允许即兴创作。如果它们是指导方针或者是不严格的法律,那么它们至少应该是灵活的。重要的是启发式学习能够应对特别的机会。
3. 它们有助于限制错误。"对于应该如何应对未来应急事件,它们为个人提供了指导方针和粗略的初步计划,因此需要通过纯粹地反复试错来减少大量的学习。"[44]

启发式学习的困难就是会导致主导逻辑(dominant logic,也称为普拉哈德的定向思维,译者注)的僵化,下一节将对此进行研究。[45]

11.5.5　学习和主导逻辑的问题

学习的本质是为了进行广泛地研究,对特定的战略问题没有先入为主的想

法,并且试验和尝试各种战略规划。经过一段时期后,一个或者更多的解决方法将被证明是比其他方法更加成功的。随后,根据试验结果配置资源。这将成为组织中更普遍的决策制定基础,并且关于如何经营业务的模型将会出现。这个模型就是主导逻辑。

定义➡ 主导逻辑是指"管理者将业务概念化,并做出重要的资源分配决策。"[46]尽管学习型组织对其感兴趣并且需要这种模型,但是有证据表明,学习有时可能会变得陈旧并且会依赖于过去的知识。[47]管理者们会逐步形成他们的思维方式,即关于利润是如何在业务中产生的,或者程序是如何在公共组织中提供优质的服务水平的。困难的是这样一种思维方式不能感受到随后可能影响组织的新形势。这样一种思维方式是基于过去的,并且为过去的战略决策提供了一套答案。

当一种逻辑变成主导时,这将会阻碍组织的继续学习。存在的困难不仅仅是这种逻辑可能不再适用,而是它们会嵌入到组织的常规任务和程序中。它甚至可能导致管理者因为履行了主导逻辑而受到了奖励。组织甚至可能会还原成单回路循环学习,并且当业绩下降到使组织生存受到威胁的临界点时,它只会被迫改变自己的行为。因此,一个新的学习经验将是必不可少的。[48]

11.5.6 目光短浅的学习:Levinthal 和 March 的贡献

回顾圣吉的贡献和其他关于学习的文章,莱温特(Levinthal)和 March[49]研究了目光短浅的学习存在的缺点。他们认为学习拥有很多优点,但也认为学习过程有许多局限性。他们认为学习需要维持一个困难的平衡,即在开发探索新知识的同时,还需要开发维持该平衡的能力,因为该平衡常常会倾斜地支持一个或者另外一个。他们确定了组织学习的三个限制因素:

1. "短暂"的目光短浅(Temporal myopia)。学习往往会为了短期发展而牺牲长期发展。正如我们学习过关于新能力和市场聚焦的知识后,我们会同时关注这两个方面,而忽略这两个方面以外的领域。然而,显而易见的是,如果一个组织不能在短期内生存下去,那么它将不可能长期发展。因此,学习在这里就提出了这样一个问题。

2. "空间"的目光短浅(Spatial myopia)。学习往往有助于促进出现在学习者附近的影响。组织往往关注的是在不久的将来的生存问题,而不是更广泛的问题,这些问题有助于组织随着时间而增长。

3. "失败"的目光短浅(Failure myopia)。组织学习总是学习成功案例而排斥失败的案例。就其性质而言,学习往往会消除失败而只关注成功。在实际经验中,学习很难改变这种偏见,甚至可能会使组织对未来成功过于自信。

由于这些原因,学习有时也许并没有所建议的那样有效。学习型组织在维持充足的探索研究上存在困难。组织对它们的学习期望应该保守一点:"魔法是很好的,但是很难找到。"

11.5.7 提高组织的学习能力

显而易见的是,通过意识到惯性思维(主导逻辑)的危险,组织的领导者能够确保避免这种陷阱。圣吉担心的是过分强调了领导者在以下几个方面的作用,即构建共同愿景;挑战思维模式;帮助那些参与到组织中,并用多种不同的方式来发展团队学习的人。

三种其他机制有助于克服惯性思维的困难:

1. 放松日。组织一次,或者是一天的活动,使管理者们远离他们的日常工作,让他们对业务做一个基本回顾。

2. 讲故事。将战略制定转变成一系列故事,即可以通过强调学习的创造性方面、通过强调战略制定的更加戏剧性方面或者通过提供丰富的细节内容,即能够带来有活力的关系并且打破阻碍知识共享的障碍等细节。[50]

3. "无责备"文化。开发一个鼓励和支持重要知情评论的组织。

如果他们挑战现有的思维方式,提供有利的"无责备"的环境,并完成这样的任务,那么支持这些措施或者其他措施是组织改善其战略决策制定的实现方法。我们会在第16章继续研究这一主题。

11.5.8 战略制定过程的结果

在学习过程中,将半制成的目标移交给初级经理和员工"自上而下"的管理概念显然是没有任何意义的。创造性学习需要一个更强大的合作与讨论的因素。然而,学习过程的分析因素可能继续存在,尽管该过程会更加公开或者涉及更多的人。这将不可避免地使学习过程慢下来,但是为了实现更大的承诺并获得小组成员对战略的可替代见解,这也许只是一个小小的代价。战略规划和选择仍然是可能的,但是战略过程比常规过程更加复杂和具有更多的层次。然而,显然可能的是,战略实施阶段在实际中会更快,因为人们的消息更加灵通,并且会更加致力于他们帮助形成的战略。[51]

图11.8概括了基于学习的过程的主要因素。关键点就是学习过程本身就是战略的一部分,而不是在战略制定后额外增加的部分。这意味着全面制定的战略只会随着时间显现出来。

评论

基于学习的发展路径在战略管理制定中具有真正的价值。然而,不得不说的是,除了需要咨询每一个人以外,它的提议有时是模糊的和没有操作性的。然而,对于高级经理而言,在某些环境下,仍然需要在没有咨询的情况下作出决策(见关于诺基亚的案例9.2和艾波比集团的案例12.3)。通常,组织应该在什么时候或者应该怎样采取基于学习的战略,已经成为了合理批评该发展路径的基础。[52]尽管存在一些缺点,但是该发展路径并没有排除常规过程的使用。在这本书的下一章将进行深入研究。

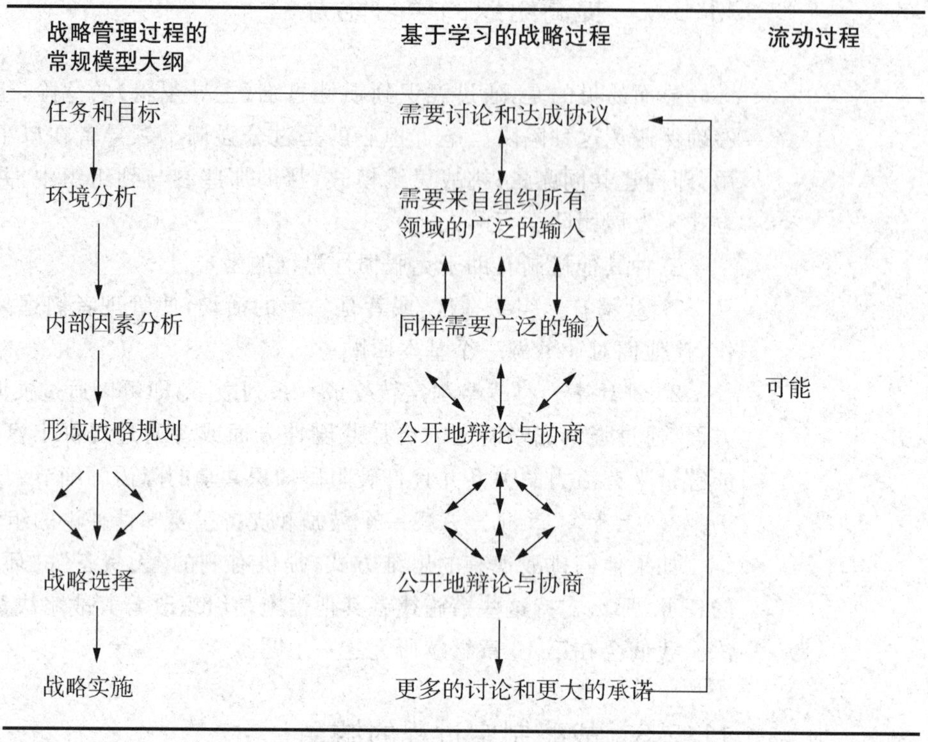

战略管理过程的 常规模型大纲	基于学习的战略过程	流动过程
任务和目标 ↓	需要讨论和达成协议 ↕	
环境分析 ↓	需要来自组织所有 领域的广泛的输入 ↕	
内部因素分析 ↓	同样需要广泛的输入 ↕	可能
形成战略规划 ↙↘	公开地辩论与协商 ↕	
战略选择 ↓	公开地辩论与协商 ↕	
战略实施	更多的讨论和更大的承诺	

图 11.8　基于学习的战略过程与常规过程的比较

关键战略原则

- 基于学习的战略发展路径强调学习和精心制作是成功的战略管理制定的因素。在制定唯一战略时，它特别重视试验和反馈机制。学习不关注记忆工作，关注的是在开发新战略机会时的活跃创造力。
- "双环学习"的组成是由第一次循环学习，即检查绩效是否达到预期标准并对必要的地方进行调整，加上第二个循环，即重新评估预期的标准是否适合第一个阶段。
- 在制定实验性的新战略时，团队活力要比个人更加重要。在团队学习中存在五个原则，即自我超越、团队思维模式、共同愿景、团队学习和系统思维。
- 利用启发式学习，可以将学习从组织的一部分传向另一部分，即决策规则就是捕获和总结组织某个部分所学习的内容，并将其传递给其他部分。
- 与学习有关的一个危险就是，在学习过程的最后阶段的"成功的解决方法"会变成"惯性思维"，这阻碍了组织的继续学习。存在许多方法能够克服这一点，即良好的领导能力、讲故事的方式，以及为了彻底地重新评估组织的战略来组织一次活动机会。
- 基于学习的观念，很难维持来自开发新知识的学习与来自开发现有能力的学习之间的平衡。关于学习的观念，存在三个基本问题，即短暂的缺点，

> 学习通常为了短期发展而牺牲长远发展;空间的缺点,学习往往有助于出现在学习者附近的影响;失败的缺点,组织的学习总是学习成功案例而排斥失败案例。
>
> ● 在概念上,团队和个人学习是具有真正价值的,但是,在实践中,它通常是模糊的且不具有操作性的。

11.6 国际因素

世界各地的差异在于文化、社会价值观和经济传统,这意味着在某些国家引进和管理一些战略过程可能是非常困难的。例如,11.5节中的学习过程需要一个放松的和开放的上下级关系,这一关系适用于北欧的一些国家,但是在马来西亚和印度地区却很罕见。[53]一些作家提出了"无国界的世界"和"全球公司"的想法。毫无疑问的是,在普通的消费者口味和产品采购上存在真正的共性,但是,在更加详细的、需要更多承诺的战略过程上,仍然存在真正的差异。[54]

国际因素可能会在每一个时期影响战略过程。然而,它们影响过程的方式并不是单一的和一致的。因此,不存在"国际战略过程"。

11.6.1 利益相关者

正如我们所了解的那样,利益相关者及其相关权力在世界各地是不同的,即股东、员工、管理者、财务机构、政府和其他利益集团。重要的是,他们影响战略过程的能力也是不同的:

● 在远东和非洲的一些地区,政府在指导战略制定过程方面的影响是很重要的。

● 在英国和北美地区,在战略制定中,通常需要优先考虑股东。

这些差异来自于历史、文化和经济因素。每一个国家的不同价值观、期望和信念都将影响战略过程:公司也许不能保持简单的经济和理性的观点,这些观点已经被一些西方国家用来指导战略过程。这些影响也许更加复杂,并且嵌入文化和社会价值观中。[55]明确地意识到利益相关者的期望是战略过程的重要部分。

11.6.2 任务和目标

战略目标和过程可能会反映出战略制定所处国家的社会制度。因此,需要在它们原来的国家环境下,考虑公司的任务和目标。然而,应该意识到的是,即使是在一国之内,雄心、信念和价值观仍然存在很大的不同。因此,不能过分夸大社会文化因素的重要性。正如惠廷顿(Whittington)所指出的,"社会太复杂,且人们太个人主义,而使得不能期待温和的一致性"。[56]

11.6.3 环境

在某种意义上,对于所有公司而言,国际环境是相同的,因为当它们在世界市场竞争时,它们将面临相同的经济增长趋势、相同政治势力的重大转变、相同的社会变化以及科技的发展。然而,由于利益相关者的"母国"(base country)可能不同,所以它们对环境变化的反应和预期会引起战略的重大变化。例如,在20世纪90年代中期,日元兑换美元汇率的显著上升。这一环境变化对世界汽车产业的影响是完全不同的,取决于利益相关者的"母国"不同,即日本汽车公司遭受了损失,而美国汽车公司获得了利益。[27]

11.6.4 计划和选择

在计划之间的理性选择的整体观可能是西方人的,甚至是英美人的文化和社会背景。例如,一些文化强调注定的命运是生命的重要元素,包括商务事项。如果事件是由命运决定的,那么这将显著影响计划和选择过程。[58]

计划和选择同样需要一些关于讨论和判断所依据的方法和标准的基础协议。这同样是具有文化特性的,正如一位研究者所描述的:[59]

● 盎格鲁—撒克逊风格(英国人风格)是舒适的,对不同观点的开放讨论,并认为折中方法是处理分歧的最好结果。

● 日耳曼人和高卢人都喜欢讨论,但是更愿意与那些具有相同知识和社会背景的人进行讨论。日耳曼人希望在崇高的理论中需求讨论中的严谨。相反,高卢人采取相反的观点,他们更喜欢争论本身的趣味性而不是得出结论。

● 日本人不会讨论,在一定程度上是因为他们没有这样的传统,也可能是因为不希望破坏已经建立起来的社会关系。

当涉及跨越国际边界来进行战略决策过程时,如果存在问题或许并不令人意外。

> **关键战略原则**
>
> ● 国际因素可能会在每一个时期影响战略过程。利益相关者影响战略过程的能力会因国家的历史、政治和文化因素而异。
>
> ● 任务和目标可能会基于战略制定所处国家的社会和文化制度。环境也许同样是战略制定的另一个重要方面,即一个组织的"母国"将影响制定和管理国际战略的方式。
>
> ● 在选择过程中的计划和选择将会受到参与过程的人们在文化和社会制度方面的控制。

> **批判性反思**
>
> ### 基于学习的战略发展路径真的有帮助吗?
>
> 在考虑常规战略的可替代方法时,这一章认为基于学习的战略发展路径具有特别的优点。它在战略制定中表现出了灵活性,特别是加上团体的力量时,它能够帮助激发出强大的新战略见解。
>
> 但是,这一观点也遭受了批判,因为它是模糊的并且缺乏操作指导。公司需要对重要的事项作出决策,并且不能够等待一个学习过程来得出明确的结果。你是怎么认为的呢?基于学习的方法到底多么有用呢?

总 结

- 这一章首次研究了在战略制定过程中战略环境的重要性。在战略制定的常规模型中,环境被假定为线性的和可预测的,然而,在现实中,它可能是动荡的和不确定的。因为这一困难,所以形成了能够替代常规过程的方法。随后,这一章从许多可用的模型中检验了四个模型。特别强调了基于学习的战略方法,该方法有助于将其他方法与常规方法结合起来。

- 基于生存观点的战略强调了使战略适应环境变化的重要性。最终目标是生存本身。所采用的方法是为了制定环境变化时所采用的战略规划。寻找低成本的战略规划是特别有效的。除了对制定战略规划采取预防措施外,几乎不存在其他单个组织能够做的事情。存在一些偶然的因素来决定它是否能够生存。

- 基于不确定性的方法关注的是目前环绕在战略管理制定周围的艰难的和动荡的环境。创新和转型是战略的关键方面。它们必然会包含不确定性。这种不确定性可以通过数学模型进行模拟。然而,长期结果是未知的,并且不能够预见或者有效预测。因此,基于不确定性的方法需要采取小步骤前进。管理人员需要学习这种行为举措,以及进行相应的调整。由于未来的不确定性,因此采用常规方法的战略规划以及在它们之间进行的选择是不相关的。

- 基于网络的战略发展路径研究的是有关组织和产业中所呈现的合作联系和合作程度,并且高度重视合作程度。从一个战略的角度来看,该路径包含两个方面,即网络外部性与网络合作。

- 网络外部性是指一个网络整体标准的发展,该网络允许那些属于网络中的公司与加入到相同网络中的公司一样获得越来越多的利益。在这种外部性中,关键时刻就是"临界点"。当安装基础设施的网络用户转向选择一个提供新网络的公司,并且远离竞争供应商时,就会达到临界点。

- 在网络合作战略中,通过组织与其他组织之间的竞争与合作的精确组合,可以增加价值且形成竞争优势。需要在与强大的客户和供应商的协商环境中考察这样一种战略方法,在该环境中会发生讨价还价与权衡交易。

- 基于学习的战略发展路径强调学习和精心制作是成功的战略管理制定的因素。在制定唯一战略时,它特别重视试验和反馈机制。学习不关心记忆工作,关注的是在开发新战略机会时的活跃创造力。"双环学习"的组成是由第一次循环学习,即检查绩效是否达到预期标准并对必要的地方进行调整,加上第二个循环,即重新评估预期的标准是否适合第一个阶段。

- 在制定实验性的新战略时,团队活力要比个人更加重要。在团队学习中存在五个原则,即自我超越、团队思维模式、共同愿景、团队学习和系统思维。

- 利用启发式学习,可以将学习从组织的一部分传向另一部分,即决策规则就是捕获和总结组织某个部分所学习的内容,并将其传递给其他部分。与学习有关的一个危险就是,在学习过程的最后阶段的"成功的解决方法"会变成"惯性思维",这阻碍了组织的继续学习。存在许多方法能够克服这一点,即良好的领导能力、讲故事的方式,以及为了彻底地重新评估组织的战略来组织一次活动机会。

- 基于学习的观念,很难维持来自开发新知识的学习与来自开发现有能力的学习之间的平衡。关于学习的观念,存在三个基本问题,即短暂的缺点,学习通常为了短期发展而牺牲长远发展;空间的缺点,学习往往有助于出现在学习者附近的影响;失败的缺点,组织的学习总是学习成功案例而排斥失败案例。

- 在概念上,团队和个人学习是具有真正价值的,但是,在实践中,它通常是模糊的且不具有操作性。

- 国际因素可能会在每一个时期影响战略过程。利益相关者影响战略过程的能力会因国家的历史、政治和文化因素而异。任务和目标可能会基于战略制定所处国家的社会和文化制度。环境也许同样是战略制定的另一个重要方面,即一个组织的"母国"将影响制定和管理国际战略的方式。在选择过程中的计划和选择将会受到参与过程的人们在文化和社会制度方面的控制。

问 题

1. 查尔斯·汉迪描述了最近在全球研发上的技术突破是不连续的。他评论说:"非连续变化需要用不连续的、颠倒的思维来处理它,即使思想家在第一次会出现荒谬的想法。"这种不连续性能够通过常规过程来处理吗?或者是否需要一个应急过程呢?如果需要应急战略过程,应该选择哪一个呢?

2. 为什么环境在战略制定中很重要?在欧洲电信的案例中,环境的主要因素是什么?它们是如何影响战略制定的?

3. 选择一个你熟悉的组织并考虑它的计划发展到什么程度?它是如何执行其任务的?该过程是否合理有效,或者它的整个过程是否是浪费时间的呢？任何一个规划过程在多大程度上会依赖于"人"的问题和协商谈判呢？这一章的什么模型是最接近它的战略发展过程？

4. 常规战略过程是否可能具有创造性？

5. 有人认为基于生存的战略路径方法过于悲观消极。你同意吗？

6. 对于组织而言，例如电信公司，涉及需要花费很长时间来完成的长期投资决策、基于不确定的发展路径，在非常短的时间范围内似乎没有什么可以提供的指导。这样的战略路径是否能够为这样的公司提供有用的指导呢？

7. 为什么在战略制定中，协商是很重要的？为什么最好是不需要一个强大的领导者，该领导者会将自己的思想强加给组织？

8. 基于学习的战略路径强调了战略制定的创造性。为什么这很重要，以及它是如何实现的？

9. "管理者至少会通过他们所提供的可论证结果来判断管理理论。"科林·伊根评论道。将这一评论应用到本章所描述的战略路径中，并概括你的结论。

10. 如果你正在咨询本田摩托在20世纪90年代的战略，你会采取什么战略方法或者战略方法的组合？给出你的理由？

扩展阅读

For an early comparative review of strategic approaches, the book by Dr Richard Whittington remains one of the best: Whittington, R (1993) *What is Strategy – and Does it Matter?*, Routledge, London. For a more recent paper, see Farjoun, M (2002) 'Towards and organic perspective on strategy', *Strategic Management Journal*, Vol 23, pp561–594.

For a discussion of survival-based approaches, see Rumelt, R, Schendel, D and Teece, D (1991) 'Strategic management and economics', *Strategic Management Journal*, Vol 12, pp5–29. This is a very useful general review and would provide a good link for those who have already studied economics. An interesting paper: Wiltbank, R, Dew, N, Read, S and Sarasvathy, S D (2006) 'What to do next? The case for non-predictive strategy', *Strategic Management Journal*, Vol 27, pp981–998.

For a description of the uncertainty-based approach, see Stacey, R (1996) *Strategic Management and Organisational Dynamics*, 2nd edn, Pitman Publishing, London. See also Professor Robert Grant's paper (2003) 'Strategic planning in a turbulent environment: evidence from the oil majors', *Strategic Management Journal*, Vol 24, pp419–517.

On network based approaches, one of the most useful sources is the *Academy of Management Executive* special issue on building effective networks: Vol 17, No 4, November 2003.

For a useful discussion of learning approaches, see Senge, P (1990) *The Fifth Discipline: the art and Practice of the Learning Organisation*, Century Business, London. For a critical examination of learning, Professor Colin Egan's book is strongly recommended: Egan, C (1995) *Creating Organisational Advantage*, Butterworth–Heinemann, Oxford. On linking learning to entrepreneurial activity, Anderson, B S, Covin, J G and Slevin, D P (2009) 'Understanding the Relationship Between Entrepreneurial Orientation and Strategic Learning Capability', *Strategic Entrepreneurship Journal*, Vol 3, No 3, pp218–240.

One of the best papers on learning is Levinthal, D A and March, J G (1993) 'The myopia of learning', *Strategic Management Journal*, Vol 14, Special Issue, Winter. Don't be put off by this academic journal. Unlike some of its research papers, this one is easier to read and it has some major insights. It won the *SMJ* best paper prize 2002.

An interesting paper is one comparing strategic planning (prescriptive) and learning (emergent) processes: Brews, P J and Hunt, M R (1999) 'Learning to plan and planning to learn: resolving the planning school/learning school debate', *Strategic Management Journal*, Vol 20, pp889–913. Another interesting paper on learning versus performance goals: Seijts, G H and Latham, G P (2005) 'Learning versus performance goals: when should each be used?', *Academy of Management Executive*, Vol 19, No 1, pp124–31.

注释与参考文献

1. Thus, for example, classic prescriptive strategy might explore 'Gap analysis': see Jauch, L R and Glueck, W F (1988) *Business Policy and Strategic Management*, 5th edn, McGraw-Hill, New York, pp24–26.
2. Pascale, R (1984) 'Perspectives on strategy: the real story behind Honda's success', *California Management Review* XXVI, 3, pp47–72. This article was extracted in Mintzberg, H and Quinn, J B (1991) *The Strategy Process*, 2nd edn, Prentice Hall, Englewood Cliffs, NJ, pp114–123. This is well worth reading to illustrate the problems of the classical model.
3. Kono, T (1992) *Long Range Planning of Japanese Corporations*, de Gruyter, Berlin.
4. See Chapter 1 for a basic discussion on context, process and content. Also Pettigrew, A and Whipp, R (1993) *Managing Change for Competitive Success*, Blackwell, Oxford, Ch1.
5. For a fuller exploration, see Chaharbaghi, K and Lynch, R (1999), 'Sustainable competitive advantage: towards a dynamic resource-based strategy', *Management Decision*, Vol 37, No 1, pp45–50.
6. These four routes were identified and set in the context of other strategic approaches in Chapter 2.
7. References for European telcos case: Isern, J and Rios, M I (2002) 'Facing disconnection – hard choices for Europe's telcos', *McKinsey Quarterly*, No 1; Annexes to Seventh Report on the implementation of the telecommunications regulatory package, Commission Staff Working Paper, SEC (2001) 1922 Brussels – 26 November; *Financial Times*: 1 August 1998, p5 Weekend Money; 24 April 1999, p21; 27 January 2000, p1; 3 February 2000, p24; 1 May 2000, p11; 3 June 2000, p15; 28 March 2001, p23; 3 April 2001, p26; 2 May 2001, p15; 11 May 2001, p22; 13 June 2001, p27; 7 September 2001, p13; 13 October 2001, p16; 17 October 2001, p23; 18 December 2001, p23; 11 January 2002, p20; 12 January 2002, p11; 6 February 2002, p19; 8 February 2002, pp20, 24; 13 February 2002, p16; 23 February 2002, p19.
8. Alchian, A A (1950) 'Uncertainty, evolution and economic theory', *Journal of Political Economy*, Vol 58, pp211–221, first proposed this. 2010 company annual report and accounts of the following companies: Deutsche Telekom, France Telecom, British Telecom, Telecom Italia, Vodafone, Telefonica. The market data used in the case comes from the Vodafone annual report.
9. Hofer, C W and Schendel, D (1986) *Strategy Formulation: Analytical Concepts*, 11th edn, West Publishing, St Paul, MN. This book used the same approach in the 1970s and 1980s.
10. Hannan, M and Freeman, J (1977) 'The population ecology of organisations', *American Journal of Sociology*, Vol 82, March, pp929–964.
11. Williamson, O E (1991) 'Strategizing, economizing and economic organisation', *Strategic Management Journal*, Vol 12, pp75–94.
12. This represents one particular view of the relationship between economics and strategy. For a more general discussion, see Rumelt, R, Schendel, D and Teece, D (1991) 'Strategic management and economics', *Strategic Management Journal*, Vol 12, pp5–29.
13. Stacey, R (1993) *Strategic Management and Organisational Dynamics*, Pitman Publishing, London, p211.
14. Roberts, D (2000) 'Orange renegade', *Financial Times*, 3 June, p15.
15. Gleick, J (1988) *Chaos: the Making of a New Science*, Heinemann, London.
16. Lloyd, T (1995) 'Drawing a line under corporate strategy', *Financial Times*, 8 September, p10. This provides a short, readable account of some of the consequences of this strategic approach.
17. Stacey, R (1993) 'Strategy as order emerging from chaos', *Long Range Planning*, 26(1), pp10–17.
18. References for the on-line travel case: *Financial Times*: 16 November 2001, p24; 21 May 2003, p15; 6 August 2003, p21; 19 April 2004, p10; 21 May 2004, p28; 25 June 2004, p28; 3 September 2004, p26; 30 September 2004, p30; 9 November 2004, p13; 9 February 2005, p11; 8 March 2011, p25. In 2011, websites of Orbitz, Sabre Holdings, Amadeus, Travelport and Expedia.
19. Katz, M and Shapiro, C (1985) 'Network externalities, competition and compatibility', *American Economic Review*, Vol 75, pp424–440.
20. This section has benefited from McGee, J, Thomas, H and Wilson, D (2005) *Strategy – Analysis and Practice*, McGraw-Hill, Maidenhead, Ch12.
21. This refers to the work of Coase and Williamson.
22. This refers to the work of Porter.
23. Gerlach, M (1992) *Alliance Capitalism*, University of California Press, Berkeley, CA. Quoted in De Wit, R and Meyer, R (1998) *Strategy: Process, Content and Context*, 2nd edn, International Thomson Business Press, London, p512. But note my rephrasing of this relationship.
24. Doz, Y (1986) *Strategic Management in Multinational Companies*, Pergamon, Oxford, pp95, 96.
25. Reve, T (1990) 'The firm as a nexus of internal and external contracts', in Aoki, M, Gustafsson, M and Williamson, O E (eds), *The Firm as a Nexus of Treaties*, Sage, London.
26. Johanson, J and Mattson, L-G (1992) 'Network positions and strategic action', in Axelsson, B and Easton, G (eds), *Industrial Networks: a New View of Reality*, Routledge, London.
27. Porter, M E (1985) *Competitive Advantage*, The Free Press, New York.
28. Jarillo, J C (1988) 'On strategic networks', *Strategic Management Journal*, June–July.
29. This choice is presented as the prime focus of the 'debate' in De Wit, R and Meyer, R (1998) Op. cit., Ch7.
30. References for solar power case: European Voltaic Industry Association, *2010 Market Outlook*, available on the web. *Financial Times*: 14 August 2009, p14; 19 August 2009, p18; 29 November 2010, p4; 15 February 2011, p24.
31. Mintzberg, H (1987) 'Crafting strategy', *Harvard Business Review*, July–August.
32. De Geus, A (1988) 'Planning as learning', *Harvard Business Review*, March–April, p70.
33. Argyris, C (1977) 'Double loop learning in organisations', *Harvard Business Review*, September–October.

34 Garvin, D (1993) 'Building a learning organization', *Harvard Business Review*, July–August. The precision and care of its wording make this article particularly valuable.
35 Argyris, C (1977) 'Double loop learning in organizations', *Harvard Business Review*, May–June, pp99–109.
36 Senge, P (1990) *The Fifth Discipline: The Art and Practice of the Learning Organisation*, Century Business, London, Ch1.
37 Pucik, V and Hatvany, N (1983) 'Management practices in Japan and their impact on business strategy', *Advances in Strategic Management*, 1, JAI Press Inc, pp103–131. Reprinted in Mintzberg, H and Quinn, J B (1991) Op. cit.; World Bank (1994) *World Development Report 1994*, Oxford University Press, New York, pp76–79.
38 See *The Economist* (1995) 'The knowledge', 11 November, p107.
39 Senge, P (1990) 'The leader's new work: building learning organisations', *Sloan Management Review*, Fall, and Senge, P (1990) *The Fifth Discipline*.
40 Quinn, S, Mills, D and Friesen, B (1992) 'The learning organisation', *European Management Journal*, 10 June, p146.
41 Argyris, C (1991) 'Teaching smart people how to learn', *Harvard Business Review*, May–June, p99.
42 Bingham, C B, Eisenhardt, K M and Furr, N R (2007) 'What makes a process a capability?' *Strategic Entrepreneurship Journal*, Vol 1, pp27–47. Note that the authors draw a distinction between learning and cognition in their interesting paper towards the end (p40) but then confuse this by combining the two concepts earlier in the paper (p31). For the purposes of this book, this distinction is ignored and the topic treated as the one subject of learning.
43 Bingham, *et al.*, Ibid., p31.
44 Bingham, *et al.*, Ibid., p31.
45 Bingham, *et al.*, Ibid., p31. Note that the research evidence mainly covered firms at the beginning of their lives and therefore did not explore such rigidities – as acknowledged by footnote number 2 on p31.
46 Prahalad, C K and Bettis, R A (1986) 'The dominant logic: a new linkage between diversity and performance', *Strategic Management Journal*, Vol 7, pp485–501.
47 Bettis, R A and Prahalad, C K (1995) 'The dominant logic: retrospective and extension', *Strategic Management Journal*, Vol 16, pp5–14.
48 Bettis, R A and Prahalad, C K (1995) 'The dominant logic: retrospective and extension', *Strategic Management Journal*, Vol 16, pp5–14. See also: Cote, L, Langley, A and Pasquero, J (1999) 'Acquisition strategy and dominant logic in an engineering firm', *Journal of Management Studies*, Vol 36, pp919–52.
49 Levinthal, D A and March, J G (1993) 'The myopia of learning', *Strategic Management Journal*, Vol 14, Special Issue, Winter.
50 Shaw, G, Brown, R and Bromiley, P (1998) 'Strategic stories: how 3M is rewriting business planning', *Harvard Business Review*, May–June, pp41–50.
51 Burgoyne, J, Pedler, M and Boydell, T (1994) *Towards the Learning Company*, McGraw-Hill, Maidenhead.
52 Jones, A and Hendry, C (1994) 'The learning organisation: adult learning and organisational transformation', *British Journal of Management*, pp153–162. See also a thoughtful critique of the learning approach in Egan, C (1995) *Creating Organisational Advantage*, Butterworth-Heinemann, Ch5. Finally see the major review of learning: Levinthal, D A and March, J G (1993) Op. cit.
53 See Hofstede, G (1991) *Cultures and Organizations, Software of the Mind*, McGraw-Hill, Maidenhead; especially his evidence on the Power/distance aspect of national cultures.
54 Hu, Y S (1992) 'Global or stateless firms with international operations', *California Management Review*, Winter, pp115–126.
55 Granovetter, M (1985) 'Economic action and social culture: the problem of embeddedness', *American Journal of Sociology*, Vol 91, No 3, pp481–510.
56 Whittington, R (1993) *What is Strategy – and Does it Matter?*, Routledge, London, p37.
57 *Financial Times* (1995) 'Hollowing out in Japan', 28 March, p21; Nakanoto, M (1995) 'Knocked off the road again', *Financial Times*, 20 April, p25.
58 Kluckhohn, C and Strodtbeck, F (1961) *Variations in Value Orientations*, Peterson, New York.
59 Furnham, A (1995) 'The case for cultural diversity', *Financial Times*, 8 December, p11. The author was Professor of Psychology at University College, London, at the time the article was written.

第 12 章
组织的架构、类型和员工问题

学习成果

这一章的视频与音频总结

通过本章的学习,你将能够:
1. 批判性地评价这种观点,即战略和架构拥有一个比早期战略家所提出的更加复杂的关系。
2. 了解组织架构设计中的基本原则,以此来实现所选择的战略。
3. 当改变组织战略时,评价改变一个组织管理风格的重要性。
4. 概括组织架构的六个主要类型,并评价它们与特定的战略有关的优点和缺点。
5. 建立一个特殊的、更能导致创新战略的组织架构。
6. 解释正式组织需要激励员工,并且执行所选择的战略。

引言

除了需要深思熟虑的战略之外,一个组织还需要管理团队和实施战略的人员。在过去,存在一个很重要的学术争论,即是否应该先策划战略,然后再建立组织来实施战略。本书认为,最好是同时考虑这两个因素,这就是为什么我们会在第 7 章的分析中研究人力资源战略内容的原因。然而,将战略排在第一位而将组织架构排在第二位的观点需要得到理解。这一章我们首先会研究这一主题。

随后,我们会研究与建立组织架构有关的更普遍原则。值得强调的一个特殊方面是管理风格的选择。考虑这些问题之后,我们将探索在不同的企业类型中,如何设计组织架构。由于成功战略中创新的重要性,特别是从应急战略角度来看,我们将分别研究这个主题。我们将研究,在提供有能力且动机良好的高级经理来成功实施战略时,有效奖励架构和选择过程的作用。最终,根据这些因素,将会建立一个合适的组织架构,如图 12.1 所示。

第12章 组织的架构、类型和员工问题

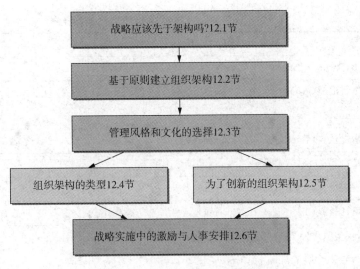

图 12.1 组织架构和人员问题

案例研究 12.1

百事可乐：整合它的收购

在1998年到2001年的三年内，美国的食品和饮料公司百事可乐进行了两大主要收购。每次收购的价格都很昂贵，这些费用只能通过寻找新的协同作用和规模经济来偿还。这还需要百事可乐公司来建立新的组织架构，所设计的这种架构是为了在随后几年里提供好处。

背景：公司本身

百事可乐最著名的也许是其碳酸可乐饮料，它被出售到全世界大多数国家中，经常处在第二的位置，排在其最大的竞争对手可口可乐之后。然而，在总体销售方面，百事可乐实际上要大于可口可乐，在2004年，其销售额为290亿美元，而可口可乐是220亿美元。百事可乐能够获得较多销售额的原因是，它同样是世界上最大的零食和薯片制造商，它在世界各地拥有一系列的品牌，包括北美的菲多利公司（Frito-Lay）和英国的沃克（Walker）。但是，该公司同样拥有一些其他著名品牌名称，例如佳得乐（Gatorade）、纯果乐果汁（Tropicana）以及桂格（Quaker）早餐谷物食品。表12.1列出了它的一些主要产品，包括2004年以前的6年时间里通过收购获得的品牌。

公司的主要收购：纯果乐和桂格

纯果乐果汁系列和桂格系列产品来自于百事可乐在1998年到2001年期间的收购。在1998年，百事花费33亿美元，从施格兰饮料公司（Seagram）收购了纯果乐；在2001年，花费150亿美元收购了桂格。在这两个案例中，百事可乐支付了超过公司资产账面价值的巨大额外费用。它认为从这两个收购中能够获得显著的协同作用和规模经济。对于桂格，百事可乐对运动饮料佳得乐特别感兴趣，该饮料在快速增长的新兴饮料细分市场上成为了市场领导者。百事同样购买了桂格麦片系列产品，但是该产品面临着来自家乐氏公司和通用磨坊公司的巨大竞争压力，见案例2.1。然而，桂格品牌同样带来了生产新的零食产品的可能性。随后，百事可乐开始组织公司来利用这一优势，不仅仅在北美市场同样还在欧洲市场。

表 12.1　百事可乐 10 大产品的零售价

品　　牌	全球零售价（美元）
正则百事（Regular Pepsi）	17.0
轻怡百事（Diet Pepsi）	6.0
山露（Mountain Dew）	5.5
佳得乐运动饮料（Gatorade Sports Drink）	5.2（2001 年收购）
乐事薯片（Lays Potato Chips）	5.0
多力多滋玉米片（Doritos Tortilla Chips）	3.0
纯果乐果汁饮料（Tropicana Juice Drink）	2.9（1998 年收购）
七喜饮料（美国之外 7Up Grink）	2.4
阿夸菲纳瓶装水（Aquafina bottled water）	2.3
奇多奶酪味零食（Cheetos Cheese Flavourd Snacks）	2.0
桂格麦片（Quaker Cereals）	1.5（2001 年收购）

资料来源：2004 年的公司报告和报表。

百事可乐公司的重组来开发所有的收购潜能

对于百事可乐而言，基于其强大的竞争性资源是它建立改进的组织架构的主要起点。这些资源包括它在整个北美，或者较小程度上的在其他国家中，与超市所建立的主要关系网络。这些资源同样包括它现有的品牌特许经营权，例如百事、菲多利、桂格、佳得乐和纯果乐。该公司拥有一个专业的配送架构，该架构的设计是为了传送新鲜的和脆弱的零食，它每周会直接地向美国的 15 000 家批发商以及间接地向大约 500 000 家批发商配送货物。它同样拥有一个强大的装瓶工人网络，他们对百事的送货和交货负责。该公司拥有一个产品和包装创新的记录，这来自于百事和菲多利的技术开发单位、佳得乐运动科研机构以及纯果乐营养中心。它们都擅长研发新产品和新包装。这些单位都由代表所有运营公司的总部集中掌管。

由于百事可乐在北美的每一个产品种类几乎都特别强大，所以它决定设立北美部门，并从其他国际运营公司中分离出这一部分。

另外，尽管运动饮料佳得乐和桂格麦片产品在北美是很重要的，但是它们在国际上拥有有限的特许经营权，特别是佳得乐，它在美国之外的地区几乎是不著名的。公司决定在国际上将这些产品与一些其他产品组合起来。

面对不断增长的竞争和缓慢增长的局面，百事可乐通过转向更加快速增长的市场战略来应对这一环境变化，这些快速增长的市场是软饮料、矿泉水和零食产品等市场。但是，这也意味着需要重组公司。

百事可乐主要的组织架构：2001 年

在 2001 年，百事可乐拥有以下组织部门，

每个部门都需要向总部汇报:

● 百事可乐北美部门,该部门不仅仅需要对最大的品牌负责,也需要为建立新的非碳酸饮料产品系列负责,例如瓶装水。公司不希望该领域的成本节约低于来自两个收购品牌的主要成本节约。在 2004 年,该部门与佳得乐/纯果乐北美部门合并,见下文。

● 百事可乐饮料国际部门,该部门包含了合并的国际运营部门,即百事可乐、纯果乐和佳得乐的合并。它打算结合一般职能与行政职能,从而获得"大量的成本节约"。然而,存在的问题是,尽管百事的品牌在美国很强大,但是它的国际品牌份额却较弱,尤其是在欧洲部分。因此,为了与纯果乐合并(佳得乐份额太小因而不太重要),并且获得来自共享费用的成本节约,它必须更具成本有效性。在 2004 年,该部门与菲多利国际部门合并,见下文。

● 菲多利北美部门,该部门拥有部分桂格产品系列,例如甜谷物棒、能量棒以及相似的产品,并且将其与现有的美味零食薯片结合。其目的是为了获得大量的成本节约,同时为其现有的批发商提供更广泛的产品系列,因此增加销售。

● 菲多利国际部门,零食和薯片产品被出售到大约 40 个国家中。该公司已经拥有一定强大的市场地位,例如,占有墨西哥零食市场 80% 的份额和在拥有沃克薯片(Walker Crisps)的英国零食市场占据 40% 的份额。在这里,该公司目标是为了增加桂格食品的配送,并且在配送中获得主要的成本节约。

桂格国际谷类产品系列同样包括在该部门中,可能是因为它价格便宜,但也许因为百事可乐为了获得佳得乐必须购买该产品系列,正如上面所提到的。在 2004 年,该部门与百事可乐饮料国际部门合并。

● 佳得乐/纯果乐北美部门。这两个主要产品领域,即运动饮料和果汁,是作为可乐饮料中的单独领域进行合并的,因为它们的使用和销售具有不同的方式,并且具有不同的批发商。更具体地说,它们只存在一个共同的"热量补充"(hot-fill)的制造过程,这可以用来实现大量的成本节约。在 2004 年,该部门与百事可乐北美部门合并,见下文。

● 桂格食品北美部门。百事可乐决定保持北美地区的桂格谷类产品以及相关产品,如杰迈玛阿姨混合糖浆(Aunt Jemima syrup and mixes)。一些评论员怀疑,该独立部门会使得后期销售产品系列变得更加容易,但是,这根本不符合百事可乐的主要优势,并且同时面临着北美和国际市场的激烈竞争。桂格和佳得乐完善的仓库配送能力为百事可乐的新运输或配送系统带来了重要的新规模。

百事可乐进一步地重组:2004 年

到 2004 年,百事可乐决定合并以上一些部门,如图 12.2 所示。改变组织架构的原因是:

● 百事可乐饮料国际部门与菲多利国际部门合并。新部门被称为百事可乐国际部门。这里的逻辑是基于公司在不同的国际市场上的国际优势。例如,它的零食品牌在一

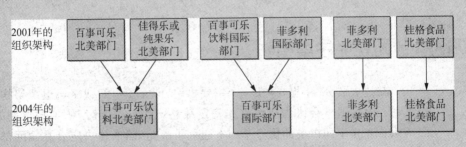

图 12.2 百事可乐在 2004 年是如何重组的

些地区特别强大,例如,墨西哥的萨布里达斯品牌(Sabritas)、英国的沃克斯品牌(Walkers)以及澳大利亚的史密斯品牌(Smiths)。在其他国家,百事可乐要更加强大,但零食品牌却相对较弱。无论哪种产品是最强的产品种类,它们都将成为领先品牌并且随后会扶持其他实力较弱的品牌。如果存在一个完整的组织而不是独立分离的组织,那么就能很好地做到这一点。

● 佳得乐/纯果乐北美部门与百事可乐北美公司合并是为了财务报告。新部门被称为百事可乐饮料北美部门。这是因为该举措允许公司在一个广泛的分销商范围内开发它在非碳酸饮料和健康果汁领域的优势。在碳酸饮料市场上,可口可乐是领导者,但是具有纯果乐和佳得乐的百事在整个饮料市场上是市场领导者。为了利用这种领导地位,至关重要的是将各种不同的品牌融合成一个团队部门。特别重要的是需要考虑到大型连锁超市不断增长的讨价还价能力,例如世界上最大的零售商沃尔玛,百事可乐饮料成为了"排名第一的液体提神饮料公司"。

百事可乐组织:2010 年

与其他组织一样,从 2004 年起,该公司进行了多年的进一步重组。最新的组织架构在 2010 年的报告中得到了充分的描述,但是包含了拉丁美洲、欧洲、亚洲地区的独立架构,并且中东和非洲地区已经成为了公司整体业务中更为重要的部分。

百事可乐拥有一个与绿色战略有关的广泛活动范围,即"环保举措帮助我们确定业务的协同效应,并且减少了我们的营运成本。它在提高包装材料、水和能源利用效率上同样是很重要的。所以,我们能够继续减少浪费,并且逐步实现重大的环境目标……"(百事可乐股份有限公司 2010 年的年度报告。)

ⓒ版权归理查德·林奇所有,2012 年。保留所有版权。该案例由理查德·林奇所著,来自于公开的信息。[1]

案例问题

1. 为什么百事可乐要分成北美部门和国际部门呢?为什么在这个架构中会存在一些差异?检验在这章中所概括的组织架构,你会把百事可乐归于哪一类组织呢?

2. 公司从它的收购中找到了什么好处?组织架构的变化是如何导致这样的好处的?为了获得这些好处,必须要采取什么行动?会存在一些人事变动结果吗?如果存在,那会是什么呢?

3. 从百事可乐建立新组织架构时所使用的方法中,可以得出哪些关于战略和组织架构的经验总结?

 在人力资源分析中,研究常规角度和应急角度。

12.1 战略优先于架构?

在过去的 30 年里,存在一个主要争论,即关于组织战略与组织架构之间的关系。过去通常会认为应该首先确定战略,然后再构建组织架构。例如,百事可乐首先在不同市场的优势基础上建立了战略,然后才决定合并国际部门和饮料部门。最近的研究已经质疑了这种方法,并认为战略和架构是互相关联的。

从这个角度来看,百事可乐在2004年合并它的北美经营公司时,不必提前充分了解这一举措的结果,即它的新架构和战略是新合并方法的一部分。在这一节,我们会研究为什么观点会发生改变的原因,即战略不再优先于架构。

12.1.1　战略优先于架构:钱德勒的贡献

为了理解构建组织架构所使用的这种常规方法背后的逻辑性时,必要回顾一下历史背景。早在20世纪60年代早期,美国战略家阿尔佛雷德·钱德勒研究了一些领先的美国公司是如何在20世纪前半个时期制定战略的。[2] 随后,他从经验证据中得出了一些主要结论,最重要的一点是组织首先需要制定它的战略,然后再设计出能够实现该战略的组织架构。

钱德勒明确地区分了战略设计与战略实施。他将战略定义为:

一个企业基本的长期目的和目标的决心,以及为了实现这些目标而采取的行动步骤和必要的资源配置。[3]

由组织的中心层来制定战略。随后,实施战略的工作会分配到各职能领域。钱德勒的研究表明,一旦制定了战略,那么就有必要考虑用来实施战略的组织架构。一个新战略可能需要额外的资源,或者新的人事安排,或者能够改变企业工作的设备,因此有必要构建一个新的组织架构,即"组织的设计是通过企业管理来进行的"。引自于钱德勒。

因此,根据20世纪初的行业发展可知,战略优先于组织架构的原则已经形成了。[4] 当我们进入新世纪时,这些因素是否仍然相关呢,我们将在下一章进行研究。

展示 12.1

20 世纪早期和 21 世纪早期环境的比较

20 世纪早期	21 世纪早期
未受过教育的工人,典型的是那些从农村转向城市工作的人	受到良好教育的、能使用计算机的、有技能的工人
简单的工程和技术知识	复杂的、计算机操作的、大规模的
新的管理科学意识到了简单的因果关系	目前只能部分理解,管理科学的多方面性和复杂性
增长的、新型的工业化市场和供应商	一些成熟的、周期性的市场与一些高增长的、新技术的市场和供应商的融合
管理层与工人之间显著的区别	在某些工业化国家,在管理层与工人之间存在较大的重叠部门

12.1.2 商业环境与社会价值观的改变

为了理解为什么组织架构的构建不再适合出现在战略决策之后,需要将早期的理论放置在它的历史战略环境中。自从钱德勒研究了20世纪初的公司以来,环境已经发生了重大变化。[5]工作场所本身、工人与管理者之间的关系,以及员工的技能都已经发生了重大改变。因此,嵌入过去认知中的旧组织架构也许会遭到质疑。展示12.1总结了环境是如何改变的。

展示 12.2

奎因的逻辑渐进战略过程以及它的组织影响[8]

战 略 阶 段	组 织 影 响
1. 感知改变的需要	利用组织中的非正式网络
2. 阐明战略领域并缩小战略规划	咨询更广泛,可能会使用更正式的架构
3. 使用改变符号来标记可能的变化	与那些不可能直接咨询的人交流:利用正式的架构
4. 创造等待期来进行战略规划讨论和熟悉较新的战略规划	鼓励兴趣小组的问题讨论:利用正式和非正式的组织架构
5. 阐明新战略的总体方向,试验并寻找部分解决方案,而不是就一个方向的坚定承诺	如果可能,在高级经理中进行没有疏离的一般讨论。利用正式的高级管理层架构
6. 扩大支持新方向的基础	在正式的现有架构以外,成立委员会、项目组和学习团队。团队成员和议事日程的谨慎选择是关键
7. 巩固发展	启动特别项目来探索和巩固总体方向:利用现有组织中的初级经理和相关团队成员
8. 在关注新目标和有关的战略之前就达成共识	利用组织中的非正式网络,识别和管理那些对未来战略方向具有重要影响的人
经历一段时间,也许是几年时间	
9. 平衡共识,即需要避免严格死板地履行可能来自于对目前成功战略的过度承诺	引进新成员来提供进一步的激励、新想法和新问题
10. 新组织	重组组织的正式架构来巩固变革:最后!

12.1.3　管理战略变化的复杂性：奎因的贡献

大部分的常规方法是建立在这种概念上的,即能够准确地选择需要采用的战略。随后,这种问题变成,需要建立组织和制订计划来实现所选择的战略。从实证研究来看,奎因[6]认为,在许多情况下,这极大地简化了战略过程,即:

- 简单的战略解决方法也许是不适用的,尤其是当所提议的变革是复杂的或者是有争议的时候。
- 因为组织的文化、员工或者政治压力,所以组织可能无法应对"显而易见的"解决方案。
- 也许需要随着时间来建立组织意识和承诺,因此无法引进一个立即的、彻底的变革。
- 管理者可能需要参与到变革的过程中,为了学习所提议的变革,并且贡献其专业特长来制定所需要的战略变革。

奎因表明,战略规划也许需要逐步进行,也就是说,分成小阶段来进行。他称该过程为"逻辑渐进主义"(logical incrementalism)。显而易见的是,不可能确定最终的组织架构,因为该架构也许会随着战略的逐步进行而同样需要改进。他为参与战略制定的高级经理提出了多阶段过程的建议,如展示12.2所示。重要的是,他意识到在达成一致的战略转变协议时,非正式组织架构的重要性。如果这一观点是正确的,那么显而易见的是,在确定一个战略之后,任何关于单一的最终组织架构的想法都是可疑的。

评论

战略过程的描述肯定是符合其他研究者的证据的。对于日常职责和工作而言,正式组织架构是重要的,但是当涉及执行复杂的和有争议的战略变革时,正式组织架构仅仅是战略过程的一部分。以上描述的架构有效性是依据所需要的彻底战略变革的程度。奎因假设战略变革需要彻底,这使得他得出结论,即最终的组织架构可能会出现在变革时期的最后阶段。

12.1.4　战略优先于架构的具体批判

根据当代的战略家观点可知,战略和架构是相互联系。在一个组织制定了它的战略之后,该组织不太可能建立最优的架构。这种关系是非常复杂的,主要体现在两个方面:

1. 在一个经验方法中,战略和有关架构的建立通常是同时发生的,即制定战略的同时,也建立架构。组织通过学习是为了适应变化的环境和变化的资源,尤其当这种变革是彻底的时候,更是需要进行学习。
2. 如果战略过程是紧急的,那么所涉及的学习和试验可能需要更加开放的和非正式的组织架构。

> **展示 12.3**
>
> **对于战略第一、架构第二的过程，存在 5 点主要批判**
>
> 1. 架构可能过于严格、等级分明以及官僚主义，以至于不能应对较新的社会价值观以及 20 世纪 90 年代快速变化的环境。
> 2. 在制定组织战略时，架构类型与业务领域一样重要。正是架构会限制、引导和形成组织能够产生的战略规划。也许需要一个学习型组织，并且需要赋予初级经理更多的权力。在这种意义上来说，战略和组织架构是互相联系的，并且需要同时制定。
> 3. 有利于削减成本或者新市场机会的价值链配置也可能改变所需要的组织。
> 4. 战略变革的复杂性需要进行管理，这意味着需要涉及更复杂的组织因素。例如，从智能型架构到事业部制架构这样的简单配置是变革过程的起始点。
> 5. 在战略形成的过程中，也许需要重新评估高层和中层管理的作用，即钱德勒认为战略仅仅是由高层决定的观点遭受到了挑战。特别是对那些新兴的创新战略而言，中层管理和组织的文化及架构可能是重要的。领导者授权给中层管理的工作可能需要一个新方法，即自然的领导风格。

近几年，有人认为组织和战略过程对战略的影响在不断地被削弱。[7] 员工为组织提供活力和促进创新的贡献也许经常被低估。然而，管理质量和组织架构本身将会对战略，甚至可能对竞争优势资源产生影响。在这种意义上来说，不能认为在达成一致的战略之后就出现了员工和过程问题。

同样需要指出的是，许多公司都拥有广泛相似的资源，但是它们的业绩却是显著不同的。这种差异的原因可能是与构建公司和开展业务活动的方式有关，而不是与不同战略有关。战略优先于架构的这 5 个缺陷总结在展示 12.3 中。

12.1.5 互相关联的战略和架构的含义——"战略匹配"的概念

尽管不能确定哪个是排在第一位的，但是需要确保战略和架构是相互一致的。例如，百事可乐重组其北美业务是为了保证它在不断增长的非碳酸饮料市场上的优势，这些优势可以在其完整的饮料市场上进行开发，见案例 12.1。对一个希望成为经济有效的组织来说，需要在组织的战略和架构之间存在一个匹配过程，这就是"战略匹配"（strategy fit）的概念。[9] 战略匹配就是在战略和架构之间的匹配过程。

本质上，为了有效地实施所提出的战略，组织需要采用一套内部一致的实践惯例。应该说，这种实践惯例将会超越组织架构。它们将同样包括以下领域：

- 战略规划过程(见第13章);
- 招聘与培训(见这一章的后面部分);
- 对员工和经理的奖励制度(见这一章的后面部分);
- 承担的工作(见这一章的后面部分);
- 信息系统和流程(见第13章)。

这意味着战略匹配问题不能只通过考虑战略和架构来得到全部解决。也许需要重新审视战略,即使正在思考战略实施问题时(见第13章)。

同时来自于钱德勒和圣吉的强大经验证据表明,在战略和组织架构之间需要一定程度的战略匹配。

尽管环境一直在发生变化,但是组织也许只能进行缓慢改变,并不一定会跟上外部变化,通常外部变化要快一些。例如,数字技术的引进。它遵循的观点就是在组织的战略和架构之间不可能存在完美的匹配。一些证据表明,一个为了生存的组织需要一个最小程度的匹配。[10]它同样表明,如果在战略制定过程早期,匹配很密切,那么可能得到较高的经济业绩。然而,当环境改变时,战略匹配将同样需要改变。

关键战略原则

- 根据一些当代的战略家观点,钱德勒的先战略后架构的观点也许将环境过度简化了。存在5点主要批判。
- 20世纪末的商业环境和价值观的变化表明,除了高层管理层以外的管理者也许需要对战略作出贡献。这被称为中层和低层管理者的授权。这最好是发生在组织架构的构建完成之前。
- 制定战略的新过程是合适的,并且包含学习机制。它们同样需要开放的流动架构,但是简单的职能架构也许不能最好地体现这一点。
- 当战略变革很彻底时,不能很明确地确定最终的组织架构。也许有必要在战略变革和制定的过程中形成组织架构。
- 如果战略和架构是互相联系的,那么本质上它们是相互一致的,这就是"战略匹配"的概念。

12.2 构建组织架构:基本原则

12.2.1 与任务和目标的一致性

通常,组织架构的建立是为了实现它的任务和目标。因此,建立组织架构必须以这一点为基础。在详细考虑可能的架构之前,有必要在第6章所进行的分析和发展背景下来研究一些基本问题。

- 我们的组织类型是什么?商业盈利性质?非营利性?以服务为主?政

府管理?(这些问题并不全面)
- 主要的利益相关者是谁?股东?管理者?员工?
- 我们的宗旨是什么?广义上来讲,我们的宗旨告诉我们该如何构建组织。

最后一个问题并没有简单的或者正确的答案,它值得认真思考。每个组织在规模、产品或者服务、员工、领导能力和文化上是独一无二的。展示12.4显示了目标对设计组织架构的一些可能影响。在考虑组织设计的细节内容之前,以一种一般未成形的方法进行考虑是有帮助的,该内容将在下一节进行研究。

展示 12.4

目标与组织设计之间的联系

目 标	组织设计的影响
"创意工厂",例如广告或促销机构	具有有限正式关系的、散漫的、流动的架构。由于其规模的不断增加,所以存在越来越多不可避免的正式组织
在品牌产品上的跨国公司	主要的环节和资源问题需要仔细协调的架构。例如独立的产品系列具有共同的供应商或者共同的超市顾客
政府公务员	严格控制程序和授权。强大的正式架构是为了处理主要的政策方向和法律问题
非营利性的慈善机构,具有强烈的使命感	依赖志愿者以及他们无私的奉献,这可能需要一个灵活的组织,并将责任分配到个人
主要的服务公司,例如零售银行或者发电公司	由许多灵活性支撑的正式架构,以至于能够快速地满足需求的变化
努力生存和增长的小型公司	进行一些业务职能时的非正式意愿,例如销售或生产,取决于短期的环境
具有强大专业服务道德、标准和质量的健康卫生服务	在实现关键复杂的服务条款时,正式架构反映了参与者的资历和专业地位
拥有多元化市场的控股公司和子公司	小型的中央总部通常扮演银行的角色,单个企业会进行主要的战略管理

12.2.2 组织设计的主要因素

在着手开始设计过程之前,重要的是需要注意到许多组织拥有现存的架构,并且设计组织的主要任务不是去发明一个全新的组织,而是适应现有的组

织架构。这些问题被反映在组织设计的9个主要决定因素中,即:

1. 年限(Age)。形成时间越长的组织往往越正式。

2. 规模(Size)。实质上,随着组织的成长,通常越来越需要正式的沟通方式和合作协调,这表明了需要更加正式的架构。

3. 环境(Environment)。影响组织的任何一个"五力"影响因素的快速变化将需要一个能快速响应的架构(见第3章)。如果组织所承担的工作很复杂,那么这将使组织应对环境的能力变得更加难以组织和协调。[11]

4. 集权(Centralisation)或者分权(Decentralisation)的决定。在某种程度上,大多数组织都会面临一个选择,即它们希望从中心层获得多少控制权。总的来说,存在4个需要研究的主要领域,即:

- 业务的性质,例如也许需要集中规模经济;
- 首席执行官的风格,一个占主导地位的领导将可能集权;
- 需要当地的响应力;
- 需要当地服务。

5. 承担的全部工作(Overall work to be undertaken)。显然需要协调和控制贯穿组织的价值链联接(见第6章)。当组织不断成长并且变得更加多元化时,这些也许特别重要。也许需要部门制架构或矩阵制架构,精确的细节取决于具体的需求和组织的战略。

6. 工作的技术含量(Technical content of the work)。在标准化大规模生产中,所承担的工作控制着工人以及他们的行为。[12]然而,日本最近的生产方法表明,在大规模生产中,灵活性也许是非常可行的。

7. 组织不同部门的不同任务(Different tasks in different parts of the organisation)。显而易见的是,运营生产部门的任务与销售和市场营销部门的任务是不相同的。不同的组织对这些职能部门具有不同的平衡力,例如,大型制药公司的强大研发能力,相对于一些媒体公司的创造性人才的主导能力,即不同的任务需要反映在组织架构设计的方法上。

8. 文化(Culture)。组织所能接受的变化程度、组织的雄心以及对实践经验的渴望都是需要考虑的因素。[13]

9. 领导能力(Leadership)。领导者的风格、背景和信念对组织的设计具有重要影响力。在创造型和传教式组织中是特别真实的,这将在下一章进行研究。

将以上所有因素都结合起来考虑,你将发现存在一个过于复杂化的因素和争论的危险。简单的设计应该指导提议,因为在达成一致的设计之后,需要了解并运作架构。在本章的后文中,我们会继续研究该内容。

通常会采用这种分析来考虑所涉及的主要个体和团体的责任和权力,即使它们在一些架构中故意保持模糊性。责任和权力需要被控制和监督,并且需要融入组织架构的构建中。然而,通常在解决所提议的架构之后,才会考虑组织的控制系统(见第13章)。

12.2.3 外部环境和内部组织:明茨伯格的贡献

根据明茨伯格[14]的研究,影响架构的环境存在 4 个主要特征(见展示12.5)。

1. 变化速度(Rate of change)。当组织的运营处在非常动态的环境中时,组织需要能够快速地应对出现的快速变化。在静态环境中,变化是缓慢的且是可预测的,因此组织的某些部门并不需要强烈的感应度;在动态的环境中,组织架构和它的员工需要灵活性、良好的协调性,并且能够快速地应对外部影响。动态的环境意味着一个更加灵活的有机组织。

2. 复杂程度(Degree of complexity)。通过观察一些关键数据的变动,能够很容易地监控某些环境。其他环境具有高度的复杂性,并且存在许多以复杂方式进行相互作用的影响。简化复杂性的一种方法就是在某些特殊领域进行分权管理。复杂的环境通常受益于一个分权架构。

3. 市场复杂性(Market complexity)。一些组织会销售单一产品或者同一产品的不同品种。其他组织会销售一系列产品,这些产品之间只具有有限的关联或者本质上就是不同的。由于市场变得更加复杂,所以只要协同效应和规模经济不受影响,那么通常需要将组织进行分层。

4. 竞争环境(Competitive situation)。当只存在友好竞争时,寻求中心层保护的需求并不大。然而,在更深入的竞争环境中,就需要额外的资源,甚至是法律的保护,即中央总部通常更容易提供保护。由于市场变得更加敌对,所以组织通常需要更加集权。

展示 12.5

环境类型以及它们对组织架构的影响

环境类型	范围	组织架构的结果
变化速度	静态 ←→ 动态	由于速度不断增长,需要使组织更加灵活
复杂程度	简单 ←→ 复杂	更大的复杂性需要更正式的合作协调
市场复杂性	包含单一市场 ←→ 包含多元化市场	由于市场变得更加多元化,事业部制架构成为适用的架构
竞争环境	被动的 ←→ 敌对的	更强大的竞争可能需要更大的中央集权的保护

利用这些原则,明茨伯格随后制定并结合了 6 种主要的组织架构类型,即:

- 环境;
- 早期所讨论的组织内部特征(年限、规模等);
- 在实现它的任务时,组织的关键部门;
- 将架构与任务联系起来的关键协调机制。

随后,他为每一个组合赋予了一个名字,即能够描述它们主要特征的名字。这种配置如展示 12.6 显示。

展示 12.6

明茨伯格的组织配置及其运营方式

明茨伯格的战略配置	背景:见本书的第二部分		架构与联系		举例
	环境分析	资源分析	组织关键部分	关键协调机制	
创业性组织	简单/动态	小规模、新兴的;重复工作	战略层:老板或者所有者	直接监管	小型的电脑服务公司
机械型组织	高增长或周期性	比较旧的、大规模的、制定任务、技术架构	技术架构	工作的标准化	电脑装配或汽车工厂
专业性组织	稳定、复杂、与外部密切联系	由管理者专业控制	运营核心	技术的标准化	管理咨询机构或者医院
分部制架构	多元化	旧的、大规模的、很强的关联性、可能的资源配置标准	中线	产出的标准化	快速消费品集团
创新型组织	复杂和动态	通常是新兴的、复杂工作,专家参与	支持人员	互相调整	广告代理公司
传教式组织	简单、静态的	意识形态驱动、合作、总的来说是小型团体	意识体系	常规的标准化	慈善机构或者社会工作

注释:创新型组织在一些文章和以上的说法中被称为"灵活组织机构"(adhocracy)。

资料来源:Mintzberg, Henry, Lampel, Joseph B, Quinn, James Brian and Ghoshal, Sumanta, *The Strategy Process*, 4th, © 2003, printed and electronically reproduced by permission of Pearson Education, Inc., Upper Saddle River, New Jersey.

明茨伯格配置的重要性在于阐明了需要实现战略类型的组织架构类型。两个例子将证明这个观点:

1. 机械型组织的典型特征是标准化工作。这类组织也许不希望在小规模的细分市场上寻找较高附加值的工作,因为这可能不符合它目前的资源和工作方法。

2. 创造性组织的典型特征是组织员工之间的相互调整,而不是标准化工作、技术或者产量。以这种方式构建的组织架构不太可能生产出标准化的产品,除非它进行彻底改变,对全新的资源进行投资并学习新技能。

在此基础上,当一个组织的架构具有更广泛的定义,而不仅限于它所报告的架构时,那么这种架构将指导组织的战略规划。以这种方式,战略就与架构联系起来。

应该注意的是,大多数组织很少会准确地匹配明茨伯格的 6 个配置。然而,它们确实提供了指导方针,即将早期的特征与它们的战略和架构影响联系起来。而且,当组织变化时,它们将用来显示所发生的事情的影响。例如,当组织变得越来越大时,常常具有一个更复杂的产品范围。

评论

明茨伯格的配置显然过度简化了可能的组织组合。对于该方法,存在许多更根本的批判,即:

- 有人也许认为,明茨伯格的部门制架构的内容是非常模糊的,以至于其价值是有限的,即在部门制架构中也许存在大量的其他不同架构。在某种意义上来讲,这并不是差别对待,而是每一个部门中都可能包含大量的其他架构种类。
- 也有可能认为,有些公司不只是上文中的一个变量标准化,例如工作或者流程,而是几个变量的标准化,然而,明茨伯格所得出的变量之间的差别也许不能反映现实。在这种情况下,不存在唯一的关键协调机制。
- 在创新与创业型组织之间可能存在联系,即一些创业型企业的发展方式中包含了创新战略。
- 在过去几年里,生产创新对战略作出了真正的贡献。然而,在明茨伯格的架构配置中,生产只可能出现在一个机械型组织中,而不是创造性组织。
- 本书认为所有的公司都需要将创新纳入到它所有的战略中。将创新限制在一个架构配置中是可疑的。

总的来说,明茨伯格的架构配置为组织架构以及它与战略的关系提供了一些有用的指导方针,但是,它们需要谨慎对待。

12.2.4 战略实施

每个组织在某种程度上都是独一无二的,因为它的过去、它的资源和它的环境是不同的。另外,关键成功因素(见第 3 章)以及通过任何过程所选择的主要战略将依据战略制定时所处的环境。很难详细地阐明清晰的规则,来将战略转化成组织架构和人员配置过程。汤普森(Thompson)和斯特里克兰(Strickland)[15]提出了5个有效的步骤,将会帮助这一过程,但是他们告诫这些步骤并不是完全确定的:

1. 确定对战略实施很重要的任务和员工。
2. 思考这样的任务和员工是如何与现有组织业务活动和日常事务相联系的。
3. 利用成功关键因素来确定需要建立组织的首选地区。
4. 评估执行确定的战略所需要的权威水平。
5. 有必要为了实现战略,在组织的单位之间达成一致的协调水平。

上面的这些步骤是相当普遍的,但是一定要考虑每个组织所具有的独特性。

12.2.5 招聘和士气的作用

实施战略的人们既不是工厂机械,也不是财务资源。新兴组织架构能够为管理者和员工提供有趣的新机会。另外,架构也可能威胁他们的工作范围,甚至他们的就业。在形成新的组织架构时,如果不考虑那些将受到影响的人们的结果,那么该架构是不能令人满意的。对于任何一个战略而言,这是一个主要任务。这一部分将在第15章进行单独研究。

> **关键战略原则**
>
> - 在构建组织架构时,必须首先考虑组织的目标。这将为所需要的架构提供一些基础指导方针。
> - 设计组织时存在8个主要因素,即年限、规模、集权/分权、承担的全部工作、技术含量、组织不同部门的任务、文化、领导能力。所有这些因素将与组织战略有关。
> - 像市场变化和复杂性这样的环境因素将会影响所提议的架构。一般来说,不断增加的变化和复杂性意味着更加灵活的和更少的集权架构。存在6种主要的架构类型,即创业型组织、机械性组织、专业性组织、分部制架构、创造性组织和传教式组织,但是它们都需要谨慎应用。
> - 每个组织都是独一无二的,所以在组织架构和人事安排等问题上,很难制定明确的规则来实施战略。
> - 战略变革对员工和管理者的影响是一个主要因素,是值得进行单独和详细研究的因素。

12.3 管理风格和文化的选择

除了组织目标和设计的问题之外,关于管理组织文化的风格同样需要进行选择。组织的领导能力和文化在这里是相关的,该内容将在第16章进行深入研究。因为它们对战略制定的潜在影响,所以我们现在需要重新审视它们。

12.3.1 背景

除了在过去几年里,关于战略和架构关系的讨论之外,同样存在另一个激烈的争论,即管理风格与文化的关系。该争论的研究同时出现在从业者的书籍和杂志期刊中。早期的作者包括彼得·德鲁克,他从20世纪50年代开始写作,在20世纪90年代他仍然能够创造出令人感兴趣的书。[16] 在20世纪80年代,彼得斯和沃卓特曼创作了具有影响力的书籍,《追求卓越》(In Search of Excellence),尽管彼得斯随后否定了一些指导方法,但这本书仍具有影响力。[17] 查尔斯·汉迪(Charles Handy)的作品同样代表了一个重大贡献。[18] 大多数作品都是很好的阅读书籍,同时,它们还研究了如何经营公司,尤其是从文化和风格的角度来进行研究。

12.3.2 文化、风格、领导能力及其与战略的关系

尽管每个组织是其历史、产品和员工所构成的结果,但是它拥有定期自我更新的机会。换句话说,这种机会能够改变它的管理文化和风格。不可避免的是,这将影响战略,即同时通过以下两种方式来影响战略:一种是很明显的方式,例如对风险冒险的态度;或者是更微妙的方式,例如公司的创新能力。

在某些程度上,一个组织将在应对不断变化的环境中得到发展演变。此外,在任何时间点上的领导能力和高层管理显然会影响组织的文化和风格。组织也可以做出慎重的选择来改变它们的文化和风格,并将其作为主要战略转变中的一部分。因此,存在的问题是:
- 组织是否应该改变它的文化和风格?
- 如果是,那么公司应该采取什么方式来进行改变?

应该注意的是,这不仅仅是在完成战略选择之后的战略实施问题,也是作为战略过程一部分的基本可行性选择。

本节前面所引用的大多数作家和研究者认为,如果提出了一个基本的战略变化,那么文化和风格的改变就是必须的。他们支持该观点,存在3点理由:

1. 基本战略变化需要同时对组织的员工和决策制定产生影响。人事问题归结为是文化和风格问题。
2. 对战略中的重大变化而言,领导能力通常是重要的。这可能包含一些领导风格的转变,有时是领导者的改变。
3. 这样一种文化和风格的转变是战略中有关变化的强大象征。

12.3.3 新文化和风格的选择

首先重要的是要注意,在这一领域的任何变化只会缓慢发生。另外,最终

决策将显然与所提出的战略变化有关。同样还需要战略和风格之间的一定程度的"战略匹配",正如前文所述的那种匹配程度。一般来说,哈特已经提出了一系列风格,即可以在这些风格中进行选择,这些风格是不同的,从专政蛮横式风格到有机自然式风格,如展示12.7所示。每种风格的内容将与组织如何看待自己在战略实施期间的发展相匹配。

评论

文化和风格几乎不能在一夜之间进行改变,即引进一个新战略通常要快于风格上的相关转变。文化和风格需要花费时间来形成,所以战略匹配可能需要一些调整。因此,引进一个新风格的过程需要进行谨慎思考。

展示 12.7

战略和风格的计划选项

描述词	指令性	象征性	理性	协商性	可生性
风格	专制蛮横 由领导者或者团队来驱动战略	文雅 由未来的任务和愿景来驱动战略	善于分析 由正式架构和规划体制来驱动战略	程序式 由内部程序和相互调整来驱动战略	有机式 由那些在组织中被赋予权力的人们的能动性来驱动战略
高层管理的作用	指挥官 提供知道	教练 激励和鼓励	老板 评价和控制	引导者 授权	赞助者 支持与赞助
组织成员的作用	战士 服从命令	学员 应对挑战	下属 遵循系统体制	参与者 学习和改进	创业者 尝试与冒险

资料来源:Adapted from Hart, S(1992)"An integrative framework for strategy-making processes", *Academy of Management Review*, Vol 17, pp327-351. Copyright 1992 by Academy of Management. Reproduced with permission of Academy of Management in the format Textbook via Copyright Clearance Center.

12.3.4 应对变革的压力:新型有机式领导风格?

为了解决战略发展的不确定性,那些在领导、控制、启动和招聘等方面具有关键作用的组织领导人员考虑推动战略过程前进的价值判断。[19]领导能力在战略制定和选择最佳组织框架时是非常重要的。威严专横的领导者将继续决定战略,并随后确定组织来实现这个战略。然而,对于拥有不同的、更加有机自然式风格[20]的领导者而言,战略和组织具有更加复杂的相互关联。

引用彼得·圣吉的一段话,如下:[21]

亨利·福特、艾尔弗雷德·斯隆或者汤姆·沃特森所在的为了组织而学习的旧时代已经过去了。在一个不断变化的、互相依赖的和不可预测的世界里，对于任何人来说，"仅仅通过高层来解决所有问题"都不再可能了。"高层思考和局部参与行动"的旧模式，现在必须让位于"综合思考和所有层面都参与运作"的新模式。然而，挑战是巨大的，回报是潜在的。

如果这些评论是准确的，那么20世纪初的架构也许不再适用于当今。在最终确定战略和架构之前，可能需要一个讨论的过程。

根据圣吉[22]的观点，对于战略变革中更加有机式的领导者的作用，存在3个关键点，即：

1. 创造性张力。当一位新的领导缩小他/她的未来愿景与组织当前地位之间的差距时，会存在创造性张力。

2. 新的领导职能。对于一个新世纪而言，专制蛮横的决策者的以前职能可能过于简化了。新职能将包括：
- 建立组织的核心价值和目标；
- 允许战略的出现（见明茨伯格、汉迪以及其他人的观点）；
- 实施战略过程，该过程允许组织发展和自我更新；
- 在组织中激励、鼓舞和指导其他员工；
- 采用组织中托管人和管家的角色职能及其目的。

3. 新技能。除非组织中的领导者、其他人员开发或者采用了新技能，否则以上的每一项将不能实现。存在4个主要技术领域：
- 建立共同愿景，以至于组织成员会致力于组织的未来目标；
- 挑战根深蒂固的假设，并且没有导致个体的过分防御，以至于新想法能够浮出水面；
- 确定关键的相互关系，以及组织成功的重要因素；
- 从能够真正形成组织战略的动态的重要事件中，区分出复杂的但却不重要的细节之处。

新的角色职能和技能意味着领导者和组织之间的更多复杂关系。这种变化将不仅仅包括组织关系的变化，同样包括与其有关的战略变化。例如，在对战略结果拥有一个固定的、先入为主的观点的时候，不可能成为一位"聆听"型的领导者。因此，它所遵循的就是战略、架构和领导能力之间拥有更加复杂的相互关系。当然，独裁领导者能够界定组织架构，该架构能实现他/她所选择的战略。但是，对于其他的领导风格而言，这个职位将更加复杂。

评论

尽管上述的价值观和评论也许更符合新世纪的一些管理思想，但在3个方面需要小心谨慎：

1. 从一个专制架构快速地转变为有机式架构并不容易或者不一定适合。让中层管理者们知道他们现在拥有更大的自由权限，也许仅仅会使老式风格的管理者们感到困惑，即他们可能在新领域具有较少的经验、知识或者技能。这种方法太简单而低估了为了实施该方法的态度和技能基础所需的改变。这些变化包括组织中的领导者和所有成员,他们需要随着时间的推移或者更漫长的时间,来学习新角色职能和关系。

2. 根据霍夫斯坦德(Hofstede)[23]的观点,一些国家的文化需要领导人更大的确定性和主导能力。学习型和适应性的文化解决方案在这种环境下也许不适合。存在的问题可能会大于它的好处。

3. 基于资源的战略发展理论和一些其他的战略理论,仍然没能充分地考虑到组织架构的影响。[24]

12.3.5 缩小战略、架构和风格之间的差距:迈尔斯和斯诺的贡献

由于战略、架构和管理风格之间关系的复杂性,所以存在一个明确的情况,即试图捕捉主要的因素,将其放入到一个更加简单的模型中。在20世纪70年代的最初研究中,迈尔斯(R E Miles)和查尔斯·斯诺(Charles Snow)所确定的4个战略组织类型,已经经受住了时间的考验并且与当今世界仍然相关。

表 12.2 四种战略类型和它们的战略方法

	战略环境	战略方法	资源战略	简化过程方法
防御型	稳定	保护市场份额、维持当前地位	有效生产;严格控制;集权;通过制度进行管理	常规性的
分析型	缓慢变化	维持市场份额——通过一些创新;寻找市场机会,保护已经存在的市场	有效生产;新领域中的一些灵活性;对现有领域的严格控制,对新产品降低控制	常规性的
探索型	增长、公平、动态	寻找新机会;利用和承担风险	灵活性生产;创新和分权管理	应急的
反应型	增长或者缓慢	仅仅对其他战略做出反应;经常反应迟钝,并且不充分	混乱的、集权;缓慢	常规性的

资料来源:Adapted from Miles, R E et al. (1987) "A strategy typology of organisations", Academy of Management Review, July. Copyright 1978 by Academy of Management. Reproduced with permission of Academy of Management in the format Textbook via Copyright Clearance Center.

迈尔斯和斯诺[23]确定了4个主要战略组织类型,即:

1. 防御型组织(Defender organisations)生产产品或者服务的目的是获得市场领先地位。通过专业化或者成本降低战略聚焦在一个细分市场上,组织有

可能会实现目标。该市场可能是成熟和稳定的。组织能够处理突然的战略变化，但是相比之下，处理缓慢平稳的战略变化要更加顺畅舒适。组织的风格更可能是指令性的或者理性的，如展示12.7所示。

2. 探索型组织（Prospector organisations）参与到增长的市场上，在该市场上，组织会通过创新来积极主动地寻找新市场机会。该组织应对市场的方法通常是灵活的和分权管理的，以至于它们能够快速地响应市场变化。它们的目标是为了寻找新机会。对于这类公司，战略变化不是问题。该组织风格更可能是象征性的或者可生性的，如展示12.7所示。

3. 分析型组织（Analyser organisations）会寻找扩张，但也同时保护它们已经拥有的市场。它们可能会等待其他组织来创新，而延迟自身进入市场的时间，即等其他组织确定存在市场机会之后再进入市场。大型或者小型组织能够采用这一路径，利用大规模生产来降低成本，或者依靠像市场营销这样的领域来更加快速地响应变化，并且提供所需的灵活性。在采取战略变革之前，需要对其进行谨慎的分析和评估。该组织风格更可能是指令性的、协商性的或者理性的。如展示12.7所示。

4. 反应型组织（Reactor organisations）是那些对竞争对手和更一般环境应对不当的组织。一般情况下，它们很少采取主动行动来应对变化，在某种意义上来讲，它们也许没有战略，即它们通常对其他战略做出反应。即使它们拥有战略，但是该战略也许完全不适应环境，因此导致反应型组织注定了是不恰当的。因此，战略变革将是一个问题。该组织风格可能是理性的，如展示12.7所示。

表12.2总结了主要因素，并且评论了每一个组织类型中可能的战略过程。反思这四种类型，一些读者（包括本书作者）将想要知道反应型组织是如何想方设法地在现代世界生存的。迈尔斯和斯诺的这几种分类也许过度简化了真实情形，因此需要谨慎对待这种分类。然而，它确实在这一复杂问题上提供了指导方针。

关键战略原则

- 当每个组织改变它的战略时，它都有改变其文化和风格的选择权。
- 在许多情况下，当提出了根本性的战略变化时，风格的转变是至关重要的。
- 文化和风格的内容取决于所拟定的战略。在这两个领域之间，需要存在一定程度的战略匹配。重要的是，文化和风格需要花费时间来进行改变，并且可能会慢于所拟定的战略。
- 由于战略、架构和管理风格之间关系的复杂性，迈尔斯和斯诺确定了能够捕获这一复杂性的四种不同的组织类型。四种组织类型分别是防御型、探索型、分析型和反应型，每一种类型都与管理层和领导层的风格相关联。

案例研究 12.2

皇家荷兰/壳牌怎样才能带来变化？

为了提高增长和盈利能力，世界上最大的石油公司皇家荷兰/壳牌在1995年公布了一个彻底的重组计划，即扫清"大亨巨头的领地"。在1999年，公司的问题是一直未发生改变，并且大亨们（其国家公司的董事经理们）一直都存在。在2004年，该公司面临一个重大的公司问题，该问题最终迫使公司采取行动。但是它足以带来真正的改变吗？

背景

皇家荷兰/壳牌是世界上著名的石油公司之一。它是基于一家1907年成立的联合控股公司，该公司由英国公司壳牌运输（Shell Transport）和荷兰石油公司皇家荷兰（Royal Dutch）控制。多年以来，以营业额为衡量标准，该联合公司在1998年增长为世界上最大的石油公司。然而，在1999年，该公司失去了全球领导地位，正如下文我们将见到的内容。

不同于其他已经变得更加集权的石油公司，英国股份和荷兰股份之间的微妙平衡一直持续到1998年。并不存在一个完整的控股公司，但是这两家公司对所有子公司都具有所有权，即皇家荷兰公司拥有每家子公司60%的股权，而壳牌公司拥有剩下40%的股权。在集团成立时就已经对这种安排进行了协商。该公司中不存在强大的中央核心，也没有任何组合的董事会。公司进行全面协调的最近活动是一个中央管理论坛，被称为"会议"。这是两家运营公司管理层的会议，但是它不具有法律效应。明显的战略缺陷是，这样一个大型石油公司不会利用它们的股票来收购另一个公司，因为它们不存在股票。

尽管管理者和员工称他们自己为皇家荷兰/壳牌的成员，但事实上，他们只是各种子公司中的成员。这意味着所有的决策制定是缓慢的、艰难的和谨慎的，但是对于石油投资的时间范围通常是30年的行业来说，这未必不是一件好事。"这是一个委员会文化。"Enst van Mouvik-Boekman说。他是公司的一名高级人力资源经理。扩展到全世界的合作风格影响了北美、澳大利亚以及许多其他地区的公司利益。多年以后，该公司一直推崇"培育恰当的公司类型与合作氛围"。但是到1998年，架构"成为了问题的一部分，即减少的责任义务、模糊的责任，以及增加的成本"，股票经纪人亚历克斯·布朗（BT Alex Brown）发表评论说。

皇家荷兰/壳牌传统上允许它的子公司在战略决策上具有相当大的自由，例如在日本长崎的一家公司。

在1995年，拟定的战略和组织变化

公司的"咨询式风格"的一个结果是，不存在首席执行官来做出最终决策。只存在一个由总经理组成的委员会，但是它的决策是通过达成共识来形成的，并且其主席仅仅是所有平等地位的总经理中排名第一的那位。资本支出的决策通常是十分奇怪的。不管公司是否能够制定出最好的战略，国家公司才是法人实体，并且需要每股资本预算。直到1995年，总经理委员会的"学院式风格"在限制这种需求上具有有限的权力。

实际上，这意味着关键战略决策或许需要很长的周期才能出现，或者构成皇家荷兰/壳牌帝国的强大国家公司能够降低决策时

间,该帝国就是上述提到的大亨巨头。这意味着在伦敦和鹿特丹港市存在大量的员工,他们的工作就是协调与区域大亨巨头有关的国家政策。多年来,这为公司提供了很好的服务。然而,在20世纪90年代中期,公司的资本回报率低于10%,并将进一步下降。

在1995年,公司重组应该能够扫除这种决策制定架构以及关于不良投资决策的结果,该不良决策是基于国家公司利益而不是皇家荷兰/壳牌的全球好处。国家公司会向一系列全球运营公司进行报告,并且中央层会存在1 170个协调工作。公司目标是为了节约成本,并且关注区域和全球所作出的决策。图12.3显示了1995年以来所进行的变革。

但是,重组很快失去了动力。尽管裁减了900名员工的工作职位,但是对拟定的变革仍然存在相当大的阻力。公司的"咨询式文化"导致了领导与员工之间的艰难谈判,尤其是在荷兰。然而,大亨们仍然会通过他们在新公司委员会的会员身份来掌权,并且公司的盈利能力一直在下降,如图12.4所示。根据许多外部观察者的观点可知,需要更加剧烈的战略变革。

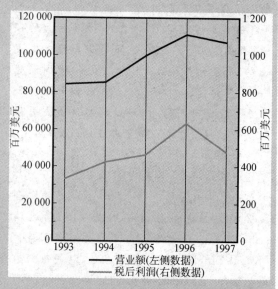

图 12.4　皇家荷兰/壳牌的经营业绩

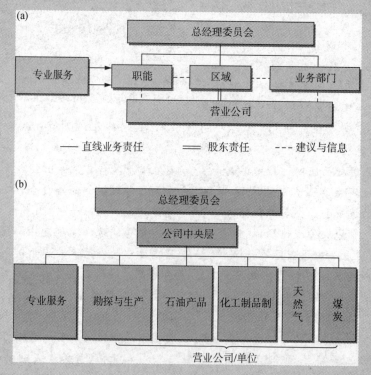

图 12.3　1995年皇家荷兰/壳牌的重组
(a)重组之前;(b)重组之后

1998年到1999年的战略重组

到20世纪90年代后期,对于全世界的所有石油公司来说,创造利益比前十年要更加困难。这存在4点主要原因,即:

1. 较高的环境标准意味着,对炼油厂的资本投资要远远高于前几十年的资本投资。

2. 石油价格从20世纪90年代早期的每桶15美元下降到每桶10美元,因为全球石油供过于求。

3. 一些石油生产国的政治不稳定性越来越高,例如俄罗斯和印度尼西亚。

4. 竞争对手公司,例如埃索石油公司(Esso,美国)、英国石油公司(BP,英国)和道达尔公司(Total,法国),为了进一步获得规模经济,正在收购或者兼并竞争对手。例如,艾克森石油公司(Exxon)已经收购了美孚石油公司(Mobil);英国石油公司已经收购了阿莫科石油公司(Amoco)、大西洋福田公司(Altantic Richfield,简称阿科公司)和嘉实多公司(Castrol Burmah);道达尔公司已经与Fina合并,随后与埃尔夫石油公司(Elf)合并。随后,这些举措的成功使得皇家荷兰/壳牌在战略上显得较弱。

皇家荷兰/壳牌意识到需要一些更加激烈的新战略,所以它宣布了以下内容:

- 关闭它在英国、德国、法国和荷兰的国家公司总部;
- 注销了45亿美元的资产;
- 出售了业绩差的子公司,尤其是40%的化工制品公司;
- 削减年度资本投资,从每年150亿美元削减到每年110亿美元;
- 在20世纪早期,在世界各地收购的几个大公司将挂牌出售;
- 总经理委员会的主席被赋予新权力,来对资本支出作出最后决策。预计随着时间的推移,他的职位将成为具有主导地位的首席执行官。

从皇家荷兰/壳牌规划的重组中获得的年度成本节约,在2001年达到了25亿美元。"我完全清楚我们集团作为投资者的声誉正处于危险之中。"委员会的主席马克·斯图尔特(Mark Moody-Stuart)说。他还运用了一个在过去很少能在皇家荷兰/壳牌的高级管理层听到的短语:当评论1998年的重组时,他强调了"行政问责制"的重要性。他还说,公司拥有能够承受石油价格进一步下降的强大财务实力和灵活性,甚至能承受低于每桶10美元的价格。

2004年的战略问题

2004年,公司的主席辞职,首席财务官也辞去了工作,同时皇家荷兰/壳牌是美国证券交易委员会的一个主要调查对象,因此,很难想象在这样一个世界上最大的公司中存在如此严重的情况。在2004年期间,公司被迫削减了23%的已探明的石油和天然气储备。

在1998年左右的重组及其相关成本节约时期,困难的种子就已经萌芽了。1996年到1999年期间,集团应该支出80亿美元来探测新的石油和天然气储量,而它全年只投资了60亿美元。直到2000年,皇家荷兰/壳牌才将它的投资水平提高到每年90亿美元,非常接近其竞争对手的投资水平。

2001年,新主席菲利普·沃茨先生(Philip Watts)接管了皇家荷兰/壳牌。报道称,他在2002年受到了警告,因为该公司在其年度报表中夸大了其石油和天然气储量。这是极其严重的情况,因为它影响了公司的总体股价。直到2004年初,投资者才被告知了这件事。菲利普先生和勘探生产的负责人沃尔特·范·德·维杰威(Walter Van de Vijver)在2004年3月都被迫离开了公司。范·德·维杰威指控菲利普先生在公司石油新储量记录上的"激进"或者"不成熟"。首席执行官,茱蒂·博因顿(Judy Boynton)同样失去了工作,因为她在审计合规职能上是"无效率的"。茱蒂·博因顿的职能作用就是彻底弄清楚与储量发布有关的事实以及遵守相关的金融法规。

美国律师事务所戴维斯(Davis)、波克(Polk)和瓦德维尔(Wardwell)在2004年4月制作了一份关于问题的450页报告，这是应美国证券交易委员会的要求。这里的评论都是直接引用了公开发表的报告内容，在写该案例时，一些内容仍然未被公开发表，因为存在可能的法律诉讼。报告指出，皇家荷兰/壳牌的员工对解决方案不满意。例如，记录了从勘探和生产部门的员工到他们的老板范·德·维杰威的一个备忘录，在2003年12月，得出了这样的结论，即美国证券交易委员会在2002年的文件是"明显的错误"，并且"没有披露它可能会违反美国的证券法……同时增加了在美国以内和以外地区的任何潜在的债务揭露"。范·德·维杰威立即回复了电子邮件，即"这是绝对危险的，完全不是我所期望的，该评论应该被销毁"。这些评论并没有被员工破坏，并且随后被美国律师事务所找到。

报告同样调查了首席财务官茱蒂·博因顿的职能作用。在她的案例中，该报告得出的结论是，她可能恰恰遇到了一些困境，因为皇家荷兰/壳牌在这一时期的混乱组织状态。该报告指出："她在审计合规职能中的有效行动能力受到了一点损害，因为直到最近，没有一个业务单位的首席财务官会向她报告储量问题，可能她的责任超过了她的权力。"如果这是正确的话，那么即使在2003年4月，她并没有被告知，也没有权力来揭露组织情形，因为公司的分散性质。

2004年5月的结果

2004年3月，沃尔特·范·德·维杰威被任命接管菲利普先生在皇家荷兰/壳牌公司总经理委员会的主席职位。他有两个主要任务。第一个任务是恢复由于以上问题所损坏的公司信誉；第二个任务是将公司重组为更易于管理的整体。在2004年10月，皇家荷兰/壳牌宣布它将重组成为一个公司，其总部设在荷兰。伦敦总部将会被解散。另外，首席执行官和主席将同时是荷兰人，但是随后的任命是通过功绩来决定，而不是根据国籍来判断。新合并的皇家荷兰壳牌有限公司(Royal Dutch Shell Plc)将首先在英国上市，并且将拥有一个董事会，即同时包括执行董事和非执行董事。在写该案例时，股东们并不赞成这种新架构，同样存在仍然未被解决的法律和税收问题。然而，范·德·维杰威对此充满热情，"如果拥有一个更简单的架构，那么花费在大量会议上的时间会更少，并且较少的高管有利于更快地做出决定。"

也许最后一句话应该留给员工。在储量危机后的一年里，不到一半的公司员工对公司的管理方式感到满意。这是2005年早期进行的一项内部调查结果。在2002年早期进行的调查表明，67%的员工认为该方法将会很好地领导公司。然而，2005年的调查表明，该数据下降到了47%。公司的勘探和生产部门中的士气问题特别严峻，即员工需要对超额储备负责任。一名员工称："我担心那些明显的变化或者发生的事情太少。那些负责进行改变的人们都是与旧文化紧密联系的员工。"

换句话说，在2005年，仍然不清楚皇家荷兰/壳牌的压力是否能够带来必要的战略变革。然而，在未来两年里，环境发生了改变，因此公司开始将该问题置于脑后了。

作为其2010年的年度报告的一部分，皇家荷兰/壳牌准备了40页的关于可持续发展问题的文件，可通过网站获得，即http://sustainabilityreport.shell.com/2010。"在壳牌，我们相信，在我们作出贡献时，没有时间可以浪费。今天我们能做的事情就是为可持续性的能源未来作出贡献。"首席执行官彼得·沃瑟(Peter Voser)说。

©版权归理查德·林奇所有，2012年。保留所有版权。该案例由理查德·林奇所著,来自于公开的信息。[26]

案例问题

1. 为什么1995年的重组失败了,并且在20世纪90年代后期的变化是可预测的呢?

2. 你是否认为2005年的管理层变动将会更加成功吗?为什么?你也许会发现,有必要使用迈尔斯和斯诺的类型学来帮助你分析环境情况。

3. 在该案例中,我们能够得到哪些关于战略分析中人力资源方面的启示?

在国际组织中的战略和架构:公司总部的职能作用。

12.4 组织架构类型

皇家荷兰/壳牌的案例表明,组织架构的变化可能是缓慢的且复杂的,也许会得到意想不到的结果。然而,存在一些与不同组织架构类型有关的基本原则,这将在这一节进行研究。通常可以确定6种基本的组织架构类型,这将有助于执行所选的战略,即:

- 小型组织架构;
- 职能型组织架构;
- 多部门架构(有时简称为 M 型架构);
- 控股公司架构(有时简称为 H 型架构,在第9章中作为公司总部进行了讨论);
- 矩阵式组织架构;
- 创新型架构组织。

这一节将研究每一种组织类型。

12.4.1 小型组织架构

定义 ➡ 小型组织架构是由所有者或者经营者,以及围绕在此人周围的直接小型团队组成。小型组织通常只有有限资源。个体将需要灵活性,并且承担各种各样的任务。非正式化的架构能够快速地应对市场机会和客户服务需求。然而,重复的职能角色、混乱的职责以及糟糕的决策制定可能会产生问题,并且制定一个明确的组织架构也许是不现实的。依据所有者或者领导者的管理风格,也许许多人或者只有领导者才对组织的战略作贡献。这类公司的例子是一个小型的家庭企业或者一个专业化的地区电脑服务供应商。

12.4.2 职能型组织[27]

定义 ➡ 职能型组织是将架构定位在组织必须进行的主要业务活动上,例如生产、市场营销、人力资源、科研与开发、财务和会计等。因为组织是从小公司开始发展的,所以职能型组织架构通常是第一个采取的架构(如图12.5所示)。它允许职能领域的专家聚集在一起,并且获得经营的规模经济。例如,一个生产单一产品或者服务的公司,例如地区公交车公司,可能拥有一个职能型架构。展示12.8列出了这种组织架构类型的优点和缺点。

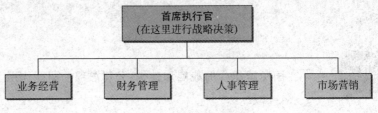

图12.5 职能型组织架构

展示 12.8

职能型组织架构的优点和缺点

优 点	缺 点
● 简单和明确的职责	● 协调困难
● 中央层进行战略控制	● 在战略制定中强调狭小的职能领域,而不是全公司的观点
● 认可的职能地位	● 增加了交叉职能的竞争
	● 战略变革也许是缓慢的

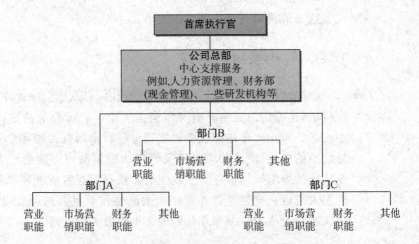

图12.6 多部门组织架构

12.4.3 多部门架构

定义➡ 多部门组织是围绕独立部门形成的,即基于产品、市场或者地理区域的部门。这种组织架构形式是通用摩托的未来领导者艾尔弗雷德·斯隆在20世纪20年代初研发的,并由艾尔弗雷德·钱德勒[28]记录,正如12.1.1节所研究的。

随着组织的发展,为了应对出现在产品、地理位置或者业务其他方面的巨大的多样性(如图12.6所示),组织也许需要细分它们的业务活动。例如案例12.1,合并桂格食品北美部门与百事可乐国际部门的百事可乐公司能够从中获得一点收获,因为它们具有不同的产品系列、不同的客户和不同的战略重点。钱德勒认为应该由中心层来决定战略,但是在现代公司中,通常部分决策是由部门决定的。然而,中心层确实会影响战略并分配资源,同样如展示12.9所示。

展示 12.9

多部门组织架构的优点和缺点

优 点	缺 点
● 聚焦在业务领域	● 大量重复的职能
● 减轻职能协调问题	● 部门之间可能会互相竞争
● 允许衡量部门的业绩	● 减少职能专家之间的相互交换
● 可以培养未来高级经理	● 与中心层服务有关的问题

12.4.4 控股或者法人公司架构

定义➡ 控股公司是指一个拥有各种单个企业的公司,并且作为投资公司,在每一个单个企业中拥有股权。控股公司的战略通常是指贯穿在所有单个企业中的公司战略,更多详细内容见第9章。

组织的进一步增长可能导致在组织的不同部门与公司外部之间更加复杂的安排。例如,与集团外部的全新公司建立合资企业、联盟、合伙关系以及可能会达成一致意见的其他合作形式。因此,为了可能建立的各种安排,原公司可能要担任起一个核心股东的作用,即它成为了一个控股公司,如图12.7所示。它的作用是将资金分配给最具吸引力的获利机会。从1970年起,控股公司架构变得更加显著,并且威廉姆森对此进行了研究,如展示12.10所示。

例如,西门子和通用电器(案例9.1所描述的)是以这种控股方式而闻名的大公司。[29]它已经拓展并且参与到新的市场和产品系列中了。一些小公司也越来越多地使用了这种战略,其目的是为了快速发展并探索新机会。这种战略同样可以在一些大型的日本、中国香港和东南亚集团中见到。

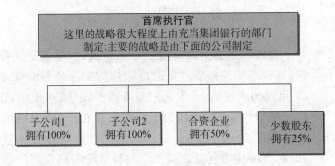

图 12.7 控股公司组织架构

展示 12.10

控股公司组织架构的优点和缺点

优　点	缺　点
● 允许现代所有权的复杂性	● 中心层具有少量的控制权
● 利用专业知识和获得新合作	● 小集团除了"股权/银行"的职能外的贡献
● 加强新市场进入壁垒	● 两个合伙人不能够合作,或者一个合伙人失去利益的问题
● 分散企业集团的风险	● 可能拥有非常有限的协同效应或者规模经济

12.4.5 矩阵式组织架构

定义➡ 矩阵式组织是由两种形式的组织组合而成的,例如生产和地理架构,它们会对所有重大决定进行共同运营。在某些情况下,这种架构有利于一个大公司,该公司为了单独部门和产品组合而需要进行组织安排、需要结合业务战略和组织公司的另外一种战略方法,通常这种战略是一个地理战略。例如,像皇家荷兰/壳牌这样的石油公司也许需要做出战略决策,不仅仅是为了它的石油、天然气以及化工产品等,同样是针对像英国、德国、美国以及新加坡这样的不同国家。因此,有必要建立一个对产品和地理区域两个维度都负责任的组织。这种双重责任的决策制定组织架构被称为矩阵式架构。两个维度并不一定是地理和产品,即可以选择任何两个相关的领域,如图 12.8 所示。读者可以参考案例 12.3 中艾波比集团(Asea Brown Boveri)在矩阵式组织中的问题,如展示 12.11 所示。

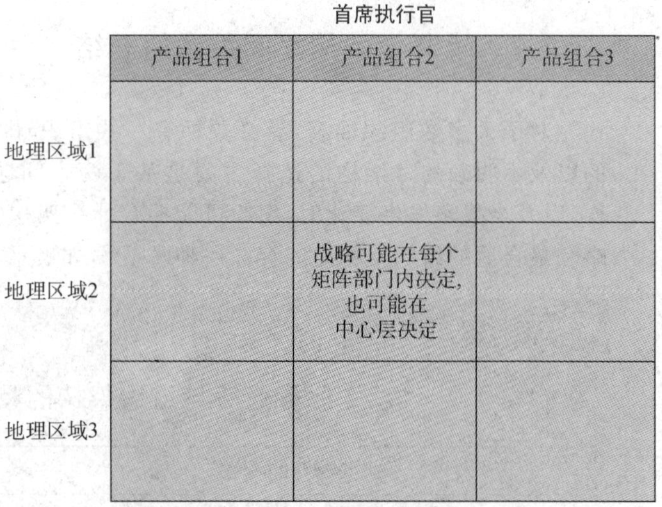

	首席执行官		
	产品组合1	产品组合2	产品组合3
地理区域1			
地理区域2		战略可能在每个矩阵部门内决定，也可能在中心层决定	
地理区域3			

图 12.8 矩阵式组织架构

展示 12.11

矩阵式组织架构的优点和缺点

优 点	缺 点
● 在可能存在决策冲突的地方进行密切协调	● 复杂且缓慢的决策制定：需要所有参与者的一致同意
● 适应特定战略的情况	● 职责界定不明确
● 直接讨论取代官僚主义	● 如果某些部门的团队合作较弱，那么是否会在那些参与合作的部门之间产生高压
● 增加的管理参与	

12.4.6 创新型组织架构

定义➡ 创新型组织架构的特征是它们的创造力、没有正式的报告关系以及随意性。在某些情况下，大型组织需要特别重视它们的创造力和创造发明，例如广告代理公司、一些服务型公司以及创新设计公司等。在这种情况下，拥有强大的团队合作，即结合了具有不同技能和知识的专家，他们的工作没有太多的层次架构，并且其运作风格是开放的。在制定战略的某些方面时，集团自由顺畅的特性以及它的想法都是极其重要的。实质上，战略可以在任何地方进行制定。没有一个简单的组织图能够有效地总结这一架构。

12.4.7 战略与架构之间关系的总结

对于大多数组织而言,有必要拥有一些组织,即使小型组织的架构是动态的以及不明确的。架构的选择主要是基于两个问题,即组织目前拥有什么架构,以及当战略发生变化时,组织可能拥有什么架构。总的来说,组织的业务战略和最合适的组织架构之间存在一种联系[30],如展示12.12所示。

展示 12.12

业务战略与组织架构的特性

业务战略的特性	可能的组织架构
单一业务:一组主要的业务战略	职能型架构
扩展单一业务的产品系列:每个产品领域具有多个战略,但是企业仍然是作为一个实体在运营,可能具有一些共同的职能	职能型架构,但是利用单独的损益账户来监控每一个产品系列
集团内部具有有限联系的单独业务部门:假设每一个业务是不相关的,并且在不同的市场上运作	分部制架构
集团内部具有强大联系的单独业务部门,这种联系能跨越整个集团	矩阵式架构(如果矩阵很难进行管理,可以使用具有协调合作的分部制架构)
灵感创造工厂:战略必须具有强烈的实验性与应急性	创新型架构
不相关业务:每一个业务都拥有自身的战略问题	控股公司架构
共同拥有或者具有少量股权的相关业务:每一个业务都需要拥有自己的战略,并且进行分开单独管理	控股公司架构

关键战略原则

- 存在六种主要的组织架构类型,每一种类型都具有优点和缺点。
- 小型公司拥有有限资源,但具有一个非正式的架构,具有能够快速响应的灵活性,但是不能给出明确的职责界限。
- 功能型组织架构通常用在具有一个主要产品系列的中小型组织中。
- 由于组织对产品范围的进一步开发,所以通常需要对它们进行拆分。随后,每一个部门将拥有自己的职能架构,如市场营销部门、财务部门以及生产等部门。
- 由于组织的产品范围变得越来越多元化,所以总公司可能会变成一个控股公司。

> - 对于拥有几个产品范围的公司来说，一个可替代的架构模式就是矩阵式组织，在这里，两个不同的架构需要承担连带责任，例如生产部门与另一个组织架构之间的关系，如地理部门或者职能部门。这种组织架构具有一些优点，但是很难成功地进行管理。
> - 创新型组织可能具有交叉职能团队。
> - 制定战略的地方通常取决于组织架构。

12.5 创新型组织架构

创新型架构和程序已经在前一节进行了介绍，但是，创新对整个企业战略过程太重要了，却被描述为只适用于一些专业组织类型。其实，每一个组织都需要创新因素。因此，每个组织都需要能够产生创新的架构，即使这些架构只是暂时的。例如，为了一个特殊项目而形成的团队，一旦完成工作就撤销该团队。

12.5.1 创新需要商业吸引力

在研究组织将如何建立最好的架构来进行创新之前，有必要检验应该需要些什么。在竞争激烈的市场上，创新是不足够的，即新产品或者服务必须对潜在客户具有商业吸引力，也就是说，与现有的产品和服务相比，它必须能够提供价值。吉尔伯特和斯特雷贝尔称这为"完全竞争模式"。

除了创新本身之外，也许它还包括更广泛的好处。通常，真正的突破并不是技术的研发，而是一揽子拓展的推广、分配、维持和客户服务。所有这些元素都是使创新更加容易使用并且更具有商业吸引力。这需要一个贯穿于所有业务职能部门的整体组织架构。例如，在过去几年里，网站能够在互联网上取得成功的原因之一就是，引进了创新的用户友好型软件，例如奥多比（Adobe）使用的图片和视频编辑软件。然而，对于公司而言，真正的突破创新出现在当它安排免费杂志配送时，即通过供个人评估使用的特定类型软件的电脑杂志来进行宣传。在写这本书时，奥多比软件成为了这一新兴的且不断增长的媒体领域的主导软件。从组织的视角来看，如果将要采用创新的解决方案，那么组织发展就需要整合和协调所有的职能部门。

12.5.2 创新过程的特性

在第7章中，为了描述创新过程，我们检验了奎因对"受控的混乱"的概念的使用。创新是灵活的、开放的，并且可能不具有一个明确的或者固定的目标。这个过程必须是自由的和实验性的。基于以上内容，创新可以区分为:[32]

- 简单创新,可能在任何组织中,依赖于个人或者小型团队。
- 复杂创新,可能需要来自多种业务职能部门的专家来组成项目团队。这可能包含更多的资源和更大的组织复杂度。

明茨伯格认为,创新过程具有复杂的创新性,特别是在为组织项目团队概述 3 点指导方针时,需要铭记这一点,如展示 12.13 所示。

展示 12.13

组织创新项目团队的指导方针

1. 需要灵活的架构,该架构能够让专家不仅锻炼自己的技能,也能够使组织突破传统边界而进入新领域中。

2. 需要在某个领域具有技术背景的专家来进行团队协调,而不是来自外部的具有权威的上级。

3. 团队中的权力需要在专家之间进行合理分配。当专家们需要开发他们的创新想法时,大多数的活动将由专家们之间的交流和讨论组成。

最后,从创新过程中产生的战略也许仍然是模糊的和不确定的。这种架构具有灵活性、快速响应性和实验性等优点。然而,与缺少定义有关的缺点,也许不能满足想要快速且准确结果的组织文化。

12.5.3 创新型公司的组织架构和程序

20 世纪 70~80 年代之间,为了确定最有利于创新的组织架构和过程,坎特[33]调查了许多的美国公司。她的结论有:

- **矩阵式架构的重要性。** 在创新型组织中,这是最可能的架构形式。它们往往会打破障碍并且导致更加开放的报告方式,这对创新过程是十分重要的。在矩阵式架构中,决策制定可能是缓慢的且复杂的,但是它为个人提供了能够离开自己岗位的网络关系,并且为创新提供了有效的互动沟通。
- **需要一个平行组织。** 为了与现有的正式层次架构进行结合的独立集团通常具有很高的价值。该组织专门负责寻找解决问题的创新方案,特别是在一个矩阵架构没有生效的组织中,这是特别重要的。该组织能够独立运作,没有现有架构的日常事务压力和政治约束。随后,它会让现有组织来确定日常工作、主题以及报告关系等。取代现有组织中的合同和联系,平行组织允许形成新关系和新想法。
- **平行组织的工作。** 这是一个必须解决的问题,它可能集中在单一的业务问题上并在团队周围形成。该工作是综合的、灵活的,并且具有较少的层次划分。这种集团的职能通常是为了重新检查现有的日常事务和制度,尤其关注那些部分未知和需要挑战的领域。它通常提供一种授权方式,即授权给组织中的低等员工。[34]

- 参与式或者协作式管理风格。通常采用这种风格来鼓励创新。它涉及劝说和说服,而不是强制命令,寻求建议和评价,并且分享成功举措的有利结果。[35]

在她的研究中,坎特提出了5点建议,即可以在较弱的组织中采用这些建议来鼓励创新[36](见展示12.14)。最成功的全球化公司,例如丰田和麦当劳,在追求这种策略时尤为成功。

展示 12.14

鼓励创新的五点建议

1. 宣传现有的成就并引以为豪。
2. 为创新活动提供支持,可能是通过高级经理,也可能通过项目团队。
3. 通过创造跨职能活动或者将员工聚集在一起的方法来提高企业中的沟通交流。
4. 减少组织中层次架构的阶层,给予那些低级的员工更多的权利。
5. 更加广泛地和频繁地宣传公司未来业务活动计划,给组织中的低层员工一个机会来贡献他们的想法,并参与到创新过程中。

评论

在研究北美公司时就已经提出了并研究了坎特的所有想法和观点。有一些可能并没有发挥作用,或者在其他国家文化中也许需要进行大量地修正。然而,观察到的创新方面的问题在其他国家也许是不相同的。他们所做出的说明是,至少对于战略创新而言,灵活且开放的组织架构的出现也许要早于创新战略的出现。

关键战略原则

- 所有公司都需要能够进行创新,创新是战略过程的一部分。
- 如果可行的话,这种创新需要具有商业吸引力。一个能够整合并协调所有职能业务领域的组织架构是令人满意的。
- 创新是无止境的和灵活的,所以创新过程需要具有试验性,需要灵活的架构、紧密的合作、分布在创新集团中的权力。
- 在架构方面,矩阵式组织架构可能更加有效,因为它更加具有综合性。在某些情况下,一个单独的平行组织负责制订能够有效使用的创新解决方案。

案例研究 12.3

艾波比集团是如何授权给它的管理者的,并且随后又是如何逆转该过程的呢?

世界上最大的电气工程公司艾波比集团(ABB,ASEA Brown Boveri)在1987年成立,它最早的战略决策之一是重组公司并将中心层的权力下放给业务运营公司,即授权。起初,在其著名主席佩尔西·巴列维(Percy Barnevik)的带领下,这被誉为是现代管理的经典案例。到2004年,授权的战略被认为是彻底失败的。该案例说明了ABB所发生的事情。

润达到了峰值。然后,在2001年到2004年的四年里,公司一直处于亏损状态。在2000年到2004年期间,由于关闭和出售子公司,公司的员工减少了57 000人。这一衰退的原因包括激烈的竞争和微弱的世界经济。该公司同样受到了一家子公司的重击,即必须承担与石棉产品的医疗责任有关的相当大的成本。然而,ABB的制造成本同样高于它的竞争对手,即许多评论员认为其整个组织架构需要简化,并且需要进一步降低成本。图12.9显示了整个衰退记录。

在20世纪90年代,ABB授权给管理者们的全球战略是著名的。这一案例研究了当时所发生的事情。

ABB的兴起和衰退

ABB在2004年的营业额超过了207亿美元,并且在全世界拥有100 000名员工,它是世界上最大的传统电气工程公司。它的产品包括电力传输和配送,建筑技术及自动化。它在全球市场上进行运营,并且与大型公司进行竞争,例如美国通用电气、美国西屋电器(Westinghouse)、德国西门子以及法国阿斯通(Alsthom),同样也与大型的日本公司进行竞争,例如日本三井(Mitsui)和三菱(Mitsubishi)。但是ABB在这一时期的后期并没有盈利。

ABB在20世纪90年代在营业额上实现了成功。在1999年,ABB的销售额和利

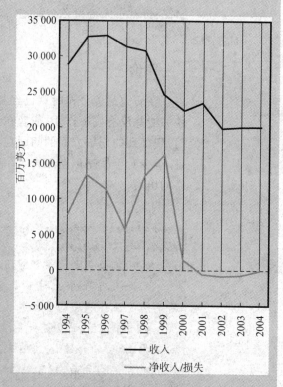

图12.9 ABB的销售额和利润

资料来源:每年的年度报告和报表。

公司历史

在1987年,艾波比集团成立,它是由瑞

典阿西亚公司（ASEA）和瑞士工程公司布郎·勃法瑞（Brown Boveri）的工程部分共同形成的。在1988年到1990年期间，新主席佩尔西·巴列维对公司进行了彻底重组。瑞士总部的员工被削减为150人，并在全世界引进了矩阵式管理架构。该公司拆分成为1 300个更小的公司以及大约5 000个盈利中心，它们都尽可能地独立运作。几个中间管理层被撤销，中央总部的主管被调到了区域协调公司。然而，成本不一定会降低，因为许多中央总部的业务必须在每个公司进行复制。

同时，公司从事的一个主要收购项目增加了ABB的订单数量，即在两年内，从160亿美元增加到250亿美元。被收购的主要公司是在美国、西班牙、意大利、英国、法国以及德国。所有这些重大决策的协商都由ABB集中处理。然后，在1991年到1993年期间，公司进行了整合。

授权管理的公司战略

在公司的首席执行官（后来的董事长）巴列维的带领下，ABB追求大胆创新，将公司拆分成1 300个更小的单位，每一个单位都具有盈利职责。在这一时期，该公司成为商学院研究的著名战略案例。这些举措实际上是为了授权给经理们，使他们能够接近客户，并且激励经理们来负责更小和更具企业家才能的单位。即使研究和开发是分散的，但是新营运公司控制了集团23亿美元中90%的预算。这使得知识的集中共享变得更加困难，但是该公司认为，这会得到个体公司授权的更多补偿。重要的是，中央财务和现金管理被排除在权力下放的过程中，随后被用来监控世界各地被授权公司的业绩表现。

巴列维认为，在运营这样一个规模的集团时，最大的战略挑战就是激励中低层经理们，以及转变根深蒂固的公司价值观。

正如他解释的那样，当具有更多保证的5%的利润率是可能的时候，以前的经理们会很高兴地、毫不费力地获得2%的利润率。

到1991年，公司表明对于许多经理们而言，授权已经成为了一种常态。然而，仍然需要加强这一要点："目前的问题就是，当他们看到利润翻了一倍的时候，他们太开心了；他们认为4%的利润率是不可思议的。所以，你必须告诉他们，美国的竞争对手能够创造10%的利润率。"因此，中央管理层需要继续花费大量时间来教导经理们。

这些就是不可避免的问题。戈兰·林达尔（Goran Lindahl），ABB高层执行团队的一员，被赋予了识别领域的关键职能，在该领域中，ABB的经理们变得自满或者允许他们的单位逐渐变化。他同样被授予了权力"来改变一些事情，以此来创造一个学习的环境"。在未来几年里，出现了5个其他问题，即：

- ABB公司中，被授权的小单位并不适合处理大型的全球公司，这些公司想要一个集中谈判的和制定决策的单位。
- 在设立一些子公司的东欧和亚洲地区，很难找到受过充分培训的和有经验的管理者。
- 在需要管理一个复杂的和分散的全球运营中，核心员工具有重大的压力。
- 在大量的小型公司中，在其重复的管理职位上出现了额外成本。
- 小型公司通常不能获得规模经济，规模经济适用于更大规模的和更加集权的组织。

在1997年，新的领导能力和新的组织架构

1997年，巴列维辞去了首席执行官的职位。它的继承者是林达尔。他们的领导风格

是完全不同的。巴列维有口才、有理念并且会身先士卒;而林达尔更加务实、感性并且对细节感兴趣。然而,巴列维继续担任非执行主席。

1998年,林达尔宣布了两个主要战略举措。第一,他加快了转向利用亚洲劳动力的速度。在欧洲和美国又会缺少10 000个工作岗位,取而代之的是亚洲增加了的相同数量的岗位。股东的成本估计为10亿美元;第二,他废除了组织的矩阵式组织架构,并且为组织的管理层带来了一些更年轻的新高管。在未来的18个月里,紧随其后的是出售了两个不盈利的部门,即能源生产部门和运输部门。然而,在2000年,林达尔突然辞职。他的解释是,他认为ABB公司应该由那些懂得利用信息技术革命的人来进行管理,而他并不是这类人物。公平来讲,他在预期任期的中途突然离职在外部观察者之间造成了一些冲击。

在2000年,新的领导能力和新的组织架构

新的首席执行官约尔根·塞特玛恩(Jorgen Centermann)不失时机地对ABB进行了彻底的重组。他构建了一个组织,即具有四个全球顾客的细分市场,加上两个候补的产品细分市场。他减少了子公司的数量,从1 000个减少到400个,因此,取消20世纪90年代早期的授权战略取得了成效。他给出了3点理由:

1. 需要更多地关注ABB的主要的大型全球客户。
2. 需要降低成本,尤其是那些与分权中必不可少的重复管理有关的成本。
3. 需要利用互联网的能力。

另外,他任命了两名新的董事会成员,一个对"企业流程"负责,另一个对"企业传播"负责。这些都与他的愿望相关联,即他希望将ABB变成"灵活的、以知识为基础的公司",并将"智能"作为公司的座右铭。塞特玛恩认为,ABB的电力相关业务不能成功地进行竞争,所以他决定按比例缩小该业务。他同样将ABB的核能业务出售给了英国的核燃料公司。在2002年,塞特玛恩与他的主要竞争者之一美国通用电气进行了协商,协商将ABB的财务服务部门卖给通用电气。后面这个销售所获得的资金帮助了ABB,因为当时的ABB遭受了巨大的财务困难。该公司受到了世界经济衰退的冲击,石棉产品公司声称需要面对两个子公司的强大竞争。在采取这种重组之后,塞特玛恩感觉他应该辞职,取代他在ABB的首席执行官职位的是根·多尔曼(Jurgen Dormann)。正是多尔曼在2001年从巴列维手中接管了ABB董事长的职位,在这一年,该公司显然处于麻烦当中。大约在这段时期内,在遭受了公众批评之后,巴列维和林达尔返还了他们从ABB获得的820亿美元有争议的抚恤金。

多尔曼在2004年经历一段困难的商业时期以前一直是ABB的首席执行官。他在中央层中检查了公司中的主要削减,然后将职位移交给了弗雷德·金德尔(Fred Kindle),在写该案例时,他仍然是首席执行官。随着这样一系列高级管理层的改变,该公司显然经历了一段相对混乱的时期。然而,ABB在2004年年末声称:"公司目前的运行状态良好。"以前的分权架构已经被拆除了,关键的决策重新由公司的中央层来决定。

在能源与自动化公司中,ABB仍然是一个世界领导公司。公司的一系列产品都使用了绿色战略,包括利用风力来发电的项目。ABB已经介绍了一个关于可持续性问题的独立报告,可以从网站获得,即 http://www400.abbext.com/2010/sr/servicepages/welcom.htlm.

©版权归理查德·林奇所有,2012年。保留所有版权。该案例由理查德·林奇所著,来自于公开的信息。[37]

案例问题

1. 在一个复杂的财务控制系统中,授权战略是多么地重要?中央层监督是多么地重要(例如林达尔)?这对于授权意味着什么?

2. 如果全世界变得越来越全球化,你是否认为ABB单位的授权战略仍然有机会获得成功?

3. 到哪种程度上,大规模的全球化公司能够授权给地方管理者?集权或者授权对战略制定的影响是什么?

战略项目

这是一个特别有趣的公司,因为它代表了20世纪90年代组织变革的新形式,并成为了其他公司的榜样。你也许会利用该案例的参考文献来回顾和观察该公司是如何变化的。你也许同样会考虑该公司现在应该如何发展。它同样面临着巨大困难,即需要相当大的努力和所有员工的技能。

12.6 战略实施中的激励与人事安排

如果有一个公司会激励它的经理们(例如通过它的授权战略),那它就是ABB公司。但是证据表明该公司并没有成功,即它的授权战略最终被取消了,并且权力返还给了中央层。然而,有能力的并且被很好激励的员工是战略实施中必不可少的,尤其是在高级管理层。这一节将研究需要实现这些目标的正式组织:

- 能够提高积极性的奖励制度;
- 为了一个成功的战略而进行的员工评估、培训以及选择过程。

与战略实施有关的该主题的非正式方面,例如领导能力和文化,将留在第15章中进行研究。

12.6.1 奖励制度

定义➡ 奖励制度是支付给个人和团队的架构化好处,这些个人和团队提出了为组织增加价值的战略,该战略符合所达成的一致目标。针对组织目标来测量成就并奖励好的业绩表现,是实施战略管理的强大的激励因素。在过去几年里,对奖励与激励之间的关系进行了广泛的研究,并且建立了良好的关系。[38]需要认识到,奖励比简单的报酬支付更广泛,即它们可能涉及直接报酬的其他形式,也包括晋升和职业发展机会。

为了实现战略目标,在设计奖励制度时,需要考虑以下几个因素,即:

- 战略目标。一些目标往往是长期性的,然而经理们往往需要短期的激励。因此,在对实现战略目标成就的奖励与个人渴望短期报酬之间存在冲突。然而,并不是所有的战略目标都是容易测量的,因此使得精确地评估变得困难。在某种程度上,这些问题已经得到解决了,即把公司股份奖励给个人,但是这种激励方法并不适用于所有组织,并且它仍然会被操纵。
- 关注个人业绩的奖励。当集团目标已经被确定为战略的关键之处时,这种奖励可能是不适合的。因此,可能需要谨慎地考虑奖励制度所带来的影响。

● 鼓励创新和冒险的奖励。为了基于所采取的举措的数量和质量来进行定性评估，这种奖励可能需要超越对成就的定量评测，例如资本收益率或每股收益的增加。这些也许是很好的判断因素，它们反过来可能会导致那些受到不公平待遇的人们的指控，所以需要谨慎处理。

近几年，由于"绩效合约"（performance contracts）的引进，奖励制度得到了新的重视。一些公司已经制定了一种制度，即将战略实施过程分成了一系列的可测量的里程碑。随后，独立董事和高管们会签订合约来实现这些目标，并相应地来检查他们的业绩表现。有一个免费的网上案例描述了这个过程。这与第15章有关，并且描述了英国公司BOC集团中的绩效合约。

12.6.2 正式的员工评估、培训以及选择过程

新战略很可能需要新商业方法、新技能和新知识。现有的员工不一定会拥有这些。因此，为了成功地实施战略，可能有必要引进正式的架构和过程来评估和培训现有员工或者招募新员工。

由于动机的原因，通常最好是从现有的员工开始，评价他们是否适应新职位，这被称为评估。然而，他们也许并不拥有所需要的知识和技能水平，因此在这种情况下，培训或者外部招聘就变得非常重要了。[39]

在战略管理中，人事安排问题主要关注的是组织中最高级的管理者。在重大战略危机的情况下，首席执行官可能需要更换，即近年来，存在不计其数的案例说明了这一举措对战略变化的重要性。然而，应该说，这也许只是一个新战略的开始，而不是它的实现结果。在1994年，在美国国际商用机器公司出现惊人的利益问题之后，卢·格斯特纳被招聘为IBM的领导者（见IBM的案例1.2)，他被聘请的前提基础是他有完全的自由来识别主要战略问题、解决方案和战略。在这种情况下，IBM新战略的第一个阶段就是招聘一个外来者来救助公司。然而，应该指出的是，前任首席执行官同样意识到了困难和变革的必要性。显而易见的是，在一般情况下，招聘具有高级人才来执行所确定的战略对组织未来的成功或失败具有至关重要的作用。

对于许多没有经历重大危机的公司来说，提出一个好的业绩评估制度将有助于成功的战略实施。员工培训和更广泛的员工发展计划是为了形成战略管理中可能需要的人力资源。对于一个公司而言，这是人力资源管理战略中的一部分。结合招聘和奖励，他们强调了在战略管理发展的最高水平下，这一职能领域的至关重要性。

> **关键战略原则**
>
> ● 测量成就和奖励良好业绩是可以指导战略管理的强大方法。
> ● 然而，由于各种原因，制定出符合组织战略目标的奖励制度也许很难。
> ● 人事安排问题，例如招聘、评估和培训，对战略实施是至关重要的。需要建立正式的程序来考虑新的或者改进的人力资源管理程序。

> **批判性反思**
>
> **在战略制定的早期阶段,组织是否应该更加强调人力资源问题?**
>
> 在前面的章探讨了组织战略的制定之后,这一章研究了组织文化、领导风格和架构的问题。本章认为战略和架构是相互关联的,并且在某种意义上来讲,在战略制定的早期阶段就需要考虑组织的人事方面的内容。
>
> 然而,许多领先的战略家似乎表明,战略主要关心的是竞争和顾客问题,而不是人力资源问题。但是,人力资源是否可能比领导能力、组织架构、文化和风格更加重要呢?它们是否应该出现在战略制定的早期阶段?对于你制定组织战略的方法,你认为的结果是什么呢?

总 结

- 根据现代战略思想,钱德勒的先战略后架构的观点也许将环境过度简化了。对于钱德勒的观点,存在一些主要批判。第一,20世纪末的商业环境和价值观的变化表明,除了高层管理者以外的管理者也许需要对战略作出贡献。这被称为中层和低层管理者的授权。这最好是发生在组织架构的构建完成之前;第二,制定战略的新过程是合适的,并且包含学习机制;第三,这种过程同样需要开放的流动架构,但是简单的职能架构也许不能最好地体现这一点。当战略变革很彻底时,不能很明确地确定最终的组织架构。也许有必要在战略变革和制定的过程中形成组织架构。

- 如果战略和架构是互相联系的,那么本质上它们是相互一致的,这就是"战略匹配"的概念。

- 在构建组织架构时,必须首先考虑组织的目标。这将为所需要的架构提供一些基础指导方针。另外,设计组织时存在8个主要因素,即年限、规模、集权/分权、承担的全部工作、技术含量、组织不同部门的任务、文化、领导能力。所有这些因素将与组织战略有关。存在6种主要的架构类型,即创业型组织、机械性组织、专业性组织、分部制架构、创造性组织和传教式组织,但是它们都需要谨慎应用。每个组织都是独一无二的,所以在组织架构和人事安排等问题上,很难制定明确的规则来实施战略。战略变革对员工和管理者的影响是一个主要因素,是值得进行单独和详细研究的因素。

- 当每个组织改变它的战略时,它都有改变其文化和风格的选择权。在许多情况下,当提出了根本性的战略变化时,风格的转变是至关重要的。文化和风格的内容取决于所拟定的战略。在这两个领域之间,需要存在一定程度的战略匹配。重要的是,文化和风格需要花费时间来进行改变,并且可能会慢于所拟定的战略。由于战略、架构和管理风格之间关系的复杂性,迈尔斯和斯诺确定了能够捕获这一复杂性的四种不同的组织类型。四种组织类型分别是防御型、探索型、分析型和反应型,每一种类型都与管理层和领导层的风格相关联。

- 存在6种主要的组织架构类型,每一种类型都具有优点和缺点。小型组织架构不需要加以说明。功能型组织架构通常用在具有一个主要产品系列的中小型组织中。由于组织对产品范围的进一步开发,所以通常需要对它们进行拆分。随后,每一个部门将拥有自己的职能架构,如市场营销部门、财务部门以及生产等部门。由于组织的产品范围变得越来越多元化,所以总公司可能会变成一个控股公司。对于拥有几个产品范围的公司来说,一个可替代的架构模式就是矩阵式组织,在这里,两个不同的架构需要承担连带责任,例如生产部门与另一个组织架构之间的关系,如地理部门或者职能部门。这种组织架构具有一些优点,但是很难成功地进行管理。

- 在建立大多数合适的组织架构时,重要的是需要锁定简单、成本有效型架构。环境因素,例如市场变化和复杂性,将同样影响所拟定的架构。一般来说,不断增加的变化和复杂性表明,需要更加灵活的和少量集权的架构。

- 所有组织都需要能够进行创新,创新是战略过程的一部分,但是,如果可行的话,这种创新需要具有商业吸引力。一个能够整合并协调所有职能业务领域的组织架构是令人满意的。因为创新是无止境的和灵活的,所以创新过程需要具有试验性,需要灵活的架构、紧密的合作、分布在创新集团中的权力。

- 在架构方面,矩阵式组织架构可能更加有效,因为它更加具有综合性。在某些情况下,一个单独的平行组织负责制订能够有效使用的创新解决方案。

- 测量成就和奖励良好业绩是可以指导战略管理的强大方法。然而,制定出符合组织战略目标的奖励制度也许很难。人事安排问题,例如招聘、评估和培训,对战略实施是至关重要的。需要建立正式的程序来考虑新的或者改进的人力资源管理程序。

问 题

1. 利用12.2节和12.3节中概括的因素来阐明你所熟悉的组织的架构。

2. 你希望下面的组织拥有什么架构?

(a)一个小型的管理咨询公司,仅仅坐落在一个国家。

(b)一个能够提供志愿者来探望留守老人的自愿性集团。

(c)一个中等规模的公司,其拥有1 500名员工、2个工厂和一个单独的公司总部。

(d)一个拥有空闲的停车场的家族企业。

(e)一个中等规模的公司,其拥有为游戏撰写程序的80名员工。

3. "如果确实是先战略后架构,那么在构建一个新组织来满足新战略的管理需求时,为什么应该会存在一个延迟过程?"——艾尔弗雷·钱德勒。你将如何回答这一问题?

4. 如果要求你使"思科系统公司"变得更具有创新性,你将怎么做?在回答这个问题时,你应该考虑公司现有的文化。

5. "每一个组织都需要创新因素。"(见12.5节)这是正确的吗?

6. "每一个组织都必须探索其自身的潜力,来使其变成一个更具有创新性的公司,这样才能观察到当员工和管理者聚集在一起并且给予一个需要解决的重大问题时将会发生的事情。"——坎特(R M Kanter)。对此观点进行讨论。

7. 为什么很难建立能够实现组织目标的奖励制度呢？一个小型创业企业该如何克服这些困难？

8. 一个制作自行车的大型公司的总经理会担心缺乏销售增长，认为公司已经失去了早期的创新能力，现在轮到你来给出建议，你将提出什么建议呢？

9. "许多成功商业组织的特点就是考虑了人的因素。"［劳里·马林斯，著名文章《管理和组织行为学》(Management and Organisational Behaviour)的作者］。人力因素是否比竞争性战略更加重要？

扩展阅读

Professor Henry Mintzberg has a useful discussion on organisation structure and strategy in 'The structuring of organisations', in Mintzberg, H and Quinn, J B (1991) *The Strategy Process*, 2nd edn, Prentice Hall, New York, p341.

Laurie Mullins (2006) *Management and Organisational Behaviour*, 7th edn, Pearson Education, Harlow, can be consulted for an extended discussion on organisational issues.

Professor Gerry Johnson's paper (1989) 'Rethinking incrementalism', *Strategic Management Journal*, January–February, is worth reading. It is reprinted in De Wit, B and Meyer, R (1994) *Strategy: Process, Content and Context*, West Publishing, St Paul, MN.

Professor Rosabeth Moss Kanter (1985) *The Changemasters*, Unwin, London, has a useful empirical study of innovative practice. Note: there was a major and timely retrospective on Kanter's work in *Academy of Management Executive* (2004), Volume 18, No 2, pp92–110.

There was a special issue of *Long Range Planning* in 2000 on executive pay and recruitment: five papers including the editorial, Vol 33, No 4, pp478–559.

注释与参考文献

1 Sources for PepsiCo Case: Tropicana website 2002 and 2004; PepsiCo Annual Report and Accounts 2001, 2004 and 2010; *Financial Times* 22 July 1999, p2; 28 February 2000, p25; 15 March 2001, p20; 5 April 2002, p16.
2 Chandler, A (1987) *Strategy and Structure: Chapters in the History of the American Industrial Enterprise*, MIT Press, Cambridge, MA, pp8–14.
3 Chandler, A (1987) Op. cit., pp13–14.
4 Pugh, D (1984) *Organisation Theory*, Penguin, London. This book brings together various papers, including those of other influential theorists of the early twentieth century such as Taylor and Fayol.
5 This section has been adapted from the ideas of Kanter, R M (1983) *The Changemasters*, Unwin, London, pp42–43 and pp398–399. This is a well-researched, thoughtful and provocative book.
6 Quinn, J B (1980) 'Managing strategic change', *Sloan Management Review*, Summer. Reprinted in Mintzberg, H and Quinn, J B (1991) *The Strategy Process*, Prentice Hall, New York and De Wit, B and Meyer, R (1994) *Strategy: Process, Content and Context*, West Publishing, St Paul, MN.
7 Prahalad, C K and Hamel, G (1994) 'Strategy: the search for new paradigms', *Strategic Management Journal*, Summer Special Issue, p11.
8 *Source*: Lynch, R, based on reference 6.
9 Galbraith, J R and Kazanjian, R K (1986) *Strategy Implementation*, 2nd edn, West Publishing, St Paul, MN, Ch7.
10 Galbraith, J R and Kazanjian, R K (1986) Op. cit., p113.
11 Laurence, P R and Lorsch, J W (1967) *Organisation and the Environment*, Richard D Irwin, Burr Ridge, IL, contains a full discussion of this important area.
12 Mintzberg, H (1991) 'The structuring of organisations', p341 in Mintzberg, H and Quinn, J B (1991) Op. cit.
13 Johnson, G (1989) 'Rethinking incrementalism', *Strategic Management Journal*, January–February. Reprinted in De Wit, B and Meyer, R (1994) *Strategy: Process, Content and Context*, West Publishing, St Paul, MN.
14 Mintzberg, H (1979) *The Structuring of Organisations*, Prentice Hall, New York.
15 Thompson, A and Strickland, A (1993) *Strategic Management*, 7th edn, Irwin, Homewood, IL, p220.
16 Examples: Drucker, P (1961) *The Practice of Management*, Heinemann/Mercury, London, and (1967) *Managing for Results*, Pan Books, London.
17 Peters, T (1992) *Liberation Management*, Macmillan, London.
18 Handy, C (1989) *The Age of Unreason*, Business Books, London, and (1991) *The Gods of Management*, Business Books, London.

19 These comments arise directly from the writings of Quinn quoted in reference 6. They are also consistent with the conclusions of Chandler earlier in the century.
20 See Hart, S and Banbury, C (1994) 'How strategy making processes can make a difference', *Strategic Management Journal*, Vol 15, p254 and Ch17.
21 Senge, P (1990) 'The leader's new work: building learning organisations', *Sloan Management Review*, Fall. Reprinted in De Wit, B and Meyer, R (1994) pp132–141.
22 Senge, P (1990) Op. cit.
23 Hofstede, G (1991) *Cultures and Organisations, Software of the Mind*, McGraw-Hill, Maidenhead, and *Images of Europe: Valedictory Address* given at the University of Limberg, 1993.
24 Moingeon, B, Ramanantsoa, B, Métais, E and Orton, J D (1998) 'Another look at strategy–structure relationships: the resource-based view', *European Management Journal*, 16(3), June, pp297–305.
25 Miles, R E and Snow, C C (1978) *Organisational Strategy, Structure and Process*, McGraw-Hill, New York. See also Miles, R, Snow, C, Meyer, A and Coleman (1978) 'A strategy typology of organisations', *Academy of Management Review*, July, and reprinted in De Wit, R and Meyer, R (1994) *Strategy: Content, Context and Process*, West Publishing, St Paul, MN. There is clearly some overlap here with the classification developed by Handy on types of culture described in Chapter 16. It is hardly surprising that the two areas are consistent; it would be alarming if they were not.
26 Sources for the Royal Dutch/Shell case: Annual Report and Accounts 2004. *Financial Times*: 1 September 2003, p20; 14 January 2004, p12; 4 March 2004, p23; 20 April 2004, p25 (contains quotes from the explosive emails between Mr van de Vijver and Sir Philip); 30 July 2004, p23; 23 September 2004, p23; 29 October 2004, p21; 16 December 2004, p25; 2 February 2005, p19 (the employee survey).
27 Mintzberg, H (1979) Op. cit.
28 Chandler, A (1962) *Strategy and Structure*, MIT Press, Cambridge, MA. See also Channon, D (1973) *The Strategy and Structure of British Enterprise*, Macmillan, London, for evidence in the UK.
29 Bouygues moved from construction into media and mobile telephones in the 1990s.
30 Developed from Galbraith, J R (1987) 'Strategy and organisation planning', *Human Resource Management*, Spring–Summer. Republished in Mintzberg, H and Quinn, J B (1991) Op. cit., pp315–324.
31 Gilbert, X and Strebel, P (1989) 'From innovation to outpacing', *Business Quarterly*, Summer, 54, pp19–22. Reprinted in De Wit, B and Meyer, R (1994) Op. cit.
32 Mintzberg, H (1991) 'The innovative organisation', Ch13 in Mintzberg, H and Quinn, J B (1991) Op. cit., pp731–746.
33 Kanter, R M (1985) *The Changemasters*, Unwin, London, p146.
34 Kanter, R M (1985) Ibid, p205.
35 Kanter, R M (1985) Ibid, p237.
36 Kanter, R M (1985) Ibid, pp361–362.
37 ABB Case study references: Ghoshal, S and Bartlett, C (1995) 'Changing the role of top management: beyond structure to process', *Harvard Business Review*, January–February; *Financial Times*, 15 November 1989; 21 March 1990, p27; 5 April 1991, p11; 15 November 1991; 20 August 1993, p15; 25 August 1993, p19; 15 March 1994, p32; 12 August 1994, p17; 18 August 1994, p18; 13 August 1998, p27; 24 August 1998, p8; 24 March 1999, p26; 1 March 2000, p28; 26 October 2000, p28; 30 October 2000, p16; 12 January 2001, p24 (Lex) and p29; 18 January 2001, p13; 25 April 2001, p24 (Lex); 25 July 2001, p28; 19 September 2001, p30; 25 October 2001, p28; 22 November 2001, p22 (Lex) and p28; 23 November 2001, p28; 31 January 2002, p30; 14 February 2002, p30; 21 February 2002, p29; *ABB Annual Report and Accounts*, 1993, 1994 and 2001; video interview with Percy Barnevik on Tom Peters' 1993 video film: *Crazy Times Call for Crazy Organisations*. See also reference 17 above and the interview with Mr Barnevik.
38 Galbraith, J and Kazanjian, R (1986) Op. cit. Chapter 6 contains a thoughtful review of the evidence.
39 Hunger, J and Wheelen, T (1993) *Strategic Management*, 4th edn, Addison Wesley, Reading, MA, Ch9.

关键战略管理问题

第 13 章　实施并控制战略规划
- 实施过程是什么？
- 如何设定任务和目标？
- 如何分配资源？
- 如何进行战略规划？以及它对战略的影响是什么？
- 如何控制战略？
- 信息处理系统的作用是什么？
- 我们如何执行绿色战略？

第 14 章　制定和执行客户驱动战略
- 为什么客户驱动战略如此重要？
- 如何分析客户？
- 信誉和品牌效应对战略有什么贡献？
- 在战略发展中，客户交流的作用是什么？钱的价格和价值的战略性作用是什么？

第 15 章　管理战略变革
- 为什么人们反对战略变革？
- 在战略性变化中包含的主要原则是什么？
- 我们将如何策划一个项目来管理这样的变化？
- 战略性管理是如何变化的？

第四部分　实施过程

这本书的这一部分主要讲述了实施过程,即将组织所选择的战略投入运营中。它可能包括规划新的业务活动,制定方法来控制实施过程,并且考虑评估战略所需要的标准。

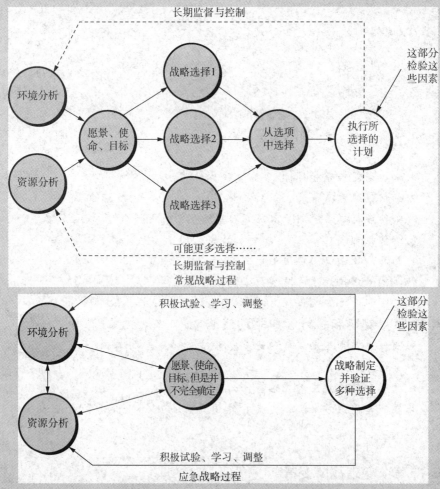

然而,实证研究表明实施过程本身可能会影响组织战略。换句话说,在实施过程与战略选择之间的区别可能被夸大了。不过,许多组织通常在战略形成的过程中将计划和控制分开考虑,同时也意识到两者之间的相互作用。这些问题将在下一章中进行彻底的研究探索。

作为实施过程的一部分,这一部分同样围绕两个主题。第一,客户导向战略的制定与执行;第二,战略性变化的重要主题,以及它对战略结果的影响。

第 13 章

实施和控制战略规划

学习成果

这一章的视频与音频总结

通过本章的学习,你将能够:
- 概括战略实施过程的特性和局限性;
- 了解执行目标、任务和时间安排的方式;
- 描述组织内部各部门之间如何分配资源;
- 概述监督和控制的主要因素,并调查它们对战略管理实施的重要性;
- 平衡计分卡是如何将实施过程中各种各样的因素结合在一起的;
- 探索应该如何进行战略规划,并且批判性地评价它的优点。

引　言

无论选择哪种战略方法,每个组织都将需要时间来运用它们的战略,也就是实施战略。这一章研究了这一过程中的基本步骤,以及战略制定与实施之间的关系。首先,研究了战略实施过程本身的意义和局限性,其中包含它与绿色战略之间的关系。

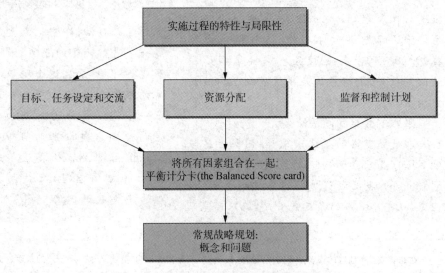

图 13.1　实施过程的主要因素

因为在战略实施中的主要目标是实现组织的任务和目标,随后这一章将讨论该内容。在此之后,考虑了个人所承担任务的影响,以及为了该工作所进行的必要资源的分配。因此需要对战略实施过程进行监督和控制。为了将所有因素都结合起来,这一章随后就解释了平衡计分卡的使用。最后,这一章研究了常规战略规划的所有原则,尽管在近几年它遭到了一些评论者的批判。这些活动连接在一起的方式如图 13.1 所示。

 向体育运动投资的有效战略。

案例研究 13.1

欧洲足球*:不恰当的战略? 还是不恰当的实施过程?

一半的欧洲领先足球俱乐部在 2010 年的运营中损失了 20%,出现了巨大的赤字。然而,在近几年,投入到领先足球俱乐部的资金却在飞速上涨。该案例研究了这一战略问题。

欧洲足球确实存在真正的困难,例如,意大利著名俱乐部拉齐奥(Lazio),2010 年英格兰足球超级联赛的冠军切尔西队(Chelesa),以及领先的西班牙皇家马德里足球俱乐部(Real Madrid),都在近几年被报道出存在重大的损失。欧洲足球协会联盟(UEFA)在 2009 年的研究表明,前 733 家欧洲俱乐部所报道的收入是 117 亿欧元,支出是 129 亿欧元。除了领先俱乐部之外,这种情况更糟糕,即 30~40 个英超联盟足球俱乐部已经被政府收购,或者在近几年遭受到了财政压力的威胁。

基本的战略问题是什么?

即使是富裕的足球俱乐部,例如巴塞罗纳(Barcelona)和拜仁慕尼黑(Bayern Munchen),也必须谨慎地留意它们的利益。但是,从一个战略的角度来看,它们不可能只

足球战略已经进行了改革,主要是由于从电视权限中所赚取的相当大的收入以及世界上足球的普及振兴——包括 2010 年南非足球世界杯。

靠自身来存活,即它们需要其他俱乐部来组成一个进行比赛的联盟。然而,如果要使比赛变得有趣,那么这个联盟必须具有显而易见的赢家和输家。这意味着俱乐部将会经历一个获得成功的时期,以及成功很难确定的时期。曼彻斯特联队(简称"曼联",Manchester United)是 2009 年英超联赛的冠军,但是在 2010 年被切尔西队打败了。在这个失败的时期,战略性的比赛理论可

---

* 在北美或亚洲地区的读者需要知道,足球(football)就是你所称为"英式足球(soccer)"的东西。美国棒球和美国足球团队具有许多相同的战略问题,即需要支付明星大量的金额,俱乐部之间存在激烈的竞争,以及私人部门的财务看上去从未是充足的。

能被用来表明这可能会具有财务问题的结果。

如果这是正确的,足球俱乐部接下来将经常面临着战略的不确定性。但是,难道这就意味着失败了的俱乐部将一直遭遇损失而再也不能恢复这种局面吗?例如,英国联盟俱乐部布拉德福德(Bradford City)在2001年从英超冠军降级到其他位置。在随后2001年到2002年的足球比赛中,布拉德福德损失了来自电视和其他渠道的收入,总计大约为450亿美元,并且不能足够快速地降低它的成本。它可行的战略是从银行获得一年对损失的资金支持,并且希望在2002年最后一个季度能够获得晋升,然后再次投入资金支持。实际上,在2002年5月,它最终申请政府管理,预计这个曾辉煌一时的俱乐部可能将彻底消失。随后,该俱乐部开始复苏,但是短期内它仍然存在财政困难。最近,在2010年季度,朴次茅斯(Portsmouth)是第一个申请破产的英超联盟俱乐部。在写该案例时,在该俱乐部能够获得自由之前,它还需要四年时间来清偿债务。一般来讲,其他俱乐部面临着同样的财政困难,不仅仅是英国,同样在整个欧洲,即欧洲的123家足球俱乐部在2009年被欧洲足球协会联盟拒绝发行许可证,其中41%是由于财政问题。

目前,对于整个欧洲的足球战略这是普遍存在的特性吗?或者这仅仅是少数没有意识到需要谨慎实施战略的愚蠢的俱乐部的特征呢?为了研究这个问题,探索足球俱乐部获得和使用它们资金的方式是有帮助的。

足球俱乐部资金的来源和去处?

纵观欧洲主要的足球联赛,资金的来源各不相同,这取决于俱乐部是否拥有一个富裕的赞助商,例如切尔西队;取决于它是否像国际米兰(Inter-Milan)一样著名并且拥有一群忠诚的球迷;取决于电视交易的程度和联赛的规模等。例如,比利时联赛是比德国足球甲级联赛或者英超联赛明显小很多的联赛,因此只能获得少量的资金支持。即使被美国格雷泽家族(Glazer Family)接管之后,曼联对为它们提供资金支持的银行也存在大量的负债。皇家马德里队(Real Madrid)是由它的5 000名球迷所有的混合型公司,因此不能用相同的方法来提高资金。然而,存在五个主要的资金来源:

1. 入场费。通常,该收入占俱乐部总收入的15%~30%。

2. 转会费。这可能占有总收入的10%~40%之间。一些更加小规模的俱乐部是通过销售球员来生存。即使是大型的俱乐部也能够获利,即意大利的尤文图斯(Juventus)在2001年将齐内丁·齐达内(Zinedine Zidane)以0.7亿美元转给了皇家马德里队;将菲利浦·因扎吉(Filippo Inzaghi)以0.25亿美元转给了AC米兰(AC million)。(随后,该俱乐部迅速地从拉齐奥队引进了帕维尔·内德维德(Pavel Nedved),从帕尔玛队引进了利利安·图拉姆(Lilian Thuram),从帕尔玛队引进了吉安路易吉·布冯(Gianluigi Buffon)。

3. 电视转播权。通常,对于三个领先的意大利俱乐部,该收入占总收入的60%,但是对于比较小的领先俱乐部,该比例下降到25%。例如,英国天空广播公司花费18亿美元购买了英超联赛三年的直播权限,由每年幸存下来的俱乐部之间平均分摊。意大利甲级联赛3年的电视直播权在2005需要花费大约5亿美元。一些评论者认为在整个欧洲,这样一种电视权限的转播费将会在未来降低。但是并不存在证据来证明这一点。相反,在2007年英超联盟达成了一个新的全球电视交易,这能在三年内为联赛的成员带来几乎20亿美元的收入。这种融资途径是日益增长的。

4. 商品推销与赞助。对于许多俱乐部，这部分资金占总收入的大约 15%～50%。对于领先的德国公司可以达到最高比例。显而易见，最著名的俱乐部能够进行主要交易的谈判。

5. 富裕的所有者。该收入对总收入的贡献可以从 0～80%。例如，阿涅利家族(Agnelli family)[控制着菲亚特汽车(Fiat cars)]近几年对尤文图斯投入了超过 1 亿美元的资金，穆罕默德·法耶兹(Mohamed Al Fayed)(拥有哈罗兹百货商店)在近几年大约投资了 0.9 亿美元到英国联盟俱乐部富勒姆队(Fulham)。同样还存在大量的其他案例来说明这一点。

资金一般花费在什么地方呢？除了行政管理以外，存在很明显的成本，例如足球训练和医疗费、酒店住宿费用和旅行费用。一些资金同样被国家和欧洲联赛用来投资和发展比赛。但是绝大多数的资金都成为了球员的工资。例如，大卫·贝克汉姆(David Beckham)的 2002 年起的三年合同内容是每年支付他几乎 700 万美元。一个典型的队有大约 40 名球员，领先俱乐部在这一部分支付了他们大多数的工资。可以认为贝克汉姆和他的同事都被支付了过多的费用，但是他的工资可以用经济租金的概念来论证，见与第 6 章有关的免费网站文章的注释。

战略将如何改变？

不存在稳定的战略，包括足球行业。例如，在意大利和西班牙联赛中领先的团队，正如尤文图斯和皇家马德里队独自为它们的比赛达成了传播的协议，而不是作为各自国家联赛的一部分来进行协商的。这意味着该俱乐部单独赚的钱要超过在相同联赛中的其他俱乐部，并且开始远离了它们各自联赛里的其他俱乐部。但是在 2010 年，曼联仍然比尤文图斯要赚得多，尽管仍然是一部分英超联赛集体的电视合约。英超联赛本身达成了一个新的电视权限交易，并且将其成员俱乐部，例如曼彻斯特城队(Manchester City)、切尔西队和利物浦队(Liverpool)，当作世界第一流水平的品牌。该联赛甚至考虑在英国以外的地区进行足球比赛，目的是为了巩固它的国外球迷，尽管世界足球机构"国际足球联盟"迅速地谴责了这一提议。

但是，问题仍然取决于通过这种交易来获得资金支持所发生的事情，以及这种资金在后来的增加是否要快于支出。"我不认为你加入运动会是为了获得利益，"新的利物浦足球俱乐部的所有者亨利(John W. Henry)说，"我们希望有一天利物浦变得比今天更有价值。"即使有较低的盈利能力，且没有解决一些基本问题，正如工资架构以及引进新球员的问题，欧洲足球正在进入一个新的资金支持的时代。

世界足球机构是"国际足球联盟"，并且主要的欧洲组织是"欧洲足球协会联盟"。在其网站上发现，尽管它们相当富有，这两个主要的世界足球组织都没有意识到任何与可持续发展有关的问题。

©版权归理查德·林奇所有，2012 年。保留所有版权。该案例由理查德·林奇所著，来自于公开的信息。[1]

案例问题

这是关于战略是否合适的问题。财务和成本本来是良好的，但是实施过程却不怎么样，球员的工资等，需要一些调整吗？或者在面对整个欧洲足球的基本问题时，战略本身是否需要进行改变？

13.1 战略实施过程的特性和局限性

13.1.1 实施过程的基本因素

视频
第 6c 部分

欧洲足球组织是否面临战略问题,或者类似于互联网这样的新技术的机会,因此必须制订计划来执行它的战略。本质上,这些实施问题需要考虑以下的问题:

- 为了达到一致的目标,需要进行哪些业务活动?
- 执行这些计划的期限是什么?
- 将如何监督和控制过程?

将总体战略转化成详细具体的执行计划,包含四个基本因素:[2]

1. 总体战略目标的确定。具体说明战略提议的预期结果。
2. 具体计划的制订。采用总体的目标,并将其转换成为具体详细的任务和截止日期(通常存在交叉职能)。
3. 资源分配与预算。表明计划将会如何支付预算(这一项量化了计划,以及职能整合的许可)。
4. 监督和控制程序。为了保证能够实现目标,投入所需要的资源,并且坚持做预算。重要的是监控主要是针对战略所依据的规划。例如,国家经济的变化和竞争活动。

这些活动之间的关系如图 13.2 所示。

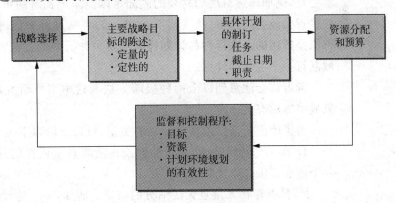

图 13.2 基本的实施过程

13.1.2 基本执行计划的类型

执行计划将会是多元化的,取决于组织所面临的战略问题的特性。这些问题将包含极度的和迫切的变革需求,例如在一个破产的欧洲足球俱乐部内,以及佳能或者雀巢内部更加持续的战略制定过程(将会在这一章的案例分析中进

行描述),这些问题将在这两者之间发生变化。在执行计划中,两个导致变化的基本原因是:[3]

1. 预测环境变化的不确定程度;
2. 所需要的战略性变化的规模。

为了解决这些问题,可以实行几种类型的基本执行计划。在一种极端情况下,对于战略方向的基本改变,存在"全面的执行计划"(comprehensive implementation programme);在另一种极端情况下,存在"增加的执行计划"(incremental implementation programme),在这里,实施过程的特点是指战略总方向里的小型变化和短时间跨度。这两种方法都存在难点,所以在实际中可能会选择折中的方法,即"选择性的执行计划"(selective implementation programme)。

● 全面的执行计划。当组织在战略决策时拥有一个明确且主要的变化时会使用这种方法,正如在这一章开始时所介绍的破产的欧洲足球俱乐部所面临的危机时刻。使用该方法的其他原因可能是一个新的竞争或者新的技术机会。随后,不管环境的变化,以及其他受到影响的反应,实施过程都将成为推动新战略前进的重要事项。在组织内的紧密协调通常是成功的关键。

● 增加的执行计划可能会被用在存在很大不确定性的情况下。例如,快速变化的市场或者研发未知的结果。所以,时间表、任务,甚至是目标都将可能发生变化,这都取决于目前活动的结果。重要的未知战略领域可能会被故意保留下来,直到时事结果已经确定才会被解决。[4]通常,这种不确定性会被一个灵活的战略方法所解决。

● 选择性的执行计划。当以上两种方法都没有代表最佳的前进方式时,会使用这一种方法。综合的计划包含了彻底的改变可能会遭遇了大量阻力的基本变化,例如球迷对他们喜爱的欧洲足球俱乐部瓦解的负面反应。当需要作出一些重大改变,且这一改变需要由单一的大型过程来促进形成时,增加的计划可能是适用的。选择性的计划代表需要一种折中的方法,即仅仅在选择性的领域制订一个主要的计划。

读者将会注意到以上两种极端方法与这本书所研究的常规战略方法和应急战略方法有关。

为了确定所需要的执行计划的类型,可以使用以下三个标准:

1. 在一个特定领域,是否能够获得清晰且实质性的好处呢?例如,投资到一个能够提供竞争优势的新药品上。
2. 是否存在大量且无法细分的增量。例如,一个建设周期很长的新工厂?
3. 保护一些未来的步骤程序是否重要的,但是基于目前的证据,这可能是不完全合理的?例如,对一个新的配送设备进行投资时,就需要按照计划来制定项目?

对于许多组织,在下面两点之间做出区分是有帮助的,即:[5]

● 正在进行的和现有的活动,其具有很高的确定性以及更加可预测的战略变化,除非有重大灾难;
● 新的活动,其具有很高的不确定性和可能的主要战略变化。

13.1.3 中小规模企业的战略实施过程

实施过程最基本的因素,即总体战略目标的确定;具体计划的制订;资源分配和预算编制;监督和控制程序。这些对小企业同样适用。所有组织都需要明确所承担的任务并监督过程。同时,根据问题的特性和组织独特的环境,选择一个合适的执行计划类型,即综合的、可增加的或者可选择性的方法,对小规模和中等规模企业同样重要。的确,任何一个试图为一些新的风险获得财政支持的小规模和中等规模企业将会被要求提供上述所描述的实质性信息。银行和其他贷款机构不再依赖模糊的承诺和良好的意图来提供资金。

13.1.4 实施过程的局限性:佩蒂格鲁和维普的实证研究

在1985年到1990年期间一系列的研究中,英国的研究者佩蒂格鲁和维普分析了战略变化是如何出现在英国产业的四个领域中的。证据并没有延伸到英国之外的地区,但是他们的结论也适合于其他地理区域。他们表明战略变化可能最有效地是被当作"持续性过程"(continuous process),而不是一个单独区分的阶段,例如战略制定之后的战略实施。从这种意义上,他们认为战略并不是一个具有不连续阶段的直线式运动,而是一个试验性的重复过程,在这一过程中每一个阶段的结果都是不确定的。第一个小步骤可能被实施,随后根据活动的结果,战略本身会进行调整。

评论

支持这一观点的实证性证据是具有重大意义的。持续性过程的描述类似,但并不是相同于在第13.1.2节所描述的增加的执行计划。根据这个解释,一系列单独的更小的行为活动可能更适合于在案例13.1中所描述的破产的欧洲足球俱乐部的战略实施过程,这些活动是基于一个试验性的基础,而不是一个主要的重组公告。第15章将进一步探索佩蒂格鲁和维普的研究。

13.1.5 实施过程的局限性:有限的合理性和最少的干涉

在研究管理者是如何制订他们的执行计划时,战略家贺比尼亚克(Hrebiniak)和乔伊斯(Joyce)[7]已经表明战略实施过程是由两个原则进行控制的,即有限的合理性和最少的干涉。

1. 有限理性来源于研究者的工作。他们揭示了在实际中管理者们很难考虑到计划的每一个方面。因此,他们会将其合理的计划选择缩小到一个更加有限的选择中。以一种类似的方式进行研究,贺比尼亚克和乔伊斯表明实施过程可能也是受限制的,即管理者们将表现得很理性,但是为了更加容易地管理,他们会将所有的任务缩小到一系列小步骤上来。因此,战略目标和实施过程可能会分成一系列更小的任务,这样才能更加容易的处理,但是可能并不是最理想的。

另外,作者认为个体将会做出理性选择,但是在过程总将会包含他们个人的目标,这些目标并不一定要与组织本身的目标相同。实施过程需要保证个人目标与组织目标相一致。

2."最少的干涉"已经被作者总结为以下内容:

在实施战略时,管理者应该只改变那些足以对正在处理的战略问题产生一个持久的解决方案的必需因素。

执行经理可能会用一种更加基础的语言来理解这一原则:"如果它没有被破坏,就尽量不要修复它。"这里的含义是实施过程会受到约束,即需要考虑对战略本身的影响。

13.1.6 实施过程的限制性:紧急批判

在第7章,检验了奎因、圣吉和其他关于战略过程的研究。他们非常清楚地表明了实施过程需要被考虑的不仅仅是作为单一的、固定的、严格的计划项目,而是作为一系列的战略实施活动,其结果将会形成以及指导战略。完整的战略将不可能提前知晓,但是会在实施过程中暴露出来。

佩蒂格鲁和维普[8]已经对该内容进行了补充,他们的结论认为战略变化存在三个相互关联的方面,即:

1. 分析方面。实施过程必须包含组织的许多方面。在各种各样战略模型和架构中所强调的领域已经在这本书的第3章和第4章进行了研究。

2. 教育方面。"对一个给定的战略的新知识和新见解来自于必须获得、保持和在组织中传播的实施过程。"因此,实施过程不能被认为是不可改变的。当实施战略时,组织将会学习并了解它的战略。

3. 政治方面。"非常具有前景的变化面对着确定的地位。无论是制定战略还是实施战略都不可避免地在组织内提出了对权力的质疑。无人管理战略的制定与执行,那么这将对变革产生阻碍……的确,在20世纪70年代捷豹汽车(Jaguar Cars)的案例中,最终这种权力能够造成巨大的破坏。"——佩蒂格鲁和维普。这个重要的问题在战略变化那一章进行了研究,即第15章。

13.1.7 执行绿色战略

由于关于可持续性发展的国际性机构指出,"目前对环境、授权、教育、享受和道德伦理的关注不可能是短暂的狂热。最终,人们会开始警觉需要一种能够保护环境和我们福利的组织。"[9]实际上,这意味着组织需要思考如何来制定绿色战略,以及应该如何执行它。

关于实施过程,开始时最好区别内部和外部活动。内部活动是指那些发生在组织内部的活动,并且开始需要有一个明确的陈述,即需要达到什么目标,以及采取的计划,监督和控制绿色战略;外部活动关注的是这样的计划应该如何与更广泛的利益相关者团体进行沟通,这种团体包括客户和投资者。反映这种区别的指导方针被列在展示 13.1 中。

展示 13.1

执行绿色战略的一些指导方针

内部活动

1. 绿色战略目标:组织在开始时需要确定全部的可持续性原则,这样就能够明确地运用到组织中。为了给出真正的支持,这些原则需要由组织的首席执行官来制定和赞同。

2. 制定切实的目标来达到可持续性:在已经确定了绿色战略的目标之后,制定明确具体的目的和任务来实现目标是有必要的。这可能是以标准的形式,即在能源和其他资源的使用时被量化了的变化,以及其他相关的测量方法。随后,为了组织中不同的部分,这些目标可能需要被细分为具体的目标。

3. 确定角色职能、职责和时间安排:比如每个人的分工,完成任务的时间长度。在早期阶段,最好是建立一个团队,并讨论如何完成已经设定的目标,而不是简单地利用来自中心层的解决方法。

4. 考虑和评估主题:这对于组织将是明确的,但是可能包括以下内容,即公司内部浪费、污染防治、回收利用、水资源利用、低能源使用、替代燃料、设备设计等。重要的是,这些主题都将有收益和成本。一些可能是低成本,例如简单的回收利用,但是有一些可能需要大量的投资,可能需要付出代价并需要进行评估。一般来说,刚开始可以启动一个关于简单且低成本的项目,在完成收益成本评估之后再进行更加复杂的投资。

5. 公布关于可持续性过程的反馈结果和新闻:报告实现绿色战略目标的过程是至关重要的。同时,需要公司和组织设定更加广泛的关于可持续性外部活动。更加普遍的关于可持续性问题的新闻将需要进行报告,也许会对可能进行的下一步行动引发新的构想。

外部活动

1. 组织中关于可持续性的年度报告:在这本书中所包含的许多大型公司目前公布的年度可持续性报告通常与它们主要的财务和会计报告相关。这可能不适用于更小的组织和公司。但是,即使是一个简单的活动总结,以新闻的形式进行发布,将为外部利益相关者提供了重大事项总结的帮助。

2. 公共关系活动:除了一份年度报告,考虑如何与外部组织关于可持续问题进行沟通是值得的。当一个问题出现并且连续发生时,这可能将是特别重要的环节。可能适合在这一领域任命一位具有责任感的人,尤其是那种开朗、亲近的且诚实可靠的人。对于公共关系活动,这些都是重要的品质。

3. 对地方和国家团体活动的承诺：尽管这些都不是最重要的，但是目前一些公司对它们没有可持续性的地区确定了明确的可衡量的承诺。公司可能希望能够重视这种活动。

4. 建立外部联系和关系：绿色战略一直处于发展当中，所以在与相关的外部组织建立联系的许多情况下，它是非常有价值的。这些外部组织可能是专业集团、研究团体、非政府组织以及其他利益团体。

关键战略原则

- 实施过程所覆盖的活动需要一个组织将它的战略运用到实际中。对于这个过程存在一些基本元素，即总体目标、具体计划和必要的资金支持，同时需要监督和控制系统来确保配合战略。
- 区分不同的执行类型有助于战略的实施。主要有三个方法，即综合的、增加的和可选择的。
- 在小规模和中等规模的公司中，实施过程可能缺少详细阐述，但是需要遵循相同的标准。
- 根据佩蒂格鲁和维普的观点，实施过程最好是被认为是一个持续性过程，而不是在战略形成后突然出现的简单过程。
- 贺比尼亚克和乔伊斯为实施过程划分了一个界限，涉及管理者理性地考虑每一个选择的能力，以及评估战略实施对战略本身的影响的能力。
- 对于战略的应急方法表明实施过程需要被考虑的，不仅仅是作为一个单一的事件，而且是作为一系列的活动，其结果在某种程度上可能形成战略。

对战略实施过程的十个实践指导方针。

13.2 目标、任务设定和战略传达

在未来几年时间里，所有主要的欧洲足球俱乐部将具有在将来需要被满足的明确的运动和业务目标，见案例13.1。实际上，具有丰厚报酬的管理者们必须告知他们团队的期望，以及他们将会得到的资源，这些资源关于新球员、训练设备等。通常，明确地陈列这些资源，并且与那些需要实现任务的个体达成一致的任务是非常重要的。重要的是，目标设定这个过程和传达将会覆盖这些问题，即将要做些什么？花费多少时间？使用什么资源？这是一个重大的执行问题，同时也包含其他五个基本问题，这些都将总结在展示13.2中。

> **展示 13.2**
>
> ## 任务设定和传达:基本问题
>
> 1. 谁制定了现在将被执行的战略?
> 2. 谁将会实施战略?
> 3. 他们需要完成什么目标和任务?
> 4. 在快速变化的环境中,如何处理目标和任务?
> 5. 如何传达和协调实施过程?
>
> 现实中,这些问题的答案将主要取决于该战略制定的方式。从这种意义上,战略制定阶段和战略实施阶段是相互联系的。

13.2.1 谁制定了将被执行的战略?

在过去,一些战略家会认为在大型公司的战略将大多数是由中心层进行制定的。

大多数在公司核心层,同时对成功的战略实施具有重要作用的员工可能具有少量的制定公司战略的权利。[10]

如果是在这种情况下,那么其实施过程与那些具有长期负债和战略协议的公司的实施过程是非常不同的。在后面一种情况下,管理者们将会了解到他们可能需要对所讨论的事情的执行情况负责任,执行可能需要花费几个星期或者几个月的时间。例如,如果利用在佳能所描述的程序产生了战略(见案例13.2),那么大多数管理者们将会清楚地知道谁将会做什么,因为他们也将要紧密地参与到制定这些内容中。在那些没有参与到战略制定的管理者之中,对一个新战略的忽视会越来越高,承诺效力会越来越低。

因此,"谁制定了战略"是很重要的,这不是一个简单的问题,即"谁将来执行它"。例如,它仅仅是一个核心团队吗?它存在全面的咨询吗?对这些问题的回答将会形成实施过程。

13.2.2 谁将会实施战略?

这个问题是至关重要的,因为它将确定谁负责一个具体战略的执行。如果没有人对正在执行的战略过程负责任的话,那么在后期阶段很难检查过程。在许多小规模公司中,可能存在这种情况,因为公司的规模小,以至于许多管理者们将会参与到战略制定过程中。当组织规模增大时,那么该问题需要更加详细的阐释。

在这里一个很重要的问题就是谁来做决定,是中心层来命令管理者?还是展开一个公开的讨论与协商呢?一般来说,这本书的观点是讨论似乎要更好一些,因为这会在周围产生更多的激励和奖励。当然,有时可能需要命令这些参与到决策制定中的人。

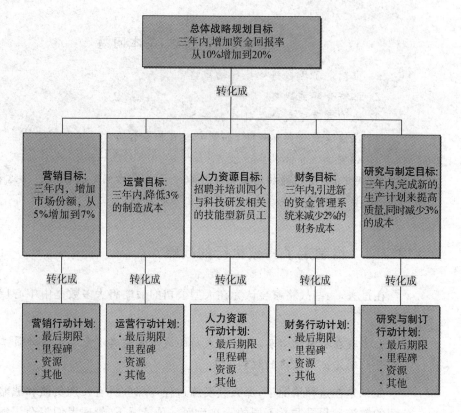

图 13.3 一个职能型组织中将总体目标转化成任务的例子

13.2.3 他们需要完成什么目标和任务？

在第 6 章，我们检验了目标层级的概念，即总体的、分部的、职能的，从组织的最高层逐级向下。执行的主要战略和活动可能同样遵循一个相似的过程。所有总体目标需要被转化成每一个业务的主要领域目标，随后，为了实现总体目标，这些目标需要重新制订为需要承担的任务和行动计划。

图 13.3 给出了一个案例，即在职能型公司如何用这种方式来重新制订全部目标。总体目标被转化成职能目标，并且所设计的每一个目标是为了总体目标服务的。这并不一定是一个简单的任务，在达到令人满意的结果之前也许需要一些重复的任务和操作。市场营销、业务运营和其他任务都确定来自于功能型目标。随后，这些都将被分解并融入计划中，如时间表和资源，来完成目标和其他事情。通常会设定最后期限，是为了表明一个特殊任务完成的时期，正如里程碑一样，是临时记录过程，以至于那些监督行为能够检验实施过程，从而表明仍然还有时间可以用来完善执行活动。

实际上，目标、任务和计划的确定在小规模公司可能更简单，而在较大规模的公司会更加复杂。例如，佳能所准备的三套目标和计划，即六年期限、三年期限和一年期限的目标和计划。它们所有并没有相同的细节程度,但是它们与公司的各个部门都是完全协调的。

13.2.4 在快速变化的环境中,如何处理目标和任务?

当环境快速变化时,具体制订令人满意的目标和任务可能特别困难,当它们已经进行了传达并达成一致建议时,环境可能已经发生了变化。当变化出现时,目标可能会快速地变成不可能的或者是简单明确的,这都取决于变化的特性。在这种环境下,就很难去坚持在早期环境条件下所制定的目标。所以可以应用以下三个指导方针:
1. 具有一个公认的共同展望的目标和战略的灵活性;
2. 授权给那些最熟悉环境变化的人,以至于他们能够快速应对;
3. 那些对事件作出应对的中心层人员实施谨慎且紧密的监控。

重要的是,如果组织希望避免公司的命运像在1995年的巴林银行,由于高达15亿美元的负债而倒闭,然而部分原因是在这样一个瞬息万变的环境中不充分适当的控制,这种监控的目的是为了保证所采取的行动防止中心层面对无用的战略或者财政风险。

13.2.5 将要如何传达和协调实施过程?

在小规模组织中,投入对所同意的详细的战略传达中可能是没必要的、过度复杂的或者不适合的。如果研究战略任务的人们在战略制定时期组合起来,并以一个有规律的原则互相见面,那么在实施过程中可能不需要冗长的传达。然而,在较大型的企业中,这可能又是必要的,存在以下四点理由:
1. 为了保证每个人都已经了解;
2. 为了使得任何困惑或者不明确的问题能够被解决;
3. 为了清楚地传达在战略决策阶段所制定的意见、假设、意外事件和可能的选择;
4. 为了保证组织能够适当地进行协调。

最后一点应该需要特别谨慎的思考和行动,因为协调包括两个主要战略领域,即价值链关系和协同作用。

在第4章,已经介绍了价值链,并且讨论了它连接组织中的独特关系的能力。这种联系的目的是为了形成竞争性优势,因为这种能力不可能被其他公司精确地复制,这些公司的历史、能力和资源具有少量的不同点。如果缺少谨慎的协调,那么在执行阶段,这种联系将是没有意义的。

关键战略原则

- 当设定目标和任务的时候,所确定的第一个问题就是谁制定了现在将被执行的战略。这一问题的答案将会影响战略实施过程。
- 个人的目标和任务需要服从于整体所同意的目标。有必要通过试验来寻找最佳的项目结合点。
- 在瞬息万变的环境中,也许不可能期望获得精确的目标,因为这些目标可能因为外来事件而变得多余。
- 沟通传达和协调对于令人满意的实施过程是非常重要的,尤其是为了保证人们能够理解计划和它的优先假设条件时。

案例研究 13.2

佳能关于合作公司的战略规划

自从1957年起,日本公司佳能就已经制订了战略规划。然而,它的高级管理成并没有使其变成一个严格的和固定的过程。相反,它成为了一个自由流动并且开放的方法,并且由佳能的高级以及其他管理者们的战略眼光来驱动发展。这个展望包含了公司的价值、它期望维持许多年的市场地位,以及需要进行开发并且能够维持公司的资源。它们的战略和实施过程已经被证明是非常成功的。该案例研究了更加详细的规划过程。

专利光学和微电子技术核心竞争力已经用在了佳能相机上,并且支撑了许多年的公司战略规划。

佳能的销售额已经从1950年的42亿日元增长到了2004年的34 680亿日元(260亿美元)。公司已经在他的主导产品上开发了强大的市场份额,例如占有70%的世界激光打印机引擎市场,占有40%的世界喷墨打印机市场,仅次于惠普而排名第二。总地来说,在它的主要产品领域,它拥有强大的全球基础,这些产品有复印机、电脑外围设备、电脑和传真设备、照相机、录像机以及光学材料。主要的业务领域如图13.4所示。关于盈利能力,佳能拥有一个出色的十年盈利记录,如图13.5所示。

将其战略远景作为一个案例,追溯到20世纪60年代,佳能将世界上的复印机市场作为一个增长领域。自从20世纪50年代以来,美国施乐公司就已经是世界领先者,因为它具有垄断的专利技术。然而,这并没有阻止佳能在1967年宣布了它的意图。到20世纪80年代,佳能占有世界市场的30%的份额,它的目标是为了通过技术差异来追赶施乐公司。在20世纪60年代到20世纪70年代之间,它达到了这个目标,通过开发完全不同于施乐公司的专利技术,以及追求小范围的复印机细分市场,施乐公司在这个细分市场的经营业绩一直都很差。今天,佳能是世界领先者,并且已经建立了它在除了复印机以外的其他领域的核心竞争力,例如激光打印机、数码扫描仪、彩色泡沫喷射印花、数字化光学图像以及其他领域。需要注意的是,到 20 世纪 90 年代,印刷机一直都仅仅是佳能的核心能力领域,如表 13.1 所示。

是由核心领导层和对顾客满意度的强烈信念所驱动的。典型的大规模日本公司,在"杰出的全球公司计划"的主题下,核心层也已经制订了主要的增长计划。一些西方的公司可能发现了这个主题的模糊性以及商业的直接性。然而,佳能的细节是很明确的,它关注于"获得并维持最高的市场份额。在佳能,最高的份额与盈利的运营必须密切联系起来"。换句话说,为了获得市场份额而牺牲利益的操纵是不可能的。

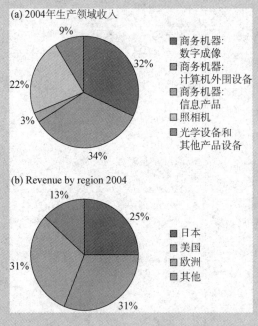

图 13.4 佳能业务的主要领域

资料来源:2004 年的年度报告和报表。

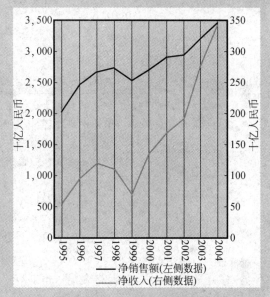

图 13.5 佳能公司的十年盈利记录

资料来源:佳能年度报告和报表。

然而,佳能的战略规划不仅仅是远景因素,同样也是核心竞争能力的识别。展示 13.3 概括了佳能的战略规划过程。它最初

表 13.1 佳能的核心能力与产品开发

	20 世纪 50 年代	20 世纪 60 年代	20 世纪 70 年代	20 世纪 80 年代	20 世纪 90 年代
核心能力	● 光学设备 ● 精密机械	● 电子设备 ● 精细光学仪器	● 打印机 ● 材料技术 ● 通信设备	● 与 20 世纪 70 年代一样,但是有所进步	● 生物技术 ● 节能
附加的新产品	● 静物照相机 ● 电影摄影机 ● 柔性焦距透镜组	● 反射式照相机 ● 计算器	● 复印机 ● 激光打印机 ● 文字处理设备 ● 传真	● 办公软件 ● 自动化技术 ● 录像机 ● 电脑设备	● 影视 ● 节能 ● 信息系统 ● 医疗器材

展示 13.3

佳能的战略规划过程

活　　动	内　　容	2004 年例子
基本假设、分析和计划（由核心领导层准备，然后公开讨论）	● 佳能的优势和劣势 ● 机会和危机 ● 公司的观念和信念	● 顾客满意度 ● 减少成本 ● 具有竞争力的产品
长期战略：6 年（由核心领导层决定，但是会有来自部门的想法融入和讨论）	● 展望 ● 长期目标 ● 关键战略规划	● 保持第一的地位 ● 世界级别 ● 开发全球市场 ● 减少基础成本 ● 数码相机 ● 新屏幕显示器和制订计划
中期战略：3 年（由部门开始发起，随后由总部确定巩固）	● 佳能自身：资源、文化等 ● 环境：总体展望；竞争；如果在假设中改变了重大方案 ● 基本假设和计划 ● 资源分配 ● 目标和政策 ● 偶然意外事件 ● 时间表	● 具体量化的制订目标 ● 资源包括资本计划、人力资源和关键战略规划 ● 科技研发的投资
短期计划：1 年（由部门来制订）	● 编制预算：强调财务目标 ● 建立中期计划	

　　在日本公司中，在战略规划中有规律地出现的这些因素将会被用来形成战略制定早期阶段的方法。它们出现在基本的分析中，这些分析对未来抱有假设和计划（正如这本书在第 2 部分所研究的。）在执行它的长期计划时，佳能必须被它业务的与众不同的特征所控制和约束。正是这种特征决定了公司战略规划过程的特性：

● 高度自动化的制造工厂，花费时间来设计组装，并带来了极高的效率。因此需要花费几年的时间来制订的计划，不仅仅是短期计划。同样需要考虑一种可能性，就是新设计需要深入的研究工作和对所有组装它们的工作的细致协调。

● 花费几年的时间使高技术产品能够得到开发并且变得更加完美，同时也包含了失败的可能性。如果计划再次需要试验，同样需要公开地来执行一个新的试验性的产品，而不应该包含对失败的批判。

● 协同效应和核心能力能够在许多产品领域之间建立联系。基于不同部门之间的差异，协调需要花费时间和资源。计划将扮演协调者，将部门引向已经确定了的领域：这可能会形成集中效力。

　　尽管核心层确定了长期战略，但是生产部门在开始中期计划时受到了来自核心层的限制约束。如果充分重视方案计划和意外事件规划,佳能不至于陷入意外事件的困境中,例如日元价值的突然上升。此后,这些计划将会由核心层进行合并。

对于短期计划,财务目标需要最优先考虑。它们通常会以来自中期计划的预算来进行准备。每一个部门准备各自的预算,随后会由核心层进行合并。从这个合并之中,公司总部随后会准备关于人事安排、资本投资以及现金流的短期计划。这些数据同样会被用来建立平衡表和盈亏账目。

尽管可能会出现官僚主义和不灵活的处理架构,佳能实际上是以一种开放却友好的方式来操作这一过程的。员工被鼓励讨论问题、承担风险并且提出新的想法。战略规划被认为是一个机会和一个挑战,而不是由迂腐的公司规则所驱动的日常琐事。

最后,佳能公布了一些它最新公司计划的主要元素,主要是在网站上以财务分析的形式展出的,网址为 www.canon.com. 以下几点是佳能在 2001 年到 2005 年的全球公司计划的目标:

1. 佳能所有核心业务要成为世界第一。
2. 加强科技研发能力继续创造新的业务。
3. 实现一个强大的财务架构。
4. 培养那些热衷于达到他们的理想并且对他们的工作感到自豪的员工。

佳能具有明确的关于可持续发展的政策。可以通过网站获得相关内容,即 www.canon.com/environment/report/pdf/report2010e.pdf

©版权归理查德·林奇所有,2012 年。保留所有版权。该案例由理查德·林奇所著,来自于公开的信息。[12]

案例问题

1. 像佳能这样的大公司在战略管理规划过程中存在什么主要问题?
2. 佳能在持续的创新中是如何成功的? 它是否可以做得更好? 如果是,应该怎么做呢?

战略项目

关于战略,哈默尔和普拉哈拉德使佳能变得著名,因为佳能运用它们的核心能力开发了新的产品领域,他们的书《为了未来而竞争》(Competing for the Future)将佳能作为了一个重要的案例。一个有趣的战略规划将会跟随佳能的前进步骤,并且通过检验来发现公司正在做什么。佳能的网站有助于了解一些比该案例更深入的财务分析的描述。对于未来研究这个有趣且重要的公司,这些都是很重要的资源。[13]

13.3 资源分配

如果成功实施战略的话,那么大多数战略需要对它们的资源进行分配。佳能案例明确地表明了需要为新的战略指导方向寻找资源,这种指导方向是指公司在未来几年里正在寻找的领域,例如佳能的研究与开发以及招聘新的管理者。这个部分会研究基础过程,并且检验了一些可能影响资源分配的特别环境。

13.3.1 资源分配过程

在大型的多元化公司,中心领导层在资源分配上具有主要作用,资源分配是在由它的运营公司或者部门所提议的各种各样的战略之中进行。在更小规模的公司中,尽管是在一个更加非正式的基础上,但它也将会运行同样的机制:仍然在争取获得资金来支持其战略提议的生产团队、业务领域或者职能领域。

以下有四点标准来进行资源分配:

1. 对组织的任务和目标的完成所做出的资源的贡献。在组织的中心层,资源分配任务就是将那些在实现业绩很差的领域的资源引向业绩很好的领域。读者将会发现这个描述与第 4 章中 BCG 投资组合矩阵的资金流动是很相似的:在那种情况下,现金是从"现金牛"领域流向"明星"领域等。这里的原则是相似的,但是基于中心可靠的资金,而不是分散的资金。

2. 关键战略的支持。在许多情况下,资源分配的问题就是对资金的需求通常超过了正常能够获得的资金。因此,除了实现组织的任务和目标之外,需要一些更深入的选择机制。这第二个标准与第 6 章中资源分析的两个方面有关:
- 核心能力的支持,为了开发和巩固竞争优势。
- 价值链的加强,为了特别帮助那些同样支持竞争优势的活动。

尽管在长期看来,以上这些应该会支持巩固组织的目标,但是,当资源分配时,它们可能会被当作是有效的附加标准。

3. 一个明确目标相关的风险水平。当然,如果风险是很高的,那么战略成功的可能性就会很低。会有一些组织比其他组织更加适合来接受更高风险水平,所以在这种情况下,需要考虑与组织承担风险的水平有关的标准。

4. 绿色战略活动的支持。如果组织在执行绿色战略方面很糟糕,那么它需要分配资源来达到绿色战略实施的进行。这种资源将包括物质资源和财务资源,同样需要实现这一政策的必要的管理资源,甚至可能需要优先处理那些支持绿色战略的资源分配。

13.3.2 围绕资源分配的特殊环境

特殊环境可能会导致组织为了资源分配而修改标准。为了核心资金,一直以讨价还价的一般原则为基础,一些组织将会考虑以下内容:

- 主要战略的变化什么时候是不可能的。在这种环境下,资源的分配可能基于一个公式,例如,根据过去的历史和经验,营销资金可能会以销售额的一定比例进行分配。这样一种方法的主要困难是有武断任意的特性。然而,这也是有效的捷径。
- 主要战略的变化什么时候是可预测的。在这种环境下,为了推动战略过程或者对一个预期的竞争活动的应对,可能会需要额外的资源。在这两种情况下,需要与核心领导层进行特别的协商,而不是坚持教条式的标准。
- 资源什么时候在部门之间共享。在这种环境下,核心领导层可能会加强资源分配方面的能力和作用。这可能需要建立一定程度的合作,如果部门之间不同意,那么就强制实施一个解决方案。与这种方法有关的逻辑性和动机性问题是最为明显的。

13.3.3 关于资源分配过程需要谨慎小心

哈默尔和普拉哈拉德对全部的资源分配过程存有疑惑。他们将该过程当作是为战略任务提供了错误的思想方法,并认为它更多关注的是分配现有资源,而不是更加有效且战略性地使用资源。

如果高级管理层在进行资源分配时,投入比执行增加资源有效性的任务更多的努力于评估计划的战略可行性,那么它的附加值将是适度的。

所以他们提出了一个重要的警告。

> **关键战略原则**
>
> - 运用资源分配过程是为了为所提议的战略提供必要的资金。在有限资源的环境下,核心领导层将会利用各种各样的决策标准来对分配的资金负责。
> - 分配的标准包括组织任务和目标的交付、像核心能力这样的关键战略的支持、承担风险的形象以及对绿色战略发展的贡献。一些特殊的环境,例如在环境中不寻常的变化可能支持其他资源分配标准。
> - 当资源分配过程忽视了需要更加有效地和战略性地利用资源时,存在着风险。

案例研究 13.3

雀巢非正式的战略控制

由于产品组合的多元化,雀巢已经在过去为了它的主要经营领域选择来制定战略,并且由中心领导层来非正式地控制它们。该案例研究描述了战略规划的程序,也同样显示了当公司试图提高它的业绩和经营效率时,战略规划是如何变得越来越集权的。

由于高于 720 亿美元的销售额,雀巢(瑞士)是世界上最大的食品和消费品公司。它的主要产品领域包括咖啡(雀巢咖啡)、牛奶和婴儿食品、糖果、宠物食品和冷冻食品。它的全球经营贯穿了一系列的地理地带,以及一组产品战略业务单位。例如,第一个地带是欧洲,在那里,基于全世界的基础,存在一个关于糖果和冰淇淋产品领域经营的战略业务单位。如图 13.6 显示了该公司真正的全球特性,以及它的主要产品领域。如图 13.7 显示了雀巢直到 2004 年的前 4 年的收益和利益的记录,有些不协调的地方是指在收益和收入上不明显的增长。

由于战略业务单位在产品组合上的广泛的不同,雀巢已经选择要对单独的制定战略业务单位的运用进行战略控制。每一个产品战略业务单位在它的业务领域具有完整的职能专业部门,即市场营销、产品生产以及研究等。然而,应该由区域地带来做出最终的经营决定,然后再将决定传达给总公司。在过去,中心领导层的作用是协调和分配资源,并且这一作用持续到现在,尽管存在一些改变,

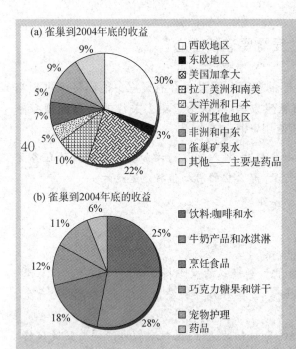

图13.6 雀巢全世界的业务活动和产品组合的收益

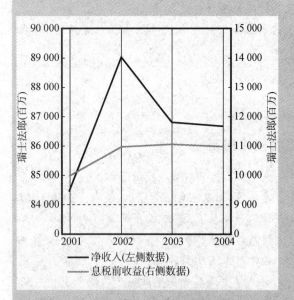

图13.7 雀巢四年的收益和利益记录

(被称为LTPs)。每一个战略业务单位会每年准备一个三年的长期计划,但是很多计划都是指来自于以前年份计划的更新。为了促进与中心层的战略讨论,随后需要传播流通三年的长期计划。它们将包括这样的领域:品牌定位、市场份额、竞争性活动、定价、资本建议书和新产品开发。然而,自从2000年起,中心层已经以试验为基础发起了一个额外的协调控制层,这需要花费五年的时间才能彻底完成。

雀巢的食品系列是以两个主要领域为基础,即牛奶产品和速溶咖啡,如雀巢咖啡。公司的战略已近从这一基础扩张到其他食品领域,并且还有一系列详细计划的收购以及公司内部的技术开发。

因为公司的运营是在相对成熟的市场,所以它能够运行一个用于检查和平衡的系统,以至于公司可以在中心层和制定战略业务单位之间具有更长的讨论,而且能够适应快速变化的市场以及需要快速决定的市场。因此,在年初遵循三年的长期计划的描述,在4月到6月期间举行关于战略业务单位、区域地带以及中心层的讨论。雀巢的执行委员会需要给出批准许可。在一年的后半段,会进行一个关于投资和收益预算的检验。如果市场环境或者竞争地位已经完全改变时,战略和业务活动可能会改变。

案例的后面部分将会进行描述。雀巢关于战略规划、预算和报告的架构如图13.8所示。中心层开始一个过程是通给制定战略业务单位分配关于下一个规划周期的指示。随后战略业务单位将会制订它们三年的长期计划

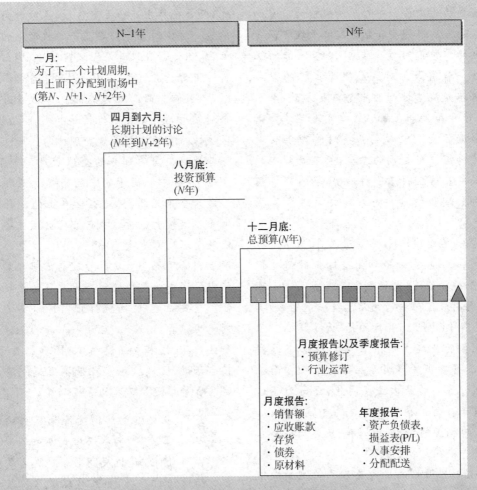

图13.8 雀巢战略规划、预算编制和职能型组织的架构

资料来源：After Goold, Mand Quinn, JJ(1991) *Strategic Control*, Pitman Publishing. with permission from Pearson Education Ltd.

然而，控制和平衡并不是简单地采取了上述所描述的官方形式，而是更加详细。一个雀巢的管理者这样评论控制过程："通过打乱计划，例如通过重新定位品牌或者改变媒体经费支出，你能够达到你的月度预算目标。但是如果你真的这样做，那么很快会被来自中心层的生产团队的主管发现。这不是通过一个正式的报告，而是关于国家问题的非正式接洽。"

以一种相似的方法，战略业务单位和区域地带都从中心层被分离成为决策制定地位，但是大多数都处在同样的地理位置，比如雀巢的总公司在瑞士韦威（Vevey）。一个曾经驻扎在英国约克郡的巧克力生产团队高级主管表示："我逐渐被吸引到韦威里，因为需要与各个区域地带的管理者们交流，谈论所有的公司职能和服务……我不相信电子通讯设备，面对面交流更加重要，尤其是在像雀巢这样规模的集团。"即使它意味着一些管理者们面对大量的旅行会议，但还是鼓励这种直接非正式接触的方式。其目标是为了产生一个综合的团队，以及为了维持非正式的沟通交流来为雀巢战略规风格提供真正的检查和平衡。

雀巢认为这种由中心层所规划和监督的非正式的方法在指导和制定战略管理方面是很有效的。它们可能与针对战略目标的正式报告一样有效。对达成战略目标的财务奖励并不是战略过程的一个重要方面，个人压力、晋升和竞争在保证战略实现时才是更大的激励因素。中心层需要对管理层表现和能力持有一个长期的态度，而不是明确的目标成就。这反映了一种趋势，即管理者们以一种长期和稳定的关系为公司服务了很多年。

然而，在2000年，公司意识到，为了进行规划，公司不能充分地利用全球化的好处优势，比如规模经济、共享研究开发费用等。因此，公司引进了一种新的信息技术规划程序，被称为"GLOBE"。其目的是"为了提高我们全球业务的业绩和经营效率。在这个过程中，我们将重新考察实际业务的每一方面来形成运作雀巢的新方法。"因此，公司为了这个项目正在全世界引进普遍的电脑编译，这些项目包括原材料、包装材料、最终产品和客户等。

GLOBE项目的目的是为了巩固加强信息、调节公司规模以及更好地进行全球化交流，也为了最好的实践和数据的交换，建立的共同的信息系统。所有的项目预计花费19亿美元，并且到2006年底，达到相同量的累积储蓄。公司日渐增多地引进该项目，开始是在瑞士、部分南美国家、马来西亚或者新加坡等地。的确，即使新系统不会替代以前的方法，但是这种新的项目仍然代表了对目前系统的非正式控制的一种转变。到2005年，GLOBE IT系统已实现全球化。

在2004年，雀巢随后决定进一步迁移，涉及它的地区以及它的全球业务活动。公司所持态度是，一些产品的真正优势并不是全球，而是世界上某个固定区域，这被称为区域地带。这样的业务需要在一定程度上的全球管理，但是如果只是基于地区管理，那么效果将会更好。在这里"区域性"意味着世界上某个区域，例如西欧或者非洲。公司引进了一个新的管理者，被称为区域执行官（ZEO）。区域执行官的责任就是管理他的区域业务和一些雀巢公司的部分的全球管理。例如，在案例10.3中所描述的它的冰淇淋业务有信心成为全球产品，但是在世界上的某些地区似乎难度较大。区域执行官对区域业务战略以及全球战略也要负责，因为它们在一定程度上影响了那个区域。管理者们同样需要对特定区域内的更广泛的公司政策的成就负责任。重要的是，区域执行官同样需要清楚对创新的职责，以及对"启动一个新的全球或者地区产品、技术或品牌的计划"负相关责任。换句话说，区域执行官在世界上某一特定区域肩负着广泛且普遍的管理职能。

 雀巢关于可持续性具有明确的政策。"我们承诺在长期来创造共享价值，通过提高全球对更高质量的食物和饮料的需求，并且对环境可持续的社会发展以及经济发展作出贡献，特别是在农村地区。"公司2010年的可持续性报告可以通过网站获得。

©版权归理查德·林奇所有，2012年。保留所有版权。该案例由理查德·林奇所著，来自于公开的信息。[16]

案例问题

1. 雀巢战略规划的风格特征是什么？到达哪种程度，才算是它的大规模职能？它的产品系列范围是什么？它的地理范围是什么？

2. 非正式控制的危险是什么，例如在雀巢内部的非正式运营？

13.4 信息、监督和控制[17]

13.4.1 为什么监督和控制很重要？

一旦战略开始运作，那么监督和控制就变成了可操作的。监督和控制的过程是实施战略的重要方面，因为可以运用以下信息：

视频
第7b部分

- 评估资源分配选择；
- 监督实施过程；
- 当结束执行任务获得成就时，评价个体管理者的表现；
- 从规划假设和计划中，监督环境的重大变化；
- 提供一个反馈机制，并且对应急战略实施来说是必要的，尤其是在快速变化的市场上。

一般来说，监督变得越来越重要，因为战略的改变把一个单独的事件变成了一个不断进行的活动。

战略创造被认为是出现在公司各级部门中对环境信息的获得、解释和处理的方法。[18]

因为所有这些原因，所以像雀巢和佳能这样的公司将重大资源都用来监督它们的业务活动。由于潜在信息的广阔范围，所以它们可能将集中考虑成功的关键因素作为第一步（见第3章）。一些大公司已经完成了部门建立，它们的基础任务是监督竞争者。这同样是一些小企业的特征，它们能够敏锐地注意到直接的竞争者、客户、市场价格、战略活动和其他活动。

13.4.2 战略控制系统的主要因素是什么？

战略控制系统监控了战略的主要因素以及它的目标。这个系统的关键之处就是及时获得信息从而能够采取行动。鉴于信息本身具有有限的价值，所以真正检验的是在重新审视实施过程时，所需要的信息是否有效和及时。战略控制系统将包括一些财务测量，同样也包含以下几点：

- 顾客满意度；
- 质量检测；
- 市场份额。

在许多组织中，目前控制系统也包含对绿色战略目标的监督，是关于可持续性、能源利用、回收利用和其他相关活动的监督。

在市场上，为了与其他组织竞争来获得相关的业绩表现，因此利用这种外部指示来监督竞争者也许是必要的。

区分财务监控（现金流、每个份额的收益等）和战略控制是很重要的，这种战略控制同样能拥有一个更广阔的视野。

13.4.3 如何提高战略控制?[19]

在某种程度上,并不能彻底地解答这个问题,除非建立了明确的战略类型。然而,一些有效的指导方针能从这种制度中获得最好的效果:

- 集中在关键业绩指示和关键成功因素。真正的危险的是,需要监督太多的因素,以至于信息量过大。
- 区分合作、业务和经营水平的信息,并且只监督相关信息。例如,并不是中心层的每一个人都需要知道一个次要产品已经达到了它的销售目标。同样,一个部门可能对市场份额数据具有有限的兴趣,即使市场份额对于中心层是很重要的。
- 避免过度依赖定量化的数据。数量通常很容易被测量,但是可能会产生误导和简单化。定性的数据和信息会很难被量化,例如在这种服务领域可能与战略监督更相关。
- 因为控制已经形成,考虑放松监控。因为这最终可能会干扰最重要的任务——明确的且具有洞察力的战略研究。例如,正是因为这个原因,通用电气的杰克·韦尔奇减少了控制,但是直到学习这个原则之前,他并没有这样做。在放松监控之前,每一个组织可能都需要通过这样一个学习阶段。
- 创造对控制系统被引进或者升级时候的所作所为的实际期望。一些管理者可能会认为战略控制是浪费时间的。他们的理由是很难在短期内见到结果,因为这是一个长期过程。这种目标不能够被避免,但是可以被预料。如果了解到提高的战略、资源和结果,那么好处将会是显而易见的。

13.4.4 连接战略监控和财务预算

邦盖(Bungay)和古尔德(Goold)[20]声称将战略控制与财务预算连接是很重要的。他们认为如果这两个过程被两个部门所控制,那么存在的风险是,短期预算考虑因素将会优先于更长期的重要战略决定。这是一个现实的,但却是短期内英美人经营业务方式的观点。它尤其与财务控制风格相联系,如13.6.3中所描述的。真正存在的风险是,战略控制与预算编制变化将会混淆。预算编制是关于所计划的目标,每个月或者每个季度的收入和成本预算。战略很少会考虑其自身短期的状态。

> **关键战略原则**
>
> - 监督和控制系统是很重要的,它们的贡献是评价战略是如何被执行的,以及环境本身是如何变化的。
> - 关于信息和控制的关键是获得信息的必要性,使其具有足够时间来采

取必要行动。
- 存在许多提高战略控制的方法。所有的方法都依赖于简单的、成本有效的以及关于组织和环境的有用信息。
- 有人认为战略控制和预算编制应该结合起来。这种建议是不可取的,因为战略监督更加关注于探索研究,而预算编制更加关注达到具体的短期目标。

13.5 平衡计分卡:卡普兰和诺顿的贡献

定义➡ 平衡计分卡使用了战略性的和财务性的测量方法来评估一个所选战略的结果。它承认不同利益相关者的不同预期,并且试图利用一个基于四个主要业务活动领域的"计分卡"来测量所选战略的结果。

在20世纪90年代早期,在对许多英国公司进行战略研究和执行的过程中,哈佛商学院的罗伯特·卡普兰教授(Robert Kaplan)和国际战略咨询公司"复兴方案"(Renaissance Solutions)的大卫·诺顿教授(David Norton)研发了平衡计分卡。"计分卡并不是形成战略的方法。它是一种用来理解和检验你在组织中必须做些什么来使你的战略有效的方法。"[21]

平衡计分卡来自于他们对许多公司在战略规划实施过程中存在的两个重要缺陷的看法,即:

1. 测量缺陷。尽管许多公司会测量业绩比例、质量和生产能力,这些都主要是关注历史数据。例如,"与去年相比,我们目前做得怎么样?"两位作者发现这种测量方法可能对未来的成功具有较少的帮助。另外,尽管这种比例是重要的,但是它并没有测量到未来战略的重要因素,尤其是那些很难进行量化的因素。例如,未来战略可能会强调顾客满意度和忠诚度、员工承诺以及组织学习的重要性,但是这些都是不可测量的。

2. 战略缺陷。作者表明许多公司会开始进行一些主要的新的战略活动,但是这些对组织几乎没有影响。因为战略规划没有被转化成可测量的并且使管理者和员工能够明白的,能够在日常生产工作中所使用的措施。

卡普兰和诺顿特别热衷于超越标准的财务比例数据以外的研究,例如资本回收率和每一股份的收益。他们表明这些都是必要的功能测量方法,并且真正影响战略实施的是过程,即"过程已经取代了(或者正在取代)部门和职能"。他们确定了三个主要的且重要的过程类型,即:

1. 管理:领导者如何经营组织,决策是如何制定的,以及它们是如何被执行的?
2. 业务:如何设计产品、完成订单、让顾客满意等。
3. 工作:如何操作、订购、储藏和制造等。

他们认为这些都是执行通过协议的战略的活动,但是它们不同于资本回收率、市场份额、增长数据以及其他经常总结的战略管理结果的测量因素。

13.5.1 平衡计分卡的四个关键原则

卡普兰和诺顿研发了平衡计分卡是为了克服这些困难。[23] 平衡计分卡结合了对所选战略的定量和定性的测量方法。它承认不同利益相关者的不同预期，并且它试图将计分卡的业绩测量与所选战略相联系。计分卡存在四个关键原则，即：

1. 通过阐明和获得一致性来转化想象；
2. 通过设定目标和建立成功的奖励机制来传达和沟通；
3. 通过业务规划来连接目标、分配资源和建立里程碑；
4. 通过反馈和学习来检验计划后续的业绩表现。

当意识到每一个战略是独一无二时，随后他们确定四个需要体现在计分卡上的战略观点。它们都总结在展示 13.4 中。这四个领域是：

展示 13.4

平衡计分卡：战略观点的总结

战略观点	案　例	计分卡测量的案例：关键业绩指示（KPI）
财务的观点	股东对业绩的观点	● 资本收益率 ● 经济附加值 ● 销售额增加 ● 成本降低
顾客的观点	顾客满意度	● 顾客满意度 ● 顾客维系程度 ● 获得新顾客
内部的观点	评估员工和过程的质量	● 制造成本 ● 工作营业额 ● 产品质量 ● 股票营业额和存货管理
未来的观点	检验一个组织是如何学习和成长的	● 新产品的研发记录 ● 核心能力的科技研发 ● 员工留任程度 ● 员工盈利能力

1. 财务的观点。将组织的目标转化成了行动，明确地阐述了它的目的，并且获得了对它的承诺。例如，企业的生存很重要，那么在计分卡上的现金流特

征将会很明显。

2. 顾客的观点。在客户驱动战略中，需要考虑目的。这不仅仅包括市场份额数据，也包括在第 5 章所研究的领域，例如顾客维系程度、顾客盈利能力测量，以及顾客满意度。如果战略强调了一个新产品的介绍，那么计分卡可能超越销售和份额数据范围，来研究顾客满意度和重复的业务。

3. 内部的观点。这是考虑了内部业绩测量因素，这些因素与以下方面有关，即生产能力、资本投资、成本节约、劳动力生产能力改进，以及其他能表明组织正在公司内部采取的战略方法的因素。这也可能包含设定内部战略目标并为战略实施建立里程碑。例如，一个新网站的建立不仅仅包括上述所提到的顾客满意度，同样也包括网页的注册、网址的设计以及网址的维持，所有这些因素可能具有详细的、目标明确的日期和成本。

4. 创新以及学习的观点。这一点提供了反馈和学习，通过战略检查以及分享对事件结果的评论。它有效地强调了与设立目标的人们进行交流和联系的重要性，主要是通过教育、目标设定以及对达成所需业绩的奖励来进行交流。例如，一个市场份额目标的成就可能伴随这样的回顾："过去什么做得最好？"和"下次有什么可以进行改进和提升的呢？"

13.5.2　关键业绩指示

随后，将这四个战略观点转化成关键绩效指标，简称为 KPIs，每一个领域都如展示 13.4 的最右边一栏所示。KPIs 是目标的数值测量，其将会从独特的角度来传达组织的目标。因此，存在四个步骤，而 KPIs 是第二个步骤，我们可以检验该步骤，通过参照一个足球俱乐部来进行，例如案例 13.1 中的著名英国足球俱乐部曼联队。在其他国家的读者，或者对其他运动感兴趣的读者，可以将其简单地替代成为他们喜欢的运动团队以及个人运动明星，检验步骤如下：

1. 步骤 1。从曼联队的战略规划中选择一个战略目标，例如，假设该战略目标能够提高俱乐部的盈利能力。曼联队在 2005 年具有较低的盈利能力，它在年轻的有才能的足球队员韦恩·鲁尼（Wayne Rooney）身上花费了大量的资金，但是在欧洲足球锦标赛上并没有取得充分的成功。在 2005 年它被格雷泽家族接管了，而这仅仅增加了提高其盈利能力的压力。

2. 步骤 2。决定公司将要如何来测量这个特定的目标，例如，曼联队的盈利能力的测量可能通过俱乐部能够实现资金回报率高于资金成本的能力来进行，这种测量在平衡计分卡中被称为关键绩效指标。值得注意的是，KPI 测量通常在平衡计分卡的财务部分是相对简单的，但是在其他领域力却很难来确定。例如，如何同意来对曼联的"顾客满意度"或者"创新过程"来进行 KPI 测量。

3. 步骤 3。将这一明确的测量方法转化成为战略规划下一个时期的明确数值目标，例如，曼联并没有公布它的资本成本数据，但是我们假设当前它是 7%，可能需要达到 8% 的资金回报率的数值目标（与 7% 的资本成本率相对）。

4. 步骤4。形成一些能够达到这个数值目标的明确业务活动。用这种方法列出了这些步骤提出了许多需要在实践中解决的执行问题。反过来再考虑每一个步骤,步骤1的价值是能够将战略规划与公司中的执行活动结合起来。但是也存在与盈利目标相同的其他目标,因此需要一些判断来维持它们之间的平衡。

随后,在步骤2中所确定的KPI就变得很重要,因为它将会表明步骤1是否已经完成。计分卡将会在不同的时间上通过战略规划的期限来反馈给KPI,以至于能够判断该过程是否已经完成。在这里,存在一个完整的问题范围,例如,可能不止存在一种测量目标的方法,并且KPI本身可能代表了对来自步骤1中所强调的战略的失真。因此,需要谨慎的思考,但是KPI也具有很多的优点:它将战略规划转化成了能够测量和控制的领域范围。

步骤3采用了KPI测量方法,并且将其转化成了战略规划未来时期的目标。这样的目标在实践中需要相当严格的判断,而且平衡计分卡在这种情况下不能提供实质性的指导。读者需要回到在第12章所设定目标的讨论中,并对这个困难情况的提出一些见解。

步骤4很容易总结,但是在现实中很难实现,主要存在两点原因。第一个原因是并不是所有的战略活动都会成功,所以需要进行判断;第二个原因是每一个活动可能具有一个成本,该成本与所达到的效果的可能性和利益相对应。采用一个极端的例子,那么曼联可能选择通过模仿切尔西足球俱乐部在2002年到2004年的战略来达到财务KPI的目标。该战略是指切尔西足球俱乐部引进招募每一个非常昂贵但具有高超球技的球员,这一战略变得在全世界适用。这当然也是一种业务活动,但是其成本可能会超过切尔西所获得的资金,使其变成了一个具有沉重负债、失去切尔西所有者罗曼·阿布拉莫维奇(Roman Abramovich)的私人资金资源的私人公司。另外,这样一种业务活动可能带有难以接受的风险水平,尤其是在不确定的运动和足球领域中。

重要的是,平衡计分卡并不是只有一种KPI。通常,对于每一个组织可能存在20种KPI,也可能更多。在每一个主要领域的每一个KPI,例如财务、顾客、内部和学习,需要从战略中进行确定、测量和定位目标,同时也需要确定业务活动。对于每一个组织,这都是一个大任务,但是也有很多组织已经发现了它的好处。

13.5.3 平衡计分卡的好处

平衡计分卡真正的好处就是提供了战略与实施战略之间的联系。卡普兰和诺顿认为任何战略的终极目标是增加组织股东的价值利益,例如,在第8章中所研究的股东附加值的形式。这一点是通过两位作者已经提出的他们方法的方式来反映的,其联系了"提高股东价值"的所有因素,如图13.9所示。在图13.9中所显示的四个战略观点与一个可能的例子有关,即为一个特殊的公司选择可能作为KPI的领域的例子。

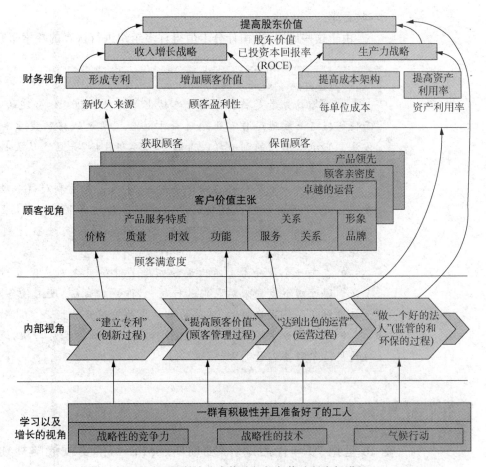

图 13.9 平衡计分卡战略如何与战略制定相联系

资料来源：Reprinted by permission of Harvard Business School Press. From The Strategy-Focused Organisation by R. S. Kaplan and D. P. Norton, Boston, MA 2001, p 96. Copyright © 2001 by the Harvard School Publishing Corporation; all rights reserved.

评论

关于图 13.9，一些战略家将不同意目标的定义主要是来"提高股东价值"的。而且，我们已经发现平衡计分卡对于管理来说是复杂的，并且一些 KPI 在实际中是很难确定的。

另外，一些这样的领域没有代表任何新事物，即教育、获得反馈、确定目标和里程碑已经被大家熟知很多年了。此外，正如诺顿自己已经承认的，即计分卡的风险就是它过分地强调了什么是可测量的，这未必是什么重要的资源，而不是强调获得承诺和实际行动。计分卡也可能会导致大型公司的过度测量，而使得整个过程都成为了官僚腐败的噩梦。但是，计分卡确实也代表了一个有效的尝试，主要体现在以下两个主要领域，即：

1. 将战略目标抽象的愿景转化成了实用性的有效的行动领域。
2. 使战略不再使用大量的过于简单的测量方法，例如每股股份的收益和资本收益率。

由于这些原因,平衡计分卡值得许多组织进行认真的探索研究。

> **关键战略原则**
>
> ● 平衡计分卡是将抽象的战略转化成公司活动具体领域的一种方法,从而使得战略有效地运作。平衡计分卡结合了所选战略的定量和定性的测量方法。它承认不同的利益相关者的不同预期目标,并且它试图将计分卡的业绩测量方法与所选战略相结合。
>
> ● 平衡计分卡背后存在四个关键原则:通过阐明和获得一致性来转化愿景;通过设定目标和建立成功的奖励机制来传达和联系;通过业务规划来连接目标、分配资源和建立里程碑;通过反馈和学习来检验计划后续的业绩表现。
>
> ● 在每一个计分卡上所出现的四个关键观点分别是财务、顾客、内部和未来。通过四个步骤来对它们进行转化,即战略目标、设定任务目标、确定测量标准以及实施战略活动,这些被总结成为关键业绩指示。
>
> ● 平衡计分卡的主要好处是使战略进入目标的制订与执行阶段,并且不再使用简单财务测量的方法。

案例研究 13.4

在 20 世纪 70 年代后期,斯皮勒斯(Spillers)的常规战略规划

在一个领先的北美咨询公司的指导下,在 1978 年到 1979 年[24],斯皮勒斯公共有限公司(Spillers PLC)引进了一个战略管理系统。公司已经拥有大约 7 亿英镑(12 亿美元)的营业额,并且在当时,在没有任何中心领导层的形式下,该公司成为了是大型公司。[25]

20 世纪 70 年代,斯皮勒斯是英国主要的食品和食品服务公司之一。然而,正如案例所展示的,到 20 世纪 80 年代末期,尽管使用了常规战略规划,但该公司还是彻底地消失了

斯皮勒斯公共有限公司由许多运营公司所组成,即:

● 面粉加工和面包烘焙(Spillers Homepride Flour);

● 食品配料(卢卡斯食品配料"Lucas Food Ingredients");

● 肉类屠宰和加工(米德朗斯代尔集团"Meade Lonsdale Group");

● 品牌宠物食品(Winalot);

● 餐饮连锁机构(马里奥和佛朗哥意大利餐馆"Mario and Franco Italian Restaurants");

● 品牌罐头肉和酱汁(马斯公司"Tyne Brand")。

斯皮勒斯已经提高了它的营业额,但是它的利润却保持不变,因为它在"面粉研磨"和"面包烘焙"领域面临着价格竞争,如

图13.10所示。

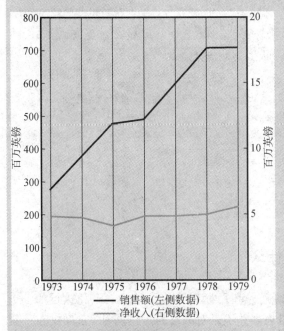

**图 13.10　斯皮勒斯公共有限公司：
1973—1979 年的销售额与净收入**

新的战略规划系统由以上运营公司为一个共同形式所准备的年度计划所组成。每一个计划必须解决该如何符合斯皮勒斯的任务和目标，例如，关于资本收益率、市场份额和资本投资等。计划将被集合起来，然后由运营集团提交给斯皮勒斯集团董事会。

这个常规战略过程必定给斯皮勒斯的中心层带来了一定程度的核心知识和指导，这些都是它以前从来都不具有的。该方法允许中心层与高级管理者和代表不同部门的主管们进行讨论，讨论的内容是判断公司面临的主要战略问题是什么？而且，因为是第一次，所以它赋予了公司一种能力，即在集团内部的运营公司的竞争需求之间来分配缺乏的资源：

- 将 200 万英镑投资到一个在英国布里斯托尔附近的卢卡斯配料公司的新原料生产线上。
- 将 150 万英镑投资到马里奥和佛朗哥连锁餐厅的主要扩张上。
- 斯皮勒斯宠物食品品牌以及在英国剑桥的生产设备的扩张，在这个产品组合中，估计的成本为 300 万英镑，两年内的净损失为 200 万英镑。
- 三年内，在英国雷丁的一所新的屠宰场所需要的资本是 0.2 亿英镑。（从长期来看，现有的设备不能满足新的以及更高的欧盟标准，然而，它为斯皮勒斯肉类集团（Spillers Meat Group）提供了超过一半的利润。）

该公司并不具有足够财力来满足所有的需求。它必须进行选择，利用技术方法，例如组合矩阵（见第 8 章），用来分析和提出结果。然而，即使在新系统的指导下，运营公司几乎不能够为集团总部提出完整的战略规划，例如肉类集团的战略规划是关于一所新的屠宰场，或者是没有任何计划。然而，主要管理层将会考虑合理的选择。此外，除了中心层，股东也应该被告知关于未来的计划以及公司的运作方向。同样，员工也对他们各自所处的集团领域的成功感兴趣。

斯皮勒斯以前是没有集团战略规划的。斯皮勒斯的运营子公司获得目标资金的成功取决于当资金支持是可行的时候，哪一个运营公司是第一个询问以及谁发现了最具有吸引力的财务方案。在 1979 年，一旦常规战略分析和合理的讨论被引进到这一过程时，最终核心领导层具有每一个主要运营公司的明确战略愿景，以及他们为了执行这些提议所需要的资金。但是，运营公司对过于严格的系统存有太多的抱怨。然而，总的来说，新的斯皮勒斯系统更加公平，并且对个体的偏袒具有少量的公开性。

实际上，在 1979 年，由斯皮勒斯的战略规划过程所提供的常规的解决方法太少而且太迟了。战略问题最终导致了它很明显的衰退。

当 1979 年斯皮勒斯被英国公司达杰帝食品公司（Dalgety）收购时，一切都结束了。斯皮勒斯被一个强大的公司收购吞并，并且如果已经获得了静态的图景,那么它的战略规划会被用来提供帮助。对于达杰帝,常规战略规划具有其实用性,即使这并不是斯皮勒斯原始的意图。

©版权归理查德·林奇所有,2012年。保留所有版权。该案例由理查德·林奇所著,来自于公开的信息。

案例问题
1. 利用展示13.5中战略规划的主要失败点的清单(见背面),那么斯皮勒斯提议中的主要缺点是什么?
2. 从你的判断来看,对于斯皮勒斯而言,这是制订战略规划的一个有价值的经验吗?

13.6 常规战略规划

13.6.1 常规战略规划是什么?

定义➡ 常规战略规划是对与组织的任务和目标有关的战略的制定和执行的一个正式的规划系统。重要的是,战略规划并不是对战略思考的替代,它仅仅在一些组织中形成战略过程。更明确的是,该计划将会整合组织中的业务活动,并且制定每一个完成阶段的时间表。案例13.4中的斯皮勒斯是所需要的业务活动的典型代表,无论是今天,还是30年后。

乔治·戴表明战略规划不应该是一个没有明确决定的孤立事件。[26]的确,它应该是一个持续的活动,并且同时需要应对事件和时间命令的压力。为了保证在规划过程中组织所承担的责任,需要来自于组织的许多层面,在制定战略以及在保证公司资源分配、战略、目标和行动计划的综合性时,每一个层面都具有独特的作用。

许多公司认为,在实施战略规划过程时,首先建立背景假设和以运作哪种业务为基础是很重要的,当然也包括成功的关键因素(见第3章)。遵循这一点,公司会研究它的长期愿景,以及更广阔的战略方向,即使达到这些目标可能需要花费很多年的时间,但期望能够包括新技术和新思想的输入。随后,能够制订一个关于未来2年或3年的中期计划,并且该计划所处的环境是足够稳定的。短期年度计划与随后所制订的中期计划是一致的。将该过程不仅仅当作是连续事件中的突然事件,而是包含许多重复工作,重新审查之前每一个完成的阶段是至关重要的。图13.11阐明了这个基础过程。

有时候,这样一种循环会被公司每年重复采用,案例13.3描述了雀巢公司的这种过程。然而,由于这种调查的潜在复杂性和冗长性,如果从一个长期角度来看,每年都检验业务的每一个方面似乎是非常不合理的。产品组合、特别主题、核心能力以及不同的集团目标通常被选来作为研究战略问题的起始点,并且被用到长期的检查中。正如,荷兰皇家/壳牌的前规划总经理阿里·德·格斯(Arie de Geus),写道:[27]

真正有效计划的目标不是为了计划而去改变……思维模式……决策制定者所具有的思维模式。

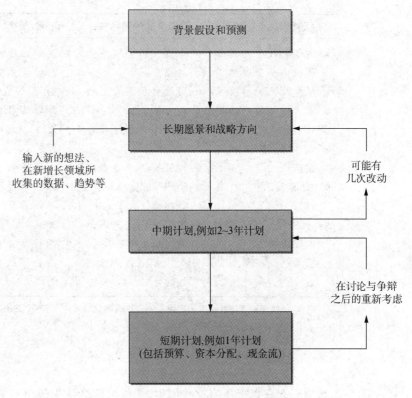

图 13.11 基本战略规划过程

13.6.2 战略规划的变化情形

在 20 世纪 60 年代和 20 世纪 70 年代之间,战略规划保证能够实现高度的资金回报率。当这些并没有突然出现不可预测的事件时,正如在 20 世纪 70 年代出现的石油价格的上涨,如果制作一个荒谬的计划(尽管不是在壳牌,正如我们在第 12 章所看到的),那么战略规划陷入了混乱。[28] 通常,根据关于它的批判说法,战略规划在它的应用阶段就已经变得太官僚主义以及太严格。[29] 这样的批判与类似的评论一直出现在 20 世纪 90 年代。[30] 展示 13.5 总结了对战略规划的主要的批判性攻击。应该需要注意的是一些作家并没有利用战略规划的狭窄定义,而是限制在形成更广阔的过程中。正如这一章中所使用的,他们的评论依赖于战略规划作用更广阔的观点,因此可能不适合这里所运用的狭窄的定义。

展示 13.5

战略规划的一些形式失败的主要原因[31]

高级管理层差的领导	需要更多的灵活性	政治困难	公司文化
● 规划替代了在某些环境中所需要的灵活性和不确定性	● 年度预算需要优先考虑	● 规划由专业性员工所控制,而不是由具有责任的逐级管理者控制	● 需要开发能够处理不确定性的组织
● 深入的战略想法被规划的模式所替代	● 可接受的现有的行业界限		● 短期盈利主义
● 关注短期和财务重点	● 过度强调程序和形式文件	● 一些管理者的权利受到了新程序的威胁	● 过度强调财务结果
● 关键问题的糟糕讨论	● 检验资源与资源之间的匹配度,而不是寻找新资源		● 缺少冒险精神和企业家才能
● 计划中不充分的分配资源	● 最好是引进先进的系统来处理灵活性,而不是坚持严格古板的计划	● 既得利益群体推迟决定的能力	● 对偶尔的失败具有较少的忍耐性
● 资源分配的全部过程			

注释:一些评论可能被认为运用到了一些战略制定形式中,而不是战略规划中。同样需要注意,文中关于研究证据的评论曾经也支持了一些评论。

由于存在以上所有这些因素,所以可能会认为战略规划不再适合作为制定战略过程的一种方法。然而,许多公司仍然需要关注除了短期以外的业务活动,并且协调它们的主要业务活动,尤其是需要经过长期时间来作出明确承诺的活动。对战略规划的态度开始再次发生改变并产生了对在这一章中两个主要案例研究的关注,从成功的公司中选出了雀巢和佳能这两个主要案例,这些公司都是仍然在使用一些战略规划形式的公司。即使是在过去曾经高度批判过战略规划的明茨伯格,目前也开始承认在确定的限制中,它的确是履行了一个实用的职责。[32]

评论

明茨伯格强调需要创新型思维时的观点是正确的,创新型思维在一个强大的官僚主义战略规划过程中不能很好地发挥效果。总的来说,这本书认为明茨伯格对战略规划作用的定义的理解是正确的,它总结了其他地方所做的决策,并且它有助于使战略变得更具有操作性。战略规划在主要的战略问题上并没有代替谨慎的以及创新的思想。

13.6.3 规划战略和类型

尽管大量的公司采用了一些战略规划的形式,但是重要的是要了解所采取的方法存在许多变化。其原因包括以下几点:

- 环境。稳定的环境为它们提供了一个更长的时间界限。稳定性同样有助于一个更加集权的规划方法,因为很少需要应对市场上的快速变化(例如雀巢)。
- 产品系列。当一个公司中的产品变得更加多元化时,公司在开发确定的核心能力、协同效应和价值关联时就变得更加困难。在这种情况下,规划的类型会从一个在部门间寻求协作的类型转变成一个以简单的资金关联为基础的类型,例如第9章中所描述的西门子和通用电气更多不相关的部分。
- 领导能力和管理风格。尤其是在小型公司里,这些将不可避免地引导着战略制定的方法以及公司内的协调。它也可能会运用到更大型的公司中,例如,在维珍的理查德·布兰森,戴姆勒克莱斯勒的杰根·史瑞普,新闻集团的鲁伯特·默多克。

在管理风格上不存在更加广泛的国际研究。然而,古尔德和坎贝尔在20世纪80年代对18个多元化的英国公司进行了这样一项研究。[33] 他们区分了在实施战略规划时各种各样不同的类型。确定不同类型方法的目的是为了确定中心层是运用哪种方式为公司的单独业务增加价值的。研究者表明可以利用两种主要方法来增加价值,即:

1. 中心层能够帮助形成每一个业务计划,即规划影响(the planning influence)

2. 当计划正在被执行时,中心层能够控制过程,即控制影响(the control influence)

从实证研究来看,有三种正在变得更加普遍的主要战略规划类型。

1. 战略规划。中心层需要参与到制订各种各样业务的战略规划中。随后,在控制过程中需要强调长期目标。佳能就是与这一点非常符合的例子,尽管其存在的合作努力要比定义中可能暗示的努力要多。见案例13.2。

2. 财务控制。中心层使用了一个强大的短期财务控制,但是因此使得业务高度分散,并且能够按照它们所期望的进行运营。如果单独的业务公司判断长期计划是有帮助的,那么它们将可能会制订长期计划。应该要注意的是,在这样一种安排下,几乎没有试图在公司内进行协调。协同效应、价值链关联和核心能力都大量地缺失。在新纪年,只有相对较少的公司会严格地以这种方式运营。美国跨国公司通用电气使用了一些这样的财务控制系统,见案例9.1。

3. 战略控制。这是介于战略规划和财务控制之间的环节。在规划方面,公司并没有像战略规划公司那样集权,也不像财务控制公司那样分权。公司会给单独的业务公司更多的自主权。在控制方面,会使用长期战略目标,但是同样需要短期的利益。雀巢是这种情况下的可能案例,尤其是中心层会参与到战略制定过程的各种阶段。见案例 13.3。

同样确定了一种深层次的风格类型,但是并没有深入地研究的是集权风格。在这种风格下,所有的主要战略决策都在中心层制定,日常工作被委派给了各种各样的业务部门。

这种广泛的规划类型随后也会存在深入的变化。该研究的目的不是为了在风格类型之间进行选择,而是为了研究战略过程如何使产生更加成功。研究者总结了以下四点结论:

1. 风格类型应该与企业的环境相匹配,即技术、产品系列、环境变化的速度以及领导能力等。

2. 一些风格类型需要对公司进行更一步了解,例如,在战略控制风格时,中心层与其子公司之间的争论可能比在财务控制风格中对财务业绩远距离监控中所发现的争论要更激励一些。

3. 成功的风格类型的好处来自于公开性以及公司部门之间的相互尊重。中心层与业务部门之间的怀疑和信任的缺乏会导致真正的问题。

4. 为了执行所同意的战略,工作的共享承诺是至关重要的。这可能来自于鼓舞人心的领导能力或者是目标的清晰透明。

评论

这次研究提出了对战略规划有效而且独特的见解,但是它仅仅以 16 个公司样本为基础,试图将规划分成几种不同的类型。当然,也可能存在其他的风格类型,例如企业家类型,虽然其并不是样本的一部分。此外,风格类型也会随着公司、所处的环境和领导者的变化而变化。

13.6.4 在小规模公司中的战略规划

与大型的多元化公司相比较,小型公司具有相对较少的产品系列。那么,问题的范围也许同样会缩小很多。因此,可能不需要通过一个正式的规划过程和资源分配程序。规划系统也许同样会更加简单和小规模。环境中的变化将不是规划意义上的问题,即小型公司应该能够更加快速地应对和响应变化。

然后,应用相同的基础规划过程,即背景评估、未来愿景以及长期目标,随后就是中期和短期的计划。时间期限可能不同,规划类型可能更加非正式。然而,一旦需要外部资金的支持或者扩张业务,那么就需要基础的计划。这样的计划将会需要与大型公司相同的战略逻辑、证据和理由。

在公共部门和非营利部门,可能战略规划风格。

关键战略原则

- 在一些组织中,战略规划使得战略过程具有可操作性。它并没有替代基础的以及创新的战略思想。
- 基础的过程可能包含背景假设、长期愿景、中期计划以及短期计划。重要的是,新的想法被投入该过程中,并且修正是过程发展中的重要因素。
- 由于过分的官僚主义以及使用方法的严格性,使得一些研究者大量地批判了战略规划,但是,只要缩小过程的定义,那么这些态度将会有所改变。
- 对于运行的战略规划过程,存在大量的不同风格类型。例如,战略规划、战略控制和财务控制。一个类型的选择取决于公司的环境。
- 在小型公司中的正式的战略规划可能同样被证明是有益的,尤其是在寻找外部资金支持时。

批判性反思

战略规划:它需要到达什么程度?

大多数的高级管理者和一些战略家可能会同意这样一种说法:战略规划的一些形式在公司中是必需的。在设定战略和财务目标时,计划可能是有帮助的,正如在平衡计分卡中以及在不同业务部门之间分配资源时所确定的计划。然而,在设计和讨论战略的过程中包含了分析和逻辑过程,支撑计划的战略对组织是具有一些好处的,即使至少部分好处是来自于新创新。

然而,这一章已经表明在过去十年里对战略规划的好处存在相对大的质疑。一些战略家反对战略规划的全部概念。这也许有些过度了,但这是一个准确的质疑:一个战略规划所达到的成就意味着什么?尤其是这样一个计划,所制订的计划是为了在目前许多不确定的环境下进行业务的运营。

到达什么程度对战略规划有帮助呢?在实施过程中存在什么限制约束?并且谁将对该过程负责呢?

总　结

- 实施过程包含了需要将战略运用到实际中的业务活动。对于这个过程的一些基本元素是总体目标、具体计划和必要的资金支持,同时需要监督和控制系统来确保服从战略。
- 存在三个主要方法来实施战略,即综合的、增加的和可选择的。在小规模和中等规模的公司中实施过程可能缺少详细阐述,但是需要遵循相同的一般标准。
- 根据佩蒂格鲁和维普的观点,实施过程最好是被认为是一个持续性过程,而不是在战略形成后突然出现的简单过程。贺比尼亚克和乔伊斯为实施过程划分了一个界限,取决于管理者理性地考虑每一个选择的能力,以及评估战略实施对战略本身的影响的能力。战略的应急方法表明实施过程需要被考虑,不仅仅是作为单一的事件,而是作为一系列的活动,其结果在某种程度上可能形成战略。

- 当设定目标和任务的时候,所确定的第一个问题就是谁制定了现在将被执行的战略。这一问题的答案将会影响战略实施过程。个人的目标和任务需要服从于整体所同意的目标。通过试验来寻找最佳的项目结合点是有必要的。在瞬息万变的环境中,明确的目标可能因为外来事件而变得多余。沟通传达和协调对于令人满意的实施过程也是非常重要的,并且在保证人们能够理解计划和它的优先假设条件方面尤其重要。

- 资源分配过程为所提议的战略提供了必要的资金。在有限资源的环境下,组织的中心层将会利用各种各样的决策标准来分配资金。分配的标准包括组织任务和目标的交付、关键战略的支持、组织承担风险的形象以及与绿色战略发展有关的内容。在一些环境下,可能需要重新分配资源,例如,如果在环境中发生了不寻常的变化这样的风险就是资源分配过程忽视了需要更加有效和战略性地利用资源。

- 在评估战略实施以及环境是如何变化时,监督和控制系统是很重要的。为了采取必要行动,在充足的时间内获得必要的信息是关键。虽然存在许多能够提高战略控制的方法,但是所有的方法都依赖于简单的、成本有效的以及关于组织和环境的有用信息。有人认为战略控制和预算编制应该结合起来。这种建议是不可取的,因为战略监督更加关注于探索研究,而预算编制更加关注达到具体的短期目标。

- 平衡计分卡是将抽象的战略转化成公司活动具体领域的一种方法,从而使得战略有效地运作。平衡计分卡结合了所选战略的定量和定性的测量方法。它承认不同的利益相关者的不同预期目标,并且它试图将计分卡的业绩测量方法与所选战略相结合。计分卡的主要好处在于它的关注点:将战略转化成目标的制定与执行,这个转化所运用的方法超越了简单的财务测量。

- 平衡计分卡背后存在四个关键原则:通过阐明和获得一致性来转化愿景;通过设定目标和建立成功的奖励机制来传达和联系;通过业务规划来连接目标、分配资源和建立里程碑;通过反馈和学习来检验计划后续的业绩表现。

- 在每一个计分卡上所出现的四个关键观点分别是财务、顾客、内部和未来。通过四个步骤来对它们进行转化:战略目标、设定任务目标、确定测量标准以及实施战略活动,这些被总结成为关键绩效指标。

- 在一些组织中,战略规划使得战略过程具有可操作性,但是它并不能替代基础的以及创新的战略思想。基础的过程可能包含背景假设、长期愿景、中期计划以及短期计划。重要的是,新的想法被投入该过程中,并且完善工作是过程发展中的重要因素。过分的官僚主义以及使用方法的严格性使得一些研究者严厉地批判了战略规划,但是,只要缩小过程的定义,那么这些态度将会有所改变。

- 对于运行的战略规划过程,存在大量的不同风格类型,例如,战略规划、战略控制和财务控制。一个类型的选择取决于公司的环境。例如,当寻找外部资金支持时,小型公司中的正式的战略规划可能是有帮助的。

问题

1. 比较佳能和雀巢的战略规划类型,并讨论为什么它们是不同的?如果有一种风格比另一种要好,那会是哪一个呢?

2. 一个小规模的公司需要一个正式的战略规划吗?

3. 将图13.1中所概括的基础实施过程运用到一个你所熟悉的组织目前的程序中。在哪些地方它们是相同的呢,在哪些地方又是不同的呢?你对该过程会得出什么结论?

4. "没有什么能够比执行计划的规划师的知识要更加限制规划师。"(加文,由乔治·戴引用)在实施过程的环境下讨论这个评论。

5. 有限的合理性以及在实施战略过程中最少的干预的含义是什么?

6. 高级管理者如何能够传达目标和任务,同时激励那些必须执行目标和任务的人们。

7. "如果高级领导层,在它的分配功能上,投入比在增加资源有效性所做的努力要更多的努力到评估战略规划的灵活性时,那么它所增加的价值将的确是适度的。"(加里·哈默尔和普拉哈拉德)讨论这一评论。

8. 为一个你所熟悉的组织设计战略规划,并且确定出在计划执行时你将能够控制的主要因素。考虑你自己本身是否能够为设计这样的计划而负全部的责任,或者实际上,你是否不仅仅需要咨询其他人,并且需要获得他们对计划的同意?

9. 简短地解释为什么战略控制是必须的,并指出它们是如何被改进提高的。考虑一个你所熟悉的组织,并且评估它的战略控制,给出你的理由。

扩展阅读

Hrebiniak, L and Joyce, W (1984) *Implementing Strategy*, Macmillan, New York is worth reading. An abridged paper based on this book appeared in the following: De Wit, B and Meyer, R (1994) *Strategy: Process, Content and Context*, West Publishing, MN, pp192–202. For a more recent review, see Miller, S, Wilson, D and Hickson, D (2004) 'Beyond planning: strategies for successfully implementing strategic decisions', *Long Range Planning*, Vol 37, pp201–218. An interesting practical paper: Michael K Allio (2005) 'A short practical guide to implementing strategy', *Journal of Business Strategy*, Vol 26, No 4, pp12–21.

Kaplan, D and Norton, R (1996) *The Balanced Scorecard*, Harvard Business School Press, Boston, MA is important for this topic. See also Kaplan, D and Norton, R (2001) *The Strategy-focused Organisation*, Harvard Business School Press, Boston, MA. Also worth reading are Ahn, H (2001) 'Applying the Balanced Scorecard concept: an experience report', *Long Range Planning*, Vol 34, Issue 4, pp441–462. Veen-Dirks, P and Wijn, M (2002) 'Strategic control: meshing the critical success factors with the Balanced Scorecard', *Long Range Planning*, Vol 35, pp407–427. See also: Braam, G and Nijssen, E (2004) 'Performance effects of the balanced scorecard: a note on Dutch experience', *Long Range Planning*, Vol 37, No 4, pp335–350 and Papalexandris, A, Ioannou, G and Prastacos, G (2004) 'Implementing the Balanced Scorecard in Greece: a software firm's experience', *Long Range Planning*, Vol 37, No 4, pp351–366.

The classic study of different types of strategic planning is that by Goold, M and Campbell, A (1987) *Strategies and Styles*, Blackwell, Oxford and is well worth reading.

Arie de Geus wrote a useful article on strategic planning: (1988) 'Planning as learning', *Harvard Business Review*, March–April.

Professor H Mintzberg has changed his views on strategic planning: (1994) 'The fall and rise of strategic planning', *Harvard Business Review*, January–February, pp107–114. See also Mintzberg, H (1994) *The Rise and Fall of Strategic Planning*, Prentice Hall, New York. Note that Professor Colin Egan provides a logical and well-argued critique of Mintzberg's work in Egan, C (1995) *Creating Organisation Advantage*, Butterworth–Heinemann, Oxford, Ch7.

注释与参考文献

1. Sources for this case are the author's life-long support for Portsmouth Football Club and *Financial Times*, 6 August 1998, p32; 11 March 1999, p25; 21 July 2001, p9; 22 July 2000, p13; 29 July 2000, p17; 18 August 2000, p13; 27 October 2000, p20; 29 March 2001, p14; 11 August 2001, p14; 24 August 2001, p9; 2 September 2001, p11; 6 October 2001, p16; 7 December 2001, p16; 23 February 2002, p13; 1 March 2002, p15; 9 March 2002, pp12, 14; 3 May 2005, p4 of 'Creative Business' special supplement; 16 December 2010, p24; 17 December 2010, p22; 12 April 2011, p19. Manchester United Annual Report and Accounts 2004 – available on the web at www.ir.manutd.com/manutd/findata/kfd. Quote from *Daily Telegraph*, 22 January 2010 sourced from the web. UEFA official report 24 February 2010 on football finances, *UEFA benchmarking report 2009*: http://www.uefa.com/uefa/footballfirst/protectingthegame/clublicensing/news/newsid=1453119.html.
2. Day, G S (1984) *Strategic Market Planning*, West Publishing, MN, Ch8.
3. Yavitz, B and Newman, W (1982) *Strategy in Action: The Execution, Politics and Payoff of Business Planning*, The Free Press, New York. It should be noted that Hrebiniak and Joyce (1984) also describe similar distinctions in *Implementing Strategy*, Macmillan, New York.
4. Day, G S (1984) Op. cit., Ch8.
5. Author's experience based on strategy development in fast-moving consumer goods, telecommunications and consultancy.
6. Pettigrew, A and Whipp, R (1991) *Managing Change for Competitive Success*, Blackwell, Oxford, pp26, 27.
7. Hrebiniak, L and Joyce, W (1984) Op. cit. An abridged paper based on this book appeared in: De Wit, B and Meyer, R (1994) *Strategy: Process, Content and Context*, West Publishing, MN, pp192–202. For a more recent perspective: Sydow, J, Schreyogg, G and Koch, J (2009) 'Organizational Path Dependence: Opening the Black Box', *Academy of Management Review*, Vol 34, No 4, pp689–709.
8. Pettigrew, A and Whipp, R (1991) Op. cit., p176.
9. This section and the exhibit use some ideas and concepts derived from the International Institute for Sustainable Development sourced from the web at www.iisd.org.
10. Hunger, J and Wheelen, T (1993) *Strategic Management*, 4th edn, Addison-Wesley, Reading, MA, p238.
11. Day, G S (1984) Op. cit., p186.
12. Harvard Business School Case (1983) *Canon Inc (B)*, reference number 9-384-151, and *Note on the World Copier Industry in 1983*, reference 9-386-106; Kono, T (1992) *Long Range Planning of Japanese Corporations*, de Gruyter, Berlin; *Financial Times*, 16 Feb 1996, p31; *Canon Inc.*, Annual Report and Accounts 1994, 1998 and 2004 (English version); Hamel, G and Prahalad, C K (1994) *Competing for the Future*, Harvard Business School Press, Boston, MA. Canon annual report and accounts 2010, which is available on the web but appears to be difficult to download.
13. Galbraith, J and Kazanjian, R (1986) *Strategy Implementation*, 2nd edn, West Publishing, MN, p98.
14. Goold, M and Campbell, A (1987) *Strategies and Styles*, Blackwell, Oxford, p21.
15. Hamel, G and Prahalad, C K (1994) *Competing for the Future*, Harvard Business School Press, Boston, MA, p159.
16. References for Nestlé case: *Financial Times*, 6 May 1992, p16; 15 May 1992, p13; 20 April 1994, p19. Goold, M and Quinn, J (1990) *Strategic Control*, Hutchinson Business Books, London, pp118–119. Nestlé Annual Report and Accounts 2004 and 2010 available on the web at www.ir.nestle.com. The same website has various powerpoint presentations to investors, which detail the latest Nestlé thinking on its global organisation and have been used in the preparation of this case.
17. This section has benefited from Galbraith, J and Kazanjian, R (1986) Op. cit., pp85–87.
18. Pettigrew, A and Whipp, R (1991) Op. cit., p135.
19. This section has benefited from the paper by Bungay, S and Goold, M (1991) 'Creating a strategic control system', *Long Range Planning*, June, Pergamon Press, Oxford.
20. Bungay, S and Goold, M (1991) Op. cit.
21. Leadbeater, C (1997) 'Flying with a clear view', *Financial Times*, 1 April, p17. Direct quote from David Norton.
22. Kaplan, D and Norton, R (1996) *The Balanced Scorecard*, Harvard Business School Press, Boston, MA, p77.
23. Kaplan, D and Norton, R (1996) Ibid.
24. The evidence in this case comes from personal experience: the author was senior manager at Spillers plc corporate strategy headquarters and acted as liaison manager with the consultancy company.
25. Lester, T (1979) 'Slow grind at Spillers', *Management Today*, Jan, pp59–114.
26. Day, G S (1984) Op. cit., p189.
27. De Geus, A (1988) 'Planning as learning', *Harvard Business Review*, March–April.
28. Marx, T (1991) 'Removing the obstacles to effective planning', *Long Range Planning*, Aug, Pergamon Press, Oxford.
29. Loasby, B (1967) 'Long range formal planning in perspective', *Journal of Management Studies*, October; Lenz, R and Lyles, M (1985) 'Is your planning becoming too rational?', *Long Range Planning*, Aug, Pergamon Press, Oxford.
30. Hamel, G and Prahalad, C K (1994) Op. cit., p283.
31. Exhibit 13.5 is developed from references 22, 23 and 27.
32. Mintzberg, H (1994) 'The fall and rise of strategic planning', *Harvard Business Review*, January–February, pp107–114. See also his book (1994) *The Rise and Fall of Strategic Planning*, Prentice Hall, New York. Note that Egan provides a logical and well-argued critique of Mintzberg's work in Egan, C (1995) *Creating Organisation Advantage*, Butterworth–Heinemann, Oxford, Ch7.
33. Goold, M and Campbell, A (1987) Op. cit.

第 14 章

制定并实施客户驱动战略

学习成果

这一章的视频与音频总结

通过本章的学习,你将能够:
- 概括客户驱动战略的主要因素并且阐释它的重要性。
- 确定顾客概况与可持续竞争优势的关系。
- 阐释品牌和信誉的战略含义。
- 概括顾客沟通及其战略含义。
- 阐释定价战略的主要因素。
- 阐释全面质量管理的主要方面。

引 言

视频第2和3部分

顾客是战略管理发展中一个重要的部分。最终,顾客不仅为产生组织的财富提供了收入,也为公共服务或者慈善机构的存在提供了理由。此外,战略管理过程的一部分是要说服顾客选择组织中具有竞争优势的产品或服务,而不是那些由竞争对手所提供产品或服务。由于两点原因,战略分析需要研究它的顾客,其目的是为了制定客户驱动战略。

这一章把顾客分析过程当作是战略制定的一部分。首先研究了为什么战略应该被顾客所驱动;其次,更深入地研究了顾客的特性以及实施战略的问题;再次,检验了市场细分与竞争地位;随后,调查了某些关键战略领域对组织的意义,例如,品牌和信誉、顾客沟通和定价,并且从顾客的角度研究了市场的全球化。最后,顾客导向的质量已经成为了一个重要的战略因素,例如,全面质量管理。顾客分析的主要过程如图14.1所示。

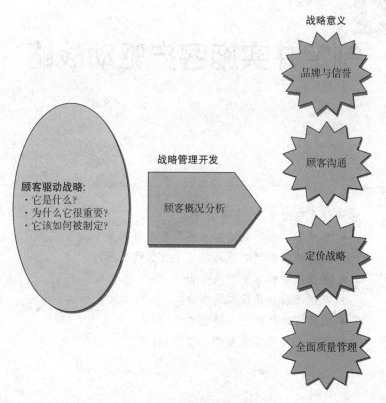

图 14.1 执行顾客导向的战略

案例研究 14.1

戴森目前的战略是什么?

因为谨慎地对待顾客,所以在 20 世纪 90 年代,詹姆斯·戴森(James Dyson)在一个新的家用真空吸尘器上取得了重大的成功。但是,其专利在 2002 年过期了,公司面临着很大的压力。与此同时,他以相同的溢价顾客战略推出了一个新的双滚筒洗衣机。然而,这款产品在市场上失败了,并且在 2007 年撤离市场。那么从此以后公司将朝什么方向发展呢?

詹姆斯·戴森和他的公司
戴森的背景

詹姆斯·戴森是戴森家用器具有限公司(Dyson Appliances Limited)的创办者以及首席执行官,该公司位于英格兰西部的威尔特郡的农村,它在 2009 年的营业利润是 3.3 亿美元,年销售额高于 11.5 亿美元。正是因为他的领导能力、设计才能、坚持不懈和想象力,使得公司能够在与一些世界领先的国内家用器具制造商竞争时获得成功,例如胡佛(Hoover,美国)、伊莱克斯(Electrolux,瑞典)以及梅洛尼(Merloni,意大利)。

在 1978 年,当戴森在装修他在英格兰西部的家时,他突然有一个无袋式真空地板清洁器的想法。在 1978 年到 1984 年期间,在他开发"双旋型真空吸尘器"之前,他制作了超过 5 000 款样品,最后他用该产品申请了一个商标以及很多特殊专利。

第 14 章 制定并实施客户驱动战略

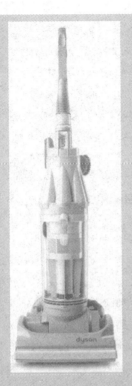

当戴森的专利在 2002 年到期时,它失去了一个主要的竞争优势领域。

戴森的新真空吸尘器

在 1982 年到 1984 年期间,戴森访问了许多现有的且领先的真空吸尘器制造商,并且尝试使这些人对他新发明的产品生产感兴趣。但是,和现有的制造商之间的协商并没有取得成功。其发明的独特特征是新设备不需要收集灰尘的一次性塑料袋。所有现在的设备都与塑料袋连接,并且在装满垃圾之后会被扔掉。现有的工厂制造商在这种一次性塑料袋上创造了大量的销售额以及利润。例如,根据戴森的报告,仅仅在英国就超过了 1 亿英镑。因此这些制造商都不愿放弃这个销售机会,即使对于他们的顾客来说,这种改变可能更加便宜。

戴森遭遇领先制造商拒绝时的反应:开发自己的产品

戴森在 1983 年开发了他的第一个地板真空吸尘器。由于不能使任何欧洲制造商感兴趣,所以戴森前往日本,并且他发现一个西方商品的进口商对销售该产品很感兴趣。到 1991 年,它已经建立了自己的市场,戴森宣称该产品已经成为了日本家庭的地位象征。受到其在日本成功的鼓舞,随后戴森决定创办自己的公司来生产产品。他在英格兰的西部建立了自己的工厂,并且在 1993 年 5 月开发了他的第一个产品型号,DC01 型号。随后经过几年的时间,进一步开发了各种各样的产品型号,所有的产品都存在技术上的优势。无论是在欧洲还是在美国市场,所有设备的价格都比它的竞争者要高,因为以戴森的专利技术为基础,这些产品被认为具有更好的性能。

在 2001 年,因为担心员工成本太高,所以戴森宣布将其制造工厂转移到马来西亚,在那里的劳动成本仅仅是英国成本的 75%。但是,有大约 800 名员工的设计工厂仍然在英国。迁移至马来西亚的最直接结果是,与前年相比,戴森的利润已经在 2003 年翻了两倍,达到了 0.8 亿美元。但是,当戴森在 2002 年失去了它的"无袋"专利,不断增长的竞争使得公司开始在传统市场上丢失市场份额。

欧洲真空吸尘器市场:激烈的竞争
市场规模、增长与份额

真空吸尘器的全部欧洲市场价值在 2009 年大约为 50 亿美元,并且每年以大约 2% 到 3% 的速度进行增长。市场趋势反映了一个事实:大多数真空吸尘器被购买是为了满足不断变化的顾客需求。其在欧洲的竞争非常激烈。主要的竞争者就是伊莱克斯(总部在瑞典,但是生产制造覆盖欧洲),从价值上来算,其占有欧洲市场大约 20% 的份额;胡佛(意大利公司 Candy 所有,其总部在欧洲),其占有欧洲市场大约 15% 的份额;美诺(Miele,德国),占有欧洲市场大约 7% 的份额;而戴森的市场份额大约为 18%。

竞争:抵抗专利保护最终期限的战略

尽管最初戴森试图通过现有的生产商来

批准生产他的产品,但是他们拒绝了此方法。后来,他们对这个决定感到后悔,因为他们面临着新的"双旋型"吸尘器的威胁。一旦戴森巩固了其地位,那么在20世纪90年代他的专利就为其提供了强大的保护,避免了竞争。

在意识到专利的价值之后,胡佛试图避免这些专利产品,并在2000年通过开发、设计型号而发行了自己的新设备,被称为胡佛三涡(Hoover Triple Vortex)。在这个设计被发行之后,戴森指控胡佛侵犯了它的专利,并且在英国高等法院进行了审判。在2000年后期,戴森打赢了这场官司,胡佛被要求至少在2001年6月戴森的专利失效之前撤销这种设备。然而,在专利失效时,大量的公司在欧洲开发了无袋的产品。当然,这确实影响了戴森的销售和市场份额。

几年以后,戴森继续创新制作了更小型、更轻便和更有效的型号。例如,2005年在英国,戴森开发了一个完全新的具有专利的"双旋"型号,被称为"The Ball"。这是一种装有一个大塑料球的真空吸尘器。它的好处是比其他垂直的吸尘器更加灵活。戴森对这个新型号抱有很大的期望:"从现在开始,你只需要将真空吸尘器推到两个按钮方向。这是首款你想清扫哪里就清扫哪里的吸尘器,它可以打扫室内死角,并且不会碰撞家具。我们希望它能够在六个月之内弥补我们英国一半的销售额。"不幸的是,它并没有取得成功并且最终被放弃了。然而,戴森继续经营着现有的真空吸尘器产品系列,但是为了与一些更加便宜的设备竞争,它必须降低价格。

欧洲自动化洗衣机市场:再一次激烈地竞争

在2000年11月,戴森推出了新型Contrarotator洗衣机

为了提供新的增长,在2000年,戴森开发了一款新的洗衣机,被称为"Contrarotator"。与其他所有只有一个圆桶的洗衣机相比,该洗衣机的不同之处在于它拥有两个圆桶。这两个桶一个在内,一个在外,旋转的方向相反,从而产生了清洗的功能,即戴森宣称该过程更像被洗衣机所取代了的有效的手洗过程。正如他的真空吸尘器一样,戴森新推出的洗衣机采用了浓烈的原色并且定价很高。例如,戴森新产品的传统定价大约为950英镑,与竞争对手的250英镑到500英镑的价格相比,其价格就显得很高了。到2003年后期,"Contrarotator"只占到英国市场不到1%市场份额。它几乎没有创造出任何影响就在某些主要的家用电器零售商市场上失去了零售空间,即使它可以通过网络来购买。到2007年,公司决定从销售额和利润不充足的市场上撤销该产品。

进一步推出新产品

经过几年的发展过程,随后戴森分支出了另外一个相关领域。公司开发了一个新的烘手机——空气叶片(the Air Blade),它迅速地被广泛运用到飞机和其他公共领域上。戴森同样推出了空气增倍器(Air Multiplier),这是一个没有叶片的台扇。从它在英国的研究基地和马来西亚的生产基地中可以看出,该公司一直保持着其作为工程领先者和创新公司的态势。

但是仍然存在问题,即在这样一个大规模且不断增长的成熟市场,该公司目前需要什么样的战略呢?

©版权归理查德·林奇所有,2012年。保留所有版权。该案例由理查德·林奇所著,来自于公开的信息。[1]

案例问题

1. 戴森的战略是什么?他成功的主要原因是什么?

2. 他能够继续成功吗?他需要在他的战略中做出什么改变呢?

3. 其他企业家能够学习模仿戴森吗?如果可以,那么从他的案例中可以得到什么启发呢?

第 14 章 制定并实施客户驱动战略

顾客驱动型战略是如何与顾客关系管理有关的？

14.1 顾客与顾客导向战略：西奥多·莱维特的贡献[2]

视频
第 2 部分

顾客购买组织的产品或者接受它的服务，并通过这种方式了解到公司已经增加到这些活动中的价值。因此，顾客对战略管理发展是至关重要的。的确，著名的市场营销作家、前哈佛商学院市场营销教授西奥多·莱维特曾公开表示："一个企业的目标是为了发展和保留顾客。"

如果这是正确的，那么战略的主要关注点将会是发展和保留顾客。客户驱动战略意味着每一个组织的职能部门都是为了顾客的满意度。在 20 世纪 60 年代早期，莱维特很清楚地写下了关于这一主题的愿景：这有助于在战略管理开发阶段增加顾客。他也许会对戴森的实际情况感到高兴，因为戴森选择提供一个"无袋"吸尘器，这样能够提供新的顾客利益。

定义 ➡

然而，莱维特所接受的是，只要顾客进行选择，那么战略开发将同样需要考虑顾客从竞争对手那里的选择。因此，顾客导向的战略需要与竞争战略相联系。这是通过组织所拥有的持续性竞争优势来形成的。这样的优势将会吸引并维持顾客，也不会驱使他们转向竞争者那边。所以客户驱动战略的设计是为了建立这样一种忠诚和顾客满意度。[3]

14.1.1 界定顾客与竞争者

首要任务就是要确定谁是当前的顾客以及谁是潜在的顾客。对于许多公司来说，这一点似乎是极为清楚的，但是在战略管理中没有什么事是很明显的。正是莱维特在 20 世纪 60 年代指出，一些大型的北美公司由于错误的顾客界定而导致了主要的战略错误。如果顾客没有被正确地界定，那么很有可能将与其竞争相同顾客的公司排除在竞争分析之外。

在确定顾客时，在战略管理开始就应该以一个广阔的视角来考虑他们是谁。一旦已经考虑了这个问题，那么随后就可以采用一个狭小的视角来确定。[4] 莱维特给出了美国铁路行业的例子：在 20 世纪 50 年代期间，该行业将它的市场界定为铁路运输。所以，行业中的每一个公司将它们的环境当作是最大的问题：铁路公司之间的竞争问题。这个问题出现的时间正好是北美绝大多数的地方因为远距离而投向越来越便宜可靠的航空运输，该运输允许新的航空公司以牺牲铁路的利益而迅速成长。铁路公司的主要战略都是针对行业内的其他公司，而忽视了来自航空运输的威胁。莱维特认为铁路公司并不是客户驱动。

准确地界定顾客的重要性在于准确地以他们为目标来制定战略，并且保证准确地确定竞争对手。最后,如果市场环境的界定不正确,那么竞争者会悄悄潜入来挖走顾客,而等到公司发现时就已经太晚了。然而,莱维特的方法存在一个主要困难:其顾客界定可能是不切实际的。例如,如果铁路与飞机、公交车和汽车竞争是真实的,但是目前并不清楚这有什么实际意义。铁路公司应该开始收购飞机吗?那么汽车公司呢?

华威大学的彼得·多伊尔教授(Peter Doyle)已经提出了一个分析顾客的可替代方法,基于三个指导方针:[5]
1. 顾客细分:战略可服务的多个细分市场。
2. 顾客需求:满足需求范围。
3. 技术:追求顾客时应该掌握哪一种技术。

他认为如果用一种与战略制定相关的方法,那么这些将会帮助公司来缩小顾客界定范围。

评论

在某些行业中,这种分类可能被证明是有帮助的,但是在其他行业中的大多数情况下是没有意义的。多伊尔的指导方针被证明是正确的一个例子来自于国防行业,在该行业中这些指导方针产生了良好的作用。他也不清楚在飞机行业这些方针是如何起作用的,例如,在该行业中,在顾客细分、顾客需求与唯一的基本工艺之间存在许多重叠。实际上,当确定顾客时,组织将被迫运用他们的判断标准。

因此,第一步最好是采用一个广泛的视角来确定谁是可能的顾客,这将会保证所确定的潜在竞争者的完整范围。随后,采用一个狭窄的视角来确定临时顾客,目的是为了以一种可控的方式建立超过竞争者的产品或者服务的竞争优势的特性。

14.1.2 顾客导向战略的主要因素是什么?

作为实施过程的一个需要深思熟虑的部分,一些组织已经开始变成为由顾客来驱动发展。[6]这个战略方法存在三个主要内容,即:
1. 了解顾客;
2. 组织对顾客需求的响应;
3. 组织提供真正的价值。

这个战略的本质是超出了传统意义上直接接触顾客的组织的职能领域,也就是指市场营销与销售。这一概念是指每一个人都要参与到该过程中,例如财务和负责生产的员工。一些主要领域总结在展示14.1中。

展示 14.1

客户驱动战略实例

了解顾客
- 在许多层面上与顾客的直接接触。
- 广泛地传播关于重点顾客发现的研究,例如,市场细分。
- 为什么顾客会选择该组织的原因。

组织对顾客需求的响应
- 与竞争者相比,经常进行顾客满意度调查并对此采取行动。
- 快速应对顾客的投诉与建议。
- 与竞争者相比,追踪关于公司形象的关键顾客数据。

提供真正的物有所值
- 监控与产品在市场上的定位有关的质量。
- 对竞争者的价格与所提供的服务进行对比调查。
- 以获得顾客的业绩为基础,在组织内部进行奖励。

14.1.3 为什么顾客导向的战略很重要?[7]

通常,顾客导向的战略涉及满足组织目前的以及潜在的顾客需求,从而实现组织的目标,例如公共服务组织的盈利或者服务。客户驱动概念认为只有吸引并保留顾客才能获得长期利润。引用多伊尔的观点:"利益、增长以及稳定性将全部取决于管理者能够使组织满足顾客的需求的能力……如果一个公司不能吸引并留住顾客,那么它将不会拥有一个长期的盈利业务。"[8]

这个组织的观点是很重要的,因为它表明了盈利能力的简单货币度量不再足以保证一个公司的成长与生存,所以他们需要与顾客满意度和顾客忠诚度联系起来。这里有许多实际证据能够支持这一观点:

1. 忠诚的顾客对公司更加有利:他们往往贡献了组织的绝大部分销售额,他们的忠诚度意味着他们对价格的上涨不敏感,并且可能鼓励新顾客的加入。

2. 组织吸引新顾客的成本要高于维持老顾客的成本:额外的成本可能是三倍到五倍。

3. 保留现有的顾客能够大大地增加利润:每年,会有 10% 的顾客不再是公司的顾客。然而,根据一项研究表明每增加 5% 的忠实顾客能够产生 85% 的额外利润。

因此,顾客导向的战略能够被用来加强公司的盈利能力,并且提高顾客满意度;另一个好处在于这个战略在公共服务组织中也特别重要,并且能够成为战略的重要组成部分。

14.1.4　如何制定和改进顾客导向的战略？

无论是非常规应急的方法还是常规的方法都会被用在顾客战略的制定与改进中。

当在不能满足顾客的环境下或者对困难地区更加普遍的市场调研情况下，需要一个应急战略方法。这可能是为了保证能够不断地改进顾客服务和质量。在这些情况下，也可能会利用在第 7 章中所研究的创新概念方法。

在其他环境下需要一个常规的方法，尤其是在涉及顾客的情况下。如果顾客要求物有所值，就必须清楚地了解所销售产品或者服务的报价，那么反复试错可能是没有意义的。所有这些都要求有一个更加清晰和精确的常规方法。

14.1.5　顾客导向的战略是如何与绿色战略相联系的？

如果绿色战略是战略管理的主要部分，那么在顾客导向战略中遵循绿色战略原则同样是很重要的。然而，存在这样一个问题：不清楚绿色战略是否具有顾客需求。有充分的证据表明，一些顾客希望有绿色战略，但是在写这本书时仍然没有被证明这是否形成了绝大多数人的观点。然而，鉴于绿色战略普遍能够为团体带来好处，所以一些公司将认为它们应该在这个方面起到领导作用。在这一章的 14.4.3 部分将会反过来研究顾客沟通的问题。

> **关键战略原则**
>
> ● 对于战略管理发展来说，顾客是重要的。在可能的情况下估计顾客需求。用更广阔的视角来确定竞争者的存在。然而，一个狭隘的界定将会导致产品或服务属性的识别，这些产品或服务将说服顾客选择自己的公司，而不是选择竞争者的公司。
>
> ● 一些公司已经建立了客户驱动组织，并将其作为战略需要深思熟虑的部分。这是一个长期的工作，而不是一个短期建议。
>
> ● 客户驱动战略是重要的，因为它实现了组织的目标，并帮助提高了顾客忠诚度。
>
> ● 在顾客分析和战略制定中不仅需要应急方法，而且需要常规方法。绿色战略应该形成一个客户驱动战略的整体部分。

探索国际客户分析。

14.2 顾客概况与可持续性的竞争优势

14.2.1 顾客概况的重要性

定义➡ 　　为了实施战略发展进程，了解顾客以及他们选择特殊产品和服务的原因是很有必要的。顾客概况分析描述了顾客的主要特征以及顾客是如何做出购买决定的。对于那些公共服务和慈善机构中没有选择权的顾客，也许能够更好地更深入地了解到他们的需求。此外，这样的分析能够解释为什么顾客购买该组织的产品或服务而不是其竞争者的产品或服务，即帮助公司确定自己所拥有的持续性竞争优势。这意味着利用市场调研来分析顾客以及顾客的购买决定，正如第3章所概括的。为了执行该任务，通过顾客概况分析来进一步研究顾客的购买决定是很重要的。

视频
第2和
3部分

　　顾客概况描述了顾客的主要特征以及他们是如何做出购买决定的。展示14.2提供了一些典型的顾客概况的案例，这都是通过更深入的市场调研来获得的信息。不同种类的主要特征如下：

- 家庭类顾客购买产品或服务是为了他们自己或者家人。这被称为基本需求，因为这种需求并不取决于其他任何因素。基本需求将主要受到行业本身因素的影响。顾客从他们的购买中寻求当前的满足感（例如，吃冰淇淋）。即使存在大量的顾客，但其中每个人都只进行少量的购买，所以他们个人的讨价还价的能力很低。顾客群体通常可以通过他们的生活方式或者消费方式来进一步地区分，例如，家庭对散包装的冰淇淋的消费给出了一个家庭的细分市场。通常可以通过定价、品牌商品、广告以及质量和服务水平来说服家庭类顾客购买产品。这些元素通常组成了公司持续性竞争优势的基础。

- 大商户的购买通常是出于更理性和经济性的原因。例如，在从空中客车公司购买飞机时会考虑性能以及成本，从而满足特定的旅游常规与标准。每一个公司的顾客可能是不同的，例如，英国航空公司和德国汉莎航空公司就会有不同的需求。顾客可能不会有很多人聚在一起，但是通常会出现很大的个人订单来引起别人对他们的注意。例如，对飞机的需求可能来自于航空旅游的需求。派生需求需要对目前行业以外的因素进行分析。在这个集团下的公司的可持续性竞争优势通常是基于价格、服务和质量的。

- 小企业的顾客与大企业的顾客具有很多相同的特征。但是，他们对潜在订单规模的个人关注可能不在相同水平。可持续性竞争优势可能是基于小公司所能提供的更高水平的服务和更多的灵活性。

- 大型服务性组织会将产品卖给那些为了即时消费的顾客。这样一种组织的例子就是零售银行和连锁酒店。重要的是，这些产品包含了个人所提供的服务、建筑的环境、服务地点以及分配服务的过程，例如，一个友好的微笑。可持续性的竞争优势经常与价格、服务和品牌的质量有关。

- 公共服务性组织的顾客可能与大型服务性组织的顾客表现出许多相似之处。然而,商业因素可能不是那么重要。如果提供的服务是垄断性的,那么越来越多这样的组织需要承担更大的压力,以更低的成本提供更好的服务,此时的可持续性竞争优势显得并不是那么重要。
- 非营利性慈善机构将同样包括服务,但是可能由一个更强大的信念以及保持志愿者的兴趣来驱动发展。这将引导者慈善机构的战略朝着更加一致的合作方向发展。除了寻求适量捐款以外,那些有关追求品牌化、外界关注度以及商业价值的可持续性竞争优势并不适用于这种组织中。

展示 14.2

典型的顾客概况

	家庭消费	大型产业	大型私人服务	非营利性慈善机构	公共服务	小企业	战略意义
案例	联合利华冰淇淋	空中客车飞机公司	麦当劳餐厅	联合国儿童基金会(UNICEF)	卫生服务医院	理发师或当地建筑商	
需求的特性	必需品	派生或结合需求	必需品	必需品	必需品	派生或结合需求	
广告讯息	当前的满足感:状态是很重要的	经济与非经济需求	当前的服务:质量是服务的一部分	由慈善机构的信念所驱动	作为私人服务,但是由公共服务的指导方针进行调节	作为大型的产业,但更重视私人服务	不同的主要领域可能需要行业级别的战略
顾客需求	可以根据相同的需求而将顾客分为同一种类别;顾客细分	每个顾客的需求都是不相同的	顾客在国内进行分组	顾客会被聚集在一起,但是个人服务同样重要	顾客会被聚集在一起,但是个人服务同样重要	顾客会被聚集在一起,但是许多客户需求是不相同的	细分市场以及个体购买者的战略
购买动机	为了个人或者家庭	为了公司	部分受到地区和类型风格所驱动	为了其他人或者自己而接受服务	为了其他人或者自己而接受服务	地区和国家服务	不同的主要领域可能需要行业级别的战略

(续表)

	家庭消费	大型产业	大型私人服务	非营利性慈善机构	公共服务	小企业	战略意义
产品	品牌、可能较低的技术含量	可能技术含量高超	提供服务的人们是产品的一部分	提供服务的人们是产品的一部分	提供服务的人们是产品的一部分,同样具有技术含量	具有技术含量,可能是很高的技术含量或者是私人服务	在某些领域可能是高超的技术,而在另一些领域可能是服务的一部分

在考虑了典型的顾客概况的战略意义之后,应该注意到,某些领域对行业来说是特定的,并不能在战略种类里面进行推广普及。顾客概况的确与组织的可持续性竞争优势有关,因为它帮助确定了顾客会选择这种产品或服务而不是其他产品的原因。例如,戴森真空吸尘器产品的性能问题对于选择特定的型号是至关重要的,见案例 14.1。另外,顾客概况还包含其他三个能够支撑竞争优势的领域,即:

- 顾客转移成本应该更清晰。
- 在该过程中阐明顾客的讨价还价能力。
- 确定与顾客合作。

14.2.2 探索未来需求和突破战略

除了包含基本的顾客概况之外,战略同样需要识别并确定未来机会。引用哈默尔和普拉哈拉德的观点,即"任何一个只能对现有顾客的关键需求做出响应的公司将会很快变成一个落后者"。[9]然而,在动荡的市场上,对未来需求的探索可能是困难的,例如,在第 6 章中案例 12 中,很难预测快速增长的新宽带服务的未来需求。在这种情况下,战略将会遵循应急方法,并在没有过度暴露组织资源的情况下一步一步地前进。

研究现有产品的反响比诱发大量未知的反响要更容易。例如,在 1996 年,对所提议的新型空中巴士巨型喷气式飞机(Super Jumbo A380)进行现实研究是很困难的。这是因为所提议的设计涉及一个不熟悉并且具有完全新概念的双层飞机,也就是说一个飞机具有两个完整的乘务舱,一个在另一个的上面,见案例 14.3。潜在的顾客很难了解和懂得这种完全新颖的方法。然而,在可能实现重要的新的战略管理突破的创新型产品种类中,顾客概况是至关重要的。

未满足的顾客需求很难进行研究,并且需要技术专家与战略家之间的紧密合作。实物型号、架构化市场调研以及检验反应的试验产品可能是有益的。

14.2.3 顾客概况与战略制定之间的联系:顾客/竞争者矩阵

由于多种多样的顾客和竞争者,所以很难完成完整的顾客概况分析的战略意义。然而,通过对顾客和竞争者的类型设定一些简单的假设,就可以研究其可能得出的战略结果。这些都显示在顾客/竞争者矩阵之中。**顾客/竞争者矩阵将顾客需求和竞争优势结合起来,其目的是为了显示可能需要的战略。** 这种分析的目的是为了研究战略的类型,这些战略来自于消费者的认知,以及进入或者停留在这样一个行业中的困难。

定义➡

这些简化的假设条件如下:
- 顾客可能会具有相同的需求,或者具有各种各样的需求。
- 竞争者的区分仅仅是基于两个因素:不同的规模经济,以及产品差异化。

从这一章中已经研究的领域来看,很明显的是这些大胆假设简化的优势和劣势都是有帮助的。由此产生的矩阵如图 14.2 所示,结合两个主要因素来考虑,即:

1. 顾客需求:提供了竞争优势的来源
- 一些顾客在本质上具有与其他顾客相同的需求。例如,购买糖、棉花和电力这类商品。因此,这些产品的竞争优势来源将会受到限制,如棉花在质量和价格上的变化优势很少。
- 一些顾客具有各种各样的需求。例如,美发和战略咨询,这两个就是完全不相同的工作。在这里的竞争优势的来源是多种多样并且变化多端的,例如服务的类型、产品的质量以及任务的时间长短等等。

2. 竞争者战略:基于规模经济和差异化
- 一些公司将具有少量的竞争优势,因为规模很小,或者是较小的差异化。例如,煤矿开采和普通国家的酒店,意味着这类公司的产品很容易被模仿。
- 一些公司将具有大量的竞争优势,因为规模经济和产品具有差异化并且很难进行模仿,例如在联合利华的品牌冰淇淋、波音飞机。

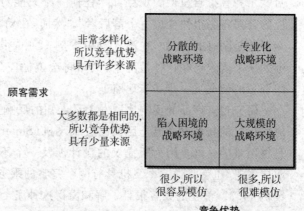

图 14.2 顾客/竞争者矩阵

从顾客/竞争者矩阵中可以看出，存在四种类型的战略情景，即：

1. 分散的战略环境（Fragmented strategies）。顾客需求是高度变化的，并提供竞争优势的来源，但是它们所存在的优点是很容易被模仿的。例如专业零售、美容美发以及其他小型的企业。一些会计公司也包含在这一类中。然而，大型的跨国会计公司已经在设法打破规则并提供一种依靠规模来审计跨国公司客户的服务，所以它们适合于下面的专业化的战略。

2. 专业化的战略环境（Specialised strategies）。它们都具有特殊技能、专业的技能、专利权和专利产品，这些产品被销售给了大量不同的客户，这些客户具有不相同需求，而且通常是大规模的不同需求。例如，一些大型的制药公司，它们具有不同的终极市场和强大的专利产品，或者国际性的咨询公司。

3. 大规模的战略环境（Volume strategies）。这些都是以规模经济和品牌化为基础，但是产品被卖给了主要希望获得具有少量个人差异的标准化产品的客户。例如品牌产品以及某些类型的基本化工原料。越来越多的医院在这个领域提供了服务，例如标准手术和医疗检查。

4. 陷入困境的战略环境（Stalemate strategies）。在这里，产品很容易被模仿，大多数的需求基本上都是相同的，因此附加值很难提高，因为顾客很容易转向另一个供应商而购买产品。例如，主食产品和日用品。

关键战略原则

- 顾客概况能够提供对顾客的基本了解，并且它对战略开发是至关重要的。它明确表明了顾客喜欢这种产品或服务而不是另外的产品或服务的原因，因此可以确定组公司拥有的可持续性竞争优势。当面对想要购买竞争对手产品的顾客时，它同样可以阐明公司的优势。

- 重要的是，顾客以及他们的未来需求也许会提供一种突破，这种突破将会提供一个完全新的战略机会。

- 顾客/竞争者矩阵将两个重要方面结合在了一起，即顾客具有共同需求的程度，以及在基于差异化和规模经济的市场上能够获得竞争优势的可能性。矩阵确定了四种主要的战略环境类型：分散的、专业化的、大量的以及陷入困境的战略环境。随后，将会研究每一种情形的战略意义。

案例研究 14.2

巴贾杰摩托车（Bajaj Motorcycles）：它应该进入汽车领域吗？

印度最大的摩托车制造商，巴贾杰摩托车在未来几年面临着一个战略抉择：是否进入到印度的汽车市场。如果进入了该市场，那么应该采用什么型号呢？该案例就研究这个问题。

背景

在西方国家，摩托车只是少数人的运输工具，而印度的运输市场完全是由摩托车、小轮摩托车和三轮车所主导。在2010年，这种交通工具的销售额高于700万美元。在

2010年,印度市场上这种交通工具增长了5%。与国际标准相比,它们的发动机尺寸相当小,例如典型的印度尺寸是120立方厘米,而西方国家的是400立方厘米,并且在印度的价格相当便宜,大约为2 000美元,而在一些非常富裕的西方国家却是8 000美元。另外,在印度,摩托车是家庭运输工具,两个小孩坐在车把上面,而母亲坐在父亲背后的座椅上。然而在西方国家,摩托车主要是由个人使用。这些都反映了一个事实:印度平均家庭年收入要大大低于西方国家。例如,印度家庭年收入为5 000美元,而西方国家的家庭收入在2.5万美元到3万美元之间。但是随着印度顾客也开始变得越来越富有,存在一群不断壮大的中产阶级,他们的收入显著提高,因此,在小范围内可能需要一个小型的家庭汽车。

巴贾杰对摩托车或者三轮车的战略

在1998年,巴贾杰卖出了140万美元的该类运输工具。到2007年底,公司每年的销售增长到高于300万美元,其中有接近100万美元的出口。它的主要产品领域是摩托车,在所有销售额中创造了将近270万美元的收入。

另外,公司有另一条重要的车辆销售路线:巴贾杰在印度的三轮车市场是主导公司,并且在这一细分市场中是盈利的收入来源。三轮车在西方国家市场上并不常见,但是在许多的亚洲地区形成了主要市场,同样包括印度尼西亚和菲律宾地区。三轮车的两边都是开放的并且没有门。它们被用来运输乘客或者商品。巴贾杰在这一市场上占据领先地位,其在2010年有3.42万美元的单位销售额,并在印度国内市场上占有55%的市场份额。

为了发展其早期的摩托车业务,在20世纪90年代早期,巴贾杰与日本摩托车公司川崎重工(Kawasaki)签订了使用川崎重工技术的协议。在早些年,巴贾杰汽车公司(Bajaj Auto)与其竞争者公司英雄本田公司(Hero Honda)竞争时,失去了其在摩托车市场上的领先地位。巴贾杰的市场份额从2006年的30%下降到2010年的24%。市场份额下降的部分原因是,巴贾杰在快速增长的印度摩托车市场上的经营领域推出成功型号时只取得了少量的成功,而它主要的竞争对手英雄本田公司已经在该市场上建立了市场领先地位。表14.1给出了摩托车型号以及价格的对比。

表14.1 2007年印度摩托车市场 (cc:立方厘米)

公司	型号	定价
英雄本田(Hero Honda)	CDDeLuxe(97cc) Splendor(125cc) Passion(125cc) Hunk,CBZ Xtreme	CD DeLuxe—3 000美元 Hunk—3 800美元
巴贾杰(Bajaj)	Platina(100cc) XCD,Pulsar(150cc和220cc) Discover	Pulsar 150—2 800美元 Pulsar 200—3 200美元
TVS公司	TVS Victor,Flame	
雅马哈(Yamaha)	Gladiator(125cc)	Gladiator 2 000美元
其他制造商,包括日本本田(Honda)和日本铃木(Suzuki)		

资料来源:作者在2007年11月直接采访印度和尼泊尔摩托商店。

然而,在2010年,作为印度主要的摩托车和三轮车制造商,巴贾杰汽车公司很好地巩固了其市场地位。它已经为摩托车和三轮车建造了三个主要的生产工厂。它同样也已经建立了强大的配送和服务网络系统,以及很重要的科技研发工厂,并且已经引进了新的数字化双火花点火技术(Digital Twin Spark Ignition Technology)。在亚洲地区,该公司也已经成为了一个摩托车的主要出口商,并且已经在印度尼西亚建立了一个生产制造工厂。

为了恢复其在摩托车市场上的地位,巴贾杰主要用以下三个主要战略给予了反击:

1. 新的高端机械产品的经营销售。这是在印度的快速增长的细分市场。公司已经在它主要的生产工厂普纳(Pune)装配了新的科技研发设备,目的是为了提供新技术。重要的是,由于与高端产品相关的溢价定价策略,使得公司经营的细分市场才拥有最高的利润。

2. 降低成本。巴贾杰在其早期就拥有大约900个摩托车零部件零售商。这个庞大数据表明了它的供应商是分散的,并且在生产时不能获得真正的规模经济。因此,巴贾杰通过十年的不断努力,即从1998年到2007年,成功将供应商的数量减少到了大约80个,与此同时,使零部件供应商的地理位置更接近生产线,这类似于这本书第6章中在免费的网络上所描述的丰田的"及时"交付系统(为了世界领先地位,丰田是否过于依赖生产?)。在更小的摩托车细分市场上,当其价格竞争特别激烈以及利润很低时,低成本是特别重要的。

3. 出口或者海外生产。巴贾杰从它的三个工厂上提高了海外销售。到2010年,公司一年就售出了超过800 000辆摩托车和三轮车,其出口的国家有斯里兰卡、尼泊尔、哥伦比亚、孟加拉国、墨西哥、秘鲁和埃及。

巴贾杰摩托车公司是印度的领先公司。它面临着一个主要的战略抉择,即是否进入不断增长的印度汽车市场。

一辆十万卢比的汽车:对于巴贾杰而言,这是新的威胁还是机遇?

直到2008年,在印度,汽车市场一年不如一年,特别是对于摩托车市场,大约200万美元的汽车销量无法与大约700万美元的摩托车销量相比。主要的原因是,普通汽车价格为5,000美元以上,只有比较富有的印度中产阶级家庭才能支付,并且该价格明显高于摩托车价格。[在这本书的第6个部分中关于塔塔汽车公司(Tata Motors)的案例6中给出了详细的数据]。

印度最著名的公司之一,塔塔集团,在2008年1月推出了轰动一时的新型汽车。它的品牌名称为"凌珑"(Nano),且它被标记为"一辆十万卢比的汽车",定价为10万印度卢比,在印度的计数制度下被称为"十万卢比"。塔塔已经生产了世界上最便宜的汽车,十万卢比相当于2 500美元。该公司花费多年的时间致力于结合了空间、经济和简单等因素的新型智能汽车的研发。该产品在印度的价格可能要高一点,大约为13万卢比或者是3 250美元,但是它仍然能够与摩托车的高端产品竞争。因此,对于巴贾杰来说,这是一种新的威胁和机遇。

最初,塔塔汽车公司计划在2008年6月从它们的新生产线上引进第一个型号,并在当年8月进行全面投产。公司计划在第一年内生产制造出25万辆凌珑汽车,并预计在以后的几年里,将产量提高到100万辆汽车。顾客对该产品的反响表明凌珑汽车是很受欢迎的。"凌珑被期待能够改变印度的汽车市场。它能够满足一个典型中等收入的印度家庭,这些人希望它有避免雨、风和灰尘的功能。四个轮子的汽车是很自由的。"印度摩托制造商协会的迪里普·切诺伊(Dilip Chenoy)评论道。

即使摩托车制造商也对此车留下了深刻的印象:"它是一款很好的汽车,作为一个印度人,我对该产品感到自豪。我真的喜欢它,但是我并不认为它将对两轮摩托车产生什么影响。两轮摩托车具有很大的市场,我们不担心任何的市场侵蚀。"这是英雄本田总经理帕瓦·蒙贾尔(Pawan Munjal)的观点。但是塔塔采取了不同的路线,它认为凌珑远比摩托车要安全,而且如果10%的摩托车市场变成了凌珑的市场,那么将会为塔塔带来70万辆汽车的年度销售量。这将会降低至少30%的印度汽车所有者成本,使得更多的人能够支付购买该汽车。

正如这本书第六部分中案例6最后所详细表明的,凌珑并没有销售出其最初预测的数量。在写该案例时,塔塔每年仅仅销售出了大约5万~6万辆凌珑,远远少于最初的计划。

巴贾杰战略的意义

直到2010年,凌珑的销售并没有影响到印度的摩托车市场。但是像巴贾杰这样的公司意识到,该汽车的竞争性价格与它所销售的摩托车普尔萨(Pulsar)的价格类似。他们已经看到了一位巴贾杰的普尔萨使用者在印度新闻上的评论:"我一定会考虑购买凌珑汽车,因为我能支付得起该价格,最重要的是它具有很好的里程。"然而,公司同样也意识到在,2011年,凌珑的销售并不景气。

塔塔承认它本身对凌珑的想法会帮助其他的制造商。"这并不是我们最好的产业,"塔塔集团的董事长拉詹·塔塔(Rajan Tata)在引进凌珑的时候说道,"与我们的业务相比,这对于其他制造商来说是一个更加容易的任务。"然而,即使会发生这种情况,但是对于巴贾杰集团或者任何其他一个公司来说这都是不容易的任务。

追溯到2008年,巴贾杰与法国雷诺汽车公司讨论了在印度汽车市场上合资企业的可能性,并讨论出了一个合作协议的大纲,其目的是为印度市场生产出超低成本且类似于凌珑汽车的汽车(代号为ULC)。

随后,该项合作在战略思想上存在两个变化。首先,雷诺公司决定通过它的产品系列进入印度国内的市场,并开始计划大约在2013年推出新产品。这意味着它对ULC没有兴趣,但是相对销售不佳的凌珑可能会支持该产品;其次,巴贾杰本身越来越怀疑市场上对ULC的需求。在写该案例的时候,该公司开始积极地检验减少ULC生产并且开发一个三轮的或者四轮的扩展型号的可能性,同时,对这样一个没有门的三轮摩托车的设计工作是开放的,而不是对一辆汽车的封闭式设计。

在写该案例的时候,巴贾杰显然可以采取一些主要的战略决策,它应该将ULC设计得类似于凌珑汽车吗?它应该制造出四轮汽车来补充其现有的三轮车市场吗?或者它应该仍然停留在摩托车市场上吗?

根据巴贾杰的2010年度报告可知,公司已经在许多领域制定了明确的政策,包括在与教育和健康活动有关领域的广泛贡献。

©版权归理查德·林奇所有,2012年。保留所有版权。该案例由理查德·林奇所著,来自于公开的信息。[10] 作者感谢尼泊尔加德满都的Binod Rai,因为他帮作者理解了印度和尼泊尔的摩托市场。该案例的最初想法来自于当作者 2007 年 11 月在德里演讲时,一位教授的一个简短评论。不幸的是,在当时,作者并没记下该教授的名字,但是仍然感谢他的帮助。

案例问题

1. 为什么巴贾杰会失去它的市场份额,那么它又是如何应对的呢?
2. 印度摩托车市场上最有利可图的细分市场是什么?为什么它们最初受到了 Nano 的威胁?
3. 巴贾杰应该进入汽车制造行业吗?支持和反对的理由是什么?你可能会给出什么建议呢?

14.3 战略意义:分析并实施品牌化和信誉

视频 第 6 部分

毋庸置疑,顾客能够识别一个公司的品牌优势或者劣势,以及它整体的信誉,也就是公司往往能够获得顾客对它或多或少的忠诚。例如,巴贾杰摩托车品牌在整个南亚具有高知名度,并且它拥有与物有所值和服务质量有关的优良信誉。这样的优势可能同样适用于小公司,无论是品牌还是信誉都将是可持续性竞争优势的关键决定因素。

定义➡　明确地区分品牌和信誉是非常重要的。品牌是一个被用来区分所销售的产品或服务的具体名称或者标志。[11] 它的作用是,可以对其产品和服务收取比同等功能的无品牌的产品和服务更高的价格。在这种意义上,品牌增加了产品的价值,例如,对玛格南冰淇淋收取的价格要高于没有品牌名称的同样产品价格,或者更可能的是一个消费产品,超市的品牌名称,例如英国的塞恩斯伯里超市或者法国的家乐福超市。同样,巴贾杰摩托车品牌对印度顾客来说也是重要的,见案例 14.2。

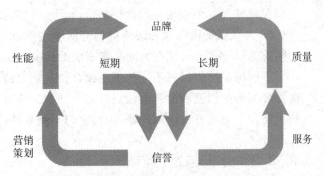

图 14.3　品牌和信誉的动态过程:一个应急过程

定义➡　信誉是一个更广泛的概念,这是顾客随着时间推移对一个组织所形成的累积认知。这包括品牌以及相关内容,但同样也覆盖了其他领域,即:

- 产品性能:顾客将会根据他们的使用经验来形成判断。
- 质量:顾客期望一个特定的质量水平,以定价、定位、广告以及内部性能水平为基础来判断。
- 服务:顾客会接收到不同水平的交货、安装、咨询以及顾客体验公司的其他形式。
- 营销策划：广告、包装以及促销活动。

信誉可能是一些或者所有这些领域的临时结果。例如，巴贾杰摩托车的信誉不仅仅来自于它的品牌广告，也来自于它在印度每一个主要城市和其他国家的产品连锁服务中心。另外，时效的概念是很重要的，因为信誉也将随着时间进一步发展，同样会受到短期事件的影响。所有的关系总结如图14.3所示，从一个应急的角度来看，时间关系的重要性使得一个常规的方法失去了价值。从一个战略角度来看，信誉在提供和维持可持续性竞争优势时是至关重要的。例如，波音公司(Boeing)的信誉在1998年受到了损害，由于当时它没能达到顾客对飞机的需求，从而使得其工厂延误了生产，这一事件严重影响了它与空中客车公司(Airbus)的竞争。信誉同样能够为组织增加附加值，因此它是一项重要的资产。

14.3.1 分析与实施品牌化

分析一个能为功能产品增加价值的品牌的功能与概念时，需要考虑五个方面的内容，即：[12]

1. 建立一个产品的信誉（因此如图14.3中的循环特性）：例如，很多人听说过迪士尼的名字。
2. 提供一如既往的保证，使得产品性能与以前一样好：例如，巨无霸在每个地方都是一样的。
3. 申请一种独特的、其他公司很难模仿的专利：例如，索尼的液晶电视系统专利(Bravia)。
4. 传达公司在现有市场上所建立的市场地位：例如，英特尔和微软标志着它们在硬件和软件市场上的优势地位。
5. 为顾客提供一种方法使得他们能够表明自己的信息：例如，耐克(Nike)和阿迪达斯(Adidas)是在运动鞋和衣服上的流行品牌。

不同的品牌将拥有不同的上述组合。从一个战略的角度来看，分析需要考虑竞争优势的程度和品牌所能提供的附加值。应该注意的是，财务测量方法和技术在这里只具有有限的关联，因为它们不能处理这些重点，并且会模糊概念。

14.3.2 分析与运用信誉

远远超出顾客想象的公司活动将会导致信誉的获得或者损失。例如，优越的产品设计与生产制造技术已经帮助日本许多汽车公司在质量上获得了高度的信誉，见14.6部分关于质量的讨论内容。这个领域远远超出了顾客分析，因为信誉取决于公司的资源。它们在这本书的后面进行了分析，见第4章关于资源的内容。

> **关键战略原则**
> - 品牌是一个独特的名称或者标志,被用来在一种功能性产品中区分出产品或服务。它为基本的功能性产品增加了价值并且提供了可持续性竞争优势。
> - 品牌分析中存在五个元素,即信誉、持续性、专利、职责和信息传递。
> - 信誉比品牌具有更广泛的概念。它是随着时间的推移,顾客对组织所形成的认知总和。信誉包括品牌,但也同样会覆盖其他方面,例如质量和服务水平。它同样提供了可持续性的竞争优势,并且增加了顾客对公司基本认知的价值。

14.4 战略意义:与顾客和利益相关者的沟通[13]

视频 第 3 部分

公司与其顾客沟通是为了:
- 将它们的产品信息提供给顾客。
- 说服顾客购买或者继续购买产品或服务。
- 建立并保证公司的产品或服务的可持续性竞争优势。

在与顾客沟通的过程中,公司同样将大量的信息传递给了世界上其他的利益相关者,它们是那些对公司感兴趣的个体或者团体。因此,公司可能希望影响该团体的任务、目标和战略等方面。这个团体包括员工、股东、政府以及其他类似于顾客的主体,见第 6 章关于利益相关者的研究。

14.4.1 沟通中的成本效益

在多数情况下,个人说服是最有效的沟通方式,因为这些信息能够满足个体客户。但是,对于许多家庭消费产品而言,每有顾客想到冰淇淋时便进行宣传是不具有成本效益的。所以需要进行大规模的市场营销,即广告、品牌和促销。

检验沟通战略提议的关键标准是成本效益,也就是获得一个有效的顾客沟通的成本,这种效果通常是通过产品或者服务的销售来进行检验的。但是,这个过程存在的困难是,测量这种活动的效果要更难一些,而估计这种项目活动的成本通常更加容易,这些项目活动包括控制一个销售队伍或者电话服务团队、发起在电视或者新闻上的广告宣传等。因为即使销售额上升了,但是通常也不清楚它是否属于特殊沟通活动的结果。[14]

对这样活动效果的定量检验方法在某些领域效果很好。例如,直接的电子邮件,也就是将促销活动信息直接邮寄和发送给个人。但是,在其他领域这是不可行的,例如广告和赞助式广告,因为在完全实现其影响之前存在很大的时间滞后性。这意味着一个投资决定领域的判断因素,但是这并不会阻碍在品牌、广告和其他传递信息领域的战略决策。

一些评论员进行了深入的研究。尽管沟通对于战略管理是很重要的,但是广告效果确实是很难评估。正如约翰·凯所说,"这导致我们得出了一个结论,即现代广告的有效性,从根本上来说是一种非理性的现象。"[15]然后,他继续维护了广告在建立并支持公司信誉方面的作用,但仍然留下了这样的印象:它的作用本质上是不确定和无法定量的。当然,评估广告的效益也是不简单的,但是,实证研究证据表明评估还是可以进行的。一些其他传递信息的领域是能够准确地评估其成本有效性的,例如,直接的电子邮件广告和个人销售。

14.4.2 可以传达给客户的沟通计划

为了与顾客进行沟通,依据顾客概况,存在大量的方法差异性,如展示14.3所示。

展示 14.3

不同的客户需要不同的沟通类型

	国内消费企业	大型工业企业	大型的私人服务	非营利性慈善机构	公共服务	小型企业	战略意义
案例	联合利华冰淇淋	空中客车公司的飞机	麦当劳的餐馆	联合国儿童基金会	卫生服务医院	美容美发或地方建筑商	
品牌或广告	有	通常不会在技术新闻以外做广告	有	可能有,但是质疑其成本效益	可能但未必	除了当地广告之外就没有了	大众市场、机枪效应,但可能是成本效益
个人销售	除了大型分销商之外就没有了	有,且很重要	有,在私人服务方面	不可能:与文化冲突	个人关注,但没有真正的销售	促销的重要部分	定位是私人的,而且很昂贵
消费者促销	有	可能有	有	邮寄信件很重要	不平常	不断尝试简单的具有成本效益的方法	大众市场,但是效益通常能够被仔细评估
技术推广和展览会	没有	有	没有	没有	没有	有	小心的定位,但是一些领域很难评估
赞助、公关和其他第三方事件	有	有	有	有,为了筹资	可能有	有,但却是小规模	其中一个的影响是最难评估的,但却是重要的

通常从一个战略管理的角度来看,沟通问题与说服顾客继续购买该公司产品的方法有关。它们可能包括:

- 品牌,也就是为顾客提供一种额外保证,保证其所购买资产的内在价值。这是保留顾客对畅销产品忠诚度的强有力的方法。
- 个人销售,也就是一种个人关系,以及单一顾客购买产品提供的个人合适的信息。每一次销售机会都是昂贵的,并且只有当接到特别大的订单时,这才是合理的。
- 技术推广,也就是对产品或者服务使用数据的技术展示来告诉潜在顾客该产品或服务的优点。这一活动可以通过学术论文、杂志、技术广告、展览会和交易会来实施。
- 促销消费,也就是在顾客忠诚度很低或者正在引进新产品的公司里,在没有建立任何基础关系情况下,可能有效的促销产品的方法。
- 公共关系和赞助,也就是拥有顾客和其他利益相关者的组织所采取的更加普遍的活动。这将包括政府和其他公共团体的游说,正如第4章所提到的。它们可能包含一个更广泛的公司目标,例如社区团体和慈善机构的支持,使得它们超出了顾客沟通的范围。

区别不同的沟通方法的关键之处在于它们取决于不同的顾客特性。

14.4.3 传递绿色战略

如果绿色战略很重要,那么公司就需要将绿色战略的意图传递给顾客。但是,存在的问题是,至少在英国,大多数的顾客质疑公司对绿色战略所做出的声明。在2011年[16]公布的一项民意调查显示,三分之二的受访者质疑公司是否能真正地减少碳排放。同时,53%的人担心,公司只会进行一次改善来赢得宣传,然后就又回到一如往常的经营业务中。也许这些观点仅仅适用于英国。但如果这些结果具有更广泛的适用性,可以建议公司执行一个重要的信息沟通的任务,但是在写该文章的时候该任务还不完全。

关键战略原则

- 公司与它们的顾客沟通,其目的是告知顾客它们的产品或服务的优点,并说服他们进行购买。这将会帮助公司建立产品的可持续性竞争优势。
- 当评估沟通方法时,成本效益是主要的标准。成本的评估通常是相对简单的。但是一些促销方法的效果评估可能更加困难。
- 不同的顾客类型可能需要不同的沟通方式。每一种方式的运用都将传达并保证公司的竞争优势。绿色战略是传递沟通信息中的重要部分。

14.5 战略意义：战略性定价和物有所值

视频
第3部分

在短期内，定价通常不能构成可持续性竞争优势的基础，因为任何价格变化都将很快地被竞争者模仿。在长期发展中，定价战略在竞争优势可能是主要因素，因为它将极大地改变公司可竞争的基础。因此，定价具有战略意义上的重要性，由于以下几个原因：

1. 价格变化对盈利能力的影响。
2. 产品在市场上的定位：价格是用来标志竞争优势的更普遍的形式。例如，没有便宜的劳斯莱斯或者保时捷汽车。
3. 创造公司物有所值的形象：与价格与质量、售后服务以及产品的其他方面有关。

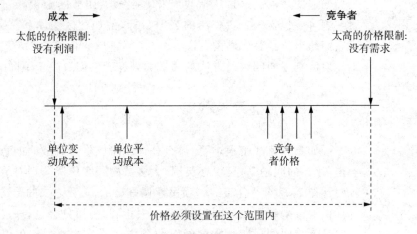

图 14.4 战略定价中的基础因素

14.5.1 定价决策：基本因素

作为顾客分析的起始点，定价决策可以被认为是以下两个主要方面的一个平衡点，即：

1. 成本。将市场价格定位在产品的边际成本之下，那么会使公司失去利润。
2. 竞争。将市场价格定位在远高于竞争价格之上，那么即使存在产品差异化也会导致销售量非常少。

图 14.4 表明这些因素如何保持平衡来为价格制定提供一些基本考虑因素。除了这个基本架构之外，也存在以下几个影响定价的因素，包括：

- 价格弹性，价格总量变化的敏感度。
- 产品生命周期阶段：早期阶段可能需要一些特殊的定价策略。
- 价格的战略性作用。

正是最后一个因素将受益于进一步的分析,在一些产品种类和竞争的情形下,定价战略构成了整体公司战略的一个关键部分。例如:
- **价格折扣**。以永久性发展为基础,公司故意提供一些打折商品,例如,杂货零售公司中的阿尔迪(德国、英国和荷兰),以及莫里森(英国)。
- **高定价**。公司将其商品制定一个固定的高价格,例如,伊夫·圣罗兰,登喜路和古琦。

这些都是需要在早期仔细分析的公司基础战略决策。随后,这些将形成这本书第5部分中的战略规划因素的一部分。

14.5.2 物有所值

对于许多顾客而言,同样需要考虑除了报价以外的其他因素,即质量、储存的有效性、产品性能、售后服务、品牌价值和许多其他问题。例如,在购买飞机时,如果一个公司考虑飞机性能、特殊的融资交易和购买的货币可能会促成交易。由于这个原因,所包含这些更广泛因素的物有所值概念将是更加合适的分析定价方法。

这些因素使得简单的定价决策变得更复杂。成本和价格的确定并不严谨科学。因此,在任何价格协商之前就需要解决这些很现实的问题。展示14.4概括了主要因素。

展示 14.4

顾客战略:定价和物有所值的考虑因素

	国内消费企业	大型工业企业	大型的私人服务	非营利性慈善机构	公共服务	小型企业	战略意义
案例	联合利华冰淇淋	空中客车公司的飞机	麦当劳餐馆	联合国儿童基金会	卫生服务医院	美容美发或地方建筑商	
动荡的环境?	不正常:取决于产品	很有可能	不正常	没有	没有	很有可能	当环境不稳定时,那么需要公司对事件有更多的灵活性和快速响应
折扣和特别价格?	没有	有很多	没有	为年度贡献提供特殊交易	与资金提供者进行严肃的协商谈判	有很多	个体经历对折扣的设计需要更多的主动性,以及较少的集中定价

(续表)

	国内消费企业	大型工业企业	大型的私人服务	非营利性慈善机构	公共服务	小型企业	战略意义
协商谈判	没有	有	没有	—	没有	有	在谈判中,讨价还价能力很重要
价格的战略性作用	影响地位和竞争	技术和复杂的谈判	作为国内的	用来消除一年的捐赠	固定的,但是资金提供者需要物有所值的证据	技术和私人谈判	对于工业来说可能是复杂的和特殊的

14.5.3 目标定价法

一个值得仔细分析的主要定价技术是目标定价法,因为它具有战略意义。目标定价法为产品和服务制定价格,主要是基于公司的竞争地位,大多数忽略了生产商品的成本。当已经建立了目标价格之后,工程师、生产工人、营销商、设计者、供应商等都被分配了必须满足的目标成本,使得产品和服务能够达到目标利润。这个过程明显不同于传统实践中的成本加成定价法,该方法是将所有成本都进行加总,并加上一定比例的利润,从而确定最终价格。这两个定价的路径如图14.5所示。

目标定价法已经在日本汽车公司运用了很多年,目的是达到它们的利润以及市场营销目的。它已经非常成功了,但是它依赖于所有因素和创新理念在设计阶段的紧密合作使成本降低。尽管程序的细节对战略管理并不重要,但是对于顾客战略分析而言,作为一个计划方法的目标定价法原理是基础的。

显然,目标定价法能够给竞争者实施压力。事实上,该方法已经被空中客车公司运用在与波音的竞争方面,尽管并不是完全清楚这是否是公司故意使用或者唯一可以使用的方法。正如案例14.3所写的,直到最近空中客车公司才构建成一个联合的全球整合企业(GIE)。这意味着空中客车公司曾经没有自己的生产工厂,而是运用它的股东的生产工厂:德国航天局(Dasa)、法国航天局(Aerospatiale)、英国航天局(BAe)和西班牙航天局(Casa)。因此,空中客车公司对它的成本只具有相当有限的信息,只是与客户进行了简单的价格协商。随后,它制订了目标价格来为股东们的分红做准备。如果飞机价格下跌,而空中客车公司想取得利润,那么它就需要与股东供应商进行艰难的协商,迫使他们降低成本。[18]尽管在2002年空中客车公司拥有了自己的控股权,并转变成为了一个独立的公司,但是,目标定价法的基本原理仍然保留在空中客车公司与许多外部供应商的谈判中。例如,主要来自英国公司劳斯莱斯的飞机引擎。(这

个公司与同样名字的汽车公司没有联系）

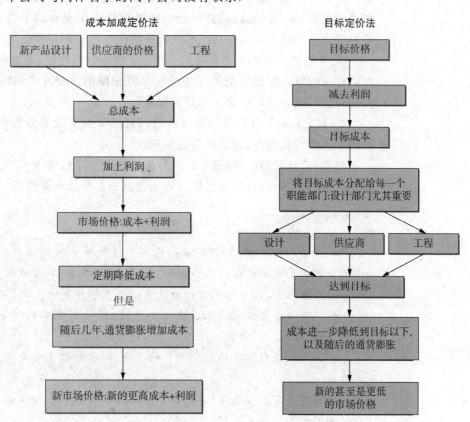

图 14.5　两种战略性定价路径比较

14.5.4　定价战略分析：全过程

在分析了价格制定的各个方面之后，考虑整个定价过程是有帮助的，如图 14.6 所示。尽管阐明了一个常规性方法，但是应该注意的是，一个更具有实践性，且在实际中运用较多的是一个应急的方法。

在价格分析中，常规的分析过程存在四个主要步骤：

1. 评估竞争者的价格。获得竞争者的价格清单明显是第一个步骤。然而，重要的是，不仅仅需要考虑顾客对价格认知，还需要考虑其他影响顾客购买的因素，例如质量、性能以及服务水平。定价时考虑这些因素将是很重要的判断因素。

图 14.6　分析价格时的常规过程

2. 建立价格目标。不同的产品将会具有不同的目标。这可能包括以下内容:已经成熟的产品具有较高的价格;通过降低价格来促进增长;通过高价销售来表示质量,并通过匹配的竞争行动来维持行业中现有的平衡;以一个特殊的价格建立一个新产品。分析组织在特殊情况下的目标是什么至关重要。

3. 考虑竞争者以及产品周期。制定了价格目标之后,考虑竞争者以及他们对以前所采取的定价变动的可能反应是有帮助的。研究产品在产品周期中所处的位置以及它的定价含义也是有帮助的。

4. 制定价格。在顾客和物有所值因素的背景下能够分析价格的制定。那些因素可能包括服务、设计和其他事项。

然而,应该注意的是,这是定价分析过程的一个很常规的方法。因此,它需要相当谨慎地来对待,因为它将价格制定过程当作是一种模式。

关键战略原则

- 在短期时间内,定价并不能构成可持续性竞争优势的基础,因为任何价格变化都会快速地被竞争者模仿。在长期发展中,定价战略可能是竞争优势中的主要因素,因为它将极大地改变公司能够竞争的基础。
- 定价战略在三个方面具有战略意义:对盈利能力的快速影响、产品的定位、物有所值。
- 价格制定将取决于一些因素的平衡:一般的成本与竞争对手分析之间的平衡。
- 物有所值包括质量、品牌和其他因素,代表了会为顾客决定价格的更广泛的因素。
- 利用四阶段过程来分析价格:评估竞争者价格、建立定价目标、竞争者和产品周期因素,以及确定价格的最终过程。然而,应该注意的是,这是定价分析过程的一个很常规的方法,并且需要相当谨慎地来对待,因为它将价格制定过程当作是一种模式。

14.6 战略意义:质量目标和顾客

在过去 30 年里,公司越来越重视质量,并将其作为顾客战略中的基础部分。例如,巴贾杰的案例表明了顾客购买之后的服务质量是它们顾客战略的重要部分。最终,质量提高了公司的附加值。同时也提供了竞争者很难与之竞争的可持续性竞争优势。同样,一些竞争者可能已经开始强调他们的质量,并迫使他们的竞争者使用"追赶战略"。例如,在过去的十年里,日本汽车公司已经迫使它们的美国和欧洲的竞争者来开发主要质量性能目标。通常,为了强调它的重要性,质量已经成为了许多领先公司的顾客导向战略中的一部分。

对于大多数组织而言,质量是重要的,但是需要在顾客对产品、价格以及其他问题的期望条件下来定义质量。例如,质量并不意味着劳斯莱斯或者梅赛德斯的商品质量与其他商家的商品质量相同。尽管所有公司都应该试图给顾客

第14章 制定并实施客户驱动战略

提供高质量产品和服务,并将其作为它们所有战略的一部分,然而,并不是所有的质量问题都是战略性的。质量需要构成大多数组织所制订目标的一部分。因此,需要在战略制定早期就处理好质量问题。

定义➡ 全面质量管理包含了整个公司,并且强调了在满足顾客的需求和期望的同时,对质量的作用。[19]全面质量管理强调了整个公司需要在公司每一个层面来管理质量。将质量管理作为公司目标和组织战略的一部分是有必要的。并不是每一个公司都会运用全面质量管理,尽管这些公司几乎都有某种形式的质量控制,也就是通过商品或服务的常规检查来保证它们满足的最低标准。质量控制属于日常事务,而它的方法并不具有战略性。

全面质量管理是具有战略性的,有以下三点原因:

1. 全面质量管理强调了公司的整体性。
2. 全面质量管理要求质量管理活动能够得到高级管理层的支持。
3. 全面质量管理对竞争性优势具有重大贡献。

一般的质量控制程序和特殊的TQM可能被认为会通过一系列相互联系的路径来影响企业目标,例如盈利能力。这一路径如图14.7所示,并且这些都得到了实证研究的支持。3,000个公司的工厂信息管理系统数据库表明在质量和盈利能力之间存在很强的关联性,见第10章。[20]

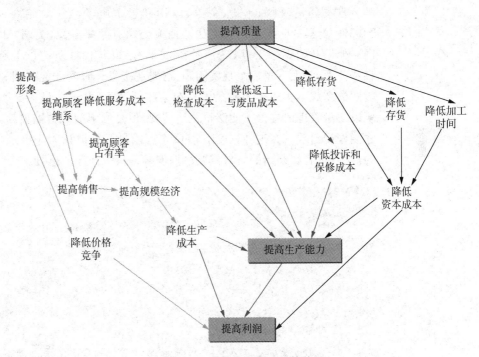

图14.7 质量和利润之间的关系

资料来源:"The triplets at paly" from Gummesson, E (1988) "Productivity, Quality and Relationship Marketing in Service Operations", *International Journal of Contemporary Hospitality Management*, Vol 10, No 1, pp4-15. Reproduced with permission.

一些公司将质量和可靠性作为在国际市场上的竞争武器获得了成功,这表明了 TQM 具有战略性功能。因此,质量本身就成为了可持续性竞争优势。尽管质量的最初构想是在美国的 20 世纪 50 年代中期,但也正是在 1955 年到 1985 年期间,日本人的兴趣和坚持才真正地发展了该领域。先驱者的工作主要是在日本,并且包括了戴明(Deming),朱兰(Juran),石川馨(Ishikawa),田口玄一(Taguchi)和克劳斯比(Crosby)。[21]

被证明成功的日本公司在缓慢且痛苦地开发新程序中度过了 30 年之后,[22] TQM 被西方国家的公司所采取。但是这并不意味着在此之前,西方国家公司没有质量控制程序,它们只是简单地使用了更具有局限性和其他不同的方法。凭借后见之明,有些人认为这样的西方程序都不太成功,但这没有被最终证明。目前,许多西方公司还没有运用 TQM 程序,但是却显著地并成功地强调了质量控制的重要性。该领域的详细内容超出了本书的范畴,并且这并不是战略性的。[23] 然而,其中存在两个与战略有关的方面,即:

1. 管理方法的差异性。一个全面质量管理的公司在其风格上更具有合作协调性,而只有少量的泰勒范式方法(Taylorist)。

2. 公司与顾客关系的结果。一个全面质量管理的公司可能具有一个更深层次,并且更加以质量为基础的客户关系。

以上这两个方面都形成了竞争优势的基础。然而,TQM 也存在成本和困难。日本公司,例如本田、尼桑、丰田和松下电子,在 35 年内一直都运用着 TQM。更早的时候采用该方法的西方公司有摩托罗拉(美国)和得州仪器(美国),他们开始执行 TQM 程序是在 20 世纪 80 年代早期。[24] 以上所有公司,包括日本公司,都发现了一个现实问题:需要花费很长时间才能得到利润,而在早期阶段的高成本实在是太明显了。在某些情况下,由于加强了早期的管理过程,所以质量管理的好处才能够很快地体现,但是剩下的利益需要经过几年的时间才能慢慢出现。在这种程度上,TQM 可能最好是被视为应急过程而不是常规的过程,尽管在开始的时候需要采取明确的决策和任务执行。

关键战略原则

- 对于大多数组织而言,质量是很重要的,并且它构成了顾客导向战略的一部分。它提供了附加值,也有助于可持续性竞争优势。TQM 是一种提高质量的现代战略方法,但它并不同于质量控制。

- TQM 是整个公司进行管理的方法,该组织强调了质量在满足顾客需求和期望时的作用。并不是每一个公司都执行了 TQM 程序,尽管它们几乎都具有质量控制的某些形式。

- TQM 强调了工人需要对质量负责任,而不是使用一个独立的质量部门。它的目标是"在第一次就做对事情",而不是在后来纠正缺陷。

- 在基于全面质量管理来管理公司的方法与公司的顾客关系之间存在真实的差异,因此形成竞争优势的基础。

- 尽管 TQM 存在很多的收益,但是这种方式需要花费很高的成本。通常需要花费多年的时间才能获得收益,但是在早期阶段的成本花费通常是很明显的。

案例研究 14.3

空中客车公司的顾客战略：在巨型喷气式飞机细分市场上的竞争

21世纪，在世界民用飞机市场上的欧洲领先公司空中客车公司（Airbus Industrie）必须作出一个重要的战略决策：是否应该继续将80亿美元投资到一个新型的巨型喷气式飞机上呢？这个决策的制定很困难，因为它的首要竞争对手美国波音公司已经退出了一个类似的项目，并声称该领域没有足够的需求。但是，空中客车公司非常清楚，顾客战略比市场需求的简单估计要更加复杂。

背景

1975年，空中客车公司最开始是作为一个特殊的集团而存在，其被称为经济利益集团（Groupement d'Intérêt Economique, GIE）。它具有一个咨询委员会以及中心管理层。然而，它本质上由四个欧洲飞机制造商所组成，它们根据其对集团的股权来分配工作和利润。这四个制造商分别是：

- 法国宇航公司：37.9%股权。
- 德国宇航公司：37.9%股权[它是戴姆勒·奔驰宇航公司（Daimler-Benz Aerospace）的一部分]。
- 英国宇航公司：20%股权。
- 西班牙宇航公司：4%股权。

到2003年，空中客车公司已经建立了其在全世界民用飞机市场上高于50%的市场份额。该公司的战略是使四个中型欧洲制造商在大型民用飞机的市场上与美国波音公司竞争，波音公司曾经连续多年成为市场领导者。这家美国公司曾经试图在1997年巩固它的市场领导地位，当时它收购了世界上第三大民用飞机公司：同样位于美国的麦克唐纳·道格拉斯公司（McDonnell-Douglas）。但是，波音公司被空中客车公司新飞机设计的战略所超越，因为该飞机具有竞争性价格，并且在某些情况下，由欧洲政府拨款支持。依据欧盟的做法，波音公司本身其实也受到了美国政府的支持。

在早些年，空中客车公司的作用是组装由股东所提供的部件，并由集团成员向其收取成本费用，即股份制公司通过空中客车公司收取费用的形式来获得利润。因此，空中客车甚至并不知道法国宇航公司、德国宇航公司、英国宇航公司、西班牙宇航公司到底获得了多少的利润。尽管因为一些充分的原因制定了这样的安排，但是在20世纪90年代，它确实存在缺点。空中客车公司并不知道自己是否被过度收费了，同时它也不能够有效地管理其投入。另外，它可能只具有有限的能力和动机来降低成本。结果，在2001年，空中客车公司的合伙人同意改变这种安排，并且使公司转变成为了一个完全的商业企业，所以空中客车公司作为一个独立的公司被建立，并且它的法国、德国和西班牙母公司拥有绝大多数的股权，英国公司BAE只是一个拥有20%的小股东。它的可持续性竞争优势在于其竞争价格、可靠性、现代的设计和技术，以及积极的营销团队。

空中客车公司的A380终于在2007年起飞了，正如案例所解释的，它只是比预想的晚了两年，并且大量地超出了预算。

竞争对手

从早些年开始,空中客车公司已经非常成功地从强大的美国对手波音公司中抢走了销量。例如,空中客车公司在 1997 年大约赢得了与波音公司相同数量的销售订单。根据空中客车公司的报表中可知,空中客车公司的订单量为 438,而波音公司的订单量为 432。然而,波音公司质疑这些数据,声称其准确的订单量为 502。然后,空中客车公司通过质疑波音的估计数据进行了反击。这个争论不仅表明了详细数据的准确性,而且反映了竞争的激烈程度。到 2005 年,空中客车公司成为了市场上稳固的领导者,它的销量在 6 年中有 5 年超过波音公司。与波音的 1 097 架飞机相比,它的累积订单量为 1 500 架飞机。这种优势一直延续到 2010 年,因为到这个时期,波音公司已经开始复苏。

空中客车公司在制作大型中等型号的客机上特别成功,例如 A330 和 A340。在 1994 年到 1995 年期间,波音通过新型 777 飞机予以应对。但是这是在大型远程飞机的细分市场上,其正是空中客车公司正在寻求扩大的市场。从 1974 年建立直到现在,波音公司已经在这个细分市场上具有垄断权。但这一切都即将改变。

飞机细分市场

在民用飞机市场上,存在三个主要细分市场:
1. 单通道,短/中程飞机;
2. 双通道,短/中程飞机;
3. 远程飞机。

空中客车公司和波音公司在前面两个领域中进行了正面且直接的竞争,但是在远程飞机部分并没有竞争,如图 14.8 所示。在最

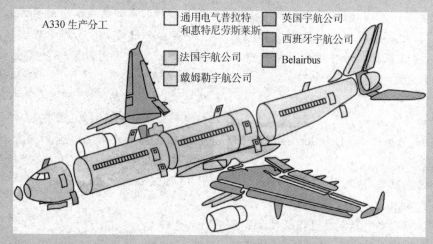

面临的竞争

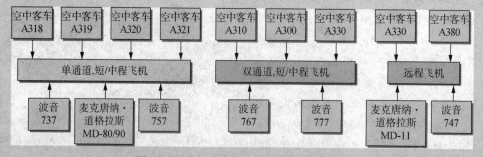

图 14.8 在飞机市场上的市场细分与合作

资料来源:英国宇航公司提供。

后一个部分,波音一直销售着747-400型号。该飞机至少拥有400个座位,它被用在主要的洲际航线上,例如伦敦到新加坡,以及洛杉矶到东京的航线。在20世纪60年代,该飞机最初的设计是一种小飞机,随后得到了延伸和发展。这意味着它运用着比较旧的技术,但是进一步延伸和发展该飞机的研发成本是相对低的。

相反,空中客车公司最大的飞机型号为A340-600,这是对早期设计的一种延伸型号,并且可以搭载380人。它的技术比较新,并且包括"电传操作系统"(fly-by-wire)的液压技术。但是,一架真正大型飞机的缺失使得空中客车公司存在以下三个方面的缺点,即:

1. 对于世界上领先的航空公司而言,如果它们能够在超大型飞机上携带大量的乘客,例如747-400型号,那么它们的长途路线更具有盈利能力,但是空中客车公司并不能满足这样的顾客需求。

2. 如果仅从一个飞机制造商进行订购,那么一些航空公司会发现其更加有利可图。这个活动节约了备件、培训和服务成本。此外,公司提供这样的交易同样是为了提供特殊的价格,并在此基础上保证一个长期的合作,即所谓的"独家供应商协议"。但是这样的航空公司需要供应商能够提供一架完整系列的飞机,包括最大的飞机,不过只有波音公司才能提供这些服务。

3. 通过在一架飞机上携带更多数量的乘客,可以实现不断增长的更加节能且低碳飞行的愿望。

1997年欧洲委员会的干预使得波音公司停止将反竞争的独家供应商的协议提供给世界上两个最大的航空公司,美国航空公司和达美航空(Delta Air Lines,Inc.)。这给了空中客车公司A340-600型号的飞机一些生存的空间,但是它需要一个新型的大飞机,被称为"巨型喷气式飞机",这将能够与波音的747-400相匹配。而困难是,这种设计使得空中客车公司的财政受到了限制,因此这是一个实质性的风险。而存在的一种可能性是说服波音公司与空中客车公司在一个新型大飞机的设计上进行共同投资。

波音公司巨型喷气式飞机的顾客战略

在1997年早期,波音公司宣称它已经为能够承载500~600人的巨型喷气式飞机进行了一项长期的需求研究,并且一直在考虑进一步延伸它的747-400型号飞机,但是没有足够的顾客需求能够证明这7亿美元的投资是正确的。大型航空公司的研究表明,在未来20年里只能销售480架巨型喷气式飞机,因此,波音公司取消了对其巨型喷气式飞机型号的研发。

甚至是《金融时报》也接受了这一估计,并且发表了一篇标题为《巨型喷气式飞机的死亡》的文章。这篇文章认为对空中客车公司最好的方法就是延伸A340型号飞机,并且放弃对一个全新的大型飞机的任何期望。根据空中客车公司的观点,这篇文章没有意识到以下内容:研发一个更大的飞机并不是波音公司在这个阶段的兴趣所在。在整个公司范围内,波音公司存在着生产问题,并且试图与最近收购的公司进行合并,该公司就是它的美国对手——麦克唐纳·道格拉斯公司。

但是波音公司的战略同样具有非常直接的竞争性。通过破坏市场潜在的竞争者,该公司能够获得很多市场份额,因为即使是旧型号的747-400飞机,它也已经实现了大量的市场需求。另外,波音公司从2003年起就一直在计划推出一款777飞机的延伸型号,该飞机占据了更多的市场需求。它的新型777-300飞机能够承载479名乘客,并且具有一个节省三分之一燃料以及40%的低维持成本的技术。

根据1997年空中客车公司首席执行官让·培生(Jean Pierson)的观点:"波音公司的战略是为了在不花费太多资金的前提下维持它在长途飞机市场上的垄断权。就是这么简单。换句话来说，波音公司的战略就是，'这是我的私人花园'"。培生还说，如果空中客车公司能够在未来几年证明巨型喷气式飞机的需求，那么波音公司会改变观点并且迅速地研发它自己的型号。

空中客车公司中的巨型喷气式飞机的顾客战略

在20世纪90年代早期，空中客车公司已经与波音公司就一个项目进行了合作，该项目被称为"超大型商用飞机"，其目的是为了共同开发新一代的大型飞机。但是波音公司的想法是生产600个座位的飞机，而空中客车公司希望的是能承载500人的飞机足矣。空中客车公司将这种差异的观点当作是波音公司为了保护它在400个座位飞机上的垄断地位所做的努力。通过建立了一个长期的项目，波音公司正在有效地推迟任何一个由空中客车公司所创立的单独市场。这个特殊的共同研发在1995年失败了，使得空中客车公司重新思考它的巨型喷气式飞机战略。

在那时，空中客车公司了解到该战略可能只会花费波音公司20亿美元的成本来延伸它的747-400型号的飞机。从1995年到1997年这两年期间，波音公司调查了它的顾客，这些人表明他们不希望延伸这种旧的设计。空中客车公司希望制造一种完全新的飞机。波音公司公开地估计该方法的研发成本大约为70亿美元。正如前面部分所描述的，因为该方法的成本实在是太高了，使得波音公司在1997年放弃了该项目。波音公司拒绝研发巨型喷气式飞机的结果就是将压力施加给空中客车公司，使其放弃它的巨型喷气式飞机计划，然而并没有提及波音公司正在悄悄延伸777型飞机来满足部分客户需求。

但是，所有这些并没有解决空中客车公司在1997年的困难，因为这些没有能够证明在巨型喷气式飞机上花费大约80亿美元是正确的。在随后两年，空中客车公司为一架拥有550个座位的巨型喷气式飞机的潜在需求进行了一项市场研究，该研究估计在未来20年存在1 442架这样的飞机的市场需求。空中客车公司这一个更大的估计值将会改变巨型喷气式飞机的商业可行性。空中汽车公司合理的需求预期如下：

- 基于目前航空公司增长的计划，世界飞机舰队可能会翻倍，从1997年的9 400架增长到2016年的17 100架。
- 飞机座位的总量可能会增加很多，从1997年的170万个增加到2016年400万个之多。
- 飞机座位比例不断增加的原因是飞机可能需要增加规模。这与越来越多的国家政府反对建立新机场有关。唯一利用现有机场的最好方法就是增加降落在机场上的飞机规模。

空中客车公司认为巨型喷气式飞机只能用在一些密度相对较高以及远距离乘客运输的路径上。但是它指出，现有的747-400型号飞机已经应用于世界上12个机场。空中客车公司得出结论：有充足的需求来开始设计一个全新的巨型喷气式飞机，"市场研究已经确定了顾客对一个新的先进的设计品牌感兴趣，而不是现有型号的衍生物"。在2001年，空中客车公司决定自己研发巨型喷气式飞机。该飞机可能被称为A380，并且其研发成本大约为100亿美元。

到2005年，空中客车公司的A380型号的巨型喷气式飞机已经拥有149个定期订单。第一架飞架预期在2006新加坡航空公司进行飞行。到2005年，估计的最后资本成本上升到大约180亿美元，但是这些数据变化的部分原因是因为美元与欧元之间通货汇率的变化（飞机是以美元进行定价的）。实际上，公司存在一些成本超支，但是公司希望该飞机能够打破销售量大约为260架飞机的平衡，并且这是有可能的。

该设计完全是为了世界上最大的商用飞机。该飞机中会有两个完全的乘客舱、第三个机舱可能是货物舱、工作人员住宿舱，或者是娱乐舱。至少存在三种最密集的座位配置，并允许乘载800名乘客。试验设计包括新特征，例如酒吧、赌场和免税商店。该飞机也许只能飞行在最繁忙的航线上，例如伦敦到纽约、东京、新加坡、迪拜、巴黎、法兰克福以及洛杉矶之间的路线上。乘客被它吸引之处是比现有飞机更节约的成本上。"A380的运营成本要比B747-400低15%，我们相信A380型号飞机的运营将会在横跨太平洋和大西洋的欧洲和亚洲市场上的远程服务方面具有优势。"

波音公司回应称，这种大型飞机确实需求不充足，"是否应该质疑，对于这样一个小市场，A380型号的飞机显然是一种很昂贵的飞机。"2005年初波音行销副总裁兰迪·贝斯勒（Randy Baseler）说。美国公司也给航空公司提供了747-400型号的延伸版本飞机，但是并没有接到定期订单。

部分原因是为了应对A380飞机的威胁，波音公司确定了一个新的细分市场：长途中型飞机。它宣称其正在研发一种新的型号来弥补这一市场领域，即波音7E7飞机。这个型号随后改名为波音787型"梦幻客机"。在2005年初，波音宣称自己公司的这种全新的飞机设计拥有超过50架定期订单。波音787型号飞机预计在2008年投入使用。

空中客车公司迅速应对着波音787型"梦幻客机"的新市场挑战。在2004年中期，空中客车公司宣称它正在研发另一种新的型号，即A350，它能够与新的波音飞机直接竞争。这种新的空中客车A350飞机预计在2010年投入使用。空中客车公司首席执行官弗吉尔德（Noel Forgeard）表示，他的公司已经成功蜕变成为世界领先者了。他说，空中客车公司曾经两次与波音商业飞机领域达到了相同的盈利能力，并且"通过强大且不懈的努力来减少单位成本并提高我们的生产力：这就是为什么我们可以增加市场份额并在盈利中成长"。

从顾客的角度来看，空中客车公司可能更具有优势。世界上最重要的航空公司之一的阿联酋航空公司（Emirates）的总裁提姆·克拉克（Tim Clark），在2005年评论道："空中客车公司更加大胆、无所顾忌，并做好了充足的准备来进行创新；而波音公司关注最多的是股东的回报，它失去了研发新飞机的勇气。"

2011年的地位

到2008年初，空中客车公司的380型号飞机经常在新加坡与澳大利亚之间的航线上飞行，并且开始出现了更多的飞机和航线。尽管销售量正在增加，但是波音公司证实型号380飞机将不会取代已经老化的飞机型号，即波音747-400型号飞机。空中客车公司本身似乎拥有未来大型飞机的全部细分市场。

不幸的是，随着延迟以及不断增加的生产成本，A380飞机能够保本的飞机销售量由250架上升到400架。公司能够每个月生产4架A380飞机，因此这意味着公司只能到大约2017年才能盈利。重要的是，航空公司对飞机很满意，因为额外的空间和燃料效率意味着能够收取昂贵的价格。通常，与其竞争对手相比，该飞机针对每一个顾客的运营成本更低。该公司还宣称，与今天或者计划未来飞行的任何一架高容量飞机相比，这架新型飞机将会对环境产生较低的影响。空中客车公司正在从长远角度来寻求实现1 000架飞机的销量，并且对实现该目标具有一个积极的态度。

但是波音公司并没有受到挫败。它的波音787型"梦幻飞机"已经被证明在全球销量上取得了成功。它所拥有的857型飞机的订单价值1 400亿美元。在2008年后来的航空测试中，波音公司在制造第一个模型时存在一些问题。"梦幻客机"使用了全新的技术，该设计包括对碳纤维的使用来减轻飞机重量，从而使飞机更加节能高效。在交付第一架商业飞机时可能会有一些延迟，但是波音公司已经在世界飞机市场上成为了赢家。

不幸的是,"可能有些延迟"这句话低估了存在的问题。由于整个系列的技术原因,波音"梦幻客机"的第一次交付被一再推迟,并且目前第一个商用飞机预计在2012年第一季度投入使用。与此同时,空中客车公司正在稳步地提高巨型客机A380的生产,这足以证明是一个重大的成功。

在过去几年里,无论是空中客车公司还是波音公司,它们都开展了项目来强调关于它们飞机的排放和能源效率的绿色战略。

©版权归理查德·林奇所有,2012年。保留所有权利。该案例是由理查德·林奇所著,来自于已发表的信息。[25]

案例问题

1. 波音公司取消对巨型喷气式飞机的研发的原因是什么?为什么对另外一种解释是公开的呢?

2. 空中客车公司所面临的顾客战略的缺点是什么?

3. 空中客车公司的战略是客户驱动吗?或者更多情况下是根据与波音公司的竞争来制定战略的吗?

4. 到哪种程度上,你能够接受空中客车公司的估计需求?客户驱动战略的意义是什么?

5. 你会支持空中客车公司继续研发巨型喷气式飞机的决定吗?

战略项目

巨型喷气式飞机的未来?

波音公司目前已经决定了更好的战略,那就是生产出比空中客车公司更小且更灵活的飞机。这是否真的意味着,即使A380飞机取得了高度的成功,它们也会忽略大型的终极市场?航空公司将会说些什么和做些什么呢?它们都会购买A380飞机吗?如果不是,那为什么呢?在这个市场上,航空公司真正需要的是什么呢?那来自于上升的能源价格与绿色环境问题的压力又是怎么样的呢?它们将会对未来发生的事情产生影响吗?在这里存在一些重要的战略问题需要研究吗?

批判性反思

顾客或竞争者?

这一章研究了客户驱动战略,以及像定位和定价这样的相关活动。但是,许多战略家,正如那些参与到市场分析中的战略家(第3章和第4章),以及那些关注竞争资源分析的战略家(第6章),他们认为成功战略的制定基础就是可持续性竞争优势。

换句话说,这些战略家认为竞争者比顾客重要。那么谁是正确的呢?

总 结

- 顾客是战略管理开发中一个重要的部分。最终,顾客不仅为产生组织的财富提供了收入,也为公共服务或者慈善机构的存在提供了理由。此外,战略管理过程的一部分是要说服顾客选择组织中具有竞争优势的产品或服务,而不是那些由竞争对手所提供产品或服务。基于这两点原因,战略分析需要研究它的顾客,其目的是为了制定客户驱动战略。

- 作为起始点,需要对可能的需求进行估计。一个广泛视角的需求水平对确定可能的竞争者是必需的。然而,一个狭窄的定义将会导致顾客根据产品或者服务属性的确定去选择一个特定的公司而不是一个竞争对手公司。一些公司已经建立了客户驱动组织,并将其作为战略需要仔细考虑的部分。这是一个长期的任务而不是一个短期的建议。绿色战略应该形成顾客导向战略的主要部分。

- 顾客概况能够提供对顾客的基本了解,并且它对战略开发是至关重要的。它明确表明了为什么顾客会喜欢这种产品或服务而不是另外的产品或服务,因此可以确定组织所拥有的可持续性竞争优势。当面对有倾向购买竞争对手产品的顾客时,它同样可以阐明公司的优势。重要的是,顾客以及他们的未来需求也许会提供一种突破,这种突破将会提供一个崭新的战略机会。

- 顾客/竞争者矩阵将两个重要方面结合在了一起:顾客具有共同需求的程度,以及在基于差异化和规模经济的市场上能够获得竞争优势的可能性。矩阵确定了四种主要的战略环境类型:分散的、专业化的、大量的以及陷入困境的战略环境。随后,将会研究每一种情形的战略意义。

- 当考虑到顾客导向的战略意义时,主要存在四个主要方面,即品牌和信誉、顾客沟通、定价战略以及质量战略。

- 品牌是一个独特的名称或者标志,被用来在一种功能性产品中区分出产品或服务。它为基本的功能性产品增加了价值并且提供了可持续性竞争优势。品牌分析中存在五个元素,即信誉、持续性、专利方法、职责和信息传递。

- 信誉是随着时间的推移,顾客对组织所形成的认知总和。信誉包括品牌,但也同样会覆盖其他方面,例如质量和服务水平。它同样提供了可持续性的竞争优势,并且增加了顾客对公司基本认知的价值。

- 公司与它们的顾客沟通,其目的是告知顾客它们产品或服务的优点,并说服他们进行购买。这将会帮助公司建立产品的可持续性竞争优势。当评估沟通方法时,成本效益是主要的标准。成本的评估通常是相对简单的。但是一些促销方法的效果评估可能更加困难。

- 不同的顾客类型将会需要不同的沟通方式。每一个方式的运用都将传达并保证公司的竞争优势。在考虑其他利益相关者以及顾客时,沟通传递政策需要一个贯穿公司的集成方法。绿色战略仍然是传递沟通任务中的重要部分。

- 为了识别确定竞争优势周围的问题,检查竞争者的业务活动是有必要的。为了采用与顾客沟通的新方法并且为了开发新领域的优势,思考创新性的沟通传递信息的方法同样是有必要的。

- 在短期内,定价并不能构成可持续性竞争优势的基础,因为任何价格变化都会快速地被竞争者模仿。在长期发展中,定价战略可能是竞争性优势中的主要因素,因为它将极大地改变公司能够竞争的基础。

- 定价战略在三个方面具有战略意义:对盈利能力的快速影响,产品的定位,物有所值。价格决定将取决于一些因素的平衡,即一般的成本与竞争对手分析之间的平衡。

- 物有所值包括质量、品牌和其他因素,这些代表了能够为许多顾客决定价格的更广泛的因素。目标价格重点强调了竞争者价格,并在过去几年已经证明目标价格战略成为了一些公司成功的重要因素。
- 对于大多数公司而言,质量是很重要的,并且它构成了顾客导向战略的一部分。它提供了附加值,并且对可持续性竞争优势有所帮助。全面质量管理是一种提高质量的现代战略方法。它并不同于质量控制。
- 全面质量管理是整个公司进行管理的方法,该公司强调了质量在满足顾客需求和期望时的作用。并不是每一个公司都执行了TQM程序,尽管它们几乎都采取了某些形式进行质量控制。这个方法强调了工人需要对质量负责任,而不是使用一个独立的质量部门。它的目标是"在第一次就做对事情",而不是在后来纠正错误。基于全面质量管理来管理公司的方法与它们的顾客关系之间存在真实的差异。全面质量管理能够形成竞争优势的基础。

问 题

1. 在大飞机的全球市场上,当你在为空中客车公司制定战略时,你将会怎样解释顾客分析方面的内容。

2. 当一个市场是动荡时,到达哪种程度上的估计需求是有价值的?客户驱动战略的意义是什么?

3. 对于顾客需求,哈默尔和普拉哈拉德评论道:"如果任何一个公司只是根据现有顾客的明确需求来进行经营,那么该公司将很快成为一个落后者。"简明地解释这个观点,然后评价这一观点的有效性。不能满足的需求对战略制定是否如此重要?

4. 利用一个你所熟悉的市场解释直接竞争者与更广泛的竞争者之间的区别。你所做的区别对于战略管理有什么意义?

5. 比较和解释以下三个公司中的采购行为、沟通策略和定价策略:一个品牌的早餐谷物食品制造商、一个大型的零售银行以及一个你所选择的国家慈善机构。

6. 支持在顾客沟通中的成本效益的观点是什么?困难是什么?根据你的观点,在为联合利华的冰淇淋以及空中客车公司的巨型喷气式飞机评估沟通中,你能预测到什么问题?你的观点符合成本效益的吗?

7. 在过去几年里,空中客车公司已经采取了试图追赶波音公司的战略。对于飞机战略管理开发,这是最好的方法吗?空中客车公司是否最好寻求一个新的并且还未满足的顾客需求?

8. 制定目标价格可能存在的危险是什么?它是否具有价值?是否存在一些情况能够运用目标定价?

9. "一股强大的力量推动着世界走向共同的趋势和该作用力就是技术⋯⋯全球化的市场就在眼前。"[西奥多·莱维特(Theodore Levitt)]讨论战略管理的意义。

10. 确定下面哪个公司适合于顾客/竞争者矩阵:一家大型医院,一个大型的联盟足球队如皇马(Real Madrid)、尤文图斯(Juventus)或者曼联(Manchester United),以及空中客车公司(Airbus)。它的战略意义是什么?

扩展阅读

There are two books that explore the subjects of this chapter in much greater detail: Philip Kotler, Veronica Wong, John Saunders and Gary Armstrong (2007) *Principles of Marketing*, 4th edn, FT/Prentice Hall, Harlow; and Michael J Baker (2007) *Marketing Strategy and Management*, 4th edn, Macmillan, London.

注释与参考文献

1 *Irish Independent* 2 March 2005: advertisement with pricing for Dyson vacuum cleaners; *Financial Times* (the first references are for articles on Merloni and Electrolux): 17 February 1999, p23; 5 February 2002, p30; 20 May 2001, p18; 19 June 2001, p20; 5 August 2002, p11; 14 November 2003, p13; 12 December 2003, pp1, 12; 8 March 2004, p23; 26 February 2005, p11; 15 March 2005, p3; Electrolux Annual Report and Accounts 2003. Dyson website accessed 2011, *www.Financial Times*: 16 October 2009, p21; 27 May 2010, p19.
2 Levitt, T (1960) 'Marketing myopia', *Harvard Business Review*, July–August, pp45–56. One of the classic marketing articles with important implications for strategy.
3 Note that loyalty and customer satisfaction are not necessarily the same thing. Piercy has argued convincingly that loyalty may be superficial and what is more fundamental for strategy development is long-term customer satisfaction: Piercy, N (1997) *Market-Led Strategic Change*, 2nd edn, Butterworth-Heinemann, Oxford, p40. See also Wirtz, B N and Lihotzky, N (2003) 'Customer retention management in the B2C electronic business', *Long Range Planning*, December, Vol 36, No 6, pp513–527.
4 Levitt, T (1960) Op. cit., p45.
5 Doyle, P (1997) *Marketing Management and Strategy*, 2nd edn, Prentice Hall Europe, Hemel Hempstead, p108.
6 Aaker, D (1992) *Strategic Marketing Management*, 3rd edn, Wiley, New York, p213.
7 This section is derived from Doyle, P (1997) Op. cit., Ch2.
8 Doyle, P (1997) Op. cit., p42.
9 Hamel, G and Prahalad, C K (1994) *Competing for the Future*, Harvard Business School Press, Cambridge, MA, p102.
10 Sources for the Bajaj Case: *Financial Times*: 12 May 1999, p31; 4 September 2007, p14; 9 January 2008, p30. *DNA Money Mumbai*: 24 November 2007, p27; 26 November 2007, p25. *The Economist*, 10 January 2008. *Economic Times* 11 January 2008 – extracted from the *Times of India* website. Websites: www.bajaj.com and www.herohonda.com. Bajaj Auto annual report and accounts 2010: all the market data is sourced from this well-presented and clearly written document.
11 Doyle, P (1997) Op. cit., p166. See also Tollington, T (2001) 'UK brand asset recognition beyond "transactions and events"', *Long Range Planning*, Vol 34, No 4, pp463–488.
12 Kay, J (1994) *Foundations of Corporate Success*, Oxford University Press, Oxford, pp263–264.
13 This whole subject is relatively poorly discussed in corporate strategy literature. Professor J Kay is the only recent strategist to deal in any depth with the issues raised in this chapter: his *Foundations of Corporate Success* has two chapters but they treat the subject from an economics rather than a marketing perspective and are rather simplistic as a result.
14 Baker, M (1992) *Marketing Strategy and Management*, 2nd edn, Macmillan, London, Ch17.
15 Kay, J (1994) Op. cit., p252.
16 Carbon Trust (2011) 'Only 7 per cent of public believe company claims on climate change', 21 March, sourced at http://www.carbontrust.co.uk/news/news/press-centre/2011/Pages/company-climate-change
17 Cusumano, M A and Takeishi, A (1991) 'Supplier relations and management: a survey of Japanese, Japanese transplant and US Auto plants', *Strategic Management Journal*, 12, pp56–58.
18 Skapinker, M (1996) 'A struggle to fly to the top', *Financial Times*, 23 February, p15.
19 Slack, N, Chambers, S, Harland, C, Harrison, A and Johnston, R (1995) *Operations Management*, Pitman Publishing, London, p684.
20 Buzzell, R D and Gale, B T (1987) *The PIMS Principles*, The Free Press, New York, Ch6.
21 Slack, N et al. (1995) Op. cit., pp812–814.
22 *The Economist* (1992) 'The cracks in quality', 18 April, p85.
23 Slack, N et al. (1995) Op. cit., p824.
24 *The Economist* (1992) Loc. cit., p86.
25 Airbus/Boeing Case: See *Financial Times*, 13 September 1990; 29 January 1993, p17; 3 March 1993, p19; 11 May 1994, p33; 19 April 1995, p17; 23 February 1996, p15; 14 January 1997, p17; 22 January 1997, pp1, 4, 21; 20 February 1997, p25; 7 March 1997, p6; 18 April 1997, p7; 14 January 1998, p4; 10 August 1998, p9; 3 December 1998, p21; 8 December 1998, p8; 25 February 1999, p38; 17 March 1999, p7; 15 October 1999, p22; 10 December 1999, p20; 23 December 1999, p19; 3 January 2000, p11; 14 March 2000, p3; 28 June 2000, p17; 30 August 2000, p22; 2 November 2000, p28; 20 December 2000, pp12, 24; 8 January 2001, p6; 2 April 2001, p29; 10 April 2001, p15; 27 April 2001, p38; 23 June 2001, p13; 21 September 2001, p33; 18 January

2002, p24; 5 February 2002, p16; 7 February 2002, p29; 16 April 2002, p32; 21 February 2003, p23; 2 May 2003, p21; 21 October 2003, p16; 14 November 2003, p31; 19 November 2003, p24; 25 November 2003, p28; 28 November 2003, p17; 8 December 2003, p19; 10 December 2003, p23 (John Kay); 16 December 2003, p15; 10 April 2004, pM3 Money and Business Section; 27 April 2004, pp21, 29; 15 July 2004, p29; 8 October 2004, p17; 20 October 2004, p26; 11 December 2004, pM6; 12 January 2005, p26; 13 January 2005, p29; 17 January 2005, p15; 21 January 2005, p20; 22 January 2005, pM3; 29 January 2005, pM6; 30 May 2005, p20; 16 November 2005, p29; 15 June 2006, p25; 3 July 2006, p23; 18 July 2006, p1 and 26; 2 October 2006, p27; 10 October 2006, p26; 11 October 2006, p26; 31 October 2006, p16; 14 November 2006, p17 (good analysis of politics of Airbus); 23 March 2007, p26; 18 June 2007, p21; 17 July 2007, p22; 7 December 2007, p24; 8 February 2008, p27; 27 February 2008, p20 (Lex); 9 March 2008, p20; 13 May 2008, p24; 10 July 2008, p11; 12 December 2008, p19; 14 January 2009, p24; 23 July 2009, p20; 19 February 2010, pp1 and 23; 2 March 2010, p16; 10 December 2010, p25. Company Annual Reports of Airbus, British Aerospace, UK; Aerospatiale, France; EADS France; Boeing, USA – for the websites, do a Google search. *The Economist*: 13 October 2007, p79.

第 15 章

管理战略变革

学习成果

这一章的视频与音频总结

通过本章的学习,你将能够:
- 了解战略变革的特性,以及它对战略制定的意义。
- 分析变革的原因。
- 概括出管理战略变革的主要方法。
- 将战略变革的项目与所需要的变革类型相结合。
- 起草一个适合于战略任务的战略变革计划。

引 言

对于那些在公司里工作的人来说,战略管理总是包含着变化。有时他们会拒绝这种提议,使得战略很难执行;有时他们对一种战略很感兴趣,并且对所提议的发展做出很大的贡献。了解和探索变化对员工的影响对于战略实施而言是很重要的。

作为一个起始点,分析战略变革的原因是有帮助的,了解在所提议的战略环境中的动态变化过程也是很重要的。这些能够用来表明这样一种变化过程是如何在原则内进行管理的。最终,将会根据一次性或者永久性的基础来制订一个战略变革计划。主要研究内容如图 15.1 所示。

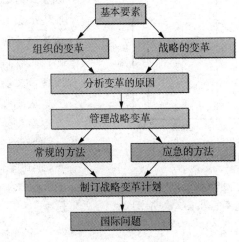

图 15.1　管理战略变革

案例研究 15.1

诺基亚的战略变革:"末日备忘录"

在 2011 年 2 月,诺基亚的首席执行官斯蒂芬·埃洛普向他的高级员工发送了他著名的"末日备忘录"。但是这并没有使公司的困境得到解决,所以他为什么要发送这一备忘录呢?该案例探究了这些原因。

背景

正如案例 9.2 更深入地描述,世界上领先的移动手机制造商:芬兰的诺基亚公司,在 2010 年底遇到了一些困难。它在手机市场的两个终端上失去了市场份额。其在高端市场上所损失的份额是因为苹果公司的 iPhone 以及利用谷歌安卓开放软件系统的智能手机的竞争。在低端市场上,来自中国南方的低成本手机比诺基亚的类似手机要便宜。所有这一切,导致了该公司不断地增加其研究与开发的成本以及员工总量,如图 15.2 所示。

诺基亚戏剧性地宣称它将要彻底地改变现有的软件系列,导致了公司芬兰总部极大的不确定性。

斯蒂芬·埃洛普在 2010 年秋天从微软公司的高层职位退出,并加入了诺基亚。随后,他在起初的几个月内回顾了公司在市场上的地位,并与管理者们和员工们进行了交流对话。该公司在欧洲和亚洲的许多地方都有运营业务,所以这花费了一些时间。他的结论是,在组织中的许多部门缺少责任感。公司中应该简化决策制定过程,在决策被采纳之前要减少向公司总部咨询的次数。公司文化需要更多地以绩效为基础,并且需要减少在职时间。但是,从根本上讲,他还认为诺基亚的战略存在很严重的问题。它在高端市场上损失市场份额的原因是诺基亚的手机在某些关键领域上不能与其竞争对手的性能进行比较,同样,在低端市场上,诺基亚的手机成本又高于其竞争者。

从战略的角度来看,埃洛普认为诺基亚需要彻底的战略变革。然而,所存在困难是,任何问题的承认都将潜在地影响诺基亚的业务,并且降低公司内部的士气。但是,他仍然决定继续前进,因为公司的情况实在是太糟糕了。

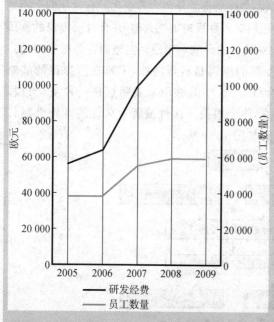

图 15.2 从 2005 年到 2009 年,诺基亚开发成本和员工数量的上升

资料来源:公司的年度报告和报表

诺基亚的战略变革

尽管向公司解释变革是很重要的,埃洛普和他的高层同事也需要制定未来战略。但是,这些并不足以指出问题所在。为了展现出利益以及处理所需要的成本削减,在任何一个变革计划中明确发展方向也是很重要的。本质上,诺基亚在最初制定了两个战略决定,随后便遵循了战略变革计划的意义进行实施。

第一个战略是,继续使用微软手机软件,而不再使用塞班软件,尽管该软件以前一直是诺基亚的支柱软件,第二个相关战略决定就是裁减大约4 000名诺基亚的员工,并将另外的2 000名员工转移到外部公司来照管塞班软件,因为它仍然被顾客使用着。但是,诺基亚应该如何向员工解释这些战略变革?因为这些员工完全没有意识到公司发生了什么变化。埃洛普认为这个严重的打击的势在必行,但紧随其后所需要的是积极的新闻。因此,他将发送"末日备忘录"作为第一步,紧随其后的是一则公告:在数天之后该公司与微软公司的新结合。

在2011年2月7日,完成的备忘录通过电子邮件的形式发送给了高级主管们。然而,不可避免的是该消息泄露给除了公司高层以外的其他员工,甚至是外界人士。该消息指出诺基亚一直处于落后状态,并且这种差距将会加大,除非做出巨大的努力来对公司进行改革。"第一批运来的iPhone是在2007年,但是我们仍然没有一种产品能够接近它们的产品。安卓仅发布了2年,并于本周在智能手机市场上占据了领先地位,这真是难以置信。"如果将诺基亚公司比作为燃烧的石油平台上的石油工人,"我们也正站在一个燃烧的平台上,必须决定我们将如何改变我们的行为……我们不止面临一处的爆炸,并且有多个炙热的燃烧点在我们周围燃起了熊熊大火。"接下来的观点指出了中国的低成本手机对诺基亚的威胁。

随后将发生什么?

在2月11号,埃洛普与微软的首席执行官斯蒂夫·布尔默(Steve Bullmer)针对诺基亚的发展路径制定了一个共同合作的专案,同时选择了微软的Windows 7的手机平台。几个星期之后,诺基亚与微软公司签署了完整的协议,并且在不久之后,公布了要裁员的声明。但是,在写该案例的时候,并没有关于新智能手机发布的时间的实质性消息。同样也不清楚诺基亚将会制定什么战略来与低价格的亚洲手机竞争。随后,埃洛普向全球不同地区的集团高级经理解释了这一变革。因此,全天的会议都充满疑问,以及来自埃洛普和他的高层团队关于问题的回答。

尽管在某些领域缺少明确的解释,但是诺基亚还是公布了一个新的高级管理层机构。它包括一个由诺基亚人力资源总经理所控制的特别工作小组,一旦完成任务,那么该小组就会解散。该特别工作小组包含了以下九个领域:

1. 与微软公司合作来生产新型智能手机,其目的是恢复诺基亚在市场的领先地位。

2. 致力于低端手机市场的发展,主要通过扩大网络接入口,以及为这种手机带来新用途的应用软件开发。

3. 投资未来的干扰项上来创造下一代设备、平台和用户体验。(这是来自诺基亚的一个引用,但是作者也并不是完全清楚这意味着什么。)

4. 建立一个新的软件系统,这将能够向诺基亚用户提供一个完整的智能体验。

5. 在诺基亚的各部门之间建立更亲密的合作,从而保证生产、销售和市场营销能够完全结合在一起。

6. 重建诺基亚的管理层和治理架构,从而保证公司的运作事务与处理过程能够更加迅速和更有效率。

7. 制定一个新的并且有效率的现场研发战略。

8. 设立一个项目办公室来领导全部的管理变革。

9. 鼓动一个文化变革计划，并在其中嵌入正确的价值观、心态和行为。

在写该案例的时候（2011年5月），并不清楚该如何建立这个特别工作小组。但是，至少诺基亚已经开始了这个项目。

注释：如果你希望阅读完整的"末日备忘录"，你可以通过网站 http://blogs.wsj.com/tech-europe/2011/02/09/full-text-nokia-ceo-stephen-elops-burning-platform-memo/获得。

©版权归理查德·林奇所有，2012年。保留所有版权。该案例由理查德·林奇所著，来自于公开的信息。案例来源可参见参考文献。[1]

案例问题

1. 诺基亚使用了什么变革过程？在这一章中的两个主要战略中的哪一个战略与诺基亚的战略相似？

2. 如果你是埃洛普，你是否会发送备忘录呢？他将会采取哪些其他的行动？在回答这个问题时，回想一下，该备忘录有效地批判了现有诺基亚手机系列的哪些方面？

3. 从这个方法变革中，其他公司能够得到启示吗？你会建议其他公司采取相同的方法吗？

15.1 战略变革的基本概念

这一部分探索了战略变革的概念，并解释了它对战略实施的重要性。因为变革发生在每一个公司中并且是无法避免的，所以需要对组织变革（organisational change）与战略变革（strategic change）进行区分，从而能够管理战略变革。

15.1.1 组织变革

组织变革会不断地发生，所以变革的速度可以由两个极端程度来表示，即：

1. 缓慢的组织变革。该变革是逐步地被引进，可能遇到的阻力会比较少、进展也会更顺利，并且参与其中的员工会给出更高的承诺。

2. 快速的组织变革。表示该变革是被突然引进的，通常是作为主要战略活动的一部分，并且即使是很谨慎地处理和控制也可能会遇到重大的阻力。然而，一些常规的变化也是不可避免的，例如，工厂关闭也是降低成本项目的一部分。

如果可能的话，公司通常更喜欢选择缓慢的变革，因为这样的变革成本可能会更低。事实上，许多变革也会遵循这个速度发展，否则公司将会处于长期的动荡中。如果公司中发生了一个快速的变革，那么它肯定与战略变革有关，且该战略变革的方法是积极主动的。

15.1.2 战略变革是什么?

定义➡ 战略变革是公司积极的变革管理,其目的是为了实现明确的战略目标。使用该变革时可能会采用常规战略方法或者是应急的战略方法。"积极的"意味着公司主动采取措施来管理新战略以及对公司员工积极的影响。

因为战略关系到公司未来的发展,因此会不可避免地为了公司而将一些员工架构进行改变。例如,案例15.1中诺基亚公司的裁员时间。但是,战略变革并不是随着时间的变化而随意改变,而是积极主动地寻找适合每位员工的新型工作方式。例如,诺基亚公司的突然变革。因此,战略变革不仅包括了新战略的执行,同时涉及包括公司常规事务的实质性变革。这些业务活动包括:

诱导新的行为模式、大多数人的信念和态度。[2]

因此,诺基亚的首席执行官从建立变革管理团队和发表变革对文化和价值的重要性开始,在诺基亚公司内部进行变革。

许多研究人员和作家们已经研究了组织变革这一主题的重要性。[3] 本章会把注意力集中于检验达到战略高度的理念。在这一研究领域,一些研究人员已经将变革的管理当作是明确的并且在很大程度上是可以预测的管理:常规的方法(诺基亚的行为活动可以被归于这一类)。其他研究者已经形成的观点是,变革中得应急方法能使公司呈现出自身的动力,并且这种动力的结果是不可预测的。(研究应急战略的战略家认为在诺基亚的案例中,尽管埃洛普最初的行为结果是成功的,但是长期的结果却很难预测,而且需要花费很长时间才能看到效果。)在这种紧急情况下,变革是不能由管理所控制的,而是需要被"教化"的[汉迪(Handy)]。[4]

应该注意的是应急战略家可能会通过各种不同的方式来使用"变革"这一词语,而常规战略家却并不见得如此,即:

● 在常规理论中,变革意味着采取行动,这是继续战略决策的结果。在极端的情况下,变革可能会被强加给那些必须执行任务的员工身上[例如,中国银行(BOC)的高管被迫重新申请职位,并且需要重新制定BOC的战略]。

● 在应急理论中,变革有时候意味着制定战略的全部过程,以及制定完战略后的行动。同时也可能包括那些参与到变革中的试验、学习和咨询过程。

我们会在15.3节和15.4节对这两个理论进行区分。

15.1.3 战略变革的压力点

战略变革主要与公司的工作人员和他们在工作中执行的任务有关。正如第12章所研究的,他们根据正规组织架构来进行工作。非正式的组织架构的志同道合的员工可能会一起追求共同利益:有时候是社会团体,例如公司的运动俱乐部;有时候是商业团体,例如一个在工作实践中寻求最小变化的团队。所有这样的团体都会正式地或非正式地讨论可能影响他们生活的任何新的发展方式,例如,有关战略变革的声明或谣言。重要的是,这样一种非正式团体必须遵循在战略实施过程中的任何说明和变化,无论这是否对这些团体有利,一旦该团体并不认可所提议的战略时,就可能会出现问题。

无论这些团体是正式的还是非正式的,他们都为高级管理层提供了一个机会来影响战略变革,并且对他们的影响来自于受到变革影响的人所发表的言论。在诺基亚的案例中,当斯蒂芬·埃洛普发送他的"末日备忘录"时,他就致力于这项任务中。紧随其后,他与微软签订了合作协议,设立了变革特别工作小组,同时在公司里做了一系列的情况介绍。

这种团体和个体的识别与确认,例如,诺基亚的高级管理层对公司中战略变革影响的压力点进行了分析(如图 15.3 所示)。这个压力点是基础战略变革过程与参与变革的员工之间的重要联系。

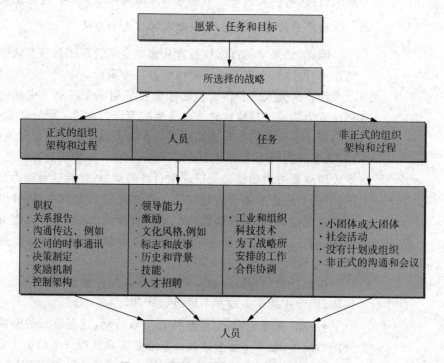

图 15.3　影响战略变革的人员和压力点

资料来源:Based on concepts outlined in Tichy, N (1983) *"Managing Strategic Change"*, Wiley, New York.

在一般情况下,战略变革借用了许多学术概念,所以并没有一个清晰的界定。[5]关键主题将会在本章中进行探索,而着重强调领导能力和企业文化的更专业的领域将会在第 16 章进行研究。

15.1.4　为什么战略变革很重要?

在许多情况下,战略变革伴随着一定程度的风险和不确定性。尽管在企业层面可以用一种客观的方式来进行风险评估,但是对于个人层面而言,以相同的方式是不可能评估这种不确定性的。

在一些企业文化中,如果员工个人不认可战略变化的结果,那么他们就会寻求一些方法来抵抗这些提议和方案。战略变革可能会引发异议,从而使得战略很难实施。例如,诺基亚公司对"采取行动"的反应包括因失业而产生的失望和高管对公司迫切需要变革的意识。

在其他企业文化中,当学习和开放的讨论已经成为管理过程的一部分时,表明变革可能是受欢迎的。然而,即使在这种情况下,变革也需要花费时间,并且需要谨慎思考。此外,可以回顾第12章的内容:在传统的学习型公司中,例如20世纪90年代后期的艾波比集团内部仍然存在一些不认可变革的管理者。

为了克服反对有关变革的问题,通常战略变革会以一个缓慢的速度进行,因为"战略可以是一门艺术"。因此,在这种情况下,会对战略变革的反应进行更多的解释和监督。图15.4阐明了看似简单的战略行动过程是如何因为许多现实因素变得复杂但又被成功实施的。

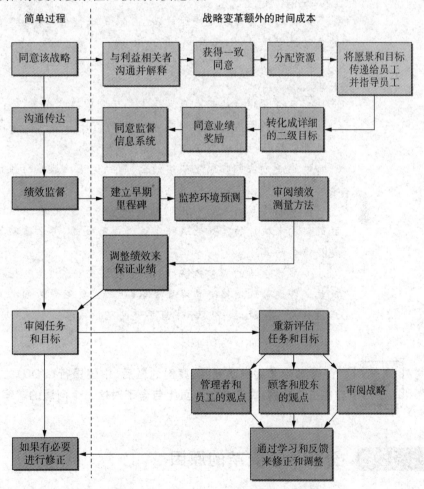

图15.4 与时间成本有关的战略变革过程

所有这样的讨论都会花费时间和资源。例如,诺基亚的成本在几年里都是不明确的,但是当公司开发新型智能手机,并制定低成本战略时,与销售损失和利润都是非常清晰的。对于一个公司而言,变革成功后有一个执行成本,而这个成本也会把从新的战略中所得到的利益直接抵消掉,所以战略变革是很重要的。但是,在变革的过程中是可以降低战略变革成本的。检验一个战略变革计划的成功就是在一定程度上该计划是否能使执行成本的最小化。

然而,同样重要的是,不要夸大战略变革对员工的负面影响。战略变革可以是积极的,人们可能会因此被新战略点燃工作热情。他们的工作效果可能会超过一个被动接受的战略结果,同时还可以降低运作成本。因此,另一种成功战略变革计划检测的是,是否在一定程度上降低了除了战略本身所确定的成本之外的其他成本。以上所有情况将取决于变革的环境,例如组织的文化、引进战略变革的方式以及所提议的变革的特性。简单地说,战略变革与环境息息相关。

关键战略原则

- 变革速度可以是快速的,也可以是缓慢的,而战略变革是公司对变革的主动性管理。
- 战略变革是新战略的执行,其包括对公司常规事务之外的实质性变化。
- 区分常规方法和应急方法有助于管理战略变革。
- 常规的方法包括实现变革所需要的计划行动。这些行动可能会被强加给那些执行行动的员工。
- 应急方法包括制定战略的全部过程、实施战略阶段以及与那些执行变革的员工进行交流和讨论。
- 战略变革与人员和他们的任务有关。它是通过组织中正式的和非正式的架构来执行的。如果这种变革将是有效的,那么了解影响变革的压力点是很重要的。
- 战略变革的重要性在于,它包括了主要冲突,以及人们对变革结果的反抗。即使被欣然接受的战略变革,也是需要花费时间并且经过谨慎思考之后执行的。同时,战略变革中有关键的隐性成本。

战略变革案例研究:在案例的最后,中国银行(BOC)关于战略变革的战术存在三个问题,并在单独一页上包含了对这三个问题的答案。

15.2 分析战略变革的原因

为了有效地管理战略变革,了解变革的原因是关键。产生战略变革的所有原因都已经在这本书的第二部分和第三部分进行了研究。对特殊原因的分析有助于为处理变革问题的最好方案提供线索。变革原因的两个主要类别是：
1. 蒂奇(Tichy)的四个主要战略变革原因。
2. 坎特(Kanter)、斯坦因(Stein)和吉克(Jick)的三个战略变革动力。

15.2.1 战略变革的四个主要原因

蒂奇[7]确定了四个诱发变革的原因：
1. 环境。经济的变化、竞争压力以及法律、法规的变化都将可能导致对重要战略变革的需求。
2. 商业关系。新的联盟、收购、合伙关系以及其他重大的发展可能需要在组织架构上进行实质性的变革，其目的是为了利用新的协同作用、价值链关系或者核心能力。
3. 科学技术。这个的变化可能对工作内容甚至是企业的生存产生重大的影响。
4. 员工。公司新来的员工可能会有不同的教育水平和文化背景，或者对所要求的变革抱有不同的期望。这个原因对于战略变革中的领导能力显得尤为重要。

在公司的动态和复杂的架构背景下，需要考虑以上这些原因的含义。蒂奇表明变革不仅仅在某些环境下是必需的，同时能够对其进行管理，从而产生出有效的战略结果。详细内容将在本章的后面进行探索。

15.2.2 战略变革的三个动力

坎特、斯坦因和吉克[8]确定了战略变革的三个原因，其中有一个与蒂奇的分类相同，即：
1. 环境。与公司环境相比，环境的变化能够引导对战略变革的需求。
2. 生命周期的差异。在一个公司中某个部门的变革中，当它进入不同于另一个部门的生命周期的某个阶段时，可能必须进行变革。例如，对于一个地域多元化制造商，例如联合利华，分布在发展中国家的产品可能仍然处于增长阶段，而在发达国家中的同样产品可能已经处在了一个更加成熟的市场阶段。通常，变革问题与这些部门的规模、状态、影响力，以及与在这些部门之间的合作和资源分配问题相关。
3. 公司内部的政治权利变革。个体、团体以及其他的利益相关者可能会为了争夺权利，或者为了享受与公司有关的利益而做出决定。例如，从产品导向的战略到顾客导向的战略的这种转变，可能伴随着在这两个职能之间权利平衡的转变。

这种变革的描述表明了它们不仅仅与战略变革有关，也与其他的复杂因素有关，例如员工与团体之间的相互作用。研究者表明这些原因经常是变化的，有时很缓慢，有时却很迅速。本质上，这些因果效应促进了对各种要点上实质性战略变革的需要。

15.2.3 因果关系的分析

实际上,公司的战略变革需要一个更准确的适用于该公司的理由。以上的这些解释提供了一些通用的原因,但是当涉及管理战略变革时,如果有更加精确的判断,那么将会更加有助于管理。同样,上文所描述的原因也引出了关键问题:如何进行战略变革。这将在15.3和15.4中从常规的和应急的两种变革角度来进行研究。

关键战略原则

- 为了管理战略变革,了解什么推动着变革过程发展是很重要的。其中有许多种原因,有两种类别的原因在本书中进行了研究。
- 蒂奇确定了战略变革的四个主要原因,即环境、商业关系、科学技术以及进入组织的新员工,尤其是新的领导。
- 坎特、斯坦因和吉克确定了战略变革的三个动力,即环境、公司部门间的不同生命周期以及政治权利的变革。
- 为了有效地管理战略变革,变革原因的精确度是很重要的。

案例研究 15.2

对卡莉的指望

首席执行官卡莉·菲奥莉娜在惠普指导战略变革

从1999年作为首席执行官加入公司开始,卡莉·菲奥莉娜(Carly Fiorina)就为美国电脑公司惠普(Hewlett-Packard)制定了一个新的战略方向。在她进入公司的最初两年,她重组了公司的组织架构并且重新以公司文化为导向。该案例研究了自从她到该公司的公司变革情况,同时也包括了公司文化和经营策略。

这个故事会在这本书的最后一部分,即第6部分中的案例7中再次出现。该故事在2005年以公司解雇菲奥莉娜结束。但是,为了了解这些原因,你必须了解在她工作的最初三年所发生的事情。

惠普文化:旧的公司文化?

在1999年卡莉·菲奥莉娜进入惠普不久之后,她向公司的联合创始人比尔·惠利特(Bill Hewlett)展示了她的计划。而此时,比尔坐在轮椅上,并因癌症将不久于人世。但是,他仍然对自己和他的合作伙伴戴维·帕卡德(Dave Packard)所创建的公司感到特别自豪,该公司是世界上最大的电脑和办公设备公司,其营业额达到420亿美元,拥有员工超过100 000名。

表 15.1 惠普的历史年表

年　　份	简明的公司历史
1939	以 538 美元建立公司：比尔·惠利特是这一想法的发起人，并与戴维·帕卡德一起对公司管理负责。这两人都认为寻找合适的人才比开发市场机会更重要。
1940—1943	销售额从 3.4 万美元上升到 100 万美元。
1957	公司将股份卖给了公众。
1957	比尔和戴维在加利佛利亚的传道院旅馆的恰当时间里会见了一些高级执行官，其目的是为了塑造新公司而制定原则：惠普文化——见文章。
1959	建立了第一家在美国之外的工厂，即德国工厂，而营销办公室在瑞士。
1961	通过收购桑伯恩(Sanborn)，进入医疗市场的分析仪器业务。
1965	收购了 F&M Scientific 公司来整合了医疗器械业务。
1969—1971	戴维·帕卡德担任了两年的美国国防部副部长。
1972	推出了世界上第一个手提式科学电子计算器。
1973—1979	开发了第一台个人电脑、第一个台式主机以及激光喷墨打印机；所有的知名产品都比竞争对手更坚固，但也更昂贵。两位创始人在 1978 年任命约翰·杨(John Young)为首席执行官。
1981—1986	在研发中投资了高于 2.5 亿美元的资金，其目的是基于精简指令计算(RISC)架构研究新型系列的惠普电脑：特别适合商业计算。
1987	比尔·惠利特退休；惠利特和帕卡德的儿子们被任命为惠普董事会成员。家庭仍然强有力地掌握着少数股权。
1989	收购了阿波罗电脑公司(Apollo Computers)，并在电脑终端市场成为了领导者。技术合并使惠普损失了大约 7.5 亿美元的商业价值。
1992	从得州仪器公司(Texas Instruments)收购了以操作系统(UNIX)为基础的电脑产品系列；通过收购获得了以业务为导向的市场。
1992	推动了一份新的成本节约声明。
1992	路·普拉特(Lewis Platt)(前执行副总裁)被命名为董事长和首席执行官。
1993	戴维·帕卡德退休；1996 年去世。
1995	惠普结合了它各种各样的电脑运营部门，包括其个人和商业计算机部门。
1996—1999	惠普高级副总裁完成了转型，见文章。
1999	为了它的科学测试与业务活动统计，惠普形成了一个独立的公司，安捷伦技术公司(Agilent Technologies)；其立刻将 15％ 的股份销售给了公众，剩下的股份也在 2000 年进行了出售。惠普仅仅涉及与它的电脑有关的业务。这就解释了在表 15.3 中营业额和员工数量突然下降的原因。
1999	路·普拉特退休，并且卡莉·菲奥莉娜从朗讯科技公司(Lucent)进入惠普，见文章。

续表

年　份	简明的公司历史
2001	惠普收购了两个公司,使惠普更加坚定地融入商业电脑市场领域:应用服务器专家"青石软件"(Bluestone Software)与"存储应用程序"(Storage Apps)。
2001	惠普宣称裁减6,000个工作职位
2001	比尔·惠利特去世
2002	经过了数月,通过公司高级管理者们的激烈讨论后,惠普最终决定收购康柏电脑公司(Compaq)。
2003	在合并的公司中,第一次实现了15,000名员工的裁员计划,其目的是节约生产所需的成本。
2005	卡莉·菲奥莉娜离开惠普。任命了一位新的首席执行官。

资料来源:公司文件、新闻报道以及在参考文献中所列出的公司历史。

惠普公司由两位创始人命名。1939年,惠普在加利佛利亚的帕洛阿尔托的一个改装车库里开始业务,为沃特·迪士尼制作音频振荡器,并且为美国海军制作科学仪器。在20世纪40年代的战争时期,该公司稳步地发展,并且与美国政府开展了一些合作。随后在20世纪50年代和20世纪60年代,它扩展了业务领域并涉足电子消费市场。表15.1概括了一些更深入的公司历史事件。

本质上,公司的两位创始人特别擅长鼓励、支持和激励有技能的员工来开发新产品,从而进入到手持电子计算器、个人和商业电脑,科学仪器、电子测量设备以及计算机打印机等领域。惠普的公司文化对如此快速的发展具有关键作用:它被称为"惠普之道"。

根据创始人的哲学观点,惠普文化鼓励并支持个体和小团体设计并开发业务想法。公司的整体氛围是鼓励支持创新思维,而它同样会导致"锋芒毕露"的一面。经常可以看到戴维和比尔在惠普的工厂与办公室之间走动,他们将这种方式称为"走动式管理"。它是一种个人友好的社会意识。惠普的公众形象被总结在图15.2中,但是关键的是如何正确地保持这一方法。公司的一些关键发展计划都是通过收购来达到的,正如之前的表15.1所示,所做出的巨大努力都是为了将新收购的公司融入"惠普之道"中,从而导致公司耽误了一些计划好的合并利益。

表 15.2　惠普文化的七个元素

1. 意识到利润是衡量一个公司对社会的贡献的最好方法,并且是企业实力最终来源。
2. 继续提高提供给顾客的产品和服务的价值。
3. 寻求新的增长机遇,但是把更多的精力集中在公司能够作出贡献的领域。
4. 提供就业机会,包括了能够分享公司成果的机会。
5. 维持一个公司培育个人积极性、主动性和创造性的环境。
6. 通过为社会作贡献来证明企业良好的形象。
7. 将强调增长来作为生存的必备条件。

几乎没有几个人能够比惠普的卡莉·菲奥莉娜更有魅力。

尽管惠普文化最初是在20世纪50年代被制定的，根据惠普后来的首席执行官卡莉·菲奥莉娜的观点，该文化在50年之后仍然具有重大作用。在惠普2001年的年度报告上，卡莉·菲奥莉娜写道："我们正在进入一段计算机信息处理的时代，在任何地点任何时间都没有限制而且任意穿行。"她继续写道："自从我来到惠普，我们就已经对这次改革下定决心，并重新设定了对这个伟大公司的投资目标：通过重建和振兴我们自身来重新掌握我们与生俱来的发明创造精神，并且将其灵活运用来满足我们的客户……正如比尔和戴维所了解的，惠普文化真正的精神就是它建立在大胆创新上的传统，使其足以进行改革，并且能够灵活地运用它。这些原始的七项原则将继续领导着我们。"

尽管卡莉·菲奥莉娜声称公司仍然会遵循"惠普文化"，但是公司并不清楚创始人比尔·惠利特是否相信她。由于新的竞争者和新的技术已经进入了市场中，例如美国国际商用机器公司的重生、太阳微系统公司、戴尔电脑，以及日本佳能公司，因此惠普开始迷失了方向。然而，在1999年，比尔·惠利特临终前对卡莉·菲奥莉娜这一陈述的唯一的反应就是请求他的护士："请让我离开这里。"但是，这仅仅是卡莉与惠普保守派战争的开始。

卡莉早期的影响：需要简化组织

在1999年初，卡莉·菲奥莉娜刚进惠普公司的时候，她迅速认定了在公司组织架构中存在的基本问题。公司仍然是由一系列的单独部门所组成的，这允许了强大并且分散的地区业务活动的进行，但也意味着宝贵资源的浪费。惠普集团拥有83个产品部门，其中每一个部门都由一个总经理来管理控制，该总经理对该业务领域的所有方面完全负责：从新产品开发到市场营销领域。惠普的公司文化也渗透了这一漫长的管理传统。卡莉所采取的观点就是重复会增加成本，所以中央集权能够降低成本并增加利润。

"在这个公司，我们拥有很多的独奏家，但是我们需要的是一个乐团。"卡莉·菲奥莉娜说。一个最好的例子就是惠普利用不少于750个网站来进行员工培训，实际上这是低效率生产。"现在我们为什么还要这样做？"她问道。

公司经过了很长时间才意识到它的分权架构存在的主要缺陷。在戴维·帕卡德所作的《惠普之道》(*The HP Way*)这本书中，他讲述了在20世纪70年代的一起事件：当时营运资本突然开始上升，并且高级管理者可能不明白其中的原因。因为有消息称，"大客户正从惠普的几个实体店购买产品，是为了将其合并成一个系统。在他们收到了最后一笔订单之前，他们没有对任何产品进行支付。我们改变了程序，从而使得我们的销售更系统化，并在订单交付之前对其进行检查。"尽管分权管理鼓励了创业活动和专项发展,但该方法对集团合作是非常不利的。同时,这也意味着即使合作有明显的好处,也不能保证不会产生相同的公司,例如,同类型的公司生产不同的电脑零件(存储、驱动器、中央处理器等)。因此简单的规模经济变革越来越难以实现,这使得与它的竞争者相比而言,成本就成为了惠普的劣势。

卡莉·菲奥莉娜担任美国朗讯科技公司的首席执行官时拥有管理基本重组过程的经验。朗讯科技公司是大型美国电话服务公司"美国电话电报公司"的电信设备子公司。她在朗讯公司获得了名誉和地位,并在1998年被美国商业杂志《财富》选为"美国商业最具影响力的女性"。她在1999年加入惠普,但是她强大的营销能力与公司文化并不吻合。惠普的领导高层基本上都是工程师,并且都是以产品为导向的方法来解决战略问题。菲奥莉娜担心她所到的这个公司会将自己看作是"毫无用处的市场营销人员",或者是看作是一个没有足够经营能力的人。而事实上,由于卡莉·菲奥莉娜完整的销售方案,以及她为一家以工程历程而自豪的高科技公司带来了一种新的重要营销方法,从而收到了认可和赞扬。

在她到达惠普公司两年之后,她向该公司介绍了一个与朗讯公司类似的架构:将各种运营公司组合成了一个简单的"上游/下游"的架构,如图15.5所示。上游是客户驱动,从本质上被分成企业客户和个人客户,并且拥有一个覆盖正在进行服务的单独部门;下游包含所有的生产和研发部门,并围绕产品组合来布置架构。另外,存在一个单独的部门致力于为顾客提供售后服务,并维持与重要客户的关系,因为他们不会只购买一次产品而已。建立这样一个组织架构的关键工作就是在公司内部各部门之间建立联系,以至于上游与下游能够协调它们的工作。惠普试图通过以下三种方式来解决这些问题,即:

1. 保持架构的简化:仅仅保留三个客户驱动部门。
2. 任命一组高管,他们需要同时向上游和下游的执行官报告工作。
3. 确保下游单位不是盈利中心,因此他们不能将产品直接销售给终端顾客。

并不惊讶的是,这样的重组没有得到所有老员工的认可。"这样一种方法使得许多生产工人觉得他们就像在哑剧中扮演马的后端(the pantomime horse 指在戏剧中,两名演员同穿一件戏服协同步调,合作扮演一匹马)。"一些工程师抱怨他们失去了很多与顾客直接接触的机会。更重要的是,正如一个商学院的教授的评论:"当所有的传统都是关

上游:
- 企业客户组织:为企业客户销售技术提供解决方法,大约有2万名员工。
- 消费者业务组织:销售消费产品,大约有5 000名员工。
- 惠普服务机构:为顾客提供教育、咨询与外包服务,大约有3万名员工。

下游:
- 计算机系统:制作服务器、软件和存储设备,大约有1.3万名员工。
- 成像与打印系统:制作新型的打印机与影像产品,大约有1.5万名员工。
- 嵌入式与个人系统:提供电器、个人电脑和嵌入式解决方法,大约有1 450名员工。
- 惠普实验室:为惠普提供科技领先地位,并发明新的科技产品,大约有850名员工。

集团的经理们需要同时向上游和下游组织汇报工作

图15.5 惠普2001年的新组织架构

于自治时,他们正在试图在部门之间达到协同效应。"

即使后来经历了重组,惠普公司的盈利能力也没有提高,这也可以说是有其他的原因,比如在惠普在市场出现了销量下滑的现象,管理层对这个现象的回应是:"如果没有进行重组计划的话,这个情况可能会变得更糟糕。"但是,这并没有帮助卡莉·菲奥莉娜减少与保守派的争论,她显然会就一些基本态度问题与他们争论到底,所以这场较量可能会愈演愈烈。

未来五年的战略是什么?与惠普的保守派的新战役

尽管对2001年的重组具有清晰的商业逻辑,但是它本身并不足以解决盈利压力,或者打击全球所有与电脑相关的公司。重组出现的时期存在三个外部因素,这三个外部因素使得惠普的业务变得更加困难,即:

● 在2001年开始的这段时期内,全球经济处于衰退阶段。大公司和顾客都计划推迟在新型电脑、打印机以及相关产品上的投资。

● 网络泡沫后效应。在20世纪90年代后期与21世纪初期之间,与互联网改革相关的公司已经看到了它们的股票价格大幅度上升之后又下降的情况。因为万维网的好处必须花费很长时间才能显现出来,并且它并不支持小型的或者新型的网络公司。结果导致了市场对包括电脑系列产品在内的电信产品的需求量突然下降。

● 来自于其他公司不断增长的竞争力,例如美国国际商用机器公司、戴尔电脑以及太阳微系统公司。

这些压力所导致的结果在惠普的2001年终总结中是很明显的:里面有多年以来公司最糟糕的一组利润数据,如表15.3所示。公司需要一个新的战略并且快速地解决问题。压力还导致了保守派和创新派双方的争论:

● 惠普的保守派:老一辈的管理者们,以及仍然拥有公司大量股份的惠利特和帕卡德的家族。

● 惠普的创新派:以卡莉·菲奥莉娜为代表,以及认同她的观点的同事。

为了决定惠普公司的新的战略方向,保守派与创新派发生了根本上的冲突。在这本书后面第6部分的案例7中将继续说明。最终,即使首席执行官们能够意识到战略变革对公司的影响,但在2005年卡莉·菲奥莉娜还是被迫离开公司。

表15.3 惠普长远角度:2001年所需要的主要变革

	1987	1988	1989	1990	1991	1992	1993	1994	1995	1996	1997	1998	1999	2000	2001
销售额(十亿美元)	8.1	9.8	11.9	13.2	14.5	16.4	20.3	25.0	31.5	38.4	42.9	47.1	42.3*	48.8	45.2
净收入(百万美元)	644	816	829	739	755	881	1,177	1,599	2,433	2,586	3,119	2,945	3,491*	3,697	408
员工数量(千人)	82	87	95	92	89	93	96	98	102	112	122	125	84*	89	86

*安捷伦科技拆分之后的数据,见表15.1。
资料来源:公司年度报告和报表。

惠普公司通过一个可持续发展的项目支持全球报告倡议组织G3框架(the Global Reporting Initiative G3 Framework)。

资料来源：见这本书第六部分案例7后面的参考文献。

ⓒ版权归理查德·林奇所有，2012年。保留所有版权。该案例由理查德·林奇所著，来自于公开的信息。

案例问题

1. 惠普公司存在的问题是什么？利用第16章中的概念来分析公司的文化和权利平衡。并解释商业问题：公司应该在面临的业务问题时考虑战略变革。
2. 你会如何对惠普公司的战略变革分析进行分类？
3. 如果你是惠普的首席执行官，在2001年你会做些什么？

15.3 管理战略变革的常规方法

在制定和实施战略的过程中，管理者们需要考虑如何管理变革过程。例如，在惠普公司的案例中，公司在2001年开始着手管理主要的组织变革过程，尤其采取了以下这些行动：

- 通过谨慎的公告与说明使其员工消除疑虑。
- 解释了使新的组织架构更加以顾客为中心背后所隐藏的原因。
- 鼓舞了那些赞成变革的管理者们，并忽略了反对这种变革的人们。

这一部分研究了两个变革管理的常规路径，随后在第15.4节将研究两个应急路径。这两个部分的所持观点：对于常规变革或是应急变革的选择都是与环境有关的。

15.3.1 常规方法的三个阶段

在20年代80年代后期与20世纪90年代初期，坎特和她的同事研究了变革管理，并确定了在变革过程中所采取的三种主要形式。他们将这三种形式与参与到变革中的三类人结合起来，从而产生了管理变革的三个阶段过程。这三种形式分别是：

1. 组织变革的确定。当环境发生变化时，组织自身就会有相关的反应。例如，一个公司需要应对一个国家政府的政治立场的变化。这个动态的变化是缓慢的而非快速的，除非出现重大政治或者其他变革。

2. 组织通过生命周期时的协调与过渡来转变问题。当一个组织的规模变大时，组织内部的关系就会发生变化。这种事件是否发生，关于变革对团体和个人的压力之类的相关动态变化都是可以预测的。例如，由于产品范围越来越广泛所产生的众所周知的变革问题，所以公司决定建立一个单独部门，但是这也是需要进行管理的。

3. 控制公司的政治方面。这个总结来源于15.2.2中所概括的政治压力。

公司有时可以对权利进行有序地转变,但是,偶尔也需要更加彻底的转变。例如,"因为战略和架构发生冲突之后",首席执行官突然辞职。

参与到变革中的三种主要类型的人可以确定为:

1. <u>变革战略家</u>,这是指那些在公司里领导战略变革的负责人,他们可能不负责详细的实施过程。

2. <u>变革实施者</u>,这是指对变革的管理负有直接责任的人(计划和过程将在这一章的后面进行探索)。

3. <u>变革接受者</u>,这是指那些接受变革计划的人,但是有不同程度上的焦虑,主要取决于变革的性质以及它是如何被提出的。他们经常认为自己无力面对组织所做出的更高层次的决定。在极端情况下,他们会提出反对,例如惠普公司的一些管理者。

本质上,研究者们在他们的案例中观察到,管理变革是一个自上而下的常规的过程。坚持应急战略的战略家也许会指出这种方法明显的缺陷;缺少了解和合作很可能构成反对理由。坚持常规战略的战略家可能会反对这一观点,他们会指出研究敌意收购的困难,该收购是指在收购发生之前关于收购者的变更的收购。坚持常规战略的战略家可能会引用1993年的一个著名案例:在收购之前就与未来的员工进行接触和联系,最终可能会导致员工反对这个收购提议。沃尔沃汽车公司的工人加入到它的瑞典的管理层,后来绝大多数的股东反对其与法国雷诺汽车公司所拟定的关于合资企业的提议。[11]

评论

坎特、斯坦因和吉克提出了构建和管理变革过程方面内容的一种方式,他们所确定的几类人只是针对如何管理变革过程提供了有限的指导。相比于更一般持续的战略过程,他们的模型可能更适合重大的变革。

15.3.2 解冻和冻结的态度

在20世纪50年代,路因(Lewin)制定了一个三步式模型来解释变革过程:[12]

1. <u>解冻期</u>,改变当前的态度。当发生变化时,旧行为被当作是不理想的表现,因此需要停止。重要的是,必须由个体或者团体本身认识到需要进行变革:变革需要在人的认知下进行,而不是强加变革力度。通过泄露相关的信息,或者公开地面对变革所需要的内容可以进行这个过程。

2. <u>改变期</u>,提高到新的水平。随后需要经过一段时间来寻找新的解决方案。通过对决定的检验、价值的探寻以及组织架构的变革等能够赋予这一过程的特征后,这些信息将继续被用于确定新的定位。

3. <u>冻结期</u>,在新的水平上重新确定态度。最后,一旦达到了公司对于情况的满意度,就可在新水平上重新定位。这可能涉及对所采取的决定的积极的强化和支持。例如,关于新定位的好消息可能会流传开来,并伴随着关于状态改变、文化变革、重组以及投资决策再次确认等信息。

评论

这一明显又简单的模型已经被广泛地用来分析和管理变革。它往往将人当作是操纵的对象,但没有在所有的变革中被涉及。然而,它偶尔也是有帮助的(见案例,如图15.6所示,已经用路因模型解释了惠普的案例)。

组织中典型的业务活动	路因模型(Lewin model)	惠普公司的案例研究
● 公司对变革所需要的意识 ● 来自高层管理的信号"一切并不顺利"(甚至是散布被夸大的新闻) ● 使整个公司都了解存在本质问题的资料	解冻期,解除目前的态度 ↓	● 在接管之后,给所有的员工提供关于最新的信息 ● 关于盈利能力和业绩已经下降到了不可接受的水平
● 对变革的特殊呼吁,以及所需要的讨论 ● 集中于解决方案 ● 构建在首选解决方案上的信息 ● 进行实验和尝试	改变期,移动到新的水平 (变化的状态:对所提议的解决方案的反应测试;公司的辩论与讨论) ↓	● 情绪反应 ● 盈利压力 ● 使用"软式管理"来接触员工探测员工的感受 ● 高级管理者出席社交活动 ● 分权架构导致了重复和更高的成本
● 发表声明公告 ● 使那些受到影响的人消除疑虑 ● 使传播的新闻能够表明新的解决方案是有作用的	再冻结期,态度在新的水平上重新冻结	● 引进客户驱动公司 ● 重新强调惠普的创新 ● 再次确认惠普文化的价值

图15.6 利用路因模型来重建惠普

15.3.3 变革常规化模型的评论

研究组织变革同样也可以采用其他类似模型的常规方法。[13]我们已经在这本书的其他地方研究了对常规方法的判断,在这里,我们总结了与变革模型有关的几个问题,即:

● 在常规模型中,所指定的假设条件可以从一种状态转化到另一种状态。如果环境本身不稳定,并且新目标的状态不明确时,这种改变将是不可行的。

● 新的环境需要对新方法进行大量学习或者长期投资,当重新冻结的状态已经达到时,但是如果这种状态不稳定,以上的情况同样也是不明确的(正如在惠普发生的事情,这是通过后来的幕后评论得知的)。

第15章 管理战略变革

- 假设条件可以使一种重新冻结状态的协议成为可能。如果公司的政策是处于变化的状态，这个协议可能是不现实的。尽管常规的模型仅仅包含了有限的商议，这种假设条件能够显露由竞争和权利建设所赋予的一些文化风格特征中真正的缺陷。
- 这样的模型依赖于对有关员工强制实施的变革。在某些情况下这可能是必需的，例如工厂倒闭，但是，当一个公司在变革中需要和那些参与变革的人的合作或者公司文化对合作风格产生作用时，那么常规的方法可能是完全不适用的。

关键战略原则

- 变革的管理存在大量的常规路径，在这一部分研究了两种路径。
- 坎特、斯坦因和吉克提出了一个三阶段方法，包括变革的三种形式以及参与到变革中的三类人。本质上，该路径是通过自上而下的方法来管理所计划的变革以及在整个组织中产生的后果。
- 路因为常规的变革过程制定了一个三步式模型：解冻期，解除目前的态度；改变期，移动到新的水平；再冻结期，在新的水平上重新冻结态度。这一模型已经被广泛地用来分析和管理变革。
- 当一个公司明确地从一种状态转移到另一种状态时，变革的常规模型就具有了最好的效果。而在快速变化的时代，这种明确度是很难达到的，因此这样的模型可能是不适合的。

案例研究 15.3

渣打银行主席因文化冲突被扫地出门

在2001年末，英商标准渣打银行（Standard Chartered Bank）的内部矛盾逐渐被公开，并且此时它的首席执行官拉纳·塔瓦尔（Rana Talwar）也被辞退，从而使得该银行变成了一个被收购的目标。

鲁德亚德·吉卜林（Rudyard Kipling）曾经写道："东方就是东方，西方就是西方，这一对儿从来不会相遇。"在2001年12月，对印度国籍的英商标准渣打银行的首席执行官拉纳·塔瓦尔的驱逐，可能证明了这位殖民作者的见解是正确的。那些知道渣打银行历史的人们可能已经见证了它的到来，因为它一直都是具有文化冲突的银行。

渣打银行位于伦敦金融城的金融区，其拥有关于金融联系和知识的战略网络，这些都能够影响决策制定。

在渣打银行与一家名为标准银行（Standard Bank）的非洲领先银行合并之后，在1968年成立了英商标准渣打银行。虽然它的竞争对手在印度和东亚，但它并没能在最基本的水平上整合这两个部分。英商标准渣打银行的高官们可能在东方的餐厅吃午餐，相反英商渣打银行的其他人可能会在西方的餐厅就餐。近几年，这个现象主要演变为旧文化与新文化之间的冲突。伦敦金融城（the City of London）对此表现明显，但是银行的内部人员并没有这种感受。渣打银行主席帕特里克·吉勒姆爵士（Sir Patrick Gillam）与拉纳·塔瓦尔之间的紧张关系自2001年就一直在酝酿着，直到2001年4月的薪酬委员会会议上，这种紧张关系达到了白热化阶段。两人一直在关于激励问题上进行着口水战，并且这使得他们的股东坚信这种关系不会持久。

然而，渣打银行一直维持着它的英国储备金。在2001年11月初期，关于巴克莱银行（Barclays Bank）的谣言开始浮出水面，该银行是一家大型的英国银行，并且在考虑收购渣打银行。然而，正如所预期的那样，渣打银行坚信：“作为一个独立的银行，我们拥有一个美好的未来。”但是在银行内部，它变得紧张不安。与此同时，在帕特里克爵士与塔瓦尔之间的关系日益紧张。在2001年11月末的一个星期二的晚上，塔瓦尔为业务分析师举办了鸡尾酒派对，并由财务主管奈杰尔·肯尼（Nigel Kenny）和执行董事会成员克里斯托弗（Christopher Keljik）陪同。然而一群精心安排的董事会成员聚集在伦敦金融城渣打银行的总部来决定塔瓦尔的命运，这次会议持续了一个半小时。该董事会成员陈述道："执行董事认为帕特里克应下台，非执行董事则抱怨塔瓦尔的管理风格，由此存在明显的分歧。"然而，没有出席董事会会议的帕特里克爵士对此予以否定："非执行董事的意见是一致的。"此外，他还反驳了在他和首席执行官之间存在紧张关系的观点："塔尔瓦先生与他的银行同事之间存在文化冲突。"

对塔尔瓦离职的反应

拉纳·塔瓦尔的离职不仅令人震惊，同时也惹怒了渣打银行的一些大股东。他是第二个工作时间少于三年而主动离开的首席执行官，而此时渣打银行正面临着对手银行的激烈竞争。他的前任马尔科姆·威廉森（Malcolm Williamson）在举行了一个非正式的会议之后突然离职，该会议是与巴克莱银行的首席执行官马汀·泰勒（Martin Taylor）讨论帕特里克爵士强烈反对的合并问题。"马尔科姆并没有被辞职，"帕特里克爵士说，"他已经到了退休的年纪，并且他已经同意去维萨。"伦敦金融城意识到帕特里克爵士专横的管理技能，但很难理解为什么是塔尔瓦被要求离开公司呢？因为帕特里克爵士已经69岁，并发表了声明要在2003年退休。不知道是因为他的谦虚还是其他原因，他声称其管理风格从未受到过质疑："我可能已经老了，但是我并不是古板守旧的，我认为我是一个充满活力的现代管理者。"

但是投资者和分析师同样对董事会所选择的继承者默文·戴维斯（Mervyn Davies）表达了关心。首先，他们是否认为从银行内部进行招聘正确。其次，如果帕特里克爵士不喜欢塔瓦尔的粗放式美国管理风格，那他为什么会选择另一个曾经在花旗集团（Citigroup）学习塔瓦尔交易风格的高管，该银行是美国金融巨头，而塔瓦尔在那有超过30年的工作时间。"这不会发生在现实的公司治理中，"渣打银行的一个大机构股东说，"帕特里克所做的就是任命了一位紧跟随公司路线的首席执行官"。事实上，这是一个被伦敦金融城很多人所公认的观点：塔尔瓦显然是准备接受他的主席职位。一个顾问说他已经与帕特里克爵士以及渣打银行其他老员工起了冲突，而冲突的内容是关于他决定由当地人来管理亚洲地区和亚太地区的经营业务。守旧派并不赞同这个决定,他们想在国外部署总公司的高管们。

分析员们同样熟悉这种紧张关系。一位分析师说:"拉纳曾经告诉过他们如果拥有如此多的白皮肤中年人在运营银行,公司是不可能在亚洲取得成功。如何在亚洲的汇丰银行(HSBC)或者花旗银行与英国银行的高官们进行竞争?而时代已经发生了变化。"帕特里克爵士反驳了这一观点,并引用了银行的文化多样性:"举几个例子来说,我们有一个希裔美国人运营着阿联酋、巴基斯坦和斯里兰卡的银行,一个印度人运营着印度的银行,一个新加坡人运营着新加坡的银行。"在帕特里克爵士与塔尔瓦之间的文化冲突开始涉及银行的财务顾问、德累斯顿银行(Dresdner Kleinwort Wasserstein)和高盛投资公司(Goldman Sachs),以及它们的牵头承销商嘉诚证券(Cazenove)和瑞银华宝银行(UBS Warburg)。

一些董事并不相信此举:用13亿美元收购格林德莱银行(Grindlay),此举也是由塔尔瓦发起的。然而,考虑到渣打银行所依靠的低迷的亚洲市场,为了寻找新的增长机会就必须进行扩张。而另一些人持有更慎重的观点,并表明塔瓦尔的不幸是在五年内遭遇了两次经济衰退的打击。但如果经济条件恶化,同时股东感觉到了影响,那么他们的耐心不可能持续如此长的时间。在这些情况下,塔瓦尔的离开将迫使渣打银行至少会考虑一个被收购的方案。目前,尽管帕特里克伯爵的使命是保持银行的独立性,渣打银行被认为是容易收购的。

©版权归《金融时报》所有。文章被理查德·林奇缩短了,原材料来自《金融时报》,2001年11月30日,第14页,丽娜·赛格(Lina Saigol)所著的《渣打银行的首席执行官因文化冲突被扫地出门》©《金融时报》有限公司,2001年。保留所有权利。案例中表达的所有观点和结论来自于编辑小组和《金融时报》。

案例问题

1. 分析在组织中所发生的文化和权利平衡的变革。对于员工和管理问题,你能够得出什么结论?

2. 事后来看,你是否已经掌握了如何在商业银行管理必需的变革,并且不同于那些管理变革的高级经理们?

3. 公司能够成功地通过变革时期吗?或者会出现永久性的问题吗?

15.4 管理变革的应急方法

从15.3节来看,在某种时刻,常规的方法对于战略变革是必需的,通常在那种情况下会讨论一些主要战略转变,例如在渣打银行的案例中。然而,涉及对变革的反对以及遵循这一变革的结果时,人力成本可能会很高。因此,变革的应急方法值得进行研究。

在新兴理论中,不存在单一的方法。一些理论强调在日益动荡的世界里需要更快速的响应;而另一些理论关注的是更长远的需求:在长时间里来改变一个公司的技能、风格和基本的运营文化。这一章所研究的正好是后面一种理论,因为它与战略管理问题更加有关联,并对以下所选择的两个紧急领域进行了研究,即:

1. 学习理论,由圣吉和其他人提出;[14]

2. 战略变革的五因素理论,由佩蒂格鲁和维普提出。

15.4.1 学习理论

正如我们在第11章中所研究的:在一个创新环境下考虑进行学习,[15]学习型公司虽然不能突然地采取战略变革,但是它能够永久地寻找战略变革。学习的过程是连续的:当学会一个领域的知识时,新的实验和沟通途径也将开放。另外,学习方法强调了以下几个方面:
- 团队学习。
- 分享观点和关于未来的愿景。
- 对公司根深蒂固的习惯的探索,总结归纳,并对不再相关的内容进行解释。
- 员工的技能是公司最重要的资产。
- 系统性思考。(这是综合性的,能够支持以上的四点内容,并且为观察环境提供了基础)

当公司有时间和资源来投资到学习理论的这些方面时,那么学习方法将会有很明显的效果。其目标是使公司的员工能够经过一段时间来创造公司的未来。(惠普公司的案例在卡莉·菲奥莉娜时代包含了这五个因素,"自从我来到惠普,我们就已经下定决心来进行改革"。)

然而,当战略方向发生突然改变时,学习可能不再能够进行。例如,惠普公司在2001年的重组。如果高级管理者出于外部商业原因而强制实施快速变革时,那么变革与指导员工的能力的逐渐同步化是有限的。例如,学习型方法在短期内并没有为惠普2001年的困境提供多少帮助。

评论

学习型公司的原则似乎面临一个相当大的困难:公司应该如何准确地以及在何时应该转变成学习型组织。[16]概念的概括足够清楚,但是实际中该如何达到却是模糊不清的,并且缺少操作的细节。伊根已经指出了学习型方法在定义上和概念上的模棱两可,其概念"已经抑制了那些可能非常强大的想法的实际应用"。[17]加文试图来回答这些困难问题,并通过探索这种新方法的管理和测量来进行。[18]他建议了一些在展开该过程时可能采用的第一个有效步骤,例如,学习论坛或者公司用来解决特殊变化问题的讨论小组。

15.4.2 战略变革的五因素理论

佩蒂格鲁和维普[19](见第13章)对四个公司的战略变革进行了深入的实证研究,这四个公司分别为捷豹汽车公司(Jaguar cars)、朗文出版社(Longman publishing)、希尔·塞缪尔商业银行(Hill Samuel merchant bank)和保诚人寿保险(Prudential life assurance)。他们同样对这四个公司运营所处的行业进行了检验。他们研究的结论是,在成功的战略变革管理中存在五个相互关联的因素。

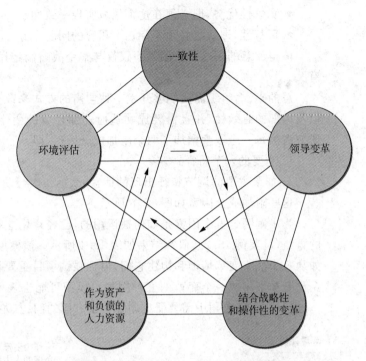

图15.7 成功的战略变革管理中的五个因素

资料来源:Pettigrew, A and Whipp R (1991) *Managing Changin for Competitive Success*, Blackwell Publishing Ltd, p104. Reproduced with permission.

1. 环境评估。这不应该被当作一个单独的研究,而应该是一个单独的职能。公司的所有部门应该不断地进行评估竞争。那么战略创造性将会从这个过程中不断涌现。

2. 领导变革。只有参照公司特定的环境才能够对领导类型进行评估。不存在传统概念上的"好领导",而最好的领导者通常会受到公司实际情况的限制。如果他们使公司以一种缓和的步骤进行转变,那么通常是最有效的;但是如果进行挑战性的转变,那么大胆的行动可能会适得其反。

3. 结合战略性的变革和操作性的变革。在特殊战略意义上,对于公司来说,这可能具有部分的常规性,例如"这是我的决定"。当战略允许随着时间变化而变化时,这也可能具有部分的紧急性,例如"当我们实施战略时,我们的新战略应该是自然而然进行变化的"。

4. 战略性的人力资源管理。人力资源作为资产和负债:这些资源是由知识、技能以及对组织的整体态度组成的。关键的是,一些人可能比其他人更会管理员工。这是一项需要花费时间才能获得的技能,并且需要学习方法(见15.3.1部分)。长期的学习对公司开发它的全部潜在功能是必需的。

5. 变革管理中的一致性。这是五个因素中最复杂的。它试图与上述四个因素结合成一个一致的整体,并且通过四个补充的支持机制来对其进行加强:

- 一致性，即组织的目标相互之间不存在冲突。
- 协调性，即整个过程必须对它的环境具有很好的响应。
- 竞争性优势，即必须在这个领域实现一致性。
- 可行性，即战略必须不存在不相容的问题。

值得注意的是这五个因素不仅仅与整个战略制定过程有关，也与实施过程有关。

总的来说，组织需要能够开发一种均衡的方式来改变需要同时关注的因素以及内部的有效性，并且需要成功适应外部环境的变化。为了促进这一过程，研究者为每一个因素增加了两个附加成分因素，即：

1. 主要的调节特征；
2. 如果主要的调节特征出现的话，那么第二次行动和机制将会产生效果。

这些附加成分因素如图15.8所示。

为了阐明这五个因素是如何被运用的，已经运用这种方法分析了惠普公司的重组（见案例15.2），研究结果如表15.4所示。该模型提供了有效的方法，例如从一个战略变革情形和构建它们，再到强调项目重要性的事实。它强调了数据没有被聚集成一个变革的五种因素。模型可能也表明了为了了解变化的动态过程，在重组公司中需要研究附加因素方面的问题，尤其是在一致性方面上。

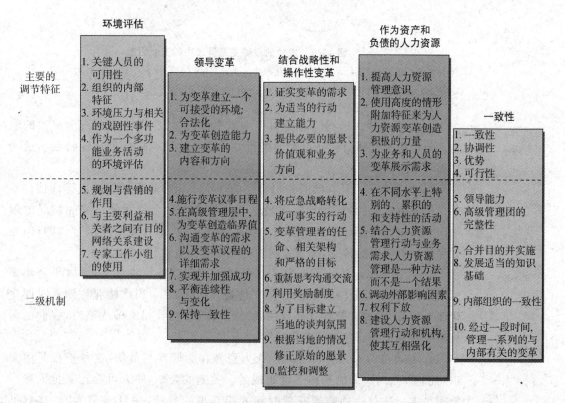

图15.8　五个核心因素的特征

资料来源：Pettigrew, A and Whipp R (1991) *Managing Changin for Competitive Success*, Blackwell Publishing Ltd, p104. Reproduced with permission.

表 15.4　分析惠普公司变革的五个因素

因　　素	惠普公司分析
一致性	● 由重组的单一行为所定义 ● 新首席执行官的到来 ● 惠普文化的再次声明
环境评估	● 确定业务的驱动因素,例如顾客等 ● 强调面向顾客的上游员工,并与幕后的员工进行谨慎合作
战略性的人力资源	● 对一些员工古老的工程文化的清晰了解 ● 强调沟通与信息传达,尤其是核心信息管理 ● 在整个集团内,谨慎地向员工陈述
结合战略性和操作性的变革	● 上游员工与下游员工之间的连接 ● 在非正式功能会议上,高级管理者的出席 ● 激励与顾客关注
领导变革	● 个体责任:如菲奥莉娜女士的职责 ● 高级管理者的可访问性 ● 关注成功的关键因素:顾客关注、更加集权、新的创新

注释:这些因素都是按照顺序与惠普的重组有关的。

评论

尽管模型的全面性是其最强大的优势,[20] 但是这也是它最大的缺陷。一些因素代表了大多数人都会同意的真理,但是它所包含的方面太广泛以至于也许只能对困难的问题提供有限的指导方针,这些问题也包括战略变革。因此,需要谨慎对待这五个因素。

● 环境评估是一个很著名的因素,其需要不断地监控。然而,对模型中这个因素更加详细的评论比这本书的第二部分提供了更多解释。

● 战略性和操作性变革的联系是研究的重要领域,但是许多人会把它当作与其他作者所讨论的以及这本书所研究的实施过程是相同的。

● 领导变革和它的复杂性已经被认为是变革因素很多年了。[21]

● 对人力资源资产和负债的强调是一个很受欢迎的问题,其并没有出现在其他的分析中,例如在波特的一般战略和资产组合矩阵中都不存在这一分析。此外,一致性的识别、定义以及逻辑作为一个主要因素也是很有帮助的。

15.4.3 变革的应急模型的评论

无论是渣打银行还是惠普公司的案例都说明了使用战略变革紧急模型的困难程度。无论出于什么理由，两个公司都发现自身被迫采取了完全不同于它们战略的方法，即：

- 惠普公司处于压力下，通过不断增长的集权来提高利润。
- 渣打银行被迫开除首席执行官是为了改变战略方向。

这当然可以认为两家公司已经明确了它们在电脑市场和国际银行服务市场上所面临的困难，包括证券交易和员工问题。然而，战略变革的紧急模型，伴随着它们长期的学习方法，为解释这些困难以及说明其在这段时间是如何被解决的只提供了有限的线索。例如，变革的紧急模型并没有处理好渣打银行首席执行官突然的离职，即使这样一种离职本质上是突然的。相反，路因常规模型的三阶段确实提供了解读事件及其关于意义变化的一种手段。例如，在惠普公司，解冻期来自于卡莉·菲奥莉娜对需要振兴的公司的评论；新水平的转移期来自于对分权各方面内容的质疑；再冻结期来自于一个新的重组架构的声明。

战略变革的应急模型具有许多缺点，这些缺点使得它们很难被运用：[22]

- 当一个公司面临着一个短期且不可预见的危机时，需要用来实现应急战略的佩蒂格鲁和维普[23]的长期学习方法可能没有实用价值。应急战略并不能保证这种学习与危机有关。可以说，危机出现的部分原因是由于不正确的学习方式。
- 在一些应急模型中，不断增长的环境动荡性被假定为使用应急战略的理由。关于环境的归纳总结需要实证的证据，因为有许多环境问题通常是可以预测的。
- 对于许多管理者和员工来说，寄希望于文化学习可能会适得其反。一些管理者可能会拒绝学习，因为他们认为这样一个过程会削弱他们的权利。[24]对一些员工的授权可能意味着这会使其他人拥有的权利变少，并且对此做出反击。

总的来说，一些坚持应急战略的战略家们所提出的前进发展道路相当于需要公司在更早的时期引进变革，从而使得公司能够更好地适应。当变化突然发生的时候，这些准备可能不够充足。

15.4.4 应急战略变革与常规战略变革之间的选择

在常规路径和应急路径之间的选择是与环境有关的。公司可能会选择应急的战略变革管理，因为它的破坏性可能更小，从而花费的成本可以更低。然而，当战略环境迫使公司选择常规性变革时，选择取决于在当时公司所面对的环境形势。

> **关键战略原则**
>
> - 对于战略变革存在许多应急的方法。这本书中所研究的两个方法涉及长期的文化学习变革路径。
> - 根据圣吉的观点,学习型组织不可能突然的采取战略变革,但是会永久性的寻求变革。因此,公司会通过学习、试验和沟通来不断自我更新。战略变革是一个不断持续的过程。
> - 佩蒂格鲁和惠普对战略变革的实证研究确定了变革过程的成功管理的五个因素:环境评估、领导变革、战略性与操作性变革之间的联系、人力资源以及过程管理中的一致性。
> - 战略变革的应急模型需要长期施行。当组织面临一个短期的战略危机时,该方法的作用是有限的。
> - 常规性与应急性战略变革过程之间的选择过程取决于公司当时的环境。理想上应该选择应急变革,因为它的破坏性可能更小,花费的成本更低。而实际上,常规性战略变革更为常见。

案例研究 15.4

百代唱片公司(EMI)的风险战略变革

当泰丰资本(Terra Firma)在2007年用66亿美元收购了英国唱片公司百代的时候,通过解雇1/3的劳动力,该公司"解冻"了当时的危机。但是,如果"重新冻结"业务战略不成功,将会发生什么?这个案例研究了在2008年初的形势。

面对泰丰资本的战略任务

在努力获得利润的几年之后,英国最著名的唱片公司百代在2007年的11月被私人股权集团泰丰资本收购。收购价格为66亿美元,许多评论家认为该价格过高,因为百代有过战略困境的历史。例如,两个大型的唱片公司:百代和华纳(Warner),多年以来,它们一直处于想要收购对方的竞争中,其目的是在共同合作经营的领域削减开支。然而,当泰丰资本出现在这个竞争中时,它提出了一个不同的战略,并且对于一个唱片公司而言,这是非常彻底的方法。

然而对于泰丰资本和它的首席执行官葛涵思(Guy Hands)来说却是不幸的,因为这是通过一个高杠杆交易来提供给百代收购经费。这意味着收购完全依赖于从银行借来的资金,在2008年信贷紧缩之前签订的协议使得让银行提供资金的代价更高,所以泰丰资本和葛涵思的压力是非常大的。评论家的观点被总结在《金融时报》上的分析中:"涵思先生就是一个典型的例子:在繁荣时期,其私人股本出价过高,随后在困难时期,就依赖于成本的降低。"

但是葛涵思反驳说:"由于世界已经发生了变化并且一去不复返了,而唱片公司却陷入了对一个模型的设计中。"他正在唱片行业中为百代寻求一个彻底的新战略。通过指出百代在唱片行业的盈利能力上至少存在的三个主要缺陷,他解释了其新战略的背景,这三个缺陷分别是:

1. 行业利用大型排行榜冠军来弥补其他地区的亏损。涵思评论道:"300 000的销售量就能够取得极大的成功,如果我们适当地达到这个纪录,那么我们也是可以盈利的。"

2. 在大规模的唱片公司中，每一个公司都期望产生规模经济，但是由于公司的复杂性使得这个期望无法实现。随着进一步的发展，涵思说："大型的唱片公司对互联网的应对是领导能力的彻底失败，这些公司的失败应该作为商学院的反面教材。"

3. 一种特定类型的音乐（雷鬼音乐、嘻哈等）的个人促销者宣称能够将他们的产品推销给顾客，尽管顾客现在的需求已经变得有越来越多元化。"你并不需要人们带着'耳朵'，他们会告诉你他们喜欢的是什么。这并不是魔术，这就是所谓的市场调研。"涵思解释说。

百代新的所有者，葛涵思（Guy Hands），他开始推动该公司在音乐行业的发展。

本质上，涵思认为百代的文化必须进行变革，从一个膨胀的官僚主义公司转变成一个学习型、客户驱动公司。他并是一个直言不讳的人，根据一个局外人的观点来看："他残暴地管理着泰丰资本，所以在协商的时候没有一个人敢说话。"涵思先生描述自己的风格是"直率、直接并且不圆滑"。

当然，在过去的几年里，泰丰资本一直都参与到了许多大型企业的重新振兴中。本质上，泰丰资本的战略就是收购一个失败了的业务，然后扭转它的盈利能力，之后在其取得成功的时候，再将其销售出去从而获得大量的资本收益。它已经成功地将这种方法运用到英国公共的连锁房地产、高速公路操作服务系统以及废物处理业务。然而，在处理一个唱片公司时，涵思接受了他将面对一个艰巨任务的事实。泰丰资本知道当其收购百代的时候，肯定会面对很多困难。但公司已经做了分析并且确定了该业务的领域，以及能够进行相当大的改进的领域。展示 15.1 总结了其中一些困难，这些困难也反映了唱片行业的普遍情况。

展示 15.1

百代盈利问题

- 音乐是一个关于"人"的业务，其管理的主要资产就是艺术家和音乐团队。然而，只有 6% 的百代员工从事着这一业务领域，被称为"音乐制作人"（A&R），负责寻找新的人才和发展现有的艺术家。

- 仅仅 200 名艺术家贡献了百代超过一半的年销售额，而登记在册的共有 14 000 名艺术家。同时，百代收入的 80% 是由 7% 的数字合同提供的。

- 百代有 30% 的艺术家从来没有出过音乐专辑，尽管公司认为有一些人曾经做过音乐专辑。类似的，新艺术家中有 85% 从来没有为他们的唱片公司带来过利润，甚至需要公司对其进行投资。

- 百代每年需要花费 1.4 亿美元补贴给那些从来没有收益的艺术家。另外，百代每年运营的营销费用大约为 1.2 亿美元，已经超过了预算。

- 百代摧毁了 20% 的光盘，而这些光盘每年的生产成本大约为 0.5 亿美元。

百代的新战略

葛涵思已经做了战略分析,并且宣称到2008年6月,他将会裁减1/3的百代总员工,即6 000员工中需要辞退2 000名。但是,他知道这样做也是不够的。通常来说,他将唱片行业,尤其是百代,当作是个人的行业。业务的核心都是围绕着艺术家、他们的代理以及娱乐行业。与艺术家的关系对已录制的音乐以及一些艺术家的经纪人是至关重要的,例如罗比·威廉姆斯(Robbie Williams)的经纪人已经对葛涵思表示不满。有人担忧就是在这样简单的裁减人员中可能会失去最好的经纪人。涵思反驳说,他实际上是要来增加音乐制作人的经纪人数来照顾艺人,并且会在百代的其他地方进行裁员。

具体上,涵思已经为百代制定了一个三部战略,即:

1. 重新关注公司的音乐制作人的经纪人:增加他们的数量,并且给他们更大的空间去做交易和寻找新的艺术家。

2. 集中很多的职能:销售、营销、生产制造、配送和数字操作都将进入一个新的"音乐服务"部门。主要的裁减工作也会在这些领域进行。这些职能部门将会被放置在一个新的执行运营部门,该部门能够为了业务的总体来处理这些任务。然而,这意味着音乐制作人的经纪人将需要与艺人进行谈判协商,随后才将职责移交给公司的另一个部门,从而产生结果。在过去,音乐制作人的经纪人需要对营销和其他任务负责任。

3. 为百代主要的艺人寻找企业赞助:涵思希望将个人品牌名称附加给其公司知名的艺术家上。这将带来额外的收入,与赞助足球公司并为比赛带来了额外收入的方法一样。但是,音乐行业的专家们都质疑这个方法的有效性:"乐队、歌迷和品牌这个强有力的组合方法需要更加谨慎的对待。"即使在最好的情况下,涵思为百代所提出的增加收入来源是仍然未经测试的方案。

在百代实施战略变革

仅仅经过了一段短暂的时间,泰丰资本和涵思称裁员消息已经出现在金融新闻上了。他们同时会让泰丰资本的员工转移到百代公司工作。尤其是泰丰资本做了两个主要的任命安排,并将其安排进入百代,即:

1. 迈克·克拉斯珀(Mike Clasper)被任命为音乐服务的总负责人。他是英国机场管理局(British Airports Authority)的前首席执行官,在2006年他负责将产品销售给西班牙公司。他的工作是在一个新的行政管理架构中从事营销、制造生产和其他的办公服务。

2. 帕特·欧·德里斯科尔(Pat O'Driscoll)被任命为百代经纪人的总负责人,如果需要也可以为公司招聘新的管理者。她是速食材料制造商(Northern Foods)的前首席执行官。在她在该公司的期间内,她对要求高官们离职具有丰富的经验。

在剩下的高层和中层管理者中,有大约一半的人需要为他们的工作进行就职面试。他们必须使欧·德里斯科尔和她的团队相信他们是有能力、有决心、有方法,以及有热情来做这份工作。

为了执行新的战略,在2008年1月初期,涵思召开了会议宣布进行裁员。甚至在会议之前,他与财经媒体进行了关于新战略的访谈,并且公开了裁员的主要原因。他的办事员同时为员工分发了一本50页的解释说明的小册子。

在概述新战略时,泰丰资本说这样做的目的是为了给百代提供一个未来的愿景以及为变革的合理性。涵思解释说:"我们并不是只是在做些修修补补的事情……这是更公平与更客观的……我们正在改变公司……在一个理想的世界里,获得收益的时候应该是没有痛苦的,不幸的是,我们并没有生活在一个理想的世界里。"

接下来会发生什么?

从2008年进行最初的变革之后,一些离

开公司的艺术家抱怨公司做事的方式,但是其他人都留下了。重要的是,随后发生了严重的法律纠纷,泰丰资本起诉花旗银行,该银行已经把公司卖给了百代。泰丰资本宣称它在百代的估值上已经被花旗银行误导了,目前其正在寻求赔偿。经过了漫长的官司,百代败诉。随后,百代处在各种各样与花旗银行的违约当中。最终,在撰写该案例的时候,百代的所有权已经转让给了花旗银行,让其代替付款。

ⓒ版权归理查德·林奇所有,2012年。保留所有版权。该案例由理查德·林奇所著,来自于公开的信息。[25]

案例问题

1. 在像唱片行业这样的一个关于"人"的业务中,对于解雇一些管理者并且要求其他一些人重新申请他们的工作,对此采用一种咄咄逼人的姿态是否明智呢?是否存在其他的替代方法呢?

2. 通过宣布大量地裁员,泰丰资本可以说是在"解冻"目前的态度,但是否在下一个水平上的"重新冻结"需要清楚地知道战略的结果?在考虑这些问题时,你需要考虑泰丰资本的新战略,该战略将音乐制作从市场营销与配送中分离出来,但是在进行裁员的时候,音乐制作部门仍然是未经过测验的。

3. 泰丰资本和它的首席执行官葛涵思在战略变革上有大量的经验。其他公司应该效仿这个案例吗?

 实施战略变革的一些障碍清单。

15.5 制订一个战略变革计划

对于任何一个战略变革计划而言,其起始点都必须是明确的。这将与第6章中所研究的公司目标有关,但同时可能包含了试验性的因素。在关于英国百代唱片公司的15.4案例中,很明显的是需要削减大量的成本。然而,所提议战略的一些部分依旧是没有经过证实的,例如,在A&R经理人与能够提供百代音乐服务的新部门之间的安排。一个战略变革计划可能同样包含了对"学习型文化"的引进,并将其作为未来发展道路上的一部分,但是在百代并没有提出这一方法,因为它需要一个更快速的变革。

实际上,一个主要的问题可能是管理者们反对所提议的变革;另一个就是需要说服人们来支持变革提议。在百代的案例中,能够同时检验到这两个因素。因此,认真考虑一项计划的开端是非常重要的。变革计划开始前需要解决以下四个问题:

1. 哪些领域的变革是可行的?
2. 我们要选择什么领域?为什么?
3. 人们会反对变革吗?如果是这样,那应该如何克服呢?
4. 人们如何使用公司的政策呢?

15.5.1 哪些领域的变革是可行的?

在15.1部分,已经确定了相关的四个普遍业务活动领域压力点,即正式的组织架构、人员、任务和非正式的组织架构。这可以与战略变革活动的三个主要领域结合,来产生图15.9所示的变革选择矩阵(change options matrix)。实际上,每一个公司在采取变革时,都需要在大多数的计划选项中制定活动。然而,对于大多数公司而言,都需要集中精力并进行监控。因此,更加紧密地直接关注活动会很有帮助。所以从这些计划选项中所选择的结果就是最优结果。

		正式的组织架构股	人员	任务	非正式的组织架构股
战略变革的三个主要领域	所采取战略中的技术和工作的变革	·组织工作能力和汇报 ·战略和架构	·选择、培训 ·管理风格与技能的匹配 ·日常事务活动	·考虑环境、技术、学习以及竞争者的活动 ·学习并执行新任务	·了解和监控 ·提供"好消息"
	文化变革公司风格历史、年限等	·管理风格 ·明茨伯格的亚文化群(第15章) ·汉迪的文化(第7章)	·个体价值与企业价值的匹配 ·团体和团队的管理 ·领导选择	·标志,故事 ·解冻 ·制作关键人物的职能模型 ·澄清价值观 ·新秘方	·奖励、标志 ·开发网络 ·鼓励有用的团体 ·发展社会活动
	政策变革组织内部的相互作用与权利	·正规的权力分配 ·部门之间权力的平衡	·利用适用的技能和网络 ·与新战略匹配 ·激励与奖励	·游说 ·制定架构 ·影响正式和非正式团体	·试图管理 ·建立联系 ·网络和循环

活动领域 人们

图 15.9 变革选择矩阵

15.5.2 我们将从变革计划中选择什么领域,为什么?

对这些问题的回答将会取决于公司文化和领导能力。例如,具有一个自上而下管理历史的公司可能会从变革选择矩阵中选择一个匹配它运营风格的计划,也就是指公司内部的工作能力与权力分配。然而,如果已经选择了一个开放的学习型的合作运营风格的公司可能会选择团队建设与培训教育来作为它的起始点。其明确的含义就是检查公司文化的分析是必不可少的,该内容在第16章的领导能力上进行了研究。

其实这些问题并没有统一答案。正如我们所看见的,最近一些研究者更倾向于支持学习型公司。然而,我们应该认识到,这种方法只是本世纪初的一种流行方法:只有时间能够证明。

无论选择了什么路径，对该问题的更加详细的答案仍然需要我们去追寻。为了说明随后可能出现的问题，在这里对已经选择了合作的、学习的方法制定了假设。

在该路径中，比尔、艾森哈特和斯佩克特[27]提出了一个关于如何推进过程的详细的六点计划，其起始点是为了变革所选择的领域不应该仅仅由高层管理者进行选择，同样也需要那些参与到实施过程的人们进行选择。这六个领域分别是：

1. 通过对变革目标所产生的业务问题的联合诊断来动员对变革的承诺。在这里会用到一个或者多个工作小组。它们应该代表组公司所有利益相关者，并且针对变革目标的特定方面。

2. 为竞争制定一个关于如何组织和管理的共同愿景。高级管理层可能会领导该过程，但是新职能和新责任却是由那些参与到实施过程中的人来进行识别确定。通常，这项工作需要通过工作小组来完成。

3. 促进新愿景、制定愿景的能力以及将其传下去的凝聚力这三点之间的一致性。这本书已经研究了愿景、能力和凝聚力。而新的关键词是一致性，研究者表明一致性来自于强有力的高层领导。可能需要新的能力，也可能会形成反抗，一些个体可能被证明是更加不情愿进行变革的。通过团队合作和培训来提供支持，从而克服困难。然而，将可能会需要领导能力。

4. 向所有部门从上至下传播变革，并让这些部门为工作小组提供成员。但是，这样的变革不能强加给各个部门，它们拥有一定的自由，但是它们由高级管理层来指导和实施变革。

5. 通过正规的政策、制度和架构来实现机构的振兴。到达这个阶段，该过程已经包含了一定程度的自由选择、试验和行动。现在正是"重新冻结"过程的阶段，其目的是为了保证承诺和了解进度，以及为未来的监督和控制提供基础。

6. 为了应对振兴变革过程中的问题，需要进行监控和调整战略。拥有一个学习型的领域，当环境继续变化时，一个公司应该能够重复变革过程，并且能够更加了解已经引进的变革。

通过强调联合工作小组和学习，高官们很可能被问到"高级管理层可以执行什么职能？"研究者们表明他们拥有三个主要任务，即：

1. 为变革创造主要条件：进行对需求的识别、制定标准和监督绩效。惠普公司的高级管理层就是一个很好的例子。

2. 识别确定那些已经取得成功的变革团队和公司单位，并给予表扬，将其作为其他人的楷模。对"为什么惠普存在如此多的网站"的探索将是一个很好的例子。

3. 基于个体在领导变革时的成功，肯定他们并促进他们。

最后，需要再次强调的是，该方法只适合于一种变革类型，可能不能适用于其他公司类型。

15.5.3　人们将会反对变革吗,将要如何克服阻力?

实际中,反对变革的问题是成功实施战略变革的主要障碍。其原因有很多,而克服这些困难的方法取决于环境。展示15.2陈列了一些比较普遍的反对原因,以及克服这些困难的方法。

展示 15.2

变革的阻力

为什么人们反对变革	克服阻力
● 焦虑,例如所表露的弱点、权力和地位的损失 ● 悲观 ● 恼怒 ● 缺少兴趣 ● 反对战略建议 ● 不同的个人雄心	● 包含那些抵制变革过程本身的人 ● 建立团结互助的网络 ● 沟通与讨论 ● 使用管理权威和地位 ● 提供帮助 ● 额外的激励 ● 鼓励和支持那些参与变革的人 ● 使用符号来标志新时代

如果变革不是由外部强制实施的,而是由参与变革过程的人来制定的,那么乐观地来看,阻力会变得很小。如果变革会减少那些参与变革的人的任务而不是增加任务,并且能够与他们所持有的价值观一致,那么变革会被接受;如果变革能够提供一个令人感兴趣的挑战,并且来自于现有的发展路径时,那么人们也会更愿意接受它。重要的是,如果当变革已经制定出来以后,高级管理层能够全心全意支持其过程,并且当其结果得到高管真正地高度评价时,那么变革才得到了认可。

15.5.4　人们将会如何使用组织中的政策?

在战略变革的环境中,最初政策的制定是为了说服人们来采取一个新的战略。它可能不是一个面临被公开反对的问题,而是一个不同的优先权、不同的权力集团以及在前进发展道路中不同的观点。第一步通常是建立公司的"基本法则"(ground rules):也就是指计划的所有标准,例如最低水平的盈利能力等。

政策最困难的方面通常在刚开始时能够满足标准,但是仍然存在反对势力。随后政策变成了讨论、协商,甚至是狡猾和阴谋。佛罗伦萨的外交官和作家尼科洛·马基雅维利(Nicolo Machiavelli, 1469—1527)到现在仍然众所周知,主要原因是他对一种方法的洞察力,该方法是指人们将公司的政策运用到

自己所属的部门。[28]他的作品表现了愤世嫉俗、狡猾和自私,但是他当然明白管理政策最坏的一面:

也许王子并不需要拥有我所列举的所有品质,但似乎拥有它们又是必要的。

关于变革这一主题:

"没有什么事情比率先引进一个新秩序要更加难以承担,要花费更多的时间来进行,在它的成功上又有更多的不确定性。"

除了能够找到一种避免被替代的方法,马基雅维利在劝说中并没有体现多大益处,因为这种方法直接利用权力,最终很可能会树敌。他认为应该少使用权力,人性最好被作为是最坏的可能动机。他可能会对沟通、讨论和赋权这样的变革概念冷嘲热讽。

表15.5 组织中的政策[29]

目　　标	实现目标所采取的活动	上级和对手对活动的反应
抵制变革或者地址权威	● 破坏 ● 反抗	● 反击 ● 制定新的规章制度
建立权力	● 炫耀或者冒充专家 ● 依附上级 ● 与同事建立联盟 ● 收拢下属:建立专制权 ● 控制资源	● 揭穿骗局 ● 寻找继承人 ● 重组部门 ● 回收资源控制
打败竞争对手	● 单位之间的斗争 ● 员工与上级管理者的斗争 ● 揭露错误(我们会揭发他们)	● 好的领导力应该提供平衡
实现基本的战略变革、权威和领导力	● 形成关键高管的权力集团 ● 结合以上的其他方面 ● 通知对手 ● 向公共媒体泄露损害的材料	● 基本情报 ● 识别和培养那些具有特殊影响力的人 ● 寻找权力团体对手 ● 回应自己所泄露的消息

在一些公司中,马基雅维利的观念仍然与现在有关。当然,一个极为不可能发生的事情就是,如果一个大型战略变革能够应对强大的政治障碍,那么该战略就能够被实施。因此,战略家们不仅仅必须精通制订计划,还需要能够为计划提供支持,使其能够通过公司的政治架构。因此,了解公司的决策制定系统的工作是很重要的,这将不仅仅包括最终的报告,而且还包含前面的讨论、磋商和游说。同时,那些在该过程中具有以往经验的人的建议可能是有帮助的。

显而易见,公司的政策需要花费时间才能够被理解。它包含其他人的活动,以及在整个活动范围内热门与战略的相互作用。人们将会拥有很多动机:一些是好的,而有些却并不吸引人。他们可能会运用不同类型的、被松散地描

第 15 章 管理战略变革

述成政策的活动。表 15.5 列出了一些被实证研究所证实的重要因素。

根据定义,变革涉及从以前的战略进行转变,因此,说服过程的起点似乎就是对现有战略的一种攻击。然而,在政治上,这可能是一个错误。这可能会迫使那些引进以前战略的人来捍卫他们的决定,从而提高了对新提议的障碍壁垒。那些被新战略惹怒的人们可能是个体,而他们的支持对变革是很重要的。

除了这些情况以外,那些负责寻找新战略协议的人们需要进行一些非常重要的任务,即:

- 识别潜在的且有影响力的支持者,并说服他们来支持新战略。
- 寻找潜在的反对派,并试图改变他们的观点,或者至少使他们保持中立。
- 对新建议达成最大的共识,最好是优先于正式的决策会议。

最后,正确地对待政治问题是很重要的。尽管战略很重要,但是这本书希望表明战略并没有处于确定性的交易中。它是一门艺术也是一门科学。这意味着它存在很多不同的观点,以及在得出结论时所使用的判断和讨论:战略可能是一种艺术。

关键战略原则

- 变革选择矩阵选择了变革可能发生的领域:与此有关的关注和选择变革选项是很重要的。
- 需要从矩阵中进行选择。通过了解公司的文化可以很好地进行选择:在这里文化网络是很重要的,见 16.3 节。为了实现变革的一个更详细的过程是能够被计划的,六个重叠的领域提供了一个起始点。
- 反对变革可能是成功战略实施中的一个主要障碍。如果战略不是由外部强制施加的,那么该阻力可能会降低。
- 最初需要战略变革的政策是为了说服那些参与变革的人们采用新的战略建议。除此之外,为了保证能够实现所期望的变革,马基雅维利的方法是必需的。一般来说,战略变革活动可能包括识别支持者、试图改变反对者的观点,以及为了新提议建立最大的共识。这最好能够优先于任何决策会议。

批判性反思

公司中持续的战略变革是如何的重要?

从这一章中所呈现的案例来看,公司中存在一个很清楚的问题就是它们只有在被迫进行变革后才会进行变革。如果所有公司都不断地从事于某种形式的紧急变革过程,这会不会更好呢?

这会产生更好的战略吗?或者一个更好的工作场所?

总　结

- 在战略变革管理中,需要区分变革的速度和战略变革。变革速度可能是快速的也可能是缓慢的。而战略变革是组织中积极的变革管理。战略变革是新战略的执行,其包括组织中常规事务之外的大量实质性变革。

- 在管理战略变革时,区分常规方法和应急方法是有帮助的。常规的方法包括实现变革所需要的计划行动。这些行动可能会被强加给那些执行行动的人。应急方法包括制定战略的全部过程,以及实施战略阶段。该方法同样包括与那些将要执行变革的员工进行咨询和讨论。

- 战略变革与员工和他们的任务有关。它是通过公司中正式的和非正式的架构来执行的。如果这种变革是有效的,那么了解影响变革的压力点是很重要的。战略变革的重要性在于它可能包括主要的冲突破坏,以及人们可能会反对变革结果。即使那些欣然采纳变革的地方,也是需要花费时间和谨慎的思考来执行变革的。战略变革包含着重要的隐性成本。

- 为了管理战略变革,了解是什么推动着过程发展将是很重要的。存在许多原因种类,其中有两种类别的原因在文中进行了研究。即蒂奇与坎特、斯坦因和吉克的分类。

  1. 蒂奇确定了战略变革的四个主要原因,即环境、商业关系、科学技术以及进入组织的新员工,尤其是新的领导。

  2. 坎特,斯坦因和吉克确定了战略变革的三个动力,即环境、组织部分之间的不同的生命周期、政治权利的变革。为了有效地管理战略变革,变革原因的精确度是很重要的。

- 变革的管理存在大量的常规路径,在这一部分研究了两种路径。

  1. 坎特、斯坦因和吉克提出了一个三阶段方法,包括变革的三种形式以及参与到变革中的三类人。本质上,该路径是通过自上而下的方法来管理所计划的变革以及在整个公司产生的效果。

  2. 路因为常规变革过程制定了一个三步式模型:解冻期,解除目前的态度;改变期,移动到新的水平;再冻结期,在新的水平上重新冻结态度。这一模型已经被广泛地用来分析和管理变革。

- 当一个公司可以明确地从一种状态转移到另一种状态时,变革的常规模型则达到了最好的效果。在快速变化的年代,很难找到这种准确度,因此这样的模型可能是不适合的。

- 对于战略变革存在许多应急的方法。这本书中所研究的两个方法涉及长期的学习文化变革路径。根据圣吉的观点,学习型公司不可能突然的采取战略变革,但是会永久性地寻求变革。因此,公司会通过学习、试验和沟通来不断自我更新。战略变革是一个不断持续的过程。

- 佩蒂格鲁和维普对战略变革的实证研究确定了在过程的成功管理中的

五个因素:环境评估、领导变革、战略性与操作性变革之间的联系、人力资源以及过程管理中的一致性。战略变革的应急模型需要一个长期的实施过程,并且当公司面临一个短期的战略危机时,该方法的有效性是有限的。

- 常规性与应急战略变革过程之间的选择过程将会取决于公司当时的环境,理想上应该选择紧急变革,因为它具有少量的破坏性,并且更加便宜。实际上,大多数情况还是使用常规性变革。
- 在制订变革计划时,变革选择矩阵列出了变革可能发生的领域:从矩阵中关注和选择变革选项是很重要的。通过了解公司文化能够正确地进行选择。
- 为了实现变革,需要计划更详细的变革过程,六个重叠的领域提供了一个起始点。反对变革可能是成功战略实施中的一个主要障碍。如果战略不是由外部强制施加的,那么该阻力可能会降低。
- 最初需要战略变革的政策是为了说服那些参与变革的人们采用新的战略建议。除此之外,也为了保证能够实现所期望的变革,马基雅维利的方法是必需的。一般来说,战略变革活动可能包括识别支持者、试图改变反对者的观点,以及为了新提议建立最大的共识。这最好能够优先于任何决策会议。

问 题

1. 你将如何描述这一章中三个公司的战略变革特征,是快速的还是缓慢的变革?你将如何描述它们的战略管理过程,是常规的方法还是应急的方法?

2. "高管们的双重任务是为了挑战管理者中存在的错误的想法,也是为了能够形成一种促进变革的环境而不是限制变革。"(科林·伊根,Colin Egan)讨论这一观点。

3. 为一个你所熟悉的公司的受到影响的战略变革识别压力点。

4. 如果战略变革是重要的,为什么会发现有些人很难接受变革,并且这样一种抵制对于变革过程会产生什么影响?如何克服这些困难?

5. "可悲的事实是,几乎所有的组织都是尽可能少地进行必须的变革,而不是大量地进行应该的变革。"(罗莎贝斯·莫斯·坎特)这是为什么呢?那么关于这个我们能够做些什么呢?

6. 尽管存在于常规战略有关的问题,但是为什么它很重要?我们能够做些什么来缓解这一过程呢?

7. 是否应该评论这一章中的这样的观点:一些应急战略家所提议的发展前进道路需要尽早地开始,意味着应急的方法几乎没有作用?

8. 在2001年惠普公司的案例中(见案例研究15.2),利用变革选择矩阵来决定哪些变革领域是可行的。你会选择哪些领域来进行所提议的变革?为什么?

9. 分析一个你所熟悉的公司的政策。如果你发现了组织中的重大战略变革,你将如何实现变革?

10. 领导力对战略变革可能是重要的,但是它是必需的吗?

扩展阅读

Bernard Burnes (1996) *Managing Change*, 2nd edn, Pitman Publishing, London, has a most useful broad survey of the areas covered in this chapter. See also Goodman, P S and Rousseau, D M (2004) 'Organizational change that produces results: the linkage approach', *Academy of Management Executive*, Vol 18, No 3, pp7–21 and Mezias, J M, Grinyer, P and Guth, W D (2001) 'Changing collective cognition: a process model for strategic change', *Long Range Planning*, Vol 34, pp71–95.

Professor Charles Handy (1993) *Understanding Organisations*, Penguin, Harmondsworth, is still one of the best available reviews of organisational change.

Kanter, R M, Stein, B and Jick, T (1992) *The Challenge of Organisational Change: How Companies Experience it and Leaders Guide it*, The Free Press, New York, has some thoughtful guidance on strategic change.

A useful article is that by Garvin, D (1993) 'Building a learning organisation', *Harvard Business Review*, July–August, pp78–91.

Professors A Pettigrew and R Whipp (1991) *Managing Change for Competitive Success*, Blackwell, Oxford, has some important strategic evidence and insights.

注释与参考文献

1 Sources for Nokia case: Nokia annual report for 2010. *Financial Times*: 26 January 2011, p23; 28 January 2011, p18; 10 February 2011, pp1 and 15; 14 February 2011, p10 (leader); 15 February 2011, p17; 25 February 2011, p13; 12 April 2011, p14; 14 April 2011, p16.
2 Schein, E H (1990) *Organisational Psychology*, 2nd edn, Prentice Hall, New York.
3 Burnes, B (1996) *Managing Change*, 2nd edn, Pitman Publishing, London. Part 1 of this book presents a useful broad survey of this area.
4 Handy, C (1993) *Understanding Organisations*, Penguin, Harmondsworth, p292 (see Chapter 16 for further discussion of Handy and note that his view is emergent rather than prescriptive).
5 Burnes, B (1996) Op. cit., p173.
6 Ansoff, I (1987) *Corporate Strategy*, 2nd edn, Penguin, Harmondsworth.
7 Tichy, N (1983) *Managing Strategic Change*, Wiley, New York, pp18–19.
8 Kanter, R M, Stein, B and Jick, T (1992) *The Challenge of Organizational Change: How Companies Experience it and Leaders Guide it*, The Free Press, New York.
9 Kanter, R M, Stein, B and Jick, T (1992) Op. cit.
10 *Financial Times* (1996) 24 April, p1.
11 *Financial Times* (1993) 1 November, p19; 6 December, p17.
12 Lewin, K (1952) *Field Theory in Social Science*, Tavistock, London.
13 Burnes, B (1996) Op. cit., pp179–186 has a useful summary.
14 For other writers, such as Levinthal and March, and a wider review of the research, see the references on the learning-based strategic route forward in Senge, P (1990) *The Fifth Discipline: The Art and Practice of the Learning Organization*, Doubleday, New York, Chapter 18.
15 Senge, P (1990) *The Fifth Discipline: The Art and Practice of the Learning Organization*, Doubleday, New York.
16 Jones, A and Hendry, C (1994) 'The learning organisation', *British Journal of Management*, Vol 5, pp153–162. Egan, C (1995) *Creating Organizational Advantage*, Butterworth–Heinemann, Oxford, pp131–138, also has a useful critical discussion.
17 Egan, C (1995) Ibid, p135.
18 Garvin, D (1993) 'Building a learning organization', *Harvard Business Review*, July–August, pp78–91.
19 Pettigrew, A and Whipp, R (1991) *Managing Change for Competitive Success*, Blackwell, Oxford.
20 Egan, C (1995) Op. cit., p178.
21 See, for example, Handy, C (1993) Op. cit., Ch4.
22 Burns, B (1996) Op. cit., pp194–195.
23 Pettigrew, A and Whipp, R (1991) Op. cit., p237.
24 Whittington, R (1993) *What is Strategy and Does it Matter?*, Routledge, London, p30.
25 References for EMI Case: EMI Annual Report and Accounts 2007 available on the web: www.emi.com/investors. *Financial Times:* 14 January 2008, pp1 and 14; 15 January 2008, p23; 16 January 2008, p19; 19 January 2008, p9; 18 September 2009, p19; 10 February 2010, p13; 11 March 2010, p18; 25 September 2010, p18.
26 Tichy, N (1983) Op. cit., pp126, 135, 131.
27 Beer, M, Eisenhart, R and Spector, B (1990) 'Why change management programs don't produce change', *Harvard Business Review*, November–December, pp158–66.
28 Machiavelli, N (1961) *The Prince*, Penguin, Harmondsworth. There is a short article that summarises his work: Crainer, S (1994) *Financial Times*.
29 There are four sources for this table: Machiavelli, N (1961) Op. cit.; Mintzberg, H (1991) 'Politics and the political organisation', Ch8 in Mintzberg, H and Quinn, J B (1991) *The Strategy Process*, 2nd edn, Prentice Hall, New York; Handy, C (1993) Op. cit., Ch10; and the author's own experience.

关键战略管理问题

第16章 战略性的领导能力
- 战略性的领导能力的主要因素是什么？
- 什么因素会造就一个好领导？
- 领导者是如何形成组织文化的？
- 领导者是如何影响组织的，是如何运用权力的？
- 成功的战略性领导能力的主要因素是什么？

第17章 创业战略
- 创业战略是什么？
- 不同的企业家是如何表现不同的，尤其是对风险的态度？
- 创业战略的四个主要推动力是什么？
- 在执行创业战略时，主要阶段是什么？

第18章 政府、公共部门和非营利部门的战略
- 在该部分中的主要战略原则是什么？
- 当利润不再是目标的主要内容时，这样的战略有什么不同？
- 是否能够运用概念来制定业务战略？它们是否需要修改？

第19章 国际化扩张和全球化战略
- 国际化战略和全球化战略意味着什么？
- 该战略中包含了那些主要理论，它们是如何与独立的国家和公司相联系的？
- 公司全球化扩张的好处和问题是什么？

第20章 制定一套连贯的战略
- 如何将战略的各种因素组合在一起？
- 从不同的因素中，你将如何制定一个战略？
- 你将如何为公司建立一个业务模式？
- 战略管理是如何变化的？

第五部分 不同的战略环境和制定有凝聚力的战略

我们从第 11 章看到,发展演变的战略环境可以对战略产生深远的影响。本书的这一部分研究了在许多情况下,战略会受到环境的影响,尤其我们要研究领导者会影响战略发展的方式。之后我们会探究企业的战略,公共部门的战略以及国际的战略。最后的部分研究如何把不同的战略管理要素合成一个具有凝聚力的战略。

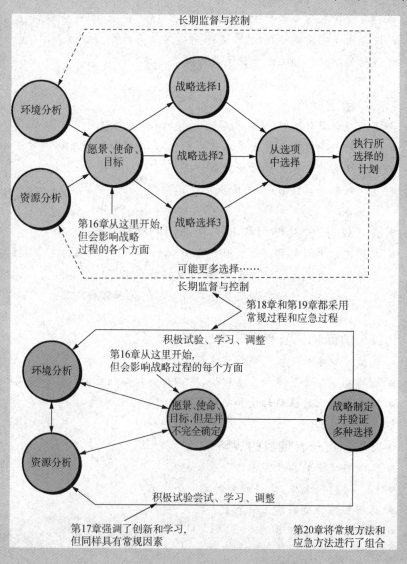

第 16 章
战略性的领导能力

学习成果

这一章的视频与音频总结

通过本章的学习,你将能够:
- 概述战略性的领导能力的主要要素;
- 说明成为优秀领导者的要素;
- 说明领导者是如何通过公司文化来塑造公司的;
- 概述领导者是如何在组织中影响和处理权力;
- 说明成功的战略性领导能力的五个主要方面。

引 言

通过有关的讨论和协商,公司中最顶尖的管理团队采纳最主要的战略管理决定。而且,同一个人领导组织中的其他人,并指导相关的战略决策。因此,战略性的领导能力是获得和维持竞争优势的一个至关重要的部分,在合适的情况下,给组织活动增加价值。

本章研究了本课题首要考虑的战略领导能力的性质;其次展现了战略领导能力的三个主要部分,即成为一个优秀领导者的因素、领导者如何通过文化风格来塑造组织以及领导者如何处理组织中的权力;最后着重探讨成功战略性的领导能力的五个具体部分:定义和传达组织的目标,管理人力资源决策,设置道德标准,向利益相关者递交目标以及随时间的推移维持组织的竞争优势。所有这些要素展现在图 16.1 中。

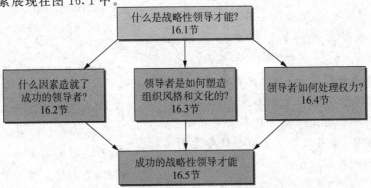

图 16.1 战略性的领导能力的主要要素

案例研究 16.1

安妮·穆尔卡西如何拯救施乐公司？[1]

在过去的10年里,施乐公司(Xerox)削减了它的劳动力规模,重组了正在经营的公司并引进了新的组织架构和文化。这个案例考察并审视了在改变公司过程中安妮·穆尔卡西(Anne Mulcahy)所扮演的首席执行官角色。

施乐首席执行官安妮·穆尔卡西在2009年接管公司之前,对公司进行了变革。

背景

30年来,美国施乐公司与日本竞争对手进行着全球竞争,尤其是佳能和理光(Ricoh)。在19世纪60年代,施乐公司处于复印机市场的主导地位,但其市场份额逐渐减少。尽管它的销售在上升,但速度远远不及市场增长速度。因为日本公司在新产品、高质量性、易用性和免费维护设备方面实施了全面运营。

2004年,施乐公司总销售额约为157亿美元,净利润为8.59亿美元。这是它在2000年损失2.73亿美元之后的重大复苏迹象。该案例研究了2000年到2004年的4年里,作为首席执行官的安妮·穆尔卡西所策划的战略组织转变。

市场、竞争对手和客户

在19世纪60年代,当日本公司决定进入国际复印机市场时,它们必须找到一个方法来应对施乐公司的主导地位。它们选择开发一个新的细分市场:那些需要很少维护和不定期服务支持的中小企业的复印机。施乐公司有一个租赁机器的政策,并随后给这些租赁者提供服务工程师来维护设备。这个政策对那些有大量印刷需求的大公司是很有吸引力的,但小公司很快发现它们更容易接受日本产品。

到2000年,施乐公司已经失去了整个市场的市场份额。然而,它仍然继续维持着高端市场的市场领导地位。它的竞争优势仍然是能够为客户提供高水平服务的能力。这个领域是日本公司从未真正想要进入的领域,因为它们考虑到了高配置的成本和获得最低限额商业利润的难度。施乐公司曾多次尝试打入低端市场。但大约在2000年的时候终止了这个计划。然而,它的优势和成本架构仍然是针对大公司客户的。

在1993年,施乐公司的欧洲子公司:施乐欧洲,调查了顾客对复印的需求。它发现公司将8%的营业额用来创建和管理文件,包括开发印刷材料、复印、整理归档并记录结果。这可以与将3%的收入花在信息技术上相比。此外,高达60%的客户将时间有规律地花在了与文档有关的各种活动上。2001年,母公司美国施乐公司进行了类似的研究调查,并证实了其客户花费大量的时间在文档上,但是工作的性质已经改变了:它更关注电子系统,英特尔网和访问电子信息。

2000年的问题

对于一个有着强大产品范围和拥有众多人才的公司而言,施乐公司在2000年面临着重大问题似乎很令人惊讶,引发的问题存在五点原因:

1. 来自日本和美国公司的激烈竞争:复印和打印的市场竞争变得越来越激烈。

2. 施乐公司在美国销售管理的失败重组已经让它主要地区的客户心烦意乱。首席执行官想要施乐公司不仅仅成为复印机公司。施乐需要基于文档工作流程来出售产品的解决方案。这意味着公司需要重大重组来提供能理解特定行业的专家。这个问题还涉及:为了降低施乐公司的成本,要大大减少施乐后台办公中心的数量。而这种剧变的结果几乎让公司陷入了混乱。

3. 在一些新增长的市场问题:特别是巴西和泰国。

4. 墨西哥的会计问题最终导致了证券交易委员会关于那个国家的设备租赁问题的涉入调查。

5. 由于过度借贷导致的高水平债务。

结果首席执行官里克·托曼(Rick Thoman)辞职了。随后,施乐董事会选择了为公司工作了25年的安妮·穆尔卡西来作为新的首席执行官。她的工作就是扭转身处困境的施乐公司。她利用上任的前90天与客户和员工进行了交谈:"在公司如此混乱和复杂的情况下,我需要花费很多时间去解决公司的非核心错误隐患。"

2000年在商业和组织文化上的转变

安妮·穆尔卡西的重整计划很简单:
- 公司必须削减10亿美元的开支。
- 公司必须停止不盈利的活动。
- 公司必须通过出售资产减少债务达到融资水平。

随后,她和同事一起着手贯彻落实这些策略。到2002年,公司已裁员近19,000人,成本削减了12亿美元。施乐的小型办公室/家庭部门也被关闭了,因为它们没有为公司盈利。为了筹集大量资金,公司将富士施乐(Fuji Xerox)一半的股份出售给了日本富士公司(Fuji Company)。它还将部分客户融资业务出售给了通用电气金融服务公司(GE Capital),同样是为了筹措资金并减少债务。

重要的是,安妮·穆尔卡西也开始改变公司的文化。因为公司明显处于困境当中,这使得向每个人的解释说明变得更容易:公司面临真正的危机,做出艰难的决定是必要的。"在商业时代,不可能一如往常,我用它作为媒介来把事情做好。"穆尔卡西女士说道。她利用危机获得了战略转型。

她的下一个步骤是任命一个新的管理团队。幸运的是,因为她很了解其在施乐公司的同事,他们想要得到提拔。"我想确保每一个人能够在我们进行变革举措的地方感受到所有权,"她说,"回顾过去,我认为我们拥有许多聪明的、口才好的人,这些优秀的管理者和团队成员不一定喜欢承担他们肩上的责任。"这意味着一些在其他方面是天才的人不一定适合当前需要的关键管理决策。

除了这些变化,她没有改变施乐委员会及运行的基本架构。不过,她确实改变了它们之前的经营方式。她描述了一个行动委员会会议:"我们正在讨论客户满意度,在这个方面我觉得我们应该做得更好……在展示过程中,专家们做的工作非常到位。因此,我们都在点头表示赞同,突然,我感觉到这就是过去的施乐公司。我们都要去会议室,我们都要同意……我只是坐在那里说:'时间到了'。如果我立刻把钱包中的钱放在桌上,这会不会使结果产生差异?答案是我不会把一枚硬币放在桌上。会议看起来不错:很好的演讲,很好的过程。但是在最后时刻，我们没有面对那些难题。我不能让大家坐在那里，让我们自己陷入更多这样的讨论。"

安妮·穆尔卡西想要改变施乐公司的风格和思维模式，并且希望改变除了短期活动变化之外的战略。

基本战略的转变

由于客户所花费的时间，以及在为大客户提供服务时的优势，安妮·穆尔卡西决定由此来转变基础业务战略的重点。公司可能会制作三个主要的产品：

1. 高端复印机。它将继续提供高端的打印机、复印机和传真机。这是公司的传统优势领域，并且高度完善的销售系统会去承担这个任务。这是一个与惠普、佳能、理光进行竞争的市场。

2. 高端生产印刷。它将扩大大型印刷设备的利益，比如杂志印刷。这是一个工业印刷领域，在这个领域它的主要竞争对手是德国公司海德堡（Heidelberg）。

3. 文档服务和解决方案。它将提供咨询服务、文件归档、客户公司印刷问题的解决方案。它将帮助公司获得"数百万页的研发档案"，或者数以百万计的文件移动到一个公司的内部网，从而降低成本。结果诞生了一个新的组织：施乐全球服务。

针对所有客户的文档需求，这意味着更高的服务水平，而不仅仅是复印部分。这个战略已经从简单复印转变成为满足客户管理文档的需求而提供更广泛的服务和产品的战略。公司自然会继续为选择它的客户提供复印机。

在早期，安妮·穆尔卡西认为公司应该为了客户而花时间去寻求更广泛的利益。她指出，公司的竞争对手很快会采取相同的措施，"文档管理"和"文档解决方案"很快就会出现在其他地方。然而，穆尔卡西女士坚信公司的战略是合理的：它是建立在核心技术和服务上的。如果做得好，就能形成一个竞争对手无法匹敌的服务竞争优势，虽然服务是局部的，但服务的质量是至关重要的。

2007年的情况

到2007年，安妮·穆尔卡西评论道："我们已经成为了一个非常不同的公司，我们需要关注的是未来那些成为公司竞争力的一切繁重工作任务。"这个"重任"涉及30 000人的裁员，大多数的施乐重工业生产的外购并启动与日本领先公司富士的合作——在技术与销售上的新合作。以上所列出的三个战略领域也已经坚定地走上了正轨。

所以，安妮·穆尔卡西是如何在高层职位上工作了6年，或者为公司工作了31年？"31年是一段很长的时间，已经超过了CEO的平均任期。我以为自己不会待太久，但是我还没有准备好要离开。"

到2004年，施乐公司恢复了它的市场地位：这个新战略获得了成功，在表16.1中可以看到结果。到2007年，安妮·穆尔卡西在施乐领导了一场具有重大意义的转变。在2009年，安妮·穆尔卡西宣布辞去首席执行的职位，取而代之的是乌苏拉·伯恩斯（Ursula Burns），但穆尔卡西女士将继续担任董事长。

表16.1 施乐的财务结果 （百万美元）

	2000	2001	2002	2003	2004
总收入	18 751	17 008	15 849	15 701	15 722
净收益（亏损）	(273)	(94)	91	360	859
年终员工数量	91 500	78 900	67 800	61 100	58 100

第 16 章 战略性的领导能力

施乐已经采取了大量的可持续发展的方法。可参见 http://www.xerox.com/downloads/usa/en/e/EHS_Environmental_Sustainability.pdf

ⓒ版权归理查德·林奇所有，2012 年。保留所有权利。该案例由理查德·林奇所著，来自于已发表的信息。

案例问题

1. 你如何总结安妮·穆尔卡西在面对激烈的日本公司竞争时所实行的战略？
2. 安妮·穆尔卡西十分重视改变施乐的公司文化：她是如何进行改变的？结果会带来怎样的公司、士气和人力资源问题？
3. 由于施乐在提升利润上所取得的成功，其他公司可以从安妮·穆尔卡西的领导才能和施乐的经验中学到什么？如果它们希望效仿已经取得的成功，其他公司需要采纳施乐的文化和战略方法吗？

16.1 什么是战略性的领导能力？

定义➡ 战略性的领导能力是随着时间推移所形成的提高公司决策价值的能力。不仅是个人的能力，也需要激励和管理公司的其他员工。这样的领导才能源于这样顶尖的管理团队：首席执行官、其他主要董事和在大公司领导部门的董事。[2] 以案例 16.1 的施乐公司为例，包括安妮·穆尔卡西、参与到公司重新评估的董事，以及各层面的经理们。他们必须对以下内容做出艰难的决定：施乐的产品范围、个别董事的职责和实现利润的能力、通过减少世界各地施乐工厂的员工数量来降低成本等。这一切都是为了应对日益激烈的全球竞争，像佳能和理光这样的企业，都在寻求联合其他公司来攻击施乐。2008 年，美国经济的衰退增加了施乐对战略领导者的需求，这些领导者需要仔细考虑他们应该如何应对外界压力并继续为施乐的利益相关者提供利益。

因此，战略性领导能力是许多因素之间复杂的平衡行为。正如我们在第 3 章中研究的那样，它包括应付公司外部环境的战略压力和变化。同时，它需要管理公司内部的人力资源，这可能是最重要的战略能力之一。[3] 领导能力不仅仅意味着应对外界的事情，它同样需要激励和鼓舞公司内部人员，让他们看到未来明确的方向。这通常包括：与公司内部的人员进行沟通、聆听他们的想法，其目的是传播知识、创新和创造新领域、提供问题的解决方案。[4] 重要的是，领导能力也意味着思考并挖掘公司未来的领导人。[5]

战略领导力的中心是制订和实现公司目标，见第 6 章和第 7 章。领导者不会亲自承担这个任务，这个任务涉及公司内部多个层面的员工。领导能力能够结合和管理这类投入，以至于让员工感觉到他们为公司做出了贡献，同时，他们愿意跟随并朝着领导者所制定的战略方向努力工作。与这个复杂任务有关的因素中，存在三个突出因素：

1. 如何进行领导，使其他人服从该领导：16.2 节。在大多数情况下，领导者会发现，如果从上而下地实施决策，经理和员工都会更好地投入工作。
2. 如何塑造公司的文化和风格：16.3 节。在为实现目标而努力时，工作场所的氛围和决策制定是很重要的。

3. 如何构造和影响公司的决策：16.4节。在公司内部各种团体对权利的追求是不可避免的，而这些都需要进行恰当地管理。

> **关键战略原则**
>
> ● 战略性的领导能力是随着时间推移所形成的提供决策和价值的能力，不仅是个人的能力，也需要激励和管理公司中的其他人。领导者不仅包括首席执行，还包括公司领导层中的整体团队。
>
> ● 领导才能涉及权衡与战略有关的大量因素。这些因素包括：影响组织的外部因素、从经济变化到日益剧烈的竞争。同时，领导能力也意味着鼓舞公司的员工，使他们看到未来的明确方向。最终，领导者会引领公司确定和实现目标。

16.2 什么因素会培养成功的领导者？

定义➡ 领导能力是一种影响人的艺术或者过程，以至于人们会欣然接受并热情地朝着实现目标的方向而努力。以安妮·穆尔卡西在施乐公司的案例为例，领导才能会在公司绩效上产生重要的影响。然而，本节的基本论点是：两个相关的领导能力论点和目标之间的准确关系是复杂的。这意味着，很难提供针对这种关系的常规性原则。本节将会阐释两种观点：一个观点是领导能力需要避免与下属的持久冲突；另一个观点是特定的领导风格可能会与目标制订的特定方法有关。最后，本书认为，最成功的领导者需要超越以冷静的、抽象的方式来定义公司目标。成功的领导者会与人沟通并获得信任，充满热情地向参与管理的所有人做出承诺。

16.2.1 了解领导的影响

新闻集团的鲁珀特·默多克，米其林橡胶的弗朗索瓦·米其林（Francois Michelin）、微软的比尔·盖茨、索尼的盛田昭夫（Akio Morita）、施乐的安妮·穆尔卡西都是领导人的例子，他们的领导能力塑造了他们公司的方向。因此，领导能力与公司目标相关。领导这方面的本质可以视为"影响力，这是影响人的艺术或者过程，以至于他们会欣然地、热情地朝着实现公司目标而努力"。[7]

公司目标和战略不仅仅是退出了讨论的过程，还能够被有战略眼光的个人来进行积极引导。

富有远见的领导激励着不可能的事：虚幻的事情变成真理。[8]

在制订公司目标和战略时，领导能力是一个至关重要的因素。一个领导

第 16 章 战略性的领导能力

者能够影响公司总体方向的潜力是相当大的。尽管有人意识到有时出现在领导者周围的圣徒（圣人）是很重要的，但仍然存在大量的轶事证据来支持这一观点。例如，在案例 8.4 中对鲁珀特·默多克的描述。然而，在制订目标和相关战略上，需要仔细考虑公司中的领导或团体的个性、角色和权力。

由于领导者在制定公司使命和战略上有明显的权力优势，但仍需要谨慎对待该研究领域：

- 如果领导者想要影响变革，那么领导者应该在某种程度上反映跟随者的意志[9]，并且在一些公司文化上可能需要优秀的团队成员。
- 愿景可能是复杂的，有时也是不合乎逻辑的。[10]
- 当高管领导庞大而多元化的公司时，当然有可能夸大了那些有强大政治本能的个人的重要性。[11]

当然，这些特性在现代化的、复杂的战略管理因素中是很重要的。像美国菲利普·莫里斯、英国/荷兰的皇家荷兰/壳牌和日本丰田这样的公司可能会与一个倾向于演变而不是革命的企业领导者融洽相处。在这种程度上，我们可能会质疑对管理救世主的英雄崇拜：这些救世主充满远见并致力于拯救失败的企业。相同的变化也可能发生在小型企业、非营利机构和政府机构。在任何情况下，领导能力都可以对目标产生深远的影响。

16.2.2 分析领导的风格

为了理解是什么因素造就了一个成功的领导者，分析领导能力的作用是很关键的。然而，尽管追溯到 19 世纪 50 年代，存在大量的研究记录，但对领导能力的分析并未达成一致意见。[12]这里有三种探究领导能力主要方法：

定义➡ 1. 特质理论（Trait theories）：认为能识别的特定特质的个体能够在任何情况下展现领导能力。根据已经做过的研究，这些个体会都是聪明并且自信的，能够预见超出当前的问题，同时他们都来自更高的社会经济组织。在当代，这样的理论却被推翻，因为支持它们的证据是不一致的，而且在领导能力的解释上显然不够充分。根据这种观点，成功的领导能力在很大程度来自于个体领导者。

定义➡ 2. 风格理论（Style theories）：表明那些被确定为具有一般领导风格的个体适合所有组织。例如，独裁和民主是两个对比鲜明的风格。前者把核心领导者的意愿强加给其他人，后者允许在制订解决方案之前进行自由辩论。根据研究，虽然这有一定的道理，但领导能力比简单风格更为复杂。例如，它需要考虑到领导者和下属之间的各种关系，公司中决策制定的政策以及公司文化。因此，近年来，这些理论并不被重视。也许领导风格可以界定成功的领导能力。

定义➡ 3. 权变理论（Contingency theories）：根据公司在某个特定时间点上的需求，领导者应该被提升或者招聘引进人才。这个选择取决于公司在当时所面临的战略问题，并且随着形势本身的变化而需要更换领导者。因此，需要考虑到领导者与一些团体之间的关系,这些团体就是领导者将要领导的团体,同时需要考察领导者与所进行的任务性质的关系。例如,从危机中进行恢复的战略需要不同类型的领导者,并来自于稳定发展的战略类型。虽然有一些证据可以支持这个方法,但这些证据仍然只是逸闻趣事并且过分简化了领导任务。所以成功的领导取决于战略背景和相关环境。

从战略的角度来看,权变理论最具说服力,主要有两个原因。一个原因是它同时包括了领导者及其与公司中其他人之间的关系;另一个原因是它还清楚地指出了与分析成功领导能力有关的战略情形的重要性。

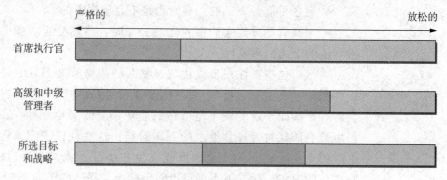

图 16.2　最佳拟合分析方法的例子

在权变理论中,使用了一种特别的方法,被称为"最佳拟合分析方法"。本质上是基于这样一种观念:如果要成功运作公司,领导、下属和战略必须形成某些妥协达成一致。虽然可能会存在一些不同的观点,但最终公司目标和要实现目标的战略最好能由它们之间的一些协议来进行制定。这有助于公司进行战略管理,因为它因地制宜,并且能够识别三个关键的分析要素:

1. 首席执行官或领导者;
2. 执行任务的高级/中层管理者;
3. 将要执行的战略和目标的性质。

随后,这些理论中的每一个要素都会被标注上常见的规模:从严格的规模(高度架构化的)到轻松的规模(支持的灵活性架构)。随后,在这三个因素之间寻找最佳拟合点。在图 16.2 中展示了一个例子。即使其结果必然是模糊的,但在识别风格及其对人、战略和目标的影响方面的平衡是有用的。

16.2.3　成功的领导风格

领导风格是不同的:从圣吉的共同愿景方法,到 20 世纪 80 年代后期的亨利·福特一世或者玛格丽特·撒切尔(Margrat Thatcher)的独特风格。每个风格将会影响目标的制订和最终的结果。

共同愿景的方法

圣吉对公司及其领导能力之间的关系有一个实用观点:公司的领导者会

展示这种方法。[13] 然而，他认为，在良好的管理发展中，整个公司会参与目标和战略的制定。一个公司的演化方式与战略一样是由领导能力决定的。然而，领导者并不会支配和决定该公司的发展，而是帮助公司制订一个需要实现的、关于未来和变化的共同目标。正是因为领导者会关注潜在趋势，变革对公司的影响更为重要。为了解释他的观点，圣吉引用了一个古老的领导能力愿景，表达了领导者与组织之间的这种关系：

太上，下知有之；其次，亲而誉之；其次，畏之；其次，侮之。信不足焉，有不信焉。悠兮其贵言，功成事遂，百姓皆谓"我自然"。

摘自老子《道德经》

因此，通过合作、讨论和广泛的协议来制订目标，虽然结果可能是缓慢的、复杂的，但它可以被每个人很好地理解，并且那些参与目标制订的人能够形成一个强有力的承诺。

统治方法

尽管老子《道德经》的观点很好，但这也许并不适用某些战略情况。如果一个公司正处于危机之中，那么它可能需要强大牢固的核心领导层来维持公司的生存。当一个公司处在早期开发阶段且对未来有一个新愿景时，它可能更受益于一个强大的创业型领导者来使用具有截然不同的风格和方法。

在这种情况下，所制订的目标主要取决于领导的选择，也可能取决于直接下属。这可能会将目标强加给公司中的其他人，而且并不会产生同等程度的承诺。

两种基本方法的比较：其他的领导风格

在公司目标和战略背景下，需要考虑那些能够以最好的方法描述领导者管理风格的领导体系。在领导者处于主导地位的领域，她/他会尽早地参与管理。然而，在领导者有更多需要协商的地方，早期参与管理更多的只是参与而已。此外，领导者的风格将受制于公司的风格和文化，而且在设计方法的过程中，需要考虑目标和战略的制定。

为了研究这些主要的因素，上述的讨论取决于目标解释中的两个基本领导能力风格。其他的风格如展示12.7所示。

领导风格的选择

领导和公司希望知道如该何进行领导和被领导。领导风格的选择将最终取决于多种因素，超越个人的人格和愿望。一些影响领导风格的因素如展示16.1所示。[14]

> **展示 16.1**
>
> **影响组织领导风格的因素**
>
> - 领导的个性和能力。
> - 公司的规模。
> - 地理的分散程度。
> - 公司环境的稳定性。
> - 当前公司文化的管理风格。
> - 公司当前的盈利能力以及公司对变革的欲望和需求。

16.2.4 信任、热情和承诺的重要性：班尼斯和南斯的贡献

成功的领导会影响组织的很多方面。因此，一位成功的领导不可能仅仅被视为一个冷僻的、抽象的分析叙述。领导者需要产生信任、热情，为了所选目标在公司的关键成员中许下承诺。

在与公司任务有关的领导能力的著作中，被广大读者阅读过的文章作者就是沃伦·班尼斯（Warren Bennis）和伯特·纳卢斯（Burt Nanus）。这两个美国作家研究了 19 世纪 80 年代的美国公司的领导能力，他们的研究中包括成功和失败。这是一本充满许多短小轶事的畅销书，其中包括对领导能力的精练结论，特别是在人力资源方面。[15]

他们关于成功的领导能力的结论表明：

- 当制定公司愿景和使命时，在战略过程和公司的总体完整性方面，领导者需要产生并维持信任。
- 如果领导者形成并利用许多员工的智力资本，那么他们将追寻一个更强大的目标。这意味着领导者已经发掘了员工的学识、兴趣和经验。
- 成功的领导者需要展示热情和决心来寻找并实现目标，这些目标是在制订过程就已经确认的目标。

正如安妮·穆尔卡西在案例 16.1 中所表现的，成功的领导不仅在于以一个冷僻、抽象的方式确定目标和战略，领导更需要证明其承诺，为了完成目标，培养默契和如火一般的热情。另一个关于领导能力的例子是安迪·格鲁夫（Andy Grove），他是美国电脑芯片制造商英特尔公司中的一位非常成功的领导。当他的公司在 20 世纪 90 年代面临困境的时候，他也需要决定超越冷僻的目标，需要在许多观点上重新改变公司目标和战略方向。

16.2.5 关于成功领导能力的结论

机场书店布满了关于领导者的书籍，这些书籍声称能识别优秀的领导者和履行这样一个角色所必须具备的特征。这些书中的叙述通常是领导任务中

的常规方法，并且暗示所有优秀的领导者都拥有特性。如果权变理论是正确的，那么需要谨慎阅读这些书籍，因为该理论认为领导能力取决组织的战略环境，而并不存在一个最好的成为成功领导者的方法。

还有另外一个原因：在战略制定上，领导能力是为一个重要事件减少其他重要因素的作用。例如，在某些特定类型的公司中，团队建设和家庭所有权可以是同样重要的因素。

关键战略原则

- 领导者对使命和目标具有深远的影响。在引领公司去迎接新挑战时，他们的作用可能特别重要。然而，在大型且复杂的公司中，他们的角色更可能是演变的而不是革命性的。
- 没有分析领导力的统一方法。权变理论可能是最有用的方法：领导的选择和风格取决于在那个时间点公司所面临的战略问题。
- 在权变理论中，可以使用最佳拟合分析方法，它有助于不同情况下的战略方法。
- 从共同愿景到统治支配，领导风格都是不同的。需要修改领导风格来适应战略情形，领导风格也可能取决于公司及其环境。
- 关于目标，成功的领导者需要在战略过程中赢得信任，因为他们需要汲取公司的智力资本，并展现出热情和决心。
- 在某些情况下，通过实施战略任务的团体来形成目标，而不是由中心层领导将目标强加给公司的员工。

案例研究 16.2

福特汽车公司：战略、领导和战略变化

1994年，福特采取了一个新的席卷全球战略，因为公司正挑战着它的竞争对手。在1999年，福特采取了收购主要品牌的不同战略，像捷豹、沃尔沃和路虎。到2001年，福特解雇了公司的首席执行官，并回归到了带来利润的基本业务：福特旗下的大排量汽车业务。到2004年，福特已经失去了它在世界汽车市场上第二的位置，处于龙头地位的是丰田汽车。这个案例关注了所发生的事情，尤其关注了"人为因素"的问题。

福特公司的国际运营

福特公司成立于美国的19世纪末20世纪初。在美国得到快速发展之后，公司的创始人亨利·福特在20世纪20年代后期的英国建立了第一个海外工厂。往后的70年，公司拥有的主要生产设施都在英国、德国、比利时和西班牙。但这些运营业务都是为美国总部工作的半独立的欧洲部门的一部分。此外，福特公司拥有在南美、印度和澳大利亚的制造与营销业务，这些业务运营在一定程度上是独立的。虽然存在一些协调工作，但生产和模型仍然主要基于当地公司，其原因是需要在风格、价格和汽车性能上满足当地客户的需求。下一节将追溯福特的历史和战略。

在企业文化方面，福特公司有几个强大

的特点。它仍然受控于底特律的创始家族。多年来，公司一直遵循以市场和顾客为导向的方法，这种方法很可能将美国人提升到一个很高的地位。在20世纪30年代，亨利·福特引起了工会的反抗。工会的反抗一直持续到20世纪80年代，因为国外劳动力是强大且具有良好组织性的，而白领员工高度专注于晋升和绩效。公司自然是受结果导向，而支持为公司做出贡献的员工。正是在这种背景下，各种关于高管的流言在公司传播。对福特企业文化的分析将在之后的这一章中进行展示，如展示16.2所示，这是该案例不可分割的部分。

福特1994年：由亚历克斯·卓特曼发起的全球战略项目"福特2000"

多年来，福特公司已经被一个"全球化"汽车的想法所吸引。有三个很好的理由来说明全球化会带来的主要好处：

1. 生产商预期扩大规模经济和范围经济。

2. 全球制造商与采购协商汽车零部件，这也会额外节约大量成本。

3. 在新模型上的研发成本越来越多，通常是80亿美元。将该成本分散到更多的产品生产上，可以降低每辆车的单位成本，同时也节省了重置成本。

然而，这需要在像福特一样大的公司中进行重组和协调，并不是一个轻易着手进行的项目。因此在1994年，公司的首席执行官亚历克斯·卓特曼（Alex Trotman），推出了一个全新的项目叫作"福特2000"。它的目标是，到2000年创立一个完全综合的全球公司。预计在十年之内，实现每年节约20亿~30亿美元的成本，而且这能够对福特的竞争对手，如美国通用汽车和日本丰田，构成一个巨大的威胁。

福特的计划在1995年初投入运营，而且该计划将运营业务整合到一个公司。为了实现可观的成本节约，公司对核心工程和生产进行了简化。对于设计的新模型，主要减少了平台的数量，从而节省了资金。雅克·纳瑟（Jacques Nasser）通过掌管福特的全球汽车业务来实现这些改变。他成功地停止了无利润的车辆生产、削减成本以及为了降低成本而施压给供应商和经销商等，以至于他被称为"杰克刀"（Jack the Knife）。由于创造了大量的节约资金，纳瑟在1999年被提升为全球福特汽车公司的首席执行官。

亨利·福特是大众汽车制造企业的创始人，他的控股股权遗产也留给了现在的福特家族。

福特1999年：雅克·纳瑟的全球细分市场战略

接着，纳瑟监督了公司的另一个主要的战略变革：全球细分市场战略。他认为，全球的汽车需求正朝着细分汽车市场转变，如四轮驱动越野车、面包车、小型豪华加长轿车、跑车等。此外，这些车有着比传统福特汽车业务更高的利润空间，如Mondeo和Ka。"你看到的就是细分市场文化。"纳瑟解释道。客户想要的远不止一个只会停止、启动和看起来就像邻居的车的金属盒子。对于福特，在客户细分战略上的新趋势是"一个不可思议的商业机会"。

为了满足这些需求的变化，公司开始着手于至少五个更长远的投资，这些投资甚至不会使用福特品牌的名字：

1. 捷豹汽车的收购和开发。在20世纪80年代后期，福特收购了这个豪华奢侈的公司，然后花费数十亿美元开发新车型、改装工厂和其他活动。公司为了强调特殊的细分市场战略，让这个商品型号独立于"福特2000"项目。到20世纪90年代末期，捷豹已经推出了一系列车型，这些车型备受新闻关注。同时，公司正在进攻一个细分市场，该市场是福特此前几乎没有任何表示市场：豪华车细分市场，如梅赛德斯—奔驰、劳斯莱斯和丰田的雷克萨斯。

2. 林肯汽车的开发。福特在美国的豪华汽车市场上，能代表福特的只有林肯汽车。开发该车型的另一个原因是为向全球其他地区推出一些林肯汽车型号。

3. 收购沃尔沃汽车。在1999年，福特公司以65亿美元收购了这个瑞典公司，其目的是增加它在高端细分市场上的代表车型，而公司以前在该市场上只取得了部分成功。此外，这次收购无疑挑战了那些竞争对手强大的细分市场，例如，宝马和奔驰。但是，在这种情况下，它还将在采购和物流方面进行大量的成本节约。

4. 收购路虎。在1999年，这家英国的四轮驱动汽车公司也被福特以28亿美元收购了，然后用来创造在这个专业汽车领域的利益。与以上的其他收购相比，在过去数年里，福特在人力和器械上进行了大量的投资，其目的是为了让现有的工厂车间现代化，并开发新的汽车模型。

5. KwikFit的收购和赫兹（Hertz）的兼并控制。为了给客户提供一个完整的服务，在20世纪90年代后期，欧洲轮胎、电池和排气配件公司KwikFit被福特以10亿美元收购。与这个公司有关的汽车租赁公司赫兹也被福特兼并。

将新收购组合在一起，并将其作为福特的一个独立部分，被福特称为"高端汽车集团"。预计以上所列出的五个全球细分市场战略能使福特的单位销量从1998年的25万辆增加到2000年的75万辆。到2005年，预计新集团能为福特提供占总额三分之一的利润。此外，与福特自身的大排量汽车相比，这类汽车的销售能带来更高的利润。

而实际上，福特只实现了少量目标：

● 捷豹的收购延长了转型时间并需要更长远的投资。此外，对于捷豹汽车型号的政策也不是完全成功的，而且它的主要生产基地在英国意味着其在美国的定价会因为英镑兑美元汇率而上涨。

● 公司没有足够资金将林肯转移到北美以外。

● 经过大量的投资，沃尔沃的收购取得了成功，它成为了福特持续的国际业务的一个重要部分。

● 路虎遭受了持续多年的质量问题、成本问题和管理巨变，而福特被迫通过大量削减开支来恢复在路虎2003年到2004年的利润。

福特2001年及以后：尼克·谢勒与比尔·福特的"回到基本"战略

"全球细分市场战略"改变了福特的战略重心，从基于福特品牌带来盈利的大排量汽车市场转移到豪华车市场，结果导致了2001年的利润灾难，如表16.2所示。尽管纳瑟没有全权负责战略，但他也为此付出了代价：在2001年的晚些时候他被要求离职。"董事会已经达成一致，让我们越早告诉杰克（纳瑟）越好，"福特欧洲的前任主席和新的首席运营官尼克·谢勒先生说道，"我们需要的是回到基本业务。在各种不相关的情况下，我们经历了糟糕的一年，但我们必须前进。"

作为福特公司少数重要股东的福特家族越来越信赖这个战略，尽管该战略没有实现公司的全部目标。创始人亨利·福特的孙子比尔·福特（Bill Ford）出任福特的董事长兼首席执行官后，他开始在福特的每个部门进行很大程度的成本削减。他专注于福特在北美和欧洲的以下主要业务活动：

表 16.2　福特公司在 1999—2003 年期间的销售和利润　　　　　　（百万美元）

销　　售	2003	2002	2001	2000	1999
销售额	164 196	162 256	160 504	168 930	160 053
净收益（亏损）*	495	(980)	(5 453)	3 467	7 237
总资产	315 920	295 222	276 543	283 390	270 249

注释：*税后和除息后。

资料来源：年度报告和报表。

● 北美的问题：在北美，一个始于2000年的重要成本削减活动恢复了公司的部分利润。实质上，公司决定关闭在北美的五个工厂并撤销22,000个工作岗位。福特还缩小了在另外11个工厂的规模。此外，它还停止了4个低利润车型的生产，并以10亿美元出售了非核心资产，削减公司三分之一的股息。新主席比尔·福特带有后见之明地解释道："我们所追究的战略，要么考虑不周，要么时机不佳。我们偏离了到达顶峰的路径，从而使自己损失惨重。"

● 欧洲的问题：对于所有关于新全球战略的主张，事实是福特欧洲市场份额正在急剧下降，从1994年的12%下降到2000年的8.7%，加上工厂效率低下，使得公司在2000年的欧洲市场上出现了10亿美元的亏损。因此公司需要采取积极措施来削减产能，关闭在英国、葡萄牙、波兰和白俄罗斯的工厂，并关闭福特在其他的大多数欧洲地区的工厂。而全球战略中似乎并没有包含关闭欧洲工厂的部分。

此外，由于需要应对费尔斯通轮胎（Firestone）事件，福特遭受了严重的损失。一些安装有费尔斯通轮胎的福特汽车被卷入这个归咎事故中，福特和费尔斯通都被顾客起诉要求赔偿损失。同时，福特也卷入了几种大排量汽车的价格战中，由于福特的基础成本太高以至于难以应对，但它最终还是保住了利润。在9月11日，悲剧发生在经济衰退的美国。接下来的几年里，福特也面临来自美国主要竞争对手与日俱增的压力，尤其是通用汽车和克莱斯勒（戴姆勒·克莱斯勒的一部分）。此外，福特还要应对来自欧洲市场上丰田的激烈竞争，因为日本丰田公司开始在欧洲开拓市场。丰田的凯美瑞车型已经是美国最大的单一销售型号。到2004年底，福特已经失去了它较丰田而言作为世界第二大汽车公司的地位，在第六部分的案例5中会涉及这个故事。显而易见的是，这些消息对公司在那时的企业文化和士气都有明显的影响。

接下来发生了什么？

福特的案例在本书末尾的第六部分的案例5中被再次说起。经历这段困难时期后直到2009年，通过专注于福特基本车型并整理了美国和欧洲业务，福特公司得到了很好的恢复。到2011年，它可能是美国汽车公司中最强大的公司。

 福特在绿色战略上进行了重大投资，这些战略与汽车设计和新模型的开发有关。这将在本书最后的第六部分的案例4中进行描述。

©版权归理查德·林奇所有，2012年。保留所有权利。该案例是由理查德·林奇所著，来自于已发表的信息。[16]

案例问题

1. 在过去的10年里，首席执行官为福特所提出的各种战略中的主要观点是什么？

2. 各种变革是如何影响福特的领导能力和人力资源的？

3. 当一个公司在战略上做出重大转变时，是否需要更换它的领导人呢？

从一个战略角度来分析组织人力资源的清单。

16.3 领导者如何通过文化和风格来塑造公司？

领导可以通过影响和指导公司内部和外部员工的信念、风格及价值来塑造公司。例如，福特汽车公司鼓励并奖励那些取得成就的员工和经理。同样，福特在处理首席执行官雅克·纳瑟的方式上也是非常严厉的，因为他未能兑现高价值的收购，也未能解决有关大排量汽车的问题。这些决策反映了公司的文化、价值，以及战略问题。为了重塑公司，必须了解一个公司当前的文化和风格，因此这一节的第一部分分析了当前的形势；之后的第二部分考虑领导人改变组织的选择权。

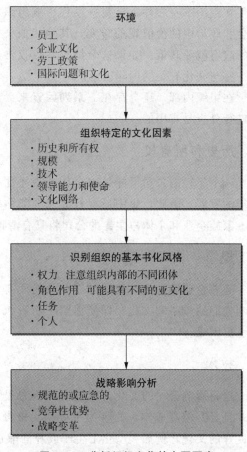

图 16.3 分析组织文化的主要要素

16.3.1 分析当前公司的文化

定义➡ 公司文化是一个公司一系列的信念、价值观和管理的方法论。这反映在公司的战略管理制定的架构、系统和方法上。组织的文化来源于它的过去、现在，当前的人员、技术和物质资源，而且来源于在组织中工作的那些人的目的、目标和价值观。例如，在福特汽车公司的人仍然回忆过去与行业工会战斗的场景，该场景构成了福特故事的一部分。

因为每个组织都具有上述内容的不同组合，所以每个组织都将有独一无二的文化。文化分析是重要的，因为文化影响组织的每个方面，而且如果领导要做一些改变，那么他们需要了解文化的起点。[17]具体地说，文化是过滤器和塑形器，通过领导、管理者和员工共同开发并实施他们的战略。由于这些原因，文化将是影响战略管理制定的因素之一。

尽管文化具有重要性，但是在分析文化时，存在一个值得注意的问题。即在组织文化的性质、架构和影响方面，主要作者之间的观点缺乏一致性。因此，作为一个起点，本书只有从一个战略角度以及方法选择性方面研究这个问题。[18]

组织文化的主要要素如图16.3所示。

在组织本身之外，存在一系列影响组织文化的因素。这将包括，人们在社会和政治中的价值观的转变，其他相似公司的企业文化，以及组织必须处理的政府就业政策。如果这个组织不仅仅参与了一个国家的贸易，那同样存在一些与文化有关的国际因素。

在组织内部，还会存在一系列因素来界定现有组织文化。对以下几个标题进行分析是有用的：

历史和所有权

一个年轻的公司可能是由个体或者小团体成立的，它们将持续影响公司多年的发展。因此，集中所有权显然要集中权力，所以将要关注影响力和风格。家族企业和个体户主导的公司将具有清晰可辨的文化。

规模

随着企业的扩大，他们可能会放松所有权和控制权，因此允许其他人来影响他们的风格和文化。即使抓紧了所有权，大公司中心层所面临的控制问题也更困难。

技术

这将影响公司的文化，但其影响不总是可预测的。这些技术需要规模经济并且具有较高成本，而且为了成功，昂贵的设备通常需要一个正式的、架构良好的文化，例如大型化工生产或啤酒酿造。相反，在快速变化的技术中，例如电信方面的技术，可能要求更灵活的文化。

领导能力与使命

随着时间的推移，个体和他们的价值观将反映和改变组织的文化，特别是首席执行官和直接的同事。这些问题对于组织来说都是至关重要的。

文化网络

定义➡ 这种文化网络包含许多因素，这些因素可以用来描述一个组织文化的某些方面。这是一个把基本要素集结起来的有用方法，这些要素有助于分析一个组织的文化，如图 16.4 所示。

这些主要的要素是：

- 故事。人们在组织里谈论什么？组织中的重要事情？什么导致了成功或失败？
- 惯例。什么是做事情的正常方式？什么是程序（经常不能被记录）？
- 仪式。除了常规事务之外，组织会强调什么？例如，长期服务？销售业绩？创新？质量标准？组织如何强调并可能奖励这样的仪式？
- 象征标志。什么是办公室的标志？办公室的规模吗？公司汽车的规模吗？针对不同级别的管理者和员工的单独餐厅？或者这些都缺乏？员工如何旅行：首先，商业或旅行类旅行？
- 控制制度。官僚主义？证据确凿吗？以业绩为导向？正式的还是非正式的？偶然的吗？
- 组织架构。在组织的正式基础关系上中，谁向谁报告？谁具有非正式的关系？
- 权力架构。谁来作决策？谁影响决策？如何影响？什么时候影响？

文化网络可以在以下两个方面进行评估，即"在组织中哪些事情是官方的"，如新闻稿和项目事后的评估；"哪些事情是非官方的？"，如小道消息、办公室聚会、电子邮件等。

范式不仅仅连接了这些要素，而且还倾向将它们作为"我们在这里做事的方式"。它总结了组织的文化。展示 16.2 是对福特汽车公司的一个文化网络分析例子。

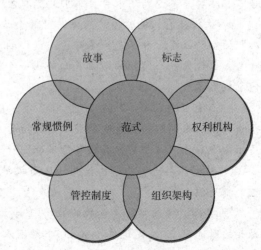

图 16.4 文化网络构成

资料来源：Johnson, G (1992) "Managing strategic change-Strategy, culture and action", *Long Range Planning*, Vol 1, No 25, pp28-36. Copyright 1992, with permission from Elsevier.

展示 16.2

2001年福特汽车公司采用"回到基本"战略时组织文化分析[21]环境：

- 高度竞争的全球市场。
- 在美国的遗留问题，即福特在处理医疗和养老方面对以前员工的承诺，公司面临着利润压力。
- "绿色"汽车排放的相关问题。

组织具体的文化因素：

- 历史和所有权：现代美国的创始人之一，具有重大意义，其仍然具有强大的家庭关系。
- 规模：全世界的，复杂的，许多互连部分。
- 技术：在汽油发动机上复杂但成熟的技术。
- 领导与使命：强大的未来愿景，但会因领导的免职和新首席执行官的接任而受阻。
- 文化网络：

1. 故事。很早便确定了清晰的发展，新首席执行官比尔·福特是没有经验的。因此，由一位来自欧洲的知名的首席运营官尼克·谢勒（Nick Scheele）来接管。解雇前任首席官雅克·纳瑟的真实故事在公司以生动详细的方式流传。仅仅在他被解雇的一个星期以前，故事就已经开始流传了，即纳瑟对其被解雇的传闻一笑了之："正像有人说的那样，你可能会被裁掉，而你对它一无所知。"

2. 惯例。引进新惯例是为了扭转公司业务，即号召所有在公司总部的高级管理者参加特殊会议。他们完全缺乏惯例来强调形势的严峻性。

3. 仪式。在一个特殊的员工会议上宣布纳瑟的离开。比尔·福特的公告"在福特总部受到了来自员工们的热烈欢呼"。

4. 象征标志。被称为"能量房"的会议室，是为了设计新的"回归基础"的福特战略，并不是为了舒适而设计的。被召集到这种会议的高管们，被告知仅仅做一个简短的演讲并只给出一个简单的议程，"告诉我们你将如何削减成本"。

5. 组织。在2001年11月至2002年1月宣布新战略期间，成立了一个全新的团队来制定一种改进的成本削减战略。这将伴随着数以千计的裁员，关闭四个美国汽车工厂，并出售像KwikFit这样的非核心活动。

6. 控制。引进一些新的控制，但是福特已经拥有了大量的针对绩效监控的制度。

7. 奖励。考虑到此次危机的性质，"奖励"是来保持你的工作。在纳瑟离开的时间里，"决定退休"的20个经理人被重新分配到其他岗位或者被取代。

8. 权力。一个重要的权力战争发生在纳瑟解雇的预备阶段。随后是一段稳定时期，这种稳定可以看到权力集中，以至于在接下来的 2004 年到 2005 年这段时间里进行所提议的改革。

识别组织基本文化风格
- 角色文化：大规模的福特公司可能对这种文化高度重视。
- 任务文化：有时重大的新项目由任务文化所引导。

战略启示：
- 变革可能是缓慢的、常规的和复杂的。
- 大多数决策是在压力之下作出的，因为公司想要试图恢复它的盈利能力。
- 将会咨询利益相关者，如经理、员工和工会代表。
- 利益相关者和金融机构会预期短期行动来阻止利润问题。
- 注意以上最后两点之间存在的潜在冲突：雇员和金融机构。

16.3.2 塑造组织未来的文化风格

尽管每个组织都有自己独特的文化，但是汉迪[20]利用了哈里森的工作表明，在以上所进行的一般分析中存在四种主要类型。领导者可以在决定他们想要如何塑造组织的文化方面，尤其是对战略变化问题上，将其作为一个起点。每种风格都与缓慢或迅速的战略变革的能力有关，即当领导者塑造他们的组织文化时，他们希望将此风格反映在这种关系上。

权力文化

组织围绕着并受到个体或小团体的控制。例如，小建筑公司；以前，一些由业主支配的报纸。战略变化：快或慢取决于领导的管理风格。

角色文化

这个组织依赖于委员会、架构、逻辑和分析。一小群高级管理者会做出最后的决定，但是他们依靠程序、系统和明确定义的沟通规则。例如，公务员、零售银行。战略变化：可能是缓慢且有条不紊的。

任务文化

组织能够处理认定的项目或任务。在团队中承担的工作是灵活的，并且会处理已确定的问题。团队可能是多学科的并且是适应每种情况的。例如，广告公司、咨询公司。战略变化：将视情况而定，但也许在必要的地方是迅速的。

个人文化

个人工作和存在纯粹是为了他/她自己。为了既定的有用目标，组织是可以接受这种构建和维护环境秩序的方式,但主要感兴趣的领域是个体。例如,合作社、公社还有独立的专业人员,如在像卫生局那样的大型组织中以个人的身份进行工作的建筑师或工程师。战略变化:可以是即时的,个体决策是在其利益下而采取的行动。

四种文化类型的限制条件

在考虑四种组织文化的主要类型时,存在四个重要的限制条件:

1. 组织随时间变化。由权利文化代表的初创企业会发展成一个更大更传统的企业。由角色文化赋予的官僚机构也许会转向更灵活的任务文化的架构。因此,在几年之后,可能需要重新评估这种分析。

2. 同一个组织中通常会存在多种文化类型。也许存在一个专注于开发新业务或解决一个具体问题的小型任务团队,而且在相同的组织中,会建立一个更官僚化的机构,用一种更正式的架构和风格来处理大批量生产。战略管理甚至需要考虑,组织的不同部分是否需要开发不同的文化。例如,具有彻底的新风险的团队文化,以及具有专家专长的个人文化,都需要一个新的文化网络。

3. 不同的文化可能会占主导地位,这取决于公司的总部和所有权。霍夫斯泰德(Hofstede)[22]的研究表明,民族文化也会产生一定影响,而且会与上述的基本类型相互作用。

4. 企业文化变化缓慢。[23]重要的是,领导不期望在基本态度、信念和一个组织的行为方式上立即转变。

由于这些原因,需要谨慎对待战略文化变革。然而,存在许多组织,无论大小,一旦你走进门,就能清楚地指导组织里的情绪、风格和语气。存在一种普遍的文化,即在组织所展开的业务中渗透了这种文化。领导的影响将跟随这种文化。

展示16.3列出了在组织文化问题分析中的十个准则。布朗[24]和汉迪[25]都提出了比展示中所列更多的问题。

展示16.3

分析组织文化及其战略启示的十个准则

1. 组织有多长的历史?它是否存在于一个稳定或者快速变化的环境之中?

2. 谁拥有它?股权架构?业主所有的小公司?政府持股?大型上市公司?领导的核心信念是什么?

3. 它是怎样组织的?中央委员会?部门?清晰的从上至下的决策架构?架构是正式的还是非正式的?在公司中鼓励人员之间的竞争,还是认为合作更重要?

4. 如何评判结果?同情?严格?监控哪些要素?强调回顾过去的事件,

还是朝向未来的远期战略?

5. 决策是如何制定的?单独地?集体和共识?权力在整个组织中是如何分配的?谁能阻止变革?以及谁能鼓励这种变革?

6. 成为一个好老板需要什么素质?以及成为一个好下属?

7. 员工是如何得到回报的?报酬?恐惧?忠诚?在做得很好的工作的满意度?

8. 如何控制团体和个人?个人或非个人的控制?热情和兴趣?还是抽象的规则和制度?

9. 组织如何应对变化?容易还是困难?

10. 人们通常在团队中工作还是作为个人而进行工作?公司更倾向于哪种方式?

总体:是对整体组织进行分析还是只分析一部分?

战略相关性的测试可能包括:

- 风险。组织是否希望改变其风险水平?
- 奖励。奖励什么以及工作满意度?
- 变革。变革需要高程度还是低程度?
- 成本降低。组织是否在寻求重大的成本降低?
- 竞争优势。新优势是否重要?是否需要这些新优势呢?

关键战略原则

- 作为改变组织文化的第一步,领导者需要分析当前的文化。组织文化是管理组织行为的一系列信念、价值观和管理的方法论。每个组织都有独一无二的文化。
- 文化影响绩效和战略管理。随着时间推移,领导有机会去塑造文化。
- 影响组织文化的内部因素是:历史、所有权、规模、技术、领导能力、使命,以及组织的文化网络。
- 文化网络提供了能够总结组织内部文化影响因素的方法:故事、惯例和仪式、象征标志、权力架构、组织架构、控制制度。
- 影响组织文化的外部因素是:人、民族文化、企业文化环境、劳动力和就业政策。
- 在组织文化的一般分析中,存在四种主要文化类型:权力、角色、任务和个人。与其他文化类型相比,一些类型能够更好地处理和管理战略变革。希望改变战略的领导者将希望确定并使用这些与具体战略举措有关的文化类型。
- 为了分析组织文化,可以制定指导方针。针对战略制定的目标,需要将这种分析与该领域中的战略进行对比评估,例如对于风险的态度、变革、奖励、成本降低和竞争优势。

研究战略管理的国际文化视角。

领导者也许需要跨国界的指导和管理。在这个背景下，领导者了解国家文化以及本章中所研究的组织文化是有帮助的。

16.4 领导者如何处理权力？

当出现战略变革时，组织的领导者将不得不应对那些可能在这个过程中有积极利益的个人和团体。他们可能是施压团体、竞争对手、权力大享、经纪人、影响者、辩论者、赢家和输家。一些争论可能是公正和理性的，其中一些争论有可能被观点和利益统治。所有这些领域构成了组织的权力问题。

定义 ➡ 因此，权力与组织中的权力当局、领导和管理部门有关。战略变革不可能离开这样的问题。

如果新战略被拒绝，那么领导权力需要对什么是可能的而不是理想的问题有一个切实际的观点。例如，它也许是非常可取的并能够根本地改变公司的架构，但在某些情况下，即使有一个领导强加的解决方案，其管理的时间成本可能过高。对组织权力情况的分析于战略制定一样是重要的。案例12.2的荷兰皇家壳牌显示了荷兰皇家/壳牌的新主席在2004年所面临的困境，因为他试图实现激进的变革，并将他的优先解决方案强加于组织。

16.4.1 组织中的主要权力因素是什么？

作为起点，领导者首先需要认识到，从确定组织的发展方向并指导每个人都采取这条路径的角度来看，试图"控制变革"的做法是痴心妄想。[26]领导者也许发现更现实的并且值得去做的是"培养改变"。研究表明，领导权力也许通过鼓励积极的态度转变、学习和说服力来进行更好的指导。

在组织中个人和团体之间的健康竞争是没有错的。它可以扩大绩效并帮助组织变得更具有凝聚力。当竞争上升到冲突和政治操纵时，就会出现困难。领导者需要认识到，对于组织的冲突存在两个主要的原因：

1. 不同的目标和意识形态。例如，在一个组织中，不同的团体或个人可能有不同的目标，不同的价值判断，被赋予了不同的并相互冲突的目标，等等。也有可能在目标和目的上缺乏透明度。在战略变革背景下，应该确保目标冲突和混乱最小化。

2. 对领域范围的威胁。例如，一些团体或个人可能感受到了那些做同样工作的其他人的威胁，从而开始嫉妒其他人，越过职权来发号施令，等等。在这一领域内，可能出现最大的战略难题。如果想要节约资金或者提高绩效，那么可能需要接受这里的冲突。

在解决战略变革问题时，明茨伯格[27]表明，可以从组织竞争中获得利益。它是实现变革的推动力。从这个意义上来说，权力是战略变革不可避免的后果，为了最好的结果，它需要被组织的领导接受和引导。

16.4.2 领导者如何处理权力问题?

在任何战略变革过程的初始阶段,领导必须为组织中的独立部分阐明组织的目标和影响。如果混乱目标会导致冲突的产生是正确的观点,那么在出现其他问题之前,一定要充分探讨这些目标。

此外,组织的领导需要解决五个方面的问题:

1. 在多大程度上,组织已经形成具有适应性或试验性的文化?当谈及要执行达成一致的战略时,这种方法将是有帮助的。

2. 识别主要权利集团或个人,对于任何重要的战略变化,他们的影响和支持是必不可少的。

3. 随着战略分析过程的持续,需要进行咨询,而不是对其进行抗衡。

4. 组织中领导的传统和作用,在多大程度上能够提高成功率,并克服与战略变革有关的困难。

5. 组织外部压力的性质和范围。

这五个方面相互联系成了一个关系网络,如图 16.5 所示。

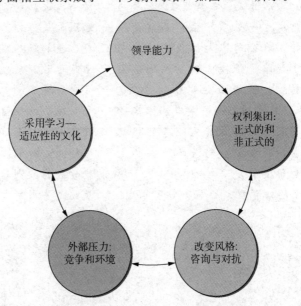

图 16.5 一个组织的政治网络

> **关键战略原则**
>
> ● 领导需要考虑,就改变而言什么是可能的,什么是合适的。
> ● 在组织中的竞争是健康的,除了它演变成不健康的冲突和政治操纵以外。
> ● 致力于如何处理权力问题,领导者需要调查权力组织、领导能力、组织风格的改变、学习适应性文化的采纳以及外部压力的本质。

案例研究 16.3

戴姆勒：三位领导者如何影响战略

1985年，戴姆勒的新主席埃查德·路透（Edzard Reuter）为公司制定了一个未来新战略。在接下来的十年里，这个战略被证明是有缺陷的。在1995年，戴姆勒的下一任新主席尤尔根·史瑞普（Jurgen Schrempp）修改了战略。在2005年，当再次证明战略是不健全的时候，他辞职了。同年，另一任公司新主席迪特尔·柴奇（Dieter Zetsche）制定了另一个新战略。在撰写本案例时，柴奇取得了一些成功。

埃查德·路透领导下的戴姆勒：1985—1995年

当埃查德·路透成为戴姆勒1985年的主席时，他变成了一位多年生产高质量汽车公司的领导。在公司强大的股东德意志银行的支持下，路透很快宣布了在战略上的一个重大转变。戴姆勒要成为一个"集成技术集团"。它将利用公司汽车和卡车所产生的高额利润来为转向其他业务的战略变动提供资金，那些业务与汽车业务的主要联系就是共享技术。

在接下来的四年里，公司花费了47亿美元建造一个工业集团，就总销售额而言，该集团成为了欧洲第三大公司。它收购了以下领域的公司：

- 航空和国防：梅塞斯米特—波尔考—布洛姆（Messerschmitt-Bolkow-Blohm）、多尼尔（Dornier）以及福克（Fokker）都投资于空客公司。
- 电气工程、电子、铁路工程以及家用电器：通用电气公司。
- 金融服务和软件：德比斯。

在战略思想上转变的原因实际上与公司的新视野有关。路透决定，戴姆勒要效仿高度成功的日本和美国公司，如三菱和通用电气。作为高科技公司中的全球大公司，戴姆勒热衷于发展德国工业，并热衷于改革欧洲航空航天行业，因为在那些地方它看到了真正的机会。

这个过程被视为一个长期行动，使戴姆勒进入到新领域，而这个领域是通过技术相互支持的。例如，当汽车污染和交通流量成为欧洲城市的较大问题时，城市愿景就是寻求新方法来平衡公共和私人交通。

在三位首席执行官的领导下，戴姆勒的战略已经发生了根本的变化：从左到右，埃查德·路透（图片：盖蒂图片社/Christian Niedenthal/生活或时间照片），史瑞普（图片：蒂姆·谢弗/路透社/科比斯），柴奇（图片：盖蒂图片社/Thomas Niedermueller）。

戴姆勒—奔驰将通过道尼尔公司的子公司来为城市制定一个新战略，即AEG建造列车，戴姆勒—奔驰建造公共汽车，TEMIC建立新的交通管理体系，TEMIC是AEG和戴姆勒航空（德国宇航公司）一起建立的合资公司。这个过程需要集团中各大子公司之间的谨慎和复杂的协调配合。同时，每个子公司都有自己要开发和销售的产品范围：汽车、飞机、电子产品等。

如果所有这些方面都相当模糊和不可信，那么他们会发现那是一些员工的工作方法。他们讨厌中心层在个体业务上的干预。例如，德意志航空的主席史瑞普，因为把斯图加特的戴姆勒—奔驰总部描述为"废话城堡"，所以他的话被记录在公共材料上[28]。

在1985—1995年期间，在环境中存在一些不可预见的让公司变得困难的事件：

● 德国货币增值，使得戴姆勒的出口更昂贵。

● 正如戴姆勒要投资于航天和国防一样，政治形势改变了。随着苏联和西方之间的"冷战"的减少，这里存在大量的国防削减。

● 中程飞机市场面临着重大衰退，即道尼尔公司的收购特别昂贵并且欠考虑。

此外，在扩张阶段最昂贵的收购是AEG公司，已经证明其存在一些重大的困难。这项困难都与公司要求的文化有关，而这种文化不容易融入新的集团中。而且，这种文化是判断性的，产品范围太广泛而需要更多的关注：AEG公司正生产所有东西，即从核电站到冰箱和打字机。没有试图专注于强势的核心领域。结果在1990年到1995年之间，AEG公司累计亏损了大约37亿马克（20亿美元）。

在20世纪80年代晚期到90年代早期，戴姆勒—奔驰轿车和卡车的利润继续下滑。1995年，形势如此糟糕以至于需要更剧烈的行动举措。埃查德·路透从公司退休。戴姆勒—奔驰有效地将AEG的一些资产转移到其他子公司上，并关闭了公司的亏损的残余部分。公司还从被迫关闭的荷兰飞机制造商福克公司手中撤回了资金。然而，戴姆勒公司继续它的空客研发。公司必须开始界定它的新战略，即主要是基于运输的制造。随后任命了一位新主席：来自德国宇航公司的史瑞普。

史瑞普领导下的戴姆勒：1995—2005年

在1995年当史瑞普接任戴姆勒主席时，这家德国集团缺乏集中战略。尽管公司拥有像戴姆勒—奔驰轿车和卡车这样的高回报、高利润产品，但也包含了一个总是亏损的飞机制造子公司，即福克公司，以及生产一切从交通信号灯到冰柜产品的其他众多子公司；许多这样的单位也有低盈利能力。史瑞普通过专注于轿车和卡车业务，并通过出售剩下的业务拯救了集团。而他的视野得到了进一步的拓展，即不仅仅开发一个有利可图的德国运输生产运营公司。他想建立一个全球化的汽车和卡车公司。

在考虑各种可能性（包括日本汽车公司尼桑的收购）之后，史瑞普在1998年做了这个交易，用他的话说："永远地改变行业的面貌。"戴姆勒以380亿美元收购了在美国市场排名第三的克莱斯勒公司。尽管一些评论家认为其价格过高，但戴姆勒—奔驰对这次北美的收购价格相当满意。史瑞普评论道："我们将拥有规模、盈利能力，并能覆盖到每个人。"

大约在同一时间，戴姆勒通过收购日本三菱汽车公司的34%股份和韩国现代汽车公司10%的股份，来继续追求其全球野心。此外，戴姆勒也更进一步的收购了一些公司，来支撑其在北美和其他地方的卡车利益。公司还针对梅赛德斯旗舰品牌继续实施它的新模型计划。最后，公司在欧洲和美国推出了一款名叫Smart品牌的新的小型汽车，它使用了一个全新的经销商网络。从而，公司更名为戴姆勒—克莱斯勒。

不幸的是，尽管德国戴姆勒公司的经营维持了高利润，但克莱斯勒收购和合资企业开始出现状况。2000年，克莱斯勒被迫降低它的价格来清除旧型号；竞争对手公司推出了新的运动型多功能汽车和小型货车；逐渐推出了昂贵的新型克莱斯勒。与此同时，戴姆勒意识到全球化的好处，即更大的规模经济、共享研究和开发成本。如果克莱斯勒完全依靠自己的经营，这种规模经济是不可能实现的。因此，有必要进行整合。此外，德国母公司的公司文化，即具有技术的、有计划的和精确的文化，与克莱斯勒文化不相符的，即企业家的、机会主义的和非正式的文化。

这次收购最初被当作一个"合并"，之后迅速成为一个直接收购。美国克莱斯勒公司董事长和其他资深同事都离开了公司，而且戴姆勒把自己放在高层管理团队之中。这家德国公司决定进行合并操作，降低成本和获得高利润。母公司的顶尖管理者之一，克莱斯勒的总经理柴琦决定把他所描述的新文化"自律"（disciplined pizazz）引进克莱斯勒中去。他解释说，这句短语是为了获得两件事：德国公司注意提高质量和削减成本的细节工作，以及在20世纪90年代期间，在克莱斯勒汽车上美国人产生创新设计的天赋。这种新方法没有立竿见影，甚至在2003年，克莱斯勒报告显示销售额下降了12%。此外，由于新模型被延迟推出市场以及日益增加的竞争，从而产生了11亿美元的营业损失。

在这个时候，戴姆勒对三菱公司的兴趣开始恶化。在20世纪90年代后期，戴姆勒克莱斯勒已经将三菱确定为其全球战略中的一个重要的合作伙伴，而且支付了30亿美元获得了这家日本公司37%的股份。随后对于戴姆勒而言，不幸的是，它的日本合作伙伴遇到了麻烦，即存在日本政府和客户质量方面的以及其他方面的问题。在考虑到这个问题后，戴姆勒决定终止与日本公司的合作关系，尽管这个做法是要放弃德国公司的全球战略。按照戴姆勒的财务总监曼弗雷德·根茨（Manfred Gentz）所说的，公司只是不相信它会得到应有的回报。

大约在一个月之后，戴姆勒—克莱斯勒也终止了它与韩国现代汽车制造商的广泛联盟。在2000年，这个德国公司已经以大约4亿美元收购了这家韩国公司10%的股份。戴姆勒能够将该股份卖出10亿美元的价格，以至于它能获得一个很可观的利润。问题是，现代和戴姆勒公司无法完成合资企业的计划，即在韩国制造商用车辆。而且，现代公司在那些与德国公司有冲突的中国业务方面表示出了野心。实际上，它们加入中国市场上进行竞争的举措不被戴姆勒所接受。此外，这意味着戴姆勒克莱斯勒全球战略的另一部分的结束。

除了所有其他的困难，德国子公司中的基础业务和高利润的业务，即梅赛德斯—奔驰，也陷入了困境。概括起来，这些困难是：
- 德国公司的制造成本太高。
- 新的小型智能汽车不能满足销售目标，且无利可图。
- 奔驰车型，尤其是E级，遭受了重大质量问题。

在2003年接受采访时，史瑞普丝毫没有质疑与克莱斯勒最初的合并。"我仍然相信我们的合并是极好的……我们正在取得巨大的进步。"他说。尽管已经出现困难，但这位首席执行官继续得到了执行委员会的全力支持。在2004年，尽管亚洲战略失败了，他却收到了来自其上司更进一步的忠诚承诺。在2005年的早期，史瑞普重申了他在广泛的全球战略中的信念。他指出，公司有明确的计划来克服这些困难。此外他评论道，对于公司的本土国家，德国，这种全球战略是最好的："判断某个人是如何经营一家公司的终极方法不仅是底线……而是我们对社会是否作出了贡献。这一点契合我的想法。"

柴奇领导下的戴姆勒：2005年至今

在2005年中期，戴姆勒克莱斯勒宣布在2005年末，辞去史瑞普作为首席执行官的职位。这大约提早了两年。取代他的将是柴奇，他曾经是克莱斯勒美国分公司回收厂的负责人。

与戴姆勒以前的领导人一样，柴奇为公司提出了一个战略。他认为，公司应该重点关注高利润的德国业务。因此他开始进行谈判，即以200亿美元把美国克莱斯勒业务出售给一群商业银行。戴姆勒只保留这家美国公司的少数股权，但实际上允许克莱斯勒作为一个独立公司进行运营。公司再次更名为戴姆勒。

路透的公司战略早已被遗忘。史瑞普的全球战略最终灭亡。戴姆勒的新领导人柴奇又提出了一个新战略。戴姆勒是领先的汽车公司，在全球汽车市场上以质量和高利润的高端汽车而著称。

戴姆勒在绿色战略上具有强大的政策。该战略的一些因素在本书中第六部分的案例4进行了描述。

ⓒ版权归理查德·林奇所有，2012年。保留所有权利。该案例是由理查德·林奇所著，来自于已发表的信息。[29]

案例问题

1. 戴姆勒领导人的三个战略分别是什么？在何种程度上，每个战略符合著名的战略理论，比如竞争环境（第3章），以资源为基础的视角（第4章），以知识为基础的理论（第7章）和战略管理理论（第9章）？

2. 在何种程度上，新战略似乎源自于当时的领导者？在何种程度上，能够使用时间的战略逻辑来对战略进行证明？

3. 强大的领导者是否有助于强大的公司战略？

16.5 成功的战略性领导能力

为了进行成功有效的领导，领导者需要重视五个关键主题，如图16.6所示。反过来，我们将在本节考察每一个主题。

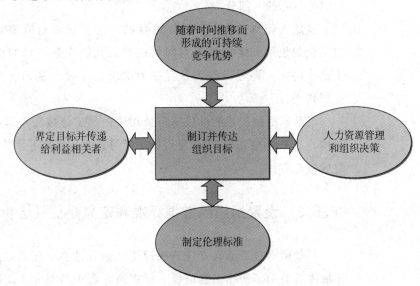

图16.6 成功而有效的战略领导能力的五个要素

16.5.1 制定和传达组织的目标

首先,战略领导者的主要任务就是确定组织的目标,然后向组织的每个部分传达这个目标。我们已经在第6章和第7章探讨了目标的内容。在实践中,这个内容是由组织的领导者制定的。[30] 然而,他们通常不会单独地做到这一点:他们要进行广泛的磋商,并将组织许多管理者的贡献收集到一起。例如,戴姆勒克莱斯勒已经在公司的内部和外部展开了广泛讨论,即关于在汽车市场上成为全球领导者的目标,以及通过收购克莱斯勒汽车来实现这一目标。然而,也许存在一种不适合进行广泛协商的情形。例如,在收购竞价或公司处置期间,金融市场规则可能使得这样的磋商变得困难。

16.5.2 人力资源管理和组织决策

除了界定和制订目标外,战略领导者还需要激励和奖励管理者及员工,来实现所制订的目标。这构成了公司人力资源决策的一个重要部分。

定义➡ 人力资源是组织中每位成员的技能、才能和知识。战略领导者对组织员工的指导、开发和培养具有一个特殊的责任。对于许多战略家而言,人力资源是公司关键竞争优势之一。[31] 这意味着重要的领导任务是选择并保留关键员工。[32] 例如,戴姆勒克莱斯勒已经有一个多年的广泛管理发展计划。这导致了最近两位首席执行官之间的区别,即史瑞普和柴奇。此外,公司在组织的所有层面上,对招聘、选拔和培训员工进行了大量的资源投资,这是公司正在追求的目标的一部分。

虽然人际交往能力是至关重要的,但领导者也需要认识到,他们对组织文化的发展和维护具有相同的职责。我们在这一章的前半部分已经探讨了这个问题,即意识到领导者在为组织文化设定基调、氛围以及标准上的重要作用。

最后,战略领导能也包括将公司中的员工连接在一起的报告关系和组织架构。[33] 这些问题在第12章里进行了探讨,并且保留了领导者在面对组织任务时的核心方法。

16.5.3 设置组织的道德标准和定义企业社会责任[34]

尽管所有员工都有责任解决道德和企业社会责任问题,但正是领导制定了标准并监测了所作出的成就。根据第6章中的研究,即使在很低级的组织层面上,这些价值观将引导关键活动。因此需要由上层来制定标准,这些标准需要与正在进行的道德计划有关,这些计划是由领导者发起的,并传递给组织里的每个人。[35]例如,戴姆勒克莱斯勒向所有员工和普通公众公布了一个关于关键问题的强烈的道德职位。

16.5.4 定义并传达给利益相关者

尽管组织的领导人已经具备了广泛的决策权力,但他们同样具有来自外界的压力,除了那些来自组织外部的有很好讨价还价能力的利益相关者,还特别面临着是来自组织内部的利益相关者。我们在第6章中探讨了在各种可能的利益相关者之间的权力平衡:股东、管理者、员工、政府机构等。战略领导的主要责任之一是维持与利益集团的良好关系。[36]这种关系的维持包括,把商业组织中的年终利润和股息提供给股东,并把增加的报酬提供给员工和经理。然而,在实践中,这种关系更为微妙和复杂。例如,这种关系可能涉及通过提出新财政政策、股票股利政策、收购及合作形式来应对金融机构。同样地,这种关系可能很容易导致这样的问题,如关于税收负债的政府谈判、政府补助和员工前景。例如,克莱斯勒集团的拆分决策通常伴随着广泛的会议,即高层管理者与政府、工会、商业银行、重要股东之间的会议。

战略管理的重要议题之一是按时间和资源先后顺序处理各种需求。这需要判断和经验,并需要使用外部咨询顾问,这往往涉及一个公共关系公司。在处理这些问题上的专业帮助几乎已经成为了每个组织中战略领导的重要部分,这些组织包括大型组织和小型组织。

16.5.5 随着时间的推移维持竞争优势

在第4章中,我们研究了一个组织的附加值及其竞争优势之间的关系。实质上,组织希望增加其附加值,这种附加值可以通过增强组织的竞争优势来实现。因此,如果至少在部分上,战略领导随着时间推移而增加组织价值,那么它也会增加相同组织的竞争优势。组织的领导职责是保持和增强组织的竞争优势。[37]

在实践中,这意味着,像管理和提高产品或服务质量,增强组织声誉和投资新公司战略这样的活动是一系列的公司活动。[38]它也可能需要收购和合资企业,但领导者在进入一个不能提高竞争优势的新领域之前需要进行仔细思考。例如,为什么高端戴姆勒汽车公司对"低端市场克莱斯勒品牌的收购可以提高集团的形象"这个问题上是不够清楚的?这强调了领导者身上的重要任务,即正确地识别关键竞争优势,然后进一步增强这些优势。

关键战略原则

- 首先，战略领导者主要负责组织目标的确定，然后向组织中的每个部分传达这个目标。
- 战略领导者对组织员工的指导、开发和培养具有特殊的责任，尤其是那些对组织来说特别关键的员工。他们对激励和奖励这样的员工具有特殊职责。此外，战略领导者需要开发组织文化，并构建能够把公司凝聚起来的报告关系。
- 关键领导任务之一就是设立和监控组织的道德标准以及企业社会责任。这样的价值观需要来自上层。
- 战略领导的一个重要作用就是维持与组织内部和外部利益相关者的良好关系。通常，对领导的时间和资源存在多种需求，所以领导者必须判断该如何处理这种关系。在帮助高级领导者进行这项任务时，外部顾问已经变得越来越普遍。
- 组织领导的职责就是保持和增强组织的竞争优势。战略领导者需要识别并支持组织的关键优势。

战略项目

在过去十年里，新技术对这些公司的影响已经对人力资源战略产生了非常重大的作用。你可能会调查那些已经发生类似变化的其他公司。例如，柯达公司，因为相机已经变得数字化，所以它被胶卷业务的衰竭所破坏。你可以考虑一些在中国和非洲部分地区的国家电话公司所面临的困难，因为手机越来越普及并会主导市场。首先通过查看公司本身的利润记录，你可以建立基本情况，往往可以在互联网上获得数据。然后寻找公开发表的言论、关于人事和管理变化的报纸故事来跟进这个项目。

批判性反思

在多大程度上领导应该驱动来自中央的战略？

在本章的早些时候，引用了老子的《道德经》来进行了解释说明，"伟大的领导在于员工会说，'事情是我们自己做的'"。但这是领导行为的最好方式吗？他们应该更积极主动？施乐和戴姆勒的案例都表明，领导可以采用来自中央的战略，而不是依赖于他们下属所发起的战略。在这个方法中有很明显的一些优点，与老子《道德经》中的建议形成对比。

也许在领导和下属之间可以达成一个平衡。但存在任何准则吗？领导必须承担最终责任？如果下属作出了重大的战略决策，那"领导"意味着什么？

总　结

- 战略性的领导能力是随着时间推移所形成的组织决策和提供高价值的能力，不仅是个人的能力，也需要激励和管理组织中的其他人。领导者不仅包括首席执行官，还包括组织领导层中的整体团队。

- 领导才能会平衡与战略有关的大量因素。这些因素包括影响组织的外部因素、从经济变化到日益剧烈的竞争。同时，领导能力也意味着鼓舞组织中的人员，使他们看到一个明确的未来方向。最终，熟练的领导者会确定和实现组织的目标。

- 领导者对使命和目标具有深远的影响。在引领组织去迎接新挑战时，他们可能特别重要。然而，在大型且复杂的组织中，他们的角色更可能是进化演变的而不是革命性的。

- 在如何分析领导上没有达成一致意见。权变理论可能是最有用的方法。它们认为，领导的选择和风格取决于在那个时间点组织所面临的战略问题。

- 在权变理论中，可以使用最佳拟合分析方法。它在战略上是有用的，因为它允许区别对待每个情况。

- 领导风格是不同的，从共同愿景到统治支配。需要修改这种风格来适应战略情形，其他风格可能取决于组织及其环境。

- 关于目标，成功的领导者需要在战略过程中形成信任。他们需要汲取组织的智力资本，并展现出热情和决心。在某些情况下，通过实施战略任务的团体来形成目标，而不是由中心层领导将目标强加给组织中的其他人，这样才能更好地进行领导。

- 作为改变组织文化的第一步，领导者需要分析当前的文化。组织文化是管理组织行为的一系列信念、价值观和管理的方法论。每个组织都有独一无二的文化。文化影响绩效和战略管理。随着时间推移，领导有机会去塑造文化。

- 影响组织文化的内部因素是：历史和所有权、规模、技术、领导能力和使命，以及组织的文化网络。影响组织文化的外部因素是：人、民族文化、企业文化环境、劳动力和就业政策。

- 在组织文化的一般分析中，存在四种主要文化类型：权力、角色、任务和个人。与其他文化类型相比，一些类型能够更好地处理和管理战略变革。希望改变战略的领导者将希望确定并使用这些与具体战略举措有关的文化类型。

- 为了分析组织文化，可以制定指导方针。针对战略制定的目标，需要将这种分析与该领域中的战略进行对比评估，例如对于风险的态度、变革、奖励、成本降低和竞争优势。

- 领导需要考虑，就改变而言，什么是可能的，什么是合适的。在组织中的竞争是健康的,除了它演变成不健康的冲突和政治操纵以外。

- 致力于如何处理权力问题,领导者需要调查权力组织、领导能力、组织风格的改变、学习—适应性文化的采纳以及外部压力的本质。
- 首先,战略领导者主要负责组织目标的确定,然后向组织中的每个部分传达这个目标。战略领导者对组织员工的指导、开发和培养具有特殊的责任,尤其是那些对组织来说特别关键的员工。他们对激励和奖励这样的员工具有特殊职责。此外,战略领导者需要开发组织文化,并构建能够把公司凝聚起来的报告关系。
- 关键领导任务之一就是设立和监控组织的道德标准以及企业社会责任。这样的价值观需要来自上层。战略领导的一个重要作用就是维持与组织内部和外部利益相关者的良好关系。通常,对领导的时间和资源存在多种需求,所以领导者必须判断该如何处理这种关系。在帮助高级领导者进行这项任务时,外部顾问已经变得越来越普遍。
- 组织领导的职责就是保持和增强组织的竞争优势。战略领导者需要识别并支持组织的关键优势。

问 题

1. 找一个你所熟悉的组织,并展现领导者是如何影响组织的。在多大程度上领导反映了成员的意愿?又在多大程度上,领导试图把组织转移到一个新领域,该领域将会扩大组织中的人员?一个组织需要平衡领导能力的这两个方面吗?如果是这样,如何平衡?

2. 从权变理论的视角来分析戴姆勒公司的领导。针对这种情况所描述的战略上的重要变革,这样一个理论是否提供了一个适当的解释?

3. 组织文化如何与组织领导相联系?给出例子来支撑你的观点。

4. 使用施乐案例的证据,识别安妮·穆尔卡西的领导风格。使用这个分析来研究探讨她是如何持续改变公司的文化。

5. 使用福特汽车公司作为例子,解释三个主要领导人,即亚历克斯·卓特曼、雅克·纳瑟和比尔·福特是怎样影响公司战略方向的?在多大程度上他们也影响公司的组织文化?或是仍然保持了该时期的组织文化?

6. 使用图16.3的标准去描述以下四个组织的文化:一个跨国汽车公司,一个小型电脑软件公司,一个私有化的电信服务公司像英国电信或德国电信公司一样,一个当地警察局。"一个天生的领导"能够领导这些组织吗?

7. "富有远见的领导会激励那些不可能的事:虚幻会成为真理。"(韦斯特里和明茨伯格)这样一个大胆的评论是否适用于所有组织?还是只适用一些?为什么?

8. 如果领导能力是复杂的,并且是不同因素之间的一个平衡,那么在图16.6中所确定的五个成功领导因素,哪个是第一位?哪个是最后一位?给出你的观点理由。

9. 老子《道德经》中的观点,"伟大的领导在于员工会说,'事情是我们自己做的'"是正确的吗?有些人认为这是一位软弱无能的领导人的标志,特别是在商业领域。你的观点是什么?为什么?

扩展阅读

On leadership: Bennis, W and Nanus, B (1997) *Leaders: Strategies for Taking Charge*, HarperCollins, New York is a readable text with some useful insights. See also the special issue of *Academy of Management Executive* (2004) Vol 18, No 3, pp118–142, on leadership including: Conger, J A, 'Developing leadership capability: what's inside the black box?'

The following leadership text is also worth consulting: Finkelstein, S and Hambrick, D C (1996) *Strategic Leadership: top executives and their effects on organisations*, West Publishing, St Paul, MN. For the relationship between leaders and middle managers, the following is interesting: Raes, A M I., Heijltjes, M G, Glunk, U and Roe, R (2011) 'The Interface of the Top Management Team and Middle Managers', *The Academy of Management Review*, Vol 36, No 1, pp102–126.

For a well-developed exposition of culture: Brown, A (1995) *Organisational Culture*, Pitman Publishing, London. For some excellent and provocative reading on the relationship between human resources and strategy: Egan, C (1995) *Creating Organisational Advantage*, Butterworth–Heinemann, Oxford.

注释与参考文献

1. References for the Xerox case: *Financial Times*, 24 September 1991; 25 August 1992, p5; 13 January 1995, p19; 13 February 1995, p19; 28 April 1995, two-page advertisement; 7 January 2008, p24; 22 May 2009, p22. Lynch, R (1994) *European Business Strategies*, 2nd edn, Kogan Page, London, p87; Xerox USA Annual Report 1992 and 2004. Xerox annual report 2010 appears to be available only in sections on the web and is therefore difficult to reference properly. There is a downloadable investor presentation for quarter 4, for the year 2010, but this makes no mention of green sustainable strategy. The sustainability statement is referenced at the end of the case itself.
2. Finkelstein, S and Hambrick, D C (1996) *Strategic Leadership: Top executives and their effects on organisations*, West Publishing, St Paul, MN.
3. Collins, J (2001) 'Level 5 Leadership: the triumph of humility and fierce resolve', *Harvard Business Review*, Vol 79, No 1, pp66–76.
4. Teece, D J (2000) *Managing Intellectual Capital: Organisational, strategic and policy dimensions*, Oxford University Press, Oxford and New York.
5. Carey, D and Ogden, D (2000) *CEO Succession: A window on how boards can get it right when choosing a new chief executive*, Oxford University Press, New York.
6. Finkelstein, S and Hambrick, D C (1996) Ibid.
7. Weihrich, H and Koontz, H (1993) *Management: Global Perspective*, 10th edn, McGraw-Hill, New York, p490.
8. Westley, F and Mintzberg, H (1989) 'Visionary leadership and strategic management', *Strategic Management Journal*, Vol 10, pp17–32.
9. Homans, G (1965) *The Human Group*, Routledge and Kegan Paul, London. Ch7 on the 'Norton Street Gang' is illuminating and reflects research by Whyte in 1943.
10. Whittington, R (1991) Op. cit., pp47–49.
11. Miles, R E and Snow, C C (1978) *Organisation Strategy, Structure and Process*, McGraw-Hill, New York.
12. Handy, C (1993) Op. cit., Ch4. This whole section has benefited from this excellent text.
13. Senge, P (1990) 'The leader's new work: building learning organisations', *Sloan Management Review*, Fall. Reprinted in De Wit, R and Meyer, R (1994) *Strategy: Process, Content, Context*, West Publishing, St Paul, MN, pp132–141.
14. Developed from the work of Bourgeois, L J and Brodwin, D (1983) 'Putting your strategy into action', *Strategic Management Planning*, March/May. The complete paper is reprinted in De Wit, B and Meyer, R (1998) Op. cit., pp682–690.
15. Bennis, W and Nanus, B (1997) Op. cit.
16. Sources for the Ford strategy case include: *Financial Times*, 22 April 1994 (reprinted in the first edition of this text); 16 November 1998, p12; 29 January 1999, p1; 3 March 1999, p14 (interesting article by Professor John Kay on globalisation in the car industry); 9 March 1999, p25; an interesting series reviewing the Ford dynasty appeared in the *Financial Times* 29 October 2007, p15 and succeeding dates.
17. Brown, A (1995) *Organisational Culture*, Pitman Publishing, London, p198.
18. Brown, A (1998) *Organisational Culture*, 2nd edn, Financial Times/Pitman Publishing, London.

19 Handy, C (1993) *Understanding Organisations*, 4th edn, Penguin, Harmondsworth, pp193–194.
20 Handy, C (1993) Op. cit., p183. Handy uses the work of Harrison, R (1972) 'How to describe your organisation', *Harvard Business Review*, September–October. Handy uses Greek gods to typify the four cultural types: they make an interesting read, but mean rather less to those of us who studied *The Aeneid*.
21 *Financial Times*, 29 November 2001, and other articles in the same paper on 17 February 1992, p14; 29 March 1994, p30; 11 April 1994, p20; 23 April 1994, p11; 4 October 1994, pVII; 2 December 1994, p17; 6 January 1995, p17; 23 January 1995, p10.
22 Hofstede, G (1980) *Culture's Consequences: International Differences in Work-related Values*, Sage, Beverly Hills, CA.
23 Brown, A (1995) Op cit, p5.
24 Brown, A (1995) Op. cit., pp62–65.
25 Handy, C (1993) Op. cit., pp210–216.
26 Handy, C (1993) Op. cit., p292.
27 Mintzberg, H (1991) 'The effective organisation: forces and forms', *Sloan Management Review*, Winter.
28 *Financial Times*, 11 July 1995, p24.
29 References for Daimler-Benz: DaimlerChrysler Annual Report and Accounts 2004 available on the web. *The Economist* 27 April 1991, p87; 26 June 1993, p77; *Financial Times*, 7 April 1993, p26; 23 September 1993, p24; 1 December 1993, p49; 16 December 1993, p21; 20 December 1993, p13; 21 December 1993, p3; 11 July 1995, p24; 8 August 1995, p13; 20 December 1995, p25; 18 January 1996, p27; 14 February 1996, p23; 7 March 1996, p28; 12 April 1996, p23; 4 May 1999, p26; 10 October 2000, p24; 30 October 2000, p26; 15 November 2000, p46; 24 January 2001, p37; 21 February 2001, p30; 27 February 2001, p20; 8 February 2002, p28; 22 May 2002, p16; 9 August 2002, p27; 17 March 2003, p28; 25 July 2003, p25; 3 September 2003, p31; 6 October 2003, p28; 12 December 2003, p30; 21 December 2003, p32; 24 March 2004, p26; 30 March 2004, p23; 6 April 2004, p21; 19 April 2004, p28; 23 April 2004, p19; 24 April 2004, pM1; 26 April 2004, pp18 (Editorial) and 26; 30 April 2004, 22 (Lex); 4 May 2004, p23; 11 May 2004, p26; 18 August 2004, p24; 29 October 2004, p1; 11 January 2005, p29; 3 March 2005, p21; 21 March 2005, p11; 1 April 2005, p21; 2 April 2005, ppM1 and M6; 4 April 2005, p26; 14 April 2005, p15.
30 Finkelstein and Hambrick (1996) Ibid.
31 McWilliams, A, Van Fleet, D and Wright, P M (2001) 'Strategic management of human resources for global competitive advantage', *Journal of Business Strategies*, Vol 18, No 1, pp1–24.
32 Gratton, L (2001) *Living Strategy: Putting people at the heart of corporate purpose*, Financial Times/Prentice Hall, London.
33 Lundy, O and Cowling, A (1996) *Strategic Human Resource Management*, International Thomson Business Press, London.
34 Soule, E (2002) 'Managerial moral strategies – in search of a few good principles', *Academy of Management Review*, Vol 27, pp114–124.
35 Trevino, L K and Brown, M E (2004) 'Managing to be ethical: debunking five business ethics myths', *Academy of Management Executive*, Vol 18, No 2, pp69–81.
36 Hillman, A J and Keim, J D (2001) 'Shareholder value, stakeholder management and social issues: what's the bottom line?' *Strategic Management Journal*, Vol 22, pp125–139.
37 Hamel, G and Prahalad, C K (1994) *Competing for the Future*, Harvard Business School Press, Boston, MA.
38 Kay, J (1993) *Foundations of Corporate Success*, Oxford University Press, Oxford.

第 17 章

创 业 战 略

学习成果

这一章的
视频与
音频总结

通过本章的学习，你将能够：
- 在制定基本的创业战略时，解释其中的理论和实践方法；
- 识别企业家的主要特征，他们的冒险意识以及识别机会的方法；
- 研究创业战略的四个主要驱动力：想象力、想法、发明和创新；
- 解释创业战略中的竞争优势及所有权的重要性；
- 概述在实施创业战略机会时所涉及的阶段。

引 言

在这一章，我们会探讨适用于创业活动的特殊方面。企业家创建新企业时，存在获得重大利润或损失的风险。因此，他们为战略制定了特殊需求，这些需求并未包括主要的战略理论。这意味着，需要为企业家进一步扩展本书中所研究的一些概念，这就是本章的目标。

本书一直认为，企业家精神和战略是平行的。[1] 而本章的观点是创业战略是战略的一个特殊领域而不是一些完全不同的战略。本章首先探讨了创业战略的理论和实践，并描述了一个模型来构造其中的主要因素。

随后，我们研究了个体企业家的作用及其对战略制定的意义。这里的观点是，在制定创业战略时，个体是特别重要的，这一点不同于本书中所探讨的战略的其他方面。这包括在创业战略中更高的内在风险，这些风险会影响到个人。然而，存在的事实是，所有的战略都具有成功或失败的可能性，但在创业战略中，这样的主题存在很强的个人因素。

在这之后，本章回到了一个贯穿本书的主题，即创新过程，并探讨了创业战略的四个主要驱动力。我们将识别和探讨每一个驱动力。接下来的部分考察了一个重要的相关战略问题：企业家如何保持住通过他们的努力而获得的竞争优势。长期成功创新和财富创造是与这个重要主题有关的。

最后，本章解决了围绕创业战略的执行问题：一个将会提供创业机会的商业模式的要素是什么？所有这些领域如图 17.1 所示。

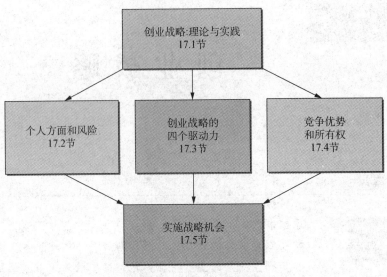

图 17.1 探讨创业战略

案例研究 17.1

巧克力制造商使它的甜点具有风味

玛丽安·奥布莱恩（Mary-Ann O'Brien）通过把比利时和瑞士的"大量豪华"领域作为其目标市场而建立了她的公司。

当受人尊敬的巧克力制造商瑞士莲（Lindt）发现它已经失去了一个重要的长期供应合作伙伴——英国航空公司时，它成为不引人注意的旁观者。失去对比利时人的供货是可以理解的，但并不是对一家小型的爱尔兰公司，即莉莉·奥布莱恩的巧克力公司，该公司由一位女士经营，这位女士仅仅在五年前的南非跳蚤市场用12英镑买下了她的第一套巧克力模具。"啊，上帝，那是甜的。你无法想象我的感受，"玛丽安·奥布莱恩说，"这里是瑞士莲，它们的鼻祖将近150岁，并沉浸在多年的传统中，而这里几乎没有我的立足之地，在它们的眼皮底下，我不能获得合同订单。"

在赢得了一个与爱尔兰航空的合同之后，奥布莱恩已经瞄准了航空市场。"我只是认为瑞士莲品牌看起来令人疲惫，所以我打电话给英国航空并说它们的品牌有点过时，并建议我们见面，说我设计了一款新的令人兴奋的巧克力产品，并希望为它们提供该产品。我要求团队提出一系列华丽的当代包装设计，而且要求我们的研发部门开发出一系列'像甜点'的糖果。"不久，英国航空公司的乘客得到了太妃糖布丁、柠檬酥皮派、树莓慕斯和作为糖果的火烧柠檬。所有这些巧克力都含有类似于在柠檬酱或真正的树莓这样的甜点中的天然成分。"巧克力突然风靡起来，因此我们很快就得到了更多航空公司的合同。我们还与英国航空、爱尔兰航空、维珍、大陆、曼联和美国航空建立了合作关系。"

在2001年9月11日，当民航业出现了一些混乱，并削减开支之后，这一合作显现出了不稳定状况，但奥布莱恩女士坚持了下去，她削减了新设计的成本，并最终恢复了大部分业务。航空公司本身损失的大量业务影响了他们的供应商，比如莉莉·奥布莱恩

莉莉·奥布莱恩的巧克力研究了小型创业公司的互联网力量。

这样的供应商。公司通过开发一种新的流动包装的航空巧克力产品取代更昂贵的两种巧克力形式来应对这些变化。这种创新为航空公司节省了成本，随后为公司赢得了水星奖（Mercury prize），因为它们在一家航空公司所做出的成本节约创新。2004年，莉莉·奥布莱恩的巧克力（以她女儿的名字来命名）仅仅在航空公司的销量就达到了800万块。在纽布里奇爱尔兰的基尔代尔公司（Co. Kildare），莉莉·奥布莱恩的员工数量超过了100人，并且在2004年的营业额大约有1 000万欧元（1 100万美元）。该公司向几十个国家出口，但主要面向那些倾向于"甜口感"的国家，如美国、英国、加拿大和澳大利亚。在贸易中，她的公司占有55%的份额，巧克力制造商的产品中至少有55%的可可粉，这被描述为是"奢侈的"。可以从公司过去12年里学到的一些经验教训总结在展示17.1中。

公司的长期产品列表以奥布莱恩的贸易标志巧克力酥心为首，这是她的第一个商业产品，后来被几十个手工制作的产品扩大，这些手工制作的产品是cremes brulees、慕斯和松露果仁以及坚果，所有的这些都在牛奶、黑白巧克力中。"我们是一个大型豪华的巧克力制造商，但我们的所有产品都是手工制作的。"她说。按体积计算，意味着每周大约10～12吨，尽管"在一个美好的一周"可以高达25～30吨。而且这种情形已经出现过了。由于体积太大以至于在2004年的复活节，工厂建立了一个夹层来满足额外的生产。

展示 17.1

享受瑞士莲午餐的女人的智慧言语

玛丽安·奥布莱恩在12年的巧克力制作业务中，学习到了一系列常识课程。这里列出最主要的部分：

- 你和你的财务总监之间的关系是至关重要的。但尽量避免他们的"因小失大"。
- 保持但隐藏你的自我意识，不要在其他的公司展示出你的自我。很多的好公司都是被那些狂妄自大的老板严重损害的。
- 不要让恐惧打败你。不管你正在面对什么，把它用到你的优势上。这是老生常谈的话题，但却是真理。这种恐惧可以成为一个伟大的创造性的动力。在2001年9月11日以后，当公司认为它正在面临毁灭时，莉莉·奥布莱恩的公司发现了这点。相反，公司开发了其他市场并最终得到了原有市场的支持。
- 不要回避冲突。如果把这种冲突丢得越远，那么它往往变得越糟糕。但一定不要在业务上向任何人展示愤怒，可能是一个供应商、一个员工，或者特别是一个客户。
- 与你的竞争对手保持紧密联系，并绝不得意。你自满的那天就是对手正在抢夺你的那天。
- 旅行，并坚持旅行，特别是在美国。在旅行中所发现的好点子的数量是惊人的。
- 如果你不知道，那就不要害怕问；而且不要害怕缠着一个导师。

这与奥布莱恩女士的首次巧克力制作经验完全不同。1992年在南非度假时，她对旅馆主人的女儿十分友好。当时，她是正在接受肌痛性脑脊髓炎或ME的康复治疗。一天下午，当她在旅馆厨房时，一个女人正在碗里搅拌巧克力。原来她正在"调和"巧克力，即在将其放入模具进行制作之前，将其冷却并移除气泡。奥布莱恩惊呆了，第二天她买了一套巧克力模具。回到爱尔兰后，她试着用不同的食谱来尝试着做些什么。往往是像她的理发师这样的人群组成了品尝小组，这就是后来的第一批客户。"起初，我只是在我们公寓的厨房里工作，并将巧克力送给客户。"

她把制作巧克力的经验运用到了比利时，并适应了这种烦琐的过程，即判断区分成功与失败之间的差别——无论在什么温度下通常都不超过1℃。1993年，她借了3万英镑购买了第一个"工业规模"的巧克力机器，并把它搬进了餐饮厨房。慢慢地，一个业务开始出现，但它仍然只是作为家庭手工业在经营。后来，一位肉类加工厂的朋友投资了4万英镑以换取较大比例的股本，并鼓励她"停止以千克的方式思考并开始以公吨的方式思考"。来自商业扩张方案的资金允许公司把将近100万英镑投入到现代机械的生产线上。"我得到了第一个来自英国爱尔兰的大合同，名叫舒肯超市。他们说：'我们不会让你来做我们的松露。比利时人正在做那个，但你可以制作我们的鳄鱼和猪。'我这样做了。刚开始其规模很小，但在一年的时间里，我拥有了舒肯超市集团的全部合同，而且比利时人都走了。"现在莉莉·奥布莱恩供应对象大部分是英国连锁超市。

然而，奥布莱恩意识到了她的局限性：她自始至终将自己看作一个卖家。"在午餐时间给我一杯伏特加，我会谈论整个下午，无论是与谁进行谈论：买家、公司，但凡是你能说出来的。"但巧克力制作是一个系统的、复杂的且伴随着小房间谈话的过程。所以她聘用了她能找到的最好的食品技术人员、设计师以及生产、运营、财务和研发人员。"说真的，他们都是杰出的人。"她说。学习曲线已经更加陡峭，因为对于爱尔兰而言，巧克力制作是相对新奇的事物（Lir和Butlers都跟随爱尔兰巧克力业务）。公司得益于爱尔兰食品局的专业技术，食品局帮助他们扩大了海外市场，并为他们量身定制来满足客户需求。爱尔兰食品局的早期研究发现了一个未开发的市场领域叫"自我放纵"。这是人们想要买奢侈巧克力来款待自己的地方，而且想要比吉百利更好的但不那么昂贵的顶级比利时品牌。

2004年，公司希望看到莉莉·奥布莱恩的咖啡馆开业，即销售自有品牌的咖啡和一系列新的巧克力。"我认为品牌现在已强大到足够在这一领域进行扩张。"奥布莱恩说。自从第一次购买那些巧克力模具，她已经走了很长的一段路。即使瑞士莲也不会为这一点进行争辩。

该案例是理查德·林奇摘自《金融时报》中的2004年4月20日，第13页，由埃蒙·拉弗蒂（Eamonn Rafferty）所著的一篇文章。作者非常感谢莉莉·奥布莱恩对一些数据的更正，并为该案例增加了一些新信息。©版权归金融时报所有，2004年。保留所有权。理查德·林奇只对原文章的改编版本负责，《金融时报》不承担任何与改编版本的准确性和质量相关的责任。

案例问题

1. 目标、资源和环境对公司所面临的战略问题具有的驱动力是什么？
2. 奥布莱恩是否制订了一个战略规划，还是她让公司采用一个更具试验性的方式来制订计划？她的战略是常规的还是应急的？
3. 企业家可以从像莉莉·奥布莱恩巧克力这样的公司中吸取什么经验教训？

17.1 创业战略：理论和实践

像玛丽安·奥布莱恩所展现的那样，企业家精神成为了个体生活的主要焦点。它包括寻找和发展机会，如高品质巧克力的需求，然后为它们找到销售途径，如航空公司。企业家经常创造机会，如在莉莉·奥布莱恩巧克力中的新型咖啡店概念，他们通常会承担风险。在奥布莱恩的案例中，她显然做了许多年的实验来开发产品，并坚信存在一定的成熟时机，正如 2001 年 9 月 11 日期间，她想知道业务是否能生存下来的时候。在创业活动中承担风险的关键是转变顾客对你的偏爱，从而平衡风险和潜在的报酬。[2]

企业家精神是商业活动的一个重要领域，该领域已经形成自己的文献和研究。通过把架构放置在莉莉·奥布莱恩巧克力公司所制定的过程当中，开始进行我们的创业战略研究。这意味着要同时考虑实践和理论。

17.1.1 创业战略的理论

定义 ➡ 企业家精神是一种思考、推理和行动的方法，它专注于从一个广泛的一般视角来识别和探索商业机会，通常这些视角来自于个体或小团体的领导能力。创业战略的主要元素都有常规性的和应急性的因素，但最好是由应急过程来捕捉企业家的机会主义。但创业机会如何产生？存在大量的支撑这一过程的理论，但在这里，我们将挑选出三个理论：

1. 创意毁灭理论。
2. 发现理论。
3. 创造理论。

创意毁灭理论

定义 ➡ 创意毁灭理论基于这样的理念，即通过竞争和技术来破坏以前的市场供给品，从而产生创新机会。鉴于创新是创业活动的一个关键方面，约瑟夫·熊彼特称，创新是一个"具有创意毁灭力的永恒风暴"，它通过全新的竞争方法暗中破坏并攻击现有的行业竞争者。[3] 超出当前市场机会的技术、政治和社会急剧变化同样有助于竞争格局的变化。例如新的爱尔兰公司莉莉·奥布莱恩，通过开发新市场，如航空公司，获得了新的销售机会，使得瑞士公司瑞士莲的高品质巧克力的主导优势被改变了。

对于创业战略，创意毁灭方法的意义在于它侧重于现有的消费者需求领域，而且促使企业家以新方法来满足他们的更高效率或者客户满意度的更高水平。这个影响将把现有的业务竞争对手驱赶出去；创意毁灭理论的另一个意义在于企业家按兵不动，因为实质上，一个企业家的每个创新都将被另一个创新所取代。

发现理论

定义 ➡ 发现理论基于一个前提，即新机遇已经存在于市场上，并且等待企业家去发现。[4] 这样的机会有时是由上述的竞争格局的戏剧性变化所引起的，网络就是一个明显的例子，因为它改变了我们做生意的方式。然而，即使如此快速的变化是不可用的，但那些已经学习过市场营销的企业家将会意识到一个基本方法，即当客户未得到满足的时候，那么企业家可以通过新的创新产品来满足他们。

不同于创意毁灭理论，该理论没有破坏现有的东西。这个过程基本依赖于寻找客户需求的新领域。例如，在莉莉·奥布莱恩的公司，这个过程可能包括为了一个专业的销售机会来开发一个新的高质量产品范围。

创造理论

定义 ➡ 创造理论是基于这样一个假设，即通过创新实验和创造一个以前不存在的新市场需求来开发新机会。[5] 创造过程通常包括一个实验学习过程，即尝试新方法，获得对产品和服务的反应，尤其依赖于作为这种机会的本质来源的企业家。重要的是，企业家的行为对新机会的发展是必要的。我们中的许多人会承认这种方法，这种方法通常与企业家的个性品格交织在一起，如莉莉·奥布莱恩、理查德·布莱森、鲁珀特·默多克和许多其他人。不难想象在莉莉·奥布莱恩的厨房发明新的巧克力配方和描述方法，见案例17.1。

理论和实践

那么创业战略的意义是什么呢？第一，没有单一的理论被普遍接受来定义创业战略发展过程；第二，每个理论都有可能为创业战略提供一些东西，但取决于战略环境。以我们目前的知识状态，创业战略将继续借用所有三个领域和其他领域的知识。

17.1.2 创业战略的实践：一个发展模式

大多数小型企业规模一直都很小，而创造真正财富的高增长公司是不寻常的。[7] 尽管这是令人略微沮丧的开端，但我们当中拥有知识的很多人从创业活动中取得了重大的财富。我们甚至在本书中确认了一些案例，例如，维珍的理查德·布兰森和新闻集团的鲁珀特·默多克。要超越小型企业，企业家需要一个发展模式，即允许它们扩展最初的机会。

在发展创业过程中，起点是商业机会。这可能是在公司外部，例如，在莉莉·奥布莱恩，上等的手工巧克力需求必须来自公司的顾客；谷歌搜索引擎发展的背后的技术也是如此。同样地，它可能是在公司内部，例如，一种新技术的发明可以被利用在商业上。因此，组织框架的起点必须在外部和内部的驱动下帮助识别商业机会。

有很多方法来识别机会。[8]个人的先前经验使他们更容易识别新领域。然而，莉莉·奥布莱恩并非如此，她没有巧克力制造的先验知识。另一条路线，依靠大学与识别机会的联系，这对于重大的技术突破是特别重要的。例如，一些大学有"科技园"与大学校园相联系，在大学校园里，这样的发展被识别并利用到商业上。这种想法的进一步来源包括先前的知识，可能来自于一个公司的工作：这个领域通常被称为"路径依赖的先验经验"；识别机会的另一个可能的源泉是尝试不同的想法，这种想法甚至可能发明一些以前没有的东西。所有这些（以及更多）都代表了能够开发机会的许多方法。实质上，它们会使商业机会具体化，这就是创业战略的核心。图17.2展示了这些首要因素。

根据麦格拉斯（McGrath）[9]所说，下一步是建立一个企业来开发这些机会。经常会由一小群核心人物组成一个内部团队。这可能是最重要的和艰难的创业任务，即形成团队来成功地开发这个机会。例如在案例17.1中，玛丽安·奥布莱恩显然需要建立一个团队来生产和销售巧克力的商业机会。在过去的几年里，其团队增加到140人，包括公司外部的其他领域的技术专家。在描述她在那段时间所学到的经验时，奥布莱恩从她提及的几个方法中走出来，这种方法显然与团队建设相关的，如团队成员的选择，紧张的处理等。

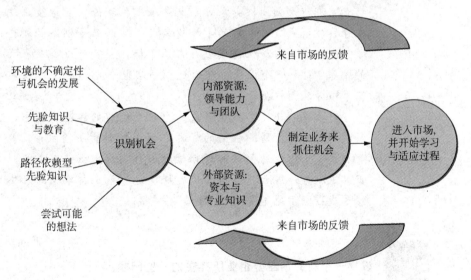

图17.2　创业模型

一般来说，大多数小型企业在组织内部不会拥有所有资源。正是因为这个原因，一个单独的"外部资源"领域被确定在图17.2所示的发展模式中。例如，奥布莱恩显然使用了爱尔兰政府组织爱尔兰食品局的外部资源来帮助确定了新的市场定位。这些资源通常被用在专业技术领域和新的资本条款中来开发机会。

在拥有组合资源之后，通常要开发一个独立有限公司来为已识别的机会进行服务,如图17.2所示。一旦完成了该阶段,那么会存在下一个阶段,即在市场上退出产品或服务。客户、经销商、供应商和其他利益相关者将提供来自市场的反馈,如果需要的话,这些反馈可以用来进一步地发展和塑造商业机会。这些因素便组成了模型背后的内容,如图17.2所示。

在一些现代企业战略理论里,[10]如图17.2所示,从左到右模型的线性关系并不是那么明显的。这种流动在一个强大的紧急的各方面反馈过程中更具实验性和创造性。在其他模型中,通常会强调参与者的竞争资源,尤其是那些拥有独特知识或技术的人,对商业机会的整体发展和成功来说是至关重要的。[11]

在图17.2中没有显示的一个领域是关闭无利可图的商业活动。在创业活动中,通常会忽略最后一个方面,但它却是很重要的,即商业人员应学习如何远离失败,如果有必要,加强对全新的业务风险管理。[12]然而,从一个创业战略发展的角度来看,这种可能性只在之后才会发生。因此该模型需要首先关注战略环境中的商业机会。

> **关键战略原则**
>
> ● 企业家精神是一种思考、推理和行动的方法,它专注于从一个广泛的一般视角来识别和探索商业机会,通常这些视角来自于个体或小团体的领导能力。
>
> ● 在识别创业机会方面至少存在三种理论。创意毁灭理论认为,通过竞争和技术来破坏以前的市场供给品,从而产生创新的机会。发现理论基于一个前提,即新机遇已经存在于市场,并且等待企业家去发现。创造理论是基于这样一个假设,即通过创新实验和创造一个以前不存在的新市场需求来开发新机会。
>
> ● 在实践中,有可能形成一个创业过程的模型。首先,通过识别内部和外部的有助于商业机会的资源来形成模型的早期因素;其次,招募那些会利用这个机会的团队和外部资源;再次,建立一个企业,并向市场推出产品或服务;最后,模型的最后阶段是一个来自市场的反馈机制,它可能修改或进一步地发展这个机会。

 设立一个新的创业型企业所存在的一些问题。

17.2 创业战略:个人因素和风险意识

在制定创业战略时,在某些情况下,存在一种很强大甚至是独特的因素:创业战略的个体性质。根据定义,企业家是很重要的,因为他们都亲自参与设计商业机会并执行所选的战略。从这个角度来看,在战略制定中,存在三个很重要的问题：
1. 在制定战略中企业家的个人方面；
2. 企业家是如何开发战略机会的；
3. 风险水平和与企业家有关的奖励。

17.2.1 在制定战略中企业家的个人因素

虽然企业家没有共同的性格特征，[13]但企业家的个人背景和个人动机是很重要的且与战略制定相关的。研究表明，一些企业家在技术和发明方面具有一定的背景。一些来自于商业经验，从中可以识别商业机会；另一些来自于财务背景，即管理一个机会的投资组合。[14]其他企业家会有不同的背景以及其他的开发新合资企业的动机。

更普遍的是，企业家和他们的活动在较大的组织中也很重要。在这些组织里，他们对业绩增长和公司中的生气勃勃的文化作出了贡献。高级管理者、中层管理者和员工都可以承担这样的企业家角色。研究表明，最成功的经理拥有良好的业务知识和基础技术，拥有真正的商业热情以及愿意承担所计算出来的风险。[15]除了动机和个人背景之外，存在一个重要的研究机构来识别成功企业家的个人性格特征。[16]由研究确认的品质包括"努力工作"、"自信"和"接受新思想"。本节我们将研究战略制定方面，战略实施将在本章稍后部分进行研究。

在企业家所具有的个人能力中，存在一个特别重要的因素，即在企业内传递知识的能力。在大型和小型企业中这一点都至关重要：如果知识被传递给所有参与企业发展的人中，那么公司的创业能力会得到增强，而不只是保持在一个或两个创业个体中。正如我们在第7章所探讨的，由于组织越来越庞大，使得知识传播变得越来越困难。[17]然而，管理者已经找到了解决该问题的方法。他们发现，如果新知识是与现有知识领域是相关的，那么吸收新知识更加容易。然而，企业家可能需要仔细思考他们该如何开发在组织中的知识库。他们可能会为了知识分享而开发正式的系统：在这里，公司的内部网站具有重要作用，但前提是经常积极地使用它们。

总之，企业家的个人性格特点是很重要的，因为它们显示出了企业家需要开发的领域，使其正式化然后再传递它们。个人分析也可以用来识别战略创业资源较弱的地方，如需要把商业的专业技术加入一个研究型个体中去。然后，这些内容需要在企业家的个人业务战略领域中得到反映，这些领域超出了识别最初的机会：模型的后面阶段如图17.2所示。

17.2.2 企业家如何学习和开发机会？

除了在前面部分对内部和外部资源的概述，这里还存在各种关于企业家如何发展他们机会的理论：没有单一的方法。

然而，一个有用的起点是由科尔布（Kolb）和福瑞（Fry）开发的"经验学习圈"，如图17.3所示。[18]基本的假设是，大多数企业家将参与到关于商业机会的某种学习形式中去。经验学习圈有四个元素：具体的经验或知识；观察和反思；观察中抽象概念的形成；在新形势中这些概念的测试。而过程本质上是循环的，可以在任何的四个位置上开始，首先，可以是先验知识的某种形式，比如技术创业突破：图17.3的位置1；利用这一知识，然后进行一些操作，比如新机会的最初试验来观测其影响：在图17.3的位置2；下一步要考虑一个总体原则是否可以由先前的步骤来形成。例如，是否存在真正的潜在商业机会，如果有，那它的主要元素是什么：在图17.3的位置3；最后是测试在新形势下的这个机会，例如，商业机会的进一步开发：在图17.3的位置3。

定义 ➡

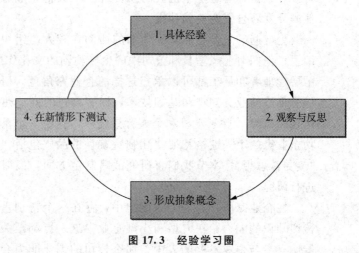

图17.3　经验学习圈

资料来源：Kolb, D A and Fry, R (1975)' "Toward an applied theory of experiential learning." In: Cooper, C (ed) *Theories of Group Process*, Copyright © 1975 John Wiley & Sons Ltd. Reproduced with permission.

在这个特殊的模型中，个人的创业经验对商业机会的开发是必要的。重要的是，该模型在个人的层面上对企业家提出了要求。这样的企业家需要有特殊技能：

- 一些特殊经验或技能是以商业机会为基础的；
- 能够观察对机会的反应，不要变得过于狂热，避免扭曲主要的好处和问题；
- 形成商业机会主要元素的概念；
- 从事积极的实验来改善商业主张；
- 能够将知识传递给其他人的能力，正如前一节中所讨论的。

17.2.3　风险、回报和不确定性

用《战略企业家杂志》的杰出的共同编著者丹·申尔德（Dan Schendel）

和迈克尔·希特（Michael Hitt）[19]的话来说："在企业家精神中，风险是根深蒂固的。"然而，人们普遍认为如果他们是理智的，并且伴有高风险的高回报是具有足够的吸引力的，这时才会考虑风险的存在。这里的"理智"与个体所作出的判断有关，这个判断关于他/她来自于生活的资源和期望。很难概括这些风险问题，尤其是对于一个单一的初创公司而言，这是不可能的。

除了对风险的价值判断之外，有必要区分企业家冒险过程中的以下两方面，即风险和不确定性。**风险包括可衡量的投入和产出，它们与业务运营结果的已知概率分布有关。没有什么是确定的，但一个具体结果的概率是已知的。**[20]这意味着风险能够使用各种分析工具来统计分析。**不确定性可能包括特定的投入，但并不能提前确定确切的结果，事件结果也许或甚至是不清楚的。**无论多么有信心，只要伴随着不确定性，任何预测都是不可能的。这意味着，基于统计分析，不可能制定出可能结果的可能性分布。

（定义 ➡ 标注于左侧两处）

当为了一个特定的创业机会来制订商业计划，并将其呈现给一个外部机构时，如为了筹集资金的银行，通常会考虑风险和不确定性。该计划将包含销售额、利润和成本的估算，很可能基于商业风险下来完成估算情况。这些数字看起来似乎是理性决策的结果，并且能够进行风险统计分析。此外，相同的数字还可能包含了高度的不确定性和风险，实质上，它们可能一文不值。

在实践中，我们可以通过进一步地研究、发送产品的市场测试和其他类似活动，采取措施来减少初创合资企业的风险。关于由业务引起的风险减少的形式中存在一个主要问题，该业务已经被建立起来，并且希望被用于创业活动中。引用麦格拉斯的观点："在一个既定组织里，为一个新企业减少不确定性的过程通常是矛盾的，因为通过分配资源来减少新想法的不确定性意味着，否认具有新想法的资源和所建立的组织运营资源。"[21]实质上，麦格拉斯指出，通过进一步的研究来减少风险是会花费时间和金钱的。她还指出，减少风险将会减少多产品公司的其他部分的可用资源，因为大多数公司不具备无限的资源。如果进一步降低一个创业项目上的风险投资，那么资金必须从可供选择的新想法和已建立的项目中撤离。这将不可避免地导致组织在这些方面之间的资金紧张，即在这个项目上投入资金来减少风险，而其他方面却会遭受这种举措的后果。

总之，创业活动在本质上比其他战略制定形式具有更高的风险。关键是要确保这样的活动有一定的灵活性，以至于企业家能够从市场上所发生的事情中进行学习。正是由于这个原因，图 17.2 对企业"资源"建立了一个很强的反馈机制，其目的是能够采取行动来降低风险水平和不确定性。

关键战略原则

- 虽然企业家没有共同的性格特征，但企业家的个人背景和个人动机是很重要的且与战略制定有关。成功的企业家可能是勤奋的、自信的和接受新思想的。一个特别重要的技能就是能够在组织中传递知识。
- 关于企业家如何开发机会存在各种理论。一个理论是经验学习圈。包括四个元素：具体的经验或知识；观察和反思；观察中的抽象概念形成；在新形势中这些概念的测试。实质上，这个理论是基于这样的理念，即企业家通过从市场中学习来挖掘新机会。它意味着企业家需要形成与学习过程有关的特殊技能。
- 在企业家精神中，风险是根深蒂固的，并首先依赖于个人的价值判断和期望。在考虑创业风险时，区分风险与不确定性的有关主题是很重要的。风险是可以衡量的，而不确定性并不那么明确。可以通过进一步的研究来减少风险。然而，这可能导致公司里的资金紧张，因为风险研究所要求的资源可能需要从组织的其他部分获得，从而减少了其他地方的机会。

案例研究 17.2

三个企业家的战略经验教训：比尔·盖茨、卢克·约翰逊和约翰·考德威尔

在过去的 20 年里，该案例中所描述的三位企业家都已经建立财富地位和声望。但他们并不总是成功的，尤其是在早期。这个案例从创业战略中研究了他们的一些经验和教训启示。

比尔·盖茨：微软主席，个人电脑软件的世界市场领导者

20 世纪 70 年代后期，当比尔·盖茨成立了世界领先的电脑软件公司微软时，他只具有 5 名成员的小团队几乎不可能设想公司

三位企业家，从左到右依次是，比尔·盖茨（Bill Gates）、卢克·约翰逊（Luke Johnson）和约翰·考德威尔（John Caudwell），他们都建立了非常成功的企业。他们成功的秘诀是什么呢？

在未来的30年里会发展成怎样。比尔·盖茨自己抱怨道，他的竞争对手能够很容易复制其早期的所有软件。[22] 实质上，公司没有优于其竞争对手的竞争优势。

20世纪70年代后期，美国电脑软件市场有了强劲的市场增长。然而，在很大程度上，商业机会对于所有主要的供应商公司而言都是相同的。也许正是一次机会，为微软带来了一些好运。占主导地位的电脑主机公司IBM决定不再为其新型的个人电脑开发自己的软件，除非雇用外部公司。此外，IBM决定，它不需要约束软件供应商，即IBM专用的微软。比尔·盖茨会在IBM的资助下开发新软件，并且能够免费地将软件出售给其他人，更多细节见案例1.2。这为微软提供了机会：

软件业务在美国盛行。原来的技术进步都在这里发生，并且美国的氛围允许出现所有的科技进步。这就是为什么我们的原始客户，包括IBM，能够如此豁达地从一个在华盛顿有一家小公司的25岁的小伙子那里购买软件。在那时，他们可能认为那种举动是疯狂的，但他们说，"嘿，如果他知道足够多关于软件的东西，那么他也许会知道得更多。"

比尔·盖茨引用于《财富杂志》，1986年7月23日[23]

然而，上面的评论并不能解释微软的Windows是如何开始主导个人电脑软件市场的。这个过程的开端就是，在1981年，IBM在其个人电脑的装配上采用了微软的MS-DOS操作系统，并将其作为行业标准。IBM未能阻止微软鼓励在其他电脑上广泛使用MS-DOS系统。在战略上，已经意识到行业技术标准的制定对于竞争优势来说其实是重要的一步。

在获得最初的成功之后，在微软前进的道路上存在一个额外阶段，即20世纪80年代后期，它的Windows格式成功地抵御了苹果公司的专利侵权行为。微软认为，Windows概念发源于施乐公司帕洛阿尔托的实验室（Xerox Palo Alto laboratories），而不是苹果公司。微软广泛地向许多计算机制造商推广Windows软件。这个战略与苹果的战略是相当不同的，苹果不允许其他公司使用它的软件。微软允许人性化的Windows格式成功的建立在早期广泛采用的MS-DOS。随后，微软通过其计算机软件的主导地位来传播到许多其他领域，但Windows仍然是其竞争优势的主要来源。

总之，比尔·盖茨和他的同事将机会、领导能力和敏锐的战略眼光结合起来，把一个基于商业机会的公司转变成了一个拥有真正竞争优势的公司。重要的是，微软愿意借鉴其他公司的想法，在这些公司里这是一个合法的商业行为。

卢克·约翰逊：英国重要的地面电视频道，频道4的主席

在牛津大学学习医学之后，卢克·约翰逊加入了一家广告公司，然后在伦敦金融区担任了金融分析师。1989年，他买下了一个戏剧舞台公司作为一个创业机会："我浪费了三年时间，没有赚到钱。这是一个痛苦的经验，但是你可以从你的挫折中学习到经验教训。"

1993年，卢克·约翰逊和一个伙伴休·奥斯蒙德（Hugh Osmond）意识到在英格兰不断变化的品位中可能有利可图，特别是意大利食品的一个新口味。他们发现了一个叫比萨快递的中型比萨连锁餐厅，并且对其进行了一个大胆的公司反向收购。通过风险回报，他们能够建立如此程度的新型连锁店，以至于在20世纪90年代后期，它的销量为两个合伙人净赚了数百万美元。回顾经验，约翰逊评论道："我认为，愿意去打破规则（没有破坏法律）并发挥出超常水平是相当重要的（对于企业家）。"他表示，企业家需要享受冒险的刺激并培养应对和适

应不可避免的失败的能力。他指出，企业家更容易通过建立一个为了后续销售的公司来积聚财富，而不是在建立公司的过程中浪费高工资费用和成本。

约翰·考德威尔：考德威尔集团前任主席，欧洲移动电话的最大经销商

当约翰·考德威尔在2006年卖掉他的移动电话公业务时，他的公司价值32亿美元。然而，考德威尔没有开始他的手机创业生涯。他实际上开始出售贝达弗摩托车服装。通过出售低于竞争者价格的服装，他在贝达弗摩托车服装业务上获得了利润。随后，这些竞争者开始向制造商贝达弗抱怨。服装公司认为，考德威尔正在破坏整个市场的盈利状况，然后停止向他供应服装。经过艰难的谈判，考德威尔被允许出售他剩余的服装存货，但必须找到一个新的企业。因此，他开始转向销售汽车。

尽管约翰·考德威尔随后建立了一个合理的成功的汽车业务，但他仍在寻找新机会。20世纪80年代后期，他开始销售移动电话，并将其作为汽车销售的新副业。在1987年的头8个月，尽管只出售了26部手机，但他仍然坚持这个业务。他在尝试着如何成功地向他的顾客销售手机，因为他看见了其中的潜力。前两年，尽管他在手机销售上处于亏损状态，但他坚持认为这就是未来趋势。1989年，为了专注于手机业务，他彻底退出了汽车业务，并建立了一个团队发展开发该业务。

在描述他的商业哲学时，考德威尔说："我是好斗的。如果有人试图阻止我，我将会试着击倒这些屏障，无论那是一个人还是一个物体。但它必须是我所认为的具有公平和道德的行动。如果一个大公司试图阻挡我并损害我的业务，并且这发生了多次，那么我将使用每个可能克服这个问题的战略。"

一般来说，约翰·考德威尔认为，在开发业务时，企业家必须能经受得住打击并东山再起。同样重要的是，要能认识到增长机会。此外，他还认为，为了建立一个公司，重要的是要能够带领一个团队，包括在不同领域具有专长的人。最后，"不要只关注业务想法。分析自己，看看你是否具有像激情、动力和领导能力这样的个人品质……"

©版权归理查德·林奇所有，2012年。保留所有权利。该案例是由理查德·林奇所著，来自于已发表的信息。[24]

案例问题

1. 这三位企业家的共同经验教训是什么？在方法上的差别是什么？
2. 在这三个公司中的创业战略中，创新是多么重要吗？任何这样的创新是如何实现的？通过技术进步吗？通过模仿其他公司吗？通过学习战略吗？
3. 其他的企业家可以从这三个公司里学习到的主要经验教训是什么？

17.3 创业战略的四个驱动力：想象力、想法、发明和创新

正如案例17.2中我们的三位企业家所展现的，创业战略的本质在于四个方面：想象力、思想、发明和创新。在不同时代的三位商人终其一生都是一心一意地追求这些处于创业战略核心的方面。这四个驱动力"专注于新事物的发现或创造，通过新的价值主张，从社会进步中获得好处，这种主张能更好地满足一些细分市场或整个社会的需求"。[25]这三位企业家中的每一位都能创

造新事物并满足社会的一个需求,如个人电脑软件、移动电话服务、比萨餐厅。问题是,如何做到这一点呢?

为了开发这四个方面,这里存在三个主要的方法:技术、创新和开发新产品或服务。我们已经探讨了这其中的两个,即在本书第 7 章中的技术和创新。因此我们将在本章集中研究最后一个要素,即开发新产品或服务。另外,在本节中,我们将探讨在小型与大型公司里从事这一过程的区别,因为后者中的这个过程更为复杂。

17.3.1 形成想法:开发新产品和服务

正如在案例 17.2 中企业家约翰·考德威尔所展现的,必须要有一系列的想法来开始创业的过程。他开始从事摩托车服装,经历过汽车销售,并最终在移动电话上赚到了钱。这里的关键点是,在正式推出商业性的产品或服务之前,这个创业过程始于一系列的想法,这些想法会随着一系列的业务标准而有所减少,如下所述。

想法可以来自于任何地方,但存在两种技术可以帮助这一过程:

定义➡ ● **头脑风暴**:由一个团队快速地获得想法,团队成员通常来自于各种各样的背景,并且不需要对这些想法进行评价。

定义➡ ● **焦点小组**:一个大约 5~8 个人的讨论组,所选的这些人与所讨论的主题相关。通常,招聘几个小组是为了能代表一个特殊的目标群体。由此产生的证据探讨了定性问题而非定量问题。

头脑风暴拥有想象力、独创性和热情的优势。不允许批评是重要的,甚至不允许一个意味着反对的面部表情。原因很明显,如果存在任何批评性的评论,那么大家都会感受到威胁,所以想法就会枯竭。如果鼓励人们将想法联系起来,而这些想法似乎与另一些想法不相关的时候,交谈沟通是由帮助的。

为了大量的市场研究,通常会使用焦点小组。他们由一个训练有素的研究员来领导,并且经常被一些简单的研究材料激发,例如产品概念板。他们可能会围绕着广泛的学科领域开始进行一般讨论,从中他们会产生想法,并且寻求反对意见。在讨论的第二部分,他们通常会检验一个特定的建议或想法,并发表自己对此事的意见和评价。

除了通过这两种方法来获得想法和反馈,企业家往往具有自己的获得新商业机会的方法。他们会看到一个未满足的客户需求;他们观察到供应困难;他们寻找一个以前不在互联网上提供的服务;当访问另一个国家时,他们寻找与新服务有关的想法,等等。创业战略的想法阶段需要开放性,而不受限制。

在形成想法之后,会存在各种其他阶段。这些阶段会因个体组织的不同而不同,但是图 17.4 给出了一个中等规模公司的一系列典型阶段:

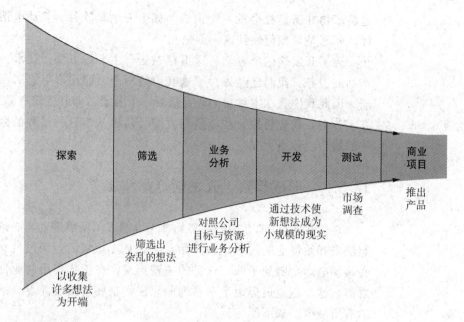

图 17.4　开发和评估创新想法

- 筛选：在任何获得想法的会议上经常会淘汰最疯狂的想法。
- 业务分析：针对公司目标，评论所有剩下的想法。一般来说，会存在一些好的想法，但从公司目标来看，并不是所有想法都能够产生充足的利润。
- 开发：然后将剩下的想法开发成为实验性的产品或服务。一些想法在这里可能会再次失败，因为证明了最初的想法在实践中不可能实现。
- 测试：开发一些真正的产品，然后在小规模的真实顾客上进行测试，通常是在家里或办公室里的实际产品。
- 商业项目：最后，那些在测试中被证明对客户具有吸引力的产品会被真正推出市场。

不可避免的是，这种想法的开发过程具有许多变动因素。在第 7 章的案例中，存在其他开发路径的例子，如 3M 过程，它鼓励员工花时间生成他们自己的想法，然后在组织里与其他人进行讨论。重要的是，公司的企业文化是支持想法发展的，即员工不会因为失败而被批评。对企业家而言，这四个方面，即想象力、想法、发明和创新，都是这个阶段最重要的起点。

17.3.2　现有公司内部的创新发展：内部企业家精神

在本节的一开始就提到，创造性的开发过程在公司内部可能更困难。存在各种各样的理由，也许是因为公司过去的历史（"我们两年前试过"），也许是因为个人的和不受支持的观点（"那永远不会起作用"），也许是因为公司的报告架构（"你永远不会得到向董事会报告的机会"）。[26] 存在很强的研究证据来支持一个观点,即一些公司,但不是全部公司,能够阻止思想产生的过程。在第12章中将会更充分地研究这些领域。[27]然而,正如我们也看到的一样,一些公司也会高度支持新想法和创新。

在较大的公司或组织中,内部创新精神专注于创造性的和创新性机会的识别与开发。这个过程有些类似于企业家精神,但在一个具有所有限制的现有组织内部,它可能具有工作缺点,然而,从现有组织的运营中,也可以获得显著的好处:

- 在技术和研究设施方面存在更好的资源:例如,案例4.1中的葛兰素史克的药物研究。
- 更多的网络关系合同,允许进行思想交流:例如,案例7.4中3M案例。
- 强大的支持是市场带来新想法,然后品牌化、市场营销、配送和市场上的销售架构:例如,案例13.2中的佳能公司。

内部创新精神可以借助于各种支持这种发展的公司政策。[28]它们包括:给内部企业员工一些创新自主权;将内部创新开发视为组织内部的独立盈利中心,因此允许用大量的好处和信用使发明家成熟;形成一个内部创新团队,团队成员允许具有不同的角色作用和联盟;一个为了解决不同团队之间争论和竞争的制度,以至于内部创新团队可以进行竞争,但问题是不能成为怨恨的对象。重要的是,这些方法对一些国家文化和组织企业文化所起到的作用要更好。

> **关键战略原则**
>
> - 创业战略的四个主要驱动力是想象力、想法、发明和创新。存在三种主要方法来创造一个新商机:技术、创新以及开发新产品和服务。
> - 关于新产品和服务的开发,存在两种技术将帮助这一过程:头脑风暴和焦点小组。在生产新想法上,前者的作用特别好,即使有些想法是完全不切实际的。在一个更有组织性的具体过程中,后者可以协助形成想法的过程。在形成想法阶段之后,为了开发和评估创业机会,一个典型的过程包含五个阶段:筛选、业务分析、开发、测试和商业项目。
> - 创业活动也可能出现在大公司中,并被称为内部创新。在较大的公司或组织里,内部创新专注于创造性的和创新性的机会的识别与开发。它可以由支持这些过程的各种公司政策所支持。这些政策将包括所有权、利润中心、内部创新团队的建立以及解决团队间争论和竞争的制度。

17.4 创业战略:竞争优势和所有权

不幸的是,对于为了开发和利用新商机的企业家来说,以上那些是不够的:竞争对手可以模仿他们,并添加更多的东西来破坏企业家的企业。这意味着企业家需要寻找方法来保护他们的竞争优势。存在两种主要方法来承担这个任务：发展可持续性竞争优势并保证合法的所有权。

17.4.1 形成可持续竞争优势

　　1987年，在8个月里，约翰·考德威尔在他的汽车销售展厅卖出了8部手机。到20世纪90年代后期，考德威尔在西欧拥有最大的独立移动电话业务，见案例17.2。同时，其他公司正在进入西欧的移动电话市场；市场在增长，竞争也日趋激烈。像考德威尔这样的企业家如何建立并维护这样一个重要的市场地位？答案是，他识别了竞争优势，并随着时间的推移，通过努力维持了他的竞争优势。

　　从第4章对竞争性资源的探讨上，我们知道，识别和形成竞争优势不存在独一无二的准则。我们也知道，这是一个循序渐进的过程，即一个想法形成到成熟的阶段，一个阶段紧接着另一个阶段。从一个企业家的角度来看，重点是不断地进行尝试，并观察客户对产品和服务的反应。同时，监测和应对竞争活动。

　　然而，存在各种各样的竞争优势方面会有利于创业战略：

- **声誉和品牌**：即使在市场的一个小范围里，由于提供了物超所值的产品、优越的服务以及其他方面，企业家可以从中获得声誉。[29] 考德威尔刚开始并不是欧洲最大的手机供应商。起初，他只是在小范围内提供物超所值的商品。随着业务的发展，他开始为其所提供的商品贴上商标，并扩张到一个更广泛的销售范围，即超越了其本国业务。这些活动在本质上形成了竞争优势，而该优势是其潜在竞争对手很难或者不可能匹敌的。
- **知识获取**：技术创新和知识也许来自于组织内部，在这种情况下，它们也许是专利的，见下一节。然而，它们也可以通过许可证或来自于组织外部的其他方式来获得，甚至可能来自于国外。[30] 即使相当小的公司也可以在这里发现一个机会。例如，在贸易展销会上，通过接触一个渴望进入另一个国家市场的海外专利所有者；也许通过一个新的合资企业；也许受到在互联网上可用的产品或服务的启发。
- **核心竞争力**：企业家可能具备一些他们可以利用的、但需要不断加强的专业技术。[31] "技术进步是创新最重要的基础，反过来，技术进步是改革的一个主要动力。"[32] 这里的关键是要保留这种优势，或者通过申请专利来持有优势。然而，企业家需要认识到，一段时间以后，竞争对手最终会找到一种复制新技术的方法。[33] 这意味着这种优势不大可能持续很多年。也许优势越大，越有可能被复制。
- **其他独特资源**：存在一些资源是竞争对手特别难以复制的。两种最强大的资源是创新者团队和区位优势。在一起合作良好的团队经常具有隐性知识,见第7章,竞争对手甚至在相当长的一段时间里发现在模仿该知识上存在真正困难。例如,在丰田生产系统案例中看到了独特的工作方式,所描述的丰田案例可以在本书的网站上免费获得。当一家公司有一个特别优越的地理位置时,可能会出现区位优势,如在伦敦的萨沃伊酒店,或者特斯科,或者在高速公路一个繁忙的服务区的沃尔玛超市,因此,竞争对手只能以巨大的代价来复制。

但是,如果约瑟夫·熊彼特的观点是正确的,那么所有这些优势都取决于本章前面所描述的创意毁灭理论。实质上,熊彼特认为竞争优势是不可持续的。然而,其他战略理论认为,为了保护竞争优势的替代方法需要被发现,例如取得法定所有权的专利。

17.4.2 获得法定所有权

定义➡ 除了上述方法外,为了企业创新及其相关业务,存在保护竞争优势的四种方法。[34]这里的背景原则被称为保护知识产权。知识产权是人类智慧的结晶,它是无形的,但在市场中是有价值的。它被称为知识产权,因为它由7.3节所探讨的四个方面所形成的。

存在四个保护知识产权的主要方法:

1. 专利:这是一个注册的法律文件,它授予创新的所有权。通常由一个特殊政府办公室提供这样的一个优势,在此之前,存在一个漫长且费用昂贵的法律程序。为了提出专利申请,技术扶持通常需要特殊的法律公司,即专利代理商。这是昂贵的,尤其是当专利需在世界范围内使用时:大多数国家都有自己的专利办公室,而专利申请需要寄放在每一个办公室中。

2. 商标:这实际上是能够识别一个产品或服务的任何文字、符号或其他图案。商标通常需要以某种政府组织的形式来注册。大多数国家有商标法来阻止企业家模仿产品。

3. 版权:这是保护知识产权的一种形式,它赋予出版作品的所有者以合法的权利,来决定如何使用作品并从中获得版税。出版的作品必须是有形的,如一本书、一篇杂志文章。因此想要保护一个想法的版权是不可能的。

4. 商业机密:这是任何公式、模式、物理设备或过程,它提供了所有者的竞争优势信息。它们可能包括营销计划、财务预测和技术信息。不同于上述其他方面,没有单一的法律框架或机构为其提供了保护。如果它们存在于一个国家,在保密法下追究任何侵权是必要的。

实际上,关于以上的所有保护领域,需要注意的基本点就是:它们很容易涉及高额的法律费用和昂贵的专业建议,即要么在最初注册保护的时候,要么在随后阶段追究一个已经侵犯保护的竞争对手的时候。但它们是有价值的,并证明要付出代价的,包括大量的管理时间,这是在开发和注册它们时所必需的。

关键战略原则

- 由于新机会存在被模仿的可能性，企业家需要保护他们的新企业。存在两种主要方法：形成可持续竞争优势和获得法定所有权。
- 关于可持续竞争优势，不存在规则。然而，各种方面构成了创业战略：声誉和品牌、知识获取、核心竞争力、其他独特资源。从获得法定所有权的角度来看，存在四种主要方法：专利、商标、版权和维护商业机密。前三个可能涉及高额的法律费用和昂贵的专业建议。然而，对于有价值的新机会而言，提供保护是有道理的。

案例研究：易趣网（eBay）——跨越世界的拍卖市场。在网上，已经在案例的后面给出了该案例问题的直接答案。

案例研究 17.3

企业家倡导一个低碳房屋

迈克尔（Michael）和多特瑞（Dot Rea）为一个合理结论采取了绿色战略，即该结论是通过在苏格兰北部建造的第一个低碳房屋得出的。本案例解释了他们是如何做的。

早期

毫无疑问，设得兰群岛的自然美景——24小时夏日阳光、清新的空气、丰富的野生动物——都足以吸引一些人在这里定居。1983年，迈克尔和多特瑞在安斯特岛上购买了他们的第一所房子，该岛在不列颠群岛的最北端，被称为是设得兰群岛的一部分。在那时，他们仍在英格兰南部居住和工作。但他们很快发现了设得兰群岛的另一边：狂野海洋、昏暗的冬季、呼啸的大风，甚至是飓风。这种剧烈的风暴在1991年毁坏了他们在安斯特岛的房子，并迫使他们拆毁了它。但是取而代之的是什么呢？

一个关于低碳房子的想法

1992年，多特瑞开始思考在他们的岛上建立一座全新的建筑。为了寻找一个相对容易加热和维护的房屋设计，他们搜寻了加拿大、斯堪的纳维亚和英国。他们必须考虑到其在苏格兰北部的房子与阿拉斯加的安克雷奇处在相同的纬度上，而该地区伴随着恶劣的极端天气。在搜寻的过程中，他们遇到了杰夫·肯纳博士（Jeff Kenna），他是可持续能源发展公司的首席执行官，该公司是一家全球领先的可持续能源咨询公司。杰夫建议多特瑞考虑建造一所环保的房子。随后，通过寻找并建造一所全球早期低碳的房子，即一所没有碳排放并且不使用碳化石产品来产生热、光及其他能源活动的房子，多特瑞让这个概念得到了进一步的发展。他们发现了三个问题：第一，设计和建造；第二，融资；第三，促销新房子。

迈克尔和多特瑞解释说："我们想要一所温暖的、友好的房子，它可以使我们在其中度过晚年。但我们想推销它，因为我们认为它需要推广。如果我们友好地谈论碳，而不是直接告诉人们要更换他们的灯泡，那么利用这种方式岂不是能更好地设计出建筑商可以销售的碳友好型房子吗？"

设计和建造低碳的房子

经过仔细的搜寻后，迈克尔和多特瑞决定，他们想要一个尽可能标准化的设计。然后，他们通过避免革命性的设计采用了这种方法。这种新建筑也许是木架构的，而且将是一个现成的设计，这种设计来源于苏格兰一家领先的木架构房屋公司，因弗鲁里的苏格兰架构（Scotframe of Inverurie）。新房子会有强大的绝缘功能、一个风力发电机、太阳能电池板和一个空气加热泵。但没有一个是全新的技术。不同的是，将这些组合到一个房屋设计中是一个非常早期的尝试。

2003年，获得规划许可的漫长过程开始了。地面清理开始于2005年，基础跟进在2006年。在2006年末，主要的木架构和房子被竖立在一个几乎要被飓风席卷的地方。然后，内部绝缘功能在2007年被安装好。随后，安装了地下中央供暖系统、电力电缆、管道和所有现代房屋建筑的其他方面。然而，出现了很多问题，尤其是在安装期间巨大的圆筒住房供暖装备出现了下滑。房子终于在2008年完工。此外，计划建造一个温室，这个温室可以种植像青椒这样的温带植物和对霜冻敏感的沙拉物种，温室中安装有低能耗的LED照明和低碳热能。换句话说，为了一些食品生产存在自给自足的能源。整个过程需要想象力、勇气、毅力和一些非常艰难的体力劳动。

为这个建筑融资

对于所有企业家来说，融资是任何项目的重要部分。然而对于多特瑞他们而言，有一些不寻常的方面。他们努力工作以获得广泛的赞助，无论是在建筑材料的形式上、劳动力上还是直接的资金支持：这些重要的支持细节被展示在案例末尾所列出的多特瑞网站上。这里的关键是，在面对各种困难时，迈克尔和多特瑞的顽强毅力以及真诚的热情。

安斯特岛的Reas房子是一所低碳房屋。它的设计和构建蕴含了许多创业家才能，并得到了许多绿色战略公司的赞助。

推广低碳

毫无疑问，最好的方法是展示低碳作品。在2010年完工的房子是如此有效率以至于几乎不需要任何电力供应。所使用的能源来自于空气和阳光：低碳。瑞亚他们正在其网站上推广这种新房子，该网站是谷歌在世界范围内拥有第四大访问量的网站。他们也忙于咨询、媒体访问并支持大学和学生的各种研究项目。

迈克尔和多特瑞解释道："我们正树立一个榜样，在公布一项声明，因为我们确实担心全球变暖。如果你对某些事充满激情，那么唯一能够证明它的就是实现它的可行性。接下来，我们希望看到像这样的房子涌现在设得兰群岛的每个地方，而且看到当地社区的人们能够自己种植一年四季生长的食物。"多瑞特补充道："我为了建造这所房子一直等待了24年。但这只是一所标准的房子，一所实在的房子，没有任何花哨的东西。它是可再生设计和能源效率研究上的一个严肃项目，是联合技术上的一个实验。"

Reas的网站是www.zerocarbonhouse.com。

©版权归理查德·林奇所有，2012年。保留所有权利。该案例写于参观完安斯特岛的房子之后，并且阅读了来自于迈克尔·瑞亚对该建筑的历史材料。作者感谢迈克尔和多特·瑞亚为该案例所提供的帮助。他同样改写在参考文献中的其他资料来源。[35]

案例问题

1. 对于其他创业活动而言，这个低碳项目的哪些方面具有代表性？哪些方面不具有代表性？
2. 其他企业家可以从这个案例中得到什么战略启示？
3. 绿色战略和可持续性能够导致其他创业商机吗？你会采取什么战略来开发这样的机会？

17.5 实施创业战略

识别机会只是创业战略制定的一部分。实施阶段可能就像挑战。根据丹·申德尔的观点："看见机会是一件事，而使用和利用机会是另一件事。"[36] 大部分低碳的成功来自于一个初始想法的实施，开发相结合的技术，加上实施低碳设计的强大个人毅力。因此，本节将在以下三个标题下探讨实施问题：个人方面、实施资源和制订一个商业计划。

17.5.1 创业战略的个人方面

由于创业战略的个人性质，首先，我们要记得自己作为企业家的个人需求和个人性格特征，这在实施创业战略上是很重要的。这些总结在展示17.2 中。

展示 17.2

一个成功的企业家有哪些特征？

- 专注于任务和机会的能力。
- 勤奋工作的人与所需要的许多时间有关。
- 在没有支持的情况下开始自我激励。
- 反抗可能的挫折。
- 在提议时的自信和肯定。
- 通过许多人寻求信息，并渴望向能作出贡献的人学习。
- 无时无刻地寻找商机。
- 接受技术和其他变革，并在客户和供应商需求上做出转变。
- 团队建设者并致力于在团队中的其他人。
- 用早期的成功所带来的力量来安慰别人。

资料来源：韦涵（P Wickham）(2006)《战略管理》（第4版），培生教育出版社。[37]

值得进一步说明的是个人特征的某个方面：选择和领导一个团队。几乎每个企业家都不能通过他或她自己来实施战略：与他人合作是必不可少的。识别机会之后，最重要和艰巨的任务是利用这个机会选择和开发团队。在一些文献中似乎忽略了创业战略的这个方面，但企业家确实需要这个特殊技能。

例如在案例 17.1 中，玛丽安·奥布莱恩需要组建一个团队来制造和销售在巧克力上的商机。几年后，这个团队成长到 140 人。在描述她这段时间所学习到的经验时，奥布莱恩特意提到了一些与团队建设明显相关的经验，如团队成员的选择、紧张关系的处理等。此外，大多数小型企业不会在组织内部拥有所有资源。正因为这个原因，在图 17.2 中识别了一个单独的"外部资源"领域，该图模拟了创业战略过程。例如，奥布莱恩显然利用了外部政府组织爱尔兰食品局的资源来帮助其确立新的市场定位。这种实施资源常常是在专业技术领域，以及为了开发机会的新资本领域。

17.5.2 开发商业机会的资源开发

除了需要团队建设之外，还存在各种各样的其他资源对实施创业战略来说是至关重要的。正如之前所概述的那样，许多企业家的新合资企业都是从一个技术基础开始的。许多新企业想要通过它们自己所拥有的全部知识和专业技术来开发这种机会是不太可能的。因此，许多这样的公司要寻求合作伙伴，无论是合资企业还是联盟。一个合资企业的优点在于它有一个法律框架的保障，但缺点在于利润要与合作伙伴共享。联盟是一个失败者的安排，并且面临着交易瓦解崩溃的运行风险：如果已经与一个合伙人共享了专利技术，那么这可能是特别痛苦的。

除了与其他公司的联系，许多初创企业需要那些以投资资本形式注入企业的资金。通常，这需要接触一家银行或风险资本公司。这些公司将会认真审视商业机会。但在人们经营新企业的时候，它们的考察还将继续进行，考察竞争性反应的规模和可能性以及增长潜力。风险资本家一般会期望看到一份正式的涵盖战略所有主要方面的商业计划，包括对商业机会的详细财务预测。你可以在案例 10.4 中的 Eurofreeze 公司看到一个典型的十年财务预测。想要得到外界金融支持的企业家几乎肯定会被迫做出这样的预测，即使他们不能确定销售和利润数据的有效性。准确且成熟地预测新合资企业的成本通常是必需的。银行家们将从以下两个方面寻求现实主义的结合，即对预测不太乐观的企业家，以及对企业未来成功的热情。[38]

17.5.3 实际业务目标和业务计划的制订

一旦最初的资源到位，那么需要制订一个商业计划。关键是要确保这类计划一直具有灵活性，并且能够从市场上所发生的事中学到东西。正是因为这个原因，创业战略的早期模型如图 17.2 所示，对特定的"环境"而言，存

在一个很强的反馈机制,我们将分别识别这两点:

1. 外部的机会事件可以创造或破坏机会;

2. 关于服务和开发商业机会的方法,需要采纳一个基础学习的方法。就像在案例17.1中奥布莱恩清楚表明的那样,对于任何这样的机会而言,客户都是至关重要的。

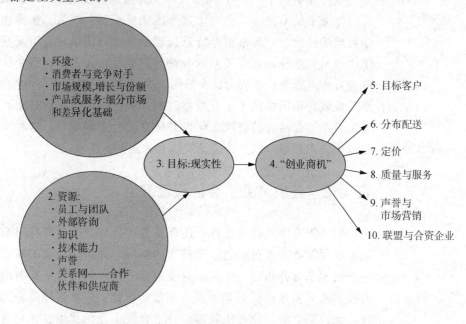

图 17.5　创业战略:业务计划的十要素

在制订业务计划时,可以采用本书早期所形成的概念,并做一些调整。十个主要因素如图17.5所示,遵循本书早期阶段所制定的常规模型架构。当然,可以采用应急方法,但在这里选择常规模型是因为能够满足外部投资者的特定需求,这些投资者通常会想要一些特定的预测,就像在前一节中解释的那样。

从本章早期阶段和本书剩余部分所概括的主题来看,创业计划的大多数要素是明确的,比如环境和资源的分析。然而,常规模型需要适应缺乏战略规划选项的情况,存在一些会定义商业机会的主要任务,然后一心一意地追求这个机会。这里存在6个实施领域,即目标客户、配送、定价、质量和服务、信誉和市场、联盟和合资企业,然后对其进行开发。本章以及本书的前面章节中已经包含了这些主题,所以这里不再重复。

关键战略原则

● 为了实施创业战略,这里存在三个主要问题:个人方面、实施资源和制订一个商业计划。关于个人方面,许多企业家必须具备的一个重要技能是团队建设。在大多数情况下,在实施一个新的商业机会时,企业家需要其他人的协助。

- 在实施阶段，对于一个初创公司而言，可能需要丰富的资源。技术资源通常是一个关键部分，要求在招聘专家、使用合资企业或联盟来供应来自其他公司的这种资源。除了技术之外，通常有需要来自银行或类似机构资金支持。在银行承诺为这样的新企业提供资金支持之前，它们将需要一个清楚和论证好的计划：通常需要一个详细的和成本合理的财务预测。银行家们将从以下两个方面寻求现实主义的结合，即对预测不太乐观的企业家，以及对企业未来成功的热情。
- 在为一个新的初创企业制订一个商业计划时，使用常规过程主要是因为需要说服外部银行家和投资者来支持这个机会。然而，常规模型需要适用于缺少战略规划选项的情形，存在一些会定义商业机会的主要任务，然后一心一意地追求这个机会。存在十个与这类计划有关的要素：环境、资源、目标、创业机会、目标客户、配送、定价、质量和服务、信誉和市场、联盟和合资企业活动。

批判性反思

企业家精神必须是非架构化的吗？

一些战略家认为，企业家需要抓住市场机会，无论它们是否出现。这意味着，他们本质上是非架构化和机会主义的。然而，当企业筹集资金时，许多银行和其他机构在冒着风险给新企业提供资金支持之前，坚持认为他们需要一个指令性计划。谁是正确的？企业家精神必须是非架构化的吗？

总 结

- 企业家精神是一种思考、推理和行动的方法，它专注于从一个广泛的一般视角来识别和探索商业机会，通常这些视角来自于个体或小团体的领导能力。
- 在识别创业机会方面至少存在三种理论。创意毁灭理论认为，通过竞争和技术来破坏以前的市场供给品，从而产生创新的机会；发现理论基于一个前提，即新机遇已经存在于市场，并且等待企业家去发现；创造理论是基于这样一个假设，即通过创新实验和创造一个以前不存在的新市场需求来开发新机会。
- 在实践中，有可能形成一个创业过程的模型。首先，通过识别内部和外部的有助于商业机会的资源来形成模型的早期因素。其次，招募那些会利用这个机会的团队和外部资源。再次，建立一个企业，并向市场推出产品或服务。最后，是一个来自市场的反馈机制，它可能修改或进一步地发展这个机会。

- 虽然企业家没有共同的性格特征，但企业家的个人背景和个人动机是很重要的且与战略制定有关。成功的企业家可能是勤奋的、自信的和接受新思想的。一个特别重要的技能就是能够在组织中传递知识。

- 关于企业家如何开发机会存在各种理论。一个理论是经验学习圈。包括四个元素：具体的经验或知识；观察和反思；观察中的抽象概念形成；在新形势中这些概念的测试。实质上，该理论是基于这样的理念，即企业家通过从市场中学习来挖掘新机会。它意味着企业家需要形成与学习过程有关的特殊技能。

- 在企业家精神中，风险是根深蒂固的，并首先依赖于个人的价值判断和期望。在考虑创业风险时，区分风险与不确定性的有关主题是很重要的。风险是可以衡量的，而不确定性并不那么明确。可以通过进一步地研究来减少风险。然而，这可能导致公司的资金紧张，因为风险研究所要求的资源可能需要从组织的其他部分获得，从而减少了其他部分的机会。

- 创业战略的四个主要驱动力是想象力、想法、发明和创新。存在三种主要方法来创造一个新商机：技术、创新以及开发新产品和服务。

- 关于新产品和服务的开发，存在两种技术将帮助这一过程：头脑风暴和焦点小组。在生产新想法上，前者的作用特别好，即使有些想法是完全不切实际的；在一个更有组织性的具体过程中，后者可以协助形成想法的过程。在形成想法阶段之后，为了开发和评估创业机会，一个典型的过程包含五个阶段：筛选、业务分析、开发、测试和商业项目。

- 创业活动也可能出现在大公司中，并被称为内部创新。在较大的公司或组织里，内部创新专注于创造性的和创新性的机会的识别与开发。它可以由支持这些过程的各种公司政策所支持。这些政策将包括所有权、利润中心、内部创新团队的建立以及解决团队间争论和竞争的制度。

- 由于新机会存在被模仿的可能性，企业家需要保护他们的新企业。存在两种主要方法：形成可持续竞争优势和获得法定所有权。

- 关于可持续竞争优势不存在规则。然而，各种方面构成了创业战略：声誉和品牌、知识获取、核心竞争力、其他独特资源。从获得法定所有权的角度来看，存在四种主要方法：专利、商标、版权和维护商业机密。前三个可能涉及高额的法律费用和昂贵的专业建议。然而，对于有价值的新机会而言，提供保护是有道理的。

- 为了实施创业战略，这里存在三个主要问题：个人方面、实施资源和制订一个商业计划。关于个人方面，许多企业家必须具备的一个重要技能就是团队建设。在大多数情况下，在实施一个新的商业机会时，企业家需要其他人的协助。

- 在实施阶段，对于一个初创公司而言，可能需要丰富的资源。技术资源通常是一个关键部分，要求在招聘专家、使用合资企业或联盟来供应来自其他公司的这种资源。除了技术之外，通常有需要来自银行或类似机构资金支持。在银行承诺为这样的新企业提供资金支持之前，它们将需要一个清楚和论证好的计划；通常需要一个详细的和成本合理的财务预测。银行家们将从以下两个方面寻求现实主义的结合，即对预测不太乐观的企业家，以及对企业未来成功的热情。

- 在为一个新的初创企业制订一个商业计划时，使用常规过程主要是因为需要说服外部银行家和投资者来支持这个机会。然而，常规模型需要适用于缺少战略规划选项的情形，存在一些会定义商业机会的主要任务，然后一心一意地追求这个机会。存在十个与这类计划有关的要素：环境、资源、目标、创业机会、目标客户、配送、定价、质量和服务、信誉和市场、联盟和合资企业活动。

问题

1. 回顾案例17.1中莉莉·奥布莱恩的巧克力公司，创业机会的三个理论中哪个最能解释挖掘机会的方法？是否可以采用多种理论来解释这家公司？

2. 选择一个你所熟悉的小组织，也许是一个学生社团或你一直工作的某个地方，你能从中看到任何增长机会吗？如果能，那么如何从战略环境和资源的角度来分析这些机会？组织如何使用这个机会来实现进一步地发展？

3. 使用经验学习圈来分析一个小型互联网公司是如何采用这种方法来进一步拓展业务的？在这样一个发展中存在哪些阶段？在使用这种方法时存在哪些问题？

4. 用展示17.2作为一个指导，你认为对企业家而言尤为重要的个人特征是什么？如果企业家缺乏这些特征属性，企业将会失败吗？这些特性是否是理想化的清单，而不需要在实践中实现它们？

5. 如果你是一个银行家，并且正在检验一个新的初创企业的提议，你会因为数据或呈现者的热情而印象深刻吗？你会如何评估包含在提议里的风险和不确定性？

6. 在评论企业家活动时，卢克·约翰逊说："我认为愿意打破规则（没有破坏法律）和激发自身的潜力是相当重要的（对于企业家而言）。"你同意这两种观点吗？"打破规则"的好处和问题是什么？你真的需要为了成功而"激发自己的潜力"，即夸大你的成就和当前所拥有的资源吗？

7. 利用一个仍有创新余地的市场，比如在网络上新服务的提供，然后调查适用于进入该市场的创业战略。如果有的话，识别那些更有可能提供可持续的竞争优势的战略。

8. 在由互联网服务的创新市场上，对于小型企业来说，适合采用什么战略来获得市场份额和附加值？（对于一些可能的想法见案例17.1和案例17.2）你应该考虑这些公司是否正在挖掘所有可用的战略机会。

9. 思考一个小的商业机会，也许是一个你已经意识到的机会或者你想要开发的机会，考虑开发这个机会时你可能采取的步骤是什么。利用图17.4和图17.5来帮助你。

扩展阅读

For a more detailed review of entrepreneurship, two books are recommended: Phil Wickham's textbook, *Strategic Entrepreneurship*, 4th edition, Prentice Hall, has a UK/European perspective. Bruce Barringer's book co-authored with Duane Ireland: *Entrepreneurship – Successfully Launching New Ventures*, Prentice Hall, Upper Saddle River, NJ, focuses mainly on American examples and is packed with useful insights.

Rita McGrath's chapter – McGrath, R G (2002) 'Entrepreneurship, small firms and wealth creation', in Pettigrew, A, Thomas H and Whittington, R, *Handbook of Strategy and Management*, Sage, London – provides a useful structure on entrepreneurship. A recent special issue also brings a different perspective: Cumming, D, Siegel, D S and Wright, M (2009) 'Special Issue: International Entrepreneurship, Managerial and Policy Implications', *Strategic Entrepreneurship Journal*, Vol 3, No 4, pp283–296.

For a more academic approach, Volume 1 of the new research journal, *Strategic Entrepreneurship Journal*, published by John Wiley, has many useful papers and a fundamental review of the relationship between strategy and entrepreneurship. Well worth dipping into. Within Volume 1, there are two double issues – Numbers 1–2 and Numbers 3–4. From more recent issues, see Baron, R A and Henry, R A (2010) 'How Entrepreneurs Acquire the Capacity to Excel: A Constructive Perspective', *Strategic Entrepreneurship Journal*, Vol 4, No 1, pp49–65.

注释与参考文献

1. Schendel, D and Hitt, M A (2007) 'Strategy and entrepreneurship are independent constructs...', Introduction to Volume 1, *Strategic Entrepreneurship Journal*, Vol 1, p3.
2. Timmons, J A (1999) *New Venture Creation – Entrepreneurship for the 21st Century*, 5th edn, McGraw Hill, Boston, MA, p27.
3. Schumpeter, J A (1934) *The Theory of Economic Development*, Harvard University Press, Cambridge, MA.
4. Alvarez, S A and Barney, J B (2007) 'Discovery and creation: theories of entrepreneurial action', *Strategic Entrepreneurship Journal*, Vol 1, pp1–26. This is a readable paper with a much more extensive review of the foundations of this theory and also that of the creative theory.
5. Alvarez, S A and Barney, J B (2007) Ibid., p14.
6. Aldrich, H (1999) *Organizations Evolving*, Sage, Newbury Park, CA.
7. McGrath, R G (2002) 'Entrepreneurship, small firms and wealth creation', in Pettigrew, A, Thomas H and Whittington, R, *Handbook of Strategy and Management*, Sage, London.
8. Shah, S K and Tripisas, M (2007) 'The accidental entrepreneur: the emergent and collective process of user entrepreneurship', *Strategic Entrepreneurship Journal*, Vol 1, pp123–140.
9. McGrath, R G (2002) Op. cit. Table 14.1, p301.
10. See, for example, Alvarez and Barney (2007) Op cit. and Shah and Tripsas (2007) Op. cit.
11. Helfat, C E, Finkelstein, S, Mitchell, S, Peteraft, M A, Singh, H, Teece, D J and Winter, S (2007) *Dynamic Capabilities: Strategic Change in Organisations*, Blackwell, Oxford.
12. Sarkar, M B, Echambadi, R, Agarwal, R and Sen, B (2006) 'The effect of the innovative environment on exit of entrepreneurial firms', *Strategic Management Journal*, Vol 27, pp519–539.
13. Wickham, P A (2006) *Strategic Entrepreneurship*, Pearson Education, Harlow, Ch3.
14. Jones-Evans, D (1995) 'A typology of technology based entrepreneurs', *International Journal of Entrepreneurial Research and Behaviour*, Vol 1, No 1, pp26–47.
15. Erickson, T (2002) 'Entrepreneurial capital: the emerging venture's most important asset and competitive advantage', *Journal of Business Venturing*, Vol 17, pp275–290.
16. Wickham, P A (2006) Op. cit., Ch5.
17. Hitt, M, Bierman, L, Shimizu, K and Kochar, R (2001) 'Direct and moderating effects of human capital on strategy and performance in professional service firms: a resource-based perspective', *Academy of Management Journal*, Vol 44, pp13–28.
18. Kolb, D A and Fry, R (1975) 'Toward an applied theory of experiential learning', in Cooper, C (ed) *Theories of Group Process*, John Wiley, London. The author acknowledges the organisers, the Entrepreneurial Education Seminar, held over one day at the Academy of Management Annual Conference, Atlanta, 2006, where this theory was presented.
19. Schendel, D and Hitt, M (2007) Op. cit., p3.
20. Schendel, D (2007) 'Moderator's comments on risk and uncertainty', *Strategic Entrepreneurship Journal*, Vol 1, p53.
21. McGrath, R G (2002) Op. cit. p310.
22. Ichbiah, D and Knepper, S L (1993) *Making of Microsoft: how Bill Gates and his team created the world's most successful software company*, Prima Publishing, Rocklin, CA, p93.
23. Ichbiah, D and Knepper, S L Ibid., p67.
24. Other sources for the three entrepreneurs case: www.microsoft.com – corporate relations; interviews with Luke Johnson and John Caudwell, *Later* Magazine,

September 2000, London; BBC website: bbc.co.uk/stoke/ 2006/08/07/john caudwell biog; www.lukejohnson.org accessed 2 February 2008.
25 Schendel, D and Hitt, M (2007) Op. cit., p1.
26 All the quotes are taken from the personal experience of the author in his 20 years in various companies. He suspects that this anecdotal evidence is not untypical in certain large companies.
27 See, for example, Henry Mintzberg (1991) 'The innovative organisation', Ch13 in Mintzberg, H and Quinn, J B (1991) Op. cit., pp731–746. Rosabeth Moss Kanter (1985) *The Changemasters*, Unwin, London. Both worth reading for concepts and ideas in this area.
28 These ideas have been taken from the Wikipedia section on 'Intrapreneurship' which summarises material from a number of sources – searched January 2008.
29 Kay, J (1993) Op. cit.
30 Leonard, D (1998) *Wellsprings of Knowledge*, Harvard Business School Press, Boston, MA; Nonaka, I and Takeuchi, H (1995) *The Knowledge-Creating Company*, Oxford University Press, Oxford.
31 Hamel, G and Prahalad, H K (1994) *Competing for the Future*, Harvard Business School Press, Boston, MA, Chs9 and 10.
32 Schendel, D and Hitt, M (2007) Op. cit., p4.
33 This is the creative destruction theory explored earlier in the chapter of Joseph Schumpeter (1934) *The Theory of Economic Development*, Harvard University Press, Cambridge, MA.
34 This section has benefited from Chapter 12, Barringer, B R and Ireland, R D (2008) *Entrepreneurship: Successfully Launching New Ventures*, Pearson Prentice Hall, Upper Saddle, NJ.
35 Other references for the Zero Carbon house are: http://www.guardian.co.uk/environment/2008/may/19/greenbuilding.windpower; http://www.shetland-news.co.uk/features/Living/20carbon free on Unst.htm; http://computescotland.com/the-advent-of-eiggtricity-in-2008-624.php; http://www.zerocarbonhouse.com.
36 Schendel, D (2007) Op. cit., p53.
37 Wickham, P (2006) Op. cit., Ch5, pp97–99.
38 Timmons, J A (1999) Op. cit., Ch20.

第18章
政府、公共部门和非营利部门的战略

学习成果

这一章的视频与音频总结

通过本章的学习,你将能够:
- 解释公共部门的战略为什么不同以及它为什么重要;
- 概述两个主要的公共部门模型并解释公共价值的概念;
- 分析公共部门的环境;
- 分析一个公共部门机构的资源;
- 解释一个公共部门的目标是如何开发和定义的;
- 从背景、内容和过程的角度,概述公共部门的战略制定;
- 制订一个计划来实施所选战略,或者为一个应急战略开发一个增量方法。

引 言

本章集中研究了适用于政府、公共部门和非营利部门的战略的特殊因素。"政府"意味着像国防和法律这样的领域,这是国家的责任。"公共"意味着卫生、交通、能源和其他服务的提供,它也许是国家的责任,也许应被私有化,这取决于政府的政治观点。"非营利"意味着为普通公益事业工作的机构,但这种机构是独立于国家的。例如,慈善机构、信托和类似机构。为了避免不必要的重复,这些组织仅仅被叫作"公共"机构,而且它们的战略被称为"公共"战略以区别于商业企业的"私人"战略。在必要之处,讨论了三个不同类型的公共部门机构之间的差异。

为什么公共部门战略值得用单独的一章来进行探讨?存在两个主要原因:首先,全世界每个国家的公共部门都是很重要的。尽管对于像美国这样的高收入国家而言,许多服务都是移交给了私人部门,但花费在公共部门的费用超过了国内生产总值的34%。[1]换句话说,每个国家都花费大笔钱在它们的公共部门上。因此,值得对公共部门战略问题进行深入探讨。

其次,公共部门更为复杂,并且涉及不适用于私人部门的因素。[2]例如,像家乐氏和谷物联盟这样的公司在私人部门早餐食品市场的竞争。它们成功的方法是,为股东提供利润的能力以及为顾客提供物超所值的产品的能力。

但在公共部门的例子中，比如当地或国家警察部队，毫无疑问将"利润"提供给警察预算，以及"物有所值"的警务服务需要相当多的说明——如果这种做法存在任何意义。[3]

如果公共部门战略是如此不同，那么就需要探讨它所遵循的原则，因为在本书其余部分的业务战略可能不适用于公共部门。例如，第 5 章探讨的竞争战略，如"正面"和"侧面"攻击一个占主导地位的竞争者。在一个国家垄断部门中，这是没有意义的，如国防或警察部队。[4] 因此，我们需要重新考虑在一个公共部门环境中的业务战略要素。

在为公共部门重新定义概念时，业务分析师面临着一个额外的困难。与业务战略中的那些理论相比，公共部门管理理论已经存在了很多年。[5] 这意味着存在另一个思想流派，并且在重新审视业务战略时需要考虑该思想流派。只在一章中探讨所有已形成的公共部门管理理论是不可能的。本章的方法只是专注于那些与本书剩下部分有直接联系的理论。然而，本章包含了充分的参考文献使得读者能够跟进那些值得深入研究的领域。有趣的是，在过去的 20 年里，公共部门管理理论已经越来越接近私人部门的概念，正如我们在本章的后面所看到的，即我们所研究的新公共管理概念。[6]

为了研究公共部门战略，我们将遵循本书为业务战略所制定的基本架构。首先，我们分析了公共部门战略运作所处的环境以及由公共部门组织所配置的资源。然后，在探讨战略制定之前，我们使用三个基本战略概念考虑了公共部门战略的目标，这三个基本战略概念是环境、内容和过程，因为它们适用于公共部门。最后，我们要考虑公共部门战略实施的问题。这种方法总结在图 18.1 中。

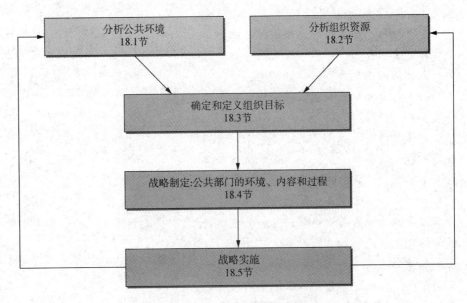

图 18.1 公共部门和非营利部门的战略制定

案例研究 18.1

世界银行：兼顾战略环境

世界银行是世界上最大的发展援助来源之一。2004年，它为发展中国家的245个项目提供了超过200亿美元的资助。然而，它是联合国的一部分，由184个成员国共同拥有。本案例探讨了这个复杂的公共部门机构是如何尽量兼顾它的各种压力，并展现成果的。

世界银行的资金来源

在为个人和企业提供现金和信用交易时，世界银行并不是一个"银行"。它是联合国的特殊机构，位于离白宫几个街区的华盛顿。它的成员是那些组成联合国的主权国家，其总部位于纽约。世界银行的目标是消除世界的富国和穷国之间的"鸿沟"。实质上，世界前40个最富裕的国家每隔四年会向一个中央基金会提供捐款。例如，在2002年，该基金会得到了来自富裕国家的90亿美元捐款，此外，从其他银行获得了66亿美元。因此，这样的资金资助在某种程度上依赖于发达国家提供资金的政治意愿。它也依赖于世界银行能够从其他来源筹集额外资金的能力，世界银行需要保持与这些来源之间的良好关系。

除了基金资助，世界银行也可以在世界货币市场上筹集贷款。例如，在2004年，它以非常低的利率筹集了130亿美元，因为世界银行的信誉非常好，即AAA的信用评级。重要的是，它的信用评级远远高于一些发展中国家。这意味着世界银行可以比这些国家以更低的成本筹集资金。随后，这些国家就能够以较低的成本向世界银行贷款，这个成本要低于它们自己获得贷款的资本成本。然而，这也意味着世界银行贷款系统容易遭受货币市场的利率和资金可用性的变化。

总之，世界银行能够直接拨款，这些钱可用于援助项目，或者以较低的利率贷给那些需要偿还债务的国家。

世界银行，位于华盛顿特区国际货币基金组织（IMF）附近，它是提供世界发展援助的主要资金来源。

世界银行是如何组织的？

世界银行的运营就像一个合作企业，184个国家作为股东。每个成员持有的股份数量大致取决于国家经济规模。因此美国占16.4%，日本7.87%，德国4.49%，英国4.31%，以及法国4.31%。剩下的股份在其他成员中进行划分。

由理事会代表股东的利益，实际上，通常由单个国家的财务部部长组成，并每年召开董事会。每年的大部分时间里，世界银行是由一个执行董事委员会进行运营的，它永远位于华盛顿的总部里。在该董事会中，存在24名董事，其中5名来自于以上所述的国家，其他19名代表了其余的国家。按照传统，世界银行的行长来自于美国，而且被美国政府任命的有效期限为5年。一般来说，这种官僚组织架构表明，为了处于银行中的

第18章 政府、公共部门和非营利部门的战略

领先地位,非正式联系与正式程序一样重要。

(一些反对全球化的评论员认为,美国政府过度地影响了世界银行。他们认为世界银行"剥削穷人并用债务奴役他们"。该问题超出了本案例的研究范围,但这些评论来自于那些支持彻底重组全球贸易的人)。

在执行董事下面,银行雇用了大约9 300名员工,例如经济学家、教育家、环境科学家、金融分析师、人类学家、工程师和其他许多角色。这些员工来自于160个国家,而且超过3 000名员工在国家办事处而不是在华盛顿工作。

世界银行具有5个主要的附属机构,在银行的整体目标内,每个机构对某个特定领域负有责任。这些概述集中在展示18.1中。

世界银行如何决定项目?

世界银行的目标是给发展中国家提供发展援助以建立学校和医疗中心,提供干净的水和电,对抗疾病和保护环境。因此,所有项目资金的投标需要有助于这些活动。

实际上,执行董事会制订今年的工作计划,是基于其主要感兴趣的领域和责任领域,并且与每年理事会同意的优先领域相一致。他们每周都见面,而且一年举行两次报告。然后,在不同的主题下进行通常的活动工作,只列出了以下例子:

展示 18.1

世界银行的五个主要机构

机 构	职 责
国际复兴与开发银行(International Bank for Reconstruction and Development)	1945年,该机构初创时就已经累积贷款3 940亿美元,其目的是为了减贫困。它具有一个独立的由24名成员组成的理事会,代表了184个国家。其中有5名委任成员以及19名选出的成员来代表国家。通过贷款以及非贷款分析和咨询服务,它促进了可持续发展。
国际开发协会(The International Development Association)	国际开发协会(IDA)每年无息贷款给贫穷国家的补助金大约为90亿美元。它特别关注那些具有很少能力或者没有能力在货币市场上借钱的国家。补助金被用在减少贫困战略的关键领域,例如提高生产力、改善投资环境、获得健康卫生和受教育的机会。
国际金融公司(International Finance Corporation)	国际金融公司(IFC)的不同之处在于向发展中国家的商业合作伙伴进行投资。对于商业运营者单独行动很危险的领域,它会为这些股东提供资金、贷款以及其他财政支持。在2004年,它资助了近50亿美元的活动。
多边投资担保机构(The Multilateral Investment Guarantee Agency)	通过为货币保险和其他非商业风险提供担保——对于这样的风险,这更像是一种保险政策,该机构有助于促进国外直接投资(FDI,参见第19章)。在2004年,它提供了11亿美元的担保。
国际投资争端解决中心(The International Centre for Settlement of Investment Disputes)	该机构通过提供设施设备来解决在国际贸易中出现的不可避免的争端和误解。在2004年,具有30个案件在中心注册登记。

资料来源:The World Bank, www.worldbank.org. Reproduced with permission.

投资环境领域：
- 做商业项目。
- 全球发展金融。
- 全球经济全景。

贸易领域：
- 世界棉花市场的当前发展。
- 利用贸易进行发展。
- 多哈世界贸易谈判的进展。

防止艾滋病
- 关键的下一步的进展报告。
- 抗击艾滋病、结核病和疟疾的全球基金。

每个这些领域（更多的话题上面没有提到）都有一个固定的时间表，如委员会会议、报告、结论以及后续活动的时间安排表。因此，整个过程是高度架构化的、有记录的和官僚的。当支付大量的资金资助，并需要给援助国提交记录的问责说明时，世界银行认为以上这些过程是必不可少的。

正如一些读者所知，在 2007 年，由于一些不明智的举措，世界银行的行长被迫辞职，并任命了一位新行长。流传的谣言表明，银行的员工并不满意机构正在运营的方式。随后，世界银行继续经营着来自于华盛顿特区总部的惯常的服务范围，所以对机构造成了有限的损失。

©版权归理查德·林奇所有，2012 年。保留所有权利。该案例是由理查德·林奇所著，来自于已发表的信息。[7]

案例问题
1. 环境中的哪些变化特别能够影响世界银行的工作？使用 18.1 节所概述的战略环境分析架构来研究这个问题。
2. 世界银行的战略由股东正式地决定：这样一个系统适当的和相关的吗？系统太复杂吗？是否存在其他选择？
3. 在世界银行里谁决定"公共利益"问题？这样的决策是如何作出的？在其他地方，它们是实践做法的典型吗？
4. 从世界银行管理其事务的方法中能够得出的关于公共部门战略的启示是什么？

18.1 公共部门的战略环境分析

在公共部门战略中，战略环境分析比私人部门更为复杂。主要原因在于公共部门战略涉及一些广泛的和难以界定的公共利益主题：**公共利益关注的**

定义 ➡ **是制定和实施公共决策的目标及制度。**公共部门战略中的这个基本概念具有两个要素："公共"是指一般公民，"利益"是指公众[9]的个体[8]愿望。公共利益完全不同于竞争市场上的公司运营。例如，世界银行的案例表明，正如代表公民利益的国家政府和各种国际机构所阐释的那样，即公共利益是重要的，并且不同于在市场上销售产品的公司。存在 4 个值得分析的主要环境因素：

1. 在公共服务中市场机制的程度；
2. 公共价值的概念；
3. 利益相关者的权力及复杂性；
4. 在非营利组织里的特殊问题。

在探讨这些因素之后，本节将通过分析公共部门的环境来得出了结论。

18.1.1 在公共服务中市场机制的程度

我们可以围绕以下 3 个主要标题探讨这个问题：
1. 在公共部门中市场机制的收益。
2. 在公共部门中市场机制的成本。
3. 自由放任与国家政府干预政策之间的平衡。

在公共部门中市场机制的收益

在公共部门管理理论中，政府被假定是代表所有公民而不是少数公民来采取决策。例如，在世界银行，资金被用到所有与资金应用相关的公民身上：每个人都获得了拨款。如果每个人都可以获得公共物品和服务，那么公共部门理论家认为，这是最有效的，并通过集中决策的政府机构来有效获得：[10] 例如，一个管理警察服务的机构。在公共管理理论中，集中决策被视为有利的。

代表全体公民的决策相当不同于私人市场，在私人市场的"买方"可以选择是否从"卖方"那里购买产品。在公共管理理论中，公民没有这样的选择，而且在市场条件下，中央集权的官僚主义是一个有效垄断。在许多经济学家看来，作为一个服务供应商，垄断是反应迟钝的和无效率的。因此，中央集权的决策是无利可图的。因此，在公共管理理论与市场经济理论之间公共服务存在一个基本矛盾。在过去 20 年里，对于许多国家而言，这个观点已经转向引入市场力量来降低公共物品的价格。因此对于这类国家，公共管理理论已经更接近市场经济理论了。

伴随着转向引入市场力量的公共部门方法，已经将这种物品的国家垄断供应商分裂成了几家公司，随后，这些公司在市场的价格和服务水平上相互竞争。竞争可能降低原垄断性国有企业的成本，因此由客户支付价格：在本质上，这就是原国家垄断部门的私有化。甚至在一个强大的社会主义传统国家，如中国，也出现了原国家垄断部门私有化的现象，如民用航空运输。私有化的基本原则在于市场竞争，通常被称为市场机制，比国家资源管理的垄断更有效率。

在一些国家，这种以市场为导向的方法已经采取了另一种形式，即在公共利益与私人企业之间的合作，称为公私合营关系，即利用私人资金财务和管理方法来建立和管理公共服务。例如，公共部门能够筹集私人资金来建立一个新的公立医院，然后指定一个代表公众的私人企业来管理所有的医院服务。这种合作方法仍然是有争议的，尤其是为了管理合同所支付的高水平费用。但在公共部门里，这只是市场机制的另一种形式的体现。

在公共部门中市场机制的成本

在公共部门战略中，除了具有以市场为基础的收益，也存在与该方法相关的成本。主要有两个方面：第一是对于实现这种市场方法的时间有多远还存在明确的限制。市场理论认为，失败的产品会从市场上消失，因为它们不能满足需求。因此，原则上，这种方法认为，任何公共部门机构都会遭受市场压力，并会因为未能实现其公共部门目标而被关闭。然而对一个失败的学校而言这是有可能的，因为有可能还存在其他学校，但显然，不会允许一个具备专业人员和设备的大型区域医院失败。在效率和缺乏市场压力方面，保护这些组织的开放性需要成本。

第二是与引入市场机制有关的问题，即私有化的交易成本。这里需要设置标准、监控进程、评估绩效以及其他活动，这些活动与为原垄断部门提供自由来进行公共服务有关。如果不这样做，这些组织可能不会提供像垄断部门以前所提供的完整服务水平：市场机制是强大的并能够潜在地扭转绩效。设置这样的标准和监测结果存在两个主要成本：

1. 公共监测组织需要检查最近私有化的公共部门组织的活动，并确保它们继续履行公共服务职责；
2. 在最近私有化组织里，管理成本包括提供它们绩效和相关活动的数据。

理论上，市场机制的收益应该大于上述的两个成本。实际上，在这个问题上存在一些分歧。在公共部门战略中重要的是，必须仔细考虑监测机制、绩效目标和在战略制定上的相关成本。与那些参与监控过程的机构，如公共监管部门，建立关系网是同样可行的，并与它们讨论所提出的战略变革。

自由放任与国家政府干预政策之间的平衡

在公共部门政策中，**市场机制是一种手段，通过这种手段，国家可以利用供应商之间的竞争、市场定价与准市场机制，来决定那些以前由国家垄断部门决定的产品供给和需求**。在欧盟和美国，对于国家应该在多大程度上参与市场的问题存在不同的观点。在法国、意大利和希腊，国有企业和国家干预是国民经济的重要元素，这一直是传统；在英国、新西兰和美国，对此持有不同的观点。所采纳的方法实质上是一个由当权者所做出的政治选择。这两种方法，通常被称为自由放任和国家干预，总结于表18.1中。亚当·斯密、马克思和许多其他的政治评论员都对这一领域的重要政治辩论作出了贡献。表18.1仅仅总结了与战略管理制定最相关的领域。

实际上，表18.1所得出的区别是非常粗略的。一些国家会为某些领域内的强大的国家资助政策之间提供一个平衡，例如，教育、热门行业（如在新加坡），对道路、电力和水的投资。然后，在此基础上，加上其他领域的自由市场方法，如国家垄断部门的私有化、较低的进入壁垒，来鼓励跨国企业（MNEs）投资。（跨国企业是指大型的全球公司，比如福特、麦当劳和联合利华。）每个国家都有自己的方法，所以，任何公共部门的环境分析必须在国家基础上进行。

第18章 政府、公共部门和非营利部门的战略

表18.1 公共部门环境的两个模型

自由放任：自由市场模型	国家干预：中央组织模型
● 低进入壁垒	● 高进入壁垒
● 鼓励竞争	● 国有企业支持国际竞争
● 很少或没有国家支持的产业	● 一些关键行业是国家所有制
● 自身利益创造财富	● 利润动机是通过很大代价来创造少量的利润
● 对供求法则的信仰	● 市场机制的失败对穷人的影响很大，并只能由国家干预来调整
● 更高的失业水平	● 需要调整由私人企业所控制的垄断部门
● 基于有效生产和高质量来创造利润	

18.1.2 公共价值的概念

定义 ➡ 公共价值是指整个国家从所拥有的和控制的特定产品和服务中所获得的收益。例如，对一个国家的所有公民而言，国防部队和警察服务具有明显的好处。代表国家的政府，会决定哪些公共物品和服务应该在国家控制之下，而哪些服务应该由私人企业控制。实际上，在许多国家都存在一些灰色地带，既不完全在政府控制之下也不完全是私人的。图18.2给出了一些例子。

图18.2 公共价值在公共领域是最高

考虑到公共价值的概念，对于公共部门战略分析存在三个重要结果：

1. 不同于一辆汽车或一间酒店房间的私人部门市场，国防部队或洁净空气的公共服务需要一个有约束力的集体决策，因为集体决策的有效性。需要一个法律框架和法律来制定公共部门战略，该法律能够约束、管理和分配公共价值。需要对这个法律框架进行分析。

2. 需要确保所有公民能够获得真正的公共价值，即每个人都有公平的份额或平等的机会，这就是公平的概念。这是完全不同于商业战略的。在制定公共部门战略时，需要分析公共公平的性质和范围。

3. 有时，需要解决公共价值分配中的问题，即在私有化出现后，市场机制可能会失败。市场失灵可以采取多种形式：例如，最新的私有化公司可能

会试图控制市场并保持它们的价格虚高。因此，政府可能会指定一个特殊的独立的公共监管机构来监督私有化的结果，并确保由私有化引起的公共价值利益的完整和公平分配。在公共价值混合着私人财富的地方，这是特别重要的。例如，在一个私有化的电信公司。因此，确保公共价值公平分配的机制需要得到分析。

作为上述方面含义的一个例子，我们可以考察世界银行。法律框架环境分析将包括，建立银行、董事会成员及其职责的基本法律章程。公平分析将需要检验银行实际分配资金的方法，以及确保所有公民公平而没有偏见的机制。在世界银行的案例中，公共监管机构可能是无关紧要的，因为没有实质性的竞争因素参与到资金的分配中来，而且银行的主管具有一个确保公平的法律责任。

18.1.3 利益相关者的权力及复杂性

在公共部门中，那些能够影响政府决策的人拥有利益相关者权力。在实践中，这可能是通过民主选举得来的，政府更迭会导致其所提供的服务的众多变化。但是，它也许是通过不依赖于民主的国家架构的其他形式而产生的。这里的困难在于，所有这些改变可能是短期的，并包含了公共部门战略中大量的不可预测的变化。在制定公共部门战略时，这种不确定性值得分析。

此外，对于公民而言，还存在其他方法来发挥他们的影响，即施压集团、战役，甚至暴动和骚乱。在世界银行，每年的会议可以对变革施加压力，其中的观点更可能来自于委员会和类似的会议。这是很重要的，因为它表明了公共机构在制定决策时是如何被游说和被施加压力的——见第6章，可以进行一个利益相关者的权力分析，但这也许只表明了利益相关者团体比理论上指导公共服务的政治家更强大。我们将在18.3节回顾关于权力和民主方面的问题。

18.1.4 非营利组织中的特殊问题

虽然非营利组织的定义是很广泛的，但它肯定包含慈善事业、志愿活动和不属于国家所有的其他公共利益主体。从为所有公民提供这种公平的意义上来说，这些组织不关心公共价值的分配。此外，关于它们的资金来源，非营利组织特别不同于政府机构。公共部门的政府机构从对所有公民的征税中获得收入。非营利组织需要从各种私人、志愿者和各种来源来筹集收入。例如，与本章有关的，并可在本书的网站上免费获得的奥林匹克案例中所描述的奥林匹克运动。它不属于一个国家，它的存在是为了"通过运动来教育青年，为建立一个和平的美好世界作出贡献"，而且需要资金来资助它的活动，其中不存在国家支持。

在这种组织中的环境分析的主要焦点是需要探讨两个主要领域：

1. 这些组织的明确作用和目标：作用将定义非营利组织所处的环境，以及它所从事的工作。例如，国际红十字会组织的作用（伊斯兰国家的红新月会）是向那些在世界各地不幸的人提供人道主义和灾难援助。因此，它的环境是由其他救援机构、政府、需要这些救援的国家，以及受益于这种工作的国家的个人组成的。在实践中，这需要仔细定义以确保充分地描述环境。

2. 组织的筹资机制：几乎每个非营利组织都需要资金资助来进行工作。这样的组织为了得到公众支持和公共资金甚至可能相互竞争。例如，2005年世界各地为亚洲海啸灾难筹集公共资金，意味着一些其他的公共慈善机构很难为自己的活动筹集到大量资金。这表明，一个环境分析需要仔细检查组织当前和未来的资金来源，以及相关类似的组织的存在意义。它同样需要探讨某个组织运营所处国家或地区的公众接受度和更普遍的情绪，因为这将影响筹集大量资金的能力。

表18.2　公共部门战略环境分析[12]

阶　段	商业战略技术	能够被运用在公共部门吗？
1. 环境基础——对定义和探索环境的基本特征的公开评价	环境中一些基本因素的评价： ● 市场定义与规模 ● 市场增长 ● 市场份额	存在可能性，但需要重新定义： ● 对公共服务的需求 ● 提供公共服务的政治意愿 ● 提供服务的相关资金和成本
2. 考虑环境中的动乱程度（参见3.3节）	一般考虑因素： ● 改变：快还是慢？ ● 重复的还是令人吃惊的未来？ ● 可预测的还是不可预测的？ ● 对组织的影响是复杂的还是简单的？	可以，但是分析并不容易。它将需要判断，尤其是政治和试压群体的影响。 ● 环境是否太动荡而不能进行有效的预测？ ● 对于组织而言，机会和威胁是什么？
3. 绿色战略	● 政府政策 ● 市场机会 ● 客户与行业态度	可以，明确的公共利益问题加上政府影响"绿色"市场的机会
4. 影响竞争环境的背景因素（参见3.4节）	PESTEL分析和情景模拟分析	当然可以 ● 如果可能，可以进行预测 ● 了解事件之间的相互关系
5. 市场增长阶段的分析（参见3.5节）	行业生命周期	存在可能性，但并不是真正清楚这可能意味着超越了国家变化的自然规律
6. 行业中的特定因素：什么会促使成功？（参见3.6节）	导致成功的关键因素分析	在某种意义上可以，即成功的关键因素（KFS）将帮助识别与成功的公共部门战略所需的优先要素有关的问题。

（续表）

阶 段	商业战略技术	能够被运用在公共部门吗？
7. 行业中特定的竞争平衡力因素（参见 3.7 节）	"五力"分析	● 对于"客户"，甚至是"竞争者"（许多公用部门机构为了资金而竞争）来说，是可能的 ● "供应商"分析同样是相关的，因为政府应该是强大的购买者 ● 但是在一个垄断行业中，很难发现"替代品"与"新进入者"的关联
8. 行业中特定的合作因素（参见 3.8 节）	四关联分析	● 当然值得采用这种分析——世界银行的案例证明它的重要性 ● 关系网络分析将同样有效
9. 特定的直接竞争者因素（参见 3.8 节）	竞争者分析和产品组合分析	● 很难想象在这里存在重大的好处
10. 客户分析（参见 3.10 节）	市场和细分市场研究	客户分析很有用，但是需要考虑的是，公共部门中公共价值和选择的更广泛概念

18.1.5 分析公共部门战略环境

通过回顾第 3 章所进行的基础战略环境分析，并考虑它对公共部门分析的意义，我们可以总结上述讨论的意义。这种分析显示在表 18.2 中。

> **关键战略原则**
>
> ● 在公共部门战略中，战略环境分析比私人部门更为复杂。主要原因在于，公共部门战略涉及广泛的和难以界定的公共利益主题：公共利益关注的是制定和实施公共决策的目标及制度。存在两个主要的公共部门模型，中央集权（国家干预）和自由市场（自由放任）。
>
> ● 市场机制是一种手段，通过这种手段，国家可以利用供应商之间的竞争、市场定价与准市场机制，来决定那些以前由国家垄断部门决定的产品供给和需求。在实践中，在过去的 20 年里，许多国家通过将国有企业私有化，已经转向了市场发挥更大作用的方式上。每个国家都有自己的方法来使用这个机制。必须以国家为基础来进行一个公共部门的环境分析。还存在两个与市场机制有关的成本：第一，不能关闭低效率服务的成本，因为它们提供重要的公共服务；第二，管理市场机制的成本以确保它满足了

第 18 章 政府、公共部门和非营利部门的战略

既定的公共目标。
- 公共价值是指整个国家从它所拥有的和控制的特定产品和服务所获得的收益。但必须在法律框架下考虑这样的价值,这种框架能够约束和管理价值。此外,公共价值需要公平的概念来确保价值能够分配给所有公民。在某些情况下,公共价值需要一个监管机构来处理任何市场缺陷。
- 在公共部门里,那些能影响国家决策的公民拥有利益相关者的权力。可以通过民主选举来发挥这种权力,但这些可能导致战略决策中的短期主义。权力也可以通过施压团体和其他利益形式得到运用。需要对这种权力进行分析。
- 在非营利部门里,一个环境分析需要考虑组织的作用和目标。它还需要识别实际的和潜在的资金来源。这些组织不能依赖于公共税收来支付它们的活动,而且需要寻求自愿捐赠者,这将随着一系列因素的变化而改变。
- 商业战略所使用的环境分析中的 9 个阶段也适用于公共部门的战略分析,但它们需要谨慎对待。

18.2 公共部门和非营利部门的资源分析

正如我们在第 4 章所看到的,可持续竞争优势的概念支持基于资源的业务战略分析。然而,公共部门历来被视为是不从事竞争活动的。例如,公共消防和救援服务是非竞争性的。如果在公共部门没有竞争,那么资源分析将完全不同于等效的业务战略。因此,第一个问题是,可持续竞争优势在公共部门是否有任何意义?如果有"竞争",那么采取什么形式呢?

关于公共部门资源的第二个问题是,在竞争问题以外的并与业务资源相比较的这些资源具有的更广泛性质。这个"性质"意味着公共部门战略家所能获得的资源范围,以及与公共部门有关的成本。第三个问题是要确定这种分析工作的分析工具。

18.2.1 可持续竞争优势在公共部门是否具有任何意义?

世界银行案例表明,该银行是唯一的,并且不会与其他机构进行竞争。然而,如果该银行表现不佳,那么政府可以扣留资金,所以从某种意义上说,世界银行必须为了资金而竞争。在本章后面部分的设得兰群岛案例中,它解决了在经济发展与保护野生动物之间的艰难选择,见案例 18.2。但它也探讨了一个公共部门为了寻求资金资助来提供服务的需求,比如教育、交通和当地警察。如果它的计划是成功的,那么委员会可能会从新的风力发电厂的研发中获得一些额外的资金支持。同样,它也可以从其他来源筹集资金,比如当地税收和中央政府。但设得兰群岛委员会可以说是没有竞争对手的。大多

数公共部门机构是否符合政府的垄断观点并且很少参与竞争吗?答案取决于国家所采取的公共管理模式的类型,即公共部门管理模式或新公共管理模式。资源分析首先需要识别国家所使用的模式。

定义➡ 多年来,一个组织的公共部门管理模式是组织中政治家所做的命令。[13]在这个模式里,一个专业的行政部门会制定政府法律法规,并管理代表政府的国家活动。相同的公共部门还包含了公共部门的企业,比如电力或电信,使公众为它们的垄断服务埋单。[14]在这样一个计划里,竞争只具有相对较小的作用。例如,一个地区的警察部队不可能与另一个要实施逮捕的部队进行竞争。然而,警察部队的年度预算,也许会为了政府的资金资助而与其他公共服务的预算进行"竞争",如国防。在这个意义上,就存在一个竞争的小要素。重要的是,在所描述的公共服务里,几乎没有公职人员想要降低他们的成本来增加其效率动机,因为其服务基本上是垄断的。[15]一般来看,这样一个公共部门决策模式本身不适用于严格经济逻辑下的竞争优势。

定义➡ 在过去20年里,对于世界各地的各国政府来说,上述模型的情况已经改变,至少有一部分已经被新公共管理模型(NPM)所取代。[16]新公共管理是公共部门决策的一个模型,其中,专业行政部门的运行伴随着更多的市场竞争,外加原国有垄断部门被分割,并且为了业务而相互竞争。然而,国家仍然保留了一些在国家控制下的领域,比如国防。新模型提供了一系列想法,即关于政府如何以一个更大程度上的源于市场竞争的效率为基础来进行运营。[17]在新公共管理中存在6个核心问题[18],即生产力、市场化、服务定位、分权制度、政策和问责制。但从一个战略视角来看,关键问题是市场化,所以有必要在这里对其进行研究。这意味着本节并没有对新公共管理的许多其他方面进行完整的讨论,而这些方面可以通过本章末尾处所列的书籍来进行探讨。

新公共管理基于两个主要假设。[19]首先,政府服务的需求可以从这些服务供给中分离出来;其次,把竞争引入每个服务的供给中是可能的。我们可以通过考察在那些将以前的国有化工业卖给私人部门的国家所发生的事来探讨这些假设。这些国有企业被卖到私人部门的例子包括电力和电信服务。在私有化之后,这些服务的需求并未根本改变,所以供给能够从需求中分离出来的假设被证明是正确的。此外,私有化可以采用这样一种方式,即将垄断部门分裂成若干个相互竞争的公司,因此竞争被引入了供给中。

从资源分析角度来看,由此可见,当一个国家采用了新公共管理政策的时候,竞争确实存在。在这简短的评论中列出所有证据是不可能的,但在公共部门[20]管理和公共部门[21]的战略制定上,许多研究人员支持这样一个结论。这意味着在公共部门考虑基于资源的竞争分析是有关联的。这些竞争优势,如有形资源和无形资源、核心竞争力、体系架构、信誉、创新能力以及知识,都可能在公共部门中进行研究。读者可以回顾第4章中有关这个领域的更全面的观点。那一章同样遵循,采用SWOT分析来概括这些问题,即第8章所列出的主要因素。[22]

尽管上述论点大部分集中在政府机构,但同样的基本原理可以应用于非营利组织。在18.2.3节会对其进行更充分的探讨。

18.2.2 公共部门资源的特殊性质

除了竞争优势的问题，公共部门资源分析同样需要探索公共部门的特殊资源的四个方面：
1. 为了目标的充分资源和适当资源。
2. 作为一种资源的公共权力。
3. 公共资源的成本和收益。
4. 作为一种公共资源的劝导和教育。

为了目标的充分资源和适当资源：权衡和平衡

正如我们所看到的，公共部门的一些部分基本上是垄断部门。例如，国防力量、消防以及救援服务。因此不存在相互竞争。然而，这些服务确实需要通过国家及其政客来提供，而且他们需要在合理化的成本水平上来提供服务（"合理的"通常由国家的执政人员所定义）。然而，许多国家的政府近来的活动目标是为了实现更高的效率、更高的服务水平和相同服务的更低成本[23]，波利特（Pollitt）和鲍克尔特（Bouckaert）称这些为"权衡和平衡"。

定义➡ 为了进行这些任务，公共部门资源分析需要评估充分的和适当的资源是否能够实现国家所制订的目标。因此，分析资源的第一步就是检验国家所制订的目标，例如，如果一个公共部门的救护车需要在15分钟之内应对一个紧急情况，那么救护车的适当数量和训练有素的医务人员必须是可供使用的。另外，公共部门资源分析需要制定服务水平和国家对可用资源的其他要求。[24]资源分析的这种方法超出了竞争优势的识别以及业务战略的相似概念。

在分析实现公共部门目标所需的资源时，主要的困难之一在于词语"充分的和适当的"。原因是，许多国家机构能够为更多的资源提出充分理由。为了克服这个困难，仔细研究所界定的目标和所承担的任务，再与过去经验和其他地方的类似活动进行比较，至少会提供一些答案。在实践中，一个主要的决定因素可能是关于"权衡和平衡"的政府政策决定，该决定基于公共管理机构的政治判断力。本章末尾关于国王剧院的案例涵盖了许多困境和所需的做出的政策决定：公共部门专业知识、连任的政治压力、来自当地社区的施压群体。资源分析需要考虑这些复杂的方面。

作为一种资源的公共权力

在战略管理中，资源分析往往关注经济实力，以及作为主要结果的现金和盈利能力。甚至像领导能力和知识这样的人力资源，通常更具提供利润的能力或者为员工、管理层提供附加值的某种形式来评估。相比之下，公共资源具有另一个维度。

根据定义，无论多大的国家，都具有一个缺乏个人业务的权威当局。国家可以被认为是三个独特的交互系统,这并没有在业务中表现出来,即政治、市场经济以及公共管理和法律系统。[25] 其中每系统的设置都处于国家的公民社会环境里,如图18.3所示。在那个国家的公民同时参与并对那个社会及其制度的合法性形成判断,所以不一定必须通过民主。

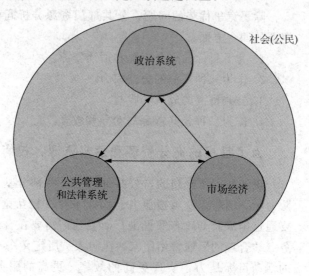

图18.3　国家3个主要元素的简化表示

资料来源:Pollitt, C and Bouckaert, G (2000) Public Management Reform, Oxford University Press. Used by permission of Oxford University Press.

从公共战略的角度上看,国家的这种观点意味着公民对国家的事件和决策给予了他们公开的或默许的支持。在这个意义上,公民把权力交给了公务员。例如,国防部队保卫国家的权力以及对警察和司法维护法律的支持。这种权力可以在不同时代被动用起来并构成公共部门战略的一个重要部分。[26] 例如,国家可以决定,国家应该更加强调环境的"绿色"问题,并采用一种超越个体工商户所采用的方法。==公共权力是国家政府所拥有的一种资源,由民族国家所制定的集体决策构成。在制定公共部门战略里,这样一种资源的分析是很重要的。==

> 定义 ➡

公共资源的成本和收益

国家的权力行使也是具有成本的。当国家从事其业务、投资于国防和法律制度以及政府活动的其他领域时,都会成本产生。[27] 它们也包括与权力的滥用和政治决策意想不到的副作用有关的成本,[28] 例如,当为了下一代而保护环境,回收资源成为政府决策的一部分时,会产生与分类废物有关较高成本。重要的是,国家不会对这样的活动进行无限的资金资助,因为获得税收的局限性。==需要对公共资源进行分析,因为它们具有用最小成本实现最大利润的能力。在这里,"收益"比在私人部门中仅仅为股东提供利益的概念具有一个更广泛的社会定义。==例如,与公共卫生改进相关的社会福利。这意味着公共部门管理者的任务与私人部门管理者的任务有一些相似之处,但存在一个更为广

> 定义 ➡

泛的摘要和结果。在实践中，公共部门可能需要在节约利用资源的成本与通过资源投资来提高业绩之间做出战略选择。如果在政府系统里存在某种闲置生产能力或者使用新技术来提高效率的可能性，那么就可以解决以上这个问题。[29] 其他基于资源的解决方案包括如前文所述的私有化，以及设置公共部门服务质量和服务标准，其目的是为了与公共部门的其他部分进行比较，例如，在一个国家的不同地区进行健康治疗的比较。

作为一种公共资源的劝说和教育

与个体工商户不同，国家通过劝说和教育，有机会帮助个人和组织改善他们自己的生活。[30] 例如，国家可以建立一个公共教育项目来向公民展示如何预防火灾。这可能就像消防服务本身一样是有用的和高效的。国家的这个角色意味着一种公共部门资源，这种资源不容易被利用到个体工商户里，而且

定义 ➡ 它需要考虑在公共部门活动中的任何资源基础分析。因此，公共部门资源分析需要考虑劝说和教育是否属于国家的合适资源，如果是，应该如何以及在何处使用它们。

18.2.3 非营利部门资源的一些特性

不同于公共部门，非营利部门的资源需要资金，但这些资金并不来自于公共税收，即需要从私人来源筹集资金。大多数这样的机构需要依靠公众捐款以及某种的商业业务的支持。不可避免的是，为了获得资金资助时可能存在一些竞争，即使从事这样的活动似乎有些令人不快。对于一些这样的机构来说，融资专业知识已经成为需要仔细分析的资源的一个主要领域，这类资源包括关系网、品牌和声誉，以及激发组织支持者的组织能力，支持者中多数可能是志愿者。

用这种方式来描述资源同样需要识别资源分析的另一个方面，该方面在非营利部门特别重要，即人力资源。通常，这里存在三个相关的资源：[31]

1. 在筹集资金和提供服务时的自愿帮助。这些帮助者可能是高度专一的并且能够为组织提供一个真正的优势。但从志愿者和没有报酬的这个意义上来看，他们也可能是浮躁的。

2. 在提供服务时的专业技术知识。某些非营利组织的目标是提供高度专业化的技能，例如，非常受人尊敬的无国界医生组织为难民提供高质量的医疗救助。这种专业技术的专业水平需要进行仔细的资源分析。

3. 领导和管理：每个机构都是独一无二的，但随着时间推移，益处会来源于这样的领导者，他们具有想象力和领导员工、支持者以及外部机构与其一起开发并提供服务的能力。可以说，与公共部门中的资源相比，这种资源甚至更为重要，因为这里不存在经常被用于政府机构的公共官僚主义传统。

18.2.4 公共部门中的资源分析

总之，公共部门资源分析需要考虑涵盖第4章业务战略的主要领域：有形资源、无形资源和组织资源；核心竞争力；体系架构、声誉和创新能力；知识。此外，本节在更深层次涵盖的领域也需要探讨，如公共权力、成本和收益、劝说和教育，正如公共部门可获得的可能资源。在非营利组织中，资源分析需要得到筹资分析和人力资源分析的补充。

资源分析的结果将确定公共组织最强的能力以及最有效的行动和政策。从管理的角度来看，还要制定能够用来定期执行资源。[32]后一种观点很重要，因为公共部门经常涉及提供有效管理，在该过程中，它的日常任务和法律框架胜过大部分私人部门活动。

公共部门资源分析的最后一个方面也值得强调，即能够实现组织目标的必要资源和适当资源。[33]在下一节我们将探讨目标。

关键战略原则

- 公共部门资源分析首先需要考察国家所采用的两个公共部门模型，即公共部门管理或新公共管理。公共部门管理模型由一个专业的公务员官僚机构所构成，该机构能制定政府法律并管理代表政府利益的国家活动，如政府垄断提供给公民的服务；新公共管理模型是公共部门决策的一个模型，在模型中专业行政部门的运行伴随着更多的市场竞争，而原国有垄断部门被分割，并且为了业务而相互竞争。然而，国家仍然保留了一些在国家控制下的领域，比如国防。

- 前者不支持竞争优势，而后者受到原来的垄断国有企业的市场竞争概念的支持。在公共部门中，基于资源的分析的第二种方法将包括在业务战略中的类似概念，即有形资源、无形资源和组织资源，等等。

- 在公共部门进行资源分析时，存在四个额外的注意事项，即为了目标所需的适当资源和充足资源；作为一种资源的公共权力；公共资源的成本和收益；作为一种公共资源的劝说和教育。

- 公共部门资源分析需要评估充分的和适当的资源是否能够实现国家所制定的目标。这意味着资源分析需要确定公共目标，然后针对目标评估资源需求。

- 公共权力是国家所拥有的一种资源，由国家制定的集体决策所构成。在制定公共部门战略时，这样一种资源的分析是很重要的。

- 关于公共部门的成本和收益，公共部门管理者的任务就是经常要用最低成本来获得最大收益。在这里"收益"比在私人部门中仅仅为股东提供利益的概念具有一个更广泛的社会定义。这样一个平衡需要在公共部门资源分析时得到考虑。

- 公共部门资源分析还需要考虑劝说和教育是否是国家的合适资源，如果是，如何以及在何处使用它们。
- 非营利组织有必要检验组织的筹款资源。此外，需要在以下三个方面检验这类组织的人力资源：自愿帮助、专业技术知识以及领导和管理。
- 资源分析的结果将确定公共组织最强的能力以及最有效的行动和政策。从管理的角度来看，还要制定能够用来定期执行的资源。

案例研究 18.2

风电场还是野生动植物？针对绿色战略的一个公共利益困境

绿色战略迫使设得兰群岛在下面两者之间做出一个困难选择，即一个能够获得低碳电力的主要风电场，或是对野外造成威胁的设得兰群岛自然栖息地。该案例研究了这个问题。

在2012年，这仅仅是设得兰岛上的五个风车发电中的一个。但是，如果苏格兰政府同意了新的提议，那么这一切即将改变。

早期

像英国的其他地方一样，设得兰群岛委员会被期望来支持可再生能源的替代来源。这些岛屿位于近200英里（320公里）的苏格兰本土的北端，而且具有世界上最高的和最可靠的风速。对于路基风力发电场而言，这是具有吸引力的。

早在2003年，当地的设得兰岛委员会（SIC）和苏格兰最大的发电厂——苏格兰南方能源（SSE），决定为设得兰研究一个新的风力发电场综合设施。随后，设得兰岛委员会把它的项目兴趣转交给了另一个机构，即一个被称为设得兰慈善信托（SCT）的慈善信托机构。苏格兰南方能源和设得兰慈善信托随后合并成了一家新公司，名为维京能源（Viking Energy）。

由于背景情况，设得兰慈善信托拥有约1.8亿英镑（2.7亿美元）的资金，这些资金由设得兰的石油工业捐赠，这个石油工业在设得兰的萨洛姆湾拥有一个大型油码头。从信托基金所获得利益被用于设得兰的艺术节、补贴运输和其他社区计划中。设得兰慈善信托名义上独立于设得兰岛委员会，但在撰写本案例时，设得兰当地的议员具有最大的份额。

维京能源

维京能源成立于2005年，SSE拥有50%的股权，设得兰慈善信托拥有45%的股份，剩下的5%由一些当地岛民所拥有，这些岛民以前投资过一个小型设得兰风电场。英国的计划法规定，这种性质的方案需要准备环境影响评估,最初的评估在2006—2007年完成。经过一段时间的磋商后,在2007年设得兰的当地社区陆续开始建立。修订版的环境影响评估在2009年完成,随后出台了正式的规划应用。到那个时候,一些(但不是全部)岛民对该方案的反对已经持续了两年。

维京能源的提案

经过各种调查之后,SSE认为,在中央设得兰的一个主要的新风电场将提供大量的可再生电源。然而,如果能够将电力发送到苏格兰大陆的话,那么所产生的电量就能够得到更好的使用。这意味着建造一条200英里的海底电缆是该提案一个至关重要的因素。反过来,这意味着一个小规模的设得兰风电场并非只是提案的单独一部分。

为了生成和传输可再生能源到苏格兰输电网,维京能源提议建造127个风力涡轮机,每个高476英尺(145米)。这个地点大约是11英里×7英里(18公里×11公里),位于设得兰群岛主岛的北部。随后,将有一个电缆安装在岛下,而且是在南端的海之外。风电场的开发成本估计为6.85亿英镑(12亿美元),再加上其他连接大陆的电缆成本为5亿英镑(8亿美元)。该计划将只创造大约42份直接工作,但每年会为设得兰信托产生约2 300万英镑(3 800万美元)的收入。

此外,该提议包括了栖息地和传统管理方案。然而,它也涉及能够为风车服务的超过60英里的公路建造、运输电力的电缆以及一个重要的服务基础设施的建造。所制定的提议需要穿过大部分未受影响的高沼地、设得兰中央北部的泥炭和沼泽地,而那时,鸟类、野生动物和人都在设得兰中央北部自由地漫步。维京能源估计碳的回收期将近一年。但反对者对这个数字将有异议,他们得出的数据表明,碳的回收期可能高达48年。

在写本案例的时候,如何给这个12亿英镑(20亿美元)的项目提供资金资助尚不清楚。假定SSE能够找到其总成本的份额。然而,信托只有约1.8亿英镑的资产。不过,据维京能源估计,由于各种原因,信托只需要找到3 000万~6 000万英镑(4 500万~9 000万美元)。众所周知,包括欧洲投资银行这类的各种银行愿意借出额外的资金,但尚未达成一致协议。重要的是,在这个项目上,较高的初始投资是由这个项目的规模以及对延伸到大陆的电缆成本的资金资助的相关需求所决定的。

对提案的反对

利用当地的报纸《设得兰时报》(Shetland Times),并通过当地的社区团体,成立了一个称为可持续的设得兰(Sustainable Shetland)的组织,它的网站是www.sustainableshetland.org/,而且它有将近800名成员。该组织在原则上没有反对风电场的开发,但确实反对维京能源提案的规模、影响和后果。具体地说,该组织向英国广告标准局(ASA)抱怨,它被维京能源的宣传单严重地误导了,传单被分发到设得兰所有的家庭。英国广告标准局支持五个反对意见中的三个,并告诉维京能源,不能以当前的形式重复制作宣传单。英国广告标准局称:"我们告诉维京能源,要修改其广告,这样一来,它就不会声称,50%的利润要留在设得兰社区;它并没有声称,每年向设得兰经济注入2 500万~3 000万英镑;它也没有声称,多于1 800万英镑的平均利润通常会流入设得兰慈善信托,而且它不认为开发碳的回收期可能不到三年。"(在网站上可以获得完整的判决内容,即:

http://www.asa.org.uk/ASA-actuion/Aduclications/2009/11/Viking-Energy-Parternership/TF_ADJ_47582.aspx

一般而言，大多数设得兰群岛岛民的观点是不清晰的。《设得兰时报》在2010年委任的民意调查显示，三分之一岛民表示支持，三分之一反对，而三分之一未表态。可持续的设得兰组织回应指出，由维京能源主张的最后计划存在许多反对意见，这些反对超过了支持的人数：2,735人对1,144人。当考虑公共利益和批准程序时，设得兰岛委员会考虑所有这些评论。

正式的公共协商和批准

按照正规的英国规划程序，维京能源首先为设得兰的当地咨询提交了它的评估，然后作为一个正式规划申请，由设得兰岛委员会进行评论。维京能源提案的要点可以查看网站：http://www.vikingenergy.co.uk/project-facts-figures.asp

在2007年到2009年，各种协商和简报会议在设得兰各地举行。由于这些磋商，风电场在涡轮机规模上从150台减少到127台，而最终应用申请也在2010年9月被送往设得兰岛委员会。委员会必须评议这些计划，但最后批准取决于在爱丁堡的苏格兰政府。2010年12月，委员会批准了修订的开发提案。

读者可能会觉得奇怪，维京能源公司提交给委员会的计划是由一家慈善信托部分拥有的，而信托的成员也坐在委员会里。换句话说，这似乎表明，作为部分所有者的委员会被要求去支持方案计划。在委员会中，一些具有直接利益的成员从规划会议中退出，但针对计划的反对者坚持认为这两个组织的关系仍然太紧密。随后，这种关系已经成为一个单独被调查的主题，这个调查由管理所有苏格兰信托活动的慈善机构委员会的一名独立律师负责。调查的结论是，这种关系需要改变。但这在短期内似乎并没有说服委员会来重新考虑维京能源方案的批准问题。

在写本案例的时候，维京能源方案的提议被递交到了苏格兰政府。也许在没有进一步协商的情况下，该提议就能得到批准，或者可能被拒绝，或者可能成为进一步全面规划咨询的主题。政府面临着一个困难的决定。通过便宜的可再生能源来减少国家碳排放的重大贡献是否能够最好地提供公共利益呢？还是由保护野生动植物和自然栖息地来提供更好呢？这片自然栖息地无疑会被这样一个大规模开发而破坏？

©版权归理查德·林奇所有，2012年。保留所有权利。该案例是由理查德·林奇所著，来自于已发表的信息。[34]

案例问题

1. 本案例中公共利益存在于什么地方？野生动植物还是风电场？需要什么标准来作出决定？

2. 与反对者的反应相比，维京能源的活动能得到更好的资金资助：公共部门战略应该由这个不平等的争论来决定，这是不可避免的吗？

3. 在决定公共绿色战略时，决定性的地方当局在提议中具有一定的商业利益是否有关系？

战略项目

通过查阅本案例的网站内容，你可以进一步探讨相关证据。《设得兰时报》也特别擅长提供公平和平衡的最新消息。此外，由苏格兰政府所做的关于维京能源提案的决定，有望在本书已经出版后的2011年夏天公布。这个决定无疑会发表在《设得兰时报》(*Shetland Times*)上。

18.3 探讨公共部门和非营利组织的目标

公共部门组织面临一个困境，而这个困境并不适用于商业组织。公共部门组织至少在一定程度上，由那些需要连任的政客所控制，而它们并不像商业领导者。这意味着，一个公共部门机构的目标可能在一次选举之后显著改变。同时，长期战略方向在公共部门里可能很难维持。例如，见案例18.2，设得兰岛委员会的领导可能在下次选举时被击败，因为他们的政策不得人心。那么用来推进维京能源风电场开发的任何决定会发生什么变化？设得兰群岛战略中的一个重要部分的长期走势可能会彻底改变。

在非营利组织中，依靠自愿的、经常无偿的帮助也意味着这种帮助是相对不可预测的：这种帮助甚至可能由于各种原因而毫无征兆地被撤回。此外，不同于商业组织，许多公共部门机构不存在期望从其投资中获得股息和资本的股东。尤其是在非营利部门中，目标也许言之有理，也许包含比股东增加价值更不确切的目标。这些目标可能难以测量，而且测量方法甚至是不恰当的。例如，许多救死扶伤的志愿者团体，应该比一系列统计数据更多。那么，公共组织如何制订它们的目标？我们将在三个标题下来考察这个问题：

1. 利益相关者和人们的愿望。
2. 探讨和重申目标。
3. 困境和冲突。

18.3.1 利益相关者和人们的愿望

在制订公共部门组织的目标时，"公共和非营利组织（和社区）成功的关键是关键利益相关者的满意度。"研究目标的起点必须是利益相关者的意见、观点和判断。我们在第6章探讨了利益相关者概念，而且强调需要分析利益相关者权力的影响。因此，读者要回顾以前有关这个重要主题的材料。

除了利益相关者理论，公共部门也依赖于公民向政客表达的意见，尽管不一定通过他们的公开选举来获得目标。这特别适用于政府机构，但也可以适用于一些非营利机构。在查明人们愿望的基础原则上，这样一种选择具有先例，这是由一些学者所开发的，如卢梭（Rousseau）[36]和约翰·斯图亚特·米尔（John Stuart Mill）[37]。然而，正如诺贝尔奖得主阿玛蒂亚·森（Amartya Sen）[38]所指出的，类似的思想可以追溯到在其他非西方国家包括印度和日本在内的领导者，以及一些穆斯林思想家。他认为，"民主最好是被视为参与推理和公共决策的机会，如政府的讨论"。在这个定义上，民主已经超越了每隔几年的全国大选中的投票。

从公共部门战略制定的角度来看，由于一些战略决策是复杂的而且需要依靠专业知识，所以存在一个问题。有时，对于公共部门来说，要充分了解这些问题是困难的,尽管它们参与到上述阿玛蒂亚·森的"参与式推理"中。[39]因此,消息灵通的公共选择与其公共部门的结果之间存在着紧张关系。也就是说,在进行一个成熟的公共讨论和决策制定时,允许公民,甚至是无知的公民来表达他们的意见或是投票。[40]英国前首相温斯顿·丘吉尔(Churchill)的观点简洁地表达出了困难,"除了所有的其他方式以外,民主是政府最糟糕的形式"。

在制定公共部门战略时,有时忽略人们的愿望可能会导致问题。因此,在制订目标时,公共部门战略试图去理解公众的观点是有必要的。然而,在世界各地存在很多方法来接触人民并代表人民。[41]丘吉尔关于民主弱点的评论可以延伸到,在制订公共部门战略目标时,需要一系列方法来确定人们的愿望。

18.3.2 探讨和重申这一目标

定义战略目标的起点必须取决于公共部门组织的基本命令,即组织确切打算做什么?打算为谁服务?需要有一个可识别的社会的和政治需求,这是组织所追求的。这应该是透明的,如果有必要,应该重审正式的章程或起初同意的其他合法的、宪法的策略。这将导致组织的使命理想化,并且需要使用第6章的原则来在段落中进行陈述。组织中的战略环境研究在一个特殊的时间下进行,然后提出它的目标。例如,由于世界银行缓解痛苦的使命,加上在非洲艾滋病病毒/艾滋病流行的环境下,使得世界银行重新定义了它的目标,即在这个特殊领域提供资金援助。

对于许多公共和非营利组织而言,使命可能还需要激发利益相关者的灵感,即最初形成组织基础的灵感。在特殊的志愿者组织情况下,这些灵感也许是推动他们前进的东西。[42]在战略制定中,有时需要重申这个目标。

18.3.3 困境和冲突

在公共部门目标中存在的一个问题是,许多目标陈述必须考虑可能互相冲突的目标。[43]例如,世界银行正在敦促寻求资金来进一步地支持在某些国家的发展,而同时,世界银行本身对这些国家表示不满的,因为这些国家花费了其的资金。[44]一般来说,我们可以有效地识别这两个对公共部门战略制定存在定期影响的困境,即:

1. **操纵与争吵**:[45]一些评论家认为,在制订政府战略目标时,如果政府集中精力于操纵,例如如果制定政策、为相关的公共机构提供合适的资金资助并评估绩效,而不是争吵着提供服务,那么政府会工作得更好。在这里我们不需要解决这个问题,但仅仅认识到,政府角色的冲突观点将会直接影响定义战略目标的能力。

2. **提高公共部门绩效与成本节约**:评论家对这两个领域的着重点各不相

同。[46] 绩效提高将它们的起点看作是需要适应社会、新文化和技术的改变。成本节约首先强调国家要减少需求，削减公共服务成本，而且让市场需求决定真正所需要的东西。此外，我们不需要在这里解决这个冲突，但要意识到，在目标背景下需要识别和探讨这种冲突。

实际上，这些和其他的冲突将随着那时的战略环境和利益相关者的信念而变化。需要识别和讨论冲突。如果它们依旧未解决，那么对于即将制定的战略，将很难在足够清晰的条件下定义目标。

> **关键战略原则**
>
> - 当制订公共部门组织目标时，对于公共和非营利组织而言，成功的关键是主要利益相关者的满意度。进行利益相关者权力分析和寻求主要利益相关者的观点是必要的。
> - 除了利益相关者理论，公共部门目标的制订还需要反映人民的普遍意愿。因此，需要识别和探讨公众的看法。对于公民来说，在复杂的问题上进行明智的选择是困难的，但这些困难需要得到辨别和解决。
> - 定义公共部门战略目标的起点必须取决于公共部门组织的基本命令、它的角色作用及其存在的理由。在那时，在它面临问题的背景时，这将导致产生组织的使命和组织目标的定义。
> - 许多公共部门组织会接受冲突的目标。如果希望成功定义目标和制定战略，那么这些冲突需要得到解决。

18.4 公共部门战略中的背景、内容和过程

在定义和阐明目标之后，我们现在可以在制定战略时体现这一目标。有可能采用常规模型，例如第8章、第9章和第10章的计划选项—选择方法。[47] 存在一些变化的结果与本章前面所研究的内容类似，而且简单地在"内容"小节下进行了概括。然而，考虑到我们专注于公共部门战略，而且需要避免重复以前所涵盖领域，所以这节集中在与业务战略的差异上。我们将在三个熟悉的战略标题下进行考察：背景、内容和过程。

18.4.1 战略背景

从环境和资源分析上看，我们确定了公共战略与业务战略在战略背景下的首要差异：

- 在过去20年里，从公共部门战略的公共管理模型转变为了许多国家的市场驱动模型；
- 在公共部门里的不同政策指令之间往往存在困境和矛盾；
- 政治环境的短期性质和变化性质；

- 筹资的困难，并且依靠部分非营利部门里的专家和自愿的人力资源。

减少数字的资源压力、国家垄断部门的私有化以及降低成本的政策都有助于形成公共部门的战略环境。改变公众对政治、道德和社会问题的态度可能决定着非营利组织的环境背景。当在公共部门分析战略环境时，这些问题还需要伴随着世界环境的急剧变化。例如，全球变暖、贫穷和疾病、战争和冲突、不断增强的互联网力量以及由生物进步引起的伦理问题等，都对公共部门提出了重要的挑战。每个公共部门组织都有自己的用来制定战略的一系列因素。这里的要点是，在公共部门中的战略环境比商业组织中的环境更为广泛，因为政府和非营利机构更广泛的角色作用。其中存在的威胁在于战略环境变得过于复杂。至少要用三种方法来对其进行研究：

1. 对于战略目标形成一些优先事项：识别那些将对目标和战略产生大量影响的因素，该过程可能通过小组会议来进行。

2. 使用情景模拟方法来得出一些针对主导战略环境问题的可能结果。这将有助于检验特定情况的结果。

3. 保持简单的战略环境分析。复杂和详尽的过程比形成可行的战略更可能使人混乱。

18.4.2 战略内容

与业务战略的内容一样，在制定公共部门战略内容时可以采用计划选项—选择方法中的常规战略概念。[48]在制订这些计划选项时，布莱森（Bryson）认为，为了实现组织的战略目标，应该制订那些同时具有"实际可替代性和理想性的"计划选项。[49]他认为，一个能够识别障碍的有效程序是为了实现那些结果，然后识别克服障碍的方法。最后，他认为，将所选择的计划选项制订成具体的提议方案。这种方法特别不同于业务战略，尽管"梦想"一词可能不会在业务战略中出现。

在制订战略规划选项时出现了问题，即在第8章中所概述的业务战略规划选项是否适用于现在的情况。计划选项分为两个不同的领域，那些与战略环境相关的，比如波特的一般战略；以及那些与战略资源相关的，比如降低成本和基于资源的计划选项。公共部门战略可以使用这些概念吗？

首先要处理基于环境的计划选项，波特可能是这一领域的主导战略家：不可能将业务战略环境中的计划选项用于公共部门战略。引用伦敦大学弗利耶教授（Ewen Ferlie）的观点："由于它对市场、盈利能力和竞争力的重点关注，使得很难照搬波特的模型，因为公共部门中的价格、市场和利润都仍然不发达。"[50]然而，弗利耶认为，波特的方法确实存在一些优点，即已经将市场的概念引入了公共部门中："对于公共部门的监管者和购买而言，在为他们的市场开发任务提供指导时，波特模型也许是特别有用的。"[51]因此，在公共部门战略的新公共管理处理方法上，这种方法也许更加合适。此外，在非营利部门的战略可能受益于计划选项，这些计划为人们和资金资助识别了环境中竞争的可能性。

基于资源的战略规划选项为关注那些竞争性资源提供了机会，这些资源允许一些公共部门机构为他人提供优质的公共服务。[52]再次引用弗利耶的观点："基于资源的模型可以应用于公共部门组织，因为在这样重要的管理任务中，如战略变革的管理中，它们的无形资产分析是与它们的绩效密切相关。"[53]因此，基于公共部门资源分析的计划选项是值得追求的，包括相关的成本降低领域。

我们将在下一节探讨计划选项制订的应急方法。

18.4.3 战略过程

由于包含在公共部门中的不确定性，如在政治层面的政权更迭和在普遍层面上不可预见的灾难性事件，有些公共部门的战略家支持奎因的"控制混乱或逻辑渐进主义"，在第7章和第12章对其进行了探讨。[54]这是由组织整体目标内的一系列小决策所构成的，每一步的结果决定了下一步。换句话说，这就是战略制定的一个应急过程。除了这个概念之外，这对第11章中的"学习型战略发展路径"几乎没有进行探讨。然而，扩展战略规划选择过程被称为"椭圆形映射过程"（Oval Mapping Process），由斯特拉思克莱德大学的科林·艾登教授、布莱森教授和其他人一起开发，[55]它的基础似乎大部分源于学习型方法。

另一种逻辑渐进主义是由林布隆（Lindblom）所提出的方法，它发现支持一些公共部门战略家[56]的观点。他写了一篇理论性的论文，即它引用了无经验的证据，在50年前这被称为"渐进决策科学"（The Science of Muddling Through），这在今天依然得到批准引用。[57]实质上，林布隆认为，在公共部门战略中完整地分析所有可用的计划选项是不可能的：存在太多要涉及的因素，从面临经济压力的政治思想到社会趋势等。他制定了一个可供选择的战略过程，该过程更为现实而且特别集中于小规模、渐进式的决策。它不同于逻辑渐进主义，即林布隆并没有提到，使用一个阶段结果来决定下一个步骤。在那方面，"渐进决策"更为基础的。布莱森认为，林布隆的方法在某些情况下具有真正的优点：它减少了风险，把一个项目分解成小的可行的步骤、简化实施、迅速地产生真正的改变、提供了直接奖励并保留了收益。[58]

波利特和鲍克尔特采取了一个类似的方法，并且在公共部门的许多情况下，支持重大变化中的小步骤：

为改革启动、维持和实施一个全面的战略需要一定的条件，而且这些很少在现实世界的公共管理改革中得到满足……因此所谈论的"战略"通常是一个理想化，或这一系列事后的合理化流程，这一过程倾向于局部的、反应的和不稳定的优先事项。[59]

这一切都在为公共部门战略制定中小规模的、渐进的过程的现实主义而辩护。

评论

由于各种原因，公共部门战略的战略环境是相对不确定的，同样也是复杂的。并没有通过推测它是否比业务战略更为复杂这个过程来获得的。最关键的在于公共部门战略制定具有很多难以管理的维度。这一切都表明，需要谨慎对待公共部门战略中的彻底变革。这是可以做到的，但它需要一个非常清晰的愿景、强有力的领导能力以及可能需要专业培训的大量资源。[60]在公共部门战略中，渐进主义可能在很多情况下都是更好的选择。

> **关键战略原则**
>
> - 由于各种原因，公共部门战略的战略环境比业务战略环境更为广泛。存在的危险是它变得更加复杂和难以处理。存在三个主要机制来简化该过程：优先事项、情景模拟和简单性。
> - 公共部门战略的战略内容可以遵循经常被用在一些业务战略里的计划选项—选择路径。然而，需要相当谨慎地对待与战略环境相关的计划选项，因为市场机制仍然缺乏大部分公共部门。不过，源于资源基础分析的计划选项是可以使用的。
> - 关于战略过程，公共部门的不确定性支持使用"逻辑渐进主义"的过程。另一个替代方式是"渐进决策科学"方法，它将公共部门战略减少成了一系列小的决策。
> - 重要的是，许多战略家认为，在公共部门战略中的主要战略决策通常需要大量的关于资源和领导能力的承诺。这种方法在实践中并不容易。

18.5 公共部门战略实施[61]

与业务战略一样，有效实施所提议的战略在公共部门是至关重要的。这样的活动需要认真规划，而且最好是能够快速和平稳地执行。除此之外，实施的形式取决于可计划的变化的规模：

- 战略方向的主要变化：这些变化需要一群强大的支持者和实施者，在变化中需要一个明确的协议，对变化中主要因素的理解以及执行任务的充足资源。
- 战略方向的渐进式变化：当一些人对所提出的战略变革持保留态度或者反对态度时，这些渐进式变化代表了更好的计划选项。也许会通过试点项目、使用学习型方法、传播初始计划的结果，来使其他人分析这些结果并能做出调整。

除了这些基本问题之外，公共部门的战略实施需要在一些特定的领域制订具体的、可测试的计划：

- 附加值的解释和理解：如果成功的战略增加了价值，正如本书所认为的那样，那么接下来的战略实施必须清楚地理解这个附加值以及它将要实现的目标和战略。因此，一个教育阶段和解释阶段是值得的。为了克服对该战略的反对，所制定的协议也许是必要的。

- 解决困难：在大多数实施过程中，将会出现问题。重要的是，已经公认为会出现这些问题。这就意味着需要在这个过程中建立监督机制和里程碑。
- 总结性评价：查明战略目标是否已经实现是值得的。这需要建立在实施过程中。布莱森得出了该过程的两个方面之间的有效区别：产出，是由战略产生的行为；结果，是这些变化的更大分歧，尤其是出现的象征性变化时。[62]他认为，这样的评价可能是困难的和漫长的，但重要的是确定新战略结果是否"更好"。然而，这种方法最近也已经被用于证明一群管理者的合理性，即他们没有做些超出评估战略变革结果的事情，对于过度官僚式管理而言是一个显著的方法。[63]
- 新组织和文化：也许有必要重组现有的公共部门领域，而且可能要招募和重新定义管理职责。甚至可能有必要形成一个新的组织文化以确保长期持续的变化。这些领域起初需要形成总体计划的一部分，但应该认识到可能要花数年来实现这个计划。最近，在英国的一些公共部门战略低估了这里的困难。[64]在公共部门和商业部门，人们需要获得时间来学习、调整和适应新形势。在这种方法里涉及的原则将在第15章进行解释。
- 认识灵活性的需要：很少有公共部门战略具有单一的、清晰的结果。许多战略将面临挑战，并且需要适应一些出现在战略环境周围的事件，包括政治变革。因此实施必须警惕这类问题以及出现这类问题时的应对措施。

在公共部门里，一段时间的预算分配在战略实施中往往是至关重要的因素，即"没有钱就没有战略"。困难在于这类预算受制于政治压力，而且经常是短期的、不断增加的和被动的。没有简单的方法来克服这个问题，但如果战略规划阶段在制定预算之前出现，那么就可以克服这个问题。此外，在制定战略时，认识到领导的重要性也许是重要的，即在战略制定中，一个战略的协议和所有权都是重要因素，而且不仅仅局限于"实施阶段"。从这个意义上来说，作为更广泛的、持续的战略制定过程的一部分，本节关于战略实施的内容需要进行重新评估，而不是在决定战略之后再增加一个过程。

评论

最后，重要的是要指出，参与战略制定的公务员对战略制定具有一个重要的责任。引用罗伯特·莱克（Robert Reich）的一段话：

在公共政策做决策的人的核心责任——公选官员、管理者、政策分析师——不仅仅是尽可能客观地发现人们想要的东西，然后确定和实施最好的方法来满足这些需要。它也给大众提供可供选择的、可取的和可能的愿景，以刺激他们的思考，引发对前提和价值的重新审核，从而扩大潜在反应的范围并深化社会本身的理解。[65]

关键战略原则

- 在公共部门的战略实施需要认真规划,并且最好是能快速平稳地执行。
- 战略实现的形式取决于所提议变革的规模。主要的变化需要大量的支持。较小的变化最好是逐步应付。
- 在实施公共部门战略时,识别附加值是很重要的,然后向那些参与战略实施的人们进行解释。同样需要具有一个可以解决不可避免的困难的机制,当实施新战略时将会出现这些困难。
- 具有一个战略的总结性评价可能是合适的,在战略实施之后查明是否已经实现了计划的改进。然而,这种方法可能是漫长的和耗时的,也可能是过度官僚主义的。
- 对于一些新战略而言,新的组织架构和文化可能是必要的。这将需要花费时间,并在战略过程的开始阶段就将其考虑进去。这些过程不应该被低估,而且可能需要几年才能完成。当环境发生变化时,同样需要在实施过程中建立某种程度的灵活性。
- 预算过程对于新战略而言是至关重要的,而且在战略被同意之后应该被理想地执行。重要的是,这只是更广泛的实施过程的一部分,这个过程需要包括关键决策者的同意。可以说,作为一个更广泛的、持续的战略制定过程的一部分,战略实施需要被重新评估,而不是在决定战略之后再增加一个过程。

案例研究 18.3

"我们应该关闭国王剧院吗?"

对于朴次茅斯城市委员会而言的一个艰难的战略决策

在2003年7月,朴次茅斯市的议员们面临这一个困难的战略决策:他们应该撤回对英国朴次茅斯国王剧院的城市财务支持吗?

剧院在2001年才重新开放,但其商业运营子公司在2003年早期以超过20万英镑的债务宣布破产。关闭剧院会导致众怒难任并否定该市的"两个剧院"战略;但保持剧院开放则面临许多财务问题困扰和重大风险。本案例探讨城市可利用的战略规划选项。

市议会并不需要产生利润。它对于其选民有着更广泛的责任,即提供一系列的服务,从教育和社会服务到艺术和体育活动。它的运作受到了国家政府在服务上所制定的限制条件的约束,即必须在当地提供服务,如教育和社会福利,而且议会对该范围内的服务存在一些选择,如选择支持当地图书馆或当地运动会。面临的困难是平衡各种有关议会有限预算的要求。当过去活动面临资金不足并且当地居民全心投入了自豪和热情时,决策变得更加困难。可以理解的是,作为政客的当地议员想要再次当选。本案例探讨了在特别严重的情况下这个典型的混合战略决策,即可能是关闭一个备受喜爱的当地剧院,或者作为一个公共酒店出售给国家啤酒厂。

一个像我们这样具有文化理想的城市必须负责做一些与剧院相关的事情。这是一个挑战。

(前议长,弗兰克·沃利(Frank Worley),2003年4月)

由于超过17万人民以及约2亿英镑的年度预算,也许朴次茅斯被认为能够为其公民提供生活剧院。这个城市是一个重要的旅游景点,而且在一系列当地公司中提供了工作岗位,即从IBM欧洲总部到当地小的制造公司。但朴次茅斯的剧院是过去城市的受害者。在1950年,它具有四个每周都座无虚席的生活剧院。然而,到20世纪90年代后期,只剩下两个主要的剧院,即国王剧院和新皇家剧院。另外,在2003年中期,为了节省开支,朴次茅斯将一个小的实验戏剧的艺术剧院进行了迁移。

这种衰退的原因并不难找到,即电视——能够访问更远的剧院的移动性。它来自众多汽车的出现,对夜总会和更亲密的娱乐活动的需求。对于这些趋势,在朴次茅斯是很正常的,这种相同的情况也横跨了英国。许多地区剧院正为了生存而挣扎,而且依靠地方议会来提供补贴。然而,事实是,朴次茅斯的大多数人都已经没有了去生活剧院的习惯,这些剧院拥有有限的客户需求。此外,所存在的需求是为了"乐趣"娱乐而不是严肃的生活剧场,比如歌剧、主要戏剧或芭蕾舞剧。

正是在这样的背景下,在1999年,市议会起草了"朴次茅斯两个剧院"战略,如展示18.3所示。其中一个剧院针对广受欢迎的音乐剧、娱乐和戏剧,即国王剧院,具有大约1 500个座位;而另一个剧院针对较小的商业性作品,比如小规模实验戏剧和音乐会,即新皇家剧院,具有大约500个座位。(此外,还有另一个小剧院,具有大约100个座位,在一个不同的地点,针对业余戏剧和读物,但它并不被视为这个战略的主要部分。)因此"两个剧院"战略旨在每周填补2 000个座位,但并没有识别任何专业的市场观众。在朴次茅斯地区,存在一群忠诚的和热情的当地观众,但其容量本身太少而不能满足需求。

展示 18.3

国王剧院:"朴次茅斯两个剧院"战略

国王剧院

- 具有1 500个座位,用于重要的旅游公司和当地需要一个大场地的业余公司。
- 二星级标识出了20世纪早期美轮美奂的建筑,从没有被现代化,处于远离市中心的贫穷的停车场。
- 在2001年,由市议会重新开放作为一个非营利剧院信托机构。
- 在2001年,信托机构建立了一个有限公司,拥有新任命的经理/所有者。到了2003年早期,由于超过20万英镑的债务,公司破产,之后进行了公司清算。
- 需要花费最低750万英镑来进行现代化,如果要采用竞争对手的标准,可能要高达0.13亿英镑,该标准如南安普顿的五月花剧院(Mayflower Theatre)。

新皇家剧院

- 具有500个座位,用于小型旅游公司、当地戏剧教育项目、朴次茅斯大学戏剧和音乐场馆。
- 二星级标识出20世纪早期美轮美奂的建筑,从没有被现代化,部分被烧毁所以不能获得大量的风景;位于城市中心好的停车场。
- 需要花费最低500万英镑来进行现代化和创造灵活的表演空间。

第 18 章 政府、公共部门和非营利部门的战略

朴次茅斯的国王剧院成为了主要的关注点，因为面临着倒闭的政治压力威胁。

"两个剧院"战略依赖于针对两类不同的观众使用两个主要剧院。较大的国王剧院专注于重要的英国旅游作品，而较小的新皇家剧院专注于小规模作品。这个战略会把议会的艺术预算扩展到两个剧院中。战略的主要元素总结在展示 18.3 中，英格兰艺术委员不同意这个战略。他们认为，这两家主要的剧院没有充足的客户需求。他们还指出，两个剧院没有定位于吸引一个专业的"细分"剧院市场。

我们一直支持新皇家剧院，因为在许多年前我们的一项研究表明，在朴次茅斯没有足够的观众容量来支持两家剧院……（新皇家剧院）在城市中心，具有潜能，而且与国家剧院一样，是一所富丽堂皇的剧院。

（理查德·罗索，英格兰东南地区艺术委员会对外关系和发展的主管，2003年4月）

正如展示 18.3 所示，横跨两个主要剧场的城市战略是特别困难的，因为这两个主要剧院都是古老的而非现代化的。英国的朴次茅斯是唯一拥有两所漂亮的老剧院的城市，这两个剧院由伟大的剧场建筑师弗兰克·玛奇阿姆（Frank Matcham）所设计。在 2003 年，整个英国只有 23 个玛奇阿姆剧院。但这两所现代化的剧院也是这个城市巨大的财务负担，而中央政府没有采取任何措施来进行缓解。对于建筑物构造而言，财务支持也许是可行的，这来自于一个被称为文化遗产彩票基金（Heritage Lottery Fund）的国家基金，该基金主要针对屋顶修复、墙体重建和石膏修复。然而，并不能保证从基金中获得的资助能用于任何主要的相关支出，比如为残疾人提供设备和引进现代照明设备。这意味着来自"文化遗产彩票基金"用于资助国王剧院建筑现代化的 300 万～500 万英镑的拨款，将需要与另一笔来自朴次茅斯人民的 300 万～400 万英镑相匹配，该资助用来为残疾人设置新进入装置、新的电线和照明设施、新的音响系统等。

另一个资本资金资助来源是英格兰艺术委员会（ACE）。这些资金不是为了保护建筑遗产而是为了在当地社区开发新的艺术供给。例如，英格兰艺术委员会资助当地的教育舞蹈和戏剧课程、实验剧场等。英格兰艺术委员会对国王剧院的商业剧场活动不感兴趣，但在过去，它支持新皇家剧院的当地教育计划。它能够为资本和收入项目提供的拨款共计数百万英镑，但在实践中，英格兰艺术委员会从未真正地为朴次茅斯的两所剧院提供任何钱。

结果是，两所剧院都迫切需要完成改造，其中部分必须由市议会提供资金。但这个城市的其他方面也需要市议会资金支持。例如，建造一个所要的新游泳池以及更换市博物馆和档案办公室。在接下来的五年里，这种改造可能总计 1300 万英镑。当考虑国王剧院关闭的可能性时，这些问题是重要的，国王剧院也许能为其他活动释放资金。它们是复杂战略平衡的典型例子，即随着时间的推移，需要在希望获得议会资金资助的各种需求之间达成平衡。

更具体地说，对于国王剧院而言，在需要改造的资本支出上有分歧。一种估计是大

卫·瑞克森（David Rixon）出资300万英镑，他的公司——国王剧院南海有限公司，在2001年已经被引进来管理国王剧院；这个公司于2003年破产（关于这个事情的更多内容见下文）。在2003年5月，向市议会提出的另一种估计值是750万英镑，而此前估计的那个公司愿意以1 300万英镑的报价接管这个作为一个完整商业场地的国王剧院。关于国王剧院未来的任何决定都不能忽略这些关于资本整修的重大项目的需求。除了资本以外，市议会也许需要至少十年时间来提供重大年度收入补贴。

在"两个剧院战略"中，较大的国王剧院会是这个城市的主要商业剧院。随着时间推移，它希望吸引一个需要大剧院的主要国家旅游公司。然而，在2003年7月，国王剧院不能够吸引这类公司，因为它的设施陈旧并且需要较多的投资，如展示18.4所示。重要的是，国王剧院的两个主要竞争对手都不需要这样的资本支出。在20世纪80年代，南安普顿的五月花剧院和奇切斯特的节日剧院都获得了投资收益。实质上，与朴次茅斯两个剧院相比，它们已经是现代化的剧院，它们能够极大地为旅游公司提供优越的前台和后台设施。例如，国王剧院仍依靠麻绳上拉布景，而五月花剧院可以全自动完成。新皇家剧院没有任何此类设施：它已经在20世纪70年代的一场由两个男学生引起的大火中被烧毁，而且从未重建过。

展示 18.4

朴次茅斯国王剧院：竞争对手

南安普顿的五月花剧院
- 具有1 800个座位，多年来形成了许多常客。
- 完全现代化的剧院；国王剧院仍然在使用100年前建造的场景处理。
- 采用顶级伦敦音乐剧；国王剧院在这方面将永远无法匹及。
- 位于城市中心位置，拥有许多停车场；与国王剧院相比，后者位于远离朴次茅斯市中心的地方，拥有较差的汽车停车场。

奇切斯特的节日剧院及邻近的小型实验剧院
- 具有1 600个座位，多年来形成的强大的本土观众。
- 现代化的剧院，经营自己的作品——一些作品被转移到伦敦。
- 位于拥有良好的停车场的位置：市中心以外。

加上朴次茅斯市政厅音乐厅和朴次茅斯的夜总会，喜剧俱乐部以及在其他当地城镇的其他主要场馆，例如费勒姆（Fareham），哈凡特（Havant）。

除了来自南安普顿和奇切斯特的直接竞争，国王剧院还面临来自朴次茅斯其他各种场馆的更广泛的竞争，例如许多喜剧俱乐部、夜总会、体育场馆和位于朴次茅斯市中心的市政厅音乐厅。甚至伦敦市中心各种著名的剧院，距离朴次茅斯只有两个小时的火车车程。

由于拥有更现代的建筑和设施，在与南安普顿和奇切斯特竞争的剧院能够经营更具吸引力的和受欢迎的节目。这意味着它们的座位价格要高于国王剧院：与国王剧院每人大约6~10英镑的价格相比，它们通常是每人12~14英镑的价格。多年来，从一个广泛的地理区位优势中，竞争对手已经发展了忠实的观众，这对任何翻新的朴次茅斯国王剧院形成了强大的竞争。

国王剧院具有偿付能力，而且以目前的持续补贴水平，它可以成功运营。

（山姆·希瑞登（San Shrouder），剧院顾问，对国王剧院于2003年4月的破产进

行研究之后）

在一定程度上，由于竞争，市议在未来会面临一个重要的问题，即国王剧院可以实现它的年度财务目标吗？这是特别困难的，因为国王剧院在2001年重新开放之后，于2003年3月破产。这表明，它的业务盈亏平衡模型也许从来都不可行，即使有来自朴次茅斯市议会的13.5万英镑的年度补贴。

作为"两个剧院"战略的一部分，朴次茅斯市议会已经决定在2001年重新开放国王剧院。剧院以前归汉普郡理事会所有，而且把它租给了当地的两个朴次茅斯人，这两人曾尽最大努力来维持它的生存。这个城市以1英镑从汉普郡买下了国王剧院，而且那两个朴次茅斯人也给了15万英镑的"定金"。之后这个城市投资30万英镑用于紧急资本资助，并预留了13.5万英镑的年度收入补贴。这个城市认为，需要花一些时间来检验哪个剧院作品可能是特别成功的。

2001年，该委员会把国王剧院租给一个信托机构，该机构任命了一家现有的商业有限公司来经营剧院，叫作Point 6 Productions。公司的主管是大卫·瑞克森（David Rixon），他在经营省级剧院方面有一些经验。在任何这类剧院战略中，这样一个人是特别重要的，因为需要在剧院和商业条款中显示商业判断。之后，他成立一家新的运营公司——国王剧院南海有限责任公司。公司的剧院制片人是凡妮莎·福特（Vanessa Ford），而瑞克森自己作为总经理。这个公司在2003年破产。

由于建立一个新剧院的困难背景，普遍认为，在国王剧院重新开放后的前几年，它是具有试验性的。因此，在2001—2003年期间，瑞克森得到了一些自由来测试当地客户需求。然而，在2003年3月，没有人指望剧院能从商业困境中走出，因为健康状况不佳的瑞克森辞职了。

为了理解破产以及判断它对国王剧院的长期影响，有必要了解在英国的省级剧院是如何赚取利润的。准确的数据是不可获取的，但能够知道国王剧院具有约55万英镑的年营业额。它并不是每周都开放，一年大约开放30周。有时剧院会有一周的活动，可能与当地业余的戏剧公司或者旅游歌剧、戏剧公司进行合作。其他时候，可能只有一个或两个晚上有著名的喜剧演员或歌手来表演。这是剧院经理的责任。在本案例中，里克森试图与每家旅游公司或个体艺术家协商商业条款。通常在一个现代剧院里，旅游公司会获得那一周70%或更多的收入，如图18.4所示。

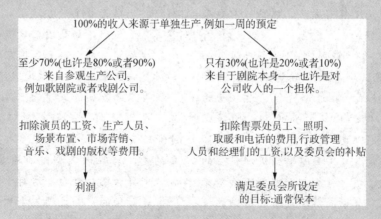

图18.4　图王剧院：当地委员会所属的剧院如何实现财务目标

为了吸引作品，总经理可能需要承担风险。例如，当戏台具有吸引力的以及需求可能很高时，经理只获得10%的收入。偶尔，经理可能会试图提供关于收入的一个保证——不管一周内在售票处的收益如何。显然，这可能是特别危险的，因为一周内的总额很可能具有3万英镑——与市议会提供的13.5万英镑的年度补贴相比，那么年度补助的近1/4可能仅仅在一周内就处于风险之中。

当2001年市议会重新开放国王剧院时，它为剧院信托机构和瑞克森的公共有限公司依次设置了三个主要目标。它们是：

1. 从当地人手中筹集15万英镑，将其作为对剧院重生资金支持的贡献，以及本地支持国王剧院项目的一个措施。这个目标在2002年后期达到。

2. 实现由剧院公司自己设定的多个业务计划目标——以70%的观众容量为目标来经营，6个月开放和6个月关闭。这符合国家具有自身的情形，可以理解为，国王剧院的维持依靠来自市议会每年13.5万英镑的预算补贴。这些目标没有达到，在2003年初剧院就破产了。

3. 在2002年后期，成功竞标到英国文化遗产彩票基金约300万英镑来资助剧院的升级。这个目标在剧院破产的时候还未达成，而且即使剧院没有破产，该目标看起来也不太可能实现。

在从2001年后期到2003年早期运营的18个月里，国王剧院的350场演出卖出了超过20万个座位。在这个阶段，这被视为令人满意的。但对目标影响的关键问题是2003年3月有限营业公司的破产。在这18个月的运营时间里，导致这种情况所发生的原因尚不清楚。有可能会把一些抵押物给旅游公司——从整体营业额和委员会补贴的级别来看，这类抵押物非常危险，这是显而易见的。此外，剧院没有定期地实现其70%观众容量的运营目标，在过去的一年里，这可能只接近50%。

此外，有一些迹象表明，一般管理没有使成本保持在足够严密的控制之下。例如，在2002年12月至2003年1月期间，国王剧院的年度舞剧产生了亏损。这很不寻常。而在省级剧院里，这种情况更为典型，因为这个广为人知的年度事件，它们获得了巨大利润并弥补了一年中其他活动的亏损。然而，舞剧损失也可能是由于剧院不够完整。目前尚不清楚后者的情况。这是特别重要的，因为任何此类需求不足都可能意味着这个城市无法维持两所主要的剧院。反过来，这表明，一所剧院需要关闭。

在2003年3月有限公司破产之后，国王剧院信托机构打电话给一个独立剧院的专家山姆·希瑞登，并要求考察情况。他得出结论：国王剧院在由议会最初设定的补贴水平上可能会成功运营。但这种方法仍然需要招聘一个剧院总经理，而且并没有克服需要花费大量资金来改善建筑的问题。

如果只能保留一个剧院，我将不得不选择国王剧院，因为它所拥有的后台和舞台更为完整。志愿者也做了大量关于更衣室的工作，如果这被白白浪费掉，那么它将被摧毁。

（帕迪杜鲁（Paddy Drew），他为国王剧院的生存策划了地方活动）

毫无疑问，如果国王剧院作为一个剧院场馆被关闭，那么地方和国家剧院社团的一些成员将悲痛欲绝。"越过我的尸体。"这是一位著名的喜剧专家对剧院关闭所表达的观点。在2006年，已经筹集了资金，并且由于剧院百周年纪念而使很多人兴奋不已。重要的是，只有国王剧院拥有完整的舞台设施，即舞台塔和后台，这对于许多剧院演出而言是必须的。如果国王剧院被关闭，那么在建立新剧院之前，这个城市可能没有这样的剧院设施——也许经过数年的耽搁之后新皇家剧院会崛起，尽管新皇家剧院的当前计划不包括舞台塔。

然而，会存在交替使用剧院的现象。早在1999年，英国一家国家酒吧连锁公司，威瑟斯本，在购买国王剧院，并将其作为一个酒吧娱乐企业时，就表达了对汉普郡理事会的兴趣。据说，它将保持剧院的整体构造，花费资金来重建室内，并尊敬二星级建筑的地位。重要的是，这家公司已经开发了能够保留历史建筑构造的惯例。然而，对于普通公众而言，不会再有任何生活剧院了。

当地有影响力的报纸《新闻》发布了支持这样一个酒吧销售的文章：

这会是一个痛苦的决定。收购剧场类似于分离连体婴儿。允许它以死来拯救其他人。但对于朴次茅斯而言，尽管具有的两个瑰宝建筑，但它处于剧院条款中的二流城市太长时间了，落后于南安普顿和奇切斯特很长一段距离。切断国王剧院的供应链似乎是促使改变的明智方法。

英格兰艺术委员会也支持这个选择。这是非常重要的，因为它的观点可以影响大量资本拨款的判决，而且它可以支持当地的艺术活动。

相比之下，朴次茅斯市议员也面临一个强大的游说团体，他们想要看到剧院被保留下来。"没有一个政党想要被看作是希望关闭国王剧院的政党。"这是一个观察者在巨大的地方政治压力下总结的。这种压力特别强烈，因为当地议会是一个无任何党派占明显多数的议会，即三个主要政党中的每一个都近似等于一个代表，由一个政党所作的决策很容易被其他两个政党攻击。

随着关闭国王剧院的可能性变得清晰，为了三年内一个适度的、来自于议会的约13万英镑的年度补贴，国王剧院信托机构形成了自己的计划以保持剧院在一个有限基础上开放，即只有当地作品，如一个当地业余戏剧的社会作品。实际上，国王剧院不会与南安普顿或奇切斯特竞争，而且在三年之后这种情况会被评估。

对于国王剧院而言主要的战略选择是明确的：

● 找到重要的额外资金和一个新的总经理来保持剧院在一个完整的商业基础上继续运营；

● 把剧院出售给一个感兴趣的外部政党，并将议会的有限资金用于新皇家剧院；

● 保持剧院在一个有限的当地基础上开放三年，而13万英镑的年度补贴来自朴次茅斯市议会。

重要的是，这三个选择都有重大的政治影响，而且对于当地社团来说，涉及对最好结果的良好判断。经过仔细考虑之后，市议会的非正式官员大卫·奈特（David Knight）向议会建议，国王剧院应该关闭并出售给出价最高的投标人。他认为，议会的有限资金将被更好地用于新皇家剧院的开发，而且这样一个政策更容易得到艺术议会的支持。

在2003年7月22日的一次重要会议上，朴次茅斯市议会争论了奈特的报告。国王剧院信托机构的成员努力游说了一些市议员。剧院支持者还上街游行，进行示威和抗议。经过长时间辩论之后，议会决定采取第三个选项，即在一个有限的基础上，花费另一个三年时间来延续国王剧院，并拥有来自议会的年度补贴。他们认为，在一个限定的基础上保持一所漂亮的剧院存活下来是更好的选择，尽管这缺乏明确的需求，包含风险并且对新皇家剧院的进一步发展产生影响。

2008年的情况

在2007年夏天近三个月的时间里，为

了对室内大部分进行重建，国王剧院关闭了。这个项目在一定程度上是由市议会资助的，以及呼吁重建的资金支持。之后，在 2007 年 9 月 30 日庆祝 100 周年的音乐会上，剧院重新开放了，包括一个完整的戏剧、音乐剧和喜剧的节目，这一直持续到了 2008 年。

同时，新皇家剧院也相当活跃。然而，关于 2007 年剧院经理的辞职一事上，存在一些疑问。但在朴次茅斯大学的新赞助下，继续向更加试验性剧院提供完整节目。

朴次茅斯剧院似乎是活着的而且活得很好。

©版权归理查德·林奇所有，2012 年。保留所有权利。理查德·林奇所著的该案例来自于本章最后的参考文献中。[66] 作者感谢前朴次茅斯城市委员会休闲官大卫·奈特的帮助。他同样感谢迈克·艾伦，对该案例的早期草稿的评论，迈克是朴次茅斯当地报刊《新闻》的剧院记者。仍然存在的意见、判断和错误并不能以任何方式反映当地议会和政府官员的意见。

案例问题

1. 这里的关键战略问题是什么？政治压力和当地选择？客户需求？在预算紧张下进行创新的剧院运营？你也许希望使用战略环境、内容和过程的概念来构建你的答案。

2. 国王剧院的可持续竞争优势是什么？它们是强的还是弱的？你应该使用已确定的基于资源的战略概念，如声誉和核心竞争力，来支持你的答案。

3. 你会向市议会推荐什么？你会选择哪种战略规划选项？为什么？

4. 在选择一个计划选项之后，应该采取什么战略过程来实施该选项？你也许希望确定关键参与者会与议会中的哪些人进行讨价还价，那么将需要的博弈计划是什么？

批判性反思

公共部门战略：提高服务还是降低成本？

近年来，一个公共部门战略中的重要主题是如何集中力量。一些人认为，对于公共部门而言，提高对公民的服务质量是重要的；另一些人认为，公共部门已经变得太大，最好是进行裁员，即使这会减少提供给公众的服务。如果要制定战略，那么就需要解决这个冲突，所以对该问题的回答是必须的。在这个问题上，你的立场是什么？你的观点是什么？

总 结

- 在公共部门战略中，战略环境分析比私人部门更为复杂。主要原因在于，公共部门战略涉及广泛的和难以界定的公共利益主题：公共利益关注的是制定和实施公共决策的目标及制度。存在两个主要的公共部门模型，中央集权（国家干预）和自由市场（自由放任）。市场机制是一种手段，通过这种手段，国家可以利用供应商之间的竞争、市场定价与准市场机制，来决定那

第 18 章 政府、公共部门和非营利部门的战略

些以前由国家垄断部门决定的产品供给和需求。在实践中，在过去的 20 年里，许多国家通过将国有企业私有化，已经转向了市场发挥更大作用的方式上。每个国家都有自己的方法来使用这个机制。必须以国家为基础来进行一个公共部门的环境分析。还存在两个与市场机制有关的成本：第一，不能关闭低效率服务的成本，因为它们提供重要的公共服务；第二，管理市场机制的成本以确保它满足了既定的公共目标。

- 公共价值是指整个国家从它所拥有的和控制的特定产品和服务所获得的收益。但必须要在法律框架下考虑这样的价值，这种框架能够约束和管理价值。此外，公共价值需要公平的概念来确保价值能够分配给所有公民。在某些情况下，公共价值需要一个监管机构来处理任何市场缺陷。

- 在公共部门里，那些能影响国家决策的公民拥有利益相关者的权力。可以通过民主选举来发挥这种权力，但这些可能导致战略决策中的短期主义。权力也可以通过施压团体和其他利益形式得到运用。需要对这种权力进行分析。

- 在非营利部门里，环境分析需要考虑组织的作用和目标。它还需要识别实际的和潜在的资金来源。这些组织不能依赖于公共税收来支付它们的活动，而且需要寻求自愿捐赠者，这将随着一系列因素的变化而改变。

- 商业战略所使用的环境分析中的 9 个阶段也适用于公共部门的战略分析，但它们需要谨慎对待。

- 公共部门资源分析首先需要考察国家所采用的两个公共部门模型，即公共部门管理或新公共管理。公共部门管理模型由一个专业的公务员官僚机构所构成，该机构能制定政府法律并管理代表政府利益的国家活动，如政府垄断提供给公民的服务；新公共管理模型是公共部门决策的一个模型，在模型中专业行政部门的运行伴随着更多的市场竞争，而原国有垄断部门被分割，并且为了业务而相互竞争。然而，国家仍然保留了一些在国家控制下的领域，比如国防。

- 前者不支持竞争优势，而后者受到原来的垄断国有企业的市场竞争概念的支持。在公共部门中，基于资源的分析的第二种方法将包括在业务战略中的类似概念，即有形资源、无形资源和组织资源，等等。

- 在公共部门进行资源分析时，存在四个额外的注意事项，即为了目标所需的适当资源和充足资源；作为一种资源的公共权力；公共资源的成本和收益；作为一种公共资源的劝说和教育。公共部门资源分析需要评估充分的和适当的资源是否能够实现国家所制定的目标。这意味着资源分析需要确定公共目标，然后针对目标评估资源需求。

- 公共权力是国家所拥有的一种资源，由国家制定的集体决策所构成。在制定公共部门战略时，这种资源分析很重要。关于公共部门的成本和收益，公共部门管理者的任务是通常用最低成本来获得最大收益。在这里"收益"比在私人部门中仅仅为股东提供利益的概念具有更广泛的社会定义。这样一个平衡需要在公共部门资源分析时得到考虑。公共部门资源分

析还需要考虑劝说和教育是否是国家的合适资源,如果是,如何以及在何处使用它们。

- 在非营利组织中,有必要检验组织的筹款资源。此外,需要在以下三个方面检验这类组织的人力资源:自愿帮助、专业技术知识、领导和管理。
- 资源分析的结果将确定公共组织最强的能力以及最有效的行动和政策。从管理的角度来看,还要制定能够用来定期执行资源。
- 当制订公共部门组织目标时,对于公共和非营利组织而言,成功的关键是主要利益相关者的满意度。进行利益相关者权力分析和寻求主要利益相关者的观点是必要的。除了利益相关者理论,公共部门目标的制订还需要反映人民的普遍意愿。因此,需要识别和探讨公众的看法。对于公民来说,在复杂的问题上进行一个明智的选择是困难的,但这些困难需要得到辨别和解决。
- 定义公共部门战略目标的起点必须取决于公共部门组织的基本命令、它的角色作用及其存在的理由。在那时,在它面临问题的背景时,这将导致产生组织的使命和组织目标的定义。许多公共部门组织会接受冲突的目标。如果将要成功定义目标和制定战略,那么这些冲突需要得到解决。
- 由于各种原因,公共部门战略的战略环境比业务战略环境更为广泛。存在的危险是它变得更加复杂和难以处理。存在三个主要机制来简化该过程:优先事项、情景模拟和简单性。
- 公共部门战略的战略内容可以遵循经常被用在一些业务战略里的计划选项——选择路径。然而,需要相当谨慎地对待与战略环境相关的计划选项,因为市场机制仍然缺乏大部分公共部门。不过,源于资源基础分析的计划选项是可以使用的。
- 关于战略过程,公共部门的不确定性支持使用"逻辑渐进主义"的过程。另一个替代方式是"渐进决策科学"法,它将公共部门战略减少成了一系列小的决策。重要的是,许多战略家认为,在公共部门战略中的主要战略决策通常需要大量关于资源和领导能力的承诺。这种方法在实践中并不容易。
- 在公共部门的战略实施需要认真规划,并且最好是能快速平稳地执行。战略实现的形式取决于所提议变革的规模。主要的变化需要大量的支持。较小的变化最好是逐步应付。
- 在实施公共部门战略时,识别附加值是很重要的,然后向那些参与战略实施的人们进行解释。同样有必要建立一个可以解决不可避免的困难的机制,当实施新战略时将会出现这些困难。
- 具有一个战略的总结性评价可能是合适的,在战略实施之后查明是否已经实现了计划的改进。然而,这种方法可能是漫长的和耗时的。它也可能是过度官僚主义的。
- 对于一些新战略而言,一个新的组织架构和文化可能是必要的。这将需要花费时间,并在战略过程的开始阶段就将其考虑进去。这些过程不应该被低估,而且可能需要几年才能完成。当环境发生变化时,同样需要在实施过程中建立某种程度的灵活性。

- 预算过程对于新战略而言是至关重要的，而且在战略被同意之后应该被理想地执行。重要的是，这只是更广泛的实施过程的一部分，这个过程需要包括关键决策者的同意。可以说，作为一个更广泛的、持续的战略制定过程的一部分，战略实施需要被重新评估，而不是在决定战略之后再增加一个过程。

问 题

1. 以你自己的国家为例，分析它对公共部门所采取的自由放任政策或国家干预政策。与其他国家相比，该政策是怎样的？

2. 你希望以下的组织采用什么公共部门战略？
   (a) 位于一个小镇上的公共图书馆。
   (b) 一个志愿组织，提供志愿者来拜访老人和行动不便的人。
   (c) 一个拥有10万居民，包括制造产业、休闲产业等工业活动在内的繁荣城镇。
   (d) 与一个国家的一个地区相联系的警察部队。

3. "对于许多公共部门组织和那些资助它们活动的组织来说，需要提高那些过去和目前占优势的服务质量。"（《探讨公共部门战略》，P250）列举一个你所熟悉的组织，并考虑这个评论：对于你所选择的组织，该评论是否正确？它是如何解决的？它应该如何处理该问题呢？

4. 如果你被要求让世界银行对世界压力做出更多的回应，你会怎么做？在回答这个问题时，你应该考虑机构现有的架构。

5. 温斯顿·丘吉尔评论道："民主是除了所有其他形式以外最糟糕的政府形式。"（见18.3节），这是正确的吗？对公共部门战略的影响是什么？

6. 对于一个你所选择的公共部门组织，进行利益相关者权力分析：它可以是一个自发的组织，如一个学生社团或俱乐部。对于该组织的战略制定，你的分析具有什么意义？

7. 在公共部门战略里，为什么难以运用波特的市场基础概念？它们与一个城市消防与救援服务之间有关联性吗？

8. 一个服务于病危人群的非营利慈善机构的首席执行官会担心收入水平的下降，并认为该组织已经输给了其他具有较强公众知名度的组织，并且他会询问你的建议。你有什么建议吗？

9. "启动、维持和实施一项全面的战略改革需要确定的条件，而在现实世界的公共管理改革中，这些是难以得到满足的。"这是波利特和鲍克尔特的观点（见18.4节）。对于公共部门战略彻底改革的前景，他们是否过于悲观？这是否意味着在公共部门里的重大改革几乎注定要失败？

致谢

本章在战略教科书领域开辟了新天地。作者因此特别感激三个对本章早期草稿做出评论的人：克莱菲尔德大学的保罗·班尼斯教授（Paul Baines）、拉夫堡大学的保罗·休斯教授（Paul Hughes）、《爱尔兰时报》的经济编辑马克·科尔曼（Marc Coleman）。任何遗留的错误和漏洞仅仅由作者负责。

扩展阅读

Bryson, J M (1998) *Strategic Planning for Public and Non Profit Organisations*, Jossey Bass, San Francisco, CA is one of the leading texts in this area and has strong, practical advice. There is also a more recent special issue that has some useful insights: Kochan, T, Guillen, M F, Hunter, L W and O'Mahoney, S (2009) 'Public Policy and Management Research: Finding the Common Ground', *The Academy of Management Journal*, Vol 52, No 6, pp1088 onwards.

Two books on public administration are Lane, J-E (2000) *The Public Sector: Concepts, Models and Approaches*, 3rd edn, Sage, London and Frederickson, H G and Smith, K B (2003) *The Public Administration Theory Primer*, Westview, Oxford. Both provide useful summaries of the basics of theories that follow a completely different academic tradition from strategic management.

A text with substantial cross-country empirical comparisons and interesting comment is Pollitt, C and Bouckaert, G (2000) *Public Management Reform: A Comparative Analysis*, Oxford University Press, Oxford, which is well written and thought-provoking.

Three recommended texts on strategic management in the public sector are: Joyce, P (1999) *Strategic Management for the Public Services*, Open University Press, Buckingham; Bovaird, T and Loffler, E (eds) (2003) *Public Management and Governance* Routledge, London; Johnson, G and Scholes, K (eds) (2001) *Exploring Public Sector Strategy*, Pearson Education, Harlow.

注释与参考文献

1. Ferlie, E (2002) 'Quasi strategy: strategic management in the contemporary public sector', in Pettigrew, A, Thomas, H and Whittington, R (eds) *Handbook of Strategy and Management*, Sage, London.
2. Lane, J-E (2000) *The Public Sector: Concepts, Models and Approaches*, 3rd edn, Sage, London.
3. Frederickson, H G and Smith, K B (2003) *The Public Administration Theory Primer*, Westview, Oxford.
4. Lane, J-E (2000) Op. cit.
5. Lane, J-E (2000) Op. cit.; Frederickson, H G and Smith, K B (2003) Op. cit. and many other public strategy texts.
6. See many reviews. For example: Hood, C (1987) 'British administrative trends and the public choice revolution', in Lane, J-E (1987) (ed) *Bureaucracy and Public Choice*, Sage, London; Joyce, P (1999) *Strategic Management for the Public Services*, Open University Press, Buckingham; Pollitt, C (1990) *The New Managerialism and the Public Services: The Anglo-American Experience*, Basil Blackwell, Oxford; Pollitt, C (1993) *Managerialism in the Public Services*, 2nd edn, Blackwell, Oxford; Boyne, G A (2002) 'Public and private management: what's the difference?', *Journal of Management Studies*, Vol 39, No 1, pp97–122.
7. Sources for World Bank Case: The information for this case is mainly taken from the World Bank website which contains much material on the principle of open access information.
8. Some readers will detect a contradiction here but that is beyond the scope of this strategy text. You can explore it in: Lane, J-E (2000) Op. cit.
9. Lane, J-E (2000) Op. cit., p6.
10. Frederickson, H G and Smith, K B (2003) Op. cit., p193.
11. Back in the 1950s, Charles Tiebout attempted to resolve this problem by arguing that a theoretical competitive market could be created in a nation. It would need citizens to be mobile and different levels of public service to be offered in different parts of their country. If such citizens were able to shop around between local government areas for their preferred package of services and pay the taxes related to the choice that best suited their preferences, then such mobility would deliver 'the local public goods counterpart to the private market's shopping trip'. In essence, he was proposing a theoretical market in public services. Tiebold's hypothesis was that it was more efficient to have alternative government agencies competing rather than a centralised bureaucracy. For a fuller treatment, see Frederickson, H G and Smith, K B (2003) Op. cit., pp193–194.
12. Bryson, J M (1998) *Strategic Planning for Public and Non Profit Organisations*, Jossey Bass, San Francisco, CA.
13. Frederickson, H G and Smith, K B (2003) Op. cit., p113; Lane, J-E (2000) Op. cit., p2.
14. Lane, J-E (2000) Op. cit., p305.
15. Lane, J-E (2000) Op. cit., p304.
16. Pollitt, C and Bouckaert, G (2000) *Public Management Reform: A Comparative Analysis*, Oxford University Press, Oxford.
17. Frederickson, H G and Smith, K B (2003) Op. cit. has a comparison of the two systems on p113.
18. Kettl, D (2000) *The Global Public Management Revolution: A Report on the Transformation of Governance*, Brookings Institute, Washington, D.C.
19. Lane, J-E (2000) Op. cit., p307.
20. See extensive reviews in Lane, J-E (2000) Op. cit. and Pollitt and Bouckaert (2000) Op. cit.

21 See for example, Ferlie, E (2002) 'Quasi strategy: strategic management in the contemporary publicsector', in Pettigrew, A, Thomas, H and Whittington, R (eds) *Handbook of Strategy and Management*, Sage, London; Bryson, J M (1998) Op. cit.; Bovaird, T (2003) 'Strategic management in public sector organizations', in Bovaird, T and Loffler, E (eds) *Public Management and Governance*, Routledge, London.
22 Bryson, J M (1998) Op. cit. uses SWOT extensively with many examples in both the public and non-profit sectors in his text.
23 Pollitt, C and Bouckaert, G (2000) Op. cit., Ch7.
24 Bryson, J M (1998) Op. cit., Ch5.
25 Pollitt, C and Bouckaert, G (2000) Op. cit., p173.
26 See, for example, Hood, C (1983) *The Tools of Government*, Macmillan, London; Heymann, P (1987) *The Politics of Public Management*, Yale University Press, CT; Moore, M (1995) *Creating Public Value: Strategic Management in Government*, Harvard University Press, Cambridge, MA.
27 Lane, J-E (2000) Op. cit.
28 See for example, Bardach, E and Kagan, R (1982) *Going by the Book: The Problem of Regulatory Unreasonableness*, Temple University Press, PA; Wolf, C (1988) *Markets or Governments*, MIT Press, Cambridge, MA.
29 Pollit, C and Bouckaert, G (2000) Op. cit., p170.
30 Osborne, D and Gaebler, T (1992) *Reinventing Government: How the Entrepreneurial Spirit is Transforming the Public Sector*, Plume, NY; Alford, J (1998) 'Corporate Management', in Shafritz, J, *International Encyclopedia of Public Policy and Administration*, Vol 1, Westview Press, Boulder, CO.
31 Readers may care to note that this area remains somewhat under-researched. The author has therefore developed these comments from personal observation with the usual words of caution that derive from such an approach – partial, incomplete and a biased sample.
32 Bryson, J M (1998) Op. cit., p30.
33 Bryson, J M (1998) Op. cit., Ch5.
34 Sources for the Viking Energy case: in addition to the website sources quoted in the case, Professor Lynch made a 10-day visit to Shetland in August 2010. He interviewed seven local residents, some of whom were in favour of the proposal and some not. He also sourced further material particularly from the *Shetland Times* news stories which are available on-line.
35 Bryson, J M (1998) Op. cit., p27.
36 Cranston, M (1968) (Trans and ed) *Jean-Jacques Rousseau – The Social Contract*, Penguin, Harmondsworth.
37 Mill, J S (1962) *Utilitarianism* – Edited with an Introduction by Mary Warnock, Collins/Fontana, London.
38 Sen, A (2005) 'The diverse ancestry of democracy', *Financial Times*, 13 June, p19.
39 Lynch, R (2004) When majority opinion conflicts with expert judgment – the case of the Kings Theatre', *British Academy of Management Conference Paper*, St Andrews.
40 Lynch, R (2004) Ibid.
41 Wolf, M (2005) 'A more efficient Union will be less democratic', *Financial Times*, 15 June, p19. This has an informed, if complex, discussion on such issues in the European Union. According to this argument, 'democracy' is more than just voting for European politicians every few years.
42 Bryson, J M (1998) Op. cit., p27.
43 Pollit, C and Bouckaert, G (2000) Op. cit. Ch7 has a long and interesting list of such conflicts and dilemmas which they discuss in detail.
44 World Bank (2000) *World Development Report 2000*, Oxford University Press, New York.
45 Osborne, D and Gaebler, T (1992) *Re-inventing Government*, Addison Wesley, Reading, MA.
46 Bryson, J M (1998) Op. cit., p159.
47 Bryson, J M (1998) Op. cit. Ch7 provides a long and useful description in this area.
48 Bryson, J M (1998) Op. cit., p33.
49 Bryson, J M (1998) Op. cit., p33.
50 Ferlie, E (2002) Op. cit., p289.
51 Ferlie, E (2002) Op. cit., p289.
52 Bryson, J M (1998) Op. cit., Ch5.
53 Ferlie, E (2002) Op. cit., p289.
54 See, for example, Bryson, J M (1998) Op. cit., Ch7.
55 Outlined in some depth with extensive references in Bryson, J M (1998) Op. cit.; Bryson, J M, Ackermann, F, Eden, C, Finn, C B, 'Resource C – using the *Oval Mapping Process* to identify strategic issues and formulate effective strategies', pp257–275.
56 See, for example, Bryson, J M (1998) Op. cit., p147 and Pollit, C and Bouckaert, G (2000) Op. cit., pp183–187.
57 Lindblom, C (1959) 'The science of muddling through,' *Public Administration Review*, Vol 19, No 2, pp79–88.
58 Bryson, J M (1998) Op. cit., p147.
59 Pollitt, C and Bouckaert, G (2000) Op. cit., p185.
60 Several research studies have shown that while the Margaret Thatcher privatisation reforms of the 1980s may have been presented as radical change, in practice, they were much more gradual and incremental, with the final outcomes being unknown at the start of the process. Quoted and referenced in Pollit, C and Bouckaert, G (2000) Op. cit.
61 This section of the chapter has benefited particularly from Ch9 of Bryson, J M (1998) Op. cit.
62 Bryson, J M (1998) Op. cit., p167.
63 One inevitable consequence of the introduction of the market mechanism into the public sector is the pressure for public servants to be accountable. This can 'distort priorities, consume time and effort in form-filling and produce changes locally that make no sense' – *Financial Times* Editorial, 31 January 2005, p18. But, as the *FT* goes on to argue, there is good evidence that they have their uses and what is the alternative?
64 As one example, see Timmings, N (2005) 'Flagship hospital hit by barrage of changes', *Financial Times*, 31 January 2005, p8.
65 Reich, R (1988) (ed) *The Power of Public Ideas*, Ballinger, Cambridge, MA. Quoted in: Alford, J (2001) 'The implications of "publicness" for strategic management theory', Ch1 of Johnson, G and Scholes, K (eds) *Exploring Public Sector Strategy*, Pearson Education, Harlow. More generally, Ch18 of *Strategic Management, 5th Edition* has benefited from Alford's introductory chapter to this edited book. It has also gained from the contributions of the other authors and the editors of this text.

66 Sources for the Kings Theatre Case: The author has known the theatres of Portsmouth all his life. He declares an interest in the Kings Theatre, having made a small donation to its renovation fund in 2002. Other sources: *The News*, Portsmouth: 17 April 2003, p5; 24 April 2003, pp6, 8–9; 25 April 2003, p22; 28 April 2003, p5; 30 April 2003, p6; 9 May 2003, p11; 26 June 2003, p6; 27 June 2003, p10; 1 July 2003, p6; 3 July 2003, p5; 7 July 2003, p5; 10 July 2003, pp8 and 9; 10 July 2003, p6; 11 September 2003, p22; 21 February 2004, p7. Interviews as outlined in the acknowledgements at the end of the case.

第19章
国际扩张和全球化战略

学习成果

这一章的视频与音频总结

通过本章的学习,你将能够:
- 解释什么是全球化,怎么把它和国际扩张区分开来;
- 概述国际贸易的主要理论并说明它和战略管理的相关性;
- 辨明国际贸易、投资所包含的主要机构以及它们对战略管理的影响;
- 说明贸易集团的重要性及其与战略管理发展的关系;
- 探究全球化战略的主要利弊并客观地评价全球化理论;
- 理解成功运用全球战略所需要的主要组织架构;
- 概述全球扩张的主要路线和方法。

理查德·林奇教授有一个详细说明国际全球战略的网站,上面还有一些补充材料包括:报告、电影、案例和其他材料,你可以查找网站:www.global-strategy.net。

引 言

视频 第3和第6部分

对于一些公司来说,国际扩张和全球化已成为战略发展和实施的一个重要方面。它们为那值得探究的附加价值的产生提供了机会,并且可能会增加竞争风险;国际扩张可使一个公司接触到一些新的复杂的竞争对手。然而,国际战略和全球战略又有所不同,我们首先要做的是探究两者的意思。

要理解国际扩张就必须把它放在数年的国际贸易和投资发展的战略环境中来研究,这就涵盖了国际贸易理论和掌控此类活动的机构的探究。

在国外贸易和投资的背景下,国际战略和全球化战略都需要探究,如果这些战略成功的话,那它们的利弊也需要探究。由于国际业务的范围不断扩大,组织机构就显得相当重要。另外,要仔细研究国际发展的路线,它因市场和国家的不同而异。最后,还需调查寻求全球战略公司和提供市场的独立国家之间的关系,因为它们是相互独立的。图19.1总结了本章的架构。

就国际经济这一指定话题,国际贸易有其由来和理论基础。因此国际战略的一部分是用来探究常规性的解决方法。然而,近来,有些领域有了更多适合紧迫性战略规定的实验路线。为此,本章有了更多的规定,前部分关于贸易发展，后部分——紧急措施放在公司的国际扩张那一节比较合适。

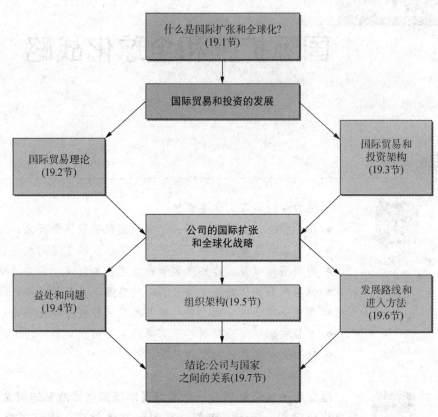

图 19.1 探索全球化战略问题

案例研究 19.1

音乐电视台：更地方化而不是全球化？

据美国维亚康姆集团统计，全球大约有 10 亿人每天都收看音乐电视台节目。尽管有许多的国际巨星，如麦当娜（Madonna）和艾米纳姆（Eminem），但音乐电视台主要通过 40 个国家的或地区的频道播放节目，每个频道都有自己独特的图表声音。这个案例探究了 MTV 更地方化而不是全球化的原因。

节目内容

当 1981 年全球音乐电视台创立时，它主要为美国本土的广大听众播放节目，节目内容主要是音乐视频。直到 2005 年，美国依然是 MTV 最大的、最赚钱的市场。而节目内容包括从简单的音乐到电视真人秀，比如奥兹家庭秀和明星大整蛊节目。当然，音乐还是主要话题，MTV 年度音乐奖依然能够引发争议。

1992 年，MTV 凭借电视节目"真实世界"（The Real World）领先各大真人秀节目。它讲述了住在纽约同一公寓里的一群年轻人的故事，本打算寻找演员表演，但由于公司资金不足只好用观察真人这一零代价的方式代替。在 2005 年，公司也有同样低支出的、自由的电视节目，但不包括之后斥巨资通过电视摄像机拍摄的奥兹家庭秀。这就是 MTV 保持创造力和吸引年轻观众的一种方法。

MTV是全球媒体公司维亚康姆的重要组成部分，它在赚取利润方面面临巨大压力。汤姆·弗雷斯顿（Tom Freston），45岁，音乐电视网的总裁，他意识到让MTV远离来自大公司、全球性公司的压力的必要性："巨大的东西是个问题。它不会让你有更好的记录和更好的电视节目。通常它意味着有更多的人挡道，需要更多的人达成一致。"更重要的是，轻松自在的方式让MTV更灵活，雇用一些比母公司经理更年轻、更靠近观众的员工。"问题是我们如何与那些我们追逐的专家组联系起来，关键是要取得联系，尽力补偿，因为我们是一个大公司。"

增长战略

由于美国更多电视台的出现，广告行业萧条，MTV不断在国际利益上寻求利益。到2005年，MTV国际观众占总观众数量的80%但只占总收入的15%。然而，国际活动就是未来，公司不断向高增长市场，比如印度和中国推出服务。在2005年，MTV建立了第一个非洲频道，MTV基地。毕龙毅，MTV电视网国际总裁，致力于把高增长变成盈利的业务。"人们都认为非洲问题重重，尽管我们希望它能成为我们的推动者，但我们也应该看到它积极的一面。它的GDP增长速度是全球第二高的，仅次于东亚。"

中国和印度同样呈现出很多机会。"震源在向东部和印度移动，"毕龙毅说道，"它们是很好的市场，但重要的是，不要对那些数字过度兴奋。"

竞争

歌曲网络下载成为巨大的威胁：苹果公司向广大消费者开启了歌曲网络合法下载的网址。另外，宽带通信技术使下载拓展到了录像机和手机。因此MTV不能仅限于提供音乐磁带。它还需要考虑传播其产品的新方法。日本用户更多的是通过手机接触到MTV，而不是通过电视频道。同样地，在韩国，许多家庭都有宽带，可以快速且合法地下载音乐。

音乐电视台的世界品牌适应于每一个国家或者地区，并在全球视角下实现它的本土战略。

总之，MTV致力于用一些非音乐的节目，如Jackass和Dirty Sanchez来改变节目内容，运用新的媒体频道使一切成为可能。它面临这样一个问题：它的素材主要是美国式幽默、美国模式；它的目标听众主要是年轻人和国际听众，但他们依然主要听国内的、种族的艺术家。因此，全球音乐电视网品牌还需要一些当地的素材。

©理查德·林奇，2012年版权。保留所有权利。该案例是由理查德·林奇所著,源于已发表的信息。[1]最新的 MTV 公司战略、愿景和定位信息可参见它们的年度报告信息,可从网站 www.viacom.com 获得。

案例问题

1. 运行全球媒体战略的好处是什么?有哪些困难?
2. 何种市场趋势使 MTV 的未来面临困难?
3. MTV 是应该更全球化,有更多的像 Jackass 这样的节目,还是应该更地方化,减少国际化内容?

19.1 国际扩张和全球化:它们的含义和重要性

视频
第3部分

由于一系列我们将探讨的架构性原因,国际贸易活动——出口和进口在过去50年有了持续性增长。并且,除了贸易,公司在国外投资于工厂和其他设备的资金也不断增长。世界变得越来越国际化,而这对战略管理有重要意义。在21世纪影响战略发展的商业环境因素中,国际扩张和全球化显得极其重要。

MTV 的早期经历表明扩张不仅仅是跨国公司,如美国的福特汽车公司和可口可乐公司。对于国际贸易中一些较小的公司而言,扩张是一件意义重大的事。它对于一些非营利活动,如国际援助机构和国际救助同样越来越重要。然而,由于空间的关系,本章将集中于商业活动方面。

根据我们对全球化背景知识的了解,这一部分将从探讨近来世界贸易活动的趋势开始。接着用这一战略情境来探讨全球化的含义。通常"全球化"和"国际化"这两个词在探究战略问题时可以互换,但它们是两个不同的词。它们之间的差异很重要,因为它们可能导致不同的战略活动。最后,就国家的和公司的活动而言,全球化的主要战略意义得到了检测。

19.1.1 世界贸易和投资的重要性:战略环境

定义➡ 1994年,世界商品交易总值达4万亿,比1993年增长了9%;[2]**对外贸易是指世界各国家和公司的出口、进口活动。**同时,世界货物产出增长了3.5%。产出是指世界各公司、各公共机构聚集在一起的货物总产量。事实上,如表19.1所示,1970—1990年[3],世界货物交易量超过了世界产出。国家间的贸易越来越多且比它们的产出增长得要快。这就为战略管理的发展提供了源源不断的机会。

世界贸易增长的主要原因如展示19.1所示。

世界商品贸易在很多方面都已成为一个国家经济增长的一重要动力。战略管理在完成世界商品贸易中有重要作用,并且从中受益。国际市场、工业架构与跨国公司的互动方式让我们担心。有些工业失去海外贸易就无法生存,如航空公司和国防公司。例如,美国的波音公司、法国的宇航公司和英国航空公司都需要除了本国以外的销量来获得利益。MTV，如案例 19.1 所述，同样需要国际销量，因为它在美国国内市场已趋于饱和。其他工业只能从国际间的商品、服务买卖中获益。

19.1.2 对外贸易和对外直接投资的差异

公司除了从事贸易活动还会从事一些对外直接投资活动（通常缩写为 FDI），将两者区分开来很重要：

1. 对外贸易是指世界各国、各公司间的商品出口和进口活动，如全球音乐电视网从美国出口奥兹家庭秀。

定义➡ 2. 外国直接投资是指一个公司在另一个国家技术上、管理上、品牌上的长期投资或一间附属公司的有形资产。这些投资之后用于该国家的销售上，极可能代替本国的出口，如 MTV 在南非在电视网上的外国直接投资。

海外贸易和外国直接投资改变了众多公司，成为战略管理的直接组成部分。但国际间活动的增多并不代表国际化的加深。

展示 19.1

世界贸易增长的主要原因

● 在过去 20 多年，许多新的加强的贸易协议都已达成，比如单一欧洲法案鼓励和支持跨欧贸易。因为利益的一致，东南亚国家联盟条约得以推广。新的贸易协议有望在接下来几年都保持这样的势头，这里列举了几个近来的例子：

1. 《乌拉圭关税与贸易总协定》在 1993 年 12 月签订，计划到 2002 年全球福利比 1992 提高 2.13 万亿~2.74 万亿。[4]

2. 《南方共同市场条约》使南美洲的巴西、阿根廷、巴拉圭、乌拉圭达成了新的区域间的贸易协议。

3. 1994 年底签订的《北美自由贸易协定》使得美国、墨西哥、加拿大间的贸易增加。

● 世界和区域性的贸易组织不断壮大和革新：如欧洲再建设和发展银行早期革新面临困难，但现在已开始为东欧的发展提供重要资金。世界贸易组织、世界银行和国际货币基金组织也在不断壮大，详细解释见 19.3 节。

● 跨国公司是世界销售和投资的重要来源。据联合国[5]估算，1992 年通过跨国公司的外贸销售额达 55 万亿。那些公司也积累了 20 万亿的海外直接投资。

● 新技术使得电信、旅游、媒体和一切国际间的交流更加便利。这就使得国家间的联系更加密切，对政治经济决策产生重要影响。

表 19.1　世界出口和世界生产附加值的比较　　　　　%

	1960—1970	1970—1980	1980—1990
世界贸易的年增长率	9.2	20.3	6.0
制造业的年增长率	n.a.	3.1	2.1
附加值（1990年，美元）			

资料来源：联合国工业发展组织（UNIDO）。[6]

19.1.3　国际扩张的定义和不同类型

巴特利特和戈沙尔把国际间的活动分为三类：[7]

定义➡　1. 国际的，当一个机构的大部分活动都在本国以外的地方，即分开的地方开展。如一个小公司出口它的产品到除本国以外的国家即可定义为国际的。此类商业以国内经营为主，以国际贸易为辅。

定义➡　2. 跨国的，当一个公司在很多国家都有经营，尽管它在国内也有基地。此类经营的目的是为了满足当地需求。如MTV音乐电视就有很多适合不同音乐环境的不同经营方式，但它们都从属于美国的母公司。在全球品牌的名义下，商业有许多半独立式的经营方式，如MTV，见案例19.1。

定义➡　3. 全球的，当一个公司把整个世界看作一个市场，一个供源地。仅限于满足当地需求，如劳力士手表和迪士尼的米老鼠，见案例8.1。重心是一个统一的市场，各种经营方式并进。

这些差异非常重要因为它们有不同的战略意义：

● 就国际活动而言，它的原始战略动力是国内市场，它的竞争优势是以国际销售为辅。

● 就跨国业务而言，它的竞争优势是各国各区域的市场内的机构能独立做决定。

● 就全球商业而言，竞争优势来自常见的全球品牌，来自带来大规模经济效益和资源来源的生产活动。商品和服务根据当地需求有所变动但实质上全球还是一样的。整个世界是一个统一的市场。

除了上述这些公司活动，全球化这个词还用于其他三个方面：[8]

1. 经济全球化，贸易活动和监督制度。世界经济逐渐走到一起，贸易障碍越来越少。我们将在19.2节和19.3节探讨这个主题。

2. 工业全球化。全球工业如汽车工业、航空工业、纸张工业和纸浆工业开始融入一个市场而不是一系列的区域性市场。我们将在19.4节和19.5节探讨这个主题。

3. 道德全球化。有些评论家强调全球化进程导致环境被掠夺，生命遭破坏，穷人并没有像期望的那样变得富有。[9]这些都是超出本书的一些重要问题。然而，本书强调的原则是像那些机构所有人一样，公司应该遵从更广大集体的利益行事。这些问题值得我们关注。

评论

那些无法辨明国际、跨国、全球战略的机构也弄不清战略发展的重要因素。许多公司并不是像我们上面那样解释全球的,它们仅仅理解为在世界各地做买卖。这就说明那些公司虽然是国际的、跨国的但并不代表是全球的。事实上,我们之后可以看到,这三方面的差异并不十分明显,它们仅仅是探索全球战略的一个有用的起点。

19.1.4 国际扩张和全球化:C-C-B 样式

为了探索公司和他们所在运营国家的关系,辨明基本要素很重要。如图 19.2 所示的 C-C-B 样式,是从国际经济学家约翰·邓宁的早期样式发展而来,但是经过不断改变,主要注重于战略管理。[10] 样式的主要因素有:

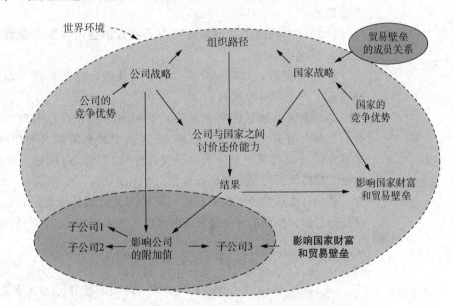

图 19.2 全球公司:C-C-B 样式

- C-C-B:指的是样式的三个重要组成部分:公司、公司运营的国家、公司和国家之间的商谈。
- 样式的基本假设:公司从不同的国家获取不同的利益。利益间的冲突通过双方的商谈来解决。优势的主要领域可以看作是探索竞争优势,见第 6 章和第 19.2 节。
- 公司:每个公司都有其基于资源的持续竞争优势。比如,MTV 的优势在于电视节目发展、本地内容发展以及全球品牌方面具有优势。这些优势对于发展该国的国际战略有重要意义。
- 国家:每个国家都有其基于资源的竞争优势。这包括地理位置,如新加坡位于欧亚航海路线之间。但是,资源也包括在教育方面的投资,如新加坡在过去二十几年在教育在科技知识方面的持续投资,如新加坡金融和电子在这一时期的发展。
- 讨价还价能力：公司和国家就消费市场的大小、需要的投资、投资动机的有效性及国家基础设施等方面进行协商。
- 结果：协商的结果就是给国家带来财富，给公司往来贸易，外国直接投资和公司附加值。
- 公司的附加值：通常不止一家分公司参与其中。有些附属公司彼此间还有其他关系。另外，公司的股东不太可能在国内。因此，公司的战略不需要和国家的战略保持一致。

本章我们将进一步解释这些因素。

19.1.5 战略管理和国际扩张——包括全球化

为了获得附加值和可持续的竞争优势，战略管理从国际扩张中寻求两个主要机遇：

1. 给许多国家的市场机遇带来了重大销售，特别是在贸易障碍不断减少的过去50年。
2. 特殊资源，如廉价劳动力、专业技能和自然资源（如石油）为一些国家带来了产量和资源机遇。

结果就是新的覆盖商业主要元素的国际业务组合出现。商业的主要元素有：贸易、服务（如广告和技术）、人（如那些需要当地化经营的人）、生产要素支付（如利润、支付利息、特许经营）和之前提过的外国直接投资。一方面，战略管理的原则无论是和在一个国家还是在全球都是一样的；另一方面，有一些来自全球竞争、国家利益和集体利益的额外维度。我们将在接下来的三部分通过探讨国家事务来探索这些维度，并在之后的三部分转向公司事务。

> **关键战略原则**
>
> - 在21世纪影响战略发展的商业环境因素中，国际扩张和全球化显得极其重要。
> - 国际扩张是一个国家经济增长的重要动力。公司推动着国际扩张且从中获益。
> - 区分外贸——出口和进口及外国直接投资在外国首都、工厂和人身上的投资相当重要。
> - 区分三种类型的国际和全球扩张很重要：国际的指主要的活动都在国外开展但仍以国内市场的战略为主；跨国的指一个公司在很多国家都有经营，方式战略也因地而异；全球的指一个公司把整个世界看成统一市场。
> - 重要的是，以上三方面各自代表着不同的国际扩张战略。
> - C-C-B样式探索的是公司、公司运营所在国家、公司和国家间的商谈三者之间的资源关系。商谈的目的一是增加公司的附加值；二是增加国家的财富。

案例研究 19.2

王牌（TCL）：中国最大的电子产品公司的全球战略

在过去的几年里，中国电视机生产商TCL一直致力于建立全球战略。它希望欧美成为其进程中的一部分，但并未成功。关于建立全球战略这个例子告诉我们什么呢？

王牌是中国主要的电子消费公司。它的国家扩张面临着一些问题，例如案例中所描述的问题。

TCL的全球目标

引用TCL董事长李东生的话："我们清楚地知道TCL远远落后于成熟的世界级公司……我们期望成为世界闻名且极具创新的公司，这个愿望肯定会实现。"这就是TCL董事长过去几年定下的宏伟目标。这个目标不容易达成，因为TCL的竞争对手是一些电子商业巨头，如日本索尼、松下，韩国三星、LG。国内市场的竞争同样很激烈，如和国内其他公司海尔、海信、长虹的竞争。另一个挑战是技术正从电子射线管转变为平板等离子和液晶显示器。

这个案例探究了TCL面临的问题以及它跻身国际市场的战略。TCL一路以来挫折不断，也不是很成功。但我们依然可以从它全球战略的经验中学到教训。

这个案例分为三个部分：

- 公司背景和历史。
- 电视机生产的全球市场。
- TCL的全球战略进展。

公司背景和历史

TCL作为电子产品制造商，建立于1981年的中国广东惠州。公司从属于当地的工业局，生产磁带。在1985年，它看到了中国电信业的新趋势，于是转向生产电话。产品创新使它在市场上占据了主导地位，从1989年开始，它的产品就出口到三十多个国家。1996，TCL兼并了香港的陆氏公司，使得陆氏公司的产品可以在TCL长期出售。此举使TCL进入电视机制作行业。更重要的是，它开创了国企兼并港资企业之先河。

TCL的国际扩张从一些新兴国家开始，如越南。选择这条路线并不是随意的而是经过精细计划的。据一位TCL主管解释："有1 200万中国人住在越南，他们是重要的经济社会力量，无疑会有益于中国公司在越南的投资。"除了有相似的经济、社会条件外，中国和越南的科技水平也差不多。面对越南其他国际品牌的竞争，TCL选择低成本战略作为竞争优势。"TCL采用适合当地技术水平的二手设备而不是运用最新技术，以此来减少折旧费、降低最终产品的成本，如三星的折旧费是每台10美元，而TCL是每台2美元。"

早期出口成功让TCL开始进军欧美市场。2002年，TCL开始整合它在世界各地的经营。它决定进军世界两大最成熟最具竞争力的市场——欧美市场。品牌建立和分布耗时太久并且外国对中国电视机的进口有定额限制，为此TCL在2002年收购了破产的德国施耐德公司，2003年收购了美国的高威达公司。关于施耐德，TCL总裁李东生解释道："此次收购有助于扩大TCL在欧洲的业务，施耐德将为TCL提供遍布欧洲的分布网……我们从整个协商过程中学到了很多，我们的管理者提升了他们的国际管理知识，并且从他们的管理经验中受益颇多。"

2004年，TCL进一步参与国际活动，和法国汤姆逊电视机公司及阿尔卡特移动电话公司签订了协议。"TCL的战略就是找到合作伙伴，我们不想独自奋战和承担所有的风险。那是因为在这些成熟的地方（欧洲和美国），增长相对稳定，进入门槛也高。"汤姆逊非常重要，在欧洲有汤姆逊品牌和分布网，在美国汤姆逊拥有美国无线电公司品牌和相关资产。TCL称之为"合资企业"但实际上中国公司在电视机公司控股67%，在移动电话公司控股55%。结果公司成为世界上最大的平板等离子电视机的供应商，但在移动电话上成绩平平。据称，因为国际活动增加，TCL在国外新招募了至少2 200名员工。

这是TCL国际和全球战略的第三阶段，如表19.2所示。到2006年，TCL年销售额达500亿元（64亿美元），是中国市场的领导者。另外，它在世界各地有四个主要研发基地，在80多个国家都有产品销售。这种情况需要放在世界电视机市场情境中理解。我们接下来就谈谈这个方面，然后再回到TCL的全球战略。

电视机制造业的全球市场

2004年世界电视机需求达650亿美元，每年以9%的速度增长。有两个市场组成部分：

1. 较为富裕的发达国家（北美、欧洲、亚洲一部分），在那些国家，平板等离子电视机逐渐被高科技——等离子电视、液晶电视、高清电视机代替，从模拟计算机到数码电视机转变。

2. 欠发达国家（非洲、南美、亚洲一部分包括越南），在那些国家，人们还是需要一些便宜的、标准的、运用较好技术（主要是较好的平板等离子技术）的电视机。

然而，电视机的组成部分——半导体、转换器、插口等在上面两部分中很常见，不需要额外的投资。

一般来说，电视机制作是分模块的、复杂的。组成要素通常是外包的、从世界各地运过来的，通过第三方制造商或OEM供应商。OEM供应商指原始设备制造商，一个公司在协议下为另一个组装公司提供零件，如中国公司为索尼公司提供电路板。然后电视机制作只是一个低附加值的装配操作，这样的流水作业通常发生在低收入国家，如中国、马来西亚和泰国。

表19.2 TCL的国际化过程阶段和战略

阶段	主要目标	目标市场	国际和全球战略
第一阶段（1990—1997）	生产能力的杠杆作用、为国外公司采用低成本制造	国内市场	出口、原始设备制造（OEM）、原始设计制造（ODM）
第二阶段（1998—2002）	扩张到发展中国家，采用相似的研发和文化特征	发展中国家	出口、对外直接投资（FDI）
第三阶段（2002—2006）	渗入发达国家，并从中获得补充优势（市场进入、技术和品牌）	在欧洲和美国等发达国家	收购、合资企业和战略联盟

随着各组成要素越来越标准化，就越可能获得大规模、大范围的经济效益，传播研发的技术和在世界各地销售上的制作投资，这些都是本书中全球战略的主要特征。此外，许多世界领先的电视机公司都运用全球品牌：如索尼和LG被认为是世界领先品牌。

阻碍这些收益的是欧洲和美国政府用于保护其本国电子产品公司的政治战略。近几年，这些政府对从中国、韩国、马来西亚和泰国进口的电视机强加关税。同样地，有些国家对电视机有不同的广播标准，电视机应该适应各国的市场，因此妨碍了经济效益的规模化。

然而，全球的电视机制造业竞争越来越激烈，特别是在价格和服务上。比如，液晶显示器和等离子屏幕的价格迅速下降。同样地，新的购买商和主要的零售商如美国沃尔玛和欧洲科萨基于全球的电视机资源不断寻求和它们的零售商店的交易，因此公司采用全球战略就显得更为迫切。

尽管这个案例强调电视机的制造和销售，领导公司也向市场推出了其他相关电子消费产品比如数码录像机、音响系统、摄像机等。原因是这些相关产品的组件相似且在增强品牌的实力上有相同的经销方式。所有进军电视机行业的新公司如TCL都必须考虑它在电子产品强调范围内的战略。表19.3是根据电子产品销售额而不是电视机销售额排出的世界领先电子产品公司的列表。根据这些，我们可以知道任何一个进军电子产品行业的新公司都面临强大的竞争对手，它们有丰富的资源。

基于自己的历史、产品系列、品牌和创新的技术——取决于公司的精确的配置，每个公司都有自己独一无二的竞争优势。这为一个公司全球战略的可持续发展提供了可能，因为篇幅的关系，所以此处不再详细说明。

所有电子产品公司都以生产和销售电视机为主。根据世界电视机市场数据显示，主要有LG—飞利浦合资企业、TCL和三星。

表19.3　2006年世界主要的电子消费产品公司　（单位：百万美元）

公司	国家	全球电子消费产品的销售额	全球电子消费产品的利润（损失）	所选择的其他产品	总销售额（包括所有其他产品）
索尼	日本	40 714	(264)	游戏、电影、半导体	63 893
松下	日本	34 100	1 631	国内电器、半导体	76 100
三星	韩国	28 603	n/a	电信、国内电器、半导体	87 451
飞利浦	荷兰	13 757	668	媒体系统	40 121
LG	韩国	10 800	n/a	国内电器、半导体	38 571
TCL	中国	6 410	2006年损失	手机、电子组件	6 410
夏普	日本	1 473	n/a	信息/计算机设备、国内电器、电子组件	18 630

注释：不同的公司对"电子消费产品"的定义不同，所以以上数据只是一个向导。
资料来源：公司的年度报告和报表。

这三个公司的市场份额关系在不断改变，因为2004—2006年的市场需求由阴极射线管向等离子和液晶显示器转变。TCL的市场地位我们之后会谈到。

主动公司的销售活动遍及世界各大市场。它们在电子销售的各个领域，包括电视机都遵循着全球战略。它们是全球性的综合性公司。几乎所有的领导公司都多年从事这样的商业活动，除了TCL。这就意味着任何一个试图进军电视机行业的新公司都面临着那些数年前已建立品牌、分布网和了解各个市场特点的竞争对手。接下来，这些新手就必须迎头赶上那些优秀公司。

面对拥有丰富资源的竞争对手，像TCL那样的新公司在中国国内市场面临着强大的竞争压力。此外，中国大市场有助于那些公司扩大经济规模。但是，像LG和松下那样的公司的世界销售利益有限。原因可能是中国公司已经是世界主要公司的电子零件供应商。

世界电视机制造行业面临的主要战略问题是市场竞争激烈，价格下降，主要的大公司，如索尼、LG、夏普，从电视机制造中获益减少（见本书第六部分案例9例子索尼）。为了减少支出，许多领导公司都选择在工价低的国家，如中国，生产零件。也就是说，像TCL那样的新公司在支出上毫无优势。另外，表19.3列出的大公司在低工资国家都有附属公司，这就意味着像TCL这样的公司和那些商业巨头相比，在电视机制造上毫无竞争优势。

随着数码技术和平板电视的发展，竞争也愈演愈烈。这些新型电视的价格下降得比它们的成本快。同时，新的资金密集型工厂，如夏普、三星建立起来了。在电视机制造业，新的公司面临着价格下滑、高技术投资需求增加，同时对品牌、国内分布网及满足当地需求的投资也不断增加。所有的这些都让新公司，包括TCL面临挑战。

TCL的全球战略——到目前为止的进步

到2005年，TCL公司面临压力：2005年和2006年第一季度都面临亏损。公司认为压力过大，为达到目的需要整合资源。因此它减少在次要领域的投入，更多的是集中于电视机制造业，尤其是公司决定放弃与阿尔卡特在移动电话方面的合作。2006年11月，TCL宣布在欧洲进行运营重组，关闭在法国的生产，保持在欧洲的研发中心，重新布置。

在电视剧制造业高速发展的背景下，TCL面临在研发上的投资问题。尽管TCL在资本的绝对投资和销售额远远落后于西方国家，但它开发了自己的设施。与一些西方国家的合并、战略同盟及合资企业使TCL有机会接近部分同伴的研发中心，从而加强了TCL的研发能力。此外，据称TCL在世界各地有六个研发中心。

尽管TCL从国际战略中获益颇多，但在以下四个方面仍存在问题：

1. 进入市场的高门槛。近年来，TCL面临西欧和北美十分强劲的贸易保护政策。比如，TCL是美国反倾销名单上一员且强制收取25%的进口税。为了克服这些障碍，TCL在这些地区建立生产基地。

2. 文化上和管理上的不同。TCL公司发现要渗透外国市场很难，因为它与当地文化没什么共同点。它还发现，在达成跨境交易后与外国公司合作很难。在一次采访中，TCL的首席财务官文森特·严（Vincent Yan）说："最难的部分就是交流，彼此了解，因为我们被不同的地域和不同的利益中心划分开，我们在经营模式上有很大不同。"

3. 缺乏科技人才。领先的科技是一个公司成功的重要因素。与其他发展中国家的公司一样，TCL缺乏科技人才。这就直接导致了它对科技变化反应迟钝，错失了赶上竞争对手的机会。文森特·严说："我们没有才能做好各方面的工作。我们在市场上面临严峻挑战，尤其是在我们不擅长的液晶显示器和等离子屏幕方面。"

4. 缺乏管理人才。随着国际扩张愈演愈烈，TCL管理人才紧缺。它发现要招聘移居国外的员工很难，因此不得不缩减他们的工作经验，从3~5年缩短到1~3年。

为了克服异国色彩，TCL通过合并濒临破产的德国施耐德公司和美国的高威达公司来进军竞争激烈的欧洲和北美市场。虽然它们很便宜购得，但其品牌名声不好，成为市场渗透的一大障碍。接着，TCL和拥有美国无线电公司的法国汤姆森公司合资。TCL首席财务官文森特·严解释道："我们原以为可以把RCA作为优质品牌卖掉，可事实上它已经恶化为相当低端的品牌了。"TCL另一位职员补充道："我们买汤姆森的时候，它在美国的业务有许多麻烦，但在欧洲的业务还是相当不错的，显然我们低估了拯救汤姆森公司要面对的挑战。"

TCL总裁李东生也谈到他低估了那些困难。财政分析得出结论："TCL的问题是它在管理合并企业方面没有经验，野心太大现在也得到报应了。"到2007年，TCL在发展全球企业方面仍然没能克服这些问题。

©理查德·林奇2012年版权。保留所有权利。该案例是由理查德·林奇教授、金中奇教授、祖毅教授所著。密德萨斯大学，伦敦。TCL案例的资料来源见这一章的最后。[11]

案例问题

1. 运用本章所讲的全球战略的好处等知识，TCL是怎样反对这些益处的？TCL又是怎样和它的竞争对手进行竞争的？
2. TCL建立全球战略会面对哪些问题？TCL可以克服它们吗？怎么克服？
3. 你对TCL公司有何建议？TCL公司应该继续追求全球战略吗？如果是，应该如何追求；如果不是，在它和欧洲、北美的承诺下，它应该采取怎样的战略？

19.2 世界贸易和国际扩张：公司战略

要理解公司国际扩张和全球化的依据就要理解在过去50年国内市场逐渐全球化的原因和过程。从1950年到1996年，世界商品贸易增长了1 500%。所有增加的活动都是公司国际贸易活动所得。因此全球化可以为公司提供战略机遇。

然而，全球化还取决于国内政府的战略。比如，每个国家有自己的电子消费品工业，如果政府不允许进出口，世界电子消费品工业将很难运行。我们开始探索世界贸易的理论，从国家开始而不是从公司开始。把这些理论置于历史环境下，我们挑出一些主要理论，然后检验它们的战略意义。

直到最近，世界贸易的主要商品是农业产品。[12]在20世纪30年代，世界贸易有所减少，因为国家试图保护它的新工业。从20世纪40年代末开始，世界贸易出现了戏剧性增长，因为贸易障碍减少，国家建立机构鼓励国际间的贸易。增长的原因很明显和战略管理有关，但很复杂且不易解决。

在过去的200年，经济学家总结出了国际贸易增长的理论和优势。他们探索了贸易增加有益于参与国的经济发展的经验证据。[13]这些理论对战略管理的重要性有以下三点：
  1. 它们解释了国家和企图向国际拓展的公司的谈判地位。
  2. 它们提供了一份分析战略管理、与国际机遇和威胁相关的框架图。
  3. 它们阐明了国家的可持续竞争优势是公司形成国际战略管理的一部分。

在众多国际经济增长理论中，以上三点在辨明它们对战略管理的影响上很有用。在接下来的部分会讲到它们。经济学家在所谓的正确的理论上没有达成一致：它们都有自己的优点但还不足以囊括整个复杂的国际战略意义。

19.2.1 基于国家资源的贸易理论：国家间的比较优势

定义➡ 一个国家的比较优势是由它所拥有的资源组成的，这种资源能够为其提供优于其他国家的竞争优势。19世纪，有些经济学家认为国家间的自由贸易可以增加财富。支持这种观点的早期理论仅仅是国家间的比较劳动力支出。更近代一些的理论注重经济效益规模化，国内公司的生产规模扩大支出减少。这些理论都取决于国家的资源，如原材料和能源的利用，个体公司和国内工厂所用的资源。它们通常被称为国家间的比较优势理论。所以这些理论都无法详尽解释世界贸易增长的原因。[14]

无论是什么原因，1965—1995年间贸易障碍的减少借鉴了东亚的经验。新加坡、中国香港和之后的韩国、中国台湾降低了贸易门槛，并不是为了保护国内工厂。这四个新型工业化城市提高了人均实际收入水平，从1965年高收入国家（如美国、欧洲）的20%到1995年的70%。朝鲜和韩国，中国内地和香港，西德和东德的差距明显。从20世纪80年代中叶起，中国大陆开始走自己的路线并取得了不错的成就，特别是上海和广东省。到20世纪90年代末，甚至像印度那样担心贸易自由化影响本国工业的国家也开始重新考虑了。

从战略管理的角度，这个理论的重要性在于它强调一个国家和区域资源作为国际战略发展一部分的重要性。

19.2.2 国家间竞争优势的钻石理论：波特的贡献

定义➡ 波特的国际竞争优势钻石理论阐述了有助于国家立足于国际市场的四个相关方面，分别是：因素条件、国内的竞争公司、国家支持的产业和国内需求。在20世纪80年代末，波特对十个国家和四个世界主要的工业进行了研究。他的目的是探究一个国家成功参与国际竞争的原因。调查的国家有：丹麦、意大利、日本、新加坡、韩国、瑞典、瑞士、英国、美国和德国西部。工业有德国的印刷出版业，美国的病人监测设备，意大利的瓷砖和日本的机器人技术。结果就是由四个相关方面组成的菱形，如图19.3所示。

第19章 国际扩张和全球化战略

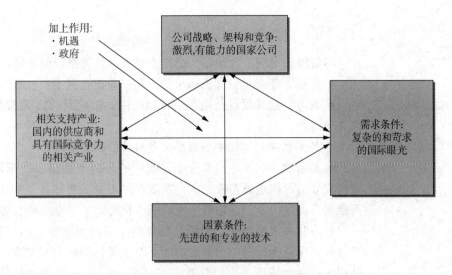

图19.3 竞争优势的钻石理论

资料来源：Reprinted with the permission of Free Press, a Division of Simon & Schuster, Inc., from *The Competitive Advantage of Nations*, by Michael E. Porter. Copyright © 1990, 1998 by Michael E. Porter. All rights reserved. Reproduced with permission of Palgrave Macmillan.

1. 因素条件。波特强调竞争不单单是比较优势的问题。资源可以是自产的和特有的。因此，教育、大学、电信的物资没有自然资源依然能开展得很好，但它们对提升国家的竞争力还是有帮助的。成功的国家如日本和马来西亚至少部分依靠国家政府愿意在这些方面长时间的投资。

2. 相关和支持性产业。有国际竞争力的供应商和相关的产业是国际贸易成功的重要因素。这些产业群，每一个都提供专业知识和世界级的服务，非常重要。例如美国好莱坞的成功不仅仅取决于电影制片厂还在于其他相关的公司如录音、电子、设计和音乐。

3. 公司战略、架构和竞争。激烈的国内竞争就要求创新，降低支出，发展可以运用于国际的新型竞争方式。比如，波特指出，日本电子产品公司的全球优势，如三菱和日立，直接和国内此类产品竞争优势挂钩。

4. 需求状况。国内精细的高要求的消费品提升产品创新和质量水平。波特指出，日本相机的精细如卡农，德国汽车的质量如宝马都是国内需求的结果。

此外，波特讲解了其他两个重要原因：

1. 政府的作用，可以通过在教育等方面的补贴、管理和投资影响上述任一点的政府。

2. 偶然性事件的作用，可以毫无预测地改变竞争优势：如战争、发明和石油价格上涨等。

从战略管理的角度，这一重要理论有助于国家的产品投资，为顾客的特质和竞争者的特点提供依据，更重要的是，它指出市场的特点比大小更重要。

评论

尽管波特的理论和国际、全球战略有明显关系，但它依然面临困难：[16]

- 样本。读者可以知道哪个国家和产业被遗漏了，这对结论意味着什么。
- 政府。这并没有包括在钻石理论中，但它对很多元素都很重要，如国内竞争政策。
- 偶然机会。这似乎是很多重要事件的唯一解释。
- 公司竞争，而非国家竞争。波特的出发点是国家在国际上竞争。形成这种误导的原因是公司在竞争。比如，并不是瑞典和芬兰在造纸业上的竞争，而是瑞典芬兰的公司，如爱生雅和斯道拉恩索，在造纸业上的竞争。
- 跨国公司的影响。波特几乎忽略了主要的跨国公司，虽然它们是海外贸易和外国直接投资的重要推动者。邓宁说："在20世纪80年代中期，跨国公司占世界市场经济生产总值的25%到30%，占世界商品贸易的四分之三，占科技和管理技能方面的五分之四。"[17]
- 国内优势。对一些跨国公司而言，它们本国的位置与其自身毫无关系。ABB公司位于瑞士和瑞典，这和它的全球战略没有关系，见案例12.3。这就说明波特的理论基础——国内优势和跨国公司毫无关系。（例如日本电子产品业）

这些以及其他评论都表明这个理论仅仅是对复杂问题的部分解释。然而，它提醒了公司需要解决重要的国家问题。

19.2.3 有限的国家干预理论——归因于世界银行

在过去几年里，世界银行帮助发展中国家，并对其进行投资，它有权检验给国家增长财富的投资领域。它从不把结果像理论那样发表出来。但在它的年度报告中你可以看到它的观察结果。这就是图19.4所讲的有限的国家干预理论。

发展的早期阶段
- 经济稳定
- 低通货膨胀
- 稳定的财政和货币
- 对所选择的行业领域的出口支持
- 行政部门的素质和培训机构
- 农业发展政策

发展的后期阶段
- 维持国际贸易的开放
- 允许运营自由市场
- 继续投资到基础设施上，除了可能存在的私有化设施
- 低税收壁垒

公司战略应该反映以上内容

图19.4 有限的政府干预理论

定义➡ 重要的是，有限的国家干预理论认为，公司可以从政府早期在电信和道路上的投资中获益，但是随着国家越来越富有，它收回其资助，使公司有相对自由的市场环境。这就意味着如果公司要参与国际竞争，国家对本土产业的支持应该减少。

从战略管理的角度，调查结果阐明了公司对国家干预应有的态度。公司应警惕国家会拒绝开放市场。政府应该稳定本国的经济、稳定货币政策、增加对基础设施和教育的投资，这就为公司选取有市场潜力国家和确立工厂位置提供了指导。

19.2.4 国际贸易理论战略管理的意义

总体而言，政府政策有以下几个方面的重要性：
- 发展基础设施建设。主要包括供水系统、电信和道路建设。如果国家不在这些方面投资，公司就很难在战略管理上取得进展。
- 培训和教育质量。这些很重要。人力资本存量是新的投资发展的重要因素，因为公司需要招聘和培训新的员工。这是公司在选择国际战略发展国家时必须考虑的问题。
- 经济稳定性和选择出口的刺激。如果通货膨胀不严重且经济稳定的话，大部分机构能做得更好。在发展的早期，政府可以在刺激出口增长上有效帮助某些公司。
- 有竞争力的和开放的国内市场。随着跨国公司进入国内市场，国内产业担心会被其湮没虽然这不太可能发生。国内市场的开放吸引了新的公司工厂，增加了就业机会，带来了财富。比如，印度曾数年部分关闭对外贸易；新加坡和马来西亚则开放国内市场并从中受益，像日本的索尼和荷兰的菲利普斯在这些国家都有投资。

从一个公司的角度检验存在的阻碍自由贸易的障碍很重要，如图 19.2 所示。简单地说，有些障碍可能很小，超出了战略管理的基础范围。然而，从深层次看来，这些障碍可能对公司的存亡和发展有至关重要的影响。如日本尼桑、丰田和本田汽车在 1980—1990 年间在欧洲的生产投资最起码是贸易障碍的直接战略反应。

展示 19.2

主要的贸易壁垒

- 关税：对进口产品的收税。它们并不是禁止进口，而是削弱产品的竞争力。
- 限额：可进口产品的最大数目。
- 零关税和技术壁垒：政府采取的阻止进口的政策或技术手段。
- 对国内产商的财政补贴。
- 外汇管制：政府控制外币的使用使得进口更加困难。

> **关键战略原则**
> - 早期的国际贸易理论注重一个国家的资源。
> - 他们认为在过去 50 年贸易障碍减少就扩大了公司的经济规模,增加了国际贸易。
> - 波特的国际竞争优势钻石理论阐述了有助于国家立足于国际市场的四个相关方面,分别是:因素条件,国内的竞争公司,国家支持的产业和国内需求。此外,他还确定了两个重要的外部因素——政府和偶然性事件。
> - 有限的国家干预理论归因于世界银行,且解释了政府在经济增长不同阶段的不同作用。国家越富裕,政府对市场的调控就越松。
> - 国际贸易理论解释了政府在鼓励国际投资中的作用,帮助公司选择最有国际前景的国家。

19.3 参与国际贸易组织的影响

在国际和全球战略发展过程中,了解参与国际贸易机构的背景知识和地位很有必要。公司策划可能直接遇到,也可能间接地在决策时遇到。

19.3.1 三大国际贸易组织

20 世纪 40 年代,为了推动自由贸易,西方国家意识到它们需要监督新的自由贸易机构。它们试着建立和参与国际贸易的各个公司相关的三大贸易机构:

1. 国际货币基金组织(IMF)。它向有国际贸易困难的国家提供资金援助,通过合作交流促进贸易稳定化。它在 1973 年出台了货币条例。

2. 国际复兴开发银行。通常被称作世界银行。它是为发展中国家提供长期资金援助的机构,每年大约 100 亿美元。它为基础设施建设、旅游和其他项目提供援助,旨在促进长远发展。见案例 18.1。

3. 国际贸易组织。它是常规贸易活动,解决贸易纠纷的机构。它从未实际运营,直到 1995 年它的继承者——世界贸易组织形成。

国际货币基金组织和世界银行成功启用并一直沿用到现在。不幸的是,1948 年美国没有通过国际贸易组织条例。关贸总协定(GATT)在 1947 年由 **定义➡** 23 个国家签订,作为暂时的措施。**关贸总协定是有关关税和贸易达成的协议。关贸总协定确立了各国共同遵守的贸易准则,是协调国际贸易与各国经济政策的唯一多边国际协定。** 到 1995 年,它依然是确保自由贸易的主要机制。图 19.3 展现了关贸总协定的主要规定。到 20 世纪 90 年代末,140 多个国家签订了《关贸总协定》。

展示 19.3

关贸总协定的主要原则

主要有三个规定：

1. 无歧视。每个国家给其他所有国家设立的进口关税都是一样的。给一个国家更多就意味着给其他签约国的也必须这么多。

2. 协商。当出现纠纷的时候，关贸总协定把双方聚集在一起，通过协商而不是争吵的方式解决。

3. 对违规行为进行制裁。当和解不再可能的时候，WTO 就被授权来判决和强行解决问题。它只具有部分司法权。

从 1947 年起，关贸总协定已通过赞助八轮关税改革和减少贸易障碍来鼓励国际贸易。每轮协商都以开始的国家或城市来命名。最近的一次是 1986 年开始的乌拉圭回合，在 1993 年签订。[18]

世界贸易组织是 1995 年建立的，用于执行关贸总协定及 ITO 部分功能的机构。它是国际贸易持续发展和使那些发展国际战略管理的公司受益的原动力。比如，1998 年至 1999 年欧美间的巴拿马战争，最后在关贸总协定的决策下结束。WTO 判定美国有资格通过巴拿马出口，如果欧洲国家拒绝，美国有权提出制裁。许多公司，包括一些跟巴拿马毫无往来的公司也深受影响。

19.3.2 第三世界国家和关贸总协定

尽管关贸总协定为那些向大国、强国降低门槛的小国、穷国提供保护，但那些弱小国家依然认为这是在帮助那些工业化国家。它们指出其在世界贸易中的份额在下降。为此它们希望召开联合国贸易与发展会议。这个机构主要关注发展中国家面临的贸易问题。它在战略管理发展中的作用有限。

19.3.3 货币调控的机构

除了贸易，另一个方面就是国家间的货币兑换率：固定价格毫无意义，无论是关税还是其他，刚刚还是这个报价但很快就会下滑。这明显会给公司的利润带来影响。20 世纪 30 年代国际贸易就出现了这样的问题。1944 年固定的国际兑换率达成《布雷顿森林协议》。这个协议持续到 1973 年，之后被国家间浮动的兑换率代替了。国际货币基金组织为管理固定系统而建立，但直到固定系统终止时才出现。现在，它有了更多作用。它为那些收支不平衡的国家提供借贷，它通过合作交流促进国际贸易稳定化。

19.3.4 商业区的重要性

为了追求国际战略，公司往往需要和国家进行协商。这就意味着公司需要对政府的政治态度进行评定——见第3章。这部分我们只关注国际层面。

定义➡ 除了个别国家，许多商业区在世界各地发展。商业区就是指一些国家达成一致，给彼此一些优惠的贸易条款。商业区的目的是鼓励基于贸易壁垒和规模经济理论的贸易。它对自由贸易有传导作用，有助于稳定一个国家的政治和经济环境。

有些商业区我们已经提过，如欧盟。还有其他比较知名的，包括东盟和北美自由贸易协定。每个商业区有自己的规定：如欧盟有一套严密的条约，合作相对较密切；但东盟显得较松散，每个国家有较强的独立性。

参与国际扩张的公司的主要任务是评估那些商业区所属国的机会。

19.3.5 关于战略管理的结论

主要跨国公司和以上的主要机构间的联系越来越频繁。对一些小公司而言，获益的可能性在降低。如世界领先的银行经常参加每年两次的国际货币基金组织会议，个别国家已向WTO提出交涉。对于任何一个公司的高层管理者而言，这些都是战略影响的重要领域。

> **关键战略原则**
>
> - 对国际贸易产生重大影响的三大国际机构：国际货币基金组织掌管国际收支；世界银行提供长期贷款；世界贸易组织规范贸易行为，解决国家间贸易纠纷。
> - 关贸总协定是各国间贸易的一般协议。关税调整由关贸总协定赞助。它在过去50年开放了世界市场，增加了国际贸易。
> - 联合国贸易和发展会议反映协商下的第三世界国家的利益。
> - 商业区包括那些达成一致，给彼此一些优惠的贸易条款的国家。战略管理需要考虑这些商业区和它们对贸易的影响。

案例研究 19.3

吉百利（Cadbury）是否会赢得口香糖世界领导地位？

在过去几年，世界最大的甜食公司之一吉百利一直在发展口香糖事业。在甜食市场快速发展的环境下，吉百利面临着持久而艰苦的活动且需要大量投资。这个案例讲述了吉百利的全球化战略，并且提出这样一个问题：它能否从美国箭牌公司手中夺得市场领导者地位？尤其在2008年箭牌拥有强有力的甜食合作伙伴之后。

吉百利进军口香糖市场

当吉百利第一次进入英国市场时，2007年吉百利口香糖全球运营主管吉姆·凯利（Jim Cali）说道："我们对此很高兴。"此案例探索了吉百利是怎样在世界甜食市场开始口香糖的全球战略的。它讲解了吉百利国际扩张的逻辑和它所运用的战略。这个案例分为四个部分：

1. 世界甜食市场成功的原因。
2. 世界口香糖的竞争和机遇。
3. 吉百利口香糖的全球战略和到目前为止的进步。
4. 2008年吉百利面对的国际竞争的意义。

2007年，吉百利在英国口香糖市场推出了无糖口香糖（Trident）。如果它能够克服箭牌（Wrigley）的占主导地位的竞争产品，那么该产品需要建立在吉百利的战略核心资源和能力上。

世界甜食市场和成功的原因

2007年，甜品市场销售额达970亿美元按制造商的销售价格。制造商的销售价格是指像吉百利和玛氏这样的制造商卖给沃尔玛、家乐福和乐购那样的零售商的价格，然后零售商再加上利润、税收来决定最后的零售价格。这就说明2007年世界甜品市场零售额达1 400亿美元。我们在这提到制造商销售价格是因为这跟我们研究的对象——它们的年度财政报告等直接相关。当我们分析一些甜品公司的市场研究时，差异很重要，如敏特（Mintel）和欧瑞（Euromonitor）等，其可能使用了零售价格数据。此案例运用的所有数据都很有价值。

2007年，世界甜品市场的年增长率为5%，比其他包装食品的增长率要高。这就是制造商寻求到的新机遇：消费者们都喜欢吃甜食。

世界甜食包括三个市场部分：

- **巧克力和巧克力制品**：如纯巧克力德芙、吉百利的牛奶巧克力及由巧克力包裹的巧克力制品，如雀巢朱古力和玛氏邦蒂。在2007年，这部分占世界甜食销售额的55%。这部分比糖果制品的利润要高的原因有三个：品牌多增加了价值，自己的品牌零售价格低，在高收入的发达国家销售价格高。巧克力市场增长率在德国和美国那样的发达国家要低于3%，但在巴西和印度那样的新兴市场要高于10%。事实上，在巧克力市场中也有不同的巧克力制品，如图14.4所示。

- **糖果**：如煮糖糖果、太妃糖、果冻软糖。这部分占世界甜食销售额的31%。这部分在发达国家的增长率仅超过1%，但在新兴市场增长迅速，每年大概8%。在新兴市场的增长与人口的增加和人们生活逐渐富裕有关。尽管也有很多的糖果制品，但与巧克力制品相比，前者地位仍较低。注意，甜食有时候在战略研究中会被当作糖果。

- **口香糖**：如条式口香糖和片式口香糖占世界甜食销售额的14%，尽管这部分所占份额是最小的，但它增长最快。在发达市场的年增长率超过5%，在新兴市场每年大约12%。口香糖增长率和利润高的原因我们将在下一部分进行解释。口香糖有很多不同的味道和原料，如无糖口香糖和牙齿美白口香糖，这就为新公司，如吉百利，提供了战略机遇。

表19.4列举了世界主要的甜品公司。

从战略角度,世界最大的五个公司占整个世界市场的销售额不超过40%,前十名不超过50%。有很多公司在一个国家或地区经营得很成功,可能是历史原因,也可能是甜品市场成功的关键所在。世界两大主导公司玛氏和费列罗是私人的家族企业,没有政府的援助。玛氏在巧克力和巧克力制品上实力很强,在世界各地都有知名品牌。它和美国的好时巧克力竞争激烈。费列罗研发了很多高质量的新制品。

表 19.4　2007年世界甜品市场领先者

公司	国家	2007年,世界市场份额价值	所选择的品牌	评论
吉百利	英国	10.5%	Cadbury's Dairy Milk, Flake, Crème Eggs, Green and Black's Organic, Trebor, Maynards, Besssets, Trident, Stimorol and other gum brands	在巧克力细分市场上只排名第五,但是在糖的细分市场上是领先者,在所有三个主要细分市场上是代表品牌
玛氏	美国	9%	玛氏, Snickers, Bounty, Twix, Milky Way, Dove, M&Ms	巧克力细分市场上的世界领先者
雀巢	瑞士	8.5%	Kit Kat, Crunchy, Rolo, After Eight	在巧克力细分市场上排在玛氏之后,居于第二位
箭牌	美国	5.9%	Juicy Fruits, Double Mint, Orbit and other gum brands	在口香糖细分市场上的世界领先者
好时	美国	5.3%	Hershey, Reese's, Kisses, Skor, plus Cadbury, Rolo and Kit Kat brands in the USA only	其90%的销售都在美国,它主导着美国市场
费列罗	意大利	4.8%	Ferrero Rocher, Kinder Surprise and related products, Nutella, Mon Cheri, Giotto	一系列的专业产品,以及随后在当地需求上采取了全球战略
卡夫	美国	4.5%	Suchard, Marabou, Daim	在欧洲的某些国家内的巧克力细分市场上特别强大

注释:
1. "甜食"包括世界市场上的三个细分市场:巧克力、糖和口香糖。
2. 玛氏、雀巢和Kraft的市场份额仅仅是针对它们的甜食业务。不包含所有其他市场上的大量销售额。
3. 主要的巧克力制造商Barry Callebaut不包含于以上这些公司之外。原因是,其2007年39亿美元的销售额中的50%之多是巧克力产业的组成部分,但是这些巧克力被出售给了其他食品制造商,这些制造商将这些巧克力用作了其他食品的原材料,例如巧克力涂层饼干。

资料来源:主要取决于公司的年度报告和报表,见这章后文的参考文献。

雀巢在甜品制作上规模相对较小，直到20世纪70年代末它收购了英国的郎特里（Rowntree），购买了奇巧（Kit Kat）和After Eight品牌。在雀巢广阔的投资组合中甜食的增长率还是比较低的——见第10章冰淇淋案例。

好时由创立家族的受托基金会掌控，是美国巧克力和糖果的主导公司，占市场份额的50%。好时的国际业务有限，导致其近几年的增长缓慢。箭牌、雀巢和吉百利都企图兼并好时，但遭到美国好时员工的反对。然而，问题并没有解决，好时依然是长期收购和合资企业的对象。

吉百利和箭牌公司将在下一部分进行讲解。

世界甜食企业成功的原因：

- 分布：大部分甜食的价格都较低且依赖于冲动购买。这就有必要将产品展示于商场货架上。为确保这一点，大公司在销售团队和促销上投资较多。一旦大商场里有货架，这就成为了公司的竞争优势。

- 品牌：许多产品依靠品牌来吸引顾客。市场活动和品牌投资就显得相当重要。尽管国内品牌在国际上没有什么名气，但它依然取决于一个有竞争优势的品牌的知名度和忠诚度。

- 经济规模和范围：在竞争激烈的市场中，零售价格很关键。这就要求公司更多地投资于现代设备和包装机械。手工制作的甜食在市场上是较小的商机，但制造商们都依赖于经济规模和范围，依赖于低支出，以此来保持竞争力和获取利润。

从全球战略的角度，这些原因使得公司参与国际业务的代价较大。从各个国家获取品牌分布和投资相当重要。经济规模和范围只有集中于一两个生产基地才能达成：比如，玛氏在西欧只有两个生产基地——芬兰和英国。同样地，吉百利在整个欧洲只有一个生产巧克力蛋（Creme Eggs）的工厂。

口香糖市场的竞争和机遇

2007年世界口香糖销售额达135亿美元，比其他甜食增长得要快。在发达国家市场的年增长率超过5%，在新兴市场约12%。无论是规模还是增长率都使得它成为一个有吸引力的市场。

是什么使得口香糖市场增长如此之快？原因有三个：

- 创新：在过去几年，口香糖比其他甜品在种类上和包装上有更多的创新。因此，如我们有液体的和硬涂层的口香糖，有健康口香糖和新味道口香糖。引用吉百利首席科技官戴维德·麦克尼尔的话："口香糖是极具创新的敏感的种类。它自身有着扑朔迷离的味道和质地。"

- 健康意识：在发达国家对无糖口香糖的需求增加，但这对其他需要糖分的产品来说并不简单。口香糖的其他健康优势是能清新空气和美白牙齿。但由于发展中国家的人们收入低、对健康不太重视，导致其在这些国家，如中国和印度的销售情况并不理想。

- 发展中国家人均消费低：2005年，中国的口香糖人均消费数量是15块，美国是196块。中国人和印度人习惯认为咀嚼是为了消遣和其他原因。

多年来，世界口香糖领导者箭牌口香糖都掌握了主动权。箭牌是一个利润增长率显著的公司。如它的利润率是22%，是甜食产业里最高的。它起初是19世纪末芝加哥和美国的家族企业，公司网址是WWW.Wrigley.com。甚至到21世纪初，原始家族仍拥有它的一部分，虽然它已有了第一位首席执行官。箭牌早在1910年就在国外建起了第一家工厂。2005年一份财政分析评论道："人们敬佩箭牌是因为它占据了整个口香糖市场。"

箭牌依然是口香糖市场的领导者，有着35%的市场占有额。它有着良好的品牌、高效的生产设备并且能有效把产品送往更小的销售点分布网。2008年，箭牌公司采取了新战略。表19.5展现了箭牌2008年的市场占有额和领导品牌公司。

尽管吉百利参与甜品销售已200年，但直到2003年它用46亿美元收购了美国亚当斯口香糖公司后才开始发挥它的市场潜力。那时，吉百利已经在巧克力甜食制造中占有重要地位了，比如它的牛奶巧克力棒和其他巧克力糖衣制品，如巧克力碎片和巧克力蛋，尤其在英国和亚洲非洲的部分地区。此外，吉百利在二十世纪八九十年代还通过收购英国梅纳资公司建立了糖果企业。然而，它发现自己能力有限，于是把在美国的吉百利品牌和经营权卖给了美国好时巧克力公司，好时成功地把吉百利赶出了北美市场。

除了巧克力和糖果战略，吉百利也发现了口香糖的战略潜力，尤其是在欧洲的潜力：它兼并了主导法国市场的好莱坞品牌，1999年卡夫食品，2002年丹麦市场主导拥有思迪麦和Dentyne品牌的丹迪公司。但2003年收购亚当斯公司使吉百利口香糖业务产生了转变。亚当斯主要经营两个领域：何氏薄荷糖和Trident口香糖。但都被辉瑞公司（Pfizer）忽略，因为它们不是其制药业务的关键所在。

在被吉百利收购时，亚当斯的市场占有额在美国口香糖业占27%，这就为2007年亚当斯的35%奠定了基础。箭牌的市场占有额也从20世纪90年代的70%下降到2007年的59%。吉百利采用的战略将在接下来的部分讲解。

和甜品市场其他部分不同的是，吉百利和箭牌是世界口香糖界的两大巨头。吉百利口香糖主管吉姆·凯利说道："我们有箭牌这样积极的竞争对手——一个能推动整个行业的竞争对手。"像亚洲的乐天（Lotte）和南美的雅可公司（Arcor）间的斗争就预示着市场的活跃。近几年，吉百利的战略对箭牌也开始产生影响。

表19.5 2007年世界主要的口香糖公司

公司	国家	市场份额	主要公司品牌	地理优势的主要领域
箭牌	美国	35.0%	Spearmint, Juicy Fruit, Freedent, Double Mint	美国、德国、英国、中国和一些东欧国家的市场领先者
吉百利	英国	27.5%	Trident, Stimorol, Bubbaloo, Dentyne, Clorets, Hollywood	法国、西班牙、日本和南非的市场领先者，在美国很强大，排名第二
乐天	韩国	7.0%	Lotte	韩国、日本和一些亚太国家的市场领先者
不凡帝范梅勒	意大利/荷兰	6.5%	Mentos, Happy Dent, Fruitella, Chupa Chaps	在一些西欧国家具有重大份额，但是在甜食中，糖产品更加强大
雅可	阿根廷	2.5%	Topline, Menthplus	部分南美市场上的领先者
哈利波	德国	1.5%	Gold Bears, Starmix	主要的是儿童产品，包括果冻

资料来源：主要取决于公司的年度报告和报表，见本章后文的参考文献。

吉百利的全球战略：到目前为止的进步

吉百利在口香糖行业有六大全球战略。它们被不同程度地运用在世界各国。

产品创新：新的口味：如木莓味和蜜桃味，新的产品：如液态中心包裹被用来吸引新的顾客来尝试吉百利产品。英语吉百利负责人凯特·哈丁解释道："发展的新动力就是我们给人们带来了新品种。许多买固定牌子口香糖的顾客开始尝试新口味了，33％购买Trident的顾客对口香糖还一无所知。"这些优势都是及时投资和大胆创新的结果。

合并：吉百利收购了一系列的口香糖公司，包括法国公司、丹麦、土耳其、日本、波兰、南非、美国和巴西的公司。这一战略扩大了吉百利的国际影响力，但也有弊端。吉百利虽然收购了众多当地知名品牌但却没有组成一个全球知名的品牌。

品牌投资：除了合并战略，吉百利还投资于新品牌分支的建立，美国的Trident品牌2006年投资5千万美元，2007年在英国投资2千万美元。这些投资降低了这些国家品牌的短期收益率。从全球角度，在世界各国同等的投资额度将会很昂贵。即使选取部分国家也会涉及高额投资：比如，在写本案例时吉百利口香糖并没有在德国、意大利和中国出现。

集中于一定数量的市场：由于投资繁重，吉百利决定挑选一定数量的国家进行投资。对于口香糖行业，它选取了美国、英国、墨西哥、俄罗斯、印度、中国、巴西、法国和日本。这些主导市场接着向周边国家发展。这不仅充分利用了吉百利的资源，更解决哪个公司能国际化经营的问题。

低成本生产：吉百利采用关闭一些工厂，重新安置到低工价国家的战略。比如，英国的口香糖可能是在工价比英国低的土耳其制作的。此外，公司进行了重组，决定购买原料和相关材料：公司企图获取经济规模化效益。但此方法的缺点就是对当地需求不灵敏，对生产安排不灵活，靠低价的交通工具来运输产品。

选择零售链和贸易中心：吉百利在2007年度报告中说道："甜食主要依靠七大零售链和三大贸易通道。2007年，七大零售链的销售额占甜食收益的10％，这些收益增长了12％。吉百利甜食是唯一的，只要它在三大甜食中不断发展，只要我们在关键市场领域比竞争对手占据更多领先位置。"

像玛氏和雀巢这样的竞争对手在选择产品上有很高地位，比如玛氏棒和朱古力。吉百利选择高效的运输和分布系统，利用一切手段销售口香糖。

2008年吉百利新的全球竞争的意义

2008年3月，家族企业玛氏用230亿美元竞标到了箭牌公司，合并后的公司市场占有额是14.9％，在2008年完成交易后从吉百利手中夺得了世界甜品领导者地位。玛氏把自己的糖果品牌彩虹糖和果汁软糖给了依然保持独立经营的箭牌。玛氏第一次进入口香糖行业，可以像吉百利一样给零售商提供巧克力、糖果和甜食制品。玛氏面临的问题是分配安排问题，箭牌还在原来的总部，这就意味着缩减日常管理费用不太可能会实现。然而，从吉百利口香糖的角度来看，玛氏在口香糖行业扩张过程中碰到了强劲的对手。

有些读者可能会意识到，吉百利在2010年也被卡夫公司收购了。部分英国资产撤出了，其他转移至欧洲总部瑞士。吉百利现在是有些许工厂和品牌的有限公司。它的口香糖行业也在不断的变化中失去了势头。由此带来问题是，吉百利的口香糖行业是否会在全球市场中获得领导地位？

©理查德·林奇2012年版权。保留所有权利。该案例是由理查德·林奇所著，来自于已发表的信息。吉百利案例的资料来源见该章最后的参考文献。[20]

案例问题

1. 运用本章所学的全球战略的意义知识，吉百利是怎样反对这些好处的？它又是怎样和它的对手进行竞争的？

2. 吉百利在建立全球战略中面临的问题有哪些？可以克服吗？如何克服？

3. 吉百利能在口香糖行业中取得领导地位吗？为什么？怎么获得？

建立全球战略的五个关键资源。

19.4 从公司的角度看国际扩张和全球扩张战略

视频
第3和
第6部分

我们现在从公司的竞争优势问题转移到公司的相关问题。这部分我们主要讲与国际扩张和全球扩张相关的问题：基本商业案例、全球战略案例、全球和本国战略案例和一些其他国际思考。接下来两部分主要讲解组织架构，进入路线和存在的问题。

19.4.1 国际扩张的基本商业案例

谈到国际扩张，我们首先要讲的是基本商业案例和国际扩张对公司影响。

海默的贡献

视频
第3和
第6部分

尽管几个世纪以来，有些基本商品已经销往国外，[21]但商业的国际扩张依靠两个主要理论：[22]

1. 一个成熟的国内市场意味着在国外有更高的增长率。
2. 在国外可获得更高的收益率。

这两个优势面临着额外的风险和像国外移动的支出：货币风险、政治风险和经济风险等。许多经济学家认为，国际扩张的收益率比风险和支出要大，因为公司在不断地向国外扩张。[23]海默认为，公司在其他国进行投资国际扩张的可能性很小。他指出，有些公司宁愿选择走得更远而不是那些低风险的从本国出口产品。它们为什么选择在他国直接投资呢？原因是为了开发那些难以复制的公司优势：品牌、技术、专利、规模效率等。海默指出，这就使得公司可以像控制国内市场一样控制国外市场。理查德·凯夫斯教授进一步发展了这一理论，但原始观点还是来自海默。[24]如果一个公司有这样的竞争优势，它定能从国际扩张中受益。[25]

19.4.2 全球战略案例：戈沙尔的贡献[26]

全球战略讲究把整个世界看作一个统一的市场，一个相互联系的供应源。有些市场是区域性的而不是全球性的。比如，吉百利在欧洲有一系列的口香糖品牌——法国的 Hollywood，英国的 Trident 和丹麦的思迪麦，见案例 19.3。公司需要探索商业案例从而把它运用到全球市场中去。戈沙尔总结出一个框架来探索商业案例。他还谈到在追求全球战略过程中有三个带有潜在竞争力的方面：

- 开发国家间的比较优势：在前面 19.2.1 节讲过。
- 发展规模经济：随着公司规模扩大，边际成本也在增加。
- 达成范围经济：通过把技术从公司的一部分转向另一部分来节约成本。

他认为可从全球战略中获得三个结果：

1. 效率增加的实现。公司经济输出最大化，输入最小化。
2. 风险的良好处理。通过广泛来降低一个国家的风险对经济和政治都有帮助。竞争风险和资源风险同样可以通过全球战略减轻。比如，当问题出现在一个特定的国家，从多个国家获取资源便提供切实帮助。
3. 学习和革新的推动。可以从分享知识、观点和见解中获得。

接着他把这些融入一个矩阵里，如展示 19.4 所示。它分析了战略发展背后的原因，但是没有给出确切答案。它是提供思考而不是提供特定指导的概要。

展示 19.4

全球化战略：原则背后的逻辑

		全球化战略的竞争优势		
		国内比较优势	规模经济	范围经济
全球化战略的战略结果	提高目前运营的效率	享受差异化的益处，在国家质检的公司和资本成本之间的差异	在业务的每个领域开发潜在的规模经济	在生产和子公司之间共享业务活动和成本
	更好的风险管理	当不同国家的比较竞争优势改变时，对其所产生的不同领域的风险进行管理	利用战略和运营的灵活性来维持规模优势的平衡	使产品组合多元化并传播计划选项的风险
	创新与学习的激励	从世界不同领域、不同组织和管理制度中进行学习	从降低成本和创新经验中获得益处	在不同的市场和业务之间共享学习与知识

资料来源：Based on the late Sumanthra Ghoshal's 1987 paper on global strategy—"*Global strategy：an organizing framework*", Strategic Management Journal.

评论

有些经济学家,特别是盖马沃特、拉格曼和沃拜克认为在发展全球战略过程中有许多问题。[27]他们认为,主要的投资忽视当地消费者品味和全球战略相关的合作困难,所有的这些都意味着这个战略需要被半全球化战略代替。有很多证据支持这一观点,尤其在相当成熟的食品饮料行业。[28]我们将在19.4.5节讲解这一话题。

如第14章所讲,西奥多·莱维特教授认为,全球战略可以带来附加价值和持续的竞争优势。判定全球战略需要考虑两个因素:[29]

1. 资源。在全球的基础上,资源可以更经济化地用于生产和利用。[30]这是规模经济和节约成本的电子消费品产业经常考虑的一个因素,在高效率和低工价的国家如一些亚洲国家,如日本的索尼和芬兰的菲利普,现在都这样经营。

2. 消费者需求。这对于有些产品来说全世界都一样。像古驰、劳斯莱斯汽车和美国的耐克公司在全世界的品牌都是一样的。如有不同,消费者也只能妥协接受全球生产经营规模经济带来的低价格。详见第14章。

乔治·伊普进一步发展了全球化理论。[31]他认为有些机构可能害怕落后,同时,接受西方的价值观念和风俗习惯同样有助于全球化,因为它推动了同样的消费者需求。他强调了国际产品把研发基金传播到世界各国的能力。如第4章药物研发支出。

伊普还认为全球化可以提升一个公司的竞争水平,也就是说,它可以在全球范围内提高公司的竞争优势。这就明显体现了全球化的机遇。但是也给国际市场带来了许多问题:即使是麦当劳也需要调整菜谱来满足当地口味,如分布在印度的"巨无霸"。劳力士手表和圣罗兰服饰将面向全球化,但也有很多其他产品不得不进行调整以满足当地需求。

19.4.3 全球/本地战略的案例

视频
第6b部分

在谈论全球战略时,莱维特的观点阻止了上述两种猜想。然而,许多机构认为全球考虑应该和地方需求保持平衡:全球/本地战略。有时候只是简短的一句话:从全局考虑,从地方做起。

在莱维特发表支持全球化的文章3年后,苏珊·道格拉斯(Snsan Douglas)和伊尔曼·维德(Yoram Wind)作出了有力的反应。[32]对大部分公司而言,有必要局部变动。甚至国际公司耐克也有必要进行局部变动,因为集团的大小在各个国家都不一样。见第7章。

当地反应恰恰与全球活动背道而驰。原因有以下四个:

1. 每个国家的消费者品味不同,使用条件也不太一样。见第14章。

2. 政府认为国家特有的变化有助于实现国家利益。这个我们在之前讲到过。

3. 不同的技术水平、不同的法律和其他社会事件可使特定国家生产特有产品。比如，欧盟国家仍有必要生产本国的电器插座，因为每个国家的插座不同（有两孔的有三孔的）。

4. 不同的国内竞争对手使得向每个市场提供相同的竞争优势很难。比如，英国吉百利巧克力公司很难在法国和西班牙销售它的巧克力产品，因为在那里它面临着比本国市场更强劲的对手——卡夫食品，见案例19.3。

如果本地反应是必需的，那么它将冲淡全球化带来的附加值。然而，许多公司发现这些当地问题都可以被全球扩张容纳。

事实上，全球行动也需要适应于本地反应。即使像可口可乐、迪士尼和麦当劳这样的公司，在味道、语言和菜单上也有局部变动。问题在于找到全球扩张和本地反应的平衡点。全球与国内之间的平衡，如表19.6所示。

表 19.6 全球扩张与本地反应

全球战略的压力*	国际化战略的压力，但是仍然需要应对国内的变化*
● 全球的或者跨国的竞争者	● 国家和地区上不同的竞争者或者分销商
● 高水平的投资或者技术，需要大量销售才能够满足，例如产品、品牌或者研究开发	● 需要大量适合的产品来满足国家需求
● 在生产和购买上的规模经济	● 在当地国家内，产品生命周期的不同阶段
● 在市场营销和品牌建立上的高水平投资	● 在当地国家内的高技术水平，将会允许产品适应其他国家
● 顾客对全球形象的需求	● 不同的使用状况，例如气候
● 需要通过寻求低劳动力渠道来降低成本	● 来自政府国家活动的压力，例如对全球化活动的关税和配额限制
● 原材料或者能源的全球化渠道	● 对关键必需品供应的国家购买

* 这些并不是互相排斥的。

19.4.4 国际扩张的四大规定战略选择

视频第6b和6c部分

根据以上所讲的，我们知道国际扩张至少有四大选择。[33]它们都是指定的，产生于全球战略和国内需求两大因素带来的利益思考。四大选择有：

1. 有些公司可能只从事全球扩张。（如古驰和劳斯莱斯）
2. 有些公司可能选择全球战略和国家反应。（丰田汽车和惠普打印）
3. 有些公司可能需要更多地回应国内需求而不是国际活动。（如佰达士鞋业）
4. 有些公司可能没有面临这些困难但仍寻求向国际市场销售产品和服务的机遇。（如每个国家都愿意出口本国产品）

四大选择有自己的名称，如图19.5所示。然而，重要的是，一个选项的选择并不影响另一个选项下一阶段的选择。比如，伊普指出公司并没有急于选择全球选项。[34]全球化进程要经历三个阶段，没有前两个阶段，公司就无法继续前进。伊普全球化进程的三个阶段是：
- 阶段1：发展核心战略：基本的竞争优势。这通常首先在本国发展起来。
- 阶段2：核心战略国际化：把它推广到其他国家。
- 阶段3：战略全球化：寻求一个拥有全球市场的整合优势。

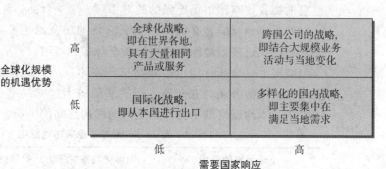

图 19.5　国际扩张的四个常规战略选项

事实上，还有很多其他的国际战略选择，它们有不同的名称，以下是一些具有代表性的：
- 多国战略。这主要是个别国家或团体根据潜在的顾客和竞争对手而定的。国际合作仅次于国与国之间的扩张项目。例如法国达能抓住当地扩张的机遇，把饼干推往欧洲而不是运用泛欧品牌。
- 全球低成本战略。这些产品来自低成本的产品然后销往国际。比如，芬兰的菲利普在中国香港生产收音机，然后销往欧洲。
- 全球利基战略。同样的产品销往世界各国同样的利基市场。比如，英国的登喜路和法国的圣罗兰产品只在各国的高档消费市场上销售。
- 国际区域战略。世界各个区域都有自己的产品，产品的制作和销售也有所不同，但全球战略的基础是很明显的。比如，大部分的汽车公司，像日本的丰田和美国的通用汽车都遵循着这一战略。

还有很多其他的战略可供选择，但最后的决定借助图19.6总结出的观点，对公司和机构而言还是很明确的。

19.4.5　近来全球和国际战略思考的进步

如19.4.2节所讲，有些战略家开始怀疑全球战略带来的好处，这需要进一步验证。但事实是，许多产业并不是纯国内的或者纯国外的。为此，有些战略家开始探索国际扩张的更多途径。一个方法就是把公司分为四类：以国家为中心的球员、地理生态位球员、国际机会球员和大陆领导者。[35] 前两类是防御国外竞争的；后两类是寻求短期或长期机遇的。

19.4.6 国际扩张和全球战略的一些其他思考

全球/本地的争论并不是指导国际扩张的唯一方式,这一部分我们将主要讲解两件事:组织架构和进入方法。然而,我们需要讲解的还有其他三方面:竞争、销售渠道和政府事务,如图 19.6 所示。

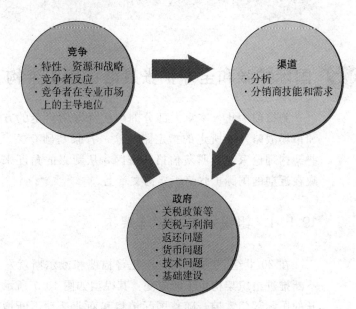

图 19.6　全球化扩张中需要考虑的其他三个因素

所有可能重要的问题,即:

- **竞争**。全球扩张必须考虑竞争对手的活动、资源和在目标市场的地位。
- **销售渠道**。这对产品和服务的销售很重要,是战略发展的基础部分。
- **政府**。政策可能带来过多的关税和其他障碍。尽管公司能赚取利润,但需要缴纳较多的税,可能无法向国家回馈任何剩余利润。贫穷国家在基础设施建设和技术转变上还存在局限性。

关键战略原则

- 国际战略扩张将遵循战略发展的基本原则。然而,它的复杂性和不确定性就意味着须采用阶段性进程,选择也会比较复杂。出发点就已经明确了国际扩张的目的和原因。
- 架构性历史和文化通常基于本国的高级管理,同样需要去考虑。
- 全球战略主要依靠两个元素:资源要更经济地活动且在全球基础上用于生产。此外,顾客的需求可能是一样的,因此要把世界市场看作统一的市场。
- 全球/本地战略来自从全球市场获取利益的需要及符合国内市场变动的需要。本地变动可能是由顾客需求、使用条件、政府、不同的技术水平和不同的国内竞争者造成的。
- 事实上，有必要平衡全球事务和国内事务。
- 至少有四大常规性的选择：全球的、国际的、跨国的和国内的反应。事实上，还有许多其他国际扩张战略的变化。
- 关于国际扩张的思考，包括认真考虑竞争对手、销售渠道的调查、政府相关限制和要求的全面分析。

19.5 国际扩张和全球扩张战略：组织架构

到目前为止，本章大部分的想法都采用指定的方法，这可能和国际经济和市场战略发展所走的指定路线这一背景基础有关。然而，我们也知道，有些架构理论家，如明茨伯格和奎因，从新兴的角度来看待战略发展。这都反映在近期的国际扩张组织架构文章上。

19.5.1 组织发展的矩阵架构

在20世纪70年代初，斯托普福德和威尔斯就发表文章说随着国际扩张不断推进组织架构也不断演变：其模型如图19.7所示。[36]在早期国际扩张被分开的国际部门掌控。随着国际销售和商业活动不断增加，组织架构也发生了变化。下一阶段就要看看主要的战略问题是不是：

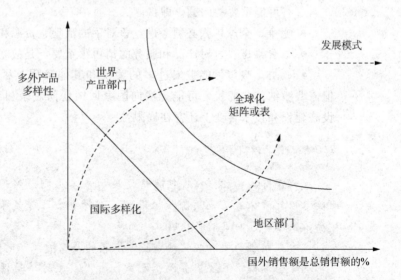

图 19.7 国际组织架构扩张中的架构阶段模型

资料来源：From *Managing the Multinational Enterprise* by John M Stopford and L T Wells. Copyright © 1972 by Basic Books, Inc. Reprinted by permission of Pearson Education Ltd.

- 在世界不同地理部分的组织导致区域划分架构。

- 不同产品组的组织导致全球产品组架构。

到 20 世纪 80 年代，之前部分谈到的全球化和区域化的论战产生了一个新的组织架构：区域划分和产品划分都有所涉及的矩阵架构。[37]这种组织架构在十二章就讲过，当时作的评论也可运用到这里：

- 双重责任。例如，很难管理的区域和产品。
- 矩阵通过命令的双链放大了观点和利益的不同。
- 管理变得更慢、代价更大、更苛刻。

结果，有些大公司，如联合利华尝试之后放弃了矩阵架构。到 80 年代末，出现了新的组织架构，即过渡架构。值得注意的是，这不是一个新的组织形式，而是指挥大型国际机构的一种方式。

19.5.2 组织架构：过渡方案

80 年代末，巴特利特和戈沙尔发表了在九个跨国公司的研究结果，主要是关于它们组织业务的方法和处理全球本地反应的能力。这也强调了在公司内迅速传播的创新和科技发展的重要性。[38]这九个公司组成了三大产品区域：

1. 品牌包装的货物：联合利华、花王和宝洁公司。
2. 电子消费品：飞利浦、松下和通用电气公司。
3. 电信转换：美国国际电话电信，日本电气和爱立信公司。

从这些公司的战略需求研究和它们资源利用的研究，两位作者发现了这些公司存在的问题及克服它们的方法。

据巴特利特和戈沙尔所说，矩阵机构存在的问题是它只注重一种形式——无法克服国际战略任务复杂性的正式架构。他们认为这项任务是对核心决定的重塑，使得跨国公司的系统和管理、它们的行政系统、交流渠道和人际关系进一步发展。他们认为，在全球业务负责而又飞速发展的环境下，很难找到一个既适合战略又符合架构的架构安装。我们需要的是建立战略灵活性和组织灵活性。为此他们发展了过渡性架构，它有以下特点：

- 资产和债务：资产和债务是分散的、互相依存的，不同区域对应组织的不同的部分。因此，一个国家和公司可能在某种产品上领先，另一个国家和公司可能在另一种产品上一马当先，但是所有的国家和公司间都会相互合作。
- 海外经营的作用：在统一的世界架构中，每个国家和产品组都作出了各自的贡献。
- 知识的传播和发展：知识被世界各国所有且共同发展，见第 7 章。

两位作者认为过渡形式并不是组织形式，而是一种管理思路。[39]他们根据自己的经验认为决策的核心可能会有所不同：

- 在功能上如财政和营销（有些需要更集中）。
- 在产品不同的分类上（有些要更全球化），如图 19.8 所示。

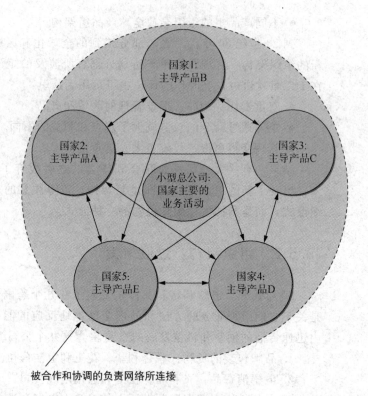

图 19.8 跨国组织

科格特补充了重要的一条：新的组织架构在跨国公司里的传播比科技创新时间要长得多。[40]这就意味着过渡架构并不是在一夜之间引入公司的。近来，网络帮助了公司的发展，通过网络把公司相关业务高度整合起来的网络加盟店建立了起来。[41]这种网络联系使得国际研发中心能在不同架构间交换知识。[42]

评论

这一研究深受大公司、国际公司的经营方式的影响。更重要的是，这是一种新型方式，强调其他模型所没有的架构发展方面的知识。但它仅仅是通过观察九个公司得出的，它的提议还比较模糊，没有明确的指导，像国内公司和产品组那样。90年代末联合利华的重组明显借鉴了这一方法，但没有指导公司如何平衡个别元素和广泛利益的关系。

19.5.3 组织的历史和文化

前管理顾问麦肯锡和大前研一指出，公司文化也是组织架构发展的重要领域。[43]因此，在组织架构发展中也要考虑架构文化，比如：

- 一个兼并了外国公司的公司可能需要满足当地管理的新需求，给它的新附属公司提供自主性。
- 同样地，公司建立海外经营在最开始进程可能比较长，但它可以按其希望想的那样招聘、培训和发展员工。所以发展整合架构可能比较简单。

在有些文化中，对受公司历史文化影响的组织面临的战略难题思考得比较少。这对战略选择和组织发展有重要意义。比如，甚至像迪士尼和雷诺那样的国际公司，其高层管理者大部分是北美人和法国人。近来个别作家对这一现象进行了分析。结论是，战略决策的关键还是以本国为中心，尽管本地反应也是必要的，但国际组织在规划时就需要考虑这些问题。

关键战略原则

- 国际扩张的组织架构通常是由创建国际活动的独立部门开始的。组织架构变得越来越重要，这些活动可能在地域架构中重组或在产品部分重组。这可能给矩阵架构带来麻烦。
- 有些公司采用了国际组织架构的过渡方案。它包括被整合到全球组织分散的、互相依存的附属公司。
- 组织文化和它的历史也很重要。

公司出口强劲的本国市场以外的地区，以及在本国市场上面临着外国竞争对手等所需要考虑的因素。

19.6 发展中的国际关系，如同盟和合资企业

视频
第3部分

许多参与国际扩张的公司重新考虑它和其他公司如客户、供应商和同僚的关系。有很多可能的外部关系，第8章就讲解了一些主要选择。和国际扩张有关的合资企业与同盟两大选择将在本部分讲解。展示19.5展示了我们了解这两部分要回答的基本问题。

展示 19.5

关于国际关系本质的几个基本问题

- 本质：和谁？
- 目的：为什么？
- 战略：它是如何与跨国公司的目的战略相符合的？
- 讨价还价：谁获得了什么？
- 垂直一体化：如何分担风险？
- 行为：政府合作的期望是什么？

19.6.1 外部关系的基本形式

在很多时候，公司可以决定国际扩张是和他国的外部关系的最好形式。

外部关系是指总公司和在国外的主机公司间的合约关系。重要的是,总公司在它的国际战略方面不再拥有绝对所有权。外部关系发展的原因有三个:

1. 学习。学习一个国家的文化,总公司和主办公司的技术,新公司的组织和资源。
2. 支出最小化和降低风险。如生产源头、研究、不同的监管系统和项目经济的低支出。
3. 市场因素。国际市场准入、销售、竞争和客户服务。

关系对于冒险商业显然很重要,所有权是一个重要起点。新公司应该通过外部关系拥有全资,然后运用其他价值链?还是应该成为总公司和主办公司共有的合资企业?或者没有股权参与的同盟公司?答案因公司和战略实际差异而不同。但是可以为外部关系的成功提供一些指导,如展示 19.6 所示。

展示 19.6

外部关系成功的决定性因素

- 互补性。伙伴应该给外部关系注入新能源。
- 共识。如果不能达成共识,外部关系将很难维持。
- 兼容战略和文化。不一定相同,但必须有共鸣。
- 不屈服的关键资源和核心能力。总公司控制主要的战略元素。
- 利益相关者协议。这个必须没有冲突。
- 主办公司变成竞争对手的风险小。偶尔会有这样的例子:主办公司地位强大,和总公司形成了竞争。

19.6.2 合资企业[45]

定义➡ 合资企业是由两个以上公司创立的法律上独立的公司,可分享母公司的资源,目的在于形成竞争优势。合资企业有很多形式,最常见的是五五分成。近来的一个成功经营例子就是谷物合资企业。它是由瑞士雀巢公司和美国通用磨坊联合建立的合资公司,母公司各占股 50%。它被用于争夺除北美之外的其他早餐谷物市场,并取得了一定成功。这种分股安排并不适合所有的战略情境和竞争对手。重要的是,要调查好市场,选好合作伙伴。

合资企业的优点是:
- 共享项目降低了风险。
- 快速市场准入和快速盈利。
- 本地公司的加入使得跨国公司更容易被当地群体接受。

合资企业也有自己的缺点:
- 当地的合作伙伴掌控了当地市场,外国公司与消费者的直接联系被隔断。
- 因为组织架构、信任和国家文化的关系,无法和当地的合作伙伴合作。

- 跨国公司的全球目标可能和当地合作伙伴的国内目标相互冲突。

没有确保合资企业长期成功的简单方法。邓宁谨慎地指出,研究如此多的课堂很难。[46]科格特更加悲观,他认为这在成熟的市场更可能成功,但在高速发展的市场不太可能。原因是高增长伴随着额外现金的注入,至少有一方会有这样的问题。[47]汤姆林森强调合资企业的合作性质是正确的。[48]他指出,合资企业给双方提供了互惠的机会。并且,为了使双方联系更密切就需要相互信任和宽容。这就是兼容的目标。这就意味着资产所有权和特殊贡献的明确定义,因此合作方更明确各自的资源贡献。

19.6.3 企业战略联盟[49]

定义 ➡ 企业战略联盟是一种确保国际创业不涉及股权的契约关系。近几年来企业战略联盟发展的主要原因有:首先,增长的研发支出使得分担这个支出压力大;其次,企业战略联盟通过分享经济规模和范围来降低成本;最后,因为企业战略联盟盟友经营专门化和合理化带来成本效益。邓宁评论道:"企业战略联盟是为了推进参与公司的竞争优势而精心设计的。"[50]以下是一些企业战略联盟的例子:

- 欧洲和北美制药公司建立企业战略联盟来销售新药品,而不需要建立新的市场销售网。
- 电信公司建立起全球企业战略联盟向世界各国的客户提供无缝电话服务,而不需要到那个国家再建立,见案例11.2。
- 国家航空公司建立起企业战略联盟向各大陆的客户提供无缝售票服务,而不需要在每个机场设办公室。
- 事实上,这种关系的广阔本质就说明了企业战略联盟建立的原因有很多。图19.7讲述了主要原因。

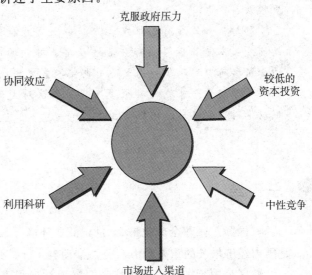

图19.7 国际战略业务联盟的原因

欧洲管理学院伊夫·多茨（Yves Doz）教授和伦敦商学院加里·哈默尔教授在90年代初就探究了这种同盟关系。他们得出结论：如果合作方了解彼此的目的，了解这种关系会随着时间的推移不断进化，那么他们就有可能成功。他们还认为，两边政府的关系和同盟双方的关系差不多，那么就更好了，原因是为了避免不必要的冲突。各自国家或企业的文化得到另一方的尊重也很重要。他们还发现，如果参与者能平衡同盟内部需要和外部其他利益的话就更好了。

尽管上述结论很有用，但企业战略联盟很难调查因为它有太多的形式。因此要小心处理国际战略发展的长期成功。

关键战略原则

- 在和其他公司发展国际关系时，所有权需要仔细调查。合资企业和同盟在国际合作中呈现的亲密度不同。
- 跨国公司和本地公司的合资企业可以提供快速的市场准入和当地市场参与。但是，合作双方的目的不同可能带来问题。
- 企业战略联盟不包括交叉持股关系。优点是节约成本和市场准入，但本质联系很弱，经不起长时间考验。

批判性反思

全球化战略，它具有足够的吸引力吗？

全球化的支出加起来要成千上万美元，超出了最大公司的承受范围。全球战略的好处也受到满足当地需求的束缚，因而失去了全球战略的一些规模效益。

那时，如果没有全球战略，有些公司可能会倒闭。比如，如果新药物的研发成本能从世界小部分地区获得，那它的成本就会很高。同样地，像迪士尼和可口可乐那样的大公司也要依靠全球战略带来的益处。

关于发展全球战略有很多争论。但这对大部分公司而言有意义吗？它们选择跨国战略或全球战略会更好吗？

总 结

- 国际扩张和全球化是21世纪商业环境下最具影响力的战略。国际扩张是国内经济增长的重要动力。公司推动着国际扩张并从中获益。
- 区分国际扩张和全球扩张的三种类型很重要：国际的，大部分的组织活动都在国外市场开展，但国内市场依然是战略的重心；跨国的，一个公司在很多国家都有经营,战略也随国家的不同而不同;全球的,公司把世界市场看作一个统一的市场。重要的是,以上三种类型都代表着不同的国际扩张战略。

● C-C-B样式探讨了公司、国家和其间商谈的资源关系。商谈的目的是为了增加公司附加值,增添国家财富。

● 国际贸易理论阐明了政府在国际投资中的作用。它帮助公司选择哪个国家有良好的国际前景。有很多理论都很有用,有些理论专注于贸易门槛降低和公司的规模经济。有两个理论尤其有用:波特关于国际竞争优势的钻石理论和有限国家干预理论,两者对世界银行都有用。

● 三大对国际贸易有重大作用的国际组织。国际货币基金组织掌控国际支付;世界银行提供长期贷款;世界贸易组织常规贸易行为,解决国家间的贸易纠纷。

● 商业区是一些协议给彼此优惠贸易条款的国家组成的。有些商业区比其他的联系要密切,但所有的商业区都对贸易发展产生影响。

● 全球战略主要依靠两个元素:资源要更经济地活动且在全球基础上用于生产。此外,顾客的需求可能是一样的,因此要把世界市场看作统一的市场。全球/本地战略来自从全球市场获取利益的需要及符合国内市场变动的需要。本地变动可能是由顾客需求、使用条件、政府、不同的技术水平和不同的国内竞争者造成的。事实上,有必要平衡全球事务和国内事务。

● 国际扩张的组织架构通常是由创建国际活动的独立部门开始的。组织架构变得越来越重要,这些活动可能在地域架构中重组或在产品部分重组。这可能给矩阵架构带来麻烦。有些公司采用了国际组织架构的过渡方案。它包括被整合进全球组织中的分散的、互相依存的附属公司。组织文化和它的历史也很重要。

● 在和其他公司发展国际关系时,所有权需要仔细调查。合资企业和同盟在国际合作中呈现的亲密度不同。

问 题

1. 如果国际扩张是21世纪最重要的战略趋势,那么,是不是所有的机构,甚至是最小的机构都应该发展国际战略?如果是,一个基于世界某部分的工程公司,如欧洲、中等大的工程公司,应采用什么样的战略?一个主要在一个国家销售的杂货零售商呢,它要采用什么战略?

2. 国际的、跨国的、全球的战略发展应运用何种国际扩张战略?举例说明。

3. 国际贸易理论对解释为什么像音乐电视台、通用汽车和Tate那样的公司发展国际化、如何实现国际化、实现国际化有用吗?

4. 世界贸易的主要机构是怎样影响战略发展的?

5. 说出两个商业区,谈谈它们是怎样影响国际战略发展的,尤其说明它们的特别之处。

6. 波特关于市场竞争优势的钻石理论对一个公司的商业战略有何作用?

> 7. "是否要全球化及怎么全球化是全球主管们正考虑的问题。"（乔治·伊普）请客观评论国际事务发展全球化的益处。
>
> 8. 过渡性机构是否为公司在它们组织国际业务时提供了解决困难的方法？
>
> 9. 在国际战略发展中运用同盟战略和合资企业的问题是什么？怎么克服它们？
>
> 10. "全球视角和产品、品牌的全球化并不相同，但对有些公司而言，这一观点意味着对标准唯一的大范围的战略选择的思考。"（苏珊·道格拉斯和伊尔曼·维德）你同意这一说法吗？若有国际商业战略的意义，意义是什么？

扩展阅读

Kogut, B (2002) 'International management and strategy', Ch12 in Pettigrew, A, Thomas, H and Whittington, R (eds) *Handbook of Management and Strategy*, Sage, London is very readable and has a useful summary of global strategic thinking.

Professor Alan Rugman's text – Rugman, A M (2000) *The End of Globalization*, Random House, London – provides a more sceptical view of globalisation in his usual lively style. Read also the papers by Professor Ghemawat listed in the references below (note 27).

Dunning, J (1993) *Multinational Enterprises and the Global Economy*, Addison-Wesley, Wokingham has a very strong academic foundation and is a top-quality text if you are an economist.

Robock, S H and Simmonds, K (1989) *International Business and Multinational Enterprises*, Irwin, Homewood, IL is now out of print but is strong readable account of the main issues.

For a different approach to organisational issues on a global scale see: Saunders, C, Van Slyke, C and Vogel, D R (2004) 'My time or yours? Managing time visions in global virtual teams', *Academy of Management Executive*, Vol 18, No 1, pp19–26.

Jones, G (1996) *Evolution of International Business*, Routledge/International Thompson, London is an excellent text for providing a historical context.

注释与参考文献

1. References for the MTV Case: Viacom and MTV websites. *Financial Times*: 10 October 2003, p12. Times OnLine site www.timesonline.co.uk – 15 April 2005 – 'MTV grows into far more than music television.'
2. United Nations Industrial Development Organisation (UNIDO) (1993) *Industry and Development Global Report 1993/94*, Vienna, p81. Interesting and thoughtful material with additional references useful for essays and assignments.
3. Williams, F (1995) *Financial Times*, 4 April, p3.
4. Woolf, M (1993) *Financial Times*, 16 December, p19.
5. UNIDO (1993) Op. cit., p81.
6. UNIDO (1993) Op. cit., pp88, 89.
7. These are based on Bartlett, C A and Ghoshal, S (1989) *Managing Across Borders: The Transnational Solution*, Century Business, London, Ch3.
8. I am grateful to one of the anonymous reviewers of the second edition of this text for prompting these important distinctions.
9. Harding, J (2001) 'Globalisation's children strike back', *Financial Times*, 11 September, p14.
10. Dunning, J H (1993) *Multinational Enterprises and the Global Economy*, Addison-Wesley, Wokingham. See also: Dunning, J H (1995) 'Re-appraising the electic paradigm in an age of alliance capitalism', *Journal of International Business*, 3rd Quarter, pp461–491.
11. Sources for the TCL case: web pages for company annual reports 2005 and 2006 www.tcl.com, www.sony.com, www.lg.com, www.samsung.com, www.panasonic.com, www.philips.com; Data Monitor 2005; Karabati, S and Tan, B (2005) 'Vestel Electronics: Transition into the Leading European TV Manufacturer', Koç University Graduate School of Business, Istanbul, Turkey, Case Number 605-015-1; Suppli 2006 television industry data – available from the web; *BusinessWeek* (2005) 'TCL multimedia's global agenda', 22 August; China Business Service (2006) 'TCL & the overseas (mis)adventure', 10 November, http://www.chinabusinessservices.com/

blog/?p=391; *China Daily* (2006) 'TCL acts to tackle European losses', 12 September http://www.china.org.cn/english/BAT/180816.htm; www.businessweek.com/magazine/content/03_46/b3858086.htm, 17 November 2006; Li, Dong Sheng (2006) 'Eagle's Reborn, a collection of written work published internally within TCL', 14 June; CFO Asia (2005) 'China's new globalizers', May.

12 One of the best books at tracking these developments is Kennedy, P (1992) *The Rise and Fall of the Great Powers*, Fontana Press, London.

13 Kennedy, P (1992) Op. cit., Ch7.

14 Jepma, C J, Jager, H and Kamphnis, E (1996) *Introduction to International Economics*, Netherlands Open University/Longman, London, Ch3.

15 World Bank (1993) *The East Asian Miracle*, Oxford University Press, New York.

16 Useful critiques are contained in Rugman, A and Hodgetts, R (1995) *International Business*, McGraw-Hill, New York, Ch10; Dunning, J H (1995) *The Globalization of Business*, Routledge, London, Ch5.

17 Dunning, J H (1993) Op. cit., p14.

18 See *Financial Times*, 16 December 1993, for a summary of the new Uruguay Round deal that had been negotiated over many months.

19 A useful short history of the WTO was published by the *Financial Times* as a supplement on the WTO's 50th birthday in 1998: 'The World Trade System at 50', *Financial Times*, 18 May 1998.

20 Sources for Cadbury Case: web pages for company annual reports 2007 as follows: www.cadbury.com/investors; www.kraft.com; www.nestle.com; www.wrigley.com; www.hershey.com; www.barry-callebaut.com; www.perfettivanmelle.com; www.arcor.com; www.haribo.com; you can search for the Mars and Ferrero websites but they only have limited data – private family companies giving away little; ICCO Annual Report 2006/7; www.convenience-store.co.uk/articles/51241; *The Independent* 22 April 2002; *Guardian* 31 October 2006; *International Business Times* 7 March 2007; *Telegraph* UK 26 March 2007; *Reuters* 29 April 2008 'Cadbury eyes Hershey as Mars chews up Wrigley'; 29 May 2008 'Cadbury grabs US gum share from Wrigley'; *Timesonline* 11 February 2007; *DNA Money Mumbai* 24 November 2007, p32; *Financial Times*: 19 September 2000, p29; 3 September 2002, p26; 2 September 2005, p17; 11 September 2002, p29; 19 October 2005, p26; 22 February 2006, p22; 2 March 2006, p19; 4 March 2006, p16; 24 April 2006, p22; 9 May 2006, p27; 14 March 2007, p20; 16 March 2007, p18; 1 June 2007, p21; 20 June 2007, p22; 11 October 2007, p21; 12 December 2007, p23; 20 February 2008, p21; 29 April 2008, p24; 1 May 2008, p27; 1 April 2011, p20. Brenner, J G (2000), *The Chocolate Wars – Inside the secret worlds of Mars and Hershey*, HarperCollinsBusiness, London. Note: The author spent five years as Marketing Director of a UK confectionery company so has detailed background knowledge of confectionery markets – albeit from the 1980s.

21 Kennedy, P (1992) Op. cit.

22 Chandler, A (1986) 'The evolution of modern global competition', in Porter, M E (ed) *Competition in Global Industries*, Harvard Business School Press, Boston, MA.

23 Kogut, B (2002) 'International management and strategy', Ch12 in Pettigrew, A, Thomas, H and Whittington, R (eds) *Handbook of Management and Strategy*, Sage, London.

24 Caves, R E (1971) 'International corporations: the industrial economics of foreign investment', *Economica*, Vol 38, pp1–27.

25 See the special issue of *Long Range Planning*, October 2000, Vol 33, No 5, pp619–754.

26 Ghoshal, S (1987) 'Global strategy: an organising framework', *Strategic Management Journal*, Vol 8, pp425–440. This paper is often difficult to access because it is more than 10 years old and not always archived in libraries. However, it was reprinted in: Segal-Horn, S (1998) *The Strategy Reader*, Blackwell Business, Oxford.

27 Ghemawat, P (2003) 'Semiglobalization and international business strategy', *Journal of International Business Studies*, Vol 34, pp138–152. Ghemawat, P and Ghadar, F (2000) 'The dubious logic of global megamergers', *Harvard Business Review*, July/August, Vol 78, Issue 4. Rugman, A M (2000) *The End of Globalization*, Random House, London. Rugman, A M and Verbeke, A (1992) 'A note on the transnational solution and the transaction cost theory of multinational strategic management', *Journal of International Business Studies*, Vol 23, No 4, pp761–777. Rugman, A M and Verbeke, A (2003) 'Regional multinationals: the location-bound drivers of global strategy', in Burkinshaw, J, Ghoshal, S, Markides, C, Stopford, J and Yip, G, (eds) *The Future of the Multinational Company*, Wiley, Chichester.

28 Lynch, R (2003) 'Glitches in global strategy? Some evidence from the food and drink industry', Paper presented at the Academy of Management, Seattle, August.

29 Levitt, T (1983) 'The globalization of markets', *Harvard Business Review*, May–June.

30 This argument is also supported by Hout, T, Porter, M E and Rudden, E (1982) 'How global companies win out', *Harvard Business Review*, September–October, p98; Hamel, G and Prahalad, C K (1985) 'Do you really have a global strategy?', *Harvard Business Review*, July–August, p139.

31 Yip, G S (1989) 'Global strategy – In a world of nations?', *Sloan Management Review*, Fall, pp29–41. This article represents the clearest exposition of globalisation.

32 Douglas, S and Wind, Y (1987) 'The myth of globalization', *Columbia Journal of World Business*, Winter.

33 Prahalad, C K and Doz, Y (1986) *The Multinational Mission: Balancing Local Demands and Global Vision*, The Free Press, New York.

34 Yip, G S (1989) Op. cit., p29.

35 Calori, R, Atamer, T and Nunes, P (2000) *The Dynamics of International Competition*, Sage, London. See also the paper by Leknes, H M and Carr, C (2004) 'Globalisation, international configurations, and strategic Implications: The case of retailing', *Long Range Planning*, Vol 37, pp29–49. This latter paper provides interesting empirical evidence to explore these issues.

36 Stopford, J M and Wells, L T (1972) *Managing the Multinational Enterprise: Organization of the Firm and Ownership of Subsidiaries*, Basic Books, New York.

37 For an extended discussion of this trend, *see* Turner, I and Henry, I (1994) Op. cit., pp417–431.

38 Bartlett, C A and Ghoshal, S (1989) *Managing Across Borders: The Transnational Solution*, Century Business, London.
39 Bartlett, C A and Ghoshal, S (1989) Op. cit., p17.
40 Kogut, B (1990) 'The permeability of borders and the speed of learning amongst countries', *Globalization of Firms and the Competitiveness of Nations, Crafoord Lectures, University of Lund, Lund*. Quoted in Dunning, J H (1993) Op. cit., Ch8.
41 Morrison, A, Bouquet, C and Beck, J (2004) 'Netchising: the next global wave?', *Long Range Planning*, Vol 37, No 1, pp11–28.
42 Burkinshaw, J (2002) 'Managing internal R&D networks in global firms', *Long Range Planning*, Vol 35, pp245–267.
43 Ohmae, K (1990) *The Borderless World: Power and Strategy in the Interlinked Economy*, Collins, London, Ch6.
44 See Bartlett, C and Ghoshal, S (1989) *Managing across Borders: The Transnational Corporation*, Harvard Business School Press, Boston, MA. See also Turner, I and Henry, I (1994) 'Managing international organisations: Lessons from the field', *European Management Journal*, Vol 12, No 4, p417.
45 Dunning, J H (1993) Op. cit., Ch9, has a comprehensive survey of joint venture research. See also Kogut, B (1997) 'Globalization and alliances in high technology industries', *Financial Times Mastering Management*, Pitman Publishing, London, pp491–494.
46 Dunning, J H (1993) Op. cit., p245.
47 Kogut, B (1997) Op. cit., p493.
48 Tomlinson, J W L (1970) *The Joint Venture Process in International Business*, MIT Press, Cambridge, MA.
49 Dunning, J H (1993) Op. cit., Ch9, also has a useful survey of alliances. For a more recent review, see the three papers in *Long Range Planning*, Vol 36, No 6, pages 533–578.
50 Dunning, J H (1993) Op. cit., p250.
51 Doz, Y and Hamel, G (1993) *The Competitive Logics of Strategic Alliances*, The Free Press, New York.

第 20 章

制定一套连贯的战略

学习成果

这一章的视频与音频总结

通过本章的学习,你将能够:
- 解释应急方法和常规方法如何成为一套连贯战略进程的一部分;
- 知道一个组织的不同部分如何连结形成一个组织的战略;
- 通过连结所有主要部分从而建立一个战略框架;
- 形成一个和组织有关的商业模式;
- 关注长期性的战略,其中包括目的,附加值和可持续的竞争优势。

引　言

视频
第4、5、6、7部分

虽然战略管理在被作为一系列单独的部分时已经有所研究:比如以资源为基础的视角来看待战略制定以及以学习为基础来考虑战略路线,但是战略管理仍需要被作为一个整体来考虑。这一章就是为了把各个部分结合起来形成一个连贯的战略。

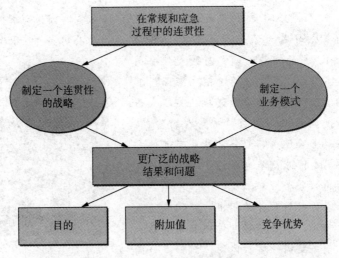

图 20.1　制定一套连贯的战略

我们通过研究以上两个核心概念作为这一章的开头,它们是指定性战略进程和意外性战略进程。我们分析这两个方面并研究它们是如何连结形成组织性的战略。然后通过一个例子来分析不同部分如何联系在一起进而成为一个连贯的战略。

除了发展一个连贯战略之外，组织时常需要找到一个能让它们从中获利的方法。这也被称为一个组织的"商业模式"。在公众性和非营利性部门中，同样的方法也会被使用。然而，不同的是，在这些部门，这会被当作附加值而非收益能力，因此它也就被称为"公共事业部门模式"。因此在下一部分就会研究如何发展一个商业模式或者在公共事业部门的同等模式。

最后，这一章会通过对一些长期战略成果和问题的分析，特别是对于目的、附加值和竞争优势方面，来总结战略管理的研究。这一章的大体框架在20.1章总结。

案例研究 20.1

诺华公司接下来要走的路

1996年3月，两大瑞士公司——汽巴（Ciba）和山度士（Sandoz），决定合并成立新公司诺华（Novartis）。这一成功的快速合并却面临一个挑战，如何制定下一步发展战略。

背景

1995年汽巴公司以260亿美元的销售成果，在全球市场的医药和农药化学品方面成为一个中型企业的佼佼者。同年，山度士实现了180亿的销售成绩。在医药方面，汽巴因其各类产品分摊更多市场。在合体之后，这两家公司成为了世界第二大医药公司，占有4.4%的市场份额，而最大的公司葛兰素，占有4.7%的市场份额。继而，其他公司相继合并，从而导致诺华从第二大医药公司滑落至第四，占据4%左右的份额。汽巴和山度士除了医药业务之外也有其他方面的子公司，因此诺华也成为了一个医药和农业方面的综合企业。

这两家公司的合并过程中，它们跟随医药行业的趋势，这一趋势在过去五年中在一些全球性合并案例中有所体现。例如，美国的史克公司和英国的必成公司，英国的葛兰素和威康公司，而后的史克必成公司（参见第6章），以及瑞士的法玛西亚和美国的普强公司。这一战略从扩大公司规模进而达到分摊更多产品的研发和市场成本。这一战略也能抵消经销商和政府卫生部门日益加强的协商能力。然而，一些领头的实业家并不认同这种方法，他们认为在医药的某一特定领域占有主导地位更为重要。

在之前的合并案中并不是所有都是以喜剧收尾。葛兰素史克合并到了第二阶段才逐渐顺利。法玛西亚和普强合并案之前被普遍认为是个败笔，因为两家企业的企业文化不同，并且两家公司实力在很大程度上并没有主次之分。

诺华公司的战略：进入新的药品行业，研发廉价的仿制药品，将公司的地位整合成世界领先的制药公司

诺华公司合并举措

与合并前两家公司设立地方相同，诺华把合并后的公司设立在瑞士城市巴塞尔。在合并之后接下来的两年中13万劳动力中有1万劳动力面临失业。失业大多在巴塞尔的公司，但是新泽西作为两家公司在美国的总部，也会有部分失业人群。公司重组成本大约为25亿美元，但预期每年节约22亿美元的开销。在之后几年，这一预期成为现实。

汽巴和山度士通过份额分享完成了公司合并，也因此避免了欠债更多来承担公司并购所需的资金。之后这两家公司在人文方面遇到了问题。虽然它们的总部在同一个城市，但是公司背后的文化是截然不同的。山度士公司成长较快，而且它的产品主要是药物方面；汽巴销售脚步更慢一些，在一些慢增长速度的化学产品投资更多。在过去，这两家公司并不是直接竞争者，但是它们在文化和当地公民自豪感方面是有利竞争对手。

不管怎么说，这两家公司的合并还是成功的。据合并后的新公司诺华首席执行官丹尼尔·威斯勒（Daniel Vasella）教授来看，成功的秘诀是速度和专注度。合并案的协商在私下高效进行，以至于它们在医药市场的主要瑞士竞争者罗氏在合并成功之后完全不知情。威斯勒教授说："我们知道一旦小道消息散布开来，并购案就不会成功了。"因此这两家公司在发表声明之前就已经开始行动起来并处理好每一处重要细节。它们是幸运的，因为它们在一些常见的现实问题达成一致：新合资公司的定位和目标。"合并案在企业共同目标和战略上达成完全一致。如果在后期才产生争议，那么一切会变得异常艰难。"

新战略任务：增长

在迅速成功合并之后，销售成绩都不俗。但在之后的几年，还是出现了问题。公司需要用新研发的药物来增加产品投资。每年公司投资20亿~30亿美元在研发上，这笔数目在医药行业属于预算最大的。新公司在医药种类方面很多，但是多年来并没有一鸣惊人。比如，在2001年2月公司研发出五种新药，但是其中一些的结果并不如预期那样。但是在同年八月，公司得到更多药品批准，这也使得2002年两位数销售增长至少不再是梦。之后，随着新药的成功研发，比如针对高血压的代文、治疗心血管的氨氯地平以及治疗白血病的格列卫，这一销售状况不佳的情况还在继续。公司的情况记录在20.2节总结，销售源头在20.3节有所介绍。

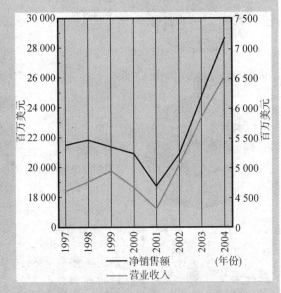

图20.2　合并后的诺华公司业绩情况

资料来源：Novartis Annual Report and Accounts 2004. Available at www.novartis.com- p133 of the Annual Accounts.

组织和目标

在威斯勒教授看来，需要增长提升的另一个重要方面是公司的组织和定位。他认为，在各国进行研发的医药公司和子公司缺乏对药物新突破的共享知识。但是，如果研发的发展情况在小组内分享，这对于公司的另一个部分来说就代表了终于到达了一种药物发展的最终阶段。威斯勒教授说："这就是我为什么讨厌采邑制（封地导致割据），对于像我们这样的公司来说是极其不利的。

权力分散以及一些强大的地方经理总是潜在的危险，而反抗力量却太小。"然而，这个对中央合作以及知识共享的方法让一些高级经理不太乐意，他们认为这样做太过中央集权。一个会议室的同事表示："执行长这么做控制太多了。"

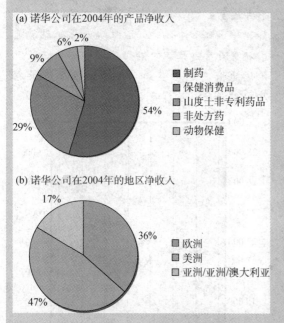

图20.3 诺华公司业务的主要领域

而威斯勒教授通过指出诺华公司制定目标的重要性来回击同事提到的控制力太大的情况。"一个好的经理，他要做的是确立公司的定位，规划公司的未来——一个人们设想和希望的未来。"他看到的不只是销售和利益方面的定位，还有这种定位能为新公司带来好处。但是留给威斯勒教授和他的同事们的除了在合并公司的成本上节约，还有制定一个可行的战略。他需要制定一个成长战略。

进军非专利药物的战略

虽然医药公司在提高新药物的增长率上一直不懈努力，但是在过去十年中的主要增长还是非专利注册医药品。这些药物至少在十年前就已经发明出来，但仍旧没有获得专利。专利过期之后这些药物就会便宜80%，这是任何一个医药公司都能做到的事情。事实上，不少专业制药公司已经开始这么做并分配销售此类产品了。这些年非专利药物的市场份额每年增长超过20%。到2009年，690亿美元销售额的专利药品失去专利保护。

对大多药品制造商来说，它们的困难在于非专利药品比原先同样的专利药品便宜80%，比如净利润巨幅减少。换言之，非专利药品只是依靠低成本、高质量制造技术的日用品。它们需要核心竞争力，使其能区别于以研发为导向，动辄就要花费80亿推出新产品获得市场的医药制造商。好处是它们拥有更多的顾客群，包括多数的医院和医务工作者，他们盼望着降价，从而更愿意购买这些药品。

而这和诺华有什么关系呢？诺华不像大多数其他的医药公司，它们几年前就定下了战略决策只为进军非注册药物。诺华在2005年用山度士作为一系列活动的品牌为两个公司赢得了83亿美元。这一交易使诺华成为全球最大的非专利制药公司。

©版权归理查德·林奇所有，2012年。保留所有权利。该案例是由理查德·林奇所著，来自于已发表的信息。[1]

案例问题

1. 威斯勒教授运用超越实现利润的方法，定义了公司目标。你同意这种方法吗？或者说，到目前为止，利润是最重要的因素吗？

2. 他同样将管理组织公司的方法作为公司新战略的核心内容。这些方法是否存在一些问题呢？如果存在，是否存在解决方法呢？

3. 一个强大的研究与开发项目足以支撑公司的增长吗？公司是否需要考虑战略的其他方面，例如知识、基于资源的观点和基于学习的战略制定？如果存在，那么应该如何考虑呢？

4. 从诺华公司在寻求增长中，其他公司是否可以学习到经验。

第20章 制定一套连贯的战略

20.1 规定和应急过程中的连贯性

在这本书中，规定和紧急流程用来探讨各种战略问题。同时，标题中提到的这两个词只是大范围的战略方法中的简略表达，而这种表达也是被各研究战略的作家所惯用的。这两种方法之所以被认同是因为它们能代表更广的路线，并且它们在战略的内容、进程和环境中形成对比。

在这篇文章中达到这步，现在是时候考虑是否真的有许多不同针对战略制定的方法，或者把它们当作同一个战略制定任务中的一部分会更好。

20.1.1 两种相反的方法？

在第二部分常规性和意外性方法在不同时间段被用作发展战略管理。比如，在案例20.1中，环境和资源在诺华公司作为常规性方面被分析，如有分析显示市场竞争性加强，同时，公司不得不投入更多资金研究新产品只为吸引新的顾客群。然而，部分投资不可避免具有试验性也不太可能成功，而这就算作意外性方法的范畴。

同样在第二部分，公司组织的定位包括了常规性因素，例如在决定公司的任务和目的方面，也包括了意外性因素，比如在探讨知识和革新方面。这种对比在像诺华这样的公司显而易见。这样的公司不仅在利润方面决定它们的定位，而且还制定它们其他方面的定位，涉及在子公司间的知识共享。

在第三部分，在第15章中，在制定战略过程中，首先想到的是常规性的选择，然后考虑应急过程。第六部分中，在合适的时候，同时使用也是可能的。因此在诺华，用常规性方法来解决并节省成本，为了获得合并后更大的利益也是可能的。然而，用更广泛的意外性战略针对新药品发展也是可能的，这样在结果上更加具有试验性。

从战略性角度来说，把常规性和意外性方法发展为战略制定是有可能的。这本书一方面承认了现实中更广泛的战略方法，另一方面关注将两种泛化的方法作为方法来探讨问题。在各种重要的战略制定问题中能使它们突出，尤其是对比分析型的常规性和更加创业化的意外性。

20.1.2 更好的相容：一个方法的多面性

一些战略者可能会把他们战略管理的注意力放在一种方法：许多战略的版本只探讨一种路线，无论在何种程度上，那就是常规性战略。然而，这本书提出的一个折中的方法更为有用。常规性和意外性方法在这个折中的方法中都有体现，一来有逻辑性，按照市场的情形发展，金融指标以及细化目标而定；二来更有创造性，开拓性和试验性。在许多方面，这两种方法反映了科学发展的现代趋势，考虑到理性和后现代的方法。

只关注一个方法会错失另一个方法的重要部分。这本书表达的观点是一种战略性管理的流程，但是它至少包括两方面：常规性和意外性。

在现实中，战略内容、流程和环境涉及多方面：基于知识、基于学习、基于协商以及其他方面（参见第 7 章和第 11 章的一些方法）。从本质上来说，通过把多种战略流程结合起来而不是专注其中一个，战略管理的发展会更好。

20.1.3　制定一个连贯战略的其他路径

由于这本书主要关注关于战略制定的最新思考（特别是在关于常规性和意外性战略的现代定义），[2]因此无须排开其他建立连贯战略的方法。有两种方法能够满足建立连贯战略。

1. 7S 框架：这种模式一开始由著名咨询公司麦肯锡开发使用。[3]其使用目的在于展现战略管理不同方面之间的内在联系。这种模式有七个方面：战略、技巧、架构、风格、系统、人员、根本目标。这种早期把战略要素结合的方法漏掉了许多近期发展的要素，如知识、革新和资源层面。但这种方法提供了另一种视角。

2. 矛盾和张力：这个方法来发展一种连贯的战略的想法是由两位负责 7S 框架的麦肯锡咨询员研发的。他们认为在任何连贯的战略中需要更多的动力。这个模式有四个要素：[4]适合、分离、竞争、超越，它们都涉及面对和解决公司内不可避免的矛盾。尤其是，它们属于解决战略制定中动力问题的初次尝试，在第 5 章会更多探讨这个问题。

关键战略原则

- 尽管常规过程和应急过程已经是本书某一章的主题，但是对于大量的战略制定的方法而言，它们已经被用作速记方法了。
- 从常规性和应急的视角可以分析许多战略任务。这有助于强调在战略制定中所出现的各种各样重要问题，尤其是那些具有鲜明对比分析的企业问题。
- 这本书已经阐明了折中方法是更好的。许多战略方法的结合将允许探索战略问题的不同方面。
- 战略过程拥有许多方面，这些方面都是超越常规方法和应急方法的。所有这些方法都为战略管理的发展提供了见解和指导方针。
- 除了常规的和应急的方法之外，仍然存在建立连贯性战略的其他早期模型。尤其是 7S 框架和矛盾与张力模型。它们具有价值，但是并没有反映最近的战略发展过程。

20.2 制定一个连贯的战略：一个实例

为了探究出制定一个连贯的战略的实用性，我们用一个精制早餐谷物市场的战略制定作为例子说明。这部分用到的材料从附书的 CD 中和案例 2.1 中选取。然而，在看这个实例前没有必要来看 CD。

视频第 2 和 3 部分

事实上，选取的例子是一个名为谷物联盟的合资公司，它是雀巢和通用磨坊合力对抗家乐氏，也是早餐谷物市场规模最大的公司。我们关注在谷物联盟使用的战略，从 1988 年到 1992 年，这是该公司决定在欧洲市场树立自己品牌优势的时期。更多的情况和细节在本书的网站的视频中有所体现。读者可以通过网页（www.pearsoned.co.uk/lynch）上的视频了解更多。然而，为了能探究一个连贯战略是如何制定出的，所有主要的因素都会在这部分进行介绍。

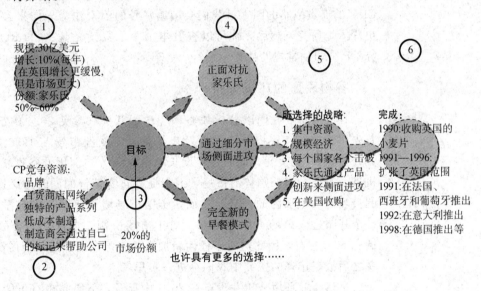

图 20.4 欧洲的早餐谷物：谷物联盟，基于常规战略的方法

20.2.1 谷物联盟有限公司战略制定的背景

在 1990 年，谷物联盟面临一个问题：在欧洲打开其早餐谷物市场。公司当时清楚自己的情况，它面临的是一个强大并且有良好口碑的竞争对手——美国公司家乐氏，而这家首开市场先河的公司在 20 世纪早期就开始攻占市场。此外，许多欧洲的超市连锁店对这块市场也颇感兴趣，因为这块市场增

值很快而且有利可图。对这些超市来说，占据这块市场就意味着在这里建立它们的品牌，而这是家乐氏之前所拒绝的。"如果包装上没有家乐氏的牌子，那么包装里面的东西也不是家乐氏的。"有了这个背景，让我们研究谷物联盟制定打开欧洲早餐谷物市场的战略，首先是常规性方面，然后是意外性方面。

重要说明：接下来提到的早餐谷物战略知识是为了说明问题。虽然事实大多正确可靠，但是其战略是本书作者理查德·林奇的个人解读。这说明实例并不一定代表了谷物联盟在现实情况中的战略制定。这也说明了所举出的材料并没有暗指案例中的公司所用的战略正确与否。

20.2.2 谷物联盟的常规性战略

为了能规整谷物联盟的战略，我们可以用基本的常规性战略模式，而这个模式在本书中也多处使用。事实上，我们将把针对欧洲早餐谷物市场的各种战略因素放到一个模式中（参见20.4）。为了整理出谷物联盟（以下就简称CP）的连贯战略的因素，我们会用编好号的因素作为导向来参看模式。为了更深入地研究，随后，你可以查看本书中的只读光盘（CD ROM）案例来研究 CP 公司的常规性战略。

谷物联盟的环境分析

视频
第4、5、6部分

在第3章，我们以分析战略环境作为开头（参见20.4的第一条）。我们首先讨论市场、规模、增值以及市场份额：欧洲市场在1990年规模已经很大，市值30亿美元，同时每年增长率在10%左右。因此谷物联盟选择这个时机进入有强劲增长趋势的市场，但在提高自身销售的同时未必影响"家乐氏"的市场是一项艰巨的任务。然而，英国市场增长速度越来越慢，因此选择另一个战略进入市场可能会更好。对于市场份额，占据其主要的公司家乐氏，拥有50%左右，因此这对于任何新加入的公司来说都是一个需要面临的问题。在之后战略选择的探究中我们会进一步思考。

虽然企业环境分析并没有在20.4中提及，但是它也有可能从宏观环境分析中得出健康问题。然而，没有必要把完整的分析全盘展示，毕竟宏观环境分析只是一个没有任何基本逻辑支撑的检查表。根据波特的"五力模型"，我们或许能得出超市的影响到底有多大——真正的顾客，因为不可能逐个挑出那些未在超市买早餐谷物的人。四环节分析可能显示出在1990年有非常少的领域的一些公司。

谷物联盟的竞争资源分析

在第4章，我们接着来分析谷物联盟的竞争资源（参见20.4第2条）。实际上，谷物联盟能要求其两个母公司，即雀巢和通用磨坊的资源。我们记得公司的声誉和构建的重要性是可能资源中的两个方面。在这个案例中，雀巢这个品牌相比通用磨坊在世界范围内名气更响。雀巢的产品在欧洲分布更广,因此更了解杂货超市的买家,而这就是构建体系的一部分。通用磨坊也给谷物联盟带来了两个竞争资源,创新能力和核心竞争力:该产品在欧洲大环境下分类较多,其核心竞争力包含了该公司的早餐谷物制作流程快且保证高品质。以上这四个方面就是谷物联盟的四个竞争资源。

实际上,其他可能成为竞争资源的方面也会被探究,可能包括知识、地理位置以及在第 4 章中会被列举的其他方面。

目标

在第 6 章,我们将探究常规性目标,参见 20.4 的第 3 条。对于这个实例,我们会简单地说明。事实上,这个问题将同道德问题和企业社会责任问题一起进行更深入的探究。你能在谷物联盟的网页进行参考。

实现目标的战略规划

在这部分,我们将对谷物联盟做四点(优势、劣势、机会、威胁)分析,正如第 8 章开头部分的纲要所示。这有助于总结战略定位,正如我们开始讨论谷物联盟定位达成的战略规划(参见 20.4 第 4 条)。我们之后可以用第 8 章的一些概念来做选择。我们也可从第 5 章回顾一些进攻战略的选择(比如参见"激进的竞争战略"第 5、6 部分,这些概念至少有三个选择在 20.4 中显示)。很重要的一点是,英国的早餐谷物市场规模和增长率的不同(市场更大更成熟)表示采取迎合市场的不同战略。

在常规计划中进行选择

在 20.4 的第 5 条已经总结了选择的逻辑。从战略的角度来看,与家乐氏正面交锋不太可能成功,除非攻击方(谷物联盟)更胜一筹。在技术上与谷物联盟相比,家乐氏占不了什么便宜,它也没有更多的金融资源,因此结果是显而易见的,也就是说不能采用正面竞争。"侧面竞争"包括了为了市场细分开发产品,然后尽力在这个方面占优势。如果家乐氏占据了市场份额,这对于谷物联盟来说更具吸引力。谷物联盟有许多选择战略,因为它可以调动美国通用磨坊的产品发展资源来生产一些新产品的电子或者直接模仿通用磨坊的美国产品。事实上,谷物联盟这两条路都走了。

另一个选择是全新的市场计划(全新的早餐谷物格局),它使得公司完全有可能但是需要多年的时间达成公司定位,而这并不需要用到通用磨坊在谷物制造中以资源为基础的优势。最后一个选择肯定是被否决了。然而,在意外性方面它被用到。更多关于这个选择的细节在这篇文章相关的 CD 中有提到。CD 中还包括一些规定,比如"资源集中掌控"和"国家的选择",这些是实例中没有包括的。

在选择的过程中(参见 20.4 第 5 条),第一个谷物联盟做出的选择是侧面竞争。这就表示需要选择并进军早餐谷物市场的某个领域。CD 中有提到关于这个领域的选择等细节。

另一个常规性战略的选择是针对英国市场的不同对待态度,因为这个市场更大更成熟。英国市场决定谷物联盟只能在品牌建立过程中慢慢来,而且要付出较高的代价,产品范围基本为零。此外,英国本土有一家早餐谷物公司——碎粒麦饼公司。谷物联盟在1989年末买下了这家公司的工厂和品牌。这一收购还有一个附加值,谷物联盟还能生产当地超市自有品牌的产品,让公司规模经济得利并能降低制造成本。尽管给超市自有品牌的产品生产所产生的净利润少于自己公司品牌的产品,但是谷物联盟还是从中获利。

执行所选择的计划

在第13章会稍后说明在战略选择过程中计划和推广中涉及的因素(参见20.4第6条)。在只读光盘中会有更多细节,包括时机选择和阶段。

评论

虽然这些都是在建立制定新战略中必需的步骤,但在实际中,那些涉及广泛讨论和人群的调查等需要花费更久时间的部分还是被简化了。然而,必要的逻辑还是需要足够清晰的呈现。

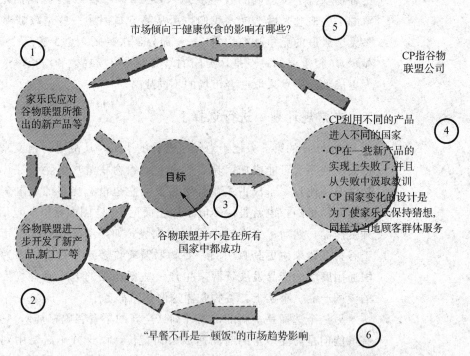

图20.5 欧洲的谷物早餐:谷物联盟——基于应急战略的方法

20.2.3 谷物联盟的应急战略

为了形成一个有凝聚力的应急战略,我们再次使用了本书中使用的基本应急战略模型。图20.5中的数字表示的是与应急过程有关的各种因素。本书所附带的 CD 详细地描述了谷物联盟中应急战略的制定过程。然而，为了理解本节内容，未必要观看 CD。

环境和竞争资源的分析

实际上，这两个要素（图 20.5 中的第 1、2 条）对于常规性流程来说同等重要。然而，在这两个要素之间更具有交换性，关注点更多落在新的和试验性的方面。比如，可能对于未来市场走向、来自小公司的试验性产品以及其他公司的早餐产品的研究都是一个检验。

此外，对于市场活跃度来说这可能也是一个更大的探究，正如第 5 章中所提及的。这可能包括了对家乐氏针对谷物联盟新产品推出可能采取的态度的预估。在 CD 中有一些例子说明家乐氏实际上不会放任谷物联盟建立它们的产业而坐以待毙。

目标

新兴战略在第 7 章中提及公司定位和不同战略选择之间的关系更加紧密（参见 20.5 第 3 条）。谷物联盟应急目标在第 7 章的概念中有所探究，其中包括革新性、知识和技术。在这个案例中，早餐谷物市场的技术相对成熟和稳定。家乐氏的产品已经有些年头了。然而，产品革新是可行的，概念从通用磨坊的美国产品中得出，比如美国的黄金格拉汉姆。在 CD 中有更多细节，但是找寻的革新概念基本理念适用于此，它对于定位来说起到相当大的作用，却无法提前获知。

战略制定和实施

新兴战略使得不同的战略选择和其产生的结果之间的关系更为紧密，这可能和生存概念有关，也可能和学习概念有关。在第 11 章中这些领域都有研究，并与 20.5 中第 4 条有关。事实上，谷物联盟在市场中用不同的产品来做试验，并研究得出的结果，这是第 11 章中以学习为基础的方法。

事实上，谷物联盟在欧洲国家获得 20% 的市场份额的目标并没有实现真正意义上的成功。尤其是在儿童市场至少有一个产品没有成功——幸运护身符，这个产品在 1992 年推出，而在 1994 年退出市场。从应急战略方面来看，这是相当重要的。没有达到目的，产品试验性推出，对于新兴战略来说，失败是可想而知的，这是第十一章中以学习为主的方法的一个很好的例子。

市场动力学和趋势

新兴战略在市场动力学和趋势更为重要（参见第 5 章和第 11 章）。20 世纪 90 年代两个主流趋势在谷物联盟有所体现（参见 20.5 第 5 条、第 6 条）。第一个趋势是市场更倾向于健康早餐（即少糖少盐，更多天然配料等），在那段期间谷物联盟在这一市场推出多种试验性产品。当然，市场领头羊家乐氏同样也顺应趋势，并推出自己的产品来迎合潮流。

第二个趋势是花更少的时间在早餐上。一些消费者只是简单想要离开家吃早饭，而不用坐下来吃饭。同样，这一饮食习惯的改变被谷物联盟和家乐氏敏锐嗅到，并在随后几年里推出"早餐谷物棒"。这两个趋势在 CD 中有进一步探究，必要的战略点就是这些是试验性产品的结果并不明了，因此总有一天目的终将达成。

评论

新兴战略的总结可能再次把现实情况简单化了。但是从新兴方面来说，这提供了一种制定连贯性战略的方式。

20.2.4 联合常规性和新兴战略

事实上，显而易见的是，无论是谷物联盟还是家乐氏都采用了常规性和新兴战略。谷物联盟只采用了一个战略，即从两个主要战略制定方法中得出它的视角。

关键战略原则

- 利用这本书中所制定的常规性框架，能够为公司描述出主要的战略因素。重要的是，需要先从特定的公司角度出发来与竞争公司比较这些因素。另外，在公司整体资源的背景下，需要考虑战略规划，即在计划中进行选择的依据是提供资金支持的能力，以及能接受风险的水平。

- 在应急战略中，环境和竞争性资源的基础分析大致是相同的。然而，其强调更多的是市场趋势以及在计划制订过程中的深入技术。另外，目标必须更加开放和灵活。同样强调对未知结果的试验性，以及在战略过程中考虑失败的风险。

案例研究 20.2

乐购的两种商业模式

英国最大的连锁超市在 2008 年开拓了它的第一个市场，而它采用了不同于在英国市场取得高度成功的商业模式，这是为什么？

乐购的扩张战略

由于市场的力量，很少有连锁超市的本土市场份额占据 32%。但是英国的超市零售商特斯科乐购做到了。这家公司通过在英国本土范围内的超市数量主导了英国的零售市场。一些超市的规模大到 50 万平方英尺。

它们产品范围从食品覆盖到电器，从衣服覆盖到银行保险。其他特斯科乐购超市的规模小些，销售的产品范围较小。特斯科乐购门店有一个复杂的供应链，这把付款终端的销售数据和中央持股和物流运输相连接，而这一夜之间取代了产品。

乐购规模如此之大以至于在英国市场很难再扩大规模，部分原因是其市场主导性使得英国竞争对手乐于保证零售市场低价且具有竞争力。因此，近几年，乐购不得不把目光放在海外市场。乐购战略也因此在波兰和捷克共和国开发了连锁超市市场。

这一国际扩张战略使得乐购在2007年资本支出中有80%投资海外。比如，它逐步进入中国市场，拥有50家超级市场，并且得到当地本土合作者汀草的控股权。在这本书写作期间，乐购也在着手于进一步发展其在中国的超市。同时，乐购也打算在中国的城市中开发新型便利店。这些便利店的产品范围较小，离消费者所住之处更近，因此得名。

乐购在美国的战略

尽管美国是世界上最大的零售市场，英国的零售公司在美国并没有像传统商店一样获得巨大的成功。英国领头的零售商塞恩斯伯里和玛莎在20世纪90年代卖掉了它们在美国的代销店。某种程度来说，至少是因为缺少利润，而这是由于美国市场竞争相当激烈。或许美国最成功的零售商是沃尔玛，这家公司规模很大，效率很高，低价位的商店坐落于购物商场附近，开车即可到达。沃尔玛因其销售额以及在中国和美国的扩张成为世界最大的零售商，吞并了安蒂森连锁超市。

尽管竞争激烈，乐购乐于进入美国市场。然而，它需要找到一个盈利战略来和像沃尔玛这类的公司竞争。乐购认为其在英国的战略不能简单地对付沃尔玛，因为美国公司效率太高，而成本太低，乐购是无法改变固定模式的。因此它们需要另一种战略。

在检验了多种可能方法之后，乐购决定，通过复制其在英国两个竞争对手的战略可能是最佳方案。这两个德国零售商分别是阿尔迪和利得尔。在1990年初，这两家零售商决定进军英国市场，它们面临大型连锁超市竞争对手，像特斯科乐购、安蒂森等。为了让它们不同于其他超市，阿尔迪和利得尔把它们的战略带向英国，即占地5 000～10 000平方英尺且不加装饰及展示的小店

面，即使有的话，也是少量主要的品牌产品以及低价格产品。它们奉行一种叫作"硬折扣"的零售商店概念。实际上，这两家德国连锁店就价格向英国购买者提出了一种新的概念。结果就是它们都取得了一定的成功，尽管还是面临像特斯科乐购这样英国主导零售商的竞争压力。

鉴于之前有如此显而易见的成功，乐购决定在美国也推行这种"硬折扣"的概念。在2008年初，它在美国加州开了首批50家"新鲜便利"超市。乐购表示，到2009年为止，将投入5亿美元开拓250家连锁店。乐购北美的首席执行官认为这一举措对公司具有划时代的意义。"这显然不是固定不变的。你只有能向持股人保证它是可行的之后才会踩下油门向前进军。在一切不可控之前我们会掌握这个度在西海岸建立一个企业。"那是一个拥有1 000家，每家规模为5 000平方英尺的战略草图。

一个世界领先的零售商店，英国公司乐购制定了全新的业务来进入竞争激烈的美国市场。

为了保证低成本，"新鲜便利"主要销售各种非品牌的产品。这种便利店采用自助结账的方式，而不是有收银员和货架式包装的方式。这样的目的是减少每家店面员工所

需数量。乐购还有一个首创，那就是它销售新鲜的快餐，而不像其他特斯科乐购的超市，公司会在加州建自己的生产厂来制作快餐。同样，这个战略也是为了降低成本。"我们本可以让供应商之一过来制作，但是我们认为自己也能做这件事，"约翰·巴里，"新鲜便利"的商务专员说，"我们在这方面有很多经验，也能获得更多净利润。我们为什么要让别人来做呢？"预加工食品在顾客中颇受欢迎以至于在开展的前几周出现了供应的问题。

虽然取得了开头的胜利，但"新鲜便利"在2011年仍然面临问题。由于规划中的店面扩张出现延误，导致它们遭受了损失，在2010年贸易损失了1.65亿英镑（2.7亿美元）（因为只开了30家门店，总共只有145家门店）。2010年计划开设145家门店，但是实际只开设了30家门店。但是乐购对于这种新的零售商业模式还是乐观对待，认为必会成功。

©理查德·林奇，2012年版权。保留所有权利。该案例是由理查德·林奇所著，来自于已发表的信息。[5]

案例问题

1. 该案例中所描述的乐购公司所使用的两个主要业务模式是什么？为什么该公司为美国市场开发了一个新的业务模式？

2. 定义一个业务模式的好处是什么？那么存在的问题又是什么呢？

20.3 建立商业模式

定义➡ 所谓商业模式就是一个总结了一些在特定战略背景下能给公司带来收益的战略必备要素的法则。这些法则的好处就是将一些主要的战略要素在某种方式上加以整合，在某种形式上使其能在整个行业内得到交流和讨论。比如，特斯科乐购零售商店的案例就向我们展示了至少两种商业模式的操作的情况：一种是用于它自身在美国的大型商店，这些商店都是信誉卓著的，并且出售着各种各样的商品；另一种则是用于它在美国北部新的商业冒险事业，在这里它仍然在与一些早先存在的超市进行着占有率的争夺，而且在这里特斯科乐购急需找到一个突破点来吸引更多的客户和证明自己可以获得可观的利润。在这个部分我们将探讨怎样建立一种商业模式。

如同在本章开头所提到的，那些公共部门和非营利性组织也希望创建一个相似的名为"公共部门模式"的模式。这个模式将着眼于提供价值而非盈利。选择这样一个类似于商业模式的版本的根本原因是，对于公共事业组织来说，这是用于区分它们与其他包含了一些公共部门的组织的需要。出于空间和声誉的原因，公共部门的模型将不在这一节中作进一步的探讨。

尽管商业模式某阶段在金融界广泛应用，在过去的几年里对于操作这一模式概念性的相关研究的文章还是少之又少。然而，还是会有一些文章和论文不时地出现在经济类的刊物上，[6]而且有些研究还涉及了企业背景下的战略，[7]但这仍然是一个有待开发的领域。

根本上来说，一个商业模式的组成要素包括了我们在本书中探讨过的那些方面。图20.6中展示的主要领域是：

1. 核心战略：组织机构的目的，组织机构的主流产品或者主要服务及其分化的首要区域——见第6章和第3章相关部分。

2. 战略资源：组织机构的核心竞争优势和其他关键资产——见第4章以及第7章。

3. 合作网络：供应商，和其他公司的关系将形成这个模式的关系模型的一部分，例如一个政府机构很有可能要调控市场并与之相关联——见第5章。

4. 客户层面：这个组织机构的目标客户群，它的交流、服务战略及其产品价格——见第3章和第14章。

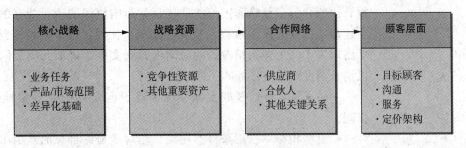

图20.6 一个业务模式的组成部分

资料来源：Barringer, Bruce, Ireland, R. Duane, *Entrepreneurship*: *Successfully Laundring New Ventures and Onekey Course Compass*, 1st, © 2006. Printed and electronically reproduced by permission of Pearson Education, Inc., Vpper Saddle River, New Jersey.

回顾乐购的案例，可以发现这两种商业模式是如何满足适应以上商业模式要素的。例如，乐购超大型商场模式的中心战略就是在人们体验综合型一站式服务中提供更加丰富的商品选择与更周到的服务，而新鲜便利模式则相对来说提供了更少的选择，但是它与其他模式不同之处在于，其侧重于在更多的小型便利店提供更多新鲜即食的商品。

很明显，商业模式基本上都是有一定常规的。它最初是基于在一个合适的可预测的市场寻找与他人的不同之处，相对而言，不十分注重动态竞争、急速变换环境、大胆新颖的架构、想法和学习，这些紧急处理的方面在本书中也有提及。这并不会使商业模式的概念得到曲解，反而能够展现出其优点。分析和研究一个战略需要提出它的缺陷，例如它没强调创新和学习的重要性。

关键战略原则

● 所谓商业模式是指一个总结了一些在特定战略背景下能给公司带来收益的战略必备要素的法则。这个法则的好处就是将一些主要的战略要素在某种方式上加以整合，在某种形式使其能在整个行业内得到交流和讨论。

● 建立一个商业模式所需要的四个步骤是：核心战略、战略资源、合作网络和客户层面。这四个方面都关注于战略发展所依靠的一个方面的基本原则，那就是客户、竞争对手以及能使该组织在市场中脱颖而出的资源。商业模式大部分都是比较固定性的，在总结战略中起着很大作用，但是在战略的更具创新化方面比较薄弱。

20.4 长期战略问题

20.4.1 实施

如在第 1 章所指出的,在常规型战略中实行分析、选择、操作相分离是很有用的,但是很难真正把握那些日常影响组织的现行战略的实施情况,甚至连那些巨变的发生也很难被及早发现。比如,诺华公司的创新、冒险的成功将取决于其怎样在相对短的时间内得到实施。诸如此类的问题将会是组织机构长期发展战略任务的一部分。

一般来说,要监督好实施状况需要设定定期的发展指标和相应的调控机制。

- 发展指标可以用来检测在某个相对于最终目标而言的中间点,去衡量已经取得的进步或成果。这些指标是非常重要的,因为它属于过程中的检测活动,这样就可以及时采取一些纠正措施。
- 调控机制是用来保证在实施过程中,财务、人力资源以及其他行动纲领之间不会产生矛盾冲突。例如,这些纲领可能包含了资金流动、超预算支出、培训项目目标、计划制订流程和其他的一些任务。这些是不同于发展指标的,它们比发展指标更加具体、易实施、效果更明显。有关实施问题中的更多指导方针如展示 20.1 中所示。

展示 20.1

战略实施和控制的一些关键的指导方针

成功实施的问题趋向于集中在该组织的报告证明出来的好与坏。

出现的问题:
- 在实施过程中对于传统组织单位的划分点的界定。
- 当监测信息缺乏时。
- 当一个组织抵制改变。
- 当奖励是面向过去的业绩而非未来的行动。

有效的事实方法:
- 分配明确的职责和责任。
- 追求一个有限数量的战略。
- 确定必备的行为以及征求那些将执行这些行为的人的同意。
- 设置好"里程碑",以便当实施出现问题时,能尽快使目标清晰化。
- 尤其要确保得到首席执行的积极支持。

20.4.2 重新审视未来的环境

在设定一个连贯的战略时,一些组织机构会认为辨明主流发展趋势是很有用的,因为这很可能会影响着它们未来的几年发展。诺华公司和其他制药公司已经清楚地发现,作为其发展战略的一部分,重新审视制药市场的前景的必要性。

然而,最负盛名的管理学作家之一彼得·德鲁克对于这样的预测奉劝说:

预测未来不是件难事,只是这是无意义的。许多未来学家有着高命中率,因为他们衡量自己的方法是常用的那种。他们擅长预测一些东西,但是往往那些更为重要的都是一些根本性的改变,这些改变的发生是人们所无法预测甚至是根本预测不到的。[8]

总的来说,预测未来是很困难的。但是这并不意味着否定它的重要性,事实上,甚至有人认为这些战略应该尝试着去塑造未来。[9]一些应急的战略家认为预测的过程在很大程度上就是浪费时间(见第2章)。对于那些相信预测未来的人来说,去接受场景构建的方法可能是前进的方向。然而那样的话,这种适当合理的场景构建就不是预测,而应该成为对不可预料事件发生前的准备。

20.4.3 重新审视当前的组织机构和其目标

在审视自身环境的同时,组织也有必要重新考虑一下它们的愿景、使命和目的。几乎没有组织机构是静止的:有些会发展得很快,像Xbox和其他电脑游戏的开发者;而有些会发展得慢一些,像一些大型跨国公司,(它们要想发展得更快)除非做出像诺华公司那样的重大战略转变。有些业绩的下滑是由多种因素造成的。为此,有些公司做出了翻天覆地的改变:诺华公司的案例就是一个例子。

这些所发生的改变引发了关于本组织的宗旨的根本问题。这些在第6、7章中已经探讨,但在这里有必要再提一下,因为它们是长期实施方案的一部分,并将成为下一战略规划的出发点。其中需要提到的四个方面是:

1. 组织的目标。这真的与我们业绩的下降有关吗?在达到我们设定的增长目标的过程中它起着多大的作用?对这两个问题的回答将关系到组织的价值以及在其管理下的员工和股东的利益。

2. 可持续竞争优势。如何以及在何处,我们会保留或发展它?我们希望采用什么方式?所以不得不承认,在企业的基本理念下,这些基本问题超越了眼前的实施问题。

3. 组织机构的文化和风格。我们的做事风格是怎样的?我们希望采用怎样的风格?这些超越了在基本经营理念下立即执行的根本性问题。

4. 价值观和道德标准。我们拥有怎样的价值观?为什么?我们希望怎样去管理看待自己?我们如何衡量这些理想?随着组织迈入一个新的世纪,已经有人开始质疑之前关于环境的可持续发展、少数民族的平等待遇以及政治联盟等观点。这些战略管理的合法问题值得重新审视。

本书认为,以客户为导向的质量有利于创新和学习型组织。同时,将宗旨简化到增加其价值,将战略下降到寻找可持续竞争优势的层面。这样的考虑也不一定适用于所有的组织,但都需要确定其长期的观点,不管它们的观点是怎样的。

20.4.4 对于战略管理问题的总结

伴随着大环境和组织机构的发生和变化,战略管理本身也不断出现新的问题。这本书中所引用的研究论文、期刊、书籍和杂志将为这个近期处于研究中的课题提供指引[10],这个学科使得战略管理充满活力、刺激、富有争议同时与我们的未来密切相关。

最后,值得注意的是,尽管战略管理试图指导和配合未来的发展,但总有一些不可预知的因素是在战略理论之外的。引用德国著名的化学公司汉高公司(Henkel)的观点:"要想在事业上取得成功,你需要技巧、耐心、钱……以及一点点运气。"[11]

> **关键战略原则**
>
> ● 在实施战略管理的时候,明确需要完成的任务是很有用的。这就包括了设定阶段性目标来衡量实施过程中的进步以及建立调控机制来保证在实施过程中,财务、人力资源以及其他行动纲领之间不会产生矛盾冲突。
>
> ● 许多组织机构企图重新审视未来的环境,然而,最重要的因素是很难预测的。接受场景构建的方法或许是一条行之有效的途径。少量合理的场景构建并不是预测而是对不可预料事件发生的准备。
>
> ● 组织机构很少是停滞不前的;它也可能会被重新审视其愿景、使命和目的以及其文化和风格。此外价值观和道德水平也需要被重新评估,同时还有检查与股东之间的关系。
>
> ● 在战略管理要素中总会有机会的一席之地。运气对于可行的提议的实施有着很大的作用。

案例研究 20.3

为什么最大并不一定意味着最好,一个绿色战略的帮助

该案例是关于美国公司考陶尔兹(Courtaulds)强调了大型多元化公司未必能更好地抵御国际竞争。它同样阐释了对绿色战略举措日益增长的需求。

考陶尔兹和兰精公司

兰精公司的崛起是专业化的成功例子。它也具有"大卫和歌利亚"的故事情节,即强调了为什么大型多元化集团并不总是最适合处理日益增长的国际竞争的。该案例中的"歌利亚"是考陶尔兹集团,即第一次世界大战以前,第一个开发人造纤维的英国公司,但是并没有存续很长时间。

当最初的兰精公司工厂在1938年建立时,考陶尔兹集团是最大的产业。然而,杜邦公司(DuPont)发明了尼龙,开发了一个新系列的研究,即给考陶尔兹集团的主要利润来源带来了威胁。尼龙、涤纶和丙烯酸纤维都是人造的,都是通过聚酯化学制造出来的,主要的生产商就是化学制品公司,例如杜邦公司、赫斯特(Hoechst)、帝国化学工业(ICI)。这些纤维比人造纤维的用处更大,更容易护理,这是棉花和羊绒不能相比的。

如何减少对人造纤维的依赖是考陶尔兹集团战后的主要考虑因素。到1960年,它拥有了自己的丙烯酸纤维公司,即考特尔(Courtelle),并且较少的依赖尼龙。它同样在其他方向具有多元化,包括涂料。相反,兰精公司仍然大量依赖于它纤维素纤维的核心业务,主要是纺织品和衣服业务。相信通过规模和新技术就能够获得发展的弗兰克·卡尔顿(Frank Kearton)以及随后的洛德(Lord)推动了一项战略,即在英国的纺织品应该"不再是一个衰退的行业,并且有希望再次成为一个增长行业"。

纺织品产品的问题

1975年,当洛德·卡尔顿退休时,考陶尔兹集团是一个非常大的公司,在纤维产品上具有大量的份额,包括人造纤维。但是在生产人造纤维的纤维胶的过程会导致环境污染,因此,许多国家将不再赞成这种纤维的生产。所以,生产商必须决定是否应该花费大量的资金来清理该过程,或者退出该市场。考陶尔兹集团选择继续生产人造纤维,但是致力于一种新颖的纤维丝纤维的制作过程,被称为溶液纺丝。该研究开始于1979年,截止年份是在克里斯托弗·霍格(Christopher Hogg)被任命为首席执行官时。他的任务就是将订单带到卡尔顿(Kearton)所建立的公司中。在纺织品上的投资被证明是一个严重的错误,主要是因为从低成本供应商中不断上涨的进口,因此需要处理大量的这类群体。因此,在1990年,霍格(Hogg)最终将该领域拆分成为考陶尔兹集团纺织品公司。

1960年,英国纺织品公司考陶尔兹集团推出了玛丽·奎思特(Mary Quant)所设计的一系列考特尔纤维。这是对它以前的人造纤维所遭受到的批评的战略性响应。但是,与它的竞争相比,考特尔不具有竞争力,因为相似的竞争商品已经具有了规模。当考陶尔兹集团研发了另一种被称为天丝棉(Tencel)的新纤维时,它就拥有了一个盈利的产品。但是,它出现得太迟,以至于不能挽救考陶尔兹集团,正如该案例所描述的。

拆分的结果

拆分之后，考陶尔兹集团仍然是一个多元化公司。已经通过进一步地收购扩大了的油漆涂料子公司，看起来具有很好的增长前景。随着欧洲纺织工业的继续衰退，它真的能够在纤维行业中取得成功吗？不这样做的理由是因为研究者所研究的溶剂纺丝是一种进步。他们已经表明该过程是无污染的，并且从该过程生产出来的纤维比人造丝更加强大，这是由于天丝棉品牌的韧性和纤维素所造成的，它也能够被用于制造更好的纱线和较轻的面料。1992年，亚拉巴马州的第一家天丝棉工厂开始投产，并且最初的反响是非常热烈的。然而，由于部分质量问题，所以才将纱线转换成了纤维，市场发展的速度比考陶尔兹集团所设想的要缓慢很多。到了20世纪90年代的后期，该公司发现它处于财务危机中。这是因为集团对新纤维的大量投资，但是却不能够为集团产生足够的现金。在股价面临压力时，考陶尔兹集团是容易受到拆分报价的。在1998年，荷兰的阿克苏诺贝尔公司（Akzo Nobel）收购了这家公司。

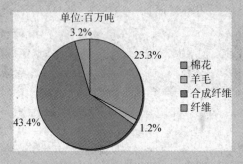

图20.7　2008年的世界纤维市场

资料来源：CIF-R-S-European Manmade Fibres Association, in article Why bigger doesn't mean better, but a green strategy helps, Financial Times, 24 August 2010, p10 (Owen, G). © The Financial Times Limited 2010. All rights reserved.

考陶尔兹集团被收购的结果

收购后，阿克苏诺贝尔公司仅保留了考陶尔兹集团的油漆涂料部分。棉纺织品公司（CVC）收购了该公司的纤维部门，该公司是一个私人股本公司，在2004年将天丝棉业务销售给了兰精公司。奥地利公司随后生产了它的溶剂型纤维，但是最近才被任命为首席执行官的赫斯特前经理托马斯（Thomas Fahnemann）认为，收购考陶尔兹集团工厂能够使兰精公司在预计的市场部分占据主导地位。当天丝棉成为主流的纤维时，托马斯的判断是正确的。它已经实现了部分项目支持者所希望看到的结果。尽管与棉花或涤纶相比，它的价格是昂贵的，但是它通常被用于高档服装，其出色的柔软性和褶皱是具有价值的。

作为纤维素的专家，兰精公司是新纤维的开发地。在人造纤维中，纤维素纤维仍然是最重要的，其占据了少于5%的世界份额，如图20.7所示，但是它们具有一些特性，特别是吸墨性，这是人工合成的材质所缺乏的。作为纺织纤维，人造纤维已经恢复了近年来的损失，主要应该得益于中国强劲的需求，以及纤维素制品在先进工业国家无纺布应用程序中的广泛应用。尽管面临着亚洲生产商的激烈竞争，但是兰精公司能够为所有市场提供很好的服务。

结论

这是一个有寓意的故事吗？一个启示就是与小规模的专业化公司相比，大型多元化公司未必能更好地抵御国际竞争，试图做太多的事情是危险的；另一个启示是在方向上的严重改变，例如卡尔顿进入到纺织和服装行业，可能会带来灾难性的后果。一般会建议公司专注于自己擅长的工作，并且从那里建立起自己的优势地位。

展示 20.2

天丝棉的"绿色"

许多世界领先的零售商正在试图证明他们对可持续发展的承诺。这意味着，利用天然材料来生产产品，其生产过程是不会破坏环境的。例如，玛莎百货在 2007 年推出了 A 计划。它的目的是应对气候变化、减少浪费，并使用可持续性的材料成为世界可持续性的最大零售商。在重新使用所有化学物质的生产过程中，更多地适应有机棉纸浆，这也会是一个选择。对于无纺布应用中的天丝棉来说，"绿色"是一个重要的卖点。吸收性和生物可降解性很适合一次性产品，例如婴儿尿不湿、其他卫生产品和无纺布产品。美国最大的折扣零售店销售了天丝棉的婴儿尿不湿，并将天丝棉描述成"新时代材料"，从而吸引了想要为孩子购买尿不湿产品的父母，"该产品是通过原材料自然生产的产品，但是同样适用于不同的环境。"

该案例是由理查德·林奇对 2010 年 8 月 24 日，杰弗里·欧文在《金融时报》第 10 页的一篇文章改编而成。本书是以作者的书为基础，即"大公司的兴衰：考陶尔兹集团和人造纤维工业的重塑"，2010 年 9 月由牛津大学出版社发表。©英国《金融时报》2010 年。保留所有权利。理查德·林奇对所提供的原文的改编版负全部负责，《金融时报》不对任何改编版本的准确性或质量负责任。

案例问题

1. 考陶尔兹集团破产的主要原因是什么？能够被用来解释这个战略失败的主要战略理论是什么？你同意作者的观点吗，即所有大型公司都比那些更加专业的公司要弱吗？

2. 当考陶尔兹集团试图通过天丝棉进行创新的时候，它发现了什么问题？它是否应该坚持呢？这是创新公司所必须面临的困难问题呢，还是只是考陶尔兹集团的天丝棉所面临的问题？

3. 它拥有一个强大的绿色凭证，所以这就是为什么在这个行业中只能用一种限制性的方式使用它？应该采用什么战略来鼓励更广泛地使用它？

批判性反思

运气是多么重要的因素？

在这一章的总结中，引用德国汉高公司的话，即"要在业务中取得成功，你需要技术、耐心和资金……以及一点点运气"。如果运气是一个因素，那么这是否会否定文中所提到的战略内容和战略过程的价值的制定？你的经验是什么呢？运气是否真的重要呢？你的观点对战略管理发展意义是什么呢？

总 结

- 尽管常规过程和应急过程已经是这本书的某一章的主题，但是对于大量的战略制定的方法而言，它们已经被用作速记方法了。从常规的和应急的角度能够分析许多战略任务。从常规性和应急的视角可以分析许多战略任务。这有助于强调在战略制定中所出现的各种各样重要问题，尤其是那些具有鲜明对比分析的企业问题。

- 这本书已经阐明了折中方法是更好的。许多战略方法的结合将允许探索战略问题的不同方面。战略过程拥有许多方面，这些方面都是超越常规方法和应急方法的。所有这些方法都为战略管理的发展提供了见解和指导方针。
- 除了常规的和应急的方法之外，仍然存在建立连贯性战略的其他早期模型。尤其是7S框架和矛盾与张力模型。它们具有价值，但是并没有反映最近的战略发展过程。
- 利用这本书中所制定的常规性框架，能够为公司描述出主要的战略因素。重要的是，需要先从特定的公司角度出发来与竞争公司比较这些因素。另外，在公司整体资源的背景下，需要考虑战略规划，即在计划中进行选择的依据是提供资金支持的能力，以及能接受风险的水平。
- 在应急战略中，环境和竞争性资源的基础分析大致是相同的。然而，其强调更多的是市场趋势以及在计划制订过程中的深入技术。另外，目标必须更加开放和灵活。同样强调对未知结果的试验性，以及在战略过程中考虑失败的风险。
- 所谓商业模式就是一个总结了一些在特定战略背景下能给公司带来收益的战略必备要素的法则。这个法则的好处就是将一些主要的战略要素在某种方式上加以整合，在某种形式上使其能在整个行业内得到交流和讨论。
- 建立一个商业模式所需要的四个步骤是：核心战略、战略资源、合作网络和客户层面。这四个方面都关注于战略发展所依靠的一个方面的基本原则，那就是客户、竞争对手以及能使该组织在市场中脱颖而出的资源。商业模式大部分都是比较固定性的，在总结战略中起着很大作用但是在战略的更具创新化方面比较薄弱。
- 在实施战略管理的时候，明确需要完成的任务是很有用的。这就包括了设定阶段性目标来衡量实施过程中的进步以及建立调控机制来保证在实施过程中，财务、人力资源以及其他行动纲领之间不会产生矛盾冲突。
- 许多组织机构企图重新审视未来的环境，然而，最重要的因素是很难预测的。接受场景构建的方法或许是一条行之有效的途径。少量合理的场景构建并不是预测而是对不可预料事件发生的准备。
- 组织机构很少是停滞不前的：它也可能会被重新审视其愿景，使命和目的以及其文化和风格。此外价值观和道德水平也需要被重新评估，同时还有检查与股东之间的关系。在战略管理要素中总会有机会的一席之地。运气对于可行的提议的实施有着很大的作用。最终，这本书的结论就是，应该在战略管理制定中同时使用常规的和应急的方法。

问 题

1. 运用本书中常规模型来分析诺华公司所提议的变革。

2. 通过业绩的比较，是否存在很出色的公司？

3. 利用一个你所熟悉的公司，并形成一个业务模式来总结它的战略。你所归纳的业务模式的优势和劣势是什么？

4. 检查诺华公司进入仿制药行业的战略决策，使用这本书中的各种战略过程来探索，即常规性战略、以学习为基础的战略、以知识为基础的战略等。策划做出决定的方式，并评论每个过程的有效性。

5. 这本书强调了"客户驱动特性、创新和学习型机制"，它是战略管理发展中的重要组成部分。如果存在其他因素，你认为是否还存在其他重要因素吗？它们分别是什么？你为什么会选择它们？

扩展阅读

It is worth examining Peters, T and Waterman, R (1982) *In Search of Excellence*, Harper Collins, New York. The main argument was reprinted in De Wit, R and Meyer, B (1994) *Strategy: Process, Content and Context*, West Publishing, St Paul, MN, pp176–182. Any of Tom Peters' books also repays examination. Try Peters, T (1992) *Liberation Management*, Macmillan, London.

To look into the strategic future, you might read Hamel, G and Prahalad, C K (1994) 'Strategy as a field of study: why search for new paradigms?', *Strategic Management Journal*, Special Issue, 15, pp5–16. The 'Special Issue' of *Long Range Planning*, April 1996, also has an interesting review of this area. For a more recent perspective: Cummings, S and Angwin, D (2004) 'The future shape of strategy: Lemmings or chimeras?', *Academy of Management Executive*, Vol 18, No 2, pp21–28, which contains some interesting ideas and comparison between the 'old' and the 'new'.

Finally, for an approachable comparison between the resource-based view, hypercompetition and complexity see Lengnick-Hall, C and Wolff, J (1999) 'Similarities and contradictions in the core logic of three strategy research streams', *Strategic Management Journal*, Vol 20, pp1109–1132.

注释与参考文献

1 References for the Novartis case: Novartis Annual Report and Accounts 2004 – available on the web at www.novartis.com; *Financial Times*, 8 March 1996, pp1, 17, 28; 19 March 1996, p25; 11 April 1996, p18 (Dr Håken Mogren's comments); 12 October 1998, p15; 16 July 1999, p27; 18 February 2000, p26; 11 July 2000, p34; 16 February 2001, p25; 8 May 2001, p19; 14 May 2001, p27; 22 August 2001, p20; 28 November 2001, p23; 21 January 2004, p12; 22 February 2005, pp1, 28. See also Lynch, R (1994) *European Business Strategies*, 2nd edn, Kogan Page, London, pp31–32, for an earlier exploration of global strategies in the drugs industry.

2 Nag, R, Hambrick, D C and Chen, M-J (2007) 'What is strategic management really? Inductive derivation of a consensus definition of the field', *Strategic Management Journal*, Vol 28, pp935–955.

3 Pascale, R, Athos, T, Peters, T and Waterman, R (1980) 'The Seven S Framework', *McKinsey Quarterly*, Summer. The model was then reprinted with one revision in the famous text by Peters, T and Waterman, R (1982) *In Search of Excellence*, HarperCollins, New York, p9.

4 Pascale, R (1990) *Managing on the Edge*, Viking Penguin, London, pp16, 17.

5 Sources for the Tesco case: www.tesco.com; *Financial Times*: 3 December 2007, pp21 and 22; 28 January 2008, p15; 22 September 2010, p22 (with a useful long review on progress and future plans).

6 See, for example, Gottfredson, M, Schaubert, S and Saenz, H (2008) 'The new leader's guide to diagnosing the business', *Harvard Business Review*, February, pp63–73.

7 Barrninger, B and Ireland, D (2006) *Entrepreneurship – Successfully Launching New Ventures*, Prentice Hall, NJ.

8 Drucker, P (1995) *Managing in a Time of Great Change*, Butterworth-Heinemann, Oxford, pvii.

9 Whitehill, M (1996) 'Introduction to foresight: exploring and creating the future', *Long Range Planning*, April p146. This issue has a range of articles that tackle this subject from a number of perspectives, including those that believe it is a waste of time.

10 See, for example, Hamel, G and Prahalad, C K (1994) 'Strategy as a field of study: why search for new paradigms?', *Strategic Management Journal*, Special Issue, 15, pp5–16. See also *Long Range Planning*, April 1996.

11 Henkel, A G, Annual Report and Accounts: 1987.

第六部分 综合性案例研究

案例研究1 　欧洲的主要航空公司：廉价战略还是破产？
案例研究2 　全球啤酒和贮藏啤酒行业：在成熟市场的战略探究
案例研究3 　南非米勒啤酒公司：南非平稳地走向全球
案例研究4 　规定的和紧急的战略？全球汽车公司的冒险和挑战，包括绿色战略
案例研究5 　常规的竞争战略：五个顶级汽车公司之间的战争
案例研究6 　竞争战略和新的市场进入战略：塔塔汽车公司的艰难时刻
案例研究7 　战略改变：首席执行官卡莉·菲奥莉娜在惠普公司的兴衰
案例研究8 　战略制定：各公司能从"杀手艾尔"身上学到什么？
案例研究9 　索尼整理：恢复利润和创新热情
案例研究10 　应急战略：对于个人电脑，媒体平板电脑和手机来说，什么是最智能的战略？
案例研究11 　公共部门战略：伽利略公司是怎样在严重问题中终结的？
案例研究12 　应急战略：谁能够阻止苹果在音乐传播业务上的主导地位。

 四个其他案例：

- 喜力啤酒：什么是最好的战略：建立品牌还是收购公司？
- 丰田汽车：是否对世界领袖产品依赖太深？
- 灾难和重建：IBM公司跳出固有思维
- 戴尔商品大众化：怎样开始失去竞争优势？

怎样分析和准备战略案例

如何撰写战略规划的小贴士

这本书中除了贯穿于整本书的案例,在下文中还呈现了一些更广泛案例。案例是对战略态势书面描述。它通常研究某个时间点上的真实组织,并且描述了现在的或者将要出现的战略问题,也就是说,这些组织可能还没有完全了解自己的战略现状。

分析这些案例的目的是:

- 应用本书中涉及的理论概念。重要的是,在你的案例回答中通常不需要详细阐述概念,你可以假定读者(或者口头演讲的听众)知道。
- 考虑复杂的现实生活中对生意问题的一系列影响因素,而不是简单的课题式,一个案例只发生在一个具体的章节中。大多数战略问题有许多方面,往往超出一个章节的主题。
- 识别战略并作出推荐。

案例并不需要完整,但是要满足你可以通过案例中的材料完成大部分目的。案例中的一些数据有时不是有效的,这也反映出在现实生活中管理者需要筛选使用数据来解决战略问题。

尽管在案例的结尾有提出问题,但有些问题并不能反映案例基本的真正问题。例如,问题可能是关于竞争资源和组织能力的问题。但是,你希望在认真研究竞争资源之前能探索组织的竞争环境,因为这样可以影响资源。例如,一个品牌名字的竞争资源可能需要在看过市场中许多已存在的品牌的情况下决定。

虽然如此,对于学术研究,在案例后的所有问题有恰当的答案是至关重要的。标记图通常由特定的奖赏构造而成,它们只有在被处理后才能够获得。例如,如果要求你给出一些建议,那么你必须先制定一些战略。

案例的准备通常包括以下的步骤:

- 快速阅读案例。
- 再次阅读,并对有关的问题和疑惑记录下来。
- 对案例中的组织进行 SWOT 分析,即使并没有要求你进行这个分析,但是这个分析过程将会帮助你理解案例的架构和可利用的数据。
- 然后准备一个主要问题依据的清单,例如,本书中指定的或者是紧急的程序模型。在实践中,如果是特定的市场,你可能需要在这两个程序中做出选择。可能你会使用 3.3 节的内容,根据市场动乱程度来帮助你做决定:
  1. 如果动乱程度高,那么紧急的方法可能更为合适;
  2. 如果动乱程度低,则常规方法可能更为有用。

重要的是，即使当动乱程度低的时候，你也可能想要为组织的战略注入更多的革新和试验。在这样的案例中，你可能更倾向于紧急的方法——或者可能两种方法都有选用。

- 这是一个根据常规方法可能的架构：

1. 环境：从例证3.1中选取。除了你被命令要的以外，仅包括真正有用的部分。什么主要的背景因素影响组织？谁是顾客？谁是竞争者？在市场中的大小、份额、增长是什么样的？等等。

2. 竞争资源：从例证4.12中选取。除了你被命令要的以外仅包括真正有用的部分。什么是主要的有形资源和无形资源？组织的能力范围是什么？竞争核心是什么？等等。

3. 目的：目的是什么？如果没有明确设定目的，那么你有权利假定一个目的，但是你需要在演讲或者报告中确定清楚。你也可能想要在组织设定目标时能够明断，可能因为它是不道德的或者对绿色环境问题没有足够的意识，或者仅仅是因为不够明确。再次提醒，你需要在你的演讲中区分哪些是组织的意思，哪些是你自己的观点。

4. 战略建议：你可能喜欢在这里展示一些基本战略概念。例如，使用成本降低步骤或者波特的通用战略。用战略概念你通常能够得到高分。然而，需要警示和指出的是，一个使用了这样概念的好的演讲在实践中会比较薄弱。

5. 战略筛选：这里是需要你运用逻辑和条理争辩你的方法，最终确定一些推荐的战略。关于你推荐路线的决定需要清楚明确的辩论，也就是说，要比较其他的意见，用理由和数据来解释为什么要选择你的意见。

6. 执行：在这里，你将可能建立时间表，讨论战略改变问题，或者预测需要的主要资源。记住你的推荐中所有需要花费的，包括一些难以确定数量的花费。例如，战略改变。

你可能判断一个紧急通道是否更有用。在这样的情况下，你将可能以一些上文概述的同样领域开始。然而你的目的将会更加具有试验性，根据市场测试来作出相关的推荐。你也会有一个大范围的战略建议，可能不是从其中选择的，但是推荐了许多试验的可能性。紧急通道可能提供了很少的机会为你展示逻辑和推理的技巧，因为它也许不能指出一些其他逻辑领域，或者在选择紧急方法的同时也进行一些指定方法的分析。

一些进一步的指导方法：
- 记得发展有效的战略没有"公式"。
- 不要写冗长的案例介绍，不要用啰唆的案例中的材料来拉长你的分析。
- 符合实际：记得组织的资源，预算和时间限制。
- 可接受的并且明智的假设。
- 你的建议要具体。
- 许多大学需要你报告中的案例材料有足够且详细的相关资料，与你的导师核对。
- 回答所问的问题。

综合性案例研究

总地来说，案例用于理论学习，其目的在于提供给你一个应用于实践的机会。得分取决于应用理论而非重复案例材料的理论描述。案例中的例证和逻辑理论原则的应用是一个好的案例研究和演讲的基础。

案例研究 1

欧洲的主要航空公司：廉价战略还是破产？

视频
第1部分

在经过20世纪的政府管制放松和2007年和美国的《天空开放协定》之后，欧洲主要航空公司面临来自于廉价航空的新的竞争威胁和挑战：一些公司有希望幸存，而另一些公司将会破产。那么欧洲主要航空公司需要一个廉价战略来求得生存吗？

"我们通过降低航空票价来赚钱，提高票价只会让我们臭名昭著。这是很恐怖的。"2000年廉价航空瑞安公司的首席执行官迈克尔·奥莱利（Michael O'leary）说。与这一评论相对应的是三家主要欧洲的国家航空公司的命运，瑞士航空公司和比利时航空公司在2001年破产，而意大利航空公司在意大利政府的帮助下仅仅维持到2007年也破产了。在过去的几年里，一些低价的廉价航空公司也有让人失望的，例如马德里航空公司、巴兹航空公司和波罗尼亚航空公司。这个案例昭示了战略问题就在国际航空市场的周围，尤其是在欧洲。这个案例以描述引发战略改变的三个主要因素开始：管制放松和"天空开放协定"、不同的航空收益性模型、市场压力和机遇；然后案例会提供一些欧洲航空公司市场的重要背景；最后探索航空公司向前发展的方法。

管制放松和"天空开发协定"带来的威胁和机遇

在1993年至1997年间，欧洲航空市场在政府规定下的竞争、价格和服务方面是平稳自由的。这就允许一些所谓的低价航空公司在欧洲开展一些新的服务。它们通过把空中旅行的票价定得低于那些国家级航空公司来开发这个机遇。这就产生了新的要求和刺激，例如周末去都柏林或者布拉格休假突然间对于许多人都成了可能的事。

尽管主要航空公司面对新的竞争有损伤，它们仍然能够稳定获利。这是因为这样的航空公司主要的盈利通常来自于长途路线，如从阿姆斯特丹到纽约或从伦敦到新加坡。短途路线如在它们国家内部或者欧盟国家之间的航线很少获利，因此长线航空市场对于这些航空公司极其重要，如表1所示。在长途运输中具有较高的利润占比的航空公司，如德国汉莎航空公司、英国航空公司和法国航空公司，它们就是靠这些来获得大量的收益。像伊比利亚航空公司、斯堪的纳维亚航空公司和意大利航空公司在长线营业额中并不占优势，与从法兰克福到纽约相比，很少人会想从斯德哥尔摩到纽约。因此，小型航空公司不能通过扩展长距航线网络中获利。

在长距航线中，由于欧盟个体国家和其他国家如美国签订的一些特殊的协议的主要航空公司能够改变高价。基本上，在20世纪欧洲国家政府都签订了这些协议。它们划分了国际市场上的长距航线，如德国到美国，加剧了这些有限的航线和欧洲、外国其他航空公司之间的竞争。另外，每个欧洲国家控制其主要机场的飞机通行时，会给予本国的飞机优先权，英国航空公司在英国，法国航空公司在法国，荷兰航空公司在荷兰

845

等，这样就减少了竞争增加了票价。

在 2002 年，欧洲委员会代表欧盟对这些协议提出异议，认为这些协议违背了欧盟的《罗马条约》(Treaty of Rome) 中开放性竞争原则。在 2007 年，一个全新的协议在欧盟和美国之间达成一致。它从本质上说将会在 2009 年对欧洲航空公司和美国航空公司实现开发欧洲主要的机场。这会使得长距航线面临更大竞争的可能性。开始时，英国航空公司起了表率作用，它马上对欧洲大陆到美国的飞行做出了改变，不再在英国着陆。即使是一些所谓低价的英国廉价航空公司也宣布有加入长线市场的预期。但是这并未完全描述航空公司的发展。

表1 一些领先航空公司长途业务的重要性

航空公司	国家	航空公司营业额中长途业务的份额	航空公司营业额中短途业务的份额
英国航空公司	英国	63	37
法国航空公司	法国	57	43
德国汉莎航空公司	德国	48	52

（续表）

航空公司	国家	航空公司营业额中长途业务的份额（%）	航空公司营业额中短途业务的份额（%）
意大利航空公司	意大利	35	65
西班牙航空公司	西班牙	32	68
斯堪的纳维亚航空公司	瑞典、丹麦和挪威	15	85

资料报告：年度报告和报表。
注意：以上数据都是近似值。

尽管天空开放政策在 2009 年完全付诸实施，但是对于航空公司仍然面临很大的困难来扩展其航班运营。困难来自两个方面。首先，航空公司不能仅在一个新的飞机场运行，它们需要获得每个机场的着陆许可。而实际上，由于机场只能容纳一定数量的飞机，对于飞机的降落还是有限制的；其次，美国仍然对美国内运营的非美国航空公司实行操作限制。这就意味着欧洲航空公司在美国尝试寻找新的出路上还存在实际限制。事实上，

2011 年 6 月，英国航空公司对从伦敦希思罗机场到米兰马彭撒机场的早班航空中 23 公斤的行李收取了 149 英镑，推迟了一个星期才发布 2011 年 7 月的中期数据。瑞安航空公司的价格包括信用卡费和 15 公斤的行李费，其对于一个类似的航班，即对同一时期从伦敦的斯坦斯特德机场到米兰的贝加莫机场的机票价格定为 124 英镑。在 2008 年，英航的价格更接近于瑞安航空公司的机票价格。

欧洲和美国航空公司已经为此找到方法——"代码共享"。下面我们将对此做出解释。

两种不同航空公司盈利能力模型：中心和分支 VS 低价格

为了控制长距离空运线路，一些主要的航空公司通过其他途径获得利益。特别的是，这样的航空公司在与低成本廉价航空公司竞争中很大程度上采用与盈利模型不同的方法盈利。表2比较了两种主要的盈利战略；有一些不同种类的个体航空公司，但只是概况地总结了它们的主要区别。

法兰克福和伦敦，所以只有通过这些机场来减少航空公司运营成本。另外，从中心到分支运行行李和乘客传输系统是很复杂且昂贵的。高昂的维修费用意味着"中心和分支"模型对于小型的国际航空公司的吸引力很小。这也是瑞士航空公司和比利时航空公司失败的原因之一：苏黎世和布鲁塞尔都不是主要的中心枢纽。

更广泛地说，主要的国际航空公司的战略本质上都是高成本的。提供机上餐和其他服务对于管理者是复杂的，同时也是成本高额的——如果想要将它们处理清楚。频繁的飞行计划、"代码共享"和不同等级的座位都会对管理要求更多。高的成本意味着航空公司必须提高每架飞机的上座率，在航空术语中叫作"载荷系数"。实际上载荷系数更加复杂。表3列出了欧洲主要航空公司的数据。注意低成本廉价航空公司通常是如何获得比那些主要的、有中枢航线的航空公司高的载荷系数的。

这就造成了高成本模型只可能是靠国际航线盈利的航空公司，较小的国际航空公司需要通过合并来实现这一结果。因此，2004年，法国和荷兰航空公司开始了合并战略。可以说，包括超过一个大陆的运输公司的合并无疑具有更大的吸引力，例如欧洲和美国。英国航空公司着手和美国大型运输公司——美国航空公司在21世纪初完成了初步合并协议。不幸的是，由于美国对外国（非美国）所有或者合资的公司有很大的限制，故最终没有成功。另外，欧洲协会在大陆上结束了这项协议，也将对减少伦敦希斯罗机场和美国大城市机场，如纽约和华盛顿机场之间的竞争产生重要意义：协会希望更多涉及这些航线的航空公司不会因为合并而减少。

对于低成本的廉价航空公司战略，盈利的条件更加简单、清晰。低票价飞行在欧洲大陆已经有很多年历史：航空公司为假日组团旅游的游客提供特权，使用特殊飞机或者专用飞机。然而，这样的飞机只在特定的时间才有专用座位给普通大众。这是因为20世纪欧洲航空公司市场解除管制实现的变化。例如，在2001年10月，一张从伦敦盖特威克机场到阿姆斯特丹的指定飞机特殊的经济舱机票，在英国航空公司需要花费250美元，而在易捷航空只需要170美元，但是在本节的后面将会看到对机票可用性的评论。英国航空以及其他一些主要的欧洲航空公司的困难在于，它们不能在满足盈利的前提下仅仅通过取消报纸和咖啡的供应实现与廉价航空公司同样的票价。但是，这种票价情况在2011年之前不断改变：英国航空不仅取消了一些不能竞争的线路，而且降低了其他线路的票价，至少在一定程度上提高了飞机的上座率。例如，易捷航空和英国航空在同一条线路上的票价分别是121美元和145美元。这些票价在2011年包括了国家政府引进的为了限制空中旅行和保护环境的新税率。

表 2　航空公司盈利的两个主要战略

主要的国际航空公司，例如法航、汉莎航空公司和英国航空：轴辐式模式

- "轴辐式"空中系统：将乘客从大型飞机的长途航班中带到主要的机场枢纽，例如法兰克福或者伦敦。随后，将他们分散送往各地的目的地，例如在法兰克福案例中的慕尼黑或者维也纳，以及伦敦案例中的爱丁堡和巴黎。
- 与其他国际航空公司达成"代码共享"协议，这样能够使转接班机的预定没有间隔，并且共享负重，例如汉莎航空、欧洲和南非航空以及斯堪的纳维亚航空的"星空联盟"。不能高估三大航空公司网络的作用，对于一些航空公司而言，会员比较有价值。例如，汉莎航空是星空联盟的中心，生成（汉莎技术）、餐饮（汉莎大厨）和市场调研或市场业务建议（汉莎咨询）。
- 其他全方位的服务：指定座位和订餐等。在长途航班中的这些服务比短途航班重要，因为短途航班中的食物和舒适度并不那么重要。
- 飞行常客俱乐部会奖励那些定期乘坐相同航空公司的乘客：有用，但管理昂贵。
- 运营广泛的具有高价格和利润的业务类型。
- 为短途和长途运作不同的飞机：管理费用昂贵，因为设计、服务和维护是不标准的。
- 利用政府的保护和限制路线：见上文。

廉价航空公司，例如瑞安航空公司，易捷航空公司和柏林航空公司：低成本模式

- 基于单程票的简单票价架构：网上预定和定价更加方便和便宜，从过去少有的可用座位中，可以对其制定更高的价格来实现利润最大化。
- 只有点对点飞行，没有转机的航班。这意味廉价航空公司能够避免转机中延误时间，避免连接航班中额外行李处理成本，避免转机中更复杂的航空线路等。
- 机场快速的周转速度通常是 25 分钟，其原则是，只有当飞机飞行时才能盈利，如果停在地面上就会产生成本。

- 频繁的飞行强调的是可靠性：准时、少量的航班取消、少量的丢失行李。这往往比长途运营商具有更好的航空记录。
- 利用动态定价方法来弥补飞机座位，在早期制定较低的价格，随着预订座位的增加而提高价格。需要注意的是，大多数航空公司正在使用该方法，例如国际航空公司。
- 以国家为关注重点，在一个国家中建立几个营利性的航班路线，然后转移到另一个国家。
- 使用那种具有较低着陆费的飞机场，即使这意味着飞机场是远离人口中心的。需要注意的是，并不是所有的低成本航空公司会一直遵循该战略。
- 没有食物或其他客舱内服务，除非在飞机上付费。因为清理食物和废纸会延误转机时间。
- 不必要的服务，例如地面公司和经常性的维护。
- 为整个舰队使用一种飞机模型，这样能够降低成本，配件的库存成本等。
- 一些工作限制，加上实现效率的额外费用。理论上，飞行员甚至可以帮助搬行李。
- 运作高密度座位：例如，报道称，瑞安航空公司将一个中等规模的客舱厕所改装成了额外的座位。

注释：低成本的航空公司并不能保证安全；像 Ryanair、easyJet 拥有很出色的安全保障。

表3 比较所选择的欧洲航空公司：廉价航空公司增长更快，更具有营利性　　　单位：百万美元

航空公司	国家	2009年的收入	2009年的营业收入（损失）	负重因素（%）	乘客	战略性评论
法航/荷兰皇家航空公司	法国	38 262	(1 729)	80.7	71	法航/荷兰皇家航空公司的合并提高了效率。但是巴黎机场同样被廉价航空公司使用
德国汉莎航空公司	德国	31 924	388	77.7	56	从廉价的航空公司能够学习到的战略，即弹性工资、使用网上销售等。在2006年收购了瑞士国际航空
英国航空	英国	12 057	(348)	78.5	32	与西班牙航空公司的合并数据并没有包含在其中，其受到了行业问题的严重影响
西班牙航空公司	西班牙	6 317	(665)	79.8	26	许多廉价的航空公司为前往西班牙的乘客提供了便宜的航班
斯堪的纳维亚航空公司	瑞典、丹麦和挪威	6 256	(429)	71.6	21	在丹麦和瑞典，面临着挪威航空、瑞安航空和易捷航空开发新目的地的竞争
土耳其航空公司	土耳其	4 659	479	70.9	25	可能是增长更快的国家航空公司
意大利航空公司	意大利	4 183	(392)	65.4	22	已经遭受了几年的财政压力
维珍大西洋航空公司	英国	3 679	37	82.1	6	新加坡航空公司掌握了49%的股权
澳大利亚航空公司	澳大利亚	2 951	(421)	74.0	10	在2003年几乎破产。在2004年到2006年之间采取了新战略，专门为东欧目的地国家服务，例如匈牙利等。解除了与汉莎航空的合作
俄罗斯航空公司	俄国	2 849	359	69.5	9	受到了政府的一些保护
芬兰航空公司	芬兰	2 708	(178)	75.9	7	面临着激烈的北欧竞争

续表

航空公司	国家	2009年的收入	2009年的营业收入（损失）	负重因素（%）	乘客	战略性评论
所选择的一些廉价航空公司						
柏林航空公司	德国	4 703	41	77.3	28	并不是真正的廉价航空公司，可以预订座位，并提供免费的食物等
易捷航空公司	英国	4 246	96	86.9	45	比它的竞争对手瑞安航空公司更关注于主要的机场
瑞安航空公司	爱尔兰	4 021	541	82.0	66	在利润和乘客数量上具有显著的增长。但是除了政府税收之外，乘客几乎没有支付任何航班飞行费用
挪威航空公司	挪威	1 259	98	78.0	11	斯堪的纳维亚具有大规模的网络
泛航航空公司	荷兰	921	20	81.5	5	法航/荷兰皇家航空公司的廉价航空子公司
伏林航空公司	西班牙	862	102	73.7	8	西班牙国家的快速增长的廉价飞机
德国之翼航空公司	德国	831	34	80.0	7	与汉莎航空公司有关联的廉价航空公司

资料来源：2010年ATW世界航空公司报告，可从网站上获得，世界航空公司数据库。

对于廉价航空公司，低价票并不是可持续的竞争优势。然而，成本低于其他竞争者是一个优势，只要能够保持。问题在于这些线路的竞争性优势是众所周知的。例如，20世纪90年代瑞安航空公司最初在从美国西南部的航线上运用这种方法。"我们去美国西南部就像去大马革士一样。这是运营瑞安航空的方法。"瑞安航空首席执行官迈克尔·奥莱利说。

除了低价战略的吸引，我们也要认识到，对于一些乘客来说，欧洲廉价航空是不能忍受的。另外，一些欧洲航空公司远远无法实现旅游和商业目标。然而，易捷航空和柏林航空对主要机场的飞行有着经过深思熟虑的政策，即使着陆费用很高。目的是吸引旅游者，尤其是那些需要节省人群的，如经营小型企业的管理者和创业家。此外，廉价航空公司通常只能提供低价票，导致其上座率较低——试试看在节假日来订购低价票！可能这些航空公司在成本上并不比欧洲主要航空公司拥有很大的竞争优势。

商业模式：轴辐型 vs 低成本

分析表3中的数据，可能会得出轴辐型模式有局限性的结论：表中许多国际航空公司使用这种商业模式在2009年收益很低。然而，尽管土耳其航空公司有些飞出伊斯坦布尔的航线也采取此模式，却是盈利的。同样，表中载荷系数和盈利率没有联系：例如，尽管德国汉莎航空公司比法国航空公司或荷兰皇家航空公司载客系数低但盈利多。实际上，航空公司盈利率与载荷系数是有关系的，但还需要考虑其他的可能的影响因素。

航空公司有较高修理花费，并且通常对飞机支付高昂的租赁付款。这就使得它们对空中交通量有很强的依赖性；载客系数就是对此的衡量。但是，这些高成本使得航空公司在经济圈的变化中极其脆弱。这些问题不仅仅涉及现有的飞机载荷量，而且对判断是否需要增加新的飞机有判断作用，无论是封存的还是新购买的。事实上，一些航空公司强推飞机重新服务随着经济圈发展已有改善，这样，有空余座位的飞机涌入市场会迫使价格下降。最近几年，北美航空公司尤其有易发的倾向。一些中东航空公司如今在同样的情况下获得了极大的声誉，这可能是因为它们希望增加市场份额而不是盈利。

另外，航空公司盈利率与燃料花费有关。追溯到2008年，燃料花费大概是每桶61美元。到2010年增加到75美元并且预计到2011年将会增加到95美元。因为在2009年燃料花费大概占航空公司总花费的26%，所以十分重要。一些航空公司对燃料价格套期保值，但这并不是长远之计。

除了以上问题以外，政府现在开始对航空飞机增加收税，其政治目的在于：或是因为需要收入，或是因为空中旅行对环境有损伤而不被鼓励。无论什么原因，结果是提高了航空公司的飞机票价，降低了一些西方国家空中旅行的需求。然而，航空飞行数量仍然在增长，尤其在亚洲和南美，许多航空公司对恢复盈利持积极态度。

为了克服盈利压力，采取轴辐战略的航空公司通过更加深入的合作或者进一步合并它们的服务。有两种形式，第一种是简单地合并航空公司，如法国航空和荷兰皇家航空公司合并，英国航空和伊比利亚航空公司同意2011年进行合并。由此在日常开支、系统、飞机经费和相关花费方面的益处简单和明了的。

第二种形式是发展和实行"共享代码"协议。本质上讲，世界各地的航空公司就订票系统和无接缝的航班安排表等方面同意合作，这样就可以联合起来提供更加完备的服务。现在这里有三个共享代码的系统：

● 空中联盟（Sky Team）：包括达美航空和法国航空（荷兰皇家航空）。它每年承担将近4.6亿的乘客。

● 星空联盟（Star Alliance）：包括德国汉莎航空、联合航空和全美航空以及新加坡航空。它每年承担将近5亿的乘客。

● 寰宇一家（One World）：包括美国航空、英国航空、伊比利亚航空和国泰航空。它每年承担将近3.5亿乘客。

这里有一些国语航空公司怎样从共享代码到完全合并转变的提示。但是这些服从于由政府权威竞争机构进行的大量管理调查研究，因为它们可能实质性地减少竞争。大多数时事评论者希望任何合并都能保持很多年。

英国维珍大西洋航空公司拒绝合并。它通过在市场需求下降时削减服务来获利，而不是通过合并。与其他航空公司一起达成代码共享协议，但这是有局限的。在2011年1月，董事长理查德·布兰森（Richard Branson）先生大力开展反对英国航空公司和伊比利亚合并的活动。布兰森面临的问题在于，如果这样的合并发生了，那么随着时间的推移，他的航空公司变得孤立。另外，新加坡航空掌控了维珍航空49%的股权，在几年前新加坡航空十分重视购买了维珍航空。如果出售航空公司，那么如此高的价格将导致：新加坡可能希望获得完全补偿无法实现。一直以来，维珍航空由于其他航空公司形成战略联盟而失败。在2011年写这个案例之前，这个问题尚待解决。

欧洲航空市场：顾客和市场分区

欧洲航空市场大概分为两个主要的市场分区：商业用户、休闲客户、当地客户。所有的客户中大概80%属于后者，他们因为假期和家庭原因，如学习或者探亲而旅行。就飞机上座率而言，他们十分重要，但是并不是最具收益的部分。根据瑞安航空的迈克尔·奥利里所说："在这个行业中，低成本才能获胜。99%的人想要最便宜的价格。他们并不想要获得飞机内阅读杂志和最好咖啡的奖赏。谁在意？只要安全准时并且价格便宜。这是公共汽车服务，是交通。"

另外的20%是商业用户。他们的相关商业活动是由公司付费的。这部分用户由公司支付高等全价票。因此对于航空公司而言，商业用户是盈利的关键。考虑到商业用户带来的高效益，得出一个符合逻辑的结论，它将决定以后航空市场，尤其是针对商业用户的划分。2006年几个公司创立了商业舱，专门提供来自不同欧洲国家到美国的航空服务。然而，几乎所有的航空公司都在2009年之前倒闭了，仅一家幸免：英国商务舱公司、麦克斯航空和厄俄斯航空主要因为燃料价格上升引起的成本压力而消失了。唯一幸存的专注于商务舱航空公司是开放天空。它是英国航空所有，每日提供由法国到纽约和华盛顿的服务。

另外，最近也有一些证据证明，商业用户由于受到来自其所在公司的压力增加，而选择乘坐廉价航空。主要的困难在于一些廉价机场远离商业目的地。例如，瑞安航空从伦敦斯坦斯特德到德国法兰克福哈恩机场后，距离法兰克福主要的商业中心96千米。

可能欧洲航空市场最重要的战略特点是，除了以上两个部分以外缺少其他的强大的市场分区。这样就使得专注于提供特殊价格、服务和相关活动的分区目标客户的有利可图的战略变得十分困难。缺少分区使得廉价航空对主要航空公司更具有吸引力。

战略性地应对廉价航空公司的竞争威胁

面对欧洲航线这样重大的威胁，主要的欧洲航空公司的回应并不一致。例如，英国航空在1999年设立了自己的低成本航线叫作Go。它在2000年及时建立。2001年，英国航空公司决定从低成本市场中撤退而选择新的战略，专注于商业用户。公司在2001年中旬将Go卖给管理收购处。在2001年终，英国航空宣布了新的战略，重新改组了欧洲低成本战略航线，但是没能建立独立的航线。"我们不是要成为一个提供不必要服务的航空公司，也不是建立一个这样的公司。"英国航空前首席执行官罗德·爱丁顿评价。然而，英国航空将会减少花费，降低对经济舱乘客的服务水平，假设商业舱乘客将持续购买全价票。

最初，德国汉莎航空公司的反应不同，但同样带有防御性。这样迅速的战略能为国内航线提供低价机票来与其中一个低成本竞争对手日耳曼尼亚抗衡。瑞安航空增加了在德国市场的占有率，投身于与德国汉莎航空的公开战争中。在2001年后期，德国汉莎从一些竞争激烈的英国、德国航线的服务中撤退。另外，航空公司对德国瑞安广告中所说的德国不允许"汉莎航空降到和内裤一个价"发出法律挑战。瑞安航空在2002年获得了150万名德国乘客并预计到2008年获得100万名乘客。最后，瑞安航空建立了一个新的部分拥有的子公司——德翼航空，就像它拥有低成本的航线，从德国人需求中获利。

除了廉价航空战略，德国汉莎航空获得两个小的竞争对手的公司——澳大利亚航空和瑞士国际航空。这对汉莎航空在投递经济的规模和范围有很大裨益。为了扩大在英国的生意，汉莎航空也买进了英国中部国际航空公司，通过这个公司，汉莎获得了在英国和美国的着陆权。然而，汉莎航空已经选择维持所有这些航空公司的独立品牌，这就减少了兼并中一些潜在地利益损耗，如共享开销成本。

荷兰皇家航空公司对廉价航空的挑战做出的反应是：建立自己低成本航空公司巴兹。随后，在2004年它把这个航空公司一些靠近瑞安航空的公司卖给了瑞安，剩下的与瑞安航空合并。与此同时，荷兰皇家航空公司也支持其他两家扎根本国的低成本航空公司——荷兰马丁航空公司和返航航空。但是欧盟对这种安排并不完全赞同，因为这会潜在的减少市场竞争（这个问题在写这个案例时还没有得到解决）。

在这段时间，荷兰皇家航空公司把它主要的公司与法国航空合并来节省营业成本。但是，合并是复杂的，所有的盈利在2007年后才合并。法国航空本身关注法国的竞争，自由航空公司在法国倒闭，使得一些巴黎戴高乐机场的着陆点得到解放。易捷航空试图接管所有的着陆点，但是只得到其中一部分。斯堪的斯堪的纳维亚航空公司和北欧航空公司与低成本竞争对手马士基航空和瑞士空中高速建立了一系列合约。然而这些布置打破了欧盟的竞争条例，所以需要重新协商。在这个时期，瑞安开始开设了到斯堪的斯堪的纳维亚的廉价航空。许多欧洲主要的航空公司又远远不能反抗这些来自于廉价航空带来的大量战略挑战。

2002年3月，一个欧洲主要航空公司的财团建立了自己的网站（www.opodo.co.uk）来便宜卖飞机票以便在最后时刻满载。这就证明了就给主要航空公司提供了方法是一个极大的成功，它减少了账面成本和提供了特别的处理来提高上座率。另外，所有的航空公司现在发展他们个人扩展的在线网上预订设施。

结论

在2001年，瑞安航空公司和易捷航空公司分别承载了740万和710万名的乘客。在2009年，它们的数据分别为660万和450万，无论以什么标准评判，这都是显著的增长。然而这些增长中至少有一些的实现是通过发展新的市场需求，而不是和原来的航空公司争夺客人。重要的是，增加盈利的举措不同于竞争对手。低成本的航空公司的商业模型无疑是有生命力的。

战略日益困扰廉价航空公司，它决定了公司是否能持续增长，或是通过新的可用短途，或是通过长途市场。无论哪个战略都需要在燃料价格增长和政府自发增加的机票税收的背景下实施，这些都增加了价格，降低了需求。

对于旧的航空公司而言，战略问题在于怎样在长期的经营中恢复收益。除了与低成本航空同样的花费和票价压力，旧的航空公司还面临着其他问题。一些中东航空公司决定增加它们在长距离路线市场增加份额。例如阿联酋航空公司就宣布已经有大约60架空中巴士A380巨型喷气式飞机在订购途中。这会给这些线路的承载量带来极大的增长，这些都会影响到需求、价格和强大竞争。此外，美国有证据证明这是不被鼓励的。美国除了西南部许多航空公司都选择了廉价战略，这些年由于撤销管制和扩大航线容量的原因也都挣扎在破产的边缘。合并和收购是这些航空公司可能的战略，但是并不容易实现。

也许旧的航空公司能从瑞安和易捷航空学到更多。

©版权归理查德·林奇所有，2012年。保留所有权利。该案例是由理查德·林奇所著，来自于已发表的信息。* 作者非常感谢克兰菲尔德大学的Thomas Lawton教授，感谢他对该案例早期版本的评价。

案例问题

1. 为什么战略管理制定对欧洲主要航空公司很重要？

2. 运用战略管理的三个主要阶段原理来为低成本航空公司确定出可能出现在战略规划中的主要成分。

3. 欧洲主要航空公司拥有哪些实质性的竞争优势？

4. 欧洲主要航空公司在服务中需要什么战略？能从廉价航空公司借鉴吗？

战略项目

世界上的一些航空公司面临着严重的财政压力，例如，正在写该案例时的印度航空公司和斯堪的纳维亚航空公司。然而，其他航空公司已经决定解决这个问题，例如，新加坡航空公司和印度的捷特航空。为什么这些航空公司比其他公司更成功呢？它们所采用的战略是什么？帮助它们的外部环境是什么？为了进行研究，通过查找主要航空公司的网站，你能够获得什么信息？随后利用该案例中的问题来进行更普遍的研究，研究航空公司乘客的倾向、政府对竞争的态度以及燃油价格压力。

注 释

* This case was written by author from numerous sources including: ATW World Airline Reports 2008, 2009 and 2010. *The Economist*, Special Survey, 12 June 1993; Annual Report and Accounts of Ryanair, easyJet, British Airways, Lufthansa, etc.; also from some selected *Financial Times* articles: 8 December 1998; 11 November 2000, pp14, 20; 6 August 2001, p24; 11 August 2001, p11; 23 October 2001, p20; 31 October 2001, p14; 23 November 2001, p25; 23 January 2002, p29; 30 January 2002, p23; 1 February 2001, pp8, 24; 7 February 2002, p24; 8 February 2002, p26; 14 February 2002, p22; 15 February 2002, p26; 20 February 2002, p30; 17 May 2002, p32; 17 June 2002, p18 (Letter); 19 June 2002, p4; 1 October 2003, p28; 8 October 2003, p14; 29 January 2004, p27; 4 May 2004, p28; 8 May 2004, pM3; 2 June 2004, p26; 15 June 2004, p21; 28 June 2004, p26; November 2004, p24; 5 January 2005, p11; 21 January 2005, p20; 1 February 2005, p22; 29 July 2005, p29; 15 September 2005, p30; 8 June 2006, p28; 19 May 2007, p14; 25 May 2007, p20; September 2007, p23; 21 September 2007, p24; 7 December 2007, p24; 21 January 2008, p25; 31 May 2008, p17; 18 July 2008, p17; 25 March 2009, p22; 20 May 2009, p23; 3 June 2009, p16; 10 September 2009, p11; 16 December 2009, pp4 and 26; 15 July 2010, p16; 23 July 2010, p14; 13 August 2010, p12; 18 January 2011, p18; 30 March 2011, p17. *The Times* 13 April 2007, p48; 4 June 2008, p37.

案例研究 2

观看总结该案例的视频

全球啤酒和贮藏啤酒：在成熟市场中探索战略

尽管 2010 年啤酒的全球市场规模很大，但它只以每年 3% 的速度缓慢增长。并且，它由拥有联合市场的四个公司掌控。这些都是一个成熟市场必备的特点，在这样的市场公司该采用的最好战略是什么呢？

世界啤酒市场——规模，增长和股份的合并

2010 年，世界啤酒市场销售额达 1 300 亿～2 000 亿美元。世界各地的消费者消费了 2 000 亿升啤酒。图 1 是根据市场规模大小区分的领先国家市场。由此表明了为什么世界最大的啤酒商在过去几年将目标直指中国。

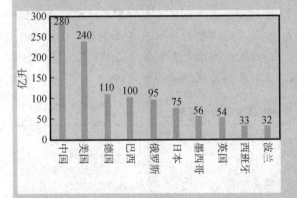

图 1 世界啤酒：2007 年 10 个最大的市场

资料来源：作者对各行业的估计。

2000—2009 年，世界啤酒市场采用合并战略。啤酒制作公司的数量在减少，但啤酒占整个市场的份额在增加。2000 年世界五大啤酒商销售额占市场总额的 19%。十年之后，世界四大啤酒商的销售额占整个市场的 50%，占全球利润的 75%。第五大啤酒商——苏格兰和纽卡斯尔在 2009 年被其他四个啤酒商中的两个兼并破产。合并战略在少数公司主导一个产业，通过收购兼并合并市场股份的成熟市场上很常见。

2005 年到 2009 年，世界啤酒销售年复合增长率约为 3.5%。这掩盖了发达世界市场 3.4% 的下滑和发展中市场 6.8% 的增长。发达市场的增长率高于其他食品和饮料，为此，公司在不断寻求新机遇。

世界啤酒市场竞争越来越激烈，公司为世界不同地区的市场制定了不同的战略。

市场增长最大的领域是中国和非洲。东欧在早期增长稳定，但在该阶段末期由于消费者收入减少、政府税收增加而有所下降。非洲的增长是源自消费者的购买对象从不合法的啤酒制作商转向合法的啤酒制作商。总体来说，世界相对较低的增长水平掩盖了个别国家和区域增长的差异。

这些实现差异同样反映在世界不同地区四大啤酒商不同的相对优势上。比如，百威英博在北美很强大，如图 2 所示。在此案例中，主要原因就是这个公司拥有世界啤酒销售量最大的百威。相比较下，喜力在欧洲比较出名。

谈到市场份额，2000 年世界五大啤酒

商占市场销售额的19%，2006年38%，2010年50%。重要的是，世界啤酒制作业以收购兼并的形式开始了合并。比如，从2001年到2006年，完成了280桩生意，交易额达800亿美元。表1是较活跃的公司。

2001年，世界四大领先啤酒制造商：

● 百威英博（Anheuser Busch InBev）。2008年它由欧洲啤酒公司英特布鲁、南美公司安贝夫、美国最大的啤酒公司安海斯希布发展而来。英特布鲁在90年代末通过一系列收购拥有了比利时的阿托瓦、加拿大的Labatts、德国的贝克和英国的惠特布莱德。南美啤酒领导者巴西的安贝夫控制着整个南美市场，且比其他南美市场要强大，它主要品牌是博浪。随着不断的兼并，博浪现在分布于世界各地，是高质量高利润的优质品牌。兼并的财务效益将在本部分后面讲到。2008年，英博和安海斯希布兼并成为世界最大的啤酒制造商。安海斯希布依然是美国最大的啤酒制造商，保留了它的旗舰品牌——百威。

● 南非米勒（SABMiller）。在接下来的案例我们会详细讲解。近几年的三次收购彻底改变了它：2002年收购米勒酿酒厂、2005年收购拉丁美洲的巴伐利亚集团、2008年收购荷兰的高胜公司。然而，美国的利益由于来自百威的竞争面临困难。

● 喜力（Heineken）。从芬兰踏上国际舞台的家族企业。其主要品牌是喜力和阿姆斯特丹。它开始在世界市场建立优质品牌。关于它的活动接下来会讲到。

● 嘉士伯（Carlsberg）。被积极参与收获的丹麦慈善受托基金会掌控。它在西欧国家尤其是斯堪的纳维亚存在巨大的利益。它同时也在东欧国家发展自己的利益。它的众多发展都是通过收购获得的。

表1 2000—2006年间，世界啤酒市场是如何整合的

公司	国家	2000年的世界啤酒销售量（亿升）	公司	2006年的世界啤酒销售量（亿升）
安海斯布希	美国	120	英博集团，见文中	190
英特布鲁	比利时	76	南非米勒啤酒	136
喜力	荷兰	74	在2008年，安海斯布希与英博的合并公司	132
南非酿酒集团	南非	56	喜力	122
美洲饮料公司	巴西	56	嘉士伯啤酒公司	92
米勒酿酒公司	美国	54	苏纽公司	50
嘉士伯啤酒公司	丹麦	47	朝日公司	35
苏纽公司	英国	36	麒麟啤酒公司	33
朝日公司	日本	35		
麒麟啤酒公司	日本	33		

资料来源：公司年度报告的贸易估计。

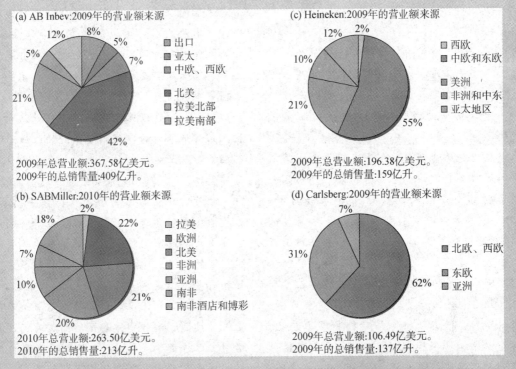

图2 世界上四大主要啤酒制造商的营业额来源的比较

注释：Carlsberg 的营业额来源被作者简化了。
资料来源：每个公司的年度报告和报表。

图2详细介绍了每个公司和它们在世界各区域的优势。

在某种程度上，公司大小跟啤酒制作有关。有生产和分配的规模效益，有从建立和推进全球品牌的规模效益，尤其是那些给公司带来高利润率和顾客忠实度的品牌。像喜力、嘉士伯和百威那样的公司不断致力于发展自己的世界品牌。世界最大的品牌就是百威，它是美国本土最大的销售商，在世界其他地方也有较大销售量（不一定是主导）。

对一个成熟市场也不像其他成熟市场，世界啤酒制造业没有过剩的生产力。在有些区域市场，主要的啤酒商在建立新的工厂，但在其他市场它们关闭旧的工厂并把它们转到更高效的地方。

啤酒工厂的大小是怎样影响啤酒制作战略的呢？英特布鲁和安贝夫通过2004年兼并收益来建立百威公司。合并的公司可以通过技术、采购和其他行政节约成本的合并实现了年节约成本3.5亿美元。通过两种方式，一是把百威最好的业务放到英特布鲁的经营管理上，特别是在发展中的市场；二是通过批准巴西和阿根廷的贝克和阿托瓦、批准博浪的经营来达到年商业储备1.75亿美元。在接下来的3年，英博储蓄和增长不断持续。并且，它从之后和安海斯希布的兼并中获益。

百威英博并不是参与合并战略的唯一啤酒商，在过去几年还有一系列其他的收购兼并。2007年，嘉士伯和喜力成功竞标其他啤酒商：S&N。这两个竞标者分担了S&N的啤酒生产：嘉士伯负责南非米勒在俄罗斯的啤酒利益，喜力负责其在英国、印度联合酿酒公司和中国重庆啤酒利益。南非米勒在过去几年也参与了很多兼并,如下一个案例。

最后,大公司并不是啤酒制作的唯一战略,有些小公司也是有利可图的:接下来案例中介绍小型啤酒公司。

全球品牌战略:当地优质品牌啤酒的优势

从可见的营销支持水平,世界四大啤酒商的优势是它们的优质品牌,表2列出了一些主要品牌。然而,根据南非米勒可知,2009年国际啤酒品牌销售额占世界消费的6%。每个啤酒商都有自己仅限于个别国家的一系列品牌。

例如,喜力在英国有以下品牌:纽卡斯尔、强弓、约翰·史密斯、1664凯旋啤酒、布尔莫斯、阿姆斯特、福斯特和喜力自己。在爱尔兰和世界其他地区,它的品牌包括摩菲斯;在德国,它包括31个品牌;在中国,包括虎牌啤酒的九大品牌,它只持有少数股份;在印度,包括虎牌啤酒和翠丰啤酒,它只持有少数股份;在俄罗斯,它的品牌包括波罗的海啤酒。此外,还包括横跨俄罗斯的其他六大国内品牌和七大区域品牌。

表2 主要的啤酒制造商和它们的品牌

	国家	所选择的国际品牌
百威英博	美国和比利时	百威、时代、贝克
南非米勒	南非,但是总部在伦敦	培生、佩罗尼、米勒、高仕
喜力	荷兰	喜力、阿姆斯特尔、克鲁兹坎波
嘉士伯	丹麦	嘉士伯、乐堡、克劳恩伯格1664

资料来源:年度报告和报表。

世界啤酒市场品牌扩散的原因是什么?尽管它被称为世界市场,但在很多方面它还是地方性的。啤酒业在其战略的很多方面还是地方性的:比如,世界各地啤酒的味道不一样,不同国家对啤酒消费有不同的法律,啤酒消费在有些国家主要在酒吧,但在其他国家杂货店超市是主要的销售商。引用南非米勒董事长格雷厄姆·麦基(Graham Mackay)的话:"啤酒是一种特产,它是本地产业,品牌是本地的,销路是本地的,顾客是本地的,没必要从伦敦总部对每个公司施加日常管理。"我们接下来会继续讨论。

此外,许多国家的城市化增添了财富,这就意味着对品牌啤酒的需求比土产啤酒的需要要大。财富的增加也增加了本地优质品牌啤酒的消费。这些啤酒有优质的包装、配置和质量,但是和那些高价格的主导品牌,如喜力和百威相比,它们的价格与当地人的收入更接近。这就意味着国际品牌啤酒的价格超出了当地人的承受范围。不管价格怎样,从长远来看,大型的国际啤酒商喜欢提升自己的全球品牌,然而,他们意识到这需要时间和不断地投资。

利润率、价格和竞争

利润率

从获利的角度,世界啤酒制作业有两个极端:大型啤酒制造商和小型啤酒制造商。

第一,拥有持续规模效益、范围效益,包括品牌效益的国际啤酒制造商。一个限制因素就是运输费用。远距离运送液体,如啤酒费用较贵。此外,有些啤酒在货架上的寿命短且经过长时间运输,导致最后销售的时间变得更短。有些国际啤酒制造商在各个国家有自己的啤酒工厂。另外,每个国家啤酒的口味不同,因此最好是能由当地的啤酒商提供。

第二,还有一些仅在小地方存在的小型啤酒制造商。它们没有经济规模效益。然而,它们因无须支付像国际啤酒商那样的高额管理费而获益。小型啤酒商产品价格一般较高,它们的产品质量高,更当地化,酒精浓度高。它们通常在小区域销售,吸引顾客寻求优质产品。它们不能成为国际品牌，但依然可以产生较小的却极为重要的利润。

在两种极端之间，中型的啤酒商也可以获利。但它们常被大型的啤酒商收购，到2011年，收购业渐渐减少了。因此像南非米勒那样的公司只好采用新战略。这包括整合近几年来兼并的公司。当公司被收购，它们就有不兼容的支出和控制系统。如果想达成经济规模效益和范围效益，就必须将其融进一个系统中。2011年，主导的啤酒商就肩负着这样的使命。

价格和竞争

由于世界啤酒领导企业有强大的品牌宣传战略，所以价格竞争有限，但还是存在价格竞争的。啤酒商通过推销本地优质啤酒来满足当地需求，但价格仍然低于国际品牌。

不管怎样，价格竞争相对减轻了。世界各国啤酒商和它的竞争对手有同样的支出架构。有时还具有本地优势，但低支出、低价格战略并不是企业所追求的。世界主要的啤酒商在价格战略上并不合作，因为那可能是违法的。但它们密切关注彼此，比较彼此的价格。更重要的是，它们不在价格上破坏彼此。

进一步说，还有另一种形式的价格竞争。这发生在个别公司，如南非米勒，嘉士伯和喜力。主要啤酒商推出的国家品牌、区域品牌和地方品牌意味着在同一个公司这些品牌相互竞争。这一战略为公司提供了可获得利基品牌。对于每一个世界啤酒公司而言，结果就是多品牌战略。也许这就能解释为什么2009年它们的品牌只占世界市场的6%。

最后评论

尽管在技术上有些主动权，但这只发生在技术相对成熟的环境下。这就意味着世界啤酒业的创新仅限于非技术变革。

注释：该案例的资料来源列在SABMiller案例的后面。

ⓒ版权归理查德·林奇所有，2012年。保留所有权利。该案例是由理查德·林奇所著，来自于已发表的信息。*

案例问题

1. 世界主要啤酒商采用的战略是什么？为什么？

2. 如果有的话，其他成熟产业里的公司能从世界啤酒业中学到什么？

*该案例的参考文献和资料来源与案例3相同，即下文将描述的案例。

案例研究 3

视看总结该案例的视频

南非米勒：南非悄悄走向国际

在过去 15 年，南非米勒从一个南非当地的控股公司转变为世界第二大啤酒生产公司。这个案例讲述了它是如何悄悄地拓展国际业务，如何克服所面临的问题的。

南非啤酒商：南非米勒的诞生

在种族隔离的年代，政治制裁使得南非米勒无法从本国走出去，尽管它从主导的国内市场获益颇多。因此南非米勒把它获得的利润又投资到国内其他行业：服装、零售、纺织、平板玻璃和果汁都是投资对象。制裁被解除后，它开始移向海外。为了向海外扩张提供资金，南非米勒在 2001 年出售其南非所有非啤酒活动。

甚至在 90 年代初，南非米勒做出了重要战略决定：它需要建立它最知名的啤酒制造业。拥有卡斯特·拉吉儿（Castle Lager）品牌的南非米勒公司已占有国内啤酒市场的主要股份。该公司建于 1895 年，是南非的主导公司。它不仅懂得如何制作啤酒，还拥有在啤酒制作、装瓶和销售上拓展经济规模方面的专业知识。南非米勒还成为南非可口可乐碳酸饮料的最大经销商。在 90 年代初，南非米勒进步的空间较小，但它在啤酒业依然支离破碎的国际市场不断寻求机遇。

南非米勒：迈向国际的第一步

1993 年，南非米勒第一次进行国际收购。品牌是匈牙利最大的啤酒商德雷尔（Dreher）。它发生在中欧远离俄罗斯统治，国企开始私有化时。南非米勒利用在南非的利润抓住了这次机会。之后南非米勒称它从此次收购中学到了教训。几年之后，南非米勒的总裁格雷厄姆·麦基说道："我们刚开始进入时确实犯了错误。你可以认为我们在欧洲匈牙利的第一次收购犯了一些错误。那时我们也克服了一些，我们知道采取什么措施，该注意什么和事情的轻重缓急。"

1994 年南非米勒的下一步就是进入中国，和中国国企啤酒厂形成合资企业。南非米勒占 49% 的股份，在它成为西方公司目标之前，开始悄悄在中国建立威信。同年，南非米勒凭借自己在非洲地区的优势和销售网开始扩展至坦桑尼亚、莫桑比克和赞比亚。所有的举措都相对温和，并且以已存在的利润为资金。

从南非的津巴布韦城堡啤酒开始，在过去 10 年里，南非米勒已经建立了全球品牌集团。

尽管匈牙利存在较多问题，南非米勒还是看到了在中欧的机遇。1995 年到 1999 年，南非米勒收购了在波兰、罗马尼亚、斯洛伐克和俄罗斯的一些大型啤酒公司。在那一阶段末，南非米勒还是很幸运的，它的投资银行——野村收购了捷克啤酒品牌培生，作为当时捷克斯洛伐克私有化的一部分。野村打算拍卖捷克的啤酒品牌。培生啤酒在捷克市场上占 44%，是中欧的知名品牌。拍卖引起了美国百威、比利时英特布鲁和芬兰喜力啤酒的兴趣。但南非米勒竞标价最高——62.9亿美元。南非米勒真正的战略问题是，1998年捷克啤酒只获利1720万美元。如此低的利润如果不采取措施的话将很难赚回收购价。南非米勒的战略就是让培生啤酒重新赢回在中欧的荣誉。这能够使设备现代化，提高价格和产品质量，把捷克共和国作为进入中欧经营的跳板。格雷厄姆·麦基说道："这一战略是正确的，但并不是故事的结尾。捷克啤酒在东欧和中欧的名声都很好以培生为最高，但合并的空间还很大，我们随时准备参与。"

20世纪90年代末，南非米勒完成了把主要股份搬往欧洲，以此来增加用于收购的资金的计划。到今天为止，主要的领导者还是南非，包括南非的政客、南非米勒的非执行董事西瑞尔。搬往欧洲也存在问题，格雷厄姆·麦基说道："我们虽然在欧洲之列，却没有很强的业务。"

南非米勒成为世界公司

到2000年，南非米勒的战略运行得很好。它得到了中欧的主导品牌，在那里它可以发挥自己的核心竞争力。它也开始进入有增长潜力的非洲其他市场和中国市场。它甚至收购了一家有长期潜力的印度啤酒公司。尽管认为印度市场限制多且不成熟，但它还是收购了纳兰啤酒公司。南非米勒修改了和印度当地公司肖华莱士的合资关系。合资后的企业成为印度仅次于喜力的第二大啤酒公司。

尽管南非米勒在不断建设未来，但在实现全球野心上大部分地区面临很多困难。它的竞争对手，喜力、英特布鲁和嘉士伯主导西欧；百威英博也因它的百威品牌拥有了世界地位。在2001年至2003年，南非米勒做出了三个战略调整：

1. 美国中部：2001年它收购了洪都拉斯58%的股份，用50亿美元收购了萨尔瓦多。

2. 北美：2002年，它花费了56亿美元收购了美国米勒啤酒公司，米勒是美国第二大品牌。它的股份为49%只比市场领导者百威啤酒少17%。但北美市场被称为是拥挤的、增长低的，米勒也是"病态的"，南非米勒的收购并不成功。

3. 西欧：它用27亿美元收购了意大利佩罗尼啤酒公司，这是南非米勒第一次进入西欧较为成熟的市场。

最大的收购就是对米勒的收购，为此公司才更名为南非米勒。此次收购使它部分进入了世界最大啤酒市场——美国。但六个月后它才发现问题比收购前预想的要严重得多。原本打算保留下来的米勒总裁也被解雇了，新的总裁继位。一年之后格雷厄姆·麦基评论说："我们小心进入米勒，这将是长期的转变，毫无疑问，我们能修复这些问题。"但是到2008年，南非米勒还是存在这样的收购问题。

对米勒的收购最初是靠发行股票获取资金，那些股份被米勒之前的主人奥驰亚占有。奥驰亚是一家美国公司，可能以万宝路品牌的制造商菲利普莫里斯烟草公司更出名。奥驰亚有南非米勒23%的股份，最大的单个股权公司。南非米勒付给了米勒很多钱吗？格雷厄姆·麦基说："这似乎是个徒劳的辩论，从中长期来看我们会克服资金支出，那些业务改变了我们公司，我想它也会给其本身的账户带来价值。"

南非米勒决定成为全球公司的战略结果见表1。结果公司在营业额和税前利润上有了五倍增长，每股收益在过去九年的扩张中翻了一倍。但还是有存在一些隐性问题。

南非米勒在北美的问题

2004年，南非米勒声称要扭转在北美

表1　南非米勒在过去9年时间里全球扩张的结果

	2002	2003	2004	2005	2006	2007	2008	2009	2010
营业额	4 363	8 984	12 645	14 543	17 081	20 645	23 828	25 301	26 450
年利润	293	296	645	1 141	1 440	1 649	2 023	1 881	1 910
总资产	5 691	12 250	13 799	15 228	27 115	28 736	36 082	31 628	37 504
每股收益（每股单位：美分）	48.7	54	77.6	103.2	105	110.2	134.9	125.2	122.6

资料来源：南非米勒公司的报表。

市场的利益，但到了2008年还是存在问题。原因之一就是美国百威英博公司把南非米勒看成是一个巨大威胁，因此它开始在全美国降低价格，降低利润率。南非米勒的总裁说道："百威英博在未遭受价格攻击的情况下就采用价格战争，这是十分异常的反应。"但关键是这一解释并没有解决南非米勒的利润问题。

此外，美国人开始喜欢上了白酒，这就意味着啤酒的市场份额在下滑，并且这对利润也造成了影响。啤酒生产和销售有规模经济。市场主导百威英博有专门的批发分销渠道，但第二大和第三大啤酒公司——南非米勒和库尔斯则依靠"大通铺"以低利润卖掉米勒和库尔斯品牌。另外，和它的两个竞争对手相比，百威英博的年啤酒产量翻了一倍，规模经济也提高了。这意味着百威英博2007年的利润率是对手的两倍——百威英博为17.3%，米勒和库尔斯分别为9.3%和8.9%。

南非米勒在美国的经营需要新战略，这是它在2007年把美国米勒与库尔斯形成合资企业时发现的。新公司将更好地与百威英博进行竞争。新合资企业的领导权由库尔斯掌握，目的是每年节约50亿美元。但在写该案例的时候，这一新战略还需验证。

南非米勒悄悄拓展全球覆盖率

南非米勒的其他地区，南非啤酒和软饮料收益依然是整体利润的贡献者，是国际扩张的重要资金来源，见案例2中图2。尽管南非米勒在美国存在问题，但它正向世界其他地区拓展业务和推广优质品牌战略。

南非米勒全球战略突出的一方面就是接近两大家族企业，即哥伦比亚的巴伐利亚和荷兰的高仕，它把这两大公司看作是在南非米勒全球覆盖之下的一部分。由于家族企业的亲近性，这只能悄悄进行，并充分尊重家族利益。另外，南非米勒的竞争对手也可能接近这两大知名的和资源丰富的公司。

2005年，南非米勒通过协商，用78亿美元收购了哥伦比亚最大的啤酒公司，巴伐利亚公司。收购巴伐利亚是一次有吸引力的收购，因为巴伐利亚在哥伦比亚、厄瓜多尔、秘鲁和巴拿马都处于主导地位。哥伦比亚公司由南非米勒支付股份，并且它认为整个过程对其而言还是积极的。"巴伐利亚将向全球化和合并前进，"巴伐利亚发言人说道，"我们依然致力于强化这一进程，展望未来，遵循这一行业的商业周期。"

2008年，南非米勒完成了另一次国际收购，它用12亿美元买下了荷兰啤酒公司高仕。南非米勒解释道，此次收购将把荷兰啤酒增添到开始在南美和非洲拓展市场优质品牌行列。

2012年的战略

综合收购几年后，近几年比较安静。据说南非米勒用了70亿美元竞标墨西哥啤酒公司Femsa，但它却被标价更高的喜力公司收购走了。南非米勒以低价竞标的原因是它严重质疑Femsa在巴西的运营，它严重依赖可口可乐的销售，并且包含难以估价的较小品牌。

一般说来，南非米勒称它遵循致力于在发达国家和发展中国家开展业务的四大战略：

1. 创建平衡的、吸引人的全球业务。这一战略包含三条线，一是2008年公司同意和竞争对手库尔斯在北美的业务进行合并，以此来增加规模经济。这很重要，因为它的竞争对手百威英博在美国市场占有额40%；二是公司继续建立其在南美市场的地位，尤其是在2006年和巴伐利亚合并之后；三是南非米勒继续投资中国经营，支持它在中国的雪花品牌，市场占有额迅速增长到20%。

2. 发展当地市场强大的相关的品牌。公司利用当地趋势及品牌缺点拓展了很多当地品牌，之前提及的当地优质啤酒品牌。

3. 不断提高当地业务的利润率。这主要通过投资当地供应商和进一步发展当地品牌来实现。（要区分这一战略和前一战略可能会很难。）

4. 利用南非米勒公司的技能和全球性。公司正在寻求全球买卖，减少支出。它同样投资于可节约成本、能更快地分享到质量信息的新信息技术系统。对不同公司的收购都有其值得收购的报告系统优势。因此这一战略有益于从全球整合的经营中获取利益。

总之，南非米勒的主要业务开展得很好，销售额不断增长，特别是当地优质品牌的利润率更高。格雷厄姆·麦基说道："纵观世界啤酒市场，只有三个或四个顶级公司，我们的目的就是跻身于此，并且通过收购实现进一步的发展。我们从不为了扩大规模而扩大规模。"值得注意的是，在过去20年南非米勒从南非当地的一个控股公司转变成为世界主要的啤酒制作公司。

©版权归理查德·林奇所有，2012年。保留所有权利。该案例是由理查德·林奇所著，来自于已发表的信息。*

案例问题

1. 在过去几年里，南非米勒做了怎样的战略转变？背后的逻辑又是什么？它们是约定俗成的还是紧急的？

2. 为什么转向美国市场会面临这么多的问题？南非米勒又是如何解决的？公司的解决方案和优质品牌的全球战略是怎么联系的？它的主要竞争对手百威英博会怎样回应北美合资企业？南非米勒有必要在美国继续追求商业利益吗？

3. 其他公司可以从南非米勒公司学到什么经验教训？

 另外一个全球啤酒案例研究：喜力：什么是最好的战略？建立品牌？或者收购公司？

战略项目

此案例主要以南非米勒为主。其他啤酒制作公司也可从战略角度进行类似的研究。以可获得的各大公司网站为起点。一个有趣的方法是和世界领先公司的国际增长战略进行比较，如嘉士伯收购中的困难（为什么？）；喜力从收购转向品牌建立，又转回收购（为什么？）；之前领先的苏纽啤酒公司落后和最后被接管（为什么？）；国际啤酒制造业有很多有趣的项目。

注释与参考文献

* This case was written by the author from numerous sources including: SABMiller Annual Report and Accounts 2004, 2007 and 2010; InBev Annual Report and Accounts 2004, 2007 and 2010; Anheuser-Busch Annual Report and Accounts 2004 and 2007; Heineken Annual Report and Accounts 2004, 2007 and 2010; Carlsberg Annual Report and Accounts 2004, 2007 and 2010; Scottish and Newcastle Annual Report and Accounts 2004 and 2007. All these companies have extensive websites which can be accessed quickly via any web search engine. *Financial Times*: 8 October 1999, p26; 31 May 2002, p27; 15 May 2003, p23; 21 November 2003, p25; 6 October 2003, p6 Special Report on Investing in South Africa; 4 May 2004, p23; 5 May 2004, p21; 21 January 2005. Plus other *Financial Times* news items on the brewing industry and competition: 21 June 1999, p23; 27 September 2000, p31; 9 November 2000, p33; 4 January 2001, p22; 23 June 2001, p18; 29 November 2001, p25; 15 Feb 2002, p20; 15 Feb 2002, p26; 28 Feb 2002, p30; 8 July 2002, p4; 12 July 2002, p3; 13 May 2003, p31; 9 July 2003, p29; 23 September 2003, p37; 2 December 2003, p24; 13 December 2003, pM12; 9 January 2004, p33; 4 March 2004, p27; 5 March 2004, p25 (advertisement announcing InBev); 21 July 2004, p15; 28 Aug 2004, pM5; 4 January 2005, p20; 15 June 2005, p29; 19 July 2005, p21; 20 July 2005, p28; 25 July 2005, p24; 6 March 2006, p25; 30 March 2006, p29; 10 October 2007, p25; 22 October 2007, p14; 18 February 2008, p30; 24 July 2008, p11; 19 November 2008, p25; 15 May 2009, p19; 5 June 2009, p14; 16 June 2009, p24; 16 October 2009, p18; 29 October 2009, p24; 12 January 2010, p19; 4 May 2010, p18; 27 July 2010, p20; 12 January 2011, p17.

案例研究 4

观看总结该案例的视频

常规战略还是应急战略？全球汽车公司面临的风险和挑战——环保战略

尽管世界汽车市场正在恢复，但2012年世界汽车主导公司依然面临战略问题：首先，在北美、欧洲市场增长缓慢，在亚洲市场寻求新机遇；其次，需要发展绿色汽车。规定战略对必要的长期发展很重要，但市场具有不确定性，充满风险和挑战，也许应急战略会更合适。

引言

此案例探究的战略问题可总结为以下8个标题：

1. 2008年、2009年世界汽车市场的衰退。
2. 2008年、2009年世界主导汽车公司面临的战略问题。
3. 从2010年之后，发展中国家不断增长的市场。
4. 2012年世界汽车市场和公司依然薄弱。
5. 产量战略：规模经济、供应商联系和生产力。
6. 顾客和质量战略。
7. 世界汽车产业的绿色战略。
8. 未来具有挑战性的战略：合作的重要性。

2008—2009年世界汽车市场的衰退

2007年，世界市场需要5 600万辆客车，价值15万亿美元。但是在2008年和2009年市场份额急剧下滑，在很多西方市场，汽车占有额降到33%，见表1。到2009年全球市场下降到12万亿美元。这是由美国经济的不景气和世界主要银行家不负责任的贷款造成的。这样的下滑给汽车公司的利润造成了极大的影响，因为规模经济在这一行业很重要。

利润问题变得更糟糕是因为汽车的潜在供应要比汽车的需求多得多。例如，即使是"赚钱的"2007年，主导公司的全球汽车生产力为7.3亿辆，但全球汽车需求只有5.6亿辆。不可避免地，过胜的生产能力问题在2008—2009年世界经济衰退时变得更为严重。

在发达市场上，全球汽车市场是成熟的，并且竞争激烈。但是在亚洲市场仍然快速增长。像宝马这样的公司需要强大的出口战略才能成功，这幅图所展示的是它在美国的小型迷你车型。

2008—2009年世界主导汽车公司面临的战略问题

对于那些大公司而言，首先面临的困难就是在2008—2009年的经济旋风中生存下来。很多发达市场的顾客需求量下降，对利润率和资金流动造成了直接影响。当时，对大部分大公司来说，政府的支持变得尤为重要——新车打折销售、政府资金支撑资产负债表及政府支持关于建新同盟和合资企业的协商。

政府支持与汽车产业对许多国家如日本、欧洲和美国的产业健康作出的贡献有关。汽车生产提供了岗位、税收、国际出口和尖端技术。国家政府以牺牲外国公司来支持其本国的汽车公司和与汽车生产有关的公司，通过补贴和限制进口来支持本国企业。三个相关例子：

1. 德国最大的公司，大众汽车部分归德国一个对保持产量和就业有浓厚兴趣的州所有。政府给顾客提供补贴，让他们去购买新汽车。

2. 在不景气的2008年和2009年，美国政府为美国汽车三大巨头提供了大量资金援助。

3. 印度政府通过对外来汽车征收重税和对计划在印度设厂的外来公司提供最小投资门槛来保护本国的汽车公司，如塔塔汽车。到2010年，糟糕的事情都已过去，所有的主导公司都存活了下来。政府的支持也慢慢减少，但有些国家还在延续进口限制措施。但是市场状况在很多国家依然面临困难。

表1 汽车在全球地区上的销售估计，包括卡车和公共汽车

	2009	2007	2002	2000	评 论
北美自由贸易区	13 073	19 634	20 118	20 595	在2000年，美国三家传统公司，即通用汽车、福特和克莱斯勒，和日本丰田公司一起占据着主导地位。到2009年，克莱斯勒处于意大利菲亚特公司的控制下，其他两家公司也处于亏损状态。
欧洲，包括东欧	18 827	23 123	19 172	20 158	除了福特和通用汽车之外，大众、菲亚特、标致雪铁龙，以及雷诺都是重要的公司。菲亚特主导着印度市场，但是在2006年恢复盈利之前，即从2000年到2003年，它一直处于亏损状态。
南美和拉丁美洲，非洲和中东	9 980	9 780	3 673	3 664	一些全球制造商拥有地区性生产工厂，例如，墨西哥的福特，以及巴西的大众。
亚太地区，包括日本和韩国	23 303	17 767	14 373	12 880	丰田是日本市场上最大的公司，其次是本田。现代是韩国的领导者。相比来说，印度四大主要公司非常小，即玛鲁蒂铃木、塔塔、马恒达和印度斯坦尼。

注释：在分析世界汽车市场时，数据有时候可能是混乱的。像雷诺这样的一些公司，对它们销售额和市场份额信息的公布都是基于客车市场的。像通用汽车的其他公司，将它们的市场界定为卡车和商用汽车，例如公共汽车和重型卡车。这使得公司之间的数据比较是混乱的。即使商用汽车具有不同的行业顾客和不同的配送方法，但是许多世界公司都同时参与到了客车和商用汽车市场，因为技术和生产方法是相似的。因此，该案例所定义的汽车市场，包括公共汽车和卡车。

资料来源：通用汽车2009年的年度报告和报表，以及2009年的国际汽车制造商协会（OICA）每年的生产数据。产量数据具有很好的来源渠道，但是没有销售数据来源渠道。

此外，汽车公司尤其是那些国际公司依然面临三大基础战略问题：

1. 长期的高支出，公司利润面临极大压力，如美国汽车公司退休员工的退休金和健康基金。这对于印度和亚洲的新汽车公司来说并不重要，但对于欧洲和美国的一些公司如戴姆勒、大众、福特和通用汽车来说相当重要。

2. 上涨的油价使拥有汽车变得更昂贵，因此对一些西方发达市场和其他发展中市场来说，吸引力减小。一些大型的车型，如宝马、戴姆勒和捷豹路虎，就特别需要新车型和新发动机工程。

3. 环保意识的增强，汽车造成的污染和资源的浪费影响着汽车的设计。政府出台了新法律限制汽车排放和常规燃料公司。所有的马达公司为此开始探究新的低排放发动机。比如，印度塔塔汽车公司收购了正在研发电子马达的挪威公司的股份。在2011年，法国雷诺公司和它在日本的联合公司尼桑发明了新的全电子汽车。这是之后要讲的绿色汽车战略部分。

重要的是，这些使得世界主要的汽车公司开始寻求全新的汽车设计。

另外，汽车公司开始在全球范围内进行重组，目的是减少支出、降低生产能力、重新盈利。比如，2007年世界最大汽车公司，美国通用汽车公司在2009年面临分裂为北美部分和欧洲部分的威胁，后者被卖给了新的公司。2010年，通用汽车公司宣称其不会分割，将保持一个公司。但是不久，世界最大汽车公司的名号就被丰田汽车夺去。

总之，减少的全球需求，不断重设的车型和不断重组的公司都对2008年和2009年的世界主要的汽车公司带来了财政压力。

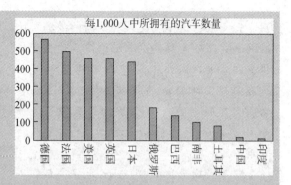

图1　在发展中国家，潜在顾客的需求是比较高的

资料来源：运用各种数据库，包括2008年的世界银行年度报告。然而，作者对2006年到2009年的数据进行了调整，为了计算在某些发展中国家增长的需求，例如中国。

从2010年之后，发展中国家不断增长的市场

尽管问题不断，一些发展中国家如中国、巴西和印度的汽车市场仍不断增长。原因之一可能是在这些国家汽车的渗透率比较低，与此同时，家庭收入在不断增加，如图1。然而，和发达国家相比，这些国家的汽车需求只占全球汽车需求的一小部分，见之前的表1。2008年，美国和欧盟依然占世界汽车市场的60%，尽管百分比仍在下降。2010年，中国成为世界最大的汽车新兴市场，印度也在快速增长。巴西比中国和印度有更高的汽车渗透率，据预测到2016年，年增长率达5%~7%，在2014年巴西世界杯和2016年巴西奥运会的支持下。到2018年，上述发展中国家有望跻身世界最大的汽车市场。据预测，世界前五名分别是中国、美国、日本、巴西和德国。印度也开始迎头赶上。

2012年世界汽车市场和公司依然脆弱

到2009年末，世界汽车产业正在不断恢复，但仍未恢复到十年前的水平。客车的总销售量达5亿辆，还有额外的1.5亿辆商

用车，如表1所示。美国和欧洲的经济在政府的支持下不断提高，政府为汽车购买者提供直接补助，以此来支持汽车销售和巩固汽车制造业对经济的贡献。然而，这些补助都只是短期的，2010年政府撤回了大部分补助，除了对低排放和零排放汽车的补助。

除了补助金被撤回，油价也很高且在不断增长，增长的原因有三个。第一，亚洲对汽车的需求增加，供应压力大；第二，欧洲政府对燃料收税高，价格增加。目的是减少消费，鼓励人们使用公共交通。第三，在世界最大的产油区，如中东，有很大的政治不确定性。这开始对汽车的使用，需求转向新的节能的汽车产生影响，如2011年，2012年的新电子和混合汽车。

汽车产业生产能力过剩是汽车市场脆弱的另一个原因。据估计，2010年的全球汽车总产量达8.6亿辆，包括货车和公共汽车，比2007年增加了18%。并且，有着高增长的国家如中国、巴西和印度，它们的生产能力正在建立。此外，新的生产能力也被一些汽车公司添加到它们的传统市场，当它们投入新发动机生产如电子马达生产时。

在这些环境因素的影响下，2012年，世界主要汽车公司致力于竞争优势。许多公司在世界各地都具有优势，比如，大众、菲亚特和雷诺汽车，其在各自本国德国、意大利和法国相当重要。大众是欧盟最大的汽车销售商，同样地，另两个世界最大的汽车公司丰田和通用在日本和美国市场占领导地位。尽管这些公司在世界各地都有销售，也就是全球性的，其中大部分在一个国家和地区也有最高的市场股份。这有助于经济规模化和帮助世界最大的汽车公司，如表2所示。

然而，这种规模战略对它们自身而言并不充足。巨大的销售额和市场份额并不一定会带来盈利。2012年，低价格的市场取得了最大单位售量，如利润率较低的丽人行、高尔夫和菲尔斯达车型小汽车。较小的单位产品销售量在更大、更奢侈的部分获得，如利润率较稳定的豪华轿车丰田、宝马和奔驰。

此外，世界主要的汽车公司都有很强大的品牌，如表2所示。许多公司有很好的销售渠道和售后服务。问题是，尽管这些优势是成功的关键因素，但它们在提供竞争优势上很弱。原因就是强大的品牌和销售渠道在很多大公司很常见，市场被众多品牌分割。然而，它们为新进入的公司设置了障碍，如旨在成为全球性商家的中国汽车公司、印度汽车公司。销售渠道和售后服务是印度塔塔和中国吉利收购捷豹路虎和沃尔沃的原因，见详细案例6。

产量战略：规模经济、供应商联系和生产力

从战略的角度，世界汽车工业的生产能力是每年7亿到8亿单位。事实上，许多公司只生产它每年能销售的数量，当然也有例外，当公司在汽车需求低位保持工厂运营时。生产能力过剩尤为重要，因为汽车公司主要依靠规模经济来获取利益。这种经济状况减少了公司的支出；反之，世界汽车工业生产能力闲置就意味着有些公司未达到全成本降低。

劳动生产率是降低成本战略的一个传统做法。相关成本降低通过利用技巧如及时、持续改善与供应商的关系来获得。日本本田、尼桑和丰田是这方面的先锋。但现在有很多美国和欧洲公司迎头赶上，以至于日本公司之前在这一领域的竞争优势也渐渐消失了。

表2 全球汽车公司：规模更大，但并不一定更能盈利

根据2009年的汽车总销量近似值排名

公司	国家	汽车总销量*	品牌名称和汽车模型
丰田	日本	7.6	大发，雷克萨斯，Aurus，雅力士，卡罗拉
通用汽车	美国	7.5	别克，凯迪拉克，雪佛兰，欧宝，沃克斯豪尔，萨博（在2010年出售）
大众	德国	6.3	奥迪，Golf，保罗，兰博基尼，宾利，斯柯达，西亚特
福特	美国	4.8	Fusion，林肯，Mercury，蒙迪欧，嘉年华，福克斯
标志雪铁龙	法国	3.6	标志，雪铁龙塞特拉（卡车），斯特灵（卡车），西方之星（卡车），汤玛士巴士（公共汽车）
尼桑	日本	3.5	英菲尼迪，与雷诺有很强的关联
本田	日本	3.4	讴歌
雷诺	法国	2.3	达契亚，马克（卡车），与尼桑有很强的关联
铃木	日本	2.3	数据并没有包括与玛鲁蒂铃木的联系，见塔塔案例
菲亚特	意大利	2.2	阿尔法.罗密欧，玛萨拉蒂，法拉利，加上美国克莱斯勒的25%
戴姆勒	德国	1.6	梅赛德斯奔驰，弗莱特莱纳（卡车），托马斯（公共汽车）
现代	韩国	1.6	起亚
宝马	德国	1.3	宝马迷你，劳斯拉斯
克莱斯勒	美国	1.3	菲亚特开始获得控制
马自达	日本	1.2	Formerly 与美国福特有关联
三菱	日本	1.0	
塔塔	印度	0.8	捷豹，路虎

*基于年度报告的近似值。

生产力并不是唯一重要的生产战略，质量建设在过去20年也变得重要。质量建设是指新汽车在离开汽车工厂时没有缺陷，没有内在的设计瑕疵。公司花费几年的时间投资高质量汽车生产的新工厂，在这个意义上，高质量这一竞争优势是持续的。另外，公司可能还花费了同样长的时间去培养和提高高质量的生产力实践。当公司建立起了高质量，便可降低生产成本，因为这减少了浪费，需要回收利用的东西也减少了。世界大部分公司都提升了质量，但还存在着差异：比如，见网站 www.jdpower.com 上发布的质量比较信息。

 阅读完整的丰田案例，该案例包括世界著名的丰田生产系统。

汽车生产的劳动生产率和新设备的投资、个别工厂的汽车设计特点有关，新设备可以让工人生产得更多。但是，许多研究发现工人们的雇佣方式和管理方式也很重要，比如著名的丰田生产系统更注重工人和他们

的工作手段而不是机器。现在其他的公司也采用了这种方法,并且更多地投资设备。但差异依然存在,主要以工人表现和合作为基础。比如,大众汽车在德国的生产力很低是因为在生产实践中强大的工会协议。

在生产战略上,供应商之间的关系同样很重要。每个公司只生产汽车的某些零件,比如没有哪个大汽车公司会生产轮胎和蓄电池。如果外部供应商的成本高,必然增加汽车公司的生产成本。丰田汽车公司和其他生产商有很大不同,它更多的是从外部供应商购买零件,而像福特那样的公司更多的是内部生产。

然而,更多的成本降低并不是来自供应商关系,而是来自产品的研发。最大的成本降低来自产品零件的重新设计而不是在工厂底层寻求成本降低。近来研发上的进步是新电子设备的运用,如电子诊断和电子传感器等。此外,在政府环境友好型交通工具的压力下,也有其他基础性的进步。

顾客和质量战略

为了满足顾客不同水平、价格和质量的汽车需求,汽车市场在世界很多地区被严重分割。在过去几年主要的发展有两条:

- 高质量和附加功能成为新标准。比如卫星导航、电子窗户、额外的安全栏、碰撞板和车内电脑。
- 节能发动机和低排放排气装置。这比下文中讲的绿色战略中的新车型还要好。

另外,在很多汽车公司,汽车品牌对生产商和个别汽车模型来说同样是战略的中心。高水平的品牌支持和其他支出给一些新公司设置了障碍,同时,它们为个别公司提供了竞争优势。

竞争优势可能来自客户活动的重要方面:售后服务和经销商网络。世界主要的汽车公司都有广阔和类似的经销商网络。然而,这些服务给个别国家的发达市场带来了竞争优势,比如有着训练有素的工程师的美国、日本和欧洲顶级公司。在发展中市场,如中国、印度和巴西,要建立值得信赖的销售网很困难也很昂贵,特别是那些传播距离达数万里的公司。在这些国家,全球汽车公司为了提供和发达市场同样高水平的汽车服务,通过同盟和合资企业不断寻求和当地公司的合作。

在过去几年,对于汽车公司既是机遇又是挑战的是汽车质量、可信度和顾客的满意程度。在21世纪初,丰田公司建立了很高的信誉度,名声很好,这成为其一大竞争优势。但在2008年和2009年,由于宣传油门踏板和位置不当的脚垫失去了这一优势,于是公司通过组织革新来解决这些问题。其他公司如戴姆勒和福特在21世纪中叶同样有需要解决的质量问题。它们可能有短期的竞争优势。以上所有的公司都不遗余力地去解决这些问题,并取得了一定的成功。

世界汽车产业的绿色战略

从地球资源和环境的角度来看,研发对于汽车公司减少排放和节约能源的战略有重要作用。尽管汽油发动机和相关的汽车技术已相对成熟,但它们依然使用昂贵的燃料并向空气中排放废气。在欧盟和美国,政府已出台了政策鼓励和支持环境友好型汽车。汽车公司为此也致力于"绿色汽车",即零排放或低排放节能汽车。因此,在2005—2007年期间,世界十大主要汽车公司的总共研发费用达到年500亿美元。

绿色战略的早期领导者是丰田公司。它在21世纪初就研发了新的汽车模型——普锐斯。它是将两种技术合并到一个发动机的混合动力汽车——低速时高效的汽油发动机和高速时零排放电子发动机融为一体。本田也发展了相同的技术。和汽油发动机相比,普锐斯的蓄电池相对较小,它从制动器中充电。2011年,这种汽车模型的价格在28 000美元左右。2010年,丰田和美国知名的全电动汽车生产商——特斯拉合资,旨在发展全电动汽车。在写此案例时并没有其他细节。

美国汽车生产商，通用汽车在2011年开发了雪弗兰·沃蓝达混合动力车。但是它和普锐斯不同，它的电子蓄电池要大一点且能单独行驶40英里。并且，沃蓝达用汽油发动机来给电子蓄电池充电，它和普锐斯发动机一样并不和驱动轮相连。在政府补贴前，沃蓝达的价格是41 000美元一辆。沃蓝达的欧洲版也叫作欧宝，在2012年推出，价格在58 000美元左右。然而，在政府的补贴下，这种汽车的价格可能会下降10 000美元。福特也推出了价格差不多的混合汽车——C-Max。根据2011年的报告，这种汽车可能会在2013年上市。福特还计划制作全电动汽车——Focus Electric。但这只能在2013年全面上市，价格跟下文提到的聆风相似。

2011年，其他汽车公司对丰田和通用汽车采用了不同的方法。比如，雷诺和它的合作伙伴尼桑正在开发聆风的全电动发动机。电动引擎零排放。这种汽车可在充电前行驶100英里，它没有汽油发动机，价格在35 000美元左右，在2011年上市。雷诺和尼桑的董事长卡洛斯·戈恩（Carlos Chosn）解释道："我们必须有零排放的交通工具，已经没有什么能阻止世界的爆炸。"

电动汽车至少有两大问题：一是里程焦虑，客户担心他们在不充电的情况下无法到达目的地。并且，在电动汽车出现的早期，没有很多充电地点；二是高价格。绿色汽车比汽油驱动车贵，因为蓄电池的生产成本要比汽油发动机的生产成本高。尽管政府补贴鼓励使用绿色汽车，但这依然是一个问题。有些评论家预测只有有钱人才买得起绿色汽车，但实际上无人知晓。

这些问题都总结在2011年《金融时报》的一篇文章中，《电荷是一种信仰的飞跃》。在写此案例时，对绿色汽车的潜在需求还不清楚。有些生产商希望占世界市场需求的10%，但其他人则表示怀疑。比如，世界最大的汽车和卡车生产商之一，戴姆勒的总裁柴琦估算它们只占市场的1%～5%。

戴姆勒认为电动汽车不是绿色汽车战略的主要途径，但不止它这么认为，像欧洲最大汽车生产商大众公司也这么认为。大众公司认为在2020年就会出现全电动汽车，但那只是市场的一小部分。因此，大众公司的战略还是以汽油和柴油发动机为主，但要不断提高效率减少排放量。引用2009年大众公司年度报告：因为大部分的车子还是由传统的燃烧引擎驱动，我们认为致力于发展汽油和柴油发动机很重要。大众传动系研究的负责人托拜尔斯解释道："我相信在未来的

表3 环保汽车：在2015年替代基本的汽油发动机？

支　持	反　对
● 政府立法限制排放量和燃油效率	● 绿色技术深入开发上的不确定性和成本
● 客户保护环境的愿望	● 汽车价格将会上升
● 全球变暖的科学证据	● 在发达国家需求最强烈，但是这些国家并不是增长最快的汽车市场
● 需要公司保持竞争	● 一些拥有环保技术的供应商具有较低的利润
● 汽油价格的上升	● 应对所增加使用的生物燃料，因为这已经提高了所有农产品的价格
● 更多的公共运输公司提供了可替代的汽车运输	● 重新充电的汽车电力不足

十年，我们能降低燃料消耗，每百公里在三升以下，是现在模型的三分之一。"从这个角度来看，以从植物中提取的生物燃料为燃料的节能汽油汽车将变得更高效，表3总结了主要的绿色战略。

未来具有挑战性的战略：合作的重要性

"近几年，汽车产业的动力分布正经历着巨大变化，汽车制造商在全球范围内寻找联盟。"日本马自达汽车公司的总裁山内孝（Takashi Yamanouchi）抓住了世界主要汽车公司战略转变的重要意义。

世界汽车市场的主要部分还是信誉卓著的，如小型汽车、跑车和豪华轿车。主要的汽车生产商面临一个重大的战略问题：（汽车生产商需要参与各种汽车的生产）当它们正投资于包括在发展中国家也有很高全球覆盖率的新技术时。雷诺和尼桑的董事长卡洛斯·戈恩解释道："游戏的名称是无处不在的，但小型的、中型的汽车生产商都承担不起。公司应该保留自己的特色，保留自己的品牌。"

这一战略思考的结果就是许多汽车生产商开始寻找联盟和合资。表4列出汽车主导公司和小公司间的联系。另外，还有很多其他汽车生产商和供应商之间的同盟和合资企业没有列出来。许多汽车公司承认并不是所有的这些联系都会起作用，比如，德国的戴姆勒公司曾一度控制了美国克莱斯勒公司，在21世纪中期又和三菱取得了联系，但在21世纪末戴姆勒和两者都分开了。

到2012年，这些压力和趋势的结果就是完全解决汽车公司的结果问题。结果很明显：在经济条件不确定的情况下，主要公司在新技术上的大投资还在不断变化。这就违背了美国、日本、欧洲汽车公司旨在在本国保持市场份额且不断在发展中国家寻求出口机遇的挑战背景。

表4　一些领先汽车公司之间的联盟与联系

福特	拥有马自达20%的股权
雷诺	拥有尼桑44%的股权
雷诺	拥有奥托瓦兹25%的股权，奥托瓦兹是俄国领先汽车公司
尼桑	拥有雷诺15%的股权
戴姆勒	在雷诺和尼桑拥有3%的股权
大众	拥有铃木20%股权
大众	拥有保时捷49%的股权
菲亚特	拥有克莱斯勒25%的股权

ⓒ版权归理查德·林奇所有，2012年。保留所有权利。该案例是由理查德·林奇所著，来自于已发表的信息。

案例问题

1. 导致世界汽车市场不确定性的原因是什么？世界汽车公司的规定性战略的意义是什么？在这种环境下是否有可能追求规定性战略？

2. 领先的汽车公司的竞争优势是什么？有些战略家认为这种优势目前在大公司很常见，根本无法将一个公司和另一个区分开来，你同意这种观点吗？

3. 你怎么判定全球汽车市场的绿色战略的重要性？怎么判定这一战略的成功？如果你是一家大汽车公司的总裁，你会冒险通过开发新电动车模型来投资零排放战略吗？或者像大众公司一样坚持汽油发动机？

 注 释

* This case was written by the author from numerous sources including: OICA Data 2009 Production Statistics. Annual Reports and Accounts of Volkswagen, Toyota, Renault, Nissan, PSA, Ford, General Motors, Daimler, BMW, Suzuki, Honda, Hyundai, Fiat, Mitsubishi, Mazda, Tata. These reports contain significant amounts of data on the general industry in addition to detailed descriptions of specific strategies, including 'Green Strategies'. Holweg, M with Davies, P and Podpolny, D (2009) *The Competitive Status of the UK Car Industry*, PICSIE Books, Buckingham. *Financial Times* on industry trends: 26 February 2010, p27; 2 March 2010, p24; 25 May 2010, p19. *Financial Times* specifically on green strategies: 20 August 2009, p19; 18 December 2009, p23; 4 March 2010, p21; 9 March 2010, p23; 21 September 2010, p26; 26 October 2010, p16. *The Times UK*; 9 October 2009, p71; 5 January 2010, p50; 21 March 2011, p26.

案例研究 5

竞争性的常规战略：排名前五位的汽车公司之间的竞争

观看总结该案例的视频

2008年，日本丰田汽车公司（Toyota）超越了它的对手，即美国巨头通用汽车，成为了世界上最大的汽车公司。在2010年，德国大众汽车公司声称其目标是在2016年从丰田手上获得全球市场领先地位。另外，其他的两家领先公司，即福特汽车公司和法国雷诺公司/尼桑汽车，仍然希望建立它们的市场份额。这个案例研究了在全球汽车行业上这五个公司为了获得汽车销量之间的竞争。阅读该案例时，需要结合全球汽车行业的风险和挑战。

在全球竞争中的基本转变

几十年来，两个领先的美国汽车公司，即通用汽车和福特，主导着世界汽车行业。它们是美国的市场领先者，并且在欧洲也具有重大的市场份额，尽管它们未必是领先者。随后，出现的日本汽车公司，例如丰田、本田和尼桑，它们具有高质量、可信度以及低成本的产品，并且具有大量的营销成本。在这段时间，美国公司承担着大量的"遗留成本"（legacy costs），这些成本与美国贸易工会所制定的养老金和医疗承诺有关。因此，它们的世界市场份额减少了，如图1所示。在21世纪，正是因为美国政府的支持才使得美国公司保持了业务上的领先地位。

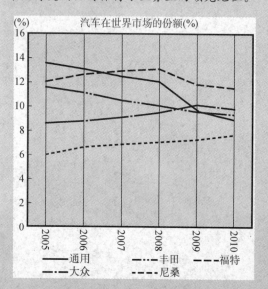

图1 世界领先汽车公司的全球市场份额
资料来源：年度报告和报表

领先的欧洲公司能够保持它们的市场地位，尤其是在其本国。德国大众汽车公司就是欧洲的市场领先者，其次是两个法国公司，即雷诺公司和标志雪铁龙集团，后者具有两个主要的品牌，即标志汽车和雪铁龙汽车。对于本案例的目的而言，我们主要研究了雷诺公司，因为它的规模更大，但它的日本合作伙伴尼桑增加市场份额。通常，这些主要公司的优势取决于它们在本国、德国和法国市场上的主导地位。这三家公司也拥有其他的品牌，如大众汽车拥有奥迪、西亚特、斯柯达和劳斯莱斯（Rolls Royce）。正如图1所示，当美国公司和丰田公司的市场份额下降时，欧洲公司的市场份额却在上升。为了理解为什么会出现这种情况，有必要了解每个公司不同的战略，这将会在下文单独进行研究。

从战略角度来看，市场份额并不是判断竞争力的唯一标准。盈利能力和附加值至少也是同样重要的。从这一角度出发可知，在2008年或者2009年，五家公司中的四家遭受了巨大损失。主要原因是在这一时期世界汽车市场的低迷。这五家大型公司中，只有大众汽车在这些年获得了营业利润。但是在该案例中并没有列出详细的利润表，因为在2011年初期写该案例的时候，很难对这些公司的利润表进行比较。主要存在三点问题：第一，不同公司的会计年度不一样；第二，每个公司报告它的损失的时间和方式不同；第三，在方法上存在一个基本的变化，至少在一个公司里，例如通用汽车，在这段时期重新构建了它的贸易和资产负债表，这段时期基本上是指在其破产之后，美国政府给予了应急措施的时间内，因此对比以前的数据毫无意义。尽管其他四家公司的经历没有这么激烈，但是它们都被迫进行业务重组，并且需要做出实质性的改革，然而在写该案例的时候，可获得的财务数据很难反映出来。

然而，2007年早些时候的数据是可用的，并且能够反映这五家公司的相对规模，如表1所示。重要的是需要注意到雷诺和尼桑并没有正常地报告它们的合作关系，正如表中所示。但是，由于它们的紧密合作，并且拥有交叉持股，所以这是一种合法的方式来理解这两个公司的结合市场以及投资权利。该表同样将这五家领先公司与作为参考的下一位最大汽车公司，即意大利菲亚特汽车公司，进行了比较。它表明在规模经济和范围经济上，这五家公司要领先它们的竞争对手，这是在全球汽车行业成功的关键因素。

表1 在2007年，排名前五的公司的营业额远高于其竞争者

公司	国家	2007年营业额（百万美元）	汽车产量（千辆）	评论
丰田	日本	187 420	7 211	一些车辆出现质量问题之后，在2008年和2009年对基本战略进行了重新评估
通用	美国	181 122	6 259	美国政府全权主导的架构重组，在接下来的几年，仍然是主要的全球公司
大众	德国	160 079	5 964	不仅仅是德国市场，也是欧洲市场领先者，具有许多其他品牌，见案例
福特	美国	154 400	3 565	在产量和有关的规模经济上，这是五个公司中最小的公司，但在这一行业中是很重要的
尼桑/雷诺	日本/法国	148 000	4 927	没有正常地组合成一组数据。这一结合与它们共同的运营规模有关
菲亚特	意大利	86 000	1 991	在2007年，这是下一最大的汽车公司。在2011年，它正处在收购美国克莱斯勒公司控制权的过程中，其目的为了建立与前五名公司相同的规模

两个重要注释：

1. 由于尼桑与雷诺的紧密联系，所以将它们合并在了一起；它们正常报告了各自的财务业绩。

2. 戴姆勒—奔驰比尼桑/雷诺拥有更高的营业额。然而，它并没有被包含在以上的表中，因为这个营业额会使人误导；它包括了来自美国公司克莱斯勒的营业额数据，克莱斯勒是2007年从戴姆勒奔驰公司分离出来的。在这个案例后面的有关塔塔的案例中会列出完整的原始的戴姆勒公司的排名。

资料来源：年度报告和报表。

在全球汽车市场上，存在一种依赖规模经济来降低成本的战略。但是市场是成熟的，并且对于标准车型是供过于求的。为了未来的销售，会将过量的汽车存储在大量的汽车停车场内。绿色战略将会使得这种状况变得更加复杂。

丰田的战略：除了在发展中的市场上保持独立战略。

在2000年左右，丰田确定了它的目标，即到2010年获得全球市场领先地位。它称这为"2010年全球愿景战略"。在20世纪80年代和20世纪90年代，公司将北美作为它实施主要战略的目标市场。跟随本田，丰田推出了高品质的汽车，并且比其美国竞争者拥有更低的生产成本。到2003年，丰田在北美销售了最受欢迎的单一汽车型号，即凯美瑞（Camry）。丰田在北美生产了许多它的基本车型，因此它不可能再受到日元的影响。该公司是北美市场上的主要雇主，而不仅仅是将生产外包到日本。

20世纪90年代，丰田决定进击西欧市场，在那时这是下一个世界上最大的市场。公司已经在欧洲市场上销售了多年的车辆，但是直到1995年，它才决定在英国的伯纳斯顿建立它的第一家工厂。随后在20世纪90年代后期，建立了其他工厂以及一家法国设计实验室。它在欧洲市场如此谨慎是由于两个原因：第一，欧洲汽车行业受到了贸易壁垒的保护；第二，日本公司为了限制丰田在欧洲的销售，自愿签订了协议。然而，在20世纪90年代中期，欧盟撤销了这种壁垒，因此丰田的反应就是进入这一市场。

在早些年，丰田主要基于可靠的欧洲汽车销售战略，但并不一定是最具吸引力的战略设计，甚至可以说是枯燥无趣的战略。然而，像大众汽车这样的欧洲汽车制造商，在基于质量的前提下，能够很快地模仿任何竞争优势。最近，丰田也开始为欧洲市场设计特殊的车型。丰田欧洲运营公司的总经理Shuhie Toyoda解释说："在欧洲的汽车类型和性能都是很高的。例如，欧洲人比美国人更喜欢开车。在1999年，我们推出了雅力士（Yaris）。这是为欧洲人特别设计的一款车型。在那之前，尽管我们试图开发一种适合于欧洲人的汽车，但是主要目标并不是欧洲。"

但是，丰田的欧洲战略并不是令所有人都满意，主要存在两点原因。第一，它的工厂效率仍然比不上尼桑，见该案例的后半部分。它的顾客并不承认丰田汽车的质量是最高的，而是将这个称号留给了大众汽车。此外，它的欧洲运营公司的利润是很少的；第二，丰田面临着一些与质量和可靠性有关的问题，例如需要召回一些丰田汽车的引人注目的事件。公司承认需要对产品的质量监管进行重大的改革，并声称到2012年，这些事项将会大大改善。这些困难所导致的部分结果是，在1999年到2008年，享受了销售额和利润大幅度增长之后，在2009年，丰田遭受了亏损。

对稳定的盈利增长的长期测试证明丰田的战略是成功的。这些成功部分是由于丰田生产系统所产生的利益，即实现了更低的生产成本。该战略同样包含了与供应商之间的紧密联系，具有更低的成本、更低的库存以及柔性化制造。公司的设计能力同样是很重要的。例如，在早期推出了混合动力汽车普锐斯（Prius）。它的营销能力同样会产生利益，通过强大的品牌和经销商网络的谨慎建立。

除了与竞争者建立了生产合作之外，丰田与北美的通用汽车共享了制造工厂，与制造电动汽车的加利福尼亚的公司建立了研发关联，与在捷克共和国的标致雪铁龙共享一家制造工厂，丰田从未与欧洲或者美国的公司合作，或者兼并该地区的公司。它的战略与福特的战略完全不同，见下文。然而，丰田在中国和在印度的战略也是不同的，因为它们与当地合作伙伴建立了合资企业。后面这一战略举动是因为印度和中国地区的贸易壁垒，以及建立本地网络的需要。

另外，丰田一个简单的全球化战略受到许多质疑，该战略的结果就是随处都可见到的相同基本模型。它曾经为了其汽车系列利用过这些模型设计，随后为世界上主要地区生产了特殊设计的汽车。例如，雅力士小型汽车的简单设计是为了欧洲市场上的需求，但是并没有计划将该车型作为一个全球销售的汽车。用同样的方法，丰田开发了它的新车——威驰（Etios），专门为印度市场设计，并且与当地的印度合伙人基洛斯卡汽车公司（Kirloskar）合作，从而扩大印度市场。

在21世纪10年代的前三年里，丰田由于一系列的问题遭受了重大的危害，这些问题是对其汽车型号的质量和可靠性的投诉。在美国，调查了丰田是否知道这些安全问题，然而却忽视了这些问题的结果。公司本身承认了它们所存在的一些问题，并且召回了汽车型号来进行修理。更重要的是，丰田意识到它需要彻底地改变它的质量控制系统。例如，丰田在2010年的年度报告的第一部分的标题就是"丰田，从头开始，通过安全可靠的车辆生产来为社会作贡献"。在写该案例时，该公司已经开始实施一个来自日本总部的新的组织协调，其目的是彻底改变现有的境况。但是，在丰田主要的董事会上不存在单一的外国人，尽管是位于世界领先工业国家的主要工厂也会因此产生质量问题。

通用汽车的战略：维持市场份额、破产和重组

多年来，通用汽车遵循着一种战略，即追求扩大规模和其在北美及欧洲传统市场上的市场份额，如果有必要，会以利润为代价来执行该战略。该战略包括通过降低产品价格来维持其市场份额，尤其是在本国市场上。

通用汽车的本国市场是美国，在那里，它拥有已建立的品牌，例如别克、凯迪拉克、雪佛兰、旁蒂克。在某一时期，它的北美运营商，包括大约100家制造商、装备和仓储工厂等。在欧洲，它同样拥有了许多年的其他品牌，例如德国的欧宝（Opel）、英国的沃克斯豪尔（Vauxhall）以及瑞典的萨博（Saab）。它在欧洲7个国家拥有10个生产和装备工厂。

在遭受了重大损失之后，甚至在2008—2009年世界汽车市场经济下滑之前，通用汽车就破产了，并且美国政府给予了一揽子的救援计划。随后，公司主要致力于一个成本降低战略，减少了品牌数量、关闭了许多工厂，合并了世界上的运营公司。例如，它将萨博卖给了荷兰世爵公司（Spyder），并且彻底撤销了悍马汽车品牌和车型。到2010年和2011年，通用汽车规模变小。在那时，它在中国的合资企业是主要的利益来源。在写该案例的时候，它仍未从破产中恢复。

福特的战略：首先是全球化战略，其次是收购战略，最后是退守基础产品战略

全球化战略

许多年来，无论是北美市场还是欧洲市场，福特都是领先公司。在20世纪90年代，它的战略是获得利益的全球战略。在

1995—1998年期间，它作出了最大的努力来将其业务运营整合到全球规模。简化了核心工程和生产运营，并结合了通用的部分、通用的车辆平台以及来自外部供应商的通用供货渠道。其目的是通过规模经济以及在更多国家的销售中来宣传特殊车型的研发成本，从而达到每年大约420亿美元的成本节约。由于节约了大量成本，所以福特的利润也增加了。

收购战略

在取得这些成功之后，公司开始从事"全球化利基战略"。公司判断全球市场需求正朝着"利基汽车市场"转变，正如越野汽车和小客车，这意味着公司需要投资这类领域。因此，公司通过收购这一领域的特殊品牌公司进行了大量的投资，如捷豹汽车、林肯豪华汽车、沃尔沃汽车、路虎、阿斯顿马丁跑车。在某些情况下，由案例16.2中的更多信息可知，收购竞争对手公司的战略存在重大的风险，即从高额的收购费用中很难获得充分的经济利益。收购战略的额外风险就是公司总是需要来担心收购公司的融合问题。在1999—2004年期间，福特公司未能充分地投资其基础汽车系列，例如欧洲的蒙迪欧和嘉年华。因此，这就允许其他公司进入到这一市场领域。

退守基础产品战略

凭借着后见之明，随后福特的全球利基收购战略被认为是错误的，因此，当时的福特首席执行官雅克·纳瑟（Jac Nasser）被解雇了。随后，在福特创始家族的一位成员比尔·福特（Bill Ford）的指导下，提出了"退守基础产品战略"。福特重点发展了现有的汽车模型系列，在降低成本的同时也提高了产品质量。福特也改变了努力重点，开始重新设计其中型汽车来提高其质量，并且以更豪华的车型为基础，为其配备了更多的特性，例如更高的驾驶位置以及更多的存储空间等。"重新定义北美轿车是一项艰巨的任务，但是这也正是我们将要着手去做的事情。"福特创造产品的集团副总裁菲尔·马登（Phil Marten）说。追求该战略的成功之处就是确保福特在2008—2009年不需要美国政府的救济资金。尽管福特存在一些损失，但是公司能够充分地控制这些损失以确保持续的交易，从而维持它的全球市场地位。重要的是，福特越来越重视质量战略，使得顾客对公司的质量和可靠性的评价也是越来越高。到2012年，它成为该领域中的世界领先者。

雷诺/尼桑的战略：共享首席执行官、共享供应商和汽车零部件、共享研究与开发，但是具有不同的品牌和汽车型号

尼桑和雷诺是两个完全不同的公司：一个是法国公司，一个是日本公司。然而，它们却分享着关键资产，并且交叉持股。因此，在世界汽车行业的背景下，它们从这个更大的合并公司中获得了许多利益，尤其是关键领域的规模经济。从规模上来看，在这两个公司中，尼桑要更大一些。因此，首先介绍尼桑公司。

在20世纪90年代后期，尼桑在日本三大主要汽车公司中排名第三，前两位分别是丰田和本田。在遭受两个日本对手的挤压之后，尼桑陷入了严重的财务危机。雷诺是比较成功的法国汽车公司，法国政府掌握了其部分股权。它的首席执行官是卡洛斯·戈恩（Carlos Ghosn），他是一位有魅力的领导，能够扭转公司失败的局面。戈恩意识到雷诺公司需要扩大除了欧洲法国基地以外的规模，如果它曾经成功的话。他说服尼桑采用一个合作战略，即雷诺拥有尼桑44%的股权，而尼桑拥有雷诺25%的股权。

除了签订协议之外，戈恩不仅是尼桑的首席执行官，也是雷诺的首席执行官。他开始在一系列汽车模型和设计中安排合作。然而，雷诺热衷于保持尼桑的一半独立性。因此，日本公司继续开发其自身的汽车型号，

并且投资于它在美国、欧洲和日本所拥有的工厂。在2010年,尼桑使用了世界上最高效的汽车生产工厂,包括它在英国桑德兰的主要欧洲汽车制造厂。它继续生产独特的车型,并且在2010年,其总销量略高于它的合作伙伴雷诺。

雷诺是法国公司,并且法国政府一直拥有15%的少量股权。它主要的生产和研发设施位于法国,它是法国市场上竞争激烈的两家法国公司之一,另一家公司是标志雪铁龙公司。雷诺在创新和独特的新汽车型号上具有光辉的历史记录,例如埃斯佩斯(Espace)、克里欧(Clio)、屯果(Twingo),以及在车辆安全特性上具有强大记录的梅甘娜(Megane)。但是,对它最近的成功贡献最大的还是其与尼桑的合作战略。

在2009年,雷诺宣称从与尼桑的协同作用中获得了高于15亿欧元的联合成本节约。这些减少的成本主要来自于三个主要渠道。首先,两个公司分享了一些共同的汽车零部件、平台和动力传动系统;其次,雷诺和尼桑一起从相同的外部供应商那里购买一些汽车零部件,能够通过较大的订单获得较低的购买价格;再次,两家公司已经分享了研究与开发过程。例如,尼桑和雷诺各自并不拥有资源来开发新型电动汽车型号。然而,这两家公司保留了各自的文化和管理,但是相同的首席执行官在适当的地方提供了共同愿景和领导能力。

大众的战略:质量、多品牌和地理位置,但是并不是最低成本

追溯到20世纪30年代,大众汽车公司在德国建立,并且保持了其引以为豪的德国血统。它在许多国家都拥有主要的制造工厂,而公司中心,即公司总部坐落在德国沃尔夫斯堡小镇。公司总部管理着世界上最大的汽车制造工厂,它是公司组织及精神方面的中心。

多年以后,大众已经收购并且投资于其他公司,例如西班牙的西亚特(Seat)、捷克共和国的斯柯达(Skoda)以及英国的宾利豪华汽车(Bentley)。另外,公司已经开发了高端产品系列,即奥迪品牌。所有这些品牌和汽车型号都是谨慎地定位在世界汽车市场的不同细分市场上。除此之外,大众是进入中国市场最早的公司之一,主要是通过与中国上海汽车工业集团(SAIC)及中国一汽(FAW)所建立的合资企业来进入中国市场的。最近,该公司获得了日本铃木20%的股份。部分原因是玛鲁蒂铃木(Maruti Suzuki)是印度汽车市场的领先者,见案例6中关于塔塔的案例。

尽管存在这些世界级规模的联系,但是大众的基本战略拥有很强大的德国根源。世界上最大的汽车制造工厂位于它的总部,即德国沃尔夫斯堡。这就意味着公司所生产的车辆具有高质量的声誉和强烈的品牌效应,例如保罗(Polo),帕萨特(Passat)以及高尔夫(Golf)。但是,当与其他制造商相比时,它的德国基地同样意味着其拥有一个较高的劳动成本战略。其原因是德国公司与德国汽车贸易工会具有很强大的合作与共同决策(Mitbestimmung)的文化底蕴。这样做的优点是具有少量的罢工,在应对需求和产品的变化时具有高度的灵活性,但是,其缺点是存在很高的劳动成本。大众的观点就是共同决策战略已经为公司服务了很多年,没有进行变革需求和愿望。

结论

根据广为接受的观点可知,世界上的汽车公司每年需要销售大约500万~600万辆汽车才能够盈利。正是因为这个原因,在写该案例时,较小的意大利菲亚特公司获得了美国克莱斯勒的25%的股权,这是为了追求成本和汽车模型的协同效应。但是,领先的五家公司仍然采用了不同的测量而保持了领先地位。雷诺/尼桑在其未来的新型电动汽车型号上存在风险。两家美国公司——福特和通用从一个较低的成本上重新获得了利润。尤其是通用汽车,现在仍然必须解决其不盈利的欧洲业务问题。

丰田仍然是世界市场领先者,但是依然存在一个未完成的战略,涉及它低成本和良好声誉的战略。大众有雄心超越丰田成为世界市场领先者,部分上是通过与中国和印度公司的联盟来从快速增长的亚洲市场上获得利益。但是,并不能保证这种战略是成功的,它依赖于作为主要利益增长方式的汽油汽车。世界汽车的战略仍有很长的路要走。

©版权归理查德·林奇所有,2012年。保留所有权利。该案例是由理查德·林奇所著,来自于已发表的信息。*

案例问题

1. 以上的五家公司中,哪一家公司拥有真正的全球化战略?对于世界汽车行业中的公司来说,你认为全球化战略是否重要?

2. 当丰田应对大众想要成为世界最大汽车公司的雄心时,你会提出怎样的建议?

3. 从世界领先汽车公司的战略中存在的优点和缺点中,其他公司能够得到什么启示呢?

战略项目

你可能通过追踪这五个市场领先者之间的战略战争,来发现它们都是如何发展的。大众汽车表示希望占据世界领先地位;通用汽车和福特都试图赶上丰田。在写该案例时,雷诺/尼桑希望在它现有的产品系列中采取主动性。从网站上可以获得关于汽车市场上的相对数据,即从汽车本身的数据开始。该案例的参考文献将会进一步引用网站数据,它允许你立即去分析每三个公司的过去战略,从而有可能评估它们目前的成功水平。

注 释

* This case was written by the author from numerous sources including: Annual Report and Accounts 2010. *Financial Times*: 8 May 1998, p23; 19 March 2003, p14; 15 April 2003, p15; 9 June 2003, p19; 29 December 2003, p20; 5 January 2004, p13; 8 January 2004, p6; 14 January 2004, p29; 28 January 2004, p22; 2 February 2004, p9; 4 February 2004, p32; 16 February 2004, p10; 19 February 2004, p18; 20 February 2004, p26; 2 March 2004, pp12, 30; 9 March 2004, p19; 25 March 2005, p19; 29 March 2005, p6; 29 October 2007, p15; Special Report 4 March 2008, p1 (useful data and trends on more recent global market); 12 April 2008, p21; 9 May 2008, p23; 5 May 2009, p19; 15 May 2009, p21; 11 June 2009, p21; 13 June 2009, p1; 15 August 2009, p14; 4 September 2009, p20; 9 September 2009, p23; 10 September 2009, p22; 29 October 2009, p26; 3 November 2009, p21; 5 November 2009, p24; 4 December 2009, p26; 10 December 2009, p27; 12 January 2010, p21; 13 January 2010, p24; 1 February 2010, p24; 11 February 2010, p13; 3 March 2010, p22; 4 March 2010, p16; 16 March 2010, p23; 30 March 2010, p19; 5 May 2010, p22; 24 September 2009, p27; 10 December 2009, p22; 21 January 2010, p10; 27 January 2010, p17; 29 March 2010, p23; 30 March 2010, p19; 6 May 2010, p22; 18 June 2010, p11; 28 July 2010, p19; 5 August 2010, p3; 6 August 2010, p17; 25 November 2010, p25; 16 December 2010, p26. See also www.gm.com; www.ford.com; www.toyota.com; www.renault.co; www.nissan.com; www.volkswagen.com – see 'investor relations' sections for annual reports.

案例研究 6

竞争和新进入战略：塔塔汽车的艰难时期

观看总结该案例的视频

2007—2008 年，印度一家领先的汽车和卡车公司——塔塔汽车推行了两个引人注目战略举措：第一，一个重大的世界级收购；第二，一辆革命性的新型汽车的推出。但是这两个举措的提出，是因为世界汽车行业中的重大战略问题的背景以及印度本国市场上的新竞争压力。该案例研究了对于塔塔汽车公司而言，什么是艰难棘手的时期。

两个引人注目的新战略，但是成败各一半

在 2008 年，塔塔汽车花费 23 亿美元从美国福特汽车公司收购了两家世界汽车品牌以及其相关资产，即捷豹和路虎。该公司评论说："对于塔塔汽车中的所有人来说，这都是一个重要时刻。捷豹和路虎是具有全球前景的两个标志性的英国品牌。我们期待着扩大对捷豹和路虎团队的全力支持，使其意识到它们的竞争潜力。"

一年以后，同样的收购面临着重大问题。与前一年相比，捷豹路虎的销售量下降了 32%，并且从收购开始以后的 10 个月内，新收购的净亏损将近 4.5 亿美元。在 2009 年 5 月，塔塔的主席拉丹·塔塔（Ratan Tata）宣称："如果有人知道这将会是一场灾难，那么当然，塔塔不会这么走下去，但是没有人知道。应该说，这两起收购事件发生在不适当的时期，在某种意义上说，它们接近于高端市场。"然而，在 2010 年，捷豹路虎却扭亏为盈，正如后文将要说明的。

在塔塔收购捷豹路虎的时候，该公司同样引发了世界关注，即推出了印度最便宜的新型汽车——凌珑。其定价大约为 2 000 美元（十万印度卢比），这款新型汽车的设计主要是针对印度以及其他发展中国家中的较大的、低价格的汽车市场。凌珑体现了创新制造战略和一些简洁、成本节约的特点，再加上印度较低的劳动力成本，因此凌珑旨在成为全球价格最低的汽车，与此同时为塔塔带来利润。但是新型汽车型号的推出被推迟了，主要是因为在西孟加拉国对制造工厂的土地纠纷。在 2008 年后期，塔塔将工厂迁移至古吉拉特邦。因此导致应该于 2008 年 10 月推出的凌珑被推迟到 2009 年 7 月，并由此损失了销售额和利润。在 2010 年，这些问题以及后来更加意想不到的主要困难都出现在了凌珑上，正如后文我们将看到的。

在实施这两个战略时，世界汽车市场正处于严重低迷时期。即使是世界领先的汽车公司——丰田，在 2009 年也遭受了损失。该案例探索了塔塔汽车的战略影响。公司应该何去何从呢？它应该将凌珑扩大到印度以外的地区进行销售吗？它是如何支持捷豹、路虎的？它是否会投资其他具有重大优势的业务领域，例如卡车和公共汽车？它的下一个战略举措是什么？

为了研究这些问题，该案例分为以下几个部分：

- 印度汽车和卡车市场：快速增长
- 塔塔汽车公司和它的竞争者
- 塔塔汽车公司：它的资源和生产能力
- 塔塔汽车公司：凌珑推出时的缺陷
- 塔塔汽车公司：在经历了一些早期困难之后，成功收购了捷豹路虎
- 建立在其优势上的塔塔商用车辆
- 结论：塔塔现在的地位

塔塔汽车公司传统的市场主要是在印度,那里交通拥堵,而市场增长快速。但是,对于捷豹路虎的收购给予了该公司全球市场的视角。图中为新德里的一个新地铁站附近。

印度汽车和卡车市场:快速增长

正如在全球汽车行业的早期案例所解释的那样,所有的汽车公司都过于依赖它们大量的利润,即规模经济和范围经济仍然是这一行业中的关键成功因素,包括印度在内。另外,所有主要的公司都从事于新的设计中,尤其是那些与新引擎有关的部件。但存在两个压力,即为了满足新的排放标准,以及为了生产出一种引擎,既能使用低成本的燃料,也能替代其他能源形式,例如电力。例如,前十位的领先汽车公司在2007年的研发成本大约为500亿美元。因此,在2014年以前,像塔塔这样的公司及其在印度的竞争对手正在计划大力投资新型号,以及更高效的燃油引擎上。

在2009年,印度本国的客车的制造商销售价格大约为80亿美元,与全球市场上大约12 000亿美元的价格相比,该价格较低。然而,尽管世界市场处于严重下滑阶段,但印度市场反而每年增长11%左右。印度市场的商用车辆,例如卡车、三轮车和客车,价值约为65亿美元,但是增长特别缓慢,每年增长7%左右。

尽管印度汽车和卡车十分重要,但是按照世界标准来看,它们的规模却是很小的。然而,印度100亿的人口规模,尤其是它不断增长的中产阶级,表明印度市场存在很大的潜能。

表1显示了世界领先汽车公司以及印度领先汽车公司在当时背景下的地位。那些上下班被困在像德里和孟买这样交通堵塞的地方的人们(正如该案例的作者一样)可能会对印度领先公司的低地位而有所惊讶。然而,很多的印度人因为太穷而买不起汽车。他们只能依靠更加便宜的摩托车来取代汽车。印度是世界上最大的两轮摩托车市场。但是,这种情况正在发生改变。印度汽车市场正开始显著增长。

外国汽车公司,例如大型的五家世界公司也都被印度市场所吸引,主要存在两点原因。第一,印度现有的汽车使用量要低于其他国家,从而表明其具有明显的增长潜力;第二,在印度,存在财富不断增加的充分证据来支持更大的汽车所有权。另外,印度经济的不断增长,加上印度政府对运输基础设施(例如,马路和桥梁)的投资,同样使得印度市场更加具有吸引力。作为进入印度市场的第一步,一些外国汽车公司开始与印度汽车制造商建立合资企业,大众和菲亚特就是例子。表1列出了一些实例,还有许多例子可以在每家公司的网站上找到。

表 1　世界领先的汽车公司在汽车行业的营业额排名

公司	国家	2007年营业额（百万美元）	汽车产量（千辆）	评论（合资企业同行意味着本地公司拥有51%的股权）
丰田	日本	187 320	7 211	与中国一汽和广州汽车建立合资企业
通用汽车	美国	181 122	6 259	与上海汽车建立合资企业
大众	德国	160 079	5 964	与中国一汽、印度玛鲁蒂铃木建立合资企业
福特	美国	154 400	3 565	与中国长安汽车建立合资企业
戴姆勒奔驰	德国	133 300	1 335	与北京汽车建立合资企业
尼桑	日本	92 500	2 651	雷诺拥有部分所有权。同样与中国东风汽车建立合资企业
菲亚特	意大利	86 000	1 991	与中国广州汽车、印度塔塔建立合资企业
宝马	德国	79 100	1 541	
本田	日本	76 000	3 868	与中国东风汽车、广州汽车建立合资企业
标志雪铁龙	法国	73 600	3 024	与中国东风汽车建立合资企业
雷诺	法国	55 500	2 276	建立了一个新的合资企业，其目的是在印度建立自己的公司；同样与印度马辛德拉建立了一个更大的合资企业
马自达	日本	36 641		与中国长安建立了合资企业
现代	韩国	32 334	2 292	与中国北京汽车建立了合资企业
三菱	日本	28 193		与中国北京汽车建立了合资企业
中国一汽	中国	24 613	1 436*	见上文
铃木	日本	21 200	2 284*	与中国长安汽车建立了合资企业，并且拥有印度玛鲁蒂铃木51%的股权
上海汽车	中国	20 731	1 137*	见上文
起亚	韩国	16 664		
广州汽车	中国	14 724	510 000	见上文
长安汽车	中国	7 860	850E	见上文
东风汽车	中国	7 782	638	见上文
北京汽车	中国	N/a	600E	见上文
塔塔	印度	5 7778**	228	包括与菲亚特所建立的合资企业
吉利	中国	5 640	185	

（续表）

公司	国家	2007年营业额（百万美元）	汽车产量（千辆）	评论（合资企业同行意味着本地公司拥有51%的股权）
玛鲁蒂铃木	印度	3 172	633	见上文
奇瑞	中国	2 100	428	
马辛德拉	印度	1 775	100	包括与雷诺所建立的合资企业
印度斯坦	印度	1 230	N/a	在卡车上，与通用汽车建立了合资企业；在大型汽车上，与三菱建立了合资企业

E＝作者根据出版的公司数据估计而来。

＊包括合资企业的产量，所以数量是重复计算了外国汽车合伙公司。

＊＊塔塔包含了卡车和公共汽车的营业额，每辆汽车的高价格解释了为什么营业额很高的时候，而产量却很低。

注释：大型的俄国汽车公司，拉达（LADA），它被排除在以上数据以外。因为在写该案例的时候，其营业额不能直接获取。它的营业额可能与表中的上海汽车或者起亚的营业额相差不大。

注释：克莱斯勒没有记录任何有意义的数据，因为直到2007年，它都是戴姆勒的一部分，随后在2008年才被私下出售，并在2009年与菲亚特再次合并。然而，国际汽车制造商协会（OICA）表明该公司在2007年生产了755 000辆汽车。

资料来源：每个公司有关营业额的报表，国际汽车制造商协会在2007年的生产数据，除了中国公司的数据来源于它们的公司报表（因为OICA大大低估了中国汽车生产）。

重要的是，当谈论到扩张战略时，中国市场能够为印度市场提供一些启示。中国汽车市场比印度要增长得快一些，主要是基于两种相关战略。第一，中国政府本身支持外国公司进入中国市场。它限制了中国汽车公司的股权，否则就是鼓励外国公司的进入；第二，中国汽车公司本身全心全意地接受合资企业来快速发展中国汽车生产能力。如表1所示。因此，中国汽车市场比印度更具有活力和开放性。

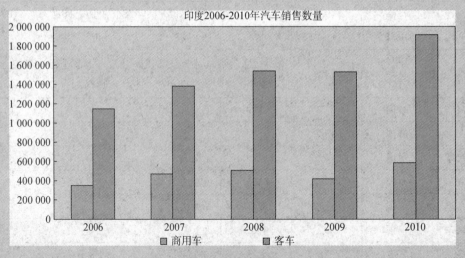

图1　印度汽车市场仍然在增长

资料来源：塔塔汽车集团在2010年的年度报告数据。

与世界经济衰退有关的低迷市场，不仅仅包括印度客车市场，也包括商用车市场，这两个市场在 2010 年再次增长，如图 1 所示。在客车市场上的增长数量是相当多的，大约有 30%。这主要是由于印度政府所支持的大量道路建设项目。这一趋势的结果是，2012 年全球主要的汽车公司都在寻求进入印度汽车市场的方法。

塔塔汽车公司和它的竞争者

因为印度汽车市场从过去进入世界汽车公司中享受到了一些保护，所以在 2009 年之前，塔塔汽车公司在其本国市场上只有三个主要竞争对手。它们是：

- 玛鲁蒂铃木（Maruti Suzuki）。这家公司是由日本铃木公司控制的，并且它是印度客车细分市场上的市场领先者。将会在后文进一步地研究该公司。重要的是，一家世界上领先的汽车公司，即大众在 2010 年拥有该公司的间接股权。

- 马辛德拉（Mahindra and Mahindra）。该公司主要出现在印度汽车的特殊细分市场上，即多用途车辆细分市场。这些车辆比客车更大，不仅仅能够运输乘客，也能运输商品，这主要取决于车辆的精确配置。马辛德拉是多用途车辆市场上的领先者，拥有 50% 的市场份额。它在印度小型三轮车市场上也是很强大的。印度的多用途车辆和三轮车市场要比其他国家更大。在 2007 年到 2008 年之间，多用途车辆市场份额增长了 5%。通常，对这两个细分市场未来的增长存在一些质疑，部分原因是在每次运输的时候，多用途车辆比像卡车和公共汽车这样更大的商用车辆具有更多的运营成本。马辛德拉在多用途车辆市场上的优势因此受到了威胁，这些威胁来自于销售更大的商用车辆的竞争者，例如塔塔汽车公司。然而，它仍然是印度主要的运输公司，因为它在农业拖拉机生产上具有优势，在这个领域，它是一个全球领先的公司。最终，马辛德拉同样与法国汽车公司，即雷诺，建立了合资企业。但是，雷诺公司开始单独发展，正如下文所述。

- 印度斯坦汽车公司（Hindustan Motors）。该公司往往拥有一个更加专业的产品领域，即客车、卡车和其他商用车辆。它是印度四大主要汽车公司中规模最小的一家公司。它由印度最著名的家族企业，即贝拉集团所拥有。

然而，在 2009 年以前，世界领先汽车公司也都参与到印度市场上了。但是，主要集中在大型和高档汽车的小规模销售上。全球公司并没有将目标锁定在主要的印度汽车市场：微型汽车。在 2009 年早期，它是一种更小型的汽车。然而，到 21 世纪，所有公司都意识到，不断大规模增长的印度中产阶级正在寻求高质量且小规模的汽车。世界领先公司所面对的问题是进入印度市场的壁垒太高了。解决方案是什么呢？在印度建立汽车工厂。结果，到 2010 年，丰田、福特和雷诺都已经建立或者正在建立新的印度制造工厂。

在班加罗尔市，现有的丰田工厂主要生产一种新的微型轿车，卡罗拉（Corolla），其价格区间为 7 000～10 000 美元，它的售价远远高于售价大约为 2,500 美元的塔塔凌珑汽车。然而，在 2006 年，丰田开始研发一种专门为进入印度市场而设计的完全新的汽车型号，它更接近与塔塔汽车的主要产品范围。最终在 2010 年，推出了丰田威驰（Etios）汽车，它是一种为印度市场而开发的微型汽车，并且符合丰田的全球化战略。你可以通过阅读丰田 2010 年的年度报告来获得更多信息，可以从网站上获得，即 www.toyota.co/investorrelations。

在印度的福特，它的新车型菲戈（Figo）是被重新设计出来的，其目的是参与到印度微型汽车市场上的竞争中，该市场占有印度总客车销量的 75%。随后，菲戈在钦奈市的福特工厂里被生产出来，在2010年，推出该车型的定价大约为8 000美元。它坚定的竞争目标就是上文所述的在印度小型汽车市场上占统治地位的玛鲁蒂铃木。塔塔并不只是这个细分市场上的主要参与者。福特的全球总裁和首席执行官艾伦·穆拉里（Alan Mullaly）解释说，福特已经参与到印度市场很多年了，但是这是其第一种小型汽车。"我们正处于进入印度市场的最佳点。对于我们的印度运营公司来说，它是一个新的制胜法则。"

2010年，雷诺在钦奈市建立了一个新的工厂。这是它在印度市场创建重大业绩的第一步。它在新闻发布会上表示："在2010年的汽车博览会上（新德里），雷诺宣称将花费4年的时间在印度市场上推出完整的汽车系列。大多数车辆将会在钦奈市进行生产。风朗（Fluence）和科雷傲（Koleos）车型将在2011年推出。在2012年8月之前，将在整个国家建成一个庞大的分销网络，至少覆盖35个城市。在印度的雷诺也将建立一个营销团队。"

相反，大众进入印度市场却采取了不同的战略。它在日本铃木汽车公司拥有20%的少数股权，铃木拥有玛鲁蒂铃木的控股权，而玛鲁蒂铃木是印度市场的领先者，并且拥有50%的印度市场份额。

对于塔塔汽车来说，所有这些都意味着更激烈的竞争。该公司的汽车范围包括比凌珑更加昂贵的车型，比捷豹路虎更加便宜的车型。一些塔塔汽车型号可能会与新的丰田、雷诺和福特的汽车进行直接的竞争。

塔塔汽车公司：它的资源和生产能力

在1954年建立的塔塔汽车公司是印度最大的家族企业的主要部分，该企业为塔塔集团。最初，公司是商用车辆制造商，例如卡车和客车，并且与德国戴姆勒奔驰公司合作。戴姆勒仍然是该汽车领域的世界领先者，但是与塔塔的合作却很快破裂了。随后，塔塔制定了一个独立战略，不再与德国公司有任何联系。考虑到印度客车市场和卡车市场都具有受保护的特性，随后在1991年，塔塔公司从商业车辆这一分支进入客车市场。在接下来的几年里，塔塔推出了一系列的汽车型号，分别进入客车市场不同的细分市场上，如这部分的后文所述。

2009年，塔塔的商用车辆的运营是该公司主要资源优势之一。它凭借着60%的市场份额成为了印度本国市场的市场领先者，如图2所示。它与印度政府以及印度许多政府管理者具有良好的关系，他们都是塔塔在大型卡车和公共汽车业务上的重要客户。塔塔商用车辆在邻国也很强大，例如尼泊尔和斯里兰卡。

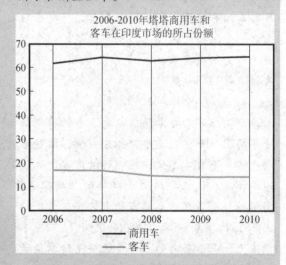

图2 塔塔主导的印度商用车辆市场，但是不包括客车

资料来源：塔塔2010年的年度报告数据

另外，塔塔将它的本国优势运用到商用车辆上，其目的是开发全球业务。在2004年，它收购了韩国大宇公司（Daewoo）的卡车和公共汽车业务。在2005年，塔塔购买了西班牙商用车辆公司马可波罗（Marcopolo）的少量股权，该公司在公共汽车和客车制造上具有优势。塔塔同样在阿根廷和南非开发了商用卡车和公共汽车工厂的生产

能力。然而，它在世界上两大领先商用车辆市场上，即北美和欧洲，具有有限的业务。

在写该案例的时候，塔塔汽车公司在印度客车市场没能获得与它在商用车辆上的相同市场主导地位。图2展示了它在印度本国市场上微弱的市场份额，只占约14%的市场份额。

当然，多年以来，塔塔一直努力提高它在印度的市场份额。除了其自身的设计之外，塔塔已经与意大利的菲亚特公司建立了合作关系，随后利用这一点推出了一些菲亚特设计的汽车。此外，塔塔还曾获得菲亚特的柴油发动机技术，有助于克服不断增加的燃油效率压力。尽管实施了这些举措，但是在2006年到2010年之间，塔塔的市场份额仍然相对较小。在2008年到2009年，既不是凌珑的推出，也不是第一个捷豹路虎经销商的到来对印度市场产生了影响。后者并不会令人惊讶，因为它的豪华轿车在印度汽车市场上只占有少量的份额。但是，缺少凌珑所造成的影响是巨大的。

正如上文所述，玛鲁蒂铃木已经主导了印度客车市场许多年，其占有50%的市场份额。玛鲁蒂铃木的成功是因为它擅长开发适合于印度市场的汽车型号。这并不是玛鲁蒂铃木唯一擅长的领域。例如，玛鲁蒂成立了一个销售二手车的公司，这比塔塔早几年，塔塔是在2008年之后才开始。同样，在广阔的印度大陆上建立强大的车库和加油站连锁店方面，玛鲁蒂也是早期的领先者，并且还提供了驾驶学校。可以说，这些都是塔塔汽车公司比市场领先者玛鲁蒂铃木薄弱的业务领域。

2009年，玛鲁蒂公布了一款新型汽车，其发动机排量为660毫升，能够与塔塔的凌珑汽车639毫升的排量相比较。但是，在写该案例的时候，它尚未宣布该车型能够与凌珑最低价格竞争的价格。正是塔塔汽车型号获得了高于200 000笔提前订单，而不是玛鲁蒂。然而，在印度客车市场上，玛鲁蒂拥有比塔塔更大的规模经济。因此，玛鲁蒂对凌珑具有潜在的竞争威胁。在接下来的部分中我们将看到，在实践中，凌珑没能维持其最初的成功。因此，玛鲁蒂铃木将再也不可能推出一种新型号来与凌珑直接竞争。

塔塔汽车公司：凌珑推出时的缺陷

经过四年的研发之后，新型的塔塔凌珑似乎能够开始吞噬玛鲁蒂的主导市场份额。然而，塔塔宣称，凌珑的主要目标并不是玛鲁蒂，其主要目标人群是那些使用拉登摩托车的印度家庭。塔塔的目标是扩大印度客车市场，而不是攻击具有主导地位的竞争者。

毋庸置疑，在2008年推出的凌珑捕捉了印度国家的想象力。塔塔在第一年必须通过抽签来分配它的生产能力。然而，塔塔缺少生产能力来充分利用这个强大需求。在普纳的第一个凌珑工厂计划每年只生产100 000辆汽车。在古吉拉特邦的另一家新工厂最终将每年生产250 000辆汽车，但是至少在2011年以前它们都不会投入使用。这里的前提是所有的产品能够被出售，然而这在后来被证明是错误的。

尽管在推出凌珑的初期存在严重的生产问题，但是在2010年后期这些问题都被解决了。塔塔的问题是在2009年仅仅出售了大约23 000辆凌珑汽车，在2010年出售了47 000辆汽车，完全不同于它最初制订的每月20 000~25 000辆汽车的目标。在2010年10月，经销商所达到的销售量仅为509辆。与玛鲁蒂、福特和现代的汽车价格相比，凌珑的价格仍然只是它们的一半。那么是什么出现了问题呢？

主要存在两种解释。第一，报道宣称凌珑汽车会自燃。这使得塔塔为其所有客户提升了安全等级；第二，更重要的是，一些分析师质疑印度市场对这种型号的需求。它最初旨在创造"一个安全的，一个骑自行车的家庭能够支付的，能够在任何天气下运行的交通工具……父亲驾驶着摩托车，他年轻的孩子站在他前面，他的妻子抱着小宝贝坐在后面"。但是，存在的问题是，这个概念误解了印度汽车市场。

对于那些收入非常低的印度人，凌珑没有足够的吸引力，存在两点原因。第一，与可替代的摩托车相比，凌珑具有相对较高的维护和燃料成本；第二，当顾客居住在非常贫穷的住宅区时，一些顾客找不到地方来停车。对于那些收入很高的印度人来说，凌珑又太基础了。"对于你的第一辆车，你会希望拥有一些高档的特征……就是那些能使汽车脱颖而出的特征。"如果这一说法是正确的，那么凌珑就不能满足以上这两种目标人群。

当然，塔塔汽车公司的高管们正在计划一个新的市场营销活动来促销凌珑。但是，在写该案例的时候，该举措仍然处在计划阶段。根据一些报道可知，塔塔同样设计了一个欧洲版本的凌珑汽车。其他的报道也传播了要将凌珑汽车出口其他发展中国家的消息。但是，由于印度本国市场上的问题，使得一些人质疑这些消息。

到2011年，玛鲁蒂正在计划自己的汽车型号，尽管在写该案例的时候，它并没有发出任何的公告。另外，一家印度领先的摩托车公司——巴甲杰（Bajaj），宣称它正在与法国雷诺汽车公司合作，并成为了凌珑的直接竞争对手。这同样以2011年的产品推出为目标。尽管塔塔汽车公司存在早期的成功和创新性设计，但是它不再简单地依靠凌珑汽车了。

塔塔汽车公司：经历了一些早期困难后，对捷豹路虎的成功收购

在公布凌珑汽车的同时，塔塔汽车公司花费23亿美元从美国福特汽车公司手中收购了捷豹路虎公司。然而，在2008年，提高捷豹路虎交易的资金支持时存在问题，但是塔塔能够在2009年解决这些问题。为捷豹路虎的收购提供资金并不是塔塔在接下来几年里更具一般性的战略问题。

捷豹路虎的客车定位在世界汽车的高端市场上，具有高价格以及高的性能特征：捷豹是豪华跑车，路虎是越野多功能跑车。一些路虎车型是简单而坚固的，而其他车型却更加奢华。捷豹路虎品牌受到了来自其他公司的激烈竞争，例如宝马、梅赛德斯奔驰，以及雷克萨斯（来自于丰田的奢侈品牌）。与福特的交易还包括来自于美国公司在发动机研发上的持续支持，其主要是考虑到了生产较低的燃料排放量和更好的燃油经济性的世界压力。捷豹路虎为了在2012年之前推出新的汽车模型，其本身拥有一个主要的项目。许多这样的汽车模型设计都是为了豪华汽车，并且满足日益严格的燃油效率和新的更高的废弃排放标准，这一标准是在北美和欧洲设置的。

更深入地研究它的新收购的同时，塔塔汽车公司了解到捷豹路虎拥有一些著名的全球品牌和一个强大的国际配送网络，在英国的总部拥有3个主要英国工厂、14 500名员工和一个主要的研究工厂。在被塔塔收购之后，捷豹路虎在2007年到2008年之间的销售量从246 000辆汽车下降到2008年到2009年之间的167 000辆汽车，并且裁减了500名英国员工。然而，塔塔能够从银行获得融资来支付对捷豹路虎的购买条款，而不依靠任何来自于英国政府的资金支持。这表明世界上的贷款机构对塔塔成功收购捷豹路虎的能力充满信心。

从一开始，塔塔就决定将新收购的公司从它的印度公司中分离出来进行单独管理，这大概是由于历史、市场定位和资源等原因。但是，这存在缺点，使得塔塔不能够在整个塔塔集团内轻易地分享到捷豹路虎的知识技能。

主要是由于2008年到2009年期间的世界市场经济的衰退，捷豹路虎在当时遭受了损失。然而，在2009年到2010年期间，塔塔成功扭转了它新收购的捷豹路虎公司的利润，这是它提高盈利能力的详细战略结果。在2010年8月15日，一位塔塔投资者表明，该战略能够通过塔塔网站获得。他还宣布了一些深入的市场营销和销售举措。例如，它在印度开设了首家捷豹汽车展厅，并扩展到中国。它同样与印度和中国政府协商，将大量的路虎汽车作为军用汽车出售给它们。在2011年早期，捷豹路虎宣称它正在进一步投资到新的汽车型号上，并正在招聘1500名员工。它同样制造了一种路虎汽车型号，该型号能够将部分零件运送到普纳的印度工厂里进行重新组装，然后在印度出售。

捷豹路虎的转变已经反映在其2010年的销售和利润图中，如图3所示。

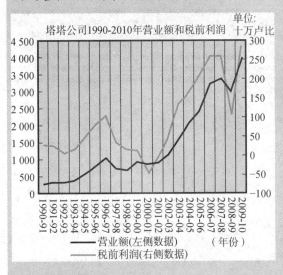

图3 塔塔汽车公司恢复到良好增长状态

资料来源：塔塔2010年的年度报告数据。

建立在优势上的塔塔商用汽车系列

2010年，塔塔汽车公司公布了商用汽车系列的新型号。在这个业务成功的背后，聚集了大量的资源。但是，它面临着来自新进入者的竞争。例如，世界领先的商用汽车制造商戴姆勒奔驰在2010年公布了新的汽车模型，其目的是开发像印度这样的国家。尤其是在印度，戴姆勒卡车获得了40%的控股权，但这并不是戴姆勒印度子公司本身就已经拥有的，而是建立在戴姆勒印度商用汽车公司Pvt.Ltd的基础上的。在2009年，戴姆勒已经公布了其利润问题，但它也决定在未来几年里，通过其世界级的卡车和公共汽车的设计来取得发展。随着时间的流逝，塔塔商用汽车将会面临着一个真正的竞争威胁，不仅仅是在其本国主导市场，也在其各种各样比较薄弱的海外业务市场。

结论：塔塔现在的地位

从全球战略的角度来看，塔塔汽车公司处于一个强大的地位。它在世界上不断增长的客车市场，即在印度市场上占有重要作用。然而，塔塔不像玛鲁蒂铃木那样拥有巨大的规模，它仅仅是依靠自身的力量在发展。一些世界领先汽车公司，例如大众、雷诺、福特和丰田，根据在另一个大型的且不断增长的中国市场上成功的合资企业案例，都正在为印度市场开发新车型。即使塔塔从事生产凌珑，但是在印度市场上的大部分地区都存在很强大的竞争对手。也许与一个国外的竞争对手建立合资企业才能够吸引塔塔。

尽管塔塔凌珑在早期取得了成功，但是它能够解决后期的严重问题吗？它真的要进入竞争激烈的欧洲市场吗？也许在考虑海外业务活动之前，它的下一步应该是解决印度市场上的困难？

随后，在它新收购的捷豹路虎公司中同时存在机会与问题。对于这部分，公司应该采用什么战略？它应该继续大力投资吗？它能够进一步利用其印度的关联来提高销售吗？它该如何最有效地开发一种新的竞争资源，该资源是以前的印度公司不曾拥有的两大全球品牌？

尽管印度商用汽车市场增长缓慢，但是在卡车和公共汽车领域存在巨大的增长潜能。而且，在其中一个领域，塔塔是亚洲市场的领先者。也许，它应该更积极地追求这一路径？也许，它应该与另一家世界领先商用汽车制造商戴姆勒奔驰重新建立昔日的联系，其目的是强化其世界专利品牌？也许，塔塔应该继续与世界上其他商用汽车制造商建立更小规模的联系？这些能够充分地开发它在商用汽车上的知识和技术吗？

©版权归理查德·林奇所有，2012年。保留所有权利。

案例问题

1. 从塔塔汽车公司的角度来看，在战略环境分析中，你所强调的最主要因素是什么？塔塔主要的竞争资源和竞争能力是什么？

2. 你对塔塔未来战略的分析具有什么意义？它是否应该继续追求它目前所有的增长领域？也许就增长机会而言，它需要更多的选择权？哪些因素你认为是首要的？哪些因素你认为是需要放弃的？

3. 几年以后，其他公司是否能够从塔塔汽车战略中得到启示？思考在塔塔公司能够有效地运作，但是在其他公司却效果很差的战略。

注 释

This case was written by the author from numerous sources including: Annual Report and Accounts for *Tata Motors 2007, 2008 and 2009*, *Maruti Suzuki 2008 and 2009*, *Mahindra and Mahindra 2008*, *Hindustan Motors 2008* all available on the web. *Tata Motors*: press release 2 June 2008 on acquisition of JLR. *Financial Times*: 4 September 2007, p14; 9 January 2008, p30; 31 August 2008, p19; 4 October 2008, p23; 20 March 2009, pp15 and 20; 24 March 2009, p22; 25 May 2009, p21; 30 May 2009, p18; 11 June 2009, p2; 12 August 2009, p2; 3 November 2009, p21; 8 January 2010, p17; 20 January 2010, p8; 21 January 2010, p11; 5 May 2010, p22; 3 December 2010, p22; 4 January 2011, p16. *Sunday Times UK*: 10 May 2009 'Ratan Tata: India's humble business king'. *Time Magazine*: 6 May 2009. International Organisation of Motor Vehicle Manufacturers (operating under the initials OICA), World Motor Vehicle Production 2008 data available from the web. *BBC News* website: 26 June 2009 'Jobs Warning at Jaguar Land Rover'; 9 July 2009 'Changing face of Jaguar'.

案例研究 7

观看总结该案例的视频

战略变革：惠普首席执行官卡莉·菲奥莉娜的兴衰

结束早期与惠普守旧派之间的冲突之后，惠普首席执行官，卡莉·菲奥莉娜需要为公司未来五年的发展制定新战略。该案例描述了主要的市场数据以及所作出的选择。随后，本书又讲述了在2005年早期，卡莉是怎样被迫离开公司的。

2001年适合惠普的战略规划：守旧派与创新派管理者之间关于战略内容的争论

作为了解惠普2010年关于未来战略方向争论的起始点，本书研究了适合公司的相关战略规划。所遵循的规划并不仅仅是细分电脑和打印机市场的方法，而是需要将它们陈列出来使惠普能够看到。下文所研究的计划选项遵循了在年度报告和报表中公司汇报它的业务活动的方式，见表1，但存在一个例外。"电脑系统"已经被分成了两个部分，即个人电脑和电脑服务器，因为这两部分代表了相当不同的细分市场。所展示的这四个计划选项可能忽略了其他可能适合于惠普的计划选项，因为它利用了公司现有的细分市场界定。更彻底的计划选项可能更加有益，该选项包含更基本的重新定义的市场。

表1 惠普：细分市场信息，打印机系统是至关重要的赢利能力　　单位：十亿美元

	2001	2000	1999
净收入			
成像与打印系统	19.4	20.5	18.6
计算机系统，例如：家庭与办公电脑	17.8	20.6	17
信息技术服务，例如：咨询	7.6	7.1	6.3
其他	1.0	1.6	1.3
调整	(0.6)	(1.0)	(1.3)
惠普总收入	45.2	48.8	42.4
非经常性项目净收益			
成像与打印系统	1.8	2.7	2.4
计算机系统，例如：家庭与办公电脑	(0.4)	1.0	1.0
信息技术服务，例如：咨询	0.3	0.5	0.5
其他	(0.3)	(0.1)	(0.1)
总调整，包括税费	(1.0)	(1.6)	(1.6)
惠普总收益	0.6	3.6	3.1

资料来源：惠普报告与报表。注意数据不完整，所以在总数上可能存在一些细微的差别。

1. 成像与打印系统：惠普的竞争优势？

- 基础的打印机市场是成熟的。它拥有几个不同的部分。
- 在低端和低价格的喷墨打印机市场上，爱普生和佳能是市场领先者，在20世纪90年代后期，惠普推出了一款新型打印机来与之抗衡。
- 在中等市场上，惠普是市场领先者。
- 在高端以及高性能的打印机市场上，惠普、兄弟（Brother）和佳能都已经参与其中了。

最大的打印机细分市场是中等市场，见表2，该市场上的顾客包括家庭使用者以及企业使用者。配送的方法各不相同，从通过零售商店的直接电话销售，再到独立的办公室供应商。惠普代表了这一领域的高质量、可靠的以及性能良好的产品。历史上，惠普在打印机市场上的主导地位来源于公司在20世纪70年代和20世纪80年代对第一代激光喷墨打印机高于2.5亿美元的投资。最近，惠普所开发的打印机、扫描仪和复印机组合产品在市场上已持续演变。该公司目前将需要处理更换胶片的市场作为数码摄影的成长市场。新的数码相机不再使用插入然后进行操作的胶片，而是直接连接电脑进行打印。这为惠普这样的公司开发了一个新的打印机会。惠普守旧派强烈支持的一个战略规划主要关注的是电脑打印市场。

表2 全球电脑打印机市场：在收购康柏之前，惠普在数码成像这个快速增长的中等细分市场上占据主导地位

	打印机与成像市场：全球	市场潜力：未来五年
总市场规模	500亿美元	800亿美元（替代使用胶片的市场，扩大打印机的使用）
市场增长率	增加2%，但是成像细分市场增长更快	在成像细分市场上，已经有15%的成熟度。仅有的长期潜力：商业打印可能变成6 000亿美元，目前由其他相关技术服务
细分市场：成像市场	180亿美元（包含在上述的总市场规模中）	惠普与其竞争者共同开发该领域
细分市场：低成本打印机	60亿美元（包含在上述的总市场规模中）	在这个领域中，重要的是佳能、爱普生
细分市场：中等市场	260亿美元	惠普在该细分市场占主导地位
市场份额		施乐现在已经推出了基础的打印机市场，开始关注"办公服务"设备
惠普（HP）	43%	
爱普生（Epson）	14%	
利盟（Lexmark）	9%	
佳能（Canon）	9%	
施乐（Xerox）	8%	
其他，例如兄弟（Brother）、国际商用机器公司（IBM）、理光（Ricoh）、美能达（Minolta）	17%	在2011年，IBM在其打印机生产上遭受了损失；戴尔并没有销售它的打印机

资料来源：见案例末的参考文献。

2. 低端、国内和小型办公室个人电脑市场：惠普只是该市场中的其中一批企业

尽管这个市场很大，并且在全世界一直处于增长状态，但是现在它已经成熟，具有相对少量的主要技术进步和品牌化所带来的附加值，并且具有领先电脑芯片和软件供应商的相关战略，这些供应商包括英特尔和微软，见第1章以及下面的表3。追溯到20世纪70年代中期，惠普开创了个人电脑，并且是一家早期个人台式电脑制造商。到2000年，主要个人电脑制造商的生存战略变成了削减成本。戴尔通过直接的电话销售来进行该过程，这能够减少经销商的利润和成本。随后，戴尔跟随着这个低成本制造战略，利用准时制造生产过程和柔性制造来为实际收到的订单生产个人电脑，而不是维持一定的库存，见后文中有关戴尔的案例研究。个人电脑顾客已经变得越来越重视价值。惠普的产品被认为是可靠的，并且设计精良，但是它的优势并不明显。

惠普的一个战略规划就是减少成本，并通过收购竞争者来获得规模经济。随后，合理地说明惠普和被收购公司的生产与产品系列是有必要的，其目的是为了获得战略好处。例如，20世纪90年代，康柏收购了两个较小的对手公司，天腾和中恒，随后也运用了这个战略。然而，康柏发现它需要时间来实施这样一个合理化的战略，并且在减少成本的过程中失去了动力。然而，到2000年，康柏自由人系列产品被称为是个人电脑市场上销售量最大的产品。在电脑服务器市场上，康柏也具有一个完整的产品系列。惠普的创新者被这个战略高度吸引，尽管它存在很多困难。

表3 全球个人电脑市场：市场成熟，但是在收购康柏之前，惠普参与程度较小

	2001年全世界个人电脑市场	评　论
总市场规模	约1 200亿美元	
与2000年相比，市场增长率	增加3%	在20世纪90年代，年增长率稳步减少
市场份额		
康柏（Compaq）	12%	在20世纪90年代，康柏通过收购天腾（Tandem）和中恒（Digital）来获得增长
国际商用机器公司（IBM）	9%	
戴尔（Dell）	6%	戴尔通过新的生产方法来实施降低成本战略，公司快速增长
惠普（HP）	5%	历史上，惠普通常是市场上的"跟随者"
其他	68%	除了上述公司以外的其他分裂的市场

注释：个人电脑制造商已经成为了电脑零部件和软件的组装工厂，并将重大的附加值转移给英特尔和微软。
资料来源：见案例末的参考文献。

3. 高端电脑服务器市场：惠普在这一领域占有重大份额，但是远小于市场领先者 IBM

大型顾客，例如主要的企业和国家政府，它们具有很大的电脑需求，大型电脑能够满足部分需求。然而，同样需要电脑服务器：这些路由数据存在于公司中或者公司之间，它们处理数据，并且操作内部和外部的互联网网络。另外，这样的网络通常需要专业设计、安装和维护建议，其目的是产生最佳性能的产品。这样的大客户具有很强的价格预期，同时也有很强的性能要求。因此，高端的电脑服务器市场应该联合信息技术咨询市场。合并后的市场包括电脑服务器设备的销售，另外包括持续的信息技术建议的提供：这个复杂和多方面的特性使得市场规模难以精确定义。表 4 是关于电脑服务器市场。

英特尔公司将其电脑芯片在全球市场上（包括中国）品牌化的战略，增加了电脑组装公司的竞争压力，例如惠普公司。

表 4　高端电脑服务器市场：在收购康柏之前，惠普仍占有重要地位

2001 年电脑服务器和信息技术咨询市场		评　论
市场规模	470 亿美元	
市场增长率	5%	市场增长缓慢，因为世界经济增速减缓，并且在 2010 年，互联网泡沫破灭
市场份额		
国际商用机器公司（IBM）	29%	主导市场，使用专有的和开放的系统
太阳微系统（Sun Microsystems）	23%	因为其专有系统，所以很重要，见文中
康柏（Compaq）	15%	在 1995 年，收购了中恒，市场份额增加
惠普（HP）	6%	一直都存在，它选择开放系统，而不是专有的系统
戴尔（Dell）	5%	在便宜的、可靠的和开源的系统上快速增长

资料来源：见案例末的参考文献。

在电脑服务器市场上的一个重要复杂因素与将要被购买的产品型号有关，即"专有或开放系统"。传统上，IBM和太阳微系统公司所出售的产品中的电脑芯片和软件都是由它们各自的公司开发的，即专有系统。这种系统明显地为公司带来了竞争优势，因为顾客与该系统是绑定的，并且为未来升级的制造商提供了性能良好的系统。尽管从这一路径中，像太阳这样的公司能够获得竞争优势，但是同样存在一定成本，即需要持续投资到新的芯片和软件的开发上，通常是每3年2.5亿美元。一些评论者认为这种投资可能会增加，可能经过一段时间后，专有技术会变得不具有吸引力。图1概括了这些计划选项。

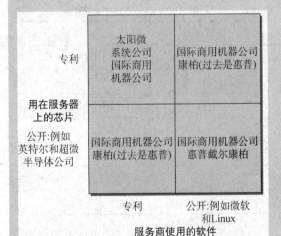

图1　可供电脑服务器制造商选择的计划选项

最近，一些电脑软件开发商（以及一些电脑公司）认为在市场上需要更加公开的竞争。因此，它们开发的系统能够与其竞争者分享，即"开放系统"。可能最著名的系统就是Linux系统，世界上任何一个软件开发商都能够运用。Linux系统的主要竞争对手就是微软所生产的网络操作系统（Windows NT）。重要的是，需要注意开发开放的产品的部分激励因素是软件开发商认为微软在市场上变得越来越占主导地位，并且具有限制性。当然，微软拒绝这个观点，并且努力保护它在该领域的存在。

到2001年，共享软件能够成功，存在两点主要的商业原因。第一个原因是，对顾客而言，这种软件更加便宜，所有的开发都是共享的，并且可以通过互联网公开获取；第二个原因是，IBM愿意投入大量的资源来对它的系统进行开发和安装（投资超过了10亿美元，加上它的电脑程序员的使用）。IBM在这个领域削弱它的竞争优势似乎很奇怪。但是IBM并不需要这个独特的竞争优势，因为它拥有其他的优势。它对开放系统的支持破坏了其竞争对手的优势，即太阳微系统公司在服务器的优势，以及微软在软件上的优势。市场上一个重要的公司——康柏，同样转向了开放的系统，尽管它的系列产品仍然运用了一些专有系统。

对于开放的和关闭的系统，惠普的政策又是什么呢？通常，该公司拥有许多年支持开放系统的政策。作为这个市场上相对较小的参与者，它几乎没有选择，只能使用能够吸引潜在客户的开放系统，而不能依赖于专有的系统。这个战略意味着惠普必须与英特尔和微软紧密合作来开发合适的产品。对于公司的新人，一个吸引人的战略规划选择就是收购竞争者，这将为惠普带来更大规模的服务器和信息技术市场。

4. 电脑信息技术咨询市场：IBM竞争性的主导地位

在这个市场上获取市场规模和市场增长的数据是不容易的。然而，在2001年，市场大约价值1 000亿美元，年增长率大约为5%。许多年后，IBM成为信息技术和服务器市场上的主导领先者。IBM拥有规模、研工厂、具备技能和知识的员工和产品系列。在 2002 年，公司花费 35 亿美元购买了普华永道咨询集团（PricewaterhouseCoopers', PwC），其目的是扩大对信息技术市场的控制。这为 IBM 在市场上的 150 000 名员工增加了 30 000 位咨询师。应该注意的是，1999 年，惠普探索研究了普华永道咨询集团的收购，但是它并没有同意收购的商业条款。信息技术服务已经成为 IBM 总业务中最具营利性的部分，如表 5 所示。尽管没能收购普华永道咨询集团，但是惠普的新员工都非常热忱地寻找另一种战略规划来深入地进入信息技术咨询行业。

惠普的战略选择以及战略变革的结果：收购康柏

惠普认为公司没有竞争对手的规模，所以需要进行一个重大的收购。大的商业机会将来自于主要顾客，这些客户需要单一的供应商来提供全面的技术系统和服务。此外，该行业预计将放缓市场增长速度和新技术研发速度，因此战略重点是节约成本而不是新技术。此次收购的候选公司必须是大规模的，并且在给大客户提供服务的信息技术部门占有很大的比重。"这是一个将要巩固并需要可持续性商业模式的行业。"卡莉·菲奥莉娜说。

表 5　IBM 细分市场信息：信息技术服务的重要性

	2001	2000	1999
营业外收入			
全球服务/信息技术	34 956	33 152	32 172
硬件，包括服务器和打印机	33 695	37 811	37 453
软件	12 939	12 598	12 662
全球融资①	3 407	3 500	3 219
企业创新	1 118	1 369	1 651
投资/其他②			
总数	86 115	88 430	87 157
税前收益/损失			
全球服务/信息技术	5 161	4 517	4 464
硬件	1 303	2 702	2 058
软件	3 168	2 793	3 099
全球融资①	1 143	1 176	1 047
企业创新	(317)	(297)	(697)
投资/其他②			
总数	10 458	10 891	9 971

① 二手电脑设备和一些租赁/金融交易。
② 与 IBM 主要业务不相关的其他业务活动。
资料来源：IBM2001 年的年度报告和报表，102 页。

研究产生了一个被收购的候选公司，即康柏电脑公司。该公司几乎与惠普规模一样大，并且能给惠普的咨询服务业务带来新的维度和视角。它在服务器、个人电脑和相关业务领域都很强大。因此，在2001年后期，卡莉·菲奥莉娜希望花费210亿美元的报价收购康柏。

2002年初，经过讨论之后，康柏公司的管理者和股东决定接受这个报价。卡莉·菲奥莉娜的问题是，其公司的一些股东反对这项交易，尤其是最初的惠利特（Hewlett）和帕卡德（Packard）的家族成员。

以比尔的儿子沃尔特·惠利特为首的人们已经在过去数月的时间内反对康柏收购。反对者发布了三份报告来攻击该收购，其中包括一项特别委托调查，该调查表明大型电脑公司的合并一直都是失败的。休伊特先生（Hewitt）评论道："在其他公司曾经失败的地方，惠普乐观地认为它能够成功。尽管在最大的信息技术投资热潮的历史上，过去的电脑公司合并是失败的，但是在当前科技投资严重衰退的时期，尝试复杂的全球一体化似乎存在更高的风险。"然而，仅仅简单地将这看作是惠普的守旧派与创新派之间的个人争斗似乎是错误的，在这一争论中存在很重要的、需要被理解的战略观点。

经过长期的战斗，在2002年3月，卡莉赢得了惠普51%的股东支持。因此康柏被并入了惠普。但是这仅仅是战略变革的开始，随后需要从康柏的收购中获得好处。"菲奥莉娜赢得了战斗，但现在面临着战争。"这是英国《金融时报》所总结的惠普的处境。惠普已经花了数月时间致力于新合并的组织，使其能够快速地运作。刚开始，为更大的集团产生一个合并的新董事会，其中许多人来自康柏，包括它的首席执行官迈克尔·卡佩利亚斯（Michael Capellas）。与五年前相比，战略变革是很显著的。惠普所有不同部门的领导者都是新上任的，只保留了以前公司的两个高层董事会成员，如表6所示。

在确定了高级管理者之后，接下来的任务就是获得收购的好处。沃尔特·休伊特曾经反复强调在争斗中确保在实际中具有少量有效性的技术并购的交易，这些争斗是破坏性的，并且发生在电脑行业低迷的背景下。

惠普早期的并购战略是以顾客为焦点：公司希望从这样的客户基础上确保它的损失要少于它收入的5%。因此，公司早期的公告是将它所结合的产品范围、它的品牌化政策、它的联合网站以及问题作为重叠的产品范围，从而不会失去客户。最终，新的惠普需要拥有与一个行业领先者有关的规模和服务，并且在实际中，其产品范围能够服务更大的客户群。到2007年，已经完成这一复杂过程。战略非常成功，以至于2005—2007年的营业收入翻了一番。（见网站 http://h30261.www3.hp.com/phoenix）另外，惠普从它的主要竞争对手戴尔电脑公司那里恢复了个人电脑市场上的市场领先者地位。也许，公司在解雇卡莉这件事上太仓促了？

为了获得收购的好处，合并公司宣称它同样需要削减大约15 000个岗位，这是其合并后劳动力的10%。它计划在2002年底来实施这个任务，并预计每年减少25亿美元。同样存在一些困难的组织决定，例如劳动法、软件系统不相容以及税收问题，都很难实现快速的成本节约。一些国家劳动法要求在裁员之前需要进行咨询。在某些情况下，这意味着在实现合并之前，康柏和惠普的销售团队一直处于相互竞争中。一般情况下，预计这样的成本削减和主要的变革能够影响公司的士气。惠普计划迅速行动来解决这样的问题，但是考虑到电脑行业中衰退状况所产生的额外问题，预计将需要几年的时间才能解决全部问题。

表6 惠普的高层董事——1996—2001年领导层的改变

1996年		2001年：收购康柏之后	
董事长、总裁和首席执行官	刘易斯·普拉特（Lewis E. Platt），55岁	董事长与首席执行官	卡莉顿·菲奥莉娜（Carleton S. Fiorina），47岁
总裁与董事	无	总裁与董事	迈克尔·卡佩拉斯（Michael D. Capellas），47岁（来自于康柏，见文中）
财务与行政执行副总裁	罗伯特·韦曼（Robert P. Wayman），51岁	财务与行政执行副总裁	罗伯特·韦曼（Robert P. Wayman），56岁
人力资源副总裁	苏珊·鲍威克（Susan D. Bowick），49岁	人力资源副总裁	苏珊·鲍威克（Susan D. Bowick），53岁
电脑组织执行副总裁	理查德·贝卢佐（Richard E. Belluzzo），43岁	企业系统集团执行副总裁	皮特·布莱克莫尔（Peter Blackmore），54岁
测试与测量组织执行副总裁	爱德华·伯恩霍特（Edward W. Barnholt），53岁	成像与打印集团执行副总裁	维迈西·乔希（Vyomesh Joshi），47岁
研究与开发高级副总裁	乔尔·伯恩鲍姆（Joel S. Birnbaum），59岁	个人系统集团执行副总裁	杜尼·齐特纳（Duane E. Zitzner），54岁
公司事务与法律总顾问高级副总裁	杰克·布里格姆（S. T. Jack Brigham），57岁	惠普服务器执行副总裁	安妮·利弗莫尔（Anne Livermore），43岁
测量系统组织高级副总裁	道格拉斯·卡纳汉（Douglas K. Carnahan），55岁	全球业务运营执行副总裁	迈克尔·温克尔（Michael J. Winkler），56岁
欧洲战略举措高级副总裁	弗朗哥·马里奥蒂（Franco Mariotti）	信息技术高级副总裁	罗伯特·纳皮尔（Robert V. Napier），55岁
互联网项目总监	威廉·墨菲（William Murphy）	公司战略与技术高级副总裁	谢恩·罗比森（Shane V. Robison），48岁

《金融时报》引用了一个与惠普关系紧密的人的观点，其声称此次收购永远不会这么容易，但是卡莉·菲奥莉娜受到了其新董事会的全力支持。扭转改变该公司根深蒂固的文化是很困难的，并且会受到批评。能够继续支持卡莉的股东，主要取决于她能够实

现合并的好处。事实上,卡莉已经失去了两次工作。第一次,在追求合并,反对公司守旧派时;第二次,在实现惠普一个新的、更大的并且更合理的结果时。战略变革有时存在真正的风险。

接下来会发生什么?

从合并组织中节约了25亿美元的成本,从而实现了成本节约。存在的困难就是戴尔公司在个人电脑市场上继续快速发展。在收购康柏期间,惠普在世界个人电脑市场上所拥有的合并份额是15.1%,而戴尔的市场份额为14.5%。在2002年后期,戴尔降低了产品价格来解决这个问题,因为在该业务中,它能够获得最丰厚的利润。惠普并没有立即追随这一变动,因为这将吞噬其合并公司的利润。然而最终,惠普被迫降低了一些产品的价格。结果就是在2003年期间,戴尔的全球市场份额上升到17.2%,而惠普的市场份额只是缓慢地上涨到15.7%。

尽管在2003年惠普恢复了一些地位,然而,在2004年,戴尔以超过18%的市场份额位居市场领先地位,惠普却在挣扎着获取市场地位。在价格敏感的商品市场上,戴尔想要成为低成本领先者的战略注定是要失败的。此外,惠普的印刷业务也做得很好。正是康柏的电脑服务器业务帮助惠普填补了这一领域的空缺。但是,在蓬勃发展的信息技术和咨询服务业上,惠普的份额仍然是很小的。到2004年后期,它陷入了战略困境。

2005年早期,惠普总公司的主要董事会成员存在各种各样的变化。那些在1999年支持卡莉·菲奥莉娜任命的董事们都辞职了,并且被那些更加持怀疑态度的人们所替代。她的去留也只是时间问题。2005年2月10日,惠普公布了预期的声明,即卡莉·菲奥莉娜被解雇了。

伦敦《金融时报》评论道:"惠普解雇卡莉·菲奥莉娜的决定剥夺了公司中一位有魅力和有才能的领导者以及其最资深的女高管。但是,总体来说,这个决定是正确的,也许应该在更早的时候就制定董事会。最终菲奥莉娜女士的战略也面临着夭折。"但是,这并不是惠普董事会的观点,他们仍然认为其基本战略是正确的。但是需要一位能够带领公司继续发展的新首席执行官,即从2005年4月1日起,任命来自美国全国现金出纳机公司(NCR)的马克·赫德(Mark Hurd)为新首席执行官。随后,他享受到了在卡莉·菲奥莉娜时期的变革带来的好处。惠普从戴尔手中重新获得了个人电脑市场上的领先地位,并且惠普的电脑服务业务也开始获得真正的盈利能力。也许,惠普解雇卡莉的决定是错误的?

在美国工业上,卡莉·菲奥莉娜仍然是一位重要的人物。在2010年,她成为了加利福尼亚的美国参议院的共和党候选人。尽管她没有取得成功,但仍然是各种组织的董事会成员。

ⓒ版权归理查德·林奇所有,2012年。保留所有权利。该案例是由理查德·林奇所著,来自于已发表的信息。

案例问题

1. 卡莉·菲奥莉娜作出了哪些主要变革?利用第15章和案例15.2中所描述的模型来分析这个变革。

2. 如果你被任命为惠普的首席执行官,现在你会做些什么呢?

 更多的难点案例:
- 灾难与恢复:跳出定性思维来研究 IBM。
- 戴尔商品化:竞争优势泄露。

战略项目

根据在上文和第 15 章所介绍的惠普战略变革案例,自从变革以来发生了什么事情?其结果是什么?在它的管理层和管理风格上具有一些基本的变化吗?

自从 2005 年起,惠普进一步地开发了它的业务模型。它模仿了 IBM 的战略,进入了电脑服务业务。为什么它会这么做?存在哪些好处和问题?为了研究这个问题,你可以通过阅读网站上的案例来帮助你分析——"灾难与恢复:跳出定性思维来研究 IBM"。

注 释

* This case was written by the author from numerous sources including: Company Annual Report and Accounts of Hewlett-Packard, Compaq, IBM, Dell, Sun, Microsoft and Intel. *Financial Times*: 28 March 1996, p6; 14 November 1997, p12; 21 January 1998, p1; 9 November 1998, p13; 13 April 1999, p20; 20 July 1999, p24; 16 November 1999, p35; 7 December 1999, p36; 1 December 2000, p22; 19 April 2001, p26; 9 May 2001, p29; 22 August 2001, p10; 9 January 2002, p28; 31 January 2002, p31; 1 February 2002, p12; 21 March 2002, pp20 and 28; 9 May 2002, p27; 3 September 2002, p28; 10 September 2002, p27; 17 September 2002, p28; 12 November 2002, p27; 22 November 2002, p32; 19 December 2002, p12; 10 February 2003, p9; 11 March 2003, p28; 8 June 2004, p29; 13 August 2004, p12; 15 January 2005, pM5; 18 January 2005, p31; 9 February 2005, p24; 10 February 2005, pp16 and 26; 11 February 2005, p15; 30 March 2005, pp27 and 29; 11 January 2008, p26; 21 March 2011, p27 (which describes something of what happened next). Further references are contained in the IBM and Dell cases on the web.

案例研究 8

战略制定：公司从"杀手艾尔"中能学到什么？

艾尔·邓拉普先生（AI Dunlap）因其仅积极地追求一个战略规划——大幅度削减成本而闻名。他偏激的方法为其赢得了"杀手艾尔"（Chainsaw AI）的称号。尽管他的战略规划制定可能存在一定的限制性，然而他却经常达到结果。该案例询问了其他公司从这个战略制定的方法中是否得到了启示？

正是1988年6月，艾尔·邓拉普先生被迫离开他最新的职位。公司很少能够为许多人带来这样的快乐。美国日光公司（Sunbeam Corporation）的总裁，支持雷厉风行的管理风格的"杀手艾尔"，在他自己所拥有的锯链上存在失误的这个消息为商业世界带来了快乐的曙光。这就像电视摔跤比赛上的那一刻一样，即那些在过去的半小时一直愚蠢地殴打他人并咬其耳朵的戴头巾的恶棍突然遭到报应的时刻。你也许会认为这是不真实的，但是他们的欢呼声都是一样的。由于日光公司存在上百万美元的股票期权，从而缓解了邓拉普先生的痛苦。不过，这不可能发生在一个更好的人身上了。

邓普拉普的管理风格可以从他自己的书中体现出来，《Mean Business》，这本书就像是他作为西点军校的研究生以及后来作为核导弹安装的伞兵和军官必须学习的一本手册。"你可能不喜欢商界，同样我也不喜欢。在这里我们取得了成功。如果你希望有一个朋友，但却得到了一条狗。然而，我却不会冒任何风险，因为我有两条狗。"有些人可能会得出结论，即所关心的、分享的20世纪90年代的"杀手艾尔"的管理方法已经再也没有雷克斯霸王龙的气势了，因为他的管理方法就是裁员，并且高管们并不能满足他的目标；相反，他的倒台似乎是由三个致命的错误所导致的。

首先，他开始相信自己的宣传。在他大部分的职业生涯中，他一直是被雇用的罗特韦尔犬，被詹姆斯·戈德斯密斯（James Goldsmith）和克里·帕克（Kerry Packer）雇用来做些艰难的工作，然后带着一大块肉和几百万美元突然回到他的狗舍。斯科特纸业公司的转亏为盈是他第一次独自努力的结果，并且这是令人吃惊的成功：该公司以高价被出售，并且他带走了大约1亿美元。然后，他进入了日光公司，这又被证明是一个不同寻常的故事。邓拉普先生的口头禅是：如果一个公司的问题在12个月之内不被解决，那么它将永远不被解决。随后他进入了伴有电锯嗡嗡声的美国电气家用产品公司。在他的新版本书籍中，他声称："我们选择了作为绝对目标的日光公司，并用7个月的时间来重组它。也许，有些人应该为所有需要进行为期3年的重组计划的公司的首席执行官以及董事会成员购买这本书的副本。"

在1997年，当公司在一个大量的收购名单上时，他再次作为一个英雄离开了公司。但是，股价已经到达了一个点，即潜在的顾客会转身离开而不购买股票的价值点。事实证明，所有公司的问题能够在一夜之间被解决。他可能已经解雇了大约一半的劳动力，并且似乎拥有一些创造性的会计记账方法来报告1997年的结果，尽管他努力了，但是在邓拉普先生到来后的两年内，日光公司仍然处在困难之中。

其次，邓拉普的第二个错误就是无视他的规则："如果你打算进入商界，那么你最好是能够明白，首先，你的目标就是为老板赚钱。"他并没有完全兑现这个承诺。股价从1998年3月的53美元下跌到同年6月的15美元。随着压力的增加，他与华尔街的分析师之间的关系出现了裂缝。据报道，他曾经告诉一位评论家："如果你想要跟踪我，那么我将坚决给你两倍的反击。"

艾尔·邓拉普由于大量的减少成本战略，获得"杀手艾尔"的称号

但是，在国内存在问题。美国金融家罗纳德·佩雷尔曼（Ronald Perelman）将其在野营装备公司的股份出售给了日光公司，成为了日光股份的一部分。在1998年的春天，公司股价达到了一个较高点。当他的日光公司股权的价值随后下跌了几亿美元之后，他表示没有那么开心。邓拉普先生同样要求他的外部董事持有大量的公司股权，并且采取股票的形式来进行年度分红。所以，他们也恼火股票近期的表现。

最后，邓拉普的第三个错误就是没有意识到时代已经发生了变化。在经过历史上最长股票市场股价增长的时期之后，从1998年开始，美国市场上成功的回报并没有被广泛分享。作出艰难的决定是可接受的，但是不应该炫耀它们。例如，美国最大的长途电信运营商美国电话电报公司。在1998年纽约的一份演讲中，它的新董事长迈克尔·阿姆斯特朗（Michael Armstrong）宣称14 000名管理者已经申请了提前退休，但是很多人都超过了预期。他的信息是认真并且真诚的：这些管理者们将有尊严地离开公司，并且由于具有开始新生活的机会而感到高兴。在这种情况下，"杀手艾尔"或是詹姆斯先生曾经对他的称号"穿条纹的兰博"（the Rambo in pinstrips），看起来越来越不合时宜。席尔维斯特·史泰龙（Sylvester Stallone）似乎已经让位于莱昂纳多·迪卡普里奥（Leonardo DiCaprio）。

美国今天的成功经济当然归功于邓拉普先生所作的一些贡献，以及在过去15年里他的热心。高级管理者们已经被自满和自我放纵动摇：公司已经削减了成本并且开始重视他们的基本业务。在经历了许多的痛苦和内心的骚动之后，美国企业已经恢复了竞争优势，这个优势在全世界为公司带来了很好的发展。其他已经落后的国家也需要这样的方法来解决问题。在世界经济利益中，解决邓拉普先生最好的方法就是将其送到布鲁塞尔欧洲议会上。"杀手艾尔"目前运作着欧洲议员们的费用开支，这值得思考。

《金融时报》，1998年6月17日，第15页。文章是由理查德·兰伯特（Richard Lambert）所写，并由理查德·林奇改编，保留所有权。©英国《金融时报》有限公司1998，保留所有权。理查德·林奇单独对提供原始文章的改编版本负责任，英国《金融时报》有限公司不接受任何对改编版本的准确性或者质量的责任。

案例问题

1. 邓拉普先生制定战略的方法的主要特征是什么？

2. 邓拉普先生制定战略的方法的结果是什么？除了成本削减战略之外，他是否真的拥有一个战略？

3. 其他公司能够从邓拉普先生的方法中学习到什么吗？你会雇用他吗？

案例研究 9

观看总结该案例的视频

整理索尼：恢复利润和创新热情

2005年初，日本索尼公司在日本商界做了前所未闻的举动。它任命了一位在威尔士出生的美国公民来担任日本公司的总负责人，以及一位新的日本董事长。该案例研究了这个惊天动地变化的原因，旨在将索尼重建为一个全球业绩最好并且最具有创新性的消费电子公司。在2010年，税后的索尼仍然是亏损的，所以在此之后，它的问题仍然没有被解决。

新的美国人和日本人领导层

从1997年到2005年，威尔士出生的美国公民霍华德·施普林格先生（Howard Springer）是索尼美国分公司的首席执行官。他通过重组项目、削减成本以及重新改造等举措使公司摆脱了严重的劣势。在2005年，霍华德先生被现在的索尼日本领导者选择为整个索尼集团的领导者。

从1975年到2005年，日本索尼执行官中碎良治（Ryoji Chubachi）在公司各种各样的职位上工作，最后，他担任了索尼日本生产工厂的总负责人，并且概述了需要提高集团的生产技术。中碎良治将重点研究如何帮助索尼不同的部门能够更加有效地一起工作。

2005年初，施普林格（Springer）被任命为董事长和首席执行官，中碎良治被任命为总裁，其职位仅仅低于首席执行官，并且在索尼的人事安排中具有重要作用。同时，前董事长出井伸之（Nobuyuki Idei）以及七位董事会成员同意下台。只有首席财务官从以前的董事会中保留下来了，他以前重组了亏损的索尼爱立信手机合资企业（Sony Ericsson）。这个彻底变革的原因是什么？新领导者的提议是什么？我们将在下面五个标题下来研究这些问题：

1. 2010年的全球消费电子产品市场。
2. 索尼产品范围和战略。
3. 公司背景、领导能力和文化。
4. 索尼利润问题的原因。
5. 索尼在2010年的战略挑战。

2010年的全球消费电子产品市场

根据不同的市场调查，在2010年的全球消费电子产品市场的价值在3 170亿美元到8 730亿美元之间（该案例的最后给出了该数据的来源）。与产品范围有关的较大的差异性的原因包含在市场的定义中，例如较低的数据不包括手机和像电冰箱这样的家用电器。为了该案例的目标，我们利用了较高的数据，因为存在市场证据表明一些消费电子产品市场是融合的。两个例子，即智能手机与平板电脑越来越多地被用作微型电脑；一些新的电视机现在能够连接互联网。重要的是，在这个市场上存在快速的和持续的技术变革。因此，像索尼这样的公司需要大量地投资到研究与开发中，以及减少与这种新开发有关的营销成本。

全球市场能够被分成两个主要领域，即成熟市场，例如西欧、美国和日本；新兴市场，例如"金砖四国"（巴西、俄国、印度和中国）以及非洲、中东、南美和澳大利亚的部分地区。在成熟市场，消费需求是很大的，但是更加成熟，每年的增长率最多能达到5%～10%。至少在某些部分，消费需求是由替代需求推动的，例如只有在旧产品需要更换时才会购买消费电子产品。实际上，2009年，在成熟市场上的消费电子产品下降了9%。但是在2010年，由于经济增速提高和消费者对更换旧设备更加有信心，所以消费电子产品又重新增长了大约13%。

在新兴市场上，家庭仍然会在第一次购

买消费电子产品,例如新需求。增长的财富意味着在新兴市场上的消费需求增长要快于成熟市场。然而,一些市场,尤其是中国和印度,正处于相对快速增长的时期,其年增长速度在10%~15%之间。

除了在成熟市场的替代需求以外,对新产品同样存在全新的需求。一些细分市场拥有更高的增长率,高达20%,包括小型笔记本电脑和平板个人电脑、能够接受和记录数字电视信号的复杂机顶盒、3D电视和网络电视。索尼本身就将希望寄托在后来开发的电视种类的新开发上。然而,在写该案例的时候,它并没有开发出新的平板电脑,不同于它的竞争对手三星和苹果。索尼本身与瑞典爱立信公司在手机业务上建立了合资企业。但是,在写该案例的时候,这个公司失去了市场份额并且是无利可图的。

市场上的竞争主要是由少数的主要世界参与者主导的。例如,韩国的乐金与三星,日本的松下,在某些产品种类上的荷兰飞利浦,游戏设备上的微软和任天堂,录制音乐和手机的苹果。另外,索尼在它的影音集成电脑(VAIO)上面临着各种各样的竞争,这些竞争来自于市场领先者、惠普/康柏、戴尔、宏基和联想。因此,索尼可能存在的战略问题是它参与了太多的市场领域。

在消费电子产品上的成功关键因素包括强大的研发、品牌、规模经济、范围经济以及每个国家中配送公司产品的物流。索尼在研发上很强大,但是在规模经济上却比较薄弱。例如,它很晚才进入液晶显示器电视领域。在确定消费需求的新领域时——苹果的iPod替代了原来的索尼随身听。索尼的品牌是一个真正的优势。

索尼的产品范围和战略

为了理解为什么从2005年起需要如此大的变动,回顾索尼过去10年里的利润记录是有帮助的。在1995年,索尼税后利润大约为23亿美元;在2004年,利润仅仅为10亿美元左右,与此同时,销售额从450亿美元增长到720亿美元;到2010年,它的销售额增长到810亿美元,但是公司在扣税之后却亏损了5亿美元。施普林格和中砵良治组成的新团队实施了四年之后出现了这种情况。该案例最后的展示总结了索尼从2006年到2010年这五年的贸易记录。

图1显示了索尼业务的主要领域。存在两个主要问题领域,即消费产品和设备部门,其在2010年的销售额超过390亿美元,但是税前的净损失为5.6亿美元。这个部门的产品包括电视机、数码相机、摄影机和图像传感器。网络产品和服务部门销售额为190亿美元,但在税前也损失了10亿美元,这个部门的产品包括影音集成个人电脑和PS3游戏机。这样的地位是不可持续的。下文将会解释这个困境的原因。在该案例的附录中将有一个关于索尼各部门的盈利能力的更详细的图。追溯到2004年,索尼最有盈利能力的部门就是游戏部门,例如游戏机的销售额为75亿美元,交易利润为6.5亿美元。不幸的是,到2010年该部门遭受了损失,因为遭受到了来自于微软Xbox和任天堂的Wii不断加剧的竞争,见本书第4章最后的案例4.4。

图1 索尼2010年销售来源所占比例

资料来源:作者根据索尼2010年度报告和报表得出。

20世纪80年代，索尼为它的电子业务增加了日本银行和保险服务，在那个时期存在许多典型的日本公司。在2004年，索尼金融服务是最大的利润来源。到2010年，这个部门很容易为整个索尼公司带来最大的利润来源，见该案例中最后的附录。一些战略家可能会认为索尼不应该从事银行服务业务，因为它们与消费电子产品业务的长远方向不相关。但是，在2010年索尼金融服务部门的管理者是一位勇敢的人，为了获得销售而忽视价格。

当它进入银行和保险服务业务时，公司同样收购了美国的哥伦比亚音乐公司（CBS Music）和哥伦比亚电影公司（Columbia Picture）。这里的战略逻辑就是开发一个垂直一体化的公司，从制作图像和音乐的服务到将它们传递给个人家庭的设备。这两个部门被改名为索尼电影公司和索尼音乐公司，它们在2004年和2010年都具有盈利能力。索尼电影公司负责制作《黑衣人》（Men in Black）和《蜘蛛侠》（Spiderman）这样的电影。索尼音乐公司拥有签约的艺术家，例如迈克尔·杰克逊（Michael Jackson）、布鲁斯·斯普林斯汀（Bruce Springsteen）、鲍勃·迪伦（Bob Dylan）和玛丽·凯莉（Mariah Carey）。索尼电影公司与索尼音乐公司是索尼集团仅有的两家能够在2008年到2010年一直产生利润的公司，见该案例最后的附录。在2010年，索尼音乐公司销售和利润增长是由于全面收购在该领域的其他投资者，即德国贝塔斯曼集团（Bertelsmann），因此允许索尼音乐公司完整地整合到索尼账户中。

许多观察者认为，在2010年以前的十年里，索尼消费电子产品部门是一个真正的问题领域。在2004年，它在全世界的销售额为470亿美元，但是仍然存在3.39亿美元的净损失。在未来几年里，该部门被重组为两个领域，即消费产品和网络产品。总体来说，在2010年，这两个领域在上述所概括的580亿美元的销售额上的总损失似乎更大，大约为16亿美元。对索尼来说其实也是公平的，2010年的结果是出现在重组之后的，所以2010年的损失可能反映了一些重组成本，这是以后不会再发生的。然而，这绝不是解释该问题的所有原因。

通常，索尼消费电子产品是建立在它早期的高产品性能的战略上，例如更好的电视画面技术，也建立在为了获取产品竞争优势的好处而采取的高定价的战略。这个战略问题就是竞争公司，例如苹果、松下、三星和LG，它们的产品性能至少在2010年之前都能够良好运作。有一些产品甚至更加具有创新性，例如，在2005年宣称韩国的LG公司是世界上第一家引进内置数字视频记录器的公司，而不是索尼。然而，索尼同样公布了另外一个竞争优势领域，这是在世界领先公司中独一无二的——音乐和电影的垂直一体化。这意味着它具有艺术家的专有权，例如迈克尔·杰克逊的档案，以及索尼电影和电视的专利权，例如《蜘蛛侠》和《火线冲突》（Rules of Engagement）。

表1展示了索尼主要领域销售额的下降。它包括索尼许多著名的消费电子产品，例如随身听、数码相机以及电视机。对于产品范围所导致的部门利润与损失，公司并没有进一步详细准确的描述。然而，我们知道，像随身听和电视机这样的产品，例如Bravia型号，正面临着两个主要的竞争威胁。第一个威胁是具有较低劳动制造成本的成熟技术；第二个威胁是全新的数码技术，例如与电视和电脑的液晶显示屏有关的技术。索尼并不是液晶显示屏市场上的领先者，并且完全低估了该市场上的顾客需求。它比其他竞争对手要晚进入该市场，并且不具有相同的经济规模。

表1 2010年索尼销售额的下降

产品类型	产品例子	2010年销售额（百万美元）
电视机	Bravia电视机	12 241
游戏机	PS3	10 234
金融服务	日本服务	10 120
电影	索尼电影娱乐	8 579
数码成像	照相机	8 262
个人电脑	Vaio电脑系列	8 165
音乐	索尼唱片的艺术家和光盘	6 218
元件	微电子电路板	5 829
音频和视频	随身听、MP3播放器、摄影机	5 719
商家对商家的电子商务（B2B）	索尼商业产品	4 916
半导体	用于制造其他产品	3 382

资料来源：2010年的年度报告与报表。注意，由于报表的各个部分存在一些不一致，所以作者进行了细微的调整。调整并没有改变基本的战略视角。

索尼已经作出了相当大的努力来削减成本，即将工厂迁移到劳动成本低的国家，见下部分，但是它并未认识到一些新技术的重要性。例如，它的日本和韩国的竞争对手公司，正如夏普电子公司和三星公司，它们的液晶显示屏开发技术非常先进。另一个就是个人电脑的例子，即索尼已经开发了一个新的笔记本电脑系列，被称为VAIO，其具有出色的屏幕显示器。但是，公司正在与具有较低产品价格的公司竞争，例如戴尔、惠普/康柏、宏基和联想。像其他产品种类，索尼的个人电脑战略是为它的电脑收取高价，但是越来越多的竞争者们能够以低成本和低价格提供相同性能的产品。一些评论员认为索尼的战略太渺小、太迟且缺少创新。

公司背景、领导能力和文化

为了理解索尼是如何到达这样的地位的，有必要追溯到早期其第一位董事长盛田昭夫（Akio Morita）的影响。索尼是在1946年由盛田昭夫和他的朋友井深大（Masaru Ibuka）在日本东京建立的。井深大主要关注索尼的技术，而盛田昭夫主要关

直到现在，索尼依然是日本最受尊重以及具有创造性的公司。

注的是索尼业务发展，尤其是它的全球扩张。在那时，索尼快速地将其建立为一家最具创造性的日本消费电子产品公司。盛田昭夫是一位才华横溢的领导者以及创新者，并且从1946年到1994年一直都是公司的董事长。在1950年，索尼生产了它的第一台磁带录音机，以及1955年的第一台半导体收

音机。随后在1960年，它生产了世界上第一台晶体管电视机，以及1965年的第一台录像机。与此同时，它开始扩张地域，即1960年的美国索尼、1962年的中国香港索尼、1968年的英国索尼、1973年的法国索尼。直到20世纪80年代，它才将业务扩张到音乐与电影领域，即在1988年收购了哥伦比亚唱片公司、在1989年收购了哥伦比亚电影公司。由于盛田昭夫的远见、能力和坚韧，所以他享誉世界；由于他建立国家之间的桥梁的能力，所以他赢得了许多国际荣誉。

在1995年，继承盛田昭夫公司董事长职位的是出井伸之（Nobuyuki Idei）。出井伸之领导了公司十年，一直到2005年。他实施了一些新的举措，包括索尼第一次进行成本削减。因此，在2005年，他选择了一位美国人，即霍华德·施普林格（Howard Springer）来作为他的继承人。因此，从1946年索尼建立开始，它已经拥有了三位首席执行官，他们一直处于很稳定的关系，但也许只有一个人会导致公司过于"内向"（inward-looking）。公司发展成为了在各个领域之间不具有合作的一系列半独立部门，例如常见的软件和操作系统、常见的外部供应采购和常见的市场营销。当新领导者在2005年接管公司的时候，这些问题就已经包含在他们所确定的问题中了。

2005年，索尼新的任命者都意识到索尼在规模和冲突利益上的困难。新的索尼董事长，霍华德·施普林格先生在7年的时间里对索尼美国业务进行了改革，从而获得了声誉。这被称为"美国计划"，即减少9,000个工作职位，每年节约成本7亿美元。索尼的新总裁中钵良治在近几年减少了公司困难障碍，从而也获得了较高的声誉。例如，当他在2004年6月被任命为一个新部门的领导者时，该部门负责索尼国内电子产品的制造，他建立了一个新的生产战略总部。这个新总部的主要目标是促进整个公司中技术与专业知识的共享，减少随着时间所产生的分裂。重要的是，与它的竞争对手相比，索尼在日本的制造与开发业务上仍然拥有大量的员工，这些都意味着高工资的生产成本。在2008年到2010年期间，由于日元升值，这成为了一个很严重的问题。在2010年，索尼一些部门严重亏损的部分原因是日元升值以及日本本国的大量员工。

在霍华德·施普林格先生任命的前几周的内部管理会议上，他谈论了索尼的规模和架构。据一家报纸报道，他警示索尼可能会因为其头重脚轻的管理架构而处于增长减速的危险中。根据一位代表："整个大厦已经变成了蘑菇形状，具有更多的管理业务，而具有少量的制造和服务。"在未来五年里，霍华德先生继续推动着索尼的重组，其目的是克服它的利润问题。这些变革将会在该案例的后文中出现。

索尼利润问题的原因

任何一个主要的全球公司，在其变动盈利能力上通常存在许多复杂的原因。对于本案例，在下降的利润上，我们至少可以找到三个原因。

1. 创新产品的转变

多年以来，正是索尼产品的创新特征才实现了它的竞争优势。表2选择了一些索尼的创新型产品。重要的是，其中许多产品都是出现在20世纪90年代以前，这个清单是有选择性的，但是表明了在未来几年里，索尼可能会迷失方向。然而，并没有否认索尼在这些年强大的创新能力。1990年以后，索尼具有少量的成就，这些都能够在索尼的网站上查找到。但是，有许多人会认为它领先的开发是相当陈旧的。主要存在两个重要原因。第一，竞争对手能够随着时间的推移来与创新的点子产品进行竞争；第二，由于技术变得成熟，竞争者已经试图通过低成本渠道来生产类似的产品。

表2　所选择的索尼创新产品

年份	产品
1968	特丽珑电视机（Trinitron），新型的、具有高质量和清晰可靠的电视画面，具有高价格
1971	索尼推出随身听
1975	家用录像系统，推出了柏特麦克斯录像机（Betamax）。随后被超过行业记录标准的VHS系统所替代
1982	世界第一个激光唱片（CD player）
1985	8毫米摄像机
1990	PS游戏机，受到了来自微软游戏机（XBox）和任天堂游戏机（Wii）的威胁，见案例4.4
2008	索尼赢得了具有蓝光技术的DVD标准格式，见案例5.3

资料来源：索尼网站 www.sony.net。

重要的是，即使是在创新年代，索尼公司的文化也不能经常支持创新。2004年，索尼最大的盈利产品就是索尼游戏机（PlayStation）。据可靠报道，索尼游戏机是由集团中的一个子公司在1990年开发出来的，但是并没有告知公司总部。该子公司害怕总部会因为其浪费索尼集团的资源而停止开发。

在20世纪90年代后期，数码技术的出现加速了创新产品的转变。索尼已经不是该领域的市场领先者，而是将其让位于它的竞争对手公司。例如，索尼在液晶显示屏上的产品创新完全输给了它的竞争者，例如来自日本的夏普，以及来自韩国的三星。索尼试图扭转局面，进入快速增长的手机市场，即与瑞典的爱立信公司建立了合资企业。在2004年，索尼爱立信创造了利润，但是在2008年到2010年期间几乎是大量亏损的，见该案例最后的展示。部分原因是由于索尼爱立信缺乏像苹果那样的创新能力，缺乏像市场领先者诺基亚那样的低成本架构，见案例9.2，"诺基亚：并不明智的智能手机战略"。

2. 经营了太多无利可图的业务

多年以来，索尼公司已经削减了大量的无利可图的产品。在早期，索尼的创新消费电子产品能够制定很高的价格，因为它们的性能比竞争者要高。然而，近些年来，竞争者能够通过更低的成本来与索尼的产品性能进行竞争。因此，索尼被迫将一些标准化的电子产品的生产迁移到具有低劳动力成本的国家。例如，2007年，它在斯洛伐克建立了一个为欧洲市场服务的现代化顶尖电视机工厂。但是，在2010年，将其出售给了竞争对手中国台湾电子公司。其原因是尽管索尼将工厂建立在低工资的国家，但其规模经济仍然不能与其竞争对手匹配。像电视机和激光唱片这样的传统消费电子产品正面临着日益激烈的竞争——更低的价格和更低的盈利能力。索尼拒绝大量地削减其广泛的产品范围。然而，它开始把更多的工作外包给成本更低的地区。

3. 大规模和冲突的利益

当一个公司在全球拥有多于100 000名员工时，在集团之间通常会存在利益冲突。就索尼而言，该公司变得了区域化，即不同的部门希望追求它们各自的利益，而不愿意为了集团的利益进行合作。集团中的一些部门同样过于关注它们的短期利益。例如，索尼音乐公司不愿意开发一个在互联网上的音乐下载服务器，其目的是保护它现有的业务。其结果就是品牌在这个领域采取了行动，见《战略管理》第5版第24页的案例1.3。随后,索尼音乐公司被迫通过讨价还价能力来进行这样一种活动,就像苹果以及它的iPod的一样的活动。(同样,存在这样一个问题,为什么是苹果开发了iPod,而不是索尼。这与上述标题1中所讨论的原因有关)霍华德·施普林格先生所进行的一个主要变革就是变革索尼的组织架构,见后文。

4. 索尼2010年的战略挑战

2004年,索尼的董事长出井伸之总结道:"自从我成为总裁,已经过去了十年的时间,我认为这是进行变革的最好时间。"因此,他采取了彻底的措施,即要求自己和几乎所有的董事会成员离开索尼。随后,他选择了霍华德·施普林格先生来作为他的继承人。

2005年,在霍华德·施普林格先生被任命之后,他意识到了索尼巨大的遗产,因此写信给全体员工称:"我们不能让它们就这样抑制我们,我们需要利用这些遗产并且彻底改造它们。我们将加速公司间的合作。我们将以顾客为中心的产品和服务来重新重视世界级的技术创新。只有通过削减成本才能够实现经济增长。我们需要新思想、新战略、新联盟,以及一个共同愿景。"在索尼新团队中的资深员工总结了在新的领导下的公司情况:"挑战在于激励东京的员工、控制他们的愤怒和骄傲,改变他们将要重建索尼的能力方式。"

在2005年到2006年期间,经过一段时间的学习,两位新的领导者公布了一个大胆的计划行动。在13万个总工作岗位上削减1万个岗位,即日本4 000个,日本以外是6 000个。存在12.5亿美元的重组成本与利润相抵消,有11个生产工厂将关闭,把集团重组成更加严格的单位。重新检查电视产品,并将重点放在液晶显示屏和半导体业务上,这对PS3是很重要的。资产将会被出售,将会削减大约20%的索尼电子产品范围。随后的5年将表明,这些战略是不够的。

除了以上最初的提议之外,这种情况同样需要进一步的战略举措,主要存在三点原因:

(1) 霍华德先生的原话:"存在一个文化差异。日本投资者并不会通过裁员来降低成本,而西方投资者认为其裁员的数量还不够。但是,很确定的是,我想进行裁员,而每个人都说:'不,我们会让它盈利的。'我认为只要我能够与员工维持关系,那么就能够继续进行。谁将会促进这件事情继续前进呢?我必须赢得人心,所以我不会穿英国的长筒靴(意味着实施暴政)。"他看着他的皮鞋解释说。

(2) 索尼公司已经成为了一个分散的集团公司,而不是一个整合公司。例如,公司不同部门的软件工程师正在编辑他们自己的软件,然而这可能与公司的其他部分相重复或者不兼容。因此,存在太多的重复工作和不合作的现象。董事长认为,半自动化的"筒仓"(封闭式的架构)需要被分解。到2006年,霍华德先生评论道:"我们仍然拥有许多需要探索的'筒仓',但是大多数的墙壁已经瓦解了。"

(3) 索尼公司由于突破性的技术而得意忘形。例如,它很擅长开发新的机器人玩具和新的高光学质量的摄像机。存在的问题是机器人玩具存在少量的顾客需求,顾客想要的是一个防震相机,而不是一个高质量的光学仪器。索尼开始与它的顾客失去联系。因此,索尼开始了一个新的产品创新过程,即通过在整个集团中关注客户需求来解决这个问题。

随后,索尼在三个主要战略领域采取了行动:

(1) 制造外包。
(2) 新产品范围和进一步的垂直一体化。
(3) 公司重组。

制造外包

2006年,索尼了解顾客需求和竞争者活动的能力还是可以改善的。索尼的首席财务官大根田伸(Nobuyuki Oneda)解释了索尼在电视机市场上仍然存在的困难:"竞争已经非常激烈了,而且越来越多的价格竞争……我们在春季推出的液晶电视系列不是很有竞争力,我们的全高清电视并没有足够的生产线。"大根田伸也说索尼已经错过了投影电视机的销售预测机会。而是将它们开发成为了更加便宜的、能够替代液晶电视的电视机,但是当时,在液晶电视正处在大幅度降价的状态下。"我们损失了大量的市场份额。因此,我们的损失也越来越快。"尽管存在这些困难,但是索尼能够推出一款新的液晶电视系列产品,其品牌名称为"Bravia"。由于该品牌最初在美国市场非常成功,所以索尼能够恢复市场领先地位。

然而,这并没有解决索尼的问题:它在电视机制造上仍然处于亏损状态。索尼不能简单地与其具有规模经济的竞争者竞争,例如韩国的三星和LG,土耳其的阿奇立克公司(Arcelike)。"液晶电视机已经成为了大业务,但是很难从该领域赚钱。"主管消费电子产品的索尼副总裁吉冈浩(Hiroshi Yoshioka)解释说。尽管索尼在电视机制造业上存在劣势,在2010年公司改变了它的战略。通过将大多数液晶电视机的生产进行外包,公司削减了成本。它将斯洛伐克和墨西哥的工厂出售给了中国台湾鸿海公司,该公司是消费电子产品组装上的世界领先者。同时,索尼也关闭了至少两个以上的工厂。但是,它不能与它的韩国和中国台湾的对手公司竞争,这些公司在中国具有较大的规模经济,甚至是更低的生产成本。

一般来说,在2008年到2010年期间,由于具有更多的合理性可能,索尼在其57个制造工厂中关闭或者出售了15家工厂。通常,公司的战略是几乎将所有的制造都外包出去,但除了两个例外。第一,为了巨大的国内市场,公司仍然维持着日本的一些高端制造,在这个市场上,日元升值并不是问题;第二,继续制造生产一些特殊组件,例如数码相机的传感器,之后再将这些组件出口到具有较低劳动力成本的国家进行组装。

这个战略存在两点困难。第一,它越来越依赖其供应商,主要是鸿海公司。索尼通过使其本身成为供应商主要的和具有吸引力的顾客来克服这个困难。例如,索尼确定了它的目标,即将其在2010年3月的150万美元的电视机销售额增加到2011年3月的250万美元;第二,索尼需要告知它的顾客,即索尼的产品可能不是由索尼进行组装的,但是其制定的合理的索尼高价却如此具有吸引力。

新产品范围和进一步地垂直一体化

2010年,索尼电子消费产品的副总裁吉冈浩表示索尼需要一个"新的业务模式"在电视机行业进行竞争。该模式的第一部分就是通过上述所说的外包战略来削减成本;第二部分就是结合索尼在创造和传播娱乐上面的优势。在2008年,索尼已经开始了这个过程,即它从德国贝塔斯曼公司收购了原来并不拥有的索尼音乐公司一半股份。在2010年,索尼推出了它的新在线音乐服务,即索尼音乐无极限(Music Unlimited)。获得这一系列的服务是可以通过个人电脑、索尼网络电视、蓝光播放器(Blu-Ray)以及PS3游戏机。这款新产品能够与仍然主导市场的苹果iTunes竞争。在2010年,有报道称可以获得额外大约400个类似的音乐服务。

在游戏机上,索尼大力投资于便携式PS3游戏机的新技术上。具体来说,它正在计划开发一个便携式的游戏机来取代现有的型号。计划在2010年的某个时间推出新的便携式游戏机,其包括触屏、回转仪传感器、两个摄像头与互联网连接。换句话说,索尼正在推出的产品借鉴了平板电脑的想法。一些评论家认为这是索尼近代改革历史的典型表现,即规模太小,也太迟了。

索尼同样为它的游戏机借鉴了智能手机的概念。公司越来越意识到,许多新型智能手机都能够进行休闲游戏,从而取代了专用的游戏机,例如便携式游戏机。索尼计划使它的游戏能够适用于"游戏机认证"的手机。"我们不能够忽视这个市场,"平井一夫(Kazuo Hirai)评论道,"直到最近,游戏机业务是一个封闭的平台,我们正朝着一个开放的系统发展。"

除了它的游戏机,索尼正在为它的电视机开发两个新的系列型号。第一个型号是3D电视机;第二个型号是与谷歌的新服务合作的电视机,即网络电视。不幸的是,在写该案例的时候,这两个新的举措都还没有开始。3D电视机需要更多的电影和体育报道。网络电视并没有被证明对潜在顾客具有吸引力,这些潜在顾客更喜欢智能手机以及像苹果iPad这样的平板电脑。

在写该案例的时候,索尼在其他一些业务领域并没有实质性的公告。它的爱立信合资企业仍然继续处于亏损状态,但是还没有确切的基本改革计划。它的VAIO电脑业务规模仍然比惠普和戴尔这样的竞争对手要小,但是它并没有具体的计划来进行彻底的变革。它的半导体业务缺乏像英特尔这样公司的规模经济,但是在写该案例时,不存在主要的计划来进行实质性的变革。

公司重组

在霍华德·施普林格先生掌管公司5年之后,他对索尼组织架构进行了基本的变革。他的目标是使公司变得更加"敏捷、具有竞争性,以及成功"。重点关注了存在利润问题的部分业务。正因为这个原因,形成了两个主要的部门:

1. 消费产品与设备,包括电视机、数码相机、音响设备、摄像机和图像传感器。
2. 网络产品与服务,包括游戏、影音集成电脑和网络手机产品。

另外,索尼创造了三个团队,对整个索尼集团负责,即在索尼中处于平行关系。它们分别是:

1. 全球销售和市场营销
2. 制造、物流与采购
3. 研究与开发,包括通用软件

重要的是,索尼在制造和物流合理化上已经拥有了一些成功。通过合理化地减少供应商的数量,它已经减少了20%的供应成本,并且正在寻求获得更多的收益。

也许以上这些变革最显著的特点是没有明确地强调创新,创新曾经是索尼的优势。它同样是为优越的性能制定高价战略的基础。它的战略不仅仅是减少非营利性的部分,也需要重新强调创新,允许索尼生产下一代随身听,甚至是下一代iPod。索尼的困难就是它的竞争对手一直处于创新中。正如2005年霍华德·施普林格先生所说:"我告诉每一个人,不要称任何事物是iPod的终结者,因为史蒂夫·乔布斯(Steve Jobs,苹果的首席执行官)一直都在思考创新。"

索尼2011年的改革创新:一个可持续性的改善?

由于在写该案例的时候,能够获得2010年更加详细的公司信息,整个案例都是围绕那段时期来写的。随后,索尼公开了公司2011年的财务业绩,公司显示出了一些明显改善的迹象。例如,在2011年,索尼的消费、专业和设备业务细分市场都盈利了。同样,公司的网络产品和服务细分市场也在同年创造了大量的利润。你能够在该案例的最后看到完整的2011年财务结果,以及它与2010年的结果进行的比较。

重要的是,从一个战略的角度来看,这引发了一个问题,即索尼现在是否已经回归到了可持续性的、长期盈利的和创新性的增长中。该公司的重点是对于大公司而言,需要花费许多年的时间来扭转它们的命运。这一观点至少存在三点原因。首先,这样的一个重组需要大量的资源;其次,转向创新和远离官僚主义的文化改变是很困难的;最后,集团互相关联的特性使得变革更加复杂。在2010年,霍华德·施普林格先生说:"我们必须开发改变游戏规则的产品、技术和服务,这将会使我们的顾客着迷,并且能够提供全新的娱乐体验。"当然,这将会是一个进步。但是,与全球竞争者相比,索尼是否已经重新点燃了改变游戏规则的创新热情呢?这是一个关键的战略问题。

©版权归理查德·林奇所有;2012年。保留所有权利。该案例是由理查德·林奇所著,来自于已发表的信息。

案例问题

1. 能够给索尼带来压力的环境变化是什么?

2. 索尼的竞争性资源是什么?它是如何开发这些竞争性资源的?结果是什么?经过一段时间,你认为索尼将会成功吗?

3. 其他公司能够从索尼的创新战略中得到什么启示?

附录

索尼5年间的选择性财务数据总结

索尼公司和综合子公司,年份截至3月31日

	日元(百万,每股的日元金额)				
	2007	2008	2009	2010	2011
本年度					
销售与营业收入	8 295 695	8 871 414	7 729 993	7 213 998	7 181 273
附属公司的股本净收益(损失)	78 654	100 817	(25 109)	(30 235)	14 062
营业收入(损失)	150 404	475 299	(277 783)	31 772	199 821
税前收入(损失)	180 691	567 134	(174 955)	26 912	205 013
收入所得税	53 888	203 478	(72 741)	13 958	425 339
分配给索尼公司股东的净收益(损失)	126 328	369 435	(98 938)	(40 802)	(259 585)
普通股的每股数据:分配给索尼公司股东的净收益(损失)					
——基本的	126.15	368.33	(98.59)	(40.66)	(258.66)
——稀释的	120.29	351.10	(98.59)	(40.66)	(258.66)
现金股利	25.00	25.00	42.50	25.00	25.00
折旧与摊销*	400 009	428 010	405 443	371 004	325 366
资本性支出(新增固定资产)	424 138	335 726	332 068	192 724	204 862
研究与开发成本	543 937	520 568	497 297	432 001	426 814
年末					
净营运资本(赤字)	994 871	986 296	(190 265)	72 947	(282 933)
长期负债	1 001 005	729 059	660 147	924 207	812 235
索尼公司的股东权益	3 370 704	3 465 089	2 964 653	2 965 905	2 547 987
普通股票	626 907	630 576	630 765	630 822	630 921
总资产	11 716 362	12 552 739	12 013 511	12 866 114	12 924 988
会计年度内发放股票数量(数以千计的普通股)	1 002 897	1 004 443	1 004 535	1 004 571	1 004 637
索尼公司股东的普通股的每股权益	3 363.77	3 453.25	2 954.25	2 955.47	2 538.89

* 折旧与摊销包括无形资产的累积摊销和延期保险收购成本。

综合资产负债表

索尼公司和综合子公司,年份截至3月31日

	日元(百万)	
	2010	2011
资产		
流动资产:		
货币资金	1 191 608	1 014 412
有价证券	579 493	646 171
应收票据、应收账款、交易	996 100	834 221
坏账准备和销售退回	(104 475)	(90 531)
存货	645 455	704 043
递延所得税	197 598	133 059
待摊费用与其他流动资产	627 093	602 671
总流动资产	4 132 872	3 844 046
电影成本	310 065	275 389
投资与预付账款:		
附属公司	229 051	221 993
证券投资与其他	5 070 342	5 670 662
	5 299 383	5 892 655
财产、厂房与设备:		
土地	153 067	145 968
建筑	897 054	868 615
机械设备	2 235 032	2 016 956
在建工程	71 242	53 219
	3 356 395	3 084 758
减去累积折旧	2 348 444	(2 159 890)
	1 007 951	924 868
其他资产:		
无形资产、净值	378 917	391 122
商誉	438 869	469 005
延期保险收购成本	418 525	428 262
递延所得税	403 537	239 587
其他	475 985	460 054
	2 115 833	1 988 030

续表

	日元（百万）	
	2010	2011
总资产	12 866 114	12 924 988
负债		
流动负债：		
短期借款	48 785	53 737
长期负债中的流动部分	235 822	109 614
应付票据、应付账款和交易	817 118	793 275
应付账款，其他应付费用	1 003 197	1 013 037
应付所得税和其他税	69 175	79 076
银行业务中的客户存款	1 509 488	1 647 752
其他	376 340	430 488
总流动负债	4 059 925	4 126 979
长期负债	924 207	812 235
养老金与遣散费	295 526	271 320
递延所得税	236 521	306 227
未来的保险政策福利和其他	3 876 292	4 225 373
其他	188 088	226 952
总负债	9 580 559	9 969 086
可赎回的非控股权益	—	19 323
股东权益		
索尼公司的股东权益：		
普通股，无票面价值——		
2010——注册股份 3 600 000 000，发行股票 1 004 571 464	630 822	
2011——注册股份 3 600 000 000，发行股票 1 004 636 664		630 921
资本公积金	1 157 812	1 159 666
留存收益	1 851 004	1 566 274
累计其他全面收益——		
未兑现的收益证券，净值	62 337	50 366
未兑现的金融衍生品损失，净值	(36)	(1 589)
养老金负债调整	(148 989)	(152 165)
外币兑换调整	(582 370)	(700 786)

续表

	日元（百万）	
	2010	2011
	(669 058)	(804 204)
库存股份，按成本计算		
普通股		
2010——1 039 656 股份	(4 675)	
2011——1 051 588 股份		(4 670)
索尼公司总的股东权益	2 965 905	2 547 987
非控股股权	319 650	388 592
总权益	3 285 555	2 936 579
总负债与权益	12 866 114	12 924 988

部门信息

索尼公司和综合子公司，年份截至3月31日
业务部门的销售与营业收入*

年份截至3月31日	日元（百万）		
	2009	2010	2011
消费性、专业性设备（CPD）			
客户端	3 926 386	3 207 546	3 345 048
中间部门	431 363	310 573	227 696
总额	4 357 749	3 518 119	3 572 744
网络产品或服务（NPS）			
客户端	1 684 758	1 511 575	1 493 136
中间部门	70 885	61 041	86 195
总额	1 755 643	1 572 616	1 579 331
电影			
客户端	717 513	705 237	599 654
中间部门	–	–	312
总额	717 513	705 237	599 966
音乐			
客户端	363 074	511 097	457 771
中间部门	14 899	11 519	12 972
总额	387 053	522 616	470 743

续表

年份截至 3 月 31 日	日元（百万）		
	2009	2010	2011
金融服务			
客户端	523 307	838 300	798 495
中间部门	14 899	13 096	8 031
总额	538 206	851 396	806 526
所有其他			
客户端	453 603	379 862	377 816
中间部门	76 523	80 904	70 004
总额	530 126	460 766	447 820
公司冲销	(556 297)	(416 752)	(295 857)
总额	7 729 993	7 213 998	7 181 273

﹡消费性和专业性设备的中间部门主要是由与网络产品和服务部门之间的交易组成的。网络产品和服务的中间部门主要是由消费性和专业性设备部门的交易组成。所有其他中间部门是由电影部门、音乐部门和网络产品与服务部门之间的交易组成。公司冲销包含了某些品牌和专利费收入。

业务部门的营业收入（损失）﹡

年份截至 3 月 31 日	日元（百万）		
	2009	2010	2011
消费产品与设备	(115 571)	(53 174)	2 898
网络产品与服务	(87 428)	(83 265)	35 569
电影	29 916	42，814	38 669
音乐	27 843	36 513	38 927
金融服务	(31 157)	162 492	118 818
索尼爱立信股本净收入（损失）	(30 255)	(34 514)	4 155
其他	(3 105)	(4 976)	8 554
总额	(203 547)	65 890	247 590
公司冲销	(24 236)	(34 118)	(47 769)
总营业收入（损失）	(227 783)	31 772	199 821
其他收入	98 825	43 834	44 966
其他支出	(45 997)	(48 694)	(39 774)
税前总收入（损失）	(174 955)	26 912	205 013

﹡营业收入（损失）是指销售额和营业收入减去成本支出，同时包括附属公司的股本净收入。公司冲销包括某些重组成本和其他公司支出，它们主要是为总公司作贡献，而不在部门之间进行分配。

按照产品种类来划分客户的销售额和营业收入

年份截至 3 月 31 日	日元（百万）		
	2009	2010	2011
消费产品和设备			
电视机	1 275 692	1 005 773	1 200 491
数码影像	831 820	664 502	642 570
音频和视频	531 542	499 882	426 594
半导体	310 682	299 715	358 396
元件	613 013	476 097	410 090
专业化解决方案	346 326	295 360	287 394
其他	17 311	16 217	19 513
总额	3 926 386	3 207 546	3 345 048
网络产品和服务			
游戏机	984 855	840 711	798 405
个人电脑和其他网络业务	699 903	670 864	694 731
总额	1 684 758	1 511 575	1 493 136
电影	717 513	705 237	599 654
音乐	363 074	511 097	457 771
金融服务	523 307	838 300	798 495
其他	453 603	379 862	377 816
公司	61 352	60 381	109 353
总额	7 729 993	7 213 998	7 181 273

注释：上表包含了消费性和专业性的设备部门以及网络产品和服务部门中的外部顾客所导致的销售额和营业收入的下降。消费性和专业性的设备部门以及网络产品和服务部门分别作为一个单独的运营部门，处于索尼管理层的管理当中。

按照地域信息来划分的销售额和营业收入

年份截至 3 月 31 日	日元（百万）		
	2009	2010	2011
日本	1 873 219	2 099 297	2 152 552
	24.2%	29.1%	30.0%
美国	1 827 812	1 595 016	1 443 693
	23.6%	22.1%	20.1%
欧洲	1 987 692	1 644 698	1 539 432
	25.7%	22.8%	21.4%
亚太地区	1 285 551	1 193 573	1 288 412
	16.6%	16.6%	17.9%
其他	755 719	681 414	757 184
	9.9%	9.4%	10.6%
总额	7 729 993	7 213 998	7 181 273

注释：按照地域细分信息的分类显示了不同地区客户所产生的销售和营业收入。

 注　释

This case was written by the author from numerous sources including: Sony Annual Report and Accounts 2004, 2006 and 2010; website www.sony.net (note this is the global, Japan-based website but with an English version); website www.sony.com (note this is the Sony US website); *Fortune*, 12 June 2006, p42; *Financial Times*: 15 November 1995; 8 March 2005, pp23, 30; 9 March 2005, p27; 28 June 2005, p32; 21 September 2005, p17; 23 September 2005, p26; 24 September 2005, p13; 26 September 2005, p11; 22 June 2006, p15; 26 August 2006, p19; 20 October 2006, p24; 15 November 2006, p28; 17 September 2007, p25; 29 October 2007, p30; 12 December 2007, p29; 8 January 2008, p22; 17 January 2008, p13; 1 April 2010, p21; 8 July 2010, p23; 1 September 2010, p21; 3 December 2010, p22; 17 December 2010, p25; 21 December 2010, p22; 28 January 2011, pp16 and 23; 14 February 2011, p21; 11 March 2011, p23. 2010 *Global consumer market surveys*: Consumer Electronics Association study, published 5 January 2011 summary available on the web; iSuppli Corp study, 27 January 2010 also available on the web.

案例研究 10

应急战略：对于个人电脑、媒体平板电脑和手机来说，什么是最智能的战略？

观看总结该案例的视频

经过几年的增长，在 2011 年，全球个人电脑市场遭受了来自新技术、智能手机和媒体平板电脑的冲击。对于世界主要的个人电脑公司，例如宏基和惠普，这意味着什么呢？对于像微软这样的软件公司又意味着什么呢？对于智能手机公司，例如主导的苹果和更小的中国中兴通讯公司（ZTE），这意味着什么？甚至是对于电脑游戏公司，例如索尼的 PS3，这又将是怎样的冲击？那么，新的智能战略会是什么呢？

更多的电脑公司案例研究：
- 灾难与复兴：跳出定性思维的 IBM。
- 戴尔商品大众化：竞争优势是如何消失的。

需要应急战略吗？

经过几年的发展，用于个人电脑的电脑技术已经相对成熟，即能够存储更多的视频和电影，拥有更多的处理能力和更快的处理器。然而，大多数的电脑仍然拥有一个屏幕、一个标准的键盘和鼠标。绝大多数的电脑仍然一直使用着在 20 世纪 80 年代开发的第一代与个人电脑兼容的 IBM 软件。在电脑制造商之间，技术已经变成了标准化的和有限的竞争优势，并且严重依赖于低成本制造和竞争，至少在某种程度上只依赖价格竞争。

2009 年前后，最终开始使用技术来超越个人电脑：在互联网上新的共享网络、更强大的新数字电话网络、新形式的触摸屏，以及在偏远地区远离个人电脑的新信息存储，通常被称为云计算。一些战略家甚至预测了现有的个人电脑的终结。然而，一家世界领先的电脑芯片设计公司，安谋国际科技公司（Arm）的首席执行官并不同意这个观点："存在各种各样世界末日的场景，但是

在日本福冈的这个消费电子产品商店，表明了在瞬息万变的世界市场上，存在大量互相竞争的品牌产品。

我个人并不相信个人电脑时代的结束，我们不可能在未来五年的时间里看到个人电脑的消失。"然而，重大的变革都是来自于市场上的主要不确定因素。由于这种不确定性，应急战略可能会更加适合。但是，这真正意味着什么呢？应急战略又是什么呢？我们将在以下四个标题下对这个问题进行研究：

1. 个人电脑市场的发展趋势：缓慢增长、商品化与云计算。
2. 智能手机和媒体平板电脑的发展趋势，包括软件标准的争论和定价问题。
3. 电脑服务的发展趋势：分享网站，音乐、游戏、电视广播和信息网站。
4. 对个人电脑公司的影响。

个人电脑市场的发展趋势：缓慢增长、商品化与云计算

2010年，全世界的个人电脑市场价值大约为1 750亿美元，与2009年相比增长了大约14%。但是，在2009年，由于全球经济衰退，该部分在市场上已经大幅下滑。重要的是，恢复增长的主要部分来自发展中国家，例如巴西、俄国、印度和中国，而不是欧洲的发达国家和美国，图1显示了整体情况。

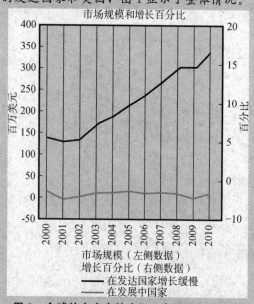

图1 全球的个人电脑市场：发展中国家将会实现进一步增长迅速增长吗？

资料来源：各种行业估计（有时是互相矛盾的）。

2010—2015年，一些评论者预计个人电脑市场的增长将会减缓，甚至在欧洲和美国的发达市场上将衰退。预计发展速度减缓，是因为手机和媒体平板电脑变得越来越强大，因此能够替代个人电脑。评论者指出，笔记本，例如小型且便宜的个人电脑，在2006年到2009年间已经表现出了主要的增长态势。现在应该轮到更新的技术了。这将在下一节进行分析。

关于市场增长，其他的评论家拥有不同的看法。他们区分了企业用户和家庭用户。当然，家庭用户可能更倾向于平板电脑和智能手机。但是，企业用户仍然会被更强大的计算能力和个人电脑的实物键盘所吸引。此外，在2008年到2010年的经济低迷时期，企业没必要更换其个人电脑。因此，从2012年起，企业用户可能拥有很强大的替代需求。

除了替代需求之外，大多数公司，例如惠普、戴尔、宏基和联想，它们的个人电脑战略同样面临着两个深入的可能性问题，即商品大众化和云计算。当产品不能有别于其他产品时就出现了商品大众化，即它们变成了像糖和油这样的日常用品，它们主要是以价格和重量进行销售。商品大众化是一个严重的威胁，因为制造过程所产生的附加值很低，并且竞争很激烈。它出现在个人电脑市场上，是由于技术已经变成了标准化技术，并且公司已经从最便宜的制造商变成了采购元件的公司，这些元件包括键盘、硬盘和屏幕。因此，像惠普和戴尔这样的公司成为了各种各样元件的装配公司，而不是对它们的个人电脑和打印机产品进行完整的生产制造。它们能够很好地进行装配，并且生产可靠的产品，但是除了简单的品牌和设计之外，存在少量的差异化。竞争优势很低，附加值也很低。因为所有的公司都已经转向电脑服务，在该市场上的竞争优势和利润都是比较高的。

云计算的威胁

对于个人电脑制造商来说,云计算可能代表着一个长远威胁。广泛的以及部分免费的互联网服务已经使得软件和硬件制造商能够提供一种电脑数据存储器,这个存储器通常是在偏远地区的个人电脑上,即运用"云"这个计算术语来表示。这意味着个人电脑能够更简单和更便宜,因为它们并不需要太多的存储空间,特别能够吸引一些使用个人电脑的企业用户。但是,这同样意味着个人电脑将拥有少量的内容设备,因此具有更低的附加值。然而,一些顾客可能希望他们的电脑能够不用一直连接着互联网。

在2011年写该案例时,对于这些问题,重要的是需要了解到云计算仍然处于早期开发阶段。在接下来的几年里,云计算将会如何发展是非常不确定的。像微软这样的软件公司正在大力促进云计算的研发,因为能够提供电脑数据存储的云计算使得它们能够更强大地占领个人电脑市场。但是,顾客们仍然需要考虑,这对他们来说是否是最好的解决方法,因为他们将不再把数据存储在自己的存储领域,而是需要一直运用他们的电脑来与互联网连接。

云计算也与信息存储能力低的智能手机和媒体平板电脑有关。由于范围、技术能力和这些产品的设计正处在开发当中,所以仍然不确定它是如何运作的。

智能手机和媒体平板电脑的发展趋势,包括软件标准的争论和定价问题

我们需要清楚地知道,智能手机和媒体平板电脑并不是全新的概念。在1993年推出了来自苹果公司的"牛顿"(Newton),并且有评论称:"我们认为这些设备将会价值数十亿美元。"在1998年,撤回了"牛顿"。在1996年,推出了小型的掌上电脑,并且经过几年的时间,为公司带来了大量的财富。现在它被智能手机所取代。在1996年,同样推出了类似于早期笔记本大小的15厘米屏幕的东芝1 Libretto型号。该产品一直持续到2001年。在2002年,微软推出了一款触屏的手写技术的平板电脑。然而,由于它昂贵的价格,以及顾客更喜欢键盘,使得其销售状况很差。

然而,平板电脑并没有完全消失:它变成了低价格的迷你笔记本系列产品。大多数的个人电脑公司生产产品都是跟随了2007年中国台湾华硕公司(Asus)易笔记本型号(Eee)的早期成功。与此同时,苹果电脑所推出的iPhone和iTouch出售了4 000万台。随后,公司在2010年推出了iPad平板电脑,预计在2011年出售1 000万台。所有的苹果产品都是具有高性能和高价格的产品。

但是与iPad相比,iPhone具有一个不同的定价战略,即iPhone的价格很高,其毛利率大约为50%。这为其他低于该价格的智能手机的出现提供了充足的市场空间。在写该案例时,iPad的定价是不同的,即它的价格很低,毛利率只有20%~25%。这意味着其他公司很难以低于苹果公司的价格来进入该市场。例如,在2011年,推出了价值800美元的摩托罗拉Xoom平板电脑,而iPad定价大约为499~829美元。此外,苹果的iStore已经建立了稳固的市场,其具有广泛的、专有的服务和产品,不同于它的竞争对手。

动态研究公司(RIM)的黑莓(Blackberry)

与iPhone推出的时间相同,加拿大动态研究公司推出了黑莓智能手机。它在邮件通信,以及为企业客户提供更广泛的网络连接上特别强大。通常,正是因为两款苹果产品和黑莓的成功使得许多其他类似的智能手机和平板电脑出现。

但是,并不是所有产品都在苹果和RIM以下。在市场上存在三个深入变化,即支持智能手机和平板电脑的增长:互联网

利用、公开的软件和新型电脑芯片。互联网上对更丰富的通信和媒体的需求越来越多。"几乎都沉迷与社交网络中，人们希望在脸谱网和推特上与他们的朋友一直在线交流，"惠普个人电脑部门的首席技术官菲尔·麦肯齐（Phil Mckenzie）解释说，"我们看到了消费者在笔记本使用方式上的根本改变。"

一些新的应用同样印证了这些转变，例如"应用程序"，即可以下载至手机上的程序：音乐、游戏、导航和信息等。对于苹果和它的竞争对手来说，主要的突破就是苹果应用程序的出现，而不是手机本身的改变。苹果电脑公司允许软件开发人员为苹果系统编写应用程序，这将被苹果所接受，通过应用程序的下载，苹果将获得30%的收入。突然，手机用户通过他们现在的手机网络就能够连接互联网、新游戏以及之前不适用的更广泛的其他服务。到2011年，苹果在其应用程序商店中拥有大约230 000个应用程序。

由于iPhone和黑莓的成功，其他手机制造商一直在寻找满足新需求的方式。谷歌提出了一个想法：一个被称为"安卓"的软件包，即公司能够将其免费提供给手机制造商的竞争对手。对于相互竞争的公司来说，例如中国台湾的宏达公司和韩国的三星公司，这个软件能够使它们相对容易地推出成功的智能手机。在2010年，安卓应用程序的范围大幅增长，到年底总共有大约110 000个应用程序。

市场上领先的手机公司，即芬兰的诺基亚公司，在这个市场上同样重新开发了自己的塞班软件。例如，在2008年到2010年的三年时间内，它在研究与开发上投入了大约240亿美元，至少部分投资都是花费在塞班软件上。然而，在2010年后期，诺基亚陷入了技术困境。在2011年初期，诺基亚宣称它正在采用一个不同的软件标准，即微软的Windows7，见单独的诺基亚案例（案例9.2）。另外，在2010年，惠普收购了奔迈公司（Palm），并且推出了Palm操作系统的新版本。通常，这意味着在智能手机市场上存在对新软件标准的激烈竞争，然而，在写该案例的时候，这个问题仍然没有被解决。

由于智能手机的灵活性、功能和复杂性不断地增加，因此在一些应用程序上，它们也开始取代个人电脑。苹果在2010年单独开发并推出了iPad平板电脑，在2011年推出了iPad2。它们的销售价格都很高，但是在这个市场上其被证明是非常成功的。它们不能被当作电话，但是拥有更大更好的照明屏幕，能够查看更大的图像，包括邮件、视频和照片。可以说，它拥有更好的显示器，加上越来越快的新网速，即3G和4G，它们与以前的产品完全不同。在写该案例的时候，像RIM、HTC和三星这样的竞争者也正在推出它们自己的平板电脑型号。

在通讯服务行业的其他公司同样开始看到平板电脑的潜能。以下是两个相关案例：

1. 至少一个商学院正在向它的MBA学生免费赠送了平板电脑，因为他们认为平板电脑比手提电脑要好一些。平板电脑是平坦的，因此更加有助于课堂互动。

2. 一家美国媒体公司为它的电缆和有线电视服务的客户提供了免费的平板电脑。平板电脑与它的接线盒有关，允许顾客在家里没有接线盒的其他位置观看电视。

这两个例子都表明了该技术仍然需要进一步地发展。因此，对于新技术来说，预测总是充满挑战的。但是，图2预计了这三个领域是如何发展的，这三个领域是个人电脑、智能手机和平板电脑。目前，这三个领域正在合并，但是最终的结果仍然具有相当大的不确定性。

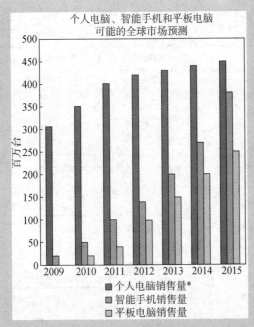

图 2　个人电脑、智能手机和平板电脑将会什么改变？

注释：个人电脑销售额包括更便宜的云连接模型。
资料来源：各种各样的行业设计。

电脑服务的发展趋势：分享网站、音乐、游戏、电视广播和信息网站

毫无疑问，在过去几年里，脸谱网和推特的流行导致手机的使用量增加。尽管这类网站共享时间早于可用的智能手机，但是智能手机似乎更好，因为它们拥有更快的处理器，更简单的操作，并且具有额外的照片和视频软件。像脸谱网和中国的 QQ 这样的链接网站是特别成功的。在这个瞬息万变的市场上，其他像 MySpace 和雅虎（Yahoo）这样的网站很难找到自己的功能。在一个地区的一个共享网络似乎注定要成为主导行业，但是这需要时间来开发。基于利基市场的新共享网站同样是新兴市场，但是谁将会取得胜利仍然没有定论。

除了共享网站之外，无论是在网络上还是在智能手机上，音乐下载同样是非常流行的，更多详细内容见苹果音乐的单独案例（案例 12）。对于企业和个人使用者来说，音乐行业的发展已经传播到了其他领域的增长上。例如，在这本书中的其他章节提到的旅游网站和银行的发展。

大多数有趣的战略发展已经是苹果成为 2010 年应用程序的主导企业的方法。据调查，到 2010 年的年底，苹果的应用程序商店的收入为 17 亿美元。但是，苹果的共享在下降，因为在它们各自的服务上出现了其他的应用程序，如表 1 所示。在写该案例的时候，苹果已经声称，它不仅仅在寻找由其应用程序产生的总收入的 30% 的利润，并且坚持认为供应商的应用程序能够为苹果带来相同比例的利润，即使这些收入是由像对手网络的替代方法所产生的。此外，苹果不会为其取消订阅的供应商提供顾客信息和地址。这意味着供应商，例如报纸和音乐网站，将不再从与顾客的直接接触中进一步地获得收入。为了削减苹果 10% 的利润，谷歌通过提供相同的安卓服务来应对这一变化。

在写该案例的时候，产生了一个主要的争端。最终，这导致了应用程序从苹果的应用程序商店中转移到了对手的平台中，但是只有当它们与苹果一样著名时才可以。"苹果已经发明了一个非常智能的系统，也许这是第一个真正的案例，即一个能够从应用软件商店获得收入的成功秘密。也许，苹果的秘密将会比我们以前见到的那些软件更要更加持久。但是，我认为并没有永远成功的秘诀。"意大利电信集团的首席执行官弗兰科·贝纳博在 2011 年评论道。他解释了为什么主要的欧洲手机服务公司都在寻找进一步开发应用程序服务的方法，例如意大利电信公司、O2、沃达丰公司、Orange 和马来西亚电信公司。他同样思考了为什么这些公司错过了苹果已经开发的应用程序的机会，为什么它们不能从这些应用程序中获得主要的收益！但是，经过一段时间之后，这些强大的手机服务公司制定了应急的新战略。当然，在美国、中国和印度的主导服务公司可能制定了类似的战略。

表1 苹果2010年仍然主导应用程序软件——但是会持续多久呢？

（按照收入进行排名） （百万美元）

2010年排名	商店	2009年收入	2009年份额（%）	2010年收入	2010年份额（%）	同比增长（%）
1	苹果应用程序商店	769	92.8	1,782	82.7	131.9
2	黑莓应用程序世界	36	4.3	165	7.7	360.3
3	诺基亚奥维商店	13	1.5	105	4.9	719.4
4	谷歌安卓市场	11	1.3	102	4.7	861.5
	总额	829	100.0	2,154	100.0	160.2

资料来源：IHS Screen Digest，2011年2月。

在2011年仍然处于研发初期的最后一个服务领域就是电视广播。在宽带互联网上的新能力和技术意味着在电脑、平板电脑和智能手机上看电视节目变得具有可行性。但是，在写该案例的时候，市场仍然存在大量未开发的领域。许多世界领先的广播公司，例如英国广播公司（BBC）和英国独立电视台（ITV），世界上的迪士尼和新闻集团都对这个新开发的领域感兴趣。在第8章中更深入地研究了新媒体和新闻集团各自的案例。但是，经过一段时间后，会高度重视关于个人电脑、智能手机和平板电脑上的应急战略。

对个人电脑公司的影响

当然，在任何一个应急战略过程中，不同的公司对这些主要技术变革的感受是不相同的。这些结果将同时取决于公司在过去所采取的战略，以及它们对市场趋势的响应。在这本书的任何一个地方，你将会发现技术变革对苹果、谷歌、新闻集团和诺基亚的影响。在这个部分，我们将关注领先的个人电脑公司。作为起始点，图3显示了在2010年以前的5年时间内，一些领先公司的市场份额是如何变化的。随后，将会在下文中分别讨论每一个公司的市场份额的改变。

表2列出了一些领先公司的简单业务数据，其目的是提供一些能够测量它们业务规模的方法。应该注意的是，销售数据除了包含个人电脑之外，还包含其他产品。例如，惠普的销售额中包括打印机的销售额，中兴通讯的销售额中包含电信交换设备的销售。

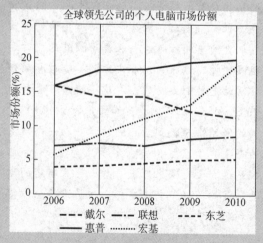

图3 领先电脑公司的不同财富

资料来源：各种各样的行业估计。

表2　所选择的领先的个人电脑和手机公司在2010年的结果

公司	销售额（十亿美元）	营业利润（十亿美元）	销售利润率（%）
惠普	126	9	7.1
苹果	65	14	21.5
诺基亚	59	2.9	4.9
戴尔	53	2	3.8
宏基*	20	2	10.0
联想	17	0.2	1.2
黑莓（RIM）	15	2.5	16.7
中兴**	11	0.5	4.5

*宏基案例的2009年数据。

**中兴通讯并不生产个人电脑，只生产手机，见该案例后文中的公司描述。

资料来源：公司的年度报告和报表。

惠普公司包括个人电脑、打印机和电脑服务

从2006年起，五年之后，惠普稳定地建立了它在世界个人电脑市场上的份额。它的战略是实现物有所值，尤其是以大型的企业客户为基础。惠普通过收购几家竞争对手公司获得了市场份额，正如在本书中的其他两个惠普案例，见案例15.2。重要的是，它在电脑打印机的相关产品种类上具有真正的优势。经过多年时间，惠普一直继续开发该产品，使得公司能够与家庭和企业用户接触。

在2010年，为了收购一家生产公司电脑存储系统和数据管理产品的公司，其名称为3Par，惠普与戴尔陷入了激烈的竞争中，因为该公司能够帮助它们减少电力和能源消耗成本。戴尔的出价为12亿美元，而惠普以高于戴尔的16亿美元的出价赢得了这次收购。英国的《金融时报》认为这是一个"疯狂"的估值，因为它远远超出了公司预计的利润和净资产。但是，这对惠普来说，存在两个优势，即新公司支持惠普的战略，该战略是为想要企业技术服务的公司建立一个一站式商店。同样使得戴尔很难进入相同的业务领域。两家公司都意识到了个人电脑商品大众化的威胁，并且都试图进入电脑服务领域，该战略类似于本书中IBM案例中的战略。

诺基亚

本书已经在案例9.2中对该公司进行了深入的探讨。正如案例所说，诺基亚开始利用它与微软所签订的关于Windows 7软件新协议来开发新的智能手机。在写该案例的时候，诺基亚并没有推出平板电脑，也没有进入个人电脑领域。然而，它的工程设计和制造仍然是其竞争优势，即能够以最少的步骤从智能手机转向平板电脑。尽管在市场上存在这种趋势，但是在未来几年里，诺基亚将可能进入平板电脑领域。

苹果电脑公司

在2011年，由于在智能手机和平板电脑市场上仍然存在新机会，但是，可能不会令人感到惊奇的是，这个新产品开发仍然没有影响绝大多数的个人电脑公司。那时，只有苹果从它新技术的创新开发中获得了好处。然而，苹果的个人电脑市场份额仍然太小了以至于在2010年它并没有成为五大领先的电脑公司之一，如图3所示。多年以来，该公司的定位一直不同于其他的个人电脑公司，其定位是大量的品牌、高价格、高度友好型用户、强大的高端产品范围、独家专业技术和软件。因此，即使它不进入智能手机市场，苹果仍然会将其定位成个人电脑市场上的参与者来面对领先的个人电脑制造商，来避免商品大众化的问题。一般来说，正如在该案例的其他地方所描述的，苹果公司在这个动态的市场上正在寻求更多的发展机会。

戴尔电脑公司

可以从网站上获得关于戴尔故事的更多详细信息。但是，图3中下降的市场份额很好地阐释了它的战略问题。公司已经成为了个人电脑的最后部分的装配公司。在这个业务上面，它非常成功并且有效率。然而，它却失去了市场份额，因为在它想要提高利润的同时，又将战略转向了具有更高附加值的产品。而它的主要战略就是进一步进入电脑服务行业。

宏基电脑公司

在2010年以前，这个中国台湾地区的公司大量地增加了其在个人电脑市场上的份额。通过收购了两个欧洲和美国的公司，即捷威（Gateway）和Packard-Bell（与惠普没有关系），宏基实现了这个目标。宏基在个人电脑和笔记本电脑上拥有一段很长的创新时期。宏基利用这种战略将其与其他大众化的个人电脑公司区分开来，并且取得了成功。在2009年，它推出了其第一种智能手机；随后在2010年，推出了平板电脑。该公司拥有一个高性能的战略，与苹果公司的某些方面类似。然而，它所使用的普遍的安卓系统平台也被其他竞争者使用。这可能不能帮助宏基公司来维持它的专有权。

联想电脑公司

联想是中国领先的个人电脑公司。大约在2005年，当它收购了IBM所有业务，尤其是收购IBM的Thinkpad业务时，引起了广泛注意。起初，它是很成功的，因为IBM的产品具有良好的性能，并且在顾客中拥有很好的声誉。然而，IBM的产品定位在昂贵和高端的个人电脑市场上。当2008年和2009年世界经济衰退时，这给联想带来了严重问题，即一些公司和个人都开始选择更加便宜的产品。在写该案例的时候，联想已经恢复了它的市场地位，尤其是在笔记本电脑上的市场地位。联想在中国本土特别强大，在中国市场它是市场引领者。它通过个人电脑创新战略避免了商品大众化的问题，但是在写该案例的时候，它并不是智能手机或平板电脑上的引领先者。

行动研究公司——黑莓手机，而不是个人电脑

RIM并不是最大的手机公司，但是涉及盈利性和战略时，它是最成功的公司。本质上，它已经制定了一个细分市场战略，其目标领域是企业团体之间的电子邮件和信息领域。在1999年，它推出了第一类智能手机，这给它带来了先发优势。在2010年，它大多数的业务（58%）都在美国，它在175个国家都拥有合作伙伴。RIM的电话有一个特殊特征：它们运营着自己独特的、安全的网络，而不是主要的公共移动网络。因此，RIM比其他公共网络更加安全，从而引起了一些国家政府的不满，例如印度和一些阿拉伯国家的政府，因为它们希望获得它的信息。在2011年，它推出了第一台平板电脑。

中兴通讯的电信设备和手机，而不是个人电脑

中兴通讯是另一家领先的中国公司。它主要从事为手机网络、交换器研发和生产电信设备业务，以及相关活动。然而，它确实生产了一系列的移动手机，在2010年后期，推出了它的第一台平板电脑。它的产品包括ZTE Blade和ZTE Skate手机。这些型号往往比iPhone这样的高端型号具有更低的规格，但是它们具有更低的价格，所以在这个市场上，一个可替代的物有所值的战略可能

具有很好的作用。因为在这个市场上不存在一些领先的公司,所以中兴通讯同样与一些主要的手机生产运营商建立了联系,这些运营商的产品都是用中兴的品牌来重新冠名。例如,Orange 网络的旧金山型号(San Francisco)本质上类似于 ZTE Blade。

结论

许多方面的未来发展仍然是不清楚的,有一个领域被证明是很难成功的,即为企业顾客的电脑服务和咨询领域。在 21 世纪早期,世界领先的电脑公司,IBM 将它的个人电脑卖给了联想。随后,IBM 继续开发了它的咨询服务业务,即能够为它的企业客户提供关于计算的各个方面的综合建议。这个战略被证明是非常成功的,因为它是有利可图的,并且其他企业都很难模仿。你可以在网站上阅读更多的内容。

©版权归理查德·林奇所有,2012 年。保留所有权利。该案例是由理查德·林奇所著,来自于已发表的信息。

案例问题

1. 该案例认为个人电脑、手机和平板电脑市场是融合的,你同意这个观点吗?你将会如何定义这个市场?

2. 能够给领先的电脑公司带来压力和机会的环境变化是什么?如果存在,那么公司战略的含义是什么?

3. 考虑到这个市场上的创新很重要,那么你将会为这个市场上的公司提出什么建议?它是否必须成为创新领先者或者创新跟随者?为什么呢?那么怎样朝着这个发展呢?

战略项目

正如这本书即将展现的,惠普宣称它即将完全退出个人电脑市场。它的新战略重点关注了电脑软件和相关的服务,就像它最大的竞争者 IBM 一样。惠普在 2011 年 8 月花费 110 亿美元收购了英国公司 Autonomy。英国公司的业务只是在电脑软件和服务上。你可能会喜欢将其作为进一步的战略项目研究。为什么惠普会作出这样的重大举措呢?对于它的竞争者来说,这又意味着什么呢?

注 释

This case was written by the author from numerous sources including: Annual Reports and Accounts for the following companies: Hewlett-Packard, Apple, Nokia, Dell, Acer, Lenovo, RIM, ZTE. *Financial Times*: 10 March 2008, p23; 10 June 2008, p26; 11 June 2008, p12 (editorial); 10 July 2008, p25; 4 September 2008, pp1 and11; 6 September 2008, p19; 7 September 2008, p19; 6 February 2009, p23; 5 June 2009, p17; 13 June 2009, p9; 26 June 209, p22; 9 July 2009, p14; 15 September 2009, p25; 1 December 2009, p24; 22 December 2009, p21; 23 December 2009, p19; 19 January 2010, p11; 28 January 2010, p25; 15 February 2010, p3; 26 February 2010, p16; 10 March 2010, p23; 30 March 2010, p15; 27 May 2010, p21; 8 July 2010, p13; 13 August 2010, p13; 24 August 2010, p12; 3 September 2010, p20; 22 September 2010, p18; 29 September 2010, pp18 and 29; 9 December 2010, p26; 14 December 2010, p27; 31 December 2010, p19; 19 January 2011, pp16 and 21; 24 January 2011, p25; 4 February 2011, p14; 7 February 2011, p20; 16 February 2011, pp17 and 22; 17 February 2011, pp17 and 21; 18 February 2011, p20; 21 February 2011, p21; 24 February 2011, p12 (interesting editorial about Apple); 2 March 2011, p16; 7 March 2011, p16; 29 March 2011, p23.

案例研究 11

观看总结该案例的视频

公共部门战略：伽利略公司是怎样在严重问题中终结的？

1999年，来自欧洲的政治家们同意开发和推出一种新的全球卫星系统，被称为伽利略（Galileo）。到2012年，政治决定和欧洲公司的竞争已经将这个项目推迟了7年，并且使成本增加了两倍。该案例研究了公共部门战略的特殊失败。

背景

多年以前，美国政府推出了一款全球卫星网络，旨在帮助世界各地的导航。通常，来自于卫星的信号允许地球上任何一个使用了合适设备的人获得一个准确的地理位置，即全球定位系统（GPS）。GPS不仅仅被平民使用，也被用在美国军队上，即当发生冲突时，北约盟友会将它用于军事目的。同样存在一个提供类似服务的俄国系统，被称为"格洛纳斯"（GLONASS）。

在2012年，GPS系统被广泛用于军事和平民生活。例如，存在一个全新的市场，即完全依赖于GPS系统的汽车卫星导航系统（卫星导航器）。手机定位系统同样依赖于GPS信号。然而，欧盟的一些国家对这个安排并不完全满意，存在四点理由：

1. 至少在理论上，美国政府可以在任何情况下关闭GPS系统，而无须咨询任何人。

2. 对于一些欧洲国家，依赖美国军事技术被视为是一个严重的军事弱点。据报道，法国总统希拉克（Chirac）称，欧洲冒着可能沦为美国"附属国"的风险。

3. 欧洲国家开始意识到，如果它们继续依赖美国的系统和技术，那么它们的国防公司在卫星通信方面将处于失去核心技术机密的风险中。

4. 一些欧洲国家也发现了销售卫星接收器和相关服务的世界商业机会。根据一些估计，价值大约20亿美元的接收器市场需求到2020年会升值为约2500亿美元。

对于单独的欧洲国家或者公司来说，存在的问题就是如果研发一个可替代的卫星系统，那么就需要大量的投资成本，这在20世纪90年代后期大约为35亿美元。这个数据超出了大多数单独的欧洲国家所拥有的资源。

伽利略合资企业

1999年，欧盟的15个国家（现在是27个国家）决定共同开发全欧洲的卫星系统，被称为"伽利略"。欧盟的行政中心，即欧洲委员会被国际电信联盟授权了一个新的频率来使用它所提议的伽利略卫星系统。与此同时，欧盟的每一个政府都同意共享资金支持和设计。重要的是，伽利略可能会使用更加复杂、新的数码技术来传递它的定位信号。这意味着除了拥有一个免费的信号之外，就像美国的GPS系统一样，伽利略同样拥有另外的服务，被称为"常规公共服务"（PRS），即后者的服务对于公众来说并不是免费的。PRS通常是会加密的，以至只能从商业组织中订购来获得。

伽利略同样包含了两个其他的服务频道。第一个只能用于欧洲的军事和国防机构；第二个只能用于应急服务，例如警察和海上救援。总体来说，由于使用了数码技术，所以伽利略比美国GPS系统更加精确，并且拥有一个更广泛的服务范围。另外，新型的欧洲合资企业使得欧洲能够独立于美国系统之外。欧洲委员会如此热情，以至它宣称伽利略能够创造150 000份之多的工作，能够获得100亿美元的年收入。这将是一个能够大大提高欧洲在世界上的影响力的"王牌"。

在欧洲国家中达成了最终的协议之后,为欧洲的卫星发射准备了试验合同以及完整的时间表。卫星样品计划在2005年进行发射,根据测试,将在2006年年底开始运作伽利略系统。事后证明,这个时间表被证明是过于乐观了。

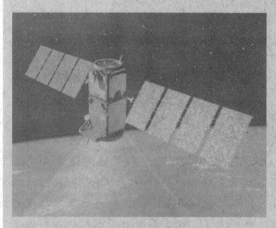

欧洲新的"伽利略"卫星系统将与美国的GPS系统进行直接竞争。

对于美国的影响

美国外交关系委员会的资深成员David Braunschwig说:"我相信伽利略能够保护欧洲的国防与安全。伽利略挑战引发了一个问题,即美国是否将继续享受它目前的主导优势,即为定位、定时和导航上提供全球标准。这就是为什么美国国防部如此紧张。"具体地说,在2003年发生了重大冲突后,美国政府正在寻求限制伽利略的许可。它认为欧洲系统缺乏很充分的安全保障,并且会干扰美国系统在2012年的升级计划。

欧洲将有不同的观点也许并不会令人感到惊奇。根据一位欧盟高级外交官表示,"这并不是关于欧洲与美国的竞争。这是欧洲国家为了与美国建立某种程度的平等,以至于使我们能够影响并且制定国际议程"。然而,欧盟很难使美国安心,即它们的系统将不会干扰美国系统。使用了欧洲技术的专家表明,即使伽利略将会在美国扩张,但是这两个系统能够同时运作。

实际上,由于伽利略比GPS更加精确,欧盟已经声称,如果两个系统互相合作,那么将对它们产生好处。在2006年的最终观点是,即欧洲和美国将会同意合作。实际上,美国并不需要过度的担心,因为在最好的情况下,伽利略系统的推出将会推迟,在最坏的情况下,该系统会彻底取消。

对中国、印度和其他国家的影响

中华人民共和国幅员辽阔,在20世纪90年代,它的部分技术和通信仍然不发达。在2004年,中国与欧盟接洽,表示愿意在伽利略项目上与其合作,甚至对项目提供了3亿美元的投资。据报道,在2005年1月,三名中国政府官员加入了管理该项目的伽利略合资企业委员会。另外,中国的卫星公司只是一个联营企业的小部分,该企业是由法国和德国公司EADS经营的,其目标是竞标伽利略系统的合同。美国提出,为了安全,反对中国的参与,但是欧盟解释说,与中国的协议"明确排除"了任何影响西方安全的机密信号。这样做的目的就是给中国提供一个更加复杂的、仅限于民用的系统。随后在2007年,中国政府改变了想法,决定在2012年继续推出自己的系统。也许正是由于它们看到了欧盟迫在眉睫的困难,所以才作出了这样的决定。

对伽利略系统来说,重要的是欧盟同样正在继续与其他参与国家建立合作。特别是与印度正在进行的协商,印度是另一个具有广泛地域,能够从新卫星系统中获利的国家。欧盟希望能够与印度达成合作协议,这样就能获得印度高于4亿美元的投资。乌克兰和俄国同样参与到了伽利略项目的谈判协商中,希望达成可能的合作关系。所有这些谈判协商都依赖于伽利略系统本身的基础研发过程。不幸的是,这个过程可能正在朝着一个糟糕的方向发展。

伽利略的危机

2007年5月，德国运输交通部长沃尔夫冈·蒂芬谢（Wolfgang Tiefensee）声称："伽利略正处在一个严重且深远的危机当中。我们已经进入'死胡同'。"在两年前就已经产生了主要问题的根源。最初，欧盟预计私人部门能够为伽利略提供大约4亿美元的资金支持，因此共享了大多数的失败风险。正因为这个原则才获得了一些欧盟政府的支持和批准，然而，英国政府却质疑整个伽利略项目。即它认为私人部门不能像公共部门那样承担过多的责任。

除了具有风险之外，私人部门提供资金的最大好处就是伽利略项目将会面向竞争对手公司进行公开招标。起初，两个财团都在像伽利略合同进行投标（一个财团就是一个公司集团）。欧盟认为，这些公司希望获得业务的期望能够使它们的投标价偏低，并且降低成本。财团中的每一个公司都是在单独欧洲国家中在卫星制造行业或者电信行业的主要公司。不幸的是，欧盟内部的政治考虑破坏了这种方法。结果是这两个竞争性的投标公司被合并成了单一的财团。合并后的公司中包含了许多欧盟市场上最强大的公司，即主要的法国和德国航空公司欧洲宇航防务集团（EADS），法国的泰雷兹公司（Thales）和阿尔卡特朗讯（Alcatel-Lucent），英国的国际海事卫星组织（Inmarsat），意大利的芬梅卡尼卡集团（Finmeccanica），西班牙的机场航管局（AENA）和卫星组织（Hispasat），一个由德国最大的电信公司（Deutsche Telekom）所控制的，被称为TeleOp的德国集团。因此，能够降低成本的投标过程失去了优势。

即使是欧盟授予权利作出的决定也存在另一个主要缺陷。当局从未作出任何关于如何分割合同因素的决定。这意味着，"如果公司不能够得到它们想要的东西，那么根据与协商有关的匿名人士的说法，它们将会回到伦敦、巴黎和罗马等地区。"

经过大量的深入谈判，合同所涉及的内容主要是通过政治来决定的，而不是行业逻辑。例如，总公司可能在法国图卢兹，而业务运营在英国伦敦。德国和意大利将支撑的操作控制中心布局在西班牙。

接下来将发生什么事情？

最初的计划是伽利略系统能够在2007年进行运作。第一次伽利略卫星发射试验是在2005年，第二次是在2006年。随后，据一位消息灵通的知情人士报道，"西班牙认为它应该与意大利和德国拥有的信号一样多。这是一个价格问题。"随后就进入了为期18个月的谈判中。

最终，欧盟给了财团一个最终期限，即2007年5月。随后，单一财团的成员要求从欧盟获得新的业务条款。这些条款包括对财团成员的项目盈利性的一些担保，以及当伽利略卫星发生灾难性失败时的一些特殊保险。自从为了它的业务与垄断的投标者进行谈判以来，欧盟一直处在劣势地位。最初所估计的伽利略成本大约为20亿美元。新谈判结果要求欧盟政府寻找至少15亿美元的额外投资。最终欧盟政府同意了这个结果，并预计在2011年和2012年进行四次卫星发射试验。

在2011年，财团又返回欧盟表示，完整的系统将需要大约25亿美元的额外资金。这将允许在2014年发射另外的14颗卫星来完成最初的系统。然而，从2014年起，为了提供完整的全球覆盖和备用系统，将需要另外的12颗卫星。

总体来说，伽利略系统的最初成本翻了三倍，从20亿美元增加到60亿美元的估计成本。最初所制定的伽利略完成期限是2007年，但最初将时间推迟到了2011年。而在写该案例的时候（2011年），基础系统的最新预计的竣工日期是2014年，推迟了7年之久。

尽管经历了这么糟糕的过程，但是一些欧洲国家仍然对许多潜在的使用功能充满了信心，例如映射作物领域、追踪货物和运费，以及评价海岸侵蚀程度。欧盟认为GPS系统市场具有真正的潜能，即市场规模大约价值8 000亿美元，具有大约25%的年增长率。"这是一个很好的项目，但是已经浪费了很多时间，以至于无法再继续支持它的研发。"欧盟交通部前理事卡瑞尔·范·米尔特（Karel van Miert）说。但是持怀疑态度的人仍然坚信伽利略将会在2014年竣工。

ⓒ版权归理查德·林奇所有，2012年。保留所有权利。该案例是由理查德·林奇所著，来自于已发表的信息。*

案例问题

1. 研发推出伽利略卫星系统的主要好处是什么？欧盟的主要错误是什么？你是否认为该项目的好处要多于坏处呢？
2. 欧盟内部可以预测的政治困难达到了何种程度？如果你是欧盟公共部门的官员，你将如何解决这个问题？你会采用什么方法？
3. 从伽利略案例的公共部门战略中能够得到什么启示？

注 释

* This case was written by the author from numerous sources including: The European Union has an extensive website devoted to the basic details of the project at http://europa.eu.int/comm/dgs/energy_transport/galileo/index_en.htm. *Financial Times*: 18 September 2003, p24; 24 January 2005, p20; 18 April 2005, p28; 12 October 2006, p9; 14 October 2006, p6; 5 February 2007, p6; 4 May 2007, p7; 10 May 2007, p13; 3 October 2007, p26. *BBC News* from website: 6 March 2008 'Galileo demo sat to be despatched'; 5 January 2009 'Galileo, Europe's much delayed and costly satellite navigation project, takes a major step forward'; 26 October 2010 'Spaceopal named as Galileo European sat-nav operator'.

案例研究 12

观看总结该案例的视频

应急战略：谁能够阻止苹果在音乐传播业务上的主导地位？

2002年推出苹果iTunes之后，它在音乐传播业务中占据了主导地位。甚至，唱片公司感觉到它们已经把太多的市场份额让给了苹果。但是，新公司正在进入市场。谁将会阻止苹果的主导局面呢？应急战略的作用是什么呢？

家庭新闻和娱乐的主要变化

在过去百年的时间里，家庭音乐设备已经经历了几次重大的革命。第一次是家庭留声机；随后是收音机和电视广播；更近的是家庭个人电脑和便携式音乐设备，例如从网络上获取音乐的iPod。目前，许多国家的宽带革命已经开始提供更大的通信容量和速度。

由于这些革命性的变化，世界各地的唱片和音乐传播公司已经开始重新思考它们的业务战略。为了研究这些问题，该案例将包含6个主要部分。

1. 世界音乐唱片市场。
2. 光盘与数字音乐下载的竞争。
3. 主要的唱片公司。
4. 数字音乐：苹果主导，但是Spotify取得了进步。
5. 手机——在音乐传播行业中的新革命？
6. 宽带和互联网：音乐传播行业更快和更复杂的潜能。

什么战略将代表最好的成功机会？我们从已经发生的事情中能够学习到什么？像宽带这样的新技术能够为从事音乐业务的公司带来什么？该案例探讨了一些问题，由于市场发展太快以至于应急战略可能是最有效的发展方法。

世界音乐唱片市场

尽管传统的唱片公司仍然领导着录制音乐的传播，但是它们所掌握的市场份额却在继续下降。在2010年，世界音乐销售额大约为160亿美元，但是在过去的一年里，市场销售额下降了8%～9%。光盘和单曲占据了市场总销售额的71%，数字音乐的销售额从2009年的25%增加到现在的29%。重要的是，光盘下降速度远远快于数字音乐增长的速度。主要原因就是盗版。

"作为一个行业，我们仍然面临着挑战。"国际音乐行业机构"国际唱片业协会"（IFPI）的首席执行官弗朗西斯·穆尔（Frances Moore）在2011年早期说："大约有95%的下载是未经许可的，20个下载中有19个是非法的……这对艺术家的工作和投资产生了连锁效应，并且能够为顾客提供一个减少贫穷的选择。"

尽管销售额下降，但是唱片行业仍然继续投资它的艺术家。唱片公司每年需要将大约50亿美元的资金重新投入录音、市场营销和其他促销成本当中。这个数据同样还包含了大约24亿美元的艺人与曲目策划工作（A&R）投资，主要是为了探索和开发支持新作品。这项工作占总收入的16%，远远高于许多其他行业。考虑到行业中的某些公司的低利润，一些人可能会认为这个比例太高了。然而，投资艺人与曲目策划同样能够从乐谱、演唱会、视频和电视直播、广播和出版中获得收入。在音频设备和表演场地上也存在很大的市场。总体来说，据估计，音乐唱片行业支持一个与音乐有关的更广泛的市场，其每年的市场价值为1 600亿美元。

通过艺人与曲目策划直接投资单个的艺人和团体将仍然是一个存在风险的业务。所预计的艺人开发和营销成本通常为100万美元。这包括一个艺人的发展、录音、视频工作室的工作、旅游支持、促销和营销等。对个人表演者的前期投资可以通过一段时间来进行回收，即通过艺人或者团体所制作出的几张专辑唱片。对于唱片公司来说，整个过程是存在高度风险的，能够补偿投资的概率为1/5，或者只有1/10。最近出现了越来越多的音乐媒体，包括为唱片公司增加配送成本的数字音乐。

例如，百代唱片公司在2007年拥有14 000名艺人，其中只有200人能够创造大部分的收入。大约有85%的人使百代唱片公司处于亏损状态。该公司解释说，它每年都会为那些从来不会制作专辑的15%的艺人提供1.4亿美元的补贴。为什么唱片公司在如此低的价值上花费那么多？当然，像麦当娜和艾尔顿·约翰（Elton John）这样的艺人就是它们的品牌，因此需要特别对待。一位领先的行业专家表示，战略困难在于，"乐队、歌迷和品牌的秘诀就是一个强有力的组合，所以应该多加注意。"换句话说，唱片艺人认为他们的创造力得益于受保护和投资的程度。

光盘与数字音乐下载的竞争

由于市场规模和领先唱片公司的主导份额，也许会令人感到吃惊的是，这样的公司也存在利润问题。在部分行业中的一个主要原因是公司在光盘业务上亏损的速度要快于它们在网上销售音乐获得收入的速度，即光盘销售比互联网销售具有更高的利润；另一个原因是互联网上的非法音乐共享。但是，这并不是低盈利性的唯一原因。

在世界各地的不同地区，光盘与数字音乐之间的平衡也是不同的。美国市场上的销售额几乎是光盘和数字音乐各占一半。在2010年，美国的光盘市场表现出了严重的下滑现象，而数字市场上的记录是"单位数"的增长。一些评论家认为在发达市场上，数字音乐会变得越来越成熟。但是索尼音乐公司的全球数字音乐业务的总裁托马斯·海赛（Thomas Hesse）并不同意这个观点。他认为美国市场上的手机音乐消费仅仅"触及表面"，像iTunes和Amazon这样的下载服务拥有更多的增长潜力。海赛先生评论说："有理由相信该领域将会继续发展和再次加速增长。"这个评论在2010年得到了欧洲音乐唱片市场的印证，在该市场上，与前一年相比，数字音乐几乎上升了20%。

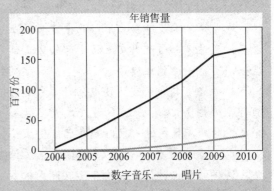

图1　英国市场数字音乐下载量迅速增长

资料来源：Author、based on OCC data quoted in the report "Digital Music Nation 2010" from the British Recorded Music Industry-downloadable from the wed via Google.

正如数字音乐下载增长的方式，图1表明了英国市场从2004年到2010年的数据变化。在2010年，两首歌曲——黑眼豆豆组合（Black Eyed Peas）的"I Gotta Feeling"，以及莱昂国王乐队（Kings of Leon）的"Sex on Fire"，仅通过下载就销售了100多万份。

主要的音乐唱片公司

唱片行业的全球机构、国际唱片协会（IFPI）在2010年公布了一则报告，称为《投资音乐》，该报告中显示了大规模和小规模唱片公司中在音乐行业中的问题，该报告也可以从网站上下载。

国际唱片协会的主席肯尼迪（John Kennedy)解释说:"在数字时代,音乐产业的一个最大传言就是艺人再也不需要唱片公司。这是完全错误的观点。帮助建立艺人发展生涯的投资、合作伙伴关系和支持,从来没有比今天更重要。这个报告就是为了解释为什么。'投资音乐'是关于音乐的业务运作。它解释了音乐公司的价值增值,帮助艺人意识到他们通常没有意识到的、能够被观众接纳的才能,否则他们不会被观众所接纳。音乐公司的许多附加值是外部世界无法看见的。然而,正是因为公司的投资和建议,才使得艺人能够在音乐行业中建立职业生涯;反过来,通过更广泛的音乐领域来创造一个有益的连锁效应。"

对于公司本身而言,领先公司的市场份额存在一些变化,见表1。另外,大多数领先公司的所有权经过一段时期也已经发生了变化,即表中提供了一些详细的信息。但是,这样的变化对行业架构并没有产生根本的影响。该行业仍然是由四大主要的生产商所控制。与此同时,该市场的特点就是拥有大量的唱片公司,并且部分市场是由主要的参与者所掌控。

四大唱片公司的竞争优势来自于四个相关领域:

1. 签约。大多数世界顶级的艺人都与一个领先的唱片公司签约。例如,艾尔顿·约翰、雪儿、迈克尔·杰克逊和麦当娜都签订了独家合同,这些合同能够为他们的唱片公司提供可持续竞争优势。乔治·迈克尔与他的唱片公司的公开争端仅仅强调了这个行业中普遍存在的控制问题。

2. 高促销壁垒。新艺人的进入壁垒很高是因为营销资金需要被用于促销国际明星,正如在上文中所显示的百代唱片公司的数据。另外,大量的专业知识和网络是用来促进和配送唱片销售的。

3. 通过零售商店销售唱片。唱片的主要销售渠道是通过领先的音乐唱片零售店。对于较小规模公司而言,获得货架空间已经是一个障碍,而对于大规模公司而言却是一个机会。因为后者具有很强大的讨价还价能力来处理这样重要的零售分销商。

表1 著名的全球唱片制作公司

	2006年市场份额(%)	2008年市场份额(%)	评论
环球公司(Universal)	25	28	在2006年之后进行股票交易,法国威望迪环球集团拥有100%的控股权
索尼公司(Sony)	22	20	在2008年,索尼收购了德国贝塔斯曼的所有控制权
华纳公司(Warner)	12	14	华纳音乐公司从美国在线时代华纳中分离。它试图收购百代公司
百代公司(EMI)	12	11	由于法律问题在不断挣扎的英国集团,见案例15.4
其他	29	27	根据世界行业机构,即国际唱片业协会的报告,股价的下跌是由于盗版的增加。

资料来源:贸易资料。

4. 来自于演唱会、电视、广播和音乐出版物的相关合同收入。许多唱片公司已经同意与它们的艺人签订这样的合同，即能够从这些渠道获得额外的收入来源。

正如上文所述，许多唱片公司拥有其他的附加值来源。例如，许多唱片公司同样拥有音乐出版子公司和重复收费的权利，这样的利润是很高的。直到最近，唱片公司才参与到其他相关的音乐产业活动，例如演唱会。然而，在过去几年里，这已经发生了变化。对于像凯莉·米洛（Kylie Minogue）和凯莉·米洛（Take That）这样的著名艺人而言，唱片公司正在与其协商一些除了光盘之外的更广泛的促销交易。例如，罗比·威廉姆斯（Robbie Williams）在五年内为了一项协议支付了1.2亿美元。该协议不仅包含了音乐费用也包含了来自演唱会、商品以及其他品牌形式的费用。本质上，这意味着唱片制作人扩大了音乐价值链，即从简单的录制音乐到音乐行业的其他方面，例如表演者、巡演发起人、艺人的代理经纪人等。

尽管现有的唱片公司掌控着传统的配送，然而在过去的几年里，通过在线传播，互联网已经打破了这种平衡，而朝着新兴独立的唱片公司发展。这可以发生在许多方面，包括：

● 销售光盘和磁带的合法网站与高端零售网点竞争。这些网站将由以上的四大唱片公司提供货源，但是独立公司也可以销售它们的音乐。事实上，一些唱片公司已经拥有或者正在建立自己的网站。存在的风险就是它们打乱了其传统的零售网点。

● 数字自动点唱机是由像互联网地下音乐档案网站（IUMA）和MP3.com这样小规模的音乐公司运营的。此外，专门成立的网站是为了配送无法获得四大唱片公司合同的新团队的音乐。每一个乐队只需要在网上花费250美元进行注册。消费者可以免费听音乐，如果下载只需要99美分。例如，在该案例的后面部分将深入介绍这样一个网站，即Spotify。

● 地下非法网站发行四大唱片公司的音乐是不支付版税的，因此可以允许其他人不通过购买就能够进行下载。纳普斯特（Napster）可能是最著名的公司，但也只是许多公司中的其中一个。经过四年的时间，通过彻底的法律活动，唱片公司已经逐渐关闭了大多数这样的网站。如果国际唱片业协会早期的数据是可信时，那么也将存在大量的机会。

在过去十年里，正是因为非法下载路径才警告了四大唱片公司。它们开发了被称为"私人证明"的互联网系统来分配它们自己的音乐，来响应数字版权管理。但是，经过五年时间的发展，数字版权管理证明至少在某种程度上存在一个障碍，因为它鼓励粉丝进行非法的下载拷贝，而相同的软件却使音乐很难安装到个人的立体播放器中。苹果公司的iTunes与所有著名的唱片公司的协议取得了重大突破，即在2002年唱片行业进行了彻底的改变。第一次变革是允许通过支付费用来合法地下载音乐，不存在数字版权管理方面的问题。到2008年，合法的下载市场每年价值1.2亿美元，其中市场领先者的苹果公司占有80%的市场份额。尽管仍然存在一些非法的下载，但是它将不再是唱片公司的主要竞争威胁。

2007年，唱片公司意识到苹果已经占据了音乐在线传播行业的领先地位，并且能够主导唱片公司的价格。结果，唱片公司决定鼓励其他传播公司进入该行业，即它们需要为苹果公司创造一些竞争。结果，世界上400多家公司已经接受了挑战，以前在欧洲市场上的这些公司仅有200家。举三个例子：在手机服务行业的市场领先者，沃达丰；专业的音乐网站，Spotify；在线书籍和音乐商店的市场领先者——亚马逊。然而，在2012年，苹果仍然处于市场主导地位，而Spotify正在取得进步。一些公司已经从音乐传播市场上完全退出了，亚马逊却仍然做得很好。

数字音乐：苹果主导，但是Spotify取得了进步

自从2001起，著名的唱片公司已经支持了数字音乐的引进。但是，苹果凭借着80%的市场份额，仍然是主导公司。也许这是令人瞩目的结果，因为其他很多公司提供下载服务。

为确保脉络清晰，该案例的这部分集中研究了一个公司，即Spotify。然而，存在许多其他提供下载服务的公司。这其中包含强大的竞争对手，例如亚马逊和欧洲著名的手机服务商沃丰达，见下部分内容所述。许多其他公司发现了真正的商业机会，即为数字音乐唱片提供下载服务的机会。

2008年建立的Spotify，最初是由两个瑞典电脑工程师所开发的。公司的业务总部是在英国伦敦，但是它的研究与开发部分仍然在瑞典。在2008年推出Spotify的时候，上文中主要的唱片公司拥有它少量的股份。但是，在未来几年时间里，由于其他风险资本家进一步地投资，使得它们的股权被稀释了。

如果听众已经准备好了接收广告，那么Spotify将免费提供数字音乐。但是，据报道，将这种服务提供给手机之后，在2009年后期，这项服务有效地撤出了英国市场。但是，这种免费的服务仍然会出现，并且可以通过Spotify的网站来获得，但是这需要花费很长的时间。"Spotify免费"现在"仅限于邀请"，无论这意味着什么。撤离市场的原因可能与Spotify的商业模式有关。该公司签订合同是为了偿还唱片公司每次下载的费用，甚至是免费下载。在早期，Spotify的广告收入不足以偿还唱片公司。通常，从长远来看，Spotify需要客户来支付每月的费用。因此，在吸引顾客进行免费下载的时候，公司的关键之处就是将免费下载的顾客变成付费的下载者。

根据所要求的服务水平，每月的费用为4.99欧元或者9.99欧元，Spotify将会提供免费的广告音乐，这将能够在任何电脑上进行下载或者分享给朋友们。公司宣称，在2010年年底，存在750 000名用户愿意支付费用。这种情况可以与2009年的情况进行比较，在2009年只有40 000名愿意付费的用户。Spotify优于苹果音乐的优势是它能够提供更大的免费空间来进行音乐下载以及转移到其他文档上。本质上，Spotify能够进入下载音乐库中，而iTunes只允许通过使用已经购买的音乐。Spotify音乐一直处于数字版权管理当中。重要的是，对于苹果音乐而言，Spotify可能是一个新的竞争者，但是这并没有使苹果阻止Spotify的高价服务（9.99欧元），正如苹果应用程序商店中的应用程序。苹果如此慷慨的一个原因是其能够保持它的市场主导地位，并且对于国家竞争当局而言，它并不是反竞争性的。

Spotify将会继续进步吗？在2011年3月，公司宣称它已经获得了100万名顾客。这将需要呼吁更多的资金支持，即来自于各种创业投资者的额外的10亿美元的支持。该公司的主要问题是它仍然不适用于世界上最大的音乐市场，即美国。原因并不十分清楚，但是，可以知道的是，Spotify已经试图推出它的免费服务以及订购服务。这将包括与世界唱片公司主要的以及持久的谈判，但是在写该案例的时候，该谈判仍未得出结论。

提供音乐的领域是瞬息万变的,但是公司仍然不知如何开发该领域。在这个不确定,但是令人兴奋的市场上,试验战略是非常很重要的。

手机:音乐传播市场上的新革命?

2008年,手机公司开始提供音乐服务,这些公司包括服务公司,正如沃丰达、Orange和德国电信公司(T-mobile);以及制造商,正如诺基亚、摩托罗拉和三星。自从手机市场上的语音通话变得更加成熟之后,这种新开发就不再令人吃惊了。因此,手机服务公司和它们的制造商开始寻找收入的新来源,就像音乐能够免费通过手机获得。

诺基亚手机"乐随享"(Comes with Music)服务在2008年重新更名为"Ovi音乐商店"(Ovi Music Store)。尽管在许多国家都推出了这种服务,但是在2010年它并不是十分成功。它的问题包括访问服务方面的困难,即只适用于诺基亚手机。另外,其他供应商也增加了竞争。在2011年1月,诺基亚宣称它将从大多数国家中撤销这种服务。

尽管大多数的手机服务商提供了音乐,但是到2012年并没有产生多大的影响。对于这个问题的评论,一位手机运营商解释道:"我们没有看见任何设备能够打败iPod。"在那时,苹果所销售的音乐产品总额要高于1.5亿美元。对于手机音乐增长的评论,音乐执行官解释说:"你可以有很好的服务和出色的在线商店,但是如果你没有一个产品战略,那么你将会失败。"执行官所说的"产品战略"意味着将你的音乐提供给潜在客户的一些手段。除了产品设备,顾客同样还想要一个方便获得的,以及有竞争性价格的音乐目录来下载音乐,这就是苹果iTunes的一个好处,也许几年以后会成为Spotify的好处。

然而,其他提供音乐的公司的竞争威胁不仅仅来自于苹果的iPod和iTunes,同样来自于同系列的新产品,即在2007年推出的iPhone。苹果的新手机是非常昂贵的(每部手机为499美元,而其他手机却大约为199美元)。但是iPhone确实是方便使用的,并且是典型的苹果风格,它具有苹果清晰且简单的音乐下载业务。

为了对付苹果在音乐下载市场上的主导地位,四大领先的唱片公司决定使用数字版权管理来作为第一步战略。其目的是使其他公司能够更加容易地提供音乐,例如手机公司。这种变化特别意味着从新设备上下载的音乐能够在许多机器型号上进行播放,例如MP3播放器和个人电脑等。这与苹果所提供的音乐完全不同,苹果设备上下载的音乐只能在苹果的设备上播放。"顾客希望他们所购买的音乐能够在任何设备上进行播放。"在公布他公司的新服务时,亚马逊数字音乐业务的主管皮特·巴尔塔西(Peter Baltaxe)说。

除了亚马逊之外,许多手机服务公司也正在投身于它们的音乐服务研发之中。"我们绝对希望给iTunes一定的运营资金,"世界最大的手机服务运营商沃丰达公司的产品经理保罗·肯尼(Paul Kenny)说,"我们认为维持沃丰达公司自身的音乐服务是很重要的。我们认为自身是能够与某些事物竞争的。"所有的手机服务运营商都拥有这类的音乐服务。到2010年,尽管比其他公司的用户要少很多,但是其提供的手机音乐却在增长,见表2中的美国数据。

表2　美国手机服务中的手机音乐变得越来越重要

手机内容的使用

截至2010年12月的三个月平均值与截至2010年9月的三个月平均值的对比

美国总手机用户年龄13岁以上

	手机用户的份额		
	2010年9月（%）	2010年12月（%）	变化量
总手机用户	100.0	100.0	无
发短信	67.0	68.0	1.0
使用浏览器	35.1	36.4	1.3
使用下载应用程序	33.1	34.4	1.3
访问社交网站或博客	23.2	24.7	1.5
玩游戏	23.1	23.2	0.1
在手机上听音乐	15.2	15.7	0.5

资料来源：康姆斯科网站（www.ComScore.com）。

实际上，数字音乐市场仍然是快速增长的，但也是分散的。苹果的iTunes是主导的供应商，但是整个市场渗透率仍然是很低的，并且许多手机用户关注更多的是手机性能而不是聆听音乐。"在市场上建立市场地位仍然存在很大的机遇。"根据沃达丰的肯尼所说。

宽带和互联网——音乐传播行业更快和更复杂的潜能

在2008年，对于唱片公司和苹果iTunes而言，至少存在一种新的改变竞争规则的潜在战略，即宽带。多年以来，互联网已经使通过传统唱片公司来销售光盘变得更加容易。但是，宽带技术的广泛引进提高了传播转移的速度，即三分钟就能下载一个完整的光盘。重要的是，家庭宽带的传播已经对一些国家产生了广泛的影响，例如，韩国对宽带的使用要多于欧洲，并且现在宽带被用来传播电脑游戏，用以前的旧互联网技术来传播游戏实在是太慢了。同样的，也可以交流电影和电视节目，或者利用宽带技术来在互联网上进行购买活动。主要的广播媒体公司，例如英国广播公司和新闻集团，正在投资于全新的服务中。甚至是手机公司也开始利用3G技术进入这个领域。宽带能够使音乐唱片更容易获得，但是并不清楚这个技术是如何改变市场的。

作为这个过程中的一部分，"我的空间"在2008年推出了一项音乐服务，该服务目前已经变成了公司重要的业务组成部分。在2008年，这个业务活动促使"我的空间"的主要竞争对手"脸谱网"开始进行关于音乐服务的谈判。根据媒体报道，当听说"我的空间"与唱片公司进行谈判协商之后，"脸谱网"也立刻与唱片公司接洽。在当时，两家公司都认为音乐是吸引年轻顾客的重要方法。但是"脸谱网"最终采取了不同的战略，见案例1.1，并且将音乐下载市场留给了"我的空间"。到2011年，"脸谱网"的规模比"我的空间"要大，而"我的空间"继续将音乐服务作为专业服务。

©版权归理查德·林奇所有，2012年。保留所有权利。该案例是由理查德·林奇所著，来自于已发表的信息。

案例问题

1. 威胁四大唱片公司的互联网特征是什么？它们是如何应对这种威胁的？为什么它们的应对措施后来进一步导致了主要战略问题？

2. 利用应急战略的概念，你将为同时从事音乐传播和更广泛的音乐行业的主要唱片公司提出什么战略建议？

3. 从该案例中，即在动态的战略发展中，新技术所带来的机遇中，能够得到什么启示？

战略项目

在接下来的几年里，对于许多行业中的小规模和中等规模的公司而言，互联网市场上大量的持续性增长将会提供重大的战略机遇。该案例描述了唱片行业的一个案例。进一步识别确定互联网的机遇，并运用这个概念来研究这一章以及本书上其他部分，来为小规模和中等规模的公司制定战略。

注释

This case was written by the author from numerous sources including: Ghosh, S (1998) 'Making business sense of the Internet', *Harvard Business Review*, Mar–Apr, p180. *Financial Times*, 25 June 1996, p17; 24 May 1997, p7; 23 August 1997, p2; 15 May 1998, p28; 2 June 1998, p22; 19 November 1998, p8; 27 November 1998, p6; 13 January 1999, p18; 8 April 1999, p34; 16 September 2003, p27; 23 September 2004, p21; 16 February 2005, p27; 28 February 2005, p1; 8 March 2005, p4; 14 July 2006, p22; 11 April 2007, p10; 9 May 2007, p28; 3 July 2007, p22; 7 August 2007, p16; 29 October 2007, p28; 5 December 2007, p28; 16 January 2008, p11; 10 March 2008, p23; 14 March 2008, p30; 19 March 2008, pp1 and 27; 29 April 2008, p26; 6 August 2008, p15; 3 October 2008, p30; 5 November 2008, p27; 7 August 2009, p20; 9 August 2009, p1; 10 January 2009, p15; 21 December 2009, p18; 22 January 2010, pp16 and 19; 27 April 2010, p24; 18 January 2011, p17; 21 February 2011, p18; 22 February 2011, p17; 25 February 2011, p25; 9 March 2011, p19; 16 March 2011, p23.; 30 March 2011, p19 *BBC News Newsbeat*: 8 December 2010 'Sky to close music download site'.